RUSSISCHE FÖDERATION

Moskau

KASACHSTAN

Astana

UKRAINE

SCHWARZES MEER

KASPISCHES MEER

GEORGIEN

Tbilissi

ARMENIEN

Erewan

Baku

ASERBEIDSCHAN

USBEKISTAN

Bischkek

KIRGISTAN

TURKMENISTAN

Taschkent

Aschchabad

CHINA

Ankara

TADSCHIKISTAN

Duschanbe

SYRIEN

Teheran

Kabul

LIBANON

Bagdad

Beirut

Damaskus

Tel Aviv

Amman

ISRAEL

JORDANIEN

IRAK

IRAN

AFGHANISTAN

Islamabad

KUWAIT

Kuwait

PAKISTAN

Delhi

Riad

Doha

KATAR

SAUDIARABIEN

OMAN

ROTES MEER

NDIEN

ERITREA

JEMEN

Asmara

Sanaa

ARABISCHES MEER

DJIBOUTI

Djibouti

Khartum

SOMALIA

Addis Abeba

ÄTHIOPIEN

Mogadischu

UGANDA

KENYA

Kampala

Nairobi

INDISCHER OZEAN

Islamische Welt

Arnold Hottinger

Islamische Welt

Der Nahe Osten: Erfahrungen, Begegnungen, Analysen

Verlag Neue Zürcher Zeitung

Bibliografische Information Der Deutschen Bibliothek
Die Deutsche Bibliothek verzeichnet diese Publikation in der Deutschen
Nationalbibliografie; detaillierte bibliografische Daten sind im Internet über
http://dnb.ddb.de abrufbar.

6. Auflage 2005

© 2004 Verlag Neue Zürcher Zeitung, Zürich

ISBN 3-03823-167-3
www.nzz-buchverlag.ch

Inhalt

Vor dem Sturm der Suez-Krise
Vier Monate unterwegs durch den Nahen Osten 112

Kairo während der Suez-Krise 184

Bekanntschaft mit Istanbul   230

TEIL II

Oben Glanz, unten dichte Knoten
Erste Schritte als Berichterstatter

Beirut im Bürgerkrieg von 1958   253

Bagdad und Afghanistan   288

TEIL III

Blumen, Verknüpfungen, Risse
Der Nahe Osten aus der Distanz

Ägypten unter Sadat   522

Die arabische Welt aus der Ferne   555

Vorwort

Dieses Buch ist aus der Erfahrung eines langjährigen Berichterstatters entstanden, der gelernt hat, dass es keine völlig objektiven Berichte gibt. Immer fliesst etwas vom persönlichen Leben und Erleben des Berichtenden ein, gleich ob er die Feder führt, oder ob er eine Kamera lenkt, um mit ihr Bilder «zu schiessen». Aus diesem Grund schien dem Verfasser der ehrlichste Weg, seine eigene Konditionierung offen zu legen, mindestens soweit als er sie sich selbst klar zu machen vermag.

Im Verlaufe des Versuchs, die Verhältnisse und Erlebnisse des Berichtenden zusammen mit dem Berichteten vorzulegen, ergab sich eine weitere Dimension. Rückblickend wissen wir erstaunlich viel mehr und Genaueres über die damaligen Geschehnisse als es damals in Erfahrung gebracht werden konnte. Für den am Geschäft des «news»-Machens und -Überbringens Beteiligten hat es eine besondere Faszination, nachträglich zu lernen, was er damals nicht wusste, und die Irreführungen zu erkennen, denen er damals zum Opfer fiel. Doch auch für den «news»- Empfänger sollte es von Bedeutung sein, zu erfahren, dass er damals nicht alle Fakten und deshalb nicht immer die richtige Orientierung geliefert bekam und dass er dies auch für die Zukunft schwerlich erwarten darf.

Der Begriff «news» wurde für «Neuigkeiten» geprägt, die sich in der eigenen Kultur und Gesellschaft ergeben. Doch im Verlauf der heutigen Globalisierung wurde auch immer mehr zu «news», was in fernen Kulturen und Gesellschaften geschah. Dies wirkt ja auch mehr und mehr auf die unsrigen ein. In der eigenen Gesellschaft genügt es, die Neuigkeit zu erfahren und aufzunehmen, weil der Gesamtzusammenhang, in den sie gehört, bekannt ist. Dies ist nicht der Fall, sobald es um «news» aus einer fremden Gesellschaft geht. Oft gibt es über sie mehr Vorurteile als Kenntnisse. Deshalb werden die «Neuigkeiten» aus einer fremden Welt leicht im Licht der bestehenden Vorurteile oder der Zusammenhänge gesehen, die in der Aufnehmergesellschaft bestehen. Das macht sie dann unverständlich. Das Wort «Parlament» bedeutet nicht das gleiche in einem europäischen und in einem nahöstlichen Land. Information über die arabische oder die islamische Welt müsste anders gegeben werden als die über Ereignisse im vertrauten Eigenbereich. – Wie anders? – Womöglich so, dass die Zusammenhänge klar werden, in denen sich die Dinge «dort» abspielen. Sogar «Terroristen» werden innerhalb dieser Zusammenhänge zwar nicht entschuldbar aber verständlich. Und eine wirksame Terrorbekämpfung, welche die Krankheit anpackt, nicht nur ihre Symptome, dürfte erst möglich sein, nachdem die Ursachen der Terroraktionen verstanden sind.[*]

Die Zusammenhänge sind immer wieder der Schlüssel, der den Europäern und natürlich auch den Amerikanern zum Verständnis der Lage fehlt. Vielleicht kann man sie überhaupt erst erkennen, wenn man in die betreffenden Länder reist. Jedenfalls gehört es zu den Erfahrungen des Verfassers, dass er selbst immer wieder, wenn er ein Land besuchte, in dem er noch nie gewesen war, trotz aller vorbereitenden Lektüre das Land und seine Leute ganz anders fand, als er sie sich vorgestellt hatte. Diese Erfahrung macht ihn bescheiden in Bezug auf die Wirkung seiner eigenen Arbeit; offenbar lässt sich durch blosses Beschreiben nur ein geringer Teil der Lebenszusammenhänge übermitteln, die «dort» in einem neuen Land und in einer fremden Kultur die entscheidenden sind.

Einen Begriff davon zu bekommen, wie fremde Gesellschaften funktionieren, ist heute wichtiger geworden als früher, weil die Welt enger zusammenrückt. Als andere Kulturen weit entfernt lagen, konnten die meisten Nachbarkulturen sich mit einigen Stereotypen begnügen, die über die anderen umliefen. Das tat nicht viel Schaden, bis zu der Zeit, die vor 200 Jahren begann, als die unsrige anfing, sich den anderen Kulturen der Welt aufzuzwingen. Ohne die unsrige kommt heute keine mehr aus. Eingriffe dort, angeblich um unserer Sicherheit willen, sind gegenwärtig eine politische Mode. Die Nachbarkulturen bestehen fort, allerdings in geschädigter, von unserer Kultur angeschlagener Form. Sich in ihnen auszukennen, wird ein wichtiges Bedürfnis, weil es für ein Zusammenleben ohne allzu brutale Reibungen und Zerstörungen wesentlich ist.

---

[*] Damit der Inhalt dieses Buches im angestrebten Zusammenhang erfasst wird, hat sich der Verfasser für ein ausführliches Inhaltsverzeichnis und gegen ein Register entschieden.

14

TEIL I

Bunte Faszination der Oberfläche

Bekanntschaft mit dem Nahen Osten

TEIL 1

Eingewöhnung in Libanon

Es war aufregend, im Frühjahr 1955 zum erstenmal in Beirut anzukommen. Das Schiff war von Gepäck- und Lastenträgern geradezu gestürmt worden – und wir führten einen truhenartigen Blechkoffer mit, den wir nicht alleine zu tragen vermochten. Es gab eine wilde Zollprozedur in einem heissen und überfüllten Hafenschuppen. Möglichst viele Träger wollten sich um uns verdient machen und bestanden darauf, so reich wie möglich und am liebsten im voraus entlohnt zu werden. Grosse Eile und Verwirrung wurden zu diesem Zweck simuliert. Die Zollbeamten wurden als gefährliche Freibeuter dargestellt, an denen ungeschoren vorbeizukommen nur mit Hilfe der Träger möglich sein werde.

Den Ankommenden war es ihrerseits darum zu tun, ihre kleine Barschaft nicht zu sehr zu erschöpfen. Sie versuchten sich Zeit zu lassen. Die Eile und die angebliche Schärfe der Zollbeamten erwiesen sich nur als ein Spiel, das die Dramatik der Ankunft erhöhen sollte. Doch einen der grossen alten amerikanischen Wagen, die als Taxis funktionierten, am Ausgang des Hafenschuppens zu nehmen, war unerlässlich. – Wohin nun? – Auch der Taxichauffeur schien in furchtbarer Eile zu sein. Einem uralten Baedeker aus der Vorkriegszeit hatte der junge Orientreisende die Information entnommen, direkt am Rande des Hafens befinde sich die «Pension Europe», das älteste Hotel von Beirut «im europäischen Stil». Doch der Taxichauffeur behauptete, er habe noch nie etwas davon vernommen. Dies war verständlich, da ihm der Weg bis zum Rande des Hafengeländes zu kurz war. Doch ein rettendes Schild mit «Pension Europe» wurde sichtbar, sobald das Gefährt die Umrandungsmauer des Hafengeländes hinter sich liess. – Auszusteigen und dem Chauffeur den kleinen Betrag zu entrichten, den er für den kurzen Weg fordern konnte, war nur eine Frage der Energie.

Eine Wendeltreppe aus Marmor führte zur Pension empor. Sie nahm den ersten und den zweiten Stock eines älteren Geschäftshauses ein. Der besondere Geruch des Hafens von Beirut haftete an Strasse und Haus. Er war vegetativer Art, wohl durch die Massen von Alfalfa gegeben, die dort lagerten, um verschifft zu werden. Ein Doppelzimmer in der Pension war ohne weiteres zu erhalten, und der Preis dermassen mässig, dass der junge Reisende aufatmete, war er doch mit seiner erst kürzlich angetrauten Ehefrau unterwegs und verfügte nur über ein kleines Stipendium für eine Person, um den Orient und seine Sprachen kennenzulernen. Da ihm bewusst war, dass dies keine einfache Sache sein und er viel Zeit brauchen würde, um seine Ziele auch nur einigermassen zu erreichen, ging er darauf aus, dieses Stipendium soweit wie irgend möglich zu strecken.

Das Zimmer enthielt ein riesiges Messingbett, ganz im europäischen Stil. Es war gewiss vor Jahrzehnten aus der französischen Provinz herbeigeschafft worden; daneben gab es einen Waschstand und einen etwas ächzenden Holzschrank, einen Sessel und zwei Stühle. Das war alles, aber was brauchte es mehr! Es gab sogar hinter geschwungenen Bogenfenstern einen sonnigen Balkon, der auf die Hafenstrasse hinausblickte. Die Zimmertüre war nicht abschliessbar, «das sei auch nicht nötig» meinte der junge Mann, der bediente und den Koffer hinauftragen half, gestohlen werde hier nichts, und – Seitenblick auf die junge Gattin – in der Nacht und auch sonst könne man einen Stuhl gegen die Türe rücken, wenn man ungestört bleiben wolle. Ein Frühstück aus Kaffee, arabischem Fladenbrot, dicker Sauermilch und Aprikosenmarmelade brachte der gleiche junge Bursche am nächsten Morgen ins Zimmer. Die ganze Familie des Besitzers der Pension lebte in anderen Teilen des geräumigen Hauses; doch die Gäste bekamen sie kaum zu Gesicht.

Draussen zeigte sich eine fremde und überaus farbige Stadt. Gleich an den Hafen schloss sich das alte Marktquartier an, kein gedeckter Basar, sondern enge Strassen, auf beiden Seiten von kleinen zweistöckigen Läden eingeschlossen. Dort wurden vor allem Stoffe und Kleider verkauft. Um diesen Kern herum lagen die Depots der Grossisten. Lastträger verkehrten dazwischen. Einige der Geschäftsleute trugen noch den roten Fez, der einst im Osmanischen Reich das Abzeichen der gebildeten Mittelschicht war. Es gab auch noch Läden, in denen man sich seinen Fez auf einer Messingform, die unter Dampf gesetzt wurde, aufbügeln lassen konnte. Die Bauern, die aus den Bergen kamen, trugen die osmanischen Pluderhosen, schwarz und eng an den Waden. Dazu einen Kittel orientalischen oder europäischen Ursprungs. Man sah auch lange Gewänder aus bunt gestreiftem Baumwollstoff, über die braune Wollüberhänge als Mäntel getragen wurden, sowie europäische und halb-europäische Anzüge. Als Kopfbedeckungen dienten die arabischen Kopftücher, rot oder schwarz gemustert, mit dem Agal-Ring, der verschiedene Formen annehmen konnte, Hüte, Kappen, selten gab es Turbane, doch der rote Fez konnte mit einem goldgelb bestickten Kopftuch umwunden sein, das den Hajji, der als Pilger nach Mekka gereist war, auszeichnete. Frauen konnten sowohl tief verschleiert gehen wie auch ganz modern nach französischer Mode. Zwischen diesen beiden Extremen gab es alle Arten von Kopftüchern. Schwarze Kleider wurden jedoch von einer Mehrzahl auch der jungen Frauen getragen. Die verschiedenen Schuluniformen für Knaben und Mädchen, die aus bunten Schürzen bestanden, hellten das Bild auf. Geistliche des Islams und der christlichen Konfessionen traten in vollem Ornat in Erscheinung.

Zum Strassenbild gehörten die grossen amerikanischen Autos älterer Bauart, die als Taxis und als Gemeinschaftstaxis verkehrten und sowohl vorwärts wie auch rückwärts durch die Strassen zu fahren pflegten. Manchmal sass ein Knabe als Ausrufer mit darin, der die Zielrichtung ausrief und Passagiere zum Zusteigen einlud. Türen knallten, Stimmen riefen einander zu, auch von Wagen zu Wagen, mit Gesten untermalt. Manche der Händler traten plötzlich aus ihren Läden heraus und griffen nach den Händen von Vorbeigehenden, um sie in ihren Laden zu ziehen, oder ihnen ein Stück ihrer Ware auf offener Strasse unter die Augen zu halten. Dazu kam die einzige Tramlinie, al-Khatt, die Linie, genannt, welche die Stadt durchschnitt: parallel zur Küste nach Süd-Westen hinaus, und im rechten Winkel dazu über den zentralen Platz in der Mitte von Beirut und dann der Damaskusstrasse entlang nach dem östlichen Stadtausgang. Die Bahn fuhr klappernd, kreischend und klingelnd, aber so gemütlich, dass in der Innenstadt die jungen Männer beständig auf- und absprangen, während die Strassenjungen auf den Stossstangen mitfuhren. Ein hart arbeitender Conducteur, in einer dicken braungelben Uniform, die wohl aus Frankreich importiert worden war, sammelte die 25-Piasterstücke ein, die man für eine Fahrt zu entrichten hatte.

Zum Bild der Innenstadt gehörten die vielen Reklameschilder in verschiedenen Schriften. Die lateinischen Buchstaben rangen mit den arabischen um die erste Stelle. Doch fehlten auch die armenischen nicht, weil viele der im Ersten Weltkrieg von den Türken aus ihrer Heimat vertriebenen Armenier, die den damaligen Todesmarsch überlebten, in der Innenstadt von Beirut Läden eröffnet hatten, stets in damals neuen Berufen, wie Uhrmacher, Schneider für europäische Kleider, Schuhmacher für europäische Stiefel und Halbschuhe, Garagist, womit sie offenbar berufliche Nischen fanden.

Moscheen und Kirchen lagen nebeneinander im Zentrum. Doch Nicht-Muslimen wurde abgeraten, die Moscheen zu besuchen. Die Muslime würden das nicht erlauben, hiess es. So begnügte sich der Reisende vorläufig damit, einen Blick durch die offenen Tore auf die weiten Innenräume und Höfe zu werfen, wo sich periodisch die Betenden in langen Reihen versammelten. – Dafür standen die Kaffeehäuser allen Männern offen. Frauen sah man keine darin. Vor einem winzigen Tässchen ausgetrunkenen türkischen Kaffees, den man hier arabischen nannte, durfte ein Kunde stundenlang sitzen bleiben. Die Zeitungsverkäufer, oft kleine Jungen, kamen regelmässig vorbei. Man konnte von ihnen eine Zeitung erstehen, französisch oder arabisch, die sie dann bereitwillig und kostenlos für eine zweite und dritte eintauschten, bis man den ganzen Blätterwald des Tages durchgesehen hatte. Doch viele der Kunden zogen Domino oder Trick-Track vor, wozu Bretter und Steine im Café selbst zur Verfügung standen. Dazu lief beständig das Radio, laut und meist mit arabischen Sängerinnen und Sängern. Das schönste dieser Kaffeehäuser lag auf einem Steg aus schwarzen Holzpfeilern über dem Meer, das man unter sich brausen und quirlen hörte. Der leutselige Ministerpräsident Sami as-Solh, ein rundlicher älterer Herr mit weissem Schnurrbart, der noch den roten Fez als Kopfbedeckung trug und neben arabisch gerne türkisch sprach, die Regierungssprache im Osmanischen Reich seiner Jugend, kam dort an manchen Nachmittagen vorbei, um seine Wasserpfeife zu rauchen.

Man konnte sich leicht auf offener Strasse verkösten. Überall gab es offene Ladenfenster mit steinernen Theken, hinter denen ein Verkäufer alle Arten Sandwiches anbot (das Wort wurde auch arabisch geschrieben) oder Felafel und Hommos in den eigens dafür vorgesehenen braun-gelb glasierten Schüsselchen zubereitete. Er begoss sie mit einem Schuss Olivenöl und setzte sie mit frischem Fladenbrot, das auch als Löffel diente, seinen Kunden vor. Scharfe saure Gurken und Radieschen gehörten dazu; man erhielt Wasser, soviel man begehrte, und konnte sich so für 25 Piaster satt essen. Andere Esswarenhändler zogen mit beweglichen Ständen herum, auf denen hinter Glas ihre Waren lagerten. Getränkeverkäufer im traditionellen osmanischen Anzug zirkulierten und klapperten mit ihren Messingschalen, um die Aufmerksamkeit der Durstigen auf sich zu lenken. Sie trugen auf dem Rücken einen ledernen Wasserschlauch, aus dem sie mit Schwung ihre Messingtrinkschalen füllten. Es war nicht Wasser darin, sondern Zebib, ein süsser schäumender Sirup aus Rosinen.

Ebenfalls in der Altstadt lag der zentrale Markt für Gemüse und Früchte, wo auch Fleisch und Fische feil geboten wurden. Dort drängten sich viele Menschen, und Träger schleppten bauchige Einkaufstaschen hinter schwarzverhüllten Matronen her. Manche von diesen brachten ihre eigenen Dienstmädchen mit oder liessen sich von Töchtern und Schwiegertöchtern begleiten. Der Ort war bedrängend eng, halbdunkel, menschen- und stimmengefüllt, die Pflastersteine schwarz und rutschig vom vielen Wasser, mit dem die Frucht- und die Fischhändler ihre Ware besprengten, um sie unter den Bunsenbrennern der Petrollampen glänzend zu halten. Der «französische Markt», kleiner und an einer anderen Stelle im Zentrum, war viel gefälliger. Dort wurden ausgesuchte Früchte und Blumen in ihrer ganzen Farbenpracht ausgestellt und verkauft, und ein wohlhabenderes Publikum kam, um sich bedienen zu lassen.

Ins Auge stachen in der Altstadt auch die zahlreichen Geldwechsler, die ihre Geschäfte von offenen Läden und Buden aus tätigten. Ein jeder besass ein Telefon, über das er sich über die Kurse auf dem Laufenden hielt. Die Kunden traten an ihre Wechseltische heran und fragten, wie viel sie heute für ihre Dollars, britischen, syrischen, ägyptischen Pfunde, jordanischen oder irakischen Dinars, saudischen Rials, indischen Rupien, französischen Franken und was es alles noch geben mochte, erhielten. Manche wechselten dann, andere gingen weiter, um sich beim nächsten Wechsler zu informieren. Das Basarprinzip, nach dem alle Geschäfte der gleichen Sparte nebeneinander liegen, bestand auch hier. Die Geldwechsler befanden sich zwar nicht alle in einer Reihe, doch konnte man leicht fünf oder sechs nacheinander besuchen und sich so vergewissern, dass man den bestmöglichen Kurs erhielt.

Wer spricht arabisch mit mir?

So sehr dieses bunte Schauspiel der Strassen auch faszinierte, waren die ersten Wochen in der neuen Stadt für den jungen Besucher doch schwierig. Die sprachliche Situation war verwirrend und frustrierend. Der Fremde war ja gekommen, um gesprochenes Arabisch zu lernen, doch die Leute wollten mit ihm französisch sprechen. Dies war für sie die natürliche Sprache gegenüber einem Europäer. Klassisches Arabisch, das der Besucher mit viel Mühe und mässigem Erfolg an den Universitäten zu lernen versucht hatte, gab es für sie nur in den Büchern und vielleicht noch «ex cathedra» in Vorträgen oder Predigten. Ihr Dialekt aber, so meinten viele, «habe gar keine Grammatik», man könne ihn darum auch nicht lehren. Regeln wie im Französischen oder im klassischen Arabisch «gebe es keine». Dennoch war spürbar, das Französische war für die meisten erlernte, offizielle Sprache, die einer starken Selbstkontrolle unterstand. Was sie wirklich dachten und empfanden, kam offenbar viel mehr im Dialekt zum Ausdruck. Das Französische schien beinahe als ein Schutzpanzer zu wirken, hinter dem ein jeder sein wahres Wesen verbarg. Ohne den Dialekt zu kennen, würde man den Libanesen nicht wirklich nahe kommen.

Der Reisende besuchte die Amerikanische Universität, paradiesisch in einem weiten Park gelegen mit Aussicht aufs Meer, mit eigenen Sportanla-

21

gen und einem Strand zum Schwimmen, mit einem soeben neu gebauten Bibliotheksgebäude aus weissem Travertin, mit einer gut ausgestatteten Mensa und Nebenräumen für Aufenthalt und Erholung der Studenten. Die Universität verfügte sogar über ihren eigenen Buchladen und ihr eigenes Postbüro. Der Reisende wurde gütig vom Professor für Arabisch empfangen, die Bibliothek könne er gerne benützen, jedoch «nein», den Landesdialekt konnte man hier nicht lernen. Nur klassisches Arabisch werde gelehrt.

Auf der französischen Universität, die von Jesuiten geleitet wurde und in der Mitte der Innenstadt lag, gab es Vater Lator, spanischer Herkunft, der einen Kurs für libanesischen Dialekt erteilte. Er hatte sogar ein unterhaltsames Büchlein verfasst nach der Methode von Assimil, das lauter nützliche Phrasen enthielt. Doch der Unterricht fand nur zweimal die Woche statt. Französische Damen kamen dorthin, die sich mit ihren Dienstboten in dem, was man «Küchenarabisch» nannte, verständigen wollten. – «Wenn Sie wirklich arabisch sprechen lernen wollen», so meinte Vater Lator nach der dritten Stunde, «dann müssen Sie nach Bikfaya gehen». – «Und was ist Bikfaya?» – «Ein maronitisches Dorf oben in den Libanon-Bergen, im Sommer ist es voll Sommerfrischler, aber im Winter steht es fast leer. Dort unterrichtet Vater d'Alvérny im lokalen maronitischen Kloster. Seine Schüler sind junge Geistliche, die später als Missionare im Orient wirken sollen. Gehen Sie hin! Er wird Sie schon aufnehmen.» Weitere Fragen ergaben, dass ein Autobus gleich hinter dem Hauptplatz der Innenstadt, «Burj» (der Turm, die Festung) oder «Place des Martyrs» genannt, alle paar Stunden nach Bikfaya hinauffuhr. – Und Bikfaya war dann die Rettung!

Ein Winter in Bikfaya

Die Busfahrt selbst war ein erfrischendes Abenteuer. Der nördlichen Ausfallstrasse, der Küste entlang, durch die christlichen Viertel und Vorstädte, wo die armenischen und anderen Flüchtlinge ihre Notunterkünfte und späteren Hüttenvorstädte eingerichtet hatten, an der staatlichen Régie des Tabacs vorüber, die damals das beinahe einzige grössere Industrieunternehmen der Stadt war, am Meeresstrand entlang, der freilich in diesen Stadtteilen auch als Schuttablage verwendet wurde, vorbei an der armenischen Kathedrale von Antelias. Sie war von traditioneller armenischer Architektur mit zentraler Rundkuppel aus gelbem Sandstein, jedoch in der Zwischenkriegszeit gebaut, Sitz des armenischen Patriarchen «von Antiochia». Dann bog der Bus ab und stieg über steile Kurven nach Osten den Berg hinauf, so dass schon nach wenigen Minuten die Küste tief unter der Strasse und dahinter das Meer hin-

22

aufschienen, das sich immer mehr weitete. Die Strasse, wohlgebaut, stieg an, die Luft wurde spürbar dünner und belebender, Bergschluchten taten sich auf, deren obere Hänge ganz von Terrassen bedeckt waren, die fleissige Generationen von Menschen angelegt hatten. Darauf wuchsen Trauben, Fruchtbäume, Gemüse, Kakteen und in den höheren Lagen vor allem Äpfel. Die Äpfel waren damals ein grosses Exportprodukt. Sie gingen als Luxusfrüchte nach Ägypten und nach Arabien, wo das Erdöl begann, einen bedeutenden Importmarkt zu schaffen. Libanesische Geschäftsleute legten gewaltige Pflanzungen an. Die Mitfahrer im Bus kommentierten, dass ein jeder der beschlagenen Kalksteinquader, die zu Tausenden die Stützwände der Terrassen für die Apfelpflanzungen bildeten, zwei Pfund koste, woraus man die grossen Kapitalien gewissermassen abzählen könne, die für solche Bauten ausgelegt wurden. Mehr Bewunderung als Neid auf die erfolgreichen Unternehmer sprach aus solchen Bemerkungen. Das libanesische Pfund war damals 1 Franken 30 wert. Heute, 2004, ist es, infolge der Bürgerkriege, auf etwa 800 pro Schweizer Franken gesunken.

Kurz vor der Dorfeinfahrt von Bikfaya erhob sich ein schlossartiges, etwas protziges neues Gebäude mit roter Bemalung und vielen Balkonen, von einer gewaltigen Terrasse aus den besagten Zwei-Pfund-Steinen gestützt; dem Vorbeifahrenden zeugte es nicht von bestem Geschmack, doch er hütete sich, dies zu zeigen. Dieses neue Haus gehöre einem gewissen César Gemayel, wurde ihm mitgeteilt, der das viele Geld in Afrika gemacht habe. Gemeint war Französisch-Westafrika, damals noch Kolonie, wohin manche Libanesen während der Zwischenkriegszeit unter französischem Schutz ausgewandert und wo einige als Händler reich geworden waren. Die Gemayel, so lernte man auch, waren eine der Hauptfamilien von Bikfaya; berühmt sei natürlich auch der Pharmazist Pierre Gemayel, der seine Apotheke auf dem Hauptplatz von Beirut führe und der Gründer einer Partei sei, die in allen christlichen Teilen des Landes Anhänger habe, der Kata'eb oder Phalanges.

Das Dorf Bikfaya bestand eigentlich nur aus zwei Zeilen von Häusern und einigen Garagen, die als offene Läden dienten, entlang den beiden Durchgangsstrassen gebaut. Man konnte zwischen den Häusern hindurch an manchen Stellen in den schluchtartigen Abgrund des Hundsflusses und darüber hinweg auf der anderen Schulter der Kluft auf die roten Ziegeldächer des Städtchens Beit Chebab hinabschauen – ganz nah der Luftlinie nach, aber der Abgründe halber mehrere Stunden Weges entfernt. Das kleine Kloster lag am Dorfende, und Vater d'Alvérny war leicht zu finden. Gerne könne der Fremde an seinen Kursen teilnehmen. Eine Wohnung für seine Frau und für ihn wäre leicht zu finden. Er selbst kenne eine Witwe im Dorf, die während der Winterzeit, da ihr Haus beinahe leer stehe, gewiss gerne vermieten werde. Schon in der kommenden Woche könne der neue Schüler beginnen, an den Kursen teilzunehmen und sich in dem Haus einzurichten.

Vater d'Alvérny, hochgewachsen in schwarzer Soutane mit weissem kurzgeschnittenem Bart, von fast militärischem Auftreten, kurz angebunden, jedoch gleichzeitig humorvoll und gütig, war gewiss einer der besten Lehrer, die der Verfasser je kennenlernte. Er hatte ein dreiteiliges Lehrbuch des in Libanon gesprochenen Arabischen verfasst, in Lautumschrift, nicht in den arabischen Lettern, in denen die Vokale im besten Falle andeutungsweise wiedergegeben werden: Grammatik, Übungen, Vokabular, und er machte dem Anfänger von Anfang an klar, wenn er zielbewusst arbeite, werde er in drei Monaten sprechen können. Was sich denn auch bewahrheiten sollte.

Der Umzug nach Bikfaya ging leicht vonstatten. Der grosse Blechkoffer mit den meisten Habseligkeiten der beiden Jungvermählten blieb in der «Pension Europe» zurück. Er wurde einfach unter das Treppenhaus im ersten Stock in einen dunklen Winkel geschoben. Später, wenn irgend etwas gebraucht wurde, konnte man es ohne Umstände dort abholen und nach Bikfaya bringen. In den Monaten, während denen der Koffer so stand, jedermann zugänglich, ist nicht ein Stück daraus abhanden gekommen.

«Pension Europe» hielt eine letzte Überraschung für ihre beiden Gäste bereit. Der Besitzer der Pension, ein alter Mann, war gestorben. Seine Leiche lag aufgebahrt in dem hallenartigen, weiten Gang im ersten Stock auf der Seite, welche die Familie bewohnte. Alle Verwandten kamen auf Besuch, um ihr Beileid zu bezeugen. Die Reihe der Besucher brach Tag und Nacht nicht ab. Sie alle mussten mindestens mit Kaffee bewirtet werden. Der Tote lag mitten im Besucherreigen; schliesslich war er ja auch der Anlass dafür. Für die junge Ehefrau aus Amerika, für die das «funeral home» und die «Einbalsamierung» der Leichen die Norm waren, Gewohnheiten, die mit angeblich hygienischen Gründen gerechtfertigt wurden, wirkte dies schockierend, wohl mehr als alle anderen fremden Bräuche, die ihr bisher begegnet waren. Sie konnte es kaum fassen, dass sie nun mit einer ihr unbekannten Leiche auf dem gleichen Stockwerk gewissermassen zusammenleben sollte. Obwohl natürlich gar nichts Besonderes geschah: Die Trauerzeremonien liefen trotz der vielen Menschen, die sich versammelten, still und glatt ab; jeder Mann und jede Frau wussten genau, was von ihnen erwartet wurde. Nach einiger Zeit, es mögen zwei oder drei Tage gewesen sein, wurde der Sarg geschlossen, mit einiger Mühe die Marmortreppe hinabgeschleppt, feierlich durch die Stadt transportiert und der Tote in einem der griechisch-orthodoxen Friedhöfe begraben.

Unterkunft in Bikfaya

Die Umsiedlung nach Bikfaya fand zur gleichen Zeit statt. Frau Muawwad hiess die Witwe, die bereit war, den Oberstock ihres Hauses zu vermieten. Sie war an Untermieter gewöhnt, weil sie stets in den Sommermonaten Leute aus der Stadt bei sich beherbergte. Und die Wohnung besass alles Nötige, sogar Bettwäsche und einen kleinen Petroleumofen für die kalten Wintertage sowie einen Primus zum Kochen. «Gas! Gas!» war der Ruf des Strassenverkäufers, der mit einem von einem Esel gezogenen kleinen Petroleumtank durch die Strassen zog und das Schweröl in die Kanister der Frauen abfüllte, die es als Brennstoff zum Kochen verwendeten. Man musste allerdings lernen, mit diesen Kochern umzugehen. Es gab ein besonderes kleines Instrument, das dazu diente, die Düse zu putzen, wenn eine Unreinheit im Petrol sie verstopfte, ohne dass der Brenner erkaltete und dann neu in Betrieb gesetzt werden musste. Das brauchte einige Übung.

Die Wohnung besass einen leeren Speisesaal mit einem langen Tisch für eine grosse Familie, auf dem die Bücher und Papiere zum Arbeiten reichlich Raum fanden. Die Wintersonne schien auf den langgestreckten Balkon, welcher der Strassenfront des ganzen Hauses vorgelagert war.

Die Klassen für Arabisch dauerten den ganzen Vormittag lang, und am Nachmittag gab es noch einmal zwei Stunden Repetition. Sie wurden im Kloster gegeben. Drei junge Mönche aus Belgien waren die Schüler, zusammen mit dem neu dazu gestossenen weltlichen Aussenseiter. Später kam noch ein Fremder dazu; er war ein junger französischer Offizier, der in Algerien Dienst geleistet und gewiss auch gekämpft hatte und der nun abgeordnet war, um Arabisch zu lernen. Der algerische Bürgerkrieg, der acht Jahre lang dauern sollte, war 1955 gerade in sein zweites Jahr eingetreten. Einer der Belgier, rothaarig und extrovertiert, sehr rasch von Begriff und zeitgemäss, links orientiert, hielt mit seinen Meinungen und Ansichten nicht zurück. Er war auch der Schnellste beim Lernen. Die anderen beiden, schwarzhaarig, bedächtig und gewiss konservativer, liessen sich weniger leicht zu Diskussionen hinreissen. Sie hatten genug damit zu tun, ihr tägliches Pensum zu absorbieren und sich auf ihre vorgesehene Missiontätigkeit weit im Inneren Syriens vorzubereiten. Vater d'Alvérny erteilte ihnen die Aufgabe, ihr Arabisch zu üben, indem sie den lokalen Jungen den Katechismus abhörten, den diese für ihren Religionsunterricht auswendig lernen mussten. Der Katechismus war natürlich, wie die maronitische Messe, in arabischer Hochsprache abgefasst.

Der rothaarige Mönch und Mitschüler stiess mehrmals heftig mit dem französischen Offizier zusammen, weil er, schon damals, die Ansicht äusserte, die Franzosen sollten abziehen und den Algeriern ihre Unabhängigkeit gewähren. Der Offizier geriet in heftige Erregung und sprach von seinen toten Kameraden, deren Opfer er nicht zu entehren gedenke, nicht in Worten und nicht in Taten und schon gar nicht auf Aufforderung von Aussenseitern, die nicht einmal Franzosen seien. Der Rothaarige wollte entgegnen, doch Vater d'Alvérny brachte seine Autorität zur Geltung, um derartige Diskussionen abzubrechen. Wir seien hier, um Arabisch zu lernen, und das sollte genug zu tun geben.

Die farbigste aller Figuren war jene von Mahmud, dem Repetitoren. Er lebte auch im Kloster, und seine Aufgabe war, die Lektionen d'Alvérnys vom Morgen oder vom Vortag zu repetieren und sie in Übungen anzuwenden, bis sie gut sassen. Mahmud war der Sohn einer guten muslimischen Familie aus Damaskus, der zum Christentum übergetreten war. Der hagere, nervöse, bebrillte und fast immer lächelnde junge Mann wohnte ebenfalls im Kloster. Er schien unter starkem psychischem Druck zu stehen. Hinter vorgehaltener Hand erzählten seine Schüler, er trage stets einen Rosenkranz in der Tasche. Er habe eine Schwester, die er sehr liebe. Doch seitdem er Christ geworden sei, spreche sie nicht mehr mit ihm. Wenn er in sein Elternhaus komme, greife sie ihm an die Tasche, um festzustellen, ob der Rosenkranz noch da sei. Wenn sie ihn vorfände, wende sie sich schweigend ab. Der neu eingetretene Mitschüler wagte es nicht, den Betroffenen über den Wahrheitsgehalt dieser Geschichte auszufragen. Jedenfalls zeigte dieser eine gewisse Fragilität, die sich in Stimmungsschwankungen ausdrückte, himmelhoch jauchzend und zu Tode betrübt; dabei war Mahmud sehr mitteilsam und leicht in Erregung zu bringen. Seiner Zöglinge nahm er sich mit Geduld und Hingabe an.

Die Welt der Frauen

Gegenüber der neu bezogenen Wohnung bei Frau Muawwad auf der anderen Seite der Strasse stand ein kleines einstöckiges altes Haus. Dort lebten drei Schwestern mit ihrer Mutter und Grossmutter, einem Grossvater und einem Bruder. Der Vater war kürzlich verstorben. Der Bruder war nur selten zu Hause. Der Grossvater war ein sehr alter Mann, der nicht mehr gut hörte und sich nur langsam bewegen konnte. Er pflegte sich in dem anliegenden Gärtchen aufzuhalten. Die Frauen hatten bald festgestellt, dass ihr neuer Nachbar am Morgen das Haus verliess und erst am Mittag wieder zurückkehrte. Seine junge Frau blieb allein zu Hause. Für die Frauen von Bikfaya war dies eine vertraute Situation. Ein grosser Teil der männlichen Bewohner des Ortes verliess frühmorgens das Dorf, um in der Stadt arbeiten zu gehen.

Manche der Männer kamen erst spätabends zurück. Es gab sogar solche, die so weit weg arbeiteten, dass sie nur einmal im Monat nach Hause kamen. Die Frauen hatten ihren Lebensrhythmus dieser Lage angepasst. Auch sie standen sehr früh auf, schon lange vor sechs Uhr, um ihren Männern ein möglichst nahrhaftes Frühstück zu bereiten. Dann fuhr gegen sieben der Autobus durch die beiden Hauptstrassen des Dorfes und holte alle Frühpassagiere für die Reise nach Beirut ab. Die Frauen blieben alleine. Das war die Zeit für ihr Frühstück und ihre ersten geselligen Treffen mit anderen Frauen der Verwandtschaft oder der Nachbarschaft. Solange ihre Männer im Haus weilten, waren sie ganz für sie da; doch dann kamen die langen Stunden ihrer einsamen Häuslichkeit, die sie sich durch die Gesellschaft anderer Frauen erleichterten. Kleine Kinder im Vorschulalter waren immer dabei. Zuerst einmal wurde Kaffee getrunken und danach ausführlich die Zukunft aus dem Kaffeesatz ins Auge gefasst. Dies war zum Teil ein gesellschaftliches Spiel, zum Teil glaubte man daran. Es gab Frauen, die ein besonderes Talent zeigten, aus dem Kaffeesatz zu prophezeien. Dabei ging natürlich aller Klatsch und alles, was man ohnehin voneinander wusste, mit in diese Voraussagen ein. Die immer gleiche und doch stets interessierende Zeremonie bestand darin, dass die ausgetrunkenen Kaffeetässchen mit ihrem dickflüssigen Satz auf die Untertasse umgestülpt wurden. Der Satz zerfloss in schwarz-weisse Flecken, welche die Grundlage für das Orakel bildeten – eine Art von libanesischem Rorschachtest, könnte man fast sagen

Die Frauen von nebenan begannen, die junge Besucherin aus Amerika in ihr gesellschaftliches Vormittagsleben einzubeziehen. Dass sie alleine zu Hause blieb, tat ihnen leid. Zwei der drei jungen Schwestern waren Lehrerinnen, die jüngste wollte es auch werden und befand sich noch in der Ausbildung. Ihr Leben, abgesehen vom Beruf, spielte sich einzig zu Hause ab. Nie hätten sie es gewagt, in ein Restaurant zu gehen, nicht einmal in der Gesellschaft von Freundinnen. Das wäre so ungehörig gewesen, dass sie nicht nur ihren eigenen, sondern auch den Ruf ihrer ganzen Familie geschädigt hätten.

Im Dorf gab es neben den maronitischen auch griechisch-orthodoxe Familien. Noch nie, so betonten die Schwestern emotional, waren sie im Haus von solchen Leuten gewesen, und nie würden sie dorthin gehen! Doch zu Hause gab es ein geselliges Leben für die Frauen, das verbunden war mit den Haus- und Näharbeiten, die sie gemeinsam verrichteten. Die jungen Frauen trugen stets Schwarz, wegen der Trauer um ihren verstorbenen Vater. Diese dauerte ein Jahr lang. Doch dies hinderte sie nicht daran, ihrer Bekleidung grosse Aufmerksamkeit zu schenken. Eine der Schwestern war eine begabte Schneiderin, deren Rat und Hilfe auch befreundete Frauen in Anspruch nahmen. Stoffe und Kleider bildeten einen unerschöpflichen Gesprächsgegenstand. Wegen der Trauer hatten sie auch einen Stoffüberzug über ihr Radiogerät gestülpt. Er würde erst weggenommen werden, wenn das Trauerjahr zu Ende sei. Fernsehen gab es noch nicht. Doch die Lieder der Sängerinnen und Sänger am Radio, besonders derjenigen aus Ägypten, waren so beliebt, dass der Verzicht auf sie ein echtes Opfer bedeutete.

In dieses Leben wurde die junge Amerikanerin nun mit sanftem Druck und freundlicher Güte einbezogen. Ziemlich empört kam sie von einem der ersten Besuche zurück, man habe sie an den Bauch gefasst und gefragt, ob schon ein Kind im Anzug sei. Sie wurde auch zu einer Sitzung geladen, für welche die Frauen eine Zuckermasse hergestellt hatten, die sie sich über die Arme und Beine rollten, um sämtliche Haare zu entfernen. Die Prozedur sei schmerzhaft gewesen. Am Abend, wenn der Gemahl miteingeladen wurde, ging es konventioneller zu. Die Gastfreundschaft wurde zelebriert; alle möglichen Leckerbissen wurden aus der Küche gebracht, wobei sich die Frauen darauf beschränkten, sie anzubieten. Nie würden sie sich zusammen mit ihrem Bruder, und schon gar nicht mit dem fremden männlichen Gast, an denselben Tisch setzen, erklärten sie den erstaunten Besuchern. Sie blieben stehen, boten an und servierten und schienen sehr zufrieden, wenn die Gäste ihren Speisen kräftig zusprachen. Immer wieder wurde neu nachgelegt. Dreimal müsse man ablehnen, so lernten die Gäste, bevor angenommen werde, die Weigerung sei nicht bloss Höflichkeit, sondern ernst gemeint.

Traditionen des Berglandes

Andere Traditionen aus der Vergangenheit der libanesischen Berge waren auch noch lebendig. Einst war die Seidenindustrie einer der Haupterwerbszweige dieser Dörfer gewesen. Überall wurden Maulbeerbäume angepflanzt, und die Seidenraupen in fast jedem Haus in hölzernen Brutkästen mit den Maulbeerblättern gefüttert, bis sie sich einspannen. Dies war Frauenarbeit, weil es sich im Inneren der Häuser abspielte. Die Kokons wurden dann an «Fabriken» verkauft, wo sie im kochenden Wasser aufgeweicht und später abgewickelt und aufgespult wurden. Die Rohseide wurde in erster Linie nach Lyon exportiert. Seit der zweiten Hälfte des 19. Jahrhunderts gab es regelmässig über das Mittelmeer verkehrende Dampfschiffe, die diese kostbare Fracht nach Marseille brachten. Die Kontakte mit Lyon waren damals so eng, dass man im Französisch der Libanesen noch nach dem Zweiten Weltkrieg den Akzent von Lyon wahrnehmen konnte. Auch die Jesuiten der

Französischen Universität, die zuerst nach Libanon kamen, stammten in erster Linie aus jener Stadt. Die alten Steingebäude der Manufakturen zur Seidengewinnung waren am Rande von manchen Dörfern noch anzutreffen. Man konnte sie auf den ersten Blick an ihren konisch geformten Kaminen erkennen. Sie waren solide aus Sandsteinquadern gebaut. Doch nun standen sie leer, weil die japanische Konkurrenz zu Beginn des 20. Jahrhunderts die libanesische Seidenindustrie überrundet hatte. Viele der Maulbeerbäume wurden umgehauen und durch Apfelbäume ersetzt. Nur in einigen Dörfern liess man die den Strassen entlang gepflanzten Bäume ihrer essbaren Früchte und ihres Schattens wegen weiterwachsen; und weil sie da waren, dauerte auch die Zucht von Seidenraupen in gewissen Familien noch an.

Für unsere jungen Nachbarinnen waren die Seidenraupen eine Art von Haustieren, die man auch als solche hegte. Die Raupen mit ihren langen beweglichen Fühlern sassen auf den Fingern der jungen Frauen, wenn diese mit ihnen spielten. Indem sie die Fühler mit den kopfartigen Enden berührten, brachten sie die Raupen zum raschen Zurückzucken. Sie sprachen dabei zärtlich mit ihnen, als ob sie Kätzchen wären. Ein kleines Taschengeld konnte man für die eingesponnen Kokons noch immer erhalten.

Der Erste Weltkrieg war noch in aller Gedächtnis. Die ältere Generation hatte ihn durchlebt und der jüngeren davon berichtet. Damals hatte eine furchtbare Hungersnot den Berg heimgesucht, weil die Dörfer schon seit Generationen ihre Nahrung nicht mehr selbst angebaut hatten, sondern ihren Weizen über das Mittelmeer importierten. Sie hatten sich ihrerseits auf Dienstleistungen wie die Raupenzucht, aber auch das Bauwesen in den reicheren Städten der Umgebung, auf Handels- und Transportunternehmen über die Berge hinweg spezialisiert. Aber auch die Auswanderung der jungen Leute nach Übersee war zu einem bedeutenden wirtschaftlichen Faktor geworden. Der Weltkrieg, in den Libanon als Teil des Osmanischen Reiches gezogen wurde, unterbrach den Verkehr über das Mittelmeer. Spekulation in Getreide, der Zwang, Lebensmittel an die osmanischen Armeen abzutreten und schlechte Regenfälle bewirkten zusammen, dass die Nahrungsmittel in den Bergdörfern völlig ausgingen. «Es gab so viele Hungrige auf den Strassen», berichteten die älteren Leute, «dass es unmöglich war, Feuer zu entfachen, sogar wenn man etwas zu kochen hatte. Sobald die Leute auf der Strasse aus einem Kamin Rauch aufsteigen sahen, wussten sie, dass es in jenem Haus noch etwas zu essen gab. Dann schlugen sie die Türen ein und drangen mit Gewalt in das betroffene Haus. Die Menschen starben wie Fliegen.»

Auswanderer aus den Bergdörfern

Die Tradition der Auswanderung hatte sich erhalten. Es gäbe so viele Libanesen im Ausland wie in der Heimat, wurde behauptet. In Südamerika wurden die ausgewanderten Libanesen «los turcos» genannt, weil sie mit osmanischen Reisepässen ankamen. Solche «turcos» mit ihrer Ware auf Flussbooten konnte man auf den hintersten Oberläufen und Zweigflüssen der grossen Ströme antreffen, die vor dem Bau von Überlandstrassen als Verkehrsadern dienten. Die libanesischen Wanderhändler drangen in monatelangen Bootsreisen mit ihren Waren bis in die abgelegensten Siedlungen vor.

Zur Zeit des Völkerbundsmandats der Franzosen, nach dem Ersten Weltkrieg, waren deren Kolonien in Westafrika als Auswanderungsziele dazugekommen. Dort sollten die libanesischen «épiciers» berühmt werden, die den Einheimischen – nicht sehr viel anders, als sie es auch in Beirut und in den Bergdörfern taten – die allernötigsten Nahrungsmittel und Haushaltsgegenstände, vom Kochtopf bis zur Streichholzschachtel, verkauften. Sie machten sich allerdings unbeliebt, weil sie kleine Schulden zuliessen, diese aber dann, wenn sie sich aufhäuften, mit aller Härte eintrieben. Nach den libanesischen Händlern zu urteilen, die dem Verfasser später in Senegal begegneten, gab es noch einen anderen, vielleicht wichtigeren Grund für die starke Abneigung, die ihnen die Einheimischen entgegenbrachten. Sie gaben sich französischer als die Franzosen, auf die schwarzen Eingeborenen schauten sie mit tiefster Verachtung herab. Manche von ihnen waren wohlhabend, einige sogar reich geworden.

Die Ausgewanderten, die es vermochten, zogen Söhne oder andere Verwandte nach, die ihnen als Gehilfen dienen und später vielleicht einmal das Geschäft übernehmen sollten. So kam es, dass bestimmte Dörfer ihre Auswanderer in bestimmte Städte oder Regionen Afrikas aussandten. «Unser Dorf geht dort und dort hin», hiess es zu Hause. Nicht nur die Maroniten, sondern auch die Schiiten aus dem Süden des Landes hatten so ihre Auswandererkolonien. Die Verbindung mit der Heimat brach nie ab. Geldüberweisungen wurden an die zurück gebliebenen Familien geschickt, Kinder kamen zur Ausbildung nach Libanon heim, neue Auswanderer wurden nachgezogen. Das Traumziel fast aller Auswanderer war, mit genügend Geld in die Heimat zurückzukehren, um sich dort ein Haus zu bauen und vielleicht eine Apfelpflanzung anzulegen, oder sonst ein Geschäft zu beginnen, das mehr der Aufsicht als allzu intensiver Mitarbeit bedürfe. Verwandte, denen man die tägliche Arbeit anvertrauen konnte und die dafür dankbar waren, fehlten selten.

Die Auswanderer schufen sogar eine bedeutende Literatur. Diese hatte in New York begonnen und sich in Südamerika, Rio und Buenos Aires fortgesetzt. Unter den nach Nordamerika ausgewanderten Libanesen und Syrern entstand eine Schule, deren berühmteste Namen, Jubran Khalil Jubran (korrekt Jabran), Mikha'il Nu'ayma und Amin ar-Rihani, zur Weltliteratur gehören. Die Mitglieder und Nachfahren der nordamerikanischen Auswanderer blieben oft in Amerika und manche gingen allmählich zum Gebrauch des Englischen über. Die Dichter und Literaten in Südamerika kehrten meist in ihre alte Heimat zurück, und sie hielten engeren Kontakt mit den Ländern ihrer Herkunft. Ihr Werk war eher lyrisch; das der «Nordamerikaner» enthielt mehr Prosa. Die «Südamerikaner» legten grossen Wert auf ihr arabisches kulturelles Erbe. Eine ihre wichtigsten Zeitschriften hiess «al-'Usba al-Andalusiya», die Andalusische Gruppe.

Allgemein übten die Dichter und Schriftsteller «der Auswanderung» (al-Mahjar), wie man sie nennt, einen wichtigen Einfluss auf die moderne arabische Literatur aus, weil sie entschieden für die Erneuerung der alten Formen und Inhalte eintraten und die neuen Motive ihrer persönlichen Erfahrung und Empfindung kraftvoll hervortreten liessen. Heimweh ist eines der Grundthemen ihrer Lyrik.

Mezze für den älteren Bruder

An Abenden, an denen im Nachbarhaus der ältere Bruder erwartet wurde, bereiteten seine Schwestern ihm eine Mezze vor. Sie bestand aus mindestens zwölf verschiedenen Kleingerichten und Leckerbissen, ein jeder auf seinem eigenen Plättchen serviert, begleitet vom Arak, dem aus Weintrauben destillierten und mit Anis durchsetzten glasklaren Schnaps. Er bildet mit kaltem Wasser verdünnt, das ihn wolkig werden lässt, das wichtigste geistige Getränk aller Araber und besonders der Levantiner und ist viel beliebter als Wein. Darüber befragt, ob es wirklich nötig sei, sich für einen Bruder so viel Arbeit zu machen, erklärte die älteste der Schwestern bestimmt: «Ja, unbedingt! Sonst könnte der Bruder statt zu Hause zu bleiben, hier im Dorf ins Café gehen, um seinen Arak zu trinken. Und das wäre eine unüberwindliche Schande für unsere Familie. Die Leute im Dorf würden sagen: «Seine Familie aus so vielen Frauen kann nicht einmal für ihn sorgen, so dass er ins Gasthaus geht!»

Ein Sozialist in Bikfaya

Der Bruder, Bschara, war Tischler und arbeitete in Beirut. Dort konnte er ein Restaurant besuchen. Denn dort hatte er keine Familie und kein eigenes Haus. Er war ein kräftiger, hochgewachsener, selbstsicherer Mann mit einer tiefen Stimme. Er besass eine Eigenheit, über welche die ausländischen Gäste etwas verlegen aufgeklärt wurden: Er sei nämlich «Sozialist». Vielleicht der einzige, oder jedenfalls einer von ganz wenigen, die es in Bikfaya gab. Dies war deswegen eine so ungewöhnliche Sache, wie der Besucher allmählich begriff, weil der Chef der libanesischen «Sozialisten» ein Druse war, und nicht irgendeiner, sondern der Fürst einer der beiden grossen Stammesföderationen der libanesischen Drusen, Kamal Jumblat. Die überwiegende Zahl der Mitglieder der von ihm angeführten «Progressiven Sozialistischen Partei» waren getreue Gefolgsleute aus «seinen» drusischen Dörfern.

Jumblat habe seinen Sozialismus in Indien gelernt, berichtete Bschara über ihn. Er nehme ihn sehr ernst; der Beweis dafür sei, dass er alle Ländereien, die ihm und seiner Familie seit Generationen gehörten, unter seine Bauern verteilt habe. Deshalb liebten ihn die Bauern über alles. Sie bildeten in der Tat die Hauptmasse seiner «Progressiven Sozialisten». Doch er, Bschara, und seine engsten Parteifreunde seien keine Drusen. Sie seien überzeugt, dass die sozialistische Lehre nichts mit den Religionsgemeinschaften zu tun habe. Es gehe um Politik und nicht um Religion. Die Vormacht der grossen reichen Familien im ganzen Lande müsse gebrochen werden, unter den Christen (aller Konfessionen), unter den Muslimen (Sunniten und Schiiten) und unter den Drusen (jenen der Arslan- und der Jumblati-Gruppierungen). Das würde dann auch dazu führen, dass die politische Macht der verschiedenen Glaubensgemeinschaften zu Ende gehe. Die Politik müsse eine Sache der Bürger werden, die sich zu echten Parteien mit politischen Programmen zusammenfinden sollten. Die untereinander rivalisierenden Anführer der antagonistischen Religionsgemeinschaften seien überholt. Daher sei er Sozialist, obwohl er aus einem maronitischen Dorf und einer maronitischen Familie stamme. Bscharas Schwestern und seine Mutter, die solche Reden gewiss schon oft mitangehört hatten, enthielten sich aller Kommentare.

Kamal Jumblat, Drusenfürst und Sozialist

Mit der Zeit sollte der Besucher erkennen, dass die Gruppe der «echten» Sozialisten, das heisst jener, die in der Partei Kamal Jumblats eine Partei im europäischen Sinne erblicken wollten, einen Zusammenschluss also von Gleichgesinnten zur Durchsetzung ihres politischen Programms, nur eine winzige Minderheit war. Die grosse Masse der «Sozialisten» hielt zu Jumblat, weil sie durch Geburt und Herkommen «seine» Anhänger waren und weil er auch immer bemüht war, diese ererbten Bande zwischen Patron und Klient lebendig zu erhalten und zu stärken, indem er für seine Klienten, die Drusen der Jumblat-Faktion, die sich ihm zuliebe auch «Sozialisten» nannten, sorgte, so gut es ihm möglich war.

Natürlich gibt es derartige Verhältnisse von Klient und Patron in vielen politischen Systemen, doch im Libanon waren sie so dominierend, dass die gesamte innere Politik und sogar alle inneren Kriege der späteren Jahre durch sie bestimmt waren. Dabei wirkte sich immer aus, dass die Klientelgruppen innerhalb der jeweiligen Religionsgemeinschaften zusammentraten und fast nie über deren Grenzen hinweg. Wie die grosse Mehrzahl der Libanesen innerhalb ihrer Religionsgruppen heiratete und Verwandtschaften aufbaute, die sich nur ganz ausnahmsweise auf eine andere Gemeinschaft erstreckten, so unterstellten sie sich auch einem Chef oder Führer aus ihrer eigenen Gruppe. In Libanon nannte und nennt man auch heute noch diesen Chef *Za'îm*, ein Wort, das das deutsch-arabische Wörterbuch von Wehr mit «Führer, Anführer, Oberst – als militärischer Dienstgrad im Irak –, Bürge» widergibt; das französische von Belot mit «Garant, Répondant, Représentant, Prince, Chef», das englische von Hava mit «Surety, Answerable, Chief, Spokesman». Man sieht, der Begriff bedeutet «Anführer», aber gleichzeitig auch «Fürsprecher» und «Verantwortlicher».

In der Tat ist in Friedenszeiten der Za'îm seinen Klienten als «Fürsprecher» bei den Behörden und staatlichen Stellen unentbehrlich. Nur über ihn und mit seiner Vermittlung kann der kleine Mann bei den Behörden oder den politischen Stellen wirklich Gehör finden. Sich direkt an sie zu wenden, erscheint ihm – und ist es auch oft – unmöglich, er würde einfach nicht wahrgenommen, wenn man ihn überhaupt vorlassen würde. Jumblat war also der Za'îm der Drusen «seines» Jumblati-Klans; dies war seine ihm angeborene Hauptposition. Er war aber auch Sozialist, weil er dies sein wollte und weil er der Ansicht war, das alte Regime, das eben auf den Chefs der Gemeinschaften beruhte, müsse beendet werden und einem «modernen» Parteiensystem weichen. Kamal Jumblat ist inzwischen gestorben (er wurde am 16. März 1977, vermutlich vom syrischen Geheimdienst, erschossen), doch das alte Regime besteht bis heute fort. Die Solidarität der Religionsgemeinschaften (die auch durch die Bande der Endogamie zusammengehalten werden) war (und ist) stärker als der Zusammenhalt von Gesinnungs- und Interessengemeinschaften (soweit solche überhaupt je zustande kamen), auf denen eine Partei im europäischen Stile beruht.

Erste Begriffe über die Phalangisten

In Bikfaya hörte der junge Besucher auch zum erstenmal ausführlicher von den Kata'eb oder «Phalanges» des Apothekers Pierre Gemayel. Für Bschara waren sie Feinde. Pierre Gemayel, ein Maronite aus Bikfaya, hatte 1936 als Student der berühmten Olympiade Hitlers beigewohnt. Er kehrte zurück mit dem Willen, seinerseits eine «national» und «sozial» ausgerichtete Partei zu gründen, und er sah die Bildung einer Miliz in Uniform als ein Mittel an, um seine Partei zu einer disziplinierten und modernen Formation zu machen. Die «Phalanges» entwickelten sich denn auch zu einer militanten Mittelstandspartei mit mehr oder minder bewaffneten Aktivisten. In den 1930er Jahren gab es in Ägypten ähnliche Aktivistengruppen, die Grünen Hemden oder die Roten Hemden, nach dem Modell der damals vielerorts in Europa (z. B. in Deutschland, Italien, Spanien, Rumänien, aber auch in der Sowjetunion) zur Mode gewordenen politischen «Jungvölker» paramilitärischer Organisation. Die Anhänger Gemayels sahen sich als Demokraten an. Das war insofern für sie nicht schwierig, als sie alle aus Maroniten bestanden, und die Maroniten als die erste Gemeinschaft Libanons den libanesischen Staat beherrschten. Der Präsident und, ebenso wichtig, der General, der unter dem Präsidenten die Armee kommandierte, mussten (und müssen bis heute) nach Vorschrift der Verfassung Maroniten sein.

Allerdings sollten die «Phalanges» in der Politik Libanons nie eine solch bedeutende Mehrheit erringen, dass sie sich gegen andere maronitische Rivalen voll durchsetzen konnten, die als «Za'îme» (der korrekte arabische Plural lautet Zu'amâ') auftraten und wirkten. In allen Wahlkreisen, in denen Maroniten lebten, gab es die lokalen Anführer aus den grossen Familien, die sich beinahe berufsmässig mit Politik und der Anführung ihrer Klienten befassten und deren Führungsposition innerhalb «ihrer» Regionen fast immer, wie das Vermögen, vom Vater auf einen der Söhne vererbt wurde. Meistens erhielten diese Zu'amâ die Stimmen der Maroniten ihrer Regionen. In vielen Wahlkreisen standen zwei oder mehr solcher Familien in Konkurrenz, und es gab auch Bündnisse unter ihnen. Nur in der Stadt Beirut und in anderen grösseren Orten, in denen viele Maroniten des Mittelstandes lebten, konnten die Anhänger Gemayels ihren Zaîm und einige ihrer anderen Kandidaten ins Parlament bringen. Im Parlament mussten sie sich dann mit anderen Gruppierungen verbinden, wenn sie eine Wirkung ausüben wollten, und ihre Verbündeten waren stets andere maronitische Gruppen.

Doch die «Milizen» dieser Partei sollten dazu bestimmt sein, in den beiden Bürgerkriegen des Landes 1958 und 1975–1990 eine wichtige Rolle zu spielen, weil sie in Kämpfen und Schiessereien die bewaffnete Speerspitze der Maroniten abgaben. Die «Phalanges» waren eine Ein-Mann-Partei, die ihrem Gründer und Führer Gemayel und später auch dessen Söhnen bedingungslose Gefolgschaft leistete. Man konnte sie sehen als eine Verbindung der in der Zwischenkriegszeit «modisch» gewordenen uniformierten und militanten Gruppierungen mit der alten Idee des Za'îm. Gemayel war letztlich ein Za'îm, wie die anderen, jedoch einer, der aus dem städtischen oder verstädterten Mittelstand hervorgegangen war und der sich eine militarisierte und uniformierte Gefolgschaft unter den maronitischen städtischen Kleinbürgern schuf.

Die Gross-Syrische Partei PPS

Auf einem Ausflug zu alten libanesischen Freunden, die wir in Chicago gekannt hatten, kamen wir in nähere Verbindung mit einer weiteren Partei Libanons, der PPS oder «Parti Populaire Syrien». Unser Freund Fawzi Najjar stand dieser Partei nahe. Sie war von einer charismatischen Figur gegründet worden, dem in Libanon aufgewachsenen, jedoch als 18-Jähriger nach Brasilien ausgewanderten *Antoine Saadeh*. Saadeh stammte aus Shwair, dem Dorf unmittelbar über Bikfaya. Er kam aus einer griechisch-orthodoxen Familie. Sein Vater, der Arzt Dr. Khalil Saadeh, ein Zögling der AUB (American University of Beirut) und der Verfasser eines arabisch-englischen medizinischen Wörterbuches, war noch zur Zeit der Osmanen nach Brasilien ausgewandert, weil er für die Befreiung seines Landes von den Türken agitiert hatte. Er hatte seine Frau und seine Kinder zu Hause zurückgelassen. In Brasilien veröffentlichte er zwei Emigrantenzeitungen, die beide eingingen. Seine Frau starb 1913 in Ägypten und der junge Antoine, damals 12-jährig, wuchs als Halbwaise bei Verwandten in Shwair auf. Die grosse Hungerperiode des Ersten Weltkriegs fiel in seine Jugend. Er überlebte und reiste 1919 nach São Paolo zu seinem Vater. Vater und Sohn träumten im fernen Exil von der grossen Zukunft ihrer Heimat und der Rolle, die der Sohn dort noch spielen würde.

Was war jedoch diese Heimat? – Die Maroniten glaubten an Libanon als ihr Land und ihren Staat. Die Sunniten jedoch wollten sich lieber Syrien anschliessen. Die Sunniten von Damaskus hofften auf einen neu gebildeten arabischen und syrischen Nationalstaat, zu dem nach der Ansicht vieler von ihnen auch Palästina hätte gehören sollen. Ein – reduziertes – unabhängiges Syrien konnten sie jedoch den Franzosen erst 1946, nach 25 Jahren schwerer Unruhen und politischer Kämpfe, abringen. Libanesen und Syrier empfanden sich als Araber, und diese weitere sprachliche und kulturelle Identität drängte ebenfalls nach einem politischen Ausdruck. Der Orthodoxe Saadeh jedoch legte sich eine eigene Heimat zurecht; sie hiess Syrien. Er meinte damit einen gross-syrischen Staat, der die heutigen Länder Libanon, Syrien, Palästina (mit dem heutigen Israel), Jordanien und sogar Zypern umfassen sollte. Der sich schon damals abspielende Streit um die Zukunft Palästinas zog auch Saadeh in seinen Bann. Für ihn war Palästina ein Teil von Gross-Syrien. Palästina war in der Tat während den Jahrhunderten der osmanischen Herrschaft eine Unterprovinz der Provinz (Pashalik) Syrien mit der Hauptstadt Damaskus gewesen. Doch Saadeh ging viel weiter zurück; sein Gross-Syrien wollte er archäologisch und sogar geologisch begründen. Er behauptete, es sei die Quelle der Zivilisation schlechthin gewesen. Die Griechen hätten «die Kultur» von den Syrern Gross-Syriens übernommen. In ihrem Ursprungsland sei sie dann allerdings unter dem Druck der «orientalischen» Nachbarländer (Ägypten, Arabien) zerfallen. Saadeh und seine Gefolgsleute wollten dieses imaginäre Gross-Syrien in seinem alten Glanz wieder aufrichten. Saadeh kehrte zuerst in den 1930er Jahren nach Libanon zurück, doch stiess er wegen politischer Agitation mit der französischen Mandatsmacht zusammen, wurde vor Gericht gestellt, eingekerkert und dann kurz vor dem Zweiten Weltkrieg ausgewiesen. In den Jahren vor 1939 muss seine Partei einige Tausend Mitglieder gezählt haben. Sie war halb-militärisch als Kaderpartei aufgezogen. Saadeh ging zurück nach Südamerika, wo er einige Bücher in arabischer Sprache verfasste, und tauchte 1947, zur Zeit der Unabhängigkeit Libanons, wieder in seiner Heimat auf. Er hatte schon während seines ersten Aufenthaltes die Amerikanische Universität und das sie umgebende Viertel von Ras Beirut zum Hauptschauplatz seiner politischen Aktivitäten gewählt. Eine Zeitlang wirkte er als Lektor für Deutsch an dieser Universität, weil es ihm gelungen war, das Wohlwollen ihres damaligen Präsidenten, Bayard Dodge, zu erlangen. Seine Lehre von Gross-Syrien war wirksam, obwohl sie keinerlei faktische Grundlage besass, ausser dass es in der Tat in dem von ihm in Anspruch genommenen Raum ein Volk und eine Sprache gegeben hat, neben einer Vielzahl von anderen, die man als syrisch bezeichnen kann. Es lag im Klima der Vorkriegszeit, dass die Imperien, das Reich, als grosse Ziele dargestellt wurden, denen sich die Einzelnen aufzuopfern hätten. Solche Lehren zogen vor allem die geistig heimatlos gewordenen Schichten der städtischen Kleinbürger und ihrer Intellektuellen an, die einen neuen Sinn für ihr Leben suchten und sich selbst grossen Führern und Idealen hingeben wollten.

Saadeh muss ein charismatischer Mann gewesen sein. Es gab Studenten der AUB, die sich ihm mit Leib und Seele verschrieben. In der Levante mit ihren zahllosen Klans und Gruppierungen ethnischer wie auch religiös-konfessioneller Natur brachte die neue Ideologie vom gross-syrischen Ideal eine Art von Befreiung mit sich. Man war nun nicht mehr «nur» libanesischer Schiite, Druse, Maronit oder Orthodoxer, eingefügt in den engen Kreis von Familie, Sippe und Konfession, und dazu noch der Allmacht der kolonialen Behörden unterworfen, sondern konnte sich als «Syrier» fühlen, als Träger eines neuen Ideales uralter Wurzeln, dessen Wiederbelebung als eine grosse Aufgabe erschien. Auch gegenüber den Kolonialmächten, den Franzosen, die meinten, sie müssten «la civilisation française» ausbreiten, oder den Briten, die alle Asiaten als geborene Untertanenvölker ansahen, konnte man sich auf Grund dieser Ideologie als gleichwertig, ja sogar, als ein Mann der Zukunft, heimlich überlegen betrachten.

Die Anhänger Saadehs waren sehr stolz darauf, dass sie nur eine einzige Loyalität kannten, nämlich, wie sie erklärten, ihren alle anderen Bindungen ablegenden Willen, dem Führer Saadeh zu folgen und die «Syrische Nation» zu verwirklichen. Ihre Meinung war, die Mitglieder ihrer Partei, der PPS, seien über ihre alten Konfessionsbande hinausgewachsen. Für sie existierten sie nicht mehr. Deshalb könnten Muslime und Christen aller Konfessionen innerhalb der Partei und einzig in ihr rückbehaltlos zusammenarbeiten, wurde den Aussenstehenden immer wieder erklärt.

Doch Saadeh stiess, wohl ohne sie voll zu erkennen, mit den scharf geprägten, althergebrachten Loyalitäten und Gruppenegoismen der Levante zusammen. Nach Erhalt der Unabhängigkeit stellte die libanesische Regierung dem ihr gefährlich erscheinenden Ideologen und seinen kämpferischen Milizen eine Falle, indem sie die der PPS feindliche Miliz der Phalanges dazu ermunterte, ihren Parteisitz und ihre Zeitung zu erstürmen. Saadeh entkam nach Syrien zu seinem vermeintlichen Freund, Oberst *Husni Za'îm*, der kurz zuvor in Damaskus die Macht durch einen Staatsstreich an sich gerissen hatte. Doch der Oberst lieferte ihn an zwei Abgesandte der Polizei Libanons aus, nachdem die Anhänger der Partei von Syrien aus einige libanesische Grenzposten angegriffen und Beirut «den Krieg» erklärt hatten. Saadeh wurde in

Beirut vor ein Militärgericht gestellt, das ihn hinter verschlossenen Türen zum Tode verurteilte und auch sogleich, am frühen Morgen des 8. Juli 1949, erschiessen liess. Er wurde dadurch zum Märtyrer und von seinen Anhängern geradezu vergöttert.

Seine Witwe und einer seiner getreuesten Schüler, *Georges Abdel Massih*, übernahmen die Leitung der Partei, deren Mitglieder von der libanesischen Polizei verfolgt wurden wegen angeblicher Verschwörung gegen den Staat, «mit Hilfe der Zionisten», wie der libanesische Staat behauptete. In Syrien wurden kurz darauf Offiziere, die der PPS anhingen, zum Hauptinstrument der politischen Kräfte, die den Sturz von Husni Za'îm und seine Erschiessung am 14. August 1949 bewerkstelligten, nachdem Za'îm, der erste der syrischen Militärdiktatoren nach der Unabhängigkeit seines Landes, nur viereinhalb Monate regiert hatte. Der libanesische Ministerpräsident und Gründervater des Staates Libanon, *Riad as-Solh*, der die Hinrichtung Saadehs hatte durchführen lassen, wurde seinerseits zwei Jahre später auf einem Besuch in Amman von einem Mitglied der PPS ermordet.

Diese ganze verwickelte Geschichte bekam der damalige junge Besucher von verschiedenen Freunden nur fragmentarisch und in undeutlichen Andeutungen zu Ohren, bis er später die Zusammenhänge aus den wenigen Büchern in Erfahrung brachte[1], die sich genauer mit dieser politischen Episode befassten. Doch die Menschen lernte er aus direkter Erfahrung kennen. Die Sympathisanten der verbotenen Partei sprachen gerne von ihren Idealen und Hoffnungen, während sie die jüngste und blutige Vergangenheit, deren Einzelheiten in der Tat wohl auch für sie nicht immer leicht zu erkennen waren, im Halbdunkel liessen.

Der Zweite Weltkrieg in Tripolis

Einer der früheren Parteimitglieder, Fawzi Najjar, der Freund, den wir beide an einem heiteren Herbsttag 1955 in seinem Dorf in Nordlibanon aufsuchten, auf den Hügeln über der Stadt Tripolis, war stolz auf das grosse Haus, das er sich am Rande des Dorfes hatte erbauen können und wo er mit seiner Schwester lebte. Bald kam er auf die ausserordentliche Geschichte zu spre-

---

1   Siehe die hervorragende Darstellung der syrischen Politik von Patrick Seale: The Struggle for Syria. A Study of post-war Arab Politics, Oxford Univ. Press 1965, S. 64–75, und – mehr für das Atmosphärische: Fouad Ajami: The Dream Palace of the Arabs, Vintage Books, New York, 1999, S. 51–56 und Register.

chen, die mit dem Haus und seiner Karriere zusammenhing. Während des Krieges hatten die Engländer bei Tripolis ein gewaltiges Materiallager angelegt, das dem Nachschub und der Hilfe für die russischen Truppen diente. Lastwagen gingen von dort in Konvoys durch den Irak, durch Persien und den Kaukasus an die russische Front. Bis nach Tripolis brachten britische Schiffe die Waffen und Hilfsgüter. Der junge Najjar war in einem solchen Depot als Verwalter angestellt worden. Er arbeitete unter der Aufsicht britischer Offiziere, und er berichtete, er habe es sich zum System gemacht, nichts zu stehlen, obwohl viele seiner Mitarbeiter allerhand Waren auf den Schwarzen Markt verschoben. Weil er als ausnehmend ehrlich gegolten habe, so erzählte er weiter, sei er im Laufe der Jahre avanciert, und als eine Vorschrift erlassen wurde, nach der alle Engländer Frontdienst zu leisten hätten und ihre Verwaltungsarbeit den einheimischen Angestellten überlassen sollten, sei er zum Direktor des ganzen Lagers ernannt worden. Auch als solcher habe er sich an seinen Grundsatz gehalten, nie etwas zu entwenden. Doch gegen Ende des Krieges habe er erfahren, dass die Transporte nach der Sowjetunion aufhören und die Lager geschlossen werden sollten. Da habe er sich entschieden, nun mit aller Gewalt seine eigenen Interessen zu fördern. Er habe mit dem Bau seines Hauses begonnen und lastwagenweise Tag und Nacht zuerst den Zement und später die anderen Baumaterialien und Güter, bis zu den Betten und Tischen, in sein Dorf bringen lassen. In aller Eile habe er soviel auf die Seite gebracht wie immer möglich. Der Schiffsraum, um all dieses Material nach England zurückzutransportieren, habe ohnehin gefehlt. Was er nicht gestohlen habe, hätte sich irgend ein anderer angeeignet. Die Leute aus seinem Dorf, die alle an der Operation interessiert waren, hätten ihn verständnisvoll unterstützt. Bis heute, so erwähnte er stolz (der Krieg war seit zehn Jahren beendet), halte z. B. der Vorrat von Glühbirnen an, den er sich damals in seinem Haus angelegt habe. Das Geld, das er verdiente, so erzählte er auch, habe ihm sein Studium der Philosophie in den Vereinigten Staaten finanziert und dies hätte ihm später erlaubt, zum Dozenten an der Amerikanischen Universität von Beirut aufzusteigen.

Die Khoura-Region ist eine Olivenlandschaft, grün, hügelig mit Aussicht auf das Meer nach Westen und auf die kahlen Höhen des Libanonkamms im Osten. Das Haus lag mitten drin, am Rande des Dorfes. Wie bei den meisten neueren Gebäuden in Libanon erhoben sich einige Zementpfeiler über das Flachdach hinaus, die Armierungseisen ragten aus ihnen empor. Das sei, so wurde den Besuchern erklärt, einerseits für den Fall, dass man ein weiteres Stockwerk auf das Haus aufbauen wolle, etwa wenn die Familie anwachse oder weitere Familienmitglieder zuzögen, aber andrerseits auch, weil man auf fertiggestellte Häuser Steuern zu zahlen habe. Ein derartiges Haus sei ja offensichtlich nicht fertig.

Alte und neue Häuser der Libanesen

Zement war schon damals das Baumaterial für neue Häuser. In der Zwischenzeit hat er so überhand genommen, dass die traditionelle Bauweise aus gehauenen Steinquadern mit roten Ziegeldächern und einer ganz bestimmten Anordnung der Wohnräume nur noch an einigen alten Gebäuden bewundert werden kann. Diese alten Häuser waren völlig angepasst an das Klima im Lande und auch an die Lebensgewohnheiten seiner Bewohner. Es gab zwei Varianten, eine einfachere und eine für wohlhabende Leute. Das einfachere Haus war einstöckig; man kam durch ein meist gerundetes Eingangstor direkt in den zentralen Wohnraum, wo die Familie sich aufhielt und auch Besucher empfangen wurden. Dort stand der Esstisch, ein Diwan, das Radio, mehr oder minder bequeme, aber jedenfalls reich dekorierte Stühle, die sich an den Tisch rücken liessen oder der Wand entlang aufgereiht wurden. In diesem zweiten Falle stellte man kleine Tischchen davor, um eine grössere Zahl von Gästen empfangen und, mindestens mit Kaffee, bewirten zu können. Von dem zentralen Raum aus führten drei Türen in die Nebenzimmer, von denen eines die Küche war, die anderen Schlafräume, die ihrerseits in mehrere weitere Räume unterteilt werden konnten. Im einfachsten Fall gab es einen Schlafraum für Frauen und einen für Männer. Wenn viele Leute dort wohnten, schliefen sie auf dünnen Matratzen am Boden, die tagsüber aufgerollt wurden und mit Teppichen überdeckt der Wand entlang als Sitzgelegenheiten dienten. Ein Garten, womöglich mit einem Brunnen oder Wasserbecken, gehörte zu jedem Haus, und im Sommer stand das Haupteingangstor zum Zentralraum hin offen, so dass der Garten in den Lebensbereich der Familie einbezogen wurde.

Die bescheidensten der einstöckigen Häuser, wie sie die Bauern bewohnten, hatten flache Lehmdächer, die leichter zu bauen waren als die Dachstühle für Ziegeldächer, welche die Kunst eines Zimmermannes erforderten. Die schwere Steinwalze, mit der man alljährlich den Lehm dieser Dächer wieder flach walzen musste, wenn sie dicht bleiben sollten, blieb das ganze Jahr über auf den Lehmdächern liegen.

Das elegantere Modell eines Wohnhauses war zweistöckig mit Ziegeldach. In diesem Falle lag der zentrale Wohn- und Empfangsraum im ersten Stock. Er besass ein oder mehrere Bogenfenster mit Glasmosaiken, eines mit grossen Türen, die auf einen zentralen Balkon hinausführten. Dieser konnte so angelegt sein, dass er als Aussichtsterrasse und zweiter Aufenthaltsraum für die Familie diente. Von dem mittleren Raum aus konnte man in Fluchten von ineinandergehenden Zimmern gelangen, die meist auch auf der einen Seite den Männern, auf der anderen den Frauen dienten. Das untere Stockwerk konnte für die Dienerschaft oder für eine zweite Familie verwendet werden. Eine Steintreppe wurde aussen am Hause emporgeführt. Man überrankte sie gerne mit Weintrauben oder Glyzinien. Solche besseren Häuser wurden mit hohen Zimmerdecken gebaut, damit sie kühl blieben. Die ineinander übergehenden Räume erlaubten es zudem, Durchzug durch das ganze Haus zu bewerkstelligen, was ebenfalls kühlend wirkte. Die zweistöckigen Wohnhäuser konnten zu palastartigen Gebäuden ausgebaut werden, indem man weitere Stockwerke aufsetzte, die Innenräume mit Marmorböden versah und mit bunten Marmorwänden ausschmückte. Manchmal wurden Brunnen angelegt mit Wasserstrahlen oder sogar einer Wasserrinne, die den ganzen Hauptsaal durchquerte.

Sunnitische Stadt unter christlichen Hügeln

In der Landschaft Khoura lebten Christen; die Küstenebene mit der Hafenstadt Tripolis war in erster Linie sunnitisches Siedlungsgebiet, in dem es allerdings, wie in allen Städten der Levante, eine christliche Minderheit gab, die seit dem Beginn der Christenheit in ihnen lebte. Der Islam hatte sie sechs Jahrhunderte später überlagert, doch die alten christlichen Konfessionen hatten in seinem Schutz fortbestanden. Die Gegensätze zwischen den Bergen und Hügeln der maronitischen Bergbauern und der sunnitischen Stadt in der Ebene waren deutlicher spürbar als in Beirut, weil Tripolis, die kleinere, weniger dynamische Stadt, ihre alte Zusammensetzung aus einem sunnitischen Staatsvolk mit einer christlichen Minderheit bewahrt hatte, ohne den gleichen Zustrom von Christen, Drusen und Schiiten aus den benachbarten Bergen zu erhalten wie die Hauptstadt Beirut. Im Gegensatz zu Beirut war denn auch Tripolis stets als ein Zentrum des Widerstandes gegen das französische Mandat aufgetreten. Die Bürger der Stadt sahen sich auch nach der Unabhängigkeit Libanons als ebenso sehr, wenn nicht mehr, zu Syrien gehörig an wie zu Libanon. Doch der Umstand, dass das Halbrund der Berge, das die Stadt umgab, seinerseits dicht von sehr entschiedenen Maroniten und Orthodoxen der alten Schule mit ihren Klöstern, Bergheiligtümern und politischen Führungsfamilien, aus denen die Zu'amâ hervorgingen, bewohnt war und Tripolis weitgehend von Syrien abtrennte, machte die Sunniten der zweiten Stadt Libanons beinahe zu Gefangenen des libanesischen Staates, in den sie eingebaut waren, ob es ihnen gefiel oder nicht.

Die Passage am Hundefluss

Der Rückweg nach Bikfaya führte an der historischen Stelle vorbei, wo der Nahr al-Kalb oder Hundefluss aus seiner Schlucht hinaustritt, um ins Meer zu münden. Die Felsen der Libanonberge treten auf beiden Seiten der Schlucht unmittelbar bis an den Strand vor. Nördlich und südlich davon gibt es Küstenebenen, die seit Jahrtausenden die Durchgangswege der Küste entlang in nord-südlicher Richtung gebildet haben. Doch die Passage am Hundefluss war leicht zu sperren und besass daher strategische Bedeutung. Ramses II. (1304–1237 v. Chr.), der grosse Eroberer unter den Pharaonen, wusste dies so gut wie alle die späteren Feldherrn und Herrscher, die Heere der Küste entlang geführt haben. Er hinterliess eine Steininschrift auf den Felsen bei der Flussmündung, und viele seiner Nachfolger haben es ihm nachgemacht. Neben den ägyptischen Hieroglyphen gibt es assyrische Inschriften in Keilschrift, griechische, lateinische, arabische und aus der jüngsten Zeit französische und englische. Nicht weniger als 17 davon sind bis heute sichtbar geblieben.

Ramses war unterwegs nach dem Norden, wo er ca. 1300 v. Chr. bei Qadesh eine der berühmtesten Schlachten des vorklassischen Altertums schlug, gegen die Hethiter. Sie endete unentschieden. Der Friedensvertrag, der darauf geschlossen wurde und die Teilung von Syrien und Palästina zwischen den beiden Imperien besiegelte, ist bis heute erhalten.

Ramses war keineswegs der einzige Herrscher, dessen Heere durch die Küstenebene zogen. Die assyrischen und babylonischen Könige marschierten auf dem umgekehrten Weg aus dem Norden über den Euphrat hinweg nach Nordsyrien und dem Meer entlang nach Palästina; eine der Inschriften liess Nabuchodonosor II. (605–562 v. Chr.) einmeisseln, der Nebukadnezar der Bibel. Eine andere, besser erhaltene, geht auf den assyrischen Eroberer Asarhaddon zurück und schildert in Keilschrift seinen siegreichen Feldzug aus dem Jahr 671 v. Chr. gegen die Ägypter. Alexander der Grosse kam auf der gleichen Strasse, bevor er in berühmten Belagerungen Sidon und Tyrus (heute Saida und Sur in Südlibanon) einnahm. Die römischen Legionen marschierten hin und zurück. Der grosse Mamlukenherrscher Baibars (1223–1277), der Ägypten und Damaskus beherrschte und der Küste entlang nach Norden zog, um die letzten Festen der Kreuzritter zu erobern, liess den kühnen Bogen der geschwungenen Steinbrücke über den Fluss errichten, der heute noch steht, und hinterliess eine arabische Inschrift. Die Truppen Napoleons III. kamen 1860 vorbei, als sie im Gefolge der damaligen Massaker an Maroniten dem Osmanischen Staat ein Sonderstatut für den

Berg Libanon aufzwangen, das als Keim des heutigen libanesischen Staates gesehen werden kann. Ein leerer Sockel steht neben den Inschriften. Die Sage geht, dort habe das Bild eines steinernen Hundes gesessen, der jedesmal laut heulte, wenn ein fremdes Heer vorbei zog. Von diesem Hund habe der Hundefluss seinen Namen.

Neben den 17 historischen Felseninschriften haben auch die modernen Politiker Plaketten anbringen lassen, die an Daten erinnern, welche ihnen historisch erschienen. Die Eröffnung der Eisenbahnlinie zwischen Palästina und Aleppo im Jahr 1942 durch die Alliierten ist dabei, nur dass diese Linie schon sechs Jahre später im Zeichen des Palästina-Konfliktes wieder stillgelegt wurde und es bis heute bleibt. Andere Inschriften der neueren Zeit erinnern an die Befreiung Libanons von den Truppen des Vichy-Regimes durch französische und britische Einheiten 1941 und die Räumung des Landes durch die kolonialen Truppen 1946, welche die endgültige Unabhängigkeit Libanons mit sich brachte.

Damals ging eine gewundene Landstrasse, die in einen kleinen Tunnel einmündete, an der strategischen Passage vorbei. Doch heute ist sie durch eine gradlinige Autobahn ersetzt, die Küste und Felsen durchschneidet, um dann durch einen modernen, viel längeren Strassentunnel zu führen. Sie erlaubt, mit grosser Geschwindigkeit an der historischen Stelle vorbeizusausen, die im Schatten ihrer Abböschungen und Abzäunungen verborgen bleibt.

Erste Fahrt nach Damaskus

In Bikfaya begann der Frühling. Es wurde zum Abendritual, nach den Übungsstunden des Nachmittags auf der Terrasse vor dem Kloster zu sitzen und den Sonnenuntergang abzuwarten. Er endete jedesmal mit spontanem Beifallklatschen der Zuschauer, wenn die glutrote Sonne ihr altes, aber stets neu überraschendes Kunststück wiederholte. Sie stand über dem in ihrem Schein gelbrot gleissenden Meer, berührte es mit ihrem Rande und dann, schwupp, war sie in ihm versunken. Die Welt wurde still.

Der Frühling machte unseren Freund und Lehrer, Mahmud, reiselustig. Es zog ihn nach Damaskus, wo er frühere Frühlinge erlebt haben musste. Er überzeugte seine kleine geistliche und weltliche Schülerschaft, dass über Ostern eine kurze Reise nach Syrien angebracht sei. Zwei der vielen Taxis, die zwischen Beirut und Damaskus verkehrten, wurden bestellt. Mahmud kannte solche, deren Fahrer in Bikfaya zu Hause waren und sich deshalb bereit fanden, die Nacht in dem Ort zuzubringen und am Morgen früh direkt den Weg nach Damaskus einzuschlagen. Die Reise ging über die kurvenreiche Strasse östlich von Beirut steil den Berg hinauf an Jamhour vorbei, wo man das grosse Internat der Jesuiten hoch über der Stadt liegen sah. Alle reichen und mächtigen Politiker Libanons, so kommentierte Mahmud, schickten ihre Söhne zu den Jesuiten, weil sie dort die beste Ausbildung erhielten, sogar viele der muslimischen Würdenträger würden dort ausgebildet. Weiter hinauf nach Aley, das einst ein Drusendorf war, sich jedoch schon damals in eine mondäne Sommerfrische verwandelt hatte, deren Hotels und Chalets nicht nur die reichen Libanesen, sondern besonders die neureichen Araber aus Saudi-Arabien und aus Kuwait besuchten. Es gab damals noch keine luftgekühlten Zimmer, Häuser oder gar Automobile im Nahen Osten, und schon aus diesem Grund musste, wer bequem leben wollte, möglichst den ganzen Sommer in den kühlen Sommerfrischen der Berge verbringen.

Die Strasse stieg weiter nach Sofar empor, auch eine Sommerfrische, jedoch schon ein wenig veraltet. Die dortigen hoch gelegenen Hotels waren von den Franzosen der Kolonialzeit bevorzugt worden; nun waren manche davon geschlossen. Über Sofar wurden die Berge kahl. Man sah die Schmalspurbahn mit ihren gewölbten Überbauungen, welche die Linie vor Schnee und Steinfall schützen sollten. Sie verband immer noch Beirut mit Damaskus. Doch ihre Züge waren so langsam, dass sie nur noch für Waren- und Viehtransporte Verwendung fand. Die viel schnelleren Autos hatten sie weitgehend ausgeschaltet, und die Güterzüge verkehrten nur noch einmal im Tag. Neben den kahlen, noch grauen Bergen sah man immer wieder grosse Terrassen mit Apfelbaumpflanzungen über ganze Hänge hinweg, manche waren noch jung. Reiche Leute – meistens seien es heimgekehrte Auswanderer, hiess es – hätten sie neu angelegt. Nasser, so wusste Mahmud zu berichten, der in Ägypten seit vier Jahren zur Macht gekommen war, habe den libanesischen Botschafter in Kairo den «Apfel-Botschafter» getauft, weil der Import der libanesischen Äpfel nach Ägypten, wo sie eine Luxusfrucht waren, von ihm bei jeder Gelegenheit aufs Tapet gebracht wurde. Der Preisunterschied war so gross, dass libanesische Studenten, die nach Kairo studieren gingen, ein Kiste Äpfel auf das Dampfschiff mitnahmen, um sie in Kairo zu verkaufen und sich damit etwas Geld zu verschaffen.

Quer durch die Bekaa-Ebene

Die Passhöhe von Dahr al-Baida («Weisse Klippe») war noch winterlich kahl und in Nebelschwaden gehüllt. Doch von dort fiel die Strasse steil ab nach der Bekaa-Ebene, die zwischen dem Libanon und dem Anti-Libanon liegt. Ein weiter Blick auf die sonnenüberstrahlte grüne Fläche tat sich auf. Im

Osten war sie durch die kahlen Hügel des Anti-Libanon begrenzt, doch nördlich und südlich zog sie sich schier endlos dahin. In ihrem untersten Teil tauchte die Strasse in dichte, schon tiefgrüne Baumgärten ein. Dort lag Shtora, damals noch ein kleiner Ort mit wenigen Häusern und einem Hotel aus gehauenen Steinquadern. Später sollte der Ort ein der Strasse nach lang hingezogenes Einkaufszentrum werden, wo die Syrer und Besucher, die nach Syrien unterwegs waren, alle die Dinge einkaufen konnten, die es in Syrien nicht gab. Von da an ging die Strasse immer geradeaus, mitten durch die Ebene. Wanderarbeiter waren auf ihr unterwegs, Frauen, Männer und Kinder, ihre Habseligkeiten auf Esel geladen, manchmal sogar auf ein Kamel. Sie liessen sich jährlich anheuern, um die grossen Güter der Landbesitzer der Ebene zu bebauen. Viele der Landherren lebten in Zahlé, dem griechisch-katholischen Städtchen, das wir links hinter uns liessen, und das um seiner Verteidigung willen in eine enge Seitenschlucht eingebaut ist, die in die Ebene mündet. Zu den Landbesitzern gehörten auch die Jesuiten, die in der Nähe bei Ksara den berühmtesten Wein ganz Libanons kultivierten.

Mehrfache Grenzkontrollen

Die libanesische Grenzstation lag am Fuss des Anti-Libanon, sehr geschäftig mit einem langen, seitlich offenen Dach, unter dem alle Fahrer den Koffer-raum ihrer Autos öffnen mussten. In einem benachbarten kleinen Büro mussten die Passagiere Pässe, Ausweise und Visen vorzeigen und erhielten Stempel darein. Papiere zu stempeln, schien ein Akt der Wollust für die Grenzbeamten zu sein. Manche der Waren, die sich in den Wagen befanden, lösten Diskussionen aus, ob darauf wirklich Zoll bezahlt werden müsse. Die Chauffeure und die Zollsoldaten kannten sich offenbar; manch einer brachte seinen uniformierten Freunden Säcke oder Pakete mit, deren Inhalt in Beirut oder in Damaskus bestellt worden war.

Es gab und gibt heute noch ein erstaunlich breites Niemandsland zwi-schen den beiden Nachbarstaaten. Wir fuhren gute zehn Minuten men-schenleeren Hängen und Schluchten entlang durch den Anti-Libanon, bis man auf einem nach Osten hin sanft abfallenden Plateau den syrischen Grenzposten erreichte. Dort gab es noch einmal Kontrollen der Ausweise und der Autokoffer, und etwas weiter, schon im Inneren Syriens, stand eine dritte Sperre, deren Soldaten die von beiden Grenzposten gestempelten Aus-weise ein weiteres Mal durchblätterten. Dies sei die militärische Sicherheits-polizei, so erklärten die Mitfahrenden leise, die sich vergewissere, dass die eigenen Grenzbeamten ihren Aufgaben auch genau nachkämen.

45

Durch die Gärten am Barada

Die Weiterfahrt führte ins Tal des Barada-Flusses hinab, der die Strasse bis nach Damaskus begleitet. Auf einer Anhöhe ist ein kleiner Friedhof angelegt. Dort liegen die Gefallenen des vergeblichen Kampfes von *Maysalun*, den die Armee des kurzlebigen syrischen Königreiches unter Faisal, dem Haschemiten, den französischen Truppen lieferte, die am 25. Juli 1920 einmarschierten, um ihr Völkerbundsmandat Syrien in Besitz zu nehmen, nachdem das bis dahin osmanische Damaskus im Oktober 1918 von der Beduinenarmee Faisals eingenommen worden war. Der berühmte «Lawrence of Arabia» hatte jenen Feldzug inspiriert und begleitet. Maysalun war bloss ein symbolischer Widerstand, der dennoch Menschenleben kostete. Faisal verliess Syrien und wurde später mit englischer Hilfe König des Iraks. Der Historiker Albert Hourani, der selbst syrischen Ursprungs ist, schreibt, die Syrer seiner Generation hätten Faisal nie vergessen. Seine Regierung sei wahrscheinlich diejenige gewesen, die «solidere Grundlagen in der Zustimmung des Volkes besass als irgendeine andere seit der Zeit der Umayyaden» (die 750 n. Chr. zu Ende ging)[2].

Seitengewässer münden in den Barada ein, und der Talgrund ist von Gärten überzogen, die Wassergräben und -becken enthalten, auch Beete mit kleinen Pflanzungen, die im Schatten von hohen Bäumen liegen. Bewohner der Stadt sassen mit Picknick-Körben an den Bächen; andere zogen die ebenfalls wasserdurchströmten Terrassen von aus Holz gebauten Kaffeehäusern und Gaststätten vor, die entlang der Strasse standen. Der Übergang von der Einöde der Hochebene zum Grün des Tals und seiner Gärten wirkte aufheiternd, auf niemanden so sehr wie auf Mahmud, dessen Stimme jubelte: «Zurück in Damaskus! Im Frühling, während die Wasser rauschen und die Menschen aus der Stadt in die Gärten ziehn!» Er konnte kaum sitzen bleiben, überschwengliche Freude brach aus seinen Reden hervor. – Da gelangte man auch schon in die Vorstadt von Damaskus. Jenseits des Barada lag das umzäunte Gelände, wo jährlich im Frühsommer die Messe von Damaskus stattfand, markiert durch die permanenten Pavillions der arabischen Länder. Dann, immer dem Barada entlang, kamen das Erziehungsministerium, die osmanische Pilgerherberge, die Moschee aus dem 16. Jahrhundert und das damals ganz neue Museum von Damaskus.

2   Syria and Lebanon. A Political Essay, Oxford Univ. Press 1946 und spätere Auflagen, S. 54.

Zu Gast bei den Kleinen Brüdern

Mahmud hatte Freunde in der Stadt. Es waren die Kleinen Brüder[3] von Charles de Foucauld, dem französischen Reisenden und Mystiker, der 1916 ermordet wurde, als er als Einsiedler in Tamanrasset in der Sahara lebte. Die Kleinen Brüder, ein Laienorden, hatten eine Wohnung in Damaskus, wo sie die Reisenden freundlich aufnahmen. Es gab sogar einen gesonderten Raum für die beiden verheirateten Gäste. Am Abend kamen die Kleinen Schwestern auf Besuch, ein ähnlicher Laienorden für Frauen, die ebenfalls Damaskus zu ihrer Wirkungsstätte gewählt hatten. Die Brüder und Schwestern leben an den Grenzen der Christenheit; doch sie wollen nicht bekehren, nur Zeugnis ablegen.

Durch den grossen Basar zur Umayyaden-Moschee

Der nächste Tag war ganz Damaskus gewidmet. Der grosse Basar der Stadt, «Souk» auf arabisch, war und ist bis heute einzigartig geblieben. Damals gab es noch viel mehr Handwerker, die ihre Waren in ihren kleinen Läden selbst herstellten, wenngleich die Hauptbasarstrasse, die auf die Umayyaden-Moschee hinführt, schon vor 50 Jahren mehr als Ladenstrasse für Fabrikwaren der billigeren Art diente denn als ein Ort handwerklicher Produktion. Die Seitenwege waren damals stärker spezialisiert: die Schuhmacher, die selbst noch Schuhe und Pantoffeln herstellten, in einer Strasse, die Schneider daneben, Stoffhändler in einem gesonderten und verschliessbaren Marktbereich, der sogenannten Qaisariya, gleich nebenan. Es gab eine Strasse der Drechsler und Tischler, einen Bereich der Kupferschmiede, der Teppichverkäufer und -flicker, der Juweliere, der Sattler und Gürtler, der Korbflechter. Doch konnte man von den Händlern auch erfahren, dass die besten arabischen Kopftücher aus Glarus kamen, weshalb manche der lokalen Hersteller ihre Ware mit Schweizer Etiketten versahen.

Die Magie des Basars lag in der Vielfalt der Menschen, die sich dort zusammenfanden; ähnlich wie in Beirut, jedoch hier in einem festen Rahmen, der durch die überdachten Basargassen mit ihren unzähligen Läden gegeben ist. Die Gassen und Gänge fassen den beständigen Strom vieler ganz unterschiedlicher Menschen zu einer lebendigen und beweglichen Einheit

---

3   Ihr korrekter Name ist: Petits frères de Jésus. Ihre Inspiration geht auf Charles de Foucauld zurück.

zusammen, die sich vorübergehend zu einer Art von Gemeinschaft zusammenfindet. Die Menschen strömen durch die überschatteten Gänge, eilig oder gemächlich, achtsam auf ihre Umwelt und deren Warenangebot oder ganz mit sich selbst beschäftigt. Die Statik der Läden und Gassen zusammen mit dem Fluss der Besucher bildet den Mittelpunkt und wird zugleich Sinnbild des Lebens der gesamten Stadt: Der Rahmen steht fest und die Generationen fliessen hindurch.

Die Moschee als Öffnung

Im Zentrum dieses Getriebes öffnet sich ein weiter Raum, leer unter dem Himmel. Dies ist der Hof der grossen Umayyaden-Moschee. Die Menschen treten durch den mit antiken Marmorfriesen reich verzierten Torrahmen über die erhöhte Schwelle auf den geheiligten Boden; ihre Schuhe streifen sie mit lässiger, altgewöhnter Geste ab, dann richten sie sich auf in einer Welt der Öffnung und Ruhe, direkt unter dem plötzlich sichtbar gewordenen weithin leuchtenden Himmel. Der weite viereckige Raum ist mit weissen Marmorfliessen ausgelegt und durch einen Säulenumgang begrenzt. Die Wände hinter und über den Säulen waren einst ganz mit bunten Mosaiken geschmückt. Byzantinische Künstler schufen sie nach einem ikonographischen Programm, das ihnen die frühen Muslime vorgaben. Ein Teil davon ist noch heute erhalten. Sie zeigen in glitzernden, buntfarbigen Fayence-Viereckchen, von den Fachleuten «Fiches» genannt, Bäume, Wiesen, Flüsse, Tempel mit Säulen, umrahmt von pflanzlichen Dekorationselementen — jedoch ohne Menschenfiguren und ohne Tiere. Es muss ein Idealbild der Stadt Damaskus sein, dargestellt als ein irdisches Paradies, wie es der Koran beschreibt, mit Palästen, Strömen und Gärten. Menschen- und Tierbilder jedoch hatten keinen Platz in einer Moschee. Die Menschen sollten hier dem einen unsichtbaren Gott gegenübertreten, allein sein mit ihm. Wie es auch wirklich geschieht: Der plötzliche Übergang aus dem gedrängten Marktleben in die grosse Lichte lässt aufatmen und aufblicken. Der Alltag fällt weg.

Doch der Hof ist nur Vorhof, viele nebeneinander stehende Torbogen öffnen sich der einen Längsseite des Hofes entlang auf die grosse Gebetshalle hin. Sie ist eigentlich als eine Basilika gebaut, auch hier wirkte die byzantinische Bautradition. Die byzantinischen Untertanen der muslimischen Eroberer wussten, wie man ein hohes und weites Hallengebäude errichtet, eben als eine Basilika. Doch der Geist ist nicht der einer christlichen Kirche. Es gibt keinen Chor, der dem Raum eine Richtung gäbe. Der säulengetragene

Innenraum bleibt offen, vielseitig ausgerichtet. Nur gerade die Haupt- und die Nebennischen an der südlichen Hinterwand zeigen die Gebetsrichtung an. Man bewegt sich zwischen den Säulen wie durch einen Wald. Das ruhigere Licht dieser Innenwelt nach dem blendend weiss leuchtenden Hof bewirkt Stille.

Das Gebet wird körperlich vollzogen: nach der Waschung vor Gott stehen, sich vor ihm verbeugen, niederknien und den Kopf auf den Boden senken. Doch es gilt nur, wenn der Geist es mitvollzieht. Es braucht Konzentration. Wer sich, auch noch so kurz, ablenken lässt, muss es ganz wiederholen. Der Gebetssaal ist ein Raum der Gemeinschaft, Hunderte von Menschen finden sich in ihm zusammen, und doch auch ein Raum der Konzentration, weil hier jeder Einzelne auf sich alleine gestellt ist. Der ungerichtete Raum lässt das zu. In ihm ist ein jeder sein eigener Mittelpunkt, auf sich selbst verwiesen. Er muss seinen eigenen Weg zu Gott finden. Dass andere neben ihm das Gleiche auch tun, mag ihn ermuntern, doch bleibt er letztlich alleine vor Gott.

Die byzantinische Basilika, gebaut mit den klassischen Mitteln, dreischiffig mit dem Ansatz eines zentralen Querschiffs, auf Pfeiler und antike Säulen gestützt, ist hier zum islamischen Gebetsraum geworden, ungerichtet, breiter als lang, mit Belichtung, nicht Lichtführung: unbestreitbar keine Kirche, sondern ein Ort des Islams, trotz der byzantinschen, für Tempel und Kirchen entwickelten Bautechnik und Verzierung. Bei diesem ersten Besuch wurde dem Reisenden bereits klar: Hierher musst du wieder und wieder zurückkehren.

Hinaus in die Gärten

Ein gemütliches Tram mit Klingel fuhr durch das damalige Damaskus und endete am Rande der Stadt, wo die Gärten begannen. Das war ein anderer magischer Ort. Klares Wasser in Bewässerungsrinnen hatte die klassische Oasenlandschaft hervorgebracht: dreistöckiger Gartenanbau der kleinen bewässerten Felder für Getreide und Gemüse neben Büschen und Fruchtsträuchern, wozu die Granate gehört, darüber hoch aufragend die schattenspendenden Bäume, Palmen und Pappeln. Man tauchte ein in eine von Menschenhand gepflegte, paradiesische Natur, das Urbild der Mosaikornamente an den Mauern der Grossen Moschee. Die Sonne fiel in Flecken auf das Grün der Felder und Büsche hinab, Vogelstimmen dazu, murmelndes Wasser, nur manchmal ein stiller Mann mit seinem Spaten vorübergehend. Die hohen schlanken Stämme der Palmen waren das Vorbild des architektonischen Säulenwaldes im Gebetssaal der Moschee. In der Tat gab es stille Winkel, wo Betende ihre Jacke vor sich niedergelegt hatten, um den geheiligten Raum zu markieren, auf dem sie dann ihr Gebet vollzogen. Niemand machte Einwände, wenn die Besucher sich an einer der Wasserrinnen niederliessen, um ein Osterpicknick zu verzehren. Auch Kinder drängten sich nicht auf.

Heute sind diese Gärten zu grossen Teilen Aussenviertel geworden, zubetoniert mit sieben- und zwölfstöckigen Wohnblöcken. Zu anderen Teilen wurden sie Schutt- und Abfallhalden zwischen Werkstätten und Fabriken, ölverschmutzt. Grosse Ausfallstrassen durchschneiden sie. Weiter draussen sind Agroindustriefelder angelegt worden, die für den Export oder die Industrie im Inneren produzieren. Manchmal sind dazwischen die Hütten der alten Oasenbauern stehen geblieben. Doch ihre Oasen gibt es nicht mehr. Das war unvermeidlich, denn die syrische Hauptstadt, die 1950 von 350 000 Menschen bewohnt wurde, umfasste ein halbes Jahrhundert später fünf Millionen. Angesichts dieser Zahlen ist es erstaunlich, dass sich immer noch soviel, wenn auch natürlich nicht alles, vom Charme des alten Damaskus erhalten hat.

Am Grab Ibn Arabis

Auf Anregung Mahmuds besuchten wir auch das Grab des grossen hispanischen Mystikers Ibn Arabi (1185–1240). Dieser Mystiker, so meinte er, habe für Christen gleich viel Respekt gehabt wie für Muslime, und das sei der Grund, warum bis heute seine Anhänger zuliessen, dass auch Christen sein Grab besuchten. Was dabei zutraf, war jedenfalls, dass auch die lokalen Christen seit Generationen Ibn Arabi und sein Grab verehrten und dass seine Jünger unter den Muslimen dies billigten. Das Grab ist so berühmt in Damaskus, dass sogar die Tramlinie, die in seine Richtung führte, die Aufschrift trug: Sheikh Rukn ad-Din. Das bedeutet «Eckstein der Religion» und ist der Ehrentitel des Scheichs schlechthin, eben Ibn Arabis. Das Grab liegt in der Vorstadt Salihiye, die im wesentlichen aus einer langen Strasse besteht, etwas erhöht über der alten Stadt, dem Fuss des Qasyun-Berges entlang, der über ihr aufragt. Hier, am Rande der damaligen Stadt, haben viele Herrscher und Machthaber der Dynastie Saladins (sein Name ist unverballhornt: Salah ad-Din, reg. 1169–1193) ihre Grabkuppeln, Grabmoscheen und Lehrstätten errichtet.

Mitten unter ihnen befindet sich das Grab des Mystikers. Ein Gang führt unter die Erde hinab zu dem grün überdeckten Epitaph, der mit Ehrfurcht

50

berührt wird, weil man hofft, dass das Segen bringt. Betende erheben ihre Hände davor. Stille herrscht. Daneben steht eine Moschee im klassisch osmanischen Baustil, die der grosse Sultan der Türkei, Sulaiman der Prächtige (reg. 1520–1566), zu Ehren des Mystikers gut drei Jahrhunderte nach dessen Tod errichten liess. Sie ist als Aussichtsbau angelegt; aus dem Gebetssaal durch die offenen Bogenfenster aus schwarzem und weissem Stein kann man auf das Häusermeer der Stadt hinabblicken. Licht und Ruhe herrschen.

Auch der Emir Abdel Kader (1807/8–1883), der Freiheitsheld von Algerien, der gegen die Franzosen kämpfte und selbst ein Mystiker und Verehrer des grossen Ibn Arabi war, hatte hier sein Grab. Er ist in Damaskus, wo er seine letzten Jahre verlebte, berühmt, weil er 1860, zur Zeit der Ausschreitungen der Drusen und anderer Muslime gegen die einheimischen Christen in Libanon und dann auch in Syrien, den Christen von Damaskus und den Konsuln von Russland und Frankreich Schutz gewährte[4]. Seine Überreste wurden 1966 nach Algier überführt.

Salihiye war schon damals ein Volksquartier, überströmend von Schulkindern, mit Esswarenläden und Wäscheleinen zwischen den alten Kuppeln aus der Kreuzritterzeit. Den Berg hinauf schliesst sich Muhajerin an, «Auswanderer», das Quartier der Flüchtlinge und Zuwanderer, die sich ihre eigenen Lehmhäuser den Hang hinauf gebaut haben.

Ma'loula, ein aramäisches Dorf im Anti-Libanon

Doch Mahmud und seine Freunde wollten auch zu den Christen gehen. Ma'loula ist berühmt dafür, dass dort heute noch aramäisch gesprochen wird, die west-syrische Sprache, die Christus sprach. Es ist ein isoliertes Bergdorf und typisches Rückzugsgebiet im Anti-Libanon. Der Autobus fuhr etwa eine Stunde lang nach Norden auf der Hauptausfallstrasse nach Aleppo. Bei einer Abzweigung mitten in der Steppe, die rechter Hand steil in die Berge führte, musste man aussteigen und darauf warten, dass der Anschlussbus nach Ma'loula auftauchte. Was er, so gegen Abend, auch tat. Mit ihm ging es empor in ein steil aufsteigendes Seitental, in Kurven auf der damals noch

4   Über Abdel Kader gibt es heute die ausführliche und tief schürfende Biographie von Bruno Etienne, Abdel Kader, Paris, Hachette 1994; siehe dort p. 292 ff. Über Ibn Arabi gibt es eine gewaltige Literatur sowohl arabisch wie in europäischen Sprachen. Er selbst hat 235 Werke und Schriften hinterlassen. Übersicht in ECI 2 vol. iii, p. 707–711. Siehe auch die Biographie von Claude Addas: Ibn Arabi ou la quête du souffre rouge, Paris, Gallimard, 1989 mit Bibliographie.

nicht geteerten Piste, bis zu einem Amphitheater aus Felsen und kahlen Gipfeln, in das der Ort eingebettet lag. Eine Quelle strömte aus dem Felsengrund nah am Boden des Theaters und nährte Terrassen von Feldern im Halbrund darum. Über dem Dorf lag in der Einsamkeit eines Felsengipfels ein Kloster, das den Besuchern Gastfreundschaft gewährte. Damals führte noch keine Strasse zu ihm, man musste das letzte Stück Wegs über Felsen hinaufklettern. Seile waren gespannt, um den Weg zu erleichtern. Das Eingangstor der dikken Umfassungsmauer war niedrig, so dass ein jeder Besucher sich tief bükken musste; wer dazu zu stolz war, sollte auch nicht in den Klosterhof eintreten. Die Nacht in den Bergen war bitter kalt. In den Gastzimmern des Konvents rückte man eng zusammen. Doch der nächste Morgen mit der Sicht das Tal hinab und dem Abstieg durch eine ganz enge Schlucht, die der Wasserlauf früher gebildet hatte, bevor er zur Bewässerung auf die Felder geleitet wurde, liess einen in eigener Person erfahren, was der Begriff «Rückzugsgebiet» bedeutet: eine geographische Nische, die zur historischen Nische wurde, weil sich eine Gemeinschaft darin, weitgehend auf sich selber gestellt, so erhalten konnte, wie sie seit langer Zeit war.

Nicht ganz ohne Verbindung mit der Aussenwelt natürlich, und nicht ganz ohne Veränderungen; schon damals kamen deutsche Professoren in das Dorf, um aramäisch sprechen zu hören, und später sollten mehrere grosse Hotels für Sommerfrischler gebaut werden. Die Heiligenbilder in der Klosterkirche glichen nur zu sehr den süsslichen frommen Bildern des vergangenen Jahrhunderts aus Frankreich, und die Geistlichen sprachen Arabisch und Französisch neben Aramäisch. Doch das Dorf hatte seit vielen Jahrhunderten seine Eigenart bewahrt und hatte in ihr fortbestanden, durch alle Umwälzungen und Änderungen der weiteren Umwelt hindurch: römische Eroberung und Hellenisierung, arabische Eroberung und Islamisierung, türkische Eroberung und Einbeziehung in das osmanische Grossreich; französische Herrschaft; syrischer Nationalstaat; immer am Rande, doch dafür auch immer sich selber treu.

★

Diese erste syrische Stippvisite liess in dem jungen Reisenden die Gewissheit zurück: Du musst unbedingt wiederkommen. Alleine; dieses Land und diese Stadt auf eigene Faust durchforschen, erleben und wirklich kennenlernen. Nicht im Schlepptau von anderen, so gut sie es meinen. Schon damals wurde ihm klar: Wer in Gesellschaft von Leuten reist, und seien es gute Freunde, wird stets einen Teil seiner Aufmerksamkeit auf die Mitreisenden richten.

Wer alleine geht, kümmert sich mehr und intensiver um all das, was sich um ihn herum abspielt. Er hat all seine Antennen, notwendigerweise, auf seine Peripherie, rundum nach aussen gerichtet.

Ras–Beirut als neue Heimat

In Bikfaya wurde es ebenfalls Frühling. Die drei Bändchen Sprachschule des libanesischen Dialektes waren durchgearbeitet. Nun kam es darauf an, das Gelernte auch anzuwenden, bis es voll geläufig werde. In der Familie hatte sich ein Kind angemeldet, trotz vermeintlicher Vorsichtsmassnahmen. Die Pille war damals noch nicht erfunden. Meine Frau beschloss mutig, einen Arbeitsplatz im Amerikanischen Hospital zu suchen, das zur Amerikanischen Universität in Beirut gehörte. Sie meinte, sie könne als Krankenschwester arbeiten, bis kurz vor der Geburt. Da sie hoch qualifiziert war und Bedarf an Fachpersonal bestand, fand sie tatsächlich leicht eine Anstellung.

Das bedeutete natürlich Rückkehr nach Beirut. Der Blechkoffer unter der Treppe in der «Pension Europa» war immer noch an seinem alten Ort. Er wurde nun abgeholt und im Taxi nach Ras-Beirut transportiert. Dort, nicht weit von der Universität, gab es einen Professor, der ein Zimmer in seiner Wohnung vermieten wollte, weil seine Familie nach den Vereinigten Staaten gereist war und er allein mit einer Haushälterin in der grossen Wohnung zurückblieb.

Ras-Beirut, das heisst Cap Beirut, war ein besonderes Viertel der Stadt. Es hatte sich um die Amerikanische Universität herum gebildet. Diese war zu Beginn des Jahrhunderts als «campus» im amerikanischen Stil ausserhalb der damaligen Stadt in einer herrlichen, ländlichen Lage über der steil abfallenden Küste, eben über dem Kap von Beirut, gegründet worden. Die Stadt, Hafenstadt seit hellenistischer Zeit, war ursprünglich im Inneren der Bucht gelegen, deren südlichen Ausläufer das Kap bildete. Beirut war aber dann zur Amerikanischen Universität hinaus gewachsen. Die Tramlinie schuf die Verbindung. Die französische Botschaft, in der Zwischenkriegszeit der Sitz des Hochkommissars für Syrien und Libanon und damit das Zentrum aller Macht in der französischen Levante, lag auf dem halben Weg zur Universität, ebenfalls am Südrand der alten Hafenstadt. Die amerikanische und die britische Botschaft hatten sich auch an der südlichen Küste der Bucht, weiter unten, an der Strasse, die dem Meer entlang führte, niedergelassen.

Die Hauptstrasse zur Universität, auf der das Tram verkehrte, – sie wurde daher Khatt, «Linie», genannt, – war bald auf beiden Seiten mit Wohnhäusern bestückt, die im französischen Kolonialstil gebaut waren: drei-

und vierstöckig, hohe, geräumige Zimmer, tiefe Fenster und Balkons davor, bestuckte, grau, gelblich oder rostrot bemalte Fassaden. Zu diesen Häusern aus der französischen Zeit kam nach dem Zweiten Weltkrieg die neue Generation der Geschäfts- und Mietshäuser, die von libanesischen Unternehmern und Kapitalbesitzern sowie von ausländischen Firmen finanziert und errichtet wurden. Eine neue Hauptgeschäftsstrasse entstand parallel zur Tramlinie, die den arabischen Namen al-Hamrah («die Rote») erhielt. Alle Luxusgeschäfte suchten sich dort niederzulassen; berühmt waren auch die eleganten Cafés und die Kinos der «Hamra». Banken, die schon im alten Zentrum ihre Hauptsitze hatten, wo es eine eigentliche Bankenstrasse gab, eröffneten auf der «Hamra» Filialen. Wer eine neue Bank aufmachte, kam direkt dorthin, so auch die neu entstehende libanesische Nationalbank. Der Verkehr auf der «Hamra» sollte mit den Jahren so dicht werden, dass ein Witzwort besagte, um auf die gegenüber liegende Seite der Strasse zu kommen, müsse man gleich auf dieser geboren sein. Hinter der «Hamra», mehr oder weniger parallel dazu, lag die «rue de Lyon». Das war allerdings keine Strasse, sondern eher ein Quartier, ein ganzes Netz von Strassen und Gassen.

Stadt ohne Strassennamen

In Beirut hatten nämlich nicht alle Strassen Namen. Die Ausdehnung der Stadt war, gerade im «Hamra-»Viertel, so schnell und chaotisch vor sich gegangen, dass die Verwaltung mit Namengeben nicht Schritt halten konnte. Die einzelnen Gebäude, besonders die grösseren unter ihnen, waren durch den Namen des Besitzers oder Unternehmers, die sie errichtet hatten, bekannt. Manche hatten ihn auch über dem Tor angeschrieben, aber nicht alle. Fromme Muslime aus der älteren Zeit zogen es vor, über ihrer Haustüre, in arabischen Buchstaben, die Inschrift anzubringen: *al-Malik Allah,* «Gott ist der Besitzer», weil sie sich ihres Besitztums nicht rühmen wollten.

Einer der libanesischen Stadtväter sollte in den 1960er Jahren versuchen, nach dem Vorbild amerikanischer Städte, den Strassen und den Häusern Nummern zu geben. Komplexe Nummernschilder, die bruchartig übereinander geschriebene arabische Zahlen zeigten, erschienen an manchen Strassenecken, aber nicht an allen. Denn es erwies sich als zu schwierig, alle Gässchen und Gassen zu numerieren, und es soll sogar Leute gegeben haben, die glaubten, es sei vornehmer, in einer Strasse mit niedriger Nummer zu leben als in einer mit hoher, und die deshalb die Schilder an ihren Hausecken ablösen und durch andere ersetzen liessen. Jedenfalls kümmerte sich die Bevölkerung nicht um diese Ordnungsversuche. Man fuhr fort, eine Adresse durch das Haus des Besitzers und die ungefähre Umgebung, das Quartier, zu beschreiben, das einen mehr oder weniger allgemein bekannten Namen besass.

Diese komplexe Adressenlage brachte es mit sich, dass eine wahrscheinlich alte Gewohnheit fortlebte: Wer umzog oder wer neuen Freunden seine Adresse mitteilte, hatte damit zu rechnen, dass seine alten Freunde oder neuen Bekannten auf eine «visite de reconnaissance» kamen, einfach um festzustellen, wo genau die neue Wohnung lag. Man musste herumfragen, wenn man einen ersten Besuch abstattete, sogar wenn man eine Beschreibung davon besass, wo es ungefähr sein musste. Am Tag war dies einfacher als am Abend und in der Nacht. Solch ein Erstbesuch musste kurz sein, er diente ja nur der geographischen Orientierung. Das bedeutete jedoch nicht, dass der Gastgeber darauf verzichten konnte, dem Besucher mindestens einen Kaffee anzubieten. Der Besucher schlug ihn aus, eben mit der Begründung, es handle sich ja nur um eine Orientierungsvisite. Doch der Gastgeber musste darauf bestehen – mindestens dreimal, so lernten die Fremden, bevor das Kaffeeangebot als tatsächlich abgelehnt gelten konnte.

Zuflucht der palästinensischen Bourgeoisie

Ras-Beirut war polyglott. Englisch wurde ebensosehr wie Französisch gesprochen; nicht nur wegen der Nähe der Amerikanischen Universität, auch die arabischen Neusiedler, die es vermochten, hier Wurzeln zu schlagen, hatten oft Englisch als zweite Sprache. Viele von ihnen waren Palästinenser. Dies waren nicht die einfachen Bauern, die zu Hunderttausenden aus ihren Dörfern vertrieben worden waren. Sie lebten in den «Lagern», und leben dort – mit ihren Nachkommen – bis heute. Es waren Angehörige der palästinensischen Bourgeoisie. Die meisten von ihnen hatten fast alles verloren, was sie besassen, vor allem ihre Häuser und ihren Grundbesitz. Doch einige hatten Gelder retten können, und alle verfügten über berufliche Fähigkeiten, die ihnen erlaubten, in Libanon neu zu beginnen, was aber auch für sie keineswegs einfach war. Die libanesischen Behörden verweigerten den meisten die Arbeitserlaubnis. Für palästinensische Christen war es leichter, eine solche zu erhalten als für die grosse Mehrzahl der Muslime, weil die libanesischen Christen, die den Staat beherrschten, stets fürchteten, die Muslime könnten sie an Zahl und Macht überrunden. Christliche Zuwanderer wurden daher als Verstärkung der «eigenen» Seite eingestuft, muslimische als Verstärkung für die gefürchtete Gegenseite.

Viele Palästinenser arbeiteten schwarz, was bedeutete, dass sie nicht selten von ihren Brotherren ausgenützt wurden. Einige wenige waren tüchtig oder glücklich genug gewesen, um sich bereits damals zu reichen Leuten emporgearbeitet zu haben. Berühmt war einer von ihnen, der eine grosse Organisation zur Vermietung von möblierten Wohnungen, vor allem in Ras-Beirut, aufgezogen hatte. Andere Palästinenser waren seine, sehr bescheiden bezahlten, Angestellten geworden. Das neue Geschäfts- und Luxusquartier am Rande des Universitätsgeländes wurde so auch zum Quartier der Eliten unter den palästinensischen Vertriebenen. Sie waren meist englisch, nicht französisch erzogen. Auch der arabische Dialekt, den sie sprachen, unterschied sich in Intonation und einzelnen Ausdrücken vom libanesischen. Ein Libanese hörte sofort, dass er es mit einem Palästinenser zu tun hatte, und umgekehrt war es genauso.

Leben in Ras-Beirut

Das Amerikanische Universitätsspital lag in seinem eigenen Gelände, dem Universitätspark gegenüber, jenseits der Tramstrasse. Später sollte es zu einem grossen Spitalkomplex ausgebaut werden. Schon damals war es eines der besten Krankenhäuser der ganzen Region und funktionierte schon seit der Zwischenkriegszeit. Für die beiden Neulinge begann ein anderes Leben: Die Frau arbeitete auswärts, der Mann blieb zu Hause, um seine Sprachstudien weiter zu treiben. Wenn sie Nachtdienst hatte, ging er sie von der Arbeit abholen. Der Weg zum Spital führte der Tramstrasse und der Aussenmauer des Universitätsparks entlang. Eine kleine Moschee, die sicher schon dort gewesen war, bevor das Quartier elegant und kosmopolitisch wurde, lag auch an der Strasse. Die lokalen Frommen kamen regelmässig zum Gebet. Sie verrichteten es meistens im Vorhof, der nur durch ein eisernes Gitter von der Strasse abgetrennt war. Ein Lautsprecher trug den Gebetsruf weit durch das ganze Quartier. Die Betenden waren meist einfache Leute, wie ihre Kleidung zeigte. Die Grundstücke und Häuser von Ras-Beirut hatten vor der Ausdehnung des städtischen Lebens meistens Sunniten und Drusen gehört. Viele von ihnen lebten weiter in dem neuen Stadtquartier; hier und dort waren ihre ländlichen Häuser und Gärten erhalten geblieben. Mitten in der Stadt kam man an einstöckigen Häusern vorbei, die einen Sodbrunnen im Vorgarten stehen hatten, Wasserbecken, die der Bewässerung der Gärten dienten, Weinlauben vor der Eingangstür. Die Familie sass gerne in der Abendkühle auf niedrigen Holzschemeln unter der Laube, die älteren Männer und Frauen trugen die bäuerlichen Landestrachten, wozu für die Frauen ein weisses Kopftuch gehörte. Manchmal gab es Hühner und Ziegen im Hintergrund des Gartens. Sie schauten hinaus auf die geteerte Strasse, auf der sich ein dichter Schwarm von elegant europäisch gekleideten Herren und Damen sowie ein Strom von meist amerikanischen Luxusautomobilen bewegte. Zur nächsten Nachbarschaft konnte ein höchst städtisches Café nach Pariser Muster oder sogar ein Hochhaus mit einem Kino im Untergeschoss gehören.

Viele Leute hielten sich Hühner auf den Flachdächern ihrer Häuser. Bibelfeste Europäer und Amerikaner stellten fest, dass in Beirut die Hähne wirklich die ganze Nacht hindurch krähten, nicht erst im Morgengrauen. Sie hätten sich immer gefragt, wie denn das möglich gewesen sei, «in dieser Nacht, ehe der Hahn kräht, wirst du mich dreimal verleugnen» (Math. 26/ 34). Über die Flachdächer mit den Hähnen und Hühnern zogen sehr tief die Flugzeuge hinweg, die sich zum Landen auf den benachbarten Flughafen senkten, und zwischen die Hochhäuser und die noch überdauernden Gärten drangen in regelmässigen Zwischenräumen die Lichtstrahlen vom Leuchtturm über dem Kap, der am Ende der Tramstrasse aufragte.

Spitalgeschichten

Das Amerikanische Hospital, in dem meine Frau nun arbeitete, öffnete uns Fenster auf die libanesische und die entfernteren arabischen Gesellschaften. Miss Evakian war die erfahrene Krankenschwester, die meine Frau in die lokalen Gewohnheiten und Gebräuche einführte. Miss Evakian war als Kind durch die von den Türken 1915 durchgeführte Deportation der Armenier nach Libanon gelangt. Ihre Eltern waren auf diesem Todesmarsch gestorben. Sie wurde als Waise von amerikanischen Wohltätern aufgezogen und erhielt eine Ausbildung als Krankenschwester. Seit vielen Jahren arbeitete sie im Amerikanischen Spital. Sie war eine herzensgute, aber sehr energische Frau, die sich nichts vormachen liess. Der jungen Kollegin aus Amerika nahm sie sich liebevoll an, nachdem sie festgestellt hatte, dass die Neueingestellte ihr Handwerk als Krankenschwester wirklich verstand.

Die Unterschiede, die sich zu dem Universitätsspital in Chicago ergaben, wo meine Frau zuletzt gearbeitet hatte, waren in erster Linie durch das Publikum gegeben, dem das Beiruter Spital diente. Es gab z. B. «unsere Saudis». Saudi-Arabien, neu reich geworden durch sein bedeutendes Erdöleinkommen, verfügte zunächst nur über eine geringe medizinische Infrastruktur. Die Regierung hatte Vertrauensärzte in Beirut, zu denen kranke saudische Bürger geschickt wurden. Oftmals war es jedoch der Fall, dass die betreffenden Leute nicht besonders krank waren, sondern einfach auf Kosten des Staates einen angenehmen Sommer im relativ kühlen Beirut verbringen wollten. Medizinisch liess sich das damit rechtfertigen, dass ein solcher Aufenthalt jedenfalls für sie gesünder zu sein versprach als die Hitze des arabischen Sommers. Die Vertrauensärzte verfügten stets über eine grössere Zahl von Patienten, die nicht mehr benötigten als eine Sommerfrische. Die Spitäler, darunter auch das Amerikanische, deren Erstklassbetten nicht belegt waren, konnten jederzeit von diesen Vertrauensärzten vorgebliche Patienten anfordern, um ihre Räumlichkeiten zu füllen. Sie kamen auf Empfehlung ihres Arztes, der dann natürlich auch als ihr Privatarzt fungierte und Rechnungen stellte, und die Spitäler stellten ihrerseits Rechnung für die belegten Erstklasszimmer. Die saudische Regierung bezahlte. Die Patienten erhielten jeden Tag eine Aspirintablette und hatten Ausgang in der Stadt bis zum Abend. Oft war das ganze oberste Stockwerk mit ihnen belegt. Das Pflegepersonal musste dafür sorgen, dass dort keine allzu beduinischen Sitten einrissen. Zum Beispiel gab es immer Neueingelieferte, die versuchten, Schafe oder Hammel in ihr Zimmer mitzubringen, um sie dort zu schlachten und an einem Feuer zu rösten. Eine schwieriger zu unterbindende Angewohnheit mancher «unserer Saudis» war ihre Freude daran, in den Liftschacht, der durch ein Gitter verschlossen war, zu urinieren. Das plätscherte so schön, und sie sahen nicht ohne weiteres ein, warum es zu unterbleiben habe. In derartigen Fällen war es geraten, die männlichen Pfleger beizuziehen, schon weil sich die Saudis nicht gerne von einer Frau zurechtweisen liessen.

Dankbare Freipatienten

Eine besondere Anekdote aus dem Spital wusste Professor Zellweger zu berichten, der einige Jahre dort als Kinderarzt wirkte, bevor er nach den Vereinigten Staaten weiter zog. Ein Knabe mit einer seltenen Krankheit, der aus den armen Bergen Nordlibanons stammte, war eingeliefert worden. Sein Fall war von wissenschaftlicher Relevanz, und er wurde deshalb mit Hilfe des Arztes umsonst in das Spital aufgenommen. Nach einigen Wochen war er geheilt. Seine Familienangehörigen kamen vom Berg, um ihn abzuholen. Sie hatten einen Verwandten mitgebracht, der etwas Englisch sprach und für die ganze Familie dolmetschte. Die Verwandten sassen auf Stühlen im Büro des Professors und äusserten über den Dolmetscher ihre Dankbarkeit für die Heilung des Jungen. Sie fügten hinzu, sie hätten sich gerne dem Arzt erkenntlich erwiesen, wie auch dem Spital, nur leider besässen sie kein Geld, um ihrer Dankbarkeit klingenden Ausdruck zu verleihen. Der Arzt erklärte ihnen, dass der Fall ihres Jungen von wissenschaftlicher Bedeutung gewesen sei und dass daher das Spital für seine Behandlung aufkomme. Die Besucher wiederholten, wie froh sie über die Heilung seien und bestanden darauf, dass sie sich ihrerseits dankbar zeigen wollten und müssten; das sei ihr Wunsch und ihre Verpflichtung. Der Arzt legte ihnen ausführlicher dar, was es mit den «wissenschaftlichen Betten» für eine Bewandtnis habe. Doch sie begannen von neuem von ihrer Dankbarkeit und ihrem Willen zu sprechen, sich dem Doktor erkenntlich zu zeigen, wie auch davon, dass sie in der Tat kein Geld besässen. Erneute Versicherungen des Arztes schienen sie nicht zu überzeugen. Schliesslich stand der Dolmetscher auf, kam ganz nahe an den Arzt heran und flüsterte ihm ins Ohr: «Hätten Sie nicht vielleicht jemanden, den wir für Sie umbringen könnten?» – «Das Schlimmste dabei», kommentierte der Arzt, «war, dass mir auf der Stelle ein Name einfiel. Ich verschwieg ihn natürlich.»

Über ein anderes sehr libanesisches Erlebnis sprach der gleiche Wissenschafter und Arzt auch manchmal. Eines Tages schaute er aus dem Fenster seines Büros und sah gerade, wie zwei syrische Gendarmen seinen Oberarzt in der Kinderabteilung, einen bekannten und erfahrenen Mediziner mittleren Alters, in Handschellen abführten. Der Arzt war syrischer Herkunft, hatte aber in Frankreich studiert, lebte mit seiner Familie in Beirut und hatte seit Jahren am Amerikanischen Hospital gewirkt. Die Syrer warfen ihm vor, er habe seinen Militärdienst nicht abgeleistet. Sie sandten zwei Gendarmen aus, um ihn festzunehmen. Das war damals möglich, weil aus der Zeit, in der Libanon und Syrien unter französischer Hoheit standen, noch immer Gesetze und Vorschriften galten, die es der Polizei des Nachbarlandes erlaubten, direkt im anderen Staat einzugreifen, wenn es sich bei den Festzunehmenden um Bürger des eigenen Landes handelte. Einige Wochen später kehrte der Arzt ins Spital zurück. Es war ihm gelungen, sich mit den syrischen Militärbehörden ins Einvernehmen zu setzen.

Verpflichtung und Gegenleistung

Auch ausserhalb des Spitals konnte man interessante Erfahrungen mit der libanesischen Gesellschaft machen. Um in meinen Studien voranzukommen, hatte ich auf einem Anschlagbrett der Amerikanischen Universität einen Austausch von Deutsch- gegen Arabischlektionen angeboten, wobei ich auch anmerkte, dass ich Schweizer sei. Ein junger Mann meldete sich, der an der Amerikanischen Universität studierte. Wir trafen uns regelmässig und seine Hinweise sowie die Konversation mit ihm waren mir sehr nützlich. Doch fiel mir auf, dass ihm nicht sehr viel daran zu liegen schien, seinerseits Deutsch zu lernen. Wenn ich darauf hinwies, dass nun doch wohl einmal er an der Reihe sei, seinerseits von mir etwas Deutsch zu lernen, sagte er immer, damit habe es keine Eile, er wolle mir gerne weiter bei meinen Studien behilflich sein. Nein, fügte er hinzu, Geld wolle er dafür nicht, auf keinen Fall. Es gehe ihm einfach darum, mir behilflich zu sein.

Er gab mir einen wichtigen Hinweis, indem er die Titel der arabischen Lesebücher nannte, die den Schülern in den oberen Klassen der Mittelschule dienten und mir riet, die zwei letzten durchzuarbeiten. Wenn ich sie ganz verstünde, so sagte er, würde ich auch die Zeitungen und die Gegenwartsliteratur ohne beständiges Nachschlagen in den Wörterbüchern lesen können. Dies war in der Tat ein nützlicher Rat. Das heutige Schriftarabisch unterscheidet sich wenig vom klassischen Arabisch ausser dadurch, dass es aus der ungeheuren Fülle des klassischen Wortschatzes eine Auswahl trifft. Wenn das klassische Dutzende von Synonymen und unzählige Ausdrücke für nur in Nuancen unterschiedliche Begriffe kennt, wählt das heutige Schriftarabische zwei oder drei davon aus, die in der Praxis immer wieder gebraucht werden, und es gelangt damit zu einem immer noch reichen aber nicht mehr unübersehbaren Wortschatz. Die Lesebücher der Oberstufen, die in erster Linie ausgewählte Passagen aus der modernen Literatur enthalten, bieten eine Einführung in diesen gebräuchlichen Wortschatz des heute geschriebenen Hocharabisch. Diese Art Lektüre betrieb ich von nun an alleine und systematisch über mehrere Monate hinweg. Die unbekannten Wörter mussten aufgeschrieben, gelernt und repetiert werden, bis sie geläufig wurden.

Mein Austauschfreund kam zweimal jede Woche, und die Konversation in dialektalem Arabisch wurde fortgesetzt. Mehrmals bestand ich darauf, dass ich nicht alleine von ihm profitieren wolle. Auch er müsse von mir profitieren. Schliesslich, nach Wochen, als ich gewissermassen tief in seiner Schuld stand, erklärte er mir, was er tatsächlich von mir begehrte: Sein Onkel, so sagte er, habe in der Zementfabrik von Chekka an der Nordküste Libanons gearbeitet, er sei aber entlassen worden. Es sei für ihn und die ganze Familie wichtig, dass er seinen Arbeitsplatz wieder erlange. Nun sei der Direktor dieser Zementfabrik ein Schweizer; ich sei doch auch ein Schweizer und es gäbe einen Schweizerclub, wo der Direktor der Zementfabrik verkehre. Er bitte mich inständig, mit diesem Direktor Kontakt aufzunehmen und ihm seinen Onkel zu empfehlen. Er sei gewiss, wenn ein anderer Schweizer ihn darum bitte, werde der Direktor seinen Onkel wieder einstellen. Einwände meinerseits, dass ich den Direktor nicht kenne und ihn nicht mit Angelegenheiten belästigen könne, die sein Geschäft angingen, mit dem ich nicht das Geringste zu tun habe, und dass ich ausserdem auch seinen Onkel nicht kenne und keine Ahnung von den Hintergründen der Entlassung habe, liess er nicht gelten.

Er kam wiederholt auf sein Anliegen zurück und hoffte offensichtlich, mich umzustimmen. Was genau zu der Entlassung geführt hatte, erklärte er mir nie. Für ihn schien es zu genügen, dass ein Landsmann Zugang zu dem Direktor suche und ihn um eine Gunst bitte, die jener einem Mitschweizer doch wohl schwerlich verweigern werde. Als er allmählich erkannte, dass ich endgültig nicht gedächte, mich einzumischen, liess mein Freund die Beziehung abbrechen, ohne je mit den deutschen Sprachstudien begonnen zu haben.

Eine erste Wohnung in Ras-Beirut

Allmählich begannen wir, uns etwas besser in Ras-Beirut einzurichten. Eine Kollegin meiner Frau, die nach England heimreiste, überliess uns ihre kleine Wohnung, die erste, in die wir einzogen. Der Hausherr war ein elegant gekleideter Herr, der einmal monatlich erschien, um die Miete einzukassieren; sonst liess er die vielen Bewohner seiner zahlreichen Kleinwohnungen in Ruhe. Als ich eines Tages nach Hause kam, hörte ich, wie mein Wohnungsnachbar, der seinerseits auch heimkehrte, von seiner Mutter in spanischer Sprache empfangen wurde. Da diese Sprache in Beirut selten zu hören war, fragte ich ihn, ob er Spanisch spreche. «Ja», sagte er, «das ist unsere Sprache. Wir sind nämlich Juden, die aus Spanien vertrieben wurden, und wir gebrauchen unsere Sprache in der Familie bis heute». Die Vertreibung hatte 1492 stattgefunden – eine Folge der christlichen «Reconquista» Spaniens. Der junge Mann fügte hinzu, er arbeite als Geldwechsler auf dem Basar. Er war nie in Spanien gewesen. Die Familie war zur Zeit der Vertreibung nach Istanbul gekommen, wo die Osmanen sie aufnahmen, und sein Urgrossvater von dort nach Beirut.

Bei näherer Bekanntschaft bemerkte man, dass er in der Tat ein altertümliches Spanisch sprach, genau jenes, das die Nachrichtensendungen aus Israel in Judeo-Español auch verwendeten. – In Beirut gab es damals noch eine kleine jüdische Gemeinde und eine funktionierende Synagoge inmitten der Altstadt. Die Beiruter Juden standen politisch der Phalange-Partei nahe, weil diese für die Unabhänigigkeit Libanons eintrat und eine jüdische Gemeinde von einem möglichen Anschluss des Landes an Syrien und den Rest der arabischen Welt, wie ihn viele der Sunniten anstrebten, oder von einer gross-syrischen Nation, wie sie das Fernziel der PPS war, nichts Gutes erwarten konnte. In Zeiten der Unruhen, wie sie sich später immer mehr einstellten, waren die Juden der Gefahr von Gewaltakten durch fanatisierte Gruppen ausgesetzt, und dies war der Hauptgrund der beständigen Abnahme der jüdischen Gemeinde durch Abwanderung ihrer Mitglieder nach Frankreich und über Drittländer nach Israel.

In die neue Wohnung zog auch das Kleinkind, Jessica, mit ein, unser erstgeborenes Mädchen. Der stolze Vater meinte, er müsse seine Geburt registrieren lassen, und erhielt die Auskunft, in Beirut habe dies bei dem Mukhtar, dem administrativen Chef des Quartiers, zu erfolgen. Der Mukhtar empfing den Besucher auch freundlich. Er sagte, so eine Registrierung koste fünf Pfund, was etwa sieben Franken ausmachte. Als der Fremde sich bereit erklärte, das zu bezahlen, fügte der Quartiervorsteher hinzu: «Aber es ist doch nur ein Mädchen!», woraufhin die beiden sich freundlich trennten, ohne eine Eintragung vorgenommen zu haben. (Später erst lernte der Ausländer, dass damals in Libanon noch ein Überrest des alten Mandatsregimes weiterbestand, nach dem die Konsuln die Zivilstandskontrolle über ihre Staatsangehörigen inne hatten.)

In der Geburtsabteilung des Spitals hatte meine Frau mehrmals erlebt, dass bei Müttern, die Töchter geboren hatten, Tränen flossen. Ihr Gatte und sie selbst hätten so viel lieber einen Jungen in die Welt gesetzt! Einige Tage nach der Geburt kam eine wohlmeinende Krankenschwester zu meiner Frau und sagte ihr, sie solle nicht traurig sein über die Tochter. «Ihr Mann wird zuerst wütend sein», warnte sie, «aber Sie werden sehen, wie er schon nach wenigen Wochen mit der Tochter zu spielen beginnt und sie lieb gewinnt. Das ist meistens so.» Diese Art Trost gehörte mit zur psychologischen Ermunterung, welche Wöchnerinnen, die Töchter geboren hatten, zur Vorbereitung auf den schwierigen Heimweg zuteil wurde. «Macht nichts, das nächste mal wird es ein Junge sein!» war die Normalformel, die fast alle Besucherinnen und Besucher bei der Begrüssung einer solchen jungen Mutter gebrauchten.

Nach der Geburt arbeitete meine Frau nicht mehr im Spital. Wir richteten uns in der kleinen Wohnung als Familie ein. Einzelne Möbelstücke und Haushaltsgegenstände, die fehlten, konnte man in einem Laden auf dem Weg in die Innenstadt, dessen vielfältiger Inhalt zur Hälfte auf der Strasse stand, zur Hälfte in einem garagenartigen Innenraum aufgestapelt war, für billiges Geld erstehen, auf ein Taxi laden und nach Hause transportieren. Die einfachen Leute, von denen manche der Neuzugewanderten in selbstgebastelten Hütten lebten, kauften sich so ihre Innenausstattung mit den allernotwendigsten Gebrauchsgegenständen über Monate und Jahre zusammen.

Die libanesischen Importeure verstanden es ihrerseits, die für ihre Kundschaft billigsten Gebrauchsgegenstände aus der ganzen Welt einzuführen. Die kleinen henkellosen Kaffeeschalen mit den bunten Streifenmustern, die auch in den ärmsten Häusern nicht fehlen durften, weil es immer irgendwelche Besucher gab, denen man Kaffee anbieten musste, kamen aus China und kosteten 25 Piaster das Stück. Bald schon sollte unsere Tochter aus einer solchen ihren ersten Brei gefüttert bekommen.

Neben den traditionellen henkellosen Kaffeetässchen konnte man auch kleine Tässchen mit Henkeln im europäischen Stil erstehen. Sie waren zwar hässlich, doch sie wurden in zunehmendem Masse verkauft, ohne Zweifel, weil sie «europäisch» wirkten. Tassen mit Henkeln wurden in allen Filmen gezeigt, erschienen auf allen Reklamebildern, den Käuferinnen und Käufern wurde unterschwellig das Gefühl vermittelt, dass sie doch wohl «besser» sein müssten als das herkömmliche, mit dem Lebensstil der Beduinen verknüpfte henkellose Gerät. Die Gewohnheit des traditionellen «arabischen» Kaffees (die Türken nennen ihn türkischen, die Griechen natürlich griechischen), für den man kleine Tässchen braucht, weil er nur in kleinen Mengen getrunken werden kann (zur Ergänzung wird oft ein Glas Wasser serviert), war aber zu tief eingewurzelt, als dass man zum Gebrauch von grösseren Tassen im europäischen Stil hätte übergehen können. Der modische Henkel erschien also nun an kleinen, formal schlechten Zwerg- und Krüppeltässchen, die durchaus als ein harmloses, aber klares Symptom der fortschreitenden Europäisierung gelten konnten.

Verwandtes liess sich auch bei den zweifarbig braun und hellgelb glasierten Tonnäpfen feststellen, in denen traditionell der Hommosbrei (aus Kichererbsen mit Sesamöl) angeboten wird, welcher eine wichtige Speise der einfachen Familien darstellt. Immer öfter wurde Hommos in Tellern aus Porzellan oder Plastik serviert. Die alten Näpfe gab es noch billig zu kaufen, und es gab immer noch Töpferwerkstätten, die sie halbindustriell in grösseren Mengen herstellten. Doch sie wurden zusehends von Porzellan- und Plastikgeschirr verdrängt, das noch etwas billiger war, aber vor allem modern und zeitgemäss schien. Es dürfte nur eine Frage der Zeit sein, bevor die herkömmlichen Näpfe so knapp werden, dass sie sich zu Ausstellungsgegenständen in Folklore- und Keramikmuseen verwandeln. Erst dann werden die Libanesen und Syrer erkennen, dass es sich bei diesen Schalen, obwohl sie einst Gegenstände des täglichen Gebrauchs waren, um ausgesprochen schöne Produkte der traditionellen Töpferkunst handelte. Einige werden dann Liebhaberpreise für sie bezahlen.

Reisen ins Innere: Jordanien und Syrien

Von Beirut aus unternahm ich im Früh- und Hochsommer 1956 meine ersten Reisen alleine in das arabische Hinterland. Sie sollten dazu dienen, die so mühsam gelernte Umgangssprache nun auch anzuwenden und zu erproben, wieweit man mit ihr in den benachbarten arabischen Ländern durchkommen konnte. Darüber hinaus sah ich es auch als meine Aufgabe an, diese Länder wirklich kennenzulernen, und mir war klar, dass nichts zu diesem Zweck mehr beitrage, als in ihnen auf dem bescheidenen Niveau der Einheimischen Reisen zu unternehmen. Erste Ziele wurden, via Damaskus, Amman, Petra und Aqaba. Diesmal wollte ich auf die Taxis verzichten und mit Autobussen reisen. Nicht nur weil dies noch billiger war, sondern in erster Linie, weil es in den Bussen ein anderes, volkstümlicheres Publikum gab als in den Taxis.

Der Bus nach Damaskus war denn auch ein wirkliches Arbeitspferd der Strasse. Er hielt nicht nur in den Dörfern an, die er durchquerte, sondern auch unterwegs, wann immer jemand zusteigen wollte. Dies bedeutete, dass die Landbevölkerung ihn benützte, wenn sie auf kürzeren Strecken zwischen zwei Dörfern reiste. Die schnelleren Service-Taxis waren mehr auf den Verkehr von Stadt zu Stadt eingestellt. In meinem Bus fuhren Gruppen von Frauen, die metallene Milchkannen transportierten, entweder, um ihre eigene Milch in die Stadt oder eine der grösseren Ortschaften zu bringen, oder um die leeren Kannen wieder nach Hause zurückzubringen. Lebende Hühner, an den zusammengebundenen Beinen getragen, konnten auch von der Partie sein. Weiter entfernt von der Stadt brachten andere Frauen genähte Ledersäcke auf den Bus, gefüllt mit der eingedickten Sauermilch, die *Laban* genannt wird und eines der wichtigsten und gesundesten Volksnahrungsmittel bildet. Generationen von Kindern sind damit aufgewachsen. In dieser Form ist die Milch lange haltbar und zugleich ein vorzügliches Mittel gegen Magenverstimmung. Die Ledersäcke wurden einfach auf den Boden des Busses gelegt, und wenn wenig Raum war, traten die Leute mit ihren Sandalen auf sie, ohne für ihren Inhalt zu fürchten. Bauernfrauen, die etwas auf den Markt zu bringen hatten, reisten immer in Gruppen. Manche schleppten auch Kinder mit.

Sie gehörten nicht zu den ärmsten Teilen der Bevölkerung; offensichtlich noch ärmer waren die, welche die Mitreisenden als «Zigeuner» bezeichneten. Dies waren Gruppen von Fahrenden, die ihre Haushaltsgerätschaften mitschleppten, manchmal hatten sie einen Esel dabei. Sie wanderten der Strasse entlang, um sich als Wanderarbeiter zu verdingen. Das seien keine Beduinen, bei Leibe nicht, wurde dem jungen Europäer erklärt, bloss «Zigeuner», mindere Leute, denen man nicht recht trauen könne. Wenn einige von ihnen in den Bus einstiegen, wurden sie dementsprechend behandelt. Niemand wollte mit ihnen zu tun haben. Über die Fahrgelder, die sie zu entrichten hatten, gab es lange Diskussionen mit dem Chauffeur und seinem Gehilfen, dem Conducteur. Sie liessen sie erst in den Bus einsteigen, nachdem sie ihr Geld erhalten hatten.

Dass ein junger Europäer mitfuhr, erregte die Neugier der Passagiere. Sie stellten Fragen und waren bestrebt, ins Gespräch zu kommen, und das war natürlich eine der Absichten bei der Wahl dieses volkstümlichsten aller Transportmittel gewesen. Auch die Langsamkeit der Reise war von Gewinn. Sie erlaubte, die Berglandschaft, die man durchquerte, vollständiger in sich aufzunehmen, als das beim Vorübersausen im Taxi möglich gewesen war. Doch die Reise bis nach Damaskus dauerte lang. Vom frühen Morgen bis zum späten Nachmittag war der Bus unterwegs. Der Fahrer hielt an, um sich zu verköstigen, und erlaubte so auch den Reisenden einen kurzen Imbiss in einem der vielen Teehäuser von Chtora, dem ersten Ort in der Bekaa-Ebene, die es am Rande der Strasse gab.

Syrien, der grössere, aber ärmere Nachbar

Die Fahrgäste wechselten mehrmals. In der Bekaa stiegen viele syrische Land- und Bauarbeiter ein, die in Libanon gearbeitet hatten. Schon damals bestand eine Arbeitswanderung der ärmeren Syrer nach dem reicheren Libanon. Die Grenzstation bedeutete einen langen Aufenthalt. Säcke, Kisten, Holz- und Blechkoffer mussten vom Dach abgeladen, geöffnet und inspiziert werden. Doch jenseits der Grenze ging die Reise zügig voran; der libanesische Bus durfte keine syrischen Passagiere aufnehmen, weil der Verkehr zwischen syrischen Orten für die syrischen Autobusse reserviert war. Syrien war ärmer als Libanon, aber schon damals viel stärker reglementiert. Der Staat bestimmte die Wirtschaft und liess ihr nur enge Freiräume. In Libanon waren es eher die Wirtschaftskräfte, die den Staat lenkten – zu ihren Gunsten natürlich, wie es schien jedoch auch zugunsten der ganzen Gemeinschaft, die deutlich wohlhabender war.

Die Konkurrenz zwischen den beiden Mittelmeerhäfen Beirut und Lattakiya war ein Beispiel für den Unterschied: Beirut hatte das Rennen schon damals haushoch gewonnen. Die meisten Transporte, auch die für Syrien bestimmten, gingen über Beirut, weil die Zölle und Abfertigungsformalitäten in Lattakiya so viel Zeit in Anspruch nahmen, dass Seefahrtslinien und Transporteure den syrischen Hafen, so weit sie konnten, vermieden. Weil auch die syrische private Wirtschaft ihre Importgüter rasch und reibungsfrei erhalten wollte, war es den syrischen Behörden nicht möglich gewesen, die über Beirut fliessenden Warenströme abzuwürgen und ihren eigenen Hafen zu privilegieren. Dies wurde versucht, führte jedoch zu solchen Lieferungsverzögerungen und Verstopfungen in Lattakiya, dass es wieder aufgegeben werden musste. Lattakiya war zum Hafen der staatlichen Importe und Exporte Syriens abgesunken – und auch das nur, wenn keine Eile geboten war.

Damaskus auf eigene Faust

In Damaskus gab es damals, sogar im Zentrum der Stadt, sehr viele bescheidene Hotels, die den einfachen Leuten unter den Einheimischen dienten. Fliessendes Wasser besassen sie alle. Esslokale fand man gleich in der Nähe. Das Schild: «Besonderes Lokal für Familien» in arabischer Sprache bedeutete, dass dieses Restaurant einen eigenen Raum besass, in dem ganze Familien, nicht nur alleinstehende Männer, speisen konnten. Solche Familien waren fast immer reisende Familiengruppen, die in der Stadt keine Verwandten hatten, bei denen sie absteigen konnten. Wo Frauen und Kinder assen, gab es keinen Alkohol und keine ruppigen oder lauten Gäste. Meistens war auch das Essen reichhaltig und gut, weil die Frauen sich nichts schlecht Zubereitetes vorsetzen liessen. Daneben gab es aus der französischen Zeit ausgesprochene Feinschmeckerlokale, mit typisch französischen Namen wie «Socrate», natürlich mit Alkohol, deren einige etwas heruntergekommen waren. Franzosen, die sie regelmässig besucht hätten, fehlten. Doch sie konnten immer noch ein paar hervorragende Spezialitäten des Hauses anbieten.

Der grosse Basar übte bei jedem Besuch seine Faszination neu aus. Es war schon auf jener zweiten Fahrt nach Damaskus, dass ich dort einen Laden entdeckte, der die bunten volkstümlichen Drucke feilbot, die allerhand islamische Gestalten und Episoden sowie Figuren aus der arabischen Sage abbildeten oder auch in bunten Farben kalligraphierte Verse und Sprüche aus dem Koran wiedergaben. Diese Bilder waren für Bauernhäuser und einfache Kaffeehäuser bestimmt. Damals fand man sie eher auf dem Lande als in den Städten. Das Geschäft verkaufte auch Volkserzählungen und -romane in billigen Drucken, die kürzeren als Hefte, die längeren, unter denen ich auch die Märchensammlung von «Tausend und eine Nacht» fand, in mehrbändigen Ausgaben, die in Karton gebunden waren. Die Kunden dürften in erster Linie Bauern und Kaffeehausbesizer gewesen sein, die vom Lande kamen und derartige Bilder und Bücher nach Hause mitbrachten.

Ich wurde ein fleissiger Besucher jenes Ladens (er ist heute verschwunden), wo ich mir nach und nach die attraktivsten Bilder und die interessantesten Volksbücher zusammenkaufte. In Kairo sollte ich später ähnliche Geschäfte finden; in Persien wurden vergleichbare Drucke in persischer Sprache, oft auf der Strasse, etwa am Rande der städtischen Parks, feilgeboten. Auch in der Türkei fand ich später ähnliche bunte Drucke, die jedoch meistens patriotische Figuren wie Sultane oder berühmte Heerführer und Seehelden oder aber die Bilder von islamischen Mystikern zeigten. Die Volksbücher hatten früher dazu gedient, in den Cafés von Berufsvorlesern rezitiert zu werden. Doch in Damaskus war nur noch ein einziges derartiges Kaffeehaus, direkt hinter der Grossen Moschee, übrig geblieben. Die Volksbilder und -bücher sind heute durch die photographischen Reproduktionen und Illustrierten, oft allerbanalster Natur, verdrängt worden.

Ich lernte allmählich die verschiedenen Menschengruppen zu unterscheiden, die sich durch den Basar bewegten. Neben den Damaszenern der bürgerlichen und der Unterschichten entdeckte man viele Fremde. Die Beduinen waren an ihrer Tracht, an ihren Sandalen und an der Art, wie sie gingen, zu erkennen. Sie nahmen mehr Raum ein als ihre sesshaften Landsleute, sogar in den Basargängen und -gassen schufen sie Leere um sich, die einfach dadurch entstand, dass ihnen ausweichen musste, wer nicht Gefahr laufen wollte, mit ihnen zusammenzustossen. Die Besucher aus dem Persischen Golf und aus Saudi-Arabien, noch nicht so zahlreich wie später, waren an ihren langen weissen Hemden zu erkennen, die stets frisch gewaschen wirkten. Irakis kamen manchmal in der *Dischdascha* daher, die sich kaum von einem bunt gestreiften Nachthemd unterschied, nur dass ein Kopftuch dazu gehörte. Die syrischen Bauern, vor allem die Drusen, trugen die schwarzen osmanischen Pluderhosen, enganliegend an den Waden. Händler aus den traditionellen Basaren aller syrischen Städte hingegen hüllten sich in lange, weissblau oder weissrot gestreifte Gewänder mit einem weissen Mantel darüber, der goldbestickt sein konnte. Und die Geistlichen gingen zu Fuss oder ritten auf Eseln; sie trugen schwarze oder braune togaartige Übergewänder aus feiner Wolle über gegürteten langen Hemden aus gemustertem, glänzendem Baumwolltuch. Ein bunter Schal gehörte zu ihrer Kleidung und natürlich eine angemessene Kopfbedeckung, die manchmal noch aus einem Turban bestand, während sich andere mit dem runden Schädelkäppchen begnügten, um das herum der Turban gewunden wird.

Die Frauen blieben unter schwarzen Tüchern versteckt. Man konnte sich nur berichten lassen, wie bunt und mit welch reichem Schmuck beladen sie in ihren Häusern bei Besuchen von anderen Frauen und Familienmitgliedern in Erscheinung träten. Die bunten Frauengewänder waren in den Läden zu sehen, wo Puppen sie offen zur Schau stellten, ohne dadurch Anstoss zu erregen. Es gab besondere Läden für Brautkleider, meist in einem etwas veralteten, aber unverkennbar europäischen Stil, nur in bunteren Farben. Mit dem Schmuck musste es auch seine Richtigkeit haben, denn es gab sehr viele Juweliere und Goldschmiede, und ihre Kundschaft waren in erster Linie Frauen, die fast immer zu zweit oder zu dritt die gleissenden Auslagen von aussen betrachteten und zusammen in die Läden eintraten. Seltener sah man Männer, die Schmuck für ihre Frauen einkauften.

Ausgangsstadt für die Pilgerfahrt

Damaskus war jahrhundertelang der Wüstenhafen gewesen, von dem aus die grosse Pilgerkarawane im Pilgermonat der Muslime nach Mekka auszog. Die heimgekehrten Pilger, die den Titel *Hajji* trugen, zeichneten sich dadurch aus, dass sie um ihren hohen roten Fès ein weisses, goldgelb besticktes Baumwolltuch wickelten. Viele ältere Herren trugen dies.

Die Muslime aus dem Norden bis hinauf ans Schwarze und Kaspische Meer und darüber hinaus, manchmal auch jene aus dem Irak und aus Persien, sammelten sich, wenn die östlichen Wüstenpisten durch Arabien unsicher oder schlecht unterhalten waren, in Damaskus, um sich dort der Pilgerkarawane anzuschliessen. Diese wurde vom osmanischen Staat organisiert und stand unter militärischem Schutz. Der Tag ihres Aufbruchs wurde offiziell ausgerufen. Am Kopf der Pilgerkarawane schritt ein ausgesuchtes Kamel, das mit dem schwarzen, goldbestickten Überwurf beladen war, der in Ägypten gewoben und gewirkt wurde, und mit dem man die Heilige Kaaba, das Zentrum der Pilgerfahrt, jedes Jahr neu überkleidet. Der alte Mantel des vergangenen Jahrs wird zerschnitten und in kleinen Stückchen an muslimische Würdenträger und Honoratioren verteilt, die Mekka besuchen. Die Stoffstückchen gelten als segenbringend, weil sie ein Jahr lang die heiligen Steine der Kaaba bekleidet hatten.

Diese Staatskarawane hatte schrittweise aufgehört, als die Dampfschiffe, die Eisenbahn, die die Deutschen der wilhelminischen Zeit anlegten, die

Automobile, und schliesslich die Flugzeuge zu verkehren begannen und Pilger nach Mekka brachten. Doch Damaskus bewahrte die Erinnerung an diese alte Funktion der Stadt in mehrfacher Hinsicht. Die Eisenbahn, Hijaz-Bahn genannt, die 1908, kurz vor dem Ersten Weltkrieg, vollendet wurde, begann in Damaskus. Sie war in der Sicht der osmanischen Erneuerer jener Zeit, der «Jungtürken», gewissermassen als der moderne Nachfolger der Staatskarawane gedacht und sollte dem Prestige der reformierenden Sultane dienen, die sich nun rühmen konnten, den Muslimen der ganzen Welt die Pilgerfahrt erleichtert zu haben. Die Gelder für den Bau kamen zum Teil aus den milden Gaben der frommen Muslime. Doch die Bahn funktionierte nur bis zum Ersten Weltkrieg. Sie wurde ein Opfer der Guerillakriegführung der Beduinen unter dem Scherifen von Mekka, dem Haschemitenfürsten Hussain und seinem Sohn Faisal, die sich von dem berühmten T.E. Lawrence («Lawrence of Arabia») beraten und unterstützen liessen.

Nach dem Krieg führte die Bahn statt bis Medina nur noch bis zu dem Flecken Maan vor Aqaba. Doch der Hijaz-Bahnhof in Damaskus überlebt auf seinem eigenen Platz in der ersten modernen Stadterweiterung, die noch in die türkische Zeit fällt, als ein Juwel seiner Epoche. Den Baustil kann man nur wilhelminische Orientromantik nennen, und man muss ihn als eine Untergattung des Jugendstils auffassen. Das Bahnhofsgebäude besteht aus einem einzigen hohen und grossen Saal unter einer mit Gold und Blau reichverzierten Kassettendecke. Dort gibt es zwei Schalter, der Rest des Gebäudes steht leer. Die rückwärtigen Türen führen hinaus zu den Schienensträngen, auf denen verträumt die Eisenbahnwagen auf die Abfahrten warten, die nur ein oder zweimal täglich stattfinden.

Eine Nachbildung der osmanischen Pilgerkarawane mit Papiermaché-Figuren von Pilgern, Gendarmen und einem Kamel, alle bekleidet und ausgestattet mit den damals verwendeten Stoffen und Geräten, findet man im `Azm Palast, im Zentrum der Altstadt, nicht weit von der Grossen Moschee. Dies ist der Palast, den sich die türkischen Gouverneure der Stadt aus der aristokratischen `Azm-Familie in der Mitte des 18. Jahrhunderts erbauten. Seine zwei weiten Innenhöfe und zahlreichen Gemächer dienen heute als eine Art ethnologisches Museum, in dem die Volksbräuche und Handwerkskünste des alten Damaskus gezeigt werden. Der Palast selbst ist mindestens ebenso sehenswert wie die ausgestellten Szenen und Gegenstände. Er besteht aus einem öffentlichen Empfangshof, *Salamlik*, und einem Hof für die Familie des Gouverneurs, *Haramlik*. Beide sind grosszügig angelegt mit ihren Winter- und Sommerteilen für Wintersonne und Sommerschatten; ihren Liwas, den offenen Bogenbauten, unter denen man sitzt; Brunnen, Kolonnaden; einem eigenen Bad; einer Bibliothek; dem Verwaltungsbüro, das man *Diwan* nennt; Empfangs- und Aufenthaltsräumen. Dienerquartiere und Küchen lagen im Hintergrund um einem eigenen Hof. Die Säulenumgänge und Steinfassaden sind in alternierenden Reihen von gelben, schwarzem und weissen Quadersteinen gebaut, die ihrerseits weiter durch eingelegte Steinornamente geschmückt sind.

Der Palast lässt in seiner Bauweise eine heute versunkene Lebenskultur erkennen, die höchstes aristokratisches Raffinement und volle Stilsicherheit mit sehr einfachen baulichen und technischen Mitteln, aber grossem handwerklichen Können verband – ziemlich genau das Gegenteil der heutigen Lebensart, für die ein gewaltiger technologischer Aufwand getrieben wird, um darauf ein seiner selbst ungewisses, eher stilloses Leben zu gründen. Dass ein solcher Gouverneurspalast noch im 18. Jahrhundert gebaut und bewohnt werden konnte, in der Zeit, die für das Osmanische Reich als der Tiefpunkt der Dekadenz gilt, erstaunt. Es lässt sich nur dadurch erklären, dass die Baumeister und die Bauherren in jener angeblichen Zerfallszeit doch immer noch sehr genau wussten, wie ein Palast auszusehen hatte und wie er gebaut werden müsse.

Im Handwerklichen wie im Architektonischen beruht ein solcher Palast auf einer ungebrochenen Tradition, die in Jahrhunderten, ja Jahrtausenden früherer Zeiten ausgearbeitet und raffiniert worden war. Dabei gab es Entwicklung und Anpassung an naturgegebene oder materielle Zwänge, doch bestand eine Kette von Werken, von Meistern und ihren Schülern in jeder einzelnen Disziplin, deren Kunst und Können kumulativ zur Anwendung kamen. Was schön war, lernte man aus den früheren Werken und von den älteren Meistern und trug es weiter, vielleicht hier und dort verbessert, dort und hier nicht mehr ganz auf der Höhe der alten Vorbilder, jedoch so, dass auch in einer Zerfallszeit Gesamtwerke entstehen konnten, die in der Sicherheit einer sich entwickelnden Formsprache ruhten.

Überreste der türkischen Reformepoche

An die immer noch mauerumschlossene Altstadt lehnte sich die Stadt der osmanischen Reformatoren des 19. Jahrhunderts an, mit dem Merjé-Platz als dem damals neu angelegten modernen Stadtzentrum. Der viereckige enge Platz mit einer durch Eisenketten abgeschirmten Anlage in der Mitte ist mit einer Säule geschmückt, auf welcher statt einer Statue das Bronze-Modell der grossen Moschee von Damaskus steht. Es ist ein Geschenk des deutschen Kaisers Wilhelm II. und offenbar ein Kompromiss zwischen Moderne und islamischer Tradition. Eine Menschenfigur mitten auf den Platz zu stellen, wäre für alle damaligen Muslime, auch die Neuerer unter ihnen, höchst anstössig gewesen, hatte doch der Prophet kurz vor seinem Tode im Jahr 632 persönlich die Standbilder der Götzen von Mekka von ihren Piedestalen gestürzt. Seither achteten die Muslime darauf, keine Menschen- oder Tierbilder zu errichten, die, wie das Goldene Kalb die Israeliten unter Aaron, zur Anbetung hätten verleiten können. Eine Statue also, wie er sie in Deutschland hätte errichten lassen, konnte der deutsche Kaiser Damaskus nicht schenken. Doch die grosse Moschee, gewissermassen als Standbild, das konnte als modern, europäisch aufgeklärt und doch gut islamisch gelten.

Mit dem Merjé-Platz architektonisch verbunden sind die Verwaltungsgebäude der türkischen Reformepoche, die heute noch dem Innenministerium und seinen Sicherheitsleuten dienen. Rundum stehen die damals modernen mehrstöckigen Geschäftshäuser aus der Zeit vor dem Ersten Weltkrieg, überaus solide aus gehauenen Steinen gebaut. Die alte Heeresmoschee aus der türkischen Zeit lag damals auch noch, geschlossen und unbenützt, auf der einen Seite des Merjé Platzes; doch sie wurde später abgerissen, damit ihr grosses Terrain inmitten der Stadt für den Bau von Hochhäusern genutzt werden konnte.

Die neuere Stadt aus der Zwischenkriegszeit

Noch weiter draussen schloss sich die «französische» Stadt an. Sie bildete nach dem Ersten Weltkrieg die moderne Geschäftsstadt mit ihren Cafés, Restaurants, Zeitungsständen und Buchläden, Geschäften für elegante europäische Kleidung für Männer und Frauen, den Büros der Luftlinien und dazwischengestreut einigen neueren, aber mit kunstvollen Steinfassaden im traditionellen Stil geschmückten Moscheen. Was in jenem Quartier am meisten faszinierte, waren die beiden nebeneinander liegenden Prachtgebäude, deren eines das Parlament und das andere, eine genaue Kopie des ersten, den Offiziersclub beherbergte. Das Parlament stand meist leer; vor dem Offiziersclub standen Schildwachen, und es herrschte ein lebhaftes Kommen und Gehen. Dies war so, weil die Parlamentarier nur selten zusammentraten, wenn es überhaupt gerade ein Parlament gab. Die Offiziere jedoch regierten entweder aus den Kulissen oder bei aufgelösten Parlamenten ganz offiziell. Der Offiziersclub war damals der Ort, wo sie sich miteinander besprachen und ihre gegenseitigen Interessen, so gut es gehen wollte, gegeneinander ausglichen.

Noch weiter entfernt von der Altstadt fand man das elegante Quartier von Abu Roummana, wo das Aussenministerium stand und die Botschaften vieler Staaten untergebracht waren. Dort wohnten auch die Diplomaten, die modernen Geschäftsleute und Unternehmer und überhaupt die reiche Oberschicht, die im europäischen Stil lebte. Das war nicht wie Ras-Beirut ein übergeschäftiges, vom Verkehr überströmtes Mischquartier aus Geschäft, Luxus und Intelligenz, sondern eher ein stilles Villenviertel mit sauberen, breiten Strassen und Alleen, dessen dreistöckige Häuser in Gärten und Vorgärten standen. Dazwischen begannen allerdings auch bereits die vielstöckigen Blöcke mit Luxuswohnungen sich auszubreiten, die das Wachstum der oberen Mittelschichten anzeigten.

Bahnfahrt nach Amman

Um die Hijaz-Bahn nach Amman und Maan zu nehmen, musste man in Damaskus sehr früh aufstehen. Es war noch dunkel und der Pensionswächter schlief hinter seinem Pult auf einem Feldbett unter grauen Decken, als ich den Weg durch das schlafende Damaskus zum nahen Bahnhof antrat. Auch dort war alles sehr still, der Billettschalter geschlossen, zum Glück hatte ich die Fahrkarte schon am Vortag gekauft. Die Lokomotive dampfte vor dem Bahnhof in der Dunkelheit, einige wenige Menschen stiegen in den Zug ein. Nicht lange darauf begann er im Morgengrauen, auf seinen engen Gleisen mitten durch die Stadt, fast wie ein Dampftram, hinauszurumpeln. Die Landschaft ging sehr bald in Wüste über. Die Bahnbauer hatten die höher gelegenen Wüstenstrecken für den Schienendurchgang vorgezogen. Die wenigen bebauten Landesteile lagen tiefer, in Senkungen oder Tälern, wo sich wenigstens über Teile des Jahrs Wasser ansammelte.

Die Wüstenbahn ging so jedem Auf und Ab aus dem Weg. Daher kam es, dass hie und da in der scheinbaren Leere wie Spielzeug ein winziger Bahnhof auftauchte, der den Namen einer unsichtbar bleibenden Siedlung trug. Ein Weg führte von ihm fort in die Ortschaft hinab. In manchen dieser Bahnhöfe stiegen Leute zu. Sie hatten fast alle Säcke als Reisegepäck, oft die gewobenen oder geknüpften Doppelsäcke, die man einem Esel als Tragtaschen auflegt. Da der Esel fehlte, trugen die Menschen sie selbst auf der Schulter. Der Zug füllte sich allmählich mit Bauern an, die mit Teilen ihrer Ernten unterwegs waren. Sie führten Stöcke mit und waren alle in lange Hemden gekleidet, über welchen sie europäische Kittel oder lange braune Mäntel trugen. Das weisse, schwarz-rot oder schwarz-weiss gemusterte Kopftuch, festgehalten vom Agal-Ring, gehörte dazu. Manche sassen nicht auf den Bänken, sondern zogen es vor, mit ihren Säcken auf den hölzernen Bänken oder am Boden zu kauern. Auch einige ältere Frauen fuhren mit, unverhüllten Gesichts, jedoch mit wehendem Schleier. Jüngere Frauen waren nicht zu entdecken. Es wurde bald offensichtlich, dass die Städter und städtischen Händler die Autostrasse mit den darauf verkehrenden Gemeinschaftstaxis und Autobussen bevorzugten. Mit der Bahn fuhr offenbar nur, wer sich beliebig viel Zeit lassen konnte.

Es wurde bald heiss in den Wagen; die Mitreisenden liessen die Fenster hinab und zogen die hölzernen Jalousien hoch, die die Scheiben ersetzten, ohne den Wind auszuschliessen. Einige der Fenster blieben offen, so dass man nie ganz den Ausblick auf die graugelbe Wüste verlor. Diese wandelte sich in eine immer schwärzere Gegend. Vulkangestein wog vor. Auch die wenigen Häuser, die man zu sehen bekam, waren aus dem schwarzen Basalt gebaut, der das Gesicht des nordsyrischen Hauran bestimmt. Schon die Ortsnamen sprachen von Armut, gleich nach Damaskus kommt *Samanain*, «zweimal Butter», doch weiter entfernt *Scheikh Meskin*, der «Arme Scheich», noch weiter *Ghazaleh*, was als «Gazellenweibchen» übersetzt werden kann. *Deraa*, der Grenzort, liegt an einem schluchtartigen Einschnitt, den die Bahn ausserhalb der eigentlichen Ortschaft auf einer Brücke überquert. Jedoch für den Zoll musste man aussteigen, und die meisten Passagiere beendeten hier ihre Reise.

Jordanien, ein erstaunlich anderes Land

Die jordanischen Grenzsoldaten wirkten sehr anders als die syrischen. Polizisten in dunklen Anzügen und mit Kuppelhelmen nach dem Muster von London! Auch die Sprache der Beamten war überaus korrekt, «yes Sir ...» – «please Sir», kaum zu fassen! Danach führte die Eisenbahnlinie noch tiefer in die Wüste hinein; flache, unbelebte Horizonte. Es wurde noch heisser, Leute stiegen zu, die eher als Beduinen einzuschätzen waren denn als Bauern. Einige von ihnen begannen Gespräche. Einer behauptete, er habe Lawrence noch persönlich gekannt. Der berühmte Engländer war in der Tat für kurze Zeit nach dem Ersten Weltkrieg eine Art Hochkommissar bei *Emir Abdullah* gewesen, dem Hashemiten und zukünftigen König von Transjordanien, der mit englischer Hilfe sein eigenes Land jenseits des Jordans erhalten hatte. Aus jener Zeit stammt die schöne Geschichte von dem Nachfolger Lawrence's, *Pike Pasha*, der erzählt, bei der Amtsübergabe habe Lawrence ihm einen Zettel übergeben, auf dem seine Ausgaben notiert gewesen seien. Ein Posten dabei habe gelautet: «Verloren in der Wüste: ein Sack Gold». Der Nachfolger habe nichts dazu gesagt, aber sich seine Sache gedacht, über diesen Kriegshelden und Politamateur. Doch wenige Wochen darauf habe er Meldung erhalten, Beduinen hätten auf einer Kamelpiste im Inneren einen Sack mit Goldmünzen aufgefunden und ihn nach Amman gesandt, weil er doch wohl der Regierung gehöre und einem ihrer Leute verloren gegangen sei.

Ganz so altväterisch ehrlich dürfte es heute wohl auch nicht mehr zugehen, dachte ich, doch es schien klar, dass diese Beduinen die Engländer und die reisenden Europäer, die sie an diese erinnerten, nach wie vor eher als Freunde denn als Feinde ansahen. Die Armee Jordaniens, die damals noch Beduinenarmee genannt wurde, war aus ihnen rekrutiert, und der Sold der Soldaten und Unteroffiziere diente dazu, den Familien der Stämme ein Zusatzeinkommen zu verschaffen. Er wurde zu grossen Teilen nach Hause in die Zelte gesandt. Damals bezahlte Grossbritannien Subsidien an Jordanien, und den Beduinen war klar, dass ihr Geld letzten Endes aus London kam. Der Oberbefehshaber der Beduinenarmee war noch *Glubb Pascha*, der schon zur Zeit des Krieges mit Israel 1948 die Armee kommandiert hatte. Die jordanische war die einzige arabische Armee gewesen, die den israelischen Streitkräften hatte standhalten können. Sie hatte im Krieg das Westjordanland und den arabischen Teil von Jerusalem besetzt. Diplomatie spielte dabei allerdings auch eine Rolle: Golda Meir hatte mit König Abdullah einen Geheimvertrag ausgehandelt, nach dem die Jordanier nur die Gebiete westlich des Jordans besetzen würden, die der Teilungsvertrag der UNO für den arabischen Teilstaat von Palästina vorsah. Das hatte den israelischen Streitkräften freie Hand gelassen, sich gegen die anderen arabischen Kampfgruppen zu wenden.

Eine kleine Stadt zwischen Hügeln

Amman war damals noch eine kleine Stadt. Es gab die Hauptmoschee und daneben den ovalen zentralen Platz, beide eng eingebettet in ein Tal, das verschiedene steile Hügel begrenzten. Die Hauptstrassen führten vom Zentralplatz weg den Seitentälern zwischen den Hügeln entlang. Aus diesen Seitentälern hinaus hat die Stadt sich später über die Hügel ausgebreitet. Heute umfasst sie alle sieben von ihnen und reicht weit über ihre Kuppen hinaus auf das Wüstenplateau. Damals hatte sie erst begonnen, einige der Hänge hinaufzuklettern.

Das ehemalige Theater von Philadelphia, der hellenistischen Vorgängerin von Amman, befand sich auch dort, wo die Täler zusammenlaufen. Wo die Bühne des Theaters gestanden hatte, erhob sich das Philadelphia-Hotel, Absteigeort für die Würdenträger und politischen Besucher der Zwischenkriegszeit. Es war nett, einmal darin Tee zu trinken, schon der Lage halber, aber viel zu vornehm für mich. An kleinen einheimischen Gasthäusern war kein Mangel. Schon damals besass der Gast in ihnen seine eigene Dusche. Arabische Konversation war in einem solchen Hotel immer mit inbegriffen, und Amman half mir damals zu erkennen, dass ich mich wirklich arabisch verständigen konnte, nicht nur über die praktischen Bedürfnisse (ich besass ein englisches Phrasenbuch des «Umgangsägyptischen», in dem der sinnige Satz stand: «Take off your pants and carry me over this river!», natürlich mit seinem ägyptischen Äquivalent), sondern auch für die Notwendigkeiten eines einigermassen sinnvollen Gesprächs.

Auf einem der Seitenberge, die alle recht steil abfallen, manche fast senkrecht, erhob sich die Zitadelle der alten Stadt mit Resten aus der hellenistischen, byzantinischen und umayyadischen Zeit. Ein anderer, Jebel Amman, war schon damals der Sitz der Botschaften und verschiedener Ministerien, zwischen villenartigen Einfamilienhäusern für die obersten Diener des Staates. Verkehrskreisel unterbrachen die lange Hauptstrasse; der dritte war gerade neu gebaut, und später sollten noch drei weitere bis zum sechsten dazukommen. Die Häuser bestanden dort alle aus gehauenen Steinquadern, wie die Stützmauern der Bergterrassen im Libanon, nur gingen manche ins Gelbliche statt ins Weisse. In ärmeren Quartieren benützte man nackten, unbemalten Zement. Doch die Bewohner wussten auch diesen zu schmücken, indem sie Blumen in Blechkanistern pflanzten oder Weinranken oder kleine blühende Sträucher aus ihnen hochzogen.

Hauptstadt der Palästinavertriebenen

Mehr als die Hälfte der Bewohner der Stadt waren Flüchtlinge aus Palästina. In Amman waren zur osmanischen Zeit Tscherkessen angesiedelt worden, die vor der russischen Expansion im Kaukasus im 19. Jahrhundert nach harten Kämpfen zu ihren Glaubensbrüdern in die Türkei geflohen waren. Die osmanischen Behörden hatten für die Flüchtlinge in ihrem weiten Reich Siedlungsräume gesucht, die Menschen zu leben erlaubten, aber nicht oder nur spärlich bewohnt waren. Dazu hatte auch das Tal von Amman mit seinen Quellen gehört. Dann war im Januar 1921 der arabische Stammesfürst *Abdullah ibn Hussein,* der Sohn des Scherifen Hussein von Mekka, gekommen und hatte in diesem Tal seine Zelte aufgeschlagen. Er führte ein Beduinen-Heer, mit dem er den Franzosen, die im Sommer des vorausgehenden Jahres seinen jüngeren Bruder Faisal aus Syrien vertrieben hatten, das Land im Norden wieder entreissen wollte. Doch dazu kam es nicht. Abdullah blieb und sicherte sich die Herrschaft in Transjordanien. Am 16. September 1922 wurde er von Winston Churchill, damals Staatssekretär für die Kolonien, zum Emir von

Transjordanien erklärt, weil die Engländer die Notwendigkeit sahen, einen Pufferstaat zwischen den arabischen Ländern und ihrem Mandatsgebiet Palästina zu schaffen. Dort hatte die *Balfour*-Erklärung 1917 eine «Heimstätte» für die Juden versprochen, mit der Massgabe, sie solle die Interessen der einheimischen arabischen Bevölkerung in keiner Hinsicht schädigen, was dieser jedoch von vorneherein unglaubwürdig vorkam. Ihre ersten blutigen Proteste dagegen hatten schon 1921 begonnen, und sie sollten sich 1929 sowie in vielen späteren Jahren wieder und immer stärker fortsetzen. Der Pufferstaat unter britischer Aufsicht und mit britischen Subsidien diente dazu, die längste Grenze des palästinensischen Mandatsgebietes unter Kontrolle eines Staates zu bringen, der nicht wie Syrien oder Irak oder Ägypten eventuell in der Lage war, gegen die britische Politik in Palästina aufzubegehren.

Der britische Ursprung des Landes war damals, über 30 Jahre nach seinen Anfängen, immer noch überall spürbar. Die Buchläden und Zeitungsstände verkauften arabische und englische Zeitungen und Zeitschriften. Die Stadt schien ordentlich, aber wenig spektakulär. Es herrschte eine ruhige Disziplin, wie sie einem Reisenden aus Beirut oder Damaskus als beinahe unnatürlich erschien.

Die Spannungen unter dieser Oberfläche wurden erst allmählich sichtbar. Zu Beginn eines jeden Gesprächs teilte einem der Partner sogleich mit, ob er ein Palästinenser sei oder ein Jordanier. Die Jordanier und Palästinenser machten diesen Unterschied fast automatisch auf Grund der Familiennamen, aber beide Teile wollten, dass auch der Aussenstehende Bescheid wisse, sobald er mit ihnen sprach. Für ihn war die Differenz kaum sichtbar; für die Betroffenen jedoch war sie grundlegend: Herren und unfreiwillige Untertanen. Die Palästinenser wollten sogleich klarstellen: Sie gehörten eigentlich gar nicht hierher. Die einheimischen Jordanier, zu denen sich durchaus auch die Tscherkessen von Amman zählten, empfanden umgekehrt das Bedürfnis, gleich klar zu machen, dass sie keine Palästinenser waren. Der Druck seitens der an Bildung und Geschäftstüchtigkeit oft weit überlegenen Palästinenser war so gross, dass sie fast einen Zwang empfanden, deutlich zu unterstreichen, dass die Herren des Landes sie seien. Um ihren Staat, den jordanischen, der für sie nicht der palästinensische sein sollte, aufrecht zu erhalten, stützten sie sich auf die englische Tradition. Der innere Widerstand gegen eine «Palästinisierung» ihres Landes war möglicherweise ein Hauptgrund dafür, dass diese Tradition, gewiss angepasst an die lokale Mentalität, aber weiterhin spürbar formend, fortbestand, während der französische Einfluss in Beirut und Damaskus als jener der fremden Kolonisatoren und Ausbeuter immer mehr Zurückweisung fand.

76

Der Umstand, dass die jordanische Armee im Krieg von 1948 ein Stück Palästina erobert hatte, die sogenannte Westbank (oder das Westjordanland) mit der Altstadt von Jerusalem, komplizierte die Lage zwischen den beiden Brudervölkern noch mehr. Nicht einmal in dem kleinen Stück Palästina, das arabisch geblieben war (es waren gerade noch 22 Prozent ihres früheren Landes) waren die Palästinenser die Herren geblieben.

Vorstoss über Petra bis Aqaba

Die Fortsetzung der Reise verlief weiter auf der jordanischen Seite, und sie war auch eine Wüstenreise. Sie ging wiederum mit der Hijaz-Bahn im Bogen nach Osten in die Wüste hinaus, bis nach Maan, wo die Linie kurz vor Aqaba endete. Der Zug fuhr nachmittags ab und erreichte erst spät am Abend die Endstation. Die Mitreisenden waren wiederum mehr Beduinen als Bauern, doch die Nachtstunden waren nicht günstig für Konversation. Fast alle schliefen. Ein Gemeinschaftstaxi fuhr von Maan bis Wadi Mousa, meistens bergab auf kaum erkennbaren Wegen. Dort schlief ich nur kurz in einem arabischen Gasthaus, um schon morgens früh durch den *Siq*, die tief eingefressene Schlucht hinab zu den Ruinen von Petra zu wandern. Nach dem zwei, drei Kilometer langen Weg zwischen senkrechten und zerklüfteten Felsenwänden den ersten Blick durch den engen Spalt des Schluchtausganges auf das sogenannte Schatzhaus zu werfen, den hell von der Sonne beschienenen hellenistischen Grabtempel, den die Nabatäer aus rosa und gelblichem Sandstein der Schlucht herausgemeisselt hatten, war damals zum erstenmal und ist jedesmal wieder ein grosses Erlebnis. Etwas weiter noch und die Schlucht öffnet sich dramatisch zu einem weiten Platz innerhalb der Felswände. Man steht vor dem ersten und elegantesten Grabmonument von Petra. Es ist ganz auf die Fassade angelegt; innen liegt lediglich ein höhlenartiger quadratischer, dunkler Raum. Diese Fassade, wohlerhalten und bunt in der Vielfarbigkeit des Sandsteins, graziös geradezu inmitten der urtümlichen Felswände, wirkt wie ein Wunder. Die archaische Technik des Herausmeisselns aus dem Sandstein, statt mit Steinen zu bauen, bringt ein leichtes Bauwerk späthellenistischer Eleganz hervor, ein architektonisches Gegenstück zu den subtilen Tanagra-Tonfiguren, das sich trotz seiner eher konventionellen Formensprache durch seine Verwachsenheit mit dem Felsental und den anderen Gräbern und Tempeln als etwas nie Dagewesenes und Einmaliges zu erkennen gibt.

Ich hatte damals das ganze Felsental für mich alleine. In die Steilwände sind viele andere grosse Fassaden von Gräbern und Kultstätten eingemeisselt.

Das ganze muss ein heiliges Tal gewesen sein, das nicht bewohnt wurde, sondern nur den Gräbern und Göttern diente. Die Handelsstadt der Nabatäer lag am unteren Ausgang der Schlucht. Dort gab es einen Polizeiposten, und die Polizisten boten mir Tee an. Sie sagten, sie seien hier zu Hause und ich sei ihr Gast.

Wie ich später von dort nach Aqaba gelangte, ist meinem Gedächtnis entfallen. Müdigkeit muss zu meinem Vergessen beigetragen haben: In irgendeinem Service-Taxi muss ich halb schlafend einen Teil der Nacht durchgefahren sein. Ich finde mich in der Erinnerung erst wieder auf dem Kies am Strand des Golfes von Aqaba, in der Morgensonne, die bereits wärmt. Ein Beduine kommt mit seinem Kamel, Gruss und Gegengruss, er führt das Kamel bis ganz dicht ans Meer hin, bildet mit der Hand ein kleines Becken im Kies, das sich mit Meerwasser füllt und fordert sein Kamel, das er am Halfter nach sich zieht, auf, davon zu trinken. Das Kamel mag das Salzwasser nicht, es schnaubt darüber hin. Doch sein Herr ergreift es an der Schnauze, die Finger in die Nasenlöcher hinein, und drückt sie in das Becken hinab, das Kamel trinkt grunzend und unzufrieden, aber es trinkt. Der Beduine geht über die Küstenböschung zurück, sein Reittier schreitet lautlos hinter ihm über die Kiesel. Ich bleibe in der wohligen Frühsonne sitzen und schaue hinüber auf das israelische Eilat – schon damals Zementblöcke und vorfabrizierte Baracken im Stil von New York – und auf die sich rundum über die Bucht erhebenden Felsenberge, von denen ein guter Teil zu Ägypten gehört.

Kurzbesuch in Jerusalem, Bethlehem und Hebron

Einen Abstecher nach Jerusalem musste ich unbedingt noch unternehmen, obwohl es eigentlich Zeit für mich wurde, nach Beirut heimzukehren. Die Strasse über den Jordan und hinauf nach Jerusalem war damals die Hauptverkehrsachse Jordaniens. Von Amman ging es im Gemeinschaftstaxi über den Flecken Salt, wo «jordanische» Jordanier wohnten, tiefer und tiefer hinab, unter den Meeresspiegel ins untere Jordantal und über die Eisenbrücke, die man aus vielen Bildern der Kriegsjahre kannte, als die Palästinavertriebenen über sie strömten, nach Cisjordanien hinüber, und von dort in immer steileren Kurven hinauf nach Jerusalem. Dies war natürlich nur gerade die Altstadt mit einer kleinen, moderneren arabischen Vorstadt im Norden Richtung Ramallah. Man wusste, es gibt ein geschlossenes Mandelbaumtor, und dahinter muss, viel umfangreicher, die von den Israeli eroberte und von den meisten arabischen Bewohnern «gereinigte» neue Stadt von Jerusalem liegen.

Doch mir genügte die alte Stadt völlig. Ein herrliches arabisches Bauwerk dominierte sie damals wie heute: der Felsendom. Er besass eine märchenhaft magische Qualität für mich. Sowohl aus der Ferne wie aus der Nähe erschien er mir rein künstlerisch als das überragende Monument der mit Gedenkstätten überreich befrachteten historischen Altstadt. Er war von einer ästhetischen Qualität, die sich für mein Empfinden wohltuend abhob von den, nicht immer eigentlich schönen Stellen der Erinnerung an Religionsberichte.

Der Dom stand für sich selbst; er konnte als reines Kunstwerk angeschaut und genossen werden. Gewiss, er war über dem Felsen errichtet, von dem Muhammed in den Himmel aufgestiegen sein soll. Ein angeblicher Fussabdruck wurde sogar gezeigt. Abraham, Stammvater der Juden, Christen und Muslime, soll dort auch den Bock geopfert haben, den Gott ihm an Stelle Isaacs sandte. Doch die Qualität dieses Bauwerkes ist eine solche, dass man es sprachlos bewundern konnte, ohne auch nur an den heiligen Felsen zu denken. Der Dom, achteckig, in farbigen Kacheln und einer Marmorverkleidung mit Bogendekoration, steht unter einer vergoldeten Kuppel alleine und zentral auf der weiten, mit weissem Marmor belegten Terrasse des Heiligtums. Die Aqsa-Moschee auf ihrer eigenen, um einige Stufen tiefer gelegenen Plattform am südlichen Ende, öffnet sich auf den Dom hin. Der Dom, nicht die Moschee, zieht das Auge auf sich.

Sein Inneres ist ebenso wundersam, aber viel archaischer, weil der reiche Schmuck von Balken, Wänden und Bogen aus der ursprünglichen Bauzeit unter dem Umayyaden-Kalifen *Abdel Malik* (reg. 685–705) erhalten ist. Dies ist byzantinischer Schmuck, dessen Herkunft aus der Antike ersichtlich ist. Syrische Kunsthandwerker, die in der römisch-byzantinischen Tradition standen, müssen ihn für den Kalifen entworfen und hergestellt haben.

Wir wissen aus den schriftlichen Quellen, dass der Kalife den Felsendom aufrichten liess, weil er ein muslimisches Gegengewicht für die Grabeskirche mit ihrem Dom schaffen wollte. Die Muslime sollten sich nicht geringer fühlen als die Christen. In der frühen Zeit war auch die Aussenwand des Oktagons mit Mosaiken geschmückt, die ebenso der byzantinischen Tradition verpflichtet gewesen sein müssen wie jene, die an der grossen Moschee von Damaskus erhalten sind. Die Aussenwände wurden zur grossen Zeit der osmanischen Baukunst, im 16. Jahrhundert, von osmanischen Baumeistern neu gestaltet, deshalb die Kacheldekoration und allgemein der modernere, buntere Glanz des Bauwerks in seiner äusseren Erscheinung. Zwischen der durch breite Durchgänge und Fenster durchbrochenen inneren Trommel, auf der die Holzkuppel ruht und dem äusseren Hektagon liegt ein doppelter

Rundgang, den Pilaster und Säulen tragen. Er hat zweifellos einst der rituellen Umwanderung des heiligen Felsens gedient. Die Breite dieses Rundganges gibt die ungewöhnliche Proportion des Bauwerkes ab: ein behäbiger, statischer achteckiger Unterbau, gedeckt durch ein beinahe flaches, nur ganz leicht abfallendes breites Dach, aus dem mitten heraus, für das Auge gleichsam darüberschwebend, der Kuppelbau aufsteigt.

Das Bauwerk verdankt viel, ja eigentlich seine ganze Bautechnik, der byzantinisch-syrischen Bautradition; man steht aber dennoch vor einem der Meisterwerke der islamischen Baukunst, weil der Bauherr Abdel Malik den Grundriss und Aufriss vorgab oder bestätigte, so wie er auch auf eine islamische Dekoration geometrisch-pflanzlicher Art achtete und dadurch bewirkte, dass ein Werk neuer Art zustande kam, in der Methode Rom und Byzanz verpflichtet, jedoch von einem Geist angefüllt, den man einwandfrei als islamisch empfindet: nicht «himmelstrebend» oder «himmeldurchlässig», wie es die späteren gotischen Kirchen und Kathedralen waren, sondern, schon hier, «kosmosnachbildend», ein «Raumkristall», geometrisches Symbol und künstlerisches Abbild der Schöpfungsharmonie und dadurch Hinweis auf ihren Schöpfer.

Die Fernsicht vom Ölberg auf die Altstadt hinab, von wo aus die Esplanade des Felsendoms und der Aqsa direkt hinter der Stadtmauer im Vordergrund liegt, liess damals die beiden grossen muslimischen Bauwerke wie Steine im Ring der Altstadt aufscheinen, deren Umfassung eigentlich nur dazu diente, diese zwei Edelsteine zu tragen und gebührend zu Geltung zu bringen.

Natürlich besuchte ich auch die Grabeskirche. Obwohl ich darauf vorbereitet war, dort allerhand Gegensätze und Zwist unter den verschiedenen christlichen Konfessionen zu finden, übertraf der Gesamteindruck dennoch die schlimmsten Erwartungen. Es schien wirklich ein Ort, der dazu bestimmt war, hauptsächlich als der Rahmen eines beständigen Prestigekampfes zwischen allen Sorten von Christen zu dienen. Der Rahmen selbst trug die Narben der Kämpfe. Jede Konfession hatte versucht, ihren Winkel nach ihrem Geschmack zu verzieren und von den anderen zu unterscheiden. Der Geschmack war dabei meistens von der engeren und provinzielleren Sorte. Die Architektur war überwuchert von den verschiedenen Installationen der rivalisierenden Kirchen. Der einst romanische Dom war so oft modifiziert und umgebaut worden, dass nur noch einzelne Teile, etwa das in einer Art Sackgasse liegende Eingangstor, eine klar artikulierte Struktur bewahrt hatten. Psychologisch verständlich, wenn auch historisch gesehen nicht besonders glaubwürdig, war die Reaktion gegen diesen Sachverhalt, die ein englisches Ehepaar des 19. Jahrhunderts dazu geführt hatte, ihr eigenes Grab Christi gleich ausserhalb der ummauerten Stadt zu entdecken und um es herum einen geruhsamen Garten aus blühenden Sträuchern und schattigen Bäumen zu pflanzen.

Bethlehem gefiel mir besser. Die grosse Basilika der Geburt Christi auf ihrem weiten Platz hatte Format und ein stilistisches Gesicht, das auf die römische und byzantinische Tradition zurückgriff. Ich fuhr auch nach Hebron, weil mir erzählt worden war, dass sich in dieser Stadt der Geist Palästinas und der Widerstand gegen Jordanien am deutlichsten erhalten hätten. Ich wusste, dass dort im Jahr 1929 anlässlich einer der frühen Erhebungen in der Mandatsperiode gegen die Zionisten und Engländer ein Massaker an 64 jüdischen Einwanderern verübt worden war und dass die Erinnerung daran auf beiden Seiten, bei Juden und Muslimen, noch immer fortwirkte. Was sich denn auch bestätigte. Ich schlenderte durch den Basar, als ich an einer Stelle von mehreren Händlern zugleich befragt wurde, ob ich ein Jude sei. Ich verneinte dies ruhig, aber bestimmt. Daraufhin rief mich einer von ihnen in seinen Laden und begann, leise und vertraulich auf mich einzusprechen. Den anderen nicht, aber ihm könne ich es ruhig sagen: Er sei nämlich ein Freund der Juden. Ich wiederholte bestimmt, dass ich keiner war und mit dem Zionismus nichts zu tun habe. Doch der Mann fuhr fort, auf mich einzureden, bis ich ungeduldig wurde und ihm mit erhobener Stimme ärgerlich erwiderte, er solle mich in Ruhe lassen, ich hätte wirklich nichts mit den Juden zu tun. Worauf hin er breit grinsend ein Messer hervorholte, darauf deutete und sagte: «Wenn du zugegeben hättest, ein Jude zu sein, hättest du es damit zu tun bekommen. In Hebron weiss man nämlich, wie man die Juden behandeln muss.» Der Vorfall kam mir nicht sonderlich gefährlich vor, jedoch so abstossend, dass ich ihn nie vergessen konnte.

Die Rückreise erfolgte auf dem gleichen Weg, noch einmal mit einem Zwischenhalt in Amman. Für mich war das wichtigste Resultat dieser ersten grösseren Reise, dass ich sicherer geworden war. Ich wusste nun, in dieser Welt konnte ich mich frei bewegen und umschauen. Natürlich war noch sehr viel zu lernen und zu entdecken. Doch die Möglichkeit, dies zu tun, auf mich selbst gestellt vorwärts zu kommen, bestand offenbar; ich war dessen gewiss geworden.

★

Nach einer solch langen Fahrt kam ich gerne nach Beirut zurück, wo ich Frau und Kind wohlbehalten in der kleinen Wohnung in Ras-Beirut vorfand. Das gemischte Leben, teils arabisch, teils amerikanisch, teils englisch, ein bisschen französisch, etwas schweizerisch und ein wenig armenisch, ergänzt durch Akzente aus der palästinensischen Diaspora, war vertraut geworden, und ich nahm es gern wieder auf. Beirut war damals eine sehr gesellige Stadt, arabische Gastfreundschaft verband sich mit diplomatischem und akademischem Gesellschaftsbetrieb. Meine Frau und ich gehörten nur als ganz kleine Rädchen dazu. Doch die levantinische Höflichkeit und das in ihr vorherrschende Taktgefühl liessen uns nie verspüren, dass wir nur als Mitläufer, die keinerlei eigene Position besassen, eingeladen wurden und mitmachen durften. Aus Höflichkeit tat man so, als ob eine zu erwartende künftige Position der gegenwärtigen Lehrlinge und «greenhorns» bereits in Rechnung gestellt werde. Die dabei manchmal spürbare, leicht amüsierte Ironie war nur zu gerechtfertigt und liess sich spielerisch hinnehmen, weil sie immer verständnisvoll blieb.

Dazu kam der in der Stadt bestehende Reichtum an Zeitungen, Zeitschriften und Büchern. Die Bücher fand ich in der Universitätsbibliothek und jener des British Council. Sie halfen zu verarbeiten, was ich schon gesehen hatte, und vorzubereiten, was ich mir noch weiter zu sehen versprach. Die reiche Auswahl an arabischen Zeitungen diente der täglichen Lektüre.

Nach Aleppo und an den Euphrat

Auf einer zweiten Reise im späteren Sommer 1955, die nach Nordsyrien führen sollte, blieb nicht viel Zeit, Damaskus weiter auszuforschen. Ich wollte bis nach Aleppo gelangen und vielleicht weiter bis über den Euphrat hinaus. Es gab in Damaskus einen Autobus von dem zentralen Platz aus, dem Standplatz aller Busse. Er sollte am frühen Morgen abfahren und am frühen Nachmittag Hama erreichen. Die Strasse von Damaskus nach Aleppo war die wichtigste des Landes, denn sie stellte die Längsachse dar, die Syrien von Süden nach Norden durchquerte. Sie war damals noch nicht vollständig asphaltiert, in grösseren Teilen bestand sie nur aus einer Staubstrasse, über die der Bus langsam holperte. Wann endlich wieder ein Stück «Asphalt» komme, war eine Frage, die dem Chauffeur oft gestellt wurde. Auf dieser Längsachse lagen die beiden wichtigen Provinzstädte Homs und Hama, beide mit einer Vergangenheit, die Jahrtausende vor den Islam zurückreicht, und beide sehr früh von Mekka aus für den Islam erobert. Von Homs gingen östlich und westlich Querverbindungen aus. Die östliche führte nach Palmyra und von dort aus zum Euphrat, die westliche ans Mittelmeer zur libanesischen Hafenstadt Tripolis und zur syrischen Lattakiya weiter im Norden.

Die Fahrt ging durch steppenartige Wüste dem Anti-Libanon entlang nach Norden. Die doppelte Bergkette von Libanon und Anti-Libanon, die jene Teile Syriens vom Mittelmeer abtrennt, bewirkt die Trockenheit. Sie bringt eine Staubwüste hervor, nicht aus Sand, sondern aus Lehmpartikeln. Sobald man ein Stückchen von ihr bewässert, spriesst das Leben hervor. Doch nur seltene Wasserleitungen erreichen sie, die im Anti-Libanon ihren Ursprung nehmen; gerade genug, um hier und da ein paar Bäume hervorzubringen. Für die Bewässerung von Feldern reichen sie nicht aus.

Von Damaskus aus steigt die Strasse leicht empor. Auf der Sattelhöhe im Westen, bevor sie zum Orontes-Tal hin wieder absinkt, liegt Qatana, eine der zwei Militärgarnisonen, die zur Bewachung der Hauptstadt gegen Militärputsche dienen. Die andere, wie ein Mitreisender erklärte, liegt südlich von Damaskus, ebenfalls an der Hauptstrasse, Douma. In beiden Garnisonen seien Tanktruppen untergebracht, die einen Riegel vorschieben könnten, wenn weiter entfernte Einheiten, an der israelischen oder an der türkischen Grenze, nach Damaskus marschieren wollten, um einen Coup durchzuführen. Was natürlich bedeute, so meinte der Gesprächspartner lächelnd, dass jene, die einen Coup planten, sich zuerst mit den Kommandanten von Qatana oder von Douma, oder mit beiden, ins Einvernehmen zu setzen hätten.

Damals sprach man noch unbeschwert über Militärputsche. Die bisherigen waren fast in der Art von Gesellschaftsspielen unter den Offizieren über die Bühne gegangen. Wer verlor, wurde zum Militärattaché an einer der syrischen Botschaften ernannt; wer gewann, bekam Syrien zu regieren, jedenfalls für eine kurze Zeit. Das Jahr der drei Putsche war 1949 gewesen, in Reaktion auf die Niederlage durch Israel: zuerst Oberst *Husni Zaim* im März, dann Oberst *Hinnawi* im August. Doch dieser wurde schon im Dezember des gleichen Jahres von den Obersten *Fawzi Salu* und *Adib Schischakli* abgesetzt. Schischakli sollte, nach einem weiteren Coup 1951, bis Anfang 1954 allein regieren, dann als Staatschef sowie Vorsitzender einer von ihm gegründeten Staatspartei. Im Februar 1954 stürzte ihn wieder ein Oberst, Faisal al-Atasi. Seither herrschte eine Art Demokratie unter dem zivilen Präsidenten *Schukri al-Kuwatli*. Doch jedermann wusste, dass die Armeeoffiziere über viel politischen Einfluss verfügten und jederzeit wieder eingreifen konnten, wenn sie erstens einen Vorwand dafür fanden, was sich immer leicht ergab, und zweitens einig genug waren, um gemeinsam unter einem von allen anerkannten Chef durchzugreifen.

Von Qatana aus ging es geraume Zeit weiter der Anti-Libanon-Kette entlang auf der inneren, trockenen Seite, bis schliesslich die Gipfel im Westen kleiner wurden und die Region erreicht war, wo der Orontes aus der Bekaa ausfliesst und eine weite Ebene bildet. Sie war in den 1950er Jahren noch versumpft und je nach Jahreszeit gab es sogar einen See vor Homs. Der Orontes heisst *al-`Asi* auf arabisch, «der Rebellische», weil er im Gegensatz zu allen anderen Flüssen und Strömen der Region nicht von Norden nach Süden fliesst, sondern von Süden nach Norden, eben aus der Bekaa hinab nach dem Inneren Syriens, dann entlang den Alawiten-Bergen (Jebel Alawi). Erst weit im Norden hinter diesem Gebirge, das ihn von der Mittelmeerküste trennt, findet er bei Antiochia den Weg hinüber zum Mittelmeer. Homs war schon damals eine Handelsstadt, die von der Vermarktung und industriellen Verarbeitung der Produkte der reichen Landwirtschaft der Orontes-Region lebte. Die Stadt ist später zum Sitz der syrischen Raffinerie geworden. Die Tschechoslowakei sollte sie dort erbauen, weil die Rohrleitung aus dem Irak von Kirkuk aus über Homs ans Mittelmeer führt. Nach Homs verzweigt sie sich in einen syrischen Ast der zum Mittelmeerhafen Tartous führt, und in einen libanesischen, der in Tripolis endet. Das von Syrien benötigte Erdöl wird in Homs der Rohrleitung entnommen, raffiniert und über das Land verteilt.

Dass Homs für den Durchgang der Leitung gewählt wurde, hängt mit der Lücke zusammen, die sich auf der Höhe von Homs zwischen dem Libanon und den Alawiten-Bergen auftut. Dies ist die einzige Stelle an der Ostküste des Mittelmeers bis hinab nach Gaza, die frei von Küstengebirgen ist und damit den Zugang zwischen dem Inneren und dem Mittelmeer beinahe ebenerdig gestattet.

Nicht nur Erdöl und Handelswaren ziehen durch diese Lücke, sogar der Wind tut es. Er weht so beständig durch sie hindurch, dass alle Bäume der Region schief stehen, nach Osten geneigt. Der Wind bringt auch Feuchtigkeit vom Mittelmeer her. Wo Berge stehen, verursacht er Niederschlag auf ihren westlichen Hängen. Doch durch die Lücke zieht die feuchte Luft, vom Winde getragen, weit in die Wüste hinein. Mitten in der Syrischen Wüste stossen diese Mittelmeerwinde auf einen Felsenberg vulkanischen Ursprungs, den *Jebel Tadhmor* oder Berg von Palmyra. Sie werden durch ihn in die Höhe gezwungen, und ihre Feuchtigkeit entlädt sich in Regenfällen. Der Regen genügt nicht, um eine grüne Landschaft aus der Wüste entstehen zu lassen, doch sein Wasser sammelt sich an den Hängen, sickert ein und bewirkt, dass am Fuss des Berges Quellen entstehen, die ihrerseits dazu dienen, die Palmengärten von Palmyra zu bewässern. So entsteht, dank der Lücke von Homs, die Oase von Palmyra, ziemlich genau in der Mitte der Syrischen Wüste, auf halbem Weg zwischen Orontes und Euphrat.

84

Mein Weg jedoch führte geradeaus nach Norden fort. Die Strasse machte einen plötzlichen Bogen und sank ab in den Talgrund des Orontes, der sich ein breites Bett in die Ebene gegraben hatte. Unten lag in Ruinen ein ausgedehnter Karawansarai aus der Osmanischen Zeit, ohne Dach, doch mit intakten Mauern und Bogenfenstern. Der Talgrund schien sumpfig, auch die Brücke über den Orontes, die der Bus benutzte, war ein altes, wohl ebenfalls osmanisches Bauwerk; man konnte sehen, dass früher hier eine Karawanenetappe gelegen war. Ich wäre gerne ausgestiegen, um die romantische Landschaft genauer zu erforschen, doch wir hatten keine Zeit. Später bereute ich es, an dieser Stelle mehrmals, ohne Halt zu machen, vorbeigefahren zu sein; denn der ganze Ort wurde durch einen Stausee ertränkt, der den Orontes hochstaute, so dass heute ein See das Tal ausfüllt und die neue Strasse auf einer neuen Brücke, weiter oben gelegen, den Fluss überquert.

Hama vor den Zerstörungen von 1982

Um nach Hama zu gelangen, stieg die Strasse wiederum von der Wüstenebene in das Flusstal hinunter. Hama war damals noch eine rein mittelalterliche Stadt von grossem Zauber. Der Ort war und ist heute noch berühmt wegen seiner grossen Schöpfräder, der Norias, die Wasser aus dem Orontes heben, indem sie, von der Strömung des Flusses getrieben, mit ihrer Drehung kastenartige Wasserbehälter emporheben und auf der höchsten Stelle ausschütten, so dass ihr Wasser sich in einer hoch in der Luft schwebenden Holzrinne sammelt und über einen Aquädukt abfliesst. Die Drehung der grossen Schöpfräder (die grössten haben einen Radius von drei bis vier Metern) auf einer feuchten Holzachse spielt sich unter einem vibrierenden Singen oder Ächzen ab, das man von weit her vernehmen kann.

In den damaligen Jahren gab es noch viele Wasserräder am Fluss. Heute sind sie viel seltener geworden, und die letzten von ihnen werden nur noch als Erinnerung an die alte Zeit und zur Freude der Touristen erhalten. Gleich am Eingang zur Altstadt gab es einen Platz mit Parkanlagen und drei Norias, die sich drehten. Das Stadthaus stand gegenüber und auch ein Uhrturm der Art, wie ihn die osmanischen Reformregimes des 19. Jahrhunderts gerne erbauen liessen. Dort gab es Cafés und eine ausgedehnte Aussichtsterrasse über dem Fluss, die die drei Wasserräder miteinander verband. Es war ein Lustort für die Augen und dank dem Singen der Norias auch für die Ohren.

Der Fluss durchquerte darauf die Altstadt, die auf seinen beiden Ufern gelegen war. Eine der Hauptmoscheen, nah am Orontes, besass ihr eigenes

Wasserrad, das ihr Wasser für den Abwaschungsbrunnen des Hofes zuführte. Dahinter spannte sich eine Brücke über den Fluss. Die Gassen der alten Stadt, winklig und oftmals durch Tunnels unter den Häusern hindurchgeführt, liessen von Zeit zu Zeit Durchblicke auf den Fluss und auf innen gelegene Gärten zu. Es gab stattliche Steinpaläste mit Kuppeln und Baumgärten hinter hohen Mauern. Die ganze Stadt war aus gelbweissen Kalksteinquadern gebaut, was ihr trotz der Vielfalt der Häuser, einfache neben Palästen, und der Winkligkeit ihrer Gassen eine grosse Einheit verlieh. Die Menschen in Hama waren offensichtlich sehr traditionell eingestellt: Tief verschleierte Frauen, manche trugen Masken vor dem Gesicht, Männer in den traditionellen langen, gestreiften Gewändern, Babuschen an den Füssen, bunte Schals über den Schultern, viele mit dem roten Fes auf dem Kopf. Ältere Männer mit Wasserpfeifen vor ihren Haustüren, andere spielten Tricktrack auf kleinen Hockern und Schemeln. Die Gassen sehr still, ausser dem Markt am anderen Ende der Stadt, wo die Produkte des reichen Gartenanbaus der Umgebung laut zum Verkauf ausgerufen wurden. Wer sich zu weit vom Orontes entfernte, geriet in ein Gewirr von kleinen Gassen mit so vielen Drehungen und Wendungen, dass er die Richtung verlieren konnte. Doch der Ort war klein genug, dass man sich nicht zu weit in ihm verlief.

Fast 17 Jahre später, im Februar 1982, sollte ein bedeutender Teil der Altstadt von Hama zerstört werden, weil die Stadt sich gegen die syrische Regierung erhoben hatte. Damals durchquerte ich, natürlich von der Zukunft nichts ahnend, die alte Stadt etwas zu eilig, da Aleppo mein Ziel war, jedoch wach und hellhörig genug, um zu merken, wie konservativ, in sich abgeschlossen und in sich gekehrt dieser Ort lebte; der fremde Besucher fiel in den Winkelgassen und Unterführungen, den hohen stillen Mauern entlang, mehr aus dem Rahmen des lokalen Lebens als in irgendeiner anderen der heutigen syrischen Städte.

Eine Nacht in Ma'arra

Zum Übernachten konnte ich nichts Geeignetes im damaligen Hama finden, dafür war ein Autobus da, bereit, bis Ma'arret an-Nu'man zu fahren, und ich stieg ein. Dieser Flecken, etwa auf halbem Wege nach Aleppo, war mir dem Namen nach bekannt, weil ein grosser klassischer Dichter, *al-Ma'arri* (973–1053), dorther stammte, einer der wenigen arabischen Klassiker, der bis auf die heutige Zeit als Dichter, nicht bloss als Sprachkünstler, gelesen wird.

Es war Nacht, als wir ankamen; der Ort lag völlig verlassen da. Ich liess mir eine Herberge weisen, die sich nicht weit vom Zentrum befand. Dies war eine sehr bescheidene Absteige. Es gab keine Einzelzimmer, und der Gast musste mit einem Bett in einem Raum vorlieb nehmen, in dem schon fünf der sechs Betten besetzt waren. Die Übernachtung ist mir deshalb im Gedächtnis geblieben, weil die Mitschläfer sich in der Nacht erhoben, um ihr Nachtgebet gemeinsam zu sprechen. Sie taten dies seltsamerweise ein jeder von seinem Bett aus. Dem eigentlichen Ritualgebet folgte eine lange gemeinsame Anrufung, in der Gott um Sieg gegen Israel angefleht wurde.

Das moderne Ma'arra stellte sich als ein grosses Bauerndorf heraus. Die Hauptmoschee, die ein berühmtes Minaret besitzt, durfte ich nicht betreten, und die Hohe Schule (Madrasa) aus der ayyubidischen Zeit war auch nicht zugänglich. Ich nahm deshalb die erste Fahrgelegenheit in einem Gemeinschaftstaxi für den Rest des Wegs nach Aleppo wahr. Vor Aleppo gab es mehrere Dörfer, die ganz aus bienenkorbartigen Häusern aus Lehm mit nach oben verengten konischen Kuppeln bestanden. Es gab ganze Gehöfte, zu denen mehrere solcher Kuppelgebäude durch eine Umfassungsmauer zusammengeschlossen waren. Die grössten davon müssen als Wohnräume gedient haben, kleinere als Ställe und Vorratskammern. Der Vorteil der Bienenkorbhäuser war, dass sie keine Holzbalken brauchten, weil sie keinen Dachstuhl benötigten; die Kuppeln dienten zur Überdachung. Auf Grund der bestehenden lokalen Bautradition konnten die Bauern sie selbst aus Lehm, der mit fein geschnittenem Stroh zu Pisé vermischt wurde, ringförmig aufbauen. Ein Ziegelring wurde über den anderen gelagert und die Durchmesser nahmen jedesmal etwas ab. Ihr Nachteil war, dass sie jährlich nach dem Regen neu mit Kalk geweisselt werden mussten, um eine wasserundurchlässige Schicht auf den Lehmziegeln zu bilden. Geschah dies nicht, drohte das ganze Gebäude sich bei Regenfällen aufzulösen. Auf Grund dieser Notwendigkeit fand man all diese Dörfer und Einzelgebäude immer blendend weiss und rein, wie neu gebaut.

Bei späterer Gelegenheit gelang es mir einmal, das Innere eines solchen Hauses zu besuchen. Die Menschen lebten darin in einem ausgesprochen schönen Raum, kreisrund und nach oben hin durch die Steilkuppel abgeschlossen. Es gab Lichtluken, die bei dem hellen Sonnenlicht gebündelte Strahlen einliessen und zur Beleuchtung durchaus genügten. Doch der runde Raum ertrug keine Möbel. Decken, Teppiche, Kelims, Kissen und einige leichte Hocker füllten ihn aus. Die Kleider, die nicht getragen wurden, hingen im Hintergrund über einer Schnur. Koch- und andere Haushaltgeräte standen in einer Ecke im Hof und in ihrem eigenen Bienenkorbschuppen. Gekocht wurde im Freien.

Heute sind diese Behausungen selten geworden. Sie werden fast nur noch als Ställe und Vorratskammern benützt. Zementblöcke, die von Hand mit einer einfachen Presse geformt und an der Sonne getrocknet werden, sind zum billigsten heute verwendeten Baumaterial geworden.

Aleppo, die zweite Stadt Syriens

Das damalige Aleppo kündigte sich durch vermehrten Baumwuchs an der Strasse an. Er bestand aus lauter Aleppo-Kiefern, einer Nadelbaumart, die mit besonders wenig Wasser auskommt. Hinter dem Schirm dieser Kiefern tauchte die Universität von Aleppo auf, Gebäude aus weissen Kalksteinquadern, durch Gitter von der Landstrasse abgetrennt. Die Stadt liegt so weit im Norden, dass sie nicht auf Bewässerung angewiesen ist. Ihre Weizenfelder und ihre Kiefernwälder kommen knapp mit dem natürlichen Regenfall aus. Der Weizen von Nordsyrien ist Hartweizen, besonders geeignet für die Herstellung von Spaghetti. Er wird deshalb auf den Weltmarkt exportiert und grössere Mengen des billigeren weichen Weizens werden dafür ins Land gebracht.

Von den Gegensätzen, die zwischen Damaskus und Aleppo bestanden, konnte man viel hören. Aleppo war die werktätige Stadt des Transithandels und der Textilfabriken; Damaskus die Regierungsstadt, Hochsitz der Bürokratie. Aleppo hatte ein Hinterland und eine Umgebung von Dörfern, eben weil es nicht in der Wüste lag, sondern am Anfang der grünen Zone; doch dieses Hinterland gehörte nur teilweise zu Syrien. Jenseits der türkischen Grenze gab es arabophone Bauerndörfer und kleinere Städte, die historisch zum Einzugsgebiet von Aleppo gehörten. Östlich der Stadt war es nur eine, höchstens zwei Tagereisen für Karawanen bis an den Euphrat, und jenseits des Euphrats setzte das Einflussgebiet von Aleppo sich fort, bis es an jenes der nördlichsten Stadt des Iraks, Mosul, anstiess. Mosul und Aleppo waren eigentlich Schwesterstädte, beide Zwischenstationen auf dem Weg, der vom Persischen Golf den Euphrat oder den Tigris hinauf über die beiden Städte zum Mittelmeer führte. Die dritte Schwesterstadt war Antiochia, der Endpunkt dieser Strasse. Antiochia hatte nach dem Ersten Weltkrieg zum französischen Mandat über Syrien gehört. Doch die Türkei Atatürks erhob Anspruch auf diese Stadt, deren Bewohner zu einem bedeutenden Teil türkisch sprachen. Nach einem heftigen diplomatischen Streit, bei dem es stets darum ging, ob die Arabophonen oder die Turkophonen in Antiochia die Mehrheit besassen, war die Stadt und ihre ganze Umgebung schliesslich im unmittelbaren Vorfeld des Zweiten Weltkriegs der Türkei überlassen worden. Ohne diese Konzession, so glaubte die damalige französische Diplomatie, wäre die Türkei 1939 vielleicht nicht neutral geblieben, sondern hätte sich, wie 1914, Deutschland zuwenden können.

Doch die Syrer waren und sind bis heute empört über die Abtretung einer ihrer grossen historischen Städte durch die Mandatsmacht, die in ihren Augen verpflichtet gewesen wäre, ganz Syrien, einschliesslich Antiochias, der Unabhängigkeit zuzuführen. Die Provinz Antiochia erscheint auf den syrischen Landkarten immer noch als ein Stück Syrien, und die Abtretung ist von Damaskus bis heute nicht anerkannt. Die drei grossen Handelsstädte an der Südgrenze Anatoliens, Aleppo, Mosul und Antiochia, sind so von den Erben und Liquidatoren des Osmanischen Reiches drei verschiedenen Nationalstaaten zugewiesen worden, obgleich sie historisch und kulturell eng zusammengehören.

Die alte Verbindung, die nach Mosul hin fortbesteht, bewirkte auch, dass Aleppo dem Projekt eines «Fruchtbaren Halbmonds» freundlicher gegenüberstand als Damaskus. Dieser «Fruchtbare Halbmond» galt als ein englischer Plan. Er sah vor, dass die Staaten des Nahen Ostens, etwa von Palästina aus über Damaskus, Aleppo, Mosul, Bagdad bis nach Basra hinab sich in einem weiten Bogen zusammenschliessen oder zusammenarbeiten sollten. Die Hörner des Halbmondes wären im Süden gelegen, Jerusalem und Basra, sein breiter Rücken im Norden hätte aus den grüneren Gebieten der Regenfallzonen Syriens und des Iraks bestanden.

Wenn in Syrien abgestimmt wurde, pflegte in Aleppo die Demokratische Volkspartei zu gewinnen, die aussenpolitisch mit dem Irak zusammenarbeiten wollte. In Damaskus jedoch war die Nationale Demokratische Partei mächtiger. Sie trat für Zusammenarbeit mit den südlichen arabischen Nachbarn ein, Ägypten und Saudi-Arabien, und ihr erschien der Verlust Palästinas, einst zur Provinz von Damaskus gehörig, als besonders schmerzlich und nicht für alle Zeiten hinnehmbar.

Das moderne Zentrum von Aleppo war weniger reich und elegant als jenes von Damaskus. Es gab kein Viertel der Botschaften, und die Konsuln waren meist in den Handelshäusern untergebracht, deren Geschäftsleute ohnehin mit dem von ihnen vertretenen Lande zu tun hatten. Auch Aleppo besass seinen Uhrturm aus der osmanischen Reformperiode, hier stand er auf einem recht engen, aber geschäftigen Dreiecksplatz, wenige Schritte vom Beginn der Altstadt entfernt. Davor lagen zwei oder drei Vergnügungsstrassen mit Kinos, einigen Hotels, Trinklokalen, Touristen- und Luftfahrtsbüros sowie Banken und anderen Geschäftshäusern im europäischen Stil. Dort befand sich auch das berühmte «Baron»-Hotel, von einer armenischen Familie geführt, in dem alle Reisenden, Archäologen und Diplomaten der Zeit vor dem Ersten Weltkrieg abgestiegen waren. Ihre Unterschriften sind im Hotelregister zu bewundern. Man kann heute noch darin wohnen und von der hochgelegenen Frontterrasse aus unter Sonnenschirmen das Leben der Stadt an sich vorüberziehen lassen. Allerdings muss man sich mit etwas ausgebuchteten Betten und blossen Ventilatoren statt Luftkühlung abfinden.

Neben Beirut war und ist noch heute Aleppo die zweite grosse Armenierstadt des Nahen Ostens. Die beiden Provinzhauptstädte des Osmanischen Reiches waren die Ziele des Todesmarsches, auf den 1915 die Armenier im Zuge der Vertreibung aus ihrer Heimat durch die Türken gezwungen wurden. Viele sind unterwegs umgekommen, doch eine Mehrheit hat die beiden Ziele erreicht. Diese Menschen wurden zum Grundstock von bedeutenden armenischen Minderheiten in beiden Städten.

Der einzigartige Basar von Aleppo

Es ist aber die Altstadt von Aleppo, die den Besucher magisch anzieht. Sie ist als ein grosses Viereck angelegt, das die auf einer runden Anhöhe liegende Zitadelle umschliesst. Gemauerte Basare mit einheitlichen Rundbögen durchziehen die ganze Altstadt der Länge nach. Sie sind solider und kräftiger gebaut als die etwas improvisierten Basarstrassen von Damaskus, so dass man den Eindruck gewinnt, man wandere durch ein einziges vielteiliges Bauwerk, aus steinernen Gängen und Bögen unregelmässig zusammengefügt. Der Basar war damals noch stärker als heute von Handwerkern besetzt und betrieben, die ihre eigenen Waren herstellten und verkauften. Die Sattler, Schuhmacher, Schneider, Kordel- und Seildreher, Matratzenmacher, Goldschmiede, Juweliere und Kupferschmiede, Hufschmiede, Messer- und Scherenschleifer, Möbelschreiner, Teppichflicker, Uhrmacher arbeiteten in ihren eigenen Läden. Die Seifensieder und Färber, Glasbläser, Zimmerleute, Schmiede, Töpfer, Teppichknüpfer betrieben eher eine eigene Werkstatt in der Altstadt oder in Aussenquartieren und liessen die Produkte ihres Fleisses von Trägern in ihre Basarläden bringen. Das kaufende Publikum stellten die Bewohner der Stadt, aber auch in beachtlichem Masse die Bauern der umliegenden Dörfer. Was sie nicht selbst zu Hause herstellen konnten, kauften sie zwei- oder dreimal im Jahr auf dem Basar in der Stadt ein, bescheidene Luxusgegenstände für Feste und Hochzeiten so gut wie eiserne Arbeitsgeräte.

In vielen Untergeschossen der Altstadthäuser hatten einst die Handwebstühle gestanden, für deren Seiden- und Baumwollstoffe in kunstvollen Farben Aleppo berühmt war. Sie waren jedoch im Begriff, durch moderne Maschinen ersetzt zu werden, die in grossen Fabrikanlagen am Rande der Stadt arbeiteten. Die *Khamasiya*, die «Fünfergesellschaft», zu welcher die massgeblichen industriellen Textilhersteller zusammengeschlossen waren, galt als wichtige Arbeitgeberin und finanzielle Macht. Später sollte sie mit dem Staatssozialismus der noch bevorstehenden sozialistischen Regierungen Syriens bitter zusammenstossen.

Neben der Fülle der Handwerksprodukte fand man auch alle Nahrungsmittel auf diesem gewaltigen Markt. Der Basar, arabisch wird er *Suq*, «Markt», genannt (Basar ist ein persisches Wort, das über Indien ins Englische und auf den europäischen Kontinent gelangt ist), war in Aleppo noch wirklich das Herz der Stadt. Ich fühlte mich an die Geschichten von Tausendundeiner Nacht erinnert, in denen ein Märchenheld von Geistern oder Zauberern oder auf einem fliegenden Teppich oder hölzernen Pferd vor das Tor einer fremden, vor Geschäftigkeit summenden Stadt versetzt wird, worauf er sofort auf den Basar geht, um festzustellen, wer in diesem Land regiere und was sonst los sei, ob es Arbeit gäbe und überhaupt, was das Schicksal mit ihm beabsichtige.

Man konnte viele Stunden einfach mit Schlendern und Schauen auf dem Basar verbringen. Das immerwährende Schauspiel bestand aus den gleichen Grundaktivitäten: Kauf und Verkauf; Kunden die vorüberziehen; Warenauslagen; Händler, die den ganzen Tag in ihren nischenartigen Läden verbringen; bis in die Architektur: sich wiederholende, immer gleiche Kuppeln und Bögen über viele Kilometer hinweg. Doch innerhalb dieses Rahmens des immer Gleichen fand man unendliche Bewegung und Vielfalt der Menschen, der Farben, der Waren, der Tätigkeiten oder Beschaulichkeit (vom vertrauten Gespräch über das Lesen des Korans bis zum Halten von Registern und zum Mittagsschlaf auf den Teppichen oder Säcken, die im eigenen Laden verkauft wurden). Diese reiche Vielfalt der Formen und Aktivitäten verwandter, aber immer wieder auch abgewandelter Art, jedoch streng gefasst in den Einheitsrahmen einer festen Form, entspricht genau dem eigentümlichen Wesen aller islamischen Kunst, und der Basar konnte als ein Gesamtkunstwerk angesehen werden, das sich durch das Zusammenwirken einer ganzen Stadt und all ihrer Tätigkeiten in dem klar umrissenen, fest vorgegebenen und durchorganisierten Rahmen der Basargewölbe abspielte. Dies machte letzten Endes seinen unerschöpflichen Reiz aus; wie bei einem Kunstwerk liess sich dieser Reiz besser empfinden als analysieren. Mit Worten konnte man ihn zu umschreiben versuchen; doch das eigentliche, künstlerische und ästhetische Erlebnis des Basars liess sich nur «erlaufen».

Ich wusste damals noch nicht genug über islamische Kunst, um mir die Freude erklären zu können, die ein jeder Gang durch den Basar in mir auslöste. Doch sie war da, und ich lernte später, dass sie auch vor einem der grossen Kunstwerke der islamischen Zivilisation wiederauftauchte, ob dies nun

Bauwerke wie die Moscheen oder die Anlage eines islamischen Gartens oder Innenhofs seien, oder kleine Meisterwerke der Töpferkunst, der Miniaturmalerei, der Weberei, der Racheldekoration einer Wand, die Schnitz- und Einlegearbeit auf einer Türe oder an einer Moscheekanzel. Die Gemeinsamkeit all dieser Kunstwerke lag darin, dass sie einen festen Rahmen besassen, ein ihnen zugrunde liegendes geometrisches Gesetz, dass dieses jedoch von der Buntheit und Vielfalt der Einzelerscheinungen und -formen überwuchert wurde, die zu dem Gesamtwerk zusammenwirkten: Gesetz und Vielfalt in ein Werk zusammengebracht, ergeben immer neue Symbole der lebenden Schöpfung, hinter denen und durch die hindurch die islamische Kunst den Schöpfer erkannte und zu ihm aufblickte.

Zitadelle im Herzen der Stadt

Die Basargänge stiegen leicht an. Wenn man ihren höchsten Punkt erreichte, wo das helle Sonnenlicht durch das letzte Ausgangstor winkte, trat man hinaus vor ein neues atemberaubendes Wunder. Grell erleuchtet lag vor dem Betrachter das gewaltige Rund des Zitadellenbergs: ein grosses, regelmässiges Oval, der ganze Berg eingekleidet in ein steinernes Glacis, zuoberst durch eine Mauer gekrönt, über die ein schlanker Minaretturm hinausragte. Der monumentalste Teil dieser grossen Festung, ihr burgartig ausgebautes Eingangstor, zu dem eine steinerne Brücke hinaufführte, auf Rundbogen abgestützt, zog unweigerlich das Auge auf sich. Über dem Haupttor mit seinen gewaltigen, gegeneinander abgewinkelten Eingangsbögen erhob sich der Hauptpalast der Zitadelle aus gelbem Sandstein, abgehoben vom grauen Steinwerk des Glacis. Dort, über und hinter dem Eingang, war neben kleineren Räumen, Bädern, Vorratsspeichern und übereinander gelagerten Reihen von Wehrgängen der Thronsaal untergebracht, wo der Herrscher oder sein Stellvertreter, der Gouverneur, ihre offiziellen Empfänge abgehalten hatten.

Die Zitadelle als historisches Zentrum der Stadt war uralt. Abraham, sagte die Sage, habe sie gegründet; jedenfalls ging sie auf die altorientalische, vorhellenistische Welt zurück. Die Archäologen haben in ihr ein syro-hetthitisches Relief aus dem 1. Jahrtausend v. Chr. ausgegraben. Später, im 4. Jahrhundert n. Chr., kam der römische Kaiser Julianus Apostata zum Opfern in den Zeus-Hadad-Tempel, der auf der Zitadelle angelegt war. Byzantinische Keller und Zisternen sind bis heute erhalten. Doch die überirdisch sichtbaren Bauwerke mit dem grossen Eingangspalast stammen aus dem 13. und 14. Jahrhundert. Die ägyptischen Mamluken, grosse Bauherren auch in Kairo und in Damaskus, haben die Festung neu aufgebaut, nachdem sie von den

Mongolen 1260 eingenommen und zerstört worden war. Sie diente ihnen als Zentrum ihrer Grenzverteidigung gegen den Norden, gegen Byzanz.

Vom höchsten Punkt der Zitadelle aus, wo die Moschee steht, geniesst man einen weiten Überblick über Aleppo, und das Auge schweift über die nördlichen Ebenen nach Anatolien hin. Zur Zeit meines ersten Besuches gab es noch keine Satellitenschüsseln. Doch in den jüngsten Jahren haben sie dermassen zugenommen, dass sie das Stadtbild dominieren. Wie Schneeflecken, auch in der Hochsommerhitze, bedecken sie über und über die Flachdächer der Stadt. Ein Scherzwort behauptet, sie richteten sich alle am späteren Abend, so gegen elf Uhr, in schönem Einklang nach Holland hin aus, wegen der prickelnden pornographischen Sendungen, die man dann von dorther empfangen kann.

Der Säulenheilige «Saint Simon»

Zur ersten Aleppo-Reise gehörte auch ein Besuch bei den Ruinen des Klosters des heiligen Simeon, eines Säulenheiligen. «Saint Simon» liegt ein paar Stunden Wegs in nordwestlicher Richtung von Aleppo in einer Region, in der es sehr viele bedeutende Überreste aus der späteren hellenistischen, der römischen und frühen byzantinischen Zeit gibt. Dies sind immer mit Reliefs verzierte Steinbauten bester Arbeit: Basiliken, ganze Stadtkerne, Klöster, die heute mitten in einer Wildnis stehen, Gestrüpp mit ganz wenigen, armen Bauerndörfern. Die paar Felder, die es heute gibt, bestehen aus roter Erde, die sich in Felsenmulden gesammelt hat, rund um sie herum treten die Kalksteinfelsen nackt hervor. Dornbüsche wachsen in Mengen. Man hat anzunehmen, dass die Region noch in der Spätantike fruchtbar und bewaldet war und dass die Bäume Humus und Wasser zurückhielten, wo heute die Platzregen des Winters fast alle Erde wegspülen, so dass nur der Felsen bleibt. Doch der Reichtum, den die antiken Gebäude erkennen lassen, war wohl nicht nur durch Landwirtschaft zustande gekommen. Die Handelsströme, die in jener Zeit vom Euphrat her durch das nordsyrische Gebiet zogen, müssen die blühenden Städte und Klöster hervorgebracht haben. Die arabischen Eroberungen bewirkten, dass diese Handelsströme weiter nach Süden verlegt wurden, weil sie den Transit durch die Syrische Wüste auf dem direkteren Weg von Bagdad nach Damaskus begünstigten. Nordsyrien wurde statt Transitland Kampfgrenze zwischen dem arabischen Reich und dem byzantinischen, und die Städte, Klöster und Basiliken zerfielen. Dafür blühten die Städte auf den südlichen Routen auf, eine neue Achse von Bagdad nach Damaskus entstand.

Das Simeonskloster ist bei weitem der wichtigste Bau aus der früheren byzantinischen Zeit. Er bestand aus einer gewaltigen vierarmigen Basilika, deren vier Hallen auf eine grosse zentrale Kuppel zusammenliefen. Die Kuppel war wahrscheinlich aus Holz. Unter ihr stand die Säule, auf welcher der Heilige gelebt hatte. Ein Kloster war angebaut und ein gesondertes Baptisterium stand dem Hauptbau gegenüber. Heute fehlen überall die Dächer. Doch fast alle Mauern sind bis hoch hinauf aufrecht geblieben. Besonders die Eingangsfassade mit ihren drei Bogentoren ist voll erhalten. Vor ihr kann auch der heutige Besucher die harmonisch geläuterte Pracht der grossen Basilika nachempfinden.

Wie der Reisende standen einst die soeben getauften Neubekehrten vor dieser Eingangsfassade. Sie durften das Heiligtum erst betreten, nachdem sie die Taufe im Baptisterium erhalten hatten. Dort hiessen die Priester die Schar der Täuflinge in Einerkolonne durch ein in den Boden eingelassenes Taufbecken wie durch eine Furt waten. Dann waren sie würdig, sich der Hauptkirche zuzuwenden. Sie schritten über den weiten Platz, der zwischen dem Baptisterium und der Basilika lag, auf das Heiligtum zu, in dessen Mittelpunkt unter der grossen Kuppel aus Holz die heilige Säule des Simeon stand.

Von der Säule ist wegen der vielen Besucher, die Jahrhunderte lang Reliquien abschlugen, nur ein eiförmiger Stumpf übrig geblieben. Die Rotunde, in der sie stand, hatte einen achteckigen Grundriss, von allen vier Seiten mündeten dreischiffige Basiliken in sie ein. Der ganze Komplex erhebt sich auf einem steilen Hügel, von dem aus der Blick weit über Ebenen und Berge nach Westen und Norden schweift. Der Hügel selbst war von einer Mauer umgeben, was den arabischen Namen erklärt: *Qal'at Sem'ân* oder Simeonsfestung. In der frühen byzantinischen Zeit war diese klösterliche Festung ein Wallfahrtsort, von fast gleichem Rang wie die Sophienkirche, die Grabeskirche oder die Basilika von Bethlehem.

Der heilige Simeon, wohl gegen 390 geboren, war der Sohn eines Schäfers. Von früher Jugend an strebte er nach einem Leben des Fastens und der Kasteiung. In den Klöstern, in die er eintrat, machte er sich wenig beliebt, weil er das seiner Ansicht nach zu bequeme und zu weltliche Leben seiner Brüder scharf angriff. Er wurde deshalb zum Einsiedler. Doch so viele Menschen kamen ihn in seinen verschiedenen Einsiedeleien besuchen, um seine Hilfe zu erflehen und auf Wundertaten zu hoffen, dass er sich schliesslich für die «Flucht nach oben» entschied, auf eine Säule, die er im Jahr 423 bestieg und auf der er fortlebte bis zu seinem Tod 36 Jahre später. Die Säule wurde mehrmals erhöht, sie hatte auf ihrem Gipfel eine Plattform mit einem Geländer, und der Heilige stieg jeden Nachmittag hinab, um seinen Besuchern, den Pilgern, zu predigen und sie zu beraten. Sogar der byzantinische Kaiser besuchte ihn. Er soll sehr gütig zu allen gesprochen haben, im Alter anscheinend gegenüber den Weltleuten ohne jeden fanatischen Übereifer. Viele Menschen wurden von ihm bekehrt, besonders, so berichten die byzantinischen Quellen, die heidnischen Araber aus der Wüste. Natürlich hat er auch viele Wunder getan.

Später haben andere Säulenheilige ihn imitiert. Es gibt sogar einen zweiten Simeon, den man als den jüngeren Styliten (Säulenheiligen) bezeichnet; er starb 592 und lebte auf einer Säule in der Nähe von Antiochia. Er war ein geweihter Priester und pflegte auf seiner Säulenplattform die Messe zu lesen. Gläubige, die ihr beiwohnen wollten, stiegen zu ihm auf die Plattform empor und empfingen die Kommunion aus seiner Hand. Auch er war ein einflussreicher Prediger und Seelsorger.

Die Gebiete des oberen Zweistromlandes

Doch den angehenden Arabisten zog es vor allem weiter nach Osten. Er wollte den Euphrat sehen und die Ruinenstadt Raqqa besuchen, die von den abbasidischen Kalifen angelegt und als aussenliegende Hauptstadt benützt worden war, zuerst, um ihnen als Ausgangspunkt für ihre regelmässigen Feldzüge gegen Byzanz zu dienen, und später, als die Weltstadt Bagdad zur Verfallszeit der Dynastie ihren Kalifen zu turbulent und gefährlich wurde, um auf einen zweiten Hofsitz ausweichen zu können.

Die weite Region zwischen Euphrat und Tigris, die heute zu Syrien gehört, nennt man *al-Jazira*, «die Insel», weil sie wie eine Insel zwischen den beiden Strömen liegt (die Ströme werden im klassischen Arabisch nicht Flüsse genannt, sondern «Meere»). Die «Insel» wurde allerdings erst nach dem Ersten Weltkrieg auf Grund der Verhandlungen von Sèvres (1920) zu dem französischen Mandatsgebiet Syrien geschlagen. Im Osmanischen Reich und schon früher war sie zwischen den Provinzen Aleppo und Mosul geteilt. Die «Insel» wird ihrerseits durch einen Fluss und seine Seitenflüsse durchschnitten, den Khabur, der im Norden der Jazira entspringt und in den Euphrat einmündet.

Die ganze Jazira, fast ein Drittel des gesamten syrischen Gebietes, war damals Pionierland. Die Regenfälle brachten je nach Stärke gute oder schlechte Weizenernten hervor. Der Weizen wuchs ohne Bewässerung. Doch daneben gab es neu die Baumwollfelder. Sie mussten bewässert werden und wurden deshalb in der Nähe der beiden Ströme und des Khabur-Flusses angelegt. Mechanische Pumpen, die mit Schweröl betrieben wurden, kamen in jener Zeit neu ins Land. Aleppo diente als Verteilungszentrum. Die Pumpen speisten zuerst kurze, später mit dem wachsenden Landbedarf und den zunehmenden Kapitalien immer weiter reichende Rohrleitungen, die immer neues Trockenland für den Baumwollanbau urbar zu machen erlaubten. Es waren Privatunternehmer, die sich dieser Kulturen annahmen. Ihnen kam das alte Gesetz der Wüste zugute, nach dem ein Mann, der ein Stück Wüste urbar gemacht, «belebt hatte», sagt das Arabische, als sein Besitzer galt.

Die Flecken Hassaké am Mittellauf und Kameshli ganz oben am Khabur, nah an der türkischen Grenze, wurden damals im übrigen Syrien als Orte beschrieben, die beinahe den Wildwest-Filmen des amerikanischen Mythos entsprachen. Roh, nicht ohne Härten für die dortigen Siedler, aber schwerreich, das Geld fliesse dort in Strömen. Die Leute hätten alles, was sich Syrer in den älteren Landesteilen nicht leisten könnten: die grössten und lautesten Radiogeräte, schwere Geländewagen, nicht nur Bier, sondern Whisky; nur Frauen seien dort selten, wenn man nicht mit den Beduininnen vorlieb nehmen wolle, mit denen anzubandeln aber zu gefährlich wäre, weil deren Klan dann unweigerlich Rache übe. So redete man in den Cafés von Damaskus über das Neuland der Jazira.

Vom Autobus aus auf den Staubpisten, die man damals befuhr, liess sich die Verwandlung der Landschaft und ihrer Bewohner erkennen. Wasserleitungen waren mancherorts einfach dadurch improvisiert, dass leere Petrolfässer ohne Böden und Deckel ineinander gesteckt worden waren. Pumpen standen am Strom, mit den Erdölfässchen für ihre Energieversorgung daneben. Manchmal waren grössere Pumpanlagen in Lehmhäusern untergebracht. Traktoren arbeiteten auf den Feldern, die alle mit kleinen Erdwällen rund um die Äcker herum für die Bewässerung vorbereitet wurden. Die Beduinenfrauen trugen noch ihre herkömmliche Kleidung, aber sie waren mit Feldarbeiten beschäftigt. Nur auf den abgeernteten Weizenfeldern sah man noch Schaf- und Ziegenherden; früher war die Viehzucht die Hauptbeschäftigung der Einheimischen gewesen.

Einer der Mitreisenden wies auf die Motorräder hin, die mit den Schafherden reisten. Sie dienten dazu, so erklärte er, Wasser zu den Herden zu bringen, wenn diese trockene Strecken zu überwinden hätten. Viele von ihnen seien nämlich unterwegs nach Beirut oder Damaskus, um dort geschlachtet zu werden. Der Frühling sei die beste Reisesaison für die Hirten und ihre Herden. Die Schafe könnten in kleinen Etappen mehrere Hundert Kilometer zurücklegen, ohne zuviel Gewicht zu verlieren. Dank der Motorfahrzeuge seien ihre Wanderhirten nicht mehr gezwungen, ihre Route so anzulegen, dass sie jeden Abend eine Wasserstelle erreichten. Sie könnten heutzutage das Wasser zu den Herden statt die Herden zum Wasser bringen.

Raqqa erwies sich als wenig spektakulär. In einer Ebene, die von lauter Raubgrabungen durchfurcht war wie nach einer Bombardierung, erhoben sich einige massive Backsteinblöcke, die den inneren Kern von Stadttoren, Palästen, Stadtmauern bildeten. Nur wenige der Fassaden waren noch teilweise erhalten, meist waren die äusseren Schichten der Backsteine abgebröckelt und abgeschlagen; nur der innere Kern der gewaltigen Backsteinwälle blieb wie erratische Blöcke stehen. Die Raubgrabungen gingen darauf zurück, dass Raqqa-Kacheln und -Gefässe bei den Sammlern besonders beliebt sind. Die dortige Erde bewirkt, dass die bunten Glasuren über die Jahrhunderte hin Irredeszenzen ansetzen, die sich wie Schleier von silbernem Glanz über die alten, oft buntglasierten Gefässe breiten. Die Stücke werden dadurch besonders ansprechend.

Ganz Raqqa und ihre Schwesterstadt, *ar-Rafiqa*, wo Harun ar-Rashid in seinem gewaltigen Palast viele Jahre bis zu seinem Tod im Jahr 809 lebte, waren aus Backstein gebaut. Die ganze Jazira besteht aus Lehm, Steinbrüche gibt es nur in grossen Entfernungen. Die Glasuren und die weissen Kalkbewürfe machten den Schmuck solcher Gebäude aus. Wenn sie fehlen, bleibt nur ein Kern, aus dem die Archäologen die alten Gebäude rekonstruieren können. Grundrisse von Stadtmauern und Kanälen können von oben her aus der Luft als Linien im Gelände erkannt und aufgenommen werden. Manchmal enthüllen sie einen ganzen Stadt- oder Palastplan. Grosse Kanäle müssen einst der Stadt und ihren Palästen vom Euphrat her Wasser zugeführt und Gärten und Parkanlagen bewässert haben, wo heute kein Baum mehr zu sehen bleibt.

Seit der Zeit jener Reise hat die ganze Region noch einmal ein neues Gesicht gewonnen. Auslöser war der grosse syrische Damm durch den Euphrat, der Asad-Damm. Er wurde in den 1970er Jahren mit sowjetischer Hilfe gebaut. Die Staumauer liegt bei Tobuk etwas stromaufwärts von Raqqa, und der Stausee reicht beinahe bis an die türkische Grenze empor. Er dient der Bewässerung und der Elektrizitätsgewinnung. Raqqa bildet heute das Zentrum der neu zu bewässernden Gebiete und wurde daher dank dem Damm zu einem wichtigen Ausgangspunkt für die gewaltige Arbeit der allmählichen Urbarmachung und Weiterausdehnung der neuen Bewässerungsgebiete. Die alte Palaststadt wurde so eine Stadt der Mechanik für Erd- und Wasserbewegung und der beginnenden Administration in den Neulandgebieten.

Damals, in den 1950er Jahren, war Deir az-Zor, etwas weiter stromabwärts, der Ansatzpunkt der ersten Pionierexpansion über den Euphrat hinweg und in die Jazira hinein. Dort stand die einzige Brücke, die den Euphrat

97

überquerte. Der junge Reisende fand in Deir az-Zor Gastfreundschaft bei einem der katholischen Missionare, mit denen er in Bikfaya studiert hatte. Der Franziskaner lebte alleine dort, ohne Mitbrüder, um sich als Seelsorger einer kleinen Schar römischer Katholiken anzunehmen, die seit der französischen Zeit in dem Strassenknotenpunkt lebten. Er ziehe an Feiertagen die französische Flagge auf, vertraute der Ordensmann seinem Gast an, was die Muslime des Ortes zwar ärgere und auch den Behörden ein Dorn im Auge sei. Doch er halte sich daran, und er habe ein Recht darauf, seit der französischen Zeit. Es sei wichtig zu demonstrieren, dass die Christenheit hier inmitten der Muslime fortlebe. Der Gast hielt es nicht für seine Aufgabe, darüber zu diskutieren, ob die französische Flagge nun wirklich als ein Zeichen des Christentums gelten könne – nicht vielmehr als jenes des erst seit einem Jahrzehnt überwundenen Kolonialismus. Manchmal gäbe es nachts Schüsse, die gegen Mitglieder seiner Gemeinde fielen, erzählte der Geistliche. Zur Einschüchterung, doch bisher sei es zu keinem schweren Unglück gekommen. Die Franzosen hätten aber schliesslich die Brücke gebaut, der das Städtchen seine Bedeutung verdanke. Sie hätten die Pisten angelegt, die sich hier überschnitten, jene, die südlich, dem Strom entlang, nach dem Irak weiterführt, und die sie kreuzende, die aus Palmyra herkommt und über die Brücke hinweg nach Nordosten in die Jazira eindringt. Der Verkehr über die Brücke daure gegenwärtig die ganze Nacht hindurch an, lauter schwere Lastwagen, wusste er zu berichten.

Ich fuhr bis Hassake weiter, den Khabur hinauf, mitten in die Jazira. Doch das Bild war im wesentlichen das gleiche, das sich schon auf dem Westufer des Euphrats abgezeichnet hatte. Ein weites, bisher verwildertes Land, das dank der Privatinitiative in etwas improvisierter Art neu unter den Pflug gelangte – ein syrischer «wilder Osten».

In Hassake erfuhr ich so gegen Mittag über das Wüstentelefon, dass in der vorausgehenden Nacht in Beirut ein Erdbeben stattgefunden hatte. Es habe keine Toten oder Verletzten gegeben, wollten die verschiedenen Gewährsleute wissen. Doch die Sache sei interessant gewesen, weil «alle Amerikanerinnen» von Beirut in ihren Nachthemden auf die Strasse gerannt seien. Da hätte man etwas erleben können! Die Nachricht war wohl übers Radio in die fernen Teile von Syrien gedrungen, doch die Geschichte von den Amerikanerinnen konnte nicht aus dem Radio kommen. Entweder war eine Andeutung in den Radioberichten, dass viele der Bewohner der Stadt sich auf die Strasse gerettet hätten, von der Volksphantasie ausgemalt worden, wobei ihr wahrscheinlich amerikanische Filme Flügel verliehen, oder es handelte sich um eine reine Erfindung. Kaum einer der vielen Zufallsbekannten, mit dem ich ins Gespräch kam und über das Erdbeben redete, überging das Detail von den leicht bekleideten Amerikanerinnen.

Heimweg über Palmyra

Für mich wurde es Zeit umzukehren. Ich fuhr über die Brücke von Deir az-Zor zurück und fand dort einen etwas ruppigen Autobus, der nach Palmyra fuhr, auf einer Piste, die noch wilder war als die vorausgegangenen. Sie bestand nur aus Autospuren, die in der feinen trockenen Erde aufgewühlt waren. Diese strebten über weite Flächen auseinander, liefen dann wieder zusammen und kreuzten sich hier und da. Die von Spuren durchwühlte Fläche war manchmal so ausgedehnt, wie das Auge über die Wüste reichte. Der Grund für solche weit ausgebreiteten Spuren wurde klar, sobald man einem anderen Fahrzeug begegnete. Ein jedes zog eine gewaltige Staubwolke hinter sich her, wer in sie geriet, war einem dichten Staub- und Erdregen ausgesetzt, der in alle Ritzen eindrang und für Augenblicke das Sonnenlicht völlig verdunkelte, so dass die Piste nur noch andeutungsweise sichtbar blieb. Deshalb fuhren die Lastwagen, Busse und Wüstentaxis weit auseinander, jedes Gefährt von seiner eigenen Staubwolke gefolgt. Man kreuzte sich auf Distanz, und Überholen war überhaupt nur möglich, wenn es dem schnelleren Fahrer gelang, eine eigene Spur weit entfernt von der des vorausgehenden Vehikels zu legen.

Doch Palmyra war ein angemessener Lohn für die Beschwerlichkeiten der Pistenfahrt. Die antike Stadt mit ihrer gewaltigen, fast vollständig aufrecht stehenden Säulenkolonnade aus der Zeit Hadrians und der in seinem Ursprung viel ältere, aber noch bis in die byzantinische Zeit als Gotteshaus fortdienende Baaltempel, gewissermassen ganz allein in der Wüste, bieten einen unvergesslichen Anblick. Es gibt eine Oase mit Dattelpalmen; sie liegt tiefer als die Wüstenoberfläche, über welche sich die antike Stadt ausbreitet, und ist deshalb aus der Entfernung kaum sichtbar. Es sind die steilen Felsenberge, der höchste von einer mamlukischen Festung gekrönt, die hinter den Säulen den Horizont bestimmen und das Auge auf sich lenken. Das Dorf Palmyra war damals noch winzig. Es gab das Zenobia-Hotel, gleich neben den Ruinen, als einzige Absteige. Eine abenteuerliche französische Dame, die sich den Titel einer Gräfin von Andurain gab, hatte es in der französischen Zeit zum Missfallen der Mandatsbehörden auf eigene Faust gegründet. Wie alle kolonialen Machthaber meldeten die französischen Offiziere Sicherheitsbedenken an, man könne den Eingeborenen ja prinzipiell nicht trauen. Das Hotel hatte jedoch, unter dem Schutz der lokalen Stämme, die französische Herrschaft überdauert.

Bevor die französischen Archäologen der Zwischenkriegszeit die Reste des Tempels und der Säulenstrasse freilegten, hatten die Bewohner von Palmyra ihre Hütten innerhalb der soliden Mauern des Baaltempels gebaut. Er war so gross und die damalige Oasenbevölkerung so klein, dass ihre ganze Siedlung innerhalb der Tempelmauern Raum gefunden hatte. Diese hatten ihr als Festungsmauern gedient. Die Franzosen siedelten sie aus und richteten ihnen ein neues Dorf, unbefestigt, am Rande der Oase ein. Dann wurde der Tempelbezirk ausgegraben.

Die Farben der Wüste, hellbraun, mit den weissgelblichen und weissrötlichen Steinquadern und Säulenstämmen, zusammen mit dem schon tiefblauen Himmel und den schwärzlichen Schattenlinien und scharfen Umrissen, die in der klaren Morgenluft deutlich hervortraten, bildeten eine herrliche, lautlose Symphonie von Licht und Pastell. Der Wanderer hatte gerade noch Zeit, die verschleierten Priesterinnen oder Klageweiber auf dem berühmten Steinrelief im Baaltempel zu fotografieren, die geneigten Hauptes hinter einem mit dem Baldachin des Gottes beladenen Kamel in Prozession dahinschweben, bevor er einen neuen Bus nach Homs bestieg, der erneut über einige Stunden Piste noch am Nachmittag sein Ziel erreichte. Von dort nach Beirut, wiederum über Damaskus, diesmal mit Gemeinschaftstaxis, war es nur eine Tagereise.

Beirut nach dem Erdbeben

In Beirut hatte meine Frau viel über das Erdbeben zu berichten. Es sei wirklich angsteinflössend gewesen, das ganze Haus habe gezittert und ein vibrierender Ton habe Mark und Bein durchdrungen. Das Haus habe sich nicht wirklich geneigt, eher geschüttelt. Dies wiederholte sie mehrmals in verschiedenen Wendungen. Das Haus zu verlassen, habe sie jedoch keine Zeit gefunden. Einen Lichtblick konnte sie dem Geschehen auch abgewinnen. Am nächsten Tag erzählten all ihre Freundinnen und Bekannten, ihr Geschirr sei aus den Ständern auf den Boden gefallen und dort in Stücke gegangen. Doch das unsere, so bescheiden es war, – wir besassen kaum mehr als vier Teller und zwei Tassen – hatte nicht gelitten. Warum nicht? Nun, weil es sich sämtlich über Nacht im Küchenbecken befunden habe. So habe es zwar unaufgewaschen, aber intakt überlebt.

Von den angeblichen Amerikanerinnen im Nachthemd wusste meine Frau nichts. Dagegen hatte sie festgestellt, dass am nächsten Morgen viele Kolleginnen und sogar Ärzte im Spital fehlten. Sie hatten mit ihren Familien ihre Automobile bestiegen und waren in «ihre» Dörfer geflohen, aus denen die jeweilige Familie stammte. Dass solche fast automatische Fluchtaktionen «zurück ins Dorf» jedesmal zustandekamen, wenn sich die Bewohner von Beirut bedroht fühlten, konnten wir auch bei anderen Gelegenheiten beobachten. Die Beiruter Familien waren fast alle tief in einer engeren Heimat verankert. Ihr Vater oder Grossvater war aus dem meist maronitischen Bergdorf in die Hauptstadt gewandert, die einst eine ausgesprochen sunnitische Siedlung gewesen war. Die Familien blieben «in der Fremde», doch sobald sie sich irgendeiner Bedrohung ausgesetzt fühlten, war ihre erste instinktive Reaktion, ins heimische Dorf in die Berge zurückzukehren. Dort hatten ihre maronitischen Vorväter über die Jahrhunderte hinweg den feindlichen Druck der Aussenwelt überdauert, und die Schutzfunktion der Berge und ihrer Dörfer lebte im Unterbewusstsein der Menschen bis in die Gegenwart fort.

Reise zum Krak des Chevaliers

Eine kürzere Reise zu der Kreuzritterburg des *Crac des Chevaliers*, wie sie auf Französisch genannt wird, fiel auch in den gleichen Frühling 1956. Diese Burg hat schon vor den Kreuzzügen und über sie hinaus gedient. Sie befand sich lange Zeit im Besitz der Johanniter, und aus ihrer Zeit stammt auch ihr französischer Name. Der arabische Name der Festung lautet bis heute *Husn al-Akrad* oder «Kurdenfestung». Er spielt auf eine ältere Festung an, auf welche die Johanniter die ihrige aufgesetzt hatten. Offenbar hatte die Festung einmal einem kurdischen Anführer mit seiner Truppe gehört. Die Kurden spielten als Krieger- und Söldnervolk eine wichtige Rolle in den Kreuzzügen. Der grosse Saladin ist einer von ihnen gewesen.

Das Krak beherrscht die oben erwähnte Lücke zwischen den beiden Küstengebirgsketten, der doppelten des Libanons und der einfachen der Alawiten-Berge. Es ist die Lücke, durch die der Seewind nach Palmyra hin bläst, und sie ist der einzige leichte Zugang vom Meer in das Innere Syriens. Zur Zeit der Kreuzzüge beherrschten die Kreuzfahrer die Mittelmeerhäfen und die Küstenebene, Syrien jedoch mit Damaskus und Aleppo befand sich in muslimischer Hand. Die «Lücke» zu Füssen des Krak bildete damals sowohl die wichtigste Passage zwischen den beiden Herrschaftsgebieten wie auch ihre Grenze.

Aus meinen Arabischstunden in Basel erinnerte ich mich an Passagen aus der Pilgerchronik des Ibn Jubair, die ich zu lesen bekam, lange bevor ich mir vorstellen konnte, dass ich den geschilderten Ort, der damals unendlich weit weg in einer anderen Welt zu liegen schien, selbst in Augenschein nehmen würde. Ibn Jubair, der fromme Pilger aus Granada, kommt im Jahr 1184, drei Jahre vor der Rückeroberung Jerusalems durch Saladin, auf dem Heimweg aus Mekka, den er über Bagdad und Damaskus nimmt, nach Homs und sieht das Schloss der Kreuzritter in der Ferne. Homs erscheint ihm verwildert. Die Stadt «ist von hohen Türmen umgeben, wohl befestigt. Doch im Inneren der Stadt kommt es dir vor, du befändest dich in einer ungeordneten Wildnis mit einem zerfallenden Stadtbild und zusammenge-flickten Gebäuden. Die Sonne scheint nicht auf ihren Horizont und ihren Märkten fehlt der Glanz. Sie ist ärmlich und mittellos. Was soll man auch sonst denken von einer Stadt die nur ein paar Meilen von Husn al-Akrad ent-fernt liegt, der Feste des Feindes, wo man ihre Feuer erblicken kann und deren Funken, die verbrennen, wenn sie stieben. Woher jeden Tag, sooft sie es wollen, die Feinde zu Pferd auf Überfälle ausreiten …»

In den 1950er Jahren gab es noch keine Strasse zum Krak hinauf. Auf der Autostrasse von Tripolis nach Homs verkehrte ein Bus, den man in Tell Kalach, kurz nach der libanesischen Grenze, verlassen musste, um zu Fuss den Berg zu ersteigen, den die grosse Burgruine krönt. Die Leute von Tell Kalach, so behaupteten ihre Nachbarn in Tripolis, seien rauhe Personen, die gerne mit Steinen auf Fremde würfen, weshalb der Besucher, der einen leichten Rucksack mit sich führte, sich schon etwas westlich der Ortschaft absetzen liess, wahrscheinlich ohne wirkliche Notwendigkeit. Der Buschauffeur wusste sogar, wo der Pfad, der den Berg hinauf führte, von der Strasse abzweigte. Es war schon Spätnachmittag, als ich meinen Fussmarsch begann, weil der Bus nur einmal am Tag verkehrte.

Schon nach einer halben Stunde Wegs überholte ich einen Mann mit seinem Kamel, der gemächlich den Berg hinaufstieg. Dieser begann ein Gespräch und sagte, auch er sei nach der Burg unterwegs, da er im Dorf an ihrem Fusse lebe. Er nannte sich einen *Maqâri*, was einen berufsmässigen Trä-ger oder Maultiertreiber bezeichnet. Dies war eine Beschäftigung, die in den Bergen in früheren Tagen, als die fahrbaren Strassen noch wenige waren, zu den häufigen Berufen der Bergbewohner gehörte. Jedes Dorf benötigte sol-che Träger und Säumer, um seine Versorgung und den lokalen Handel auf-recht zu erhalten.

Mein Säumer war stolz auf sein Kamel. Das sei viel besser als ein Lastwa-gen, meinte er. Er anerbot sich auch, meinen Sack seinem Tier aufzuladen, das zur Zeit nur eine kleine Last zu tragen habe. Das Kamel kannte seinen Weg von selbst, und man brauchte nur in aller Ruhe hinter ihm her durch die in der Dämmerung undeutlich werdenden Büsche und Nadelbäume des Hangs hochzusteigen. Der Mond war aufgegangen, als wir nach etwa zwei

Stunden den Fuss der Burg erreichten. Der Säumer bot mir an, die Nacht für ein kleines Entgelt in seinem Haus zu verbringen. Ich nahm gerne an. Allerdings war ich etwas verlegen, als mir der Säumer in seinem Haus das einzige grosse Bett zur Verfügung stellte, welches offensichtlich sein Familienbett war. Ablehnen komme nicht in Frage, sagte der Mann, seine Frau schlafe bei ihren Eltern, mit den Kindern, und er sei es gewöhnt, bei seinem Kamel zu schlafen. Unterwegs tue er das ja immer, und es komme vor, dass er wochenlang unterwegs sei.

Da in der Tat weder Frau noch Kinder zugegen waren, liess ich mich überreden und schlüpfte in das weite, mit mehreren Decken und mit Laken mit geklöppelten Rändern versehene Bett, das als einziges Möbelstück in dem vom Schein einer Kerze erleuchteten Zimmer des Mannes stand. Ich erwachte wieder, als es noch dunkel war. Eine Art Hautfieber schien mich befallen zu haben, das ich allerdings schnell als etwas bekanntes identifizierte. In Córdoba war es mir einst in einer Herberge zugestossen, die von Wanzen befallen war. Als das Jucken zunahm, beschloss ich aufzustehen. Es begann schon hell zu werden. Meine kleine Übernachtungsgebühr hatte ich am Abend zuvor entrichtet, so dass ich den Ort in aller Stille verlassen konnte. Nach dem wenigen, was ich über Wanzen wusste, konnte ich hoffen, dass sie sich weiter in dem Bett und den Holzritzen des Zimmers und Bettgestells aufhalten würden und meine Kleider sowie meine Person nur vorübergehend heimgesucht hätten.

Die Episode führte zu einem ausgesprochen frühen Besuch der grossen Burgruine. Damals musste man nur hineingehen; es gab weder Eintrittsbillette noch Kontrollen. Nur eine hölzerne Brücke war da, die den Burggraben überquerte und in den gewinkelten Torgang führte. Ein überwölbter Gang, noch sehr dunkel, stieg ziemlich steil ins Innere empor. Er endete in einem mächtigen Torbau aus Stein, der offensichtlich den Abschluss eines zweiten, inneren Verteidigungsringes bildete. Dann trat man hinaus in den Innenhof, den auf der einen Seite die gotischen Bogen einer überwölbten Vorhalle schmückten, vorgelagert dem grossen Rittersaal; auf der anderen das Eingangsportal der einstigen Kirche, aus einem einzigen gotischen Spitzbogen gebildet. Hier war die Präsenz der Johanniter immer noch spürbar. Europa liess grüssen.

In der Morgendämmerung las ich im Reiseführer, eine erste Befestigung, die dem (vielleicht ebenfalls kurdischen) Landvogt von Homs gehörte, wäre 1102 von Tankred von Antiochia eingenommen worden. Die Johanniter besassen die Burg von etwa 1142 bis 1271 und haben sie in drei Bauphasen während der ersten hundert Jahre ihrer Herrschaft immer stärker ausgebaut. Jedoch 1271 kapitulierten die Johanniter, nachdem der bedeutendste der

Mamluken-Herrscher, Baibars, den ersten Umfassungsring der Burg durchstossen hatte. Sie erhielten freien Abzug nach Tripolis. Baibars hat die Festung nach seiner Eroberung weiter verstärkt, indem er die Schäden der Belagerung reparierte und die schwächsten Teile der Burg im Süden weiter befestigte. Resultat dieser muslimischen, christlichen und dann wieder muslimischen Bauarbeiten wurde eine der eindrücklichsten mittelalterlichen Festungen unter allen, die uns erhalten sind. Die ausgedehnten Gewölbe, die als Ställe und Vorratskammern dienten, mit den Sälen des Refektoriums und der Versammlungshalle der Ritter, machen deutlich, dass hier Hunderte von Rittern mit ihren Knappen, Pferden und Knechten gelebt haben müssen. Man schätzt, dass zu den hohen Zeiten der Johanniter insgesamt etwa 2000 Mann die Burgbesatzung bildeten.

Ich verbrachte den ganzen Vormittag alleine in der Burg, durchwanderte ihre Innenhöfe, Umfassungsmauern und Wehrgänge, die den auf einem eigenen Glacis errichteten inneren Teilen vorgelagert waren, ihre Gräben und Vorratskeller, besuchte den Bergfried, der eine innere Kammer barg, die um einen zentralen Pfeiler herum als rundes Bogengewölbe angelegt war, stieg auf ihre Aussenmauern und schaute auf die weite Landschaft darunter hinab. Die Festung war umso beeindruckender als sie völlig still und verlassen dalag. Sie war so gut erhalten, dass man in ihr herumlief, als sei die Vergangenheit stillgestanden. Nur das Leben war seit Jahrhunderten aus ihr gewichen.

Nach der Kreuzritterzeit, als sowohl Nordsyrien wie auch das ganze Gebiet der östlichen Mittelmeerküste in die Hände der Muslime zurückgekehrt waren, verlor das Krak seine strategische Bedeutung. Der Durchgang zwischen Syrien und dem Mittelmeer war nun an beiden Enden muslimisch. Die Mamluken beherrschten Ägypten, Syrien und die östliche Mittelmeerküste, bis sie 1516 von den Osmanen abgelöst wurden. Für die grosse Ritterburg im Inneren der Reiche gab es keine militärische Aufgabe von Bedeutung mehr. Sie konnte in aller Stille, unumkämpft, fortbestehen, bis sie dem natürlichen Zerfall anheim fiel. Doch ihre Überreste sind bis heute höchst bedeutend geblieben. Es gibt kaum ein anderes Gebäude, das heute gleich deutlich vor Augen führt, welch einer gewaltigen Anstrengung sich vor über 800 Jahren die europäischen Kreuzritter unterzogen, um das Heilige Land zu erobern, sich festzusetzen und später zu verteidigen.

Die syrische Sicht der Kreuzfahrer

Anfänglich war ich empört über die Verfälschung und Vereinfachung der Geschichte, als ich feststellte, dass in den syrischen Schulbüchern stand, die Kreuzzüge hätten als die erste Invasion des europäischen Kolonialismus zu gelten. Dieser sei schon damals darauf ausgegangen, sich in Syrien und in der übrigen arabischen Welt festzusetzen. Die Muslime hätten ihn damals zurückgeschlagen. Doch als ich mich allmählich an den Gedanken gewöhnte, begann ich zu entdecken, dass es tatsächlich erstaunliche Parallelen gab. Viele europäische Historiker haben hervorgehoben, dass materielle Interessen bei dem Zustandekommen der Kreuzzugsideen mitgewirkt hatten; vor allem nahmen viele Adlige und Hochadlige das Kreuz, die als zweite und dritte Söhne (das Spanische kennt ein eigenes Wort «segundones») kein Lehen erwarten konnten, weil dieses an ihren ältesten Bruder fiel. Gewiss sahen sie sich selbst als religiös motivierte Befreier des Heiligen Landes von den Ungläubigen an. Doch der Umstand, dass es vielen mindestens auch darum ging, sich eigene Herrschaftsgebiete und Lehen zu verschaffen, die sie in Europa nicht finden konnten, war auch ein wichtiger Grund für ihre Kreuznahme.

Die Machtpolitik der Normannen

Sehr deutlich zeigt der Fall des Bohemund von Tarent, Sohn von Robert Guiscard, die materiellen und politischen Interessen, die gewisse Kreuzritter motivierten. Der normannische Fürst trug entscheidend zum Fall des seit Oktober 1097 belagerten Antiochia bei, weil kurz vor der Entsetzung der Stadt durch *Karbogha* von Mosul ein Verräter, ein zum Islam übergetretener Armenier, für Geld Bohemunds Ritter über einen Mauerabschnitt einliess, so dass diese die Stadttore von innen öffnen konnten. Damit war Bohemund der erste, dessen Truppen in Antiochia eindrangen. Er war es auch, der vorgeschlagen hatte, wer als erster die Stadt beträte, sollte Herrscher über sie sein. Die anderen Kreuzfahrer folgten erst am Tag darauf, am 3. Juni 1098, und massakrierten die muslimischen Einwohner. Nur die Zitadelle hielt sich. Die türkischen Truppen unter Karbogha belagerten nun ihrerseits die Stadt. Bohemund übernahm, wenn auch nicht unangefochten, das Kommando; am 28. Juni besiegte er Karbogha. Auch die Zitadelle ergab sich ihm jetzt, und als das Kreuzfahrerheer im Januar aufbrach, um endlich Jerusalem zu erobern, blieb Bohemund in Antiochia, um seine Macht endgültig zu festigen. Erst im Dezember 1099, fünf Monate nach dem Fall Jerusalems, erfüllte er mit einem Besuch der Heiligen Stadt sein Kreuzfahrergelübde.

Fortgesetzte Versuche, sein neues Fürstentum Antiochia zu erweitern, brachten Bohemund in Konflikt mit umliegenden muslimischen Herrschaften (im Jahr 1100 geriet er sogar für drei Jahre in Gefangenschaft des Emirs von Sebastea), vor allem aber führten sie zu einem andauernden, auch militärisch ausgefochtenen Gegensatz zu Byzanz und seinem Kaiser Alexius I. 1103 musste dieser z. B. Lattakya an Antiochia verloren geben. Als es Bohemund 1105 gelang, sich von Papst Pascal II. als Anführer eines neuen Kreuzzugs legitimieren zu lassen, lenkte er diesen nicht etwa gegen die Muslime, sondern gegen Byzanz. Mit dem «Kreuzzug» gegen Alexius wollte sich Bohemund ein Reich von Apulien bis Antiochia schaffen. Er scheiterte. Die Kreuzzugsidee aber war ihm zum Instrument, zum billigen Vorwand für seine Machtpolitik verkommen.

Der spätere europäische Kolonialismus handelte aus vergleichbaren Doppelmotiven. Seine Rechtfertigung war, dass er den «rückständigen» Eingeborenen «die Zivilisation» und «den Fortschritt» bringen wollte. Doch die Wirtschafts- und Machtinteressen der europäischen Nationalstaaten waren der wirkliche Antrieb der Kolonialunternehmen. Die Wirtschaftstheoretiker des 19. Jahrhunderts glaubten, dass die industrialisierten Länder Europas «Märkte» und «Rohstoffe» brauchten, was beides sie sich in den Kolonien verschaffen wollten. Die Ideologien der Kreuzritter und jene der Kolonialisten waren sehr unterschiedlich: mittelalterliches Christentum hier, Nationalismus und Fortschrittsglauben da. Doch materielle Interessen spielten in beiden Fällen eine grosse Rolle, eine überwiegende sicher im 19. Jahrhundert.

Es gab auch einen zweiten, wichtigeren Unterschied: Er lag im Kräfteverhältnis zwischen den Eroberern und den Angegriffenen. Während die Machtverhältnisse sich im Falle der Kreuzzüge ungefähr im Gleichgewicht hielten, hatten sie sich im 19. Jahrhundert völlig zugunsten der Invasoren verschoben. Die Europäer hatten seit dem Mittelalter wissenschaftlich, technologisch, militärisch, aber auch wirtschaftlich und organisatorisch gewaltige Fortschritte gemacht, die das alte Gleichgewicht zwischen den Zivilisationen der Muslime und der Christen grundlegend verschoben. Dass es sich jedoch bei allen Unterschieden zwischen der Lage im Mittelalter und in der modernen Zeit um vergleichbare Machtgelüste handelte, verdeckt nur durch tatsächlich sehr unterschiedliche Rechtfertigungsideologien, muss man den syrischen Schulbüchern bei genauerer Betrachtung der obwaltenden Umstände wahrscheinlich einräumen.

Für diese gleichen Schulbücher stellte das Unternehmen der Zionisten in Palästina auch nichts anderes dar als einen weiteren, «spätkolonialen» und bisher erfolgreich verlaufenen Versuch europäischer Fremdbestimmung über das Land Palästina und seine altansässigen Bewohner.

Über derartige und viele verwandte Fragen konnte man sich, heimgekehrt nach Beirut, Gedanken machen, und den gewaltigen Lesestoff, den es zu solchen, teils politischen, teils historischen Fragestellungen gab, zu verarbeiten suchen. Die Palästinafrage alleine füllte schon damals Bibliotheken, deren Umfang sich in der Zwischenzeit etwa verdreifacht haben dürfte. Einige wenige der mir als besonders wichtig erscheinenden Fachwerke kaufte ich mir nach langen Überlegungen in den Buchläden. Die Wahl unter den vielen Büchern war bei beschränkten Mitteln immer sehr schwierig. Die meisten älteren konnte ich in den Bibliotheken der Amerikanischen Universität und des British Council finden. Beirut selbst mit seiner Vielfalt der sich dort konzentrierenden und verbal konfrontierenden Gruppen und Meinungen gab dazu einen lebendigen Anschauungsunterricht, der immer neue Fragen aufwarf und Anregungen vermittelte.

★

Auf dem Heimweg vom Krak des Chevaliers unternahm ich noch einen Abstecher nach Tartous, der Hafenstadt in Syrien, die einst als Tortosa ein Kreuzritterhafen war und noch eine gotische Kirche besitzt, die sich sogar Kathedrale nennt. Es ist allerdings ein schweres, fast festungsartiges Werk mit einem einzigen gotischen Eingangsbogen ohne erhaltenen Figurenschmuck. Tartous war damals eine kleine, winklige Altstadt über dem Fischerhafen. Ein regelmässig verkehrendes Motorboot setzte nach der Insel von Arwad über, die damals dichter bewohnt zu sein schien als die Küstenstadt. Arwad ist das griechische Arados, und Tartous geht auf den griechischen Ortsnamen Ant-Arados (gegenüber von Arados) zurück. Die Insel ist altberühmt für die grossen seegehenden Holzschiffe, die auf ihr gebaut wurden. Damals waren noch vier oder fünf davon in Arbeit und lagen wie Gerippe vor den Häusern der dicht bewohnten Insel, die steil ins Meer abfällt, am Rande der Küstenfelsen. Späne und Holzhaufen lagen daneben herum. Die Spanten dieser traditionellen Boote wurden nicht aus Holzstücken zugeschnitten, sondern Äste und Aststücke wurden unverarbeitet auf der Innenseite an die Bordbretter des Bootes so eingefügt, dass ihre natürlichen Biegungen und Krümmungen ausgenützt wurden. Dies diente nicht nur zum Sparen von Holz, sondern trug auch zur Festigung des Bootes bei, weil die Rippen so zäher und zugleich elastischer waren, als zurechtgeschnittene Spanten. Holzpflöcke, nicht Nägel oder Schrauben, dienten zur Verbindung der einzelnen Teile.

Tief unten brandete das Meer an, doch die Rinnen und Spalten, die zu ihm hinabführten, waren alle angefüllt mit Abfällen, die die Bewohner hinabgeworfen hatten. Baden zu gehen, wie ich es gerne getan hätte, war unter diesen Umständen keine angenehme Vorstellung.

Ich bin selten wieder nach Tartous gekommen, doch die beiden späteren Besuche, an die ich mich erinnere, waren interessant. Der erste war fünf Jahre später, im Spätherbst 1961, kurz nachdem die politische Vereinigung zwischen Syrien und Ägypten aus dem Jahr 1958 sich wieder aufgelöst hatte. Damals war ich mit meiner ganzen Familie unterwegs, um kurze Ferien zu machen. Wir kamen gegen Abend in dem Städtchen an. Ein scharfer Meereswind wehte durch die fast verlassenen Strassen der Altstadt und wirbelte Staub auf. Über die Strassen waren Drähte gespannt, an denen menschengrosse Figuren hingen und im Winde zappelten. Sie sollten die führenden Politiker der geplatzten Union darstellen, Nasser selbst, seinen Stellvertreter, Marschall Abdel Hakim Amer, den Geheimdienstchef und Innenminister Syriens, Abdel Hamid Sarraj, die hier als ausgestopfte Bilder in der Form von Vogelscheuchen aufgehängt waren. Die Kinder waren fasziniert. Die älteste, Jessica, war damals beinahe sechs Jahre alt. «Wer war da aufgehenkt? Warum? Was sollte das bedeuten, was hatten diese Leute getan?» –
Mich selbst erstaunte die heftige Reaktion auf die Ereignisse, die sich im wesentlichen zwischen Damaskus und Kairo abgespielt hatten, in einem fernen und kleinen Mittelmeerhafen an der syrischen Küste. Die Erklärung, die ich erst später finden sollte, war bei der alawitischen Minorität in Syrien zu suchen. Die Alawiten, von den Sunniten als Heterodoxe verfolgt, waren sehr arme Bergbauern von den Alawitenbergen, gleich hinter der Küste. Die Bourgeoisie der sunnitischen Küstenstädte wie Lattakiya war bekannt dafür, dass sie ihre Alawiten niederhielt und gleichzeitig ausbeutete. Doch der Militärdienst bot ihnen Aufstiegsmöglichkeiten. Viele der alawitischen Militärs waren Mitglieder der syrischen Baath-Partei geworden und gehörten zum sogenannten linken oder progressiven, dem Marxismus nahestehenden Flügel der Baathisten. Die Alawiten waren gleichzeitig befriedigt über den Zusammenbruch des Einheitsexperimentes und bitter über dessen Leiter und Urheber, denen sie nicht ohne Grund eine Verfolgung der syrischen Linken pro-kommunistischer Ausrichtung vorwarfen. Diese Gefühle waren in Tartous zum Ausdruck gekommen, weil schon damals die Alawiten der Berge begonnen hatten, in die Küstenstädte hinab zu ziehen und sich in ihnen niederzulassen.

Der Zuzug der Alawiten in die Küstenebene nahm später noch mehr zu. Als ich nach 1982 noch einmal in Tartous vorbei kam, erkannte ich den Ort nicht wieder. Er war so sehr angewachsen, dass die alte Stadt im Zentrum schwer zu finden war. Eine unendlich lange und heisse Strasse zog sich dem Ufer entlang. An ihr lagen lauter neue Häuser, Geschäfte, sogar ein grosses Luxushotel. Nur hatten die Stadtbehörden offenbar unterlassen, sich um eine genügende Abwasserversorgung zu kümmern. Der ganze Ort stank meilenweit nach menschlichen Exkrementen, die offenbar ganz nah an der Küste ins Meer flossen und von dort aus zurück an den Strand gelangten. Ich konnte mir kaum denken, dass in dem erwähnten Luxushotel jemand wohnen mochte, geschweige denn am Strand baden.

Die Stadt war auf mehrere Hunderttausend Bewohner angeschwollen. Überraschenderweise fand man nirgends eine Moschee, obwohl diese auch in Neustadtquartieren im Nahen Osten überall anzutreffen sind. Der Grund muss gewesen sein, dass es lauter Alawiten waren, die von ihren Bergen hinabgestiegen waren und sich in Tartous niedergelassen hatten. 1971 war Präsident Hafiz al-Asad an die Macht gelangt, der selbst aus alawitischem Hause stammte. Er hatte einen bitteren Kampf mit den – sunnitischen – Muslimbrüdern bestanden und überdauert. Die Staatsmacht stützte sich dabei auf die engeren Gefolgsleute Asads, unter ihnen viele Alawiten. Diese nützten die Gelegenheit, um ihre Berge, soweit es ging, zu verlassen und an der Küste ein bequemeres Leben zu führen. Tartous war dadurch nicht schöner geworden. Ich persönlich beeilte mich, nach Lattakiyah weiterzureisen. Doch viele Tausende der ehemaligen Bergbewohner hatten nun eine Bleibe und ein neues Auskommen gefunden, die sie schwerlich mehr mit ihren steinigen Heimatbergen vertauschen wollten.

Politische Wetterwolken über Jordanien und Ägypten

1955 stand die Frage des Bagdad-Paktes im Mittelpunkt der nahöstlichen Politik. Er war von Grossbritannien (und den USA) als ein Verteidigungspakt gegen die Sowjetunion gedacht. Seine Unterzeichner, zwischen Februar und Oktober, waren die Türkei, der Irak, Grossbritannien, Pakistan und der Iran. Ägypten hatte sich unter Nasser gegen den Pakt entschieden. Grossbritannien versuchte, Jordanien zu veranlassen, sich ihm anzuschliessen: Doch die links und nationalistisch ausgerichtete Opposition im Lande, unter der sich viele ehemalige Palästinenser befanden, protestierte gegen den «imperialistischen» Pakt; es kam zu Strassenunruhen in Amman im Oktober 1955, und ein Teil der Demonstranten forderte den Anschluss Jordaniens an Syrien.

König Hussein, damals noch jung im Amt (er hatte am 11. August 1952 den Thron bestiegen) gab nach, und im Januar 1956 wurde eine neue Regierung gebildet, die sich gegen den Pakt aussprach. Kurz darauf, im März 1956, entliess Hussein den britischen General *Glubb Pascha*, den langjährigen Generalstabschef der jordanischen Armee. Jedoch andere englische Offiziere blieben in jordanischen Diensten. Es scheint, dass der König mit seinem Generalstabschef in Streit geraten war, weil Glubb Pascha eine Verkürzung der Grenze (genauer Waffenstillstandslinie) gegenüber Israel in Betracht zog, um Jordanien besser verteidigen zu können. Diese Grenzbereinigung wäre durch die Abtretung exponierter Grenzausbuchtungen an Israel bewerkstelligt worden. So wie die Waffenstillstandslinie verlief, war es nach Ansicht des britischen Generals nicht möglich, in wirksamer Weise die Infiltration von bewaffneten Palästinensern nach Israel zu unterbinden und damit auch nicht die blutigen Gegenschläge, die Israel gegen jordanische Ortschaften richtete, sobald eine Infiltration aus Jordanien festgestellt oder auch nur vermutet wurde.

Der brutalste jener Gegenschläge war von dem damaligen Oberst Ariel Sharon ausgeführt worden, dem späteren General und Ministerpräsidenten Israels. Sharon kommandierte damals die irreguläre Einheit 101, deren Aufgabe es war, Vergeltungsschläge auf der arabischen Seite der Waffenstillstandslinien durchzuführen. Sharon liess am 14. Oktober 1953 das Dorf *Qibiya* umstellen und es des Nachts in die Luft sprengen. Die Waffenstillstandskommission der UNO, deren Vertreter zwei Stunden später am Tatort ankamen, berichtete, Einschüsse bei den Haustüren und von Kugeln durchlöcherte Leichen bei den Hauseingängen hätten deutlich gemacht, dass die Bewohner gezwungen worden waren, in ihren Häusern zu bleiben, bis diese gesprengt wurden. Die Zahl der Todesopfer betrug 66 Männer, Frauen und Kinder.

Vom militärischen Standpunkt aus hatte Glubb Pascha sicher recht. Der bestehende Grenzverlauf erleichterte die Infiltrationen von Seiten der vertriebenen Palästinenser, die oft nur versuchten, in ihre früheren Wohnstätten und auf ihre Äcker zurückzukehren, um sie abzuernten. Jordanien besass nicht die Mittel, um Infiltrationen und den ihnen folgenden israelischen Gewaltschlägen über die kreuz und quer verlaufende Waffenstillstandslinie hinweg wirksam entgegenzutreten.

Doch die Nationalisten sahen dies anders. Sie waren der Ansicht, dass die arabische Seite die Gegenoffensive gegen Israel ergreifen müsse und auf keinen Fall noch mehr Land aufgeben dürfe. König Hussein stand in jener frühen Epoche unter dem Einfluss nationalistisch gesonnener Offiziere, oft Mitglieder der Baath-Partei, und ihrer Thesen. Er ernannte *Ali Abu Nuwar*, den er 1954 als Militärattaché in Paris kennengelernt und dann zu seinem persönlichen Adjutanten gemacht hatte, zum Nachfolger Glubbs und zum neuen Generalstabschef. Die wachsende Distanz zu Grossbritannien zeigte sich etwas später im Abschluss eines Militärpaktes mit Ägypten und Syrien.

All dies war erst ein Vorspiel der schweren Wirren und internationalen Verwicklungen, die das Jahr 1956 kennzeichnen sollten.

Vor dem Sturm der Suez-Krise
Vier Monate unterwegs durch den Nahen Osten

Bagdad, Iran und Persischer Golf

Im Frühling 1956, als unsere Tochter Jessica drei Monate alt war, beschloss meine Frau, sie auf einen Besuch zu ihrer Familie nach Amerika mitzunehmen. Ich sollte in der Zwischenzeit frei sein, um durch den Nahen Osten zu reisen und auch die entfernteren Länder der arabischen Welt kennenzulernen. Danach wollten wir in Kairo wieder zusammenkommen. Eine solche Reise galt mir als eine Notwendigkeit. Nach den Vorstellungen meines Zürcher Professors Arnald Steiger, der ein bedeutender Linguist war, sollte ich nicht nur den libanesisch-syrischen Dialekt, sondern auch den ägyptischen und jenen des Iraks kennenlernen. Dass ich sie alle fliessend und idiomatisch sprechen lernte, erwartete er wohl nicht, doch er fand, mindestens sollte ich Bekanntschaft mit allen schliessen. Von mir aus kam noch dazu, dass ich über die nahöstlich-arabische Welt nun zwar in ihren westlichen Teilen eine erste Übersicht gewonnen hatte, dass ich dadurch aber nur umso neugieriger geworden war zu verstehen, wie sich die östliche Hälfte davon unterscheide und in wieweit die beiden Teile zusammengehörten. Der magische Name der Stadt Bagdad fiel dabei auch ins Gewicht. Ich konnte doch nicht behaupten, mit der arabischen Welt Kontakt aufgenommen zu haben, wenn ich nicht mindestens Bagdad kennengelernt hatte.

Arabische Freunde, die Bagdad kannten, warnten mich zwar. Die Stadt sei nicht mehr, was sie zur Zeit von *Harun ar-Rashid* (reg. 786–809) gewesen sei. Sie liege nicht einmal mehr an der gleichen Stelle, fügten einige hinzu, weil der Tigris im Lauf der Geschichte seinen Lauf mehrmals geändert habe und die historische Stadt heute teilweise von einer neuen Stromschlaufe überschwemmt und ausgetilgt worden sei. Man müsse auch mit einem unangenehm heissen, enervierenden Klima rechnen, warnten andere. Es lebe sich in Bagdad weniger leicht als in Beirut oder Damaskus. Auch die Hotels seien viel teurer. Eine schärfere Trennung zwischen wohlhabenden Europäern und der grossen Masse der verarmten einheimischen Bevölkerung bestehe dort; das soziale Klima sei immer noch stark kolonialer Natur. Es seien die

Engländer, die es so haben wollten. Doch solche Warnungen machten mir nur umso deutlicher, dass ich die andere Seite der arabischen Welt, jenseits der Syrischen Wüste, unbedingt auch kennenlernen müsse.

Erste Bekanntschaft mit dem Visa-Problem

In Vorbereitung der Reise musste ich mir die Visen besorgen. Für jene der damaligen Golf-Protektorate, die später die kleineren Golfstaaten wurden, war Grossbritannien zuständig. Es gab dafür ein besonderes Büro in Beirut. Die Antragsteller waren vor allem Geschäftsleute; denn in den Protektoraten wurde seit geraumer Zeit Erdöl gefördert. Die Förderung in Bahrain hatte schon 1932 begonnen, in Kuwait hatte die Erdölproduktion in grossem Stil zu Beginn der 1950er Jahre eingesetzt, und in Qatar, das ich auch besuchen wollte, begannen soeben die Exporte. All diese Länder befanden sich im Aufbau, grosse Infrastrukturarbeiten waren angelaufen, vom Strassenbau und Bau der ersten grossen Spitäler und grösseren Mittelschulen bis zur Anlage neuer Stadtteile und ganzer Städte. Die Arbeitskräfte, die dabei entscheidend mitwirkten, waren neben europäischen Fachleuten und Technikern vor allem Syrer, Libanesen und Palästinenser. UNRWA, das internationale Hilfswerk für die Vertriebenen aus Palästina (damals nannte man sie stets nur «die Flüchtlinge», als welche sie bis heute offiziell bezeichnet werden), hatte eine eigene Politik entwickelt, die daraus bestand, möglichst viele junge Palästinenser zu Schweissern auszubilden. An solchen bestand in den Erdölstaaten des Golfs ein grosser Bedarf, und die Ausbildung nahm nicht viel Zeit in Anspruch. Wenn einmal ein Schweisser in einem der Golfstaaten angestellt war, so versicherten die Fachleute des Hilfswerkes, verdiente er genügend, um Geld an seine Familie nach Hause zu schicken (das Zuhause war meist eine winzige Hütte mit Wellblechdach, die die früheren Zelte der «Lager» ersetzt hatte), das ausreichte, um bis zu sechs Personen zu erhalten. Und die palästinensischen Arbeiter taten es auch. Sie sahen sich so gut wie ausnahmslos als verantwortlich an, für ihre Eltern und für ihre Geschwister zu sorgen, bis zur Heirat der Schwestern und zur vollendeten Ausbildung ihrer jüngeren Brüder.

Verschlossene Arabische Halbinsel

Für den Irak gab es bereits eine eigene Botschaft in Beirut, die damals keinerlei Schwierigkeiten machte, ein Visum zu gewähren. Saudi-Arabien jedoch musste ich vorläufig aus meinen Reiseplänen ausschliessen, denn dort war es so gut wie unmöglich, ohne einen sogenannten «Sponsor» einzureisen. Ein

Sponsor war damals (und blieb es während Jahrzehnten) ein saudischer Geschäftsmann oder eine saudische Firma, manchmal auch eine saudische Regierungsstelle, die erklären mussten, es läge in ihrem Interesse, dass der Besucher einreise und die dann auch für sein Verhalten im Königreich Verantwortung trugen. Fremde Geschäftsleute konnten nur Geschäfte machen, wenn sie sich mit einem Saudi assoziierten. Die Gewinne mussten dann natürlich geteilt werden. Für neugierige Reisende, die als Touristen oder als Weltenbummler das Königtum besuchen wollten, hatten die saudischen Behörden keine Verwendung. Es gab auch kaum irgendwelche Hotels, in denen sie unterkommen konnten. Die meisten Ausländer wurden in den Gasthäusern der im Lande tätigen Firmen untergebracht, mit denen sie zu tun hatten und die für sie verantwortlich zeichneten.

Vorläufiges Lebewohl an Beirut

Ich packte zuerst den Reisekoffer meiner Frau, dann mein möglichst kleines Bündel. Den Rest unserer bescheidenen Sammlung von Möbeln und Gebrauchsgegenständen verkauften wir einem libanesischen Gebrauchtwarenhändler, der sein blühendes Geschäft in der Strasse gleich neben der Amerikanischen Universität aufgezogen hatte. Er war gewöhnt, all das entgegenzunehmen, was die vielen Reisenden nicht mitnehmen konnten, die ein paar Jahre an der Universität zugebracht hatten und dann das Land Richtung Amerika oder in fernere Länder des Nahen Ostens verliessen. Der Geschäftsinhaber, ein Christ, war sehr liebenswürdig und schien sehr hilfreich zu sein. Er versprach, in die Wohnung zu kommen und alles anzusehen und zu bewerten. Er war auch gleich bereit, es dort abzuholen. Nebenbei erkundigte er sich, wann man denn abfahren werde, und, wie wir und viele unserer Bekannten erfahren sollten, vermied es dann, sich zu zeigen, bevor der Reisetermin unmittelbar bevorstand. Wenn man wieder bei ihm vorbei kam, um anzufragen, wann er denn käme, versicherte er, ganz bald; er konnte sogar einen festen Termin zusagen, aber er kam wieder nicht und entschuldigte sich, zur Rede gestellt, mit anderen, dringenderen Verpflichtungen. Er kam in Wirklichkeit erst in der allerletzten Minute, am Tag vor der Abreise, und der Kaufbetrag, den er dann anbot, war lächerlich gering. Andere Möglichkeiten, seine Habseligkeiten loszuwerden, hatte der Abreisende aber nun nicht mehr.

Dies war normales Geschäftsgebaren; etwas Unehrliches sah niemand dabei. Schlauheit gehörte zum Geschäft, wer sie nicht von Beginn an besass, musste Lehrgeld bezahlen, um sie zu erwerben, und wer sie nie erwarb, blieb arm.

Nach dem Abschied von meiner Frau und der kleinen Tochter auf dem Flughafen von Beirut machte ich mich auf den bereits bekannten Weg nach Aleppo, nicht ohne erneut einen Halt in Damaskus. Dann fuhr ich etappenweise im Bus bis nach Mosul weiter. Diese Schwesterstadt von Aleppo liegt am Tigris. Es kam noch vor, dass man die uralten Rundboote auf dem Strom sah, die im wesentlichen aus einer Lederhaut bestanden, über biegsame Stäbe zu einem runden Korb von vielleicht zwei Meter Durchmesser zusammengezogen. Die Strömung des Tigris trug sie hinab bis nach Bagdad. Man konnte sie paddeln und sie trugen eine beträchtliche Ladung von Waren. In Bagdad musste man sie demontieren und, falls sie noch gut genug erhalten waren, mit Tragtieren wieder stromaufwärts bringen. Doch diese sehr alte Form des Transports, energiesparend, würden wir heute sagen, hatte durch die Eisenbahn Konkurrenz erhalten, die sich von Istanbul durch die Türkei hindurch bis nach Aleppo erstreckte, von dort bis nach Mosul und von Mosul weiter, immer den Tigris hinab, bis nach Bagdad und Basra.

Abgesehen von seiner Lage an dem grossen Strom besass Mosul damals keine besonders hervorstechenden Monumente, auch keinen schönen Basar. Sein Kennzeichen war das gewaltige Minaret, «das Lange», das sich neben der Hauptmoschee erhob. Es war aus Ziegeln gebaut, stand auf einem hohen viereckigen Block, von dem aus es als ein runder Ziegelturm in die Höhe strebte. Es neigte sich gefährlich auf eine Seite, weil die feuchten Winde, die beständig vom Tigris her spielen, die Ziegel auf einer Seite geschwächt hatten.

Assyrische Kirchen und Kurden in Mosul

Innerhalb der engen Gassen der Altstadt gab es erstaunlich viele Kirchen, vielleicht mehr als Moscheen, denn Mosul und seine Umgebung waren ein Zentrum der assyrischen Christen und ihrer katholischen Schwesterkirche, die sich die Chaldäische nennt. Die Assyrer sind auch unter dem Namen der Nestorianer bekannt, ihr offizieller Namen ist jedoch «Kirche des Orients». Sie sind die Gemeinde, welche dem Bischof von Konstantinopel *Nestorius* die Treue hielt, als er 431 vom Konzil von Ephesus unter dem Vorwurf abgesetzt wurde, er habe Christus «beleidigt». Die Beleidigung bestand darin, dass Nestorius annahm, Christus habe zwei Naturen besessen, eine göttliche und eine menschliche, während die byzantinische Orthodoxie beschloss, Christus habe nur eine einzige göttlich-menschliche Natur (*Physis*), da sich die menschliche in der göttlichen auflöse. Die Anhänger des Nestorius verurteilten ihrerseits ihre Gegner, die sich hinter dem Bischof von Alexandria, *Cyrillus*, zusammenfanden. Byzanz verfolgte die als heterodox erklärte Kirche des Nestorius. Ihre Gemeinde fand im Perserreich, dem Rivalen des byzantinischen, Zuflucht und gründete dort die grosse «Kirche des Orients», die über Zentralasien bis nach Indien und China ausstrahlen sollte.

In den Bergen Südostanatoliens, besonders in der Region Hakkari, hatte sich diese Kirche über die Jahrhunderte hin erhalten und ihre eigenen Institutionen ausgebildet. Dazu gehörte, dass ihre Patriarchen über die Stämme der Gläubigen eine Art von weltlicher Oberherrschaft entwickelten. Neben den Bergstämmen, die damals friedlich mit den Kurden zusammenlebten, gab es im Flachland assyrische Bauern in ihren Dörfern, die sich bis nach Mosul hinab erstreckten. Die britische Mandatsmacht ermunterte die assyrischen Stammesleute, als lokale Truppen in ihren Dienst zu treten, als es ihr darum ging, der irakischen Bevölkerung, die sich 1919 gegen die Briten erhob, das Mandat über den Irak aufzuzwingen. Diese assyrischen Sondertruppen waren daher den irakischen Nationalisten verhasst. Als das Land 1932 souverän wurde, waren die Engländer nicht in der Lage oder nicht willens, die Schutzgarantie für ihre ehemaligen Verbündeten durchzusetzen. 1933 versuchten assyrische Verbände, den Tigris zu überqueren und sich in der syrischen Jazira, die unter dem Mandat Frankreichs stand, eine neue Heimstatt zu schaffen. Die Franzosen überredeten den grössten Teil dieser Leute, wieder über den Tigris zurückzukehren. Sie wurden bei ihrer zweiten Übersetzung von dem irakischen General *Sidki al-Bakr* überrascht und zusammengeschossen. Gleichzeitig brachen auch Massaker in den assyrischen Dörfern nördlich von Mosul aus, und Tausende von assyrischen Zivilisten, auch Kinder und Frauen, wurden umgebracht. Die irakischen Behörden lehnten jede Verantwortung ab, kurdische und arabische Stammesverbände hätten die Massaker begangen, behaupteten sie. Doch gab es Zeugenaussagen, die deutlich machten, dass Soldaten, die ihre Uniformen teilweise abgelegt hatten, führend mitgewirkt hatten. Sidki wurde als Nationalheld in Bagdad empfangen, auch die Sunniten in Mosul feierten ihn. Sein «Sieg» über die Assyrer war die erste Kampfhandlung gewesen, welche die irakische Armee allein, ohne britische Führung, bestanden hatte.

Sidki, der in der Folge nicht weniger blutig gegen schiitische Stämme im Süden sowie gegen die Yeziden in der Nähe von Mosul vorging, sollte schliesslich seine Popularität beim Volk und in der Armee dazu nützen, um sich durch einen Staatsstreich im Oktober 1936 zum Generalstabschef und ersten Militärdiktator des Iraks aufzuschwingen. Die damaligen Militärherrscher begnügten sich damit, die Regierungen abzusetzen und neue Regierungschefs, die von ihrer Gunst abhängig waren, zu ernennen; die Monar-

116

chie liessen sie fortbestehen. General Sidki ist ein Jahr nach seinem Putsch in Mosul ermordet worden. Nach ihm regierten sieben Offiziere den Irak aus dem Hintergrund. Noch später sank ihre Zahl auf eine Gruppe von vier, das sogenannte «Goldene Viereck».

In Mosul blieben viele assyrische Kirchen, die nicht zerstört wurden. Die Assyrer jedoch wanderten zu bedeutenden Teilen nach den Vereinigten Staaten aus, andere verstreuten sich über die Grossstädte im ganzen nahöstlichen Raum. Nur machtlose Reste des assyrischen Volkes verblieben in ihrem angestammten Land.

Zu den wichtigsten Annehmlichkeiten von Mosul gehörten damals für mich die Cafés, die, oft mehrstöckig, mit offenen Fensterfronten direkt über dem Tigris lagen. Es waren geräumige Aufenthaltsorte für alle jene, die kein sehr bequemes Zuhause besassen oder die sich mit anderen treffen wollten, ohne sie gleich zu sich einzuladen. Viele Studenten sassen an Tischchen und langen Tischen, um ihre Bücher zu studieren und auch, um sich von ihren Nachbarn immer wieder davon ablenken zu lassen. Eine Tasse Tee genügte für einen Vormittag. Die Kaffeehäuser hatten Teil an dem kühlen, beruhigenden Miniklima, das direkt am Strom herrschte, aber schon hundert Meter entfernt in heisse und enervierende Trockenheit überging.

Im Café lernte ich *Fadhil* kennen, der als Krankenwärter in einem Spital in Bagdad arbeitete. Er war auf Besuch nach Hause gekommen. Er war ein schlanker, fast schmächtiger junger Mann mit einem feinen Schnurrbart und einer gelblich-braunen Haut. Man konnte sich sehr gut mit ihm über Gott und die Welt, besonders natürlich die irakische, unterhalten. In politischer Hinsicht war er sehr vorsichtig. Er deutete immer nur leise an, dass das Volk im Irak die gegenwärtige Herrschaft nicht möge, nur fürchte. – Warum? – Nun, weil sie den Engländern hörig sei und, auf sie gestützt, die Interessen der Reichen und Mächtigen gegen die Armen hochhalte. Er schien zugleich jedoch zu verstehen, dass einem Europäer die Dinge anders erscheinen mochten. Seine Meinungen wolle er niemandem aufdrängen, schon weil das viel zu gefährlich wäre. Irgendwann, so liess er verspüren, würden sich die Zeiten schon ändern. Einige Male sei das Land schon im Begriff gewesen, sich von der britischen Vorherrschaft frei zu machen, nicht bloss zum Schein wie gegenwärtig. Das sei aber jedesmal noch gescheitert. Zum Beispiel, als der junge König Ghazi, den das Volk geliebt habe, 1939 einem Autounfall erlegen sei, den – so glaube er und die meisten Iraker – natürlich die Engländer arrangiert hätten, weil sie fürchteten, dass Ghazi sich ihrer Oberaufsicht entziehen könne.

Damals war die Periode, in der die Erdölgelder des Iraks systematisch für grosse Infrastrukturarbeiten verwendet wurden, wie die Kontrolle der bisher periodischen Tigrisüberschwemmungen in Bagdad und im Südirak durch einen Kanal in die Senke des Wadi Tharthar, die dann als ein See die Wasserüberschüsse aufnahm und dafür in Zeiten des Wassermangels dem Strom Reserven zuführen sollte. Doch Fadhil glaubte nicht daran, dass dies wirklich zweckmässige Projekte seien. Sie dienten vielmehr dazu, dass die Machthaber und die Engländer mit ihnen Geld verdienten, urteilte er. Das Volk sehe nichts davon und werde auch nie etwas sehen. Über all dies äusserte er sich nicht zornig oder polemisch. Es war für ihn eher so etwas wie eine Selbstverständlichkeit über die alle Bescheid wüssten. So waren die Dinge in seinem Urteil, und er zeigte sich nicht einmal ungeduldig darüber, dass keine wirkliche Änderung absehbar schien.

Von Fadhil hörte ich zum erstenmal den Namen *Mullah Mustafa Barzani*. Er sprach ihn nur leise aus, als ob es gefährlich wäre, ihn auch nur auf den Lippen zu führen. Barzani war ein schon damals berühmter Kurdenchef, Oberhaupt des Barzani-Stammes. Schon sein Vater, *Ahmed*, sei ein gefährlicher Gegner des irakischen Staates zur Zeit des Mandates gewesen; er selbst sei ein grosser Kämpfer, der mit seinen Stammeskriegern sowohl im Irak wie im Iran gekämpft habe und sich nun in der Sowjetunion im Exil befinde. Die Regierung fürchte ihn immer noch so sehr, dass es nicht ratsam sei, seinen Namen auch nur zu erwähnen, ausser ganz leise und unter Freunden, denen man völlig vertrauen könne. In der Zeitung könne man nie etwas von ihm lesen, man solle besser auch keinerlei Fragen über ihn stellen. So klärte mich Fadhil auf.

Kurden sah man viele in Mosul. Sehnige hochgewachsene Bergler, die sich durch ihre besondere Tracht mit Pluderhosen und einer kurzen giletartig anliegenden, aber langärmligen Jacke auszeichneten. Beide Kleidungsstücke wurden durch eine kunstvoll gewickelte Bauchschärpe zusammengehalten, die eine Art von breitem Gürtel bildete und aus mehreren Windungen eines einzigen langen weissen oder bunten Tuches bestand. Der gestreifte Stoff dieser Tracht schien handgewebt und äusserst solide zu sein. Die Kurden trugen ihre Kleider mit offensichtlichem Stolz, man sah nie ein zerrissenes oder verschmutztes. Manche gebrauchten auch noch die traditionellen Stoffschuhe, aus dickem weissem Tuch genäht, mit einer Sohle aus zäher geflochtener Schnur. Die kurdischen Frauen bekam man in Mosul nur für kurze Augenblicke zu Gesicht. Gross und schlank wie ihre Männer, erschienen sie manchmal in Gruppen auf der Strasse, unverschleiert, höchstens in lockeren durchsichtigen weissen Kopftüchern. Sie trugen lange bunte Gewänder, doch immer verschwanden sie rasch hinter irgendwelchen Haustüren in den Seitengassen.

118

Niniveh

Von Mosul geradeaus über die Tigrisbrücke kam man nach *Nabi Younes*, eine Spitzkuppel, die auf einem Hügel vor der Stadt lag und offensichtlich ein Pilgerort war. Younes ist der Jonas der Bibel, der im Islam wie viele andere biblische Gestalten als ein Prophet gilt und damit als einer der vielen Vorläufer Muhammeds. So geht es Noah, und Moses natürlich, so auch Christus. Nabi bedeutet Prophet. Hinter dem Nabi Younes zogen sich Wälle aus grauem, sehr hartem Lehm, manche viele Meter hoch: die Umfassung der alten Stadt Niniveh, unter der eine noch ältere Stadt liegt. Die erste gab es schon zur Zeit der Akkader gegen 2300 v. Ch., die zweite wurde von den assyrischen Herrschern nach dem 14. Jahrhundert v. Chr. gebaut und durch ein Erdbeben gegen 1280 zerstört. *Salmanasar I.* (um 1274−1245 v. Chr.) hat sie wieder aufgerichtet, um 1100 wurde sie eine der Hauptstädte des mächtigen Assyrischen Reiches, bis *Sargon II.* (721−705) sie aufgab. Aber sein Nachfolger *Sennacherib* (704−681) erneuerte und erweiterte Niniveh und machte es 701 zur Hauptstadt des Neu-Assyrischen Reiches. *Assurbanipal* (ca. 668−627), dessen Macht sich bis an die Mittelmeerküste, nach Ägypten und an den Persischen Golf erstreckte, besass einen grossen Palast in der Stadt, dessen Bibliothek 25 000 Tontafeln in Keilschrift umfasste. Sie lagern heute im Britischen Museum. Die Stadt hat den Medern und ihren Verbündeten des Neu-Babylonischen Reiches zuerst widerstanden, wurde dann aber 612 erstürmt, geplündert und dem Erdboden gleichgemacht. Xenophon zog an ihr vorbei, ohne sie als Niniveh zu erkennen. Nur ihr Name erhielt sich, ihre Lage war unbekannt, bis im 19. Jahrhundert ein französischer Konsul in Mosul, *Emile Botta,* die ersten Ausgrabungen unternahm, dann die frühen englischen Archäologen *Layard* und *Rawlinson*. Spätere Ausgrabungskampagnen zogen sich bis in die 1920er und 1930er Jahre des letzten Jahrhunderts hinein.

Die oben erwähnten assyrischen Christen haben insofern mit den alten Assyrern zu tun, als ihre Kultsprache, in der ihre Messe gelesen wird, das Assyrische oder Syrische ist (*Syriac* auf Französisch), eine Spätform der Sprache, die man in Niniveh sprach, heute mit ihrer eigenen Schrift. Die von den heutigen Assyrern verwendete Umgangssprache, das *Toroya*, ist eine Weiterentwicklung der gleichen Sprache.

Kurdische Yeziden in Jebel Sanjar

Ich fuhr auch in den Jebel Sanjar, der nordwestlich von Mosul liegt, ein kleines Gebirge wie eine Berginsel am Nordrand der syrischen Wüste. Dies ist das Zentrum der seltsamen Religion der Yezidi. Damals gab es dort einen amerikanischen Missionar, an den ich empfohlen war. Er lebte mit seiner Frau unter dieser ungewöhnlichen Sekte. Bekehrungsversuche schien er nicht zu unternehmen. Er wirkte auf mich vielmehr wie ein Fachmann für soziale Entwicklung, indem er sich mit seiner Frau um die Gesundheit, das Zusammenleben und das wirtschaftliche Fortkommen seiner Yezidi bemühte. Die Yeziden besitzen eine eigene Mischreligion. Die Gelehrten haben in ihr Züge aus alten heidnischen Zeiten, starke Echos aus der Religion Zarathustras und der Manichäer, christliche Einflüsse, besonders aus der Lehre der Nestorianer, muslimische und solche aus der islamischen Mystik, dem Sufismus, entdeckt. Doch diese gemischte Natur bedeutet keineswegs, dass ihre Religion von den Yezidi nicht ernst genommen wird. Sie besitzt eine strenge Morallehre und glaubt an Seelenwanderung. Eine komplexe geistliche Hierarchie, in sechs Stufen gegliedert, nimmt vielerlei Rituale und Zeremonien vor. Es gibt Pilgerfahrten und Feste, heilige Bücher, eine grosse Zahl von Legenden und Mythen, manche kosmischer Art, die auch symbolisch verstanden werden können, und eine genaue soziale Klassenschichtung.

Ihre Religion fordert von den Yeziden strikte Endogamie und Abschliessung von der äusseren Umwelt. Wie die Kurden leben sie in Stämmen unter der Führung von Stammeschefs. Sie sprechen heute kurdisch, doch gibt es Legenden, die ihren Ursprung auf die Region von Basra zurückführen, woher sie im 15. Jahrhundert nach Nordsyrien eingewandert seien.

Zu den Besonderheiten ihrer Lehre gehört, dass sie zwei Aspekte Gottes kennen: Er trennt sich selbst in den Schöpfer, der heute passiv bleibt und sich nicht um die Welt kümmert, und sein aktives alter ego, das die Welt regiert. Das aktive Prinzip ist *Malek Taus*, Pfauenkönig, von dem die aussenstehenden Völker sagen, er sei der Teufel, weshalb sie die Yeziden «Teufelsanbeter» schelten. In Wirklichkeit scheint nach dem yezidischen Glauben Malek Taus wie *Shaitan* (der Teufel, ein Wort, das ein Yezidi nicht aussprechen darf) von Gott abgefallen zu sein. Er hat dann jedoch in der Hölle in 7000 Jahren sieben Krüge mit seinen Reuetränen gefüllt. Mit dem Inhalt der Krüge wurden die Feuer der Hölle gelöscht, so dass sie aufgehoben wurde, weshalb das Prinzip des Bösen nicht mehr existiert. Man kann annehmen, dass die Yezidi den persischen Dualismus zwischen Gut und Böse auf diesem Weg zu überwinden suchten. Malek Taus ist dann zu Gott zurückgekehrt, wie auch die grossen Heiligen – viele tragen die Namen der grossen Mystiker des Islams: *Hasan al-Basri, Hallaj, Abdel Kader al-Gilani* usw. – zu Gott eingegangen sind. Das gleiche gilt von *Sheich ʿAdi*, dem Hauptheiligen der Religion, dessen Grab das Hauptzentrum der Yeziden und Ziel ihrer obligatorischen Pilgerfahrt bildet. Auch Sheich ʿAdi ist nach ihrem Glauben zu Gott eingegangen und daher mit ihm und mit Malek Taus identisch. Der Scheich, *ʿAdi Ibn Musafir al-Hakkari*, ist eine historisch bekannte Persönlichkeit; er starb gegen 1162 in Hakkari (heute im kurdischen Gebiet der Türkei), war wahrscheinlich ein Kurde und bestimmt ein sehr strenger Sufi-Heiliger. Einige seiner Schriften, durchaus orthodoxen Charakters, sind erhalten. Seine Nachfahren waren immer weniger orthodox und dafür immer mehr charismatisch, pantheistisch und wundertätig. Sie wurden denn auch von den Strenggläubigen und deren Machthabern immer mehr verfolgt.

Die Yezidi waren im Osmanischen Reich wegen ihrer abgelegenen Lage weitgehend unabhängig, so wie viele andere der kurdischen Stämme. Das schützte sie nicht vor Verfolgungen, doch erst 1832, mit den Reformen nach dem Vorbild Europas, hat der osmanische Staat seine Macht über sie ausgedehnt. Er hat sich dabei so wenig beliebt gemacht, dass die Yezidi nach der Niederlage des Osmanischen Reiches im Ersten Weltkrieg energisch für die Einschliessung ihrer Dörfer und Weidegründe in das britische Mandatsgebiet Irak eintraten, um von den Türken frei zu kommen. Doch sie wurden auch im Irak schon bald nach seiner Unabhängigkeit Opfer der Repression, unter dem oben erwähnten General Sidki und später.

Die Yezidi, die bei meinem Missionar aus- und eingingen, waren hochgewachsene, ernsthafte Männer. Der Missionar und seine Gemahlin schienen besonders mit ihren Frauen zusammenzuarbeiten, denen sie allerhand nützliche häusliche Künste beibrachten. Die Männer zeichneten sich durch starken Haarwuchs aus. Lange Haare kamen auch aus den Nasenlöchern und aus den Ohren. Erst später erfuhr ich, dass die Türken sie deshalb *saçli Kurd* nennen, («haarige Kurden»). Sie gebrauchen auch die Bezeichnung *sekiz biyikli* («acht schnurrbärtig») für sie.

Die ganze Provinz Mosul wurde erst 1925 offiziell von der Türkei losgetrennt und zum Irak geschlagen. Zuvor hatten die Franzosen dagegen opponiert und im Völkerbund die türkischen Ansprüche auf die Provinz unterstützt. Doch damals waren bereits die Erdölvorkommen von Mosul bekannt, und die Briten boten den Franzosen eine Beteiligung an der neuen Erdölgesellschaft an, welche die IPC werden sollte, die Irakische Erdölgesellschaft, wenn sie im Gegenzug ihre Opposition gegen den Anschluss der Provinz an den Irak aufgäben. Wie es denn auch geschah.

Misslungener Besuch bei den Kurden

Zu den Kurden besass ich keinerlei Empfehlung; ich wollte dennoch mindestens ihre Berge und Dörfer sehen. So fuhr ich an einem Morgen von Mosul nach Aqra, wo die Strasse aufhörte. Ich hatte nur ein paar Stunden, um durch das Dorf und die Berge in der nächsten Nähe zu wandern. Östlich von Aqra führten nur Saumpfade weiter, über Pässe und Täler unter nackten und steilen Felsenbergen hindurch. Als ich auf einem Aussichtspunkt stand und weit über die menschenleeren Gipfel und Täler hinüberschaute – irgendwo in der Ferne musste die iranische Grenze verlaufen –, kam mir ein Kurde mit seinem Maultier entgegen. Das Tier war bepackt, der Mann trug einen weissen Filzmantel, der viereckig zugeschnitten war und ein rundes Loch für den Kopf aufwies. Der obere Teil des sackartigen Überwurfs war durch einen geraden Stecken verstärkt, der offenbar auf den Schultern des Mannes ruhte und an beiden Enden der viereckigen Filztüte frei hinausragte. Die Enden waren mit zwei schwingenden Zotteln geschmückt. Das ganze Kleidungsstück, eine Art wandelndes Zelt, machte einen unglaublich archaischen Eindruck. Ähnliche waren bestimmt getragen worden, seitdem es Filzstoffe gab. Diese geisterhafte Erscheinung vor dem Hintergrund einer weiten und wilden Berglandschaft, die sich offenbar von hier aus bis ans Kaspische Meer immer weiter fortsetzte, machte mir schlagartig klar, dass ich an die Grenzen des Nahen Ostens gelangt war und hinüberschaute nach dem wirklichen Asien.

Auf der Heimfahrt brach schon die Nacht ein. Wandernde Gruppen von Kurden mit ihren Herden hatten an mehreren Stellen nicht weit von der Strasse Nachtlager bezogen. Im Schein eines der Feuer konnte man erkennen, wie sich Knaben mit einem jungen Bären auf dem Boden herumbalgten. Die grossen Hirtenhunde sassen dabei und schauten aufmerksam zu.

Es gab eine andere, längere Autostrasse, etwas nördlich der ersten, die tiefer in die Berge hineinführte, sogar über die iranische Grenze hinweg. Auch auf ihr verkehrte ein Autobus von Mosul aus. Ich hatte vor, ihr entlang zu reisen und ein paar Tage in den Bergen zu verbringen. Am ersten Abend gelangte ich in den Flecken Sirsang und weiter hinauf bis nach Amadiya, den letzten grösseren Ort vor der Grenze. Dort gab es eine Herberge, wo ich für die Nacht ein Zimmer nahm. Im Esszimmer lernte ich einen mageren und bebrillten jungen Mann kennen, der mir sagte, er würde sich gerne mit mir unterhalten, jedoch lieber draussen im Freien als innerhalb der Herberge. Ich traf ihn darauf eine Viertelstunde später vor dem Hotel und wir setzten uns hinter einigen Büschen auf eine Wiese, die nicht weit entfernt lag. Der Abend war schon hereingebrochen, aber es war noch nicht volle Nacht geworden. Der junge Mann sagte mir, er sei ein irakischer Jude. Er habe Medizin studiert und das Studium abgeschlossen. Alle angehenden Mediziner müssten nach ihrem Staatsexamen eine gewisse Zeit «abverdienen», indem sie als Ärzte ausserhalb der Städte an einem Ort arbeiteten, zu dem sie vom Staat geschickt würden. Nicht ohne Bitterkeit fuhr er fort, ihn als Juden habe man ganz allein in diese sehr abgelegene Gegend geschickt, wo er mit kaum einem Menschen Kontakt haben könne. Wer arabisch spreche, trete ihm als Juden mit grösstem Misstrauen entgegen. Der Hauptteil der Bevölkerung, darunter auch seine Kranken, könne aber bloss Kurdisch, was er seinerseits nicht verstehe. Seine Kollegen, mit denen er studiert habe, seien auch aufs Land geschickt worden, jedoch normalerweise in eine Gegend, wo es ein Spital oder mindestens eine Klinik gäbe und damit ein Minimum an Infrastruktur, auf die sie sich stützen könnten. Er sei hier ganz allein. Er glaube, man habe ihn absichtlich isoliert gelassen, da der Regierung nichts an der Gesundheit der Kurden liege und noch weniger daran, dass er als Jude erfolgreich wirke.

Im übrigen, so sagte er, wolle er mich nicht zu lange in Anspruch nehmen; denn er glaube nicht, dass die Regierung es gerne sähe, wenn er sich mit einem Ausländer unterhalte. Ich war ausserdem müde, und so sahen wir vor, uns am nächsten Abend wieder zu treffen. Doch kaum war ich eine halbe Stunde in die Herberge zurückgekehrt, als ein uniformierter Gendarm erschien und mir höflich aber durchaus bestimmt mitteilte, der Ortsvorsteher befehle mir, sofort nach Mosul zurückzufahren. Ich antwortete ihm, ich wolle dem Befehl gewiss nachkommen, doch diesen Abend gäbe es keinen Bus mehr zurück, und um ein Taxi den ganzen Weg nach Mosul zu nehmen, fehle mir das Geld. Ich würde also am nächsten Morgen mit dem erstmöglichen Bus zurückfahren. Der Gendarm schien sich damit zufriedenzugeben, und ich ging schleunigst zu Bett. Doch ich war noch nicht eingeschlafen, als an meine Türe geklopft wurde. Der Gendarm war wieder da. Unten warte das Auto des Ortsvorstehers mit seinem Chauffeur, sagte er; der Vorsteher habe angeordnet, dass es mich nach Mosul zurückbringen solle. Es blieb mir nichts anderes übrig, als mich zu fügen, und so kam ich zu einer ausführlichen Nachtreise mit einem schweigsamen Chauffeur bis nach Mosul zurück.

In ganz Irak gab es damals ein System, das aus der britischen Zeit überlebt hatte. Fremde, die an einer der vielen Polizeisperren vorbeifuhren, wurden nicht aufgefordert, ihren Pass vorzuzeigen. Es genügte, dass sie auf irgendeinem Stückchen Papier, man nannte es «Chit» mit dem englischen Wort, ihren Namen aufschrieben, das Papier in den Händen eines der Polizisten zurückliessen und weiterfuhren. Ob der Ortsvorsteher auf Grund eines solchen «Chit» meine Gegenwart in Erfahrung gebracht hatte, oder ob sie ihm gemeldet worden war, möglicherweise zusammen mit dem Umstand meines Treffens mit dem jüdischen Arzt, habe ich nie erfahren. Jedenfalls aber zeigte die Episode, dass die Präsenz von unbekannten Ausländern im Kurdengebiet wenig willkommen war. Die Behörden konnten sich gar nicht vorstellen, dass ein Europäer aus einem anderen Grund in diesen abgelegenen Bergen reise als zu dem Zweck, irgendeine Verschwörung anzuzetteln oder einer bereits bestehenden weiter zu helfen.

Ein arabisches Cabaret in Mosul

Ich war also wieder in Mosul, traf im Café auch wieder mit Fadhil zusammen, und er nahm mich mit auf den Abschiedsbesuch, den er mit einigen Freunden einem der einheimischen Nachtlokale abstattete. Dies war ein weiter, unter dem Nachthimmel offener Hof mit Eisentischchen und Faltstühlen. Auf der Rückseite des Hofes war eine Art Bühnenpodium angebracht. Man trank das erfrischende Bier der Bagdader Brauerei, das «Diana» hiess, und ein Orchester spielte, ohne dass lange Zeit etwas anderes geschah. Doch dann trippelte unter rauschendem Beifall eine Tänzerin auf die Bühne. Sie war barfuss, und ihre nackten Beine kamen beim Herumschwingen ihres langen Rocks sekundenlang zum Vorschein. Ihr Bauch war nackt, um die Brust trug sie ein kurzes Mieder und in den Händen einen Schleier, mit dem sie anfänglich ihren blossen Mittelkörper schwingend bedeckte. Sie begann den berühmten Bauchtanz, von dem die Nahostspezialisten behaupten, er sei ursprünglich von den Franzosen in Paris erfunden und von den Engländern in Ägypten bekannt gemacht worden. Doch gilt er heute den Arabern als kultureller Eigenbesitz. Ihr Tanz schien mir fabelhaft. Sie war ganz der Bewegung hingegeben, welche die laute und etwas repetitive Musik in ihr auslöste. Ihr Körper, der aus den fliegenden Gewändern hervorblitzte, wirkte höchst erotisch, ohne pornografisch zu sein. Ein Blick auf das zuschauende Männerpublikum zeigte, dass meine Verzauberung geteilt wurde. Stillschweigend und unbeweglich sassen die Turban- und Kopftuchträger in ihren langen Roben, viele mit schwarzen Vollbärten, an ihren Tischchen und verfolgten eine jede ihrer Bewegungen mit unbewegtem Gesicht, aber hellwachen Augen. Reichlicher Befall diente mehrmals dazu, sie zu neuem Tanz zu ermutigen. Doch das ganze Schauspiel währte nicht lange.

Die junge Frau verliess die Bühne, ohne sich den Zuschauern anzunähern, wie es in den Grossstädten meistens geschah. Sie verschwand, wie sie gekommen war, und liess eine träumerische Atmosphäre zurück. Wir verliessen bald darauf das Lokal, da wir beide am nächsten Morgen früh weiter zu reisen gedachten. Fadhil versicherte mir, wenn wir nur lange genug in die Nacht hinein gewacht hätten, wäre wahrscheinlich die gleiche Frau oder eine andere wiedergekehrt.

Die Strasse nach Bagdad

Wir trennten uns, weil Fadhil direkt nach Bagdad reiste, ich aber Zwischenstation in Erbil und in Kirkuk machen wollte. Beide Orte waren damals viel kleiner, als sie es heute sind. Beide besassen eine Zitadelle, die aus einem steilen Hügel bestand, auf dem jedoch nicht wie in Aleppo eine Festung lag, sondern eine eng zusammengedrängte Altstadt mit Lehmgassen und hohen Ziegelhäusern. In Kirkuk wie in Erbil wohnten in diesen alten Stadtteilen Minderheitsgruppen von Turkmenen, das heisst turkophonen Einwanderern, die einst aus Zentralasien gekommen waren, als kriegerische Stämme ganz Irak überschwemmt hatten, sich jedoch an den meisten Orten mit der einheimischen arabophonen Bevölkerung vermischt und in ihr aufgelöst hatten. Die Erhaltung dieser Sondergruppen innerhalb des Iraks hatte vielleicht damit zu tun, dass sie auf der Grenze zwischen kurdischen und arabischen Bevölkerungen ihre Zitadellen bewohnten. Ursprünglich waren dies wirkliche Festungen, die sich dann zu ummauerten und hoch gelegenen städtischen Siedlungen auswuchsen.

Bei Kirkuk lag eines der ältesten bekannten Ölfelder der Region. Es produzierte schon seit der Zwischenkriegszeit. In der englischen Periode bestand eine Rohrleitung, die von Kirkuk nach Haifa ans Mittelmeer führte. Doch nach dem Israelkrieg von 1948 wurde die alte Leitung stillgelegt und eine neue gebaut, um das Öl über Syrien zu transportieren. Es erreicht seither das Mittelmeer in Syrien bei Baniyas sowie in Libanon bei Tripolis. Die Ölproduktion der nördlichen Felder bei Mosul wurde später in diese Rohrleitung eingespeist.

Kirkuk wurde von den Kurden als kurdische Stadt angesehen. Doch Bagdad bestand darauf, dass die Stadt und ihre Umgebung mehrheitlich von Arabophonen bewohnt sei. Um dieser Behauptung mehr Glaubwürdigkeit zu verschaffen, war die irakische Regierung immer dabei, möglichst viele kurdische Stämme aus der Region um Kirkuk herum zu vertreiben und für die Niederlassung arabischer Gruppen auf ihren Feldern und Weiden zu sorgen. Hätte Bagdad zugeben müssen, dass das Erdöl von Kirkuk in einer kurdischen Provinz produziert wurde, hätte dies den Anspruch der Kurden verstärkt, auch etwas von den Früchten der Ölgelder abzubekommen.

Die Erdölvorkommen bewirkten, dass die alte Stadt ausgedehnte industrielle Vororte besass, die sich um die Ölbohrungen herum konzentrierten. Es gab auch Villenvororte, wo die Ölingenieure lebten, die damals in erster Linie Engländer waren. Man sah Kurden in ihren Trachten aus Pluderhosen neben Arabern in ihren langen Hemden mit Agal und Kuffie. Ein reger Verkehr von Autobussen und Gemeinschaftstaxis verband Kirkuk mit der Hauptstadt über meistens geteerte Strassen.

Erste Tage in Bagdad

Bagdad war in der Tat zuerst eine Enttäuschung, obwohl mich meine Freunde ja darauf vorbereitet hatten. Sehr heiss, sehr geschäftig, mit wenig sichtbaren Überresten aus ihrer grossen Zeit, bedeutend teurer als ihre syrischen und libanesischen Pendants, sehr ausgedehnt mit überfüllten Autobussen britischer Bauart als Haupttransportmittel, wirkte die Stadt mit dem mythischen Namen und einer eher prosaischen Realität nicht sehr anziehend. Ich kam zuerst in einem Hotel für Europäer unter, das zur billigeren Kategorie gehörte und mir von Freunden empfohlen worden war. Es war jedoch weder angenehm noch wirklich billig. Ich begann schon zu rechnen, wie lange ich in Bagdad bleiben könne, ohne meine Barschaft zu sehr zu belasten.

Ich fing auch an, durch die Stadt zu wandern. Es gab eine zentrale Strasse, die Raschid-Strasse, in der die meisten Geschäfte lagen, die meisten besseren Hotels, Büros der Fluggesellschaften, an einem Ende auch alle Banken und am gleichen Ende der Serail, das alte Regierungszentrum aus der türkischen Zeit. Zu Fuss brauchte man eine gute halbe Stunde, um diese Strasse abzulaufen, wegen der Verkehrsverstopfungen dauerte es in einem Auto oder Bus beinahe ebenso lang. Ihre beiden Enden mündeten in Plätze, die grosse Verkehrszentren waren, nach den alten abgerissenen Stadttoren benannt: *Bab as-Sharji* und *Bab al-Mu'azzam*, das Osttor und das Erhabene Tor, wobei die Erhabenheit sich darauf bezog, dass dort das Regierungsviertel lag. Von diesen beiden Verkehrsknotenpunkten zweigten weitere grosse Ausfallstrassen nach Süden und nach Norden ab, die sich unabsehbar in die Wohnviertel hineinzogen; im Norden lagen die vornehmeren mit der Universität und den bürgerlichen Quartieren, im Süden wurde das Leben immer volkstümlicher, je weiter man an die Peripherie heranrückte.

Die Raschid-Strasse verlief ungefähr parallel zum Tigris, jedoch nicht an seinem Ufer. Zwischen ihr und dem Strom lagen Basare und enge Strassen der Altstadt, die sich auch jenseits der Hauptstrasse nach Westen hin fortsetzten, so dass man erkennen konnte, die Raschid-Strasse war als eine durchgehende Hauptader in die Altstadt hineingebrochen worden. Dies war in der letzten Zeit der türkischen Herrschaft kurz vor dem Ersten Weltkrieg geschehen. Bei solchen Strassendurchbrüchen diente oft die *rue de Rivoli* von Paris als städtebauliches Vorbild. Bei der Raschid-Strasse war dies daran zu merken, dass die ganze Strasse unter offenen Durchgängen lag, wie die «Lauben» in Bern, allerdings nicht gewölbt sondern einfach rechteckig mit Zementdecken, die sich auf Gusseisenpfeiler stüzten. Immerhin, diese Durchgänge gaben einen willkommenen Schutz gegen die Sonne ab. Die Schaufenster der Geschäfte lagen im Schatten der Lauben, und die Altstadt-gassen, die in sie einmündeten, öffneten sich wie schwarze, eher schlammige Schlünde von der Geschäftsstrasse aus.

Um die permanenten Verkehrsstauungen zu umgehen, hatte man in der Zwischenkriegszeit eine zweite Durchgangsstrasse eröffnet, die Ghazi-Strasse, nach dem 1939 verunglückten jungen König, der Faisal nachgefolgt war. Sie bildete einen Bogen, der die beiden Hauptplätze verband, indem er sich in östlicher Richtung krümmte, so dass die Rashid-Strasse zur Sehne wurde, die dem Bogen der Ghazi-Strasse vorgespannt war. Doch für Fuss-gänger war diese Umgehungsroute von geringer Bedeutung, sie wurde vor allem von Automobilen benützt.

In Bagdad ging das Scherzwort um, dass die Bürger, die irgend etwas von der Regierung benötigten, etwa einen Reisepass oder auch nur ein Leu-mundszeugnis, beständig durch die Raschid-Strasse hindurch zwischen Bab asch-Scharji und Bab al-Mu'azzam unterwegs waren, manchmal wochen- oder monatelang, weil zwar die Hauptministerien alle im alten Regierungs-viertel lagen, dann jedoch alle möglichen ihnen nachgeordneten Büros wegen Platzmangel auf der anderen Seite bei Bab asch-Scharji und darüber hinaus in den südlichen Vierteln gebaut oder eingemietet worden waren. Die Beamten pflegten die Gesuchsteller, *Murâj* heissen sie auf arabisch, «die (immer wieder) Zurückkommenden», von den Büros am Tor der Erhaben-heit zu jenen am Osttor und von dort wieder zum andern hin und zurück zu schicken.

Ich kundschaftete natürlich auch den Basar aus. Dort gab es eine laute Strasse der Kupferschmiede, die auf den Kupfer- und Messingtabletts herum-hämmerten, die offenbar immer noch für Festmähler der Einheimischen einen Markt fanden. Es gab auch Stoff- und Teppichhändler und ein paar allerletzte Zimmerleute und Schreiner, die volkstümliche Möbelstücke, etwa geflochtene Hocker und Stühle, herstellten. Auch Blechkoffer fanden, wie die Masse des Angebots zeigte, häufige Verwendung. Sie dienten für Reisen, aber auch als Truhen, um Brautausrüstungen vom Haus des Brautvaters in jenes des Bräutigams zu transportieren. Manche wurden aus Blechfolien hergestellt, die, wie ihr bunter Aufdruck zeigte, eigentlich für die Fabrikation von Bierdosen hätten dienen sollen. An den Basar schloss sich eine Strasse der Buchhandlungen an, die alle nebeneinander lagen, jedoch bereits Schaufenster besassen und wie europäische Läden betrieben wurden. Der Basar war nur teilweise mit Holz überdacht, andere Teile lagen einfach in den engen Altstadtgassen. Viel industrielle Billig- und Ausschussware wurde angeboten. Von Zeit zu Zeit öffnete sich eine Seitengasse, die den Durchblick auf das Tigrisufer hinab frei gab. Der Strom lag breit, aber eher seicht mit Sandbänken im Sonnenlicht da, einige grüne Sträucher belebten die Ufer. Er wurde damals erst von zwei Brücken überquert, die dritte, südlich von Bab asch-Scharji ausgehend, befand sich im Bau.

Karkh und die Britische Botschaft

Jenseits des Stroms lag das volkstümliche Viertel Karkh, dessen Namen aus der arabischen Literatur bekannt ist. Damals bestand es aus nur wenigen mehrstöckigen Gebäuden in der Nähe des Tigris, dahinter dehnten sich einstöckige Blockhäuser, dicht zusammengebaut in engen Gassen weit nach dem Westen hin. Ganz vorne am Strom lag der Park mit der britischen Botschaft, ummauert und mit eigenem Landungssteg. Ihr Anblick erinnerte mich daran, dass 1941 diese Botschaft vom 2. bis zum 29. Mai von irakischen Truppen vergeblich belagert worden war, weil in Bagdad durch einen Putsch ein pro-deutsches, panarabisch gesinntes Regime zur Macht gekommen war. Auch die britische Luftwaffenbasis von Habbaniya, nicht weit von Bagdad, wurde damals vergeblich umzingelt. Die Putsch-Regierung hatte auf Hilfe aus Deutschland gehofft, doch diese blieb auf ein paar Flugzeugstaffeln beschränkt, die von Mosul aus operierten, weil Hitlers Reich damals durch die bitteren Kämpfe auf Kreta und von der Vorbereitung des Angriffs auf die Sowjetunion voll in Anspruch genommen war. So konnte die britische Botschaft durchhalten, die geheimen Papiere waren bereits verbrannt, bis eine Kolonne aus britischen und jordanischen Truppen von Palästina aus Bagdad erreichte und dem Putschregime von *Rashid Ali al-Gilani* und den hinter ihm stehenden Offizieren des «Goldenen Vierecks» ein Ende bereitete. Seine Anhänger flohen nach Iran. Die vier Offiziere wurden später ausgeliefert und gehängt. Raschid Ali entkam nach Berlin und rivalisierte dort mit dem ebenfalls exilierten Gross-Mufti von Jerusalem, *Amin al-Hussaini*, um die Führung der arabischen Welt nach einem von beiden erhofften deutschen Sieg. Die irakischen Politiker, die vor dem Coup nach Jordanien geflohen waren, kehrten nach Bagdad zurück und bildeten eine neue pro-britische Regierung. Ihr wichtigster Mann, *Nuri as-Said*, wirkte zur Zeit meines ersten Besuches wieder einmal als Ministerpräsident (was er schon 1930 und 1939 gewesen war).

Aufenthalt im «Kalifenschloss»

Ich ging auch das Karkh-Quartier erkunden und fand dort an einer der Hauptstrassen ein arabisches Hotel, das sich «Schloss des (Kalifen) al-Ma'mun» nannte. Im Erdgeschoss gehörte ein grosses Tee- und Kaffeehaus dazu. Ich stieg in den ersten Stock hinauf, wo der Empfangschef und Hotelleiter, ein behäbiger rundlicher Mann, an einem Eisenpult vor einem grossen Kassenschrank thronte. Ich erklärte ihm, natürlich in meinem besten libanesischen Arabisch, dass ich ein Student des Arabischen sei und eine Herberge suche, in der es arabisch zugehe. Es brauchte etwas Beredsamkeit, um seine Bedenken zu zerstreuen, die darin wurzelten, dass es in Bagdad noch immer die Normalordnung war, Europäer in europäischen Herbergen und Araber in arabischen unterzubringen. Doch er zeigte Verständnis, und wir kamen überein, dass ich am nächsten Morgen mit meinem Gepäck zurückkehren und er mir ein Zimmer bereithalten werde.

Er erklärte mir auch, dass in seinem Hotel die Leute in Doppelzimmern schliefen, vor allem für den Nachmittagsschlaf, wenn es draussen zu heiss sei, dass aber für die Nacht für jedermann ein zweites Bett auf dem Flachdach des Hauses bereit stehe, wo man kühler und besser schlafe. Ich war damit einverstanden, umso mehr, als der Hotelpreis, den er auch erwähnte, einen Bruchteil dessen betrug, was ich in meinem eher schäbigen und stickigen Europäerhotel am Bab asch-Scharji bezahlen musste.

Als ich am nächsten Morgen ankam, wurde ich herzlich begrüsst. Der Hotelchef hatte inzwischen Zeit gefunden, sich an meinen ihn zuerst als ungewöhnlich berührenden Vorschlag zu gewöhnen. Er hatte ein Zimmer für mich gefunden, in dem ein Student mein Zimmergenosse sein würde, nicht einer der wilden Beduinen, die ich an jenem Morgen ebenfalls ankommen sah, und die von meinem Hotelmanager als erstes aufgefordert wurden, ihre Waffen, Dolche und Pistolen in dem grossen Kassenschrank zu hinterlegen, zu dem nur er die Schlüssel besass. Auch mich fragte er, ob ich nicht mein Bargeld bei ihm hinterlagen wolle. Das sei sicherer so, weil es ja vielerlei Leute in seinem Hotel gäbe und die Zimmer nicht abgeschlossen werden könnten. Ich tat das gerne. Mein Geld wurde in einen Umschlag gesteckt, zugeklebt mit meinem Namen darauf. Auch meinen Pass nahm der Mann an

129

sich, um ihn bei Kontrollen der Polizei vorzulegen. Dann rief er einen Diener herbei, um mir mein neues Zimmer zu zeigen. Ich fand dort meinen Zimmerkollegen vor, der gerade vom Dach in das Zimmer hinabgestiegen war, weil die Sonne ihm lästig geworden war. Von ihm lernte ich gleich, wie man sich Frühstück bestellte. Man rief einen der Diener herbei und beauftragte ihn, zu besorgen, was man zu essen und trinken gedachte. Er brachte es bald auf einem der Tabletts herbei, wie sie in den arabischen Cafés gebraucht werden. Sie besitzen einen Ring für die haltende Hand, der an drei oder vier Bügeln über dem Tablett genau in der Mitte befestigt ist, so dass das ganze in einer Hand gehalten und beliebig hin- und hergeschwenkt werden kann, ohne dass die Tassen überlaufen. Man bezahlte ihm einen sehr bescheidenen Betrag, noch billiger, als er im einheimischen Kaffeehaus gewesen wäre, und gab ihm gelegentlich einmal ein Trinkgeld. Dann konnte man auf seinem Bett sitzend frühstücken. Auch grössere Mahlzeiten konnte man so bestellen, was vor allem die Frauen taten, die sich ungern in den öffentlichen Restaurants oder Teehäusern zeigten. Doch Frauen waren in unserem Kalifenschloss selten, wenn es sie irgendwo gab, blieben sie unsichtbar.

Mein neuer Gefährte wollte Ingenieur werden und studierte an einer der technischen Hochschulen. Man sah ihm an, dass er aus einer wohlhabenden Familie stammte; denn er trug gute Kleider. Wir verstanden uns von Beginn an. Er übernahm gerne die Rolle des Einführers in die häuslichen Gebräuche. Stolz zeigte er mir, dass das Zimmer einen elektrischen Ventilator besass, der auch lief und den man in der Mittagshitze anstellen konnte. Er und ich wussten, dass al-Ma'mun der Kalif war, der ein «Haus der Weisheit» hatte einrichten lassen, in dem die Texte der griechischen Wissenschaften ins Arabische übersetzt wurden. (Dabei wurde in vielen Fällen die Übersetzungs- und Vermittlungsarbeit von nestorianischen Gelehrten besorgt, doch dies übergingen wir aus diplomatischen Gründen). Und mein neuer Freund zeigte sich befriedigt darüber, dass al-Ma'mun auch mir ein Begriff war. Ich musste ihm an Hand einer Zeitung beweisen, dass ich tatsächlich Arabisch nicht nur reden, sondern auch lesen konnte.

Das «Kalifenschloss» war ein erster Lichtblick bei meinem Aufenthalt in Bagdad. Bald kamen andere dazu. Die Abende am Tigris waren erholsam durch den Gegensatz, den sie gegenüber dem Tag darstellten. Direkt am Wasser wich die aufreizende Hitze einem beruhigenden, feuchten Lufthauch, der die Nerven entspannte, weniger im grellen Sonnenlicht des Tages als vielmehr nach dem Beginn der Dunkelheit. Es gab so etwas wie ein Sonderklima, wenn man sich ganz nah am Wasser aufhielt. Dies konnte entweder direkt bei Bab asch-Scharji im Garten des alten Sindbad-Hotels sein, der bis zum Tigris hinabreichte, oder, billiger, etwas weiter unten am Strom, hinter dem Bab asch-Scharji, bei der Saadun-Strasse, wo es eine Art Flusspromenade gab, die jedermann offen stand. Dort wurden des Nachts fette Tigrisfische, *Masguf* genannt, am Ufer über offenen Feuern an Stöcken geröstet. Es gab Spezialisten, die dies für ihre Kunden besorgten, und Picknicks oder Gelage am Strand waren eine beliebte Abendunterhaltung. Sie konnte grosse Teile der Nacht hindurch dauern, weil der Fisch mit Bier oder Dattelaraq begossen wurde. Schon an den Lagerfeuern am Ufer vorüberzugehen und zuzuschauen, wie sich die Leute vergnügten, war erheiternd. Es konnte nicht fehlen, dass sich die Bagdader dabei an *Abu Nuwas* (geboren in Ahwaz zwischen 747 und 765, gestorben in Bagdad zwischen 813 und 815) erinnerten, den berühmten Dichter aus der Kalifenzeit, der den Wein und die Liebe, meist zu Knaben, besang und den allzu Bigotten dabei allerlei versifizierte Schnippchen schlug. Einzelne seiner Verse, wenn auch meistens die gleichen, konnten viele Leute zitieren.

Auch sehr schön war der Swimming Club, in den mich gelegentlich einer meiner europäischen Freunde mitnahm. Dort musste man Mitglied sein, um Zulassung zu erhalten, was bedeutete: entweder ein Europäer mit einem Gehalt, wie es diesen zukam, oder ein schwerreicher Iraki, aus den wenigen Familien, die Geld und Grundbesitz hatten. Man brauchte auch ein eigenes Automobil oder ein Taxi, nur um dort hin zu kommen. Von aussen war nur eine weisse Mauer zu sehen, über die grüne Büsche herabhingen und hinter der sich Palmen erhoben. Drinnen stiess man auf gepflegten Rasen, Blumen in Fülle, Bougainvillea in Blüten und ein grosses blaues Schwimmbassin. Es schien beinahe unmöglich, dass es so etwas in der staubigen, heissen und von Menschen vollgepackten Stadt Bagdad gäbe. Der Swimming Club hatte offensichtlich aus der kolonialen Zeit überlebt. Angenehm war er nichts desto weniger.

Ich traf auch Fadhil wieder, in einem der Cafés, die er mir genannt hatte. Er bestand darauf, mich zu sich einzuladen. Zu diesem Zweck musste ich ihn im Karkh-Quartier treffen, damit er mir zeigen konnte, wo sein Haus lag; allein hätte ich es nie gefunden, versicherte er. Das erinnerte mich an bestimmte Beiruter Erfahrungen mit Besuchen und Besuchern. Wir kamen auf die verhüllten Frauen zu sprechen, denen man in diesem Volksquartier häufig begegnete. Ich fragte ihn, ob auch seine Frau mit einem langen schwarzen Überwurf ausgehe. Natürlich, versicherte er, in einem Quartier wie dem seinigen sei das unvermeidlich. Sogar wenn er nichts dagegen hätte, dass seine Frau auf der Strasse ihr Gesicht sehen liesse, müsste sie dennoch verschleiert gehen, der anderen Frauen in ihrer Strasse wegen. Die würden zuerst mit Worten, dann vielleicht sogar mit Schlägen gegen sie vorgehen, weil sie annehmen würden, sie gehe ja nur so unverschleiert, um ihnen ihre Männer abspenstig zu machen.

Wir hielten vor einer von vielen gleich aussehenden Türen in einem Gässchen an, das ein genaues Spiegelbild aller anderen Gässchen war. Dies war ein Quartier, das der Staat für seine mittleren und kleinen Angestellten gebaut hatte. Bevor er aufschloss, pochte Fadhil laut und lange. Dies war ein Zeichen dafür, dass er nicht alleine kam. Direkt hinter der Türe lag ein Raum, den Fadhil als seinen Gastraum bezeichnete. Er war angenehm kühl und dunkel. Es gab Teppiche darin und Kissen der Wand entlang. An der anderen Wand führte eine Türe ins Innere des Hauses. Durch diese Türe, hereingereicht von nur kurz sichtbaren Händen, kam alles, was das Herz des Besuchers verlangen konnte: zuerst ein kühler, erfrischender Trunk, dann ein Wachstuch, das auf den Teppich gelegt wurde, darauf ein rundes Tischtuch, dann allerhand Gerichte, beginnend mit Suppe, einer Reisplatte mit Fleisch, Gemüse, Früchte, Eiswasser dazu. All dies nahm Fadhil an der Türe entgegen und brachte es in die Mitte des Zimmers. Dann konnten wir uns davor auf den Teppich setzen und mit dem Essen beginnen. Es war klar, dass der Gast in das Gästezimmer gehörte und nicht tiefer in die Wohnung vordringen sollte.

Doch die Gastfreundschaft war herzlich. Fadhil überbrachte seiner Frau meinen Dank und meine Grüsse und brachte ihre Grüsse zurück. Kinder hatte er noch keine. Doch ein erstes werde erwartet, teilte er mir mit. Um so mehr entschuldigte ich mich für die grosse Arbeit, die ich seiner Frau mache. Doch Fadhil wollte dies überhaupt nicht gelten lassen. Ob sie für ihn allein koche oder für jemanden mehr, mache kaum einen Unterschied, behauptete er, obwohl ich gewiss war, dass meinethalben ein besonderes Festessen zubereitet worden war.

Mit Fadhil ging ich auch einmal auf ein kleineres Bauerngut, das einer seiner Verwandten betrieb, direkt am Tigris. Man konnte auf einem Boot dorthin gelangen. Das Gut hatte teil an dem Miniklima, das den Strom umgab. Am Flussufer lag es als ein grosser Garten mit parkartigen Bäumen und Büschen, wozu Granatbäumchen gehörten. Palmen erhoben sich hoch darüber hinaus. Für die Äcker dahinter wurde Wasser direkt aus dem Tigris gepumpt. Wir betraten das Haus nicht, sondern wurden im Garten mit Tee bewirtet und kehrten am Abend in dem gemieteten Ruderboot heim. Der Strom machte viele gewaltige Schlaufen, die erkennen liessen, dass er hinter

Bagdad kaum mehr Gefälle aufwies, obgleich er bis Basra noch mehr als 400 Kilometer zu fliessen hatte.

Alleine begab ich mich im Gemeinschaftstaxi nach Salman Pak, wo die Überreste der einstigen Winterhauptstadt des Partherreiches, Ktesiphon, stehen. Ktesiphon war eine Gründung der Parther, gegenüber der hellenistischen Stadt Seleukia, das sie 141 v. Chr. eroberten. Zunächt nur ein Militärlager, diente Ktesiphon jahrhundertelang als Winterhauptstadt der Parther, ab 224 n. Chr. der ihnen nachfolgenden Sassaniden. Es war auch Hauptquartier in den immer neuen Kämpfen der Parther und der Perser mit den Römern (116 und 283 eroberten die Kaiser Trajan und Carus vorübergehend die Stadt) und mit den Byzantinern.

Berühmt ist Ktesiphon, das 637 von den Arabern erobert wurde, wegen eines gigantischen Palastes, der dem Sassanidenherrscher *Khosraw (Chosroes) I.* (reg. 531–578) zugeschrieben wird. Von dem gewaltigen Palast steht heute nur noch der zentrale Fassadenteil mit einer hochgespannten Bogennische, dem sogenannten *Liwa* oder *Iwan*, und flankierenden Resten der Hauptfassade, die mit dekorativen Rundbögen geschmückt ist. Liwa oder Iwan nennt man die nischenförmig nach aussen geöffneten Bogen, die für die gesamte persische Architektur charakteristisch sind. In Ktesiphon ist das Liwa als ein gewaltiger Rundbogen gebaut, der sich heute einsam und alles andere überragend emporwölbt. Er ist wie alle mesopotamischen Bauten aus Backstein konstruiert. Die arabischen Historiker berichten, *al-Mansur (reg. 754–775)*, der zweite Abbasidenkalife und Gründer von Bagdad, habe Ktesiphon, damals schon eine Ruinenstadt, als Steinbruch für seine neue Stadtgründung heranziehen wollen, doch sein Wesir, der erste der *Barmakiden, Khalid* (starb 781), ein Mann persischer Kultur, habe ihn überzeugt, das zu unterlassen, weil der Abbruch der Stadt und der Transport ihrer Ziegel nicht wirklich der Mühe wert sei. Mehr als elf Jahrhunderte später jedoch, im Jahr 1909, fiel der nördliche Flügel der Palastruine einer Tigrisüberschwemmung zum Opfer, und die Bewohner und Machthaber von Bagdad, weniger pietätvoll als ihre grossen Vorläufer, bedienten sich der Palastreste, um ihre Backsteine für die letzte osmanische Renovierung von Bagdad zu verwenden. Antike Backsteine wären deshalb wahrscheinlich in den Häusern der Raschid-Strasse von Bagdad zu finden.

Auf der Höhe seines Glanzes muss der Palast von Ktesiphon, von Tausenden von Wächtern geschützt, den Herrscher und seine Hunderte von Konkubinen beherbergt haben. Schreiber aller Art wirkten in den Seitenflügeln, um die Befehle der zentralen Regierung in das weite Reich auszusenden. Der «König der Könige» empfing unter dem grossen Liwa, das den

Himmel symbolisierte, der sich über ihm wölbte. Vor ihm lag ein Tier- und Jagdpark, wie die Griechen sie *Paradeison* nannten. Sie hatten diese Paradiese bei den persischen Grosskönigen kennengelernt. Bei seinen Empfängen unter dem Liwa war der Herrscher umgeben von seinem Wesir, den Verwandten seines Hauses, dem Hohen Priester der zarathustrischen Religion, dem Befehlshaber seiner Wache. Weiter von ihm entfernt standen die anderen Hauptbeamten des Hofes: der Einführer von Fremden, der Schwertträger, der Bewahrer des Vorhangs, Oberjäger und Oberfalkner, der oberste Torwächter, Kämmerer, Astrologen, Dichter, Geschichtenerzähler, Musikanten. Der Grosskönig selbst thronte hinter einem Vorhang, der weggezogen wurde, wenn etwa ein fremder Gesandter vor ihn trat, um Audienz zu erhalten. Der Gesandte musste eine Gesichtsmaske vor dem Mund tragen. Sobald der Vorhang geöffnet wurde, hatte er sich tief zu verneigen. Die Krone des Herrschers war so prachtvoll und schwer, dass sie über seinem Haupt an einer Goldkette an der Deckenwölbung aufgehängt war. Die heute allein übrig gebliebenen Backsteinstrukturen waren mit Marmor und Halbedelsteinen verkleidet und mit bunten Stoffen bezogen. Ein Teppich mit Pflanzen- und Gartenmotiven lag auf dem Fussboden unter dem Liwa und bildete so den Übergang von dem Tierpark, der bis zum Tigris reichte, zu der Himmelsnische, die als Thronraum diente. Die Rückwand des Liwas besass eine in seiner Zentralachse gelegene Tür, durch die der Herrscher in seinen Palast zurückkehren konnte, wenn der Empfang vorüber war.

Unter dem letzten der grossen Sassanidenkaiser, *Khosraw II. Parviz* («der Siegreiche», reg. 590–628), war die Reliquie des Heiligen Kreuzes aus dem 614 eroberten und geplünderten Jerusalem nach Ktesiphon gebracht worden. Doch der byzantinische Kaiser Heraklius besiegte seinen persischen Gegner, eroberte seinerseits Ktesiphon im Jahr 628 und brachte die Reliquie nach Jerusalem zurück. Nicht lange danach brachen die muslimischen Araber aus der Halbinsel hervor und schlugen beide, den Kaiser Heraklius und den Nachfolger des sassanidischen Grosskönigs. Beide Grossreiche hatten einander entscheidend geschwächt. Doch das Vorbild des sassanidischen Hofes, seines Zeremoniells und seiner Regierungsweise sollte ein Jahrhundert später, nach 751, die Hofhaltung der abbasidischen Kalifendynastie entscheidend prägen. Der mesopotamische Boden war von persischer Kultur und iranischen Herrschaftsmethoden durchtränkt.

Bagdader Studentenkollegen

Meine wichtigsten Kontakte in Bagdad zur Zeit meines ersten Besuches wurden Freunde, die meine Frau oder ich in Chicago kennengelernt hatten und die nun zu den Kreisen um das Bagdader Institut für Schöne Künste gehörten, einem Teil der Universität Bagdad. Die Freunde hatten sich mit Stipendien in Chicago aufgehalten, als ich mich 1953 auch dort befand. In Chicago gab es ein «International House», wo meine künftige Frau und ich damals verkehrten. Dort kamen auch viele der Stipendiaten aus fremden Ländern zusammen. Unter ihnen befand sich *Jassim al-Abboudi*, der dort Dramaturgie studierte und inzwischen mit seiner amerikanischen Frau Margaret nach Bagdad heimgekehrt war, um am Institut für Schöne Künste zu lehren. Die beiden hatten drei Knaben; der älteste war schon ziemlich erwachsen und wurde streng angehalten, seiner Mutter helfend zur Hand zu gehen. Ich suchte sie auf und wurde von ihnen sehr grosszügig empfangen. Sie lebten in einem kleinen Haus mit einem Flachdach, auf dem man schlief, und mit einem Luftkühler für die heissen Sommermonate, der einfach aus einem am Fenster angebrachten Ventilator bestand, über den man angefeuchtete Strohmatten hängte, so dass er die angefeuchtete und dadurch gekühlte Luft nach innen ins Zimmer blies. Dafür zu sorgen, dass die Matten stets feucht blieben, war eine der vielen Aufgaben, die dem ältesten der Söhne oblagen. In dem Haus gab es nur das Allernötigste, was man zum Leben brauchte; dazu gehörte auch ein klappriges Automobil, das periodisch in Panne geriet, aber unentbehrlich war, um in der weit ausgedehnten Stadt ohne gewaltige Zeitverluste verkehren zu können. Offensichtlich kam mein Freund mit seinem Staatsgehalt nur ganz knapp über die Runden. Doch das hinderte die beiden gar nicht daran, mir ihr Haus weit zu öffnen und mich in ihr Familienleben einzubeziehen, sooft ich nur kommen wollte.

Jassim stammte aus einer südirakischen, schiitischen Familie. Er hatte viele Brüder und eine Unzahl von Neffen und Nichten. Da er der bestgestellte seiner ganzen Familie war, fühlte er sich für sie alle verantwortlich. Er erzählte mir, gelegentlich gehe er auf den Markt für gebrauchte Kleider. Dort kämen aus Amerika ganze Ballen von abgelegten, aber noch guten Kleidern an. Er kaufe dann ein Paket von 50 Hosen oder 50 Kitteln zum *en gros*-Preis und verteile es unter seinen Verwandten. Es gäbe immer Anwärter für alle Grössen. Die Familie war teils nach Bagdad zugewandert, teils lebte sie weiter im Süden.

Das Haus der Abboudi stand am äussersten Rand des bürgerlichen Universitätsviertels. Am Ende ihrer Strasse konnte man den *Bund* aufsteigen sehen. Dies war der Damm, ein Erdwall, der die Stadt vor den Fluten des Tigris schützen sollte. Der Tigris pflegte alle paar Jahre im Frühsommer, wenn die Schmelzfluten aus den kurdischen Bergen die Stadt erreichten, Bagdad zu überschwemmen. Die Regulierung des Stroms durch die Ableitung seiner Hochfluten in die Wüstendepression des *Wadi Tharthar*, war damals ganz neu. Jenseits des Damms gab es eine weite Strecke von Trockengestrüpp, das dort in den Jahren wuchs, in denen der Fluss nicht überströmte.

Die Sarifa und ihre Bewohner

In diesem flutgefährdeten Niemandsland hatten sich Hunderttausende von Menschen niedergelassen. Fast alle waren aus dem Süden nach Bagdad gewandert, um Arbeit zu finden, und hatten sich dort Schilfhütten gebaut. Diese Siedlungen aus Schilfhütten, arabisch *Sarifa* genannt, waren die besondere Form des irakischen Bidonville. Die gewaltigen Sümpfe des irakischen Südens waren mit Schilf überwachsen und aus den Schilfrohren liessen sich Matten flechten, Dächer schichten und Schilfsäulen aufrichten. Matten aus Palmblättern dienten als Hauswände. Man konnte sie meterweise und billig auf allen ländlichen Märkten erwerben. Die Technik, solche Häuser zu bauen, brachten die Einwanderer aus dem Süden mit.

Doch die Sarifa besassen kein fliessendes Wasser. Die Frauen mussten sich Wasser beschaffen. Der Tigris lag weitab und war wenig sauber. Deshalb versuchten sie immer wieder, ihre Wasserkanister aus den Wasserleitungen der nahe gelegenen Stadthäuser zu füllen. Wenn jemand einen Schlauch im Vorgarten laufen liess, um seinen Rasen zu bewässern, konnte er sicher sein, dass sich sehr rasch einige Frauen aus den Sarifas einstellten und sich daran machten, ihre Wasserbehälter aus dem Schlauch zu füllen. Die eine gab die Wasserquelle an die andere weiter, und es konnte geschehen, dass ein kleiner Volksauflauf zusammenkam, in dem dann auch der Rasen zu Schlamm zerstampft wurde.

Die Stadtbewohner reagierten verschieden auf diese Umstände. Manche verjagten die Frauen sofort und roh, andere verzichteten auf grüne Vorgärten. Noch andere, zu denen mein Freund gehörte, versuchten diskret, den Frauen zu helfen. Doch auch sie mussten vermeiden, dass zu viele von ihnen sich mit Wasser aus ihrer Leitung versorgten. Die Wassergesellschaft wies einem jeden Haus eine beschränkte Menge von Trinkwasser zu. Sie lief in ein Blechfass, das auf dem Dach stand und die Reserve für jedes Haus bildete. Wer zuviel Wasser verschenkte, hatte am Ende selbst keines mehr, bis sich das Fass über Nacht wieder ganz oder teilweise füllte.

Den Leuten in den Sarifas fehlte es auch an Brennstoff. Butangas war noch selten. Dieselöl musste man bezahlen, und man benötigte einen Primus-Kocher, um es zu verwenden. Auf dem Markt konnte man Holzkohle kaufen, doch sie war teuer. Deshalb geschah es immer wieder, dass die Sarifa-Bewohner die Bäume fällten, die in den Stadtstrassen als künftige Alleen hochgezogen und regelmässig bewässert wurden. Dies war Männerarbeit. Ein paar Leute mit Äxten stiegen in die Äste der Bäume empor und hackten ab, was sie erreichen konnten. Wenn die Äste weg waren, kam der Stamm an die Reihe. In kurzer Zeit war der Baum zerstört und verschwunden. Frauen und Kinder schleppten die Äste und Holzstücke fort. Die Stadtväter konnten nicht jeden Baum polizeilich bewachen, und die Folge war, dass die heisse Stadt Bagdad eine baumlose Stadt blieb.

Die Sarifas hatten auch eine politische Bedeutung. Wie mir Jassim erklärte, waren ihre Bewohner zum grössten Teil Schiiten. Die irakischen Schiiten teilten nicht die Vorliebe der irakischen Sunniten für eine grosse «Arabische Nation», für die damals Nasser und seine Propagandisten warben. Dies wäre eine sunnitische Grossnation geworden und die irakischen (sowie die libanesischen) schiitischen Minderheiten wären in dem Meer von Sunniten untergegangen. Das fürchteten sie, denn schon gegenwärtig stellten sie sowohl in Libanon wie im Irak eine politische Minderheit dar. Im Irak bestand eine besondere Lage, deren Ungerechtigkeit viel zur Instabilität des Landes beitrug. Die Schiiten waren zwar zahlenmässig eine knappe Mehrheit, vielleicht 51 Prozent der Gesamtbevölkerung. Doch sie waren die ärmste Gruppe. Seit alten Zeiten hatten die Sunniten, zuerst die türkischen, später seit der englischen Zeit die irakischen Sunniten, die im Norden und Westen des Landes zu Hause waren, von Bagdad aus das Regiment geführt. Im Norden und Osten des Landes lebten die Kurden. Sie waren auch Sunniten, auch Bagdad kannte eine grosse Kurdengemeinschaft, doch sie waren nicht Staatsvolk, eher wie die Schiiten eine Minderheit, die diskriminierend behandelt wurde.

Dies bedeutete, dass das Staatsvolk im Irak, jene Leute, die Politik machten und von der Politik profitierten, auf ein Viertel der Bevölkerung eingeschränkt war. Zwar stimmten alle ab, doch die Wahlen wurden so geregelt, dass ein Machtmonopol in den Händen der arabischen Sunniten blieb. Die irakischen Unterschichten und mit ihnen viele Intellektuelle, Sunniten wie Schiiten, besonders jene der Grossstädte, in erster Linie Bagdads, strebten eine grundlegende Veränderung der bestehenden Zustände an, die in der Tat für die grosse Masse der Bevölkerung hart waren. Doch sie suchten Auswege in zwei Richtungen: die Sunniten erhofften sich Aufstieg und besseres Leben von der verheissenen arabischen Grossnation. Sie waren überwiegend Nationalisten im Sinne des Panarabismus, und Nasser war ihr politischer Held. Die Schiiten jedoch und alle anderen nichtsunnitischen und nichtarabischen Minderheiten (die Assyrer und ihre katholischen Brüder, die Chaldäer, z. B. die oben erwähnten Yeziden oder die Sabäer, die in Bagdad lebten) misstrauten ebenfalls dem panarabischen Nationalismus, weil er ihnen als ein gefährlicher Pan-Sunnismus erschien, dem sie unterworfen sein würden.

Auf all diese Minderheiten, auch auf die grösste von ihnen, die Schiiten, übte damals der Kommunismus eine bedeutende Anziehungskraft aus. Er wirkte am stärksten auf die entwurzelten Zuwanderer in den Städten und auf alle Intellektuellen, die den Minderheitskreisen nahe standen. Die Einflussmöglichkeiten der Kommunisten nahmen immer zu, je reissender der Zustrom von Zuwanderern aus dem Süden nach Bagdad wurde. Die Regierung von Nuri Said, die damals noch an der Macht war und sich auf die alte Oberschicht der Grossgrundbesitzer stützte, kannte diese Gefahr und tat alles, um die kommunistische Agitation niederzuhalten. Die kommunistische Partei war natürlich verboten, und die politische Polizei machte auf ihre heimlichen Mitglieder Jagd. Sie war so effizient, natürlich mit höchst brutalen Mitteln, dass sie die Partei immer wieder ihrer Führungskräfte beraubte. Sie wanderten in die Gefängnisse. Doch wer das Meer der Schilfstädte rund um das Bagdad der Backsteinhäuser einmal zu Gesicht bekam, konnte ermessen, welches Potential den Agitatoren zur Verfügung stand, wenn es ihnen gelang, auch nur einen Teil dieser Menschen von ihren Thesen zu überzeugen.

Jassim war kein Kommunist, eher noch stand er den arabischen Nationalisten nahe. Einen seiner Brüder beschrieb er als einen engagierten Anhänger der Baath-Partei, jener Partei, von der ich in den kommenden Jahren noch sehr viel hören sollte. Sie war, wie Nasser, eine Vorkämpferin des grossarabischen oder panarabischen Nationalismus. Doch der Baathismus unterschied sich schon damals vom Nasserismus. Für die Nasseristen stand die Person Abdel Nassers im Mittelpunkt, die Baathisten besassen ihre eigene panarabische Ideologie.

Es gab auch Gruppen von irakischen Sozialisten. Dies war jedoch mehr eine Sache weniger Intellektueller, die in London studiert und den dortigen Sozialismus kennengelernt hatten. Auch ihre Tätgkeit war von der Regierung verboten, doch wurden sie weniger streng verfolgt.

Jassim sprach auch viel von seinen beruflichen und künstlerischen Idealen und Interessen. Er war sich dessen bewusst, dass sein Land keine eigentliche Theaterkultur und keine theatralische Literatur besass, wie sie in Europa hinter aller Bühnenaktivität steht. Er war kein Mann des Kinos. Was ihn interessiere, so sagte er, und weshalb er aus Amerika nach dem Irak heimge-kehrt sei, obwohl er es in den Staaten mit seiner amerikanischen Frau viel leichter gehabt hätte, sei die Hoffnung, im Irak eine Bewegung und Tradi-tion der Volksumzüge und Volksaufführungen zu gründen. Dafür, so führte er aus, gäbe es Grundlagen in der eigenen Tradition der Iraker. Die Schiiten führen jedes Jahr sich selbst und ihren gesamten Gemeinden das Martyrium und den Tod al-Husseins vor Augen, des Enkels des Propheten und Sohnes von Ali, indem sie die blutigen Ereignisse, die sich am 10. Oktober 680 in Kerbela, im südlichen Irak, abspielten, als der Prophetenenkel seinen politi-schen Gegnern erlag, als volkstümliches Trauerspiel aufführen. Darauf auf-bauend müsste es möglich sein, dachte Jassim, eine Tradition des Volksthea-ters zu begründen, durch das die Iraker sich selbst und ihre wichtigsten Anliegen, ihre historischen Wurzeln, ihre Identität darstellen und aufführen könnten. Solche Dinge hoffte er, in Lauf zu bringen. Allerdings waren auch in diesem Bereich die politischen Spannungen eines der Haupthindernisse. Gegenwärtig würde es die Polizei nie erlauben, dass grosse Teile der Bevöl-kerung zu einem derartigen Volksspiel zusammenkämen und in ihm ihre eigenen Wünsche und Anliegen zum Ausdruck brächten. Zuerst müsste die politische Lage sich ändern, so meinte auch Jasim. In der Zwischenzeit wollte er eine kleine Gruppe von Professionellen, die man ja jedenfalls brauchen würde, um ein solches Volkstheater in Bewegung zu setzen, heranziehen und ausbilden. Ihre Zeit, so vertraute er, werde kommen.

Die Trauerspiele der irakischen Schiiten sollte ich bald zu Gesicht bekommen; denn der islamische Mond-Monat Muharram, an dessen zehn-tem Tag al-Hussein sein Martyrium erlitten hatte, begann. Das grosse Kaffee-haus im Erdgeschoss meines Kalifenhotels wurde mit schwarzem Kreppapier ausgeschlagen. Schwarze Dreiecksfahnen wehten davor, auf die *Ya Husain* in arabischen Lettern aufgestickt war. In der Nacht traten Tamburinschläger und Rezitatoren auf, die dem versammelten Publikum, lauter Männern, liedartige Gedichte vortrugen, die das Martyrium schilderten: wie al-Hus-sein, begleitet von einem kleinen Trupp seiner Familie, mit Frauen und Kin-dern, deren Namen alle erwähnt wurden, von Mekka aus abgereist war, um zu seinen Anhängern in der Grossstadt Kufa zu stossen, die damals ein Heer-lager der erobernden arabischen Stämme war. Die Leute aus Kufa hatten ihm Briefe geschrieben und Hussein versprochen, dass sie für ihn kämpfen und für das Recht seiner Familie eintreten wollten, die Führung der Muslime in Nachfolge des Propheten, das wahre Kalifat, zu übernehmen. Doch der Umayyadenkalife *Yazid,* der 680–683 in Damaskus regierte, hatte seinen Schergen, den bösen *Ibn Saad,* ausgesandt, um Husseins habhaft zu werden.

Er zog mit seinem Heer von grausamen Soldaten Hussein entgegen und stiess auf den kleinen Haufen des Prophetenenkels, bevor er auf seinem Weg durch die Wüste das Wasser des Euphrats erreichte. Er forderte den Prophetenenkel auf, sich zu ergeben, bevor er verdurste. Doch Hussein leistete Widerstand, obwohl seine Leute weit unterlegen waren. Seine Anhänger im nahen Kufa regten sich nicht. Die Trauergedichte schilderten dann ausführlich, wie die Soldaten Ibn Saads einen nach dem anderen der Gefährten und Verwandten Husseins und ein jedes seiner Kinder hinmordeten, sein liebes Pferd unter ihm verletzten und als letzten den Prophetenenkel selbst grausam erschlugen. Die Zuhörerschaft schlug sich rhythmisch auf die Brust und klagte: «oh Husain, oh Husain», sobald eine Pause eintrat. Dann trat ein Prediger auf. Später gab es neue Rezitationen. Die Leute sassen bis tief in die Nacht hinein in dem auf die Strasse hin offenen Café und trauerten hingebungsvoll um den damals vor über 1200 Jahren erschlagenen Enkel des Propheten.

Dies geschah in dem Volksquartier Karkh, in dem überwiegend Schiiten wohnten. Doch draussen vor den Sarifas konnte man auf den weiten Flächen des ausgetrockneten Strombettes das gleiche Drama aufgeführt sehen, gleich in mehrfacher Auflage, weil offensichtlich die Leute aus den verschiedenen südirakischen Dörfern auch in den Hüttenstädten zusammengeblieben waren und jeweilen ihr eigenes Märtyrerdrama in Szene setzten. Die Menschen waren so nah zusammengedrängt, dass auf einer übersehbaren freien Fläche gleich zwei oder drei dieser Dramen sich nebeneinander abspielten. Man konnte von einem zum anderen gehen. Jedesmal trat erneut das kleine Grüppchen der schiitischen Märtyrer auf, das sich um Hussein scharte, mit ihren Kindern und – verhüllten – Frauen. Sie wurden bescholten, bekämpft und eine Person nach der anderen erschlagen durch die bösen Schergen des Umayyaden Yazid. Als letzter fiel jedesmal Hussein selbst. Die Darsteller bewegten sich über den freien Platz, und die Zuschauer, die auch als Trauerchor dienten, begleiteten sie. Zuschauer und Darsteller waren von dem Drama gefangen, alle machten mit und gehörten dazu; sie selbst waren das Drama, das sich wie jedes Jahr gemäss einer zähen Tradition, die auch die Auswanderung in die Grossstadt überdauerte, immer erneut im Monat Muharram abspielte.

Die eindrücklichste Trauerprozession bekam ich in Kadhimain zu sehen. Dies ist ein Vorort von Bagdad, in dem die Grabmoschee zweier der zwölf schiitischen Imame liegt, des Siebenten und des Neunten, *Musa al-Kadhim* (starb 799) und *Muhammed al-Taqi* (starb 835). Solche Grabstätten sind immer auch Pilgerzentren für die Schiiten, und al-Kadhimain gehört zu den grossen Pilgermoscheen, die fast alle Schiiten besuchen, wenn sie in den südlichen Irak nach Najaf zum Grab Alis und nach Kerbela zu jenem Husseins wallfahren. Kadhimain war damals praktisch eine persische Stadt; auch die Händler, die sich dort niedergelassen hatten und die von den Pilgern lebten, pflegten Perser zu sein, manche lebten schon seit Generationen hier. An einem Spätnachmittag, als die Sonne schräg in den holzgedeckten Basar fiel, der zur Grabesmoschee hinführt, sah ich eine Trauerprozession mitten durch die Basarstrasse ziehen. Sie zeigte die Leiche Husseins, die man auf ein Kamel gelegt hatte. Sie bestand aus einem geschlachteten Kalb, dessen Kopf abgehackt war und dessen blutiger Hals aus dem Kragen der Menschenkleider herausragte, mit denen der Kadaver bekleidet war. Stiefel verbargen die Hinterbeine des Tiers. Hinter dem Kamel schritt das schwarze Streitross Husseins, reiterlos, mit aufgemalten Speerwunden und mit gesenktem Kopf. Dann folgte Ibn Saad, die Verkörperung alles Bösen, finster, hoch zu Ross an der Spitze seiner Soldaten, die Speere und Schwerter trugen. Klagende Frauen zogen neben ihnen einher, die Hände mit Stricken zusammengebunden und Stricke um den Hals gelegt, die Seilenden lagen in der Faust der Soldaten. Der junge Knabe *Ali Zain ul-Abidin*, der einzige Sohn al-Hussains, der dem Massaker entkam, weil er krank in seinem Zelt gelegen hatte, befand sich unter ihnen.

Die ganze Bevölkerung von Kadhimain war auf der Strasse, um das schaurige Schauspiel mitzuerleben. Alle brachen in Klagen aus, als sie der Märtyrerdarsteller ansichtig wurden. Noch nie hatte ich so viele Frauen in einem Basar gesehen. Normalerweise sieht man sie nicht. Ein grosser Teil hält sich stets in den Häusern auf. Nun waren sie alle ins Freie gekommen, alte Frauen, Mädchen, Familienmütter, und ihre kompakte Menge veränderte das gewöhnliche Strassenbild.

Meine Freunde erzählten, man müsse dem Mann, der Ibn Saad zu spielen habe, und noch mehr dem *Schemr*, dem Mann, der nach der Legende der Leiche Husseins den Kopf abschnitt, um ihn nach Damaskus zum Kalifen Yazid zu bringen, viel Geld bezahlen, damit sie die Rollen übernähmen. Sie würden mit so viel Hass und Flüchen vom Publikum angefeindet, dass sie nach dem Urteil von Abergläubischen selbst von Bösen Blicken verletzt werden könnten.

Die Verlockung Persiens

Der Aufenthalt in Bagdad wurde mir auf die Dauer etwas beschwerlich. Das Sommerklima war an sich schon ein Grund dafür, dass das Leben sich träge hinzog. Die Nächte, die ich auf dem Terrassendach meines Kalifenschlosses verbrachte, waren zwar angenehm. Dort standen gut 100 Betten in langen Reihen, Matratzen lagen darauf und jeder konnte sein Bettzeug des Nachts aus seinem Zimmer mitbringen und sich auf einem der Betten bequem einrichten. Ich pflegte in einer Turnhose zu schlafen, die meisten Mitschläfer besassen hauchdünne Sommerhemden, die ihnen bis auf die Füsse reichten. In einer Nacht erwachte ich, weil mir schien, jemand habe mich angestossen. Ich schaute mich um, niemand war zu sehen, alle schliefen tief im Mondschein. Ich legte mich wieder hin und schlief weiter. Doch etwas weckte mich wieder auf. Diesmal begriff ich, dass die Stösse von unten her kamen. Ich setzte mich auf und sagte laut: «Wenn du mich nicht in Ruhe lässt, werde ich schreien und alle aufwecken!» – Da bewegte es sich unter dem Bett, und ein junger Mann kam darunter hervor. Er trug ein verlegenes Grinsen im Gesicht, richtete sich auf und ging schweigend weg. Erst am nächsten Morgen wurde mir deutlich, dass dies wahrscheinlich eine diskrete Aufforderung gewesen war, den Rest der Nacht zu zweit in dem Bett zu verbringen. Doch ist mir nie wieder etwas Ähnliches zugestossen, und das Dach war zu angenehm, um wegen eines derartigen, harmlos verlaufenen Vorgangs auf seine Benützung zu verzichten.

Die Tage jedoch wurden immer beschwerlicher. Es gab viele Stunden über Mittag und Nachmittag, in denen es wirklich zu heiss war, sich auf der Strasse aufzuhalten. Immer im Café zu sitzen, war mit der Zeit auch nicht sehr attraktiv, und meine Freunde allzulang und allzuhäufig zu besuchen, wäre für sie, die eine feste Arbeit hatten, auch nicht immer angenehm gewesen; manchmal wollten sie doch wohl auch mit ihren Familien allein sein. Nach Süden Richtung Basra und Golf weiterzureisen, war es noch etwas zu früh; ich wollte mich ja erst Ende September wieder mit meiner Frau in Ägypten treffen.

Abstecher nach Iran

In der persischen Pilgervorstadt al-Kadhimain überkam es mich plötzlich. Jeden Tag fuhren zahlreiche Busse dort ab, die Pilger nach Persien zurückbrachten. Die Fahrpreise waren spottbillig. Dort, auf dem Hochplateau Irans musste das Klima viel erträglicher sein. Warum sollte ich nicht meine auf die arabische Welt beschränkte Rundfahrt etwas nach Osten ausweiten? Die persischen Händler, die in Kadhimain in den Basarläden sassen, fast alle mit Rechenrahmen vor sich, auf denen sie mit blitzschnellen Fingern die Rechenkugeln verschoben, regten mich auch zu der Reise an. Sie waren so ganz andere Leute als die Iraker, schlank, fein und beweglich im Gegensatz zu der Schwere und Grobschlächtigkeit, welche die meisten Mesopotamier kennzeichnete. Ich musste mir nur ein Visum besorgen.

Das persische Generalkonsulat lag mitten in der Altstadt und bestand aus einem länglichen Innenhof mit ein paar Bäumen darin und vielen Bürotüren, die sich direkt auf den Hof hinaus öffneten. Ich fand jene, auf der «Visen» stand, trat ein, grüsste höflich und sagte auf Arabisch, dass ich ein Visum begehre. Der Mann der dort am Schreibtisch sass, stand auf und fuhr mich mit einer Heftigkeit auf englisch an, die mir zuerst die Sprache verschlug. – Wie ich es wagen könne, schrie der Beamte, ihn, einen Perser, arabisch anzusprechen. Er sei doch kein Araber, alles andere als ein Araber, ob ich denn keine Lebensart habe. Ich fasste mich schnell und entgegnete ihm so ruhig wie möglich, dass ich leider nur schlecht persisch spräche und Arabisch immerhin die Sprache des Landes sei, in dem wir uns beide befänden. Ich fügte hinzu, wenn er das vorziehe, sei ich gerne bereit, französisch mit ihm zu sprechen, was die internationale Sprache der Diplomatie sei, und natürlich könnten wir auch meine Muttersprache verwenden, falls sie ihm geläufig sei, nämlich Schweizerdeutsch. Im Fall, dass dies alles nicht zweckmässig sei, stünde ich ihm natürlich auch gerne auf Englisch zur Verfügung. Die lange Rede liess ihm Zeit sich zu beruhigen, wir fuhren fort, englisch zu sprechen, denn er konnte offenbar kein Französisch, und ich bekam mein Visum auf den nächsten Tag.

Der überraschende kleine Zwischenfall ist mir im Gedächtnis geblieben, weil er mir zum erstenmal deutlich machte, dass die Perser, obwohl sie natürlich auch Muslime sind, wenngleich mehrheitlich Schiiten, oft voller Verachtung auf die Araber hinabschauen und jedenfalls ja nicht mit ihnen verwechselt werden wollen.

Mit meinem Visum ging ich zurück nach Kadhimain und erstand ein Busbillett. Der Verkäufer erklärte mir, dass der Bus morgens sehr früh fahre, um möglichst früh die Grenze zu erreichen, und die Gesellschaft deshalb mit einer Herberge gleich neben der Haltestelle die Übereinkunft getroffen habe, dass ihre Fahrgäste in der letzten Nacht vor der Abfahrt dort schlafen könnten, sie würden dann rechtzeitig vom Bedienten der Herberge aufgeweckt und seien sicher, den Bus nicht zu verfehlen. Mir schien das eine recht vernünftige Regelung, und ich traf denn auch mit meinem kleinen Gepäckbündel am Vorabend der Abreise in der Herberge ein. Man schlief auch dort unter offenem Himmel, jedoch auf Holzbalkonen, die den Zimmern vorgebaut waren. Manche meiner Mitreisenden schliefen bereits, andere kamen später noch an.

Manche besassen offenbar keine Uhren. Wenn sie wissen wollten, wieviel Uhr es jetzt sei, um in Erfahrung zu bringen, wie lange sie noch zu schlafen hätten, schüttelten sie einfach einen der Schläfer an der Schulter, fragten ihn: «Wieviel Uhr ist es?» Der antwortete z. B.: «Halb zwölf», drehte sich um und schlief weiter. Wenn er selbst auch keine Uhr besass, sagte er das in aller Ruhe, und der Neuankömmling ging und schüttelte den nächsten Schläfer. Niemand schien das im geringsten übel zu nehmen, obwohl alle wussten, dass sie am nächsten Tag besonders früh aufstehen mussten. Die Leute besassen einen so guten Schlaf, dass sie in Sekunden wieder einschlafen konnten.

Die Fahrt ging los, als es noch dunkel war. Bald fanden wir uns auf einer Schotterstrasse, und als es hell wurde, begann der Weg zu steigen. Ich merkte, dass ich mich in Gesellschaft von Pilgern befand: Jedesmal, wenn das Gefährt zu stocken schien, oder der Fahrer auch nur umschalten musste, erhob die ganze Gesellschaft ihre Hände offen vor ihr Gesicht, wie es die Muslime beim Beten tun und rief im Sprechchor: «Herr, unser Herr, bring diesen Bus weiter!», dann riefen sie noch Ali und Hussain an. Für «Bus» gebrauchten sie das französische Fremdwort «machine», das, wie ich lernen sollte, überall in Persien «Auto» bedeutet.

In einer völlig kahlen, aber doch noch sehr heissen Landschaft, am Hang, knapp unter dem Gipfel einer ersten Reihe von Hügeln, hinter denen weitere Hügel und dann höhere Berge lagen, kam unser Gefährt gegen elf Uhr zum Halt. Die persische Einreisekontrolle brauchte einige Stunden. In einem Steinhaus, dem einzigen weit und breit, sass ein Beamter, vor dem ein jeder Passagier einzeln zu erscheinen hatte. Er musste ihm seinen Reisepass vorlegen und dessen Inhalt wurde in Schönschrift, ganz langsam, in ein grosses Register übertragen. Dann gab es die beiden Stempel, die unbedingt nötig waren. Der Beamte, bebrillt, sass an einem grossen Schreibtisch, ein paar Polizisten standen ihm als Untergebene zur Verfügung. Sie kamen und gingen in dem beinahe dunklen Raum, in dem der Schreibritus zelebriert wurde. Über dem Schreibenden bewegte sich ein grosser Fächer aus getrockneten Palmenwedeln, der an der Decke befestigt war und an zwei Holzarmen mit einem unüberhörbaren Schwisch hin und einem Schwisch her die Luft über dem Schreibtisch in Bewegung hielt.

Erst als ich wieder hinaustrat und wartete, bis alle Mitreisenden ihre Stempel erhalten hatten, wurde ich des Motors gewahr, der diesen Fächer in Bewegung hielt. Ein älterer hagerer Mann in kurdischer Tracht sass auf einem Stein, den Rücken an die Hauswand gelehnt und zog mit erhobenem Arm an einem Strick, der über eine Rolle ins Innere des Hauses lief. Er tat dies in gleichmässigem Takt ohne Unterlass, Schweiss lief ihm über den Körper. Wenn ein Arm müde war, nahm er den anderen, und er lächelte etwas ironisch, als die Buspassagiere sich um ihn sammelten und die menschliche Maschine bestaunten, die mit ihrer Muskelkraft draussen in der Mittagshitze

144

den Fächer in Bewegung hielt, der drinnen in der Kühle der Schreibstube dem Herrn Registerführer noch etwas mehr kühle Luft zufächelte. Es war klar, dass er jeden Tag so viele Stunden an dem Strick ziehen musste, wie der Beamte im Inneren beschäftigt war. Elektrizität war damals noch nicht bis in das Niemandsland vorgedrungen, in dem die Grenzkontrolle stattfand.

Qasr-e-Shirin war der erste persische Ort, den wir nach einem kurvenreichen und staubigen Weg in die Höhe erreichten. Dort lernte ich die Annehmlichkeiten der persischen «Teehäuser» kennen. Das erste, an dem wir Halt machten, lag an einem Bach im Grünen etwas über einer bebauten Ebene, die von diesem Rinnsal bewässert wurde. Holzbrückchen waren über den Bach geschlagen, auf denen Teppiche lagen, so dass man über der Kühle des Wassers sitzen konnte. Rundherum gab es Pappeln und Erlen, und die Teetischchen waren mit Blumen geschmückt. Der Tee wurde in bauchigen Gläschen serviert, die auf hochrandigen buntglasierten Untertassen aus Porzellan standen. Meine Mitreisenden tranken ihn nicht aus dem Glas, sondern aus der Untertasse, in die sie einen Teil des Glases geleert hatten. Sie legten ein Stück Zucker dazu und schwenkten den Tee um es herum, bis er den richtigen Grad von Süsse erlangte. Dann schlürften sie den Inhalt der Untertasse genussvoll in kleinen Schlückchen. Dies hatte den Vorteil, wie sie mir erklärten, dass der Duft des Tees während des Trinkens intensiv in die Nase aufstieg, auch dass man die Zuckermenge genau dosieren konnte, wie man wollte, und schliesslich, dass man den heissen Tee gerade soweit abkühlen konnte, wie es genau richtig war. Ausserdem liess sich auf diesem Weg der Teelöffel einsparen, den man sonst brauchte, um das gezuckerte Glas umzurühren. Ich versuchte es natürlich auch, und die Leute schienen mir recht zu haben, der Tee schmeckte wirklich besser. Nur leider galt diese Art Tee zu trinken, wie ich später erfuhr, als ausgesprochen bäuerlich und unvornehm; viel vornehmer war, es zu tun, wie die Europäer es taten, direkt vom Glas, egal ob man sich dabei die Finger und die Lippen verbrannte, oder viel zu viel Zucker bekam.

Solch ein Teehaus, *Tschai-Khane*, nach den staubigen, holprigen Pisten in dem engen Pilgergefährt, war eine echte Wohltat, die einen Augenblick der Ruhe und Entspannung zuliess. Die Standorte waren immer so ausgewählt, dass die Landschaft, grün und reich bewässert, einen wesentlichen Teil des Genusses ausmachte. Fahrer und Gefahrene erholten sich sichtbar. Ich lernte bald, dass die Reisen aus lauter längeren oder kürzeren Sprüngen bestanden, die von einer Tschai-Khane in die nächste führten. Was dazwischen lag, konnte man, wenn man müde war, im Halbschlummer hinter sich bringen.

Mit dem späteren Ausbau der persischen Strassen zuerst in geteerte Überlandstrassen, dann in regelrechte Autobahnen und dem entsprechenden Anwachsen des Verkehrs, der heute aus einer nie abbrechenden Kette von Strassentransportern und Bussen besteht, die von Stadt zu Stadt fahren, haben sich auch die Tschai-Khane gewandelt. Sie sind zu verglasten, luftgekühlten Massenabfütterungshäusern geworden, wo das warme Essen, mehr oder weniger gut, schon in einer Batterie von permanent geheizten Aluminiumbehältern bereit steht, so dass Gruppen von 30 Personen sofort im Selbstbedienungsstil abgespeist werden können. Alles ist durchorganisiert bis zu den Toiletten. Draussen gibt es nur einen geteerten Platz, auf dem die Busse anhalten und wo sich allerhand Abfall und ölige Flüssigkeiten ansammeln. Dort hält sich niemand mehr auf, es sei denn die Diener, deren Aufgabe es ist, den Bus und seine Fenster mit Wasserstrahlen zu reinigen. Ein Lautsprecher ruft die Weiterfahrt aus. Man ist weit gekommen ... in der Amerikanisierung. Was verloren ging, ist der Charme einer alten Zeit, in der es weniger speditiv und geschäftstüchtig, aber sehr viel menschlicher und stilvoller zuging.

Der Stil, der verloren ging, war persischer Stil, und viele Perser empfinden, dass ihnen etwas genommen wurde, wenn sie auch nicht eindeutig sagen können, was man ihnen genommen hat. Aber wer es genommen hat, das wissen sie: die Fremden, deren Lebensart, Sitten und Bräuche, Lust am Geldverdienen und Konsumieren in ihr Land eingedrungen sind und Schule gemacht haben, ohne dass sie es verhindern konnten; und genau genommen haben sie es auch gar nicht verhindern wollen, haben sie doch, wie die Selbstkritischen unter ihnen erkennen, mehr oder weniger freiwillig selbst bei der Umwandlung mitgewirkt.

In Kermanschah, der ersten grösseren Stadt nach der Grenze, stieg ich aus. Ich wusste, ich würde noch viele Verbindungen nach Teheran finden. Ein paar junge Mitreisende, die aus der Stadt stammten, berichteten mir, es gäbe ein besonders schönes Bad in ihrer Stadt, und sie wollten sofort nach der Reise dorthin gehen, um sauber und frisch zu werden. Sie nahmen mich mit, und das Hamam war wirklich aussergewöhnlich. Es verfügte über so viel Wasser, dass es ein ganzes Schwimmbassin besass, tief und mit Sprungturm. Bald war ein Wettstreit in Kopfsprüngen im Gang. Nach dem Schwimmen konnte man sich abschrubben und massieren lassen, dann Tee trinken und ausruhen. Wir verbrachten den ganzen Abend im Bad. Eine Herberge war gleich daneben, wo ich einschlief, kaum dass ich mich hingelegt hatte. Am nächsten Tag kamen die gleichen jungen Leute, um mir die wichtigste Sehenswürdigkeit ihrer Stadt zu zeigen. Dies ist ohne Frage *Taq-e Bustan,* der

«Bogen im Garten», Grotten etwa zehn Kilometer vor der Stadt, in deren Felsen die sassanidischen Könige von *Schahpur II.* (reg. 309–379) bis zu *Khosrow Parviz* (reg. 590–628), dem letzten grossen Eroberer der Dynastie, Reliefskulpturen hatten einhauen lassen. Die schönste stellt eine königliche Jagd mit einer Menge von höchst lebendig gezeichneten Tieren dar. Dazu kommt bedauerlicher- aber auch bemerkenswerter Weise ein viel späteres Relief, das ein Prinz der Qajaren-Dynastie zu Beginn des 19. Jahrhunderts über Teile des alten hatte einmeisseln lassen. Diese viel gröberen Bildwerke aus viel späterer Zeit zeigen, dass die iranischen Schahs sich selbst als Fortsetzer einer alten Königstradition empfanden, obgleich sie fromme schiitische Muslime geworden waren, während ihre sassanidischen Vorgänger der Religion Zarathustras angehangen hatten.

Ich fuhr dann weiter nach Hamadan, einer Stadt, in der ich zum erstenmal die Doppelnatur vieler iranischer Städte erlebte. Als ich am Morgen zuerst durch Hamadan wanderte, befand ich mich in einer beinahe französisch angelegten Stadt mit grossen Durchfahrtsstrassen, die sich im Zentrum zu einem repräsentativen Platz trafen, auf dem damals auch eine Reiterstatue von *Reza Schah* (reg. 1925–1941) stand. Man konnte leicht die ganze Stadt durchqueren, ohne ihren Basar zu Gesicht zu bekommen. Dieser war nämlich durch die breiten Avenuen durchschnitten, die von den Planern der neuen Stadt buchstäblich in die alten Stadtteile hineingebrochen worden waren. Der Städtebau nach damals modernen Grundsätzen, ohne Rücksicht auf Früheres, war ein Teil des Modernisierungswerks Reza Schahs, einer alle Lebensbereiche umfassenden Erneuerung und Verwestlichung des persischen Lebens.

Doch war ein zweites Koordinatensystem bestehen geblieben, auf dem man sich auch bewegen konnte. Seitlich zweigten im unteren Teil der Stadt unscheinbare Gassen von den Durchfahrtsstrassen ab. Eine rege Menschenmenge bewegte sich dort. Ich folgte ihr und gelangte in den verzweigten Basar mit seinen vielfach gekrümmten und teilweise überdachten Gassen. Ich bewegte mich vorwärts in den sich schlängelnden Gängen, bis ich unvermittelt wieder auf einen der Strassendurchbrüche stiess, überquerte ihn und fand auf der Gegenseite wieder den unscheinbaren Eingang zur Fortsetzung des Basars, der erneut in den verschlungen Bau der Händler und Handwerker führte mit seinen zu Warenlagern ausgebauten Innenhöfen und Handelsniederlassungen; mit Brunnenmündungen, deren Treppen zu Zisternen tief unter Grund führten und mit den Eingängen in die verschiedenen Quartiersmoscheen, die sich oftmals auf ein tiefer liegendes Gelände hin öffneten und deren kunstvoll gearbeitete Holztore den Durchblick auf oft sehr weite, parkartig mit Bäumen bestandene Innenhöfe erlaubten. Ich befand mich buchstäblich in einer zweiten, älteren Stadt und erlebte, dass sich in ihr immer noch wichtige Teile des persischen Lebens abspielten. Die neuere Stadt war der alten übergelagert und in sie eingeschnitten, doch die alte beherbergte nach wie vor mehr und intensiveres, dichteres und intimeres Leben als die sie durchschneidenden und dann in die neuere Aussenstadt fortgesetzten Boulevards, von denen man auf den ersten Blick glauben konnte, sie machten allein die ganze Stadt aus.

Das Ganze konnte man leicht als ein Sinnbild der Lage ganz Persiens und aller Iraner auffassen. Sie lebten in vielen Fällen auf zwei Ebenen, der ihrer eigenen Tradition und im Zusammenhang einer weltweiten «Moderne», die aus einer neuen, fremden und befremdlichen aus Europa und Amerika importierten Lebensweise besteht. Sie kann, wie in der Stadt Hamadan, wie eine Schneise in den lebendigen Leib der alten, eigenen Lebensweise geschnitten sein.

Von Hamadan kam ich nach Teheran. Die von den Qajaren im 18. Jahrhundert angelegte Hauptstadt besass damals noch einen Rest von Charme. Das Zentrum, das heute weit nach Norden in die oberen Teile der Stadt gerückt ist, lag damals noch wirklich im Zentrum, gleich nördlich des Basars. Dort war noch etwas alte Bausubstanz übrig geblieben. Sie erinnerte an die Qajaren-Zeit und die erste Persische Revolution (1905–1909) mit den Kämpfen der Geistlichen und des Volkes gegen eine immer enger und egoistischer werdende absolutistische Dynastie. Dort stand noch das alte Parlamentsgebäude mit seiner Staatsmoschee. Die britische und die russische Botschaft in ihren gewaltigen Parkgeländen, umrandet von kilometerlangen Mauern, bildeten die äussere Peripherie dieses alten Zentrums, das unten im Süden durch den Basar begrenzt war. Dazwischen hatte Reza Schah (der zuerst Reza Khan gewesen war, vor dem Ersten Weltkrieg Unteroffizier, nach ihm Armeekommandant, dann Verteidigungsminister, seit 1925 Schah) die in seiner Zeit «modernen» Ministerien und öffentlichen Gebäude errichten lassen: Hauptpost, Nationalbank, Innenministerium. Viele davon waren im Stil von Persepolis gehalten, was eine Art von nationalpersischem Klassizismus abgab. Persepolis selbst war in den 1930er Jahren ausgegraben worden.

Andere Ministerien waren in den älteren Häusern aus der Qajarenzeit verblieben. Einige Qajaren-Paläste waren dazwischen gestreut, und es gab im gleichen Quartier die bürgerliche Amüsierstrasse der Lalezar, wo man Bier und Whisky erhalten konnte. An Freitagen wurde dem Feiertag zu Ehren offiziell kein Whisky ausgeschenkt; das hiess, man musste statt einem Whisky einen kalten Tee bestellen. Der kam dann auch an, braun und kalt in einer

Teekanne und schmeckte genau wie der Whisky an anderen Tagen, kostete auch gleich viel.

Die beiden grossen Tageszeitugen hatten hier ihre Redaktionen und Druk-kereien: «Kayhan» für die Opposition und «Ettelaat» für die Anhänger der Regierung, nur dass in beiden etwa das Gleiche stand. Ganz in der Nähe lag Naderi, wo sich ein armenisches Kaffeehaus befand, das den Cafés in Wien oder Paris glich. Zum Kaffee gab es Kuchen. Dort lasen die Intellektuellen ihre Zeitungen und diskutierten Politik und Kultur.

Reza Schah hatte auch die Pahlawi-Strasse angelegt, die längste der gan-zen Stadt, die dieses zentrale Quartier westlich begrenzte. Er hatte sie mit Akazien bepflanzen lassen, die ihre Wurzeln in die *Jube* senkten, die offenen Wasserrinnen, die der Strasse entlang geführt waren, vom erhöhten Norden nach dem Süden hinab. Erstaunlich klares, rasch fliessendes Wasser rauschte und sprudelte in ihnen. Die Menschen der Stadt machten sie sich zunutze, nicht nur, dass man sein Teewasser daraus schöpfte, wenn keine andere Quelle vorhanden war, man wusch sich auch das Gesicht und die Füsse, bevor man zum Beten ging, und die Besitzer von Teehäusern hatten an vie-len Stellen Holzbrückchen darüber gebaut, auf denen man sitzen konnte, um Tee oder Wasserpfeife zu geniessen.

Das alte System der Wohnungsbezeichnungen war noch ungebrochen. Die Wohnhäuser lagen in einer *Kucheh*, was man als Gasse übersetzen konnte. Diese Gassen besassen manchmal Eigennamen, aber viele waren auch einfach numeriert, die erste, die zweite, die dritte etc. Die Gassen zweigten jeweilen von einem *Khiaban* ab, einer Durchgangsstrasse, wo die Autos und früher die Pferdewagen verkehrten. Adressangaben enthielten immer die beiden Ele-mente, zuerst den Khiaban, der die ungefähre Gegend angab, dann die Kucheh, die davon abzweigte. Viele der Kucheh waren nur von einer Seite her zugänglich und endeten als Sackgasse. Dieses Unterteilungssystem erlaubte es den Familien, innerhalb einer engen und vertrauten Nachbar-schaft zu leben; die Grossstadt begann erst mit dem Khiaban.

Die Strassen, die von der Verwaltungs- und Regierungsstadt zum Basar hinabführten, waren volkstümlicher. Dort gab es Handwerker, kleine Läden, Volksbücher wurden auf der Strasse verkauft; dort lagen auch viele der *Musa-ferkhane*, «Häuser für Reisende», in denen auch ich damals unterkam. Dazwi-schen gab es auch hier Paläste und Stadthäuser der Grossen, doch sie waren oft halb zerfallen und alle gehörten einer älteren Schicht der Stadtgeschichte an, sie stammten aus der Qajarenzeit. Der Basar schloss sich an; ein gewaltiges Viereck voller Strässchen und Gässchen, manche überdacht, andere mit

Tüchern gegen die Sonne geschützt. Man fand schon damals viel industrielle Ware minderer Qualität, die an die einfachen Leute verkauft wurde, doch dazwischen gab es noch Handwerker und gewaltige Ablagen von Teppichen, die aus dem ganzen Lande zusammenströmten.

Teppiche waren ein Exportartikel, doch den Persern selbst dienten sie sowohl als «Wohnmöbel» wie auch als Prestigesymbole und als Kapitalanlagen, so sehr, dass der Teppichhandel Aspekte unserer Börse aufwies. Wer zufällig einmal Geld hatte und es wertbeständig anlegen wollte, ohne dass der Staat darüber Bescheid wusste (wie das bei Haus- und Landbesitz nicht ganz, aber beinahe unvermeidlich war), konnte es immer in Teppichen anlegen oder sogar, wenn es viel war, ein ganzes Teppichgeschäft finanzieren und einem Teppichkaufmann anvertrauen – falls er einen finden konnte, dem wirklich zu trauen war. Am ehesten konnte man sich in solchen Fällen, wie bei allen anderen Geschäften auch, auf Verwandte verlassen.

Auf dem Basar traf ich einen alten Bekannten, der zum Freund werden sollte. Der Archäologe *Ezzat Negahban* war mir in Chicago in der Bibliothek des «Oriental Institute» oft gegenübergesessen. Er pflegte mit einer Rose im Mund zu studieren, ein Detail, das man nicht leicht vergessen kann. Plötzlich begegnete er mir am Rand des Basars von Teheran. Er war ausnahmsweise dorthin gekommen, weil er ein Ersatzteil für seinen alten, aber bequemen amerikanischen Wagen benötigte. Er hatte es gefunden und gleich einbauen lassen und war im Begriff, nach Hause zurückzufahren. Mit der sprichwörtlichen orientalischen Gastfreundlichkeit lud er mich gleich ein, mit zu ihm zu kommen. Das wurde eine lange Autofahrt durch ganz Teheran hindurch nach dem Norden, hoch über der Stadt, in das Dorf Taj Rish, das noch etwas weiter darüber lag, dort durch ein paar enge Wege und über ein Brückchen zu einer der persischen Mauern, die hinter sich Paradiese verschliessen. Durch ein unscheinbares Holztor in der Mauer ging es in einen Garten voller Bäume hinein, Stufen empor, an einem Wasserbecken vorüber zu einem Haus, halb aus Holz, halb aus Stein mit offener Terrasse, die über die Mauer hinüberblickte auf den grossen erloschenen Vulkan *Demawand*, der, oft schneeüberdeckt, hinter der Stadt emporragt und der hier merklich näher gerückt war. Negahban stellte mich seiner Gemahlin vor, die er aus Amerika mitgebracht hatte. Er erzählte mir, er habe von seinem Vater ein Stadthaus geerbt, doch das sei vermietet, und er wohne in diesem Garten am Berg mit seiner Frau und seiner Mutter. Der Archäologe unterrichtete damals schon an der Universität Teheran; bald sollte er berühmt werden durch den Fund eines prähistorischen Goldschatzes in Mazanderan, der weltweit beachtet wurde.

150

Auf einem Spaziergang durch den Garten, an den Blumenbeeten vorbei, die er sorgfältig pflegte, erzählte er mir die Geschichte dieses Besitzes. Sein Vater hatte den Garten angelegt, indem er Erde über die Felsen gehäuft hatte, die den grössten Teil des Untergrundes ausmachten. Wasser war hier oben, so nah am Berg, immer zu erhalten. Sein Vater pflanzte die Bäume und legte die ersten Beete an, er baute auch das Gartenhaus, das inzwischen zum Wohnhaus ausgebaut worden war. Eines Tages, im Spätsommer 1941, kam Reza Schah seinen Vater besuchen. Er besichtigte den Garten und fand Wohlgefallen daran. – Nun war als eine streng zu befolgende Regel bekannt: Wenn Reza Schah ein Stück Land gefiel, musste der Besitzer es ihm sofort zur Verfügung stellen. Unterliess er das, musste er damit rechnen, dass ihm etwas zustosse, mindestens Gefangenschaft unter irgendeinem Vorwand, im schlimmsten Fall Mord, und dass der Herrscher das begehrte Landstück dann auf jeden Fall an sich nahm. Die landbesitzenden Schichten wussten dies ganz genau, und der Schah war auf diesem Wege zum grössten Landbesitzer Persiens geworden. Meines Freundes Vater war klar, dass er dem Herrscher seinen Garten anbieten müsse und dass dieser ihn nehmen werde. Dies war immer noch besser, als die Rache des Machthabers zu erfahren. Er sprach also die obligate Formel aus, natürlich stehe Seiner Kaiserlichen Majestät sein bescheidener Besitz jederzeit und mit Freuden zu.

In den nächsten Tagen erwartete die Familie, dass ein Beauftragter des Herrschers erschiene und das Geschenk für ihn an sich nähme, indem er die Besitzurkunde auf den Namen des Herrschers umschreiben liess. Doch stattdessen traf das englische Ultimatum ein, das von Reza Schah forderte, er müsse seine Beziehungen mit dem Deutschen Reich abbrechen und Truppen der Briten und Amerikaner in sein Land lassen. Für die Alliierten war Persien strategisch wichtig, weil Nachschübe nach dem kämpfenden Russland nur auf der gefährlichen nördlichen Seeroute nach Murmansk, oder auf dem langen südlichen Umweg über das Mittelmeer und die Landbrücke des Nahen Ostens bis nach Iran und von dort in die Sowjetunion gelangen konnten. Diese Transporte aber waren von entscheidender Bedeutung für den russischen Widerstand gegen die tief eingedrungenen Armeen Hitlers.

Reza Schah weigerte sich, dem Ultimatum Folge zu leisten. Er mobilisierte seine Armee, und es kam zu Kämpfen mit britischen und sowjetischen Truppen, die nur ein paar Tage lang dauerten. Der Schah wurde daraufhin von den Engländern zugunsten seines damals noch jungen Sohnes, des späteren Schahs Muhammed Reza abgesetzt. Der abgesetzte Herrscher wurde nach Südafrika deportiert, wo er später verstarb. – So wurde der Garten für die Familie Negahban gerettet, und ich kam zu dem Privileg, mich darin zu ergehen.

Ich war später noch oft in dem Garten, bei diesem und bei vielen späteren Aufenthalten in Teheran, und ich hatte Gelegenheit, den Archäologen und seine Gemahlin recht gut kennenzulernen. Doch diesmal hielt es mich nicht lange in der Grossstadt. Viele Perser hatten mir empfohlen, ans Kaspische Meer zu reisen, nirgends sei Persien schöner als dort, versicherten sie: Meer, grüne Landschaft, keine zu grosse Hitze, so schwärmten sie beinahe einstimmig. Auch dorthin gab es viele Autobusse, und bald sass ich in einem, der über Qazwin nach Bandar Pahlawi unterwegs war. Dies war der damals offizielle Namen der Stadt Enzeli, die nach der Revolution von 1979, die sich ja gegen die Pahlawi-Dynastie richtete, wieder zu ihrem alten Namen zurückkehren sollte. Es war eine lange und spektakuläre Fahrt, weil sie vom Hochplateau hinab bis zur Meereshöhe einen gewaltigen Höhenunterschied zu bewältigen hatte. In der Tiefebene wurde Reis angebaut, und die Bauernhäuser waren aus Holz und mit Reisstroh gedeckt. Sie standen vereinzelt, meist im Schutz hoher Bäume. Der lange Abstieg mit vielen Kurven auf einer damals noch nicht geteerten Strasse durchquerte eine Art Urwald aus Gesträuch und Bäumen, dunkel und so dicht, dass er undurchdringlich zu sein schien. In meiner ländlichen Herberge in der Hafenstadt gab es ein Frühstück aus Tee, Butter, Brot und einer grossen Saucenschüssel voll Kaviar. Niemand schien darin einen Luxus zu sehen. Man ass esslöffelweise davon. Doch Ramsar, der berühmte Ferienort an der Küste des Kaspischen Meers, gefiel mir nicht wirklich. Es war alles grün, das Meer rollte grau mit weissem Schaum den flachen Strand hinauf. Es gab ein grosses Ferienhotel, wie in der Schweiz, und der Himmel hing weisslich grau darüber. Das Licht war diffus. Ich kam mir vor wie in Russland, obwohl ich noch nie in Russland gewesen war. Ich machte mich bald auf den Heimweg nach Teheran, auf der östlichen Strasse, die das Gebirge auf mehreren Pässen überquert. Es gab herrliche Ausblicke nach dem Süden hinab. Ich war froh, wieder in eine Landschaft aus Felsen und trockenen Ebenen zu gelangen, mit Gärten darin, in denen die Menschen wohnten, und alles von einem tiefblaum Himmel überwölbt.

In Teheran musste ich mein Visum verlängern lassen. Zu diesem Zweck wurde ich in ein Büro des Innenministeriums gewiesen, das eingerichtet war wie ein Schulzimmer. An einem erhöhten Pult, gewissermassen an Stelle des Lehrers, sass ein älterer Herr mit Bart, Brille und strenger Miene. Ihm gegenüber an kleineren Pulten, die wie Schulbänke in Reihen geordnet waren, sassen wie Schüler die Beamten niedrigerer Stufe. Ich ging zu dem Vorgesetzten an sein Pult, erklärte ihm, was ich wolle und zeigte ihm meinen Pass. Plötzlich rief er mit sehr lauter Stimme: «Aghaye Manujehri!». Einer der Angestellten ganz hinten erhob sich von seinem Tisch, kam nach vorne zum

Chef, nahm dort mit Bückling entgegen, was er mit meinem Pass zu tun hatte, kehrte rückwärts schreitend an sein Pult zurück. Schrieb, was zu schreiben war, auf ein Papier und in ein Register, kam zum Chef zurück, der alles kontrollierte und dann einen Stempel in meinen Pass drückte sowie seine Unterschrift darunter malte. Dann gab er mir meinen Pass zurück. Der Vorgang dauerte etwa 20 Minuten. Die anderen «Schüler» schrieben während dieser Zeit weiter, keiner wagte den Kopf zu heben, und der Vorgesetzte achtete darauf, dass strengste Ruhe und angespannter Fleiss andauerten. Was sie alle schrieben, wusste ich nicht, doch deutlich war, dass das Bild ehrfurchtsvoller Disziplin und angestrengter Beschäftigung unter allen Umständen bewahrt werden musste. In dem Büro herrschte eine Mischung aus Kasernengeist und altmodischer Schuldisziplin. Darunter konnte man die alte orientalische Tradition spüren, die vom Diwan her kam.

Das ganze Mittelalter hindurch und bis tief in die Neuzeit hinein besass jeder Herrscher seinen Diwan. Dies war die Schreibstube, in der die Schreiber im Schneidersitz auf Teppichen sassen und auf ihrem Oberschenkel und Knie die Schreibarbeiten vornahmen, die meist mit dem Einziehen der Steuern verbunden waren. Die Steuerregister für jede Provinz wurden in dem Diwan geführt. Ein Oberhaupt stand dem Diwan vor, dies war der Wesir oder ein Stellvertreter. Vom klassischen Diwan wird der Brauch überliefert, dass die Schreiber sich nicht erhoben und grüssten, wenn jemand in den Diwan eintrat. Sie waren im Interesse ihrer Schreibarbeit von der sonst allgemein geltenden Höflichkeitsregel des aufrechten Grusses, mit Verbeugung und Hand aufs Herz, ausgenommen.

Es war deutlich, dass mein Büro, so wie es funktionierte, zur Zeit von Reza Schah eingerichtet worden war und dass sich seither nichts mehr daran geändert hatte. Deshalb war auch noch zu erkennen, dass diese Art Büro direkt vom Diwan abstammte. Die Schreiber waren zu Büroangestellten geworden; sie hatten Tische und Pulte erhalten, wie dies auch in den Schulen nach europäischen Vorbildern eingeführt worden war. Die Disziplin stammte aus der Kaserne, woher sie als Exerzierplatzgehorsam, ebenfalls nach europäischem Vorbild, schon eine oder zwei Generationen zuvor übernommen worden war. Reza Schah war, als er noch Reza Khan war, bei den persischen Kosaken Unteroffizier gewesen. Diese Sondertruppe wurde in der Qajarenzeit von russischen Offizieren kommandiert und gedrillt. Als 1917 die russische Revolution ausbrach, waren diese Offiziere abgezogen worden, und die persischen Unteroffiziere, wie Reza Khan, rückten ihnen nach. Hinter den Methoden der zaristischen Heeresschulung stand das Vorbild der preussischen. Der Übergang vom Diwan zum beinahe europäischen Büro gab ein

Aperçu der Methoden des «Erneuerers» Reza Schah überhaupt: Es war eine «Europäisierung» gewesen, die auf Kommandoart vor sich ging.

Reza Khan war physisch ein Hüne und ein sehr handfester Mensch, vor dem alle seine Untergebenen zitterten; er pflegte sie anzubrüllen und konnte sie sogar gelegentlich schlagen, besonders seine eigenen Minister. Die Furcht war aus diesem Grunde ein entscheidendes Instrument seiner Regierung und seiner Modernisierung. Dies hat sich jedoch auf ihre Qualität ausgewirkt; sie wurde zunächst einmal «für die Augen» der Inspekteure und Machthaber durchgeführt ohne wirklich von der persischen Gesellschaft als ihr eigenes Ziel anerkannt zu werden.

Zum erstenmal in Isfahan

Ich reiste, erneut im Autobus, fort von der Hauptstadt, diesmal nach Süden. Beim Heiligtum von Qum war es unsäglich heiss. Qum liegt an einem Salzsee, der im Sommer auf weite Strecken zu einer Salzkruste austrocknet, und das Wasser der heiligen Stadt und ihrer gesamten Oase ist salzig, kann aber gerade noch getrunken werden.

Der Bus hielt an einem weiten ausgetrockneten Flussbett. Ringsum standen Buden, in denen Leckereien und Gebetsteppiche, rosenkranzartige Gebetsketten und ähnliche Waren, die für ein Pilgerzentrum bezeichnend waren, in Mengen feilgeboten wurden. Die vergoldete Kuppel der Grabmoschee der *Fatima al-Ma'zume* winkte dahinter. Die dort begrabene und hochverehrte Fatima ist nicht die berühmte Gemahlin des Propheten sondern die Tochter des 7. Imams *Mussa al-Kadhim* und damit auch Schwester des 8. Imams, *Rezah,* der in Meschhed begraben liegt. Ihr Heiligtum erhielt im 16. Jahrhundert unter den Safawiden «nationale» Bedeutung. Damals wurde der persische Nationalstaat geboren, und seine Herrscher gingen darauf aus, möglichst viele Pilgerstätten auf persischem Territorium zu gründen, obgleich die meisten der Nachfahren Alis, die Imame des Schiismus, ausserhalb Persiens, in Mesopotamien oder Arabien, begraben sind. Aus diesem Grunde hat man dann auch die Grabstätten der Töchter und der Söhne von Imamen, die selbst nicht Imame wurden, der sogenannten *Imamzade* (Imamsabkömmlinge), zu Heiligtümern von gesamtpersischer Bedeutung erhoben.

Mein Bus fuhr weiter bis Isfahan, das er abends erreichte. Ich fand eine Musafer-Khane gleich an der Hauptstrasse, die aus einer grossen Doppelallee besteht, persisch «Viergartenstrasse» genannt, angelegt, wie fast alles in Isfahan, von *Abbas dem Grossen* (reg. 1587–1629). Als ich am Morgen aus meiner Herberge trat, brauchte ich nur ein paar Schritte zu tun, um zu der sogenannten Dreiundreissiger-Brücke zu gelangen. Sie wurde so zu meiner ersten Lektion der unübertrefflichen Baukunst von Isfahan. In 33 fast gleichen geschwungenen Bögen zieht diese Brücke aus dem 17. Jahrhundert flach über den *Zayand-e Rud*, den «Lebensspendenden» oder «Belebenden Fluss». Die Brücke hat keine Geländer, statt ihrer mehr als mannshohe Mauern auf beiden Seiten, die durch wiederum elegant geschwungene, offene Bogenfenster durchbrochen sind. Durch ein jedes dieser Fenster kann man hindurchtreten und gelangt dann auf einen offenen Pfad, der den beiden Aussenseiten der Brücke entlang zieht. Doch dieser Pfad ist seinerseits wiederum durch Quermauern in logenartige Abteile aufgeteilt, von denen je zwei oder drei durch bogenförmige Öffnungen miteinander verbunden sind. Dann kommt eine undurchbrochene Quermauer, die bis zum Brückenrand vorstösst, so dass man immer wieder gezwungen ist, durch die seitlichen Bögen auf das Innere der Brücke zurückzutreten. Die so gebildeten Seitenlogen liegen wie Balkone über dem Fluss, sie laden direkt dazu ein, sich in ihnen niederzulassen und von ihnen aus auf das fliessende Wasser hinabzuschauen. In der Tat sitzen fast immer einige Personen beschaulich in den offenen Logen.

Wenn man die Brücke vom Ufer her seitlich anschaut, sieht man die Menschen, Tiere und Fahrräder, die sich ihr entlang bewegen, immer wieder eingerahmt in den Bogenfenstern, sie verschwinden und zeigen sich gleich darauf im nächsten. Dies hat den Effekt einer Individualisierung, die Brückengänger sind immer Einzelne, jedesmal wieder in die Spitzbögen eingefasst, die einen jeden einen Moment lang einrahmen. Man steht vor einer beweglichen persischen Miniatur. Die Brücke ist ganz aus Ziegeln gearbeitet, ausser den Steinpfeilern, die im Wasser stehen. Sie besitzt einen Unterstock unter dem Brückenweg, der aus lauter gewölbten Spitzbögen besteht. Alle öffnen sich über dem Wasserlauf, sind aber zugleich auch innen unter der Brücke durchbrochen. Über sich tragen sie den eigentlichen Brückenweg; doch ihre Durchbrechung bewirkt, dass ein offener Durchblick unter der Brücke hindurch von einem Ende zum anderen entsteht, wie ein innerer Bogengang. Auch dort sitzen Leute im kühlen Schatten des Brückenwegs nahe am Wasser.

Ich hatte Glück, dass ich diese bescheidenere der beiden historischen Brücken zuerst zu Gesicht bekam und zu würdigen lernte, indem ich über ihr und unter ihr hindurchschritt und sie von der Seite betrachtete. Je länger ich hinschaute, desto klarer wurde mir das unvergleichliche Raffinement dieses einfach scheinenden Bauwerkes. Mein Glück lag darin, dass es eine zweite, spektakulärere und noch berühmtere Brücke gibt, die auf den ersten Blick die

Dreiunddreissiger in den Schatten stellt. Wer sie zuerst zu Gesicht bekommt, ist leicht geneigt, die andere als die Geringere nicht gebührend zu würdigen.

Die zweite, grössere und monumentalere heisst *Pol-e Khaju* nach einem Dorf jenseits des Flusses, auf das sie hinführte. Ein General und Minister von Shah Abbas, *Alawerdi Khan*, hat sie errichten lassen. Sie unterscheidet sich von ihrer kleineren Schwester dadurch, dass sie zugleich als Brücke und Staudamm dient, und sie ist auch prächtiger angelegt, mit einem oktagonalen Pavillon in der Mitte und Pavillons an beiden Enden, die über die Brückenmauer hervortreten. Die durchbrochene Mauer mit Bogenfenstern ist nach dem gleichen Prinzip angelegt wie bei der Dreiunddreissiger-Brücke. Der Staudamm besteht aus gewaltigen Steinfundamenten, welche die Brückenpfeiler tragen und zwischeneinander nur jeweilen einen schmalen Kanal für den Durchfluss des Zayand-e Rud offen lassen. Er strömt dort umso schneller und schäumt hinter der Brücke wasserfallartig in das Strombett zurück.

Die Kanäle können bei niedrigem Wasserstand abgeschottet werden, so dass dann oberhalb der Brücke ein Stausee entsteht, der einst zur Bewässerung der Gärten am Rande des Flusses genutzt wurde und heute als ein Vergnügungssee dient, auf dem man bootfahren kann. Der innere Durchgang unter dem Brückenweg ist gross angelegt, mit breiten steinernen Sitzbänken unter den Brückenbögen. Die Steinfundamente des Staudamms sind so ausgedehnt, dass sie neben den Brückenpfeilern viel Freiraum lassen. Ein jedes von ihnen bildet eine Plattform, die nahe am Wasser liegt. Die schnellfliessenden Kanäle trennen sie voneinander. Dort kann man beschaulich herumwandern; unter der Brücke kann man im Schatten sitzen und aus der Kühle hinaus auf den hell erleuchteten Fluss schauen; die oberen «Logen» dienen als Hochsitze über dem Wasser. Studenten mit ihren Büchern haben den Ort, sicher seit alter Zeit, als Studienplatz ausersehen. Jenseits des Flusses erheben sich die blauen Bergzacken von Isfahan über der fruchtbaren Ebene. Es sind nackte Felsenberge aus grauem Gestein, die aus der Ferne einen bläulichen Ton annehmen. Sie weisen charakteristische Formen auf, die man im Hintergrund vieler Miniaturen von Isfahan wiedererkennt.

Die Brücke des Alawerdi Khan ist der prachtvollste, ausgewogenste, best durchdachte und entworfene Brückenbau, den ich je zu Gesicht bekam. Man kann ihn als Lustbrücke bezeichnen, wie es Lustgärten gibt. Der Bau macht klar, dass der Fluss nicht nur etwas ist, das genützt wird, und nicht nur ein Hindernis für den Verkehr, sondern auch eine Gabe, «Gottes», wird jeder Muslim sagen, der «Natur», manch ein Europäer, der Goethe gelesen hat. Jedenfalls soll die Gabe nicht nur ausgebeutet werden, so sagt die Brücke des Khans, sondern genossen, gewürdigt, beschaut, aufgenommen, meditiert und gelebt.

Der Lebensspendene Fluss kommt vom Zagros-Gebirge herab und fliesst ins Innere der Persischen Hochplateaus. Er bewässert eine der fruchtbarsten Ebenen des Landes mit unzähligen Höfen und Dörfern, die meisten geschmückt mit einem oder mehreren runden geweisselten Türmen, die als Taubenschlag dienen. Die Feldfrüchte von Isfahan sind berühmt für ihre besondere Qualität. Kanäle, aus dem Fluss abgeleitet, durchzogen zur Zeit meines ersten Besuches zwischen grünen, grasbewachsenen Böschungen noch offen die älteren Viertel von Isfahan. Heute hat man sie zugedeckt. Der Fluss mündet schliesslich, viele Kilometer weit hinter der Stadt, in ein Sumpfgebiet ein, wo er zwischen Röhricht und Rosen versickert.

Unterwegs auf den Königsplatz

Neben den schönsten Brücken der Welt besitzt Isfahan auch einen der schönsten Plätze und zwei Moscheen, die in meinen Augen auch als die schönsten der Welt gelten können. Ich bin in der Zwischenzeit so oft auf dem Königsplatz gewesen, *Maidan-e Shah*, der später offiziell in *Maidan-e Khomeiny* umgetauft wurde, dass ich heute eine Anstrengung unternehmen muss, um mich an das erste, übermannende Mal zu erinnern. Dem Stadtplan hatte ich entnommen, dass eine Abzweigung von der grossen Viergartenallee, an deren Ende ganz nah beim Fluss ich wohnte, auf den grossen Platz führte. Ich nahm diesen Weg unter die Füsse. Er streckte sich und es war eher heiss. Er führte an einem Park vorbei, in dem das schlossartige Gebäude liegt, das «Vierzig Säulen» heisst, weil es 20 Säulen besitzt, die sich in dem gewaltigen rechteckigen Wasserbecken spiegeln, das vor ihm liegt. Doch zu dem Platz hin musste ich weiter dieselbe Strasse verfolgen, eine moderne, eher freundliche, breit angelegte aber etwas eintönige Stadtstrasse, durch die reger Fahrverkehr floss und der entlang nicht wenige Fussgänger unterwegs waren, immer geradeaus in der recht beschwerlichen Mittagshitze. Der Platz ist von ferne nicht sichtbar, weil diese Hauptverkehrsachse ihn rechtwinklig durchschneidet, nicht auf ihn hinführt, so dass man die Perspektive der Strasse über den Platz hinaus im Auge behält.

Immer weiter geradeaus, etwas langwilig und ein bisschen erschöpfend, bis man plötzlich durch eine Art Tor in die Weite hinaustritt: Links und rechts erstreckt sich ein gewaltiges Viereck, langgezogen, umgrenzt und umrandet durch lauter gleiche Fassaden, die aus zwei Reihen von übereinandergestellten Nischen bestehen, weissgetüncht im Inneren der Spitzbögen, so dass diese sich abheben von dem gelbroten Backstein, der den Rahmen einer jeden Nische abgibt. Es sind sehr viele, immer gleiche, kunstvoll

157

geformte Bogenfenster, die jedoch keine Fenster bilden sondern wie aufrecht gehaltene hohle Hände in langen Reihen und auf allen vier Seiten nebeneinander stehen.

Es gibt andere Prachtplätze in der Weltarchitektur, die ihre Wirkung dadurch erzielen, dass sie rundherum aus den gleichen Fassaden gebildet sind. In Spanien sind sie nicht selten, in Paris gibt es zwei, *Place des Voges* und *Palais Royal*. Das schönste Beispiel nach Isfahan, das ich kenne, ist die barocke *Plaza Mayor* von Salamanca. Doch Isfahan ist einzigartig durch die lichte Weite des Platzes, durch die besondere Art der immer gleichen Fassaden mit ihren blendenden Bogennischen, die es trotz ihrer mässigen Höhe von nur zwei Stockwerken vermögen, die ganze gewaltige Fläche zusammenzuhalten. Der Königsplatz ist auch unvergleichlich durch die drei königlichen Gebäude, die ihn zieren: der Hochsitz des Schahs, gebaut als ein hoher blockähnlicher Palast, der eine gewaltige mit Säulen geschmückte und überdachte Terrasse trägt; *Áli Kapu*, Hohe Pforte, wird er genannt. Die private Moschee des Herrschers und seiner Familie, die als ein buntes Juwel blauer Grundfarbe auf der einen Längsseite des Platzes, dem Herrschersitz gegenüber liegt. Und, Juwel der Juwelen, Paradies der Paradiese, die grosse Moschee des Schahs Abbas I., am oberen Ende, auf der südlichen Schmalseite des Platzes. Ihr gegenüber auf der unteren Schmalseite öffnet sich das hohe Eingangstor, das in den Basar führt. Basarstrassen ziehen auch auf der Aussenseite dem ganzen gewaltigen Viereck des Platzes entlang. Sie liegen verborgen hinter den immer gleichen Fassaden der Nischenbögen.

Die beiden schönsten Moscheen der Welt

Beide Moscheen mussten nach Mekka hin ausgerichtet werden, das bedeutet in Persien nach Südwesten. Doch der Platz ist von Norden nach Süden gerichtet. Die kleinere Privatmoschee des Herrschers ist als ein völliger Rundbau angelegt, den eine einzige grosse Kuppel überwölbt. Deshalb war die Frage der Ausrichtung des Gebäudes nur eine Angelegenheit der inneren Ausstattung und des Eingangstores, weil notwendig war, dass dieses der Gebetsnische genau gegenüber liege. Der Übergang von der Nordsüdachse des Platzes zu jener des Kuppelinneren die von Nordosten nach Südwesten gerichtet sein musste, wird im Falle der kleinen Privatmoschee einfach dadurch vollzogen, dass ein gedeckter Gang vom reich geschmückten Eingangsliwa, das in den Platz eingefügt ist, in gewinkelter Form bis zum Eingang des eigentlichen Moscheebaus führt, dem Kuppelbau, der auf einem quadratischen Sockel ruht.

Im Falle der grossen Staatsmoschee war die Schwierigkeit nicht so leicht zu lösen, weil diese drei Kuppeln aufweist, die auf den drei Seiten eines grossen Innenhofes liegen. Es besteht also eine Gesamtstruktur, deren Ausrichtung, von aussen betrachtet, sichtbar bleibt und die eben nicht mit der Ausrichtung des Platzes übereinstimmt. Die Lösung, die hier gefunden wurde, gleicht jener des kleineren Bauwerkes. Auch hier gibt es ein prächtiges Eingangsliwa, das in die Fassade des Platzes eingefügt ist, doch der Richtungswechsel wird nicht durch einen gewinkelten Gang vollzogen, sondern durch einen gewinkelten Eingang. Dem mit zwei Minaretten geschmückten Eingangsliwa schliesst sich ein abgewinkelt dazu orientiertes inneres Hofliwa an, das dann dem gesamten Innenhof und den sich auf ihn hin öffnenden Kuppeln, eine jede auch wieder hinter ihrem Liwa, ihre Ausrichtung gibt. Wer hineinkommt, geht also nicht geradeaus, sondern muss umbiegen, um sich von der Eingangsachse zur Hof- und Gebäudeachse zu wenden. Aus der Ferne gesehen bewirkt dies, dass die Moschee nicht geradeaus hinter dem Platz liegt sondern schief neben ihm und dass sie daher nicht vertikal vor dem Beschauer steht, sondern ihm in einer Seitenperspektive erscheint, die das ganze Gebäude nicht frontal, sondern halbseitlich vor Augen bringt. Die Hauptkuppel schwebt so seitlich hinter der Südwand des Platzes, obwohl das Eingangstor der Moschee, markant durch seine beiden Minarette gekennzeichnet, in die Mitte dieser Wand eingebaut ist.

Der Platz wurde ursprünglich als Poloplatz benützt und war wohl auch ein Paradegrund, vor der Altstadt gelegen, wo dem Herrscher seine Reiter- und Fussoldaten vorgeführt wurden. Es muss ihn schon gegeben haben, bevor der Bau der beiden Moscheen beschlossen wurde. Der Tradition nach wollte Shah Abbas eigentlich die grosse Stadtmoschee von Isfahan, die mitten im Basar ein gutes Stück weiter nach Norden liegt, umbauen und ihr die Prägung seiner Herrschaft aufdrücken. Diese Stadtmoschee, *Masjed-e Jum'a*, ist schon sehr alt. Sie erhebt sich auf dem Grund eines früheren zoroastrischen Feuertempels, und die Seljuken haben im 11. Jahrhundert an ihr gebaut, wie viele frühere oder spätere Dynastien Irans auch. Dies macht die grosse Stadtmoschee zu einer Art Kompendium der iranischen Architektur, das Bauteile aller Stilperioden aufweist.

Ein weiser Berater soll dem Shah gesagt haben, wenn er diese Stadtmoschee nun weiter umbaue, um sie nach seinem Bild und in seinem Stil zu prägen, werde nach ihm ein anderer Herrscher kommen, der seinerseits die alten Werke abreissen werde, um seine eigenen in der Hauptmoschee zu verwirklichen, wie dies ja bereits eine Dynastie nach der anderen getan habe. Wenn der Schah jedoch an einem eigenen Orte neu seine eigene Moschee errichte, würde sie als sein Werk Bestand haben und nicht von seinen Nachfolgern überbaut und verändert werden. Dies soll den Schah überzeugt haben und er gab deshalb Befehl, eine ganz neue Anlage vor der Stadt zu errichten. Ihr Standort wurde dann eben der grosse Polo- und Paradeplatz der am damaligen Stadtrand lag.

Zur Zeit meines ersten Besuches und noch viele Jahre später konnte man in die Moscheen hineingehen und sich in aller Ruhe in ihnen umsehen, niederlassen, weggehen, wiederkommen: Man war ganz frei. Heute muss man Eintritt bezahlen und nur einige der Moscheen stehen den Touristen offen. Andere sind für Fremde verschlossen, wie es im arabischen Raum schon seit viel längerer Zeit üblich ist. Ich ging also in die Schah-Moschee, verliess sie wieder, besuchte die kleinere Familienmoschee und kehrte zu der grossen Moschee zurück, so oft ich das wollte. Oft war ich ganz allein darin. Beide überwältigten mich. Eine jede in ihrer Art war vollendet. Die Privatmoschee des Herrschers war allerdings etwas ganz anderes als die grosse Staatsmoschee. Sie liess sich mit einem Schmuckkasten vergleichen. Im Inneren waren ihre Wände mit bunten Kachelfragmenten ausgelegt, die in der Art eines Zusammensetzspiels alle einzeln in den Formen geschnitten waren, die für die Dekorationen benötigt wurden. Nichts war aufgemalt, alles war aus verschiedenfarbigen Kachelteilen zusammengesetzt, Schriftbänder und ihr Hintergrund, Blumen- und Pflanzenornamente, geometrische Ornamente. Wenn so die Kachelteile wie Mosaikstücke zusammengefügt werden, bewirkt das für die Gesamtfläche, dass ihre Zeichnungen und Färbungen sich viel schärfer gegeneinander abheben, als es bei der Bemalung quadratischer Kacheln erreicht werden kann. Sehr scharfe Linien, wie mit dem Messer geschnitten, trennen die eine Farbe und Form von den sich nahtlos an sie anschmiegenden anderen. Diese Einlegearbeit überdeckt vollständig den ganzen Innenraum der Kuppelmoschee. Schriftbänder, weiss auf blauem Grund, von berühmten arabischen Kalligraphen der Zeit entworfen, auch in der gleichen Einlegetechnik gearbeitet, unterteilen die gewaltige Innenfläche in verschiedene Felder. Sie heben auch die Gebetsnische hervor und betonen den Rundrand des Kuppelansatzes. Blumen- und Rankenornamente überziehen, sich wiederholend, den Hintergrund. Das Licht wird durch ein hochgelegenes offenes Bogenfenster, das in der Wand über dem Eingangstor angebracht ist, gebündelt, so dass es je nach Sonnenstand in verschiedene Teile der Kuppel fällt und sie zum Aufleuchten bringt. Die Gebetsnische ist durch besonders feine, filigrane Einlegearbeit ausgezeichnet. Das ganze Gebäude wirkt trotz seinen beträchtlichen Ausmassen sehr privat, vor allem, weil man sich in seinem Inneren wie in einem perfekten Raumkristall fühlt, gefasst und eingeschlossen in ein vollendetes, makelloses Kuppelgewölbe.

Das ist in der Grossen Moschee ganz anders. Das Eingangsliwa besteht aus der gleichen Einlegekachelarbeit wie alle Innenwände der kleineren Moschee. Doch die Tradition will wissen, dass der König und sein Architekt nach der Fertigstellung dieses Eingangsportals, an dem viele Jahre lang gearbeitet worden war, sich ausrechneten, wie lange die Arbeiten an der grossen Moschee dauern würden, wenn sie ganz, wie ursprünglich vorgesehen, mit den zugeschnittenen Mosaik-Kacheln ausgeziert würde. Die Rechnung ergab, dass der Schah sein Werk zu Lebzeiten nicht vollendet sehen werde. Deshalb wurde beschlossen, das Innere der Grossen Moschee nicht mit Einlegearbeit zu schmücken, sondern mit bemalten quadratischen Kacheln. Ihre aufgemalten Linien und Farben grenzen sich weniger scharf voneinander ab als die Einzelstücke der Mosaikarbeit. Es gibt bei aller Qualität von Färbung und Brand immer leicht verschwommene, schwebende Übergänge zwischen zwei Farben statt der messerscharfen Trennlinien. Wenn man die grossen, mit bunten Kacheln gelblichen Grundtons geschmückten Wände gesamthaft anschaut, entsteht dadurch ein diffuser, schwebender Eindruck. Die Ornamente und Zierinschriften sind klar sichtbar, doch sie scheinen vor und über dem Hintergrund zu schweben, sind nicht in ihn eingeätzt. Dies gibt dem weiten Hof, in den man zuerst eintritt und auf den hin sich vier grosse Liwas öffnen, einen organischen, gewachsenen Charakter. Gewiss ein Kunstwerk, doch eines, das sich auf die Welt hin öffnet und zu ihr gehört, mehr Paradies als Juwel und Kristall. Dieser Eindruck verstärkt sich, aber verändert sich auch, wenn man durch eines der drei Liwas hindurchschreitet und dahinter unerwartet unter eine der drei Kuppeln gelangt. Sie sind alle ganz mit Kacheln ausgelegt, blau im unteren Teil der Wölbung, doch mit einem goldgelben sternförmigen Ornament zuoberst im Zentrum. Das Licht fällt darauf; man steht unter einem kunstvollen Himmelssymbol, geschlossen, aber doch offen nach oben, gleichsam transparent oder transzendent, obwohl ganz präsent als geschlossener, gewaltig gewölbter Raum. Mathematik und Metaphysik kommen zusammen. Das Liwa ist bereits ein in sich vollendeter Raum, eine Halbkuppel allerdings; doch dass man durch es hindurchtreten kann und dahinter in einen noch vollkommeneren Raum eindringt, erhöht die Dramatik des Gebäudes. Man schreitet vom irdischen Paradies durch den scheinbaren glanzvollen Abschluss dieses Raumes hindurch unerwartet hinein in ein überirdisches Weltraumsymbol, unter Abbilder des Himmelsgewölbes mit Sonne und Sternen, die geometrisch geordnet sind, um die ganze Grösse, allen Glanz, aber auch die strenge Gesetzlichkeit der ausserirdischen Schöpfung zu spiegeln.

Das Hin und Her zwischen den beiden Moscheen lässt die Unnachahmlichkeit beider klarer hervortreten. Zwei unterschiedliche Arten der Vollendung stehen einander gegenüber: ein Mikrokosmos der Präzision und des ausgewogenen Schmucks hebt sich ab von dem grossangelegten und transparenten Symbol einer überirdischen Grösse. Eine jede Rückkehr zu der kleineren Moschee ruft neues Erstaunen über die Qualität ihrer Arbeit und die Harmonie ihres in sich geschlossenen Raumgewölbes hervor. Dann wiederum lässt die zweite und dritte Wiederkehr in die grosse Moschee tief aufatmen in der Grösse der weiten Freiräume, die man als ein Abbild des Weltalls erfahren kann.

Nach all dieser Grösse bildete der Basar einen erholsamen Gegensatz. Er war damals noch lebendiger, als er es heute ist, weil noch viele Handwerker in ihm arbeiteten, und weil seine Verkaufsgegenstände mehr auf die Bedürfnisse der Bevölkerung ausgerichtet waren als auf die Wünsche der Touristen. Der Eingang liegt auf der nördlichen Seite des grossen Platzes und seine ersten Teile bestehen aus hohen Bogenhallen, die auch Shah Abbas hat anlegen lassen. Doch dann folgt ein sehr langer Schlauch von Läden und Buden, stets voll überdacht, in dem damals alle Bedürfnisse der Stadt ihre Befriedigung fanden. Der Schlauch hatte Seitengassen und Nebenstrassen, enge Gänge, manchmal Tunnels, führten seitlich zu Moscheen hinab, die tiefer lagen als der Basar, weil sie weniger oft als die Handelsgassen in Schutt zerfallen und auf dem Schutt neu aufgerichtet worden waren. Grosse Höfe, erstaunlich weit nach der Enge der Basargassen, an deren Rande auch Bäume wuchsen, konnten zu diesen Basarmoscheen gehören, und ihre Becken und laufenden Brunnen versorgten die Händler mit Wasser zum Trinken und für die rituelle Waschung vor dem Gebet. Wenn die Gebetszeit nahte, konnte man Männer aus dem Basar auf die Moscheen zueilen sehen, die letzten rannten, um noch gerade zur Zeit, knapp vor den ersten Worten des Gemeinschaftsgebets, in das hinterste Glied der langgestreckten Gebetsreihen zu treten.

Die alte Freitagsmoschee im Zentrum des Basars

Gespräche ergaben sich leicht auf dem Basar. Die Frage nach dem Woher eröffnete sie. Wie die Lebensbedingungen im fernen Europa seien, wollten die Händler wissen, ob es dort auch Muslime gäbe, was man dort studieren könne und ob es sehr teuer sei. Die arabische Welt, aus der ihr Besucher kam, interessierte sie wenig. Von Paris, London und Hamburg wollten sie hören. Und natürlich ergriffen sie die Gelegenheit, um dem Fremden ein paar ihrer Waren zu zeigen, doch ohne es übel zu nehmen, wenn sich keine

Verkaufsmöglichkeiten ergaben. Sie waren jedenfalls da, an ihrem angestammten Platze, den vor ihnen schon ihr Vater eingenommen hatte, gleich, ob sich viele oder wenige oder gar keine Kunden einstellten.

Der lange Basarweg führte fast eine Stunde weit durch die Basare, dann kam unvermittelt das grelle Licht einer Durchgangsstrasse, die wie immer von Reza Schah in die Altstadt gebrochen worden war. Auf der gegenüberliegenden Seite setzte der Basar sich fort. Man sah nur ein dunkles Loch, in dem immer wieder viele Menschen verschwanden. Sie trugen den Besucher fort, immer in nordöstlicher Richtung, bis der Basar vor der alten Hauptmoschee auslief. Diese grosse Freitagsmoschee besass keine Fassade, nur einen Eingang, der an gedeckten Säulenhallen vorbei in den Innenhof führte, dort standen vier grosse Liwas aus später, wohl qajarischer Zeit, doch die Seitensäle dieses sehr vielfältigen Bauwerkes, zu dem alle Epochen beigetragen hatten, bargen gewaltige Schätze und Werke. *Nizam ul-Mulk (1018–1092)*, der grosse Wesir des Seljukenherrschers *Malik Shah (reg. 1072–1092)*, hatte die Hauptkuppel gestiftet und bauen lassen, ein Meisterwerk vom Ende des 11. Jahrhunderts, das mit überzeugender Klarheit die Frage löst, wie eine runde Kuppel auf einen quadratischen Sockel gesetzt werden kann, und sein Hauptrivale, *Taj al-Mulk*, der Wesir, der sich um die Interessen der Königinmutter kümmerte, hatte am anderen Ende des Komplexes eine zweite, elegantere und zierlichere Kuppel anbauen lassen, die ebenfalls als eines der Meisterwerke des klassischen islamischen Kuppelbaus gilt.

Uljaitu Khodabande, der erste Mongolenherrscher, der zum Islam übertrat, hat ein weiteres Meisterwerk in der Grossen Moschee aufstellen lassen, ein aus Stuck gearbeitetes *Mihrab*, eine Gebetsnische, mit den sie umgebenden Wänden, die zu den ganz grossen Werken islamischer Dekorationskunst gehört. Inschriften und abstrahierte Pflanzengirlanden mit Blättern und Früchten sind so kunstvoll ineinander gearbeitet, dass beide Komponenten eine enge Einheit eingehen, indem die pflanzlichen Elemente die Schrift und die Schrift die Pflanzenornamente hervorheben und erhöhen, ein Kunstwerk, an dem man sich niemals sattsehen kann.

Eindrücklich ist auch der Sommer- und Wintergebetssaal, kellerartig tief unter die Erde gebaut, damit er im Sommer nicht allzu heiss und im Winter nicht allzu kalt werde, getragen von kräftigen Spitzbögen. Sein gelblich gefärbtes Licht dringt durch in die Decke eingelassene Alabasterscheiben.

Der grossen Versammlungsmoschee fehlt die stilistische Einheit. Auch ihr Erhaltungszustand ist nicht mehr ganz einwandfrei. Doch sie ist wie eine Anthologie der verschiedenen persischen Baustile, die man durchschreiten kann, und sie beherbergt einige ganz grosse Werke, wie die beiden Kuppeln

und das Mihrab des Uljaitu. Auch sie ist ein Ort des Verweilens und Wieder-
kehrens, den man allmählich durchforschen muss.

Unter Studenten der Theologie

Wenn ich nach meinen vielen langen Märschen durch die Altstadt, den Basar,
von den Brücken oder vom Platz des Shahs mit seinen beiden Moscheen in
meine Herberge heimkehrte, fand ich dort beinahe immer einige *Taliban* vor,
das heisst Studenten der theologischen Schulen und Hochschulen, von
denen viele, die in den Studentenkammern der Theologieschulen (*Madrasa*,
Plural: *Madâres*) nicht untergekommen waren, die Musafer-Khane als Wohnort benützten. Sie führten gerne Gespräche mit dem etwa gleichaltrigen
Besucher aus fremden Ländern. Immer zuerst das Woher und Wohin, dann
die Fragen nach den Lebensbedingungen im Herkunftsland, weiter die Religion, ob man selbst Muslim sei und warum nicht, was man über den Islam
denke etc. Dann allmählich konnte man sie auch dazu bringen, über sich
selbst zu erzählen. Man spürte dabei, wieviel nicht gesagt wurde, weil es
ihnen als selbstverständlich galt; Dinge, die sie gar nicht zu erklären, nicht
einmal zu erwähnen für nötig erachteten, weil sie in ihrer Welt nur so sein
konnten, wie sie waren und daher als allgemein bekannt vorausgesetzt wurden. Die meisten meiner Gesprächspartner stammten aus Händlerfamilien,
ihre Väter und Brüder waren auf dem Basar in verschiedenen persischen
Städten tätig. Seltener stammten sie aus ausgesprochenen Gelehrtenfamilien;
dies kam jedoch daher, wie mir erklärt wurde, dass im allgemeinen die Söhne
von Gottesgelehrten Plätze innerhalb der Madâres fanden und daher nur
wenige gezwungen waren, in den Herbergen, wo man bezahlen musste,
Unterkunft zu suchen. In den Madâres kommt die Religionsstiftung (*Waqf*),
die zu der Schule gehört, für den Grundunterhalt der Studenten auf: Wohnung und allernotwendigste Nahrung.

Zu den Selbstverständlichkeiten gehörte die von ihnen allen eingeschla-
gene theologische Laufbahn. Studieren bedeutete für sie, wie für all ihre Vorläufer seit Jahrhunderten, «das Wissen» zu studieren, al-'*Ilm*, ein Begriff, der
heute einen Doppelsinn aufweist. Er kann sowohl Theologie im weitesten
Sinne, mit allen Hilfswissenschaften und Seitenlinien, bedeuten wie auch,
neuerdings moderne «Wissenschaft». In der zweiten Bedeutung ist das Wort
eigentlich eine Art Fremdwort, weil es für einen Begriff steht, den es in der
traditionellen Welt gar nicht gab. «Wissenschaft» im modernen Sinne wurde
im 19. Jahrhundert aus dem Ausland in die islamische Welt gebracht. Die
Muslime besassen keine eigene Bezeichnung für diesen neuen Begriff und

verwendeten deshalb ein einheimisches Wort mit einer verwandten, aber doch abweichenden Bedeutungsnuance. Was eigentlich und ursprünglich «theozentrisches Wissen» bezeichnete, behielt einerseits die bisherige Bedeutung bei, doch andrerseits nahm es als zweiten Sinn auch den des neueingeführten europäischen Begriffs «Wissenschaft» an. Dass dadurch eine Verschmelzung von zwei verschiedenen Bedeutungen entstand, war wahrscheinlich vielen nahöstlichen Intellektuellen und Studenten so wenig bewusst wie ihren europäischen Zeitgenossen.

Interessanterweise jedoch blieb der Unterschied bestehen, wenn es um eine Berufsbezeichnung ging. Der Gottesgelehrte behielt seinen alten Namen: 'Âlem, Plural: 'Ulamâ', auch Ulemâ geschrieben, bedeutet nur Theologe oder Gottesgelehrter. Dieses Wort, das von 'Ilm, Wissen abgeleitet ist, behielt seine alte Bedeutung; für den neuen, aus Europa importierten Begriff: «Wissenschaftler» muss man Umschreibungen zu Hilfe nehmen, wie Ustadh bi-l-Jami'a (Professor an der Universität), oder Berufsbezeichnungen. Dies kommt gewiss davon, dass die beiden Menschengruppen einen ganz unterschiedlichen Lebensstil führen, bis in die Kleidung hinein: Der Theologe trägt traditionelle orientalische Kleider mit weitem Mantel und Turban, der Wissenschaftler dagegen geht europäisch gekleidet. Die gleiche Bezeichnung für zwei so unterschiedliche Menschentypen würde als unzutreffend empfunden. Doch dass auch ein gleich grosser Unterschied in der Art ihres Wissens und Denkens besteht, ist weniger augenfällig und spiegelt sich daher nicht in der Sprache. – Ich betrachtete es als eine grosse Ehre, als einer meiner Gesprächspartner mich einmal zur Seite nahm und mir erklärte: «Weisst du, im Grunde bist du einer von uns!». Ich fragte wieso, und er meinte: «Du bist auch einer, der nachdenkt und nachfragt, der wissen will, wie die Dinge wirklich sind, darum gehörst du zu uns».

Die Kommunikation mit den Kollegen in der Musafer-Khane war nicht immer einfach, weil mein Persisch, das ich nur ein Jahr lang in Paris eher nebenbei betrieben hatte, von Geläufigkeit weit entfernt war. Doch die Taliban hatten alle gründlich Arabisch studiert, sie konnten es zwar nicht sprechen, aber alle das Hocharabische gut lesen. Davon hatte ich den Gewinn; wenn mir ein persisches Wort fehlte, konnte ich immer das arabische einsetzen. Fast immer begriffen meine Kameraden, was ich sagen wollte. Das Persische besitzt viele arabische Lehnwörter, die um so mehr gebraucht werden, je abstrakter und gelehrter man sich ausdrückt. Man kann das mit unseren lateinischen Lehnwörtern vergleichen, nur werden die arabischen noch viel häufiger herangezogen, so dass es praktisch kein arabisches Wort gibt, das man nicht auch in einem der grösseren persischen Wörterbücher nachschlagen kann.

Pessimismus unter den persischen Intellektuellen

Der Grundton aller Gespräche in der Musafer-Khane und im Basar war übrigens tief pessimistisch bis rabenschwarz. Das Wort *kharâb* (kaputt) kam damals so häufig vor, dass es mir wie ein Grundwort der persischen Konversation erschien, ähnlich etwa, wie die Spanier der gleichen Zeit unter Franco (heute nicht mehr) *nada* verwendeten. Es war klar, dass dieser Pessimismus, um nicht von einem unterschwelligen Nihilismus zu reden, den man auch unter den angehenden Geistlichen vorfand, in Verbindung mit den verlorenen Hoffnungen stand, die unter Mosaddeq hoch aufgeflammt und dann am 19. August 1953 bitter entäuscht worden waren – durch den Staatsstreich der CIA und des von ihr als Vollzugsinstrument eingesetzten Generals *Fazlollah Zahedi*, eines ehemaligen Mitverschworenen der nazistischen Agitation in Iran. Zahedi galt damals noch als der starke Mann hinter dem Throne, vor dem sich jedermann fürchtete. Er war erst ein gutes Jahr früher (am 6. April 1955) vom Schah als Ministerpräsident entlassen worden. Nach dem Putsch gegen Mosaddeq hatte er die Repression gegen die linken Kräfte und die Freunde Mosaddeqs geleitet. Die Einführung der gefürchteten und für ihre Foltereien berüchtigten Geheimpolizei des Schahs, der SAVAK, die später sein bevorzugtes Macht- und Regierungsinstrument werden sollte, stand noch bevor. Sie wurde 1957 mit der Hilfe israelischer Fachleute aufgebaut. Erst damals wurde der Ausnahmezustand, der nach dem Coup gegen Mosaddeq verhängt worden war, in der Hauptstadt und in anderen zentralen Gebieten aufgehoben. In Aussenprovinzen blieb er noch länger bestehen.

Der berühmteste und gewiss begabteste aller modernen Prosaschriftsteller Irans, *Sadeq Hedayat*, der stets kohlrabenschwarze, höchst pessimistische Geschichten und Romane verfasste, hatte Iran schon 1951 verlassen, als sein Schwager, der Ministerpräsident General *Razmara*, erschossen wurde, weil er die Politik seines Landes, wie er erklärte, nicht mehr aushalten konnte. Kurz darauf beging er Selbstmord in Paris. Der Mörder Razmaras gehörte zu den *Fedayin-e Islam,* einer radikalen fundamentalistischen und politisierten islamischen Randgruppe, welcher der damals noch nicht weltbekannte Geistliche von Qum, *Ruhullah Khomeiny,* mindestens ideologisch nahe stand. Die Fedayin unter ihrem Anführer, dem 1956 hingerichteten *Nawab Safawi,* haben während der ersten Hälfte der 1950er Jahre zahlreiche Mordaktionen an Politikern und Intellektuellen durchgeführt, die ihren Vorstellungen vom Islam und seiner Rolle in der Gesellschaft widersprachen.

166

Ich blieb damals nur eine Woche lang in Isfahan, doch ich reiste mit der Vorstellung ab, dass ich noch oft nach Iran und immer auch nach Isfahan zurückkehren wollte. Der erste kurze Besuch hatte mir deutlich vor Augen geführt, dass Persien und seine Kultur unendlich wichtig für die Kultur der gesamten islamischen Welt gewesen waren und blieben. Immer wieder liessen sich die raffiniertesten Bauwerke und die bedeutendsten künstlerischen und dichterischen Leistungen in der arabischen Welt wie auch bis nach Indien hinüber mit iranischen Einflüssen verbinden. Seit der Zeit der Herrschaft der Abbasiden-Kalifen in Bagdad (sie begann 751 n. Chr.) haben die persischen Einflüsse in dem «arabischen» Weltreich, das in Wirklichkeit eher ein islamisches war, zentrale Bedeutung erlangt. In späteren Zeiten, so sollte ich noch lernen, waren die Elemente der persischen Kultur durch die türkischen Eroberer und Soldatenvölker übernommen und weitergetragen worden, so dass sie auch dem Osmanischen Reich stets innewohnten. Der grösste der osmanischen Sultane, Sulaiman der Prächtige (reg. 1520–1566), hat persische Liebesgedichte verfasst.

Die persische Sprache besser zu beherrschen, wurde eines meiner Ziele. Dies schien mir viel wichtiger zu sein, als die verschiedenen arabischen Dialekte zu sprechen, welche zwar linguistisch interessant sein mochten, jedoch an die Bedeutung des Persischen als Kulturträger nie auch nur entfernt herankommen konnten. Das Persische, so begriff ich damals, war so etwas wie das Französisch des Orients, eine übernationale Kultursprache und Kulturmacht, die davon lebte, dass sie in einem zentralen Land gepflegt wurde und durch Ideen und Haltungen, die in Iran formuliert und entwickelt wurden, sowie durch die dort entstandenen Kunstwerke, auf alle umgebenden Länder ausstrahlte.

Rückkehr in die arabische Welt

Ich musste nun rasch über Teheran nach Bagdad zurückkehren, um meine geplanten Reisetermine einigermassen einzuhalten. Ich blieb in Bagdad nur lange genug, um meine verschiedenen Freunde noch einmal zu besuchen. Weil ich so viel im Autobus gereist war, fuhr ich die nächste Strecke von Bagdad nach Basra mit der Bahn. Dies ging über Nacht in einem luftgekühlten Zug mit Schlafpritschen. Die Strecke war eine Verlängerung der berühmten Bagdad-Bahn, und ihr Bau war mitverantwortlich für die Lostrennung Kuwaits von der osmanischen Provinz Irak, die kurz vor dem Ersten Weltkrieg stattfand. Grossbritannien führte damals seit fast 100 Jahren eine Politik im Persischen Golf, die darauf ausging, keiner fremden Grossmacht zu erlauben, in einem der Golfhäfen Einfluss zu erlangen, weil Marinebasen einer europäischen Macht in den Golfgewässern den Engländern den Weg nach Indien hätten abschneiden können. Deshalb war die Bagdad–Bahn, die von den Deutschen gebaut wurde, den Briten ein Dorn im Auge, besonders als 1900 deutsche Bahnfachleute in Kuwait auftauchten, um festzustellen, ob die Hafenstadt als Endpunkt für die in Planung befindliche Bagdad–Bahn dienen könne. Schon ein Jahr zuvor hatten die Alarmglocken in London geschellt, weil ein russischer Unternehmer, Graf Kapnist, der osmanischen Regierung den Plan einer Eisenbahn vom östlichen Mittelmeerufer nach Kuwait vorlegte. Damals, 1899, kam es zum Abschluss des ersten Protektionsvertrags Grossbritanniens mit dem lokalen Scheich von Kuwait aus der Familie *Sabah,* die dort bis heute regiert.

Protektionsverträge hatten die Briten schon seit vielen Jahrzehnten mit anderen Lokalherrschern, die einen Hafen am Golf besassen, geschlossen. Diese Vereinbarungen sahen jeweilen vor, dass Grossbritannien die Herrschaft des betreffenden Herrscherhauses mit seiner Kriegsflotte garantiere, dass sich dafür jedoch der Herrscher verpflichte, keine Vertretungen anderer Mächte in seinem Herrschaftsgebiet zuzulassen. Ein britischer Resident sollte die Beziehungen mit dem protegierten Herrscherhaus pflegen, die Aussenpolitik des betreffenden Gebietes wurde seiner Kontrolle unterstellt. Kuwait, der nördlichste arabische Hafen am Golf, war der letzte, der in dieses Netz der Protektionen einbezogen wurde. Die britische Protektion bedeutete, dass der dortige Herrscher in die Lage kam, ja sich sogar verpflichtete, seine eher lose Gefolgschaft gegenüber dem Sultan des Osmanischen Reiches ganz abzustreifen. Dies geschah alles, lange bevor bekannt wurde, dass Kuwait wie alle anderen arabischen Golfstaaten grosse Erdölschätze barg. Für das damalige britische Seereich war es die strategische Lage des Hafens, die von Bedeutung war. Das Erdöl kam erst später.

Basra, die Hafenstadt am Schatt al-Arab

Man spürte, als man sich Basra näherte, die Nähe des Golfs und der britischen Macht. Die alte Hafenstadt liegt nicht am Golf, sondern am *Shatt al-Arab,* der gemeinsamen Mündung von Euphrat und Tigris in den Golf. Das Shatt («Gestade, Küste») ist schiffbar und dient daher als Hafen. Doch ganz Basra ist am Wasser gebaut, Kanäle durchziehen es in alle Richtungen, und gewaltige Sümpfe sowie offene Seen liegen in seinem Norden. In jenen Jahren spielte sich noch ein grosser Teil des Verkehrs in und nach Basra zu Boote ab. Die Leute aus dem Hinterland kamen mit ihren schwarzen kanuartigen Ruderbooten mit den hochgeschwungenen Hörnern am Bug, um den Ertrag ihrer

Felder zur Stadt zu bringen. Sie benützten einen der vielen Kanäle und bewegten sich durch Staken mit einer Stange fort. Gleichzeitig ankerten die Hochseeschiffe im Schatt, und der einzige persische Fluss, der schiffbar ist, der Karun, diente als Transportweg nach Iran. *Abadan*, die grösste Raffinerie der Welt, von den Engländern in Persien gebaut, nachdem Winston Churchill als Staatssekretär für die Kriegsmarine 1911 beschlossen hatte, die britische Kriegsflotte nicht mehr mit Kohle, sondern mit Öl zu befeuern, und *Khorramschahr*, der grösste Handelshafen Irans und Endstation der transiranischen Eisenbahn, liegen auf der iranischen Seite des Wasserwegs, Basra gegenüber. Damals war es noch die englische Schiffahrtslinie Grey MacKensey, die den grössten Teil des lokalen Verkehrs auf dem Schatt, auf dem Karun und am oberen Ende des Golfes bewältigte.

Der britische Generalkonsul war dementsprechend wichtig in Basra. Das benachbarte Kuwait stand noch unter britischer Protektion, die bis 1961 dauern sollte, und dort waren sogar noch die indischen Rupien als Landeswährung in Umlauf. Während Bagdad damals den Geist des arabischen Nationalismus atmete, war Basra eine Stadt der Schiiten und der Golfregion. Die Nähe des Ozeans und die eigene schiitische Tradition des südlichen Iraks waren beide sehr spürbar.

In seiner jüngsten Geschichte ist Basra teilweise an den Iran angeschlossen gewesen, teilweise an Bagdad, je nach Kräfteverhältnis zwischen dem Osmanischen Reich und jenem der Perser. Auf der Gegenseite des Schatt al-Arab gab es ähnliche Überschneidungen. Die persische Süd- und Erdölprovinz Khusistan ist zwar schiitisch, war aber eigentlich arabophon, bevor die Zuwanderung grosser Zahlen von Persern im Zeichen der Ölindustrie dort eine Mischbevölkerung hervorbrachte.

Besuch in den Sümpfen des Südens

Da ich eine Empfehlung an das Spital am unteren Tigris besass, das damals von holländischen Missionaren betrieben wurde, die eine ganze Kette solcher Spitäler in Südirak und am Golf aufrecht erhielten, reiste ich kurz zurück nach Amara, das etwas stromaufwärts von Basra liegt, um dort vorzusprechen. Ich wurde sehr gastfreundlich aufgenommen und erhielt sogar ein Zimmer für einige Tage. Als ich einmal im Gespräch mit einem der Missionare das tägliche Schauspiel von Frauen erwähnte, die im Fluss standen, um ihre Tonkrüge mit Wasser zu füllen und manchmal auch aus der hohlen Hand ein paar Schlucke davon zu trinken, meinte dieser: «Auch unser Spital lebt vom Tigriswasser; es kommt ungefiltert in die Röhren unserer Wasserleitung.» – Ich liess mir's gesagt sein, denn bisher hatte ich ahnungslos aus diesen Röhren getrunken. Ich wusste damals natürlich nicht, dass der Krieg von 1991 und der ihm folgende Wirtschaftsboykott das ganze Land Irak 45 Jahre später in einen Zustand zurückwerfen würde, in dem fast seine ganze Bevölkerung ihr Wasser ebenfalls ungefiltert, im glücklichsten Falle aus einem der beiden Ströme, schöpfen und trinken musste.

Die Missionare hatten die Güte, mich an den lokalen Distriktverwalter zu empfehlen, mit dem sie gut bekannt waren, und ihn zu bitten, mich auf eine seiner Inspektionsreisen durch die Sümpfe mitzunehmen. Er tat dies bereitwillig und wies mir eines Morgens einen Platz unter dem Schattendach des bequemen Motorschiffchens an, das er mit seinem Gefolge für die Rundfahrten in den Sümpfen benützte. Ein grosser Teil der Bewohner seines Verwaltungsbezirks lebte damals in den Sümpfen. Welch eine Gunst der Verwalter und die Missionare mir damit erwiesen, wurde mir erst wirklich klar, als das Boot in die grüne Kulisse der Schilfwälder einfuhr, und sich eine neue, ungeahnte Welt vor meinen Augen auftat. Die Sümpfe waren von Menschen bewohnt, die ihre Häuser aus Schilfmatten auf winzigen Stückchen Erde aufgestellt hatten, die nur wenige Zentimeter aus dem Wasser emporragten. Oft waren sie durch Schilfplattformen vergrössert und abgesichert, so dass der Unterschied zwischen Sumpf und festen Inseln kaum mehr erkennbar war. Das Schilf wuchs auf doppelte Manneshöhe und bildete Wälder und Wände, zwischen denen sich hier und da gewundene Wasserstrassen öffneten. Menschen in flachen Booten waren durch sie unterwegs. Es gab schmucke Holzboote, schwarzgefärbt, mit hochgeschwungenem Bug, wie ich sie schon in Basra gesehen hatte, und bootartig an beiden Enden zusammengebundene doppelte Bündel von Schilf, in die Wasser eindrang, die aber dennoch im Wasser schwammen, weil das Schilf etwas leichter war als das Wasser. Von solchen Behelfsbooten aus schnitten Frauen die obersten Teile der Schilfrohre ab, die den Büffeln als Futter dienten. Die Tiere standen im Wasser am Rande der Wohninselchen. Oft sassen Knaben auf ihrem Rücken. Die Büffel waren offensichtlich das Haupthaustier der Sumpfbewohner, das ihnen Milch und, gewiss seltener, Fleisch lieferte, dazu kamen Fische. Reis, der am Rande der Sümpfe angebaut wurde, gehörte auch zu ihrer Kost. Die Sumpfbewohner trugen nicht viele Kleider, ein Paar Tücher für die Frauen, ein Tuch für die Männer, die Kinder gingen und schwammen nackt.

Viele der Schilfhütten waren elegant gebaut, die Wände waren oft kunstvoll zu verschiedenen Mustern geflochten. Zu Säulen zusammengebundene Schilfbündel dienten als Pfeiler, und die Schilfdächer wurden durch Bögen getragen, die aus rundgebogenen Schilfrohrbündeln bestanden. Die meisten

Häuser waren durch Schilfmatten eingezäunt. Manchmal gab es ganze Dörfer auf einem grösseren Inselstück, andere Schilfhäuser standen allein auf winzigen Inselchen. Der Horizont war durch die Schilfwälder abgeschlossen; überraschend tauchten nach engen Passagen weitere Wasserflächen auf, dann wieder Menschen auf ihren Erdflecken oder in ihren Booten und Flössen. Ein Steuermann, der offensichtlich die verschlungenen Wasserwege genau kannte, lenkte unser Motorboot. Irgendwo in den weiten Sümpfen zog die iranisch-irakische Grenze hindurch, unmarkiert und in ihrem Verlauf nur den Einheimischen und einigen Regierungstruppen bekannt. Kein Wunder, dass die Region auch als ein politisches Zufluchtsgebiet für Flüchtlinge und Verfolgte aller Art wie auch als Durchgangsgebiet für Schmuggler diente.

Um es einigermassen zu kontrollieren, waren die Behörden auf die Mitarbeit der lokalen Scheichs angewiesen. Die ganze Bevölkerung war in Stämme und Unterstämme gegliedert, und deren Oberhäupter kannten ihre Stammesmitglieder genau. Sie wussten, was unter ihnen vorging und waren informiert über Fremde und Durchziehende, deren Absichten und Ziele. Wenn sie es für zweckmässig hielten, teilten die Scheichs den Regierungsbeamten mit, was sie wussten, oder jedenfalls einen Teil davon oder bestimmte Versionen darüber. Solchen Informationen muss die Tour meines Regionalverwalters in erster Linie gedient haben. Wir besuchten die Scheichs und wurden von ihnen höflich empfangen.

Die lokale Tradition bot einen festen Rahmen, in dem sich solche Besuche abspielten. Jeder Stamm und Unterstamm, der jeweilen eine Gruppe von Schilfhäusern auf ihren verschiedenen Inseln umfasste, besass sein eigenes Gästehaus, *Madiaf*. Diese waren oft nichts geringeres als Schilfkathedralen: hochgebaute Tonnengewölbe aus schweren Schilfmatten, getragen von gewaltigen Bögen aus dicken Schilfrohrbündeln mit kunstvollen ornamental geflochtenen Eingangsfassaden, die auf beiden Seiten durch kleine Schilftürmchen verziert waren. Durch Schilfmatten verschliessbare Fenster sorgten für Luftdurchzug und Lichtführung. Sitzplätze aus Kissen und gewobenen Teppichen (Kelims) fehlten nicht. Auf einem grossen flachen Stein war der Herd untergebracht, über dem sich ein Rauchabzug befand. Einige dieser Gasthäuser waren gewaltige Schilfgebäude, mehr als 20 Meter lang, 7, 8 Meter breit, und von einer kathedralenhaften Höhe. Die Wände waren strukturiert durch in verschiedenen Mustern geflochtene Matten und Bänder, die diese aneinander befestigten. Eine grosse Bau- und Flechttradition, die ganz auf dem Schilf beruhte, stand offensichtlich hinter diesen monumentalen Empfangs- und Versammlungshallen.

Die Gäste wurden mit Tee und Kaffee bewirtet, und es gab auch ein reichliches Mittagessen. Die Gespräche gingen in vertraulichem Flüsterton zwischen dem Bezirksverwalter und dem empfangenden Scheich vonstatten. Den Begleitern blieb reichlich Zeit, das Innere der Schilfkathedralen zu bewundern, in deren Kühle und Stille sie ausruhen durften, bis die Verhandlungen und Gespräche zu Ende gingen. Wir besuchten einen ganzen Tag lang ein Gästehaus nach dem anderen. Die Bootsfahrten dazwischen boten Ausblicke auf das Leben der Sumpfbewohner. Die Bilder einer geradezu paradiesisch heiteren Ruhe, Einfachheit und Bedürfnislosigkeit.

Dies war die Oberfläche; gewiss gab es auch Krankheiten, Armut, Unterdrückung in diesem Paradies. Doch auf der Durchfahrt wurde nichts davon sichtbar. Eine grosse Harmonie zwischen Menschen, Tieren und Pflanzen schien vorzuherrschen. Als ich später nach Ägypten kam, lernte ich, dass frühe ägyptische Tempel Säulen aus Stein aufweisen, die Säulen aus Schilf imitieren, offenbar, weil bei noch älteren Tempeln, die uns natürlich nicht mehr erhalten sind, die Säulen tatsächlich aus gebündeltem Schilfrohr bestanden. Die Häuser der Gastfreundschaft bei den Sumpfbewohnern des Iraks entsprechen also in der Bautechnik den Tempeln der allerfrühesten, vorgeschichtlichen ägyptischen Zeiten.

Das spätere Schicksal der Sumpfaraber

In späteren Jahren habe ich oft dieses einen Tages gedacht, den ich unter den Sumpfarabern verbringen durfte. Ich sollte nie mehr Gelegenheit erhalten, dorthin zurückzukehren, bis die Zeit des irakisch-iranischen Krieges kam (1980–1988) und die Sümpfe als Grenz- und Kriegszone unzugänglich wurden. Nach dem Krieg um Kuwait von 1990–1991 liess Saddam Hussein sie dann trockenlegen, das Schilf verbrennen und die Sumpfbewohner, von denen es Hunderttausende gegeben haben muss, aus ihrer Heimat vertreiben. Ein grosser Entwässerungskanal wurde zu diesem Zweck von der irakischen Armee gegraben. Die brutale Massnahme wurde offiziell damit gerechtfertigt, dass die Trockenlegung der Sümpfe neues Ackerland schaffe. Doch war der wahre Beweggrund der Aktion ohne Zweifel der Umstand, dass Bewegungen von Gruppen und Einzelnen über diese Wasser- und Schilfgrenze hinweg nicht kontrolliert werden konnten.

Die Sümpfe hatten seit Jahrhunderten als eine Zufluchtszone gedient, in der Menschen sich verbergen konnten, die Grund hatten, vor dem Zugriff des Staates zu fliehen, und die Zone war während der Kriegsjahre auch zu einem Ort des Asyls von fahnenflüchtigen Irakern und Iranern geworden.

Einen kleinen Trost gewährte mir das Buch von *Wilfred Thesinger* über die Sumpfaraber, das 1961 erschien. Der Verfasser, der ein berühmter Wüstenreisender war, hat einige Jahre seines Lebens fern von der Zivilisation in den Sümpfen des Iraks zugebracht. Er machte sich dort unter den Landeskindern als Laienarzt nützlich und jagte auch mit ihrer Zustimmung die vielen Wildschweine, die in den Schilfwäldern lebten und dort den Menschen und Siedlungen gefährlich werden konnten. Da kein Muslim die unreinen Tiere berühren wollte, waren die Sumpfaraber ihm dankbar, wenn er diese Arbeit übernahm. Das Fleisch der erlegten Schweine wurde in Basra an die Erdöltanker der Japaner und Europäer verkauft, deren Mannschaften es mit Vergnügen verzehrten. In seinem Buch schildert Thesinger das Leben seiner Freunde, der Sumpfaraber, ausführlich und veröffentlicht auch Bilder ihrer Schilfhäuser und Schilfkathedralen. So ist wenigstens eine Erinnerung an ihre der brutalen Politik unserer jüngsten Jahre zum Opfer gefallene Lebensweise geblieben.

Kuwait zu Beginn der Erdölperiode

Von Basra nach Kuwait fuhr man im Gemeinschaftstaxi über Zubair, den etwas höher gelegenen Wüstenvorort von Basra. Kuwait war damals noch eine kleine Hafen- und Handelsstadt, die hölzernen Dhows, die man seit Jahrhunderten in den seichten Küstengewässern zur Perlenfischerei benutzte, lagen in der Bucht. Der Basar bestand aus Holz, hölzerne Ladenbuden lagen unter einem Holzdach, das den Wegen Schatten spendete. Es gab einen grossen zentralen Platz, auf dem auch schon zwei, drei moderne Geschäfte standen, wo die elektrischen Apparate und andere Luxusgegenstände der europäischen und japanischen Industrie, kunterbunt durcheinander, feil geboten wurden. Dabei erhielten damals die Waren englischer Herkunft den Vorzug. Es gab auch eine grössere Zahl indischer Händler, die bunte Stoffe verkauften. Nur wenige Strassen waren geteert, und die Häuser besassen noch kein fliessendes Wasser. Trinkwasser wurde durch Tankwagen verteilt und in die Fässer gepumpt, die auf dem Dach eines jeden Hauses standen. Ein Teil dieses Wassers wurde aus der Umgebung von Basra herbeigeschafft und stammte damit aus irakischen Quellen. Ein Liter süssen Wassers, so scherzte man damals, sei in Kuwait teurer als ein Liter Erdöl.

Dass dem in der Tat so war, sollte ich zum Schaden meiner Reisebörse erfahren. Ich hatte mich in einem sehr bescheidenen Hotel, in dem meist Palästinenser wohnten, eingemietet. Es besass keine Luftkühlung, und der Sommer war ausserordentlich heiss und feucht. Ich pflegte deshalb alle paar

Stunden in die Dusche zu gehen, die allen Gästen gemeinsam diente, um mich zu erfrischen. Im Verlauf des fünften oder sechsten Tages meiner Anwesenheit fragte mich der Inhaber der Gaststätte, als ich aus der Dusche an seinem Pult auf dem Gang vorbeikam, ob ich eigentlich wisse, dass er für eine jede meiner Duschen einen Strich in seinem Buch mache und dass er sie alle berechnen werde, eine jede koste 300 Fils. Ich hatte davon keine Ahnung gehabt und sagte es auch. Er erwiderte, dass das Wasser in Kuwait eben nicht umsonst sei, er müsse es seinerseits bezahlen. Ich rechnete mir aus, dass mein Wasserverbrauch bedeutend mehr kosten werde als die Tagespension in meiner Gaststätte und schränkte meine Duschen von da an stark ein. Obgleich ich dies nun tat, versprach mein Aufenthalt in Kuwait der teuerste zu werden, den ich bisher hatte berappen müssen.

Ich erhielt die Einladung eines britischen Diplomaten, den ich bisher nicht gekannt hatte, ihn in seinem Haus zu besuchen. Er war sehr freundlich mit mir, nahm mich an den für die Mitglieder des Diplomatischen Clubs reservierten Badestrand mit und veranlasste sogar einen der jungen Leute aus dem Herrscherhaus, der dort mit seinem Motorboot auf dem Meer Kurven ritt und Freunde zum Wasserski hinter sich herzog, mich aufzufordern, diesen Wassersport auch zu versuchen. Der Erfolg war freilich gering, als Ungeübter fiel ich trotz meiner Vertrautheit mit Schneeskis sehr rasch kopfüber ins Wasser. Der Diplomat unterhielt sich auch nebenbei mit mir über Politik und fragte mich nach meinen Plänen und den Gründen meines Aufenthalts in Kuwait.

Am Abend des gleichen Tages kam ein Schweizer Geschäftsmann, Sigi Bollag, in meine Herberge. Er sagte mir, er habe erfahren, dass ich in diesem arabischen Hotel wohne, und er komme, um mich abzuholen und zu sich nach Hause zu bringen. Meine Versicherungen, dass ich in meinem Hotel gut aufgehoben sei und viele Gelegenheit habe, mein Arabisch zu üben, nahm er kaum zur Kenntnis. Er verfrachtete mich in sein Automobil und brachte mich umgehend in sein als «Compound» angelegtes Haus, das seine Wohnung und sein Büro enthielt. Seine Gattin, eine junge englische Ärztin, die er in Kuwait geheiratet hatte, empfing mich herzlich. Der Ort war herrlich kühl und wundersam bequem, es gab Diener und Mahlzeiten im europäischen Stil. Die Gastfreundschaft wurde mir so liebenswürdig angeboten, dass ich sie annahm, wobei ich meinem Gastgeber gestand, dass sie besonders gelegen gekommen war, weil meine Barschaft der Duschen halber eher gesunken war.

Sigi Bollag war damals der einzige Schweizer in Kuwait. Er war auf der Durchreise nach Japan hierher gelangt und hatte erkannt, dass dies ein Ort raschen Wachstums und grosser wirtschaftlicher Bedeutung zu werden versprach. Er hatte daher seine Reise nach dem Fernen Osten abgebrochen und war kurz entschlossen in Kuwait geblieben. Dort hatte er ein Geschäft aufgebaut, das vor allem aus Vertretungen internationaler Firmen bestand, schweizerischer wie anderer. Seine Gemahlin war nach Kuwait gekommen, weil das Gesundheitswesen als eines der ersten staatlichen Projekte mit den neuen Erdölgeldern aufgebaut wurde. Das damals gerade eingeweihte erste Kuwaiter Spital stellte Ärzte und Ärztinnen aus Europa ein, besonders aus Grossbritannien. Vor den neuen staatlichen hatte es in Kuwait nur ein einziges Spital gegeben, das von der gleichen Kette holländischer Missionare betrieben wurde, bei deren Kollegen ich in Amara zu Gaste gewesen war. Die Missionare wirkten weiter, und der damalige Herrscher, *Scheich Mubarak Âl Sabah*, sah sie als die wahrsten und ehrlichsten Freunde seines Landes an, weil sie nach Kuwait gekommen und dort gearbeitet hatten, bevor noch Erdöl gefunden wurde. Alle anderen Europäer waren erst später erschienen, als deutlich wurde, dass der kleine Staat ein schwerreiches Land zu werden versprach.

Ich sollte bald Gelegenheit erhalten, das neue Spital zu besuchen. Da ich mich matt fühlte, ging ich in das Spital und wurde von einem jungen Arzt, auch aus England, ausführlich untersucht. Als er mit seiner Untersuchung fertig war und nichts Schwerwiegendes vorfand, sagte ich ihm, meine Augen seien doch gelblich verfärbt. «Ja dann,» entgegnete er, «dann müssen sie Gelbsucht haben!», und wollte mich gleich in dem Spital zurückbehalten. Der ganze Aufenthalt dort und alle Behandlung, so versicherte er, werde gratis sein. Doch ich fühlte mich nicht wirklich schlecht genug, um im Spital bleiben zu wollen, und wir einigten uns schliesslich darauf, dass er mir eine Medizin verschreiben und ich im Hause von Sigi Bollag für einige Zeit ein möglichst beschauliches Leben führen würde.

In Kuwait, wo ich in Kontakt mit der Gemeinschaft der Ausländer aus Europa geriet, wurde mir zum erstenmal klar, dass die Suez-Krise, die kurz nach der Zeit meiner Abreise aus Beirut ausgebrochen war, noch immer andauere und sogar drohe, gefährlicher zu werden, als es anfänglich schien. Die britische Filmwochenschau, die abends im Club den Briten und anderen Ausländern vorgeführt wurde, zeigte Bilder der grossen Truppenverlegungen und Waffentransporte, die aus Grossbritannien in Zypern eintrafen (die Mittelmeerinsel war damals noch britische Kolonie). Die Truppenbewegungen konnten entweder nur in der Absicht geschehen, Nasser einzuschüchtern, oder es handelte sich um tatsächliche Kriegsvorbereitungen. Dass das Zweite der Fall sei, hofften damals viele der Ausländer in Kuwait; denn sie fanden, es sei längst an der Zeit, dem frechen *Binbaschi*, wie man Nasser damals gern nannte, den Meister zu zeigen. Der türkische Rang eines *Binbaschi* (Oberhaupt von Tausend), der dem eines Obersten entsprach, war vor der Revolution Nassers in der ägyptischen Armee gebräuchlich gewesen, und Nasser selbst hatte ihn vor seinem Putsch bekleidet.

Von meinen europäischen Freunden erfuhr ich auch, dass der britische Diplomat, der mich so freundlich bewirtet und über meine Reise befragt hatte, dem britischen Geheimdienst in Kuwait vorstehe. Er habe mich ausgefragt, ohne dass ich es merkte, und mich offenbar als harmlos befunden, erklärten sie mir.

Im Hause des gütigen und grosszügigen Schweizer Geschäftsmannes ging es mir gut. In seinem bequemen «Compound» liess sich gut leben. Ich erinnere mich noch heute an sein angenehmes, luftgekühltes Wohnzimmer, in dem man sich von der Hitze draussen so restlos erholen konnte, dass man sie aus dem Gedächtnis entliess. «Aus dem Auge, aus dem Sinn», galt auch ein wenig für ganz Kuwait. Sigi Bollag lebte in erster Linie im Kontakt mit den anderen Europäern des Erdölstaates. Geschäftlich hatte er natürlich auch mit vielen der besser gestellten Kuwaiter zu tun, einer Oberschicht, die seine Kunden und Partner waren; dazu kamen die Diener und Bedienten, schon damals kaum aus Kuwait, sondern vor allem aus Indien und Pakistan. Gesellschaftlich verkehrten die Europäer so sehr untereinander, dass sie die Landeskinder fast nur aus der Ferne wahrnahmen, ausser wenn es um konkrete Geschäfte ging, die man mit jedermann machte, der zahlungskräftig war.

Die Kuwaiter Erdölindustrie hatte durch die oben erwähnte Mosaddeq-Krise in Iran (1952–1953) einen gewaltigen Startschub erlangt. Weil das iranische Erdöl, das Mosaddeq (am Ende ohne Erfolg) in staatlichen Nationalbesitz hatte überführen wollen, ausfiel, wurde es durch das soeben produktionsreif gewordene kuwaitische ersetzt. Dies bewirkte, dass die Förderung von Kuwait sehr rasch in die Höhe schoss und Kuwait den Weltmarktanteil Irans übernehmen konnte, soweit seine Produktionskapazitäten es zuliessen. Alle in jenen Jahren verfügbare Technologie der Erdölproduktion wurde sofort eingesetzt. Die amerikanischen Erdölfirmen besassen viele der Spitzentechnologien, deshalb wurden ihre Fachleute in Kuwait bald unentbehrlich und traten neben die Engländer.

Zwischen Ausfahrten in den Club, zum Einkaufen in den Ausländerläden und an die Badestrände und dem Ausruhen zu Hause vergingen angenehme zehn Tage, bis der Arzt mir erlaubte, weiterzureisen. Zu Land kam man von Kuwait nicht weiter ausser zurück nach Irak, zur See gab es nur

176

Transportschiffe, die unregelmässig verkehrten. Ich fand mich auf das Flugzeug angewiesen, wenn ich weiter den Golf hinab nach Bahrain und Qatar gelangen wollte. Die Flughäfen im Golf waren damals noch grosse tonnenähnliche Hallen, die aus vorfabrizierten Platten zusammengesetzt waren. Doch der Flugverkehr verlief geordnet und regelmässig, weil er mit den Erdölgesellschaften als feste Kunden rechnen konnte.

Bahrain, eine Inselgruppe mit Erdöl

Verglichen mit dem damaligen Kuwait war Bahrain bereits eine richtige Stadt mit einem Basar, auf dem ein grosses Völkergemisch verkehrte, und recht eleganten Hotels, in denen sogar britische Cabaret-Tänzerinnen auftraten. Die Kundschaft kam aus Saudi-Arabien und aus den anderen Golfstaaten. Auf den Inseln und vor ihnen in den Küstengewässern wurde seit 1932 Erdöl gefördert, nicht in sehr grossen Mengen, doch der stetige Fluss während 24 Jahren hatte schon damals einen spürbaren Wohlstand und ein pulsierendes städtisches Leben hervorgebracht.

Die eine der beiden Hauptinseln besass auch eine richtige Landwirtschaft, dank einer grossen und mehrerer kleiner Quellen. Das Wasser, das dort zur Oberfläche gelangte, stammte nicht aus der Insel selbst, sondern wurde von unterirdischen wasserundurchlässigen Schichten, die gegen den Golf hin abfallen, unter Arabien hindurch und unter dem Meeresboden bis nach Bahrain getragen, wo es, durchaus überraschend, wegen besonderer Druckverhältnisse ans Tageslicht trat. Die grösste Quelle bildete einen kleinen Süsswassersee mitten auf der Insel, in dem die Einheimischen, und ich mit ihnen, badeten. Andere Quellen traten in den gleichen Küstengewässern unter dem Meeresspiegel hervor, und in früheren Zeiten des Wassermangels gab es Taucher, die mit Krügen hinabtauchen, um das Süsswasser dieser Quellen zu fassen, bevor es sich mit dem Salzwasser des Meeres vermischt hatte. Seither hatte man Pumpen eingerichtet, die das leicht salzig schmekkende Grundwasser aus dem Untergrund emporhoben.

Ausserhalb der Stadt, an den Küsten, gab es damals noch vereinzelte Bootsbauer, die, unter einem Palmendach vor der ärgsten Sonne geschützt, langsam und geduldig vom Kiel her ihre hölzernen Boote aufbauten. Sie arbeiteten allein oder zu zweit und waren umgeben von Haufen vielerlei Äste und Stücke Holz, aus denen sie jeweilen jene aussuchten, welche die richtige natürliche Krümmung aufwiesen, um an der beabsichtigten Stelle als Schiffsrippen oder andere Bauteile eingefügt zu werden. Einige dieser hölzernen Schiffe versprachen eine respektable Grösse zu erreichen, die einer Handelsdhow, welche in der Lage sein würde, mindestens einen Segelmast, mehrere Matrosen und eine beträchtliche Ladung Transportgüter zu tragen. Auf Bahrain lebte damals der britische Resident, dessen Büro für alle Vertragsstaaten im oberen Golf zuständig war. Die lokalen britischen Berater in Kuwait, Qatar, Dubai, Abu Dhabi, Oman usw. standen unter seiner Kontrolle. Von diesem Büro musste ich ein Visum anfordern, um Qatar besuchen zu können.

Qatar, damals und später

In Qatar hatte ein Schweizer Geologe, ein Kollege meines Bruders, der für die Erdölgesellschaft arbeitete, versprochen, mich aufzunehmen. Da es noch keine Hotels gab, war man auf die Gastfreundschaft von Freunden und Bekannten angewiesen. Ein kurzer Flug führte mich nach Doha, der Hauptstadt und dem einzigen Flugfeld auf der Halbinsel. Dort erwartete mich mein Gastgeber, und wir fuhren quer über die Halbinsel auf ihre westliche Seite nach Dokhan, wo die Ölbohrungen lagen, von denen einige fündig geworden waren. Die Strasse bestand aus einer Sandpiste, die dadurch gefestigt worden war, dass man Erdöl über ihren Sand und Staub ausgegossen hatte. Dies gab einen holperigen und etwas schlüpfrigen, aber weitgehend staubfreien Weg ab. Unterwegs war ausser einigen grasenden Kamelen am Horizont nichts anzutreffen. Doch in Dokhan hatte die Erdölgesellschaft sich bequem eingerichtet. Ihre ausländischen Techniker wohnten in vorfabrizierten Bungalows mit Luftkühlung, deren Elektrizität aus der thermoelektrischen Eigenzentrale der Gesellschaft kam. Sie besassen sogar genügend Trinkwasser aus einer eigenen Entsalzungsanlage, um ein paar Blumen und Sträucher um ihre Behausungen herum hochzuziehen. Es gab für die Freizeit einen Badestrand und einen Hafen mit Segelschiffen. Auf dem Meer zu segeln, so vertraute mir mein Gastgeber an, sei seine schönste Erholung, und sie bewirke, dass er sich in der Abgeschiedenheit von Dokhan eigentlich wohl befinde. Bis in einem Jahr, so rechnete er, würden die Bohrungen zu Ende gehen, und seine Präsenz als Geologe an Ort und Stelle werde dann nicht mehr notwendig sein.

Die Herrscherfamilie von Qatar, die *Ál Thani,* galt als sehr strenggläubig. Als einziges Herrscherhaus unter den Kleinstaaten am Golf gehörte sie und gehört sie noch heute zur wahhabitischen Glaubensrichtung, der gleichen, wie sie in Saudi-Arabien herrscht. Dies bewirkte eine enge politische Zusammenarbeit zwischen Saudi-Arabien und Qatar, während viele der anderen Kleinfürstentümer am Golf sich vor dem grossen saudischen Bruder ein wenig fürchteten und darauf ausgingen, Abstand von ihm zu bewahren.

Wie in Saudi-Arabien galt in Qatar, dass der Herrscher absolut regierte und nur den Koran und die Sunna (in der Auslegung der Wahhabiten) als das Gesetz des Landes anerkannte. Wie in Saudi-Arabien bedeutete dies auch in Qatar nicht, dass die nützlichen Einrichtungen des Westens, die man für Geld erstehen konnte, zurückgewiesen wurden; nur ihre Zulässigkeit nach dem Gottesgesetz des Islams musste festgestellt werden. Wenn kein islamisches Verbot gegen sie vorlag, wie etwa gegen den Alkohol, waren sie toleriert und konnten in vielen Fällen sogar als wünschenswert eingestuft werden. Dies hat es Qatar in den späteren Jahrzehnten erlaubt, zu einem überaus reich ausgestatteten Wohlfahrtsstaat zu werden, dessen Bewohner als die pro Kopf zweitreichsten Bürger der Welt gelten. Damals jedoch war das Land noch kaum aus seiner Vergangenheit aufgetaucht, in der es von weniger als 20 000 Menschen bewohnt war, die entweder von der nomadischen Steppenwirtschaft oder vom Fischfang und der Perlentaucherei an den Küsten lebten.

Ich bin nur einmal in meinem Leben nach Qatar zurückgekommen. Das war 26 Jahre später, als im November 1983 die Vierte Gipfelkonferenz der Staaten des Kooperations- und Entwicklungsrates in Doha zusammentrat. Dieser Entwicklungsrat der fünf kleineren Erdölstaaten am Golf zusammen mit Saudi-Arabien war im Mai 1981 gegründet worden, nachdem der Irak Iran angegriffen hatte (woraus ein achtjähriger Krieg entstehen sollte). Zuvor konnte es keine Institution zur Zusammenarbeit der Erdölstaaten am Golf geben, weil diese die Frage nach der Zugehörigkeit oder Ausschliessung des Iraks aufgeworfen hätte. Beide Alternativen wären für die anderen sechs Staaten heikel gewesen. Doch nachdem der Irak mit dem Krieg gegen Iran beschäftigt war und dazu auch die finanzielle Hilfe der Golfstaaten benötigte, konnten die Sechs ihren Kooperationsrat gründen, ohne auf Bagdad Rücksicht nehmen zu müssen. Die jährlichen Treffen der Staatschefs waren und bleiben bis heute der wichtigste Anlass des Rates, auf dem alle Einzelfragen der Zusammenarbeit beschlossen und koordiniert werden. Ihn zu beherbergen, wurde von der doch recht kleinen Hauptstadt von Qatar als eine hohe Ehre angesehen. Ein Erstklasshotel der Kette Sheraton war für den Anlass gebaut worden und stand zum Empfang der Staatschefs bereit. Es war ein riesiges glitzerndes Bauwerk, das wie ein Weltraumschiff über dem Hafen von Doha schwebte. Journalisten erhielten nicht nur Visen, um das Treffen zu beobachten, sie waren sogar in das Konferenzhotel eingeladen. – Allerdings, als sie dort eintrafen, stellte sich heraus, dass sie aus Sicherheitsgründen das Konferenzhotel nicht verlassen durften, solange die Zusammenkunft der Staatschefs dauerte. Das Luxushotel war wasserdicht gegen die übrige Hauptstadt abgeriegelt. Warum? – Es gab unbestimmte Gerüchte. Ihnen war zu entnehmen, dass anscheinend kurz vor dem Konferenzdatum ein oder mehrere Waffenverstecke auf der Halbinsel aufgedeckt worden waren. Stand ein Putschversuch oder ein Anschlag zu gewärtigen? Die Behörden von Qatar waren eisern entschlossen, die Zusammenkunft durchzuführen und dafür zu sorgen, dass sie ungestört verlaufe. Dies war in der Tat auch der Fall. Die eingeladenen Journalisten hatten jedoch die drei Tage des Treffens im Inneren des grossen Hotels zu verbringen, ohne es verlassen zu können. Um sie zu versöhnen, wurde noch mehr Luxus entfaltet, als dies bei solchen Gelegenheiten ohnehin üblich war. Die eingeladenen Journalisten, die Mitglieder der Delegationen und die anderen diplomatischen Beobachter waren frei, all ihre Mahlzeiten in einem jeden der sechs verschiedenen Restaurants einzunehmen, Rechnungen wurden keine gestellt. Bald kamen Gruppen zusammen, die untereinander lebhaft die aktuellen Fragen der arabischen Politik diskutierten. Palästina, Irak-Iran, Libanon waren heisse Punkte. Nur von Qatar wusste man nichts und von den anderen fünf Golfstaaten nur wenig. Die Gastgeber hatten eine auf schönem Papier gedruckte Dokumentation vorbereitet, die in Diplomatenköfferchen, zusammen mit anderen kleineren oder grösseren Gastgeschenken, zur Verteilung kam. Die Telefonlinien im Pressesaal standen permanent offen in die ganze Welt, frei zur Verfügung: etwa 60 Telefonlinien. Das war auch für verwöhnte Journalisten eine ungewöhnliche Situation. Zuerst beschränkte ich mich darauf, die «Neue Zürcher Zeitung» (NZZ) anzurufen und meinen Bericht zu übermitteln. Doch viel war eigentlich nicht zu sagen. Dann bemerkte ich, wie der pakistanische Küchenchef in seiner weissen Kochuniform mit Karachi zu reden begann, andere Mitglieder des Hotelpersonals mit Indien und Thailand, wo jeder seine Familie hatte. Ich begann mir zu überlegen, welchen von meinen Bekannten in der Schweiz, in Italien, in Spanien, auf Zypern, in Libanon, in Paris, in London ich anrufen könnte. Ich stellte Listen der Leute auf, denen ich Briefe schuldete. Eine Menge von Freunden fielen mir ein, und sie waren in der Tat alle von Doha aus zu erreichen. Nur über die angebliche Putsch- oder Anschlagsgefahr war nichts Genaueres zu vernehmen, und es geschah auch nichts. Man wartete auf das Schlusscommuniqué der sechs Staatschefs, das am Ende mehr wort- als inhaltsreich ausfiel. Dann vernahm man, der saudische König sei abgereist, kurz darauf auch die anderen Hoheiten, ohne dass man sie zu Gesicht bekam. Nur einzelne ihrer Pressesprecher erschienen. Schliesslich wurden auch die anderen Gäste und am Ende die Journalisten in Taxis zum Flugplatz gebracht und meist über Abu Dhabi oder Bahrain nach Hause geflogen.

Noch einmal 13 Jahre sollten vergehen, als Doha plötzlich weltberühmt wurde. Der Kronprinz *Hamed ath-Thani* setzte 1995 in einem blutig verlaufenen Putsch seinen Vater ab und ergriff selbst die Macht. Das war nichts sehr Ausserordentliches. Die Welt horchte auf, als der neue Emir Hamed eine echte Demokratie in seinem Fürstentum einführte, die erste nicht nur in der Golfregion, sondern, von Libanon abgesehen, im ganzen arabischen Nahen Osten. Dann beschloss der Emir, in seinem Land eine Fernsehstation zuzulassen, der er völlige Meinungsfreiheit versprach. Dies geschah, als Saudi-Arabien seinen Vertrag mit der arabischen Fernsehgesellschaft, die es in Zusammenarbeit mit der BBC in London gegründet hatte, kündigte, weil die Gesellschaft darauf bestand, einen Film auszusenden, der einen kritischen Blick auf das Königreich warf. Das gemeinsame Fernsehunternehmen brach zusammen und die arabischen Fernsehjournalisten in London, die so ihre Stellen verloren, nahmen das Angebot von Qatar an. Wider allen Erwartens erhielten sie in der Tat mehr Informationsfreiheit, als sie sogar in London besessen hatten. Sie zogen ein Fernsehen auf, das die politischen Sorgen und Leidenschaften der arabischen Welt tatsächlich widerspiegelte, statt eine verzuckerte und dazu noch verstaubte Version davon zu verbreiten. Ein solcher Hunger nach echter Information besteht in der arabischen Welt, dass *al-Jazira* (die Insel) aus Doha, über Satellit in der ganzen arabischen Welt zu empfangen, wie eine Rakete aufstieg und alle anderen Fernsehstationen ausstach. Die Nachbarregierungen beklagten sich bitter über den erfolgreichen Konkurrenten ihrer Staatsinformationsapparate. Hunderte von Klagen liefen bei Emir Hamed ein. Doch der Emir hielt eine schützende Hand über al-Jazira. Er beantwortet Klagen mit dem Hinweis auf die verfassungsmässig geschützte Informations- und Meinungsfreiheit auf seiner Halbinsel und fügt hinzu, wer sich beleidigt oder falsch dargestellt finde, habe immer ein Recht auf Gegendarstellung bei al-Jazira sowie auch die Möglichkeit von rechtlichen Klagen. Die Nachbarländer Kuwait und die Vereinigten Arabischen Emirate schlossen zeitweilig die Informationsbüros des Fernsehsenders in ihren Hauptstädten, Saudi-Arabien übt permanent Druck auf den kleinen Nachbarsender aus. Von Ägyptens Präsident Mubarak wird berichtet, er habe, als er erfuhr dass al-Jazira von nur 300 Angestellten betrieben werde, ausgerufen: «So viel Lärm kommt aus einer solch kleinen Sardinenbüchse!» Der berühmteste Fernsehstar von al-Jazira ist *Faisal al-Kasim*. Er wird in jeder arabischen Grossstadt erkannt und umjubelt. Er moderiert eine Sendung, die «Entgegengesetzte Meinungen» heisst. Er lässt darin zwei Personen ihre entgegengesetzten politischen Überzeugungen darstellen und diskutieren, nicht ohne sie durch manchmal perfide Zwischenbemerkungen und Fragen so recht in

181

Fahrt zu bringen. Es kommt vor, dass der Streit so heiss läuft, dass einer der beiden Kontestanten das Studio verlässt und die Türe hinter sich zuschlägt. Er hat dann natürlich die Debatte verloren.

Ausserhalb der arabischen Welt wurde al-Jazira berühmt, als die Station im Jahre 2001, nach den Terrorangriffen in Amerika, die einzige war, die in Afghanistan unter den Taliban einen Korrespondenten besass und die Filme ausstrahlen konnte, in denen Usama bin Laden seine Version der Ereignisse wiedergab. Sogar CNN sah sich veranlasst, die Bilder von al-Jazira zu kaufen, und Washington erhob nun auch seine Stimme in dem Chor der Regierungen, die sich über die Informationsfreiheit beschwerten, welche al-Jazira geniesst. «Emir Hamed jedoch», so versichern die Diplomaten von Qatar, «mag es nicht, wenn man ihn einzuschüchtern versucht.»

Nach meinem ersten Besuch auf der kleinen Halbinsel verliess ich Doha im Flugzeug nach Kairo. Zeit und Visen fehlten mir, um noch weiter den Golf und Südarabien zu erforschen. Ich vertröstete mich auf spätere Zeiten. Iran, so sagte ich mir, werde das Land sein, in das ich unbedingt zurückkehren wollte. Der Golf, je nach Gelegenheit, würde gewiss auch ein Ziel werden. Doch Iran war mir so wichtig geworden, dass ich mich sofort daran machte, mein persisches Vokabular auszudehnen und iranische Volksbücher und Geschichten zu lesen, von denen ich eine Auswahl aus Persien mitgebracht hatte. Dies hatte ich während der ganzen Golfreise beibehalten und fuhr damit auch in Ägypten fort, bis im folgenden Jahr eine erste Reise in die Türkei mich auf die Notwendigkeit verwies, auch das Türkische nicht zu vernachlässigen.

Ein grünes Tal in der gelben Wüste

Der Flug machte deutlich, dass ich einmal mehr in eine ganz neue Welt vorstiess. Viele Stunden lang führte er über die braunen Wüsten Saudi-Arabiens, zu hoch, als dass man viel mehr als vor Hitze flimmernde gelbbraune Flächen und Felsenberge unter sich sah. Dann kam nach Stunden ein grosses Stück blaue Fläche, offenbar das Rote Meer, nachher wieder das Gelbbraun der Wüste; nun war es jene, die man vom Nil aus gesehen Östliche Wüste nennt. Für mich war es die westlichste all meiner bisher bekannten. Dann erschien plötzlich ein grasgrüner Streifen am Horizont, so grün, dass man sich nichts Grüneres vorstellen konnte. Er rückte näher und wurde noch grüner. Als man sich schon im Sinkflug befand, erschien die blau-graue Wasserfläche des Nils zwischen seinen smaragdgrünen Ufern.

Wer sich Wochen und Monate lang in der gelben und braunen Welt Mesopotamiens, des Iranischen Plateaus und der Wüstengebiete am Golf aufgehalten hatte, war schlechterdings übermannt von dieser ganz anderen, mit grünen Feldern bebauten Welt. Die Nilbrücken, die Dächer, Palmen und Gärten einer grossen Stadt wurden sichtbar, kurz bevor das Flugzeug zum Landen ansetzte. Schon auf dem Flughafen wurde klar, dass die Menschen auch ganz anders waren, gutmütiger, umgänglicher, rundlicher an Leib und Seele und viel mehr zum Lachen aufgelegt als die Araber des Ostens. Ihre Sprache war zwar Arabisch aber ganz unterschiedlich, mit einer anderen Intonation der Sätze und natürlich dem G, das sie jedesmal für das Dsch der anderen Araber gebrauchten.

Kaum war man am Zoll vorbei durch die Passkontrolle hindurch in die Vorhalle gelangt, wimmelte es von Menschen. Ein dichter Menschenschwarm drängte sich hinter der Barriere des von Polizisten freigehaltenen Ausgangs. Ich schloss mich einem ägyptischen Heimkehrer an, um gleich zu lernen, wie man ein billiges Taxi in die Innenstadt fand, ohne zuviel Touristenlehrgeld zu bezahlen. Er wusste es: Man musste nur an der vordersten Reihe der Wagen vorbei zu den vielen hinten wartenden gehen und sich mit einem ihrer Fahrer von Anfang an über den Preis verständigen, der dann wirklich bescheiden war.

Kairo während der Suez-Krise

Ganz im Zentrum der neueren Stadt, wo der damals noch nach Solai-man Pascha benannte Platz lag (später liess Nasser ihn umtaufen in *Talat Harb*), gab es eine «Pension Suisse», in der ich abstieg. Sie lag dem legendären Groppi-Café gegenüber und erlaubte den Zugang zu Fuss zu vielen der wichtigsten Teile der neuen, der älteren und der mittelalter-lichen Stadt. Drinnen gab es viele Diener, einen Essaal mit kleinen Tischen für vier Personen, wo täglich drei Mahlzeiten serviert wurden, grosse Zim-mer mit einem eigenen Bad, eine Dachterrasse, mehrere gemeinsame Wohn-zimmer; das Ganze kam mir hochherrschaftlich vor und überstieg doch nicht mein bescheidenes Budget.

Die Ägypter freilich sah man dort nur als Diener, und sie waren grosse schwarze Nubier, eine ganz besondere Art von Ägyptern. Die Gäste hinge-gen waren sämtlich Europäer; fast immer bescheidene Leute, die beruflich in Kairo zu tun hatten. – Auch ich würde in Kairo zu tun haben, dachte ich damals. Ich hätte unter anderem auf der Nationalbibliothek an der Ausgabe eines mittelalterlichen arabischen Astrologen arbeiten sollen, des *Ibn Abi Rijâl,* von dessen Handschriften aus anderen Bibliotheken, jedoch nicht aus Kairo, ich Fotokopien besass. Der Text schien mir ziemlich uninteressant, da ich mich für Astrologie nie erwärmen konnte. Doch er war für die Hispani-sten von Interesse, weil es eine altspanische Übersetzung von ihm aus der Zeit von Alphons dem Weisen (reg. 1252–1284 in Toledo) gab, und diese interes-sierte die spanischen Philologen als eines der frühen Werke des Altkastili-schen, das auf einem arabischen Original beruhte. Ein arabischer Text in einer verlässlichen Ausgabe hätte als Grundlage für Vergleiche zwischen der arabi-schen und der altspanischen Version dienen können und vielleicht erlaubt, Rückschlüsse auf die Technik der Übersetzung und sogar möglicherweise auf die Herausbildung des Altkastilischen als Literatursprache zu ziehen.

Im Hinblick darauf, dass ich eine Zulassung zur Nationalbibliothek und zu ihren Handschriften benötigen würde, begab ich mich schon in den ersten Tagen nach meiner Ankunft in das Schweizer Institut von Kairo, das auf der Nilinsel Zamalek lag und sogar in einer Strasse ganz nahe am Nil, die Strasse des Schweizer Institutes hiess. Der Direktor empfing mich freundlich, und sein damaliger Assistent und späterer Direktor des Instituts, der Architekt und Archäologe Gerhard Haeny, an den ich eine Empfehlung besass, wurde sofort ein Freund. Er zeigte sich auch von Beginn an bereit, in den praktischen Fragen zu helfen, die für einen Neuling in Kairo zu lösen waren. Die Nationalbibliothek, so erfuhr ich bald, war angesichts der angespannten politischen Lage geschlossen. Doch Haeny ermunterte mich, dies nicht allzu tragisch zu nehmen. Kairo, seine Bewohner im allgemeinen und besonders seine wissenschaftliche Gemeinschaft, so versicherte er, hätten schon manche politische Krise überlebt und würden noch viele andere durchleben. Seine spätere Gemahlin, die damals als Sekretärin im gleichen Institut arbeitete, war ebenfalls sehr hilfreich.

Für die ersten Wochen, so wusste ich damals, würden meine Familie und ich in der Schweizer Pension wohl untergebracht sein. Doch später müssten wir eine Wohnung finden, und beide versprachen von Anfang an, uns dabei behilflich zu sein. Der Korrespondent der NZZ, Hans E. Tütsch, befand sich ebenfalls noch in Kairo, doch gedachte er in den nächsten Tagen nach der Schweiz zurückzufahren. Er hatte in den Wochen zuvor die Lage in Ägypten genau beobachtet und beschrieben; damals sah es noch so aus, als ob ein langes politisches und wirtschaftspolitisches Seilziehen zwischen den Staaten der unter dem Einfluss Grossbritanniens und der USA gebildeten «Assoziation der Kanalbenützer» und dem ägyptischen Staat über die von Nasser im Juni 1956 überraschend und einseitig erklärte Nationalisierung des Suez-Kanals stattfinden würde. Manche der europäischen Beobachter glaubten, dass sich das Szenario der Mossaddeq-Krise in Persien von 1952/3 wiederholen könnte. Auch diese Krise war ja wegen einer Nationalisierung, in ihrem Falle der Anglo-Persischen Erdölgesellschaft, entstanden. Würde Nasser am Ende, wie Mosaddeq, durch einen Staatsstreich mit Nachhilfe aus dem Ausland gestürzt werden? – Im Falle der Perser hatten die britischen Erdölfachleute behauptet, die Perser seien gar nicht in der Lage, die Erdölgesellschaft ohne sie zu betreiben, was sich als unzutreffend erwiesen hatte. Im Falle Ägyptens hiess es nun auch, die Ägypter könnten den Kanal nicht alleine, in eigener Regie, betreiben, doch dies erwies sich als ebenfalls falsch. Der Verkehr durch den Kanal wickelte sich unter ägyptischer Leitung normal ab.

Meine Frau kam mit Jessica, die noch nicht einjährig war, aus der Schweiz via Venedig in Alexandria an, mit dem gleichen italienischen Passagierschiff, das wir schon im Vorjahr bis Beirut benützt hatten. Wir hatten damals, zusammen über die Schiffsbrüstung lehnend, dem munteren Treiben im Hafen von Alexandria zugeschaut: Schlangenbeschwörer und Zauberer auf dem Quai, um die nach Beirut weiterfahrenden Schiffspassagiere zu unterhalten. Diesmal würde meine Frau Pan mit Jessica in Alexandria aussteigen.

Ich fuhr hin, um sie abzuholen. Die Wüstenstrasse nach Alexandria war damals neu angelegt. Sie vermied den schweren Verkehr, durch den man sich früher im Delta, das heisst im Inneren der stark bebauten und besiedelten Fläche Unterägyptens, hatte hindurchquälen müssen. Der Expressbus fuhr auf dem «Befreiungsplatz» direkt vor dem ägyptischen Museum ab, und man konnte mit ihm in drei, vier Stunden Alexandria erreichen. Die Reiseroute ging zuerst nach Westen zu den Pyramiden hinaus, kurz vor ihnen bog sie nach Norden ab und zog dann dem Rande der Wüste entlang. Da diese höher liegt als das Niltal, bekam man die grünen Teile Ägyptens auf dem ganzen Weg nie zu Gesicht. Es gab eine Abzweigung nach Wadi Natroun, der Oase und Wüstensenkung, in der sich ein berühmtes koptisches Kloster befindet, und schliesslich erreichte man die seltsame Landschaft des Mariut-Sees, einer Lagune zwischen dem ägyptischen Festland und dem festen Felsensporn, auf dem Alexandria gebaut ist. Sie war mit Schilf bewachsen, doch wies sie auch offene Wasserflächen auf, und ihr braunes Wasser schien eine Mischung aus Meer- und Nilwasser zu sein. Die Strasse durchquerte diesen flachen See auf einem Damm und führte dann, gewissermassen vom Rücken her, nach Alexandria hinein.

Dort gab es die monumentale Meeresfront mit der Burg Muhammed Alis an ihrem westlichen Ende; dazu einen zentralen Platz, auf dem die Generalkonsulate der Engländer und der Franzosen, die Börse und das aus der britischen Zeit berühmte, aber damals schon angenehm altmodische «Cecil-Hotel» lagen. Ein paar Palmen, grosse Cafés und Club-Gebäude und einige andere Einrichtungen der westlichen Zivilisation wie ein ächzendes Tram, das kreischend über den Platz verkehrte, dokumentierten visuell und architektonisch den Anspruch der Stadt, zu den grossen Mittelmeerhäfen gerechnet zu werden. Die Zeitung mit dem etwas naiven, gewiss unbewusst zweideutigen Namen *Le Progrès Egyptien* wurde angeboten und viel gelesen, weil Französisch in der alten Levante die Sprache des Handels und der Geschäfte gewesen war, im Gegensatz zur Verwaltungssprache, als welche das Englische diente. Grosse italienische und griechische Kolonien von jeweilen mehreren hunderttausend Personen lebten damals noch in der Hafenstadt. Man wusste noch nicht, dass die letzten Tage ihres Aufenthalts unmittelbar bevorstehen sollten.

Der italienische Dampfer kam pünktlich an und brachte wie angekündigt Frau und Töchterchen mit. Sie hatten die Reise gut überstanden. Wir fuhren nach Kairo durch das Delta zurück, mit der Eisenbahn, weil diese – luftgekühlt – bequemer war als der Bus, und alle drei fanden in der «Pension Suisse» ein angenehmes und geruhsames provisorisches Heim.

Erste Erkundungen in Kairo

Ich begann, die Stadt kennenzulernen. Es gab sehr unterschiedliche Teile. Als erstes liess sich eine Zweiteilung in die arabische Altstadt und die neueren Stadtviertel «europäischen Stils» erkennen. Die arabische Stadt faszinierte mich. Sie war damals bedeutend besser erhalten als heute; sehr dicht bewohnt, aber noch nicht völlig zerwohnt, voll von bedeutenden Monumenten aus den vielen grossen Epochen, die Kairo durchlebt hatte, gleichzeitig angefüllt mit einem traditionell orientalischen Stadtleben, das handgreiflich machte, wie die endgültige Ausformung von Tausendundeiner Nacht, die Auffüllung des indo-persischen Rahmens, nirgendwo anders als in Kairo erfolgt sein konnte. Ich besuchte die *al-Azhar*-Moschee und die sie umgebenden Monumente aus der fatimidischen Zeit; schritt durch die lange gerade, aber sehr enge Strasse, die einst zwischen den «beiden Schlössern» gelegen war und eine mamlukische Prachtmoschee nach der anderen enthielt, bis ich beinahe schlafwandelnd, halbbenommen von all der Grösse und all der Betriebsamkeit, ans *Bab al-Futuh* gelangte, das massive «Tor der Eroberungen» aus der fatimidischen Zeit, das das damalige Ende der Weltstadt markierte.

Wir gingen auch in südlicher Richtung nach Alt-Kairo, die Moscheen von *Amr*, von Ibn Tulun und die koptische Kirche besuchen; wagten uns vor in die grosse Friedhofstadt mit all ihren grossen und kleinen Familiengräbern, die damals alle noch offen standen und mit ihren herrlichen und gewaltigen Grabmoscheen von *Sultan Hassan* bis *Baibars*. Damals lag diese Totenstadt noch ganz leer, nur an Festtagen kamen die Angehörigen der Verstorbenen, um auf den Gräbern zu lagern und Mahlzeiten einzunehmen. Später, nach 1967, als die Städte Ismailiya und Suez evakuiert wurden, haben sich viele der Flüchtlinge in der Totenstadt niedergelassen. Sie zogen in die Familiengräber ein, die in der Art von Häusern gebaut waren, lebten dort immer weiter, vermehrten sich auch und haben die einstige Totenstadt in ein Elendsviertel verwandelt, aus dem die grossen Gedenkmoscheen und Mausoleen der früheren Herrscher wie erratische Blöcke emporragen.

Wir bestiegen die Zitadelle *Saladins* (beherrschte Ägypten 1169–1193), auf der später *Muhammed Ali* (reg. 1805–1848) sein Schloss und seine Moschee errichtete, und kletterten auf den Muqattam-Berg, der dahinter liegt. Bei alledem sagte ich mir: Dies ist nur der erste Augenschein; du wirst wieder und wieder kommen, bis dir diese vielfältige Welt im ganzen Reichtum ihrer historischen Tiefe wirklich vertraut werden wird.

Die Geschäftsstrassen des «europäischen» Viertels wurden mehr zum Bereich der täglichen Einkäufe und Kontakte; dort gab es die Buchläden, die Patisserien mit Kuchen im «ferenji»-Stil, das heisst nach der Art der «Franken» oder Franzosen, die Cafés und die Zeitungsstände. Bis man das komplexe Grundschema dieser Strassen erfasst hatte, waren auch sie verwirrend, obgleich es sich um moderne Geschäftsstrassen europäischen Stils handelte. Es gab nämlich zwei sich überlagernde Strassensysteme: eines aus sternförmig von Rundplätzen ausgehenden Prachtstrassen und ein zweites System, ebenso breit und mit Läden geschmückt, das als quadratisches Netz angelegt war. Die sternförmigen Strassen überquerten die des quadratischen Netzes und schnitten sich mit ihnen in lauter verschiedenen Winkeln, die logischerweise nie rechte Winkel sein konnten.

Bald begann man zu sehen, dass die beiden Grundhälften der Stadt, die moderne und die traditionelle, weiter unterteilbar waren. Es gab die Moderne des späten 19. und frühen 20. Jahrhunderts und neben ihr Überreste einer älteren, ebenfalls nach europäischen Vorbildern angelegten Stadt aus der Mitte des 19. Jahrhunderts, die auf Muhammed Ali zurückging, eine schon damals langsam zerfallende Arkadenstrasse nach dem Vorbild der *rue de Rivoli* etwa, die auf die Zitadelle hinführte. Die alte europäische und die neuere europäische Stadt wurden durch den Ezbekiye-Park auseinandergehalten, der einst ein See aus Nilwasser gewesen war. Die Reiterstatue Muhammed Alis, des Gründers der vier Jahre zuvor entthronten Dynastie Ägyptens, stand damals noch dort.

Bulaq, der Flusshafen am Nil und Standort der ersten Manufakturen sowie der ersten Druckerpresse, die Muhammed Ali einrichten liess, war ein Dorf geblieben, das jedoch von der neueren Stadt umfasst und erdrückt worden war. Jenseits des Nils zogen sich die ersten Quartiere von modernen Stadtteilen dahin, die seither zu Millionenvorstädten angewachsen sind, so sehr, dass die Hauptachse der Weltstadt sich immer weiter nach Westen, in die Westliche Wüste und nach Guizeh, verschoben hat. Der «Befreiungsplatz» war soeben Zentrum geworden. Dort hatte das Nasser-Regime neben dem Nil und am früheren Standort der abgerissenen britischen Kaserne das *Mugam'a* erstellt, einen riesigen Blockbau aus Zement von halbmondförmigem Grundriss, in dem alle, oder, weil sich dies als unmöglich herausstellte, doch so viele wie möglich der wuchernden ägyptischen Staatsbüros untergebracht werden sollten, mit dem Ziel, die Bürokratie einer engeren Aufsicht

188

des Staates zu unterstellen. Doch das «Sammelbüro» war schon damals zu einem Irrgarten für ägyptische und für ausländische Bittsteller geworden.

Wir besuchten natürlich auch die Pyramiden von Guizeh und gelangten bis nach Sakkara. Damals hielt sich der Touristenrummel rund um sie herum in Grenzen. Es gab allerdings schon ein, zwei Kamele, auf die man aufsitzen konnte, um sich fotografieren zu lassen oder sogar eine Kurz-Wüstenreise bis zur Sphinx zu unternehmen. Es gab starke Fellachen, die für ein geringes Entgelt bereit waren, unternehmungslustigen männlichen Fremden rechts und links unter die Arme zu greifen, um sie Stufe um Stufe auf den Gipfel der Cheopspyramide zu hissen und ihnen nachher mit der gleichen Methode wieder hinunter zu helfen, eine Aktivität, die eigentlich schon verboten war, weil sie der Pyramide schadete. Doch dieser Betrieb konnte nicht verhindern, dass die Grösse der Pyramiden auf einen jeden wirkte, der sie zu Augen bekam. Man erhielt ein Gefühl grossen Alters und darüber hinausgehender Permanenz. Mir schien es, als stünde ich vor Bauwerken, die weniger Menschenwerk als drei Naturberge waren. Sie waren aber unübersehbar von Menschen gemacht. Ich verstand die arabische Legende, nach der es Riesen gewesen sein mussten, die diese Steinberge aufgehäuft hatten.

Manche dieser Ausflüge unternahm ich allein, auf andere kam meine Frau mit, und ich trug Jessica nach ägyptischem Vorbild sitzend auf einer Schulter, wie es die ägyptischen Frauen mit ihren Kindern taten. Im Tram konnte man Erster oder Zweiter Klasse fahren; in der Zweiten war es gemütlicher, wenn man ein Kind bei sich trug, nur musste man möglichst höflich vermeiden, dass die Mitpassagiere es fütterten, was Jessica immer sehr gerne geschehen liess.

Es kam auch vor, dass wir Jessica schlafend in ihrem Bettchen in der Pension liessen, um kurz allein auszugehen. Einmal waren wir bei Groppi gewesen, um seinen berühmten Café Glacé, mit sehr viel Schlagsahne in hohen geräumigen Gläsern von einem der Nubier-Kellner in feierlicher, goldbestickter Gala-Galabia serviert, zu geniessen. Wir kamen zurück in die Pension, traten in unser Zimmer und fanden eine Gruppe von sechs riesengrossen nubischen Dienern rund um die hochgerandete Krippe Jessicas aufgereiht. Sie klatschten alle rhythmisch in die Hände und lachten schallend dazu. Jessica hielt sich mit ihren Händchen am Krippenrand und tanzte im Rhythmus strahlend, wie eine geübte Bauchtänzerin. Sie hatte in unserer Abwesenheit geweint, und ein Kind darf man in Ägypten unter keinen Umständen weinen lassen. Man muss es trösten, und dies war unseren nubischen Dienern, die in ihrer fernen Heimat gewiss auch Kinder besassen, vortrefflich gelungen.

Der Überfall von 1956

Am 29. Oktober 1956 war ich am Vormittag auf die Bibliothek der Amerikanischen Universität gegangen, um einige Bücher zu konsultieren. Auf dem kurzen Weg zum Befreiungsplatz hinauf wurde ich mehrmals von erregten Ägyptern angehalten: «Die Israeli haben uns angegriffen», riefen sie aus, «jetzt werden sie etwas erleben! Unsere neue Armee wird es ihnen zeigen! Sie ist nun nicht mehr wie jene, die von der alten Regierung schlecht ausgerüstet und ohne Munition in den Kampf geschickt worden war!» Ich nahm solche Meinungsäusserungen ohne Kommentar entgegen, schliesslich wusste ich nicht einmal, woher diese Nachrichten stammten. Ich setzte meinen Weg fort. Die Bibliothek war leer. Doch hinter einigen Bücherregalen entdeckte ich einen weisshaarigen, sehr korrekt gekleideten Herrn, der offenbar ein Engländer war. Ich erkannte ihn sogar von den Bildern auf den Umschlägen seiner Werke: Es war *Sir K.A.C. Creswell*, der berühmteste Experte für frühe muslimische Architektur, dessen Handbuch ich schon in Beirut studiert hatte. Er sagte erregt: «Nun hat es angefangen. Den Ägyptern wird es schlecht gehen! Wenn sie eine neue Niederlage erfahren, kann das auch für uns hier gefährlich werden.»

Ich kürzte meine Recherchen ab und begab mich zur Dachwohnung von *Rowland Ellis*, die wenige Häuser weiter entfernt lag. Ellis war uns von Haeny vorgestellt worden; er sollte über viele Jahre hinweg unser beständiger Freund und getreuer Anker in Kairo werden. Rowland hatte nach dem Zweiten Weltkrieg in der Antikenverwaltung von Palästina gedient und war nach dem Abzug der Engländer nach Ägypten gekommen. Er lebte davon, dass er ägyptischen Regierungsstellen Dokumente und Schriften durchsah, bei denen es darauf ankam, dass sie in wirklich korrektem Englisch verfasst waren. Er korrigierte sie und brachte sie in endgültige Form. Er verfügte über gute persönliche Beziehungen zum ägyptischen Kulturminister, dem Offizier *Tharwat Okasha,* der seinerseits zu den ursprünglichen Gefährten Nassers und seiner Revolutionsjunta gehört hatte. Ellis war ein universal gebildeter Mann, der sich eben so sehr für Ägyptologie wie für moderne Filme interessierte. Er hatte die Revolutionsperiode Ägyptens aus der nächsten Nähe miterlebt; damals hatte er in der englischen Zeitung Kairos mitgearbeitet. Eine englische Freundin, die nach London zurückgereist war, hatte ihm vor Jahren ihre Dachwohnung auf einem der grossen Gebäude auf dem Befreiungsplatz mitten in Kairo überlassen.

Dort fand ich ihn auf einer seiner beiden Terrassen inmitten seiner zu einem Wald hochgewachsenen Kakteen und Bananenstauden; er hatte an jenem Morgen nur ein Wort im Munde: «Der Kindermord von Bethlehem!»

wiederholte er immer wieder. Zuerst verstand ich ihn gar nicht. Doch der Verlauf der nächsten Tage sollte immer deutlicher zeigen, was er gemeint hatte. Er durchschaute das gewaltige Propagandagetöse, in das die Ägypter sich seit der Nationalisierung des Suez-Kanals hineingesteigert hatten, als das, was es tatsächlich war: eben Propagandageschrei in der Art von Kriegstänzen von einer beinahe kindlichen Naivität, und er kannte die andere, israelische Seite, die sich zwar gerne als Opfer darstellte und sich sogar als ein solches zu fühlen pflegte, die aber zugleich mit ruchloser Brutalität zu handeln vermochte.

(Ich wähle hier das Wort «ruchlos» absichtlich. Wer es für unangemessen hält, sollte sich den Artikel *De quelques massacres israéliens* in der *Revue des Etudes Paléstiniennes* No. 6, hiver 1996, p. 20 bis 40, vornehmen. Dort wird glaubwürdig und auf Grund von israelischen Quellen nachgewiesen, dass die Israeli im Suez-Feldzug von 1956 eine grosse Zahl – Hunderte, wenn nicht Tausende – von ägyptischen Gefangenen, die sich ihnen ergeben wollten, erschossen, nachdem sie ihnen sogar ihre Unterkleider weggenommen hatten. Auch zivile ägyptische Gefangene wurden kaltblütig erschossen, anscheinend, weil die israelischen Truppen sich durch sie in ihrer Bewegungsfreiheit behindert glaubten.)

Es waren in der Tat die naiven Aspekte des Krieges, die in Kairo als erste sichtbar wurden. Eine Verdunkelungsvorschrift war ergangen, und schon auf dem kurzen Heimweg in die Pension begegnete ich Händlern, die Taschenlampen mit blauem Licht auf der Strasse anboten, schwarzes Papier, um die Fenster abzuschirmen, blaugestrichene Birnen und – am bemerkenswertesten – «Verdunkelungsbrillen», deren Gläser blau bemalt worden waren, offensichtlich nach der unbewusst wirkenden Grundillusion: «Wenn ich kein helles Licht sehe, gibt es kein helles Licht».

Am ersten Abend des Krieges war die Verdunkelung Hauptthema. Die ganze Nacht hindurch hörte man laute Rufe: «*nûr! nûr!*» als Warnungen, dass irgendwo Licht gesehen wurde. Irgend jemand war in Kairo stets auf der Strasse oder auf den Terrassen, und alle wollten ihre Vaterlandsliebe unter Beweis stellen, indem sie mithalfen, sehr strikte dafür zu sorgen, dass ja kein Lichtstrahl in die Nacht hinausströmte und die feindlichen Flugzeuge wissen liess, dass sie sich über Kairo befanden. Wenn der entdeckte Lichtschein nicht sofort verschwand, vervielfachten sich die Stimmen, die auf ihn hinwiesen und gegen ihn protestierten, und Trillerpfeifen, wie die Verkehrspolizei sie gebrauchte, mischten sich in das Konzert.

Am zweiten Tage des Krieges erfolgte der Donnerschlag. Am 30. Oktober riefen die Franzosen und die Engländer Ägypten in einem Ultimatum dazu auf, den Suez-Kanal zu räumen, damit sie ihn selbst besetzen könnten, indem sie vorschützten, sie wollten die kriegführenden Ägypter und Israeli voneinander trennen. Doch damals waren die Israeli noch lange nicht an den Suez-Kanal gelangt. Die Ägypter wiesen das Ansinnen der beiden Grossmächte zurück, und diese erklärten den Krieg. Wie man später hörte, hatten israelische Flugzeuge am Tag zuvor, noch bevor der eigentliche israelische Angriff begann, im Tiefflug die Kabel durchschnitten, die über den Kanal gespannt waren und über welche die Kommunikationen zwischen den ägyptischen Truppen im Sinai und ihren obersten Kommandanten im Niltal liefen, so dass die ägyptischen Befehlshaber schon am zweiten Kriegstag nicht mehr genau wussten, wie es ihren Truppen im Sinai ging und wo sie standen.

In unserer Pension war ein deutscher Ingenieur untergebracht, dessen Firma mehrere Lokomotiven an die ägyptische Eisenbahn verkauft hatte. Er sollte dafür sorgen, dass sie wenigstens während der Garantiefrist richtig gewartet wurden und keinen Schaden nahmen. Doch eine davon war ihm bei Kriegsausbruch abhanden gekommen. Sie war gerade in den Sinai gefahren, als der Krieg ausbrach. Er versuchte tagelang in Erfahrung zu bringen, wo genau sie sich nun befinde, doch er fand sie nicht wieder. Sie war offenbar ein israelisches Beutestück geworden.

Es kam nun zu allnächtlichen Bombardierungen in der Nähe von Kairo, vor allem der Zivilflughafen und die Militärflugplätze wurden zu Zielen der britischen und der französischen Kampfflugzeuge. Wir stiegen des Nachts auf die Dachterrasse, um das Feuerwerk von fern zu verfolgen. Lichtspurmunition zog Streifen über den Himmel, am Horizont liess sich hier und dort eine Feuersbrunst wahrnehmen. Die Abschüsse der Fliegerabwehr waren laut zu hören. Die jüngeren unter den deutschen Pensionsgästen, die alle im Krieg gewesen waren, meinten fachmännisch: «Ja, heute zielen die Ägypter schon besser als gestern. Sie werden es schon noch lernen!» Ich selbst konnte mir aus den Lichtspuren und Explosionen kein Bild dessen machen, was wirklich geschah, natürlich auch nicht aus der ägyptischen Presse, die nur Erfolgsmeldungen druckte.

Am dritten und vierten Tag wurden vor dem zentralen Regierungsgebäude auf dem Befreiungsplatz, dem erwähnten Sammelbüro des *Mugam'a*, lange, zerbeulte Aluminiumzylinder gezeigt. Das Volk stand davor und bestaunte, was ihm als Überreste von zerstörten feindlichen Flugzeugen beschrieben wurde. Doch die kriegserfahrenen Ausländer versicherten, es handle sich nur um Reservebehälter für Treibstoff, die von den Kampfflugzeugen abgeworfen würden, wenn ihr Inhalt verbraucht sei.

Die Luftkämpfe dauerten an. Am 4. November kam in New York eine Resolution des UNO-Sicherheitsrates zustande, die eine Feuereinstellung befahl. Israel stimmte ihr zu, da es seine Kriegsziele im Sinai erreicht hatte. Doch die Franzosen und Engländer waren noch nicht am Kanal gelandet, wie es das mit Israel vereinbarte geheime Szenario vorsah. Israel nahm daher seine Zustimmung zu dem Waffenstillstand wieder zurück. Am 5. November erfolgte sodann die Landung der Franzosen und Briten am nördlichen Ende des Suez-Kanals, und sie besetzten nach anfänglich hartem Widerstand die auf den beiden Ufern des Nordeingangs liegenden Städte Port Said und Port Fouad. In grösster Eile stürmten die britischen und französischen Truppen sodann dem Kanal entlang nach Süden.

Doch sie hatten erst ein Drittel der Gesamtlänge des Wasserweges besetzt, als in der Nacht von 6. zum 7. November auf Drängen des Sicherheitsrates hin endgültig ein Waffenstillstand eintrat. Nasser hatte seinerseits die Versenkung von 40 Schiffen im Kanal angeordnet und den Wasserweg dadurch auf Monate hinaus gesperrt.

Die Generalversammlung der UNO hatte bereits am 12. Oktober, das heisst schon 18 Tage, bevor die Israeli ihren Angriff auslösten, auf Wunsch der Amerikaner, der Inder und Generalsekretär Dag Hammarskjölds einem Friedensplan zugestimmt, der sechs Punkte vorsah. Ihre wichtigsten waren Verzicht auf «internationale Leitung» des Kanals, wie sie die Briten und Franzosen gefordert hatten, und als Gegenleistung die Zusage der Ägypter, dass die Funktion des Kanals nicht den politischen Interessen eines einzigen Staates unterworfen werden solle. Doch bevor diese Prinzipien zu einem konkreten Vertrag ausgearbeitet werden konnten, hatten die Israeli in geplanter Aktionsgemeinschaft mit den Engländern und Franzosen losgeschlagen. Nach der Landung der Briten und Franzosen hatten die Russen in Briefen, die Bulganin an Eden, Mollet und Ben Gurion richtete, mit einem möglichen Gebrauch der Atomwaffe gegen die drei Staaten gedroht, doch diese Schreiben waren erst abgeschickt worden, als der Waffenstillstandsbeschluss des Sicherheitsrates in New York unter Dach und Fach gebracht war und die Amerikaner klar gemacht hatten, dass sie den Schritt der Franzosen und Briten missbilligten, so dass die russische Aktion mehr einer nachdrücklichen Geste als einer wirklichen Kriegsdrohung gleichkam.

In diesen kritischen Tagen war in Ungarn die dortige Krise neu aufgeflammt, und am 4. November waren die russischen Tanks nach Budapest zurückgekehrt, um die neue demokratische Regierung von Imre Nagy abzusetzen und den ungarischen Volksaufstand zu beenden.

Zu den teilweise beabsichtigten, aber zum Teil auch spontan entstandenen diplomatischen und militärischen Verwirrspielen aus der Zeit unmittelbar vor dem israelischen Angriff gehörten heftige Spannungen zwischen

Israel und Jordanien, die zu drei sensationellen und blutigen Schlägen der Israeli auf jordanische Grenzorte führten. Die Briten verfolgten in den Monaten September und Anfang Oktober einen Plan, der den Einmarsch irakischer Truppen in Jordanien vorsah. Die Israeli deuteten an, dass sie in einem solchen Falle Gegenmassnahmen ergreifen würden, die eine Besetzung der damals jordanischen Westjordangebiete beinhalten könnten.

London verfolgte in den Monaten vor dem Drama eine politische Linie, die darauf ausging, Nasser, den Premierminister Anthony Eden als einen «neuen Hitler» ansah, für seine Nationalisierung des Suez-Kanals dadurch zu bestrafen, dass sein damaliger arabischer Hauptgegenspieler, der irakische Ministerpräsident *Nuri Said* in Jordanien Einfluss erlangen und vielleicht sogar dem alten Projekt eines «Fruchtbaren Halbmonds» unter britischer Führung im arabischen Osten neues Leben einhauchen solle. Doch diese Pläne stiessen auf Misstrauen und Missbilligung von Seiten der Israeli und der Franzosen. Erst gegen Mitte Oktober scheint London endgültig auf sie verzichtet und sich dem französisch-israelischen Szenario angeschlossen zu haben. Die Spannungen um Jordanien ermöglichten es dem israelischen Generalstabschef *Moshe Dayan*, durch Truppenkonzentrationen am Osten der israelischen Grenze den Eindruck zu erwecken, eine israelische Aktion gegen Jordanien sei vorgesehen, was zur strategischen Überraschung der Ägypter in der Anfangsphase des Krieges beitrug.

Amerikanischer Druck politischer und finanzieller Natur, aber auch innere Opposition durch die Labour Partei, zwangen die Regierung Anthony Edens, dem Waffenstillstandsgebot des Sicherheitsrates vom 6. November zuzustimmen. Die Franzosen, alleine gelassen, mussten ihre Offensive ebenfalls einstellen.

Die Erdölversorgung Europas drohte zusammenzubrechen, da der Suez-Kanal gesperrt und die Rohrleitung von Kirkuk ans Mittelmeer in Syrien gesprengt worden war. Die Saudis erklärten ihrerseits, dass sie den Angreiferstaaten kein Erdöl liefern wollten. Die Israeli erreichten ihre Kriegsziele insofern, als es ihnen gelang, die neuen sowjetischen Waffen der Ägypter, noch bevor die ägyptische Armee Gelegenheit hatte, ihren Gebrauch zu beherrschen, zusammen mit einem beträchtlichen Teil der ägyptischen Armee zu zerstören. Sie nahmen darüber hinaus die Meerenge von Tiran am Ausgang des Golfes von Aqaba in Besitz und konnten dadurch die Sperre der israelischen Schiffahrt von Eilat zum Roten Meer, welche Ägypten seit 1948 erzwungen hatte, beenden. Doch die Franzosen und Engländer erreichten ihr Kriegsziel, die Inbesitznahme des Kanals, nicht. Alle drei zusammenwirkenden Mächte vermochten es auch nicht, Nasser zu Fall zu bringen, was wahrscheinlich ihr gemeinsames politisches Kriegsziel gewesen war.

Mir blieben damals viele der Hintergründe und Intrigen der Krise, deren Einzelheiten erst viel später öffentlich bekannt werden sollten, völlig verborgen. Doch eines wurde sehr deutlich: Die ägyptische Bevölkerung hing Nasser begeistert an. Für sie war die militärische Niederlage, die ihre Armee im Sinai erlitten hatte, von viel geringerem Gewicht als der Umstand, dass Nasser seinen politischen Willen gegen die drei verbündeten Mächte durchgesetzt hatte, dass der Kanal ägyptisch geworden war und ägyptisch blieb; dass das Niltal, ihr Land Ägypten, das sich so viele Jahrhunderte lang fremder Herrschaft hatte beugen müssen (mindestens seit der Zeit der Mamluken, falls man deren Herrschaft, die 1258 begann und 1517 endete, als eine ägyptische ansehen wollte) und das seit der napoleonischen Zeit immer wieder den politischen Eingriffen der europäischen Mächte ausgesetzt war, nun endlich, dank der Führung durch Nasser, seine eigene Politik betreiben, sich seine eigenen Ziele setzen und diese erreichen konnte.

Dies war, was die meisten Ägypter als «ihre Revolution» empfanden. Sie hatte sich bewährt. Eine Absetzung Nassers, wie sie die europäischen Staaten angesichts der militärischen Niederlage erwarten mochten, kam für die Ägypter überhaupt nicht in Frage. Im Gegenteil, seine Volkstümlichkeit hatte durch die Suez-Aktion und durch sein Beharrungsvermögen gegenüber zwei Grossmächten und Israel ungeheuer gewonnen – nicht nur in Ägypten selbst, auch in der gesamten arabischen Umwelt, deren wichtigster, ausschlaggebender und nicht mehr zu umgehender Politiker Nasser nun werden sollte.

Auf meinen Wegen durch die Innenstadt, die ich bald darauf täglich zweimal zu Fuss durchquerte, wurde ich als einer der wenigen offensichtlich europäischen Passanten, die es in jener Zeit gab, immer wieder von einfachen Ägyptern angehalten. «Was denkst du über unsere Revolution?» Auf die Frage, die in immer neuen Varianten gestellt wurde, pflegte ich etwas Unverbindliches zu antworten, etwa: «Schwierigkeiten gibt es natürlich, aber bis jetzt ist alles gut gegangen, und man kann hoffen, dass es weiter so gehen wird.» Dies fand optimistische und begeisterte Zustimmung: «Ja, und darauf kommt es doch an; es ist uns gelungen, standzuhalten, von jetzt an wird es aufwärts gehen mit Ägypten! Das wollte ich von dir hören!» Oft wurde mir dabei freudig die Hand geschüttelt oder kameradschaftlich auf die Schulter geklopft.

Es gab natürlich auch Ägypter, die nicht so begeistert waren. Die Muslimbrüder und ihre zahlreichen Sympathisanten standen seit 1954 unter starkem Druck des Regimes. Damals waren sie mit Abdel Nasser zusammengestossen. Sie hatten im Rivalitätsringen zwischen Oberst Nasser und General Naguib die Seite des Generals ergriffen. Naguib, der damals allen Schilderungen nach viel populärer als Nasser war, hatte demokratische Wahlen versprochen, und die Brüder hatten sich dabei gute Erfolgschancen ausgerechnet. Ein Anschlag war auf Nasser verübt worden, als er am 26. Oktober 1954 in Alexandria eine Volksrede hielt, und die Polizei des Regimes schrieb die Täterschaft dem Muslimbruder *Mahmud Abdul Latif* zu. Er wurde sofort am Tatort erschossen, und die Anführer der Bruderschaft wurden vor Kriegsgerichte gestellt und hingerichtet; andere wurden in Konzentrationslager gesperrt, wo sie schwere Misshandlungen erlitten.

Wer mit ihnen sympathisierte, war natürlich kein Freund des Regimes und äusserte seine Reserven gerne in Gesprächen mit Ausländern. In die gleichen Konzentrationslager waren auch Vertreter der kommunistischen und ultra-kommunistischen Linken eingeliefert worden. Auch ihre Gesinnungsgenossen sahen die Nasser-Regierung in einem anderen Licht als die Normalägypter, wenngleich sie die Volkstümlichkeit des Regimes zugaben. Schliesslich gab es die alte politische Schicht der Paschas und Beys, die von Nasser entmachtet worden war. Ihre Hauptvertreter, fast nur schwerreiche Leute und Grundbesitzer, verfügten über gute Verbindungen zu den Ausländern und fremden Diplomaten und zögerten nicht, ihre negative Sicht der «Emporkömmlinge» unter den Ausländern auszubreiten.

Die Folgen der Suez-Krise

Da Ägypten sich nach dem Waffenstillstand weiter im Kriegszustand mit den Engländern und Franzosen befand, wurden diese zu unerwünschten Ausländern erklärt und aufgefordert, das Land zu verlassen. Auch die meisten ägyptischen Juden wurden ausgewiesen. Die Deutschen waren nicht direkt betroffen, doch gab es Aufgeregte unter ihnen, die unter allen Umständen abreisen wollten, was dazu führte, dass ein Nilschiff organisiert wurde, das sie auf dem einzigen offenen Weg ins Ausland, den Nil hinauf nach Khartum bringen sollte. In den folgenden Wochen hörten wir von Zeit zu Zeit, wie weit das Nilschiff gekommen war. Es hatte sein Ziel noch lange nicht erreicht, als sich die Lage in Ägypten schon weitgehend normalisierte und die Flüge sowie der Seeverkehr wieder aufgenommen wurden, was dem Vernehmen nach zu einem Streit auf dem Nilschiff führte zwischen denen, die umkehren wollten, und jenen, die dafür eintraten, die lange Nilreise unter allen Umständen zu Ende zu bringen.

Auch die Amerikaner organisierten die Evakuation ihrer Staatsangehörigen auf einem Kriegsschiff. Doch sie war freiwillig, und meine Frau beschloss, in Kairo zu bleiben, wobei ich sie nach Kräften unterstützte. Es gab einige Amerikaner, die ebenfalls blieben, darunter die Gattinnen von ägyptischen Männern und einige Archäologen. Unser Freund Ellis wurde nicht ausgewiesen, obgleich er Engländer war. Seine guten Beziehungen zur Regierung ermöglichten ihm, in Kairo zu bleiben.

Ein junger französischer Archäologe, mit dem wir bekannt waren, hatte das Land zu verlassen. Die französischen Behörden sorgten für seine Evakuation mit dem diplomatischen Personal. Doch dabei konnte er nur wenig Gepäck mitnehmen, sein Motorrad schon gar nicht. Er fragte uns, ob wir jemanden wüssten, der es vielleicht kaufen wollte. Wir kannten niemanden, doch meine Frau meinte, einer unter den deutschen Monteuren, die in der Pension lebten, sehe so aus, als ob er gerne Motorrad fahre. Sie ging ihn direkt an und fragte, ob er ein Motorrad kaufen wolle. Der schaute sie gross an und meinte: «Warum fragen Sie mich und keinen anderen?» – «Weil ich dachte, Sie sehen so aus, als ob sie ein Liebhaber von Motorrädern sein könnten, Lederjacke und so.» Er antwortete: «Ich werde nie mehr ein Motorrad besteigen! Ich war nämlich Meldefahrer im Krieg und bin zweimal zwischen Stalingrad und Berlin hin- und hergefahren!» So musste das Motorrad unverkauft und als Feindeigentum in Kairo zurückbleiben.

Die Schweizer Interessenvertretung

Nach dem Abbruch der diplomatischen Beziehungen Ägyptens mit Frankreich und Grossbritannien kam eine kleine Delegation von Schweizer Diplomaten nach Kairo, um sich der Interessen der beiden Grossmächte anzunehmen. Als sie aus der Schweiz abfuhren, hatten die Diplomaten schwerlich wissen können, welch intensive Arbeit sie in Ägypten erwartete. Die beiden Mächte hatten infolge der alten und engen wirtschaftlichen und politischen Beziehungen mit Ägypten gewaltige Kolonien von Staatsangehörigen im Niltal.

Sie wurden noch grösser, wenn man die Staatsbürger jener afrikanischen und asiatischen Gebiete mit dazu rechnete, die Kolonien und Protektorate der beiden Grossmächte bildeten, und als äusserster Ring zählten auch noch die Staaten des British Commonwealth und der damals bestehenden Union Française in Afrika mit.

Die ägyptischen Revolutionsbehörden benützten die Kriegslage, um die fremden Kolonien, die seit geraumer Zeit in Ägypten lebten und einen bedeutenden Teil der modernen Wirtschaftszweige in Alexandria und Kairo beherrschten, aus dem Land zu weisen. Bald schon waren auch viele andere im Niltal lebende Europäer von ähnlichen Ausweisungen betroffen.

Die riesigen italienischen und griechischen Gemeinschaften, die es in Alexandria und Kairo gab, es handelte sich um Hunderttausende von Menschen, hatten ihre eigenen Botschaften und Konsulate, an die sie sich wenden konnten, wenn ihnen Ausreisebefehle erteilt wurden. Doch die Botschaften und Konsulate der Briten und Franzosen waren geschlossen. Die neu eingetroffenen Schweizer Diplomaten übernahmen sie, und Tausende von Personen wandten sich an dieses Hilfspersonal mit der dringenden Bitte um Visen, Zulassung in die «Metropole», Hilfe zur Ausreise sowie mit zahlreichen anderen, so gut wie immer berechtigten Anliegen.

In der ersten Zeit nach dem Waffenstillstand gab es noch kaum Transportmöglichkeiten. Doch dies hinderte die ägyptischen Behörden nicht daran, Ausweisungsbefehle ergehen zu lassen. Wenn die Betroffenen nicht abreisten, weil sie nicht abreisen konnten, erschien jeden Tag einmal oder zweimal ein Polizist in ihrer Wohnung und erkundigte sich mehr oder weniger schroff, warum sie noch immer nicht abgereist seien.

Gerüchte waren im Umlauf, nach denen Personen, die dem Gebot nicht Folge leisteten, mit Internierung zu rechnen hätten. Dies kam in Wirklichkeit nur vor, wenn die ägyptische Sicherheit glaubte, sie habe Grund für die Annahme, der oder die Betroffene seien Spione oder Agenten, die für die kriegführenden Mächte wirkten. Doch die Gerüchte genügten, um Hunderttausende von Menschen in Unruhe zu halten und sie in einen psychologischen Zustand zu bringen, in dem viele so rasch wie möglich und unter allen Umständen und Opfern das Niltal verlassen wollten.

Die kleine Schweizer Delegation fand sich weit überfordert. In den Botschaften und Konsulaten, die sie vorübergehend übernahm, liefen Tausende von Menschen zusammen, sobald sich verbreitete, dass diese unter Schweizer Auspizien ihre Tore wieder geöffnet hätten. Um den Menschenstrom einigermassen zu kanalisieren, forderten die frisch angekommenen Diplomaten in Ägypten lebende Bürger ihres eigenen Staates und andere «neutrale» Europäer auf, der Delegation zu Hilfe zu kommen. Dies führte dazu, dass Schweizer und andere Nicht-Diplomaten, die in Kairo und Alexandria verfügbar waren, als provisorische Hilfskräfte eingestellt wurden.

Ich stellte mich zur Verfügung, weil die Nationalbibliothek, wo ich hätte arbeiten sollen, noch immer geschlossen war. Mir schien, dass ich mit dem bescheidenen Geld, das ich in dieser Tätigkeit verdiente, meinen Aufenthalt in Ägypten um mindestens so viele Monate verlängern konnte, wahrscheinlich um einige mehr, wie ich sie mit der provisorischen Arbeit auf den Botschaften verlieren würde. Ich schrieb in diesem Sinne nach Zürich und erhielt Zustimmung. Die Post war nie ganz unterbrochen. Zu telefonieren oder auch nur ein Telegramm zu schicken, wäre mir damals nicht einmal eingefallen. Dies wäre mir nur in äussersten Notfällen als vertretbar erschienen.

Ich begann meine neue Tätigkeit in dem weitgehend leeren, damals ganz neuen Gebäude der Britischen Botschaft, wo vor der Suez-Krise Dutzende von Angestellten beschäftigt gewesen waren. Meine erste Aufgabe war dort, alle die Leute zu empfangen, die unbedingt den Chef der Schweizer Mission sehen wollten und zu versuchen, ihm möglichst viele dieser Treffen abzunehmen, indem ich tat, was weniges getan werden konnte, um die Besucher zu beruhigen und ihren jeweiligen Anliegen nachzukommen. Ich bezog das grösste und schönste Büro, in dem ich Zeit meines Lebens je gearbeitet habe. Ein gewaltiger hochpolierter Schreibtisch stand darin. Darauf lag zu meinem Entzücken eine Kopie des arabisch-französischen Wörterbuches von Belot. Sonst gab es keine anderen Arbeitsinstrumente. Die meisten Personen, die ich zu empfangen hatte, waren Leute aus bürgerlichen Kreisen, die Ausreisebefehle erhalten hatten, aber nicht ausreisen konnten, weil es auch nach der Wiederaufnahme des internationalen Personenverkehrs auf Monate hinaus weder Schiffs- noch Flugplätze gab. Die ausgewiesenen langjährigen Residenten im Niltal fürchteten, ins Gefängnis geworfen zu werden, dies um so mehr, wenn sie früher wirtschaftliche Schlüsselpositionen in ihrem Gastland eingenommen hatten. Sie suchten deshalb den persönlichen Kontakt mit möglichst Hochgestellten in der Britischen Botschaft, da sie hofften, dass solche Beziehungen ihnen einen gewissen Schutz gegen befürchtete Polizeimassnahmen bieten könnten.

Ich konnte allerdings nicht mehr tun, als die erregten Personen, so gut es ging, zu beruhigen, indem ich ihnen versicherte, dass bisher kaum Internierungen vorgekommen waren, trotz der vielen Drohungen und Gerüchte, die umgingen. Im Scherz meinten wir, dass meine Hauptbeschäftigung daraus bestand, regelmässig im Brustton der Überzeugung den Satz auszusprechen: «Allez en prison, Madame, et on protestera!»

Die Schweizer Interessenvertreter kamen auf die Idee, Ausweise anzufertigen und Schutzbriefe auszustellen, die mit Schweizer Kreuzen und Stempeln versehen waren und in französischer Sprache erklärten, die betreffende Person oder Wohnung stehe unter dem Schutz der Schweizer Interessenvertretung; diese sichere zu, dass die betroffene Person ausreisen werde, sobald es eine Möglichkeit dazu gäbe. In der Zwischenzeit bitte die Interessenvertretung die ägyptischen Behörden, der betreffenden Person alle zweckdienliche Hilfe zur Bewerkstelligung ihrer Ausreise leisten zu wollen.

Derartige Papiere dienten in erster Linie dazu, die Polizisten zu beeindrucken, die den Ausgewiesenen tägliche Mahnbesuche abstatteten, und sie hatten auch eine wichtige psychologische Bedeutung für die ausgewiesenen französischen Staatsangehörigen und «British subjects», weil diese den Eindruck gewannen, nicht ganz hilflos und ohne Rekurs dem Wirken des aufgebrachten ägyptischen Staates ausgesetzt zu sein.

Für viele der Ausgewiesenen war eine schwierige Frage, wohin sie ausreisen könnten, da es keineswegs selbstverständlich war, dass alle ein Visum nach Grossbritannien oder nach Frankreich erhielten. Da gab es z. B. die Maltesen, die als britische Untertanen von Malta nach Ägypten gekommen waren und dort gelebt hatten, vielleicht seit Generationen. Weder hatten sie es sich je einfallen lassen, noch hatte der ägyptische Staat sie dazu veranlasst, Ägypter zu werden. Aber «British» waren sie auch nicht, sondern nur Bürger des Commonwealth. Die Zyprioten fanden sich damals im gleichen Fall. Auf der französischen Seite gab es etwa tunesische Juden, die im Niltal gelebt und gewirtschaftet hatten, manche sogar schon seit Generationen als Juweliere im Basar; sie waren als französische «sujets» nach Ägypten gekommen und wurden nun als Juden und gleich auch noch als Franzosen des Landes verwiesen. Sie wollten auf keinen Fall nach Tunis zurückkehren, sondern nach Frankreich ausreisen.

Es gab einen bezeichnenden Unterschied in der Art, wie die beiden Grossmächte ihre Angehörigen behandelten. Paris stellte allgemeingültige Regeln auf: jedermann mit «oncle, tante, cousin, cousine, époux, épouse, père, mère, fils, fille de nationalité française» konnte ein Visum nach Frankreich erhalten. Die Briten zogen es vor, jeden Fall individuell zu behandeln. Wer ein Visum nach Grossbritannien oder einem der Staaten des Commonwealth begehrte, musste die Zustimmung der zuständigen britischen Behörde erhalten. Diese konnte telegrafisch angefordert und erteilt werden.

Die Schweizer legten für den Fall der Franzosen von sich aus fest, dass eine blosse Erklärung des oder der Interessierten, er oder sie habe die verlangten französischen Familienbeziehungen, nicht genüge. Wenn nicht ein genauer Beweis, so musste doch mindestens ein Indiz dafür vorgelegt werden, dass eine solche Beziehung bestand. Solche Indizien konnten Briefe der Familienmitglieder sein; sie konnten aber auch aus einem Schriftstück des Rabbinats von Kairo oder einer anderen religiösen Autorität bestehen, in dem festgestellt wurde, dass es «de notorité publique» sei, dass die betroffene

Person diese und jene Verwandte französischer Nationalität in Frankreich besitze.

Im Falle der Briten waren die Schweizer blosse Übermittler der Entscheide, die ausserhalb Ägyptens getroffen wurden; im Fall der Franzosen hatten sie die Regeln, welche Paris aufgestellt hatte so gut es ging anzuwenden.

Während der ersten Wochen, als der Ansturm und die Angst der Ausgewiesenen am grössten waren, kam eine ältere Dame, begleitet von einer äusserst energischen und sprachgewandten französisch sprechenden ägyptischen Freundin in mein grosses Büro; sie hiess Rosa Lot, und ihre Freundin versicherte mir händeringend und beinahe in Tränen, dass sie sicher sei, ein Telegramm aus Australien sei angekommen, wo der Sohn der Dame und ihres Gatten lebte, und dieses Telegramm sage ihr ein Visum nach Canberra von Seiten der dortigen Behörden zu. Der Beamte jedoch, es war ein Belgier und eine provisorisch eingestellte Hilfskraft wie ich, habe die Frau Lot abgewiesen und wolle auf ihre wiederholten Vorstellungen nicht hören. Er habe sogar energisch behauptet, es liege keine Zusage für ein Visum vor. Sie aber sei gewiss, ein solches Telegramm sei vorhanden, sie habe es mit eigenen Augen gesehen.

Den belgischen jungen Mann, der sich mit einem ganzen Strom von Antragsstellern auseinandersetzen musste, und, wie ich wusste, unter schwerem Druck stand, wollte ich nicht sogleich belästigen. Ich machte mich auf die Suche nach dem Telegramm, und nach einigem Herumtelefonieren in der Botschaft brachte ich in Erfahrung, dass es im obersten Stock direkt unter dem Dach ein Archiv für geheimzuhaltende Papiere gab und dass der Archivar, ein ägyptischer Angestellter der Botschaft, dort immer noch still seinen Dienst versah. Ich rief ihn an, und «yes Sir», ein Telegramm aus Canberra, das offenbar ein Ehepaar betreffe, war vorhanden und archiviert. Es sei allerdings ein seltsames Telegramm. Ob er es in mein Büro bringen solle, fragte der Archivar. Aus Neugierde sagte ich, ich würde selbst kommen und fand wirklich sein kleines Büro im obersten Stock, wo, wie er mir versicherte, alle geheimen und vertraulichen Dokumente aufbewahrt wurden. Das Telegramm war dort gelandet, weil es den Code-Namen des britischen Konsuls in Canberra trug und es natürlich nicht wünschenswert war, dass dieser Code-Name, der einer telegrafischen Unterschrift gleichkam, allzuweit herum bekannt wurde. Doch das Telegramm war in der Tat seltsam, weil es keinen Familiennamen enthielt, sondern bloss zwei Vornamen. Es sagte: «Visa Rosa and David Not Granted» und trug dann die erwähnte Code-Unterschrift.

Ich wusste, dass die beiden älteren Eheleute Lot hiessen, und nach einigem Überlegen wurde mir klar, dass bei der Übermittlung ein Fehler geschehen war. Der Telegrafist, wahrscheinlich in Kairo, hatte ein «Lot», das für ihn bedeutungslos war, in ein «Not» verwandelt. Doch ob mein belgischer Kollege, der die Frau mehrfach und zum Schluss offenbar etwas unwirsch abgewiesen hatte, die Sache auch so ansehen würde? – Ich beschloss möglichst diplomatisch vorzugehen. Ich begab mich mit dem Telegramm in das Erdgeschoss, wo mein Kollege mit einer Flut von Visensuchenden kämpfte. Sie standen, gewiss schon seit Stunden, in Schlangen da, und nur ein Fall nach dem anderen wurde vorgelassen. Die Atmosphäre war angespannt. Ich bat um Vortritt, um meinem Kollegen eine kurze Frage zu stellen, und ersuchte ihn dann um eine Erklärung zu dem merkwürdigen Telegramm. Er kannte es schon; er wusste auch, dass der Code-Namen für den Konsul von Canberra stimmte, doch, sagte er, habe dieser das Visum offensichtlich abgelehnt. Ich fragte ihn dann, ganz als ein Auskunftsuchender, wie es wohl komme, dass kein Familienname auf dem Telegramm stehe, bloss zwei Vornamen. Er stutzte, und in wenigen Sekunden ging ihm das gleiche Licht auf, das mir aufgegangen war. Die Leute hiessen doch Lot. «Natürlich», sagte er, seinerseits auch ganz erleichtert, «ein Übermittlungsfehler liegt vor, irgend jemand hat das «Lot» in ein «Not» verwandelt. Sie können der alten Dame sagen, heute noch werde sie ihr Visum erhalten.»

Natürlich war dies ein Ausnahmefall. Nicht immer gelang es mir, meine Besucher so leicht zufriedenzustellen. Als die erste Eile und Not vorbei waren, und die Visaerteilung in der britischen Botschaft in normalere Bahnen einmündete, bat mich einer der Schweizer Diplomaten, auf das Französische Generalkonsulat umzuzuziehen, wo einige verbliebene lokale Angestellte aus der Zeit vor dem Krieg den Betrieb unter Schweizer Protektion, so gut sie es vermochten, voranführten. Ich war der einzige Schweizer vor Ort, doch der Hauptvertreter der französischen Interessen, ein Berufsdiplomat, kam alle paar Tage vorbei, um das Konsulat zu besuchen. Die ägyptischen Angestellten waren fast ausnahmslos katholische Kopten, das heisst Mitglieder der Minderheit unter der koptischen Minderheit, die zur römisch-katholischen Kirche gehörten, und viele von ihnen waren Frauen. Alle waren selbstverständlich französisch geschult und sprachen sogar zu Hause und mit ihren Kindern französisch. Die ihre war nicht eine Schicht, die mit Nasser und seinen Zielen sympathisierte, – überhaupt nicht mit «den Arabern».

Zu den Franzosen, die damals aus Kairo ausgewiesen wurden, gehörten auch Algerier, die mit französischen Papieren in Ägypten lebten und deren Land damals von Paris als «ein Teil Frankreichs» eingestuft wurde. «Algérie française» war der Slogan. Dennoch brauchten die Algerier Visen, um nach Frankreich einreisen zu können. Es war ausserordentlich schwierig und bedurfte der mehrfachen Intervention des Schweizer Diplomaten, die französischen Konsulatsangestellten dazu zu bringen, in die offiziellen Papiere dieser Leute nicht «algérien», auch nicht «français (algérien)», auch nicht «algérien français» einzuschreiben sondern einfach «français», wie es der damaligen politischen Regelung, wenngleich nicht den politischen und sozialen Realitäten, entsprach. Die in Ägypten verbliebenen Konsulatsangestellten sahen sich selbst als «français égyptiens» an, und sie wussten instinktiv genau, dass die Algerier, sogar wenn sie auf der französischen Seite standen, immer «français algériens» bleiben würden. Höchstens ihre Kinder würden wirklich Franzosen.

Der Bürgerkrieg in Algerien hatte damals erst seit zwei Jahren begonnen, und er sollte vier Jahre weiter dauern, bis er 1962 mit dem Plebiszit zu Ende ging, das Algerien offiziell von Frankreich lostrennte. Der Hauptgrund für die Beteiligung der Franzosen an dem Versuch, den Suez-Kanal zu erobern und Nasser zu Fall zu bringen, waren die heimlichen Waffenlieferungen, die von Ägypten aus an die algerischen Aufständischen gingen.

Über die Verhältnisse in den verschiedenen Minderheitsgruppen von Kairo wussten die Konsulatsangestellten bestens Bescheid. Selbstverständlich war ihnen klar, dass ein ganzer jüdischer Clan der ägyptischen Hauptstadt Mme Mendès-France, die Gemahlin des französischen Ministerpräsidenten, der nach dem Suez-Abenteuer die Regierung übernommen hatte, als Familienverbindung beanspruchen konnte; denn sie war eine Sicurel, Mitglied der grossen Familie, die das wichtigste Warenhaus von Kairo besessen hatte, bis es vom ägyptischen Staat enteignet worden war. Ein Raunen ging durch das Konsulat, als schliesslich der Oberrabbiner selbst mit der Berufsbezeichnung «Geschäftsmann» sein Visum erhielt und nach Paris ausreiste.

Ich lernte im konkreten Anschauungsunterricht in dem Generalkonsulat, was ich als Theorie schon in Beirut gelernt hatte, nämlich dass es von den orientalischen Christen immer zwei Sorten gab: die Mehrheit der Angehörigen der alten christlichen Kirchen, die schon zur Zeit vor dem Islam im Nahen Osten bestanden, und eine jüngere Minderheit, die den katholischen Zweig der verschiedenen orientalischen Kirchen ausmachte. In Ägypten waren es eben die Kopten und die Katholischen Kopten; in Beirut hatte ich schon die Griechisch-Orthodoxen und die Griechischen Katholiken kennengelernt; in Syrien hatte ich von den Jakobiten (sie selbst nennen sich «Syrische Kirche») gehört und dem katholischen Zweig der Jakobiten, die man Syrische Katholiken nannte; im Irak gab es die Assyrer oder Nestorianer (die sich selbst die «Kirche des Orients» nennen) und die Katholischen Assyrer, die Chaldäer genannt wurden. Die katholische Zweiggruppe ging jeweils auf die Aktivitäten der Jesuiten im 17. und 18. Jahrhundert (und teilweise auch schon früher) zurück, deren Missionare Teile der orientalischen Kirchen der Katholischen Kirche zuführten, wobei die «Bekehrten» ihre Kirchensprache und ihr Ritual sowie eine eigene Hierarchie bewahren durften, jedoch den Papst als Obersten Hirten anerkannten.

Im Falle der Katholischen Kopten von Kairo war deutlich, dass sie Frankreich kulturell und erziehungsmässig bedeutend näher standen als ihre orthodoxen koptischen Brüder. Sie schienen sich an den französischen Staat und seine Kultur geradezu anzulehnen. Die orthodoxen Kopten hingegen waren sich sehr bewusst, dass sie die eigentlichen und ursprünglichen *Aigyptioi* waren; sogar ihr Namen, arabisch *Qibt*, in der gesprochenen Sprache ˋ*Ibt*, geht auf den Stamm (*Ai*)-*gyptos* zurück. Ihre katholischen Brüder und Schwestern jedoch schauten nach Europa hinüber.

Eine Wohnung auf Zamalek

Wir bezogen unmittelbar nach den Kriegstagen eine hübsche Wohnung auf der Nilinsel Zamalek. Ihre Fenster schauten auf den Lutfallah-Palast, in dessen Gärten damals noch Stalldiener die Rennpferde der abgereisten Lutfallah-Familie spazieren führten. Heute ist der ganze Besitz von Garten und Palast in den neu gebauten Zementkomplex des «Marriot»-Hotels einbezogen und dient als dessen Park und Empfangsräumlichkeiten. Unsere Wohnung hatten sich Henry Fisher und seine Gemahlin eingerichtet. Er war ein amerikanischer Ägyptologe, der später der ägyptologischen Abteilung des Metropolitan Museums in New York vorstehen sollte. Wir hatten ihn kurz vor seiner Abreise kennengelernt. Er hatte begonnen, sich für Hieroglyphen zu interessieren, als er noch ein Student an der Amerikanischen Universität in Beirut gewesen war. Er hatte Ägypten eilig verlassen müssen und überliess uns grosszügig die von ihm gemietete Wohnung mit allen Möbeln darin und dem Auftrag, diese zu verkaufen, wenn wir unsererseits Kairo verlassen würden.

In der Nähe lagen der Sporting Club, der einst nur Engländer und andere Europäer als Mitglieder aufnahm und erst neuerdings auf Regierungsdruck hin auch Ägypter zuliess, welche die Club-Gebühren entrichten konnten. Dies war nicht unser Fall, auch nicht jener der Ägypter des Mittelstandes, doch manchmal wurden wir dorthin zum Tee eingeladen.

Auch das Schweizer Institut in seiner eigenen Strasse lag dort am Nil. Ich erfuhr nun seine Vorgeschichte. Es war das Privathaus und private Institut eines berühmten deutschen Ägyptologen gewesen, der Ludwig Borchardt hiess und sich besonders für alt-ägyptischen Städtebau interessierte. Als die Nazis in Deutschland zur Macht kamen, brauchte Borchardt einen nicht-deutschen Pass. Er ging zu den Amerikanern in Kairo und schlug ihnen vor, sein Institut dem amerikanischen Staat zu vermachen, wenn er dafür einen amerikanischen Pass erhalte. Die Amerikaner lehnten ab. Er ging darauf zu den Schweizern, und diese nahmen das Angebot an, was dann Borchardt erlaubte, mit seinem Schweizer Pass den Krieg in Kairo zu überdauern und seine Forschungen fortzutreiben. Nach seinem Tod wurde das private Institut mit seinem weiten Bibliothekstrakt und dem behäbigen Wohnhaus Schweizer Staatseigentum und erhielt einen Schweizer Direktor. Seine Forschungsrichtung behielt es bei, und Haeny, der seine ägyptologische Tätigkeit bei Borchardt als Grabungsarchitekt begonnen hatte, führte sie während vielen Jahren in Kairo fort. Die Urne mit der Asche von Borchardt, der 1938 in der Schweiz verstorben war, wurde von Haeny nach Kairo gebracht und dort im Garten des Institutes begraben.

Zwischen Zamalek und dem französischen Generalkonsulat

Zamalek war damals eine Art vornehmer Gartenvorort von Kairo. Heute ist es zu einem immer noch teuren, aber mit Hochhäusern stark überbauten Teil des Zentrums geworden. In der Nähe der neuen Wohnung gab es einen griechischen Epicier, der sogar koptischen Speck für ein britisches Frühstück verkaufte. Die Indische Botschaft lag auch ganz nah und wurde einmal der Anlass dafür, dass meine Mutter, die zu Besuch gekommen war, mit Jessica im Kinderwagen in eine kleinere, Steine werfende Demonstration der Kairiner gegen die Inder geriet. Sie war, obgleich Indien als prominenter Drittweltstaat eigentlich zu den Freunden Ägyptens gehörte, wohl offiziös organisiert worden, um gegen den diplomatischen Standpunkt zu protestieren, den die Inder in der Frage des Suez-Kanals einnahmen. Sie waren begreiflicherweise für internationale Kontrolle des Wasserwegs, der auch für ihr Land von grosser Bedeutung war. Doch der ägyptische Staat wollte, wie bekannt, die Kontrolle selbst ausüben. Jedenfalls fanden die Demonstranten den Kinderwagen mit einem blonden Kleinkind darin eher komisch und machten bereitwillig Raum, ihn durchzulassen, bevor sie ihre Demonstration mit gespieltem Zorn gegen die Indische Botschaft wieder aufnahmen.

Morgens und nachmittags überquerte ich regelmässig auf dem halbstündigen Weg zum französischen Konsulat die alte Nilbrücke aus Gusseisen, die *Kubri Zamalek* genannt wurde. *Kubri* ist die ägyptische Wiedergabe des türkischen Wortes *Küprü*. Jede Brücke heisst so, offenbar weil die Türken als erste Brücken über den Nil gebaut haben. Mein Weg führte mich weiter durch den alten Dorfkern von Bulak hindurch, der einst der erste Industrievorort von Kairo wurde, als Muhammed Ali das Land mit Gewalt in die Neuzeit hineintrieb. Die alte Dorfmoschee stand noch, und am Spätnachmittag ergoss sich ein reges Volksleben auf die Strasse, wenn die Männer in ihren Galabija-Hemden und ihre Frauen in schwarzen Übergewändern ihre engen Wohnungen verliessen, um der Abendkühle teilhaftig zu werden. Es gab ambulante Esswaren- und Spielzeugverkäufer, Kinderschaukeln – ein kleines Dorfzentrum hatte inmitten der Grossstadt überlebt.

Dann ging es weiter immer geradeaus am Monumentalgebäude des obersten Tribunal Mixte vorüber, auch einer historischen Landmarke: die «Tribunaux Mixtes», in denen, natürlich sehr gut bezahlte, ausländische neben ägyptischen Richtern sassen, mussten die Ägypter auf Druck der europäischen Mächte einrichten, bevor sie die sogenannten *Kapitulationen* loswerden konnten. Dies waren Verträge, die ersten stammten aus dem 16. Jahrhundert, nach denen die europäischen Konsuln die Gerichtsbarkeit über ihre *sujets* in den Ländern der Hohen Pforte (zu denen Ägypten vier Jahrhunderte lang gehörte) selbst ausüben durften, später sogar in den Fällen, in denen der Rechtsstreit eines ihrer «Subjekte» und einen der «Einheimischen» betraf. Bevor sie im 19. und 20. Jahrhundert auf diese in der modernen Zeit eigentlich obsolet gewordenen Sonderrechte verzichteten, die eine Quelle von massiven Missbräuchen gegenüber den Einheimischen geworden waren, forderten die Mächte ein Rechtssystem mit den dazugehörigen Richtern, das «europäische» Rechtssicherheit garantierte. Deshalb mussten die gemischten Gerichte gegründet werden.

«Fouad» hiess die nun breit gewordene Strasse nach dem ersten konstitutionellen König Ägyptens aus dem Hause Muhammed Alis. Seine Verfassung von 1923 war allerdings nur fünf Jahre in Kraft geblieben, dann hatten die Engländer in Zusammenarbeit mit dem König das Parlament aufgelöst und die Verfassung «teilweise suspendiert», weil die Wahlresultate ihnen nicht passten, und schliesslich hatte der König drei Jahre lang «direkt regiert» (1933–1936), allerdings stets unter der Oberaufsicht der Engländer. Dort gab es damals eine italienische Buchhandlung, an deren Schaufenster ich regelmässig Halt machte. Dann führte der Weg durch die wichtigsten Strassen der neueren Stadt, wo die grossen Cinémas lagen und das Brasilianische Kaffeehaus, zum französischen Generalkonsulat.

Dieser tägliche Gang durch die Stadt wirkte auf mich wie ein Korrektiv zu der besonderen Atmosphäre, die mich unvermeidlich im Konsulat umgab.

Natürlich herrschte im Konsulat eine überaus negative Einschätzung der Regierung vor, die auf die alteingesessenen Nicht-Ägypter Druck ausübte. Selbst erlebt habe ich es nicht, doch das Konsulat summte nur so von Geschichten über ägyptische Offiziere, die auf Besuch kämen, um sich zu erkundigen, wer gegenwärtig Ägypten verlasse und welche Geschäfte er hinter sich lasse, in der Absicht, sich selbst vom Staat die Leitung dieser Geschäfte zuteilen zu lassen. – Jedenfalls war der Staat in der Tat darauf aus, die Unternehmen der Fremden auf eigene Rechnung weiter zu führen, und dass dabei Offiziere als staatliche Unternehmer berücksichtigt wurden, die über gute Beziehungen nach oben verfügten, konnte als wahrscheinlich gelten. Ob die Ägypter sich nicht dabei schlussendlich selbst in die Finger schnitten, fragten die Wahlfranzosen im Konsulat.

Auf der Strasse jedoch herrschte eine ganz andere Stimmung. Die einfachen Ägypter sahen sich als «befreit» an. Nun endlich schien sich der alte Revolutionsslogan «Ägypten den Ägyptern» zu erfüllen, der schon am Ende des 19. Jahrhunderts lanciert worden war und nach dem Ersten Weltkrieg erneut die Ägypter elektrisiert hatte, sich aber nie hatte verwirklichen lassen. «Nun sind wir an der Reihe, in unserem Land das Gesetz des Handelns zu bestimmen», schien der damalige Konsensus der Strasse zu sein. Der Fremde mochte schon damals fragen, wer denn wohl dieses optimistische «Wir» tatsächlich verkörpern werde: das Offiziersregime oder seine Untertanen? – Doch solche Überlegungen waren den meisten Ägyptern fremd. In ihrer Erleichterung und Begeisterung, den alten Servituten nun endlich ganz zu entrinnen, sahen sie in Abdel Nasser und seinen Offizieren nur die Befreier, nicht die neuen Herrscher. Jemand, so dürften die grossen Massen empfunden haben, musste ja herrschen, und die Hauptsache war, dass der neue Machthaber ein Mann des Volkes, ein echter Ägypter – und gleichzeitig in der Lage sei, den verhassten Kolonialmächten, gewissermassen stellvertretend für seine ganze Nation, nun einmal wirklich die Zähne zu zeigen.

Das Leben am Rande der Politik

Kairo war jedoch nicht einmal in jener hochpolitischen Zeit eine ausschliesslich politische Stadt. Es gab viele Menschen, die ausserhalb der Politik lebten, ganz andere Dinge bewegten sie. Von der täglichen Not der einfachen Leute, sich ein noch so bescheidenes Auskommen zu verschaffen, bis zum beschaulichen Leben der Händler, die in ihren Basarnischen sassen und die Welt passiv an sich vorbeiziehen liessen, aber doch mit Hilfe ihrer genauen Menschenkenntnis ihren Unterhalt aus ihr zogen, und hinauf zu den Künstlerkolonien, die in einigen notdürftig überdachten Palastruinen unterhalb der Zitadelle ihre Bilder malten und ihre Schauspiele und Tänze entwarfen, und zu den Gottesgelehrten, die ihre Lektionen erteilten, den Koran rezitierten und den Ratsuchenden Ratschläge gaben, wogten die Menschen der älteren Stadtteile geschäftig durcheinander, mehr von ihren eigenen Bedürfnissen bewegt als von den politischen Leidenschaften der Stunde.

Wir selbst nahmen periodisch Urlaub von der Politik. Als es im Spätherbst einige Regentage gab, glänzten die Schutthügel unterhalb der Zitadelle von farbigen Scherben glasierter Tongefässe aus dem früheren oder späteren Mittelalter. Es waren nur Scherben, die der Regen blosslegte, keine ganzen Gefässe, weshalb sie niemand einsammeln ging, obgleich man auf vielen farbige Ornamente und manchmal sogar Figuren von Menschen und Tieren fand. Ich legte mir eine Sammlung an, die ich heute noch hege.

Es gab die Buchverkäufer beim Ezbekiyeh-Park mit ihren Kästen nach Pariser Vorbild. Damals fand man bei ihnen nicht nur billige Schundliteratur, sondern allerhand kaufenswerte französische, englische und arabische, sogar griechische und italienische Klassiker. Manchen der Händler konnte man sogar sagen, welche Art Literatur einen interessierte, und sie brachten dann anderen Tages mehr oder weniger einschlägige Exemplare mit, die sie offenbar irgendwo in unergründlichen, aber nicht ganz feuchtigkeitsfreien Depots gestapelt verborgen hielten. Einem von ihnen verdanke ich einen, leider leicht angefressenen, Renaissance-Druck der im 16. Jahrhundert viel gelesenen Kurzbiografien berühmter Männer des Giovino in einer italienischen Übersetzung aus dem gleichen Jahrhundert. Es gab auch Buchbinder, die so unwahrscheinlich billig arbeiteten, dass ich mir ziemlich alle brochierten Bücher, die ich damals in Kairo bei mir hatte, früher oder später von ihnen binden liess.

Natürlich gingen wir auch ins Ägyptische Museum, das bald nach den Kriegstagen wieder öffnete, und wir fuhren nach Sakkara hinaus, damals noch weit von der Stadt am Rande des grünen Niltals gelegen, um die älteste aller Pyramiden zu besuchen.

Eine Dienerfamilie aus Nubien

Zu den Freunden, die mit uns auf derartige Exkursionen fuhren, gehörte Charles Scanlon, ein amerikanischer Archäologe, der über die Mamluken arbeitete. Er erzählte uns, dass er einen nubischen Herrschaftsdiener eingestellt habe, obwohl er auf einem Flachdach in einer Zweizimmerwohnung hause. Der Diener sei ihm verzweifelt auf der Hintertreppe seines Mietshauses begegnet und habe ihn gebeten, ihn für blosse Kost einzustellen. Mit der Abfahrt der Engländer habe er alle Arbeitsmöglichkeiten verloren, und er leide Hunger. Unser Freund liess sich erweichen und bald konnte man ihn in perfekt gestärkten Hemden und gebügelten Hosen bewundern. Der Diener ging auch auf den Markt und kochte für seinen neuen Brotherrn und für sich selbst vollständige Mahlzeiten. Noch nie in seinem Junggesellenleben sei er so gut versorgt worden, sagte Scanlon.

Einige Wochen später telefonierte er uns und fragte, ob er uns zum Tee einladen dürfe. Er müsse uns allerdings bitten, unsere Teetassen und Kannen mitzubringen. Es verhalte sich so: Sein Diener habe Familienbesuch erhalten. Drei junge Neffen seien aus Nubien nach Kairo gekommen und ihr Onkel, sein Diener, stehe unter der Verpflichtung, sich um sie zu kümmern und dafür zu sorgen, dass sie ihrerseits das Metier eines britischen Herrschaftsdieners erlernten. Sie schliefen in einem Winkel der Dachterrasse und seien sehr anspruchslos. Doch zu ihrer Ausbildung gehöre nun einmal, dass sie lernten, einen richtigen Nachmittagstee zu servieren. Die Ausrüstung seiner Junggesellenwohnung reiche für eine vollständige Teaparty nicht aus, und man brauche ja auch mehrere Leute dazu. Deshalb die Einladung. Sie wurde denn auch ein grosser Erfolg, die drei servierten feierlich uns dreien, meiner Frau, mir und dem Archäologenfreund, Tee, Kuchen, Milch, Zitrone usw. unter dem wachsamen Auge ihres Onkels, und sie machten ihre Sache sehr gut. Wir mussten ernst bleiben und unser Lachen verbeissen. Obwohl das ganze unter dem Sonnendach der Dachterrasse stattfand, auf den wenigen Klappstühlen, die unser Freund besass, war das Zeremoniell einem herrschaftlichen Salon durchaus angemessen.

Zur Erleichterung unseres Freundes konnte er später seinen Diener samt teilweise ausgebildetem Familienanhang an amerikanische Diplomaten weiterempfehlen, die über eine angemessene Wohnung verfügten. In Nubien gab es in den kolonialen und post-kolonialen Tagen ganze Dörfer zwischen Nilufer und Wüste, die ihren Hauptunterhalt aus den Geldern zogen, welche die nubischen Herrschaftsdiener aus dem fernen Kairo und Alexandrien nach Hause schickten. Sie übernahmen auch die Ausbildung und später die Unterbringung ihrer jungen Verwandten in neue Stellungen. Ihre prachtvollen tiefbraunen, hochgewachsenen Figuren, aber auch ihre Gutmütigkeit und Geduld, ihre Treue und Zuverlässigkeit waren sprichwörtlich. Sie hielten sich streng an die Handhabungen und Gebräuche, die sie einmal gelernt hatten, und erwarteten auch von ihren Dienstherren, dass sie nie davon abwichen. In ihren eigenen Dienerquartieren, oft auf den Flachdächern oder in Hintergärten, lebten sie beinahe ausschliesslich in Gesellschaft ihrer nubischen Verwandten und Kollegen, die in anderen Häusern dienten. Ihre Frauen blieben zu Hause. Mit den Ägyptern der Grossstadt hatten sie wenig Umgang, höchstens mit den Markthändlern und den Dobis, die die Wäsche ihrer Brotherren wuschen und bügelten. Der Abzug der Engländer und kurz darauf der Bau des Hochdamms von Assuan, dessen Stausee ihre Dörfer überflutete, haben ihre althergekommene Lebensweise beendet. Sie wurden in Siedlungen untergebracht, die der Staat für sie erstellte. Manche fanden in den neu angelegten Zuckerplantagen Arbeit, deren Bewässerung durch den Hochdamm möglich wurde. Ihr bisheriges Sonderleben und ihre eigene Wohn- und Lebenskultur, die eng mit ihrem alten Lebensraum an den felsigen Ufern des Obernils verbunden waren, sind verloren gegangen.

Ägyptisch-amerikanische Ehen

Zwischen dem Konsulat und den archäologischen Freunden lebten wir in Kairo im Grunde an den eigentlichen Ägyptern vorbei. Wenn man die Ägypter nicht an der Arbeit traf, begegnete man ihnen auch selten beim Vergnügen. Das Leben der Ausländer und der Ägypter bewegte sich in getrennten Bahnen. – War dies ein Erbe der kolonialen Zeit? Oder mehr eine Geld- und Klassenfrage? – Beides kam zusammen. Die grosse Mehrzahl der Ägypter war so arm, dass sich ihr Leben notgedrungen auf einer anderen Ebene abspielen musste, als es der Standard der wenn auch noch so bescheiden lebenden Ausländer war. Eine kleine Minderzahl der Kairiner hingegen war sehr reich, und bei ihrem Lebensstil konnte ein Mittelstandseuropäer auch nicht mithalten. Diese Leute waren es auch seit alters gewöhnt, abgeschirmt in ihren eigenen Kreisen von gleichgestellten Aristokraten, ihrer Grossfamilien und Verwandtschaft zu verkehren. Ein zugereister Ausländer fand dort höchstens durch einen aussergewöhnlichen Glücksfall Eingang.

Eine der wenigen Ausnahmen bildeten die mit Ägyptern verheirateten ausländischen Frauen. Fast alle diese Ehen waren im Ausland zustande gekommen, sehr oft, während der ägyptische Gemahl an einer ausländischen Universität studierte. Es gab einen American Women's Club in Kairo, dem sich auch meine Frau anschloss. Dort kam sie mit den amerikanischen Gemahlinnen von Ägyptern zusammen, und manche von ihnen lernten wir, mit ihren ganzen Familien, näher kennen. Solche Ehen waren selten konfliktfrei. Für die Frauen war es ausserordentlich schwierig, sich den ihnen oft völlig fremden materiellen und sozialen Gegebenheiten anzupassen, die sie vorfanden, wenn sie ihre Ehemänner nach Ägypten zurückbegleiteten. Auch die Gatten, die selbst freudig und erleichtert zu den ihnen natürlichen und altangestammten Umständen zurückkehrten, hatten oft Mühe einzusehen, wie fremd und ungewöhnlich, oft allen eigenen Konventionen und Überzeugungen diametral entgegengesetzt, die heimatlichen Gebräuche und Werte auf ihre Gattinnen wirken mussten. Meine Frau pflegte ihren amerikano-ägyptischen Freundinnen halb im Scherz, aber nicht nur im Scherz, zu versichern, mit einem Schweizer verheiratet zu sein, sei mindestens ebenso schwierig wie mit einem Ägypter.

Eine dieser Familien, die wir sehr bewunderten, hatte ihren Weg des Zusammenlebens gefunden. Das war der Frau zu verdanken, die weit im Westen Amerikas im Geiste der *Frontier* aufgewachsen war, gewöhnt, widrigen Umständen durch harte Arbeit, Anpassungsfähigkeit und erfinderischen Geist entgegenzutreten und sie zu überwinden. Sie hatte diese Haltung von der amerikanischen Westgrenze auf Ägypten übertragen und hatte sich dadurch den Respekt in der Familie ihres Mannes erworben, innerhalb deren sie mitarbeitete wie eine andere Tochter des Hauses. Es gab drei noch kleine Kinder. Der Mann, der aus einfachen Verhältnissen stammte, hatte in Amerika Buchhaltung gelernt und war im Begriff, zu einem der wichtigsten staatlichen Rechnungsprüfer emporzusteigen, dank seiner beruflichen Fähigkeiten wie auch dank dem Umstand, dass er sich dem Regime gegenüber, dessen Erwartungen und Hoffnungen auf eine neue, revolutionäre und bessere Zukunft er teilte, völlig loyal verhielt und seinerseits auch von den Machthabern, Nasser selbst an der Spitze, als absolut zuverlässig eingestuft wurde. Er arbeitete schwer, nie ohne Überstunden, weil es Personen seiner Fähigkeiten und Vertrauenswürdigkeit offensichtlich nur wenige gab. Wenn er einmal frei war, versuchte er mir, etwa auf Spaziergängen mit der ganzen Familie, seine Sicht der Nasserschen Revolution darzulegen. Er bestand darauf, dass alles das, was ich geneigt war, als revolutionäre Slogans und demagogische Wortgefechte abzuwerten – etwa die wütende Polemik gegen den Kolonialismus, der schliesslich in meinen Augen nachgerade Vergangenheit war, oder den Kult des «Neutralismus» – den Tatsachen genau entsprach. Er war dabei ernst, ohne sich je zu ereifern.

Ich hatte gerade erst angefangen, seine Sicht als mindestens auch berechtigt anzuerkennen und zu begreifen, dass die Standardurteile der Europäer und anderen reichen Parteigängern des Westens, die ich in den Konsulaten zu hören bekam, jedenfalls auch als parteiische Ansichten eingestuft werden mussten, als uns alle die Nachricht von dem plötzlichen Tod des noch jungen Mannes durch einen Herzschlag zutiefst traf. Er hatte sich offenbar zu Tode gearbeitet. Die Frau ist später mit ihren Kindern nach Amerika heimgekehrt.

211

Andere Freundinnen und Gesprächspartnerinnen wirkten eher komisch als tragisch, vor allem, wenn sie darauf bestanden, ganz unaufgefordert intime Details ihres Ehelebens zu schildern – wohl einfach, weil es kaum jemanden gab, mit dem sie darüber sprechen konnten. So erfuhr meine Frau und gab es mir brühwarm weiter, dass in Ägypten rosarote Unterwäsche der Frau, wenn sie an einem den Nachbarn einsichtigen Ort zum Trocknen aufgehängt wurde, das Prestige des Ehemanns schwer anschlage. – Warum? – Weil Frauen, die geschlechtlich aktiv seien, schwarze Unterwäsche trügen und weisse oder gar rosa Leibwäsche den Nachbarn und Bewohnern der Unter- und Obergeschosse in den vielstöckigen Mietshäusern unweigerlich signalisiere, dass der betreffende Ehemann keine ehelichen Beziehungen mehr mit seiner Gemahlin unterhalte, also nicht als ein voller Mann gelten könne. – Aus einem vergleichbaren Grund, berichtete eine andere Ehefrau, sei es ihrem Gemahl stets willkommen, wenn in ihrer Wohnung hoch oben in einem Turmhaus das Wasser ausginge, weil der Druck zu gering sei. Denn dann könne er dem Torwächter hinabtelefonieren und verlangen, dass er ihm unbedingt einen Kübel voll Wasser hinaufbringen müsse. Weil im Islam eine Vollwaschung nach Geschlechtsbeziehungen unerlässlich sei, schlösse daraus der Torwächter und verfehle auch nicht, es alle Interessierten wissen zu lassen, dass der betreffende Ehemann in der vergangenen Nacht schon wieder seinen Ehepflichten nachgekommen sei und folglich als ganzer Mann gelten könne.

Instruktiv war auch die Geschichte von dem Polizeioffizier, der zwei Frauen hatte, eine Ägypterin und eine Amerikanerin. Sie lebten, wie das der islamischen Vorschrift entspricht, eine jede in ihrer eigenen Wohnung, in diesem Fall übereinander im gleichen modernen Mehrstockgebäude. Der Polizeioffizier hielt sich genau an die Vorschriften der Shari'a (das heisst des islamischen Gottesgesetzes), indem er einen Tag mit seiner amerikanischen und den nächsten mit seiner ägyptischen Gattin verbrachte. Nur, was die Amerikanerin sehr erbitterte: Am Tage der Amerikanerin ging er zum Essen zu seiner ägyptischen Frau, weil ihm das Essen, das die Amerikanerin kochte, gar nicht behagen wollte.

Ein junger Schweizer Kollege

Ich hatte Gelegenheit, nach Alexandria zu reisen und dort einen Zürcher Studienfreund zu besuchen, der den Ausbruch der Suez-Krise in Syrien erlebt hatte, aber dann nach Ägypten gekommen war, um bei der Interessenvertretung in Alexandria zu helfen. Ich hatte ihn nach seiner Ankunft aus Damaskus kurz in Kairo gesehen. Damals war er Feuer und Flamme für die arabische Sache und berichtete stolz, wie in Syrien auf Druck der Bevölke-rung die Erdölleitungen aus dem Irak gesprengt worden waren, um den Ägyptern zu helfen. Doch einige Monate später in Alexandria hatte er seine Meinung geändert. Nun war er empört über die Härte, mit der das Regime die europäischen Bewohner der Hafenstadt anpackte und über die Auswei-sungen von zahlreichen Menschen, die seit Generationen Alexandria als ihre Heimatstadt ansahen. In der Tat gab es in der Mittelmeerstadt noch grössere Kolonien von Fremden als in Kairo, vor allem viele Tausende von Italienern und Griechen, die dort bescheiden von ihrer Hände Arbeit lebten; und sie waren fast alle betroffen.

Etwas später erfuhr ich, dass mein Freund eine junge Dame heiratete, die auch zu einer der ausgewiesenen Gruppen gehörte, und es wurde mir klar, dass dieser Umstand zum Wechsel seines politischen Standpunktes min-destens beigetragen hatte.

Wohin geht Nasser?

Mir selbst war damals unklar, ob Nasser als ein Segen für Ägypten oder als eine Gefahr zu gelten hatte. Seine Aussenpolitik schien mir berechtigt, obgleich, ja weil sie gegen die alteingesessenen Privilegien der bisherigen Kolonialmächte vorging. Seine Innenpolitik trug Züge eines Totalitarismus, der mir verdächtig vorkam, obgleich die Nasseristen ihn verteidigten, weil soziale Wandlungen in Ägypten ohne harte Eingriffe von oben nie voran-kommen würden. – Doch gab es solche soziale Wandlungen wirklich? – Die von Beginn an sichtbare Gefahr war jedenfalls, dass eine neue Oberschicht entstehen würde, aus den Offizieren gebildet, welche nicht nur eine militäri-sche und politische, sondern auch eine soziale und wirtschaftliche Führungs-rolle anstrebten und weitgehend übernahmen.

Die Landreform war damals einer der wichtigsten Programmpunkte der «Revolution». Sie war gewiss berechtigt und notwendig. Bisher waren die ägyptischen Parlamente überwiegend aus Grossgrundbesitzern zusammenge-setzt, die sich von «ihren» Bauern ins Parlament wählen liessen. Die Landre-form sollte die Macht dieser «Reaktionäre», wie man sie damals schalt, bre-chen. Sie sollte auch die Bauern «befreien». Das erste Ziel wurde erreicht. Die Paschas der alten Zeit verloren ihre Macht. Das zweite Ziel blieb theore-tisch, denn um die Produktivität der Landgüter beizubehalten, was aus wirt-schaftlichen Gründen absolut notwendig war, mussten die Kleingüter, wel-che die Landreform den einzelnen Bauern zusprach, obligatorisch zu Kooperativen zusammengeschlossen werden, die praktisch unter staatlicher

Leitung standen. Der Staat übernahm somit die Rolle des Grossgrundbesitzers. Seine Landwirtschaftsfunktionäre sollten sich dabei an bestimmte Grenzen und Vorschriften zugunsten der Bauern halten, während früher die Verwalter der Grossgrundbesitzer getan und gelassen hatten, was ihnen gut schien, um aus den Gütern ein Maximum an Gewinn herauszuwirtschaften. Doch das Wohlergehen der neuen Kooperativen hing davon ab, ob für ihre Leitung sowohl integre wie auch fähige Funktionäre gefunden werden konnten. Dass dies schwierig, ja vielleicht unmöglich sein werde, konnte jedermann, der einen Begriff von der ägyptischen Bürokratie besass, von vorneherein ahnen. Die Bauern waren ihrerseits gewöhnt, so gut es ging, in ihre eigene Tasche zu wirtschaften und «der Verwaltung» so viel sie konnten vorzuenthalten. Nur so vermochten sie, sich und ihre Familien überhaupt durchzubringen.

Was für die Landwirtschaft zutraf, galt auch von der Industrialisierung, die vom Staat geplant werden sollte und die neu verstaatlichten Unternehmen enteigneter ausländischer Industriebetriebe mit einbezog. Auch sie war letzten Endes davon abhängig, ob die staatlichen Manager ihre Betriebe wirklich meistern und zum Blühen bringen konnten oder ob diese im grossen Sumpf der Bürokratie, die unvermeidlich immer weiter anwachsen würde, verkämen. Von seiner eigenen militärischen Laufbahn her schien Nasser schon damals dazu zu neigen, Befehle zu erteilen. Er schien auch anzunehmen, dass diese Befehle befolgt und damit alles genau so geschehen würde, wie er es befohlen hatte. Wenn diese Erwartungen enttäuscht wurden, was, wie er selbst es beschrieb, sehr oft geschah, neigte er dazu, Kontrollen einzurichten, indem er sich der Geheimen Polizei und der militärischen Geheimdienste bediente, die ihm natürlich stets zur Verfügung standen. Schon damals konnte man sich jedoch fragen, wer diese Kontrolleure denn kontrolliere. Geheime Kontrollarme werden nur zu leicht zu geheimen Regierungsorganen und diese herrschen dann – gerade weil sie geheim sind – umso willkürlicher, manchmal auch umso grausamer.

Dass solche Gefahren bestünden, musste jedem Einsichtigen deutlich sein, dessen Denken nicht in die Bande einer sozialistischen Ideologie eingebunden war. Doch diese Einbindung war damals sehr häufig, besonders in der Dritten Welt, deren junge Machthaber glauben wollten, dass der Staat unter ihrer Leitung alle politischen, wirtschaftlichen und sozialen Fragen lösen könne. Viele ihrer Intellektuellen unterstützten sie in diesen Ansichten, indem sie Theorien aufstellten, nach denen der Staat, wenn er nur richtig regiert und eingesetzt werde, «den Fortschritt» in allen Bereichen verwirklichen könne. Es war eigentlich kein Geheimnis, dass diese Theorien nur für den Fall zutrafen, dass der Staat über ideale Diener verfügte, die seine Gesellschaft − nicht nur sich selbst − wirksam und kreativ voranbringen würden und dass dabei eine der Schwierigkeiten in den Eigengesetzen lag, die für eine jede Bürokratie gelten, nämlich dass ihre Ränge und Hierarchien stets primär darauf ausgehen, ihre Posten zu sichern und sie gegen Rivalen zu verteidigen, indem sie alle Eigeninitiativen unterdrücken, um sich nur keine Blösse zu geben. Doch die neuen Machthaber wollten davon nichts wissen.

Hätten sie all dies zur Kenntnis genommen, hätten sie auch einsehen müssen, dass ihr kommandierter Marsch in die Zukunft nicht zum Ziel führen werde − und sie hätten dann, wollten sie ehrlich handeln, auf ihre «Revolution», so wie sie sie begonnen hatten, überhaupt verzichten und die Politik ihres Landes ganz anders anpacken müssen. Sie hätten sich darauf beschränken müssen, auf Grund der Zustimmung der von ihnen regierten Bevölkerung zu handeln, nicht nur im Hinblick auf die grossen und optimistischen Ziele, die bei allen Beifall fanden, sondern auch für die einzelnen praktischen Schritte, die auf sie hinlenken sollten. Eine «Revolution» freilich wäre auf diesem Weg nicht zustande gekommen, im besten Fall wohl eine langsame Entwicklung nach vorne.

Schon damals konnte man ahnen, was später immer deutlicher sichtbar wurde: Die ungelösten Probleme der Innenpolitik Ägyptens wirkten sich auf die Aussenpolitik aus, weil sie den Druck erhöhten, durch aussenpolitische und sogar militärische Erfolge die innenpolitische und wirtschaftliche Problematik zu überspielen. Dies verstärkte die Anlage zum riskanten Glücksspiel, die Nasser persönlich anhaftete. Wenn alles stagnierte, war die Versuchung gross, viel oder alles auf einen gewagten aussenpolitischen Wurf zu setzen. Ein solches Würfelspiel war im Falle von Suez weitgehend gelungen, doch spätere aussenpolitische Wagnisse sollten fehlschlagen.

Prognosen und Bedenken

Ich will nicht behaupten, dass mir diese Erkenntnisse damals alle schon so deutlich geworden waren, wie ich sie heute angesichts der späteren Entwicklung zu fassen glaube. Doch jedenfalls schien mir schon damals die Kommandomentalität der Revolution verdächtig, und es war mir sehr deutlich bewusst, dass die ägyptische Bürokratie den Erwartungen, die an sie gestellt, und den Aufgaben, die ihr übertragen wurden, nicht gewachsen war. Um dies zu begreifen, genügte ein Besuch im erwähnten Irrgarten des *Mugam'a*, dem grossen Sammelbüro, das erst nach der Revolution durch

Zusammenlegung vieler bisher zerstreuter ägyptischer Regierungsstellen eingerichtet worden war und sich in der kurzen Zeit von etwa drei Jahren zu einem Symbol der Zähflüssigkeit und chaotischen Inkompetenz ausgeweitet hatte.

Natürlich hörte ich auch genügend Geschichten über die vorausgegangene königliche «Demokratie» und die Korruption der damaligen Grossparteien, um dem vergangenen alten Regime nicht nachzutrauern. Mit vielen Ägyptern und einigen der Revolution wohlgesonnenen Ausländern hoffte ich damals noch – heute scheint mir, wider besseres Wissen –, dass Nasser seine innenpolitischen Probleme doch noch in den Griff bekäme und dass er Wege fände, die aktive, freiwillige, aber auch kritische Mitarbeit der Bürger im Interesse seiner Revolution zu erlangen. Später wurde mir immer deutlicher, dass es damals in Nassers Ägypten viel erfolgreiche Meinungslenkung gab, wirksame Propaganda nach innen und nach aussen, jedoch kaum echte Miteinbeziehung der Bevölkerung zur Bewältigung der realen Probleme, und dass es eine solche mit der gewählten Methode einer von oben gelenkten «Revolution» und unter den bestehenden ohnehin schwer zu bewältigenden Umständen auch gar nicht geben konnte. Zu diesen Umständen zählte nicht zuletzt der ungehemmte, rasende Bevölkerungszuwachs. Als ich damals in Ägypten weilte, hatte das Land gegen 24 Millionen Bewohner, zur Zeit der Drucklegung dieses Buches, knappe 50 Jahre später, waren es gegen 70 geworden.

Oberägypten

Zu Beginn des Frühlings, vier Monate nach dem Suez-Krieg, begann die Lage in den Interessenvertretungen sich zu stabilisieren. Ein äusseres Zeichen dafür war, dass die Konsulate Visa-Gebühren für die Ausgewiesenen einführten. Freiwillige Amateur-Mitarbeiter wurden nicht mehr dringend benötigt, und ich ergriff die Gelegenheit zu kündigen. Schliesslich war ich in Ägypten, um das Land kennenzulernen und mich mit der lokalen Sprache vertraut zu machen. Die Sicht der Dinge aus den Konsulaten war interessant, konnte aber nicht als eine Einführung in alle Aspekte des Landes gelten. Meine Mutter kam aus Basel nach Kairo, um sich der kleinen Enkelin anzunehmen und meiner Frau zu erlauben, zusammen mit mir eine Reise nach Oberägypten zu unternehmen. Später wollte sie teils mit mir, teils alleine reisen, und meine Frau sollte mit dem kleinen Mädchen zu Hause bleiben.

So fuhr ich denn mit meiner Frau im Nachtzug nach Assuan hinauf. Es gab damals so wenig Touristen, dass eine Fahrkarte ohne weiteres erhältlich war. Von dort aus wollten wir uns schrittweise nilabwärts bewegen, bis wir Kairo wieder erreichten. Assuan, damals ein kleiner Ort mit einem einzigen grossen Fremdenhotel, dem «Katarakt-Hotel», und mit dem Grab des Aga Khan gegenüber in der Wüste ist mir am besten in Erinnerung geblieben. Das ist insofern ein Gewinn, als das heutige Assuan, eine Stadt von gegen 200 000 Menschen, nicht mehr viel mit dem alten gemeinsam hat. Die damalige Landstadt lag zwischen dem Nil und der Wüste, der alte Assuan-Damm erstreckte sich oberhalb der Ortschaft über den Nil und direkt darunter lagen die Stromschnellen des Ersten Katarakts sowie zwischen ihren vom Wasser geschliffenen grauen Felsrücken die Insel Elephantina mit ihren Tempelruinen aus der pharaonischen und aus der römischen Zeit. Von Elephantina aus ging ich schwimmen, meine Frau schaute vom Ufer aus zu und wurde von einem wohlmeinenden, aber doch wohl etwas alarmistisch gestimmten Bauern gewarnt, dass sich dort Krokodile befänden, was zu einer lebhaften Zeichensprache führte, ich solle zurückschwimmen. Ich tat es denn auch, aber langsam, jedenfalls ohne einem Krokodil zu begegnen. Wir tranken auch Tee auf der Terrasse des vornehmen «Katarakt»-Hotels mit seinen Erinnerungen an die englische Zeit und seiner herrlichen Aussicht auf den Strom, die Insel und das andere Wüstenufer. Zum Übernachten hatten wir eine anspruchslosere Herberge gefunden.

Um nicht immer nur mit der Eisenbahn und mit dem Autobus zu reisen, überredeten wir den Besitzer eines kleinen Segelbootes, uns den Nil hinab bis nach Kom Ombo zu geleiten. Die Fahrt dauerte drei Tage; zwischendurch stiegen wir aus, um sehenswerte Tempel zu besuchen. Die Nächte verbrachten wir in Herbergen, die Tage auf dem Nil. In dem kleinen Boot waren wir der Sonne beinahe schutzlos ausgesetzt, doch die Reise war einzigartig. Das Wasser für die Teekanne wurde mit dieser direkt aus dem Nil geschöpft, dann gekocht und mit schwarzem Tee und viel Zucker versetzt. Dies war während des Tages unser Hauptgetränk. Das Ufer zog etwas eintönig vorbei, doch die Dimensionen des Stromes wurden deutlich, wenn man ihn langsam, von der Strömung getragen und vom Wind getrieben, immer weiter hinab reiste. Die leeren Stunden verbrachte ich damit, meine persischen Vokabeln zu repetieren. Als wir schliesslich in Kom Ombo unseren Bootsmann verliessen, wussten wir, dass wir diese Fahrt nie mehr vergessen würden.

Es folgte dann die Reihe der berühmten Tempel und Tempelstädte. Edfou beeindruckte uns sehr, obgleich sein ptolemäischer Tempel als «dekadent» gilt. Das gesamte Gebäude ist so gut erhalten, dass man wirklich den

Weg zurücklegt, den die alten Besucher beschritten, mit dem Wechsel von engen dunklen Zugangswegen zu den weiten, sehr lichten Höfen und grossen Säulenhallen, wo der Gott und sein Altar standen. Man ist nicht nur auf Grundmauern und gelegentlich erhaltene Seitenwände beschränkt und darauf angewiesen, den Rest in seiner Phantasie zu ergänzen, sondern erlebt das Gebäude mit seinem Wechsel von Dunkel zu Hell als ein abgeschlossenes Ganzes. Auch die gewaltigen antiken Steinbrüche von Gebel Silsileh sind mir im Gedächtnis geblieben, weil sie gewissermassen im Negativ, als Aushöhlung, das übermenschliche Mass der altägyptischen Bautätigkeit erkennen lassen. Später kamen Luxor und Karnak und als ein Höhepunkt Deir al-Bahari mit dem dreifachen Terrassengrab der Königin Hatschepsut.

Ich meinte, dies würde mein erster Besuch sein, gewissermassen nur eine Bestandsaufnahme, und später würde ich noch öfter Gelegenheit erhalten, wiederzukehren und Einzelheiten genauer ins Auge zu fassen. Doch jene Reise nach Oberägypten sollte die einzige touristische Reise werden, die ich je dorthin unternahm. Spätere Fahrten hatten jeweils ein journalistisches Ziel, das erreicht und erfüllt werden musste, so dass ich mir für gemächliche Besichtigungen und Seitenreisen nie mehr wirklich Zeit nehmen konnte. Ob ich mich heute, im Touristenstrom, der alles überflutet, noch einmal nach Oberägypten begeben werde, ist mir selbst fraglich.

Das Land der Fellachen

Einer der Gewinne der Reise, weit weg von den grossen Städten, war für mich eine klarere Sicht des ägyptischen Fellachen. Theoretisch wusste ich, dass das Niltal in erster Linie von seinen Bauern bevölkert war, und dass sie die Basis und den eigenen Grundton der ägyptischen Nation abgaben, gerade im Gegensatz zu den nahöstlichen Bauern, die sich fast immer den Wüstenstämmen verwandt fühlen und ihre Abkunft sowie ihre sozialen Ideale von ihnen herleiten. Ich hatte den soziologischen Klassiker über das Leben der Fellachen von *Henri Ayrout* studiert (zum erstenmal publiziert 1938). Doch sie an der Arbeit zu sehen, ihre Dörfer zu durchqueren, die unendlichen grünen Felder zu durchstreifen, die sich soviel hundert Kilometer den Nil entlang zogen, aber auch die Enge dieses lebensspendenden, tiefgrünen Streifens, eingefasst zwischen zwei Wüsten, mit eigenen Augen zu ermessen, das war etwas anderes, als bloss eine soziologische Studie zu lesen.

Im Delta befanden sich damals schon so viele Menschen, dass die Dörfer das Ackerland überwucherten und die Provinzstädte über die Dörfer hinauswuchsen und sie untereinander verbanden. Eine gewisse Industrialisierung und Motorisierung bestand, die den rein ländlichen Charakter des Deltas schrittweise veränderte. Doch Oberägypten war damals bewässertes Ackerland geblieben. Kamele und Esel, nicht Traktoren, lieferten die Kräfte, die über jene der Menschen hinausgingen. Die Dörfer waren oft an den Wüstenrand ausgewichen, um das Fruchtland für den Ackerbau und die Dattelhaine frei zu lassen. Die Menschen, die diese Felder sommers wie winters bestellten, lebten erkennbar in ihrem eigenen, eng umgrenzten, aber auch scharf und klar festgelegten Lebenskreis, der seinerseits durch die Bewässerung und den Besitz von Land bestimmt wurde.

Das bedeutete nicht, dass diese Menschen ein beschränktes Leben führten. Es bestand ein Reichtum an Gebräuchen und Sitten; es gab Feste; einen Volksislam, der sich zum Hochislam und zur Mystik hin fortsetzte und dem Leben Sinn gab, trotz der brutalen Armut und Ausbeutung, die man hinter den grösseren Gütern mit ihren Zuckerrohr- und Baumwollfeldern erahnte. Humor und Gutmütigkeit waren und bleiben bis heute Eigenschaften, die den Fellachen ihr schweres Leben erleichtern. Gastfreundschaft ist eine wichtige Tugend, die in der jüngsten Zeit durch Schwärme von motorisierten Passanten, die unachtsam vorbeifahren, unmöglich wird, aber stets wieder auflebt, wenn fremde Gäste einzeln oder in kleineren Gruppen sich dem eigenen, engeren Lebensbereich der Bauern und Bäuerinnen auf den Feldern, vor den Häusern und im Inneren der Dörfer annähern.

Beeindruckend und zugleich beunruhigend war die Kluft, die sich zwischen den urbanisierten und zivilisierten Ägyptern der Städte und den Ägyptern der Felder auftat. Die «Fellachen» konnte man wegwerfend hören, nicht etwa von Europäern sondern von reicheren oder ärmeren Stadtbewohnern arabischer Sprache, «sie sind beinahe Tiere. Man kann mit ihnen nicht reden. Wenn man ihnen eine Wohltat erweisen will, kommen mehr und mehr, und alle wollen auch etwas bekommen. Am besten fängt man gar nicht damit an!». Zum Teil verstand ich solche recht brutale Distanznahmen als eine Reaktion auf das Überfordertsein. Es gab so viele Fellachen, damals wohl noch mindestens 60 Prozent der Bevölkerung. Weitere 10 bis 20 Prozent lebten zwar in Städten und grösseren Ortschaften, aber hatten ihr Fellachentum nicht wirklich abgelegt. In den Kleidern, der Sprache, den Gebräuchen, ihrem Umgang, der Armut, den endemischen Krankheiten blieben sie Landbewohner, die sich in die Städte hineingedrängt hatten. Die gebildeten Städter wussten: Alle brauchen sie Schulung, Gesundheitsfürsorge, bessere Nahrung, Arbeit, die ihnen besser zu leben erlaubt. Doch sie standen machtlos vor der Masse. Die Versuchung war gross, allen zusammen den Rücken zu kehren, weil man für alle zusammen nicht tun konnte, was hätte getan werden müssen. Man sah sie dann nicht mehr als Landsleute an, sondern eben nur als Fellachen, Leute die immer am Rande der städtischen Gesellschaft gelebt hatten, immer «anders» gewesen waren, unveränderlich, fremd, letztlich – so nahmen die Städter an – nicht wirklich daran interessiert, sich aus ihrem Elend zu befreien, zu sehr in der Erde verwurzelt, auf der sie lebten, als dass ihr Leben verändert werden könne. Es war nur zu leicht, als uralte und unabänderliche Gegebenheit aufzufassen, was so schwer, so unmöglich zu ändern schien.

Jedenfalls bestand eine Kluft, so tief, dass der Aussenstehende sich fragte: Wer sind die wirklichen Ägypter? Die Leute der Städte, die den ägyptischen Nationalismus erfunden hatten und trugen, aber eigentlich oft Levantiner waren, Zugewanderte nach Ägypten? – Oder die Fellachen, die gewiss jenen glichen, die schon damals die Pyramiden physisch gebaut hatten, die – schon ihrer Überzahl wegen – das eigentliche ägyptische Volk sein mussten, die aber von ihren Mitbürgern und Vorgesetzten in den Städten in der Praxis des täglichen Lebens so oft als eine Art Untervolk angesehen und behandelt wurden.

Es ist leicht, über diese Verhältnisse den Kopf zu schütteln, solange man nicht mit dem massiven Elend der Fellachen direkt konfrontiert ist und erlebt, wie schwierig es zu ändern ist. Alles wäre nötig: Schulen, Geburtenkontrolle, präventive Hygiene, Gesundheitspflege, aber auch Befreiung von der bittersten Armut, ohne welche alle anderen Hilfsmassnahmen nicht wirklich greifen, weil bei den Betroffenen die Notwendigkeit, sich zu ernähren, beinahe alles andere dominiert, solange sie nicht in der Lage sind, sich regelmässig satt zu essen.

Einmal hatte ich Gelegenheit, eine der Damen der guten Gesellschaft in ein Dorf in der Nähe von Kairo zu begleiten, wo sie mit Hilfe von anderen wohltätigen Damen eine Hilfsstation für säugende Mütter und für Kleinkinder betrieb. Die Mütter und Kinder kamen in dichten Trauben, so dass es kaum möglich war, sich mit einer jeden einzelnen abzugeben. Es war schwierig, sich nicht vor dem Schmutz zu ekeln, der die Mütter und Säuglinge umgab. Die Mittel ihn zu beseitigen, fehlten, weil es kein heisses Wasser gab, nicht einmal genug kaltes und sauberes. Die Damen waren gezwungen, sich auf die Ausgabe von einigen Medikamenten, von Trockenmilch und das Erteilen von guten Ratschlägen zu beschränken. Manchmal sagten sie nur, die betreffende Frau mit ihrem Kind müsse sich unbedingt ins Spital begeben. Doch sie wussten, und sagten es mir, dass dies wahrscheinlich nicht geschehen werde. Die Fellachinnen fürchteten sich, nicht ohne Grund, vor dem Spital. Auf dem Heimweg bemerkte die Dame, in Ägypten sei es eben so, dass die einfachen Leute, sogar in der Stadt, die Geburt von Kindern nicht bei der Polizei meldeten, bevor das Kind ein oder zwei Jahre alt sei. Sie rechneten damit, dass das Kind sterben könnte, und dann bekämen sie nur Scherereien mit der Polizei, die wissen wolle, warum das Kind gestorben sei, ob die Eltern es vernachlässigt hätten und so weiter. – Was sie nicht sagte, aber was als selbstverständlich vorausgesetzt werden musste, war der Umstand, dass der Tod eines kleinen Mädchens im Normalfall für die Eltern weniger schwer wog als der eines Jungen. Die Härte, mit der diese Frau von den «Fellachinnen» sprach, war schockierend. Dabei war es immerhin eine Dame, die sich um sie bemühte, so gut sie konnte und so wie sie es verstand. Sie ignorierte nicht einfach die vielen notleidenden Menschen, wie es die übergrosse Mehrheit ihrer Gesellschaftsschicht tat. Wer sich nicht persönlich einsetzen wollte, konnte immer leicht sagen, die Lage sei ohnehin hoffnungslos, und ausserdem sei es Aufgabe des Staates, sich der Armen und Kranken anzunehmen.

Abseits des Niltals

Die Reise mit meiner Mutter sollte durch die Wüste gehen, denn sie hatte den Wunsch geäussert, möglichst ins Innere der Wüste zu gelangen. Die beiden ägyptischen Wüsten, östlich und westlich des Nils, standen damals allerdings unter der direkten Kontrolle der Militärbehörden. Um das Niltal zu verlassen, musste man ihre Erlaubnis einholen. Begründet wurde dies unter anderem damit, dass es immer wieder unbedachte Reisende gab, die sich in der Wüste verloren, manchmal sogar in ihr umkamen, weil sie unvorbereitet einfach drauflos fahren wollten.

Die Armee wollte einen Besuch in den Oasen der Östlichen Wüste nicht zulassen. Schliesslich herrschte immer noch Kriegszustand, wenngleich Waffenstillstand, mit den Israeli, den Engländern und den Franzosen. So mussten wir uns bescheiden und uns auf die relativ viel befahrene Piste von Nag Hammadi nach Qusair, das am Roten Meer liegt, beschränken. Auf dieser Piste verkehrte sogar ein Autobus, was das Transportproblem für Leute ohne eigenen Geländewagen wesentlich erleichterte. Sogar für diese Reise aus dem Niltal heraus und in es zurück brauchte man Impfzeugnisse, und um sie zu erhalten, musste man sich zuerst von den Militärs impfen lassen. Die Spritzen, mit denen am Oberarm geimpft wurde, kochten in einer Konservenbüchse. Mir schadeten sie nicht, doch meine Mutter sollte einen schmerzhaften Abszess entwickeln, der ihr die Reise nicht verschönerte.

Erst später lernte ich, dass es in einer jeden Apotheke Wegwerfspritzen gab und dass es sich immer empfiehlt, solche zu staatlichen Impfungen selbst mitzubringen, wenn man keine Gelbsucht riskieren will, weil die Gelbsucht-Viren auch längere Zeit im kochenden Wasser überstehen können.

Wir fuhren in einer langen Fahrt durch Oberägypten, nach Qena und Nag Hammadi über Mena und Assiut. In Nag Hammadi fanden wir in der Tat den Autobus nach Qusair vor. Er verkehrte auf der alten Strecke, die einst Karawanenweg gewesen war, als es noch keinen Suez-Kanal gab, und als die Händler, eine Zeitlang sogar die britische Post nach Indien, mit Nilschiffen den Nil hinauf segelten und dort, wo die Östliche Wüste am engsten ist, die Wüste durchquerten, um ans Ufer des Roten Meers zu gelangen. Qusair war deshalb ein historischer Hafen, der allerdings seit dem Bau des Kanals fast zur Bedeutungslosigkeit abgesunken war.

Die Wüstenfahrt führte über lange Strecken hin durch Gebirge, die Piste ging einer trockenen Schlucht entlang, die zwischen steil aufragenden, mit brauner Erde und Schutt überzogenen Bergen lag. Erst gegen Ende der Reise fuhr man in eine völlig vegetationslose Sandebene ein, die sanft abfallend zu der weissen Brandungslinie des Roten Meers hinab führte. Das Meer selbst lief in Qusair, einem Fischerstrand mehr als einem Hafen, flach aus; weiter im Norden gab es eine spektakuläre Felsenküste, die später zum Fremden- und Badeort Hargeisa ausgebaut werden sollte. Einer der eindrücklichsten Aspekte der Reise war, die beiden Welten von Wüste und fruchtbarem Boden nebeneinander zu erleben, mit dem messerscharfen Übergang zwischen dem schmalen grünen Niltal und der daran angrenzenden braunen und endlosen Stein- und Staubwüste, die wir auf der Hin- und der Rückfahrt viele Stunden lang zu durchqueren hatten.

Augenschein im Delta

Später unternahm ich auch eine Reise ins Delta, diesmal allein, um auch jenen Teil Unterägyptens, in dem die meisten Ägypter leben, auszukundschaften. Ich fuhr nach Tanta, nach Zagazig und hinab bis nach Rosetta (Damiat), von dort in einer abenteuerlichen Fahrt im Gemeinschaftstaxi dem Strand entlang – eine Strasse gab es noch nicht – bis auf die westliche Seite des Deltas nach Alexandria hinüber.

Schon damals erstaunte mich, welch grosse Städte die Provinzhauptorte im Delta nach ihrer Bewohnerzahl waren. Immer mehrere Hunderttausend! Und welch ländlichen Eindruck sie dennoch machten, mehr übermässig gewachsene Dörfer als Städte. Heute hat sich diese Erscheinung noch weiter entwickelt. Die Städte im Delta, wie Tanta und Zagazig, sind Millionenstädte mit eigenen grossen Universitäten geworden, aber gleichzeitig überdimensionierte Dörfer geblieben. Solche Provinzstädte sind die erste Station der Menschen, die aus den eigentlichen Bauerndörfern kommen und Arbeit ausserhalb suchen, weil es ihnen im Dorf an Land und Arbeitsmöglichkeiten fehlt. Es sind jährlich Hunderttausende. Sie bringen ihre dörflichen Gebräuche und ihre Dorfmentalität mit; sie vermögen in den Provinzhauptstädten überhaupt nur Fuss zu fassen, weil sie dort bereits engere Landsleute vorfinden, aus dem gleichen Dorf oder aus Nachbardörfern, die ihnen helfen, sich in der Stadt zurechtzufinden und ihr erstes Brot zu verdienen.

Gleichzeitig hat der Staat in diesen Provinzhauptstädten Schulen und Hochschulen bauen lassen und Professoren eingestellt, um die überlaufenen Universitäten und die allzu wenigen, nicht sehr hoch qualifizierten Berufsschulen in Alexandria und Kairo zu entlasten. Das bedeutet, dass sich dort auch die erste Schicht der Begabten und Hochbegabten sowie der über gute Beziehungen Verfügenden ansammelt, die vom Lande herkommen und eine höhere Ausbildung suchen. Die Provinzhauptstädte wurden so zu ersten Sammelbecken der aus den Dörfern buchstäblich überlaufenden Bevölkerung. Wenn alle die Neuankömmlinge dort auch nur die dringendsten Einrichtungen vorfinden, um sich zunächst einmal über Wasser zu halten, stellt das schon eine grosse Leistung der lokalen Verwaltung dar. Für den Ausbau städtischer Annehmlichkeiten bleiben kaum Überschüsse. Was es an städtischen Baulichkeiten gab, waren entweder die Büros der Beamten oder aber die Moscheen, Heiligengräber und die anderen, seit alter Zeit bestehenden, jedoch stets weiter ausgebauten Religionszentren. Dafür gab auch die Bevölkerung freiwillig Geld, schon weil die Abgabe für den Islam und die Armen (Zakât) eine der fünf religiösen Grundpflichten ist; auch, weil man dem Staat, seinen Beamten, wozu auch die Stadtbehörden gehören, und ihren Werken seit alters misstraut.

Die Moschee mit ihren Gelehrten war auch den frisch zugewanderten Dörflern ein vertrauter Begriff. An sie konnte man sich um Hilfe wenden, sowohl materieller wie geistlicher Art. Regierungsbüros und Beamte stiessen auf Misstrauen, das nur zu oft berechtigt war, weil alle Beamten stets überfordert waren und sich oft nicht anders zu helfen wussten als durch schroffes Abweisen möglichst vieler Bittsteller und langes Hinausziehen der Anliegen jener, mit denen sie sich schlussendlich abgeben mussten. Alle Beamten taten zu wenig, um das bestehende Misstrauen abzubauen. Der tiefe soziale Graben, der zwischen den «Fellachen» und den Beamten bestand, wirkte sich hemmend aus. In einem Akt symbolischer Art erklärte Nasser die Begriffe «Pascha» und «Bey», eine Art Adelstitel, die seit der türkischen Zeit bestanden, als abgeschafft. Doch die soziologischen Fakten blieben bestehen, und sie kamen dadurch zum Ausdruck, dass der Fellache fortfuhr, die höher gestellten Beamten und Stadtbürger mit überschwenglich gebrauchten, manchmal sogar versteckt ironischen: «Ya Bey! ya Bascha!» anzusprechen, wodurch sich die Baschas und Beys, gerade weil sie es nicht mehr waren oder auch nie gewesen waren, doch immer ein wenig geschmeichelt fühlten.

Ahmad Badawi, der Heilige von Tanta

Tanta interessierte mich, weil es die Stadt des beliebtesten aller Volksheiligen Ägyptens ist. Er heisst *Ahmed Badawi* und stammte ursprünglich aus Fes in Marokko, doch wurde er kurz nach 1200 als das jüngste von sechs Kindern auf die Pilgerfahrt nach Mekka mitgenommen. Die Familie brauchte vier Jahre, bis sie Mekka erreichte. Dort starb sein Vater; er wuchs als ein guter Reiter und offenbar junger Weltmann auf, hatte dann gegen 1236 ein Bekehrungserlebnis, weigerte sich zu heiraten und wurde wortkarg, las den Koran nach allen sieben Lesarten des Buches und hatte eine dreimal wiederholte Vision, die ihm auftrug, nach dem Irak zu ziehen. Er tat es mit seinem Bruder und besuchte dort die Gräber der grossen Mystiker. Eine weitere Vision forderte ihn auf, nach Tanta zu reisen. Dort soll er, wie es beschrieben wird, auf das Dach eines Hauses gestiegen und dort regungslos stehen geblieben sein, die Augen auf die Sonne gerichtet, bis sie rot und schmerzhaft wurden wie glühende Kohlen. Manchmal schwieg er lange Zeit, manchmal schrie er beständig. In Tanta lebte er bis zu seinem Tode 1267, also ungefähr 30 Jahre lang. Die Wunder, die er vollbracht haben soll, zu seinen Lebzeiten und nach seinem Tod, sind unzählig und offenbar von der Volksphantasie reich ausgeschmückt. Diese Volksphantasie wiederum nährt sich von alten christlichen und vielleicht sogar altägyptischen Traditionen. Er soll schon als Neugeborener gesprochen haben und sei damals auch ein grosser Esser gewesen. Später jedoch fastete er 40 Tage lang, ohne zu essen und ohne zu trinken. Er war gewiss ein Mystiker, gehört aber nicht zu den intellektuell und theosophisch veranlagten Mystikern. Die Schriften, die er hinterliess, sind Gebete und religiöse Ermahnungen. Sein mystischer Orden, die *Ahmediya*, nennt sich auch *Sathiya*, vom arabischen Wort für «Dach», weil er sein späteres Leben auf dem Dach stehend verbracht haben soll. Diesen Zug hat er gemeinsam mit den Säulenheiligen der christlich-orthodoxen Tradition, die mit dem schon erwähnten berühmten Heiligen Simeon beginnt und in Badawis Lebenszeit unter den koptischen Christen Ägyptens noch lebendig war.

Der Heilige hatte gleich drei «grosse Geburtstage» (*Mawlid*) in jedem Jahr. Interessanterweise wurden sie nach dem koptischen Sonnenjahr gerechnet, nicht nach dem muslimischen Mondjahr. Sie fielen auf die (koptische) Weihnachtszeit, in die Wintersonnenwende, sowie auf Frühlings- und Herbst-Solstizien. Doch das Frühlingsfest wurde im 19. Jahrhundert um einen Monat verschoben, damit es nicht mit der Baumwollernte zusammen- falle, während welcher die Fellachen schwer beschäftigt sind. Der wichtigste Mawlid, jener des Sommers, soll auch heute noch bis zu einer halben Million Menschen anziehen. Frömmigkeit, Festbetrieb und Markt mischen sich dabei, wie bei vielen der grossen Pilgerfahrten. Früher war der grosse Mawlid von Tanta auch als Sklavenmarkt sehr bekannt.

Ich gelangte nach Tanta, als kein Mawlid stattfand. Doch die Stadt war auch in ihrer Alltagserscheinung geprägt von dem Heiligen, seiner Moschee und den Stätten der Pilgerfahrt. Beschneider und Zahnärzte hatten sich in grosser Zahl um die Moschee herum niedergelassen und machten in drastisch gemalten Schildern, deren Bildersprache für Menschen berechnet war, die nicht zu lesen verstanden, auf ihre Tätigkeit aufmerksam. Die Moschee, die das Grab des Heiligen birgt, ist von den grossen Mamlukenherrschern des Mittelalters, *Baibars* (reg. 1260–1277) und *Qait Bey* (reg. 1468–1496), erbaut und erneuert worden, dann wieder im 18. Jahrhundert von *Ali Bey Kebir,* und auch Sadat hat während seiner Präsidentschaft das Heiligtum ver- grössern und erneuern lassen.

Tanta war schon seit alter Zeit berühmt für seine Koranrezitatoren, die dort geschult wurden. Es besass damals auch eine theologische Hochschule, die der Azhar in Kairo untergeordnet war, und hat seither, wie fast alle gros- sen Provinzstädte Agyptens, auch eine weltliche Universität erhalten. Trotz all dem ist Tanta immer eine Landstadt geblieben. Sie bleibt umbrandet und eng verbunden mit dem Meer der Fellachen des Deltas, das sie umfasst.

Damiat, Überreste aus anderer Zeit

Damiat, ein heute vergessener Hafen an der östlichen Nilmündung, war vor allem ein Fischerort. Damals, in der Zeit vor dem Hochdamm von Assuan, lag vor der Mündung eine grosse Fischbank, weil sich viele Mikrolebewesen von dem hinausgeschwemmten Nilschlamm nährten und ihrerseits die Lebensgrundlage für grössere Fische bildeten. Doch seit dem Bau des Hoch- dammes trägt der Nil kaum mehr Schlamm nach Unterägypten. Der Nil- schlamm lagert sich in dem grossen Stausee hinter dem Damm ab.

Damiat trug noch Züge aus einer früheren Zeit, vor den geteerten Stras- sen und den Eisenbahnen, als der Weg nach Kairo noch eine beschwerliche und langsame Reise bedingte und daher in den Provinzstädten eine Schicht von wohlhabenden Händlern und Grundbesitzern lebte, die ihre Städte zu behäbigen Landsitzen und prosperierenden Handwerkszentren ausgebaut hatten. Es gab noch langsam zerfallende Herrschaftshäuser mit hölzernen Balkons und Jalousien, die in ihren eigenen Gärten standen. Die Herrschaften waren jedoch längst nach Kairo oder nach Alexandria umgezogen.

Abschied vom Niltal

Im Frühsommer 1957 näherte sich unser Ägyptenaufenthalt trotz der Verlängerung durch die Arbeit bei der Interessenvertretung allmählich seinem Ende. Meine Mutter sollte mit Jessica im Flugzeug nach Basel reisen und sich ihrer dort für einige Wochen annehmen, während meine Frau und ich auf dem Umweg über Istanbul nach der Schweiz zurückzukehren gedachten. Wenn schon nicht die ganze Türkei, so wollte ich doch mindestens Istanbul kennenlernen. Gerade Ägypten, wo die osmanische Vergangenheit in vielen Aspekten immer noch nachwirkte, obgleich die neue ägyptische Revolution Nassers bemüht war, sie zugunsten der arabischen Identität des Niltals zurückzudrängen, machte mir deutlich, dass das Osmanische Grossreich und das nach ihm fortwirkende Gewicht des türkischen Nationalstaates eine der Komponenten des komplexen nahöstlichen Zusammensetzspieles war und blieb, die man nicht übergehen konnte.

Ägypten als ein besonderes Land

Ich freute mich auf die Türkei so sehr, dass ich die Frage an mich selbst nicht zu umgehen vermochte: War mir Ägypten letzten Endes fremd geblieben? – Später sollte ich die Beobachtung machen, dass es unter den Arabisten immer zwei Schulen gab, jene, die ihre praktischen Arabischstudien im Bereich von Syrien und Libanon begonnen hatten, ausnahmsweise wohl auch im Irak oder im Golf und Arabien, und die andere Gruppe, die ihre erste direkte Bekannschaft mit Leben und Sprache der Araber einem Aufenthalt in Ägypten verdankte. Die «Ägypter» unter den Orientalisten fühlten sich in Kairo und im Niltal zu Hause, die «Syro-Libanesen» in der Levante. Auch wenn sie später durch Studien und Aufenthalte mit den «anderen» Ländern vertraut wurden, blieb doch immer ein Heimatgefühl, das sie mit dem ersten Land ihrer Einführung in die arabische Welt verband. Die anderen Länder blieben eine zweite und dritte Bekanntschaft.

Wahrscheinlich hatte dies mit der sehr ausgeprägten Eigenart des Niltals zu tun. Ägypten war ein arabisches Land, sogar das grösste und volkreichste, aber es war eben doch auch unübersehbar Ägypten. Seine Identität war und ist geographisch und historisch vielleicht stärker geprägt als die irgend eines anderen Landes im Nahen Osten. Es gab eine gewaltige Vergangenheit von einigen tausend Jahren, die lebendig und wirksam blieb, Arabisierung hin oder her. Für mich hatte diese Konstante mit der einzigartigen sozialen Lage des Landes zu tun. Es war aufgeteilt in die Masse der Fellachen und die sie beherrschenden städtischen Oberschichten. Fellache zu sein, war und bleibt wohl bis heute ein gesellschaftliches Phänomen. Es konnte vorkommen, dass einer der Fellachen sich aus seiner Schicht heraus emporarbeitete, um in die Oberschicht einzudringen. Doch dies waren und bleiben bis heute Einzelfälle. Ihnen steht seit pharaonischen Zeiten die Normalität gegenüber, die daraus besteht, dass es die beiden scharf gesonderten Schichten gibt: grob gesagt jene der Ausbeuter und Leiter und jene der Ausgebeuteten und Gelenkten.

Damit soll nicht gesagt sein, dass diese beiden Schichten nicht auch ihre inneren Hierarchien kennen. Sie bestehen natürlich. Doch die Schärfe der Trennungslinie macht das Ausserordentliche aus: Regierende (mit deren Helferschichten) und Regierte (gewiss auch mit ihren Aufsehern und Vermittlern nach oben) stehen sich gegenüber – weitgehend auf der geographischen und gesellschaftlichen wie wirtschaftlichen Trennungslinie zwischen Stadt und Dorf, wobei in der jüngsten Zeit durch den unerhörten Bevölkerungszuwachs das Dorf in die Stadt einsickerte. Die Folge ist, dass es heute grosse Aussen- und Randquartiere der Städte gibt, wo die Menschen «wie in den Dörfern» leben, nur natürlich noch enger und daher sozial und gesundheitlich noch mehr gefährdet.

Eine «hydraulische Gesellschaft»

Ägypten ist und bleibt die «hydraulische Gesellschaft» par excellence. Es gibt noch andere bewässerte Flusstäler, in denen die Menschen auf Grund der Hydraulik, das heisst zentral angelegter und gelenkter Bewässerungssysteme, leben, z. B. Mesopotamien. Man kann auch an das Industal und die beiden grossen Täler von Zentralasien denken, die der Amu Darya und der Syr Darya (Oxus und Araxes) bewässern. Doch keines von ihnen liegt so abgeschlossen nach aussen wie das nach allen vier Himmelsrichtungen durch die Stromschnellen, die beiden Wüsten und das Mittelmeer abgeriegelte Niltal. Die anderen grossen Bewässerungsländer wurden immer wieder von neuen Völkern überrannt, zerstört und wiederaufgebaut. Im Niltal gab es auch Eroberer, doch sie waren nie zahlreich genug, um die Bevölkerung zu verändern. Sie überlagerten sich als neue Ober- und Ausbeuterschicht den Fellachen, ohne sie zu ersetzen, nahmen ihren Standort in den Städten und liessen das Land auf sich beruhen, solange es ihnen Gewinn in der Form von Einkünften brachte.

Die Herrschervölker, ob Griechen, Perser, Römer, Byzantiner, Araber, Osmanen, Engländer, haben Einzelheiten verändert, meist im Bemühen, die Erträge zu steigern, an denen sie primär interessiert waren, doch das Grundsystem blieb unangetastet: die Fellachen arbeiten und die Stadtbevölkerung eignet sich die Früchte ihrer Arbeit an, so weit sie es irgend vermag, um sie für ihre eigenen Zwecke zu verwenden. Diese Zwecke konnten sehr verschieden sein: der Bau von Pyramiden und Gräbern; die Förderung der hellenistischen Kultur; der Aufbau einer christlichen Landeskirche mit eigenen Oberhäuptern und eigenen Dogmen und ihre Ausdehnung nach Äthiopien; die Errichtung von Palästen und staatlichen Propagandamoscheen, um die religiös-politische Führungsposition über den Rest der muslimischen Welt zu gewinnen; das Aufstellen von Reiterheeren auf Grund von gekauften Sklaven aus dem Kaukasus; die Produktion von Baumwolle für die Spinnereien in Liverpool. Doch eine Konstante besteht: Die Oberschichten erlauben sich einen bedeutenden Luxus, der oft repräsentativen Zwecken neben dem eigenen Wohlleben dient, und sie pflegen es als ihr gutes Recht anzusehen, aus den Fellachen soviel wie nur möglich herauszuquetschen. «Dazu sind sie doch da!».

Man kann vermuten, dass jene Orientalisten, die ihre praktische Bekanntschaft mit dem Orient in Ägypten begannen, diesen Zustand – wie die Ägypter selbst – als den natürlichen und unvermeidlichen zu empfinden lernen und ihn daher akzeptieren. Die meisten konzentrieren ihre Aufmerksamkeit, wie die Ägypter selbst, auf das ausgesprochen rege und interessante Kulturleben von Kairo. Die Orientalisten «des arabischen Nordens und Ostens» lernen als erstes eine andere Tradition kennen, die eng mit der Wüste verbunden ist und daher Elemente der Gleichberechtigung und Gleichstellung der Menschen, trotz allen Unterschieden des Vermögens, in sich trägt, Elemente, die mit dem Stammeswesen zusammenhängen. Für sie bleibt Ägypten mit seiner Doppelbevölkerung immer etwas Fremdes, wenngleich sie seine Qualitäten und das Gewicht des grössten der arabischen Länder und der grössten arabischen Hauptstadt einzuschätzen und zu verstehen lernen.

Ein arabisches Land eigener Tradition

Die Art der Zugehörigkeit des Niltals zur arabischen Welt hat auch in der Politik des vergangenen Jahrhunderts eine grosse Rolle gespielt. Nasser wollte sein Land als das Herzland der arabischen Welt sehen, und seine – oft als panarabisch beschriebene – Politik zielte auf eine «arabische Einheit» ab, in der Ägypten, unter seiner Führung natürlich, die entscheidende Rolle spielen sollte. Dagegen kam es jedoch zu Widerständen, sowohl von Seiten der europäischen Mächte, Israels und schlussendlich auch der Vereinigten Staaten, wie auch durch die anderen arabischen Regierungen selbst. Am Ende, nach der Niederlage durch Israel von 1967 und dem Tod Nassers, war es sein Nachfolger, Anwar as-Sadat, der das Steuer in Ägypten herumriss, sein Land wieder «Misr» nannte, das arabische Wort für Ägypten, statt «Vereinigte Arabische Republik», und nach dem bewusst als «Wiedergutmachungskrieg» geführten Waffengang von 1973 im Interesse Ägyptens, sechs Jahre später, trotz des Widerspruches der übrigen arabischen Welt, mit Israel einen Separatfrieden schloss, um dafür die Sinai-Halbinsel zurückzuerhalten.

All dies lag jedoch damals noch weit in der Zukunft … Nachdem wir meine Mutter und Jessica auf dem Flughafen von Kairo verabschiedet hatten, bestiegen meine Frau und ich erneut ein Schiff in Alexandria und fuhren nach Istanbul.

Bekanntschaft mit Istanbul

Die Türkei des Frühjahrs 1957 befand sich in einer schwierigen Phase, politisch wie wirtschaftlich. Die Regierung Menderes hatte ihre Volkstümlichkeit eingebüsst und gleichzeitig die Wirtschaftspolitik nach einem Versuch der Liberalisierung erneut auf Devisenkontrollen, Inflationsfinanzierung und Monopole für staatliche Unternehmen zurückschrauben müssen. Es fehlte sogar der Kaffee, weil er ein Importprodukt war, für das die Devisen nicht ausreichten. Was das für das Mutterland des «türkischen Kaffees» bedeutete, kann man sich leicht ausmalen. Dennoch tat Adnan Menderes alles, um an der Regierung zu bleiben. Er besass seit 1950 eine absolute Mehrheit im Parlament und benützte diese, um alle Opposition und alle Kritik an seinem Regime mundtot zu machen. Die Zeitungen standen unter strenger Zensur, und das Radio war ganz offiziell in der Hand der Regierung.

Vom 7. bis zum 9. November 1955 war es zu Ausschreitungen gegen die Griechen von Istanbul gekommen, die dazu führten, dass fast die ganze damals noch bestehende griechische Kolonie die Stadt verliess. Die Unruhen waren durch eine Bombe ausgelöst worden, die vor dem Geburtshaus Atatürks im nordgriechischen Thessalonike explodierte. Damals war noch nicht bekannt, was man später, nach dem Umsturz von 1960, erfahren sollte: Die Bombe war vom türkischen Geheimdienst gelegt worden, nicht etwa von Griechen. Sie sollte dazu dienen, anti-griechische Ausschreitungen auszulösen. Die Regierung Menderes suchte damit von ihrem wirtschaftlichen und politischen Versagen abzulenken. Die damaligen Unruhen auf der noch unter britischer Oberhoheit stehenden Insel Zypern, wo die Griechen Anschluss an Griechenland forderten (Enosis) und die Türken eine Teilung der Insel (Taksim), bildeten den Hintergrund dieser absichtlich provozierten Ausschreitung. Die Griechen von Istanbul und jene der Prinzen-Inseln im Marmara-Meer waren von dem griechisch-türkischen Bevölkerungsaustausch von 1924 – 1934 ausgenommen gewesen, als Gegenleistung für den Verbleib der türkischen Minderheit in Westthrazien. Die Unruhen von 1955 bedeuteten praktisch das Ende der griechischen Kolonie in Istanbul. Eine Griechin aus einer alten Istanbuler Familie, welche die Unruhen als junge Frau durchgemacht hat, erzählte mir später, die Unruhestifter seien in das Haus ihres Vaters eingebrochen, indem sie die Glasfenster durchbrachen. Sie hätten in ihren Salons sämtliche Teppiche in kleine Streifen zerschnitten und alle Möbel zerschlagen. Doch keiner von ihnen habe das Geringste entwendet. Für die Erzählerin war das ein Beweis dafür, dass die damaligen Unruhestifter diszipliniert und auf Befehl des Staates vorgingen und dass sie wahrscheinlich (die Dame sagte: «gewiss») aus Elementen bestanden, die unter der Aufsicht und Kontrolle des militärisch organisierten Geheimdienstes handelten. Die damalige «Kristallnacht» war zur Zeit unseres Aufenthalts noch in aller Gedächtnis.

An den Universitäten war besonders schlechte Stimmung, weil Menderes der Ansicht war, alle Professoren seien Staatsangestellte, deren Pflicht es sei, für ihn als den Vertreter des Staates Partei zu ergreifen. Der Ministerpräsident weigerte sich, einen Unterschied zwischen Staat und Regierung zu machen. Professoren, die sich dieser Sicht der Dinge nicht fügen wollten, wurden entlassen. Die Studenten stellten sich auf die Seite ihrer Professoren und der akademischen Freiheiten. Doch die Regierung versuchte, über die staatliche Bürokratie, die Apparate der Polizei und Geheimpolizei sowie die Leitung der wirtschaftlichen Staatsbetriebe mit ihren Mitläufern und unbedingten Anhängern hinaus auch die Universitäten zu Zentren ihrer Parteigänger zu machen. Daraus entwickelte sich ein inneres Ringen, dessen Schärfe immer zunehmen sollte, bis es im Jahr 1960 am 27. Mai zum ersten der drei militärischen Staatsstreiche kam, den die Türkei nach Atatürk – bisher – durchgemacht hat.

Aussenpolitisch stand die Türkei der Menderes-Zeit ganz im Lager der westlichen Mächte, und sie galt weltpolitisch gesehen als der südöstliche Eckpfeiler der NATO am Rande der Sowjetunion. Ihre Soldaten hatten im Korea-Krieg an der Seite der Amerikaner gekämpft und waren für ihren Todesmut berühmt geworden. Nach dem Zweiten Weltkrieg hatte die Sowjetunion die Türkei dadurch in die Arme der Westmächte getrieben, dass Stalin im Juni 1945 den bisher bestehenden Nichtangriffspakt mit der Türkei kündigte und als Gegenleistung für die Aufstellung eines neuen «Freundschaftsabkommens» die Rückkehr der drei Nordostprovinzen der Türkei unter russische Herrschaft sowie eine «gemeinsame Verteidigung» des Bosporus durch die türkische und die sowjetische Flotte forderte.

1952 wurde die Türkei NATO-Mitglied und 1955 gehörte sie zu den Erstunterzeichnern des in der arabischen Welt bitter umstrittenen Bagdad-Paktes, der als eine Fortsetzung der NATO an der Südgrenze der Sowjetunion konzipiert war. Als 1958 der Irak nach dem Umsturz General Kassems aus dem Bagdad-Pakt ausschied, wurde der Pakt in CENTO (Central Treaty

Organisation) umgetauft, und Izmir wurde sein Hauptsitz. All dies bewirkte, dass die Türkei in Washington und in den westeuropäischen Hauptstädten als ein wichtiger Partner im kalten Krieg gegen die Sowjetunion eingestuft wurde und daher auch die Regierung Menderes trotz des immer mehr diktatorische Züge annehmenden Verhaltens ihres Ministerpräsidenten kräftige finanzielle und militärische Unterstützung erhielt.

Auf den Strassen der alten Hauptstadt

Ich war damals noch nicht so sehr an der Politik interessiert, dass diese Umstände und Widersprüche im Zentrum meines Interesses gelegen wären. Ich bekam sie nur so gelegentlich mit, nach dem Zufall meiner Unterhaltungen und Zusammentreffen. Mir ging es in erster Linie darum, Istanbul-Konstantinopel kennenzulernen und womöglich einen Begriff von der modernen Türkei zu erlangen. Ich durchwanderte die Stadt in allen Richtungen, einmal in jenem, dann wieder in einem anderen ihrer historischen Viertel. Manchmal war meine Frau dabei, doch oft ging ich auch allein. Mir schien schon damals, was ich später im journalistischen Beruf noch deutlicher empfinden sollte: Wer alleine wanderte, stand der Umwelt offener gegenüber, als wer in Begleitung war. Auch zu Fuss zu gehen, unter möglichst weitgehendem Verzicht auf Taxis und öffentliche Verkehrsmittel, half mit, eine Stadt in ihren Proportionen zu erfahren, sie sich gewissermassen zu erwandern.

Istanbul bot eine Fülle von Zielen für meine Wege. Wir lebten zuerst in einem Hotel hinter der *Yeni Walide*-Moschee, die am Westende der Galata-Brücke liegt. Es hiess «Ipek Palas» oder «Seidenpalast»; alle Hotels in Istanbul, die nicht gerade Pensionen oder einfache Absteigen waren, nannten sich damals Palace. Später zogen wir um auf die Galata-Seite, wo wir für einen Monat ein Zimmer fanden, das direkt auf die berühmte *Passage* hinausging, in der die Türken so gerne Bier tranken und Muscheln assen. Es wurde von der Witwe eines Professoren vermietet, der einst Dozent für Deutsch an der Universität gewesen war. Sie sah sich offenbar gezwungen, aus ihrer geräumigen Wohnung in der Mitte der Stadt Gewinn zu ziehen. Von dort fuhr ich für die meisten meiner Wanderungen mit dem *Tünel* an die Galata-Brücke hinab, der kurzen, aber steilen Untergrundbahn, die in Istanbul die älteste Metro der Welt genannt wird. Oberhalb des Tünels gab es damals Antiquariate, auch eine deutsche Buchhandlung, die ein Elsässer aufgebaut hatte, der in Istanbul vor dem Krieg und der deutschen Besetzung Zuflucht gefunden hatte. Gleich daneben fand man einfache Speiselokale, wo man leicht eine gute und billige Mahlzeit erhielt – nur keinen Kaffee.

Stadt der christlichen Händler

Auf halbem Weg den Abhang hinab lag der Galata-Turm, der im Mittelalter den Scheitelpunkt der Befestigungsmauer der genuesischen Handelsniederlassung und Italienerstadt gebildet hatte. Sie war schon in byzantinischer Zeit auf dem anderen Ufer des Goldenen Horns angelegt worden, Konstantinopel gegenüber. Der Turm hatte 1957 noch einen hässlichen Oberbau mit falschen, pseudo-mittelalterlich-europäischen Zinnen aus dem 19. Jahrhundert. Bei meinem zweiten Besuch in der Stadt war diese entstellende Krönung, die an Bahnhofstürme im Stil des Historismus erinnerte, verschwunden, und der Turm hatte ein einfaches konisches Ziegeldach erhalten, wie es den alten von ihm überlieferten Bildern entsprach. Diese einfache Korrektur wirkte sich auf das gesamte Panorama der alten Stadt aus, weil der Turm den weitaus prominentesten Akzent über dem Hügel des Galata-Viertels abgibt.

Der Galata-Turm wurde durch die einfache Wiederherstellung des konischen Daches wieder zu etwas Echtem, das seine frühere Funktion eines Festungsturms nicht verleugnete. Er liess plötzlich erkennen, dass sich eine Altstadt zu seinen Füssen ausgedehnt hatte, von der es noch Reste gab. Noch nie ist mir vorgekommen, dass die Veränderung eines Bauwerkes dem ganzen Quartier, in dem es lag, ein neues und glaubwürdigeres Gesicht verlieh. Als ich in späteren Jahren auf meinen nächsten Besuch nach Istanbul kam, habe ich den Turm immer wieder ansehen müssen. Er war mit seinem neuen Dach plötzlich zu einer echten Zierde der Stadt geworden.

Das Beyoglu-Viertel, das sich oberhalb des Turmes anschliesst, ist heute zur Hauptgeschäftsgegend von Istanbul geworden. Einst war es für seine grünen Gärten berühmt, die links auf das Goldene Horn, rechts auf die Meerenge des Bosporus hinabschauten. Die europäischen Botschaften bei der Pforte lagen dort, angeschlossen nicht etwa an die Hauptstadt der Muslime sondern an die europäische Händlerstadt von Galata. Sie liegen immer noch dort, aber sie sind Generalkonsulate geworden, weil Ankara, die neue Hauptstadt seit Atatürk, die heutigen Botschaften beherbergt. Einige der alten Botschaftssitze haben ihren alten Glanz bewahrt, etwa der schwedische, der polnische und der belgische. Sie liegen heute in ihren eigenen Höfen mit einer absteigenden Zufahrt, weil das Strassenniveau sich inzwischen gehoben hat, etwas seitlich der grossen Geschäftsstrasse, die sich «Unabhängigkeitsstrasse» nennt, und sie haben ihre klassizistischen Palastfassaden aus dem frühen 19. Jahrhundert mit schweren, weissen Säulen vor Wänden mit buntem Stuckbewurf zu bewahren gewusst. Sie symbolisieren weiter, was heute Geschichte ist, die grosse Bedeutung des Osmanischen Weltreichs für die

Händler- und Seefahrernationen Europas, wie sie durch die ganze Neuzeit hindurch andauerte.

Machtringen um das Erbe des «Kranken Mannes»

In der Frühen Neuzeit war das Osmanische Reich für etwa zwei Jahrhunderte, von der Eroberung Konstantinopels (1453) bis zur gescheiterten Eroberung Wiens (1683), eine der Grossmächte der damaligen Welt und ein bedeutender, oft gefürchteter Partner im Kräftespiel der europäischen Politik. Gegen Ende des 17. Jahrhunderts reichte die türkische Macht von Bagdad und Kairo bis nach Algier, von Mekka bis nach Belgrad und Budapest.

Dann wurde das Türkenreich, nachdem die (zweite) Belagerung von Wien 1683 fehlgeschlagen war, schrittweise aus Ungarn und dem Balkan zurückgedrängt, bis es schliesslich im 19. Jahrhundert zum «Kranken Mann am Bosporus» wurde. Die europäischen Diplomaten rangen untereinander um seine Nachfolge für den Fall, dass er sterben sollte. Schliesslich einigten sie sich unter der Führung von Grossbritannien und zum Ärger der russischen Zaren darauf. dass keine Macht die strategische Stelle der Meerengen in Besitz nehmen solle, weil dies nur zu Kriegen mit den anderen Mächten führen müsse. Es sei daher besser, den Kranken Mann am Leben zu erhalten. Er sollte weiter die Meerengen beaufsichtigen, jedoch seinerseits unter der Aufsicht der Grossmächte stehen. So wurde vermieden, dass sich eine von ihnen zum Schaden ihrer Rivalen an den Meerengen festsetzte.

Die Engländer formulierten schon zu Zeiten der Zarin Katharina II. (der Grossen, reg. 1762–1796) ihre langfristige politische Linie, nach der die Herrschaft der Sultane erhalten bleiben sollte, nicht so sehr um des Sultans willen als wegen der Russen, die drohten, aus dem Schwarzen Meer auszubrechen und eine Seemacht im Mittelmeer zu werden.

Die Franzosen, so sehr sie Rivalen der Engländer waren, wollten die Russen auch nicht im Mittelmeer sehen und waren stets für die britische Politik zu gewinnen, wenn die russische Gefahr sich deutlich abzeichnete. Wenn aber die Russen den Balkan und die Meerengen nicht bedrohten, traten im französisch-englischen Verhältnis die Rivalitäten erneut in den Vordergrund.

Die Befreiung Griechenlands (1821–1832) sowie die «Balkanfrage», die zu einem der unheilvollsten Konfliktpunkte des 19. Jahrhunderts werden sollte, wurden Faktoren in diesem Kräftemessen, in dem auch Österreich eine zunehmende Rolle spielte, war doch der Balkan, wie man heute sagen würde, eine Zone vitalen Interesses für die Habsburger, ein Teil ihrer imperialen Sphäre. Bis 1878 hatten die Osmanen alle ihre Besitzungen auf dem Balkan und in der angrenzenden Region des Schwarzen Meeres verloren, bis auf ein Gebiet, das wenig grösser war als der heutige europäische Teil der Türkei.

Die innere Schwäche des Osmanischen Reiches zeigte sich auch darin, dass es europäische Mächte waren, Frankreich und Grossbritannien, die das Reich vor seinem Zusammenbruch im östlichen Raum des Mittelmeers bewahrten, als sie 1839/40 Muhammed Ali, den Vizekönig Ägyptens, der die Oberhoheit der Pforte endgültig abschütteln wollte, zum Rückzug aus Syrien zwangen, von wo aus es sogar Istanbul bedroht hatte. So retteten sie die Herrschaft des Sultans, nicht um seinetwillen, sondern um Russlands Zugriff zu verhindern.

In diesem Konkurrenzkampf der Grossmächte spielte Istanbul stets eine entscheidende Rolle, sowohl als Fernziel, das jeder der Beteiligten erreichen wollte, wie auch als Sitz der Diplomatie, von dem aus die europäischen Hauptstädte auf dem laufenden gehalten wurden und ihrerseits auf die Abläufe Einfluss nahmen.

Spuren der europäischen Mächte

Wenn man die «Unabhängigkeitsstrasse» hinaufwanderte, kam man weiter oben zu den Generalkonsulaten der späteren Schutzmächte: Die Engländer waren in einem ummauerten Garten präsent; die Franzosen hatten ursprünglich als Botschaft eine Reihe Pavillons aufgestellt, die später teilweise als Konsulat, teilweise als Französische Schule genutzt wurden, und ganz oben, etwas abseits von der Hauptachse, in einem gewaltigen, kasernenartigen Klotz wilhelminischer Prunkbauweise, sassen die Deutschen, ebenfalls in ihrer einstigen Botschaft. Die Amerikaner besassen ein weisses Haus, weniger stilvoll, aber grösser als die alten Botschaften.

Amerika als die neue Vormacht

Noch weiter hinauf, dem Rücken des Hügels von Galata entlang, schon über den Taksim-Platz hinaus, gelangte man zu dem wichtigsten Symbol des zeitgemässen «westlichen» Einflusses: dem neu eröffneten «Hilton»-Hotel, das in seiner für die damalige Stadt einzigartigen Prächtigkeit als ein moderner Kuppelbau zwischen grünem, bewässerten Rasen, einem runden Landeplatz für Helikopter und mit einer herrlichen Aussicht hinab auf den Bosporus prangte. Im Inneren lagen weiche Teppiche in Pastellfarben, auf denen moderne Holz-, Stahl- und Ledersitze in Gruppen herumstanden. Dort gab es sogar eine kleine Tasse Kaffee, wenn man sie zu bezahlen vermochte. Wer Geld hatte, traf sich mit anderen «Kapitalisten» und elegant gekleideten jüngeren Damen in der Cafeteria, genoss die Aussicht hinab auf die blaue Meerenge und bestaunte die Ankunft der amerikanischen Gäste, die nach ihrem Gehaben zu urteilen solche Herrlichkeiten als etwas Alltägliches hinnahmen.

Die Stadt der Europäer

Dies war der europäische Teil von Istanbul, ursprünglich für die Fremden reserviert, vom 19. Jahrhundert an mit der fortschreitenden Bedeutung der «Neuen Ordnung» (tanzimat), die eine Neuordnung nach westlichen Vorbildern war, immer mehr ins Zentrum des türkischen Lebens gerückt und heute der Hauptgeschäftsteil des modernen Istanbul. Wobei das Wort «modern» nicht allzu wörtlich genommen werden darf. Auch das «moderne» Istanbul trägt ausgesprochen vergangene Züge. Es sind aber jene der kürzlich vergangenen Jahrzehnte und des ganzen letzten Jahrhunderts, eben der Zeit, in der die Türkei, und besonders Galata und der dahinterliegende Distrikt von Beyoglu, sich immer mehr Europa anpassten. Das Damalige blieb neben dem Heutigen bestehen und hat sich mit einer gewissen Armut getroffen. Alle drei Aspekte zusammen machen den etwas romantisch-dekadenten Reiz, die *fin de siècle*-Atmosphäre dieser Stadtteile aus, die sich vom Tünel bis zum «Hilton» erstrecken.

Ein «Sheraton» hat sich inzwischen auch noch hineingedrängt; weil nicht mehr viel Platz war, wurde es in die Höhe gebaut. Kirchen findet man ebenfalls, doch man muss sie suchen. Die orthodoxen, die armenischen und die katholischen Gotteshäuser wurden hinter Mauern versteckt, die oft ganze Plätze mit einem verschliessbaren eisernen Gittertor bilden, in deren Mitte sich dann die Kirche erhebt. Dies war teils als Absicherung gegen die immer möglichen Unruhen gegen Andersgläubige gedacht, entsprach aber auch den Vorschriften der *Shari'a*, die verhindern will, dass öffentliches Erscheinen nicht-islamischer Religionen und Bräuche bei den Muslimen Anstoss errege. So sollten die Christen für ihre Prozessionen nicht auf die Strasse ziehen, sie konnten jedoch ihre Umzüge auf dem umschlossenen Platz, auf dem ihre Kirche steht, durchführen, gewissermassen im eigenen Raum und dennoch im Freien.

Gleich beim Ausgang des Tünel steht ein religiöses Gebäude ganz eigener Art. Es ist eine Tekke, Stätte der Zusammenkünfte und des Gottgedenkens des Ordens der *Mawlawi*-Mystiker, die den Europäern als die tanzenden oder kreisenden Derwische bekannt waren. Sie besitzt über der runden, arenaartigen Holzbühne, auf welcher der Kreiseltanz durchgeführt wurde, eine durch Holzlatten geschlossene Galerie, von der aus die Botschafter und anderen Diplomaten von Galata und Beyoglu dem Geschehen auf der Tanzfläche diskret zuschauen und den klagenden Melodien der Rohrflöte lauschen konnten, die den Kreiseltanz, der zu Gott hinführen soll, immer begleitet. Ob dort auch Gattinnen der Botschafter Zutritt fanden, ist mir nicht bekannt.

Die Synagogen der Juden lagen so diskret, dass mir nie eine auffiel. Doch war es für mich ein Erlebnis, die judenspanische Zeitung zu kaufen, die damals noch, halb in lateinischen, halb in hebräischen Lettern gedruckt, zweimal in der Woche erschien. Die spanischen Juden befanden sich in Istanbul seit ihrer Vertreibung aus Spanien 1492, dem Abschluss der Reconquista: Die Sultane hatten sie damals in ihr Reich aufgenommen.

Die Stadt der Gläubigen

All dies und vieles mehr war das Istanbul der «Ungläubigen»; die Gläubigen lebten auf der anderen Seite des Goldenen Horns, im eigentlichen Konstantinopel, wobei es allerdings Ausnahmen gab: jenseits des Goldenen Horns liegt auch der Stadtteil Fener, bis heute der Sitz des Orthodoxen Patriarchen von Konstantinopel, und allgemein war natürlich die muslimische Stadt über das alte Byzantium gebreitet, welches an vielen Stellen unter der muslimischen Überlagerungsschicht hindurchschien.

«Muslimisch» war übrigens seit Atatürk in mancher Hinsicht auch schon ein Wort der Vergangenheit, oder schien es damals zu sein. Die Sitten bis zu einem gewissen Grade, die Religion, soweit es sie gab, waren muslimisch geblieben; der Staat hingegen sollte es nicht mehr sein, er war «laizistisch». Atatürk hatte dafür gesorgt, dass viele der Erscheinungsformen des Islams aus der Öffentlichkeit verschwunden waren: Damals gab es keinen arabischen Gebetsruf, sondern nur einen sehr krächzenden türkischen; traditionelle islamische Kleider waren verboten, mindestens für Männer, und der staatliche Befehl, einen Hut mit Krempe zu tragen, stand im Gesetzbuch, wenn er gleich nicht mehr so scharf durchgesetzt wurde, wie zu Beginn der Kleiderreform Atatürks vom Jahr 1925. Die Polizei griff nicht mehr durch gegen Barhäuptige oder Leute, die unbedingt einen Fes tragen wollten, weil sich inzwischen die Kopfbedeckung mit Krempe weitgehend durchgesetzt hatte. Ursprünglich war sie bei den frommen Muslimen auf Empörung gestossen, da man mit einer Krempe nicht nach muslimischer Art beten kann. Doch mit den Jahren war auch in dieser Hinsicht ein kreativer Kompromiss zustande gekommen: Muslime, die Mützen mit Krempe tragen (diese sind sehr viel häufiger als der Panama-Hut, dem Atatürk selbst den Vorzug gab), drehen ihre Mütze um, mit der Krempe im Nacken, wenn sie beten gehen.

Als wichtigerer und tiefer einschneidender Schritt erwies sich die neue «türkische» Schrift, die aus lateinischen Buchstaben besteht und die arabischen, die Schriftzeichen des Korans, der Vergessenheit weihte; denn sie schnitt die Türken weitgehend von ihrer literarischen Vergangenheit ab. Nur noch Spezialisten können heute «Osmanli» lesen und verstehen. Sie müssen nicht nur die alten Schriftzeichen kennen, auch die Bedeutung von sehr vielen Wörtern und Ausdrücken aus der osmanischen Zeit ist heute nicht mehr geläufig. Die meisten dieser veralteten Wörter und Redensarten stammen aus dem Arabischen und dem Persischen.

Ein sehr symbolträchtiger Aspekt der Trennung von Staat und Religion ist bis heute umkämpft geblieben: die Sophienkirche, nach der Eroberung 1453 in eine Moschee umgewandelt, wurde von Atatürk zu einem Museum erklärt. Jedoch muslimische Aktivisten versuchen bis heute, diesen Beschluss rückgängig zu machen und die grosse Kuppelkirche, Trophäe und Symbol der muslimisch-türkischen Eroberung der alten Weltstadt, wieder in eine Moschee umzuwandeln. Wenn ihnen dies gelänge, so empfinden viele von ihnen, wäre die «Laizisierung» Atatürks in einem ihrer wichtigsten Symbole – und damit vielleicht überhaupt – rückgängig gemacht. Doch der Staat nimmt diese Frage auch sehr ernst und wachte bisher erfolgreich über den Museumscharakter des gewaltigen historischen Gebäudes. Wie an einem Lehrbeispiel kann man an der Hagia Sophia erkennen, wie doppeldeutig Symbole wahrgenommen werden können.

Laizisierung hin oder her: Istanbul bleibt eine Hauptstadt des Islams. Die grossen Sultansmoscheen krönen einen jeden ihrer Hügel und prägen die Silhouette der Stadt. Sie bilden, zusammen mit den Überresten aus der byzantinischen Zeit, auch den architektonischen Rahmen der Weltstadt. Innerhalb des steinernen Koordinatensystems der grossen, monumentalen Gebäudeanlagen standen die Holzhäuser der einfachen Bürger, die im Verlauf der Geschichte immer wieder abgebrannt sind. Die grossen Steinmonumente blieben von den periodischen Feuersbrünsten verschont. Sie standen auf ihren eigenen gepflasterten Plätzen, waren von Umfassungsmauern umgeben und besassen ebenfalls steinerne Nebengebäude und Wohnkomplexe rund um sich herum, so dass sie als Fixpunkte im Meer der immer wieder neu aufgebauten Holzhäuser lagen. Die wichtigsten Strassenachsen verbanden sie, so dass ein festes Netz für die Stadt gegeben war, in dessen

Maschen die hölzernen Wohnhäuser in immer wechselnder Gestalt neu eingefügt wurden.

Die antiken Städte, deren Wohnteile ebenfalls die Jahrhunderte nicht überdauert haben, im Gegensatz zu den religiösen und öffentlichen Monumenten aus Stein, dürften in dieser Hinsicht nicht anders gewesen sein. Und Byzantium-Konstantinopel-Istanbul war ja natürlich auch eine antike Stadt, deren Grundcharakter von der hellenisch-römischen Epoche durch die byzantinische hindurch und über die osmanische hinweg bis zur Zeit nach dem Zweiten Weltkrieg fortbestand. Erst damals wurden die Holzhäuser fortlaufend durch Zementhäuser ersetzt.

Diese Stadtgeschichte erklärt auch den von einer historischen Stadt in Europa abweichenden Charakter Istanbuls. Es gibt nicht einen engen, historischen Stadtkern mit alten, ehrwürdigen Bürgerhäusern um ein Rathaus und einen Marktplatz geschart, sondern viele, oft bedrückend lange, banale Strassen mit «modernen» Häusern eher schlechter Bauweise. Die modernen türkischen Architekten scheinen grosse Glasfenster zu lieben, und schon die alten türkischen Holzhäuser waren für ihre breiten Fenster bekannt, die manchmal mit Glas versehen waren, jedoch oft einfach durch hölzerne Fensterläden und Jalousien verschlossen wurden. Die alten Häuser standen jedoch zwischen Bäumen und Blumen in Gärten. Sogar die Paläste waren als Pavillons in Parklandschaften gebaut.

Die Alltagsstrassen von Istanbul, heute sehr verkehrsbelastet, verbinden jedoch historische Komplexe aus der byzantinischen und osmanischen Zeit, deren Bauqualität hervorragend ist. Nicht nur die grossen Sultansmoscheen gehören zu diesen Fixpunkten, auch der Palast des Grossherrn, der gedeckte Basar, die alte byzantinische Landmauer mit ihren Stadttoren und deren Befestigungen, einige der Friedhöfe, besonders wenn sie eingehegt sind, und natürlich heute die beiden Brücken, die über das Goldene Horn führen.

Das wichtigste Rückgrat wird durch die Linie gebildet, die von der Landzunge des Palastes auf dem Rücken der Hügel von Istanbul landeinwärts zieht. Die *Aiya (Hagia) Sophia*, die *Sultan Ahmed*-Moschee, der Basar, die *Beyazit*-Moschee, die *Schehzade*-Moschee, die *Fatih*-Moschee, jene der *Mihrima*, liegen darauf oder in ihrer Nähe. Das Tor nach Adrianopel, *Edirne Kapi*, bildet den Kreuzungspunkt zwischen dieser Hauptachse und der alten byzantinischen Stadtmauer. Eine zweite Achse erstreckt sich dem Ufer des Goldenen Horns entlang mit der *Walide*-Moschee direkt über dem Ufer, jener von *Rüstem Pascha* am Fusse des angrenzenden Marktgebietes, der *Sulaimaniya* auf einer Terrasse hoch über dem Ufer, der *Selim*-Moschee, etwa auf halber Höhe der tief eingeschnittenen Bucht des Goldenen Horns.

Diese Linien sind dadurch entstanden, dass ein jeder Sultan sich Standorte für seine Moschee ausgesucht hat, von denen aus die Türme und Kuppeln weithin sichtbar sein und zum Gesamtpanorama der Sultansstadt beitragen sollten. Die Sultansmoscheen waren stets ganze Gebäudekomplexe, zu denen Schulen, Bäder, Bibliotheken, Armenküchen, oft auch gesonderte Mausoleen gehörten, mit ihren ummauerten, von Bäumen beschatteten Friedhöfen, das Ganze immer zusammengefasst zu einer architektonischen Einheit.

Der Palast war ebenfalls eine eigene Welt, von der übrigen Stadt abgetrennt durch eine grosse Mauer und die berühmte Hohe Pforte. Dahinter befand sich im wesentlichen ein Park mit verschiedenen mehr oder minder gross angelegten Pavillons und Palastteilen, die darin verstreut lagen und zu denen hin eine Folge von Höfen und Toren führte.

Die Wasserstrassen

All dies abzulaufen hielt mich in Atem. Doch Istanbul ist nicht nur die Stadt mit ihren Bauwerken, es ist auch die Lage, am Goldenen Horn und am Bosporus, am Marmara-Meer mit dessen Inseln und Ufern. Konstantinopel-Istanbul ist immer eine Wasserstadt gewesen, die überhaupt nur so gross werden konnte, wie sie es in der byzantinischen und türkischen Vergangenheit war, weil die Wasserwege dazu dienten, ihr Brot und Früchte, Fische und Holz zuzuführen und auch den Verkehr der Menschen zu tragen. – Heute gibt es die Eisenbahn aus Europa, die unter der Palastspitze hindurch bis knapp vor die Brücke von Galata fährt; es gibt die Brücken, sogar seit 1973 eine erste und später eine zweite Hängebrücke mit Autobahn über den Bosporus. Verschiedene Trams verkehren in verschiedenen Stadtvierteln und natürlich unzählige Taxis und Gemeinschaftstaxis – aber immer noch könnte die Stadt nicht leben ohne die vielen Schiffe, die in allen Himmelsrichtungen die Meeresarme überqueren, ins Marmara-Meer hinein und den Bosporus hinauf, den Ufern entlang und über die Enge hinüber, wie auch nicht ohne die kleineren Boote, die den Menschen- und Warenverkehr ins Goldene Horn hinauf sicher stellen.

Zur Zeit meines ersten Besuches war dieser Schiffsverkehr noch an der Brücke der Brücken, der Galata-Brücke, zusammengefasst. Später wurden neue seitliche Anlagestellen geschaffen, «Iskele» heissen sie, womit sie den alten italienischen Begiff der *scala* und seine französische Entsprechung der *échelle* ins Türkische hinüberretten. Die erste Galata-Brücke wurde später als gefährlich eingestuft. Ihre stählernen Caissons aus der Zeit Kaiser Wilhelms

II. begannen Wasser einzulassen. Schliesslich wurde die alte schwimmende Gusseisenbrücke wegtransportiert, um weiter oben am Goldenen Horn auszudienen, und an ihrer alten Stelle durch eine neue ersetzt, ohne den alten Handel und Wandel auf ihren Untergeschossen, ohne Fischrestaurants und Zeitungsverkäufer und ohne anlegende Schiffe, prosaischer mit festen Steinpfeilern und einem aufklappbaren Mittelteil, um grössere Schiffe ins Goldene Horn einfahren zu lassen, weniger pittoresk, aber dafür offensichtlich solider, aus Stahl und Beton.

Die Dampfer bildeten eine Welt für sich. Damals waren ihre Fahrten ausserordentlich billig, weil der Staat zögerte, ihre Preise entsprechend der Inflation zu erhöhen. Man fand aus diesem Grund Türken aus allen Volksschichten auf den Schiffen, eine wahre Übersicht über das Volk von Istanbul. Im Gegensatz zu der allzu geschäftigen Strasse herrschte Ruhe auf den Dampfern. Es gab genug Sitzplätze für alle Passagiere; man konnte ein Glas Tee bestellen. Die Kinder wanderten zuerst in der Nähe ihrer Mütter, später immer weiter entfernt herum. Nachdem man die verschiedenen städtischen Anlegestellen mit ihren immer wechselnden Ausblicken auf das Häusermeer der Stadt hinter sich gelassen hatte, zogen draussen das wirkliche Meer und die grünen Ufer mit ihren Hügeln vorbei. Jedermann hatte Zeit, sich zu sammeln und umzuschauen.

Die lichten Ufer des Bosporus gehören ohne Zweifel zu den schönsten Landschaften der Welt. Doch der Zugang zu ihnen ist auf weite Strecken durch die Häuser, Gärten und Villen der Reichen versperrt, deren Privateigentum bis zum Wasser hinabreicht. Für die einfachen Leute blieben damals nur die Dampfer, um die einzigartige Lage ihrer Stadt zu geniessen. Es gab kurze Überfahrten quer über den Wasserweg wie jene zum anatolischen Bahnhof von Haider Pascha und zu der gewaltigen grimmen Kaserne der *Selimiye*, von der aus 1826 Sultan Mahmud II. (reg. 1808–1839) seine nach europäischem Vorbild neu ausgebildeten Soldaten die Janitscharen niedermetzeln liess. Die einstige Elitetruppe des Reiches, längst veraltet, hatte sich um ihre Machtstellung nicht zu verlieren, der Heeresreform des Sultans widersetzt.

Wir setzten auch nach Scutari über, das heute Üsküdar heisst und einen schönen Dorfplatz direkt am Ufer besitzt. Ihn ziert eine der vielen Moscheen von *Sinan*. Eine zweite, etwas barockere, mit dem lustigen Namen *Schemsi* Pascha (Sonnen-Pascha), liegt direkt am Wasser, und es gibt einen Weg um sie herum, teilweise auf Brückenstegen, die über das Wasser geschlagen sind, an ihr vorbei.

Manchmal unternahmen wir längere Fahrten, die einen ganzen Tag lang dauerten, immer wieder die Enge hin und her querend, um alle an beiden

Ufern liegenden Dörfer zu bedienen, und die den Bosporus hinauf bis an seine Mündung ins Schwarze Meer führten. Oder wir verliessen das Schiff auf halbem Weg, um in Tarabiya auszusteigen, wo sich der Wasserweg weitet und fast als ein See erscheint. Natürlich besuchten wir auch *Rumeli Hisar*, die Festung, welche Muhammed Fatih, der Eroberer Konstantinopels, während der Belagerung oberhalb der Stadt an den Bosporus gesetzt hatte, um feindlichen Schiffen den Zugang zu sperren. Und es gab den umgekehrten Ausflug auf die Prinzen-Inseln, die grosse und die kleinen, ganz von Pinien bewachsen, zwischen denen immer wieder das blaue Wasser des Marmara-Meers emporglänzt. Die Inseln wurden nur von Kutschen befahren und blieben ganz frei von Autoverkehr. Dort lebten damals noch viele Griechen, und die Seminare der orthodoxen Priester lagen auch dort.

Ein Expressdampfer fuhr nach Yalova, an der Mitte der östlichen Marmara-Küste, von wo aus man in die erste osmanische Hauptstadt Bursa gelangte. Noch einmal in die entgegengesetzte Richtung gingen kleinere Schiffe das Goldene Horn hinauf bis zur berühmten Moschee von *Ayoub*, die mit ihrem gewaltigen Friedhof am Ende der tiefen Einbuchtung, gewissermassen am Mundstück des Goldenen Horns, liegt.

Ayoub als Bindeglied mit dem Islam des Propheten

Die Moschee wird besonders verehrt, weil in ihr der Bannerträger Muhammeds, Ayoub, begraben sein soll. Er fiel bei der ersten, vergeblichen Belagerung Konstantinopels durch die Araber (668–673), und sein vermutetes Grab, das auch ein Banner bewahrt, welches als das des Propheten gilt, ist ein Berührungspunkt zwischen dem frühen Islam, der Zeit des Propheten, und dem Türkentum, das ja seinerseits erst Jahrhunderte später zum Islam übertrat und noch einmal Jahrhunderte brauchte, bis es sich 1453 Konstantinopels bemächtigen konnte.

In Ayoub, am Grab des muslimischen Bannerträgers, vermochten die frommen Muslime von Stambul die goldene Ursprungszeit des Propheten gewissermassen mit Händen zu greifen. Auf diesem Weg stellten sie eine mythische Verbindung zwischen ihrer Hauptstadt und dem Urislam des Propheten her. Die türkischen Sultane wurden an dieser symbolischen Stelle gekrönt.

Der Blick über das Goldene Horn

Sehr golden war das Goldene Horn auch schon damals nicht mehr, weil Industrieunternehmen sein Wasser und seinen Himmel verschmutzten und auch die Abwasser der Grossstadt zu grossen Teilen in seine stagnierenden Gewässer einliefen. Doch die Anhöhen über dem gewaltigen Friedhof, wo Generationen von Gläubigen um den Bannerträger des Propheten herum begraben liegen, boten noch immer einen bezaubernden Ausblick über die Stadt, ihre Hügel und Wälder hinweg, die sich von hier aus im Abendlicht und gewissermassen in Rückwärtsschau aus einem neuen, unerwarteten Blickwinkel zeigten. Eine Bretterbude unter schönen Pinien, die sich Café Loti nannte, erinnerte daran, dass der französische Romancier und Seekapitän von dieser Stelle aus ein Konstantinopel bewunderte und beschrieb, das damals ärmer an materiellen Errungenschaften, aber viel reicher an Naturschönheiten, guter Architektur, grünen Gärten, prächtigen Bäumen und romantischem Ruinenzauber war als das heutige Istanbul, das diesen Namen im übrigen erst seit 1926 offiziell führt.

Lebenskunst

Die kleinen Freuden gehörten auch zu Istanbul; man ass dort besser als irgendwo sonst im Nahen Osten. Nicht weit von unserer «Passage» gab es einen zweiten engen Durchgang, der ebenso berühmt war wie sie. Dort wurden Blumen und auserlesene Früchte verkauft, die wirklich die besten waren, die man sich vorstellen konnte. Gleich in der Nachbarschaft lag ein «Buffet», ein recht prosaischer Ort im Bahnhofsstil, Stehtischchen mit Marmorplatten. Doch es gab dort ein Frühstück aus frischem Honig und Rahm. Auf das weisse türkische Brot gestrichen und von dem starken Tee begleitet, der den nicht erhältlichen Kaffee ersetzte, war dies ein fürstliches Frühmal.

Ein altberühmtes Restaurant im Stil der «belle Epoque», erschien als ein köstliches Überbleibsel aus einer Welt, die es in Europa schon lang nicht mehr gab. Es wurde von russischen Emigranten geführt, die offenbar ihren Massstab für Eleganz und Qualität dem Vorkriegsparis, vor dem Ersten Weltkrieg natürlich, entnommen hatten und ihn seither über die Jahrzehnte hin unverändert aufrecht erhielten.

Sprachverwandtschaften

Als der Sommer 1957 sich schon dem Herbst näherte und es Zeit wurde, das Schiff zurück nach Venedig und von dort die Bahn nach der Schweiz zu nehmen, versuchte ich, mir ein provisorisches Bild von der Türkei zurecht zu legen, indem ich die dortigen Erfahrungen mit jenen verglich, die ich im arabischen Raum und in Persien gemacht hatte. Alles war wieder ganz anders, obgleich enge Verwandtschaftsbande bestanden. In der Sprache fielen die unzähligen Wörter auf, die aus dem Arabischen oder aus dem Persischen stammten. Das Türkische glich in dieser Hinsicht dem Englischen, das neben dem angelsächsischen sehr viel lateinisches Sprachmaterial enthält, direkt aus dem Lateinischen oder aus dem Französischen übernommen. Wie die Engländer haben auch die Türken ihre besondere Art, solche Fremdwörter auszusprechen. Es sind bei den Türken und bei den Engländern in erster Linie die abstrakten Begriffe, die so übernommen wurden, Dinge der Religion und der Wissenschaften miteingeschlossen.

In der osmanischen Zeit, als die Schrift der Türken, der Perser und der Araber die gleiche war, wirkten die Einflüsse aus den beiden älteren Kultursprachen des Islams noch viel stärker. Es gab eine Hofsprache in Istanbul, die prall angefüllt war mit «Kulturgut» aus den beiden anderen Sprachen. Es gab damals kaum ein persisches Wort, das man nicht auch im Türkischen verwenden konnte, und im Persischen liessen sich seinerseits praktisch alle arabischen Wörter auffinden. Seitdem jedoch die lateinischen Lettern für das Türkische eingeführt wurden, was zeitlich mit der Hochflut des türkischen Nationalimus zusammenfiel, entstand eine neue Gruppe von Fremdwörtern, die aus dem Französischen übernommen wurden, weil man sie rasch benötigte: etwa die technischen Begriffe, die mit dem Automobil zusammenhängen, und überhaupt alle technologischen und wissenschaftlichen Fachbegriffe. Später hat man für manche davon allmählich Ersatz durch Neuschöpfungen aus türkischen Sprachwurzeln geschaffen.

Wie aufgeklärt ist die Türkei?

Was die Türken der 1950er Jahre von den damaligen Arabern und Persern stark unterschied, war die Einstellung ihres Staates zum Islam. Atatürk hatte mit grosser Entschlossenheit eine möglichst weitgehende Trennung von Religion und Staat durchgesetzt. Sie lief in der Praxis darauf hinaus, dass der Islam in der nationalistischen Türkei nicht nur nicht unterstützt, sondern oft niedergehalten wurde, nämlich sobald er sich in der Öffentlichkeit bemerkbar machte. Weder in Iran noch in der arabischen Welt war ein vergleichbarer Abstand zwischen Politik und Religion zustande gekommen. Dies war jedoch mehr ein Unterschied in der Haltung des Staates als in der Einstellung der einzelnen Menschen. Wahrscheinlich gab es etwa gleich viele Gläubige, Skeptiker und religiös Gleichgültige in allen diesen Ländern, doch nur in der Türkei hatte der Staat sich bewusst von der Religion abgewendet – suchte er die Trennung. Bei den Arabern und den Persern wurde eher eine Koexistenz angestrebt, die viele Übergänge und Brücken aufwies. Staat und Religion suchten aufeinander Einfluss zu nehmen und unterstützten sich gegenseitig. In Persien und in der arabischen Welt ging der Staat viel eher darauf aus, vom Prestige der Religion zu profitieren, als sie niederzuhalten.

Diese Art von Symbiose, die bei den Arabern und den Persern andauerte, indem die Religion mindestens teilweise den Staat legitimierte und dieser dafür die religiösen Institutionen stützte, war natürlich die althergebrachte, wie sie auch in Europa vor der Aufklärung die Norm gewesen war. – Doch konnte man deshalb behaupten, die Türkei sei ein aufgeklärter muslimischer Staat oder gar ein Staat aufgeklärter Muslime? Und war gar die Trennung von Staat und Religion, die Atatürk so streng durchgeführt hatte und die seine militärischen Epigonen ebenso streng aufrecht zu erhalten gedachten, als eine Folge des Umstandes zu verstehen, dass die Türkei «aufgeklärter», moderner sei als die anderen muslimischen Staaten?

Viele Türken, die zu den führenden Schichten ihres Landes gehörten, wollten dies so verstehen. Doch ein Unterschied zwischen der europäischen Aufklärung und der türkischen war dabei zu berücksichtigen. Die Aufklärung Europas war endogen, eine intellektuelle Bewegung, die sich innerhalb der europäischen Länder, besonders in Frankreich und England unter den führenden Geistern entwickelt hatte, nicht ohne schwere innere Kämpfe mit den konservativen Fürsprechern der Kirchen und mit den eigentlichen Inhabern von Macht und Privilegien. Demgegenüber war die türkische Aufklärung exogen und von oben her kommandiert. Ein siegreicher General, der das Vaterland vor der Schmach einer europäischen Fremdherrschaft bewahrt hatte, ein Held im nationalen Befreiungskampf gegen die griechischen Invasoren, hatte sie angeordnet, nachdem er alle Macht in dem neuen türkischen Nationalstaat in seinen Händen zusammengefasst hatte. Zuvor, als er sie noch nicht voll besass, hatte er nicht gezögert, von der Hilfe der religiös konservativen Kräfte im Kampf gegen den nationalen Feind, die europäischen Kolonialisten und die einmarschierenden Griechen, Gebrauch zu machen. Er hatte sogar den recht eigentlich islamischen Titel «Ghazi», Anführer im Heiligen Krieg gegen die Ungläubigen, angenommen.

Das Werk Atatürks, nicht der «Nation»

Atatürk selbst stand unzweifelhaft unter dem Einfluss der europäischen Aufklärung und ihrer Folgebewegungen; doch die türkische Nation stand einfach unter dem Kommando Atatürks, als sie beschloss – nein, als er beschloss – die beiden Mächte Staat und Religion «zu trennen». Er besass das Prestige eines Nationalhelden und war deshalb in der Lage, seine – aus Europa übernommene – Sicht der Dinge in der Türkei durchzusetzen. Wie sich später herausstellen sollte und wie man in den späten 1950er Jahren schon vorausahnen konnte, weil Menderes seine Wahlerfolge zu bedeutenden Teilen dem Versprechen einer Lockerung der strengen Laizismus-Vorschriften Atatürks verdankte, beruhte die Legitimität des Trennung von Staat und Religion mehr auf dem Ansehen und der Macht Atatürks als auf einer wirklich tiefgehenden und weit verbreiteten Einstellung des Volkes, das etwa begonnen hätte, diese Trennung als etwas an sich Richtiges, Sinnvolles und Wünschenswertes zu sehen.

Die Türkei war viel mehr als die arabischen Staaten und Persien ein Soldatenstaat. Der Stolz auf die Armee, darauf, ihr anzugehören und auch darauf, sie zu besitzen, war stets mit Händen zu greifen. Armee und Staat waren eng miteinander verbunden. Dies war zweifellos eine Reichstradition, die aus der osmanischen Zeit stammte und seither lebendig geblieben war. Sie wurde weiter gepflegt; Soldat, Offizier zu sein, war eine Ehre und eine Verpflichtung, der sich kein rechter Türke entziehen wollte. Die Aufklärung Atatürks hatte unter diesen Gegebenheiten durchaus militärische Aspekte. Sie war befohlen, und man gehorchte den Anordnungen des «Oberkommandanten», der Atatürk war, obgleich er selbst, nachdem er die Präsidentschaft der neuen Türkei übernommen hatte, die Uniform ablegte und sich in Zylinder und Frack kleidete.

Doch als nach dem Zweiten Weltkrieg immer mehr Politiker – nicht Generäle – nach Wahlen die Staatsführung übernahmen, wurde einigen unter ihnen bewusst, dass der Islam immer noch tief in der Bevölkerung verankert war und dass man ihn benutzen konnte, um Karriere zu machen. Die Demokratische Partei, der Menderes angehörte, und die als Oppositionspartei gegen die Partei Atatürks, die Republikanische Volkspartei, angetreten war, begriff schon bald, dass sich Stimmen gewinnen liessen, wenn man in den Dörfern und Kleinstädten, sogar in den Volksquartieren der Grossstädte, für den Bau von neuen Moscheen eintrat und versprach, dem Islam wieder eine grössere Rolle im öffentlichen Leben zu gewähren. Auch in Europa gab es schliesslich Parteien, die sich als «christliche», «katholische» oder «protestantische» darstellten. Warum sollte es in der Türkei keine «islamischen» Parteien geben? – so fragten diese neuen Politiker einer zunächst demokratisch auftretenden Opposition, durchaus im Bewusstsein des Stimmenpotentials, das ihnen so zufallen konnte.

Unter Menderes, seit 1950 an der Macht, hatte der Bau von neuen Moscheen begonnen. Bald darauf tauchte die Frage auf, wer denn in diesen neuen Moscheen als Seelsorger wirken solle, und die Regierenden billigten den Aufbau von Seminaren für eine neue Generation von Religionsgelehrten. Ein Prozess begann, der mit der Einführung einer islamischen Partei und ihres über die Jahrzehnte hin wachsenden Stimmpublikums enden sollte – bis die Militärs, die sich als die Hüter des Erbes Atatürks sahen, gegen sie durchgriffen.

Monopolstellung für die westliche Zivilisation

Mit der Frage der Religionspolitik war jene der Zugehörigkeit oder Distanz zum «Westen» eng verbunden. Ein entscheidender Grund für die Haltung Atatürks in der Frage der Religion war seine grundsätzliche Ansicht, es gäbe nur *eine* Zivilisation, jedenfalls in der gegenwärtigen Zeit: jene des Westens. Der Islam, wie er ihn sah, hinderte die Türkei daran, sich dieser einzig bestehenden Zivilisation anzuschliessen. Wenn die Türken sich vom Islam trennten oder von ihm Abstand nahmen, würden sie sich, so nahm Atatürk an, «der Zivilisation» anpassen, an ihr mitarbeiten können.

Die Reformen, die Atatürk in den 1920er und 1930er Jahren dekretierte, waren denn auch alle auf das europäische Vorbild hin ausgerichtet. Die Kleidung der modernen Türken, ihre Erziehung von der Grundschule bis zur Hochschule, ihre neue Schrift, ihre Gesetzbücher, die Art der Namensgebung mit Vornamen und Familiennamen, sogar die Künste und künstlerischen Institutionen mit der Einführung von europäischer Musik und europäischem Theater und Ballett, von Skulptur und Malerei nach europäischem Vorbild, die neuen Industrien, die aufgebaut wurden, sie alle folgten den europäischen Modellen, weil Atatürk Europa als die Quelle aller Zivilisation, somit auch der neuen, «national-türkischen», ansah.

Umgekehrt: Der Widerstand gegen die Reformen, den Atatürk mit entschiedener Gewalt niederwalzte, geschah fast immer im Namen des Islams. Im Falle der kurdischen Rebellionen der Jahre 1925, 1927, 1930 und 1937, die mindestens auch kurdisch-nationalistische Motivierungen kannten, wollte das Regime einzig die «fanatische islamische Reaktion» als verantwortliche Triebkraft erkennen. Dies wurde, gewiss zu Unrecht, von beinahe allen türkischen Autoren, die darüber sprachen, behauptet, weil die «neue Türkei» ohnehin im Kampfe gegen die «islamische Reaktion» stand und diesen Kampf im Namen eines türkischen Nationalismus führte, der die Existenz eines rivalisierenden kurdischen Nationalismus nicht wahrhaben wollte.

Der Sonderfall der Türkei

Verglichen mit dieser Entwicklung und Situation war die Lage in den anderen muslimischen Ländern, soweit ich sie kennengelernt hatte, eine ganz andere. Überall dort, wo der Kolonialismus eine Zeitlang geherrscht hatte und die neuen Regimes aus dem Kampf gegen ihn hervorgegangen waren, war der Islam als der wichtigste Verbündete der Befreiungsbewegungen in Erscheinung getreten. Er war zum Hort der Eigenständigkeit gegenüber den Fremdmodellen geworden, welche die Kolonialisten eingeführt hatten.

Islam und Nationalismus wirkten zusammen. Gegensätze zwischen der Religion und der politischen Ideologie des Nationalismus wurden erst nach Erlangung der Unabhängigkeit sichtbar. Die Politiker und die religiösen Autoritäten waren im grossen und ganzen bemüht, solche Gegensätze nicht aufbrechen zu lassen. Wie sie einander während des Befreiungskampfes gestützt hatten, wollten ihre Anführer auch, wenn immer möglich, nach der Befreiung zusammenarbeiten. Beide Seiten waren sich der Schwächung bewusst, die ein Vorrangstreit zwischen Staat und Religion sowohl für die noch jungen Staaten wie auch für deren religiöse Autoritäten mit sich bringen würde. Die neuen Machthaber hatten mehr als genug mit inneren Gegensätzen und Widersprüchen zu kämpfen, als dass sie sich auch noch ein schwieriges Ringen zwischen Staat und Kirche aufladen wollten.

Doch je enger Staat und Kirche zusammenarbeiteten, desto schwieriger wurde eine rasche und gründliche Modernisierung des einheimischen Lebens, weil Modernisierung unter den gegebenen Umständen und Machtverhältnissen immer auch «Verwestlichung» bedeutete, das heisst die Übernahme von Methoden, Gebräuchen und Symbolen, die aus dem Westen stammten. Dagegen gab es stets einen Widerstand, der sich auf den «Islam» berief, genauer auf den Islam, wie er bisher, seit Jahrhunderten in der Region aufgefasst, geübt und gelebt worden war.

Atatürk konnte schneller und gründlicher modernisieren als die Mehrheit der Regimes in der muslimischen Welt, in denen die Symbiose von weltlicher und religiöser Macht fortdauerte. Die arabische Schrift wurde weder in den arabischen Ländern noch in Persien durch die lateinische

248

ersetzt: Sie ist die Schrift des Korans. Die neu erlassenen Gesetze nahmen auf das altherkömmliche islamische Gottesrecht, die Shari'a, Rücksicht. Bis hin zum Erziehungswesen und zu den Kleidungsfragen blieben die alten Methoden, Sitten und Trachten neben den neu eingedrungenen, westlichen fortbestehen.

Die Kolonialmächte selbst, die in den Zwischenkriegsjahren fast die gesamte arabische Welt beherrschten, hatten sich gehütet, die religiösen Autoritäten ihrer Kolonien und Mandatsgebiete allzu scharf herauszufordern. Sie waren vollauf mit den aufbegehrenden Nationalisten beschäftigt und wollten tunlichst vermeiden, dass diese von den Vertretern der Religion allzu energische Unterstützung erhielten.

Weil Atatürk die fremden Mächte rasch und entscheidend besiegt hatte, konnte er sich erlauben, gegen die Religionsgelehrten und ihre Sicht eines islamischen Staatswesens frontal einzuschreiten. Die kolonialen Mächte hatten in manchen der arabischen Länder eine Generation lang – in anderen noch viel längere Zeit – geherrscht und dabei auf die einheimische Religion Rücksicht genommen, wobei sie oftmals sogar mit den konservativeren unter den Gottesgelehrten zusammenarbeiteten. Nach dieser Praxis war es für die Anführer der in die Unabhängigkeit entlassenen und politisch und wirtschaftlich noch gebrechlichen früheren Kolonien und Mandatsgebiete schwierig, gegen die islamischen Autoritäten zu regieren und ihre Anliegen abzuweisen. Denn der «Islam», vor allem in der Version seiner jüngeren, radikalen Vertreter, hatte eine der Hauptquellen abgegeben, aus denen der Geist des Widerstandes gegen die Kolonialisten geflossen war. Statt zu dem türkischen Modell der Trennung und Konfrontation griffen die meisten islamischen Staaten zur althergebrachten Methode der gegenseitigen Stützung und Kollaboration.

Freilich, und dies begann sich bereits unter Menderes abzuzeichnen, sollte es nach Atatürk und nach dem Zweiten Weltkrieg auch in der Türkei immer schwieriger werden, den Islam am Rande des öffentlichen Lebens zu halten. Es erwies sich, dass islamische Belange und Interessen mit Hilfe von Wahlen in dem Masse wieder in die Öffentlichkeit zurückfliessen sollten, in dem die islamische Religion nach und trotz Atatürk in der Bevölkerung weiter verankert geblieben war.

TEIL II

Oben Glanz, unten dichte Knoten

Erste Schritte als Berichterstatter

Beirut im Bürgerkrieg von 1958

Eine kurze Zwischenzeit in der Schweiz

In der Schweiz erfuhr ich bald, dass es mit meinen Plänen für eine Habilitation in Zürich nicht zum besten stand. Die Hauptperson, mit der ich solche Pläne geschmiedet hatte, mein Professor Arnald Steiger, war in einen hässlichen Skandal verwickelt, in dem ihm Veruntreuung von Geldern vorgeworfen wurde, die anscheinend ausgerechnet einem anderen Gelehrten, Professor César Dubler, gehört haben sollten, welcher sich in der Zwischenzeit für Orientalistik in Zürich habilitiert hatte. Sich zwischen den beiden zu habilitieren, war ein Ding der Unmöglichkeit. Ich war unter diesen Umständen froh, als die NZZ mir anbot, als Volontär bei ihr einzutreten und zu versuchen, ob ich mich für den Betrieb auf einer Redaktion eigne. Ich zog mit meiner Familie, die sich im Laufe des nächsten Sommers um einen Knaben, Julian, erweitern sollte, in eine Wohnung am Zollikerberg und begann den Dienst in der Redaktion. Es war vor allem Dr. Eric Streiff, der redaktionell den Nahen Osten von Israel bis nach Indien betreute, welcher sich meiner sehr gütig und geduldig annahm. Doch schon nach wenigen Wochen zeichnete sich ab, dass ich unfähig war, den Dienst in einer Redaktion mit der wünschenswerten Geschwindigkeit und Genauigkeit zu versehen. Es fiel mir schwer, anderer Leute Texte zu bearbeiten und in eine druckreife Form zu bringen. Sogar meine eigenen erwiesen sich nur zu oft als formell unbefriedigend. Meine Interessen waren auch so sehr auf den Nahen Osten konzentriert, dass mir die politischen Entwicklungen und Geschehnisse in anderen Räumen viel weniger interessant schienen, und dies tat einer ausgewogenen Zeitungsarbeit weiteren Abbruch.

Ich erlebte auf der damaligen Redaktion aufregende Zeiten: Das revolutionäre Ägypten schloss sich unter Nasser mit dem unruhigen Syrien zur Vereinigten Arabischen Republik zusammen (1. Februar 1958), und daraufhin gingen der Irak und Jordanien eine gegen diesen Zusammenschluss gerichtete Föderation ein. Dem Anschluss Syriens an Ägypten waren turbulente Zeiten in Syrien vorausgegangen, weil dort verschiedene Gruppen von nationalistisch ausgerichteten Offizieren untereinander und mit politischen und wieder anderen Offizierskreisen, die dem Kommunismus zuneigten, um Einfluss rangen und alle Seiten hofften, das Land unter ihre Herrschaft zu bringen. Es kam zu starken Spannungen mit der Türkei, die versuchte, die konservativen Kreise in ihrem südlichen Nachbarland im Namen der Abwehr des Kommunismus zu unterstützen und zeitweise Truppen an der syrischen Grenze zusammenzog. Unter diesen Spannungen entschlossen sich plötzlich die wichtigsten syrischen Offiziere, die der Baath-Partei und den Nasseranhängern nahestanden, begleitet von einigen Politikern gleicher Gesinnung, nach Kairo zu fliegen und Nasser den Zusammenschluss ihres Landes mit Ägypten anzubieten. Nasser nahm an, stellte jedoch die Bedingung, dass nach dem Zusammenschluss die gesamte «Vereinigte Arabische Republik» (VAR), wie der neue Staat genannt werden sollte, seiner Führung unterstellt werde. Dies billigten die syrischen Emissäre. Doch die späteren Entwicklungen sollten zeigen, dass sie sich dabei doch vorgestellt hatten, auch sie selbst würden führende Rollen spielen können.

Die Politiker und Ideologen der pan-arabischen Baath-Partei scheinen sich sogar vorgestellt zu haben, dass ihre Partei zur Staatspartei des neuen Staates werde und ihre Ideologie die seinige. Sie glaubten dies annehmen zu dürfen, weil der Nasserismus mehr ein Personenkult als eine artikulierte Ideologie war. Für sich selbst nahmen sie in Anspruch, eine eigene politische Doktrin zu besitzen, deren Kernstück daraus bestand, dass sie den pan-arabisch ausgerichteten Nationalismus mit Sozialismus zu verbinden trachteten. Dies war die Lehre des *Baath* (das Wort bedeutet «Sendung», obwohl es meist als «Renaissance» wiedergegeben wird).

Das andere politisch aufregende Ereignis, das ich in der Redaktion der NZZ miterlebte, war die gewaltige Sensation, die der Sputnik auslöste, der erste russische Satellit, der um die Erde kreiste. Ich erinnere mich an wohlmeinende Anrufe an die Redaktion, in denen gute und sehr anti-sowjetische Schweizer Bürger die Redaktion der Zeitung ermahnten, doch nicht so viel Material über diese Leistung der Sowjetunion zu veröffentlichen. Solche Leute waren nicht einmal für das Argument zugänglich, dass schliesslich jenes Ereignis auch von den Amerikanern mit grossem Ernst aufgenommen wurde und den amerikanischen Staat seinerseits anspornte, den Wettbewerb mit den Russen auf dem Gebiet der Weltraumtechnologie mit aller Entschlossenheit aufzunehmen.

Doch meine Fähigkeit, als Redaktor zu wirken, nahm nicht zu. Ich musste mir selbst meine Unfähigkeit eingestehen, und es kam schliesslich dazu, dass ich meine Probeperiode als Volontäre bei der Zeitung abbrechen musste. Wir trennten uns, dank der Geduld und Güte von Dr. Streiff, in Harmonie. Ungefähr um die gleiche Zeit machte mir Emil Brunner, der damals die aussenpolitischen Sendungen des Schweizer Radios betreute, das Angebot, als Mitarbeiter des Radios zurück nach dem Nahen Osten zu reisen. Ich hatte schon früher gelegentlich für ihn gearbeitet. Als die Redaktion der NZZ davon hörte, meinte Albert Müller, der damals die aussenpolitische Redaktion leitete, dass auch die Zeitung bereit sei, mir als Mitarbeiter im Nahen Osten ein kleines Monatsgehalt zu gewähren.

Zurück nach Beirut

Die Lage im Nahen Osten war damals so gespannt, dass ich zunächst alleine, ohne meine Familie, den Weg zurück nach Beirut antrat. In Libanon begannen Streitigkeiten zwischen den Befürwortern eines Anschlusses des Landes an die VAR oder mindestens einer engen Zusammenarbeit mit ihr und den Vorkämpfern einer prowestlichen Politik, wobei die Sunniten überwiegend der ersten und die christlichen Maroniten der zweiten politischen Ausrichtung zuneigten. Der Präsident *Camille Chamoun* war als Maronite ein Vorkämpfer für eine Politik der Zusammenarbeit mit dem Westen. Er hatte die sogenannte «Eisenhower-Doktrin» angenommen, die vom «internationalen Kommunismus» bedrohten Staaten Hilfe der Amerikaner zusagte.

Doch Chamoun stand am Ende seines Mandates, und seine Feinde warfen ihm vor, er gedenke, die überwiegende Mehrheit seiner Parteigänger im Parlament zu benützen, um die Verfassung zu ändern und sich ein drittes Vierjahresmandat zusprechen zu lassen. Seine Rivalen gelobten, sie würden mit Waffengewalt gegen ihn aufstehen, um eine Verfassungsänderung zu verhindern. Der Präsident selbst vermied es zunächst, offen eine Verfassungsänderung zu fordern. Doch seine eifrigsten Anhänger schienen in der Tat einen derartigen Schritt ins Auge zu fassen.

Dies war die Lage als ich, wiederum mit der italienischen Adriatica-Linie, in Beirut eintraf. Auf dem Schiff war ich dem Leiter des Französischen Archäologischen Instituts in Beirut, Professor Sérig, begegnet. Er hatte mir, in meiner Erfahrung zum erstenmal, von Algerien nicht vom Standpunkt der offiziellen französischen Politik aus gesprochen, die damals nach dem Slogan «Algérie française» handelte, sondern aus der Sicht der Algerier und ihrer französischen Sympathisanten. In der NZZ hatte die offizielle französische Sicht vorgeherrscht. Professor Sérig gab mir das Buch von *Henri Alleg* über seine Foltererfahrungen in Algiers zu lesen, «La Question», das damals neu erschienen und in Paris verboten worden war. Dies machte mir schlagartig klar, dass die französische Sicht im algerischen Krieg auf keinen Fall unkritisch übernommen werden durfte. Es sollte allerdings noch fünf Jahre dauern, bis ich selbst nach Algerien reisen konnte. Nordafrika wurde damals für die Schweizer Presse primär von Frankreich aus abgedeckt, mit gelegentlichen Besuchen der in Paris arbeitenden Korrespondenten an den nordafrikanischen «Fronten».

Professor Sérig lud mich auch ein, ihn gelegentlich in seinem Institut in Beirut zu besuchen. Jetzt, wo es zu schweren Spannungen in Libanon komme, sei es gut, meinte er, wenn man sich gelegentlich darüber unterhalten und Informationen austauschen könne. Die Archäologie müsse ohnehin stillstehen und warten.

Erste Schüsse

Kaum war ich in Beirut angekommen und hatte in dem angenehm altmodischen Hotel «Bassoul» Quartier bezogen, als die ersten Schüsse auf der Strasse von Beirut fielen und die Ereignisse ankündigten, die später der Erste Libanesische Bürgerkrieg genannt werden sollten. Ich sah aufgeregte Milizionäre der Phalange-Partei in einer Art Pfadfinderuniform, doch mit schweren Revolvern in den Händen den Häusern entlang von Tornische zu Tornische springen und Schüsse auf die Dächer und Fenster der Hauptstrassen in der Nähe des Hafenviertels abgeben, während der Fussgänger- und Autoverkehr noch normal ablief, sich dann allerdings rasch verkrümelte, als die Ladenbesitzer mit lautem Krachen die Metalläden vor ihren Schaufenstern und Geschäftseingängen hinabschmetterten. Plötzlich stand ich mit den revolverfuchtelnden Phalangisten allein auf der Strasse, – nicht für lange, ich bog eiligen Schritts, aber ohne zu rennen, in die nächste Nebenstrasse ein.

In meinem Hotel, das unweit daneben lag, wussten die Leute schon: In Tripolis hatte die eigentliche Insurrektion begonnen. Auslöser der Unruhen war die nächtliche Ermordung eines Pro-Nasser-Journalisten, *Nessib Metni,* am 8. Mai 1958 auf offener Strasse in Beirut.

Bei den Aufständischen in Tripolis

Ich wusste, wo die Autobusse nach Tripolis abfuhren – auf der westlichen Seite der *Place du Canon* –, ging hin, stieg ein und befand mich 90 Minuten später in der nördlichen Hauptstadt des Landes. Dort standen kampfbereite Truppen der libanesischen Armee auf dem zentralen Platz mit dem osmanischen Uhrturm, von dem aus der Weg in die ausgedehnten Basare führt. Die

Waffen und die Kanonenrohre einiger leichter Tanks waren auf die Innenstadt hin gerichtet. Doch die Menschen gingen weiter aus und ein, schliesslich war der Basar das Hauptgeschäfts- und Einkaufszentrum von Tripolis. Ich schloss mich den Leuten an und gelangte ohne Hindernisse in die innere Altstadt mit ihrem teilweise überdeckten Markt oder Suq. Hier und dort lagen schwelende Autoreifen auf der Strasse, und einige Zementblöcke dienten als Sperren für Automobile. Doch die Fussgänger und sogar einige Lastesel kamen ohne Schwierigkeiten daran vorbei. Die Spannung, die draussen geherrscht hatte, machte hier einer lauten Fröhlichkeit Platz. «Das Volk» habe sich endlich erhoben, erklärten mir mehrere spontane Gesprächspartner.

Dass ein ausländischer Journalist gekommen war, um ihre Erhebung zu bezeugen, war ihnen offensichtlich gerade recht. Ich wurde weiter ins Innere des Basars begleitet, bis dorthin, wo einige Bewaffnete hinter einer etwas höheren Barrikade wachten. Auch sie erwiesen sich als gesprächig. Ja, die Erhebung gegen Chamoun habe begonnen, bestätigten sie. «Und zugunsten von Abdel Nasser?», wollte ich wissen. «Jedenfalls nicht gegen ihn», war die Antwort. Es gehe nicht an, dass Libanon eine andere Politik betreibe als Syrien. «Die Syrer sind doch unsre Brüder. Es kann nicht sein, dass unser Land sich gegen sie stellt. Wir sind auch Araber. Die Vereinigte Arabische Republik ist nun eine Realität. Libanon kann sich nicht davon isolieren. Ganz Tripolis ist schon im Autobus in Damaskus gewesen, um Nasser zuzujubeln und ihn der Loyalität seiner Bewohner zu versichern!»

Tripolis, so waren auch einige bedächtigere Ladenbesitzer bemüht, dem fremden Besucher zu erklären, gehöre eigentlich überhaupt zu Syrien. «Wir haben alle Verwandte auf der anderen Seite der Grenze! Unsere Stadt ist doch nur von den Franzosen von Syrien getrennt und Libanon angeschlossen worden». – «Und was sagt die Armee dazu, die da draussen auf dem Hauptplatz der Stadt steht?» wollte ich wissen. «Die haben maronitische Offiziere, aber die Soldaten gehören zu uns, deshalb bleiben sie draussen stehen!» war die zuversichtliche Antwort, «wenn sie hereinkommen und sehen, was das Volk will, werden die Soldaten nicht auf uns schiessen. Die Offiziere alleine sollen es nur versuchen! Wir haben auch unsere Waffen und Waffenträger!» Das verhinderte freilich nicht, dass gelegentlich laute Abschüsse wie aus Tankgeschützen zu hören waren. Die Leute im Basar waren nicht beeindruckt. «Gestern nacht haben sie noch viel lauter geschossen, aber Einschüsse hat es keine gegeben», behaupteten sie. Der Rest von Libanon werde sich auch erheben, versicherten sie. Die Drusen unter *Kamal Jumblat* hätten schon angefangen; die muslimischen Teile der Hauptstadt unter *Saeb Salam* würden bald folgen. Wenn es nötig werde, würden die syrischen Brüder ihnen zu Hilfe kommen, meinten so manche.

Als ich weiter durch den Basar wanderte, wurde mir klar: der Aufstand gegen Chamoun und seine amerikafreundliche Politik hatte in der Tat begonnen, während man in Europa noch nichts davon wusste. Ich kehrte nach Beirut zurück, um einen ersten Bericht zu schreiben und ihn mit den damals üblichen Pressetelegrammen abzusenden, die man am Postschalter abgab, wobei der Beamte jedes Wort zählte, bei den längeren auch die einzelnen Buchstaben, denn Wörter von mehr als 15 Buchstaben zählten doppelt.

Basta in Rebellion

Auch in Beirut kam es zu Schiessereien. Sie führten dazu, dass sich das Stadtviertel Basta, in dem fast nur Muslime wohnten, unter Führung von *Saeb Salam* mit Barrikaden gegen den Rest der Stadt abriegelte. Die zentralen Geschäftsviertel Beiruts wurden von der Armee besetzt, und in den ausgesprochenen Christenquartieren wie *Ashrafiye* herrschten die christlichen Milizen. Die Strasse, die vom zentralen Platz, «Place des Canons» oder «Burj», Richtung Damaskus führte und deshalb auch «rue de Damas» hiess, wurde in ihren äusseren Teilen zur Grenze zwischen den beiden feindlichen Quartieren. Wie ein Niemandsland lag der grosse Muslimische Friedhof auf dieser Grenzlinie. Besonders in den Nachtstunden kam es zu Schiessereien, wenn die eine oder die andere Seite versuchte, in das Quartier ihrer Gegner vorzudringen. Die Armee sorgte dafür, dass tagsüber eine solche Infiltration vermieden wurde, aber es schien, dass auch des Nachts wenig Willen bestand, tiefe Einbrüche in die Wohngebiete der Gegner zu wagen.

Die Bewaffneten beider Seiten liebten es, mit ihren Waffen an den Barrikaden Wache zu halten, indem sie dort herumsassen, Kaffee tranken und plauderten. Sie schossen aber auch gern ihre Gewehre ab, und in der Nacht konnte dies zu Knallgefechten von beiden Seiten führen, indem eine jede zeigte, wie kampfbereit sie war und über welch laut sprechende Waffen sie verfügte.

Tagsüber gingen die Beiruter in den Geschäftsstrassen des Zentrums ihrer Arbeit nach. Doch gegen Abend, noch vor Einfall der Dunkelheit, zogen sich die Leute in ihre Häuser zurück. Die Armee erliess ein Ausgehverbot für die Nachtstunden, und ihre Soldaten patrouillierten in den wichtigsten Hauptstrassen der Innenstadt, wo am ehesten Zusammenstösse von Bewaffneten zu befürchten waren. Der relativ harmlose Grabenkrieg der Quartiere war von einem ausserordentlich scharfen Propagandakrieg begleitet. Präsident Chamoun und seine Anhänger führten bei der UNO darüber Klage, dass Bewaffnete aus Syrien «massiv» nach Libanon infiltriert seien, um die Bevölkerung Libanons gegen ihre legale Regierung aufzuwiegeln. *Charles Malik*, ein beredter Professor und Essayist, der an der Amerikanischen Universität gelehrt hatte, amtete als Aussenminister und trug diese These im Land und im Ausland vor. Doch die aufständischen Führer der Sunniten, Schiiten und Drusen Libanons stritten die Infiltrationen ab und erklärten, ihre eigenen Bevölkerungsteile hätten sich erhoben, um den Plan Chamouns, die Verfassung zu ändern und sich noch einmal wählen zu lassen, zu vereiteln.

Ein fehlendes Kind

Meine Frau kam im Flugzeug an, und ich ging sie am Flughafen abholen. Zu meinem Erstaunen hatte sie nur Jessica, unsere ältere Tochter, bei sich, den noch nicht ganz einjährigen Julian hatte sie unter dramatischen Umständen in der Schweiz zurückgelassen. Anscheinend hatten ihr beim Abflug in Zürich meine Mutter und unsere enge und alte Familienfreundin Agnes Schilling das Baby schweigend aus den Armen genommen und ihr versichert, es müsse in der Schweiz bleiben, sie würden sich gemeinsam um es kümmern. Es sei nicht zu verantworten, mit einem so kleinen Kind in ein so wildes Kriegsland zu fahren. Ich konnte, als ich das auf dem Flughafen von Beirut erfuhr, lange sagen, die Lage sei keineswegs so schlimm, und für Ausländer, nicht einmal für deren Babies, sei sie nicht im geringsten gefährlich. Julian war in der Schweiz geblieben.

Die Sache war mir eine drastische Lehre der sich immer wieder ergebenden Fehleinschätzungen, die durch die Distanz und die Medienberichte zustande kommen, wenn irgendwo Unruhen herrschen. Die Medien, das heutige Fernsehen noch viel mehr als die damaligen Zeitungen, konzentrieren sich unvermeidlich auf die dramatischen Erscheinungen, die Kämpfe, die Brände, das Blutvergiessen. Sie erwähnen nicht, dass es daneben weite Zonen geben kann und oft gibt, in denen das Leben sich ziemlich normal abwickelt oder mindestens so weitergeht, wie es eben gehen kann. Sogar unter Kanonendonner gibt es immer ein Alltagsleben. Und in den besseren Wohnquartieren des damaligen Beirut, besonders im Universitäts- und Aussenviertel von Ras-Beirut, war der Kanonendonner nicht mehr als ein fernes Grollen am Horizont. Man konnte ihn überhaupt nur vernehmen, wenn die auf der Hamrah-Strasse sich drängenden Automobilisten ausnahmsweise einmal nicht auf die Hupen drückten.

Ich hatte im gleichen Hamrah-Quartier, wo wir schon früher gewohnt hatten, und beim gleichen Hausbesitzer, der uns unsere frühere Wohnung vermietet hatte, unweit des früheren Hauses eine etwas grössere Wohnung gefunden, zwei Zimmer, eine Küche und einen Hausgang, in dem man essen konnte. Die nötigsten Möbel standen darin, die anderen konnte man stückweise auf dem Basar kaufen und im Taxi nach Hause bringen. Wir zogen bald ein und fühlten uns wohl.

Einmal kam der Schweizer Botschafter, Herr von Graffenried, auf Besuch. Er sah, dass ich meinen Arbeitstisch im Schlafzimmer aufgestellt hatte. Ich hatte begonnen, neben den aktuellen Berichten ein erstes Buch zu verfassen, das vom arabischen Nationalismus handeln sollte. Es schien ihm unmöglich, in einer solch engen Umgebung vernünftig zu arbeiten, und er bot mir sehr freundlich und schonend an, ein leeres Zimmer, das neben der Botschaft liege und sogar seinen eigenen Eingang habe, zum Arbeiten zu benutzen. Ich könne kommen und gehen, wie ich wolle. Ich nahm sein Angebot gerne an und kam so zu einem eigenen Arbeitszimmer.

Meine Frau hatte ebenfalls ein dringendes Anliegen an den Botschafter: Sie wolle ihr Kind aus der Schweiz zurück haben, sagte sie ihm in ihrer direkten Art, und erklärte ihm, wie Julian in Zürich zurückgeblieben war. Auch dafür fand er Abhilfe; eine seiner Sekretärinnen, sagte er, komme demnächst aus der Schweiz zurück, man könne sie anfragen, ob sie das Baby auf ihren Flug mitnehmen wolle. So geschah es denn in der Tat, Julian wurde von meiner Mutter am Flughafen Zürich abgeliefert und langte wohlbehalten, von freundlichen Stewardessen umsorgt, in Beirut an, wo wir ihn am Flughafen abholen konnten. Die nette Sekretärin erzählte uns, einige der Mitpassagiere hätten Anteil an der ungewöhnlichen, gut aussehenden Reisenden mit dem Baby genommen und sie zu trösten gesucht. «Wenn Sie einmal in Beirut ankommen,» hätten sie ihr gesagt, «wird alles viel leichter werden, niemand wird sich mehr daran stossen, dass sie ein kleines Kind haben ...» und sie dachten dazu, ohne es ganz auszusprechen, «aber offenbar keinen Mann».

Besuche in Basta

Ermutigt durch meine Erfahrungen in Tripolis, ging ich zu Fuss nach Basta, dem Stadtteil, den die Muslime in ihren befestigten Sonderbezirk verwandelt hatten. Gleich hinter dem kleinen Stadtpark bei der Gewerbeschule, die Kaiser Wilhelm II. seinerzeit, als er das Osmanische Reich besuchte, Beirut gestiftet hatte, ging eine Strasse Richtung Süden den Hügel empor. Ich folgte ihr und stiess bald auf eine Strassensperre, die von Bewaffneten bewacht wurde. Wie ihre Kollegen in Tripolis zeigten sie sich äusserst freundlich und gesprächig, sehr bereit, sich mit einem ausländischen Journalisten zu unterhalten. Schliesslich war es auf die Dauer recht langweilig, die Barrikade bewachen zu müssen. Sie entpuppten sich als glühende Anhänger von Saeb Salam. Für Nasser und die VAR waren sie auch, aber ihre Loyalität galt offensichtlich primär Salam, ihrem «Za`îm». Sie drängten mich auch, ich müsse als Journalist unbedingt mit ihm sprechen. Nach einem längeren Gespräch mit Fragen nach meiner Nationalität und nach meinem Wohnort in Beirut und wie es mir dort gefalle (Ras-Beirut, wo ich wohnte, war eine gute Adresse, denn der Bezirk der Amerikanischen Universität war ein moderner, gemischter Wohnbezirk mit Sunniten, Drusen, Palästinensern und Ausländern. Ashrafiye, wo die Maroniten lebten, wäre wohl eine schlechtere Referenz gewesen) und nach einigen Tässchen Kaffee begleitete mich einer der Barrikadenwächter weiter die Strasse hinauf und um einige Ecken, bis wir das hochgebaute Herrschaftshaus der Salam-Familie erreichten.

Dort gab es weitere bewaffnete Wächter am Tor und einen Portier in der Galauniform des «Shawisch», des Türstehers aus der türkischen Zeit, der mich bei Saeb Salam anmelden ging. Viel Zeit habe er nicht, wurde mir ausgerichtet, doch wolle er mich gerne kurz sehen. Ich wurde mehrere Treppen hinauf zu einem hellen, verglasten Saal begleitet. Von hier aus liess sich ganz Basta überblicken und auch der Gegenhügel der Christen von Ashrafiye war sichtbar. Es gab wieder Kaffee und kühles Wasser. Saeb Salam, ein gedrungener, energischer Mann mit sicherem Auftreten, der gut Englisch sprach, zeigte sich siegesgewiss. Der Aufstand nicht nur der Sunniten, auch der Drusen und überhaupt aller arabischen Nationalisten gegen Präsident Chamoun werde weiter gehen, erklärte er mir, bis es gewiss sei, dass Chamoun die Verfassung nicht abändere und am Ende seines Mandates abtrete. Er warf Chamoun vor, er habe die letzten Parlamentswahlen gefälscht. Sie hatten zu dessen Dreiviertel- Mehrheit im Parlament geführt, die ihm die Möglichkeit gegeben hätte, eine Verfassungsänderung zu erwirken.

Solange der Aufstand andauere, sagte Saeb Salam, könne das Parlament nicht zusammentreten und daher auch keine Beschlüsse fassen, also bleibe die Verfassung bestehen, und im Oktober werde das Mandat des Präsidenten auslaufen. – Ob er denn nicht befürchten müsse, fragte ich ihn, dass die Armee, die doch unter dem Oberbefehl des Präsidenten stehe, durchgreifen könnte und ihn und die Seinen zwingen, die Strassen zu öffnen und ihren Widerstand zu beenden. Er antwortete zuversichtlich, die ganze Bevölkerung von Basta würde der Armee die Stirne bieten, und nicht nur sie, auch die Drusen, die anderen Sunniten in anderen Landesteilen, die Palästinenser, ein grosser Teil der Schiiten im Süden und Osten, auch ein nicht unbedeutender Teil der Christen, vor allem der Orthodoxen, die dem Arabertum näher stünden als die Maroniten. Er fügte hinzu, den benachbarten Syrern und den mit ihnen zu einem Staat zusammengeschlossenen Ägyptern würde ein Bürgerkrieg in Libanon, wenn er voll ausbreche, keineswegs gleichgültig sein. Es sei immerhin denkbar, dass sie, wenn es nötig werde, zugunsten ihrer libanesischen Gesinnungsgenossen eingreifen würden. Bisher hätten sie es nicht getan, trotz allem, was die Chamoun-Regierung behaupte, doch wenn man sie dazu zwänge.

Die meisten dieser Argumente waren auch in den «nationalistischen» Blättern von Beirut zu lesen, die Nasser anhingen. Ich verabschiedete mich nach diesem kurzen Gespräch und wurde aufgefordert, wiederzukommen. Das Telefon funktioniere manchmal, hiess es auf meine Frage, doch sei es immer am besten, direkten, persönlichen Kontakt zu halten. Ich durfte unbegleitet durch Basta bis zu meiner ersten Barrikade zurückwandern, wurde dort noch einmal begrüsst und musste versichern, dass ich mit Saeb Salam gesprochen hatte. Auch was er gesagt habe, wollten die Leute wissen, und ich gab ihnen eine Kurzversion.

Von da an stand mir der Weg zur sunnitischen Festung Basta offen, und wenn Kollegen aus Europa ankamen, die nur ein paar Tage Zeit hatten, um Reportagen über den libanesischen Bürgerkrieg zu verfassen, machte ich mir ein Vergnügen daraus, sie «zu den Aufständischen» zu begleiten. Sie sahen dies als ein echtes Abenteuer an und waren stets dankbar für die Begleitung und Einführung. Ihre Reaktion auf die eigentümliche Lage in Libanon, die nicht wirklich in die europäischen Schemen von «Regierung» und «Revolution» passte, war interessant zu beobachten. Ein ernsthafter und nachdenklicher Kollege, den ich am Tage nach einem gemeinsamen Besuch bei der «Opposition» wiedersah, sagte mir, er habe lange darüber nachgedacht, was er am Vortag gesehen habe. Dabei sei ihm aufgegangen, dass die Leute auf der Barrikade mit ihren Gewehren nicht wirklich arbeiten müssten und gewiss deshalb so gerne Krieg spielten. Schliesslich sässen sie den ganzen Tag herum, führten Gespräche, spielten mit ihren Waffen und tränken Tee oder Kaffee. Nur gelegentlich müssten sie ein paar Schüsse abgeben. Deshalb gefalle ihnen «die Revolution» und sie stellten sich ihr zur Verfügung.

Ich konnte ihm nur recht geben. Doch was ihm als eine grosse Entdeckung erschien, war mir bereits selbstverständlich geworden. Allerdings war es wohl weniger «Arbeitsscheu», was die Gewehrträger motivierte, als das Kriegspielen an sich, das bedeutete, dass sie für einige Zeit eine ausserordentliche Rolle einnehmen konnten, als Kämpfer mit Gewehr, statt nur Arbeiter auf irgendeinem gewöhnlichen Beschäftigungsfeld zu sein. Für ihren bewaffneten Dienst wurden sie auch bezahlt, wenngleich nicht hoch. Wichtiger war ihnen wohl, dass sie Gelegenheit erhielten, sich dem Za`îm als loyale Parteigänger zu erweisen, wofür man denn auch als Gegenleistung in künftigen Zeiten Patronage und Nothilfe von ihm erwarten durfte.

Die *Sulh* und die *Salam* in den muslimischen Teilen Beiruts

Ich erkundigte mich näher über Saeb Salam und erfuhr, seine Familie sei keine der alten, doch sei sie im Aufstieg begriffen, seitdem Vater Salam als Grossviehhändler viel Geld verdient habe. Über die *Makassed*, eine sunnitische Erziehungs- und Wohltätigkeitsinstitution, in der die Salams eine führende Rolle als Geldgeber und als Vorsitzende des Verwaltungsrats spielten, sei ihr Einfluss in den muslimischen Quartieren rasch gewachsen. Sie seien so ins Parlament eingezogen, und weil der Ministerpräsident stets ein Sunnit zu sein habe, könne Saeb Salam als einer der Hauptpolitiker von Beirut auch stets als einer der möglichen Kandidaten für die Ministerpräsidentschaft gelten. Allerdings nicht unter Chamoun, eher unter einem Präsidenten, der statt auf Konfrontation auf Versöhnung mit Nasser und Syrien ausginge.

Ich erfuhr weiter, dass im sunnitischen Beirut eine Rivalität zwischen der alteingeführten *Sulh*-Familie und den Neuaufkömmlingen der Salam bestehe. Die Sulh waren schon zur osmanischen Zeit Honoratioren von Beirut gewesen und hatten im 19. Jahrhundert im Parlament in Istanbul gesessen. Später hatten sie Libanon berühmte Ministerpräsidenten gestellt. Der wichtigste von allen war *Riad as-Sulh* gewesen, den die Leute der früher erwähnten PPS nach acht Jahren fast ununterbrochener Amtszeit 1951 in Amman ermordet hatten. Er hatte den «Nationalen Pakt» Libanons erfunden, der es dem Lande erlaubte, 1943 trotz seiner Zusammensetzung aus antagonistischen Gruppen als ein geeinigtes Land in die Unabhängigkeit einzutreten.

Dieser Nationale Pakt, auf dem Libanon recht eigentlich beruhte, war eine mündliche, nie geschriebene, Übereinkunft, nach der sich die Christen verpflichteten, nicht die Franzosen oder andere ausländische Christen gegen ihre muslimischen Mitbürger ins Land zu rufen, und die Muslime ihrerseits versprachen, die Syrer nicht zur Intervention gegen ihre christlichen Mitbürger aufzufordern. Der Pakt war nicht niedergeschrieben worden, weil der Gegenstand der geteilten Loyalitäten der Libanesen, die in diesem Augenblick gemeinsam ihre Unabhängigkeit von Frankreich anstrebten, zu delikat war, als dass man ihn hätte schriftlich fixieren wollen. Ein Schriftstück hätte die Spannung gewissermassen offizialisiert und verewigt.

Sami as-Sulh, ein anderes wichtiges Mitglied der Sulh-Familie, war der unter Chamoun amtierende Ministerpräsident. Viele der radikalen Nationalisten sahen in ihm nichts weniger als einen Verräter, weil er sich von Chamoun als Regierungschef gebrauchen liess. Die eher aristokratischen Sulh wurden durch die neu zu Reichtum gelangten Salam in den rasch wachsenden sunnitischen Volksquartieren der Hauptstadt, wie Basta eines war, in den Schatten gestellt. Die Parteinahme für die VAR und die damals überaus volkstümliche pan-arabische Politik Abdel Nassers dienten der Salam-Familie unter anderem auch als Mittel, um ihre Rivalen, die Sulh, zu überflügeln.

Besuch bei den Drusen

Ein weiterer Besuch bei der «Opposition» ergab sich mit Hilfe von drei türkischen Journalisten, die aus Istanbul kamen, um eine Reportage über den libanesischen Bürgerkrieg zu schreiben. Sie wollten unbedingt den Drusenchef *Kamal Jumblat* in seinem Schloss in Mukhtara besuchen und luden mich ein, gemeinsam ein Taxi zu nehmen, um den Ausflug nach Mukhtara zu wagen. Der direkte Weg in die Hauptstadt der libanesischen Drusen war militärisch gesperrt, doch gab es einen Umweg, der kurz vor der Passhöhe von Dahr al-Baida abzweigte, wo die grosse Hauptstrasse nach Damaskus das Libanongebirge überquert, und von dort südwestlich in die drusische Talmulde des *Chouf* hinabführte. Der Taxichauffeur, den die Türken bereits verpflichtet hatten, glaubte den Weg zu kennen. Doch er war nicht ganz leicht zu finden. Wir waren erst mittags abgefahren, und der Weg war länger als erwartet. Die Dunkelheit brach herein, der Chauffeur wäre bereit gewesen umzukehren, doch die drei türkischen Journalisten ermunterten ihn, immer weiter zu fahren. Sie hatten wenig Zeit in Libanon und wollten ihren Plan unbedingt durchführen. Darüber wurde es volle Nacht. Wir fuhren schweigend durch enge Schotterwege zwischen Bäumen und bebauten Terrassen ins Tal hinab, als plötzlich einer der Journalisten mit einer blitzschnellen Bewegung das Deckenlicht des Wagens anknipste, so dass wir alle vom hellen Licht geblendet dasassen. Er hatte vom Strassenrand her den typischen Metallton gehört, der anzeigte, dass ein Gewehr entsichert worden war. Das Taxi hielt an und wirklich erschienen am Strassenrand Bewaffnete, die uns aufforderten, den Kofferraum aufzuschliessen. Als sie nichts Verdächtiges vorfanden, fragten sie, halb verlegen, halb barsch, wohin wir denn in der Nacht fahren wollten. «Zu Jumblat», war die Antwort, «Journalisten, die ihn interviewen wollen». Die

Stimmung schlug um. Ein Signal ging an die hinten Stehenden, die Gewehr-
läufe zu senken. «Jumblat» war das Zauberwort. Ein dichter Ring von Bewaffneten umstand unseren Wagen.

Sie seien Drusen, die den Zugang nach dem Chouf überwachten,
erklärten die Leute. Ja, der Weg nach Mukhtara führe hier durch. Sie, das
drusische Volk, wollten alles tun, um ihren Fürsten (Amir) zufrieden zu stellen. Wir sollten das erwähnen, wenn wir mit ihm sprächen. Auf dem Rückweg möchten sie gerne, dass wir wieder bei ihnen Halt machten, um ihnen
zu sagen, ob es *Kamal Bey* gut gehe und ob er mit dem Volk zufrieden sei.
Wir versprachen das und wurden auf unseren Weg geschickt.

Danach war es nicht mehr weit zu dem hohen Palast am drusischen
Hang über dem maronitischen Städtchen von Deir al-Qamr. Auch Jumblat
hatte einen Hauswächter und Zeremonienmeister, der uns zum Warten auf-
forderte und nachsehen ging, ob sein Herr uns empfangen würde. Er tat es,
und wir wurden drei Treppen hoch hinaufgeführt. Unter dem Absatz der
untersten Treppe war «das Gefängnis», ein paar Leute sassen darin, im hellen
Lampenlicht und bewacht hinter einem Gitter. Sie warteten darauf, dass der
Drusenchef sein Urteil über sie spreche. Was sie angestellt hatten, wurde uns
nicht mitgeteilt. Oben, in einem geräumigen Turmzimmer, erwartete uns
Kamal Jumblat. Sein junger Sohn *Walid*, der heute als Chef der libanesischen
Drusen amtet, brachte uns auf Geheiss seines Vaters Tee.

Es war leicht, mit Kamal Jumblat ins Gespräch zu kommen; er mischte
Politik mit Kultur, sprach über den Glauben der Drusen, der erstaunlich eng
mit jenem der Hindus verwandt sei, den er, Jumblat, auf seinen Reisen nach
Indien studiert habe (die Drusen glaubten auch an die Seelenwanderung)
wie auch von ihren und seinen politischen Zielen. In Libanon, sagte er,
erhielten die Maroniten die wichtigsten Ämter, jenes des Präsidenten und das
des Oberbefehlshabers der Armee; die Sunniten erhielten immerhin die
Ministerpräsidentschaft, und sogar die Schiiten hätten ein ihnen zustehendes
hohes Amt, das des Parlamentspräsidenten – nur die Drusen gingen leer aus.
– Wenn es nach ihm gehe, müsste das ganze System des Religionsproporzes
beendet werden. Deshalb sei er Sozialist, wie Nehru. Die Politik sollte von
politischen Parteien, nicht von Religionsgruppen, in die Hand genommen
werden. Freilich, so räumte er ein, sei er selbst auch der Chef einer Religionsgruppe. Das sei ein Familienerbe; er müsse es aufrecht erhalten und wahrnehmen, solange die anderen Religionsgemeinschaften im Lande ihre politische Rolle nicht aufgäben. Da könne er nur versuchen, beides zugleich zu
sein, semi-feudaler Religionsgruppenchef und Sozialist, mit dem Ziel, die
bestehenden Zustände allmählich zu ändern.

Was die gegenwärtige Lage betreffe, so gehe es darum, fuhr Jumblat fort, dass Chamoun die Verfassung nicht ändere und am Ende seines nun schon zweiten Mandates endgültig zurücktrete. Seine Aussenpolitik, die Libanon einseitig an Amerika anschliessen wolle, werde weder dem Lande gerecht, in dem es neben den Maroniten andere, viel mehr nach Osten orientierte, Gemeinschaften gäbe, noch dem Raum, in dem das kleine Land liege, mit seinen grossen Nachbarn Syrien und Ägypten und dem gemeinsamen Feind aller Araber, Israel. Wenngleich Jordanien und der Irak zur Zeit eine ähnliche Politik der Zusammenarbeit mit Amerika und Grossbritannien verfolgten wie Chamoun, sei diese doch unzeitgemäss geworden. Früher oder später müssten die dortigen Machthaber fallen. – Wir fragten ihn, unserem Versprechen gemäss, ob er mit der Loyalität und dem Gehorsam der Drusen zufrieden sei. – Sehr zufrieden, war seine Antwort, die Kämpfer zeigten sich nicht nur tapfer sondern auch diszipliniert. Das maronitische Städtchen Deir al-Qamr, dessen Lichter nach Mukhtara hinaufwinkten, stelle eine maronitische Enklave inmitten des Drusengebietes dar. Chamoun selbst stamme aus Deir al-Qamr. Die Armee habe das Städtchen besetzt und würde es verteidigen, wenn die Drusen es angriffen. Doch er, Jumblat, habe angeordnet, dass keine Angriffe durchgeführt würden, um alle blutigen Zusammenstösse zu vermeiden, und seine Leute hielten sich strikt an seinen Befehl.

Auf dem Rückweg hielten wir wieder bei der Strassensperre, diesmal wurden wir ohne vorgehaltene Gewehre empfangen: «Was hat Jumblat gesagt?» wurden wir eifrig befragt: «Hat er gesagt, er sei mit dem Volk zufrieden?»

Wir kamen erst spät nachts nach Beirut zurück und schlichen uns durch die Hinterstrassen, um zu vermeiden, den Armeepatrouillen in die Hände zu laufen, die das nächtliche Ausgangsverbot kontrollieren sollten. Meine Frau hatte sich so sehr beunruhigt, dass sie dem Botschafter per Telefon mein spätes Ausbleiben mitgeteilt hatte. Er besass Erlaubnis, des Nachts zu zirkulieren, und er war zu später Nachtstunde noch bei unserem Hause vorbeigefahren, hatte auf die Hupe gedrückt und hinaufgerufen: «Ist ihr Mann immer noch nicht heimgekommen?», woraufhin sich einige andere Balkontüren auftaten, während meine Frau zurückrief: «Noch nicht!» Kurz darauf war ich dann doch eingetroffen.

Informative Militärzensur

Inzwischen war auf der Hauptpost, wo wir unsere Pressetelegramme aufgeben mussten, Militärzensur eingerichtet worden. Ein recht kultivierter Hauptmann sass oben in einem Büro, und Telegramme wurden nur angenommen, wenn sie mit seinem Stempel versehen waren. Um den Stempel zu erhalten, musste man ihn das Telegramm lesen lassen. Er konnte gut Französisch, gewiss auch gut Arabisch, aber kein Deutsch. Später kam ein armenischer Zivilist dazu, der die Rolle eines Zensors für die deutschsprachigen Zeitungen übernahm. Als ich ihn zum erstenmal sah, bat er mich, ihn auf den Gang hinaus zu begleiten. Dort erklärte er mir, sehr gut Deutsch könne er nicht. Doch wenn ich vor den Zensuroffizieren klarstelle, dass sein Deutsch gut sei, würde er bestätigen, dass ich nichts Böses geschrieben habe.

Anfänglich, bevor dieses angenehme Arrangement Gültigkeit hatte, begnügte der Hauptmann sich damit, mich zu fragen, was in meinem Telegramm stehe; ich fasste es kurz Französisch zusammen, und er gab mir den Stempel. Einmal, nach einem Besuch in Basta, hatte ich geschrieben, die dortigen Barrikaden seien kaum ernsthaft verteidigt, wenn die libanesische Armee das wolle, könnte sie sie mit Leichtigkeit einnehmen. Der Zensurhauptmann wurde plötzlich hellwach: «Wer hat ihnen das gesagt?» fragte er. «Niemand», antwortete ich, «es schien mir offensichtlich. Man kann das sehen, wenn man die Sperren besucht.» – «Sie können das sehen? Sie sind doch kein militärischer Fachmann!» Einen Moment lang war ich versucht, den Eidgenossen zu spielen und zu sagen: «Alle Schweizer machen Militärdienst und bekommen so ein Minimum an militärischem Wissen mit. Wir haben alle das Gewehr zu Hause» usw. Doch das wäre mir doch etwas zu naiv erschienen. Ich begnügte mich mit der Antwort: «Dort stehen nur ein paar Leute mit Schiessgewehren, und die Mittel, über die eine reguläre Armee verfügt, wären mehr als genügend, um sie in kurzer Zeit niederzuschlagen». – «Das wissen Sie!», rief er ganz erregt aus. «Sie haben recht, natürlich wäre es ein leichtes für die Armee! Sie müssen ein erfahrener Journalist sein. Haben sie viele Kriege erlebt?» – Wir redeten noch etwas weiter, und ich bekam meinen Stempel.

Doch nachdem ich mein Telegramm aufgegeben hatte, dachte ich über den merkwürdigen Auftritt nach. So interessiert, ja fast alarmiert, hatte der Zensor bisher nie reagiert. Offenbar hatte ich einen neuralgischen Punkt getroffen, als ich sagte, die Armee könne, aber täte es nicht. – Warum eigentlich nicht? Offenbar, weil sie nicht will! – Und gewiss möchte Chamoun, dass sie energisch durchgreift. Aber sie will es offenbar nicht.

Kurz darauf ging ich Professor Sérig besuchen, den ich ganz allein in dem geräumigen Saal seines Institutes antraf. Es war ein altes libanesisches Herrenhaus, palastartig, mit gewölbten Fenstern; an der Decke hing ein modernes Mobil von Calders aus bunt bemaltem Metall. Ich erzählte ihm neben anderen Dingen von dem seltsamen Auftritt beim Zensor. Er kannte den Bruder des Oberbefehlshabers der Armee, des Generals Chéhab, der Archäologe war und als Chef der Antikenverwaltung amtete. Sérig meinte: «Zwischen dem Präsidenten und den Chéhabs ist in der Tat wenig Liebe verloren. Es könnte schon sein, dass der General sich weigert, auf die Feinde des Präsidenten zu schiessen», und uns beiden wurde in jenem Augenblick klar, dass wir über den verborgenen Schlüssel zu den Besonderheiten des damaligen libanesischen Bruderkrieges gestolpert waren.

Der General weigerte sich, seine Armee zugunsten des Staatschefs einzusetzen. Er hielt sie vielmehr zurück und gab ihr nur Befehl, dafür zu sorgen, dass die kämpfenden Gemeinschaften einander nicht allzuviel Schaden taten. Die Truppen sollten vor allem vermeiden, dass eine der Gruppen in das Wohngebiet der anderen einbreche, und sie hatten dafür zu sorgen, dass das Stadtzentrum und die wichtigsten Durchgangsstrassen für alle Libanesen offen blieben. Durch dieses Verhalten schwächte Chéhab die Position des Präsidenten, der nach der Verfassung und in gewöhnlichen Zeiten der eigentliche Entscheidungsträger im Lande war. Es wurde verständlich, dass es, wie die libanesische Presse berichtete, gelegentlich dazu kam, dass der Präsident persönlich mit seinem Jagdgewehr zum Fenster des Präsidentenpalastes hinausschoss, um sich seine Feinde vom Leibe zu halten. Nicht die Armee, nur seine eigene Miliz bewachte den Amtssitz des Präsidenten am Rande des Innenviertels der Stadt, dort, wo das Geschäftszentrum an die muslimischen Wohngebiete angrenzte.

Weisse Automobile der UNO

Der Generalsekretär der UNO, Dag Hammarskjöld, kam nach Ägypten, um die Hauptstadt der VAR zu besuchen und führte auch in Damaskus und in Beirut Gespräche. Die UNO beschloss, Beobachter nach Libanon zu entsenden, um festzustellen, ob die Infiltrationen aus Syrien wirklich stattfänden, über die sich die Regierung beklagte. Weissgestrichene Renault-Automobile mit den Buchstaben UN gross aufgemalt erschienen auf den Strassen der Hauptstadt. Einige Zeit nach ihrer Ankunft hielten die UNO-Beobachter eine Pressekonferenz ab, auf der sie erklärten, sie hätten keinerlei Infiltrationen nach Libanon feststellen können. Doch auf Befragen der Journalisten gaben sie zu, dass sie des Nachts die Grenzen nach Syrien hin nicht patrouillierten und tagsüber eigentlich auch nur die Hauptverkehrsstrassen …

Da Hammarskjöld sich zuvor mit Nasser getroffen und offenbar mit ihm verständigt hatte, lag der Verdacht nahe, dass der Generalsekretär mit ihm ein Abkommen auf der Linie getroffen hatte: «Ich stelle keine Infiltrationen fest, und erkläre dies öffentlich, dafür stellst du die Infiltrationen ein.» Diese Vermutung sollte sich später bestätigen, als die UNO-Beobachter am Ende der Krise auf einer weiteren Pressekonferenz erklärten, sie hätten zwar keine Infiltrationen feststellen können, jedoch eine bedeutende Zahl von bewaffneten Rückkehrern aus Libanon nach Syrien beobachtet. Tatsächlich hatten syrische Einheiten Grenzgebiete des Libanon besetzt gehabt, um den Aufständischen zu helfen.

Abendgespräche unter Hausnachbarn

Im gleichen Haus mit uns, einen Stock über unserer Wohnung, hatte sich ein junger Professor der Physik an der Amerikanischen Universität mit seiner amerikanischen Frau niedergelassen. Die kleine Jessica hatte, wie auch in vielen anderen Fällen, als Brücke gedient, über die sich die ersten Kontakte ergaben. Unser neuer Freund war Palästinenser. Er erzählte uns von seinem Vater, der mit der Familie offenbar nicht vertrieben worden, sondern schon zu Beginn des 1948er Krieges nach Libanon ausgereist war. Da er Christ war, nicht Muslim, war ihm dieser Schritt nahe gelegen. In Beirut hatte der Vater ein kleines Geschäft in einer der Marktgassen der Innenstadt, *Souq at-Tawile*, aufmachen können. Weil er Christ sei, so sagte sein Sohn, sympathisiere er mit der libanesischen Phalange, der Partei des schon erwähnten Apothekers *Pierre Gemayel*.

Doch sein Sohn war damit nicht einverstanden. Er hoffte auf die arabische Revolution, unter Nasser oder auch unter Führung der neuen pan-arabischen Baath-Partei, die in Syrien und in den benachbarten arabischen Staaten wirkte. Seiner Ansicht nach boten nur diese neuen «revolutionären» Kräfte eine ernsthafte Aussicht auf eine anti-imperialistische arabische Macht, die früher oder später im Stande wäre, den Palästinensern zu ihrem Recht auf Rückkehr nach Palästina zu verhelfen.

Die Frau unseres Freundes war die Tochter eines amerikanischen Erdölfachmanns, der in Saudi-Arabien gearbeitet hatte. Sie hatte an der Amerikanischen Universität in Beirut studiert, um nicht zu weit von ihrem Vater entfernt zu leben. Unser Freund, offensichtlich hochbegabt, war stolz auf seine schon als junger Mann erworbene Position als Professor der Physik an der besten Universität im ganzen arabischen Raum, der einzigen, wie er betonte, an der echte Forschung betrieben werde. An den vielen Abenden, die wir bedingt durch das Ausgehverbot zu Hause verbringen mussten, trafen wir uns oft mit unseren Hausnachbarn, auf ihrem oder unserem Balkon und führten lange Gespräche, wobei die Politik das Hauptthema abgab. Die Lage in Libanon beschäftigte uns, aber auch jene in Syrien, wo sich die ersten Schwierigkeiten des Zusammenschlusses abzeichneten: Die baathistischen Offiziere aus Syrien, die Nasser nach Ägypten verlegt und in Syrien durch ägyptische Offiziere ersetzt hatte, waren enttäuscht darüber, dass ihnen keinerlei politische Rolle in der VAR zufallen sollte, und ihre Parteifreunde unter den Zivilisten versicherten ihnen, sie hätten dies nicht erwartet, als sie Nasser die Vereinigung antrugen.

Um die Verbindung zwischen den beiden «Regionen» der VAR zu verstärken, die geographisch getrennt waren und keine gemeinsame Grenze besassen, wurde eine Schiffahrtslinie eingerichtet, die für wenig Geld Menschen zwischen Alexandria und Lattakiye hin und her transportierte. Durch sie kamen die ersten echten Fellachen, die Bauern des Niltals, nicht die Städter von Kairo und Alexandria, in grösseren Zahlen nach Syrien, um Arbeit in der Landwirtschaft oder im Bauwesen zu suchen. Die Syrer waren höchst überrascht, ihre dunkel gefärbten neuen Mitbürger in ihren langen Hemden und manchmal barfuss ankommen zu sehen. Das sollten die Ägypter sein, ihre Mitaraber? So protestierten manche. Den Syrern kamen sie «afrikanisch» vor, und bitterarm waren sie obendrein! Die Presse von Beirut, die einzige einigermassen freie in der ganzen arabischen Welt, machte sich eine Freude daraus, derartige Neuentwicklungen zu reflektieren, die in Syrien und in Ägypten selbst, da offiziell unwillkommen, nicht erwähnt werden durften.

Dafür verbreitete «Saut al-Arab», der Sender Nassers, seine eigene, im arabischen Raum höchst wirksame Propaganda, welche den «Kolonialisten» alle Schuld an allen Dingen zusprach, die nicht wunschgemäss abliefen. Weil solche Lehren den einfachen Leuten schmeichelten und bei ihnen Hoffnungen weckten, dass alles bald perfekt und erfreulich werde, sobald nur einmal die negativen Einflüsse der Restbestände des Kolonialismus vollständig liquidiert seien, stiessen sie auf willige Ohren und gläubige Gehirne, auch bei den libanesischen Sunniten und vielen der einfacheren Palästinenser – jedoch auf leidenschaftliche Ablehnung bei den Maroniten und anderen libanesischen Christen. Die glaubten ihre Vorrangstellung im Lande gefährdet und mit ihr die Zukunft ganz Libanons. Libanon, so versicherten sie, könne auf Grund seiner engen Geschäftsverbindungen und politischen Beziehungen nur mit dem «christlichen» Europa und Amerika prosperieren.

Was jedoch Libanons Prosperität für die Palästinenser bedeute, darüber äusserte unser Freund seine Zweifel. Sie würden weiterhin machtlose Flüchtlinge bleiben, Randexistenzen in der arabischen Welt, solange die Israeli nicht in die Schranken gewiesen würden. In Libanon konnten sie noch nicht einmal legal arbeiten, wenn sie nicht zuerst eine Arbeitsbewilligung erlangten. Solche waren für palästinensische Christen leichter zu erhalten als für die grosse Mehrzahl der palästinensischen Sunniten. Für alle jedoch war es ein bürokratischer Spiessrutenlauf. Damals zweifelten viele Palästinenser noch nicht daran, dass sie mit der Zeit die Haltung der Amerikaner gegenüber Israel in ihrem Sinne beeinflussen könnten, besonders, wenn die VAR unter Nasser weiter wachse, militärisch aufrüste und auch aussenpolitisch immer wichtiger werde, etwa auch in den Erdölländern wie Saudi-Arabien, und wenn gleichzeitig die Dritte Welt von Indonesien bis Marokko und vielleicht bis hinüber nach Südamerika und nach Afrika immer mehr Gewicht gewänne. Dann müssten doch schliesslich die Amerikaner und die Europäer auch einmal einsehen, dass ihre einseitige Unterstützung von Israel nicht in ihrem Interesse liege.

Die wenigen Sympathisanten, die sie unter meistens links gerichteten Intellektuellen in der westlichen Welt besassen, erschienen vielen Palästinensern als der hoffnungsvolle Anfang einer europäischen oder gar amerikanischen Neubesinnung, die doch noch zu mehr Gerechtigkeit für die Palästinenser führen werde.

Das Credo der Baathisten

In jener Zeit erschienen die Schriften von *Michel Aflak*, dem Gründer und Hauptideologen der Baath-Partei, als einzelne Artikel in den Zeitungen der nationalistischen und linksgerichteten Kräfte und auch schon gesammelt als Bücher. Aflak unterstrich immer, dass die drei Hauptkomponenten seiner Lehre: «Freiheit, Einheit und Sozialismus», untrennbar zusammen gingen. Alle drei müssten gleichzeitig angestrebt und verwirklicht werden.

Unter «Freiheit» verstand die Baath-Partei offenbar nicht so sehr die «individuelle» Freiheit der Einzelnen, sondern die Freiheit der arabischen Gesellschaft (für die Baathisten war dies ein Singular, kein Plural) von Kolonialismus und Neo-Kolonialismus. Vollen Kolonialismus gab es damals noch in Algerien in einer durch den Krieg zwischen Befreiungsfront und Franzosen radikalisierten und brutalisierten Form, etwas milder und durch den Erdölreichtum leicht verschleiert in den britischen Protektoraten und Kolonien am Golf.

Was als «Neo-Kolonialismus» bezeichnet wurde, war die wirtschaftliche und politische Einflussnahme des Westens in der arabischen Welt. In manchen Ländern, auch in Libanon, war sie so weit zur Gewohnheit geworden, dass die diplomatischen Vertreter von Frankreich, Grossbritannien oder Amerika kopfschüttelnd berichteten, vor den Wahlen kämen immer wieder libanesische Würdenträger zu ihnen, um sich zu erkundigen, welcher der einheimischen Politiker denn der Kandidat ihres Landes sei, also jener Frankreichs oder der USA oder Grossbritanniens. Es komme auch häufig vor, dass irgendwelche Politiker zweiten Ranges auftauchten, um für ihre Vordermänner, die eigentlichen Kandidaten für die zur Wahl stehenden Posten, Unterstützungsgelder von der einen oder anderen Botschaft zu verlangen, mit der Begründung, «ihr» Kandidat sei doch auch der Kandidat der betreffenden Grossmacht. Dass X als der Kandidat «der Amerikaner», Y als jener «der Briten» und natürlich der Pro-Kommunist Z als jener «der Russen» gelte, konnte man sogar in den Zeitungen lesen.

Auch Nasser wurde in dieses Schema aufgenommen. Er hatte «seine» Parteigänger und Wahlkandidaten in Libanon. Für die Besitzer der Pro-Nasser-Blätter galt es als «obligatorisch», ein Interview von Nasser zu ergattern und in ihrem Blatt zu veröffentlichen. Ohne ein solches konnten sie nicht als die Herausgeber von echten grossarabischen Blättern gelten. Sie mussten zu diesem Zweck nach Kairo reisen. Doch mit Nasser zu sprechen, war nicht so einfach; zuerst hatten sie dem journalistischen Vertrauensmann des ägyptischen Staatschefs, *Hassanein Haikal*, der dank Nasser den Posten eines Chefredaktors der Zeitung «al-Ahram» inne hatte, ihre Aufwartung zu machen. Dabei mussten sie, wie alle libanesischen Journalisten wussten, Haikal als Geschenk eine Krawatte mitbringen, die schräg gestreift sein musste, natürlich möglichst ein neues Modell mit schrägen Streifen der Art und in Farben, die Haikal noch nicht besass. Dies, so verlautete in Beiruter Journalistenkreisen, sei notwendig, um von Haikal für ein Interview mit Nasser empfohlen zu werden. Bis es stattfinden konnte, hatte der betreffende Zeitungsbesitzer in Kairo zu bleiben und abzuwarten ...

In den Augen der Nasseristen und arabischen Nationalisten bestand freilich ein grosser Unterschied zwischen den Politikern, die auf die westlichen Botschaften gingen und jenen, die nach Kairo wallfahrten oder um die ägyptische Botschaft gravitierten. Erstere sahen sie als «Verräter» an der grossen Arabischen Nation, sich selbst jedoch als patriotische Vorkämpfer ihres künftigen, unter Nasser zu einigenden grossarabischen Vaterlandes.

Dieser Sicht der Dinge jedoch widersprachen nicht nur die mehr oder weniger rechts stehenden Politiker der Maroniten, einschliesslich der mittelständischen *Phalange* Gemayels, die auf Erhaltung des Status quo ausgingen, sondern auch die Ideologen der (pro-sowjetischen) Linken und (pro-chinesischen) extremen Linken. Sie glaubten, dass die arabischen Länder, jedes auf eigene Rechnung, auf eine «echte» proletarische Revolution hinarbeiten sollten. Der «Nationalist» Nasser, der in der Tat gegen die arabischen Kommunisten und ihre Freunde unter den ägyptischen und syrischen Intellektuellen äusserst scharf durchgriff, galt ihnen damals noch als ein Militärdiktator, von dem man nichts Gutes erwarten könne.

Der «Neokolonialismus», den die arabischen Nationalisten als ihren Hauptfeind ansahen, war in der Levante in der Form des *Klientelismus* so tief eingewurzelt, dass sogar die Nationalisten selbst als Klienten auftraten. Das Klientelwesen lag der gesamten libanesischen Innenpolitik zu Grunde, es bildete den Kitt, der die Gruppierungen um ihre Chefs, die *Zu`amâ*, zusammenhielt; und diese Gruppenchefs verhielten sich ihrerseits als willige Klienten der einen oder der anderen Grossmacht, sobald dieselbe sich bereit zeigte, mit anfänglich auch nur geringen Gunsterweisungen die ihr zugedachte Rolle zu übernehmen. Die Klienten unternahmen es dann natürlich, die Grosszügigkeit der Macht, die sich ihrer annahm, nach Kräften zu stimulieren, und sie schienen dabei keineswegs immer erfolglos zu sein.

Davon also wollten die Baathisten frei kommen. Dazu, so sah es Aflak nicht ohne Logik, brauchte man auch den «Sozialismus», so wie er ihn verstand; nämlich zunächst einmal in der Form einer Landreform, die bewirkte, dass die halb leibeigenen Bauern, besonders in den Bewässerungsgebieten, selbständig würden und ihren Landbesitzern nicht mehr als Klienten zu Verfügung stünden. Auch die Klienten der neu entstehenden Unternehmerklasse würden durch «Sozialismus» emanzipiert werden.

Die (arabische) «Einheit» jedoch sah der Chefideologe gleichermassen als Hauptziel und als Hauptinstrument seiner «Revolution». In ihrem Namen konnte man «die arabischen Massen» zur Aktion und zur Opferbereitschaft aufrufen.

Die Verwirklichung aber der Einheit würde, so glaubten die Baathisten, die ganze arabische Welt endgültig emanzipieren und ihr einen Rahmen geben, innerhalb dessen alle Araber beginnen könnten, ein kreatives und fruchtbares Leben zu führen, wobei sie, wie Aflak behauptete, nur innerhalb dieses «nationalen» Rahmens sich selbst voll verwirklichen könnten. «National» hiess in der Sprache der Baathisten stets «pan-arabisch». Die einzelnen arabischen Staaten galten ihnen nur als «Regionen» der einen und einzigen grossen «Arabischen Nation».

Die Triebkraft dieser Ideologie, die damals führenden Einfluss unter den arabischen Intellektuellen besass, lag in ihren Emanzipationsversprechen. Sie verhiess Befreiung aus gesellschaftlichen Fesseln, die teilweise aus einer alten Zeit des (osmanischen) Vorkolonialismus stammten, aber unter den kolonialistischen Machthabern verschärft worden waren. Doch die Theorie übersah, dass die Emanzipation von den alten, manchmal als «kolonialistisch», manchmal auch als «feudal» angesprochenen Bindungen Gefahr lief, die Allmacht eines angeblich sozialistischen Staates zu fördern. Davon, dass ein «sozialistischer» Staat, wenn er absolut regiert werde, eher noch mehr versklavend denn wirklich emanzipierend wirken würde, wollten meine damaligen arabischen Gesprächspartner nichts wissen. Die meisten nahmen es einfach nicht zur Kenntnis, dass «Staatssozialismus», wenn er von einem allmächtigen Herrscher durchgesetzt werde, unvermeidlich zu erhöhter Tyrannei führe. Andere, wie mein Freund und Gesprächspartner aus Palästina, waren der Ansicht, dass dies natürlich so sei, und dass man der Demokratie in der Tat bedürfe. Doch, so sagten sie, zuerst einmal seien die alten Knechtschaften, Armut und nationale Ohnmacht, zu liquidieren. Erst wenn das gelungen sei, könne man zum Abbau der «Entwicklungsdiktatur» und zur Befreiung der Individuen in den arabischen Gesellschaften übergehen.

Dass jedoch eine echte Befreiung und wahrscheinlich auch eine echte Entwicklung nicht kommen würden, solange ein Einzelherrscher die Macht restlos inne habe, wollten meine damaligen Gesprächspartner nicht sehen. Auch die intelligentesten von ihnen weigerten sich zu erkennen, dass eine latente Gefahr von immer neuen schweren Fehlern bestehe, die der Einzelherrscher begehen werde, solange es keine Instanz gab, die auf Fehlentwicklungen hinweisen konnte, während sie noch in der Planung oder Anfangsphase steckten.

Die Überraschung der amerikanischen Landung

Unterdessen ging der Bürgerkrieg weiter, mit gelegentlichen Schiessereien und begleitet von einem aussenpolitischen Stellungskrieg, in dem darum gerungen wurde, ob die Seite des Präsidenten Chamoun eine Intervention der Amerikaner zu ihren Gunsten erreichen könne, oder ob die Gegenseite ihren Einfluss soweit zu stärken vermochte, dass Libanon in Zukunft eine pro-arabische statt einer pro-amerikanischen Politik führen werde. Charles

Malik, der Aussenminister Chamouns, bestand weiter darauf, dass sein Land von Infiltratoren aus Syrien beunruhigt werde, und er rief die Amerikaner dazu auf, Libanon im Namen der Eisenhower-Doktrin gegen diese fremden Bewaffneten Hilfe zu leisten. Die Amerikaner hatten Flugzeugträger in die Nähe Libanons gesandt, doch zeigten sie geringe Lust zu intervenieren, und niemand glaubte daran, dass sie Truppen in Libanon landen würden. – Bis der 14. Juli 1958 anbrach, der Tag, an dem im Irak ein blutiger Staatsstreich ausgelöst wurde, welcher die Königsfamilie und den Ministerpräsidenten und starken Mann des bisherigen Regimes, *Nuri as-Said*, das Leben kostete.

Als Gegengewicht zur Vereinigung Syriens mit Ägypten von Februar 1958 hatten sich auch die Staaten Jordanien und Irak, beide von pro-britischen Regierungen geleitet, zu einer Föderation zusammengeschlossen. Ein irakischer General, der keineswegs für seine Pro-Nasser Neigungen bekannt war und daher seiner Regierung als sicher galt, *Abdul Karim Kassem*, hatte im Sommer Befehl erhalten, mit einer grösseren Truppeneinheit nach Amman zu gehen, um die Stabilität des jordanischen Regimes zu stützen. Er nutzte die Gelegenheit, um seine Truppen nicht nach Amman, sondern nach Bagdad marschieren zu lassen. Zu seinen Untergebenen und Mitverschworenen gehörte ein nasseristischer Oberst, *Abdul Salam Aref*, dessen Einheiten als erste Bagdad besetzten und der daraufhin anfänglich zum Zweiten Mann des neuen Regimes werden sollte. – Ich vernahm die Nachricht des Umsturzes wie alle Beiruter übers Radio.

Wenige Tage danach erreichte einer unserer Freunde Beirut; er war während der kritischen Tage in Bagdad gewesen. Es war ein Schweizer Geschäftsmann, der einen grossen amerikanischen Heilmittel-Konzern in der arabischen Welt vertrat und daher oft in alle arabischen Hauptstädte reiste. Er kam erschüttert aus Bagdad zurück. Er war mit anderen Ausländern im besten Hotel der Stadt zusammengetrieben und auf einem von Soldaten bewachten Lastwagen auf den Flughafen gebracht worden. Dies war geschehen, um die Sicherheit der Ausländer zu gewährleisten. Die Strassen, durch die er gefahren wurde, «kochten» dermassen von wild aufgeregtem Volk, das sich zur «Revolution» bekannte, dass er auf dem Lastwagen für sein Leben gefürchtet habe, so berichtete er. Einem seiner Mitfahrenden, der sich mit der Hand am Rande des Wagens festhielt, sei von der wütenden Bevölkerung ein Finger gepackt und abgebrochen worden. Da damals schon bekannt geworden war, dass Nuri as-Said versucht hatte, als verschleierte Frau verkleidet zu fliehen, er aber entdeckt und von der rasenden Bevölkerung in kleine Stücke zerrissen worden war, klang die Geschichte unseres Freundes glaubwürdig. Noch wochenlang, sagte er später, sei er mit Angstträumen aus dem Schlaf aufgeschreckt, bis er die damaligen Schreckensstunden verarbeitet hatte.

Zwei Tage nach dem irakischen Umsturz landeten die Amerikaner in Libanon. Am Vorabend waren amerikanische Freiwillige bei meiner Frau erschienen und hatten ihr mitgeteilt, eine amerikanische Aktion stehe bevor, die Amerikaner in Beirut sollten ihre Wohnungen nicht verlassen. Doch wir waren am nächsten Tag in der Schweizer Botschaft zum Mittagessen eingeladen und beschlossen, uns trotz solcher Warnungen hinzubegeben. Am Essen erwähnte meine Frau nebenbei, dass demnächst die Landung der Amerikaner erwartet werde. Wir hatten uns bereits an den Gedanken gewöhnt und meinten, die bevorstehende Landung sei allgemein bekannt. Doch sie war es nicht. Meine Schweizer Freunde waren höchst erstaunt über die Nachricht. Sie fragten, wann denn die Landung erwartet werde, und wir antworteten: in der nächsten Stunde.

Nach dem Hauptgang und noch vor Dessert und Kaffee stieg die ganze Gesellschaft auf das Flachdach des Hauses, das einen Ausblick aufs Meer bot. In der Tat, man konnte die amerikanischen Schiffe über den Horizont herannahen sehen. Kurz darauf wusste jedermann in der Stadt, die Amerikaner schickten sich an, in *Ramlet al-Baida*, dem Sandstrand ausserhalb der Bucht von Beirut, über dem sich die Kuwaiter Botschaft zusammen mit einigen anderen modernen Appartmenthäusern erhob, ihre Truppen zu landen. Ich ging zu Fuss dort hinaus, um dem Ereignis beizuwohnen. Die schwerbepackten Marines, Sturmgewehre mit beiden Händen hoch in die Luft erhoben, damit sie nicht nass würden, kamen durch die sanft anbrandenden Wellen gestapft, nachdem sie von flachbodigen Landungsbooten aus ins Wasser gesprungen waren. Am Strand standen Coca-Cola-Verkäufer bereit. Grössere und kleinere Jungen hatten die Flaschen mit Eis in Blecheimern angeschleppt. Sie verkauften das Stück für einen Dollar. Die Marines fragten sie aufgeregt, wo denn der Feind sei. Im besten Falle wurden sie mit einer lässigen Handbewegung ins Landesinnere verwiesen.

Auf der Autostrasse, die der Corniche entlang zog, begegnete mir erneut der Wagen des Schweizer Gesandten mit einigen meiner kürzlichen Tischgenossen. Sie boten mir einen Sitz an, doch ich zog es vor, zu Fuss weiterzugehen und das Schauspiel der Landung in allen Einzelheiten in mich aufzunehmen.

Später erfuhr man, dass die libanesische Luftwaffe, als die Landung begann, ihre wenigen Kriegsflugzeuge ausgesandt hatte, um die Lage zu erkunden. Diese hatten auf einen Angriff verzichtet, als sie den Umfang der amerikanischen Streitmacht erkannten. Doch die libanesische Armee hatte sogleich eine Position eingenommen, die ihr erlaubte, in den kommenden Wochen eine wichtige Rolle zu spielen. Sie bezog vor den Positionen der aufständischen Pro-Nasser Kräfte Stellung, die sich hüteten, auf sie zu schiessen, und sie bildete so einen Schirm, der die amerikanischen Landungstruppen von den pro-syrischen und pro-ägyptischen bewaffneten Banden trennte.

Einzug nach Beirut

Die Amerikaner fanden keinerlei Widerstand. Nachdem sie ihre ersten Panzer im Hafen an Land gebracht hatten, wo sie der amerikanische Botschafter mit seinem Pudel erwartete, bildeten sie einen Zug, an dessen Spitze ein Panzer fuhr. Auf ihm hatte der Botschafter mit seinem Pudel und einer hübschen Sekretärin Platz genommen, hinterher kamen die amerikanischen Soldaten, Tanks und Kanonen. Damit das ganze nicht zu sehr als eine Invasionstruppe wirke, waren zwischen die amerikanischen Tanks Jeeps der libanesischen Armee eingeschoben. So fuhren sie widerstandslos, von der Bevölkerung mehr bestaunt als bejubelt, zuerst bei der Amerikanischen Botschaft vorbei, dann in die innere Geschäftstadt ein und besetzten die Quartiere von Beirut, die direkt ans Meer grenzten.

Die Amerikaner waren offiziell auf Gesuch der Regierung und des Präsidenten Chamoun gekommen. Die christlichen Bevölkerungsteile leisteten ihnen keinen Widerstand. Die Pro-Nasser-Rebellen wussten ihrerseits, dass sie dazu nicht in der Lage sein würden. Weil die libanesische Armee zwischen ihnen und den Amerikanern Stellung bezogen hatte, waren sie auch gar nicht dazu gezwungen. Nur an einer Stelle der «Front», nah beim Flughafen, gab es einen vorgeschobenen Posten der Amerikaner, den sie mit Zustimmung der libanesischen Armee eingerichtet hatten und der ihnen erlaubte, die «Feinde» und ihre Aktivitäten aus der Distanz selbst zu beobachten.

Die Frage war nun, was die Amerikaner mit ihrer Landung bewirken wollten und wie sie ihre Machtmittel weiter einsetzen würden. Schon am nächsten Tag wurde eine amerikanische Pressekonferenz angesagt. Unter den seit längerer Zeit anwesenden wie den eben erst atemlos angekommenen Journalisten zirkulierten die wildesten Gerüchte und Spekulationen. Jene meiner Kollegen, die sich selbst als militärische Sachverständige ansahen, erklärten mit grosser Sicherheit, die Amerikaner hätten viel zu viel Mannschaften und Material gelandet, um eine Aktion bloss in Libanon durchzuführen. Sie müssten mehr im Schilde führen. Vielleicht einen Vorstoss durch

Syrien hindurch bis in den revolutionären Irak? – Auf Fragen in diesem Sinne erteilten die amerikanischen Sprecher ausweichende Antworten. Die Mannschaften und das Material, so sagten sie, hätten sich eben in der «Pipeline» befunden und seien so eingesetzt worden, obgleich sie für eine Aktion in Libanon mehr als genügend seien.

Was den Irak betraf, so machten die politischen Sprecher klar, dass zunächst eine Abklärung der durch den Umsturz gegebenen neuen Verhältnisse stattfinden werde. Als «trouble shooter» werde sich der erfahrene Diplomat *Robert Murphy*, der ebenfalls an der Pressekonferenz teilnahm und sich durch eine ruhige und überlegte Sprache auszeichnete, nach Bagdad begeben, um die dortige Lage zu prüfen. Er werde dann nach Beirut zurückkehren, und im Licht seiner Erkundungen werde darauf die weitere Verwendung der amerikanischen Truppen beschlossen.

Das Ende des Bagdad-Paktes in der arabischen Welt

Das neue Regime von Bagdad hatte als eine seiner ersten Massnahmen den im Nahen Osten bitter umstrittenen Bagdad-Pakt aufgekündigt. Diesem Pakt zur Verteidigung gegen die Sowjetunion gehörten die südlich der Sowjetunion liegenden muslimischen Staaten von der Türkei bis nach Pakistan an. Grossbritannien war Gründungsmitglied, die USA waren offiziell nur als Beobachter dabei. Der Pakt wurde von den arabischen Nationalisten scharf kritisiert, weil Nasser ihn als eine Fortsetzung des alten britischen Imperialismus ansah und weil eine Eingliederung der arabischen Welt in die westliche Front gegen die Sowjetunion im Widerspruch zur Politik des Positiven Neutralismus stand, die Nasser zusammen mit Indien, Jugoslawien, Indonesien und vielen anderen neuen Staaten, die aus dem Prozess der Dekolonisation hervorgegangen waren und noch gingen, auf seine Fahnen geschrieben hatte. Der Irak war unter dem nun gestürzten und ermordeten Ministerpräsidenten *Nuri as-Said* als einziger arabischer Staat dem Pakt beigetreten.

In Jordanien hatte die Frage des Paktes schon Ende 1955, vor der Suez-Krise, zu einer scharfen inneren Auseinandersetzung geführt. Damals hatte König Hussein dem Druck der arabischen Nationalisten und Baathisten in seinem Lande nachgegeben und auf den Beitritt Jordaniens verzichtet. Etwas später, am 2. März 1956, hatte er, wie schon erwähnt, den britischen Oberkommandierenden der «Arabischen Legion», wie damals die jordanische Armee genannt wurde, *Glubb Pascha*, entlassen. Nach der Suez-Krise jedoch hatte der König die Befürworter des Nasserismus und Arabismus aus der Armeeführung und aus der Regierung entfernt. Er warf ihnen vor, sich gegen das Königreich verschworen zu haben, und kam am 13. April 1957 ihrem erwarteten Putsch zuvor, indem er sich persönlich in das Armeelager von Zerka begab, direkt an die Truppen seiner Beduinenarmee wandte und selbst ihren Oberbefehl übernahm.

Als 1958 der Umsturz in Bagdad der eben erst geschlossenen Föderation Jordaniens mit dem Irak ein jähes Ende bereitete, landeten gleichzeitig mit den Amerikanern in Beirut britische Fallschirmtruppen in Amman, um das Königreich stabilisieren zu helfen.

Der Besuch Robert Murphy's im revolutionären Bagdad ergab offenbar, dass – wie die spätere Entwicklung bestätigen sollte – Kassem, der neue Militärdiktator, nicht gewillt war, sich der VAR anzuschliessen. Die Amerikaner sahen daher auch keinen Anlass, ihre Truppen in Irak eingreifen zu lassen. Sie blieben in Libanon stehen, ohne einen Schuss abzugeben und begnügten sich damit, den Termin abzuwarten, an dem das Präsidentenmandat Chamouns endete und ein neuer Präsident gewählt werden konnte.

Das Parlament wählte schon am 31. Juli mit grosser Mehrheit General *Fouad Chéhab* zum neuen Präsidenten. Er allein war wirklich in der Lage, den Bürgerkrieg zu beenden. Am 23. September um Mitternacht trat Chamoun zurück, und der Bürgerkrieg schien beendet. Die Opposition konnte sagen, sie habe ihr Ziel erreicht, Chamoun sei daran gehindert worden, noch einmal Präsident zu werden. Doch auch die maronitisch-christliche Seite konnte sich als Sieger sehen, denn Libanon war Libanon geblieben, mit seiner bisherigen Verfassung und der in ihr festgeschriebenen Ersten Rolle für die libanesischen Maroniten. Ein Anschluss an die VAR, falls dieser je mehr gewesen war als eine Befürchtung der Feinde Nassers, war jedenfalls vermieden worden.

Bevor sie das Land wieder verliessen, erhielten die Amerikaner eine gesalzene Rechnung für den Aufenthalt ihrer Kriegsschiffe im Hafen von Beirut und für die Benützung der Hafenanlagen. Der Hafen war eine private Gesellschaft, nicht staatlich, und seine Verwalter, private Geschäftsleute, sahen sich als berechtigt an, auch der amerikanischen Kriegsflotte eine Rechnung vorzulegen.

Dass die Amerikaner sich nicht in einen grösseren Krieg verwickeln liessen, hatten sie zu grossen Teilen der kühlen Lagebeurteilung und richtigen Einsicht von *Robert Murphy* zu verdanken. Er war als noch junger Mann der amerikanische Diplomat gewesen, der zur Zeit der deutschen Besetzung von Nordafrika im Zweiten Weltkrieg auf seinem diplomatischen Posten als Generalkonsul in Casablanca die Landung der Amerikaner in Nordafrika erfolgreich vorbereitet und in ihrem ersten Ablauf gesteuert hatte.

Die irakische Revolution aus der Ferne

Was im Irak geschah, war für den gesamten Nahen Osten und für die Weltpolitik von mehr Gewicht als die libanesische Krise. Zuerst sah es so aus, als ob das neue revolutionäre Regime unter General *Abdul Karim Kassem* sich in der Tat wie Syrien der «Arabischen Revolution» Abdel Nassers anschliessen könnte. Wäre dies geschehen, hätte Nasser seine Idee eines Zusammenschlusses aller Araber unter seiner Führung der Verwirklichung um einen wichtigen Schritt näher gebracht. In Washington galt Nasser zu jener Zeit schon als ein «Protégé» der Sowjetunion, und je weniger die Strategen und Politiker in Washington den Nahen Osten aus eigener Erfahrung kannten, desto gewisser waren die meisten von ihnen, dass die VAR bereits eine Beute der Russen geworden sei. – Würde nun auch des Erdölland Irak dazukommen? Und was würde dies für Saudi-Arabien bedeuten, den wichtigsten Erdöllieferanten der USA?

Nach dem Irak zu reisen, war damals für einen Journalisten fast unmöglich. Es gab keine Visen. Für mich kam es auch daher nicht in Frage, weil der Bürgerkrieg im Libanon noch keineswegs beendet war und Europa sich ihm, seitdem die Amerikaner dort gelandet waren, mit viel grösserer Aufmerksamkeit zuwandte als zuvor. Doch der Gang der Geschehnisse in Bagdad liess sich am Radio verfolgen, genauer an den verschiedenen und einander bekämpfenden Radiostationen, die die Region mit ihren Stimmen füllten.

Nasser war auch auf diesem Feld ein Pionier gewesen. Sein Sender, «Die Stimme der Araber», wurde überall im Nahen Osten bis in die entferntesten Weiler und Wüsten eifrig gehört. Es war ein politischer Sender, der aber auch die populärsten arabischen Sängerinnen und Sänger, die interessantesten Unterhaltungsprogramme in ägyptischem Dialekt und die einflussreichsten Kommentare aussandte. Arabisches Fernsehen gab es damals noch keines.

Das anerkannte Gewicht des pan-arabischen Senders aus Kairo bewirkte auch, dass alle anderen Länder sich Mühe gaben, nicht gänzlich von *Saut al-Arab* ausgestochen zu werden. Das begann mit den schon seit der Zeit des Palästina-Mandates bestehenden, stets zuverlässigen arabischen Sendungen der BBC und dem Sender von Amman, der auf einer ähnlichen Linie lag, und reichte bis zu den Stimmen aus Damaskus und nun neuerdings auch aus Bagdad, die versuchten, «Saut al-Arab» durch noch schärferen Radikalismus und Revolutionismus zu übertrumpfen. Die Sender gaben auch Übersichten über die Pressestimmen ihrer Länder, so dass man sich, wenn man ihnen systematisch zuhörte, ein ausführliches Bild der offiziellen politischen Linie eines jeden Regimes zurechtlegen konnte. Ich verbrachte daher viele Stunden am Radio.

Ich lernte damals vor allem die arabischen und die englischen Nachrichten von BBC als eine verlässliche Quelle zu schätzen, die mir schon morgens im Bett die Grundinformationen für den neuen Tag zur Verfügung stellte. Danach konnte ich ausgehen und an den Zeitungskiosken jene Blätter kaufen, die versprachen, ein besonders interessantes Licht auf die jeweiligen Neuigkeiten zu werfen. Für die Kollegen, die nicht selbst arabisch lasen, gab es in jener Zeit einen vortrefflichen Übersetzungsdienst, verfasst von einer Equipe doppelsprachiger palästinensischer Journalisten, die schon früh morgens, als es noch dunkel war, damit begannen, die ersten Tageszeitungen zu studieren und Auszüge daraus ins Englische zu übersetzen. Gegen zehn Uhr lag ein ziemlich ausführliches Bulletin auf dem Schreibtisch eines jeden Auslandskorrespondenten, der diesen Übersetzungsdienst abonniert hatte. Ich tat es nicht, weil ich meine eigene Auswahl aus der arabischen Presse vornehmen wollte.

Die Zeitungsverkäufer erlaubten es ihren besseren Kunden, zunächst alle vorliegenden Blätter in die Hand zu nehmen und zu überfliegen, wenn man ihnen dann nur ein paar davon abkaufte. So verbrachte ich beinahe täglich eine Stunde im benachbarten Zeitungsladen und kam dann mit meiner eigenen Auswahl, die ich am Schreibtisch genauer studieren wollte, nach Hause. Die Blätter häuften sich an. Ich lagerte sie chronologisch auf einem gewaltigen Stoss ab, der bald eine halbe Mannshöhe erreichte. Auf der Titelseite machte ich mir manchmal Notizen von interessanten Berichten, die später bei irgend einer neuen Themenstellung noch dienen konnten. Oftmals griff ich über Wochen, manchmal sogar über Monate auf die alten Zeitungen zurück.

Auf diesem Wege verfolgte ich nicht ohne Spannung die ersten Monate der irakischen Revolution. Ich wusste, dass meine Freunde in Bagdad mit noch viel grösserer Spannung die täglichen Neuigkeiten aufnehmen würden. Schon bald zeichnete sich ab, dass zwischen Abdul Karim Kassem und dem zweiten Mann seines Staatsstreichs, dem Oberst Abdel Salam Aref, Meinungsverschiedenheiten bestanden. Aref war offensichtlich ein Bewunderer Nassers, Kassem schien eher darauf bedacht, die irakische Revolution anzuführen, als sich sofort der VAR Nassers und Syriens anzuschliessen. Kassem richtete einen «Volksgerichtshof» unter einem polternden und brutalen Obersten ein, der *Fadhil Abbas al-Mahdawi* hiess. Auszüge aus den Gerichtsverhandlungen wurden über das Radio in die ganze arabische Welt ausgestrahlt und gaben wie ein Hörspiel dramatisches, wenngleich eher erschrekkendes Unterhaltungsmaterial ab, das vorübergehend sogar den Sender Nassers in den Schatten stellte.

Aref selbst hielt im August und September 1958 Volksreden, in denen er die pan-arabische Politik Nassers lobte, doch er wurde nacheinander von seinen Positionen als Zweiter Oberkommandierender der Armee, Stellvertretender Ministerpräsident und Innenminister entlassen und dann zum Botschafter in Deutschland ernannt. Gerüchte gingen um, er habe sich geweigert, abzureisen und sogar einen Revolver in der Gegenwart Kassems gezogen. Dann wurde von einer Wiederversöhnung gesprochen, und er reiste am 12. Oktober nach Bonn. Doch kam er schon am 4. November unerwartet nach Bagdad zurück, und Kassem liess ihn verhaften. Nun kam auch er vor das oben erwähnte Volksgericht, das ihn beschuldigte, sich mit anderen baathistischen Offizieren gegen Kassem verschworen zu haben und ihn zum Tode verurteilte. Das Urteil wurde jedoch nicht vollstreckt.

Aus Zeitungsberichten ging auch hervor, dass die irakischen Kommunisten und die Schiiten sowie die Kurden des Iraks die Vereinigung mit Ägypten und Syrien fürchteten. Die KP und die Mitglieder der Minderheiten hatten in der Tat guten Grund, eine grosse, überwiegend aus sunnitischen Arabern bestehende Union unter Nasser zu fürchten, weil in ihr sowohl die Kommunisten wie auch die Schiiten und die nicht-arabischen Kurden machtlose Kleingruppen geworden wären, die von der Staatsgewalt, wie es sich bereits in Ägypten und Syrien abzeichnete, völlig übermannt worden wären. Die schiitische Slumbevölkerung in Bagdad, die Leute der *Sarifas* oder Schilfstädte, gab den besten Rekrutierungsgrund für die irakischen Kommunisten ab. Als Schiiten, solidarisch mit ihren Familien und ihrer Herkunft, wurden sie keine Nationalisten im Sinne Nassers oder der Baath-Partei. Doch als Slumbewohner erkannten sie deutlicher als ihre im ländlichen Süden zu Hause gebliebenen Anverwandten die Notwendigkeit, für verbesserte Lebensumstände für sich und ihre Gemeinschaft zu kämpfen. Dies wurde für viele und gerade die energischsten und entschlossensten unter ihnen der Hauptanlass, sich der «revolutionären» Partei des Kommunismus anzuschliessen. Revolution, das heisst Umkehr der bestehenden Verhältnisse, begann ihnen in ihrer wenig erfreulichen Lage als eine Notwendigkeit zu erscheinen. Doch der von Sunniten getragenen «arabischen» Revolution wollten sie sich nicht anschliessen. Die kommunistische Revolution schien ihnen einzige Alternative.

Später, in den 1970er Jahren, noch vor der Zeit Khomeinys, sollten schiitische Geistliche ihrerseits einen eigenen Weg zur «Revolution» vorschlagen, nämlich den einer spezifisch schiitischen Variante der Islamischen Revolution. Weil die atheistischen Kommunisten einen bedeutenden Einfluss auf ihre Gemeinden auszuüben begannen, entfaltete diese neue Generation der schiitischen Geistlichen im Irak ihre eigene politische und soziale Initiative unter islamischer Flagge. Doch Ende der 1950er Jahre gab es nur zwei sich selbst als revolutionär bezeichnende Wege: jenen der Nationalisten und den der Kommunisten. Die beiden politischen Formationen wurden Rivalen, die sich um die gleiche Art Publikum bemühten.

Fehlgeschlagener Putsch in Mosul

All dies zeigte sich in blutiger Form, als am 8. März 1959 der irakische Oberst *Abdul Wahhab Shawwaf* am lokalen Radio von Mosul ein «Communiqué Nummer 1» ausstrahlen liess, das besagte, er und seine Freunde hätten die Fahne der Rebellion gegen Kassem erhoben. Einen Tag lang wusste man in Beirut nicht, ob die neue Bewegung sich durchsetzen werde. Doch dann wurde deutlich, dass Shawwaf zu den Anhängern des arabischen Nationalismus gehörte und dass er sich nicht hatte durchsetzen können. Sein Aufstandsversuch, so erklärte nun Radio Bagdad, sei durch «das Volk» von Mosul niedergeschlagen worden, und er habe seine verdiente Strafe erlangt. Erst allmählich erfuhr man, was wirklich geschehen war. Die Kurden von Mosul hatten die Nationalisten unter den Offizieren mit Hilfe der Kommunisten und des von ihnen gebildeten «Volkswiderstandes» übermannt und niedergeschlagen. Schaurige, aber nicht kontrollierbare Berichte wollten wissen, die nationalistischen Offiziere seien an den Laternenstangen auf der Brücke über den Tigris aufgehängt worden.

Es sollte Jahre dauern, bis die volle Geschichte der «Mosul-Revolte» einigermassen klar ans Tageslicht trat. Die Fahne der VAR war auf der Zitadelle von Mosul aufgezogen worden, und Bewaffnete des *Shammar*-Stammes, Grossbeduinen, die auf beiden Seiten der Grenze zwischen Syrien und dem Irak ihr Leben fristeten, waren gegen Mosul gezogen. Schon vorher hatte es einen regen Waffenschmuggel aus Syrien Richtung Irak gegeben, und es lag nahe, dahinter die Hand der syrischen (nun Kairo unterstellten) Geheimdienste zu erblicken. Die irakische Luftwaffe hatte auf Befehl Kassems die Stämme bombardiert, bevor sie Mosul erreichten, und der «Volkswiderstand» scheint im voraus alarmiert worden zu sein. Die Garnison von Mosul war zwischen Bagdad und den Aufständischen gespalten. Shawwaf selbst wurde durch einen Granatsplitter verwundet. Nach dem Zusammenbruch der Rebellion nahmen die Kräfte des «Volkswiderstandes» blutige Rache an den Nationalisten, von denen die meisten sunnitische Offiziere in der Armee und lokale Politiker aus Mosul gewesen sein dürften.

Durch die Revolte wurden die letzten Schleier vor dem seit Monaten sichtbaren Zwiespalt hinweggezogen, der sich zwischen Kassem und den Nationalisten nasseristischer Färbung aufgetan hatte. Die Bilder Nassers verschwanden von den irakischen Strassen, und Kassem, der den Titel eines «einzigen Führers» annahm (az-Za'îm al-awhad), erschien allein an allen Wänden.

Nasser begann Kassem scharf anzugreifen, und die arabischen Kommunisten wurden von ihm als Verräter beschimpft, die sich mit der «Reaktion» zusammengetan hätten, um der «Arabischen Revolution» zu schaden. In Syrien und auch in Ägypten verschärfte sich die Verfolgung der Kommunisten. Ihre Partei war seit geraumer Zeit als illegal erklärt worden.

Das Ringen um die Zukunft des Iraks spiegelte sich nun auch in der internationalen Politik. Chruschtschew erklärte vor Korrespondenten am 19. März 1959, sein Freund Nasser sei «ein ungestümer junger Mann», und Nasser entgegnete, die Araber wollten nicht dulden, dass Aussenseiter sich in ihre Angelegenheiten einmischten. Die Auseinandersetzungen um die Zukunft der arabischen Staatenwelt, die bis 1964 andauern sollten und die man später als den «Arabischen kalten Krieg» bezeichnete, hatten begonnen. Der innerarabische Kampf drehte sich in seiner ersten Phase darum, ob der revoltionäre» Irak sich der VAR anschliessen oder ob er ihr fernbleiben werde.

Das Ende des Bürgerkrieges der Libanesen

Das Ringen um die künftige politische Ausrichtung Libanons war wider Erwarten mit der Wahl des neuen Präsidenten Chéhab noch nicht völlig beendet. Chéhab ernannte als ersten Regierungschef den Hauptpolitiker von Tripolis, *Raschid Karamé*. Karamé galt als der Za'îm seiner Heimatstadt. Sein Vater, *Hamid Karamé,* war ein angesehener Gottesgelehrter von Tripolis gewesen, aus einer alten Dynastie von Gelehrten. Er hatte sich nie mit dem französischen Mandat abgefunden und galt daher seit der Unabhängigkeit als einer der Vorkämpfer des arabischen Libanons. Sein Sohn, der als nicht übermässig begabt galt, aber ein freundlicher junger Mann war, hatte den Reichtum und die politische Stellung seines Vaters geerbt. Im Bürgerkrieg war er einer der Anführer auf der muslimischen Seite gewesen, freilich gemässigter als sein Kollege von Beirut, der oben erwähnte Saeb Salam. Er hatte in Kairo studiert; wie ihm seine Feinde in Libanon nachsagten, weil er in Libanon keinen Universitätsgrad hätte erlangen können. Er war nach dem Tod seines Vaters dennoch zum ersten Politiker von Tripolis geworden, weil die Anhängerschaft des Vaters ihre Loyalität auf den Sohn übertrug.

Karamé wollte seinerseits ein Kabinett aus ihm nahestehenden Politi-kern bilden. Doch dies wäre einem Sieg der pro-sunnitischen Seite im Bür-gerkrieg gleichgekommen, und die Maroniten waren nicht bereit, ihren Gegnern und Rivalen einen Sieg zuzugestehen, höchstens ein Unentschie-den. Es kam daher zu dem, was die libanesischen Zeitungen die «Gegenrevo-lution der Christen» nannten. Die Miliz der Phalange-Partei löste sie am 24. September 1958 aus. Sie errichtete Barrikaden in ihren (christlichen) Vierteln und Dörfern und drohte, den Bürgerkrieg fortzusetzen. Der ameri-kanische Botschafter schaltete sich als Vermittler ein. Einige amerikanische Truppen standen noch in Beirut, und sie waren ja ursprünglich auf Ersuchen der pro-westlichen «christlichen» Seite ins Land gekommen. Ergebnis dieser Vermittlung war, dass am 15. Oktober ein Befriedungs- und Übergangskabi-nett entstand, das aus bloss vier Ministern, zwei Christen und zwei Musli-men, zusammengesetzt war. Mit libanesischer Übertreibung wurde es das «Kabinett der Giganten» genannt, da es in der Tat aus den Hauptpolitikern beider Seiten bestand. Karamé war Ministerpräsident, Gemayel wurde sein Stellvertreter und zugleich Erziehungsminister, zwei mehr gemässigte und eher konservative Vertreter beider Richtungen, *Raymond Eddé* und *Hussein Ouweiny*, wurden ihnen als die neuen Innen- und Aussenminister beigesellt. Doch entsprechend der libanesischen Tradition und den Bestimmungen der Verfassung war es der Präsident, der letztlich die Politik des Landes bestimmte.

Die Doppelnatur der libanesischen Politik

Ich lernte aus der libanesischen Politik jener Zeit, dass es in Libanon und gewiss auch in den anderen arabischen Ländern stets eine politische Fassade gab und einen politischen Hintergrund, der sich nicht mit der Fassade deckte. Die Fassade war aus Europa importiert: Sie bestand aus dem Parla-ment, den Wahlen, den Parteien, den Debatten über Gesetzgebung, der offi-ziellen Bürokratie von Staatsbeamten usw. Der Hintergrund war durch die persönlichen Klientelverbindungen gegeben, die zwischen einem Za'îm und seinen Gefolgsleuten bestanden. Als die Fassade durch den Bürgerkrieg funk-tionsunfähig wurde, funktionierte das Land weiter, allerdings in einzelne Fragmente gespalten, mit Hilfe seiner «informellen» Hintergrundstruktur. Auch die formale Struktur mit ihrem Parlament und ihren Politikern beruhte letztlich auf dieser Hintergrundstruktur, weil die Wahlen sich in Wirklichkeit auf Grund der Klientelverbindungen entschieden. Die Zu'amâ waren in gewöhnlichen Zeiten Politiker und oft Parlamentarier, sogar Minister; in

Kriegs- und Zerfallsperioden wurden sie «Kriegsführer», «Milizchefs», und wenn sie dafür zu alt waren, liessen sie sich durch ihre Söhne vertreten.

Das formale System beruhte in der Theorie auf Wahlen, doch das informale auf dem politischen und materiellen Erbe des Za'îm, der seinen Besitz normalerweise an seinen ältesten Sohn weitergab. Da die Wahlen durch das Klientelsystem entschieden wurden, konnte in der Praxis auch die Stellung eines Abgeordneten vom Vater auf den Sohn vererbt werden. Dabei traten allerdings gelegentlich unerwartete Zwischenfälle ein, etwa durch das Emporkommen eines neuen rivalisierenden Geschlechtes, das die alte Za'îm-Familie in der Gunst der Klienten ausstach.

Die Klienten konnten von ihren Gruppenchefs erwarten, dass diese, soweit es ihnen möglich war, die Interessen der einzelnen Klienten und ihrer Familien wie auch jene der gesamten Gemeinschaft, der sie vorstanden, vertraten. Die Gemeinschaften waren sowohl geographisch umschrieben, indem sie eine bestimmte Region oder einen Stadtteil umfassten, wie auch religionsgemeinschaftlich: der Za'îm und seine Gefolgsleute gehörten stets der gleichen Religionsgruppe an. Die Interessen der Gemeinschaft definierte der Za'îm weitgehend selbst, jedoch musste er dabei mit dem Urteil der Gefolgsleute soweit übereinstimmen, dass diese ihm weiter Gefolgschaft leisteten. In Zeiten der Spannungen, wie ich sie zum erstenmal 1958 erlebte, konnte die Verteidigung der politischen «Interessen» der Gruppe und ihres Chefs (natürlich so, wie sie sie begriffen) bis zur Bildung von Kampfgruppen und zu gemeinsamen Kriegszügen gehen.

Der Fall von Pierre Gemayel war insofern ein Sonderfall unter den Zu'amâ, als er damit begonnen hatte, eine moderne Partei zu bilden. Sie wurde jedoch, entsprechend den Grundstrukturen der libanesischen Gesellschaft, zu einer Partei der Maroniten, besonders der Kleinbürger unter ihnen, und näherte sich immer mehr den Strukturen einer maronitischen Klientelgruppe an. Gemayel wurde als *Scheich* und auch als *Za'îm* bezeichnet, und seine Position als Chef der Phalanges (*Katâeb*) sollte erblich werden. Sie ging, später, auf seinen ersten und nach diesem auf seinen zweiten Sohn über. Gleichzeitig jedoch besassen die Phalanges Parteilokale, einen Parteisekretär, Parteiversammlungen und sogar eine Parteiliteratur.

Die libanesischen Zustände, die während des Bürgerkriegs unverschleiert an die Oberfläche traten, schärften meinen Blick für die gesamte arabische Politik. Immer gab es ein Doppelgesicht mit offiziellen Institutionen, die nach den europäischen Vorbildern benannt wurden, und mit einheimischen Strukturen und Ordnungssystemen, die den importierten weitgehend zugrundelagen. Sie musste man erkennen, um das Funktionieren des

politischen Lebens zu begreifen. Wenn man sich an das blosse Oberflächen-
bild der offiziellen, stets von Europa übernommenen Institutionen halten
wollte, schien die ganze nahöstliche Politik stets irrationale Züge aufzuwei-
sen. Doch sie wurden erklärlich, sobald man die traditionellen, eigenen Verhältnisse, auf denen die wirklichen Ordnungsprinzipien und politischen
Gebräuche beruhten, in Rechnung stellte.

Dies, so lernte ich allmählich erkennen, war natürlich nicht nur im politischen Leben der arabischen Völker der Fall, sondern bestimmte ihre gesamten Gesellschaften. All ihr Leben bestand immer aus Überlagerungen, in
denen sich eine fremde Schicht übernommener Lebensformen, Ansichten
und Methoden über einheimische Lebensweisen, Gebräuche und Anschau-
ungen ausbreitete. Das Alte, Eigene wurde dabei durch das Neue und
Fremde weitgehend überdeckt. Doch dieses Neue und Fremde war auch
stets beeinflusst, kapillar infiltriert und konditioniert durch die Grundlagen
traditioneller, eigener Herkunft, auf denen es ruhte.

Bagdad und Afghanistan

Endlich nach Bagdad

Als im Juli 1959 der erste Jahrestag der Machtergreifung Kassems in Bagdad herankam, konnte ich endlich ein Visum nach dem Irak erhalten. Ein grosses Jubiläumsfest war angesagt, und «alle Staaten» wurden dazu eingeladen. Auch eine «Schweizer Delegation» war geladen, die aus drei Leuten bestehen sollte, dem Botschafter und seinem Conseiller sowie einem Journalisten. Der Botschafter in Beirut, der auch für den Irak zuständig war, teilte mir das mit und bemerkte gleich, sehr korrekt, dass das natürlich nicht heisse, dass er oder seine Botschaft darauf Einfluss zu nehmen gedächten, was ich als unabhängiger Journalist schreiben würde. Gerade dies war wohl die Absicht gewesen, als die Iraker ihre Dreiereinladung aussprachen. Für mich war die Hauptsache, dass ich nun endlich ein Visum erhalten würde. Ich hatte im Laufe des Jahres mehrmals vergeblich um eines ersucht. Nun gab man uns Visen und gleich auch noch Flugbillette.

In Bagdad wurden sämtliche Delegationen in dem neu gebauten «Bagdad»-Hotel, luftgekühlt und damals das erste und beste der Stadt, untergebracht. Das fand ich zwar eher langweilig, doch ich musste es in Kauf nehmen. Meine alte arabische Herberge, wo ich mich 1956 so wohl gefühlt hatte, hätte ich ohnehin nicht mehr beziehen können, ohne sogleich als «Spion» verdächtigt zu werden. Ein paar Mal ging ich wehmütig daran vorbei.

Wir waren vor allem gekommen, um dem grossen Umzug zur Feier der Revolution beizuwohnen. Er fand auf dem Platz am Osttor statt, der nun Befreiungsplatz hiess und wo das grosse Hochrelief eines Freundes, des Künstlers *Jawad Selim,* aufgestellt worden war, das die Revolution feierte. Es bestand aus einer riesigen Platte aus weissem Stein, tafelartig erhoben, auf der die Figuren des Reliefs überlebensgross in Bronze gegossen angebracht waren. Sie zeigten den Ausbruch des irakischen Volkes aus seinen dumpfen Verliesen und seinen Aufbruch in eine leuchtende Zukunft. Jawad Selim aber gab es schon nicht mehr, er war in Italien während der – ohne Zweifel sehr eiligen – Gussarbeiten einem Herzschlag erlegen.

Auch die neu gegründeten Universitätsgebäude wurden uns vorgeführt. Sie waren allerdings noch nicht gebaut, vorläufig gab es nur einen gewaltigen Gitterzaun mit Eingängen aus Backsteinbögen, denen auf Geheiss Kassems die Schlusssteine fehlten, so dass sie zuoberst offen in den Himmel ragten. Dies war, wie uns mitgeteilt wurde, eine persönliche Idee Kassems. Die fehlenden Schlusssteine sollten die Studenten darauf aufmerksam machen, dass ein jeder Bogen nur stehen könne, wenn er einen Schlussstein besitze. Doch da die unvollendeten Bögen immerhin standen, wenn sie gleich eher hässlich aussahen, schien mir, sie könnten den Studenten auch Anschauungsunterricht im genau umgekehrten Sinn geben, nämlich dass es unter Anwendung von Zement und Mörtel möglich sei, Bogen ohne Schlusssteine zu bauen, wenn man nur genügend sonderlich sei, um sie unbedingt so haben zu wollen.

Dank meiner Zugehörigkeit zur Schweizer Delegation durfte ich auf der offiziellen Tribüne sitzen, als am Tage der Feier «das Volk» des Iraks an seinem «einzigen Führer» Abdul Karim Kassem vorbeiparadierte. Der von der pro-kommunistischen Linken beherrschte «Volkswiderstand» bildete die Hauptmasse der zivilen Elemente, Armeeinheiten waren ebenfalls reichlich vertreten. Sie erhielten ihren pflichtschuldigen Beifall von den auf dem Platz angesammelten Zuschauermassen. Doch eine wirklich spontane gewaltige Beifallswelle überzog den weiten Befreiungsplatz, als eine grössere Gruppe von Palästinenserflüchtlingen die Tribüne erreichte. Ihnen galt offensichtlich die wahre und ungeteilte Sympathie der versammelten Menge.

Der legendäre Kurdenchef Mullah Mustafa Barzani sass auch auf der Ehrentribüne, und eine Gruppe seiner Anhänger und Kämpfer waren unter den Vorbeimarschierenden. Mullah Mustafa Barzani (Mullah war in seinem Falle ein Eigenname, nicht die Berufsbezeichnung, die für die iranischen Geistlichen gebraucht wird) war einige Monate zuvor aus der Sowjetunion zurückgekehrt; Kassem hatte ihn heimberufen. Er hatte sich 1946 mit seinen Kämpfern von der kurzlebigen Kurdischen Republik von Mahabad, in Iran, bis zur sowjetischen Grenze durchgeschlagen, nachdem das iranische Heer Mahabad eingenommen und den Präsidenten der Kurdischen Republik, *Kazi Muhammed,* sowie zwei seiner Familienmitglieder hatte erhängen lassen. In der Sowjetunion war Barzani elf Jahre und vier Monate lang geblieben. Die Russen hatten ihn an der Frunse Akademie zum Guerillakommandanten ausbilden lassen. Doch seine Kämpfer waren interniert worden und hatten die Fremdenfeindlichkeit der späten Stalinepoche zu kosten bekommen. Manche hatten das nicht überlebt.

Kassem selbst hielt eine lange, offenbar eher konfuse Rede, von der ich nur einen Teil verstehen konnte, weil sie in ihren improvisierten Teilen stark dialektal gefärbt war. Immerhin wurde deutlich, dass der «einzige Führer» sehr aufgebracht war. Er wetterte gegen Saboteure und Feinde, welche die Revolution erschüttern wollten. Während er noch sprach, ging ein Raunen durch die Zuhörerschaft auf der Tribüne, die Kurden und die Kommunisten hätten sich in Kirkuk und in Erbil zu erheben versucht und seien blutig niedergeschlagen worden, jedoch nicht, bevor sie ihrerseits viele der Turkmenen, die in den früheren Zitadellen beider Städte lebten, massakriert hätten. Nach der Rede ging die Feier etwas abrupt zu Ende. Es war deutlich, dass die Verantwortlichen möglichst schnell ihre Büros erreichen wollten, um in Erfahrung zu bringen, was genau geschehen war. Ich kam auf dem Heimweg beim Sitz der pro-kommunistischen Zeitung *Ittihad asch-Schaab* («Einheit des Volkes») vorbei. Dort lag mindestens eine der Auflagen der Zeitung, vielleicht waren es auch mehrere, zerfetzt auf der Strasse. Das Büro war offensichtlich geplündert worden. Von wem, war nicht klar, und die Stimmung war so grimmig, gemischt aus Angst und Wut, dass ich es vorzog, nicht zu lange am Ort zu verweilen und nicht zu viele Fragen zu stellen. Ausländer wie ich waren seit einem Jahr in Bagdad selten geworden, und es empfahl sich nicht, allzusehr aufzufallen.

Am nächsten Tag ging ich meine Freunde im Azamiye-Quartier besuchen, wo viele Universitätsleute lebten. Jassim führte mich auf das Flachdach seines kleinen Einfamilienhauses. Auf dem obersten Treppenabsatz stand ein Blechfass: «Darin ist Schweröl», sagte er. «Weisst du wozu?» – «Wenn die Kommunisten hier eindringen, schiesse ich ein Loch in das Fass, so dass das Öl ausläuft, die Treppe hinab, und ich zünde es an. Lieber will ich mich und meine Familie verbrennen, als in ihre Hände zu fallen!». «Die Kommunisten», so ging aus den weiteren Gesprächen hervor, hatten «ihre Quartiere» gleich nebenan, wo die «Sarifa» begann, die improvisierten Siedlungen aus Schilfhütten, jenseits des Damms, der früher dazu gedient hatte, die Flutwasser des neuerdings regulierten Tigris aufzufangen, bevor sie in die Stadt dringen konnten. «Es gibt Kommunisten auch unter meinen Kollegen, den jungen Dozenten an der Universität», fügte Jassim hinzu. «Das ganze Land ist gespalten, entweder in Kommunisten oder in Nationalisten. Sie leben unter sich in getrennten Quartieren. Die Führungskader kommen auf beiden Seiten aus dem Mittelstand und den Reihen der Intellektuellen. Aber ihre Gefolgsleute, die sogenannten «Massen», wie sie von beiden Seiten in ihren Flugblättern und von ihren Propagandisten genannt werden, leben getrennt, weil ihre Gefolgschaft auf der einen oder auf der anderen Seite mit der Zugehörigkeit zum Sunnismus oder Schiismus zusammengeht. Die Kurden sind zwar Sunniten, aber in Bagdad stehen sie auch auf der pro-kommunistischen

Seite. Ich selbst bin aus einer schiitischen Familie und kein besonders scharfer Nationalist im Nasserschen Sinne, aber noch weniger gehöre ich zur kommunistischen Seite. Einer meiner Vettern ist aktiv in der Baath-Partei, und ich habe eine amerikanische Frau. Das genügt, um mich zum Gegner der Kommunisten zu stempeln. Die Baathisten haben eine bewaffnete Miliz, die gegen die Kommunisten kämpft, und die Kommunisten haben auch ihre Bewaffneten. Jede Seite verteidigt ihre Quartiere, und manchmal versuchen sie, in die Quartiere der Gegner vorzudringen. Dann kommt es zu Blutvergiessen.»

Die Regierung, so fuhr er fort, habe bis jetzt die Kommunisten und die Kurden begünstigt, weil sie unter dem Druck der Pro-Nasser-Nationalisten stand. Um sich gegen diese zu wehren, habe Kassem sich auf die pro-kommunistische Linke gestützt. Die Polizei sei deshalb den Nationalisten in ihren Quartieren nie zu Hilfe gekommen. Dadurch seien diese gezwungen worden, ihre eigenen Milizen aufzustellen. Jetzt allerdings scheine das Mass der Pro-Kommunisten voll. In Erbil seien sie es gewesen, die Unruhen ausgelöst hätten. Die Turkmenen seien stramme Anti-Kommunisten und dazu noch ur-konservative Sunniten. Sie hätten in ihren festungsartigen Altstadtquartieren die Kommunisten zurückgewiesen und sich nicht von ihnen organisieren lassen. Diese hätten nun viele Turkmenen massakriert. Die Regierung werde dies wohl zum Anlass nehmen, um eine Wende zu vollziehen und die Kommunisten in die Schranken zu weisen. Kassem besitze Freunde in der Armee, die mehr irakische Nationalisten seien als pan-arabische. Auf sie stütze er sich, doch bei der weiteren Bevölkerung seien entweder die extreme Linke der Kommunisten oder der panarabische Nationalismus Nassers beliebt. Kassem müsse daher zwischen den beiden lavieren, um an der Macht zu bleiben. In der Armee habe er die Nasseristen ausgeschaltet oder zurückgestellt, als er mit Abdel Salam Aref brach. Kommunisten habe es dort nur wenige gegeben, wenn überhaupt. Doch innerhalb der Bevölkerung sei es viel schwieriger, die beiden sich widersprechenden Hauptströmungen zu bekämpfen und zu beruhigen. Die Iraker hofften auf «mehr Revolution» im Sinne von Umsturz. Die Unteren wollten auch einmal die Oberen werden. Doch die Wege, die sie zu diesem Zweck zu begehen gedächten, seien unterschiedlich und geteilt in zwei reissende, gegeneinander gerichtete Hauptströmungen.

Jassim wusste von einem jeden seiner Bekannten und Kollegen, welcher der beiden Hauptrichtungen er zuzurechnen sei, und auch, wie stark sie dort mit einbegriffen waren. Schon aus dem Wohnquartier liess sich meist die politische Zugehörigkeit ablesen; der Freundeskreis, in dem sie jeweilen verkehrten, sprach noch deutlicher.

Ich fragte ihn, ob er die Verhältnisse in seinem Land nach der Revolution als besser oder als schlechter ansah denn zuvor. Er meinte, doch besser, weil der Umsturz Tore geöffnet habe, die zuvor verschlossen gewesen seien. In diesem Sinne habe eine Befreiung begonnen, wenn auch noch nicht wirklich stattgefunden und obgleich natürlich Kassem ein seltsamer Mensch sei, wahrscheinlich nur eine Übergangsfigur. Er sei zur Macht gekommen, so glaubte Jassim, weil niemand ihn habe durchschauen können. Niemand, auch keiner seiner Kollegen, habe gewusst, wo seine politischen Sympathien lägen, als er noch Offizier war. Alle anderen hohen Offiziere hätten sich mindestens durch ein Wort hier oder da gegenüber ihren Kameraden, mit denen sie eng zusammenlebten und zur gleichen Zeit Ausbildung und Laufbahn durchgemacht hätten, soweit zu erkennen gegeben, dass sie in Konservative oder Progressisten, irakische oder pan-arabische Nationalisten, Nasseristen, Pro-Baathisten, Pro-Kommunisten, Anhänger bestimmter politischer Kreise oder grosser Familien eingeteilt werden konnten, aber Kassem nie. Er habe sich seine ganze lange Karriere hindurch nie über Politik geäussert und er sei auch dafür bekannt gewesen, dass er Untergebene scharf tadelte oder bestrafte, wenn sie politische Töne anschlugen. Dies habe ihm das Vertrauen der konservativen und pro-britischen irakischen Politiker eingebracht, die das Land zwischen dem Zweiten Weltkrieg und dem Umsturz Kassems beherrschten, und darum hätten sie ihm und nicht einem seiner politisch engagierten Kameraden das Kommando über die Einheiten anvertraut, die voll ausgerüstet und autonom den Marsch nach Jordanien antraten.

An die Macht gekommen jedoch, entpuppte er sich als ein ganz anderer Mensch, gar nicht mehr schweigsam, sondern voll von revolutionärer Rhetorik, sehr von sich selbst eingenommen und unbedingt darauf bedacht, sich selbst an der Macht zu halten und alle anderen Konkurrenten auszuschalten. Er tat das mit Hilfe einer Schaukelpolitik zwischen den beiden antagonistischen Strömungen in seinem Land, schien aber nicht zu erkennen, dass er dabei sein fragiles, aus heterogenen Gemeinschaften zusammengeflicktes Land einer immer stärkeren Zerreissprobe aussetzte.

Die gleiche Frage, ob es nach der Revolution nun besser geworden sei, stellte ich auch meinem Freund Fadhil, der aus einfacheren Kreisen stammte. Er war ganz erstaunt, fast ärgerlich über die Frage. «Natürlich geht es viel besser!» versicherte er. «Wie kannst du nur so etwas fragen? Das Volk ist nun doch befreit, vorher war es geknechtet. Alles wird, alles muss nun viel besser werden. Wir stehen am Anfang unserer Revolution! Kassem wird sie schon richtig führen! Wenn nicht, wird er abgesetzt! Die Hauptsache ist, dass die

Engländer nun nichts mehr zu sagen haben. Das ist das Entscheidende! Alle Iraker, das ganze Volk, denken so, wie ich es dir sage.»

Angesichts solcher Gewissheiten schluckte ich meine eigenen Zweifel hinunter. Jahre sollten vergehen, bis ich hier und da, spontan geäussert, Stoss-seufzer des Inhalts vernahm: Die aufeinander folgenden Umstürze und «Revolutionen» mit ihren Unruhen, die mit Kassem begannen, hätten alles nur noch schlimmer gemacht als früher. Doch ein Jahr nach dem ersten Umsturz war nichts dergleichen zu vernehmen.

In den folgenden Jahren sollte ich Bagdad regelmässig besuchen, so oft ich ein Visum erhalten konnte. Dies ging zuerst leicht, wurde aber dann immer schwieriger, weil offenbar ein Dossier beim Informationsministerium und Aussenministerium vorlag, aus dem hervorging, dass ich eher kritisch über das Regime berichtete.

Kassem benützte die Polizei und die verschiedenen Geheimdienste, die er immer weiter ausbaute, um sich an der Macht zu halten. Er setzte seine Schaukelpolitik zwischen den beiden «revolutionären» Lagern fort; diese bekämpften sich ihrerseits immer heftiger. Das Land war in Zonen unterteilt, in welchen die einen oder die anderen die Vormacht ausübten. Jene, die in der «falschen» Region lebten, waren gezwungen, sie zu verlassen, und dort Zuflucht zu suchen, wo «ihre Seite» die Übermacht besass.

Es kam auch, gleich nach der Ersten Jahresfeier der Revolution, zum Bruch zwischen Kassem und den Kurden. Barzani, den er hatte aus der Sowjetunion heimkehren lassen, zog sich in sein eigenes Gebiet zurück, wo er dem Stamm der Barzani-Kurden vorstand. Kassem hatte ihm Autonomie für die Kurden versprochen; doch gab es Streit über die Kompetenzen der Autonomiebehörden und über die Grenzen der autonomen Gebiete. Bei dieser letzten Frage spielte Kirkuk eine grosse Rolle. Das Erdölzentrum, damals das wichtigste des Iraks, lag innerhalb der kurdischen Bevölkerungs-zone, jedoch an ihrer westlichen Grenze. Der Staat wollte es auf keinen Fall dem versprochenen autonomen Kurdengebiet zuschlagen. Die Kurden jedoch bestanden darauf. Der Staat fing schon damals an, möglichst viele ara-bophone Stämme nach Kirkuk zu bringen und die kurdischen Gruppen aus der Stadt und ihrer Umgebung zu verdrängen. Die Kurden protestierten dagegen, einige von ihnen griffen zu den Waffen.

Die vielen Kurden, die in Bagdad lebten, meist als Arbeiter und Tage-löhner, neigten den pro-kommunistischen Kreisen zu. Barzani war ein kon-servativer Stammesführer geblieben, trotz oder wegen seines Aufenthaltes in der Sowjetunion. Sein damals wichtigster Kampfgenosse, sein späterer Rivale *Jalal Talabani,* der eine Generation jünger war und in der Stadt Sulaimaniya im südlichen Kurdengebiet grossen Einfluss besass, sah sich selbst als einen progressiven Sozialisten an.

Ich verliess Bagdad mit der Gewissheit, dass das Regime Kassems nur den Anfang einer Entwicklung darstellte, von der ich befürchtete, dass sie dem Land noch viel Leid bringen werde. Dies, weil deutlich war, dass die radikalen Gruppierungen früher oder später neue Vorstösse unternehmen würden, um an die Macht zu gelangen. Dass sie dann, an der Macht, das innerlich zerrissene Land erfolgreich regieren könnten, schien unwahrscheinlich; sie waren zu doktrinär, um in der politischen Praxis erfolgreich bestehen zu können.

Der Kommunismus als Hauptinteresse der Aussenwelt

Da es damals unter den ausländischen Journalisten nur wenige Beobachter gab, die in der Lage waren, den revolutionären Irak von innen zu beschreiben, eröffnete es mir viele Möglichkeiten, recht einfache, aber grundlegende Dinge über das Land zu sagen und zu erklären, die damals in der westlichen Aussenwelt kaum bekannt waren. Auch Zeitschriften fragten an, ob ich ihnen längere Stücke über die Lage im Irak verfassen könne. Ich tat das gerne, weil es mir Gelegenheit gab, die Details, die ich in der Tagesberichterstattung für Radio und NZZ geschildert hatte, zusammenzufügen und dabei auch mir selbst klarer zu machen, wohin die Reise eigentlich ging.

Schon damals lernte ich, dass in Europa die Entwicklungen im Nahen Osten vor allem dann interessierten, wenn sie mit dem kalten Krieg zusammenhingen. Man registrierte in erster Linie die Fortschritte der Sowjetunion oder umgekehrt ihre Rückschläge, die automatisch als Gewinne «des Westens» verbucht wurden. Der Begriff «Westen» war seit der Suez-Krise, in der Grossbritannien seine Vormachtstellung im nahöstlichen Raum eingebüsst hatte, im Grunde nur noch eine Umschreibung für die USA und ihre NATO-Verbündeten und Junior-Partner.

Weil die junge irakische Revolution sich auf die lokalen Kommunisten stützte, um den lokalen Nationalisten Nasserscher Färbung die Waage zu halten, war diese Revolution für die Europäer sowohl interessant als auch gefährlich. Was sie für die lokale Bevölkerung bedeutete, die sie letzten Endes trug oder tragen musste, blieb den Nomallesern und -zuhörern in Europa offensichtlich ziemlich gleichgültig. Das war verständlich, weil es sich um ferne und einigermassen fremde Gesellschaften handelte, über die mehr Vorurteile bestanden als wirkliches Wissen. Aber es war auch kurzsichtig, weil es letzten Endes von den nahöstlichen Gesellschaften selbst abhing, nicht so sehr von den

Kanzleien in Moskau und Washington, wie manche der europäischen Beobachter glaubten, was dort vor sich ging und ob die eine oder die andere Seite im Nahen Osten ein paar Schritte voran kam oder zurückweichen musste.

Eine Ausnahme allerdings bildeten die europäischen Juden. Für sie waren natürlich auch die inneren Entwicklungen im arabischen Raum interessant, weil diese Bedeutung für Israel hatten. Israel war damals, im Gegensatz zur Periode, die nach dem Separatfrieden mit Ägypten von 1979 begann, wirklich in einer gefährlichen Lage, weil es stets mit einem Zwei- oder Dreifrontenkrieg mit seiner arabischen Umwelt rechnen musste. Falls die so oft beschworene arabische Einheit einmal tatsächlich zustande käme, so mussten die Israeli damit rechnen, einmal gleichzeitig an allen drei Grenzen ihres kleinen Landes angegriffen zu werden. Die Eventualpläne ihrer Armee gingen von einer solchen Gefahr aus, und die Armeeführung hatte sich darauf vorzubereiten. Deshalb war es für Israel und seine Freunde in Europa ein wichtiges Anliegen, die sich immer neu bildenden politischen Konstellationen im arabischen Kaleidoskop beständig und aufmerksam zu verfolgen.

Eine zweite Rundreise durch den Nahen Osten

Im Sommer beschlossen wir, dass meine Frau mit Jessica und Julian nach der Schweiz und dann nach den Vereinigten Staaten vorausfahren würde. Ich hatte ein Angebot von Professor Gustave von Grunebaum erhalten, einem der brillantesten Orientalisten der Zeit, in Los Angeles als Assistent zu dem Neuen Nahostzentrum zu stossen, das er damals aufbaute. Ich hatte seinen Vorschlag angenommen, wollte aber noch einmal möglichst viel vom lebendigen Nahen Osten in mich aufnehmen, bevor ich mich in Kalifornien mit dem Nahen Osten auf dem Papier befasste. Ich hatte Erfahrung mit dem *Oriental Institute* in Chicago, wo ich ebenfalls unter von Grunebaum ein halbes Jahr hatte arbeiten dürfen, und ich stellte mir vor, dass Los Angeles mental auch nicht viel weiter vom Nahen Osten entfernt sein würde, als es Chicago gewesen war. Dabei sollte ich mich allerdings sehr getäuscht haben.

Zunächst jedoch gedachte ich ein zweites Mal durch den ganzen islamischen Raum des Nahen und Mittleren Ostens zu reisen, auch nach Afghanistan und nach Pakistan. Ich hatte dazu die Zustimmung sowohl des Radios wie auch der NZZ erhalten. Wir gaben unsere Wohnung in Ras-Beirut auf und packten einmal mehr die Koffer. Meine Frau machte mit den beiden Kindern zuerst in Basel bei meiner Mutter halt, dann flog sie zu ihrer Familie nach den Staaten. Im Januar sollte ich sie in Chicago wieder treffen, um dann gemeinsam nach Los Angeles zu reisen.

Diese zweite Rundreise erstreckte sich über das gleiche Gebiet wie die erste, nur dass es mir diesmal möglich war, noch etwas weiter nach Osten auszugreifen und Afghanistan sowie Pakistan einzubeziehen. Ausserdem versuchte ich, neue Teile der Länder, die ich schon besucht hatte, kennenzulernen. Die Hauptstädte musste ich immer wieder aufsuchen, weil sich dort das politische Geschehen konzentrierte, doch neue Wege in andere Teile der Länder zu finden, war stimulierend und vervollständigte mein Gesamtbild. So reiste ich diesmal auch wieder über Bagdad nach Kuwait, doch von dort aus mit einem kleinen Boot über das Schatt al-Arab nach der damals wichtigsten iranischen Hafenstadt, Khorramshahr.

Dies war eine politisch bedeutsame Strecke, weil es strittig war, wie die iranisch-irakische Grenze im Schatt zu ziehen sei. Seit alter Zeit ist das *Schatt al-Arab* (die Küste der Araber) der Zugang zur historischen arabischen Hafenstadt Basra, der zweiten Stadt des Iraks. Deshalb hatten die britischen Mandatsbehörden dafür gesorgt, dass der gesamte Wasserweg des Schatt zum Irak geschlagen wurde, als sie die Grenze zu Iran festlegten. Die Grenze verlief daher auf der iranischen Seite des Schatt nicht, wie es normalerweise bei internationalen Wasserwegen der Fall ist, in der Mitte. Doch später wurde Khorramshahr zum Haupthandelshafen Irans, weil die in der Zwischenkriegszeit unter Reza Schah erbaute Transiranische Eisenbahn, damals ein grosses und teures Werk der Nation, in Khorramshahr begann, bis nach Teheran hinauf und dann weiter nach Täbris und an die russische Grenze führte. Iran forderte eine Revision der Grenzziehung, weil Teheran nicht von einer irakischen Schiffahrtsbehörde und irakischen Lotsen für den Zugang zu seinem wichtigsten Hafen abhängig bleiben wollte. Nach zähen Verhandlungen fand sich Bagdad bereit, ein quadratisches Stück der Wasserfläche, das von Khorramshahr bis zur Mitte des Wasserwegs reichte, als iranisches Hoheitsgewässer anzuerkennen, doch die Kontrolle über den Zugang zum Schatt und damit auch den Zugang nach Khorramshahr wollte Bagdad nicht aus der Hand geben. Die Unzufriedenheit Teherans mit dieser Lösung äusserte sich in scharfen politischen Erklärungen und sogar in gelegentlichem Säbelrasseln.

Mit dem Aufkommen des panarabischen Nationalismus wurde die Lage noch gespannter, weil die iranische Erdölprovinz Khusistan auch von einer arabophonen Bevölkerung bewohnt wird. Die Pan-Arabisten in Bagdad erklärten daher, Khusistan gehöre eigentlich zu der arabischen Welt. Doch für Persien ist dieses Gebiet mit den bedeutendsten Erdölvorkommen Irans von zentraler Wichtigkeit. Im Zusammenhang mit dem Erdöl sind natürlich auch grössere Zahlen von Persisch sprechenden Iranern nach Khusistan verpflanzt worden, und die Schulen werden auf Persisch betrieben. Die dortigen Städte gleichen, wie ich feststellen konnte, völlig anderen persischen Provinzstädten, und von einem Sonderleben der arabischsprachigen Minderheit merkt der Durchreisende kaum etwas. Doch die Frage des Schatts und der «arabophonen» persischen Erdölprovinz sollte in der Zukunft noch wichtig werden.

Ich fuhr damals weiter nach Schiras, gelangte zum erstenmal in das nahe gelegene Persepolis, blieb kurz in Isfahan und längere Zeit in Teheran, um schliesslich über Meschhed Afghanistan zu erreichen.

Zum erstenmal in Afghanistan

Afghanistan war damals ein herrliches Land. Es war eines der wenigen im Nahen Osten, neben Jemen und Saudi-Arabien, das keine koloniale Herrschaft gekannt hatte, und es lebte gewissermassen in vorkolonialen Zeiten. Die Stämme von wandernden und sesshaften Paschtunen waren von grosser Bedeutung. Die königliche Regierung von Kabul musste auf ihre Wünsche und Anliegen Rücksicht nehmen. Sie besass zwar eine zentrale Armee, doch die Stämme waren auch bewaffnet und hatten ihrerseits eine berühmte Kriegstradition. Das Land lebte daher in einem labilen Gleichgewicht zwischen Regierung und Stämmen. Die zentripetalen Tendenzen von Kabul wurden aufgewogen durch die zentrifugalen der Stämme und der vielen Ethnien, aus denen der gebirgige Vielvölkerstaat zusammengesetzt ist. Das Ganze wurde locker zusammengehalten durch das Gewohnheitsrecht der paschtunischen Stämme, das *Paschtunwali*. Die Dynastie, die in Kabul regierte, entstammte einem der wichtigsten paschtunischen Stämme, und hatte sich im Verlauf einer konfliktreichen Geschichte, zu der drei Kriege gehörten, die Grossbritannien ohne Erfolg gegen das Land geführt hatte, der zentralen Position in Kabul bemächtigt und suchte das Land sachte zu reformieren und in die moderne Welt überzuführen.

Afghanistan war als Pufferstaat zwischen den beiden Imperien, dem britischen in Indien und dem zaristischen in Zentralasien, entstanden und hatte sich als solcher behaupten können. Das Empire hatte schliesslich die Nützlichkeit Afghanistans als Pufferstaat anerkannt und durch Subsidien mitgeholfen, die zentrale Regierung von Kabul aufrecht zu erhalten.

Das gewaltige wilde Gebirge des Hindukusch bildet das Rückgrat des Landes. Zur Zeit meines ersten Besuches gab es noch keine Strasse über diesen westlichen Ausläufer des Himalaya. Nur auf steinigen Pisten und Saumpfaden war es überquerbar, im Winter waren auch diese gesperrt. Ein Strassenring verband die afghanischen Städte, indem er das Gebirge westlich umging. Über ihn kam ich aus Meschhed nach Herat und von dort über Kandahar nach Kabul. Doch die Reise war hart und beanspruchte mehrere Tage. Das wirkliche Land ausserhalb der Strassenverbindung bestand im Süden aus Wüsten und Steppen, ging aber dann gegen Norden hin in unendlich lange Gebirgstäler über, deren Grund bebaut und bewässert war. Sie zogen wie dünne Fäden grünen Lebens in die steinerne Welt der Hochgebirge hinein. Über ihnen strahlte ein tiefblauer Himmel.

Die Menschen entsprachen der Landschaft: zähe und stolze Bergler von grosser Unabhängigkeit, die ganz auf sich selbst gestellt lebten, im Einklang mit ihrer harten Naturwelt. Die Afghanen waren sehr bewusste, konservative Muslime, die ihren Glauben überaus ernst nahmen, wenngleich er von den Gottesgelehrten der Städte als blosser Volksislam abgetan wurde. Die vielen Völker Afghanistans – Paschtunen, Belutschen im Süden, Tajiken in fast allen Städten und in weiten Gebieten der sesshaften Bauern, Harazas im zentralen Gebirge, turkophone Uzbeken im Norden jenseits des Hindukusch, persophone Aimaqen im Nordwesten – gebrauchten Tajikisch als Verständigungssprache. Dies ist eine etwas altertümliche Form des Persischen, jedem Perser durchaus verständlich. Sie wurde auch in den Schulen gelehrt und in den Städten als Handelssprache verwendet. Sie bot allen Afghanen Zugang zur persischen Hochkultur, die so das ganze Land durchdrang, ohne es in ein persisches Land zu verwandeln. Herat, im Westen Afghanistans, war ein altes, illustres Zentrum der persischen Literatur und Kunst, besonders der Miniaturmalerei.

Die Frauenfrage war in Afghanistan von ganz besonderer Art. Dies wurde sofort in der *Burqa* sichtbar, der Art von Verhüllung, welche die Frauen der Städte in der Aussenwelt trugen. Es war, und ist immer noch, ein gefältelter, meist hellblauer Umhang, der am Oberkopf festsitzt und von dort über den ganzen Körper lose hinabfällt; vor dem Gesicht ist ein Stoffgitter angebracht. Aber nicht nur die tiefe Verschleierung fiel auf. Auf der Strasse gingen die Frauen meist hinter ihren Männern einher, als ob diese sich ihrer zu schämen schienen, als ob sie sich eine Blösse gäben, wenn sie mit ihren Frauen zusammen gesehen würden. In den Autobussen sassen die Geschlechter getrennt, die Frauen dicht zusammengedrängt im hinteren Teil. Das Verhältnis der beiden Geschlechter schien durch Komplexe belastet. Übertriebene Ehrbegriffe spielten dabei eine Rolle, die mit der Frauenwelt in Verbindung standen: Jeder Einblick von aussen in das als strengste Privatsache empfundene Geschlechterverhältnis und Eheleben galt als ehrenrührig für die ganze Familie. Er musste also beständig abgewehrt werden. Es gab ähnliche Erscheinungen in anderen konservativen Ländern der muslimischen Welt, besonders in solchen, die nicht unter den Einfluss westlicher Kolonialisten gelangt waren, und in isolierten Regionen, die wenig Kontakt mit der Aussenwelt unterhielten. Doch in Afghanistan griffen sie tiefer als anderswo. Eine Verbindung bestand zwischen diesen Sitten und der afghanischen Kampftradition. Die von ihr geforderte Härte des Mannes schien zu verlangen, dass er seine Frau in der Öffentlichkeit verleugne, als ob sie für ihn ein Zeichen der Schwäche abgäbe, einen Riss in der harten Oberfläche seines Kriegertums.

Reisen ins Landesinnere

Unter den vielen Ausländern, die in Kabul wirkten und die beinahe alle Afghanistan leidenschaftlich liebten, fand ich viele, die gerne reisten, und manche von ihnen luden mich ein, sie auf ihren Fahrten zu begleiten. Das Land war so spektakulär, dass die Ausländer jede Gelegenheit benützten, um ihre Büros zu verlassen und in die Berge zu fahren. Die tief verwurzelte Gastfreundschaft der Afghanen, die sich auf dem Lande am reinsten zeigte, bewirkte, dass so gut wie alle Afghanen, mit denen man unterwegs in Kontakt trat, ausserordentlich freundlich, hilfsbereit, ja wenn irgend möglich grosszügig in Empfang und Bewirtung der Fremden waren. So sehr, dass diese sich hüten mussten, allzu ungehemmt auf die Gastfreundschaftsangebote ihrer afghanischen Tagesbekanntschaften einzugehen, um diese nicht in Unkosten zu stürzen, die sie sich eigentlich nicht leisten konnten.

Jedenfalls konnte man stets auf den freundlichen Gruss: «Möget ihr nicht müde werden!» zählen, wem immer man begegnete, und oft war es geradezu eine Verpflichtung, mindestens eine Schale Tee zu trinken, nur dass man dann dafür sorgen musste, rechtzeitig wieder aufzubrechen, trotz aller Aufforderungen zu bleiben. Wenn man den richtigen Augenblick für den Aufbruch verpasste, wurde ein Huhn geschlachtet, und dann war es unmöglich, sich zu verabschieden, bevor man davon gekostet hatte.

Ich kam so mit Freunden und Bekannten ins Bamiyan-Tal mit den grossen Buddah-Statuen, die 2001 von den Taliban zerstört werden sollten. Dort lebten die Hazara, die schiitische Minderheit, die oft mongolische Züge trägt und die von den Afghanen der anderen Ethnien fast immer sehr abschätzig behandelt wurde. In Kabul waren die Träger auf dem Basar fast alle Hazara. In Bamiyan lebten sie in Lehmhüttensiedlungen unter Pappeln auf Talgründen, die so hoch im Hindukusch lagen, dem Gebirge, das «Hindus tötet», dass sie im Winter vor Schnee monatelang unwegsam wurden.

Die Hauptstadt Mahmuds von Ghazni

Andere Freunde nahmen mich nach Ghazni mit, wo der italienische Forscher und Reisende Tucci den Palast von Mahmud von Ghazni ausgrub. *Mahmud von Ghazni* (reg. 997–1030) war ein Türke; er stammte von türkischen Söldnern ab, die im Samanidenreich von Bukhara gedient und Heere kommandiert hatten. Sein Vater hatte sich von seinen Oberherren losgesagt und eine eigene Herrschaft in Ghazni (die alte Schreibung ist Ghazna) errichtet. Die Herrscher von Ghazni waren die ersten Muslime, die in Indien einfielen. Sie zerstörten hinduistische Tempel und sammelten Schätze, die sie so reich werden liessen, dass Mahmud in der persischen und arabischen Dichtung, wie Krösus im Altertum, als der Inbegriff alles Reichtums gilt. Doch die Inder sehen Mahmud als einen grausamen Zerstörer von Götterbildern und als Plünderer indischer Tempel und Paläste. Mit ihm begann die Teilislamisierung von Indien, die bis heute für viele Hindus schmerzliche Wirklichkeit ist.

Seit der Zeit Mahmuds sind die afghanischen und türkischen Völker immer wieder nach Indien eingebrochen. Sie kamen durch das berühmte Einfallstor des Khyber-Passes. Die britischen Kolonialbehörden waren sich der strategischen Wichtigkeit dieses Passes bewusst. Sie fürchteten, eines Tages könnten die Russen dort durchmarschieren. Diese Bedenken dominierten beständig die ganze Afghanistan-Politk des Empire und noch lange Zeit die der Nachfolgemächte.

Mahmuds Reich erstreckte sich von Kaschmir und dem Panjab bis nach dem Irak. Er liess sich vom Kalifen in Bagdad in seiner Herrschaft bestätigen. Der grosse Gelehrte *al-Biruni* (973–1048) und der grösste persische Epiker, *Firdawsi* (939–1020), wirkten unter ihm. Firdawsi verfasste in persischer Sprache ein grosses Werk, das zum persischen Nationalepos werden sollte. Doch hat er seinem Epos eine bittere Schmähschrift gegen Mahmud angefügt, weil der Türke sein Werk nicht gebührend zu würdigen und zu belohnen wusste.

Von alledem war in Ghazni nichts mehr sichtbar geblieben. Die heutige Stadt, ein Provinzhauptort, liegt in einer kahlen windigen Hochebene, auf der im Frühling spärlicher Weizen wächst. Doch die Ausgrabungen hatten wirklich den Grundriss des Palastes und Kacheln seines Keramikschmuckes zu Tage gefördert.

Afghanische Politik und Geschichte

Die Politik schien damals in Afghanistan weit entfernt von den Realitäten des Landes. Sie wurde von Aristokraten am Hof gemacht, unter weitgehendem Ausschluss des Volkes. Nur in der Hauptstadt und in den anderen grösseren Städten gab es kleine Gruppen von politisch interessierten Familien, die in der Lage waren, hohe Staatsdiener oder Minister zu stellen. Zwischen 1953 und 1963 herrschte in Kabul nicht wirklich der König; sein Schwager *Muhammed Daoud Khan* übte die Macht aus. Er wirkte als Ministerpräsident, Innenminister und Verteidigungsminister zugleich; sein Bruder *Naim* war Aussenminister. Daoud Khan war 1932 Gouverneur von Kandahar geworden, 1937 Oberkommandierender der Armee. Nach einer Heirat mit einer Schwester des Königs war er zu den höchsten Staatsämtern aufgestiegen. Schon 1951–1953 hatte er ein erstes Mal als Ministerpräsident alle Staatsmacht in seinen Händen gehalten.

Daoud Khan war mit dem südöstlichen Nachbarstaat Pakistan bitter zusammengestossen. Als Pakistan nach der Teilung Indiens 1947 gegründet wurde, hatte Afghanistan sich geweigert, den neuen Staat der indischen Muslime anzuerkennen. Afghanistan war der Ansicht, die sogenannte Paschtunistan-Frage müsse gelöst werden, bevor Pakistan als Staat anerkannt werden könne. Die Paschtunen sind das grosse Stammesvolk, das auf beiden Seiten der südöstlichen Grenze Afghanistans lebt. Die Teilung ihres Gebietes war durch Grossbritannien vorgenommen worden. Seit der britischen Zeit waren an der Nordwestgrenze Indiens paschtunische Stammesgebiete anerkannt worden, in denen nicht das Gesetz Indiens galt, sondern das Paschtunwali, das Gewohnheitsgesetz der freien Stämme. Diese Stammesgebiete wurden durch eine Linie geteilt, die zwischen Afghanistan und Britisch-Indien vereinbart war. Sie trennte die zu Indien gehörigen freien paschtunischen Stämme von jenen, die zu Afghanistan zählten. Diese sogenannte *Durand Linie*, die 1893–1896 gezogen worden war, bildete keine internationale, sondern nur eine Verwaltungsgrenze. Die afghanische Verwaltung reichte bis zu ihr, dann begann die indische Stammeszone, und erst noch weiter südlich die Linie, an der das britisch verwaltete Indien begann. Diese komplizierte Regelung war nach dem Zweiten Afghanischen Krieg zustande gekommen (1878–1879), der zu einem lockeren britischen Protektorat über Afghanistan geführt hatte. Der Erste Afghanische Krieg (1838–1842) hatte mit der völligen Vernichtung des britischen Heeres durch die Afghanen geendet. Nach dem zweiten Krieg hatte Grossbritannien den Versuch aufgegeben, Afghanistan direkt beherrschen zu wollen.

Pakistan als der Nachfolgestaat Grossbritanniens übernahm die Grenzregelung. Doch die Afghanen waren der Ansicht, das koloniale Provisorium mit den geteilten Paschtunengebieten müsse beendet werden, bevor Pakistan in die Staatlichkeit eintrete. Sie forderten ein «unabhängiges» Paschtunistan auf der pakistanischen Seite der Durand-Linie. Pakistan fürchtete nicht ohne Grund, dieses «unabhängige» Stammesgebiet würde sich schliesslich den afghanischen Paschtunen anschliessen. Unter Daoud ermunterten beide Regierungen die weitgehend selbständigen Stammesführer der Paschtunen, sich gegen ihre jeweiligen Landesherrn auf der Gegenseite der Durand-Linie zu erheben, indem sie ihnen Geld und Waffen versprachen. Die Afghanen waren dabei erfolgreicher, wohl weil der ganze südliche Teil ihres Landes und das Königshaus selbst zur paschtunischen Ethnie gehörten. Auf der anderen Seite der Grenze bildeten die Paschtunen nur eine Minderheit.

Pakistan war keineswegs bereit, auf seine Paschtunen-Region zu verzichten. Die gegenseitigen Reibungen bewirkten, dass Afghanistan gute Beziehungen zu Indien unterhielt, das mit Pakistan wegen Kashmir im Konflikt lag. Der Streit um «Paschtunistan» führte schliesslich dazu, dass Pakistan 1961 die diplomatischen Beziehungen zu Kabul abbrach, die Grenze schloss und das Binnenland Afghanistan von seinem vertraglich verbrieften Zugang zum Hafen von Karachi abschnitt. Dies schadete der afghanischen Wirtschaft. Daoud Khan wandte sich dem nördlichen Nachbarn Afghanistans zu, der Sowjetunion, und begann, mit Moskau zusammenzuarbeiten. Erdöl und Erdgas, im nördlichen Teil Afghanistans gefördert, wurden nach der Sowjetunion exportiert. Dafür erhielten die Afghanen Waffen und andere Hilfsgüter aus dem Norden.

Die erste Entwicklungshilfe für Afghanistan war kurz nach dem Krieg aus den Vereinigten Staaten gekommen. Doch der Streit mit Pakistan stellte die Amerikaner vor die Wahl, welcher Seite sie helfen wollten. Sie entschieden sich für das grössere Pakistan, das sich 1955 dem Bagdad-Pakt anschloss, und weigerten sich schon 1954, den Afghanen Waffen zu verkaufen. Die Sowjetunion sprang sofort in die Lücke. Chruschtschew und Bulganin besuchten Kabul im Dezember 1955 und erklärten ihre volle Unterstützung Kabuls. Im folgenden Jahr schloss Daoud Khan einen Militärvertrag mit der Sowjetunion, nach dem diese die Ausrüstung der afghanischen Armee und die Ausbildung ihrer Offiziere in sowjetischen Militärschulen übernahm.

Die Amerikaner sahen die wachsende Bedeutung der Sowjetunion in Afghanistan mit Bedenken. Eisenhower besuchte seinerseits 1959 Kabul, doch die Weichen im Armeebereich waren bereits gestellt. Im zivilen Bereich wetteiferten nun beide Grossmächte mit Hilfsleistungen. Für jeden

Rubel der Russen suchten die Amerikaner einen Dollar auszugeben. Die Russen bauten die Passstrasse und den Strassentunnel durch den Salang, die zum erstenmal Nordafghanistan mit dem Süden des Landes über den Hindukusch hinweg verband. Die Strasse wurde fest genug angelegt, um sogar Panzertransporter zu tragen. Die Amerikaner asphaltierten die Zufahrtsstrasse im Süden, die Kabul über Kandahar und Herat mit Iran verband. Die Russen hatten zuvor schon die Strassen in Kabul befestigt und Flugzeuge zur Verfügung gestellt, um afghanische Landwirtschaftsprodukte nach Norden zu exportieren, als ihnen die Sperre der pakistanischen Grenze den Weg nach Süden geschlossen hatte. Sie hatten Kabul auch Entwicklungskredite gewährt. Washington zog nach und begann weitere Hilfsprojekte für Afghanistan. Die Afghanen zeigten sich befriedigt darüber, dass es ihnen gelungen war, die beiden Rivalen des kalten Krieges gegeneinander auszuspielen.

1960 kehrte Chruschtschew nach Kabul zurück und trug Daoud Khan an, sowjetische Berater in allen afghanischen Ministerien einzustellen. Daoud lehnte ab. Spätestens damals dürfte der König erkannt haben, dass er Gefahr lief, sein Land den Russen auszuliefern. Auf Rat der Amerikaner entliess er Daoud Khan im Jahr 1963. Pakistan hob zur gleichen Zeit seine Grenzsperre auf. Der Paschtunistan-Konflikt wurde zwar nicht beigelegt, aber entschärft. König *Zaher Shah* lenkte nun selbst die Regierung. Er erliess eine Verfassung, erlaubte die Gründung von Parteien und liess Wahlen durchführen. Die Mitglieder der königlichen Familie wurden von politischen Ämtern ausgeschlossen. Diese Massnahme war in erster Linie gegen Daoud Khan gerichtet.

Zweimal fanden demokratische Wahlen statt, 1965 und 1969. Doch die Beteiligung an den ersten Wahlen betrug nur 10 Prozent. Vier Kommunisten zogen in das erste afghanische Parlament ein, zwei in das zweite. *Dr. Muhammed Yussouf*, ein Vertreter der kleinen modern erzogenen Minderheit, übernahm die erste Regierung. In jenen Jahren der Demokratie flog ich oft nach Kabul. Von Beirut aus gab es das Flugzeug der Fluggesellschaft Ariana, das aus Afghanistan die Eingeweide von Schafen und Ziegen nach Europa transportierte. Die afghanischen Schafe und Ziegen frassen solch hartes Gras und so trockene Sträucher, dass ihre Gedärme viel widerstandsfähiger waren als jene ihrer europäischen Artgenossen. Sie wurden daher mit Vorliebe von den italienischen Salamifabrikanten gekauft. Der Schweizer Ehrenkonsul in Kabul betrieb diesen Handel mit offenbar grossem Erfolg. Auf dem Rückweg konnte man mit Ariana fast täglich nach Kabul fliegen. Die Hippies hatten damals Afghanistan als ein preiswertes Ferienland entdeckt; sogar das Opium war billig. Viele reisten auf dem Landweg nach Indien über Iran und

Afghanistan. Kabul entwickelte einen touristischen Stadtteil, mit Andenken und Teppichläden. Viele Entwicklungshelfer aus Europa kamen ins Land, darunter besonders die Deutschen der Bundesrepublik.

Doch das demokratische Experiment brach 1973 zusammen. Unruhen an der Universität begannen schon 1964 und erneuerten sich 1968. An der Universität stiessen die ersten islamistischen Gruppen mit Kommunisten, Maoisten und bürgerlichen Demokraten zusammen. Das Wort «Islamismus» gab es damals noch nicht – man sprach von Muslim-Brüdern. Doch es handelte sich schon damals um einen fundamentalistischen, politisierten Islam, der in Reaktion gegen die Modernisierungs- und Verwestlichungsschritte der Regierung entstanden war.

Die ersten Vertreter der neuen islamistischen Lehre hatten zur Ausbildung im islamischen Recht in Kairo an der *al-Azhar* studiert und waren dort mit den Muslim-Brüdern in Kontakt getreten. *Burhan ad-Din Rabbani* war einer von ihnen. Er unterrichtete in der Shari'a-Fakultät und sammelte Gruppen von Studenten aller Disziplinen um sich und breitete unter ihnen die Lehre der Muslim-Brüder aus, nach welcher der Staat und die ganze Gesellschaft wieder «wirklich» muslimisch werden müsse. Dann würden die Muslime mit Gottes Hilfe wieder die ihnen gebührende Stellung in ihrem Land und in der Welt erlangen. Niemand nahm diese «Sektierer» und «Frömmler» damals sehr ernst. Die Aufmerksamkeit der Beobachter konzentrierte sich auf ihre Gegenspieler, die – damals auch in Europa – «modischen» Linksgruppen mit ihren sowjetkommunistischen und maoistischen Befreiungsideologien. Beide Flügel der radikalen Studentenschaft lieferten der Regierung Strassenschlachten. Als es 1965 dabei die ersten Toten durch Polizeischüsse gab, musste Dr. Yussouf zurücktreten, sein Nachfolger als Ministerpräsident wurde *Muhammed Hashim Maiwandwal,* der Reformen in gang zu setzen begann. Doch die Studentenunruhen dauerten an.

Im wirklichen Afghanistan, fern von der Hauptstadt, war 1971 und 1972 wegen Trockenheit Hungersnot ausgebrochen. Die Armee riegelte die Hungergebiete im Nordwesten des Landes ab. Niemand durfte sie verlassen oder betreten. Die Grossgrundbesitzer und Landherren besassen Getreidevorräte, doch sie verkauften sie nur zu Wucherpreisen an die hungernden Bauern. Das Geschäft diente ihnen dazu, ihren Landbesitz abzurunden, indem sie den Bauern ihre Felder zu Schleuderpreisen abkauften. Die Bauern starben zu Tausenden, beinahe unbeachtet. Dies war wahrscheinlich das traditionelle Verhalten im Falle von Hungersnot. Die theoretisch demokratische Regierung von Kabul nahm nicht zur Kenntnis, dass sie verpflichtet gewesen wäre, den Hungernden Hilfe zu leisten, wenn nötig mit ausländischer Unterstützung. *Ein Beamter des Landwirtschaftsministeriums in Kabul erklärte: «Wenn die Bauern Gras essen, ist das nicht schlimm. Es sind Tiere. Sie sind das gewöhnt», und ein anderer sagte: «Die Bauern betteln um Getreide, weil sie zu faul sind, es anzupflanzen.» Ein ausländischer Diplomat kommentierte: «Diese Bauern hätten ihr Saatgetreide nicht essen sollen. Wenn sie nun verhungern, ist es ihre eigene Schuld» (…) Der amerikanische Boschafter, alarmiert, ermahnte den König, der ihm antwortete: «Man müsste ganz Afghanistan ändern.» Der Botschafter, nur zu prophetisch, entgegnete: «Wenn sie nicht handeln, Majestät, werden wir über die Gründe ihres Sturzes sprechen, vielleicht im Exil, in Italien, im kommenden Jahr». Der König erlaubte Hilfsleistungen und fuhr in die Ferien.* So endet ein ausführlicher, auch heute noch sehr lesenswerter Augenzeugenbericht von *Mike Barry* über die Hungersnot. (Mike Barry: Afghanistan, Paris 1974). Das Verhalten der Beamten und der Regierung war natürlich Wasser auf die Mühlen aller Oppositionsgruppen, der islamistischen so gut wie der linksextremen.

1973 war die Lage reif für einen Staatsstreich. Daoud Khan führte ihn durch. Er wurde dabei in erster Linie von Luftwaffenoffizieren, die in der Sowjetunion ausgebildet worden waren, unterstützt. Daoud Khan setzte den König, der sich gerade in Italien aufhielt, ab und erklärte sich zum Präsidenten einer Republik. Er begann ein Einparteienregime, liess den demokratischen Ministerpräsidenten Maiwandwal in dessen Gefängniszelle ermorden und schritt zur Repression der islamistischen Oppositionsgruppen. Ein Jahr später entliess er jedoch auch einige seiner kommunistischen und pro-kommunistischen Minister. Die Islamisten, viele von ihnen Schüler von Rabbani, flohen zuerst von Kabul aufs Land, dann weiter nach Pakistan und begannen schon damals, ihre Gesinnungsgenossen in Peschawar, der Hauptstadt der paschtunischen Nordprovinz Pakistans, zu sammeln. *Ali Bhutto*, der damalige Ministerpräsident Pakistans, unterstützte sie, um im Falle erneuter Konfrontation mit Afghanistan über afghanische Parteigänger zu verfügen.

Auf der Suche nach einem Gegengewicht gegen die Machtposition der Russen näherte sich Daoud im Sommer 1974 Iran an. Der Schah gewährte ihm eine Anleihe und begann, zwischen Daoud und Bhutto zu vermitteln, um die Spannungen mit Pakistan zu vermindern. 1976 kam es zu einem Austausch von Staatsbesuchen zwischen Bhutto und Daoud. Saudi-Arabien begann ebenfalls, Daoud mit Hilfsgeldern zu unterstützen. Es war die Epoche, in der der Schah von Präsident Nixon und Kissinger mit der Rolle eines «Gendarmen im Mittleren Osten» betraut worden war. Im Januar 1977 besuchte Daoud auch Breschnew in Moskau. Dieser forderte ihn ärgerlich auf, «all diese imperialistischen Berater aus Kabul zu verjagen». Daoud soll darauf geantwortet haben: «Wenn wir keine ausländischen Berater mehr brauchen, werden wir sie alle verjagen». Doch es war schon zu spät für solche selbstbewussten Statements. Im folgenden Jahr, im April 1978 kam es zur Krise. Der Hauptideologe der Kommunisten, *Mir Akbar Khaibar*, wurde am 17. April von unbekannter Hand ermordet. Die Linksgruppen klagten die CIA an und etwa 10 000 Personen demonstrierten in Kabul. Daoud Khan liess mehrere Verantwortliche verhaften. Zehn Tage später kam es zum Staatsstreich der Kommunisten. Luftwaffen- und Tankoffiziere, die ihre Ausbildung in Russland erhalten hatten, waren entscheidend beteiligt. Die bekanntesten waren Oberstleutnant *Abdel Qader*, Kommandant der Luftwaffe, die Panzerkommandanten *Watanjar, Mazduriyar* und der Batallionskommandant *Golabzoy*. Daoud und seine ganze Familie wurden erschossen. Das jüngste der Kinder war drei Jahre alt.

Der kommunistische Staatsstreich beeindruckte die Welt wenig. Ich lebte damals in Spanien und war seit etwa zehn Jahren nicht mehr in Afghanistan gewesen. Aus Madrid reiste ich zwar regelmässig nach dem Nahen Osten, doch musste ich mich auf näher gelegene und wichtiger scheinende Ziele konzentrieren: Ägyptens Präsident Sadat hatte 1977 seinen berühmten Besuch in Jerusalem abgestattet und bewegte sich vorsichtig, mit amerikanischer Ermunterung, auf einen Separatfrieden mit Israel hin, den er 1979 abschliessen sollte.

Die Palästinenser glaubten ihre Sache zu fördern, indem sie von Libanon aus israelische Grenzdörfer infiltrierten und Flugzeugentführungen organisierten. Die Israeli schlugen systematisch zurück. Sie hatten gerade ihre erste Besetzung Südlibanons vorgenommen. In Iran hatte Januar 1978 die Unruhewelle begonnen, die als Islamische Revolution in die Geschichte einging und nicht mehr abklingen sollte, bis ein Jahr später der Schah gestüzt war und Khomeiny den Staat beherrschte. Libanon stand seit 1975 im Bürgerkrieg, der 15 Jahre lang fortdauern sollte. In Syrien kämpfte Präsident Asad gegen die Islamisten und gegen seinen irakischen Feind Saddam Hussein. In der Türkei hatte eine neue Unruhewelle begonnen, die 1980 zum dritten Staatsstreich der Generäle führen sollte.

Ich war tief beunruhigt über den Sturz Daouds. Doch die meisten Beobachter, die sich überhaupt um Afghanistan kümmerten, waren nicht überrascht. Einige hatten das Land als längst unter sowjetischen Einfluss geraten abgeschrieben. Andere liessen sich durch die Erklärungen der afghanischen Kommunisten beeinflussen, dass sie gar keine Kommunisten seien, bloss «Linkskräfte». Ob nun der Diktator Daoud regierte, der jahrelang mit der Sowjetunion zusammengearbeitet hatte, oder pro-kommunistische Offiziere, schien vielen keinen grossen Unterschied zu machen.

Um so empörter war jedoch die westliche Reaktion, als ein gutes Jahr später, Weihnachten 1979, die Sowjetunion direkt eingriff. Der Einmarsch hatte weltweite Folgen. Die Entspannungspolitik der USA mit der Sowjetunion brach zusammen. Washington verhängte politische Sanktionen über die Sowjetunion, die sich vom Boykott der Olympiade 1980 in Moskau bis zu einem Getreideembargo und der Aussetzung des Ratifizierungsprozesses des SALT II Abkommens erstreckten. Ein direktes militärisches Eingreifen der USA wurde nur für den Fall in Aussicht gestellt, dass die Länder des Persischen Golfes angegriffen würden. Doch die CIA erhielt die Ermächtigung, afghanischen Widerstandskämpfern mit Waffen zu helfen.

Der Einmarsch der Sowjetunion 1979

Sowjetische Truppen marschierten in Kabul ein, nachdem 1500 Fallschirmspringer am 21. Dezember auf der Luftwaffenbasis von Baghram gelandet waren, um den Weg zu öffnen. Der damalige Kommunistenchef, Präsident *Hafez Amin*, wurde erschossen. Moskau behauptete, er habe zur CIA gehört. Sein Rivale innerhalb der Partei, *Babrak Karmal,* wurde als Präsident eingesetzt, nachdem die Sowjetunion ihn aus Moskau über Taschkent eingeflogen hatte.

Während der kurzen Herrschaftszeit der afghanischen Kommunisten (April 1978 bis Dezember 1979) hatten zwei Faktionen der afghanischen KP sich bitter bekämpft. Die eine, *Parcham* (Fahne) genannt, bestand überwiegend aus städtischen Tajiken; die andere, *Khalq* (Volk), war aus vorwiegend ländlichen Paschtunen gebildet. Khalq unter *Nur Mohammed Taraki* war zuerst an die Macht gekommen und griff bald scharf gegen die Rivalen von Parcham durch. Die Parcham-Minister wurden entlassen, viele Exponenten eingekerkert. Ihr Chef *Babrak Karmal* entging diesem Schicksal: Er wurde zum Botschafter in Prag ernannt, weil die sowjetische Botschaft in Kabul eine schützende Hand über ihn hielt. Am 16. September 1979 erschoss Ministerpräsident *Hafiz Amin*, ein Mann der Khalq-Faktion, offenbar persönlich seinen Präsidenten Taraki, der gerade aus Moskau heimgekehrt war, und wurde selbst mit Zustimmung der Sowjetunion Präsident.

Die Innenpolitik der Khalq hatte sich als desaströs erwiesen. Sie brachte die Landbevölkerung gegen sich auf, indem sie mit äusserster Brutalität ihre sogenannten Reformen durchzusetzen suchte. Eine Erziehungsreform mit Koedukation von Knaben und Mädchen und eine Landreform waren die wichtigsten. Die Parteifunktionäre gingen so brutal gegen die Bevölkerung vor, dass sie ihren Widerstand provozierten. Zuerst war er lokal beschränkt; um ihn zu brechen, wurde noch mehr Gewalt angewandt, so dass er sich immer weiter ausbreitete und in einen Aufstand mündete. Einzelne Garnisonen der afghanischen Armee, die aus Ausgehobenen bestand, gingen zu den Aufständischen über. Im März 1979 erhob sich die Garnison von Herat und die ganze Stadt folgte ihr. Die kommunistischen Funktionäre wurden ermordet. Da die Armee der Lage nicht Herr wurde, griffen die Sowjets mit Tanks ein, die sie über die Grenze brachten. Die Repression Herats war am 22. März beendet. Sie soll 30 000 Tote verursacht haben. In Kabul trat am 5. August 1979 die Garnison der Stadtfestung, Bala Hisar, mit all ihren Offizieren in Rebellion; sie wurde durch die sowjetische Luftwaffe niedergeschlagen. Kein Soldat überlebte.

Die islamistischen Gruppen, die ursprünglich vor Daoud nach Peschawar geflohen waren, erhielten nun Verstärkung durch Flüchtlinge und Unterstützung durch den neuen pakistanischen Staatschef, General *Zia ul-Haq,* der Ali Bhutto am 5. Juli 1977 durch einen unblutigen Staatsstreich abgesetzt hatte (er liess Bhutto allerdings 1979 erhängen). Zia ul-Haq war der Sohn eines Feldpredigers; er stützte sich auf die islamistischen Minderheitsgruppen seines Landes, um eine «islamische» Diktatur zu errichten. Die Kämpfer der Islamisten begannen, von Peschawar aus auf Seiten der Aufständischen in den Widerstand gegen die Kommunisten einzugreifen. Am Ende standen die Russen offenbar vor der Wahl, entweder direkt einzumarschieren oder zuzusehen, wie das kommunistische Regime in ihrem südlichen Nachbarlande gestürzt wurde. Wahrscheinlich war die Angst, dass sich in diesem Falle die islamischen Aufstände auf die Sowjetrepubliken in Zentral-Asien ausdehnen könnten, ein Grund für die Entscheidung, direkt einzugreifen.

Der Einmarsch der sowjetischen Armee löste in Amerika und in Europa Alarm aus. Die Weltstrategen traten auf und begannen von einem Vormarsch der Sowjetunion zu sprechen, der auf den Indischen Ozean abziele und den Persischen Golf mit seinen Erdölreserven gefährde. Je weniger sie über die lokalen Umstände Bescheid wussten, desto erregter unterstrichen solche Experten die angebliche weltstrategische Wende, welche die Sowjetunion provozieren wolle. Sie zeichneten Karten, auf denen die sowjetische Lufbasis von *Shindand* im Osten Afghanistans mit der Insel *Sokotra,* die zu dem damals «roten» Südjemen gehörte, durch eine Linie verbunden war. Auf Sokotra vermuteten sie – zu Unrecht – eine sowjetische Marinebasis.

Ich befand mich zu Weihnachten des Jahres 1979 mit meiner Familie in Paris, um dort die Feiertage zu verbringen. Ich erhielt einen Anruf der NZZ mit der Anfrage, ob ich etwas zur Lage in Afghanistan schreiben könne. Ich tat es sofort. Seither war das Land wieder eines von jenen, die im Zentrum meiner Aufmerksamkeit standen.

Afghanistan zu Beginn der russischen Zeit

Im folgenden Sommer, nachdem ich in den vorausgehenden Monaten alle Berichte über Afghanistan, deren ich habhaft wurde, genau verfolgt hatte, flog ich von Madrid nach Peschawar. Ein Journalistenfreund, Peter Wald, hatte mir verraten, dass das dortige afghanische Generalkonsulat weiter Visen nach Kabul ausgebe. Ich sah mich in Peschawar um, schon damals ein Ort der Konzentration vieler afghanischer Flüchtlinge. Unter ihnen gab es einige Intellektuelle, mit denen man interessante Gespräche führen konnte. Ich begab mich also auf das Generalkonsulat und beantragte ein Visum. Auf den Antrag schrieb ich als Beruf «Archäologe», weil ich wusste, ein Journalist würde kein Visum erhalten. Schliesslich hatte ich einst in Basel auch archäologische Vorlesungen gehört und sogar ein Proseminar besucht. Zu meiner Erleichterung stellte der Beamte des Generalkonsulats keinerlei Fragen; mein Antrag wurde offenbar routinemässig wie Dutzende anderer behandelt. Ich musste nur eine Gebühr entrichten. Es gab auch eine Flugverbindung nach Kabul. Auf dem Flughafen und auf dem Weg in die Stadt und in Kabul selbst herrschte Normalität. Ich war nicht der einzige Fluggast: Es gab städtisch gekleidete Afghanen, europäische Diplomaten und indische Geschäftsleute. Auch die Einreisekontrolleure stellten keine Fragen. Ich übernachtete in einer gehobenen Pension, die ich von früher kannte. Am nächsten Tag sass ich beim Frühstück mit zwei Indern zusammen. «Was machen Sie hier?», fragten wir uns gegenseitig. Die Antworten fielen auf allen drei Seiten etwas unbestimmt aus. Wir redeten weiter, vorsichtig, aber doch darauf bedacht, einander auszukundschaften. Plötzlich sagte einer der Inder: «Lassen wir unsere Masken fallen! Ich bin Journalist, arbeite für …», und er nannte den Namen seiner Zeitung. Der andere erklärte, er sei auch Journalist, arbeite für so und so. Es war die Konkurrenz des ersten Blattes. Auch ich liess «die Maske fallen». Später machten wir uns auf unsere verschiedenen Wege, um unsere lokalen Bekanntschaften aufzusuchen. Die Inder hatten viele Landsleute im Basar und in den Geschäften, die in Kabul Handel trieben. Auch die Wechselgeschäfte mit Auslandswährungen lagen in der Hand von Indern.

Die Stadt wimmelte von russischen Truppen. Einige führen Patrouille, andere waren individuell unterwegs, mit oder ohne Waffen. Die Offiziere waren an ihren Mützen und Schulterstücken erkenntlich. Sie hatten fast alle, so gut wie ich auch, knallrote Gesichter, weil sie die Sonne Afghanistans (mich jene von Peschawar) verbrannt hatte. Meine Haut machte mich ihnen sofort als Nicht-Einheimischen kenntlich. Wenn sie mich anschauten, blickte ich forsch zurück, manche zögerten und grüssten dann halbmilitärisch.

Offenbar sahen sie mich als einen Kollegen an, der aus irgendwelchen Gründen in Zivil herumlief.

Mir wurde bald klar, dass die Russen sich nicht um die Kontrolle der Zivilbevölkerung kümmerten. Sie überliessen dies den Beamten und Sicherheitsleuten der afghanischen Regierung. Das gab mir ein Gefühl von Sicherheit; denn ich wusste, der normale afghanische Polizist würde einem Ausländer mit gültigem Pass schwerlich viel Fragen stellen. Das könnte ihm, so würde er annehmen, wahrscheinlich nur Scherereien bringen. Ich begann, normal in der Stadt zu verkehren und wurde nie von irgendwelchen Behörden zur Rede gestellt. Der Basar lieferte seine Informationen; die Händler redeten ziemlich frei mit dem Ausländer. «Gebt uns Waffen», sagten sie, «und wir werden kämpfen». Wenn man sie fragte, ob sie wüssten, welch schwere Opfer Kämpfe verursachen würden, war die normale Antwort: «Wissen wir, nehmen wir in Kauf, wir Afghanen lassen uns nicht von Fremden regieren.» Das «wir» freilich schien nicht notwendigerweise die Basarhändler selbst miteinzubeziehen. «Die Afghanen» in ihren Augen waren weniger sie selbst als jene draussen im Lande, die Stämme, die Bauern, die grosse Mehrheit des Volkes. Vom Islam war weniger die Rede als von Befreiung vom Joch der Russen und Kommunisten, obwohl deren neue Herrschaft eben erst richtig begonnen hatte.

Abstecher nach dem Norden

Was geschah draussen, ausserhalb der Hauptstadt? Ich fand eine Autobuslinie, die Fahrkarten bis nach *Mazar-e Scherif*, im Norden jenseits des Hindukusch, verkaufte. Ja, ich könne einen Sitz haben, auch wieder zurück nach Kabul, wurde mir im Büro beschieden. Allerdings nicht am gleichen Tag, ich würde in Mazar schlafen müssen. Ich fuhr wenige Tage darauf. Es gab nur eine einzige Strassenkontrolle bei der Ausfahrt aus Kabul. Ich musste aussteigen und meinen Pass mit dem Visum vorlegen. Das ging, ich war so erleichtert, dass ich im Laufschritt zu meinem wartenden Bus zurückkehrte. Die Mitpassagiere schauten mich neugierig an. Also: Selbstverständlichkeit mimen. Wir fuhren durch den Salang-Tunnel auf die Nordseite des Landes bis in das Reisanbaugebiet Kunduz, das ich von früher her kannte, und in das in noch ferner Zukunft, im Jahr 2003, die deutsche Bundeswehr eine Hilfseinheit entsenden sollte. Dann ging es östlich der Ebene des *Sur Darya* oder Oxus entlang. Am späten Nachmittag erreichten wir Mazar. Es war Ramadan, so dass es erst nach Sonnenuntergang zu essen gab, dies in grosser Eile, weil jedermann hungrig war und schnell essen wollte. Doch nachher ergaben sich mit vielen der Tisch- und später der Schlafgenossen lange Abendgespräche, freier noch als in Kabul. Immer wieder die Aufforderung: «Gebt uns Waffen, mehr brauchen wir nicht, dann werden wir kämpfen, solange es sein muss. Afghanistan wird keine Fremdherrschaft annehmen!» Ob nicht die Regierung unsere Reden zuhöre, wollte ich wissen. «In Mazar gibt es keine Regierung. Die zieht sich für die Nacht in die Kasernen zurück. Wir kennen die Leute, und keiner würde es wagen, hier seine Nase zu zeigen!» Ich hörte die Männer an, war aber bemüht, sie nicht weiter aufzustacheln. – Wussten sie denn, was ihnen bevorstünde, wenn sie wirklich die Sowjetunion bekämpften? Konnten sie sich auch nur ein Bild davon machen, über welche Machtmittel sie verfügte? Doch war klar: ausreden würden sie es sich nicht lassen. Sie waren gewillt, die Gefahren auf sich zu nehmen. Waffen brauchten sie und wieder Waffen, das war der Refrain.

Am frühen Morgen des nächsten Tages besuchte ich das Heiligtum von *Mazar-e Scherif*, einen Ort der Stille. Ich sagte mir, dass es wohl zum letzten Mal in meinem Leben sein würde, dass ich hierher gelange. Bisher ist es leider auch eingetroffen.

Auf der Rückfahrt ergaben sich ebenfalls viele Gespräche. Ein junger Lehrer war dabei, der andere Mitfahrer in die Diskussion mit einbezog. Der Konsensus auch da: Wir werden und wollen kämpfen, aber wir brauchen Waffen.

Da ich «unter meiner Maske» nicht gut Pressetelegramme aus Kabul abschicken konnte, verliess ich mit meinen bereits niedergeschriebenen Artikeln Kabul im Flugzeug. Ich gelangte nach Teheran, das damals im zweiten Jahr der Herrschaft Khomeinys stand. Ich sagte mir: «Du hast Glück gehabt mit deiner nicht-journalistischen Maske. Nun ist es Zeit, wieder ganz offen und ehrlich aufzutreten». Ich ging deshalb ins Aussenministerium und erklärte dem zuständigen Beamten für Auslandspresse, ich sei nun da, Journalist aus der Schweiz, wolle mich offiziell melden.» Der sah mich an, noch bevor ich ihm meinen Namen genannt hatte, und fragte: «Wissen Sie auch, dass ein Journalist, der kein Journalistenvisum hat, ein Spion ist?». Ich sagte nur: nein, das hätte ich nicht gewusst, verabschiedete mich höflich, aber schnell, und der Beamte hielt mich auch nicht zurück. Ich blieb dennoch einige Tage in Teheran. Es war die Zeit, in der die amerikanische Botschaft von den «Studenten auf dem Weg Khomeinys» besetzt war und ihre Diplomaten als Geiseln gehalten wurden. Ich fand Privatleute, denen ich meine Artikel in die Schweiz anvertrauen konnte, führte sogar einige Telefongespräche mit Zürich und Bern und flog später über Beirut zurück nach der Schweiz, ohne ein «Journalist ohne Journalistenvisum» gewesen zu sein.

Die bitteren Kriegsjahre der Afghanen

Afghanistan blieb jahrelang eine menschliche und journalistische Sorge. Ich verfolgte aus der Entfernung die Eskalation des Widerstands und suchte mich mit allen mir zur Verfügung stehenden Mitteln auf dem laufenden zu halten. Damals gab es viel Information über die Kämpfe und die afghanische Guerilla, dank unternehmungslustigen Journalisten aus allen Ländern, die sich von Pakistan aus einschmuggeln liessen und über ihre Abenteuer berichteten; aber auch dank dem Umstand, dass der Widerstand gegen die Russen die Zustimmung der westlichen Presse genoss, so dass viel darüber gedruckt wurde. Es wurde klar, dass die Amerikaner sich mit den Pakistani verständigt hatten, um Waffen und Gelder via Pakistan nach Afghanistan zu bringen. Dies ging so vor sich: Die CIA brachte Waffen und Gelder zu ihrer «Kollegin», der ISI (Interservice Information) Pakistans. Der in seinem Lande sehr einflussreiche pakistanische Geheimdienst gab Waffen und Gelder weiter an die afghanischen Widerstandsgruppen, die sich in Peschawar niedergelassen hatten und dort Verbindungsbüros nach dem Inneren Afghanistans unterhielten. Die praktisch offene Grenze der Durand-Linie war ideal für solche Infiltrationen. Es gab etwa sechs verschiedene Widerstandsgruppen. Sie waren alle muslimisch ausgerichtet, einige traditionell islamisch, andere islamistisch (das heisst, diese kämpften für einen «islamischen Staat», so wie sie ihn sich vorstellten). Alle standen sie in Rivalität zueinander. Islamabad sorgte dafür, dass diese Rivalitäten eher anwuchsen als abklangen. Warum? Weil Pakistan nicht nur den Kampf gegen die Sowjetunion unterstützen wollte, sondern auch seine eigene politische Agenda besass. Die pakistanische Armee umschrieb diese Agenda mit dem Schlagwort: Afghanistan müsse die *strategische Tiefe* von Pakistan werden. Darüber wurde in der pakistanischen Militärliteratur offen geschrieben. Gemeint war, Afghanistan solle nicht mehr – wie bisher seit der Teilung Indiens – ein Verbündeter Indiens gegen Pakistan sein, sondern vielmehr ein Verbündeter Pakistans gegen Indien. Islamabad brauche diesen Verbündeten (gemeint war: Satelliten), um sich gegen das viel grössere Indien wehren zu können.

Dabei war den pakistanischen Militärs und Politikern natürlich bewusst, dass die weiterhin ungelöste Paschtunistan-Frage ein Problem war und blieb. Deshalb strebte Pakistan eine Lage an, in der sein nördlicher Nachbar, nach der Entfernung der sowjetischen Soldaten, nicht allzu selbständig handeln konnte, sondern von Islamabad abhängig blieb. Eine Vereinigung der sechs Widerstandsgruppen und möglicherweise noch anderer, im Landesinneren, die nicht notwendigerweise sunnitisch-islamistisch gefärbt waren, hätte den politischen Grundstock einer nationalen afghanischen Regierung für die Zeit nach der sowjetischen Besatzung abgeben können, etwa wie der französische Widerstand im Zweiten Weltkrieg, aus dem später wieder eine französische Regierung hervorging. Daran waren die pakistanischen Militärstrategen nicht interessiert, weil eine solche nationale Regierung leicht auch die Paschtunistan-Frage wieder aufgegriffen und jedenfalls einen schwierigen Verbündeten Pakistans abgegeben hätte. Untereinander rivalisierende Gruppen versprachen nach dem Ende der russischen Präsenz leichtere Einflussnahme Islamabads als ein vereinigter Widerstand.

Die pakistanischen Geheimdienstchefs akzentuierten diese Politik des «Divide et impera», indem sie eine Gruppe, die ihnen am nächsten stand und gerade daher in Afghanistan relativ wenig Popularität besass, besonders begünstigten. Dies war die Gruppe *Gulbuddin Hekmatyars*, die sich «Islamische Partei» nannte und eine radikal islamistische Linie vertrat. Sie erhielt mehr Waffen und Geld als alle anderen und wurde gleichzeitig in den Kämpfen gegen die Russen zurückgehalten, so dass sie nicht zuviel Verluste erlitt und am Ende des Guerillakriegs stark und kampfbereit dastehen würde. Einen Teil ihrer Waffen versteckte sie, um über sie zu verfügen, wenn einmal nach jener der Russen die Zeit der Auseinandersetzung mit den rivalisierenden anderen Gruppen käme.

Die Amerikaner schienen sich nicht um die langfristige Politik der Pakistani zu kümmern. Für sie war wichtig, dass die Russen möglichst viel Schaden erlitten. Was nachher kam, fassten sie kaum ins Auge. Es kam dem Vernehmen nach schon vor, dass die CIA die Pakistani ermahnte, auch für die anderen Widerstandsgruppen zu sorgen. Doch die verteidigten ihr Recht, die amerikanischen Waffen und Gelder, die auf pakistanischem Territorium ankamen, selbst zu verteilen. Schliesslich stellte Pakistan sein Territorium für die Aktion zur Verfügung, und es bestanden wohl Abkommen, die Islamabad das Recht zustanden, die Widerstandsgruppen von Peschawar selbst zu beaufsichtigen und nach eigenem Ermessen zu fördern oder zurückzustellen.

Als Finanzpartner wirkte Saudi-Arabien bei der Unterstützung der Kampfgruppen entscheidend mit. Der saudische Geheimdienstchef, Prinz *Turki Ibn Abdul Aziz*, arbeitete eng mit den Pakistani zusammen. Die Doktrin der fundamentalistischen Gruppen stand den Saudis nahe – ihr Wahhabismus war und ist selbst ein Ast vom fundamentalistischen Baum des Islams. Andere der Gruppen, die mit dem mystischen und dem Volksislam afghanischer Prägung zusammenhingen, wie jene von *Sayyid Ahmed al-Gilani*, «Inqelab-e Melli Islami», und «Nejat-e Melli» unter *Sebghatullah Mujaddedi*, von den schiitischen *Hazara* gar nicht zu reden, wurden von den Wahhabiten scheel angesehen. Ihr Religionsgründer oder Reformator, *Ibn Abdul Wahhab*, war schliesslich im 18. Jahrhundert als bitterer Feind und Gegenspieler des Volksislams und der Mystik gross geworden. So waren die Saudis bereit, ihre Gelder und gleich auch noch jene, die aus anderen Golfstaaten stammten, in die fundamentalistischen Kassen zu lenken, besonders, unter Vermittlung ihrer pakistanischen Kollegen, auch wieder in jene Hekmatyars. Wie weit Riad das pakistanische Machtspiel durchschaute, ist ungewiss. Wahrscheinlich sahen die Saudis keinerlei Notwendigkeit, gegen es einzuschreiten, weil ihnen die Pakistani, an der Spitze Zia ul-Haq selbst, der ja ebenfalls einem fundamentalistischen Islam huldigte, erklärten, «der wahre Islam» müsse in Afghanistan gefördert werden.

Wiederholte Besuche in Peschawar

Ich reiste periodisch nach Peschawar, um dort Kontakt mit der «afghanischen Szene» zu halten. Es fiel auf, dass die Pakistani immer bemüht waren, direkte Kontakte von fremden Journalisten mit den Widerstandsgruppen zu unterbinden. Sie wollten selbst informieren und Interviews selbst arrangieren. Die Flüchtlingslager, die zu riesigen Flüchtlingsstädten anwuchsen, sollte man nur in ihrer Begleitung besuchen, die Stammeszone auf der pakistanischen Seite nur mit ihrer Bewilligung durchqueren. Journalisten, die versuchten, mit einer der Widerstandsgruppen ins Innere Afghanistans vorzudringen, wozu die Guerilleros mit der Ausnahme Hekmatyars im allgemeinen die Hand boten, mussten sich als Afghanen verkleiden und in einem afghanischen Bus ins Innere der Stammesgebiete gelangen, ohne dass die Pakistani es merkten.

Peschawar entwickelte sich zu einem typischen Etappenkomplex, wo die Drahtzieher des Guerillakrieges sich mit Abenteurern, Informationsspezialisten und Verbindungsleuten aus aller Welt mischten. Meine beste und sauberste Informationsquelle wurde für mich *Sayd Bahodine Majrouh*, einst Professor für französische Literatur in Kabul und gleichzeitig Dichter, der nach Peschawar geflohen war und dort einen Informationsdienst über Afghanistan unterhielt, der auf Französisch erschien. Ich hatte den Dienst abonniert, doch Besuche bei dem Herausgeber führten zu zusätzlichen Informationen und Hintergrundgesprächen, die mir immer sehr nützlich waren. Leider sollte diese Quelle versiegen. Als die Russen erkennen liessen, dass sie bereit waren, das Land zu verlassen – ihre Verluste wurden zu gross, und 1985 war Gorbatschew an die Macht gelangt –, kam Majrouh auf den Gedanken, eine Volksbefragung über die Zukunftswünsche der Afghanen durchzuführen, die sich zu Hunderttausenden in den Lagern um Peschawar herum konzentrierten. Dabei wurde deutlich, dass eine grosse Mehrheit eine Rückkehr des Königs *Zaher Shah* begehrte, wahrscheinlich weil sie sich erinnerten oder von ihren Eltern gehört hatten, dass sie unter seiner Herrschaft besser gelebt hatten als je nachher.

Hekmatyar hatte jedoch mehrmals gedroht, er werde den König, falls er zurückkehre, umbringen, wie auch alle Personen, die sich für dessen Rückkehr einsetzten. Ein Königreich entsprach nicht seiner Vorstellung von einem islamischen Staat (den er natürlich selbst zu regieren beabsichtigte). Am 11. Februar 1988 trat ein Mann in Majrouhs Informationszentrum, erschoss ihn und fuhr auf einem Motorrad unbehelligt davon. Die Afghanen waren überzeugt, dass der Mörder ein Mann Hekmatyars gewesen sei. Es war keineswegs die einzige Mordtat, die Hekmatyar zur Last gelegt wurde. Die pakistanische Polizei unternahm nichts, um den Mord aufzuklären. Die Geheimdienste waren nicht daran interessiert, wie mir der Sohn Majrouhs persönlich versicherte.

Die Kämpfe in Afghanistan waren verlustreich und zerstörerisch. Der Guerillaführer *Ahmed Shah Mas'ud*, der die Kampfgruppe Rabbanis kommandierte, trat als der wichtigste Held des Widerstandes hervor. Die Russen vermochten nicht, ihn aus seinem Gebirgstal nahe bei Kabul, dem *Panjshir-Tal*, zu vertreiben, so viel Offensiven mit schweren Waffen sie auch gegen ihn entfesselten.

Die sowjetischen Kampfhelikopter erwiesen sich lange Zeit als tödlicher Gegner der Guerilla. Mit ihren leichten Waffen konnten die Kämpfer nichts gegen die gepanzerten Helikopter ausrichten. Diese schwebten unmittelbar über ihnen, so lange sie wollten, und schossen auf alles, was sich bewegte. Die Guerilleros konnten nichts anderes tun, als sich hinzulegen, ihre grauen Shawls über sich zu breiten und zu hoffen, dass die Helikopter sie übersähen. Wenn auch nur ein kleines Metallstück in der Sonne aufblitzte, waren sie verloren. Diese Lage änderte sich von Grund auf, als die Widerstandsgruppen ab November 1986 die neu entwickelten «Stinger»-Raketen aus den Vereinigten Staaten erhielten, stets über Pakistan. Diese Kleinraketen konnten von einem Mann getragen werden, und sie vermochten die Panzerung der Helikopter zu durchschlagen. Seitdem sie eingesetzt wurden, konnten die Helikopter nicht mehr im Tiefflug über ihren Feinden schweben und sie nach Belieben ihrem mörderischen Feuer aussetzen. Die neuen Waffen veränderten das strategische Gleichgewicht zugunsten der Guerilla.

Es kam zu langwierigen Verhandlungen in Genf zwischen der UNO, den Russen, den Pakistani und der afghanischen Regierung. Die Pakistani sorgten dafür, dass die Guerilla in diesen Verhandlungen keine eigene Stimme erhielt, sondern durch sie vertreten wurde. Nach Jahren der Verhandlungen wurde schliesslich am 14. April 1988 der «Vertrag von Genf» abgeschlossen, weil die Sowjetunion wegen ihrer militärischen Verluste und der gewaltigen finanziellen Kosten des Krieges einen Ausweg aus Afghanistan suchte. Der Vertrag sah vor, dass die Russen ihre Truppen bis zum 15. Februar 1989 abziehen würden. Die Sowjetunion hatte ihren Rückzug vorbereitet, indem sie den bisherigen Staatschef *Babrak Karmal* durch den bisherigen Geheimdienstchef *Najibullah* ersetzte und diesem den Weg zur Macht über Kabul öffnete. Die abziehenden Truppen hinterliessen ihm Waffen, und die Sowjetunion entsandte nach ihrem Abzug weitere sowie russische Instruktoren für die Armee der «Afghanischen Volksdemokratischen Republik».

Ich war wieder in Peschawar und in Islamabad, als die Guerillagruppen im Februar 1988 zusammenkamen, um eine «Vorläufige Regierung» für das post-sowjetische Afghanistan zu ernennen. In diesem Monat wurde, wie erinnerlich, mein Gesprächspartner Majrouh ermordet. Eine lange Zusammenkunft ergab ein Communiqué, das von der Bildung einer Allianz der Widerstandsgruppen sprach. Doch die Hintergrundberichte liessen erkennen, dass keine wirkliche Einigung zustande gekommen war. Die Widerstandsgruppen zogen denn auch einzeln in den Krieg gegen «die Kommunisten», d. h. Najibullah und seine Soldaten. Sie erlitten im März 1989 eine empfindliche Niederlage vor Jalalabad, obgleich der pakistanische Geheimdienst versucht hatte, ihren Einsatz zu koordinieren. Najibullah konnte sich zwei Jahre lang in Kabul halten. In dieser Zeit entstanden immer mehr Einzelgruppen, die sich unter irgendeinem «Kommandanten» in irgendwelchen Teilen Afghanistans mit Waffengewalt an der Macht hielten. Um sich Geld zu verschaffen, forderten all diese Gruppen Wegzölle von den durch ihre Täler ziehenden Händlern.

Kabul war eine Grossstadt geworden, weil während des russischen Kriegs viele Menschen vom Lande in die relative Sicherheit der Hauptstadt geflohen waren. Die Stadt konnte sich nicht mehr selbst ernähren. Bis jedoch die Lebensmittel, belastet von allen Wegzöllen, Kabul erreichten, waren sie allzu teuer geworden. Die Sowjetunion musste nun auch Lebensmittel nach Kabul einfliegen. Auf dem Höhepunkt der Kämpfe mit den Guerillagruppen soll sie Waffen in der Höhe von 200 bis 300 Mio. Dollar pro Monat an Kabul geliefert haben.

Am 7. und 8. März 1990 unternahm der bisherige Verteidigungsminister, General *Shanawaz Tanai,* einen Putschversuch gegen Najibullah. Er war mit den pakistanischen Diensten abgesprochen. Als er missriet, verliess Tanai mit seinen Soldaten Kabul und ging zu den Guerillas über. Auch der Usbekengeneral *Rashid Dostom*, der bisher auf der pro-kommunistischen Seite gekämpft hatte und sich ein eigenes Herrschaftsgebiet in Mazar-e Scherif schuf, verliess Najibullah und schloss ein Bündnis mit dessen Feind, *Ahmed Shah Mas'ud*, dem Armeekommandanten der Gruppe Rabbanis. Die beiden zusammen eroberten Kabul im April 1992. Najibullah suchte Zuflucht im Sitz der UNO in Kabul.

Krieg unter den Kommandanten und War Lords

Doch der Bürgerkrieg war damit nicht beendet. Eine Friedensregelung vom Mai 1993, nach der Rabbani Präsident bleiben, Mas'ud jedoch seinen Posten als Verteidigungsminister an Hekmatyar abtreten sollte, missriet. Hekmatyar kam nie nach Kabul, um seinen Ministerposten zu übernehmen. Dostom und Mas'ud entzweiten sich wieder. Dostom erklärte sich zuerst als neutral und ging dann im Januar 1994 ein Bündnis mit Hekmatyar gegen Mas'ud ein. Verbände der beiden umzingelten Kabul und beschossen die Stadt, bis sie weitgehend zerstört war; einnehmen konnten sie sie nicht. Das Internationale Rote Kreuz organisierte eine Luftbrücke aus Pakistan, um die Zivilbevölkerung zu ernähren.

Pakistan schickt die Taliban

Im November 1994 trat eine neue Kraft in Afghanistan auf, die Taliban. Man konnte sie ohne Übertreibung eine Söldnerarmee Pakistans nennen. Offiziell waren sie Studenten (Taliban) der traditionellen islamischen Theologieschulen in den Gebieten der Stammesgrenze und der pakistanischen Paschtunen. Sie wurden jedoch ausgehoben, geschult, finanziert, bewaffnet, eingesetzt und kommandiert durch die pakistanischen Geheimdienste, das pakistanische Innenministerium und Offiziere der pakistanischen Armee. Die zweite Regierung Benazir Bhuttos, die von 1993 bis 1996 in Islamabad an der Macht war, beschloss, die Afghanistan-Politik ihres Landes zu ändern. Die Karte Hekmatyar, auf die der ISI gesetzt hatte, hatte nicht gestochen. Kabul war in der Hand seiner Feinde Rabbani und Mas'ud. Man musste sich neue Werkzeuge suchen.

Die Taliban wurden zuerst als mögliche Alternative für die neue Afghanistan-Politik erkannt, als ihre damals noch kleine Kampfgruppe einen grossen pakistanischen Konvoi befreite, der von Pakistan nach Turkmenistan unterwegs war. In ihm reisten wichtige Geschäftsleute, Politiker und Offiziere des ISI. Drei lokale Kommandanten von Kandahar blockierten den Konvoi am 4. November 1994. Sie wollten Geld und Waren erpressen. Doch die *Taliban* («Seminaristen») unter der Führung des *Mullah Omar* aus dem Dorf Singesar in der Nähe, die bereits im Streit mit den Kommandanten von Kandahar lagen, konnten kurz darauf die feindlichen Kommandanten aus Kandahar verjagen und ihre eigene Herrschaft über die Stadt errichten.

Die zweite Bhutto-Regierung hatte auch innerhalb Pakistans ihre Partner gewechselt. Sie stützte sich nicht mehr wie Zia ul-Haq auf die *Jamiyat-e Islami (JI)* des *Qazi Hussein Ahmed* (diese hatte Benazir Bhuttos Rivalen, *Nawaz Sherif,* geholfen), sondern auf die Konkurrenzorganisation *Jamiyat-e Ulemaye Islam (JUI)* des *Mawlana Fazlu 'r-Rahman.* Dieser war bekannt als der Gründer vieler Islamschulen in der Nordwestprovinz. Er kannte Mullah Omar, der im Widerstand gegen die Russen gekämpft hatte, aber seit den 1990er Jahren eine Islamschule in Singesar leitete. Seine Schüler sollten die ersten «Taliban» werden. Über Fazlu'r-Rahman hatte Mullah Omar das Ohr der pakistanischen Ministerpräsidentin. Die Schulen Fazlu' r-Rahmans sollten Quellen für die Rekrutierung von weiteren «Taliban» werden. Der Innenminister der Regierung Bhutto, *Naseerullah Babar,* selbst ein gebürtiger Paschtune, übernahm nun die Leitung der Afghanistan-Politik anstelle des ISI. Er führte die neue Politik aus, die sich auf die JUI und auf die Taliban stützte. Die Anhänger Hekmatyars, wiewohl Fundamentalisten und Paschtunen wie die Taliban, wurden zu deren erster Zielscheibe. Ein Waffendepot Hekmatyars, angelegt mit Hilfe der Pakistani bei Spingoldak, wurde – gewiss wiederum mit Hilfe der Pakistani – die erste grosse Waffenbeute der Taliban. Hekmatyars Kämpfer wurden von den Taliban geschlagen und einverleibt, wie später auch die Kämpfer anderer paschtunischer Kommandanten und sogar ehemalige Einheiten der Pro-Kommunisten. Das Geld, welches die Pakistani von den Saudis locker machen konnten, spielte dabei eine grosse Rolle. Die Kämpfe in Afghanistan hatten ein Stadium erreicht, in dem die Kommandanten zu dem übergingen, der am besten zahlte. Auch die Kriegsmüdigkeit der Bevölkerung half den Taliban. Viele Afghanen hofften, diese würden endlich Ruhe und Ordnung im Lande schaffen.

Erdöl und Politik

Erdölpolitik kam dazu: Ein befriedetes Afghanistan hätte die Möglichkeit geboten, das Erdöl der neuen zentralasiatischen Staaten, die von der Sowjetunion unabhängig geworden waren, nach Süden durch Afghanistan und

Pakistan an den Indischen Ozean zu transportieren. Zwei rivalisierende Erdölgruppen bewarben sich um den Bau einer Rohrleitung durch Afghanistan: *Unocal* zusammen mit *Delta Oil*, finanziert durch amerikanische und saudische Gelder, stand gegen die argentinische Staatsfirma *Bridas*. Bridas hatte im März 1995 von Pakistan und Turkmenistan den Auftrag erhalten, eine Machbarkeitsstudie über eine Erdölleitung durchzuführen. Im Mai 1996 hatten aber Rabbani (für Afghanistan) und die Präsidenten von Turkmenistan, Pakistan und Usbekistan ein Memorandum mit Unocal unterschrieben, das den Bau einer Rohrleitung durch Afghanistan vorsah. Auch mit Dostom und den Taliban waren Unocal-Verträge unterzeichnet worden.

All diese Pläne scheiterten jedoch an der fortdauernden Unsicherheit in Afghanistan. Es war den Taliban zwar 1997 gelungen, Kabul und den grössten Teil des Landes unter ihre Gewalt zu bringen. Sie errichteten ein islamistisches Terrorregime in den von ihnen beherrschten Gebieten, doch den Norden konnten sie nicht unter ihre Kontrolle bringen. Mas'ud und die Kämpfer seiner «Nord-Allianz» setzten ihren Widerstand fort.

Das Ende der Taliban

Der Terror der Taliban, voran ihre Behandlung der Frauen, vor allem in Kabul, löste heftige Reaktionen in Europa und in den Vereinigten Staaten aus, so sehr, dass die Regierung dort sich veranlasst sah, ihre Zusammenarbeit mit den Taliban in Frage zu stellen. Den Ausschlag gab schliesslich der Umstand, dass der Terrorist *Usama bin Laden* bei den Taliban Unterschlupf und Hilfe fand, nachdem er 1996 auf amerikanischen Druck hin den Sudan hatte verlassen müssen. Er galt als Urheber der verheerenden Anschläge auf die Amerikanischen Botschaften in Dar es-Salam und Nairobi von 1998, sowie vorausgegangener Anschläge auf Amerikaner in Saudi-Arabien. Amerikanische Flugzeuge griffen im August 1998 mehrere Ausbildungslager seiner meist arabischen Kämpfer an, sowie andere, die von Pakistanis benutzt wurden. Es gab etwa drei Dutzend Tote, doch Usama bin Laden entkam.

Die Fortsetzung der Geschichte ist noch in aller Gedächtnis. Nach den Terrorangriffen in New York und Washington am 11. September 2001 erklärten die Amerikaner den Taliban den Krieg und vernichteten ihr Regime durch Luftangriffe und Schläge zu Land, wobei sie sich der Hilfe der Truppen Mas'uds und der Nord-Allianz bedienten. Ahmed Shah Mas'ud selbst war am 9. September einem Selbstmordanschlag erlegen, den anscheinend die Taliban gegen ihn organisiert hatten. Zwei als nordafrikanische Journalisten verkleidete Besucher liessen eine Bombe hochgehen, die Ahmed Shah tötete. Sie selbst wurden von seinen Wächtern erschossen.

Die Amerikaner zerschlugen die Taliban in kurzer Zeit; bin Ladens konnten sie jedoch nicht habhaft werden. Mit amerikanischer und europäischer Hilfe wurde ein neues Regime in Afghanistan aufgebaut, dessen Leitung *Hamid Karzai* übernahm, ein ehemaliger leitender Angestellter von Unocal und entfernter Verwandter des Königshauses. Der greise König Zaher Shah kehrte als Privatmann in seine Heimat zurück. Doch die Befehlsgewalt des neuen Regimes ist auf Kabul und einige andere Städte beschränkt. Es gibt grosse Landesteile, in denen weiter die sogenannten *War Lords*, unter ihnen nach wie vor Dostom, mit Hilfe ihrer eigenen Truppen regieren. Auch von Hekmatyar ist wieder die Rede, und die Taliban regen sich erneut. Ob eine echte Befriedung Afghanistans zustande kommt, ist vorläufig ungewiss.

Ein Opfer der Weltpolitik

All dies lag natürlich noch sehr weit in der Zukunft, als ich Afghanistan 1959 zum erstenmal besuchte. Ich habe die Ereignisse bewusst vorausgenommen, um den Zusammenhang nicht zu zerreissen. In der Zeit meines ersten Besuches war das prachtvolle Bergland mit seiner rauhen, aber herzlichen und überaus gastfreundlichen Bevölkerung ein Stück beinahe unberührter Natur und ein Hafen der Erholung für viele Menschen aus der industrialisierten Welt, die das Land geradezu liebten. Es herrschte zwar damals schon unter den fremden Besuchern eine gewisse Unruhe über die Ziele, welche die Sowjetunion in dem Lande verfolgte. Warnungen an die Afghanen, sie sollten sich nicht zu arglos der sowjetischen Hilfe ausliefern, waren häufig. Die Salangstrasse wurde von den Russen gebaut, und es war eigentlich voraussehbar, dass sie später einmal als Invasionsstrasse für russische Tanks dienen konnte. Doch die Afghanen nahmen solche Warnungen nicht ernst. Sie trauten sich zu, die Rivalen des kalten Krieges erfolgreich gegeneinander auszuspielen, und sie waren nicht wenig stolz darauf, dass beide Afghanistan gewissermassen um die Wette Hilfe leisteten. Ein Ungleichgewicht zwischen ihnen war schon damals dadurch gegeben, dass die Sowjetunion nahe lag, die Vereinigten Staaten weit entfernt, und wichtiger noch: Moskau hatte ein Monopol bei der Ausbildung und Bewaffnung der Militärs erlangt. Dies sollte sich als gefährlicher erweisen als in den arabischen Staaten, die vorübergehend ebenfalls auf sowjetische Militärhilfe setzten: Syrien, Ägypten, Algerien, für kurze Zeit auch der Irak. Neben der direkten Nachbarschaft Russlands wirkte sich wohl auch aus, dass die Indoktrinierung afghanischer Offiziere in der Sowjetunion leichter vonstatten ging als im Falle der stark nationalistisch eingestellten arabischen Länder, deren Politiker und Militärs auf eine längere Geschichte relativ intensiver, wenngleich nicht konfliktfreier, Kontakte mit ihren westlichen Pendants und deren politischen Vorstellungen und Idealen zurückblickten.

Von Kalifornien zurück in den Nahen Osten

Orientalistik in Los Angeles

Nachdem ich aus Afghanistan zurückgekehrt war, reiste ich über die Schweiz nach New York und Chicago. Dort traf ich meine Frau im Haus meines Onkels, der als Arzt in Chicago ansässig war, und wir fuhren mit dem Grey-Hound-Bus weiter nach Tulsa, Oklahoma, wo ihre Familie aus zahlreichen Geschwistern lebte und wo unsere Kinder Jessica und Julian uns schon erwarteten. Dort kauften wir ein altes Auto, gross genug für die ganze Familie, und der jüngste Bruder meiner Frau, Kevin, der sich ohnehin in Kalifornien nach einem neuen Beruf umsehen wollte, chauffierte uns alle auf dem langen Weg, für den wir mehrere Tage brauchten, bis nach Los Angeles. Die Mobilität der amerikanischen Gesellschaft war so gross, und das Leben für Wanderer auf den grossen Überlandstrassen so gut eingerichtet, dass eine solche Reise mit einer Familie mit kleinen Kindern quer über den ganzen Kontinent trotz der grossen Distanzen leicht zu bewältigen war.

In Los Angeles gab es einen Vetter meiner Mutter, der dort mit seiner Frau seit der Zeit vor dem Krieg lebte; er hatte als Nahrungsmittelchemiker gewirkt und war damals bereits pensioniert. Wir durften zuerst in ihrem Haus wohnen, fanden dann aber schnell ein eigenes Häuschen, eines von vier genau gleichen, die auf dem selben Grundstück standen, zweistöckig, mit einem Wohnzimmer im Erdgeschoss und drei Schlafzimmern oben. Es stand am Rande von Hollywood und war in Geh- oder mindestens Fahrraddistanz vom Universitätscampus entfernt.

Auf der UCLA (University of California, Los Angeles) war Professor Gustave von Grunebaum im Begriff, ein grösseres Nahost-Zentrum aufzubauen. Es gab damals ein staatliches Programm aus Washington, das einer jeden Universität, die sich bereit erklärte, einen Lehrgang für bestimmte, sogenannte «kritische» Sprachen einzurichten, bedeutende Zuschüsse von Seiten der Bundesbehörden versprach. Die kritischen Sprachen waren solche, die in den Staaten wenig bekannt waren, die jedoch angesichts der weltweiten Rolle der amerikanischen Diplomatie und Wirtschaft als wichtig angesehen wurden. Mehr Amerikaner sollten sie lernen. Darunter befand sich Arabisch, aber auch andere Sprachen der islamischen Welt wie Persisch, Türkisch, Urdu, sogar Chagatai (das man heute Usbekisch nennt), und zum Studium der Sprachen gehörte auch das der Literaturen, der Geschichte, sogar der Zeitgeschichte und Politik, der Soziologie und Ethnographie dieser Völker. Das Programm war so grosszügig bemessen, dass es auch diese zusätzlichen Disziplinen förderte und sogar Summen für die Errichtung einer Fachbibliothek und für die Einstellung eines spezialisierten Bibliothekars bereit hielt. Ein geschickter und einfallsreicher Organisator, wie es Grunebaum war, konnte ausserdem noch allerhand Ergänzungsprogramme und Konferenzen, für die erstklassige Fachleute aus Europa und aus Amerika geladen wurden, auf den Weg bringen. Der grosse Universitätsverlag war bereit, Bücher zu publizieren, die zu den verschiedenen Fachbereichen gehörten. Natürlich erhielt auch ein jeder der Mitwirkenden ein Büro auf dem Universitätsgelände zur Verfügung gestellt.

Am meisten von alledem beeindruckte mich die Bibliothek der Universität. Sie war nach Fachbereichen geordnet, und man durfte frei zwischen den Büchern herumlaufen, sobald man zum Lehrkörper oder zu den oberen Jahrgängen der Studentenschaft gehörte. Heute kann man das auch in vielen Bibliotheken der Schweiz, doch damals wäre es undenkbar gewesen. Zwischen den Regalen an den Fensterplätzen waren sogar kleine Pulte angebracht, an denen man sitzen konnte, um rasch ein Buch an Ort und Stelle zu konsultieren und sich Notizen zu machen. Der Bücherbestand war fabelhaft, und alle Neuerscheinungen wurden systematisch angekauft. Im Falle des Nahost-Zentrums besassen wir unsere eigene Fachbibliothekarin, der wir Bücherwünsche jederzeit unterbreiten konnten.

Professor von Grunebaum war ein erstklassiger Gelehrter, ebenso brilliant wie gebildet und von grossem persönlichem Charme. Seine Übersicht über den mittelalterlichen Islam war das beste Handbuch zu diesem Thema, das es damals gab, und hat bis heute seine Bedeutung nicht verloren. Ich hatte mit ihm schon in Chicago zusammengearbeitet, wo er seine amerikanische Karriere als Professor des Arabischen begonnen hatte. Ursprünglich stammte er aus Wien. In Los Angeles war er mit historischen Arbeiten beschäftigt, die sich um die Geschichte der Araber drehten. Sein tragischer früher Tod sollte ihm nicht erlauben, seine eigene wissenschaftliche Arbeit zu einem gerundeten Abschluss zu bringen.

Als Herausgeber betreute er eine Bibliothek des Morgenlandes, die gleichzeitig auf Deutsch (im Artemis Verlag) und auf Englisch erschien und sich zum Ziel gesetzt hatte, einem gebildeten Publikum die Kultur des arabischen und persischen Raumes näher zu bringen. Sie veröffentlichte teils Übersetzungen von wichtigen Werken der Literatur, teils Standardwerke der bedeutenden Orientalisten der Zeit, die als Einführung in die verschiedenen Fachzweige und zur Orientierung von nicht zur Fachwelt gehörenden Lesern dienen konnten. Im Gegensatz zu einer vergleichbaren Reihe antiker Schriftsteller im gleichen Verlag, die sich gut verkaufte, wurde diese schöne und von vielen Kritikern gepriesene verlegerische Tat nie ein wirtschaftlicher Erfolg. Die Distanz zwischen einem Deutsch oder Englisch sprechenden gebildeten Publikum und der Kultur des Orients war damals noch zu gross für gute Verkaufsmöglichkeiten. Diese Distanz hat seither etwas abgenommen, aber sie ist noch keineswegs überbrückt. Ganz wird sie wohl nie zu überwinden sein. Das klassische Altertum gilt den Europäern und den Amerikanern mindestens seit der Renaissance als ein Teil ihrer eigenen Geschichte und als Grundlage ihres Geisteslebens, die islamische Kultur hingegen als etwas Fremdes. Professor von Grunebaum wäre übrigens der letzte gewesen, diesen Unterschied abzustreiten. Er selbst sagte oft, wenn er seine Studien noch einmal beginnen könnte, würde er klassische Philologie treiben, weil das klassische Altertum für unser eigenes Geistesleben so viel zentraler sei als die Kultur der arabisch-muslimischen Welt. Den Verbindungen, die zwischen dem klassischen Islam und der hellenistischen Kultur bestanden, nachzuspüren, war nicht zufällig eines seiner wichtigsten und erfolgreichsten Arbeitsfelder.

Das Nahost-Zentrum, das er damals aufbaute, befand sich in voller Expansion. Bedeutende Orientalisten wie *Jacques Berque* und *Bernard Lewis* kamen für Gastvorlesungen. *Wilhelm Hoenerbach* war vor kurzem angekommen, um als Professor für Arabisch zu wirken. *Nikki Kedduri* begann dort ihre Laufbahn als Spezialistin für Iran. *Leonard Binder*, der zur Politologie gehörte, sich aber auf die Politik der islamischen Länder spezialisiert hatte, wirkte als Politologe und als Nahost-Fachmann mit. Der Historiker *Marshall Hodgson* brachte sein grosses dreibändiges Werk zum Abschluss, das er «The Venture of Islam» nennen sollte und das bis heute die beste und gedankenreichste Gesamtsicht der Geschichte aller islamischen Völker geblieben ist, die ich kenne. Es war eine ebenso gelehrte wie bunt zusammengewürfelte Gesellschaft; von Grunebaum hielt sie alle mit Charme und Zielstrebigkeit zusammen, und seine Wundersekretärin, Frau Dillon, wusste all ihren mannigfaltigen praktischen und unpraktischen Anliegen immer sehr zuvorkommend nachzukommen.

Ich wurde mit dem etwas unbestimmten Titel «Assistant Research Historian» angestellt. Von Grunebaum dürfte zuerst gehofft haben, dass ich ihm bei der Vorbereitung seiner geplanten Geschichte der arabischen Völker zur Hand gehen könne. Doch dies erwies sich als schwierig, weil eine solche zusammenfassende Geschichte in erster Linie darauf beruht, was der Verfasser unter der ungeheuren Menge von vorliegendem Quellenmaterial als wesentlich sieht und verwenden will, und was er auslässt. Dann kommt die stilistische Frage, wie er seine Geschichte schreibt. Dies sind sehr individuelle Entscheidungen, die der für das Werk Verantwortliche selbst treffen muss. Es schien mir schwierig dabei mitzuhelfen; jedenfalls war ich nicht sehr erfolgreich dabei. Dann kam von Grunebaum auf die Idee, ich könnte ja einen Teil seines Unterrichtsprogrammes übernehmen und ihn dadurch für seine wissenschaftliche Arbeit entlasten. Er schlug mir vor, einen Kurs in der Art eines Proseminars über «Islamische Institutionen» durchzuführen. Dies tat ich gern und fand es für mich selbst lehrreich und interessant, auch wegen der grossen Unterschiede, die zwischen den damaligen amerikanischen und europäischen Studenten bestanden.

Eines Tages erhielt ich in meinem Büro, das in einer wohlgeheizten Baracke im Park lag, Besuch von einem Nachbarn, der als «Professor for Real Estate» wirkte. Er kam mit einem Freund, mit dem er über Politik diskutiert hatte. Der Vietnam Krieg der Franzosen war 1954 mit der Niederlage von Dien Bien Phu schmählich zu Ende gegangen, und die amerikanische Verwicklung in die vietnamesischen Zustände im Zeichen des kalten Krieges stand in ihren Anfängen. Einer meiner Besucher hatte gesehen, dass in meinem Büro Karten des Nahen Ostens an den Wänden hingen, und er wollte nun, dass ich ihm zeige, wo sich denn dieses Vietnam befinde. Ich erklärte ihm, so höflich ich konnte, dass diese Karten nur den Nahen Osten darstellten. Was man nicht mehr darauf sah, war gegen Osten hin zuerst Indien, dann Hinterindien mit der malayischen Halbinsel und an ihrem Ostrand Vietnam. Ich zeigte ihm mit der Hand, wie das weit ausserhalb des Bereichs meiner Karten liege. Meine beiden Besucher waren beeindruckt. «Sie wissen das wirklich!» sagten sie anerkennend.

Als ich mich entschlossen hatte, nach Los Angeles zu gehen, hatte ich mir gesagt: «Kulturell weiter entfernt als Chicago von der alten europäischen und von der Mittelmeerwelt wird es ja auch nicht sein!» In Chicago hatte ich mich, als ich mich vier Jahre früher dort aufhielt, eigentlich sehr wohl gefühlt, und meine Frau hatte ich dort ja schliesslich kennengelernt. Doch nun wurde mir schmerzhaft klar: Die kulturelle Distanz an der Westküste war unendlich viel grösser, als sie es an den grossen Seen war. Die Kalifornier lebten jenseits der inneramerikanischen Wüsten auf der anderen Seite des Kontinents. Soweit sie überhaupt Ausblicke auf die Aussenwelt taten, gingen diese über eine Wasserwüste, den Stillen Ozean hinweg nach Japan und nach China hinüber. In San Francisco gab es eine grosse *China Town*. Wenn die Kalifornier nach Osten blickten, sahen sie Amerika, dahinter Amerika, Amerika und nochmal Amerika mit seinen verschiedenen Staaten und Zeitzonen. Dann kam New York, das im Grunde in ihren Augen schon nicht mehr Amerika war. Dahinter lag jenseits des Ozeans Europa, was manche Leute auch schon besucht hatten und woher vieler Leute Vorfahren gekommen waren. Noch weiter im Osten gab es das grosse feindliche Reich des russischen Kommunismus, sowie auch, das wusste man, irgendwo das Heilige Land mit den Israeli.

Der Nahe Osten, zu dem Chicago durch seine grosse und hoch angesehene archäologische Forschungsstätte, das *Oriental Institute*, eine alte Verbindung besass, war in Los Angeles nur gerade den Juden als ein gefährliches Umland Israels bekannt und interessierte von allen Kaliforniern eigentlich nur sie. Von den Arabern wussten die meisten Leute in Kalifornien nicht mehr, als dass sie Kamele besassen und zusammen mit Schlangen und Skorpionen in der Wüste herumliefen, welche die Israeli «zum Blühen gebracht» hatten.

Es gab damals keine kalifornische Zeitung, die sich für Aussenpolitik interessierte. Die Sonntagsausgabe der «New York Times» erreichte die wenigen Abonnierten mit mehreren Tagen Verspätung. Wir lasen den «Christian Science Monitor», weil der einen etwas ausführlicheren aussenpolitischen Teil besass und, obwohl er in Boston seinen Sitz hatte, auch in Kalifornien verteilt wurde. Als die Monate vergingen, trauerte ich immer mehr dem lebendigen Nahen Osten nach, wie ich ihn in den vergangenen Jahren kennengelernt hatte. Mir schien, ich kannte ihn noch lange nicht gut genug, um mich Kontinente von ihm entfernt nur auf Distanz mit ihm zu beschäftigen. Von den historischen Büchern, mit denen ich mich zu befassen hatte und gerne abgab, schienen mir damals die Quellen viel interessanter, weil unmittelbar mit dem Leben zusammenhängend, als was dann die Historiker aus ihnen machten und was, so wollte mir scheinen, bloss auf eine mehr oder minder brilliante Abstrahierung und Destillation vieler dieser Quellen hinauslief.

Ich hatte in meinen Jahren in Beirut ein erstes Buch verfasst, das in Zürich bei Atlantis erschien, als ich mich schon in Kalifornien befand. Es trug den, wie ein Rezensent zu recht anmerkte, etwas zu anspruchsvollen Titel: Die Araber. Werden, Wesen und Wandel des Arabertums. Ich versuchte darin, dem damals im Zentrum der arabischen Politik stehenden arabischen Nationalismus historisch und kritisch nachzuspüren und stützte mich dabei auf arabische Texte aus verschiedenen Zeiten, die ich übersetzt hatte und kommentierte. Als das frisch gedruckte Buch endlich Los Angeles erreichte und Professor von Grunebaum, der es bereits erwartet hatte, einen Einblick getan hatte, lud er mich sehr freundlich zu sich nach Hause ein, setzte mir ein grosses Glas Cognac vor, um die bevorstehende Operation weniger schmerzlich zu machen, und ging dann alle Fehler und Schiefheiten durch, die er in dem Buch gefunden hatte. Es waren nicht wenige. Später korrigierte ich sie, und das Buch wurde übersetzt und erschien in Englisch im Verlag der University of California.

Die Quellen selbst sprechen zu lassen, schien mir damals der beste Weg, um die Vergangenheit soweit wie möglich zum Leben zu bringen. Ich nahm mir vor, das auch für eine überaus wichtige Quelle, den ägyptischen Chronisten *al-Jabarti*, zu tun, der den Einfall der französischen Truppen nach Ägypten von 1798 und ihre Präsenz im Nilland ausführlich beschreibt. Von Grunebaum kannte die Bedeutung al-Jabartis, in dessen Chronik sich zum erstenmal die Begegnung der islamischen Welt mit der europäischen Moderne spiegelt, so wie sie sich aus dem Gesichtspunkt eines gelehrten Arabers ausnahm. Er zog in Betracht, eine Auswahlübersetzung in seine Bibliothek des Morgenlandes aufzunehmen, und der Band, an dem ich nach meiner Abreise aus Los Angeles mit Unterbrechungen langsam weiter arbeitete, sollte eine Reihe von Jahren später, 1983, tatsächlich erscheinen.

Als im Herbst 1960 die NZZ mir anbot, für sie als Korrespondent nach dem Nahen Osten zurückzukehren, nahm ich das Angebot für den Sommer des folgenden Jahres an. Die Aussicht, in die Region meines eigentlichen Interesses zurückzugelangen, war zu verlockend. Ich sagte mir zwar, dass ich an der Universität von Los Angeles und eventuell später an anderen Universitäten, wenn ich meine Karriere dort fortsetzen würde, vielleicht irgendein Werk verfassen könnte, das längere Zeit bestand haben würde und als ein wirklicher Beitrag zur Kenntnis der arabischen Welt zählen könnte, während ich, wenn ich mich der Tagesberichterstattung verschriebe, schwerlich darauf zählen könnte, etwas von wirklich bleibendem Wert zu schaffen. Doch musste ich mir auch eingestehen, dass ich keineswegs sicher sei, etwas wirklich Wertvolles hervorzubringen, ja im Grunde wusste ich auch, dass mir dies in dem amerikanischen Jahr nicht gelungen war, nicht einmal ein Ansatz dazu. Es bestand also die Gefahr, dass ich ein akademisches Leben, ohne wirklich fruchtbar zu werden, in einer mir im Grunde wenig zusagenden Umgebung verbringen würde, vielleicht zusehends missgestimmt und verbittert, wie ich das bei manchen Professoren hatte beobachten können. Umgekehrt schien mir, ich könne vielleicht, wenn ich wirklich dazu fähig wäre, etwas Kreativeres und Andauerndes auch im Nahen Osten zustande bringen, neben der Tagesberichterstattung und über sie hinaus. In jedem Fall aber hätte ich immerhin einen weiteren Teil meines Lebens genau dort zugebracht und unter genau jenen Umständen verlebt, die ich mir als die liebsten vorstellte. Das gab den Ausschlag.

Als ich Professor von Grunebaum darzulegen versuchte, dass mir an Kalifornien, im Grunde sogar an ganz Amerika, eigentlich wenig lag und ich lieber im Nahen Osten leben möchte, warnte er mich, was in der Gegenwart wirklich interessant sei und politisch und kulturell den Ausschlag gäbe, spiele sich in Amerika ab, nicht im Nahen Osten, ja, wahrscheinlich nicht einmal mehr in Europa. Womit er nur allzusehr recht behalten sollte. Meine Antwort auf dieses Argument konnte ich erst formulieren, als unser Gespräch schon lange der Vergangenheit angehörte. Sie lautete: «Muss ich denn an der Speerspitze dessen leben, was wir heute als Fortschritt bezeichnen, und was wir selbst als im besten Falle fragwürdigen Fortschritt empfinden?» – Unsere Beziehungen blieben korrekt, doch war nicht zu vermeiden, dass sie angesichts der bevorstehenden Trennung etwas kühler wurden.

In Los Angeles, genauer Santa Monica, kam unser drittes Kind, Sylvia, im Juni 1961 auf die Welt. Schon vor der Geburt wollten die katholischen Schwestern wissen, ob man das Baby, falls es ein Junge werde, gleich beschneiden solle. Als wir fragten warum, war die Antwort: «Aus hygienischen Gründen». Doch schien meiner Frau und mir, dass der wirkliche Grund im gewaltigen Einfluss der amerikanischen Juden lag, die der Ansicht waren, wenn auch die Knaben der Nicht-Juden beschnitten würden, helfe das mit, Diskriminationen gegen die Juden zu verhindern. Jedenfalls lehnten wir das Ansinnen ab, das dann ohnehin ohne Bedeutung blieb. Im Gegensatz dazu hatte man bis zu drei Tagen nach der Geburt Zeit, um dem Neugeborenen einen Namen zu geben. Ich wollte mir diese Zeit nehmen, da ich dachte, vielleicht falle mir noch ein ganz besonderer Namen ein. Doch die Schwestern bedrängten meine Frau und fragten immer wieder an, ob sich der Vater denn noch immer nicht entschlossen habe. Man könne doch einfach, schlugen sie vor, dem Kind den Namen ihrer Kalenderheiligen geben. Schliesslich, nachdem zwei Tage vergangen waren, legten wir uns gemeinsam auf den Namen Sylvia fest.

Zurück nach dem Nahen Osten

Die erst drei Wochen alte Sylvia kam im Flugzeug nach Basel, zusammen mit der ganzen Familie. Ich verbrachte noch eine kurze Zeit auf der Redaktion der NZZ und flog dann voraus nach Beirut, weil der Nahe Osten so stark vor sich hinbrodelte, dass es für die Zeitung dringend wurde, über einen Beobachter vor Ort zu verfügen. Ich fand eine Wohnung in unserem altbekannten Quartier von Ras-Beirut, in der man für einen sehr mässigen Preis gleich auch die Möbel mit übernehmen konnte. Doch als meine Frau ankam, gefiel sie ihr nicht so recht, weil sie im Erdgeschoss lag, und ihr schien, dass jedermann durch die Fenster hineinschauen könnte. Wir fanden denn auch eine zweite, die sich ganz oben in einem Mietshaus befand, fast gegenüber unserer früheren Kleinwohnung. Die Möbel der ersten Wohnung konnten wir auch erstehen, ohne dort einzuziehen. Unsere neue Bleibe war nicht gross, doch konnte man ein auf dem Flachdach gelegenes Einzelzimmer dazu mieten, was mir gleich in die Augen stach, da es ein ideales Arbeitszimmer für mich abgab. Die Dachterrasse wurde dann auch Teil unseres Wohnbereichs.

Das Haus gehörte einem Herrn Almaz, einem Geschäftsmann, der sich dadurch ein kleines Vermögen gemacht hatte, dass er in jungen Jahren zu den Beduinen hinaus in die Wüste gezogen war und ihre Kupfergefässe und anderen traditionellen Geräte gegen moderne Gefässe aus Aluminium oder Plastik umtauschte oder Geld für sie gab. Er besass in der Innenstadt zusammen mit einem Geschäftsfreund einen grösseren Laden, wo er den Touristen orientalische Kuriositäten und Antiquitäten verkaufte, von denen viele wirklich schön gearbeitet waren. Im Verlauf der Jahre hatten die beiden Kaufleute sogar ein zweites Geschäft in einer der deutschen Grossstädte aufgemacht, so dass die Liebhaber solcher Gerätschaften sich auch dort versorgen konnten, ohne erst nach Beirut fliegen zu müssen. Herr Almaz, ein freundlicher, wohlbeleibter Herr, wohnte mit seiner Familie im ersten Stock des Hauses, das er selbst hatte bauen lassen. Den Rest vermietete er. Er gehörte zur griechisch-orthodoxen Gemeinde. In jüngeren Jahren hatte unser Hausbesitzer zur PPS (Parti Populaire Syrien, der Gross-Syrischen Partei) gehört, der pansyrisch-nationalen Partei des hingerichteten *Antoine Saadé*. Er muss sogar eine gewichtige Rolle in der Partei gespielt haben.

Im Fall von Herrn Almaz war die Zeit der jugendlichen politischen Begeisterung offensichtlich lang vergangen. Was übrig blieb, war eine Art von Vasallenbeziehung zwischen dem Hausbesitzer und Geschäftsmann und seinem etwas jüngeren Portier und Chauffeur, der seinen Meister und Arbeitgeber verehrte und durchblicken liess, dass er ein grosser und mächtiger Mann gewesen war und im Grunde immer noch sei. Der Gefolgsmann hatte auch zur Gross-Syrischen Partei gehört und war vielleicht immer noch Mitglied. Darüber offen zu sprechen, war jedoch nicht angebracht. Die Partei war verboten, seitdem sie im Jahr 1949 in Libanon den fehlgeschlagenen

Putschversuch unternommen hatte, der ihrem charismatischen Gründer, Antoine Saadé, das Leben gekostet hatte.

Ein letzter Putschversuch der PPS

Wir sollten im Winter 1961 einen weiteren und wohl den letzten Putschversuch der Partei erleben. Etwa 300 Aktivisten überfielen in der Nacht von 30. zum 31. Dezember 1961 das Oberkommando der libanesischen Armee, das mitten in Beirut, direkt neben dem Museum der Stadt lag. Sie drangen in das Erdgeschoss ein, im ersten Stock jedoch verteidigten sich Armeeangehörige erfolgreich gegen sie. Der Generalstabschef, der Sicherheitschef und der Oberkommandierende der Gendarmerie wurden aus ihren Wohnungen entführt und in eine Hütte hoch in den Bergen verbracht. Doch das Überfallkommando der libanesischen Polizei, das Brigade 16 genannt wurde, reagierte rasch, drang von aussen in das Armeehauptquartier ein und nahm die Angreifer nach einem kurzen Gefecht gefangen. Damit war der Putschversuch misslungen.

Doch tagelang später noch standen die leichten Tanks der Armee auf der Strasse rund um den betroffenen Stadtteil, weil die Befürchtung bestand, irgendein fremder Staat (Israel? Jordanien? Syrien? Ägypten? Die USA?) könnte hinter dem Putsch der 300 stecken. Eigentlich war es ja unwahrscheinlich, dass so wenige Menschen angenommen hatten, das ganze Land könne in ihre Gewalt fallen. Ein gerichtliches Nachspiel folgte: 287 der Putschisten wurden vor ein Militärgericht gestellt und bestraft. Das Gericht sprach 79 Todesurteile aus, davon allerdings 68 in absentia. Das bedeutete, dass die gesamte Führung der Partei, die geflohen war, nicht mehr nach Libanon heimkehren konnte. Die gerade sechsjährige Jessica, die damals täglich im Schulbus zu den Franziskanerinnen in die erste Klasse der Französischen Schule gefahren wurde und dabei praktisch die ganze Stadt durchquerte, betätigte sich schon damals als Journalistin. Jeden Abend kam sie nach Hause und berichtete mir, wieviele Tanks sie heute auf der Strasse gezählt hatte.

Das Ende des syro–ägyptischen Zusammenschlusses

Doch dieser libanesische Putschversuch war nur eine kleine politische Episode in dem grossen nahöstlichen Drama, das ich zu verfolgen hatte. Schon kurze Zeit nach unserer Ankunft und Wiederansiedlung in Libanon, am 28. September 1961, brach die Vereinigte Arabische Republik VAR, die seit 1958 aus der nun sogenannten «Nördlichen Provinz» Syrien und aus Ägypten bestand, auseinander. In Damaskus kam es zu einem plötzlichen Coup, den ein draufgängerischer Panzeroffizier durchführte, der *Haidar al-Kuzbari* hiess. Hinter ihm stand ein ehrgeiziger Oberst in führender Position, *Abdel Karim Nahlawi*. Bekannter als der Panzermann war sein Onkel, *Ma'amun al-Kuzbari*, ein ehemaliger Parlamentsvorsitzender aus der Zeit des Präsidenten *Schischakli* und einer der grossen Geschäftsadvokaten von Damaskus, der eng mit den wenigen, aber einflussreichen Industriellen zusammenarbeitete, die es in Syrien gab und die in jener Zeit fast alle das Land verlassen hatten. Viele hatten sich im benachbarten Libanon niedergelassen. Das wichtigste Textilkonglomerat von Syrien, die sogenannte *Khamasiye* (Fünfergesellschaft, weil sie aus fünf Unternehmen bestand, die sich zusammengeschlossen hatten) war 1961 nationalisiert worden. Ein Gesetz, das weitere Nationalisierungen vorsah, war in Kairo erlassen worden; die Enteignungen, die im Zuge des ägyptischen Sozialismus bevorstanden, sollten auch Banken und Versicherungen und viele kleinere Unternehmen betreffen, bis hinab zu Einmannbetrieben, die eigentlich Werkstattcharakter besassen. Wegen dieser Verstaatlichungspolitik, aber auch wegen der gewalttätigen, höchst brutalen Massnahmen des Staatsschutzes, die von Kairo ausgingen, hatten viele Syrer das Gefühl gewonnen, sie würden von Ägypten regiert, ohne befragt zu werden und ohne Rücksichtnahme auf die Interessen ihres eigenen Landes.

In Reaktion auf die immer spürbarere Unzufriedenheit der Syrer hatte Nasser eine Politik der Machtverstärkung Ägyptens geführt. Der gefürchtete Geheimdienstchef Syriens aus der Zeit vor dem Zusammenschluss mit Ägypten, *Oberst Abdel Hamid Sarraj*, hatte zuerst als Vertrauensmann Nassers und Innenminister die «Nördliche Provinz» von Damaskus aus kontrolliert und mit brutaler Hand allen Widerstand unterdrückt. Seine Folterknechte waren berüchtigt. In einer regelrechten Kampagne wurden die syrischen Kommunisten eingekerkert und grausam gefoltert. Nasser war mit ihnen in Konflikt geraten, weil Kassem in Bagdad sich auf Kommunisten stützte, um über ein Gegengewicht gegen die irakischen Nasseristen und Baathisten zu verfügen, die ihrerseits für den Anschluss des Iraks an die VAR agitierten. Chruschtschow persönlich war über der Frage der arabischen Kommunisten mit Nasser zusammengestossen. Der ehemalige Parteichef der libanesischen KP, *Farjallah Helou*, war auf einem Besuch in Damaskus verschwunden. Die Schergen des Geheimdienstchefs hatten ihn zu Tode geprügelt. Chruschtschow, in jener Zeit ein wichtiger Verbündeter Nassers und der VAR, der unter anderem Waffen lieferte und den Bau des Hochdammes von Assuan übernommen hatte, erkundigte sich mehrmals energisch nach dem Schicksal Helous. Er wurde stets mit der Behauptung abgespeist, man wisse von gar

331

nichts. Angesichts dieses Drucks des grossen sowjetischen Verbündeten, der auf keinen Fall die Leiche finden sollte, wurden die sterblichen Überreste Helous in einem Säurebad aufgelöst und in die Kanalisation von Damaskus abgeschüttet. Diese und viele andere Untaten wurden später in einem «Schwarzen Buch» bekannt gegeben, nachdem das Regime in Damaskus gewechselt hatte.

Als die Spannungen mit Syrien wuchsen, begann Nasser auch Sarraj zu misstrauen, und er wurde zusammen mit anderen wichtigen Politikern nach Kairo geholt. Die Syrer erhielten dort Posten in der Zentralregierung der VAR, die keine wirkliche Machtausübung erlaubten, denn alle Ministerien in Kairo standen unter Nassers persönlicher Aufsicht und wurden in Wirklichkeit von seinen Vertrauensleuten aus der Armee und den Geheimdiensten kontrolliert und gesteuert. Im Gegenzug entsandte Nasser seinen alten Offizierskollegen und Vertrauensmann, Marschall *Abdel Hakim Amer*, der als der zweitmächtigste Mann Ägyptens galt, als Prokonsul nach Damaskus. Amer wurde am 28. September im Nachthemd vom Putsch überrascht. Er verhandelte mit den syrischen Offizieren, und es schien zuerst, als ob eine Einigung möglich sei. Ein Radiocommuniqué wurde ausgegeben, dem zufolge die VAR fortbestehen werde, aber als Föderation von zwei gleichberechtigten Staaten. Dann kam ein neues Communiqué: Nasser habe diesen Plan abgelehnt. Wie man nicht damals, aber später erfuhr, hatte Nasser sogar Fallschirmtruppen aus Ägypten nach Syrien geschickt. Er hatte jedoch auf ihren Einsatz verzichtet, als deutlich wurde, dass die wichtigsten syrischen Armeegarnisonen hinter dem Putsch standen. Was man auch erst viel später erfuhr, und was damals auch keine grosse Bedeutung zu haben schien, war der Umstand, dass der syrische Bomberpilot Major *Hafez al-Asad*, der spätere langjährige Präsident Syriens, nach dem Umsturz 44 Tage lang in Ägypten eingekerkert war. Er war wie viele andere syrische Offiziere nach Ägypten versetzt worden und hatte dort eine Offiziersgruppe gegründet, die gegen die VAR, so wie sie sich entwickelt hatte, wirken wollte. Er und Mitgefangene wurden später gegen ägyptische Offiziere ausgetauscht, die in Syrien gefangen sassen.

Ein demokratischer Neubeginn?

Ich reiste natürlich sofort nach Damaskus, als die Grenze geöffnet wurde. Die belebende Luft eines politischen Neubeginns wehte. Eine echte Demokratie mit echten Wahlen sollte wieder eingeführt werden. Ein Teil der Enteignungen wurde rückgängig gemacht, und die Geschäftsleute kehrten aus ihrem Exil nach Hause zurück. Doch schlau wie sie waren, liessen sie ihre Vermögen in den Beiruter Banken und nahmen für die Wiedereröffnung ihrer entnationalisierten Betriebe Anleihen bei der syrischen Staatsbank auf. Eine Pressekonferenz wurde angesagt, um das neue Regime vorzustellen. Der neue Armeeoberbefehlshaber Generalmajor *Abdul Karim Zahr ad-Din*, der neue Regierungchef, Dr. Ma'mun al-Kuzbari, und andere Vertreter des neuen Regimes sassen zusammen an einem gewaltigen runden Tisch mit einer grünen, tief hinabhängenden Filzdecke der Auslandspresse gegenüber. Während sie ihre Grundideen vorstellten, die auf die Wiederherstellung einer bürgerlichen Demokratie hinausliefen, bewegte sich ein athletischer junger Mann, in ein schwarzes Vietnam-Pyjama gekleidet, mit einer Kamera akrobatisch im Raum. Er tauchte unter den Tisch und kam an einer Seite hoch, knipste, verschwand wieder unter dem Tisch, um von einer anderen Seite her neu aufzutauchen und wieder zu knipsen. Der rundliche Armeechef, offensichtlich eine Kompromissfigur, mit der – so hoffte gewiss das neue Regime – Offiziere jeder Couleur würden leben können, runzelte die Stirn und schaute seine Mitarbeiter fragend an. Einer von ihnen bewegte lautlos seine Lippen und mimte die Worte «Paris Match», worauf der Chef freundlich lächelte, um ein gutes Bild abzugeben.

«Mehr Sozialismus» als Reaktion Nassers

Die syrische Bourgeoisie war französisch gebildet, doch gerade dies machte sie den Nationalisten, den Baathisten und den Nasseristen des «Neokolonialismus» verdächtig. Nasser, für den die Lostrennung Syriens ein gewaltiger Rückschlag war, wie sich später herausstellen sollte, gewissermassen der allererste Anfang vom Ende, das schliesslich 1967 kommen sollte, stiess so laut er konnte ins Propagandahorn. Er veröffentlichte seine eigene Analyse der Hintergünde des Putsches. Es handle sich, so erklärte er, natürlich vielfach verstärkt durch alle Stimmen seiner Propagandamaschine, um einen Putsch der «Reaktion». Diese müsse entmachtet werden, denn auch in Ägypten bedrohe sie das Regime. Verschärfte «sozialistische» Gesetze wurden erlassen, nach denen die «Kapitalisten» nur geringe Teile ihres Aktienbesitzes behalten, all ihren Grundbesitz bis auf ein kleineres Landgut pro Familie an den Staat abtreten mussten und nur noch ein einziges Mietshaus besitzen durften. Der Staat legte die enteigneten Unternehmen zu sogenannten «Organisationen» (*tanzim*) zusammen, deren Leiter von ihm ernannt wurden. Sie waren im Grunde nichts anderes als staatliche «holdings». Der Grundbesitz wurde zu Kooperativen zusammengelegt, deren Leitung ebenfalls der Staat übernahm.

Die Verstaatlichungen hatten bereits kurz vor der Sezession Syriens im Juli 1961 begonnen, doch nun wurden die Bestimmungen verschärft und das Tempo beschleunigt. Nasser dürfte in der Tat der Ansicht gewesen sein, dass primär die «Kapitalisten» und «Reaktionäre» Syriens die Lostrennung bewirkt hätten.

Das syrische Pulverfass

Die Wirklichkeit war gewiss komplexer. Ein grosser Teil der unzufriedenen Syrer bestand aus linken Gruppierungen, die sich durch die ägyptische Bürokratie zurückgesetzt fühlten. Diese war unter Nasser Trägerin eines Staatssozialismus, der ohne eine sozialistische Partei und ohne unabhängige Gewerkschaften auskommen wollte. Viele der syrischen Berufsoffiziere sympathisierten mit der syrischen Linken, teilweise, weil sie unter dem Einfluss des syrischen Sozialisten *Akram Hourani* standen, und von ihm in die Politik eingeführt worden waren, aber auch, weil viele von ihnen aus einfacheren Familien vom Lande stammten und die Kadetten- und Offiziersschulen aus Geldgründen besucht hatten; denn sie waren im Gegensatz zu den Universitäten unentgeltlich. Die Söhne der Bourgeoisie gingen auf die Hochschulen; ehrgeizigen Bauernsöhnen dienten die Offiziersschulen als Aufstiegsleiter. Die Bourgeoisie gehörte fast ausnahmslos zur sunnitischen Mehrheit und zu den christlichen Minderheiten. Die Minderheiten der «heterodoxen» Muslime, Alawiten, Ismailiten, Drusen, bildeten ursprünglich stark unterprivilegierte ländliche Stammesgruppierungen, die in armen Rückzugsgebieten lebten. Ihre Söhne waren deshalb in den Offiziersschulen besonders stark vertreten. Die Mischung von «Sozialismus» und Nationalismus, welche die Baath-Partei vertrat, fand daher in Offizierskreisen ein viel grösseres Echo als der «kapitalistische» Liberalismus der syrischen Geschäftsleute.

All dies war im Grunde in Ägypten sehr ähnlich; allerdings waren dort die Unterprivilegierten nicht Minderheiten, sondern die grosse Mehrheitsgemeinschaft der «Fellachen». Ihnen standen die privilegierten Teile der «Stadtbewohner» gegenüber. Auch in Ägypten waren die sozialen Unterschiede gross, doch wurden Stadt und Land nicht auch noch, wie in Syrien, durch die Zugehörigkeit zu unterschiedlichen Religionsgemeinschaften getrennt. Sunniten und Kopten gab es hinter dem Chefsessel wie hinter dem Pflug. Ägypten besass ausserdem einen überragenden Chef, dem praktisch das ganze Land folgte, während in Syrien sehr unterschiedliche politische Richtungen und Gruppierungen in der zivilen Gesellschaft, aber auch in der Armee, gegeneinander kämpften.

Das alte syrische Parlamentsgebäude im modernen Zentrum von Damaskus lag neben einem genau gleich grossen, gleich gebauten und gleich dekorierten Gebäudekomplex, in dem der Offiziersclub sich niedergelassen hatte.

Das Nebeneinander der beiden Gebäude war symbolisch. Es gab eben zwei «Parlamente», das «eigentliche» und das der Offiziere. In beiden gab es politische Richtungskämpfe und Machtkompromisse, nur dass die Offiziere im Gegensatz zu den zivilen Politikern über Tanks, Waffen und Eliteeinheiten verfügten, die sie nach ihrem Belieben einsetzen konnten.

Die Politik der Zivilen und jene der Militärs

Als das syrische Parlament nach Wahlen wieder zusammentrat, wurden die verschiedenen politischen Strömungen sichtbar: Es gab die linken und nationalistischen Kräfte der Baath-Partei, der Nasseristen, der Kommunisten; ihnen stand eine bürgerliche Front gegenüber, die im Augenblick die Macht besass, und es gab bereits damals die Muslimbrüder, die eine Art Zünglein an der Waage bildeten. Sie waren Feinde der Nasseristen und der Baath-Partei, weil Nasser scharf gegen ihre Brüder in Ägypten vorging, und die Baathisten, die einen säkularen Staat anstrebten, waren ihnen auch verdächtig. Doch mit den «kapitalistischen» und in ihren Augen immer noch von den Kolonialisten abhängigen, dem französischen Kulturleben und Luxus zugewandten, vom Ideal eines islamischen Staates weit entfernten syrischen Geschäftsleuten wollten sie auch nicht zusammenarbeiten. Sie versuchten vielmehr, die Gegensätze zwischen den beiden Hauptgruppierungen, den linken Nationalisten und den in ihren Augen rechts stehenden Liberalen und Unternehmern, auszunützen, um ihre eigene Gruppierung hochzuspielen. Es gelang in der Tat einem ihrer Politiker, *Ma'ruf al-Dawalibi*, für kurze Zeit Ministerpräsident zu werden.

Unter den Offizieren jedoch gab es keine «bürgerliche» Gruppierung, höchstens Einzelne, die bereit waren, sich an das Gebot einer zivilen Regierung zu halten, auch wenn diese eher rechts orientiert war, oder doch jedenfalls von der Propaganda aus Ägypten als «reaktionär» verschrien wurde. Die Hauptgruppen der politisch engagierten Offiziere waren Nasseristen, Baathisten und einige Pro-Kommunisten. Die Baathisten waren in zwei Gruppen zerrissen, eine, die weiter zu den Parteigründern *Michel Aflak* und *Salah Bitar* hielt, und eine, die es diesen nicht verzeihen konnte, dass sie zur Zeit der Vereinigung mit Nasser der Auflösung ihrer Partei zugestimmt hatten, dann aber, als der Umsturz kam, nicht für Nasser und die Einheit Partei ergriffen, sondern gegen sie.

Dieser «kritische» Flügel der baathistischen Offiziere bildete die Mehrheit im Offizierskorps. Er konnte auf eine alte Faktion der Partei zurückgreifen, die ursprünglich dem Ideologen *Zaki al-Arsuzi* gefolgt war. Dieser stammte aus der zwischen Türken und Syrern umstrittenen Stadt Antiochia, die 1939 von den Franzosen zur Türkei geschlagen wurde. Er hatte dort als Mittelschullehrer gewirkt, nachdem er vom Studium aus Paris heimgekehrt war. Später lebte er in Damaskus, doch behielt er direkt und über seine einstigen Schüler Einfluss in Nordsyrien, besonders in Lattakiye, wo später Hafez al-Asad zur Schule ging. Arsuzi war wohl in erster Linie Sozialist, in zweiter Nationalist; bei Aflak war dies umgekehrt. Jedenfalls kam die Kritik gegen Aflak, die der Arsuzi-Flügel vorbrachte, von links her. Sie schuldigte den Parteiführer an, er habe mit der nationalistischen Rechten zusammengearbeitet und die Rechte der syrischen Arbeiter vernachlässigt, als er sich unter dem Druck Nassers bereit erklärte, die Partei aufzulösen, und er habe erst recht die Sache der Partei verraten, als er zusammen mit Bitar den Rechtscoup willkommen geheissen habe, der Syrien von Ägypten wieder lostrennte.

Die Gegensätze unter den Offizieren führten zu einer wirren Periode, in der jede Gruppe versuchte, ihren Staatsstreich vorzubereiten und durchzuführen.

Coup, Contrecoup und Politkongress

Der Kampf der politisierten Offiziere kulminierte zwischen dem 28. März und dem 2. April 1962. Oberst *Nahlawi*, der das Ende der Vereinigung mit Nasser herbeigeführt hatte, indem er Kuzbari Rückendeckung gewährte, war nun unzufrieden mit der «reaktionären» Politik der demokratischen Regierung. Er liess den Präsidenten und die Minister festnehmen. Doch die nasseristischen und die baathistischen Offiziere wollten nicht mitmachen, und sein Coup lief ins Leere. Alle politisch gewichtigen Offiziere traten darauf am 1. April zu einer Art Offizierskongress in Homs zusammen. Dieses Offiziersparlament setzte den Präsidenten wieder ein und wollte das demokratische Regime fortsetzen. Doch dagegen wiederum erhoben sich nasseristische und baathistische Offziere, welche am 2. April die Garnison von Aleppo erstürmten und den dortigen Kommandanten erschossen. Die Nasseristen zogen die Fahne der VAR auf, was die Baathisten dazu veranlasste, sich aus dem Putsch wieder zu verabschieden. Der Coup brach in sich zusammen.

Es gab einen der Politik des Militärs inhärenten Mechanismus, der bewirkte, dass Umstürze leicht auszulösen waren, danach zu regieren jedoch viel schwieriger. Um einen erfolgreichen Coup durchzuführen, mussten die Planer der «Bewegung» möglichst viele Offiziere zum Mitmachen veranlassen. Sie wandten sich an alle unzufriedenen Einzelpersonen und Gruppen und suchten eine Allianz gegen die bestehende Macht zu bilden. Wenn der Umsturz gelang und es darum ging, das Land zu regieren, wollte stets die Gruppe, die sich als die Mehrheit und die eigentliche Organisatorin des Putsches ansah, die Macht in die Hand nehmen. Dies führte zur Auflösung der bisherigen Zweckallianz und zur Bildung von neuen Gruppen von Unzufriedenen, an die sich weitere Putschkandidaten wenden konnten.

Ende der Demokratie und Beginn der Herrschaft der Baath-Partei

Das Ende des demokratischen Experimentes in Syrien kam im März 1963, nach dem Fall von Kassem in Bagdad, der am 5. Februar über die Bühne ging. An dem Putsch gegen ihn waren die irakischen Baathisten beteiligt; ihre Untergrundmiliz von 2000 Kämpfern kam zum Einsatz; sie wurde durch nationalistische und nasseristische Offiziere unterstützt. Der Sieg oder Teilsieg ihrer Partei im Irak ermutigte die syrischen Baathisten, ihrerseits zu handeln. Sie benützten die Unzufriedenheit des Befehlshabers an der israelischen Front, Oberst *Ziyad Hariri*, der wusste, dass der Oberbefehlshaber General Zahr ad-Din ihm misstraute und ihn auf einen weniger wichtigen Posten abzuschieben gedachte. Hariri führte eine Panzerbrigade nach Damaskus, eine zweite Brigade, die von baathistischen Offizieren in Suwayda, der Hauptstadt der syrischen Drusen, übernommen worden war, kam ihr zu Hilfe, und die entscheidende Garnison von Kiswa südlich der Hauptstadt kapitulierte kampflos. Ein baathistischer Offizier übernahm sofort ihre Führung. Der Luftwaffenpilot Asad, damals im Entlassenenstand, marschierte in Zivil plangemäss an der Spitze einer Kompanie der Panzertruppen Hariris auf die Luftwaffenbasis von Dumayr bei Damaskus und konnte sie nach einer harten Diskussion mit den dortigen Kommandanten kampflos übernehmen.

In dem neuen Regime lebten Nasseristen und Baathisten zusammen. Doch die Baathisten bildeten einen eigenen, halbgeheimen militärischen Kommandorat, der aus dem Hintergrund im militärischen Bereich die wahre Macht ausübte. Die neue Regierung erklärte sich bereit, gemeinsam mit den irakischen Baathisten, in Kairo mit Nasser über einen Dreierzusammenschluss Syriens, Ägyptens und des Iraks zu verhandeln. Doch in Wirklichkeit kämpften in Syrien und im Irak die Baathisten gegen die Nasseristen um die Macht, sowohl auf der Strasse wie in der Armee. Im Mai 1963 kam es in Syrien zur Entscheidung. Entlassungen von nasseristischen Offizieren und Unteroffizieren führten zum Rücktritt der nasseristischen Minister und daraufhin am 8. und 9. Mai zu Strassenunruhen in Aleppo und in Damaskus, welche der Innenminister, Oberst *Amin al-Hafez*, ein Sympathisant der Baath-Partei, energisch niederschlug. Darauf folgte die Reinigung aller zivilen und staatlichen Positionen von Nasser-Anhängern.

Doch diese schlugen am 18. Juli noch einmal zurück. Ein Oberst *Jasim Alwan*, den Nassers Geheimdienstleute und die zivilen Kämpfer der «Bewegung der Arabischen Nationalisten» unterstützten, griff am hellen Tag die Radiostation und das Armeehauptquartier in Damaskus an. Amin al-Hafez leitete persönlich den Gegenangriff, und die Baathisten siegten. In wenigen Stunden wurden 27 nasseristische Offiziere vor ein Militärgericht gestellt und erschossen. Dies war das Ende einer alten Gewohnheit, nach welcher Putschverlierer damit rechnen konnten, dass sie nicht mehr Strafe erwarten müssten als eine Verbannung als Militärattachés an eine der syrischen Botschaften im Ausland.

Verwirrter Beobachter einer verworrenen Landschaft

Ich habe hier nachträglich die Entwicklung im Zusammenhang dargestellt, um sie einigermassen verständlich zu machen. Erlebt habe ich sie anders. Jeder neue Putsch oder Putschversuch war ein Schritt im Dunkeln, von dem niemand wissen konnte, wie er ausgehen werde. Die – wie sich später herausstellte – wichtigsten Spieler, das Militärkomitee der Links- oder Jung-Baathisten, Offiziere, die der Linie Arsuzis folgten, hielten sich bedeckt und traten nicht öffentlich in Erscheinung. Die Vorbereitung der Putsche und Putschversuche ging natürlich auch geheim vor sich. Das erste, was jeweils an die Aussenwelt kam, war die morgendliche Radiomeldung, Communiqué Nummer 1, die mitteilte, die Armee habe die Macht übernommen, ein Ausgehverbot sei verhängt worden. Stunden, manchmal Tage später wurde klar, welche Faktion der Armee am Werk gewesen war, mit der Hilfe von welchen Verbündeten. Wohin ihre Politik zielen würde, brauchte manchmal Wochen, um deutlich zu werden.

Ich fuhr natürlich jeweilen, so schnell ich konnte, nach Damaskus. Anfänglich brauchte man keine Visen und konnte mit einer libanesischen Identitätskarte oder einem Reisepass die Grenze überqueren. Später konnte man sich Visen an der Grenze ausstellen lassen, wenn man Tourist war. Dies galt jedoch nicht für Journalisten, und die Grenzkontrollen begannen, ein Gespür dafür zu entwickeln, wer ein Tourist sein könnte und wer nicht. Für Journalisten war das Informationsministerium zuständig, das manchmal auf telefonischem Wege ein Visum erteilte, aber manchmal auch nicht. Zwischen Syrien und Libanon gab es keine diplomatische Vertretung (es gibt sie auch heute noch nicht), weil die beiden Staaten sich offiziell als Bruderländer betrachteten und Botschaften als ein Symbol der Distanz zwischen den beiden gegolten hätten. Das bedeutete, dass es immer erst an der Grenze und nach einigen Wartestunden klar wurde, ob man als Journalist Syrien von Libanon aus betreten durfte oder nicht.

Wer abgewiesen wurde, musste sich mit den vielen Berichten und angeblichen Hintergrundinformationen begnügen, die sich in Beirut sammeln liessen. Sie konnten sowohl falsch wie auch richtig oder irgendetwas dazwischen sein. Wer möglichst viele verschiedene Versionen zusammentrug, aus gedruckten wie aus mündlichen Quellen, und über sie wie bei einem Puzzle nachdachte, konnte sich meist ein Bild davon machen, was wahrscheinlich war und was unwahrscheinlich. Solche Zusammensetzbilder mit arabischen oder ausländischen Kollegen, manchmal auch Diplomaten, zu diskutieren, war meistens eine fruchtbare Übung, weil die Diskussion neue Gesichtspunkte einbrachte.

Nach Damaskus zu fahren war aber stets ergiebiger. In der syrischen Hauptstadt gab es eine für Journalisten wichtige Person, dies war der Kollege, der von dem jeweilen herrschenden Regime ermächtigt war, mit der Auslandspresse Kontakt zu halten. Offenbar gab es im Staatsbudget einen Posten, der diesem Zweck diente, denn der betreffende, meist junge und brilliante Kollege war immer nur einer. Er wechselte mit den Regimen, aber es gab ihn über viele Jahre hinweg. Er hatte die Aufgabe, ohne als Sprecher der Regierung aufzutreten, seinen ausländischen Kollegen etwas mehr Information zuzutragen, als sie in den zensierten Zeitungen fanden. Natürlich waren dies Informationen, die den jeweiligen Machthabern dienten, doch der Kollege war klug und wendig genug, um zu wissen, dass, was er den Auslandskorrespondenten zutrug und erklärte, einigermassen glaubwürdig sein musste, um seinen Weg in ihre Berichte zu finden. Manchmal erlaubte er sich sogar eine Nuance von Kritik an den Machthabern.

Dazu kamen die eigenen Quellen, die man ausfindig gemacht hatte und bei jedem Besuch erneut kultivierte. Man fand sie im Milieu der Intellektuellen, der Diplomaten, der Geschäftsleute, der Basarhändler, jedoch kaum je unter den Berufsoffizieren, weil sich diese vor Ausländern hüteten. Höchstens über zivile Verwandte erreichte den Journalisten manchmal eine Andeutung darüber, was diese oder jene Offiziersgruppe denke. Damaskus (damals gegen 500 000 Bewohner, heute 40 Jahre später, gegen 5 Millionen!) besass in jener Zeit noch viele Charakterzüge einer Kleinstadt, in der die politischen Gerüchte und Berichte rasch umgingen. Sie beschrieben einen Kreislauf durch die politisch interessierten Zirkel der Hauptstadt, den man an irgendeiner Stelle anzapfen konnte, um das wesentliche, was darin zirkulierte, zu vernehmen. Oft konnte man die gleichen Geschichten aus verschiedenen Quellen, jeweilen etwas abgewandelt, wiedervernehmen.

Gerne besuchte ich immer den Uhrmacher *Marcel Haddad*, der einen kleinen Laden an der Hauptdurchgangsstrasse des Basars besass. Er war immer da, und man konnte stets unangemeldet bei ihm hereinschauen. Seine Frau war Schweizerin und hatte ihn kennengelernt, als er in der Schweiz bei den dortigen Uhrenherstellern einen Lehraufenthalt absolvierte. Er war ein recht schweigsamer Mann, doch wenn man Geduld hatte, packte er aus, was an Informationen im Basar umlief. Seine sparsam fliessenden Andeutungen wurden immer wieder unterbrochen durch den Eintritt von Kunden und – viel seltener – Kundinnen, die sich etwa nach Preisen erkundigten oder ein Stück zum Reparieren oder zum Einschätzen brachten. Für mich war der Uhrmacher eine wichtige Zapfstelle im Kreislauf der Informationen. Man musste nur gut zuhören und ein paar Fragen stellen, um sich Dinge erklären zu lassen, die einem unverständlich geblieben waren.

Es gehörte mit zum Beruf und den Traditionen der Basarhändler, dass sie sich untereinander auf dem laufenden hielten. Jeder trug ein kleines Stück Information zum Gesamtstrom bei, der, richtig bewertet und kühl beurteilt (weil er natürlich stets auch Phantasie, Wunschdenken und zur Desinformation gesäte Gerüchte mittrug) den Händlern erlaubte, ihre Geschäfte, die stets auch von der politischen Witterung abhingen, zweckmässig zu orientieren.

Marcel war ein Christ und hatte seine Wohnung im alten Christenviertel beim Thomastor. Es war ein bescheidenes Haus, das er von seinen Eltern geerbt hatte, doch ihm war es lieber, so sagte er, als irgendeine moderne Wohnung. Man verstand warum, wenn man einen Abend mit seiner Frau und mit ihm verbrachte. Das Haus besass einen Innenhof, in dem ein Baum wuchs und ein Brunnen plätscherte, immer kühl, die Zimmer öffneten sich auf ihn hin. Von aussen her sah man nur eine Mauer mit einem engen, unscheinbaren Eingang. Der Hof, in dem Vögel zwitscherten, lag ein paar Stufen tiefer als die Strasse, was ihn im Sommer kühlte, im Winter nicht ganz so kalt werden liess wie die winddurchfegten Gassen der Altstadt.

Die Händler wussten Bescheid, welche Offiziere mit welchen zivilen Politikern verbündet waren und auch über ihre Familien zusammengehörten, wer ihre Feinde und Gegner waren. Sie urteilten dabei nicht nach den Ideologien, die den Vordergrund der politischen Bühne einnahmen, Baathismus, Sozialismus, Liberalismus, Nasserismus etc., sondern schauten auf die religionsgemeinschaftliche Herkunft der verschiedenen «Offiziersfamilien», Drusen, Alawiten, Sunni, Ismaili, Christen der verschiedenen Denominationen. Darauf errichteten sie ein erstes Koordinatensystem, das von einem zweiten der politischen Loyalitäten gegenüber den Führungsfiguren und – im Falle der zivilen Politiker – Führungsfamilien überlagert wurde. Beide zusammen ergaben erstaunlich genaue Standortbestimmungen, deren Grenzen in dem beständigen Fluss der Machtspiele ziemlich unverrückbar blieben.

Akram Hourani, Mentor der Offiziere

Auf solchen Wegen, die ich natürlich auch durch Lektüre der Fachbücher ergänzte und korrigierte, erfuhr ich von der Schlüsselfigur *Akram Hourani*, einem Waisenkind aus der Grossgrundbesitzerfamilie der Hourani von Hama, das als der arme Verwandte mit überreichen Vettern aufgewachsen war und dadurch die Not der praktisch leibeigenen Pächter der reichen, bewässerten Ländereien rund um die alte Stadt kennen und nachempfinden gelernt hatte. Er war Sozialist geworden und hatte als junger Mann die Bauern der Bewässerungsgebiete von Hama und Homs erfolgreich mobilisiert und gegen die Grossgrundbesitzer zusammengeschlossen. 1948 war er als Freiwilliger in den Krieg gegen Israel gezogen und hatte später die von ihm gegründete Sozialistische Partei mit der Baath-Partei zusammengeschlossen, woraus die Sozialistische Baathpartei entstanden war.

Hourani als Realist und Praktiker erkannte, dass der Weg seiner Sozialistischen Partei an die Macht nur über die Gewehre der Offiziere bewerkstelligt werden konnte. Es wurde ihm auch klar, dass viele der jungen syrischen Offiziere selbst aus ärmlichen Verhältnissen stammten und oft aus Kreisen, die berechtigte Ressentiments gegenüber der landbesitzenden alten Herrschaftsschicht hegten. Solche Ressentiments waren besonders verbreitet unter den während Jahrhunderten als «ungläubig» und daher «vogelfrei» eingestuften religiösen Randgruppen wie den Alawiten, den Drusen, den Ismailiten. Es gab sie aber auch unter den Sunniten der Unterschicht, besonders eben den beinahe leibeigenen Pächtern der Bewässerungsgebiete um Hama. Den jungen Kadetten aus diesen Gruppen, die aus den oben erwähnten Gründen in die Offiziersschulen strömten, lagen die Ansichten Houranis nahe; sie brauchten nur «Intellektuelle», die sie vor ihnen ausbreiteten und artikulierten. Akram Hourani wurde so zum eigentlichen Königsmacher unter den Offizieren. Die Baath-Partei, die pan-arabischen Nationalismus und Sozialismus kombinierte und die beiden Strömungen als voneinander abhängig und nur zusammen erfolgversprechend beschrieb, wurde zur Partei vieler der Offiziere. Konkurrierende Ideologien fanden weniger Zustimmung: Der Kommunismus war atheistisch und schien an einen sowjetischen Imperialismus gebunden, dem die Offiziere sich nicht ausliefern wollten; der Nasserismus fand mehr Sympathie, doch war und blieb er den nicht-sunnitischen Minderheiten verdächtig, die in ihm einen ägyptisch-sunnitischen Imperialismus wahrnahmen und diese Ansicht durch die negativen Erfahrungen aus den drei Jahren des Zusammenschlusses mit Ägypten bestätigt fanden.

Hourani selbst war in den Jahren der VAR nach Kairo beordert und in der Zentralregierung des Zweierstaates beschäftigt worden. Die Minister der zentralen Regierung von Kairo hatten wenig zu sagen, weil Nasser sie alle überschattete. Hourani trat deshalb schon 1959 als der erste unter den syrischen Ministern aus der Zentralregierung zurück und setzte damit ein erstes Signal für den Zerfall der Union. Er selbst war ein echter Sozialist, dem es um das Wohl der leidenden Unterschichten ging. In seiner ägyptischen Zeit dürfte er erkannt haben, dass Offiziere, die an die Staatsmacht gelangten, eher einen Kommandosozialismus betrieben als einen Volkssozialismus über echte Gewerkschaften und echte Kooperative, wie er ihm vorschwebte. Er ist nach der Lostrennung Syriens von Ägypten nicht mehr voll in die Politik zurückgekehrt, doch er hinterliess als politisches Erbe die Politisierung der syrischen Offiziere.

Ein kleines Stückchen Erdölpolitik

Ein Kontakt und persönlicher Freund ganz anderer Art war der Geograph *Eberhard Gabriel*, der für die deutsche Erdölgesellschaft DEA arbeitete. Diese Gesellschaft hatte in Nordostsyrien, ganz im Winkel zwischen der irakischen und der türkischen Grenze, Erdöl gefunden und musste sich nun entschliessen, ob sie trotz der ungünstigen politischen Lage – das Wort «Sozialismus» hing stets in der Luft – bedeutende Summen investieren und die Produktion mit einer Lizenz des syrischen Staates aufnehmen oder ob sie darauf verzichten wolle, weil die Wahrscheinlichkeit einer Nationalisierung, nachdem sie die Produktion in Gang gesetzt hätte, zu gross war. Gabriel war der permanente Beobachter vor Ort, der natürlich auch die Manöver der Konkurrenten so gut wie möglich zu beurteilen hatte. Sein Vorgesetzter, der die Entscheidung zu fällen hatte, ob die Gesellschaft sich engagierte oder nicht, kam periodisch aus Deutschland angereist. Natürlich sprachen wir über die syrische Politik allgemein, über die für sie immer sehr wichtige gesamtarabische sowie auch über die konkrete Frage, vor die sich die Gesellschaft und ihre Leitung gestellt sahen.

Meine persönliche Einschätzung der Lage war pessimistisch. Mir schien, dass der Zug der Zeit unvermeidlich zur Nationalisierung des syrischen Erdöls führen werde. DEA scheint das ähnlich gesehen zu haben. Die Gesellschaft bewarb sich am Ende nicht um die Ausbeutung der von ihr entdeckten Ölquellen, und das syrische Erdöl ist in der Tat später durch den Staat direkt gefördert worden, wobei bis heute Unsicherheit darüber besteht, wie viel Syrien eigentlich produziert. Die veröffentlichten Zahlen sind beinahe sicher zu gering. Der Staat lässt sich nicht in seine Geschäfte schauen. Er verwendet Teile der Erdölgewinne für nicht immer öffentlich dokumentierte Zwecke.

Zufällig war ich zusammen mit Gabriel in seinem Büro am Hang des Kassyoun-Berges, der sich direkt hinter Damaskus erhebt, als unerwartet der letzte Coupversuch der syrischen Nasseristen vom 18. Juli 1963 ausbrach, den ich oben erwähnte. Plötzlich hörten wir eine gewaltige Schiesserei unten in der Stadt, doch Schüsse fielen auch in der Nähe. Wir zogen uns ins Innere des Büros zurück, schalteten das Radio an, doch der syrische Sender schwieg. Viel mehr als abzuwarten war nicht zu tun. Es ging mehrere Stunden, bis die Lage sich wieder beruhigte und keine Schüsse mehr knallten. Kampfpause? Ende der Kämpfe? – Wir wussten es nicht, benützten jedoch die Gelegenheit, um uns in Gabriels Geschäftsautomobil auf der nahe gelegenen Ausfallstrasse, die Richtung Libanon führte, diskret, aber schnell zu entfernen. Es gab keinerlei Schwierigkeiten an der Grenze. Am nächsten Tag stand in den Beiruter Zeitungen, dass ein Putschversuch des nasseristischen Obersten Alwan von den Baath-Milizen und von loyal gebliebenen Einheiten der Armee zurückgewiesen und niedergeschlagen worden war. Darüber, wieviele Tote es dabei gegeben hatte und welche Polizei- und Reinigungsmassnahmen nachher ergriffen wurden, las man in den folgenden Tagen sehr unterschiedliche und weit auseinander gehende Berichte. Doch die öffentlichen Angriffe Nassers gegen die syrischen Baathisten, die er nun «blutige Barbaren» schalt, wurden als ein Markstein in den politischen Beziehungen der beiden arabischen Bruderstaaten gewertet und daher von allen Blättern hervorgehoben.

«Chéhabismus» in Libanon

Syrien war natürlich nur eines von vielen Ländern, die ich in diesen Jahren zu beobachten hatte, ein Dauerbrenner schon, aber daneben gab es viele andere Brände. In Libanon, wo wir wohnten, herrschte der Chéhabismus. General *Fouad Chéhab,* der Oberbefehlshaber der Armee während des ersten libanesischen Bürgerkrieges von 1958, war Präsident geworden. Er hatte vielleicht als der erste libanesische Präsident seit der Unabhängigkeit eine politische Agenda. Er wollte aus Libanon einen einheitlichen nationalen Staat machen, wobei das Modell eines solchen Frankreich abgab. In jener Zeit galt dort: «L'état c'est de Gaulle»; zu einem solchen Staat würden Dinge gehören wie eine leistungsfähige Bürokratie, Sozialversicherungen, staatliche Dienstleistungen im Wirtschaftsbereich und in jenem der Infrastrukturen, auch wenn sie die Form von Monopolen annahmen, ein effizientes Gesundheitswesen für alle Bürger, ein leistungsfähiges staatliches Erziehungssystem bis hinauf zu den Universitäten; dies wäre auch ein Staat geworden, der von seinen Bürgern und gerade den reicheren unter ihnen wahrhaftig Steuern hätte einziehen können und müssen.

Freilich war der General realistisch genug um zu sehen, dass man all dies erst aufbauen müsste und dass der Aufbau erst wirklich beginnen könne, wenn die dazu notwendigen Instrumente vorlägen. An Geld fehlte es nicht, aber an geeigneten Verwaltern, die in der Lage gewesen wären, den Aufbau in die Wege zu leiten. Nicht, dass es in Libanon an tüchtigen und geschulten Leuten gefehlt hätte, nur, wenn sie tüchtig waren, zogen sie es fast immer vor, in ihre eigene Tasche zu arbeiten und für das Wohl ihrer eigenen Familie, dann ihrer weiteren Verwandtschaft und schliesslich ihrer Religionsgemeinschaft zu wirken. «L'état» auf arabisch hiess *daula,* und die *daula* war seit osmanischen Zeiten etwas Fremdes, meist Gewalttätiges, das man zähmen und täuschen musste wie einen Kampfstier und das man, wenn man tüchtig war und seinen wenig gelenken Angriffen geschickt genug auswich, zum Schluss schlachten konnte.

Das libanesische Parlament war willig, der Politik des Präsidenten zu folgen, oder schien es zu sein. Nur wurden die praktischen Massnahmen, die der Aufbau eines «modernen Sozialstaates» erforderte, so lange diskutiert, verwässert, neu festgelegt, wieder debattiert, dem Schlüssel der Machtverteilung unter die verschiedenen Religionsgemeinschaften unterstellt, bis sie zum Schluss nicht durchgeführt wurden, letztlich wohl, weil die Parlamentsabgeordneten, gleichzeitig auch *Zu'amâ* waren, jene halb-feudalen Gruppenchefs, deren Machtposition gerade darauf beruhte, dass es keinen funktionierenden Sozialstaat gab und sie daher als Mittelsleute zwischen der Bürokratie und der Bevölkerung unabkömmlich waren.

Als der Präsident-General erkannte, dass er seine Pläne mit Hilfe des Parlaments nie durchsetzen werde, griff er zu dem Instrumentarium, das ihm in seiner Generalszeit gedient hatte, dem «Deuxième Bureau», das heisst den militärischen und den ihnen zugeordneten zivilen Geheimdiensten. Mit ihrer Hilfe suchte er durchzusetzen, was ihm vorschwebte. Einige Realisationen gelangen ihm. Doch die sechs Jahre seines Mandates vergingen, ohne dass der erhoffte moderne Sozialstaat entstanden wäre. Die Libanesen bereicherten sich, die Reichen am reichlichsten, jedoch auch die Mittelschichten kamen voran. Sechs Jahre, die Widerstände, Hindernisse und unvermeidlichen Pannen mit eingerechnet, waren natürlich längst nicht genug, um Chéhabs Ziel auch nur annähernd zu erreichen. Die Geschöpfe des Präsidenten-Generals drangen in ihn, das Parlament eine Verfassungsänderung vornehmen zu lassen, um sein Mandat zu verlängern. Doch Chéhab wollte den Fehler seines Vorgängers Chamoun nicht wiederholen und weigerte sich, das gleiche zu tun – was seine Geschöpfe, die von seiner Machtposition abhängig waren, nicht daran hinderte, weiter auf eine Verlängerung zu drängen.

Gleich hinter unserem Haus gab es eine Weggabelung. Auf ihr stand, gewiss aus besseren Zeiten erhalten, als es dort noch keine Neubauten gab, ein einzelner gewaltiger Baum. Eines Tages, als die Wahl für den Präsidenten schon nahe gerückt war (durch das Parlament, nicht die Bevölkerung), erschien ein riesiges weisses Spruchband, aufgespannt zwischen dem Baum und einem benachbarten Mietshaus. Darauf stand – offensichtlich von Fachleuten auf den Stoff gedruckt: «Chéhab pour Président.» Da ich wusste, dass dieser Wunsch der Verfassung widersprach, kam er mir merkwürdig vor. Ein freundlicher alter Mann mit einem breiten Handwagen, auf dem er allen möglichen Kleinkram verkaufte, von Rasierklingen über Batterien, Präservative und Zahnbürsten bis zu Metermassen und noch hundert mehr unerwarteten Sachen, hatte unter dem Baum seinen Dauerstandort gewählt. Im Vorbeigehen trat ich zu ihm und fragte ihn auf Arabisch, auf das Spruchband deutend: «Wer hat denn das Band aufgehängt?». Der gute Alte entgegnete unter seinem grauen Schnurrbart hervor, mit vollendet ironischer Höflichkeit und in libanesischer Zweisprachigkeit: «Mais voyons, Monsieur! Le Deuxième Bureau, naturellement!».

Der neue Präsident 1964 wurde der ehemalige Journalist *Charles Helout*. Er war ein sehr gebildeter Mann, natürlich französischer Schulung, und schien bereit, das Programm eines Aufbaus des «Staats» fortzusetzen, gewissermassen den sogenannten Chéhabismus ohne Chéhab. Doch im Gegensatz zu Chéhab, der in der Armee und ihren Geheimdiensten über eine Hausmacht verfügte, stand Helou alleine da; er war weder ein *Za'îm* noch ein schwerreicher Mann und auch kein Offizier, geschweige denn General. Das Programm des Staatsaufbaus kam ins Stocken. Die Geheimdienste fingen an, auf eigene Faust zu handeln, das heisst nach den Anweisungen und oft zugunsten ihrer eigenen Oberhäupter, und die einflussreichen Familien und Geldaristokraten ärgerten und beschwerten sich über ihre Interferenz, die sie als «illegal» qualifizierten.

Wohin geht der Nasserismus?

Doch die innerlibanesischen Kämpfe wurden in immer wachsendem Masse durch die aussenpolitischen Ereignisse bestimmt, die sich rings um das kleine Land abspielten. Würde Nasser mit seiner Vision eines pan-arabischen, sozialistischen Grossstaates unter seiner Führung durchdringen? Oder würde er scheitern? Dies war die Hauptachse, um die sich die nahöstliche Politik der 1960er Jahre drehte. Heute kennen wir den Ausgang, damals kannte ihn niemand. Gerade deshalb stand Ägypten immer im Zentrum der Aufmerksamkeit. Ich machte Dutzende von Besuchen im Niltal, um zu versuchen, die Entwicklung abzuschätzen. Meistens kam ich zu einer eher negativen Bewertung, nicht so sehr weil ich dachte, Nasser sei gefährlich für die «Interessen des Westens», wie die damalige Sprachregelung lautete, sondern weil mir schien, der arabische Sozialismus, der jedes Jahr mehr als Ziel der Nasserschen Politik hingestellt wurde, laufe auf eine wenig zufriedenstellende bürokratische Leitung des ägyptischen Staates und auch zunehmend der gesamten Wirtschaft des Niltals hinaus. Die Armee, in vieler Hinsicht die Elite und Krone des Regimes, war der Beobachtung durch einen ausländischen Journalisten entzogen. Doch die übrigen staatlichen Organisationen, die Verwaltung und die Wirtschaftsbürokratie, funktionierten schlecht. Immer wieder erfuhr man, dass aus der Armee «Reformoffiziere» abgeordnet wurden, um sich maroder Verwaltungszweige oder verlotterter «Wirtschaftsorganismen» anzunehmen, die nur wenige Jahre zuvor vom Staat übernommen worden waren.

Die Devisen wurden knapp und strikte bewirtschaftet. Dies bewirkte, dass der wirtschaftliche Erfolg mehr als je zuvor nicht von der Leistung der Unternehmen abhing, sondern vom politischen Gewicht, das ihre Verwalter innerhalb des Staates besassen. Wer über politischen Einfluss verfügte, konnte sich Devisen zuteilen lassen, und wer Devisen erhielt, konnte gar nicht anders als prosperieren, denn er war in der Lage, das zu tun, was alle tun wollten, aber die wenigsten tun konnten, nämlich sich die heiss begehrten Luxusgüter und die unbedingt notwendigen Ersatzteile, Rohstoffe, Auslandsfachleute kommen zu lassen. Er wurde deshalb seiner Konkurrenz automatisch weit überlegen – jedenfalls solange der Devisennachschub klappte. Das Blatt drehte sich, wenn es einem anderen der staatlichen Verwalter und Manager gelang, dem ersten den Devisenstrom abzugraben. Entscheidend für den «wirtschaftlichen» Erfolg wurde so die «politische» Fähigkeit, Devisen für das eigene Unternehmen zu mobilisieren.

Im Alltagsleben zeigte sich die Devisenknappheit in der Erscheinung der «Fliegenden Händler». Dies waren Leute, die sich irgendwie ein Ausreisevisum zu beschaffen wussten, um mit leeren Koffern auszufliegen und danach volle Koffer mit all den kleinen modischen Dingen zurückzubringen, die in Ägypten nicht zu erhalten waren, und welche gerade aus diesem Grund die gesamte Damen- und Herrenwelt unbedingt haben musste. Im Stadtzentrum, nah am Befreiungsplatz, gab es Läden, in deren Schaufenstern sich derartige Waren aus dem Ausland häuften: Zahnpasta und Luxustoilettenseife, modische Socken und Nylonstrümpfe, Seidenkrawatten in bunten Farben, billige Kameras und Filme, Sonnenbrillen eleganter Marken, mechanisches Spielzeug, elegante Taschen und Köfferchen, Feuerzeuge, Zigarettenetuis, billige Taschenradios und kleinere elektrische Haushaltsgeräte. Vor diesen Schaufenstern stauten sich so viele Menschen, dass sie den Gehsteig versperrten. Wer sich solche Sachen nicht leisten konnte, wollte sie wenigstens durch das Glas anschauen.

Für mich hatten andere Auslagen grössere Bedeutung: die der Zeitungsverkäufer im Zentrum, etwa auf dem runden Platz von Solaiman Pascha, den Nasser in Tal'at Harb hatte umtaufen lassen (Solaiman Pascha [1788–1860] war als Joseph Sève Leutnant in der Armee Napoleons gewesen, bevor er in die Dienste von Muhammed Ali trat und von 1820 an dessen Armee aushob und modern ausbildete. Tal'at Harb war ein Kopte und Patriot, der 1898 die ägyptische Nationalbank gegründet hatte.) Sie führten neben den Zeitungen sämtliche Broschüren politischen Inhalts, die in Kairo erschienen. Schon aus ihren Titeln konnte man ablesen, was gerade in der Linie des Regimes lag oder wie weit das Regime jeweilen bereit war, den Intellektuellen den Maulkorb zu lockern. Gegen Israel konnte und durfte ein jeder schreiben, auch allerhand ausgesprochen Anti-semitisches wurde geduldet oder sogar gefördert, bis hin zu den «Protokollen der Weisen von Zion», welche einst die politische Polizei der Zaren erfunden hatte. Das Regime, seine Taten und seine Aussichten zu preisen war ebenfalls jederzeit möglich. Vom Islam sollte meist nur die Rede sein, um die Thesen des Regimes zu bestärken, etwa indem der «Sozialismus» als islamisch gepriesen wurde. Nach seiner Sezession wurde Syrien zum Ziel heftiger Angriffe, und dem Irak Kassems ging es nicht besser. Die Baath-Partei erschien von Kairo aus gesehen als eine Giftschlange. Die Muslimbrüder wurden als Meuchelmörder dargestellt. Man konnte Broschüren über den Sudan finden, über die jungen Staaten von Afrika, die Dritte Welt und ihre führenden Staatsmänner, Nehru, Tito, Sukarno, N'Krumah, Lumumba, den Märtyrer. Jemen und Saudi-Arabien rückten langsam ins Blickfeld. Der Kolonialismus galt noch und der «Neokolonialismus» schon als ein überaus gefährlicher Feind.

Dem ägyptischen Radio musste man lange Zeit lauschen, um die Regierungslinie gegenüber der Aussenwelt einigermassen lückenlos zu erfahren. Am Zeitungskiosk ging das schneller und gleichzeitig in präziserer Form, weil man die schriftliche Rhetorik rasch überfliegen konnte. Ausserdem fand ich oft Flugschriften, die interessant genug schienen, um sie zu kaufen. Nicht weil man sie als völlig wahr nehmen konnte, aber weil sie doch einige Einblicke gaben oder Fakten aufführten, die es sich lohnte zur Kenntnis zu nehmen. Zu den interessanteren Veröffentlichungen gehörte das Protokoll der Gespräche Nassers mit den irakischen und syrischen Baathisten, die im März und April 1963 über eine neue Verfassung geführt wurden, nachdem die Baath-Parteien in ihren beiden Ländern zur Macht gekommen waren. Die Ägypter liessen dieses Protokoll zuerst in den Tageszeitungen erscheinen, dann als Broschüre – die Sitzungsberichte füllten ein ganzes Buch –, um zu zeigen, wie Nasser die Delegationen beider Parteien zu erziehen versucht hatte, nur um am Ende feststellen zu müssen, dass sie weder gebührliche Reue noch genügend Hochachtung zeigten und sich auch nicht wirklich seiner Führung zu unterstellen gedachten. Die Syrer erklärten allerdings, die Ägypter hätten die Protokolle so abgeändert, dass sie und die Iraker schlecht weggekommen seien. (Eine ausführliche Darstellung und Analyse der Texte findet man bei *Malcolm Kerr: The Arab Cold War 1958–1964, A Study of Ideology in Politics,* Oxford 1965). Hier sei nur ein Satz Nassers daraus zitiert, der die Essenz der Probleme zwischen den drei pan-arabisch eingestellten Gesprächspartnern aufzeigt: «Das Grundproblem würde bleiben; nämlich aus wem soll dieser Rat [ein vorgeschlagener Oberster Revolutionsrat] bestehen? Wenn es so kommt, dass wir einen irakischen Baathisten haben und einen syrischen sowie einen Ägypter, dann wird der Baath den Staat beherrschen.» Nassers Ziel konnte genau das nicht sein.

Jemen und Iran in den 1960er Jahren

Revolution und Dauerkrise im Jemen

Schon bevor die Vereinigungsbemühungen der Baathisten und Nasseristen endgültig zusammenbrachen, war es zu einem neuen interarabischen Drama gekommen, das sich über die nächsten acht Jahre hinziehen sollte und im Jemen begann. Jemen war bis 1962 ein völlig unzugängliches Land gewesen. Nur ein paar westliche Diplomaten und einige Ärzte und Ärztinnen, ganz wenige Reisende und Abenteurer waren je nach San'a, der Hauptstadt des Landes, gekommen. Es besass nur eine einzige befahrbare Strasse, sonst bloss Wege und Maultierpfade. Sein Herrscher, der Imam, weltliches und geistliches Oberhaupt der dort vorherrschenden zaiditischen Religionsrichtung des Islams, wollte nichts von der Aussenwelt wissen und sein Land von ihr isoliert halten. Für einen Journalisten war es aussichtslos, ein Visum dorthin zu bekommen. Doch dies änderte sich schlagartig mit der jemenitischen Revolution. *Imam Ahmed*, der gewalttätige und gefürchtete langjährige Herrscher des Landes, war am 18. September 1962 schliesslich den Folgen der zahlreichen Verwundungen erlegen, die er aus Kämpfen und gegen ihn gerichteten Mordanschlägen davongetragen hatte. Sein Sohn, *al-Badr*, sollte ihm nachfolgen. Er regierte jedoch nur zehn Tage lang. Um sich der Loyalität der Armee zu versichern, erhob er den Chef des Generalstabs, *Abdullah Sallal*, zum Oberbefehlshaber. Sallal war als junger Mann im Irak ausgebildet worden; dem Imam Ahmed war er wegen revolutionärer Umtriebe verdächtig gewesen. Er hatte ihn eingekerkert und jahrelang in einem Verliess in Fusseisen festgehalten.

Al-Badr war schon als Kronprinz dafür bekannt, dass er für eine engere politische Zusammenarbeit seines Landes mit den arabischen und den Staaten der Dritten Welt eintrat. Jemen war Mitglied der Arabischen Liga, und ein Heer von chinesischen Arbeitern hatte dem Land seine erste Strasse gebaut und geschenkt, die seinen Haupthafen, Hodeida am Roten Meer, mit seiner hoch in den Bergen gelegenen Hauptstadt verband. Imam Ahmed hatte sich eine kurze Zeit lang bereit erklärt, sein Land mit der VAR (Ägypten und

Syrien) im Sinne des Pan-Arabismus zu föderieren. Doch als Nasser den Sozialismus einführte, sandte ihm der Imam im Dezember 1961 ein Gedicht, in dem er die Föderation wieder aufkündigte und seine Gründe dafür in gereimten klassisch-arabischen Versen zum Ausdruck brachte. Dies war als ein Kuriosum durch die arabische und Teile der europäischen Presse gegangen. Nasser hatte darauf seine Propagandaorgane gegen den «reaktionären» Jemen entfesselt.

Kaum war der neue Chef der Armee eingesetzt, liess er seine Tanks den Palast des neuen Imams umstellen und das Gebäude beschiessen. Er rief eine Jemenitische Arabische Republik aus und erklärte, al-Badr sei unter den Ruinen des Palastes umgekommen. Zwei Wochen lang glaubte die Welt an diese Version. Doch Imam al-Badr entkam mit der Hilfe seiner Leibwächter über die Gartenmauer seines Palastes, noch bevor die Revolutionäre eindringen konnten. Er floh ins Hinterland. Sallal liess sich zum Präsidenten der Republik ausrufen. Der aus dem Exil in Kairo heimgekehrte Nasserist *Abdurrahman al-Baidani*, der als der verlängerte Arm Kairos galt, wurde Vizepräsident, und dringende Hilfsgesuche ergingen an Nasser, die neue Republik und die «jemenitische Revolution» zu unterstützen. Wahrscheinlich war das ägyptische Regime von vornherein über den bevorstehenden Coup im Jemen orientiert gewesen; manche Gewährsleute glaubten zu wissen, er sei überhaupt in Kairo geplant und von Kairo aus organisiert worden. Klar sichtbar aber wurde sehr schnell, dass Ägypten starke Truppenverbände in den Jemen entsandte, zur Unterstützung des neuen Regimes gegen den entkommenen Imam und seine Anhänger. Dies musste Saudi-Arabien auf den Plan rufen, und es entwickelte sich ein bis 1967 während Krieg zwischen den neuen Machthabern und ihren ägyptischen Verbündeten auf der einen und dem Imam und den Saudis auf der anderen Seite.

Ich wusste aus Büchern, die ich gelesen hatte, gerade genug über das Gebirgsland Jemen, um schon von Beirut aus zu ahnen, dass die Revolution sich wohl in der Hauptstadt und in den südlichen Landesteilen würde durchsetzen können, dass sie jedoch in den Bergen, in denen die bewaffneten Stämme der Zaiditen lebten, das eigentliche Staatsvolk, auf das der Imam sich gestützt hatte, auf Widerstand stossen werde. In der Nasser gegenüber kritischen Tageszeitung von Beirut, *Al-Hayat,* erschienen schon bald Berichte in diesem Sinne, auf die ich mich bei meinen ersten Schilderungen der Ereignisse im Jemen stützte, die ich von Beirut aus schrieb.

Schon bald wurde unter Journalisten herumgeboten, wer wolle, könne nach Saudi-Arabien und von dort aus vielleicht nach Jemen reisen, die saudischen Behörden wollten nun Journalisten aus dem Westen empfangen. In der Tat erwies sich der saudische Presseattaché auf der Botschaft in Beirut bereit, ein Visum zu gewähren. Er empfahl dem Journalisten, über Jiddah, damals die offizielle Eingangspforte nach Saudi-Arabien – auch die ausländischen Botschaften befanden sich dort –, möglichst rasch nach Riad zu fliegen und mit dem Hof Kontakt aufzunehmen.

Die plötzliche Öffnung Saudi-Arabiens für die «westliche» Presse hing damit zusammen, dass die saudische Regierung durch die Revolution im Jemen in eine Krise geraten war, die sie mit Hilfe ihrer amerikanischen Verbündeten und europäischen Sympathisanten zu meistern hoffte. Schwierigkeiten mit Nasser und seinem Arabischen Sozialismus hatte das Königreich schon seit Jahren. Als Abdul Hamid Sarraj noch Innenminister in der «Nördlichen Provinz der VAR» in Damaskus war, hatte er auf einer Pressekonferenz einen Scheck von einer halben Million Dollar vorgezeigt, von dem er behauptete, König *Saud ibn Abdul Aziz* habe ihn ihm zur Verfügung gestellt, damit er dafür sorge, dass ein Flugzeug, mit dem Nasser von Kairo nach Damaskus zu fliegen plante, abgeschossen werde. Sarraj erklärte, er habe den Scheck genommen, ihn jedoch der VAR für ihre Zwecke zur Verfügung gestellt. Die Sensation war natürlich von einer lauten Propagandawelle gegen das «feudale» Regime in Saudi-Arabien begleitet.

Ernsthafter für die Saudis war, dass 1962 saudische Kriegspiloten nach Kairo flogen und sich dort Nasser zur Verfügung stellten. Dies führte zur Stillegung der saudischen Luftwaffe. Als die jemenitische Revolution ausbrach, entsandte Jordanien Staffeln der jordanischen, um sie zu ersetzen. König Saud proklamierte in einem Augenblick unüberlegter Begeisterung: «Jetzt bombardieren wir San'a!» Doch der Oberbefehlshaber der jordanischen Luftwaffe ergriff auch die Flucht nach Kairo, und König Hussein musste seine Piloten nach Amman zurückrufen. Eine Gruppe von jungen saudischen Prinzen, deren wichtigster *Tallal Ibn Abdul Aziz* war (er hatte kurz vorher als Ministerpräsident amtiert, sich aber mit dem König entzweit), reiste auch nach Kairo und stellte sich dort der «Stimme der Araber» für die Propaganda gegen die Herrscherfamilie zur Verfügung.

König *Saud ibn Abdul Aziz* (reg. 1953–1964) bildete ein leichtes Ziel für die Kritik der Ägypter. Er war magenkrank, trank aber trotzdem gerne weiter süsse Liköre. Eine der mächtigsten Personen an seinem Hof war sein ehemaliger Chauffeur, *Id ibn Salem*, der ihm immer wieder trotz des Verbotes der Ärzte Cointreau flaschenweise verschaffte und auch als Zuhälter diente. Er vermochte den Zugang zum Herrscher zu regeln. Der König war berühmt für zahlreiche Frauengeschichten und unterhielt natürlich einen Harem, in dem es noch Sklavinnen gab. Er gebrauchte die Erdölgelder, um sich für viele Millionen Traumpaläste bauen zu lassen, reiste mit grossem Tross in Europa und sorgte dort für kleine und grosse Skandale. Die Bevölkerung des Königreiches, Oasenbauern und Nomaden, war damals so arm, dass viele Familien aus blanker Not einen oder einige ihrer Söhne in die sogenannte «Weisse Armee» entsandten, die Nationalgarde, die aus Beduinen bestand, wo sie ohne Sold dienten, weil sie froh waren, etwas zu essen zu erhalten.

Als die Ägypter dank Sallals Putsch im Jemen Fuss fassten, wurde die Lage in Saudi-Arabien kritisch. Drei Provinzen Saudi-Arabiens hatten ursprünglich zu Jemen gehört: Jizan, Najran und Abha. Sie waren erst 1934 von den damaligen Kronprinzen Saud und Faisal erobert worden, und im Jemen war die Gewissheit lebendig geblieben, dass die drei Provinzen zu Jemen zurückkehren müssten. Als die Revolution in San'a ausbrach, griff sie auch auf die drei Provinzen über, besonders auf Jizan, am Roten Meer, und die Saudis mussten die Unruhen niederschlagen. Am 6. November 1962 bombardierte die ägyptische Luftwaffe die saudischen Flecken und Hauptorte von Najran und Jizan. Was sie damit erreichen wollte, war unklar. Was sie jedoch bewirkte war, dass sie *Faisal Ibn Abdul-Aziz*, der die damalige Regierung leitete, dazu veranlasste, den abgesetzten Imam al-Badr und seine Anhänger gegen die jemenitische Revolution zu unterstützen. Für Faisal handelte es sich nun darum, ein Gefälle für einen Waffenstrom Richtung San'a zu schaffen, wenn er nicht gewärtigen wollte, dass sich ein Waffenstrom umgekehrt aus dem Jemen nach Saudi-Arabien ergiesse.

Als ich zu Beginn des Jahres 1963 in Saudi-Arabien ankam und von Jidda nach Riad flog, war die Unterstützung der Imamanhänger bereits angelaufen. Auch die Engländer hatten sich für den Imam entschieden, die Amerikaner jedoch hatten die Republik von San'a anerkannt. Kennedy suchte damals eine Politik der Beschwichtigung Nassers zu führen, weil er vermeiden wollte, dass die Ägypter ins sowjetische Lager umschwenkten, und auch weil Nasser damals als ein Mann des Fortschritts und der Zukunft erschien, die arabischen Könige jedoch als feudal und reaktionär und früher oder später dem Untergang geweiht.

Grossbritannien besass damals noch seine Kolonie Aden. Die arabischen Sultane der Kleingebiete des Westlichen und Östlichen Protektorates, nördlich und östlich von Aden, waren seit dem 19. Jahrhundert durch Protektionsverträge an London gebunden. Diese lokalen Herrscher sahen im Sturz des Imams von Jemen eine Gefahr, die auch sie mitreissen könnte.

In Riad angelangt, wurde ich vom Informationsministerium im einzigen Hotel untergebracht, das es damals in der Hauptstadt des Najd gab. Es hiess «Yamama» (Taube) und diente als eine Art inoffizielles Gasthaus der Regierung. Alle Besucher des Königreiches, die den König oder seinen

Ministerpräsidenten sehen wollten, wurden dort einquartiert und warteten auf ihre Audienz. Die Wartezeiten konnten Tage oder Wochen betragen. Wenn Faisal den Wartenden schliesslich empfing, bezahlte er die Hotelrechnung. Wenn jedoch einer der Bittsteller die Geduld verlor und von sich aus abreiste, musste er die Rechnung bezahlen, und sie war mindestens so hoch wie die eines europäischen Erstklasshotels. Es gab einen Speisesaal mit einem libanesischen *maître d'hotel*; man konnte ihn fragen, wer die verschiedenen Persönlichkeiten waren, die regelmässig zum Essen kamen. Ich machte mir einen Spass daraus, die interessanteren von ihnen zu bitten, ob ich mit ihnen speisen dürfe. Frauen waren nie dabei; wenn es sie gab, assen sie auf ihren Zimmern, und manche Besucher, die schon seit Wochen oder Monaten da waren, hatten allen Grund sich zu langweilen. So ass ich denn einmal mit einem Herrn, der einen mehr indischen als arabischen Turban trug, doch mit dem man arabisch zu sprechen hatte. Es war der Imam *Ghalib von Nazwe* aus dem gebirgigen Hinterland von Oman. Der Sultan von Oman und Sallala, der einen Protektionsvertrag mit Grossbritannien besass, hatte ihn 1955 mit Hilfe der britischen Armee aus seiner Heimat vertrieben. Die Saudis hatten später im Streit um die Oase Buraimi seine Seite gegen Grossbritannien ergriffen. Dieser Grenzstreit hatte zwischen 1957 und 1959 zu einem Kleinkrieg zwischen den britischen Protektoraten von Oman und Abu Dhabi gegen Saudi-Arabien und die Anhänger des Imams geführt. Schliesslich hatten die Saudis ihren Anspruch auf die Oase Buraimi, die zwischen Abu Dhabi und Oman liegt, fallen gelassen. Der Imam war das Oberhaupt der besonderen Religionsgruppe der Ibadhiten, die ihrerseits auf die Kharijiten zurückgingen. Ob er bereits seit 1959 im «Hotel Yamama» sass, oder ob er später angekommen war, verbat mir die Höflichkeit zu fragen.

Ein anderes Mal hatte ich die Ehre mit König *Zog* von Albanien und mit seinem aus der Türkei stammenden Adjutanten zu speisen. Der König suchte im Zeichen des Islams und des Anti-Kommunismus den Kontakt mit Faisal und hoffte wohl auf Unterstützung.

Ich wurde rascher als der Ex-König von Faisal empfangen, und er erlaubte mir, nach dem Jemen zu reisen. Sobald eine Gelegenheit dazu komme, würde ich gerufen werden, versprach er in Gegenwart des Informationsministers. In einer der folgenden Nächte durfte ich einem seltsamen Schauspiel beiwohnen und es sogar fotografieren: Im Schein von Fackeln tanzten auf einem flachen Gelände gleich vor der Stadt lange Reihen von Beduinenchefs mit Schwertern in der Hand unter dem Dröhnen von Pauken und Tamburinen an Faisal vorbei, und schliesslich fügte er sich selbst in den Reigen ein. Dies war eine Loyalitätsdemonstration in der Art einer Huldigung (arabisch *bay'a*, was wörtlich «Kauf» bedeutet) der Beduinenstämme des Najd gegenüber Faisal, welcher in jener Zeit mit Stützung des königlichen Familienrates die eigentliche Macht über das Königreich von König Saud übernahm und schlussendlich, im Jahr 1964, selbst König wurde.

Die Abfahrt aus Riad kam plötzlich. Ich sass mit einer Reihe von Studenten und anderen interessierten Personen im Hauptauditorium des neuen saudischen Petrol-Institutes und hörte einem Vortrag zu, den der neue Erdölminister *Zaki Yamani* dort hielt, als sich plötzlich die Türe neben dem Pult des Vortragenden öffnete. Ein netter englischer Fotograf, den ich auch im «Yamama» kennengelernt hatte und der mit «an die Front» kommen wollte, stand in der Tür, deutete mit dem Finger auf mich und machte Bewegungen mit seinen Armen, als wolle er fliegen. Ich begriff und verliess, so diskret ich konnte, den Hörsaal, der auch eine hintere Türe besass. Das Flugzeug stand schon auf der Piste bereit und verliess Riad mit einer Gruppe von ganz verschiedenen Leuten, die alle in Najran, an der jemenitischen Grenze, zu tun hatten. Es landete auf einer einsamen Piste im Wadi Najran, am Horizont lag die Oasenstadt in einem Hain von Palmen. Doch für uns Journalisten wartete schon ein Wagen mit Vierradantrieb und fuhr in die Wüste hinaus, wie uns versichert wurde, über die Grenze hinweg nach Jemen hinein.

Beim Imam in der Wüste

Es dunkelte schon, als wir im Licht von Petroleumlampen vor einem grossen Teppich vorfuhren, der in der flachen Wüste über den Sand gebreitet war. In der Nähe standen andere Autos herum. An den vier Ecken des Teppichs standen bewaffnete Jemeniten, jeder mit seinem Krummdolch im Gürtel, in den Armen eine Kalaschnikow. Wir wurden aufgefordert, auf dem Teppich Platz zu nehmen, und ein Wagen brauste heran, dem der junge Imam al-Badr entstieg. Es zeigte sich, dass er sich bereit erklärt hatte, einem Reporter von «Time Magazine», der in Najran schon einige Zeit darauf wartete, ein ausführliches Interview zu gewähren. Al-Badr hatte beschlossen, gleichzeitig auch die anderen Journalisten zu empfangen, die aus Riad angekommen waren. Der Mann von «Time Magazine» sagte höflich, aber bestimmt, es werde sein Interview sein, doch habe er nichts dagegen, wenn die Kollegen zuhören wollten. Wir waren vier Journalisten und drei Fotografen. Der Kollege von «Time Magazine» verwendete den Standardkatalog von Fragen, die von der Wochenzeitschrift allen Befragten gestellt wurden. Es waren für arabische Verhältnisse indiskrete Fragen darunter, nach Jugenderlebnissen, Verhältnis zu Vater und Mutter, erster Liebe. Der Imam, dem sie ins Arabische übersetzt werden mussten, beantwortete sie alle ohne Protest, jedoch eher ausweichend und manchmal verlegen. Den Leibwächtern, die die arabische Übersetzung der Fragen und die Antworten mitbekamen, missfiel die Fragerei sichtlich. Ich schämte mich für den Journalisten und sein unangepasst amerikanisches Interview-Schema. Doch dann kamen die Fragen zur politischen Lage; da konnte der Imam ausholen und schildern, wie sehr seine vermeintlichen proarabischen und progressiven Freunde ihn verraten hätten, aber auch unterstreichen, dass Jemen in seiner Geschichte allen fremden Eroberungsversuchen Widerstand geleistet habe und es dies nun auch gegenüber den Ägyptern tun werde. Das Bergland sei unter seinen Vorfahren mehrmals zur Todesfalle der osmanischen Heere geworden, und die ägyptischen Soldaten würden es auch nicht lebendigen Leibes verlassen.

Er räumte ein, dass Saudi-Arabien die Krieger des Imams unterstütze, doch es würden die Jemeniten selbst sein, die so lange gegen die Ägypter und ihre «Gefolgsleute», wie er sie nannte, die jemenitischen Republikaner, Krieg führen würden, bis sie abzögen. Aus seinen Darlegungen wurde deutlich, dass schon in diesen ersten Monaten des Krieges die landesfremden Ägypter als die wahren Feinde eingestuft wurden, von den Republikanern und dem «Verräter» Sallal wurde kaum gesprochen.

Das Interview in der Wüste dauerte mehrere Stunden. Zum Schluss durfte ich mein Anliegen vorbringen. Ich sagte, ich möchte gerne ins Landesinnere ziehen, womöglich bis an die Front, wo die Kämpfe stattfänden. Der Imam stimmte zu; er rief einen seiner Begleiter und gab ihm den Auftrag, mit einer Wachmannschaft mit mir zu ziehen und mich sicher wieder zurückzubringen. Zwei italienische Journalisten erklärten, für einige Tage möchten sie auch mitkommen, und wir fuhren gleich los.

Fahrt ins Innere Jemens

Zuerst gab es einen «station wagon», das heisst einen der kleinen Lastwagen, wie man sie auf den Baustellen braucht. Da es im Wadi Najran, dem wir zunächst folgten, keine Wege, aber viele grosse Steinblöcke gab, kam das schaukelnde Gefährt nur langsam voran, aber es blieb nie stecken und fiel auch nicht um. In der Morgenfrühe erreichten wir den Rand des Wadi, und ein langsamer Aufstieg in die jemenitischen Berge begann. Das Lastauto mussten wir zurücklassen, es wurde anderweitig gebraucht, vermutlich zum Transport von Waffen.

Wir hielten an einer Stelle, sie war schon etwas grün, mit Gras und Gestrüpp bewachsen, wo viele Menschen zusammenkamen. Der Grund wurde bald klar. Es gab hier einen «Stammesfachmann» aus Saudi-Arabien, der die Abgesandten der Stämme aus dem Inneren Jemens empfing. Er war ein Vertrauensmann Faisals, der die Namen und die politischen Umstände der Hunderte von Stämmen und Sippen, die es im Jemen gab, ihre Führer und ihre Hauptfamilien, die alten und neuen Fehden und Aussöhnungen, alle im Gedächtnis trug. Die Delegationen von weither kamen zu ihm und beantragten Waffen für den Kampf gegen die Ägypter und für den Imam. Es war seine Aufgabe, ihre Forderungen einzuschätzen. Waren sie glaubwürdig oder wollten sie nur so viele Waffen wie möglich einheimsen, indem sie die Zahl ihrer Stammeskämpfer und ihre Bereitschaft, zu Felde zu ziehen, übertrieben? – Der Stammesspezialist unterhielt sich mit einer jeden Delegation ausführlich, fragte sie aus über die lokale Lage und das Befinden ihres Stamms und ihrer Nachbarn. Er verglich dies mit dem, was er über die Stämme ohnehin wusste (und das muss erheblich gewesen sein), um festzustellen, wie glaubwürdig die Verlangen der Delegationen tönten, ob es sich überhaupt um echte Abgesandte der zuständigen Stammesführer handelte, wie gross oder klein die Sicherheit war, dass sie wirklich mit ihren Waffen kämpfen würden, statt sie zu verkaufen oder sie gar an die Feinde des Imams weiterzuleiten. Seine Nachforschungen bei den verschiedenen Gruppen, die Waffen forderten, konnten zwar nicht mit völliger Sicherheit garantieren, dass alle Waffen, deren Ausgabe er bewilligte, die Verwendung fanden, für die sie bestimmt waren, doch wer den Verhandlungen zuschaute – sie wurden wispernd geführt, und verstehen konnte sie ein Aussenseiter, der weder den lokalen Dialekt beherrschte noch die unzähligen Namen kannte, die vorkamen, ohnehin nicht –, dem wurde klar, dass die Stammesleute es mit einer Person von ausgedehntem, präzisem Wissen und von grosser Schlauheit zu tun hatten. Ihm ein Theater vorzuspielen, dürfte nicht leicht gewesen sein.

Zu Fuss in die Berge

Die Begleitmannschaft verschaffte uns ein Kamel, ein Maultier und einen Esel. Der Esel trug unser weniges Gepäck. Wir ritten abwechselnd und gingen dann wieder zu Fuss. Es war mein erster Kamelritt, und ich fand ihn eigentlich mühsamer als zu Fuss zu gehen. Um den Passgang des Tieres auszugleichen, muss der Reiter in den Hüften mitschwingen. Wer daran nicht gewöhnt ist, wird bald in den Hüften müde, weil er die entsprechenden Muskeln sonst eher selten gebraucht. Ich konnte es keine Stunde aushalten. Meinen italienischen Kollegen ging es gleich. Das Kamel protestierte jedesmal laut, wenn es gezwungen wurde, sich hinzulegen, damit der jeweilige

Reiter absteigen konnte. Es sei gewöhnt, sagten die Jemeniten, einen Reiter so acht oder zehn Stunden lang ohne Unterbruch fortzutragen. Das Maultier war sehr viel bequemer. Der Imam, so sagten unsere Begleiter, habe auch immer ein Maultier vorgezogen. Es stellte sich heraus, dass der Anführer unserer Begleitmannschaft zu der Leibwache gehört hatte, die al-Badr aus seinem Palast in San'a unter Beschuss der Tankkanonen über die Gartenmauer gehoben und dann seine Flucht in die zaiditischen Berggebiete des Nordens abgesichert hatte. Ich verstand mich sehr gut mit ihm und diente auch meinen italienischen Kollegen ihm gegenüber als Dolmetscher. Er hiess Ibrahim, war ein kräftiger, offenbar das Leben im Freien gewöhnter und kampfgeschulter Mann. Er trug das konische Strohkäppchen der Leute aus Kholan, dem Wüstental, das sich von San'a weit über das Plateau des Inneren Richtung Südosten dahinzieht und dessen Stämme als besonders kampfgewöhnt und imamfreundlich galten. Er war stets fröhlich und höflich, immer darum bemüht, uns die Reise so leicht wie möglich zu machen. Nie ass er, bevor er nicht uns etwas zu essen verschafft hatte.

Flugzeuge waren eine beständige Sorge unserer Begleiter, obwohl wir eigentlich nie welche zu Gesicht bekamen. Irgend jemand hielt stets seine Augen auf den Himmel gerichtet. *Tayara, Tayara* (Flugzeug) tönte es oft, obwohl nur ein Wölkchen am Horizont aufgetaucht war. Ich hatte ein batteriegetriebenes kleines Rasiergerät, das beim Gebrauch ein mechanisches Summen vernehmen liess. Jeden Morgen, wenn ich mich rasierte, gab es Alarm. Obwohl die Leute das Ding allmählich kannten, rief doch immer wieder einer das Schreckenswort aus; die anderen lachten dann über ihn. Offensichtlich waren sie alle einmal Zeugen und Opfer von Luftangriffen gewesen, die so viel gefährlicher waren als die Kämpfe mit Gewehr und Krummdolch, die sie von Jugend auf kannten und übten.

Unser Weg führte dem inneren Rande der Küstenebene entlang. Sie erhielt Wasser aus Wadis, die von den Bergen her kamen. Diese Gebirge standen dunkelgrün am östlichen Horizont. Die Ebene war dicht bewohnt von einer afrikanisch-jemenitischen Mischbevölkerung. Sie lebten in Dörfern aus runden Strohhütten, die um einen Mittelmast herum aufgebaut waren, hielten Kühe und Hühner, bauten Durrah an. Ihre Frauen waren in afrikanischer Art unverschleiert und ungehemmt im Verkehr mit den Fremden, was für die jemenitische Begleitmannschaft dafür sprach, dass es sich um ein unzüchtiges, afrikanisches und nicht wirklich muslimisches Volk handle.

Wir begegneten einem Verwundeten, der sich mit einem Beinschuss allein durch die Ebene schleppte. Er komme zurück von der Front, erzählte er. Er wolle nach Hause, er hoffe, seine Wunde werde von selbst heilen.

Doch bat er die Fremden um Medizin. Alles was ich ihm geben konnte, war Aspirin. Auch damit, so sagte er, fühle er sich schon viel besser. Es komme vor, sagte die Begleitmannschaft, dass Schiesswunden heilten. Oft bleibe die Kugel im Körper. Natürlich gäbe es auch Leute, die an ihren Verwundungen stürben. Es sei eben alles vorbestimmt.

Die beiden Italiener wollten von hier aus zurückkehren, und es gab Diskussionen in der Begleitmannschaft, wer mit ihnen zurückgehen solle, weil alle weiterziehen wollten, in die Berge hinein, die ihre eigentliche Heimat waren. Die Ebene war ihnen fremd und, wie sie sagten, zu heiss.

Hoch hinauf in die Berge

Dann begann ein steiler Aufstieg über 1500 Meter, Nebelstreifen hingen des Morgens in der Luft. Es gab bald Einzelhöfe an den Hängen, aus Stein gebaut. Die Frauen, schwarz eingehüllt, arbeiteten auf den Terrassenfeldern. Die Hänge waren grün überzogen, mehr von Buschwerk allerdings als von Gras.

Gegen Abend erreichten wir ein steinernes Schloss mit Aussenmauer und Festungsgraben, das die Jemeniten *Qufla* nannten. Es lag zuoberst auf dem nördlichsten Bergvorsprung, der über der Küstenebene emporragte und war Sitz des Provinzverwalters des Imams, der den Titel '*Amil* trug, was Agent bedeutet. Die Nacht verbrachten wir in dunklen Steinkammern, in die nur durch enge Schiessscharten Licht fiel.

Am nächsten Morgen konnte ich zusehen, wie der 'Amil seine Provinz verwaltete. Er, ein Mann zwischen dreissig und vierzig, stand in vollem Ornat, Turban und gesticktem Gürtel mit Krummdolch unter einem Baum im Freien. Rund um ihn herum wogten Hunderte von Männern, offenbar aus der Umgebung, viele waren auf Eseln gekommen. Neben ihm sass im Schneidersitz sein Schreiber. Er nahm schweigend die langen Papierzettel entgegen, die ihm von Bittstellern und Klägern gereicht wurden, las sie durch und schrieb an den Rand mit roter Tinte ein paar Worte der Zusammenfassung des offenbar oft wortreichen Dokuments. Dann ging der Papierstreifen weiter an den 'Amil, der zuerst auf die rote Zusammenfassung schaute, dann vielleicht auch kurz auf Stellen des längeren Textes. Dann entschied er, wortlos. Die Zettel kamen auf drei Haufen, jeder mit einem Stein beschwert: der eine war «Ja», der andere «Nein» und der dritte, kleinste, bedeutete «vielleicht», in dem Sinne, dass die Angelegenheit näherer Prüfung bedurfte. Der 'Amil und sein Schreiber arbeiteten schnell, konzentriert, fast lautlos mehrere Stunden lang. Auch die Kläger und Bittsteller schwiegen;

was sie zu sagen hatten, stand auf dem Papier. So wurden in schnellem Fluss Dutzende von Geschäften entschieden. Die Sache konnte nur so schnell gehen, weil der Gouverneur eine teils gefürchtete, teils verehrte Respektsperson war, ein «Herr», der Schweigen gebieten konnte und dessen Entscheide widerspruchslos ausgeführt wurden. Er hatte «Soldaten» in seiner Burg, die er im Notfall aussenden konnte, um seinen Geboten Gehorsam zu verschaffen. Dies waren mit alten Gewehren bewaffnete Kerle jeden Alters und jeder Kleidung, oft sahen sie ärmlich aus, schlecht genährt. Viel Sold dürften sie nicht empfangen haben. Gewiss war es besser für die unbewaffnete Bauernbevölkerung, ihnen aus dem Wege zu gehen.

Ein Kampf an der Front

Wir wanderten noch zwei Tage lang weiter durch die Berge nach Süden. Dörfer lagen zu oberst auf den Graten, unter ihnen in unzähligen schmalen Terrassen die Felder. Eines Nachts kamen wir spät in einem Dorf an und schliefen in der Moschee. Vor ihr lag eine offene Zisterne, wie sie im Jemen seit den Zeiten der Himyariter, der «Könige von Saba», seit 2000 Jahren gebaut werden: ein Amphitheater aus Steinwänden, mit Mörtel abgedichtet. Man musste im Dunkeln viele Stufen hinabgehen, um zum Wasser zu gelangen. Ganz unten schöpften meine Begleiter aus hohler Hand, alle waren durstig von der Strasse. Ich tat es auch. Das Wasser schmeckte allerdings etwas salzig. Am nächsten Morgen, als das Sonnenlicht in die Zisterne fiel, bekam ich einen Schrecken; dunkelgrün blinkte das Wasser empor. Was dort alles darin gewesen sein muss! Doch die Sache blieb für meine Begleiter und für mich ohne Folgen. – Auch ohne Folgen blieb eine andere Nacht, in der wir im Freien schliefen. Ich lag mit geschlossenen Augen da und vernahm ein leises Gespräch in der Nähe. «Wie wäre es, wenn wir den Fremden umbrächten?» – «Nein, das geht nicht, er ist doch ein Freund des Imams». Ich schlief ein, vertrauend auf den Schutz des fernen Imams. – Wie Sennen pflegen die Jemeniten einander von Berg zu Berg zuzurufen. Oft hörte ich: «Was macht ihr da mit dem gefangenen Ägypter, bringt ihn doch um!», und unsere Leute riefen zurück: «Kein Ägypter, ein Freund des Imams!»

Wir bewegten uns immer in südlicher Richtung durch die Berge, westlich der Hauptverkehrsachse, die San'a mit der nördlichen Stadt Sa'ada verbindet. Damals bestand sie nur aus Saumpfaden. Diese Achse beherrschten die Republikaner und die mit ihnen verbündeten ägyptischen Truppen, doch rechts und links davon, wo es viele Dörfer und Einzelgehöfte gab, war Gebiet des Imams und der Kämpfer seiner Stämme. Wir gelangten schliesslich zu einer Stelle, es muss auf der Höhe der Stadt Umran, aber westlich von ihr, gut 60, 70 Kilometer nördlich von San'a gewesen sein, wo eine grosse Felswand, die sich über einem Wadi erhob, durch ihren Überhang eine Art offener Höhle bildete. In ihrem Schatten hatte sich, vor dem Einblick von Flugzeugen einigermassen geschützt, das versammelt, was die Jemeniten ein «Heer» nannten: einige Hundert Kämpfer unter der Führung eines streitbaren zaiditischen Religionsgelehrten, der sie zum Heiligen Krieg aufgerufen hatte.

Bevor wir das Lager erreichten, musste ich trotz der Hitze meine Jacke aus Lederimitation anziehen und auf den Maulesel aufsitzen. Meine Reisegefährten führten ihn dann am Zügel in das Lager hinab. Wer als Freund des Imams erschien, musste gebührend auftreten. Wir kamen kurz vor Sonnenuntergang an und trafen gerade ein, als der Gottesgelehrte Patronen verteilte. Ein jeder der Kämpfer kam mit seinem Gewehr und erhielt von den Gehilfen des Gottesmannes die zu seinem Gewehr passenden Patronen. Der «German», ein Mausergewehr deutscher Herstellung, das vom Ersten Weltkrieg übrig geblieben war (die Türken hatten es damals nach Jemen gebracht, und die Jemeniten hatten es von ihnen erbeutet), war die beliebteste Waffe, weil sie weiter trug als alle anderen Gewehre. Doch die entsprechende Munition war selten geworden. Für den «German» gab es nur zwei Schüsse pro Gewehr, und der Gottesgelehrte schärfte den Trägern ein: «zwei Schüsse, zwei tote Ägypter!», indem er ihnen zwei Finger zeigte. Für die anderen Gewehre waren die Vorräte grösser. Doch nie fehlte die Mahnung: «Jeder Schuss muss treffen!»

Dann wurde es Nacht. Es dauerte nicht lange, bis eine heftige Schiesserei losbrach, anscheinend das ganze Wadi entlang. Man hörte heulende Stimmen, fern und nah, doch eine Orientierung war im Dunkel der Nacht unmöglich. Eine Weile hielt ich mich im Schutz des Felsenvorsprungs, nah bei dem Gottesgelehrten. Dann kam plötzlich Ibrahim, das Maultier am Zügel, und rief mir entschlossen zu: «Raus aus diesem Kampf!» Er hiess mich aufsitzen und wandte sich im Eilschritt dem Dickicht des Wadis zu, nach rechts und links horchend. Das Maultier fand seinen Weg unter den Zweigen, die Kunstlederjacke leistete gute Dienste gegen Dornen. Das Gelände fiel zuerst sanft, dann steil ab, dann stieg es an, auch wieder steil, dann sanfter und schliesslich verliessen wir das Gestrüpp. Ibrahim verlangsamte seine Gangart und atmete auf, die Schüsse lagen hinter uns. Wie der Kampf ausgegangen war, konnte ich nie erfahren. Doch davon, wie der Imam einige Monate früher seinen Feinden, den Republikanern, entkommen war, hatte ich eine packende Demonstration erhalten.

Heimkehr mit Qat

Wir traten langsam den Rückweg an. Es ging wieder durch Dörfer, hoch auf den Felsenklippen und Tälern entlang. Manchmal mussten wir bis in die Küstenebene hinabsteigen, um in einem der Strohhüttendörfer zu übernachten. Es gab sogar frische Weiher, in denen man baden konnte, Wäldchen mit wilden Früchten, die essbar waren, Papayas waren dabei, und die Begleitmannschaft verschaffte sich jeden Nachmittag die Zweige mit jungen Blättern des Qat-Strauches, die langsam gekaut wurden und eine Stimmung der Euphorie verbreiteten. Während war einzig der silberne Maria-Theresia-Taler. Einer war etwa einen Dollar wert, und zwanzig davon zu tragen, war schon ein kleines Gewicht, für 200 brauchte man einen Esel. Ibrahim diente mir auch als Bankier; er nahm Papierdollars von mir, denn er wusste, an der saudischen Grenze konnte er sie versilbern oder vergolden. Sich und den Seinen wusste er immer neue Säckchen Theresientaler zu verschaffen, gegen die er Wechsel ausgab. Diese, «Hawale» genannt, werden immer akzeptiert, solange sie dem richtigen Vertrauensmann vorgelegt werden, nicht ohne Grund waren sie eine arabische Erfindung. Sie gehen von Vertrauensmann zu Vertrauensmann, weil Silber und Gold auf die weiten Reisen mitzuschleppen unbequem und unsicher war.

Schliesslich langten wir wieder im Schloss von Qafleh an. Von dort wollte die Mannschaft sich nicht weiterbewegen. Noch eine Nacht, sagten sie, der Weg sei nicht sicher. Dann noch eine Nacht; dann hiess es, ein Lastwagen werde demnächst vorbeikommen und uns alle schnell bis an die Grenze fahren. Ich versuchte Ibrahim klar zu machen, dass ich zurückkehren wollte, um meinen Bericht zu schreiben und abzusenden, schliesslich hatten wir die ganze Wanderung ja um des Berichtes willen getan. Doch solche Argumente glitten ab. Eine wirkliche Zeitung, die nicht bloss ein Anzeigenblatt der Regierung war, hatten sie alle noch niemals gesehen, geschweige denn je gelesen. Alles, was damit zusammenhing, lag ausserhalb ihres Horizonts.

Allmählich wurde klar: Die Begleitmannschaft wollte nicht weiterziehen, weil Quflah der letzte Ort war, wo sie Qat fanden. Der Strauch mit den animierenden Blättern gedeiht nur in Höhenlagen. Unten in der Ebene des Wadi Najran hatten die Bergbewohner ihren Qat schmerzlich vermisst. Nun wollten sie so rasch nicht mehr in die Ebene zurückkehren. Am vierten Morgen, nach der dritten Nacht in Quflah, hatte ich des Wartens genug. Ich erklärte meiner Mannschaft, dass ich alleine weiterziehen würde, und machte mich auf den Weg, den Berg hinab Richtung Norden, auf einen kräftigen

Stock gestützt. Ich war nur eine halbe Stunde gewandert, als ich hinter mir eilige Schritte vernahm. Es war meine Begleitmannschaft, die von Felsen zu Felsen sprang, um mich einzuholen. Sie konnten mich nicht alleine fortgehen lassen, sagte Ibrahim, noch etwas atemlos, schliesslich sei er für mich verantwortlich. Obwohl nun der Qat zu Ende war, fügten sich alle ohne Missstimmung. Immerhin hatten sie zwei Tage Ruhe mit Qat herausgeschlagen.

Gast unter Obhut der Sudairi

An der saudischen Grenze fanden wir wieder einen «station wagon». Die Begleitmannschaft verliess mich, jeder bekam ein paar Theresientaler Trinkgeld. Ibrahim reiste mit bis nach Najran. In der saudischen Oasenstadt gab es ein Gästehaus der Regierung mit jemenitischen Dienern. Die Gassen des Fleckens waren voll von Jemeniten, die dem Bürgerkrieg in ihrer Heimat ausweichen wollten. Jemeniten konnten damals nach Saudi-Arabien einreisen, wie sie wollten, ohne Pässe und Ausweise. Dies war ein altes Privileg, das der Pilgerfahrt diente. Viele Jemeniten gingen zu Fuss auf die Pilgerreise; sie verliessen ihre Dörfer und Städte und kamen einige Wochen oder Monate später in Mekka an, «wenn Gott ihnen Leben schenkte». In Najran residierte ein Gouverneur aus der *Sudairi*-Familie. Sie war verschwägert mit den Saud, und die Sudairi erhielten immer delikate Verwaltungsposten, auf denen Strenge und Disziplin nötig waren. Man respektierte und fürchtete sie. Bevor ich nach Riad weiterfliegen konnte, so wurde mir im Gästehaus klar gemacht, wollte der Gouverneur mich empfangen. Ein Fremder könne nicht in Najran durchreisen, ohne ihm seine Aufwartung gemacht zu haben. Dafür, so wurde mir auch erklärt, werde dann der Gouverneur das Flugbillet nach Riad bezahlen; das sei ein Teil seiner Gastfreundschaft. Ich nahm an, dass dem Gouverneur daran lag, Landesfremde wie mich persönlich in Augenschein zu nehmen. Er war schliesslich verantwortlich dafür, wer aus seiner Provinz in die Hauptstadt gelangte. In der Tat empfing mich der Gouverneur schon am Abend des nächsten Tages in seinem Majles, der Versammlung der Anhänger, Würdenträger und Bittsteller. Ich durfte ihm kurz meine Befriedigung über die Reise nach Jemen und Dank für seine Hilfe ausdrükken. Als ich von einem seiner Fahrer begleitet ins Gästehaus zurückkehrte, lag dort mein Flugbillet schon bereit.

Schon im Flugzeug begann ich meine Berichte zu schreiben. Ich wusste, ich hatte etwas gesehen und erlebt, was in Europa noch unbekannt war und wahrscheinlich den Keim zu neuen Entwicklungen im Nahen Osten in sich barg. Die Ägypter würden so leicht mit dem Jemen nicht fertig werden, und die Saudis würden die Gelegenheit beim Schopf ergreifen, um den Pan-Arabismus Nassers zu schädigen und damit die Bedrohung, die er für sie bildete, nach Kräften zu schwächen. Doch über diese politische Konstellation hinaus stellte das Land Jemen mit seiner archaischen, aber eigenständigen Gesellschaft etwas ganz besonderes dar, das kennenzulernen und zu schildern mich weiter intensiv beschäftigen würde.

Besuch im revolutionären San'a

Ich wollte auch die Gegenseite, das republikanische San'a, möglichst bald kennenlernen. Auch Südjemen, mit seinen britischen Protektoraten und der Hafenstadt Aden, die als britische Kolonie verwaltet wurde, war dazu destiniert, in dem sich abzeichnenden jemenitischen Drama eine Rolle zu spielen. Auch dort drängte sich ein Augenschein auf. Nach einigen Wochen in Beirut flog ich über Kairo, wo ein Visum nach San'a zu erhalten war, in die jemenitische Hauptstadt. Schon die Art, wie das Flugzeug landete, kündigte eine Kriegszone an. Vor der Stadt erhebt sich steil und felsig der Jebel Naqum, und der ägyptische Pilot wollte offenbar die Gefahr, dass er von dort aus beschossen würde, möglichst gering halten, indem er den Landeanflug fast in einen Sturzflug verwandelte. Entsprechend hart war die Landung. Es gab damals noch kein Hotel in der Hauptstadt, doch das Gästehaus, das der Imam betrieben hatte, funktionierte weiter und war bereit, ausländische Journalisten aufzunehmen. Dass ein solcher sich in San'a einstellte, war damals noch eine Art Sensation. Ich hatte mich kaum für meine erste Nacht zur Ruhe gelegt, als ein Jeep der jemenitishen Armee heranbrauste. Seine Insassen weckten mich mit dem Ruf: «Sallal will dich sehen!» Sie luden mich auf das Gefährt und rasten in schwankendem Lauf durch die völlig dunklen Gassen der Stadt und über das trockene Flussbett hinweg, das San'a durchschnitt. Wir hielten mit kreischenden Bremsen vor der Hauptmoschee. Ich wurde zu meinem Erstaunen hineinkomplimentiert, hatte aber kaum Zeit, mich umzuschauen. Der Oberst, der gerade zum Präsidenten geworden war, sass dort auf dem Boden, ich durfte mich neben ihn hinkauern. Doch bevor noch ein Gespräch begann, kamen andere Jemeniten dazu, hiessen mich aufstehen, halfen sogar mit ihren Armen unter meinen Achselhöhlen nach und transportierten mich im Galopp wieder aus der Moschee. Der Jeep führte mich erneut durch die schweigende, dunkle Stadt bis zum Gästehaus. Vom Fahrer erfuhr ich auf befremdetes Nachfragen hin, Sallal sei betrunken gewesen und sei deshalb auf die verrückte Idee gekommen, mich ausgerechnet in der heiligen Hauptmoschee, in die kein Christ seine Füsse setzen dürfe, empfangen zu wollen. Er habe gehört, ein Schweizer Journalist sei angekommen und habe in seinem Rausch den Befehl erteilt, mich holen zu lassen, um mit mir zu sprechen. Doch dies sei eine gefährliche Schnapsidee gewesen; die Bevölkerung hätte sich leicht darüber empören und Unruhen auslösen können.

Ich wurde später nie mehr von Präsident Sallal empfangen. Es lag mir auch nicht viel daran. Lieber wanderte ich kreuz und quer durch die aussergewöhnliche Stadt mit ihren turmhohen braunen Lehmziegelbauten, mit den weissgetünchten Fensterumrahmungen und Schmuckbändern in den Oberstöcken; mit den grossen, ummauerten grünen Feldern und Gärten, die damals noch zwischen den Hochhäusern lagen; dem trockenen Flussbett, das die äusseren Stadtteile von der eigentlichen Innenstadt trennte, und mit den Lehmmauern rund um die Stadt mit ihren Toren. In den Basaren wimmelte es von winzigen Ladenbuden, in denen damals nicht nur verkauft, sondern auch eifrig gearbeitet wurde: Goldschmiede hämmerten, Schuhmacher nähten; die Dolchhersteller polierten ihre Klingen; die Gürtel- und Scheidenmacher stickten mit Goldfäden und umwickelten den Holzkern der Dolchscheiden mit grüner Schnur; Schneider schnitten Stoffe zu, Geldwechsler hantierten mit Papiergeld und Talern. In anderen Marktgassen wurden die Hauptnahrungsmittel verkauft, Rosinen, Gewürze, Reis, Hülsenfrüchte in grossen offenen Säcken, die handgewebt waren. Manche der Basargassen waren bedrängend eng. Zwei Menschen konnten darin nur mit Mühe passieren. Am Vormittag herrschte Gedränge; am Nachmittag sassen die Händler und Handwerker mit der einen oder der anderen Backentasche voll Qat geruhsam und euphorisch in ihren Läden. Die Käufer waren wenige geworden, die meisten sassen zu Hause und kauten ebenfalls Qat.

Der Basar lief am Jemen-Tor aus, vor dem eine Art unregelmässigen Platzes lag, der einzige, den die Stadt besass. Hier standen die Menschen herum, die auf Arbeit warteten. Man zeigte die Stelle am Tor, wo zu Zeiten des Imams die abgeschnittenen Köpfe von «Staatsfeinden» aufgehängt wurden. Vor der Stadtmauer lagen Gärten und Felder, Weizen und Klee, Qat und Kaffeepflanzungen. Nur an einer Stelle hatte sich zur Zeit der türkischen Herrschaft, die bis nach dem Ersten Weltkrieg gedauert hatte, eine kleine Vorstadt aus türkischen Verwaltungsgebäuden im Stil des 19. Jahrhunderts gebildet. Unser Gästehaus gehörte dazu. Es gab einen Zitadellenbereich, ziemlich verfallen, der nur den Militärs offen stand. Die Imame besassen einen Palast, den jedoch Imam Ahmed nie bewohnt hatte. Er hatte sich in der südlichen Stadt Taez niedergelassen, weil er nach der Ermordung seines Vaters, des Imams *Yahya*, im Jahr 1948 und nach dem damit verbundenen

Aufstand San'a mit Hilfe der zayiditischen Stämme des Norden wiedererobert und ihnen zur Plünderung freigegeben hatte. Seither, so sagten die Bewohner der Stadt, habe er die Rache der vielen damals zu Schaden gekommenen grossen Familien seiner eigenen Hauptstadt so sehr gefürchtet, dass er nie mehr in ihr gewohnt habe.

Von der Gewaltherrschaft Ahmeds, die jenem Aufstandsversuch folgte und 14 Jahre lang dauern sollte, konnte man im republikanischen San'a viel hören. Offenbar waren grosse Teile der Eliten des Landes der Imamherrschaft, die einem religiös gestützten Absolutismus gleichkam, überdrüssig geworden. Die Intellektuellen, die sich gegen ihn äusserten, fanden in der britischen Kolonie Aden Zuflucht, und ihre Schriften und patriotisch-politischen Gedichte wanderten nach dem Norden zurück. Der Imam vermochte sich nur mit der Hilfe brutaler Strenge und peinlicher Überwachung durch seine aus den Stämmen rekrutierten Soldaten und Hofbeamten gegenüber der schwelenden Unzufriedenheit in den Städten knapp an der Macht zu halten.

Es gab kaum einen Intellektuellen im Lande, den er nicht einmal auf kürzere oder auf längere Zeit eingekerkert und in Ketten gelegt hätte. Viele freilich liessen sich später dann doch wieder als Mitarbeiter und damit als Herrschaftsinstrumente des absoluten Machthabers gebrauchen. Andere schlossen sich der permanenten Verschwörung an, die vom Ausland her gegen den Imam agitierte.

Lange nicht alle Jemeniten gehörten zum zayiditischen Zweig der Schi'a. Ein grosser Teil der Bewohner der südlichen Provinzen, Bauern und Städter, waren normale Sunniten, die man im Jemen nach ihrer Rechtsschule meist *Schafi'iten* statt einfach Sunniten nannte. Auch die Ägypter gehören fast alle der schafi'itischen Rechtsschule an. Die zayiditischen Stämme des Nordens, kriegerischer Tradition und durch ihre Armut und Lebensweise zur Kriegsführung beinahe gezwungen, hatten jedoch immer wieder in der Geschichte des Landes die Herrschaft ausgeübt und die Herrscherfamilien gestellt. Die Türken hatten das Land im 16. Jahrhundert ein erstes Mal erobert, doch dann war es ihnen weitgehend wieder entglitten, bis die Pforte 1849 zu einem neuen Eroberungsversuch ansetzte, der offenbar die nördlichen Stammesgebiete nie ganz zu unterwerfen vermochte. San'a selbst erreichte sie erst 1872. Damals war das Imamat, besonders unter Imam Muhammed (1890–1904), dem Vater des erwähnten Yahya, das Zentrum des Widerstands gegen die fremden Eroberer.

Jemen war, wie Afghanistan, ein Land geblieben, in dem europäische Kolonialherren nie die Herrschaft ausübten. Doch das hatte auch mit sich gebracht, dass die «Modernisierung» beider Staaten in vieler Hinsicht einfach nicht stattfand, bis sie im Zuge von inneren Revolutionen und kriegerischen Verwicklungen dennoch eintrat. Wie die Afghanen waren die Jemeniten bereit, ihr Leben aufs Spiel zu setzen, um ihre sehr ausgeprägte Identität zu wahren. Diese gründete sich allerdings weitgehend auf Sitten und Gebräuche, die vergangenen Zeiten angehörten und deshalb der normierenden, effizienteren Macht der Gegenwart schrittweise weichen mussten. Diese faktische Macht der Moderne nennen wir neuerdings «Globalisierung»; damals gab es das Wort noch nicht, doch die Erscheinung war längst bekannt und wurde, je nach Standpunkt, als «Fortschritt», «Zivilisation», «Kolonialismus», «Verwestlichung» angesprochen. Im Falle der Afghanen und der Jemeniten waren es letztlich die Stammesstrukturen – die in Teilen des Berglandes ungebrochen fortdauerten – welche bewirkten, dass die «Moderne», die leichter in Städte und Dörfer als unter die fester gefügten Stämme eindrang, für zusätzliche Jahrzehnte ferngehalten werden konnte.

Wie die Türken vor dem Ersten Weltkrieg, so wurden nun die ägyptischen Soldaten und Offiziere, die seit 1962 in beträchtlicher Anzahl ins Land kamen, als Fremde betrachtet, die sich des Landes bemächtigen wollten. Auch in San'a, schon in den ersten Monaten der neuen republikanischen Epoche, wurden sie ungern gesehen. Sie selbst taten nichts, um sich beliebter zu machen. Sie zeigten im Gegenteil sehr deutlich, dass sie sich den Jemeniten überlegen fühlten. In ihren Augen waren die Jemeniten Barbaren, die im tiefsten Mittelalter lebten, was sie natürlich keineswegs daran hinderte, diese Barbaren auszubeuten, wo sich Gelegenheit dazu bot. Die Republikaner waren sich bewusst, dass sie die ägyptischen Soldaten als Schutz benötigten. Doch sagten sie offen: für möglichst kurze Zeit. Bald, so hofften sie, würde ihr eigenes Staatswesen stark genug sein, um ihrer entbehren zu können. Die Russen schalteten sich insofern ein, als sie den Republikanern Waffen verkauften, um deren Armeen auszurüsten. Die Kalaschnikow war bereits überall sichtbar. Den Chinesen rechnete man es hoch an, dass sie schon zur Zeit des Imams ins Land gekommen waren, in beinahe militärischer Formation die Strasse zwischen Hodeida und San'a gebaut hatten und dann alle zusammen wieder abgezogen waren. Neben der Strasse liessen sie nur ein Monument in chinesischem Baustil zurück, das sie für ihre Toten errichtet hatten, die für den Strassenbau ihr Leben hatten hingeben müssen. Meist waren sie der Malaria erlegen, die in der Tiefebene der Tihama endemisch war.

Die Strasse war nun lebenswichtig geworden: über Hodeida kamen die ägyptischen Truppen und ihr Kriegsmaterial ins Land, und dank der Strasse konnten sie über San'a das Hochplateau des Inneren Jemens in wenigen Stunden erreichen.

Die USA unter Kennedy hatten die Republik anerkannt. Die amerikanische Politik war in jener Zeit noch bemüht, gute Beziehungen zu Nasser aufrechtzuerhalten, obwohl dieser für den Bau des Hochdammes von Assuan und für die Bewaffnung seiner Armee mit den Russen zusammenarbeitete. Washington versuchte damals, dem russischen Einfluss in Kairo das Gegengewicht zu halten, und das wirkte sich auch auf die Haltung zum Jemen aus. Die USA versprachen ihrerseits, die zweite Strasse im Jemen zu bauen, die seine beiden wichtigsten Städte, San'a und Taez, miteinander verbinden sollte, und sie hielten ihr Wort, nur dass sie die Strasse nicht asphaltierten sondern als Schotterstrasse anlegten. Sie waren der Ansicht, dies sei besser für die Jemeniten, weil eine geteerte Strasse schwieriger zu unterhalten sei. Doch in den kommenden Jahren sollte die staubige, holprige Strasse der «Amerikaner» immer wieder ungünstig mit der glatten und staubfreien der «Chinesen» verglichen werden, bis die Bundesrepublik Deutschland ein Einsehen hatte und die Asphaltierung der amerikanischen Strasse vornahm.

Bei meinem ersten Besuch gab es die Strasse nach Taez noch nicht. Doch alte Jeeps mit Vierradantrieb und Kleinlastwagen dienten dem Mietverkehr zwischen den beiden Städten. Man konnte einen Einzelplatz reservieren, der sich dann allerdings als sehr eng bemessen herausstellte. Als Ausländer freilich durfte ich den bequemsten Platz neben dem Chauffeur einnehmen. Nur gelegentlich und für kürzere Strecken nahmen wir noch einen weiteren Mitfahrer auf, der dann ebenfalls auf den Vordersitz gezwängt werden musste. Die Fahrt dauerte zwei Tage und Nächte. Ich unterbrach sie in den Städtchen Damar und Ibb. Der Fahrer wählte die Pisten, die ihm das leichteste Durchkommen versprachen. Manchmal waren es alte, mit flachen Steinen ausgelegte Bergwege, die ihrzeit für den Saumverkehr angelegt worden waren. Doch an anderen Stellen gab es nur Wagen- und Pferdespuren, die oft weit auseinander führten.

Das strenge Bergland von San'a wurde heller und lieblicher, je weiter wir nach Süden vorstiessen. Die Berge wurden nun fruchtbar, waren mit Büschen und Bäumen geschmückt und bei den Ortschaften über und über von Anbauterrassen bedeckt, die sich wie die Höhenkurven der Landkarten den Bergen entlang schlangen. Dies erzeugte ein eigenartig geometrisches Landschaftsbild. Die unermüdlich über Generationen hinweg an den Terrassen und ihrer Instandhaltung arbeitenden Menschen waren in erster Linie Frauen, denn den Jemeniten galt die Feldarbeit als Frauenarbeit. Die Männer zogen es vor und wollten es auch als ihre Pflicht ansehen, in den Krieg zu ziehen und Fehden zu führen. Frauenarbeit war auch das Wasserholen, oft stundenweit unten im Tal, und das Hochtragen in die auf den Berggraten errichteten Dörfer. Die steinernen, festungsartigen Wohnanlagen waren der Verteidigung wegen an den höchsten Stellen errichtet, sie krönten wie Burgen die terrassierten Berghänge.

Diplomatie in Taez

Taez erwies sich als weniger monumental, aber viel heiterer denn San'a. Die Stadt lag in den Schoss einer Bergmulde eingeschmiegt; über sie erhob sich gewaltig der *Jebel Saber* oder «Standhaftigkeitsberg», wohl weil es grosser Standhaftigkeit bedurfte, den über 3000 Meter hohen Einzelberg ganz zu ersteigen. Trotzdem war der ganze Berg über und über mit Terrassen bedeckt und von Menschen mit ihren Gärten und Einzelhöfen bewohnt. Taez gehört voll zur Monsunzone, in der jedes Jahr – im Jemen allerdings nur für kurze Wochen – regelmässige Regenfälle aus dem Indischen Ozean eintreffen. Aus der Stadt, damals ganz in die grüne Mulde des Bergfusses eingebettet (heute reicht sie mit ihren zementierten Vorstädten und Geschäftsstrassen weit darüber hinaus in die Ebene), leuchtete schneeweiss die wohl schönste Moschee des Jemens empor, die *Ashrafiya* mit ihrem überkuppelten Minarett aus dem 14. Jahrhundert. Damals herrschte die einheimische Dynastie der *Rasuliden* von Taez aus über ganz Jemen, einschliesslich des Hafens von Aden. Ihre Herrschaft (etwa 1230–1450) wurde zur glänzendsten Epoche des Islams im Jemen. Vorgänger der Rasuliden waren die *Ayyubiden* gewesen, Nachfahren Saladins, die gegen Ende des 12. Jahrhunderts von Ägypten aus Jemen erobert hatten; auch sie hatten am Jebel Saber Hof gehalten.

Die ausländischen Botschaften waren damals noch nicht von Taez nach San'a umgezogen. Sie hatten sich dort zusammen mit Imam Ahmed niedergelassen, als dieser San'a den Rücken kehrte. Doch die Republik wollte die Hauptstadt wieder nach Norden verlegen. Ich konnte so die Amerikaner und die Italiener besuchen. Jedermann fragte sich, was aus der neuen Republik wohl werde. Dass das Ende der Dynastie längst fällig gewesen war, glaubten die meisten, doch die Präsenz der Ägypter schien eine Hypothek darzustellen, die von Beginn an die Zukunftsaussichten der Republikaner belastete.

Im Gegensatz zu den USA und den meisten europäischen Staaten hatte Grossbritannien die Republik nicht anerkannt. Dies hing wohl damit zusammen, dass die traditionellen Herrscher der damals bestehenden Protektorate von Aden in der Republik eine Bedrohung der eigenen Machtpositionen erblickten. Es gab 16 Westliche und drei, viel grössere, Östliche Protektorate, alle unter ihren eigenen Emiren und Sultanen, dazu als Zentrale die Kolonie von Aden. All diese traditionellen Herrscher suchten ihre Schutzmacht

Grossbritannien zugunsten der Zayiditen und ihres Imams zu beeinflussen. London hatte einen General nach Jemen gesandt, um die Lage in den jemenitischen Aussenregionen zu beurteilen, die weiterhin dem Imam anhingen, und er war zu dem Schluss gekommen, dass ein grosser Teil der Bevölkerung und fast alle Stämme die alte Ordnung weiter unterstützten und für sie kämpfen würden.

Südjemen unter den Engländern

Von Taez nach Aden durfte ich die Reise in einem diplomatischen Geländefahrzeug mitmachen. Das war bequem, wenn auch weniger abenteuerlich, und Aden bedeutete die Rückkehr zu europäischem Komfort. Es gab damals noch das alte Hotel «Crescent» aus dem vergangenen Jahrhundert, mit dem verblichenen Charme der Kolonialzeit. Die Stadt bestand, nach indischem Muster, aus verschiedenen voneinander getrennten Vierteln. Die Armeeunterkünfte und der Sitz der kolonialen Verwaltung lagen am *Steamer Point*, einer Kleinstadt im europäischen Stil. Auf einer Autostrasse, die über einen Felsenpass und durch einen in den Berg geschlagenen Tunnel führte, gelangte man nach dem *Crater*, in die Stadt der «Eingeborenen», die sich selbst als Jemeniten bezeichneten; die Engländer sahen sie jedoch als *Adeni* an. *Crater* liegt in der Tat im Krater eines erloschenen Vulkans. Dort lebten die einheimischen Händler und Handwerker, es gab auch ein grosses mystisches Heiligtum des Sufi-Meisters *Aydrus*. Die althimyaritischen Bewässerungsanlagen der arabischen Stadt bestanden aus gewaltigen Zisternen, die in die Wände des Kraters eingebaut waren, so dass sie wie Staubecken übereinander lagen. Sie waren erhalten und restauriert; ein Park umgab sie. Die neuen Zeiten hatten einen gewaltigen Hafen, eine grosse Treibstoffraffinerie und eine Siedlung für die Hafen- und Raffineriearbeiter, die separate Arbeiterstadt von *Little Aden*, dazu gebracht. Als neueste Errungenschaft gab es einen wichtigen Militärflughafen der RAF mit seinen Technikern und Piloten. Da die Stadt eine zollfreie Zone bildete, in der Schiffsbesatzungen und Kreuzfahrttouristen während der Treibstoffaufnahme ihrer Dampfer einkaufen konnten, fand man unzählige kleine vollgestopfte Lädchen, in denen gewiefte Händler die begehrten Luxuswaren aus Japan und Singapore, Paris, New York, London und Mailand zollfrei anboten. Schweizer Uhren, echte und falsche, waren natürlich auch darunter, so gut wie Wedgwood-Porzellan, Kashmir-Pullover und chinesische Seidenstoffe.

Ich lernte in Aden *Abdullah al-Asnaj* kennen, den damals einflussreichen Politiker und Gewerkschaftsführer. Er hatte gerade die *Front for the Liberation of the Occupied South Yemen* (FLOSY) gegründet, und ich erinnere mich an einen englischen Cocktailempfang, auf dem der Presseattaché des britischen Gouverneurs mit Asnaj und seinen Parteifreunden über den Namen diskutierte, den sie ihrer Partei gegeben hatten. «Befreiung» möge noch angehen, meinten die jungen britischen Diplomaten; denn dass das Empire seine Aussenstationen «östlich von Suez» aufgeben wolle, war nach der Suez-Krise die offizielle Politik von London geworden. Aber warum denn «Südjemen»? fragten die Briten. Man befinde sich doch in Aden, und Aden, so hoffe man, werde mit seinem Hinterland, den beiden Protektoratsgebieten, einen künftigen Staat bilden. Der habe doch nichts mit Jemen zu tun!. – «Wir sind Jemeniten» antwortete Asnaj. «Aden ist immer ein Hafen von Jemen gewesen, bis die Engländer kamen und ihn 1839 von seinem Mutterland abtrennten. Wir gehören zu Jemen!» Worüber die Engländer nur den Kopf schütteln konnten.

Asnaj war über die Gewerkschaft der Hafen- und Raffineriearbeiter zur Politik gekommen, und er verfügte über gute Verbindungen zur Labour-Partei in London, was ihn auch zu einem gerne geladenen Gast bei den britischen Diplomaten machte. Sein Temperament und seine Haltung waren im übrigen jene eines Gemässigten, der nach realen Gewinnen für die Bevölkerung seiner Stadt strebte. Doch die Zeit war jene des Pan-Arabismus. Zusammenschlüsse der Araber über die von den Kolonialmächten gezogenen Grenzen hinweg waren damals ein Grundbegehren so gut wie aller politisch bewussten Araber, sogar und gerade auch jener des kolonialen Aussenpostens von Aden.

Was die vielen Scheichs, Emire und Sultane der Protektorate betraf, so war ihr Absolutismus über die Generationen, während deren sie im Schatten der britischen Kanonen keine Gegner fürchten mussten, ins beinahe Unvorstellbare gestiegen. Die Untertanen ertrugen zähneknirschend die Tyrannei, weil sie mussten, sie hielten jedoch Ausschau nach Möglichkeiten, die ihre Knechtschaft beenden könnten.

Die Auswanderung gehörte zu diesen Möglichkeiten. Sie war beträchtlichen Ausmasses und erstreckte sich von Djibouti und Saudi-Arabien über London bis nach den Vereinigten Staaten. Dort hatten Jemeniten den Beruf von Wanderhirten in den amerikanischen Gebirgslandschaften praktisch monopolisiert.

Die Revolution gegen den Imam wurde als eine gewaltige Umwälzung und damit als das Morgenrot neuer Zeiten empfunden, um so mehr, als ja Grossbritannien klar gemacht hatte, dass es sich aus den Kolonien und Protektoraten am Golf zurückziehen wollte. Die britische Politik, die ursprünglich darauf abzielte, die Protektorate unter ihren gegenwärtigen Herrschern mit der Stadt Aden zu einem künftigen föderalen Staat zusammenzuschliessen, übersah die Ressentiments, die sich unter den Untertanen gegenüber ihren über viele Jahrzehnte hinweg von der Schutzmacht aufrecht erhaltenen Herrschern angesammelt hatten. Solche Missverständnisse konnten umso leichter entstehen, als es unter den Sultanen und Scheichs der Protektorate, im Gegensatz zur direkt von den Briten regierten Kolonie Aden, natürlich nichts gab, was auch nur entfernt eine freie Meinungsäusserung erlaubt hätte. Das Buch der Gemahlin des damaligen Hochkommissars für Aden, Sir Walter Trevelyan, das die Lage in der Kolonie schilderte, wie sie vom *Government House* aus gesehen wurde, trug den liebenswürdigen, doch von der Zeit weit überholten Titel: «The Sultans came for Tea». Im Jahr 1966 dann kamen gar keine mehr, die Briten mussten Aden unter turbulenten Umständen verlassen.

Jemen als Unruheherd während drei Jahrzehnten

Der Bürgerkrieg im Jemen sollte mit ägyptischer Beteiligung bis nach dem Sechstagekrieg dauern; nach dem Abzug der ägyptischen Truppen 1967 dauerte es noch einmal ein Jahr, bis die Jemeniten unter sich einen Kompromiss fanden. Die sechs Jahre Krieg wurden von einer Epoche der Instabilität gefolgt, die sich im Nordjemen durch die Ermordung von zwei Präsidenten im Amt manifestierte (General *al-Hamdi* 1977 und Oberst *al-Ghashmi* 1978) und die Ermordung eines weiteren, des *Qadi Iriani*, im syrischen Exil, sowie durch Ansätze von Bürgerkriegen zwischen dem Norden und dem Süden (1972, 1979–1982), bis der heutige Präsident, General *Ali Abdullah Saleh,* der seit 1978 im Norden die Macht ausübt, eine gewisse Stabilität erzwang.

In Südjemen entstand nach gewaltsamer Vertreibung der Engländer, die ohnehin gehen wollten, ein turbulentes Regime, das schrittweise vom arabischen Nationalismus zum Linksradikalismus überging. Es stützte sich zunächst auf die Chinesen, dann auf die Sowjetunion, und stellte das kommunistischste aller arabischen Regimes dar. Es erklärte den Staat zur Volksrepublik, enteignete allen Privatbesitz und wurde zu einer Basis der Subversion gegen die Golfstaaten und fortgesetzter Aggression gegen den nördlichen Jemen. 1972 kam es dann zu einem Friedensschluss beider Staaten. Im Verlauf seiner inneren Auseinandersetzungen entliess das Regime einen seiner Präsidenten, einen anderen richtete es hin. Im Januar 1986 kam es zu einer blutigen Krise im Politbüro der Staatspartei, in der die obersten Machthaber einander erschossen.

Nach dem Zusammenbruch der Sowjetunion und dem Ausfall von deren Hilfsgeldern erfolgten im Jahr 1990 Schritte zur Vereinigung mit

Nordjemen. Auch diese gingen nicht reibungslos über die Bühne; 1994 brach ein Bürgerkrieg aus, den der Süden verlor. Erst in der Folge waren die südlichen Landesteile bereit bzw. gezwungen, sich der Herrschaft von San'a endgültig zu unterstellen.

Ich folgte diesen Entwicklungen von Beirut, später von Madrid und noch später von Zypern aus. Doch reiste ich auch immer wieder in den Jemen: solange der Bürgerkrieg dauerte, auf beide Seiten, nach San'a und zu den Anhängern des Imams sowie des öfteren nach Aden; später, als eine Stabilisierung unter Saleh eintrat, in erster Linie nach San'a. In den pro-kommunistischen Süden durfte man nur reisen, wenn man sich auf Schritt und Tritt von einem Begleiter der Regierung gängeln liess, wie mir das meine Kollegen schilderten. Dazu hatte ich keine Lust. Doch konnte ich zwei grössere Reisen durch Jemen zusammen mit meinem Freund, dem Fotografen Ernst Scheidegger, unternehmen, eine in Nordjemen und im noch britischen Hadramauth während des Bürgerkrieges und eine zweite 1987 nach der Stabilisierung im Norden, woraus bebilderte Beiträge für die Wochenendausgabe der NZZ hervorgingen. Schliesslich war es mir nach meiner Pensionierung vergönnt, dreimal touristische Reisen nach Jemen zu begleiten und dabei das nun aus Norden und Süden zusammengeschlossene Land kennenzulernen. Später haben dann leider die Entführungen von einzelnen Touristen und Diplomaten durch jemenitische Stämme derartigen Reisen, jedenfalls für die meisten Schweizer Reiseunternehmer, ein Ende gesetzt.

Reform in Iran?

Die Jahre zwischen 1961 und 1963 waren auch eine kritische Zeit für Iran. Eine gross angelegte, aber schlecht durchgeführte Entwicklungspolitik des Schahs Mohammed Reza Pahlevi und seiner Regierungen hatte zu Devisenknappheit und einer hohen Inflation geführt. Dies brachte Unruhe in die Gesellschaft, die seit der Mosaddeq-Zeit (1951–1953) unter starker Repression und Kontrolle durch den brutalen Geheimdienst SAVAK unter General Timur Bakhtiyar stand. Von Bakhtiyar wurde erzählt, er liebe es, persönlich Nägel in die Schädel seiner Gefangenen zu schlagen. Gesehen habe ich dies natürlich nicht. Der Geheimdienst war mit israelischer und amerikanischer Hilfe aufgezogen worden, er war zunächst vor allem gegen die Mosaddeq-Anhänger und gegen die Kommunisten vorgegangen. Die iranische Geistlichkeit, immer ein wichtiger gesellschaftlicher und politischer Faktor, stand damals unter Kontrolle des «quietistisch» eingestellten hoch angesehenen

Ayatollahs *Boroujerdi*. Quietistisch im iranischen Zusammenhang bedeutet: gegen die direkte Einflussnahme der Geistlichkeit auf die Politik, in erster Linie um zu vermeiden, dass das Prestige der Religion unter den im politischen Bereich unvermeidlichen Kompromissen und Korruptionserscheinungen leide. Boroujerdi verschied am 30. März 1961. Er hinterliess keinen klaren Nachfolger für die oberste Führung der Geistlichkeit. Es gab jedoch eine grössere Zahl von Ayatollahs, die genug Ansehen besassen, um sich um den ersten Rang zu bewerben. Die Konkurrenz unter ihnen hatte zur Folge, dass eine gewisse Politisierung des ganzen obersten Ranges der Geistlichen stattfand, weil die iranische Gesellschaft ihrerseits in eine Zeit wachsender politischer Proteste und Unzufriedenheit eintrat.

Die Ayatollahs, die um Ansehen innerhalb dieser Gesellschaft wetteiferten, konnten nicht umhin, nun ihrerseits politisch Stellung zu nehmen. Doch die Bewegungen unter den Geistlichen spielten sich damals innerhalb einer Gesellschaftsschicht ab, von der weder die ausländischen Beobachter noch die Regierung selbst gross Notiz nahmen. Wichtiger schienen damals die neu beginnenden Studentenproteste, die erneut im Namen des zuerst gefangengesetzten, dann unter Zwangsaufenthalt auf seinem Landgut gestellten Mosaddeq ausbrachen, sowie die Diskussionen um die Landreform. Es gab damals in Persien grosse Landbesitzer, die das Land von Dutzenden von Dörfern als Privatbesitz inne hatten. Sie lebten meist in der Stadt und überliessen die Verwaltung ihrer Güter professionellen Verwaltern, die ein Maximum an Geld aus den Bauern herauspressten, natürlich sowohl für ihre eigenen Bedürfnisse wie auch für jene der Grundbesitzer. Die Grundherren liessen sich von «ihren» Bauern ins Parlament wählen, und so viele von ihnen waren Abgeordnete, dass die Landreform, deren Notwendigkeit für die Entwicklung des Landes eigentlich niemand in Frage stellte, nicht voran kam. Die Abgeordneten pflegten etwa den Umstand, dass keine ihrer Ländereien vermessen war und kein Grundbuch bestand, in dem sie eingetragen waren, als Vorwand zu nehmen, um zu behaupten, die Reform sei unmöglich durchzuführen, bevor nicht das Land vermessen sei. Wir kannten damals einen hohen Beamten von UNICEF, der von Beirut aus als deren Finanzkontrolleur für den ganzen Nahen Osten wirkte. Dieser erzählte uns, dass die Gesundheitsorganisation, die damals versuchte, die Malaria im ganzen Nahen Osten auszurotten, systematisch alle Siedlungen mit DDT bespritzte, um die Malaria verbreitende Stechfliege Anopheles auszurotten. Im Iran wurde diese Kampagne auch durchgeführt, und dabei hätten die Angestellten der Organisation 13 Dörfer entdeckt, von deren Existenz die iranische Regierung nichts wusste. Die Grundbesitzer, denen das Land dieser Dörfer gehörte, hätten sie den Zentralbehörden gegenüber einfach «verschwiegen», um Steuern zu sparen.

Präsident Kennedy, von dessen Schutz und Finanzhilfe Iran damals stark abhing, drang gegenüber dem Schah auf finanzielle Reformen, Bekämpfung der Inflation und Korruption und auf Landreform. Die Wahlen vom Jahr 1960 waren so offensichtlich «gelenkt», dass der Schah selbst sich von ihnen distanzierte und im Januar 1961 neue Wahlen durchführen liess. Doch auch diese wurden heftig kritisiert, die Nationale Front der Mosaddeq-Anhänger forderte ihre Annullierung und freie Neuwahlen unter einer neutralen Regierung. Es war viel von der Korruption der sogenannten Plan-Organisation, die den Entwicklungsplan beaufsichtigte, die Rede und auch der Nationalen Iranischen Erdölgesellschaft (NIOC) wurde Korruption vorgeworfen. Die Lehrer, deren Gehälter durch die Inflation an Wert verloren, demonstrierten vor dem Parlament, und einer von ihnen wurde von der Polizei erschossen. Der Schah sah sich unter internationalem und innenpolitischem Druck gezwungen, eine neue Regierung zu ernennen, der zugetraut werden konnte, dass sie die notwendigen wirtschaftlichen und politischen Reformen effizient durchführen werde. Er berief *Dr. Ali Amini*, der aus einer der alten Qajarenfamilien stammte und als Finanzminister sowie als Botschafter in Washington gewirkt hatte. Amini übernahm die Regierungsverantwortung unter den Bedingungen, dass der Schah ihn öffentlich unterstütze und dass das unter zweifelhaften Umständen gewählte Parlament aufgelöst werde.

Amini wurde so der erste Ministerpräsident seit der Zeit Mosaddeqs, der nicht als ein blosses Instrument des Schahs, sondern mit eigenen Kompetenzen regierte. Er schritt zu administrativen Reformen und bekämpfte mit einigem Erfolg Inflation und Korruption. Sein Landwirtschaftsminister, *Dr. Hasan Arsanjani*, überkam die Grundbuchvorwände der Landbesitzer, indem er erklärte, die Grossgrundbesitzer dürften ein Dorf (gemeint waren die Ländereien eines Dorfes) für sich behalten, alle anderen aber würden an die Bauern verteilt. Die bewässerten Gärten waren von der Reform ausgenommen, und sie betraf auch nicht den gewaltig ausgedehnten Grundbesitz der Frommen Stiftungen, die von den Geistlichen verwaltet wurden. Doch viele Geistliche fürchteten, dass diese als nächster Schritt an die Reihe kämen (1962 sollte ihre Befürchtung sich bewahrheiten).

Die abgetretenen Güter sollten den sie bebauenden Bauern gehören, aber in Kooperativen zusammengelegt und gemeinsam bestellt werden. Die Landreform, so war deutlich, würde grosse politische, soziale und wirtschaftliche Folgen zeitigen. Politisch, weil sie die Zusammensetzung der Parlamente verändern würde, indem sie die Macht der Landbesitzer untergrub;

sozial, weil sie zur Emanzipation der oft durch Schuldenanhäufung an ihre Scholle gebundenen Bauern beitragen und wirtschaftlich, so hoffte man, weil sie die Konzentration des landwirtschaftlichen Einkommens in der Hand von wenigen aristokratischen und dem Wohlleben ergebenen Grundherren beenden würde. Landbesitz und politische Macht waren in Persien seit alten Zeiten, mindestens seit den Sassaniden, Hand in Hand gegangen. Diese alten, starren Macht- und Besitzstrukturen sollten nun aufgebrochen werden.

Doch Amini kam schon nach kurzer Zeit politisch und finanziell in Schwierigkeiten. Er hatte die repressiven Strukturen gelockert, indem er Bakhtiyar entlassen und ihn durch General *Hassan Pakravan*, einen sehr viel gemässigteren Mann, ersetzt hatte. Er duldete auch mehr Aktivitäten der Nationalen Front. Doch diese schraubte ihre Forderungen höher, ohne ihm seine Konzessionen zu danken. Sie agitierte nun für die Auflösung der SAVAK und für wirklich freie Wahlen, während Amini zuerst die Landreform und die wirtschaftliche Sanierung in Gang setzen wollte. Der Shah war seinerseits unzufrieden darüber, dass unter Amini seine Macht beschränkt worden war. Als die Amerikaner eine Reduktion der Militärausgaben forderten, bevor sie neue Hilfsgelder zur Verfügung stellten, benützte der Schah dies, um Amini zu Fall zu bringen. Er verweigerte die Reduktion des Militärbudgets und entliess schliesslich nach einem längeren Seilziehen um diese Frage Amini im Mai 1961. Er hatte sich zuvor auf einem Besuch in Washington mit den Amerikanern darauf geeinigt, dass er die Landreform fortsetzen werde, jedoch ohne Amini.

Das tat er dann auch; er behielt den Landwirtschaftsminister Arsanjani bei und übernahm seine Landreform gewissermassen auf eigene Rechnung. Seine Propagandisten proklamierten die «Weisse Revolution des Schahs», deren Kernstück die Landreform war und blieb, darum herum wurden andere Teilfacetten der «Revolution» gruppiert, wie eine grosse Alphabetisierungskampagne durch ein «Heer der Erziehung»; ein «Gesundheitsheer» sollte für Hygiene und Präventivmedizin auf dem Lande werben; die Erhaltung der Wälder und Aufforstung wurde auch als ein Teilaspekt der «Revolution» angesehen. Die Propaganda um die «Weisse Revolution» war so intensiv, dass es viele Beobachter gab, die wirklich zu glauben begannen, der Schah habe diese «Revolution» ausgelöst. Dass er sie von Amini übernommen hatte, durfte natürlich nie öffentlich erwähnt werden und scheint tatsächlich in Vergessenheit geraten zu sein. Die Frage der Urheberschaft wäre eine rein akademische geblieben, wenn der Schah es vermocht hätte, seine «Revolution» zu den erhofften Zielen zu führen. Doch dies sollte auch im besten Fall nur teilweise gelingen, und die spätere Entwicklung hat gezeigt, dass die Teilerfolge nicht gross genug waren, um die negativen Aspekte und Folgen der Regierungsmethoden des Herrschers zu überkommen.

Am 26. Januar 1963 wurde die «Weisse Revolution» in einer Volksabstimmung mit überwältigender Mehrheit unterstützt. Dennoch gab es energische Reaktionen gegen die Politik des Schahs. Woher diese kamen und wer sie recht eigentlich lenkte, blieb mir und allen meinen damaligen Kollegen sowie offenbar auch den diplomatischen Beobachtern und vielen Iranern selbst weitgehend verborgen. Klar war immerhin, dass Khomeiny sie durch seine Predigten schürte und schon damals (in den Jahren zwischen 1961 und 1963, 15 Jahre vor der iranischen Revolution) dadurch verstärkt wurde, dass die Geheimdienstschergen des Schahs mit übertriebener Gewalt auf die Zentren des geistlichen Widerstands schlugen. Die Schule in Qom, an der Khomeiny lehrte, die *Fayiziye*, wurde am 22. März 1963 von den Truppen der Kaiserlichen Garde gestürmt und zerschlagen, wobei drei Studenten (Taliban) den Tod fanden und eine grosse Zahl von ihnen schwer verprügelt und verwundet wurden (für Einzelheiten siehe: *Baqer Moin: Khomeiny, Life of the Ayatollah,* I.B. Tauris, London 1999, Kapitel 5 und 6). Durch derartige Brutalitäten wurde schon damals die politische Linie der radikalen Schah-Gegner, die in Khomeiny ihren Führer fanden, gestärkt. Demonstrationen fanden in Teheran statt, die jedoch von den Streitkräften und der Polizei niedergeschlagen wurden. Die Geheimpolizei nahm Khomeiny gefangen, liess ihn aber bald wieder frei. Doch nach erneuten Brandreden gegen den Schah und die Amerikaner wurde er schliesslich im November 1964 nach der Türkei verbracht und in Bursa festgesetzt. Später, im Oktober 1965, erhielt er vom Schah Erlaubnis, nach Najaf, dem schi'itischen Pilgerzentrum in Südirak, umzusiedeln.

Von alldem gelangten nur minimale und verzerrte Berichte in die Aussenwelt, auch die iranische Umwelt, die nicht in engem persönlichem Kontakt mit den Ayatollahs stand, wusste wenig darüber. Ich wusste damals und teilte dieses Wissen mit anderen Journalisten, dass es Geistliche gab, die gegen die Landreform auftraten. Doch war ich geneigt, sie – wie die iranischen Medien es taten – als eine Gruppe von Reaktionären einzuschätzen. Auch der Umstand, dass sie offenbar vorübergehend grosse Demonstrationen hatten auslösen können, brachte uns nicht von dieser Beurteilung ab. Wir nahmen an, wie es die Manipulatoren der Regierungsseite aussäten, dass solche Demonstrationen sich aus vielen verschiedenen Quellen nährten und viele verschiedene Richtungen umfassten. – In Wirklichkeit hatten sie jedoch einen Anführer, der schon damals im Zentrum stand: Khomeiny.

376

All diese politischen Entwicklungen, über die ich Schritt für Schritt zu berichten hatte, machten Aufenthalte in Teheran auf einem jeden meiner vielen Besuche in Persien notwendig. Teheran war die Kapitale, wo alle Politik stattfand. Draussen war die Provinz, welche die Konsequenzen zu tragen hatte, jedoch nicht wirklich mitredete. Doch die Provinz war das eigentlich reale Land, dort lebten die Perser; in Teheran waren es mehr und mehr nur die Geschäftemacher, mehr oder weniger integriert in die weltweite Konsumgesellschaft amerikanischen Vorzeichens. Gräben ähnlicher Natur zwischen der Hauptstadt und den Provinzen gab es in allen Entwicklungsländern. Doch in Iran waren sie besonders ausgeprägt. Der Grund dafür war das Erdöl. Die Hauptstadt mit ihren Politikern, Verwaltern, ihrem Hof und ihren Hofschranzen lebte von der Erdölrente Irans. Diese wurde in Dollar bezahlt und floss direkt in die Taschen der Regierung und ihrer Begünstigten. Für 1968 schätzte man die Erdöleinkünfte Irans auf eine Milliarde Dollar. Das bewirkte, dass die Hauptstadt, natürlich in erster Linie ihre nördlichen Luxusquartiere, gewissermassen über dem Land schwebte, fast ohne Verbindung mit ihm. Ihre Oberschichten importierten per Flugzeug, was sie brauchten und was sie haben wollten, ohne wirklich davon abhängig zu sein, was ihr Land ausser dem Öl hervorbrachte und was in ihm geschah. Es gab ja die Erdöldollars. Der Graben zwischen der Hauptstadt und ihrem Land vertiefte sich beständig. Sehr vereinfacht gesagt: Teheran amerikanisierte sich und das Hinterland vegetierte. Der Prozess war unschön, mit den Jahren wurde er immer bedrückender. Ich lernte, meine Aufenthalte in der Hauptstadt so weit es ging abzukürzen und sobald irgend möglich hinauszufahren in das wirkliche Land, das ausserhalb der Hauptstadt lag.

In Hamadan bei den Teppichen

Einmal habe ich in Hamadan erfahren, dass es dort einen Herrn Cross gab, der sich damit befasste, auf dem Basar von Hamadan Teppiche einzukaufen, um sie dann nach England zu exportieren. Ich schrieb ihm einen Brief, um ihn anzufragen, ob ich einmal einen Tag mit ihm im Basar verbringen dürfe. Er stimmte zu, und es wurde ein Tag, an den ich mich bis heute mit Freuden erinnere. Wir sassen in einem bescheidenen, nur mit einem Aluminiumpult und grossen Glasfenstern ausgestatteten Büro und Laden, mitten im Basar. Leute, die Teppiche anzubieten hatten, kamen vorbei, irgend jemand in ihrem Dorf hatte sie geknüpft, manchmal erst vor kurzem, manchmal schon vor dreissig Jahren. Der Verkäufer musste sie preisen, der Käufer eher heruntermachen. Das Geschäft war ein bisschen wie Sklavenhandel; denn jeder

Teppich war ein Individuum, das ein Stück Eigenleben besass. Dieses Individuum kam nun auf den Markt. Der Käufer dachte schon heimlich daran, was er aus ihm machen könne, um seinen Wert zu Hause zu steigern: bestimmt glätten, strecken, waschen, neue Fransen anbringen, aber auch vielleicht färben, «Schwarz oder Dunkelblau sind heute gut gehende Farben für antike Teppiche in modernen Wohnzimmern oder Chefzimmern», vertraute er mir an. Die Arbeit war staubig und heiss. Viele der Teppiche kamen auf Eseln, die lange Wege hinter sich hatten. «Hamadan»-Teppiche, wie die anderen, die nach einer Provinzhauptstadt heissen, der Qum, der Kerman, der Senne (mit dem alten Namen von Sanandaj), der Shiraz kommen nämlich gar nicht aus diesen Städten. Dort werden sie nur gehandelt. Geknüpft werden sie in den Dörfern, manche liegen hoch in den Bergen oder weit in den Wüsten. Die «Hamadan» aus der Provinz Hamadan oder einfach der Umgebung haben ein charakteristisches Muster. Aber natürlich wurden nicht nur sie angeboten. Wirkliche Hamadan waren eher selten. Die Teppiche wandern wie die Menschen und mit ihnen. Sie sind Reisebegleiter, bleiben dann irgendwo liegen und können später, zum Beispiel als Teil einer Erbschaft, auf den Markt gelangen.

Wegstation zwischen Nain und Yazd

Ein anderes Mal wollte ich nach Yazd fahren, das ich noch nie wirklich besucht hatte. Der Autobus fuhr damals über Nacht nach Isfahan, er setzte mich früh morgens bei Nain ab; dort musste ich bis zum Abend warten, um einen weiteren Bus nach Yazd zu finden. Haltestelle war eine *Tschai Khane* ausserhalb der Kleinstadt. Die Strasse führte an tief gelegenen und mit Lehmmauern eingefriedeten Obstgärten vorbei. Die grünen Kronen der Bäume lagen knapp über Augenhöhe, wenn man auf der Strasse ging. An einer Stelle ragte eine grüne Kuppel aus ihnen hervor. Ich fragte den Gastwirt, was das für eine Kuppel sei. Er antwortete, sie gehöre dem *Pul Dar*, dem «Geldbesitzer», womit er den Grundbesitzer meinte. Die Gärten lagen des Wassers wegen so tief. Ein altes Kanalsystem unterirdischer Kanäle (Qanat) brachte ihnen das lebenswichtige Element. Es war so angelegt, dass das Wasser aus dem Mund des Kanals trat und dann weiter durch sein natürliches Gefälle in Gräben durch die Gärten geleitet wurde. Damit dies funktionierte, mussten die Felder genau auf der Höhe oder Tiefe bleiben, die sie zur Zeit des Kanalbaus besassen. Die Durchgangsstrasse jedoch kam mit den Jahren immer höher zu liegen, weil sich auf ihr der Schutt der Jahrhunderte anhäufte, der in den bewässerten Gärten nicht liegen bleiben durfte. Ich war noch nicht weit auf der Strasse gegangen, in die umhegten Gärten einzudringen, wagte ich nicht, als mir ein junger, städtisch gekleideter Mann entgegentrat. Wo ich hin wolle, fragte er mich. Ich erklärte, dass ich einen Tag lang auf den nächsten Bus warten müsse. Er sei der Sohn des lokalen Grundbesitzers, erklärte er mir. Ich solle nur mit ihm kommen, er werde den Wartetag mit mir verbringen. Er öffnete ein Holztor, das in die Gärten führte, und nach einem kleinen Morgenspaziergang erreichten wir das Haus eines Bauern. Es besass nach ur-persischem Muster eine Eingangsterrasse, die auf schlanken und hohen Holzsäulen ruhte und dem Wohnhaus vorgebaut war. Eine Treppe führte vom Garten hinauf. Zwei Mullahs, an ihren schwarzen Übermänteln und Turbanen kenntlich, sassen dort schon auf Kissen und tranken Tee. Die Bauernfrau kam hinaus, um uns zu begrüssen; kurz darauf brachte ihr junger Sohn Teegläser auf einem Tablett. Der Vormittag ging mit Reden, Tawla-Spiel, Teetrinken, einigen kurzen Spaziergängen unter den Bäumen dahin. Jedesmal, wenn ich mich verabschieden wollte, hiess es, der Tag sei ja noch lang, wohin ich denn wolle, übrigens werde auch schon ein Mittagessen für uns gekocht, ich könne gar nicht einfach so weglaufen. Am Abend werde man mich rechtzeitig auf den Bus begleiten. In der Tat wurde bald ein grosses Wachstuch vor uns auf dem Boden ausgebreitet, mehr Kissen wurden gebracht. Nur wir vier Gäste gruppierten uns darum, es gab Suppe, Huhn, Reis, Dogh (das ist verwässerte, eiskalte Sauermilch) und Früchte, man konnte von Hand oder mit einem Löffel essen. Das Essen wurde schnell und schweigend eingenommen, bis alles abgeräumt war und wieder der Tee erschien. Das Essen hatten die Kinder des Bauern serviert, nachdem seine Frau es bis an die Türschwelle des Innenhauses herangeschleppt hatte, für den Tee kam der Bauer selbst. Nachher begann die Siesta, die mir lieb war, weil ich die Nacht durchgereist war. Gegen Nachmittag erhoben sich die Mullahs, um fortzugehen. Ich nahm meinen neuen Freund, den Sohn des «Geldbesitzers» zur Seite und fragte ihn, ob ich nicht den Gastgebern etwas Geld geben dürfe. «Auf keinen Fall!» sagte er, «die Mullahs mussten sie ohnehin einladen. Das ist ihre Pflicht. Dass du dann noch dazu kamst, macht für die Leute wenig Unterschied!» Ich konnte nur den Kindern verstohlen ein paar Geldscheine zustecken, die sie schnell verschwinden liessen. Die Sonne stand schon tief, als mein Freund mich zum Teehaus zurückbegleitete und mir dort auch noch Gesellschaft leistete, bis der Bus ankam. Es war ein Tag, an dem nichts Besonderes geschah, vergeudet vielleicht. Doch so viele Tage der Arbeit, der Reisen, des Ferienlebens sind vergangen, ohne dass ich mich an sie erinnern kann. Dieser jedoch ist mir bis heute im Gedächtnis geblieben, und ich werde ihn schwerlich vergessen. Warum wohl? – Landschaft,

Verhalten der Menschen, Haus und Fruchtgarten passten völlig zusammen, sie mussten so sein, wie sie waren; doch gleichzeitig ist mir auch die Ungerechtigkeit immer gegenwärtig geblieben, die darin lag, dass diese armen Bauern – gewiss nicht die Ärmsten der Armen, jedoch bestimmt knappen Auskommens – uns Reiche, die wohlgenährten Mullahs, den Sohn und Erben des Geldbesitzers und mich Menschen aus der reichen Schweiz, bewirten «mussten»; es war ihre «Pflicht», die sie denn auch wie selbstverständlich erfüllten.

Besuch in Sistan

In Teheran hatte ich erfahren, dass eine italienische Beratungsfirma, Italconsult, die Aufgabe übernommen hatte, eine ganze Provinz Irans, das ferne und fast zur Wüste verkommene Land Sistan «zu entwickeln». Sistan ist eine Bewässerungsinsel, die tief in Ostpersien hinter der Wüste Lut liegt. Die Provinz findet sich durch die Salzwüste ganz isoliert vom übrigen Persien. Ihr Wasser bringt der Helmand aus Afghanistan, der grösste Fluss der Afghanen, er bildet in Sistan zwei grössere Seen und versickert dann in der Wüste, nachdem er so viel Land befruchtet hat, dass eine Provinz davon leben kann. Obgleich es durch sein Wasser mehr mit Afghanistan denn mit Iran verbunden scheint, ist Sistan doch eine historische Provinz Persiens, fast eine Art Urzelle des alten Irans. Zabul, die Hauptstadt, gilt im *Schah Nameh*, dem persischen Nationalepos, als Hauptstadt des Landes des Haupthelden, *Rustem,* und Sistan ist sein eigenes Königreich, als dessen Herr er den iranischen Kaisern Gefolgschaft leistet. Ich ging zu der Firma und fragte, ob ich wohl ihre Arbeiten in Sistan einmal sehen und darüber etwas schreiben dürfe. Ihr Hauptbüro in Teheran lud mich ein. Ich durfte sogar eines der Flugzeuge der Gesellschaft benützen, das einige ihrer hohen Manager nach Zabul brachte.

In Sistan kämpfte das Wasser mit der Wüste. Einst muss es eine reiche und blühende Bewässerungsregion gewesen sein. Doch dies war lange her. Grosse Teile des Bodens waren versalzen, und die beiden grossen Seen enthielten auch zu viel Salz, um der Bewässerung dienen zu können. Der Helmand brachte zwar jeden Frühling neues Süsswasser von den Höhen des Hindukusch, doch dieses hatte keinen Ablauf in Sistan, und die Provinz versalzte mit den Jahrhunderten immer mehr. Italconsult versuchte dem abzuhelfen, indem Kanäle gegraben wurden, die Helmandwasser, noch bevor es in die Salzseen einlief, in Regionen führen sollten, deren Boden relativ salzfrei war, so dass sie zu Anbaugebieten entwickelt werden konnten. Dabei musste natürlich auch für Entwässerung, nicht nur für Bewässerung, gesorgt werden, wenn die neuen Gebiete nicht ebenfalls langsam versalzen sollten. Ausserdem besass Sistan noch immer alte, Frucht tragende Bewässerungsgebiete, deren Versorgung mit Helmandwasser nicht beeinträchtigt werden durfte. Dies waren komplexe Aufgaben, die nur im Rahmen eines Gesamtplans, der die ganze Provinz einbezog, gelöst werden konnten. Eine Bestandsaufnahme war unabkömmlich, bevor neue Bewässerungsarbeiten vorgenommen wurden. Die Firma ging noch weiter. Sie wollte auch das Leben der Hirten und Bauern in die neuen Unternehmen miteinbeziehen, also auch darüber Wissen sammeln, bevor Neuentwicklungen geplant und angepackt wurden.

So hatte ich viele interessante Gespräche mit den dort arbeitenden Italienern und bewunderte ihre Fähigkeit, sich in die Bauern dieser weltabgeschiedenen Provinz und ihr so anderes Leben hineinzudenken. Wir fuhren auch auf dem noch trockenen Boden des teilweise fertiggestellten Hauptkanals nach vorne bis an seinen vorläufigen Kopf, wo einige Dutzend Arbeiter das neue Kanalbett aushoben. Alle gebrauchten sie die iranischen Spaten, die über dem Metallblatt eine hölzerne Querleiste aufweisen, damit der Spaten mit dem Fuss tief in die Erde getrieben werden kann. Ein iranischer Ingenieur mit grauen Locken leitete ihre Arbeit. Er sei in Petersburg ausgebildet worden, vertraute er mir an. Mir war aufgefallen, dass der Kanal viele Kurven beschrieb, wo er doch durch ebenes Gelände geschnitten war. «Ja», sagte der Ingenieur, «das ist, damit das Wasser schneller läuft, jedesmal, wenn es um eine Kurve herumfliesst, bekommt es neuen Schwung», er zeigte den Schwung mit beiden Armen an, «und so wird es bei jeder Kurve jedesmal neu beschleunigt». Ich fragte mich, ob er das wohl in Petersburg gelernt habe. Leider bin ich später nie mehr nach Sistan gekommen, und ich weiss nicht, ob schliesslich die Entwicklungsbemühungen der Italiener gefruchtet haben.

Von Persien nach Pakistan

Bei einer anderen Gelegenheit reiste ich mit dem Autobus diagonal durch Persien von Teheran über Kashan, Yazd, Kerman bis Zahedan. Das war damals eine lange und anstrengende Reise, weil nur ein kleiner Teil der Strassen asphaltiert war, die meisten waren noch Staubstrassen. Die Busse fuhren mit Vorliebe nachts, in der Tradition der Karawanen, die auch die kühlen Nächte vor den heissen Tagen bevorzugten. Ich machte in den grösseren Orten ein, zwei Tage Halt, um mich umzusehen. Jede der Provinzstädte am Rande der grossen Innenwüste Irans, der Lut-e-Kevir, besitzt ihre Eigenart, eigene Geschichte und eigene Kunstwerke, damals auch noch, lebendiger als heute, ihr eigenes Kunsthandwerk, beginnend mit den bunten Kacheln von Kashan und endend mit den sonnenförmig bestickten Tüchern von Kerman. Nach Kerman allerdings musste ich mich beeilen, weil ich in Zahedan, an der pakistanischen Grenze, die Eisenbahn nehmen wollte, die von dort aus durch Belutschistan bis nach Peschawar fährt. Diese Bahn ging nur zweimal wöchentlich, und ich musste von Kerman aus die Nacht durchfahren, um die Abfahrt in Zahedan nicht zu verfehlen. Zum Glück fuhren wir schon am Nachmittag ab, so dass wir gegen Sonnenuntergang die Moschee und das Sufi-Heiligtum von *Mahan* erreichten. Der Bus machte dort Halt, und ich konnte das Heiligtum kurz besuchen. Mehrere quadratische Vorhöfe, alle mit hohen Zypressen geschmückt, führen zum inneren Heiligtum hin, in dem der berühmte Mystiker Scheich *Ni'matullah* (starb 1430) begraben liegt. Die Harmonie von Natur und Menschenwerk ist vollendet. Mitten in der Wüste ist ein kunstvoll umhegter Bezirk der Ruhe und Konzentration auf das Wesentliche geschaffen. Ich bin später noch oft nach Mahan gekommen. Der Ort hat für mich seinen Zauber nie verloren.

Bahnreise von Zahedan nach Peschawar

Es folgte eine lange, holprige Nacht, die Strasse war zu einer Piste verkommen. Im Dunkel fuhren wir an Bam vorbei, der grossen Palmenoase mit ihrer grossartigen Lehmfestung und teils verfallenen Lehmstadt, die ich damals nicht zu Gesicht bekam. Dieses auf seine Weise einzigartige Abbild persischer Vergangenheit wurde zu Weihnachten 2003 durch ein riesiges Erdbeben für immer zerstört. Die Zahl der Opfer schätzt man auf 40 000. Am Morgen erreichten wir Zahedan, und die Eisenbahn stand in der offenen Wüste bereit. Der Zoll war rascher erledigt als in Teheran auf dem Flughafen. Im Inneren des Zuges gab es Zweiercoupés mit Holzpritschen, auf die ein jeder Reisende seine Decke oder seine *bedroll* ausbreiten liess. Ich reiste zusammen mit einem vornehmen Herrn aus Quetta, der sich von seinem alten Diener begleiten liess. Der Diener reiste in einem eigenen Bedienten-Coupé, doch wenn die Essenszeit herannahte, kam er mit einem kleinen Holzschrank, der durch Fliegengitter verschlossen war und den er oben an einem Griff halten konnte. Darin waren die Reisevorräte. Der Herr wählte aus, was er essen wollte, und der Diener ging dann damit auf die Lokomotive, um es wärmen zu lassen. Dann kam er wieder und servierte das Mahl. Der nette Herr aus Quetta lud mich stets ein mitzuhalten. Er habe reichlich Vorräte, was nicht gegessen werde, verkomme, behauptete er voller Gastlichkeit. Ich musste abwehren, damit auch der Diener, der nach uns die Reste ass, seinen Anteil erhalte.

Als wir an einer der Stationen anhielten, weit und breit kein Haus ausser dem improvisierten Bahnhof, kam der Schaffner und sagte, es gäbe Wasser, ich könne ein Bad nehmen. Nichts war mir lieber als das. Es gab im Zug ein kleines verschliessbares Abteil mit einem Ablauf im Boden. Darin stand ein ganzer Eimer voll Wasser mit einer Schale zum Schöpfen, die man sich über den Kopf giessen konnte. Seife besass ich selbst. Ich zog mich aus und pritschelte voll Vergnügen. Nach einiger Zeit klopfte der Schaffner und fragte durch den Türspalt, ob ich noch nicht fertig sei. Ich sagte, ganz eingeseift: «Noch nicht». Er darauf: «Wir wollen abfahren!». Ich antwortete: «Ja, fahren wir nur!», da ich mich ja innerhalb des Zuges befand. Doch er rief: «Der Eimer! Er gehört zur Station, wir müssen ihn zurückgeben!». So musste ich mich denn beeilen. Ich leerte mir den Rest des Wassers über den Kopf, gab den rot gestrichenen Eimer durch die Türe zurück, und kurz darauf fuhren wir weiter. Bis Peschawar dauerte die Reise einen Tag, eine Nacht und noch einen Tag.

Paschtunische Waffenfabrik im Kurram-Tal

Von Peschawar aus kam ich auf einem Ausflug ins Kurram-Tal, in der zu Pakistan gehörigen Stammeszone, wo nicht das Gesetz Pakistans sondern das Gewohnheitsrecht der Paschtunen, das Paschtunwali, gilt. Mehrere Dörfer lebten ganz von der Herstellung von Gewehren und Revolvern. In geduldiger Handarbeit mit der Hilfe von Feilen wurden alle berühmten Schusswaffen der Welt genau kopiert, bis zu den eingeritzten Verzierungen, Schriften und Markenzeichen. Sie lagen dort alle frei zum Verkauf auf. Es gab gleich an der Strasse ganze Waffenbasars. Im Tal knallten beständig Schüsse, weil die Kunden ihre Waffen ausprobieren wollten, bevor sie sie endgültig erstanden. Die einheimischen Waffenkopien waren viel billiger als die Originale. Doch ihre Läufe, handgebohrt, waren meistens nicht aus der gleichen Qualität harten Edelstahls gedreht wie jene der Originale. Dies bewirkte, dass die Zielsicherheit geringer sein konnte und besonders, dass die Lebensdauer der Läufe beschränkt war, nach einigen Hundert Schüssen waren manche schon ausgeleiert. Doch das Geschäft mit den Waffen lief gut. Jeder Paschtune musste mindestens eine Waffe tragen. Oft diente sie mehr zur Betonung der Manneswürde als unbedingt zum Gebrauch.

Als Journalist in Ankara

Zu meinen Reisen im Jahr 1962 gehörte auch mein erster Besuch als Journalist in der Türkei. Seither habe ich mich immer auch mit der türkischen Politik beschäftigt. Sie bot einen anregenden Kontrast zur arabischen und persischen, weil die drei Ethnien sehr viele kulturelle, religiöse und historische Gemeinsamkeiten besitzen, die politische Entwicklung in der Moderne jedoch, im wesentlichen seit dem Ende des Ersten Weltkriegs, sehr unterschiedliche Wege beschritten hat.

Ich erlebte von den drei Militäreingriffen, die die Türkei seit 1960 durchmachte, den zweiten und den dritten aus der Nähe und hatte über sie zu berichten. Den ersten von 1960 lernte ich nur aus Zeitungsberichten, Erzählungen, Memoiren und historischen Übersichten kennen. Damals befasste ich mich noch nicht als Berichterstatter mit der Türkei, obwohl ich das Land bereits vorher kennengelernt hatte. Alle drei Umstürze hingen zusammen, die späteren konnten nicht ohne den Vorgang des ersten verstanden werden. Ich versuche deshalb, hier alle drei Militärbewegungen zusammenzufassen. Gemeinsam geben sie einen Rahmen ab, der die Gesamtheit der jüngsten türkischen Entwicklung umfasst.

Der erste Militäreingriff vom 27. Mai 1960 richtete sich gegen die Regierung von *Adnan Menderes*. Der Ministerpräsident hatte im zweiten, verlängerten Mandat seiner Regierungszeit Schritte unternommen, die darauf auszugehen schienen, seine Herrschaft weiter zu festigen und permanent festzuschreiben. Die herrschende Demokratische Partei stellte mehr und mehr Regeln auf, die dazu dienen sollten, ihre kemalistischen Gegner von der Republikanischen Volkspartei in der Presse und sogar im Parlament mundtot zu machen. Auf der Strasse und an den Universitäten gab es Proteste gegen diese Massnahmen. Sie wurden niedergeschlagen, führten aber schliesslich zum Eingriff der Militärs mit dem Ziel, das sich immer weiter festigende Machtmonopol der Demokraten zu brechen.

Der Putsch vom 27. Mai 1960 war nicht von den Armeespitzen ausgegangen, sondern von Offizieren der mittleren und unteren Ränge vor allem der Kriegsschulen von Istanbul und Ankara. Die hohen Offiziere hatten sich angeschlossen, um den Zusammenhalt der Armee nicht in Frage zu stellen, und diese Vorgeschichte bewirkte, dass nach dem Gelingen des Staatsstreichs unterschiedliche Pläne und Absichten darüber vorlagen, wie sich nun das Geschick des Landes weiter entwickeln solle. Die Putschoffiziere bildeten ein «Nationales Einheitskomitee», das aus 38 Offizieren bestand. Sie hatten vor dem Eingriff verschiedenen politischen Richtungen angehört und stellten sich die politische Zukunft ihres Landes sehr unterschiedlich vor. Sie hatten deshalb am Tag nach dem Umsturz dem angesehenen General *Cemal Gürsel* den Vorsitz des Komitees anvertraut. Gürsel hatte im Nationalen Befreiungskrieg mitgekämpft und hatte zwischen 1958 und 1960 die Landstreitkräfte kommandiert. Am 3. Mai 1960 hatte Menderes ihn entlassen. 24 Tage später fand der Staatsstreich statt.

Unter den Komiteemitgliedern gab es eine einflussreiche Gruppe um Oberst *Alparslan Türkesch*, dem zunächst ein Militärregime, etwa nach dem Vorbild Nassers, vorschwebte. Sie griff zur Reinigung der Armee und der Bürokratie von ihren politischen Widersachern und sorgte dafür, dass am 3. August 5000 Offiziere, darunter 235 Generäle (von 260) entlassen wurden. Auch 147 Professoren der beiden Hauptuniversitäten Istanbul und Ankara wurden auf die Strasse gesetzt. Die Rektoren beider Universitäten traten zurück, doch später wurden sie und die entlassenen Professoren wieder eingestellt. Die Anhänger von Türkesch, der ein Ultranationalist war, versuchten sodann, das ganze Kulturleben der Türkei in die Hand zu nehmen. Sie wollten eine «Ideal- und Kultureinheit der Türkei» bilden, die das Erziehungsministerium sowie das Presse- und Radiowesen und die Religionsangelegenheiten umfassen sollte und die sie selbst leiten wollten. Bevor im Einheitskomitee über diesen Plan abgestimmt wurde, schritt General Gürsel am 13. November 1960 zu einem Putsch im Putsche; er erklärte überraschend über das Radio, das Einheitskomitee habe sich neu gebildet und 14 seiner bisherigen Mitglieder seien ausgeschlossen. Dies waren Türkesch und seine Anhänger. Sie wurden als Militärattachés ins Ausland geschickt. Später versuchten weitere radikale Offiziere ihrerseits Umstürze durchzuführen, der wichtigste war Oberst *Talat Aydemir*, der die Offizierskadetten kommandierte. Aydemir wurde hingerichtet, nachdem sein zweiter Putschversuch, zu dem er seine Kadetten benützte, blutig missraten war.

Innerhalb der Streitkräfte bildete sich auch eine Gegenbewegung gegen die Putschisten, die sich «Einheit der Streitkräfte» nannte und die Meinung vertrat, die Offiziere hätten sich ihren Vorgesetzten unterzuordnen und in die militärische Hierarchie einzufügen. Diese Gruppe der «Professionellen» erreichte schliesslich, dass die Putschoffiziere die Armee verlassen und sich mit zivilen politischen Rollen begnügen mussten. So kamen die zivilen Politiker wieder zum Zuge. Eine Verfassungsversammlung trat im Januar 1961 zusammen, und eine neue Verfassung wurde im Juli durch Volksabstimmung mit 61 Prozent der Stimmen gebilligt. Die Parteien wurden wieder zugelassen, doch die Demokratische Partei von Menderes blieb verboten. Gegen ihre Hauptpolitiker wurde ein Prozess vor einem Sondergericht angestrengt, das 123 Personen freisprach, aber 418 zu kürzeren und 31 zu lebenslänglichen Haftstrafen verurteilte. Es gab auch 15 Todesurteile, von denen drei am 16. und 17. September 1961 vollstreckt wurden, nämlich an Ministerpräsident *Adnan Menderes*, seinem Aussenminister *Fatin Rüschtü Zorlu* und seinem Finanzminister *Hasan Polatkan*. Die Hinrichtungen scheinen auf Druck der Offiziere hin stattgefunden zu haben, während die zivilen Politiker sich bemühten, sie zu vermeiden. Es gab viele Gerüchte über Einzelheiten, darunter das nicht ganz unwahrscheinliche, dass bestimmte Luftwaffenoffiziere gedroht hätten, sie würden das Gefängnis und den Gerichtshof auf der Marmara-Insel *Yasi Ada*, wo der Prozess stattgefunden hatte, bombardieren, wenn die Hinrichtungen nicht vollstreckt würden.

Die neue Verfassung, die damals erlassen wurde, war die liberalste, die es in der Türkei bis heute gegeben hat. Sie versuchte institutionelle Gegengewichte gegen die Macht der Regierungsmehrheit zu schaffen, damit in Zukunft vermieden werde, was unter Menderes zu geschehen drohte, nämlich dass die Regierung ihre Regierungsmehrheit benütze, um sich die Macht permanent zu sichern. So gewährte das neue Grunddokument den Richtern, den Universitäten, den Gewerkschaften starke Garantien für ihre Unabhängigkeit. Ein Verfassungsgericht wurde eingesetzt. Die neue Verfassung schuf auch eine Einrichtung, deren Bedeutung erst in den kommenden Jahrzehnten voll zur Geltung gelangen sollte: einen «Nationalen Sicherheitsrat», in dem die Spitzenoffiziere der Streitkräfte gemeinsam mit den wichtigsten Politikern sassen. Der Rat sollte eine beratende Funktion in allen Fragen der nationalen Sicherheit ausüben. Mit den Jahren und den weiteren Militärinterventionen in der Türkei sollte dieser Sicherheitsrat, dessen Kompetenzen in späteren Verfassungen weiter ausgebaut wurden, zur mächtigsten Institution der Türkischen Republik werden. Statt zu beraten, ging er dazu über zu entscheiden. Wenn die Militärs sich nachdrücklich für eine Massnahme einsetzten, wurde es für die zivilen Politiker mit der Zeit und nach weiteren Putschen unmöglich, sich den Forderungen «der Streitkräfte» zu widersetzen, – es sei denn, sie wollten einen Umsturz riskieren. Doch diese Entwicklung lag damals noch in der Zukunft.

Rückkehr zu einem «islamischen» Staat?

Ein Hauptthema der türkischen Innenpolitik, das seit der Durchführung echter Wahlen (zuerst 1950) durch die Jahrzehnte hindurch aktuell bleiben sollte, war die Frage der Rolle des Islams in der türkischen Gesellschaft und Politik. Unter Menderes hatten jene Kreise Gehör gefunden, die «mehr Islam» in der Türkei forderten und eine öffentliche Rolle für die Religion fast aller Türken anstrebten. Atatürk hatte seinerzeit dem Lande den «Laizismus» verschrieben. Er verstand darunter nicht nur die Trennung von Staat und Religion, sondern darüber hinaus die Zurückdrängung des Islams aus dem gesamten öffentlichen Leben. Religion sollte «Privatsache» werden. Der Staat suchte alle religiösen Aktivitäten zu unterdrücken, die er nicht kontrollieren konnte. Die im Lande sehr beliebten und früher auch kulturell äusserst wichtigen mystischen Orden der *Derwische* oder *Sufi* wurden verboten, und die traditionellen religiösen Schulen, die Medrese, wurden geschlossen.

Die Partei Atatürks, die das Land bis 1950 regierte, hielt sich strikte an diese Form des «Laizismus». Doch sobald echte Wahlen stattfanden, durch die Menderes und seine Partei zur Macht kommen sollten, entdeckten die türkischen Politiker, dass in den Dörfern und in den volkstümlichen Vierteln der Städte mit dem Versprechen, der Bau von Moscheen werde erlaubt werden, Stimmen zu gewinnen waren. Moscheebau war daher der erste Schritt. Man sah seit den 1950er Jahren und über die erste Hälfte der 1960er Jahre hin die neuen Moscheen nur so aus dem Boden schiessen, und der intensive Neubau von Moscheen hat bis heute nicht aufgehört. Die Bürger selbst finanzierten den Bau, meist indem sie Baukomitees gründeten, die Geld von Stiftern sammelten.

Als die Moscheen standen, brauchten sie auch Personal, um das Gebet zu leiten, zu predigen, die Frommen zu beraten, der Jugend zu erklären, was genau Islam sei. Dies führte zum Ruf nach besonderen Schulen für Geistliche. Nach den Gesetzen Atatürks gab es sie nicht: Das «Lise» (von französisch: Lycée) genannte Gymnasium war die weltliche weiterführende Regelschule für alle Türken. Eine theologische Fakultät gab es einzig an der Universität Ankara (seit 1949). Korankurse wurden damals heimlich gegeben, und wenn sie aufgedeckt wurden, führte dies zu Gefängnisstrafen für die Lehrkräfte und Organisatoren. 1949 wurde erstmals wieder ein Kurs zur Ausbildung von Moscheevorstehern und Predigern (*Imam Hateb*) zugelassen. Damals dauerte er zehn Monate und wurde von 50 Personen besucht. Seither sind die Sonderschulen für Prediger und Moscheevorsteher zu eigentlichen islamischen Gymnasien gewachsen, und es gab 1997 834 solcher Schulen mit 49 Filialen in der gesamten Türkei. Sie erkämpften sich die Zulassung ihrer Schüler zu den Eintrittsexamina für die Universitäten, denen sich auch die Schüler der staatlichen Lises zu stellen haben, und sie erwiesen sich als erfolgreich bei der Placierung ihrer Schüler.

In den zehn Jahren der Herrschaft Menderes' konnten die islamischen Institutionen in der Türkei wieder Fuss fassen. Die Streitkräfte jedoch sahen sich und sehen sich bis heute als die Hüter des Erbes Atatürks an und verurteilten dieses Wiederaufleben der Religion. Durch die ganze zweite Hälfte des 20. Jahrhunderts hindurch sollten sie immer wieder gegen Gruppen einschreiten, die für sie das Grundprinzip des «Laizismus» verletzten. Doch mit ebenso grosser Regelmässigkeit sollten sich derartige Gruppen wieder neu bilden. «Mehr Islam» war populär bei grossen Teilen gerade der einfacheren Bevölkerung, und es gab auch immer Politiker, die darauf ausgingen, auf dieser Basis politische Karriere zu machen.

In den frühen 1960er Jahren trug ich oft eine arabische Zeitung bei mir, wenn ich auf der Strasse unterwegs war. Ich hatte mich ja stets auch mit den Ereignissen zu befassen, die sich in der arabischen Welt abspielten. Dabei kam es vor, dass ich von jungen Passanten angehalten wurde, die wissen wollten, ob ich das wirklich lesen könne. Sie erkannten die arabische Schrift als jene des Korans, die man früher in der Türkei auch zum Schreiben des Türkischen gebraucht hatte, bis Atatürk am 3. November 1928 die lateinischen Lettern einführte und die arabischen verbot. Eine Generation später konnten nur noch einige alte Leute und eine Handvoll von Spezialisten für das Arabische oder die alte osmanische Sprache diese Schrift lesen. Doch die Jungen, die meine arabischen Zeitungen sahen, empfanden und sprachen oft aus, dass ihnen «etwas entwendet wurde», was eigentlich ihnen gehörte, eben die Schrift des Korans.

Derartige kleine Begebenheiten machten deutlich, wie stark die Anhänglichkeit an die islamische Vergangenheit erhalten geblieben war, bezeichnenderweise gerade in jenen sozialen Schichten, die nur eine beschränkte «moderne» Ausbildung erhalten hatten. Diese Anhänglichkeit gab es jedoch auch, eher überraschend, unter einer Minderheit der naturwissenschaftlich oder technisch Ausgebildeten, die offenbar neben ihrer «modernen» Bildung im Stil Europas etwas suchten, das sie mit ihrem eigenen kulturellen und geistigen Herkommen näher verbinde. Diese «modern» Ausgebildeten, die sich zum Islam hinwandten (ihre Kritiker sagten: zurückwandten), gaben oft Kader ab, welche die Pro-Islam-Gruppen lenkten.

Die Niederhaltung der türkischen Linken

Doch der grössere Teil der politisch aktiven Jugend des Mittelstandes und Teile der Arbeiterklasse waren in den 1960er Jahren links ausgerichtet. Dies war eine allgemeine Zeiterscheinung; die Linkskontestation in Europa, die im Jahr 1968 in Paris gipfeln sollte, bereitete sich vor. In der Türkei gab es viel grössere soziale Ungerechtigkeit als in Europa, die verschiedenen Protestgruppen hatten mehr und bedeutendere Missstände anzuführen. Sie hatten jedoch weniger Gelegenheit als in Europa, friedlich und mit politischen Mitteln gegen sie zu agieren. Die türkische Polizei und der Geheimdienst waren seit Jahrzehnten gewöhnt, gegen die als besonders gefährlich geltenden Linkskräfte einzuschreiten, und sie pflegten es zu tun, ohne sich gross um Menschenrechte zu kümmern.

Die Haltung der Sicherheitskräfte hing damit zusammen, dass die Türkei ein direkter Nachbar der Sowjetunion war und einen Eckpfeiler der NATO darstellte. Sie war schon zur osmanischen Zeit unter Druck durch das Zarenreich gekommen, und die Druckversuche Stalins nach dem Zweiten Weltkrieg konnten als eine Fortsetzung der althergekommenen Expansionspolitik Russlands gegenüber seinem türkischen Nachbarn gelten. Stalin forderte nach dem Zweiten Weltkrieg die Rückgabe von drei Ostprovinzen der Türkei, die vor dem Ersten Weltkrieg vorübergehend vom Zarenreich besetzt gewesen waren, an die Sowjetunion. Er verlangte auch eine Revision der internationalen Konvention über die Meerengen zugunsten der Sowjetunion. Ein beständiges Misstrauen gegen die Sowjetunion in Regierungskreisen und unter den Militärs war daher gegeben. Linksgruppen erschienen ihnen so gut wie immer im Licht von «Fünften Kolonnen», die für den Landesfeind wirkten.

Deshalb gingen sie mit schwerer Hand auch gegen Idealisten vor, die im Grunde primär das soziale Wohl der Türken im Auge hatten. Ein tragisches Beispiel dafür war das Leben des grössten der zeitgenössischen türkischen Dichter, *Nazim Hikmets* (geb. 1902), der schon unter Atatürk und später zur Zeit von dessen Nachfolger Inönü einen grossen Teil seines Lebens in türkischen Gefängnissen zubrachte, 1950 nach einem langen Hungerstreik aus dem Gefängnis entlassen wurde, aber kurz darauf ins sowjetische Exil fliehen musste, weil er und seine Freunde fürchteten, die Offiziere trachteten ihm nach dem Leben. Er starb 1963 in Moskau, nachdem er in alle sozialistischen Länder der Welt gereist war und dort Berühmtheit erlangt hatte, jedoch nie mehr nach der Türkei zurückkehren konnte. Hikmet selbst, seine Gedichte und sein Schicksal, übten keinen geringen Einfluss auf die linksgerichtete intellektuelle Elite der Türkei aus. Seine Gedichtbände waren in den 1960er Jahren aus politischen Gründen in der Türkei kaum erhältlich; heute liegen sie in allen Buchläden auf.

Die Niederhaltung der Linksintellektuellen durch Zensur und Gefängnis trug zur Radikalisierung der Linken bei. An den Universitäten und in den Gewerkschaften entstanden kleine revolutionäre Gruppen, die von der Anwendung «revolutionärer Gewalt» zuerst redeten und sie dann auch ausüben wollten. Das führte wiederum zu verschärftem Eingreifen der Sicherheitskräfte, so dass die Jagd auf die «Linken», nicht selten mit polizeilichen Provokationen verbunden, immer mehr zu einer Hauptaufgabe der Polizei- und Geheimdienste wurde. Verglichen mit ihnen erschienen den Polizisten die Pro-Islam-Gruppen als harmlos, und die mehr oder minder faschistische extreme Rechte, die es auch gab und die auch gewalttätig werden konnte, pflegte sogar der Polizei als Mitarbeiter zu dienen.

Zu den langfristigen Entwicklungen, die ich in der Türkei über die nächsten Jahrzehnte verfolgte, gehörte, dass die Polizei der Linken schliesslich weitgehend Herr werden sollte, nachdem diese immer radikaler geworden waren, sich in immer kleinere und immer gewalttätigere, sektiererische Gruppen aufspalteten, die untereinander Konkurrenzkämpfe führten, und sich durch ihre Gewaltanwendung, die oft die Grenze zum Terrorismus überschritt, vom Rest der Gesellschaft immer weiter abtrennten. Die Pro-Islam-Gruppen jedoch konnten sich zu einer breiten Bewegung fortentwickeln, die zwar oft durch Verbote der Militärs und der von ihnen beaufsichtigten Politiker stillgelegt wurde, aber dann in neuen Formen wieder auftauchte und sich erneut politisch bemerkbar machte.

Inflation als Konstante der türkischen Wirtschaft

Es gab noch andere langfristige Entwicklungen, die für die moderne Türkei charakteristisch waren. Dazu gehörte die Inflation. Zu Beginn der 1960er Jahre waren zwei türkische Lira ungefähr einen Schweizer Franken wert. Im Jahre 2002 erhielt man für einen Schweizer Franken über 1 000 000 Lira. Diese gewaltige Inflation entwickelte sich in Sprüngen, die auf zahlreiche finanzielle Krisen zurückgingen. Die Konstante war dabei, dass immer wieder Auslandsdevisen fehlten und die Wirtschaft des Landes durch den Devisenmangel weitgehend stillgelegt wurde. Dann erfolgten neue Anleihen von Seiten der Weltbank und des IMF unter der Auflage von Abwertungen, um die türkischen Exporte konkurrenzfähiger zu machen, was natürlich jedesmal ein Anziehen der türkischen Binnenpreise zur Folge hatte, so dass die Lohnempfänger, deren Löhne viel langsamer anstiegen als die Preise, sowie die Kleinsparer, deren Ersparnisse annulliert wurden, den Preis für die nicht von ihnen verschuldete Misswirtschaft zu bezahlen hatten.

Auch andere Länder des Nahen Ostens haben beinahe ebenso hohe Inflationen erlitten. Doch dort waren es meist Kriege, wie im Irak, in Libanon, in Ägypten, die das Geld entwerteten. In der Türkei gab es nur den inneren, kurdischen Krieg, von dem noch die Rede sein wird. Er hat gewiss das seinige zur Inflation beigetragen, doch dürfte er nicht der einzige Verantwortliche sein. Vielleicht wirkten die besonderen Eigenheiten des Landes und seiner Politik inflationsfördernd. Die politisch bestimmende, aber nicht finanziell verantwortliche Rolle der Militärs dürfte dabei mitgewirkt haben. Wenn die Generäle Geld für die Armee brauchen, fordern sie es von der Regierung, und diese hat keine Wahl, als es zu beschaffen. Am leichtesten und raschesten geht dies immer, indem man es druckt. Doch die regelmässigen Finanzkrisen, die den Inflationsschüben vorausgehen und sie begleiten, sprechen auch dafür, dass das Geschäftsgebaren der türkischen Finanzwelt an der Entwicklung mitschuldig ist. Die Geschäftsleute und Devisenspekulanten kamen immer wieder in die Lage, ihre eigenen Vermögen vor der Inflation abzuschirmen und dadurch aus ihr Gewinne zu ziehen.

Die Zypernfrage aus der Sicht der Türken

Gerade zur Zeit meines ersten journalistischen Besuches war die Zypernfrage wieder einmal aktuell. Auch sie ist bis heute ungelöst geblieben. Zypern war 1960 nach einem langen und bitteren Kampf gegen die britischen Kolonialbehörden, den die Mehrheit der griechischen Zyprioten geführt hatte, unabhängig geworden. 18 Prozent der Inselbevölkerung waren jedoch muslimische Türken, die sich während der vier Jahrhunderte türkischer Herrschaft auf der Insel angesiedelt hatten. Während des Kampfes der griechischen Freiheitskämpfer unter der Führung ihres Erzbischofs *Makarios* und des unterirdisch wirkenden griechischen Obersten *Grivas* hatten die Engländer sich auf die türkische Minderheit gestützt. Sie hatten zum Beispiel Inseltürken als Polizisten rekrutiert, als sie den griechischen Polizisten nicht mehr trauen konnten.

Ziel des griechischen Befreiungskampfes war nicht allein die Unabhängigkeit, sondern *Enosis*, der Anschluss der Insel an Griechenland. Davon jedoch wollten weder die Türken der Türkei noch die Inseltürken etwas wissen. Die Türkei wollte aus strategischen Gründen kein griechisches Zypern. Mit Zypern im Süden der Anatolischen Halbinsel wäre diese weitgehend von griechischen Gebieten und Inseln eingekreist gewesen, was für die Militärs unakzeptabel war. Die Türken von Zypern fürchteten einen Anschluss der Insel an Griechenland, weil sie dadurch eine noch kleinere Minderheit unter noch mehr Griechen geworden wären.

Der Abzug der Briten wurde schliesslich auf Grund eines Kompromisses erreicht, der Zypern zu einem unabhängigen Staat erklärte, in dem die türkische Minderheit Sperrvollmachten erhielt. Wichtige Massnahmen und Gesetze im Parlament waren von ihrer Zustimmung abhängig. 1963 hob Makarios diese Sperrvollmachten einseitig auf, obwohl sie in der Verfassung verbrieft waren. Die Türken verliessen das zypriotische Parlament, und im Dezember 1963 begann ein Bürgerkrieg. Nur das Eingreifen von Friedenstruppen der UNO rettete die türkische Minderheit vor der Vernichtung, doch mussten von nun an viele Türken der Insel in kleinen, von der UNO abgesicherten Zufluchtsgebieten eng zusammengedrängt und oft elend leben.

Die Türken des Festlands sympathisierten mit ihren zypriotischen Landsleuten. In der Zypernfrage herrschte Übereinstimmung zwischen den einfachen Türken und der Heeresführung. Die Bevölkerung war ziemlich einstimmig dafür, dass den in ihren Augen «verfolgten» Türken der Insel geholfen werde. Für die Amerikaner und die NATO war das Zypernproblem höchst unbequem, weil es zwei Mitglieder der Allianz tief entzweite.

Die türkischen Streitkräfte erwogen mehrmals, auf der Insel einzugreifen. Was möglicherweise einen Krieg mit Athen hätte auslösen können. Die Amerikaner setzten ihr ganzes Gewicht ein, um ein türkisches Eingreifen zu verhindern, und sie waren lange erfolgreich dabei. Die türkische Armee war voll in die NATO eingegliedert und wäre schwerlich in der Lage gewesen, Einheiten aus den NATO-Verbänden abzuziehen und sie auf eigene Faust erfolgreich in Zypern einzusetzen, um so weniger als sie in diesem Falle auch mit der Möglichkeit einer Gegenaktion durch griechische Truppen an der türkisch-griechischen Grenze von Thrazien zu rechnen hatte. Im Jahr 1964 befand sich die Türkei dennoch am Rande einer Intervention. Kriegsschiffe wurden im Februar an der südostanatolischen Küste in Iskanderun (Alexandretta) konzentriert, und im folgenden Monat erteilte das Parlament der Regierung die Vollmacht, auf Zypern zu intervenieren, sobald sie es als notwendig erachte. Warnungen wurden aus Ankara an Makarios gerichtet. Im Juni schrieb US-Präsident Johnson einen Brief an Ministerpräsident Inönü, um ihn vor einer Invasion zu warnen. Über den Wortlaut des Schreibens gingen lange Zeit nur Gerüchte um. Der Brief wurde im Januar 1966, gute anderthalb Jahre später, der Zeitung «Hürriet» zugespielt und veröffentlicht. Er enthielt die Warnung, von vielen Türken als Drohung aufgefasst, die USA könnten möglicherweise nicht zugunsten der Türkei eingreifen, falls diese nach einer Invasion Zyperns ihrerseits von der Sowjetunion angegriffen werde. Die Invasion fand nicht statt. Doch die türkische Armee begann mit dem Aufbau einer nicht in die NATO integrierten Sondereinheit in Iskenderun, die in der Lage sein sollte, im geeigneten Moment eine amphibische Operation auf Zypern durchzuführen. Dieser Augenblick kam zehn Jahre später, im Juli 1974, als griechische Pro-Enosis-Kreise einen Staatsstreich gegen Präsident Makarios auf Zypern durchführten.

Die Spannungen mit den USA über Zypern, die all diese Jahre hindurch mehr oder weniger intensiv fortdauerten, trugen zum Wachstum der inner-türkischen, radikalen Linken bei. Für die jungen politischen Hitzköpfe galt es mehr und mehr nicht nur als «progressiv», sondern auch als «patriotisch», Washington verbal oder sogar durch Anschläge anzugreifen.

Revolution durch Memorandum in der Türkei

In den frühen 1970er Jahren brach eine Unruheperiode über die Türkei herein. Anfänglich war dies eine fast «europäische» Krankheit des Sozialkörpers. Europa hatte 1968 und in den folgenden Jahren die Erhebungen von Studenten und radikalen Linksgruppen erlebt, wie die «Revolution» der Pariser Studenten von 1968 und die Universitätsunruhen in Deutschland. Eine ähnliche Unruhewelle erfasste die türkischen Universitäten und Intellektuellen, doch sie erwies sich als gewalttätiger und nachhaltiger als ihre europäischen «Vorbilder». Dafür war wohl neben den alten Missständen des Landes wie Inflation, Arbeitslosigkeit, Devisenknappheit, Landflucht, Bürokratie und bürokratisierte Staatswirtschaft auch die Zypernfrage verantwortlich.

Die Verfassung von 1961, die ja entstanden war, um die Freiheitsrechte der Einzelnen und der Gruppen gegenüber dem Staat und seinen Machthabern zu schützen, erlaubte es den radikalen Gruppierungen der extremen Rechten und Linken, politisch aktiv zu werden. So entstand auf legalem Wege eine radikale Gewerkschaftszentrale, DISK (für «Konföderation Revolutionärer Arbeitersyndikate»), welche die offizielle Gewerkschaftszentrale, Türk Isch, links überholen wollte und oft wilde Streiks und Fabrikbesetzungen organisierte. In den Universitäten kämpften die Aktivisten der extremen Rechten gegen jene der extremen Linken. Jede Seite suchte Studentenheime und womöglich sogar ganze Fakultäten zu dominieren und die Gegner aus ihnen zu verjagen.

Ich besuchte in jener Zeit mehrmals Ankara und Istanbul von Spanien aus. Für mich waren solche Türkeireisen immer sehr angenehm. In Ankara lebte und wirkte *Leyla Cambel*, eine türkische Journalistin, die sehr gut Deutsch konnte und sowohl bei der NZZ mitarbeitete wie auch bei dpa, der Deutschen Presseagentur. Sie war im diplomatischen und politischen Leben der türkischen Hauptstadt sehr gut eingeführt, wusste erstens selbst viel zu berichten und war zweitens stets selbstlos bereit, Treffen mit türkischen Intellektuellen oder Politikern zu arrangieren, so dass ich auf eine perfekt funktionierende Mitarbeit zählen konnte.

Ich erlebte in ihrer Begleitung den allmählichen Zerfall der türkischen Demokratie in den späten 1960er Jahren durch den Streit und Konkurrenzneid der beiden grossen Parteien untereinander, der Partei Atatürks, die sich immer noch Republikanische Volkspartei nannte, und jener, die einst als Demokratische Partei Menderes gefolgt war und nun unter dem neuen Namen Gerechtigkeitspartei unter *Süleyman Demirel* die Interessen der Rechten vertrat. Mehrere Kleinparteien, die neu entstanden, vermochten bedeutenden Einfluss zu gewinnen, weil sie als Zünglein an der Waage das Gleichgewicht zwischen den beiden Grossen beeinflussen konnten. Unter diesen Kleinparteien befand sich neben jener der extremen Nationalisten unter dem früheren Putschoffizier Alparslan Türkesch auch zum erstenmal eine islamische Partei unter dem Politiker *Necmettin Erbakan*.

Es gab viele Gebiete, auf denen die Türkei einer Reform bedurft hätte, im wirtschaftlichen wie im sozialen Bereich. Dies war auch allgemein anerkannt. Doch eine Reform kam nicht zustande, weil die beiden grossen Parteien einander blockierten. *Bülent Ecevit*, der Nachfolger Inönüs in der Republikanischen Volkspartei, suchte einen Ausweg, indem er die altehrwürdige Partei Atatürks, welche einst eine Sammelpartei für alle Türken gewesen war, in eine Partei «links von der Mitte» mit einem sozialdemokratischen Programm umformen wollte. Doch er kam nicht voran, weil seine erneuerte Partei keine Mehrheit erringen konnte. Einige Altrepublikaner, die dem Kurs links von der Mitte nicht folgen wollten, spalteten sich von ihr ab und bildeten eine rivalisierende Partei, so dass die Gerechtigkeitspartei zwischen 1965 und 1970 stets die Regierung inne hatte.

Die «revolutionären» Gruppen und Kleinparteien zogen auch darum die Jugend an, weil die Sozialdemokratie nicht zum Zuge kam. Im Jahr 1970 konnte jedoch auch Demirel kaum mehr regieren. Er hatte zwar im Oktober 1969 noch einmal die Wahlen gewonnen, doch seine Partei brach in einen rechten Flügel, der mehr türkisch-nationalistisch ausgerichtet war, und die Hauptpartei auseinander, die als Regierungspartei die Verantwortung für eine Abwertung des türkischen Pfundes zu tragen hatte, welche im Sommer 1970 unvermeidlich geworden war. Demirel wollte die Agitationsmöglichkeiten der oben erwähnten «revolutionären» Gewerkschaft DISK und der anderen aggressiven Linksgruppen durch Gesetze einengen. Die Gewerkschaft organisierte dagegen Proteststreiks, Fabrikbesetzungen und Strassendemonstrationen. Im Juni 1970 lag das Hauptindustriezentrum der Türkei, die Region Istanbul-Marmara, weitgehend still.

Neben der DISK gab es THKO, die «Volksbefreiungsarmee der Türkei» und TIKKO, die «Arbeiter und Bauernbefreiungsarmee der Türkei». Beide organisierten Entführungen und Anschläge. Gegen sie traten die «Grauen Wölfe» der extremen Rechten in Aktion, die sich auch «die Kommandos» nannten. Im gleichen Sommer wurden in der Armee, ohne Angabe von Gründen, 56 Generäle und 516 Oberste in vorzeitigen Ruhestand versetzt. Wahrscheinlich hatten sie begonnen, einen Staatsstreich zu organisieren. Aus jenem Sommer erinnere ich mich an ein langes Gespräch, das mit einem Studenten am Ulusch-Platz in Ankara zustande kam, wo ich eigentlich nach Büchern stöbern wollte. Er erzählte mir ausführlich, wie es in den Studentenheimen zuging. Dort könne man nur noch leben, indem man sich einer der rivalisierenden politischen Fronten anschlösse, berichtete er. Entweder man müsse mit den «Grauen Wölfen» heulen oder mit den Progressisten Hammer und Sichel schwingen. Die Studentenheime seien ausnahmslos von der einen oder von der anderen Kampfpartei übernommen worden. Für politisch Unbeteiligte gäbe es in ihnen keinen Platz mehr. Wer sich aber politisch beteilige, müsse mitkämpfen, wenn «Feldzüge» organisiert wurden. Von Studieren könne nicht mehr die Rede sein.

1971 schliesslich wurde die oberste Führung der türkischen Streitkräfte aktiv, da die Regierung Demirel nicht mehr Herr der Lage war. Der Generalstabschef und die Oberbefehlshaber des Heeres, der Luftwaffe, der Marine und der Gendarmerie wollten offenbar einem Putschversuch jüngerer radikaler Offiziere zuvorkommen. Der einzige Weg dies zu bewerkstelligen war, dass sie selbst für Ordnung im Hause der Zivilen und der Regierung sorgten. Sie lösten am 12. März 1971 aus, was der «Staatsstreich durch Manifest» genannt wurde. Das Manifest der Generäle hatte drei Punkte: 1) Die Regierung habe versagt; es sei ihr nicht gelungen, dem Modell Atatürks nachzuleben und auch nicht die notwendigen politischen und sozialen Reformen durchzuführen. 2) Das türkische Parlament müsse für die Bildung einer starken, vertrauenswürdigen Regierung sorgen, welche die Anarchie sofort beenden und die notwendigen Reformen durchführen könne. 3) Wenn dies nicht sofort geschehe, würden die Streitkräfte die exekutive Macht im Land übernehmen.

Ministerpräsident Demirel trat unter Protest zurück. Das Parlament wurde nicht aufgelöst, musste sich aber bereit zeigen, den von den Militärs vorgeschriebenen Linien in Sicherheitsbelangen und Reformfragen zu folgen; wenn nicht, wäre Punkt drei eingetreten. Dies führte dazu, dass gut zwei Jahre lang parlamentarisch abgestützte Kabinette regierten, jedoch zu tun und zu lassen hatten, was die Armee von ihnen verlangte. Bald zeigte sich: Den Militärs ging es in erster Linie um Ordnung. Diese wurde wiederhergestellt, indem vor allen anderen die linken Kräfte niedergehalten wurden. Die in der Vorputschperiode ebenfalls in blutiger Weise aktive extreme Rechte kam viel leichter davon, schon weil sie sich selbst mit den «Ordnungskräften», besonders der politischen Polizei, identifiziert hatte. Die Unruhen brachen nicht sofort ab. Am 26. April erklärte das Parlament fast einstimmig in 11 der 67 Provinzen der Türkei das Kriegsrecht. Die 11 waren die wichtigsten Grossstädte und Industriezentren: Ankara, Istanbul, Izmir mit Eskishehir, Izmit und Zonguldak, und dazu die vier kurdischen Provinzen des Ostens.

Angebliche «Guerillas» entführten am 17. Mai den israelischen Generalkonsul in Istanbul und ermordeten ihn. Die Militärs und Sicherheitskräfte, die nun unter Kriegsrecht durchgreifen konnten, benutzten die Gelegenheit, um weite Kreise der Linken festzunehmen. Viele der Gefangenen wurden gefoltert. Die islamische Partei Erbakans, die kleine Kommunistische Partei, die unter dem Namen TIP ging (für «Türkische Arbeiterpartei») und die radikale Gewerkschaftszentrale DISK wurden verboten. Unter dem Kriegsrecht kam es auch zu vorübergehenden Verboten der grossen Tageszeitungen. Führende Intellektuelle der Linken, auch der gemässigten, wurden verhaftet, unter ihnen Professor *Mumtaz Soysal,* der Vater der damals noch geltenden Verfassung von 1961.

Alle Kurden, die sich unter dieser liberalen Verfassung politisch oder auch nur kulturell für ihre Rechte oder die kurdische Sprache eingesetzt hatten, wurden verhaftet und besonders brutal misshandelt. Der Umstand, dass damals auch die gemässigten Kurden unter dem Vorwand des «Separatismus» in die Gefängnisse wanderten, hat ohne Zweifel viel zum Entstehen der späteren radikalen kurdischen Kampfgruppen der PKK beigetragen, die seit 1984 in Aktion traten. Abdullah Öcalan, der Gründer und spätere allmächtige Chef der PKK, war damals ein Student, der zur «maoistischen» Szene gehörte. Die Kurden, immerhin 12 Millionen Menschen, standen vor der Alternative, ihre eigene Sprache und Identität gänzlich aufzugeben oder sich den Radikalen der PKK anzuschliessen. Sie wurde zum einzigen kurdischen Sammelbecken, weil die Gemässigten, die Realisten und Gradualisten unter den Kurden in den Zuchthäusern sassen.

September 1971 wurde die liberale Verfassung von 1961 «entliberalisiert». Dies bedeutete, dass die Kompetenzen des Staates gestärkt und die politischen Freiheiten der Einzelnen und der Gruppen zurückgeschnitten wurden. Betroffen waren die Gewerkschaften; die Universitäten, die bisher eine gewisse Autonomie besessen hatten und ihre leitenden Behörden selbst wählten; die Parteien, die einer strengeren Reglementation unterworfen wurden, sowie die Medien. Wie das bittere Wort der Kritiker lautete, wurde nun «der Staat besser vor seinen Bürgern geschützt, nicht mehr die Bürger vor ihrem Staat». Staatssicherheitsgerichte wurden im September 1973 eingeführt, um leichter gegen die «Revolutionäre» vorgehen zu können. Diese Sondergerichte fällten in den fünf Jahren, während derer sie bestanden, nicht weniger als 3000 Urteile. Linksaktivisten und türkische Kurden, die die Türkei verlassen hatten, um sich der Verfolgung zu entziehen, wurden ausgebürgert. Gegen die Kurden gingen die Kriegsrechtsbehörden am strengsten und am grausamsten vor.

Rückkehr zu den Urnen

Die Rückkehr der zivilen Politiker an die Macht erfolgte, nachdem die Offiziere des Memorandums von 1971 turnusgemäss pensioniert worden waren.

Die Neuwahlen fanden im Oktober 1973 statt, nachdem der Ausnahmezustand zwei Wochen zuvor im September aufgehoben worden war. Sie erlaubten die Rückkehr zu einer echten parlamentarischen Demokratie, allerdings nun im Rahmen einer Verfassung, welche die Kompetenzen des Staates stärkte und die politischen Freiheitsrechte der Bürger einschränkte. Ecevit gewann die Wahlen mit seiner nun auf «Links von der Mitte» ausgerichteten Sozialdemokratischen Partei, jedoch erlangte er nicht die absolute Mehrheit und musste mit Hilfe von Partnern regieren, die sämtlich für seine soziale Linie wenig Interesse aufbrachten. In dieser weiterhin unklaren Lage, die kein entschiedenes Regieren erlaubte und erneut zu einer sterilen Konkurrenz zwischen den beiden fast gleich grossen Hauptparteien führte, jener Ecevits und der Demirels, lag bereits der Schlüssel zur nächsten Unruheperiode und zum nächsten Eingriff der Militärs, der 1980 erfolgen sollte.

Auslöser des «Staatsstreiches durch Memorandum» von 1971 war die Agitation der politischen Extremisten zur Linken und zur Rechten gewesen. Dabei hatte es sich um Gruppen, Parteien, Gewerkschaften gehandelt, die sich dank der liberalen Verfassung von 1961 hatten bilden können. Anlass zum Eingriff von 1980 wurden Mordaktionen mehr oder minder politischer Färbung, die Untergrundgruppen oder Einzeltäter durchführten. Oft war dabei das Motiv nicht zu erkennen wie im Falle des Rechtsextremisten *Mehmet Ali Ağça,* der am 1. Februar 1979 den Chefredaktor der Zeitung «Milliyet», *Abdi Ipekçi,* ermordete, aus unbekannten Gründen aus dem Gefängnis entkam und im Mai 1981 versuchte, in Rom den Papst zu ermorden. Seine Ziele blieben in beiden Fällen unklar. Provokationen der gewalttätigen Rechten spielten eine grosse Rolle. Die Zahl der politischen Terrormorde betrug zehn pro Tag im Juni 1979; im August war sie auf einen Durchschnitt von 20 pro Tag gestiegen. Schon im Vorjahr, am 24. Dezember 1978, hatten Rechtsextreme die Mitglieder der Alewiten-Gemeinschaft in Kahraman Marasch in der Osttürkei provoziert und den Tod von 173 Personen verursacht. Daraufhin wurde der Ausnahmezustand in 13 Provinzen des türkischen Ostens angeordnet. In der Stadt Corum kam es im Juli 1980 zu schweren Unruhen, die von der Armee beigelegt werden mussten.

Am 12. September 1980 löste das Militär unter Führung von Generalstabschef General *Kenan Evren* die Regierung auf. Evren wurde zwei Tage später zum Staatschef erklärt und ernannte den ehemaligen Admiral *Bülent Ulusu* zum Ministerpräsidenten; der Wirtschaftsfachmann *Turgut Özal* wurde sein Stellvertreter. Eine grosse Zahl von politischen Aktivisten und Terrorverdächtigen wurde festgenommen. Zeitweise überstieg die Zahl der Verhafteten 30 000 Personen. Prozesse begannen im April 1981 vor Militärgerichten. Später wurden Massenprozesse gegen Mitglieder der Linksparteien, der rechtsextremen Nationalen Bewegung, der kurdischen Parteien und der DISK durchgeführt.

Die Folter wurde in den Verhören systematisch angewandt. Die Zahl der politischen Morde ging stark zurück, nach den Militärs sank sie von rund 3000 im Jahr vor dem Staatsstreich auf danach 282 im Jahr. Dies war für viele Türken, die unter der Furcht der Terrormorde gelebt hatten, am wichtigsten. Alle Provinzen wurden militärischen Verwaltern unterstellt. Alle Parteien wurden verboten; die bisherigen Abgeordneten erhielten fünf Jahre Politikverbot, Parteiführer zehn. Eine grosse Reinigungswelle überzog die Verwaltung und die Universitäten. Eine neue Verfassung wurde 1981 von einer ernannten Versammlung entworfen und im folgenden Jahr vom Türkischen Sicherheitsrat genehmigt. In der neuen Verfassung wurde der Sicherheitsrat aufgewertet, er konnte nun Entscheidungen treffen, statt nur Ratschläge zu erteilen. Die restriktiven Bestimmungen der Verfassungänderungen von 1971 wurden verschärft. Durch Plebiszit wurde mit über 90 prozentigem

Mehr am 7. November 1982 General Evren zum Staatspräsidenten gewählt und gleichzeitig die neue Verfassung angenommen.

Ein Parteiengesetz regelte sehr genau das innere Leben der Parteien. Ein Universitätsgesetz unterstellte die Hochschulen einem «Rat für Hochschulen», abgekürzt «YÖK», der alle Dekane und Rektoren bestimmt und die Karriere der Professoren bürokratisch beaufsichtigt. Sie sollen an den Provinzuniversitäten beginnen und erst später an die Hochschulen der grossen Städte führen.

Für die Wahlen vom 6. November 1983 liess der Sicherheitsrat dann zunächst zwei neue Parteien zu, die eine als konservative Regierungspartei, die andere als sozialdemokratische Oppositionspartei gedacht. Doch der Vizepremier *Özal* erreichte die Zulassung einer dritten Partei, die er *Mutterlandspartei (Sigel:ANAP)* nannte. Sie gewann eine absolute Mehrheit im neuen Parlament, weil viele Türken nicht für die «offiziellen» Parteien stimmen wollten. Özal hatte eine harte, aber erfolgreiche Wirtschaftspolitik geführt, die auf den Grundsatz der Exportsubstitution verzichtete und sich auf Exportförderung und volle Teilnahme am expandierenden Weltmarkt ausrichtete. Dies bedeutete auch, dass die oft bürokratisch verkalkten staatlichen Unternehmen vermehrt privatisiert werden sollten. Özal gewann auch die nächsten Wahlen vom November 1987, doch er liess sich im November 1989 von der Nationalversammlung zum Staatspräsidenten wählen, weil er erkannte, dass seine Partei in den kommenden Wahlen von 1991 schwerlich die Mehrheit ein drittes Mal gewinnen werde. Zuerst *Yildirim Akbulut*, dann *Mesut Yilmaz* übernahmen die Leitung der ANAP-Regierung nach dem Aufstieg von Özal zum Staatschef.

Als Staatschef brach Özal mit der Tradition, die den Staatspräsidenten als blosse Repräsentationsfigur ansah. Er sprach weiter in der Politik mit, indem er sein Prestige in der Mutterlandspartei ausnützte, um dort weiter Einfluss zu nehmen, und über seine Position im Nationalen Sicherheitsrat versuchte, die kriegerische Kurdenpolitik der Armee zu nuancieren. Kurz vor seinem Tod setzte er 1993 durch, dass Kurdisch «als Sprache» legal anerkannt wurde, vorher war es verboten gewesen.

Wie Özal vorausgesehen hatte, verlor seine Partei die Wahlen vom November 1991. Es gewann die Partei Demirels, nun unter dem neuen Namen der «Partei des Rechten Weges» DYP (der Namen «Gerechtigkeitspartei» war verboten worden) mit einer knappen Mehrheit. Doch gingen zwei andere Parteien ebenfalls stark aus den Wahlen hervor: die Partei Ecevits (sie trug nun den neuen Namen «Links-demokratische Partei» SDP, da der alte Namen «Republikanische Volkspartei» CHP auch von den Militärs verboten worden war) und die «Mutterlandspartei» Özals. So kam es zu einem Dreiparteiensystem, in dem jeweils zwei die absolute Mehrheit besassen und in einer Koalition regieren konnten. Alle Kombinationsmöglichkeiten wurden im Verlauf der nächsten vier Jahre durchgespielt.

In den Wahlen vom 24. Dezember 1995 erlangte die islamistische Partei Erbakans unter ihrem neuen Namen «Wohlfahrtspartei» RP mit 21,4 Prozent die stärkste Stellung. Am 8. Juli des Folgejahres bildete Erbakan mit der Politikerin Tansu Ciller (DYP) eine Regierung, die ein knappes Jahr regieren konnte.

Dass eine islamistische Partei an die Macht gelangte, war etwas völlig Neues. Seit Atatürk hatte es nichts dergleichen gegeben, und die Offiziere als «Bewahrer des Erbes Atatürks» waren sehr beunruhigt über diese Entwicklung. Sie war unter anderem dadurch zustande gekommen, dass die türkischen Wähler der Inflation und der Korruption müde waren, für die sie zu Recht die bisher herrschenden Parteien tadelten. Eine grosse Zahl von Proteststimmen fiel aus diesem Grunde Erbakan zu, der noch nie regiert hatte. Schätzungen nahmen an, dass nur etwa eine Hälfte oder ein Drittel seines Stimmenanteils von über 20 Prozent auf seine islamischen Stammwähler zurückging. Im Juni 1997 zwang der Nationale Sicherheitsrat, der von den Offizieren beherrscht war, Erbakan zum Rücktritt. Der Rat hatte gefordert, dass die Regierung einer neuen Regelung des gesamten türkischen Schulsystems zustimme, welche die staatliche Grundschule für alle Türken zunächst um zwei Jahre, später um drei verlängern sollte; der Übertritt in die Mittelstufe sei dementsprechend zu verzögern. Zweck der Massnahme war, den Eintritt in die religiösen *Imam Hatep*-Gymnasien auf ein späteres Alter hinauszuschieben, in dem, wie die Offiziere annahmen, die Schüler weniger leicht im Sinne der Religion zu beeinflussen wären. Erbakan trat zurück, weil er nicht gegen das Hauptwerk der islamischen Aktivisten, d.h. seiner eigenen Anhänger, vorgehen wollte und konnte. Die nächste Regierung unter *Yilmaz's* Mutterlands-Partei ANAP vollzog den Wunsch des Sicherheitsrates, obgleich die plötzliche Umstellung des gesamten Erziehungswesens eine schwierige und teure Massnahme war.

Kurz darauf erhob der Staatsanwalt Anklage gegen die Partei Erbakans wegen Vergehens gegen die Laizismus-Bestimmung der Verfassung. Ein halbes Jahr später, am 16. Januar 1998, verbot das Verfassungsgericht die RP. Sie zog darauf unter dem neuen Namen «Tugend»-Partei *Fazilet* in die Wahlen vom 18. April 1999, erhielt aber nur 14,5 Prozent der Stimmen. Die Fazilet wurde am 22. Juni 2002 vom Verfassungsgericht endgültig verboten, ihre

Abgeordneten aus dem Parlament entfernt und ihr Vermögen beschlagnahmt. Dies war das Ende des Politikers Erbakan, jedoch nicht des politischen Islams in der Türkei. Dieser sollte in bewusst gemässigter From unter *Erdogan* neue Triumphe feiern.

Sieger der Wahlen von April 1999 wurde die SDP Ecevits mit 21,8 Prozent. Doch auch die extrem nationalistische Nationale Bewegungspartei MHP unter neuer Führung durch *Devlet Bahceli* schnitt überraschend gut ab mit 17,8 Prozent. Beide Oppositionsparteien konnten von den Proteststimmen gegen die Regierung, gegen die Inflation und die Korruption profitieren. Eine Koalition zwischen Ecevit und Bahceli wurde gebildet, obgleich beide an entgegengesetzten Enden des ideologischen Spektrums angesiedelt waren. Die Koalition geriet im Januar 2001 durch grosse Finanzskandale unter Druck, die den Zusammenbruch oder die Zusammenlegung wichtiger türkischer Staatsbanken auslösten. Die Inflation stieg um 35 Prozent auf einen Schlag, Arbeitslosigkeit griff um sich und der Internationale Währungsfonds musste den türkischen Staat vor dem Bankrott retten. Dazu kam der schlechte Gesundheitszustand des Ministerpräsidenten Ecevit, der sich nach längerem zähen Widerstand gezwungen sah, auf den 2. November 2002 vorgezogene Wahlen auszurufen.

Wiederum beeinflussten Proteststimmen das Wahlresultat entscheidend. Die bisherigen Regierungsparteien konnten die 10-Prozent-Hürde für den Eintritt ins Parlament nicht überspringen. Wahlsieger wurde mit 34,4 Prozent der Stimmen und einem absoluten Mehr der Abgeordneten eine neuformierte demokratisch-islamische «Partei der Gerechtigkeit und Entwicklung» (AKP) unter der Führung von *Recep Tayep Erdogan*. Sie hatte sich im August 2001 von der Erbakan-Partei abgespalten.

Erdogan, damals ein Mitglied der Partei Erbakans, war 1994 zum Bürgermeister von Istanbul gewählt worden und hatte sich in seinem Amt bewährt. Doch vier Jahre später wurde er aus dem Amt entfernt, weil ein Gericht ihn der «Volksverhetzung» schuldig befand. Der Schuldspruch beruhte auf einem Gedicht, das Erdogan in einer Wahlrede 1994 zitiert hatte. Darin war die Rede von «Minaretten, die unsere Bajonette sind» und von Moscheen, «die uns als Kasernen dienen». Er musste einige Monate im Gefängnis verbringen, und kurz vor der Wahl von 2002 erklärten die Gerichte, er könne wegen seiner damaligen Verurteilung kein Abgeordneter und damit auch nicht Ministerpräsident werden. Dies bewirkte, dass nach der Wahl zunächst *Abdullah Gül* Regierungschef wurde, während Erdogan Parteivorsitzender blieb. Doch das neue Parlament stimmte einer Gesetzesänderung zu, die Erdogan die Rückkehr ins Parlament und damit die Ernennung zum Ministerpräsidenten ermöglichte.

Diese knappe Übersicht über die türkische Politik in den letzten Jahren zeigt deutlich die Quecksilbrigkeit der türkischen Demokratie. Die Politiker teilen sich in Chefs und Gefolgsleute; immer wieder streben bestimmte Individuen danach, sich Führerpositionen zu erobern, was zu Abspaltungen in den Parteien führt. Die Quecksilbrigkeit beruht auch auf wirtschaftlichen Faktoren. Viele Politiker, sowohl Chefs wie Gefolgsleute, sehen die Politik als eine Gelegenheit an, Geld zu machen, und viele Geschäftsleute arbeiten mehr oder weniger skrupellos mit den Politikern zusammen, um ihre Geschäfte zu fördern. Dies sind Erscheinungen, die sich auch in anderen Ländern finden. Es ist eher das Tempo der Abläufe, das die Türkei auszeichnet. Dieses dürfte sich primär durch den Druck der Armut, kombiniert mit rascher Auffassungsgabe, erklären. Armut und Einfallsreichtum bringen in rascher Abfolge immer neue Individuen hervor, die alles tun, um sich entweder als Chefs durchzusetzen oder als Gefolgsleute bequem und gewinnbringend zu situieren. Die Förderung sachlicher Belange wird durch dieses Karriereverhalten erschwert.

Die Kurdenfrage, Schicksalsfrage der modernen Türkei

Hinter den geschilderten schnellen politischen Szenenwechseln gab es jedoch ein Problem von grosser Beharrungskraft: den permanenten Krieg gegen die Kurden. Dieser wurde von 1984 bis zur Gegenwart geführt. Er begann mit dem Versuch der Partei *Abdullah Öcalans*, des Gründers und Chefs der «marxistisch-leninistischen» PKK («Kurdische Arbeiterpartei»), einen Guerillakrieg in den kurdischen Provinzen der Türkei auszulösen. Doch die kurdischen Unabhängigkeitsbestrebungen sind so alt wie die moderne, nationalistische Türkei. Kurdische Aufstände hat es in den Jahren 1925, 1930 und 1936–1938 in unterschiedlichen Teilen der kurdischen Gebiete gegeben. Sie wurden jeweils von der Armee niedergekämpft, und grausame Repressionsmassnahmen folgten den kurdischen Niederlagen.

Jeder kurdische Nationalist erwähnt den Vertrag von *Sèvres* aus dem Jahr 1920, in dem die siegreichen Alliierten, die miteinander über die Liquidation des Osmanischen Reiches verhandelten, auf dem Gebiet Anatoliens einen armenischen Staat zu errichten versprachen und unter bestimmten Voraussetzungen auch einen kurdischen «nördlich von Mosul». Dieser Vertrag, der nicht nur den alten osmanischen Vielvölkerstaat, sondern auch die heutige Türkei zerstückelt hätte, ist jedoch nie durchgeführt worden, weil Atatürk

402

sich 1919 gegen die alliierten Besatzungsbehörden von Konstantinopel und den von ihnen beherrschten Sultan erhob und den darauf folgenden Krieg, den er vor allem gegen die Griechen zu führen hatte, gewann. Die Türken nennen diesen Krieg den «Türkischen Befreiungskrieg».

Nach Atatürks Sieg wurde 1923 der neue Vertrag von *Lausanne* ausgehandelt, der ganz Anatolien zum neuen türkischen Nationalstaat erklärte. Die Kurden und die Armenier hatten das Nachsehen. Bis zum türkischen Genozid an den Armeniern während des Ersten Weltkrieges hatten die Kurden und die Armenier in weiten Regionen zusammen gelebt, dergestalt, dass die Armenier sesshafte Stadtbewohner und Ackerbauern waren, während die Kurden eher transhumant die ländlichen Regionen durchwanderten. In den Jahren der Armenierverfolgung hatten dann die Kurden einen guten Teil des armenischen städtischen oder ländlichen Besitzes «an sich genommen».

Um die kurdischen Gebiete Anatoliens der nationalen Türkei eingliedern zu können, erklärte Atatürk die Kurden als «Bergtürken». Seither gab es für das offizielle Ankara keine Kurden mehr, nur Türken und (Berg)türken. Ein hartnäckiger kurdischer Soziologe, der dies im Namen der Wissenschaft nicht wahr haben wollte, *Ismail Besikçi*, hat viele Jahre im Gefängnis verbracht. Kaum wurde er entlassen, schrieb er ein neues Buch über die Ethnie der Kurden und wurde erneut verurteilt und eingesperrt. Geboren wurde er 1939, seine erste Verurteilung fand 1969 statt; die letzte 1991. Die letzte Veröffentlichung in deutscher Übersetzung trägt den Titel: *Kurdistan, internationale Kolonie*, Frankfurt a. M. 1991. Auch die Sprache wurde zur politischen Waffe, das Kurdische seiner Berechtigung als eigene Sprache beraubt. Es sind in erster Linie die türkischen Berufsmilitärs und die radikalen Nationalisten, die bis heute an den absurden Theorien über die kurdische Sprache festhalten, an dem Dogma, dass sie bloss ein verkapptes Türkisch sei.

Unter der liberalen Verfassung von 1961 konnten die türkischen Kurden einige kulturelle Aktivitäten entfalten und Schritte auf eine beschränkte kulturelle Autonomie hin tun. Doch der Staatsstreich von 1971 führte zu einer brutalen Repression gerade der gemässigten Kurden, die sich im Gebiet der Sprache und Kultur exponiert hatten. Sie wurden gefangen genommen und in sehr vielen Fällen grausam gefoltert. Als juristische Handhabe bei den Verurteilungen wurden Gummiparagraphen des türkischen Strafgesetzes verwendet wie der gefürchtete Artikel 142: «Wer mit besonderen Mitteln Propaganda betreibt, mit dem Ziel, das Nationalgefühl zu zerstören oder zu schwächen, wird mit fünf bis zehn Jahren Gefängnis bestraft». Darüber, ob dieser Tatbestand vorlag oder nicht, bestimmten in vielen Fällen Militär- oder Sondergerichte. Die Repression bewirkte, dass das kurdische Feld für die Extremisten der PKK frei wurde. Die «marxistisch-leninistische» PKK wurde zur einzigen Vertreterin der kurdischen Interessen, und sie vermochte den kurdischen Widerstand gegen den türkischen Staat zu monopolisieren. Der Guerillakrieg, den sie auslösen wollte, blieb beschränkt. Es gelang der Partei nie, sich in auch nur einer Region permanent gegen die gewaltige Übermacht der türkischen Armee zu halten. Diese konzentrierte über 100 000 Mann in den Kurdengebieten, die schon vom Dezember 1978 an unter Ausnahmezustand oder Kriegsrecht standen. In der Praxis wurden sie seither von den Offizieren oder deren Vertrauensleuten, oft Personen der Geheimdienste und der extremen Rechten, regiert. Die Guerilla war meist auf den gebirgigen Grenzraum nah an der irakischen, syrischen und iranischen Grenze beschränkt. Da die Armee nicht alle kurdischen Dörfer einzeln kontrollieren konnte, schritt sie zur Bewaffnung von sogenannten «Dorfwächtern», die Gehälter bezogen und ihre Dörfer gegen die Guerilla verteidigen sollten. Die PKK pflegte nicht nur die Dorfwächter, sondern auch ihre Familien zu ermorden, wenn sie sich eines Dorfes bemächtigte. Mit den Jahren begannen die Dorfwächter, deren es gegen 90 000 gab, in ihren Dörfern eine eigene Tyrannei über die Bevölkerung einzurichten, manchmal in Zusammenarbeit mit mafiösen Kriminellen und Drogenschmugglern. Später ging die Armee zur Zerstörung der kurdischen Dörfer über, die sie nicht permanent halten konnte, eine türkische Variante der «Politik der Verbrannten Erde». Total sollen seit 1993 über 2 500 Ortschaften und Weiler «gezielt unbewohnbar gemacht» worden sein. Eine Million Menschen hatte sie verlassen müssen und war notgedrungen in andere Gebiete der Türkei ausgewandert; in erster Linie zogen diese Kurden in die Hüttenquartiere rund um die Grossstädte und in die relativ wohlhabenden ägäischen Provinzen, oft als Wanderarbeiter.

Nach dem Krieg um Kuwait (1990/91), der die Zentralbehörden von Bagdad geschwächt hatte, begann die türkische Armee regelmässige Inkursionen in die irakischen Teile Kurdistans. Ihr Ziel war, die PKK-Gruppen und -Ausbildungslager, die sich dort befanden, zu eliminieren. Weil die PKK auch die irakischen Kurden, die nicht mit ihr zusammengehen wollten, drangsalierte, sah sich schliesslich der Kurdenchef in Nordirak, *Mas'ud Barzani*, gezwungen, mit den türkischen Truppen gegen die PKK zusammenzuarbeiten.

Syrien hatte den PKK-Leuten gestattet, in der (zu Libanon gehörigen, aber syrisch besetzten) Bekaa-Ebene Ausbildungslager einzurichten, und Öcalan selbst lebte in Damaskus. Die syrische Regierung unter Hafez al-Asad protegierte ihn, um ein Pfand gegen die Türkei in der Hand zu haben.

Reibungen mit Ankara gab es über der Frage der Zugehörigkeit von Antiochia zur Türkei oder zu Syrien und wegen der türkischen Staudämme am oberen Euphrat, die von der Türkei ohne vorherige Vertragsabschlüsse mit Syrien errichtet worden waren.

Im Oktober 1998 kam Syrien unter schwere Druck durch die türkische Diplomatie, begleitet von türkischen Truppenkonzentrationen an der Grenze. Nach ägyptischer Vermittlung sah sich Damaskus gezwungen, am 20. Oktober in Adana einen Vertrag mit der Türkei abzuschliessen, der zur Ausweisung Öcalans aus Syrien und zur Schliessung der Ausbildungslager in der Bekaa führte. Öcalan scheint sich zuerst in Moskau aufgehalten zu haben, wurde dann am 12. November auf dem Flughafen von Rom verhaftet, aber nicht an die Türkei ausgeliefert, was zu einer Krise zwischen Italien und der Türkei mit Boykottdrohungen der Türken führte. Öcalan verliess Italien am 30. Januar 1999, tauchte am 2. Februar in der griechischen Botschaft in Kenya auf, wo er eine Art von Asyl erhielt, wurde jedoch am 15. Februar vom türkischen Geheimdienst beim Versuch, aus Kenya auszufliegen, festgenommen und nach der Türkei transportiert. Dort wurde sein Prozess am 21. April auf der Insel Imrali eröffnet, und er wurde zum Tode verurteilt, aber nicht hingerichtet. Schon am 15. Juli 1998, vor seiner Ausweisung aus Syrien, hatte Öcalan der PKK befohlen, einen Waffenstillstand einzuhalten und eine politische Lösung der Kurdenfrage anzustreben. Er wiederholte solche Aufrufe vom Gefängnis aus. Doch gab es einige Gruppen innerhalb der PKK, die weiter kämpften.

Kurdistan, Türkei, Nordafrika
in den 1960er Jahren

Kurdenfreunde in Beirut

In den 1960er Jahren war die Kurdenfrage in erster Linie im Irak aktuell geworden, doch wusste ich seit langer Zeit, dass sie auch in der Türkei, in Iran und sogar in Syrien schwelte. In Beirut hatte ich immer wieder Kontakt mit Kurden, die aus anderen arabischen Ländern nach Libanon geflohen oder ausgereist waren und sich bemühten, die Anliegen der kurdischen Nation, die es ihrem Ermessen nach gab, obgleich die Kurden unter vier Staaten aufgeteilt leben mussten, den dort lebenden ausländischen Journalisten nahe zu bringen.

Einige dieser Kurden waren in Europa geschulte Intellektuelle, die einen Begriff davon hatten, wie sie am besten für die Sache ihrer Landsleute bei den fremden Journalisten werben könnten. Andere waren einfachere, sympathische, aber naive Personen, die ihre nationalistischen Überzeugungen und ihre Klagen über die Behandlung, die ihnen durch die syrische, die irakische, die persische und die türkische Regierung zuteil wurde, gewissermassen ungeschminkt vorbrachten. Sie waren mir oft die liebsten, weil sie besser erkennen liessen, was die kurdische Bevölkerung empfand und dachte, als die halb-diplomatisch agierenden Intellektuellen, die mehr von «Public Relations» verstanden, aber gerade deshalb immer auch darauf achteten, wie ihre Worte und Meinungen ankamen und wie sie formuliert werden müssten, um den besten Effekt zu erzielen.

Zwei Beiruter Kurden gehörten zu unseren regelmässigen Besuchern und Freunden in Beirut. Der eine, *Nureddin Zaza*, war ein syrischer Kurde, der mit den Sicherheitsbehörden des Baathregimes zusammengestossen war und im Gefängnis gesessen hatte, dann, als er frei kam, nach Libanon auswanderte und schliesslich in die Schweiz gelangen sollte. Er hat dort eine eindrückliche Selbstbiographie geschrieben, die er «*Ma Vie de Kurde*» betitelte. Er war ausgebildeter Pharmazeut und stammte aus einer Familie der kurdischen Oberschicht. Zaza brachte uns viele Berichte und Erzählungen über seine engere Heimat in Nordostsyrien und die Behandlung, der die dortigen

Kurden ausgesetzt seien. Damals waren sie vielleicht 800 000, heute dürfte ihre Zahl eine Million weit übersteigen. Da sie keine Araber sind (sie sprechen ihre eigene indogermanische Sprache, die dem Persischen nahe steht), übten die radikalen baathistischen Pan-Arabisten starken Druck auf sie aus. Kurdische Schulen, auch auf privater Basis, waren verboten, die Sprache sollte nicht geschrieben und nicht gedruckt werden, der Staat stellte keine Kurden an. Bei Verteilungen von Staatsland wurden die Kurden stets ausgeschlossen, Baubewilligungen waren schwer zu erhalten. Die Polizei, zu der natürlich auch keine Kurden gehörten, war der Ansicht, sie sei zur Verteidigung der Interessen der Araber gegen die Kurden da.

Später hat das Regime Präsident Hafez al-Asads diese Vorschriften und administrativen Gebräuche merklich gelockert, jedoch ohne den kurdischen Forderungen nach kultureller Autonomie stattzugeben.

Zaza war ein kurdischer Nationalist. Das bedeutete, dass er daran glaubte und daraufhin arbeitete, dass es einmal in der Zukunft einen Staat der Kurden geben werde, der die kurdischen Gebiete aller vier Länder, in denen heute Kurden leben, zusammenfasse. Genau dies wollen diese, die alle stark nationalistisch sind, unbedingt vermeiden, und wenn sich Möglichkeiten abzeichnen, dass ihre Kurden auch nur Autonomie erlangen könnten, pflegen sie sich zusammenzuschliessen, ihre anderweitigen Streitpunkte und Gegensätze zurückzustellen und gemeinsam gegen die «kurdische Gefahr» einzuschreiten.

Mahmud, unser zweiter Kurdenfreund in Beirut, war mehr ein Lokalpolitiker aus einfachem Hause, der versuchte, die kurdische Gemeinschaft in Libanon zu organisieren und zu einer politisch wirksamen Gruppe zu machen. Er stiess dabei allerdings auf Abwehr durch den libanesischen Staatssicherheitsdienst, der der Ansicht war, Libanon habe schon genügend politische Kleingruppen und brauche nicht auch noch kurdische Aktivisten, die sich im Lande organisierten. Dabei gab es ein ganzes Quartier, in dem kurdische Einwanderer, meist einfache Arbeiter, mit und ohne syrische Identitätskarten ihr Leben fristeten. Mahmud, der einen völlig glattrasierten Schädel und einen grossen Schnurrbart besass, kam einmal auf Besuch und erzählte, er verfüge jetzt über einen Beweis dafür, dass die Lokalwahlen in Beirut gefälscht worden seien. Er habe nämlich in seinem Quartier seine eigene kurdische Liste aufgestellt, und nach der offiziellen Auszählung habe sie nur eine einzige Stimme erhalten. Er wisse jedoch, dass mindestens zwei für die Liste abgegeben worden seien, seine eigene und die seiner Mutter. Darüber zu lächeln war leicht, der Umstand, dass viele der Kurden in Beirut praktisch rechtlos waren, liess sich jedoch nicht von der Hand weisen. Dies wirkte sich auch auf die Löhne der kurdischen Handlanger aus; Mindestlohnvorschriften galten für sie nicht.

Zu den Beiruter Kurden, die ich in späteren Jahren kannte und immer wieder besuchte, gehörten die beiden Babans. Sie entstammten beide der fürstlichen Baban-Familie, die im 18. Jahrhundert von Sulamaniye aus einen schwer geprüften Pufferstaat zwischen dem persischen und dem Osmanischen Reich beherrschte. Doch der eine von ihnen, Selim Baban, war Türke geworden, weil seine Vorväter als Abgeordnete ins erste osmanische Parlament von 1877 eingezogen und nach dessen rascher Auflösung, ein Jahr später, in Istanbul geblieben waren. Der andere war Iraki geworden, weil seine Vorfahren weiter in Sulaimaniye lebten. Beide waren sehr gebildete moderne Personen, der irakische allerdings deutlich aristokratischer als der türkische, der sich der Republik Atatürks zurechnete. Der irakische Baban lebte als politischer Flüchtling in Beirut, und es bestand Grund zu der Annahme, dass er sich mit den aussenpolitischen Interessen und Verbindungen der irakischen Kurden befasste – besonders zur Zeit, als der Schah die Kurden gegen Bagdad unterstützte. Der türkische Baban war offiziell der Vertreter des türkischen Tourismusbüros in Beirut, doch man konnte vermuten, dass er auch für den türkischen Geheimdienst arbeite. Ich kannte sie beide gut und pflegte jeden einzeln zu besuchen. Es kam aber auch vor, dass ich in der Wohnung des irakischen Baban auch den türkischen Baban vorfand. Sie tranken Tee miteinander, boten sich Kuchen und Zigaretten an und waren in tiefe politische Gespräche verwickelt, die sie in englischer Sprache führten, denn der türkische Baban hatte in Istanbul das Kurdische verlernt.

Der Kampf der irakischen Kurden gegen Bagdad

Es waren die irakischen Kurden, die damals im Vordergrund der politischen Aktualität standen. Seit meiner ersten Reise nach Mosul, als ich aus den kurdischen Gebieten zurückgeschickt worden war, interessierte ich mich für die Lage dieser Minderheit. Als ich der ersten Jahresfeier der Revolution Kassems beiwohnte, bekam ich, wie oben erwähnt, von ferne *Mullah Mustafa Barzani* zu Gesicht, und ich hörte, dass damals bereits Spannungen zwischen ihm und Kassem bestanden, obwohl es Kassem gewesen war, der ein Jahr zuvor seine Rückkehr nach dem Irak aus der Sowjetunion erlaubt hatte. Kassem hatte sich auf die Kurden als Gegengewicht gegen die arabischen Nationalisten gestützt, doch als die Kurden ihrerseits politische Ansprüche anmeldeten, zerbrach die Freundschaft. Sie forderten Autonomie und waren der

Ansicht, die Erdölgebiete von Kirkuk müssten in ihre autonome Zone eingeschlossen werden, da Kirkuk eine kurdische Stadt sei. Diese zweite Forderung wollte Bagdad auf keinen Fall bewilligen, doch die Kurden bestanden darauf. Kirkuk war ursprünglich kurdisches Gebiet gewesen, doch mit der Erdölförderung und durch Manöver des Staates, der ein Maximum von Arabern in Kirkuk ansiedelte, war die kurdische Mehrheit in der Erdölregion fraglich geworden.

Im Jahr 1961 kam es zu Kämpfen. Nicht vergebens war Mullah Mustafa in der Frunze-Militärakademie der Sowjetunion zum Guerillaführer ausgebildet worden. In den Kämpfen konnten die Kurden sich ein eigenes Hoheitsgebiet in den Bergen sichern, doch umfasste dies nur einen Teil des Siedlungsgebiets der irakischen Kurden, und es blieb Kriegsgebiet, das irakischen Luftangriffen offen stand.

Der Korrespondent der «New York Times» in Beirut, *Dana Adams Schmidt*, hatte 1962 eine abenteuerliche Reise aus dem Irak in die kurdische Zone unternommen. Kurdische Kämpfer und Sympathisanten hatten die Reise organisiert. Er hatte mit Barzani gesprochen und veröffentlichte 1964 ein Buch über seine Reise, das er «A Journey Amongst Brave Men» nannte (Boston/Toronto 1964). Es war die erweiterte Fassung seiner zuvor in der Zeitung erschienen Artikel. Doch der Weg, den er eingeschlagen hatte, war zu gefährlich geworden. Die Iraki waren überdies nicht bereit, mir ein Visum nach Bagdad zu gewähren, nachdem ich nach einem Besuch in der irakischen Hauptstadt ausführlich beschrieben hatte, wie meine Reiseschreibmaschine auf dem Flughafen von Bagdad konfisziert worden war, wie ich sie zwei Tage später auf dem Büro der Geheimpolizei abholen durfte, und wie es dort aussah. Damals waren in der Theorie alle Schreibmaschinen, die es im Lande gab, registriert und geprüft worden, so dass ein subversives Schriftstück, das mit einer von ihnen geschrieben und dann vervielfältigt wurde, auf die entsprechende Maschine zurückgeführt werden konnte und damit den Täter entlarvt hätte. Ob das je funktionierte, weiss ich nicht, doch dies war offenbar die Absicht hinter der Registrierung aller Schreibmaschinen im Lande.

Ich schlug aus diesen Gründen den Weg über Teheran ein, wohin ich ohnehin reisen wollte, weil die Landreform unter *Ali Amini* gerade begonnen hatte. Der Name eines jungen Mannes war mir genannt worden, der auf der Universität von Teheran studierte und zu einer Grundbesitzerfamilie iranischer Kurden gehörte, die mit der kurdischen Sache sympathisierte. Er hatte ein Stipendium inne und lebte im sogenannten Club-Gebäude der Universität, wo Gäste und Gastdozenten untergebracht wurden. Er, so hatten mir

Freunde erklärt, wäre wohl in der Lage, mich über die Grenze zu bringen. Ich erstattete ihm einen Besuch und gab ihm meine Adresse in Teheran an. Er versprach mir, er wolle sich der Sache annehmen, ich müsse Geduld haben, jemand würde sich in meinem Hotel melden. Er empfahl mir auch, mir von der Geheimpolizei SAVAK eine Erlaubnis zu beschaffen, die mir gestatten würde, auf der iranischen Seite der Grenzzone vor der irakischen Grenze zu reisen. Damals war nämlich eine breite Zone von vielleicht 50 bis 30 Kilometern der Grenze entlang für alle Nicht-Anwohner gesperrt, es sei denn sie besässen eine Sondererlaubnis, dort unterwegs zu sein.

Ich ging denn auch zur SAVAK. In einem Privathaus, dessen Adresse mir gegeben worden war, gab es eine Art von Büro, wo derartige Erlaubnisscheine ausgestellt wurden. Als ich meinen abholen wollte, wurde mir angekündigt, *General Pakravan* selbst wünsche mich zu sehen. Er war damals Chef der SAVAK, doch er galt als ein gebildeter und humaner Mann. Ein Termin wurde angesetzt, und ich begab mich in das Büro des Generals, der gut Französisch sprach und sich in der Tat durch eine sehr zuvorkommende Haltung auszeichnete. Ich sagte ihm, ich wollte gerne Iranisch-Kurdistan kennenlernen und ersuche deshalb um eine Reiseerlaubnis in der kurdischen Zone. Er stimmte zu, merkte aber an, dass die irakische Grenze geschlossen sei, über sie komme man nicht hinüber. Ich entgegnete, dass ich auch kein Visum hätte, um nach Irak zu gehen. Wahrscheinlich verstand er, dass ich dorthin gehen wollte; er konnte jedoch nicht offiziell zur Kenntnis nehmen, dass ich die Grenze schwarz überschreiten würde. Teile Irakisch-Kurdistans und der Grenze nach Iran befanden sich zwar in Händen der aufständischen Kurden, doch nach internationalem Recht standen sie unter irakischer Hoheit. Jedenfalls erhielt ich meine Bewilligung, im iranischen Kurdengebiet zu reisen.

Besuch bei Mullah Mustafa Barzani

Ich war mit meinen Aufgaben, die ich mir in Teheran gestellt hatte, fertig geworden, ohne dass ich weiteres vernommen hätte. Ich begab mich nochmals zum Wohnort meines Mittelsmannes, doch er war nicht zu finden, offenbar hielt er sich schon seit einiger Zeit nicht mehr in seiner Universitätswohnung auf. Ich gedachte, in den nächsten Tagen aus Teheran abzureisen, als ich plötzlich eine Botschaft vorfand, ich solle mich in der nächsten Nacht zur Abreise bereit halten. Ich bezahlte meine Hotelrechnung und blieb auf. Gegen Mitternacht kam ein Wagen vorgefahren, der mich rasch einlud. Mein Vertrauensmann war darin, zusammen mit einer anderen Person, einem untersetzten jungen Mann, der Persisch und irakisches Arabisch sprach. Wir fuhren los. Noch in der Stadt verliess mich der Mittelsmann, nachdem er mir erklärt hatte, ich würde in der Nacht noch bis Sanandaj fahren, einer kurdischen Provinzstadt in Iran. Dort würde ich den Tag in einem Haus zubringen und am nächsten Morgen vor Sonnenaufgang über die Grenze geleitet werden. Der zweite Begleiter, Mahmud mit Namen, werde mit mir reisen.

So fuhren wir einige Stunden lang durch die Nacht und erreichten in der Morgendämmerung Sanandaj, die grösste Stadt der iranischen Kurden. Dort verliessen wir den Wagen und gingen eine Strecke zu Fuss durch einige Gassen an der Stadtperipherie. Sie waren ungepflastert und menschenleer. Ein Haus nahm uns auf, wo ein sympathischer hochgewachsener Mann uns empfing, der ein Berufsschmuggler war. Er kannte die Pfade über die Berge, auf denen es keine Kontrollen gab, und er versprach, uns am nächsten Morgen sehr früh über die Grenze zu bringen. Ich las, ass und schlief in dem Haus, ohne es je zu verlassen, bis zu den frühen Morgenstunden des nächsten Tages.

Wir verliessen zu dritt das gastliche Haus und fanden einen Wagen vor, der uns auf die Strasse nach Marivan in die Nähe der Grenze brachte. Vor dem Ort stiegen wir im ersten Morgenlicht aus. Der Schmuggler führte uns von der Hauptstrasse weg einen Seitenweg den nördlichen Talhang empor. Wir waren kaum eine halbe Stunde unterwegs, als er uns ein Zeichen machte, stillzustehen und uns niederzukauern. Man hörte zuerst Motorengeräusch und sah dann im Talgrund einen Jeep der Strasse entlang auf die Grenze zu fahren. Als er sich entfernt hatte, standen wir wieder auf. «Das sind Leute der Polizei», sagte der Schmuggler, «die nach dir Ausschau halten».

Wir verliessen den Hang, von dem aus man direkt ins Tal hinabschauen konnte und gelangten in einen Kiefernwald. Dort ging es weiter bergauf bis zu einer Passhöhe, wo wir uns zum Ausruhen hinsetzten. Die Grenze verlief unmittelbar auf dem Pass, doch gab es keine Wege und keine Kontrollen. Allerdings stiess ein vierter Mann zu uns, der offenbar auch nach dem irakischen Gebiet unterwegs war. Mein Begleiter Mahmud zeigte sich ihm gegenüber sehr gesprächig. Er sagte ihm offen, wir seien unterwegs zu Barzani. Was ich dort zu tun hätte, erwähnte er nicht. Doch der uns unbekannte Wanderer dürfte erkannt haben, dass ich ein Ausländer war, obwohl ich meinen Mund nicht auftat. Als der Mann aufgestanden und weitergegangen war, kam es zu einem heftigen Wortwechsel zwischen dem Schmuggler und Mahmud. Der Schmuggler warf meinem Begleiter vor, viel zu viel geredet zu haben. In diesem Niemandsland wisse man nie, mit wem man es zu tun habe, der Mann könne durchaus ein Informant der iranischen Polizei sein. Falls er das sei, wäre er, der Schmuggler, gefährdet, wenn er nach Sanandaj in sein Haus zurückkehre, während wir auf irakischem Hoheitsgebiet keine Gefahr liefen. Der Schmuggler war sichtlich beunruhigt, und ich bedauerte, dass er durch die Redseligkeit meines Begleiters blossgestellt worden war.

Jenseits des Passes befanden wir uns im Irak, und der Schmuggler verabschiedete sich von uns, ohne sich mit Mahmud versöhnt zu haben. Wir schritten den Hang hinab durch den Wald bis ins nächste Tal. Dort konnte Mahmud ein Maultier für mich mieten, und es war nur noch ein Ritt von einigen Stunden, immer auf steilen Pfaden über Pässe und quer durch Täler hindurch, bis wir in ein grösseres kurdisches Dorf gelangten, wo eine Begleitmannschaft von bewaffneten Kurdenkämpfern, die unter dem Befehl eines Offiziers stand, uns beide erwartete und die weitere Reise organisierte.

Barzani hielt sich damals in Chawarta bei Qal'a Dizeh auf, ein gutes Stück weiter im Norden, und die Reise dorthin dauerte drei Tage. Sie ging immer über Bergwege und Pfade hin, nie über gepflasterte Strassen, von denen es in den kurdischen Bergen überhaupt nur zwei oder drei gab. Die Bergrücken waren oft nur dünn bewaldet, mit Kiefern und anderen Nadelbäumen. Die Talgründe konnten paradiesisch sein, mit klaren Bächen und wenigen fruchtbaren Feldern, tiefgrün zwischen den grauen Felsenbergen und der bräunlichen Erde der Kiefernwälder. Darüber stand tiefblauer Himmel. Fruchtbäume wuchsen dort, es gab auch enge Reisfelder, die unter Wasser gesetzt werden konnten und Weizen auf kleinen Terrassenfeldern. Dort standen einzelne Häuser, fast immer an den Hang gebaut, um den Fruchtboden für die Felder frei zu lassen. Alle Häuser waren aus Lehm, mit flachen Erddächern, die auf runden Holzbalken ruhten. Herrenhäuser, die meist einem Grundbesitzer gehörten, konnten ganz aus Holz mit gemauerten Untergeschossen sein.

Einmal verbrachten wir unsere Mittagspause im Gästehaus eines solchen Aghas, wie der Titel der Grundherren lautet. Es war eine offene Holzkonstruktion mit Ruhebetten in langer Reihe, so dass etwa 20 Leute dort schlafen konnten. Jedes Bett hatte seine Decke für kalte Nächte und ein leichtes Tüllgewebe für die Mittagsruhe, das man sich um das Gesicht schlingen konnte, um die Fliegen abzuhalten, die sich sonst unweigerlich den Schläfern auf Nase, Lippen und Augenlider setzten. Ganz nah floss unter Laubbäumen ein Bach vorbei, in dem man sich waschen konnte.

Wir kamen in Penjwin vorbei, einem Städtchen, das damals gerade wiederaufgebaut wurde, nachdem irakische Flugzeuge es zerschlagen hatten. Die Leute halfen sich gegenseitig. Sie wussten alle selbst, wie man Lehmhäuser baute. Ganze Eselzüge brachten aus den Wäldern die Rundhölzer, die nebeneinander gelegt die Flachdächer trugen. Eine einfache Lehmschicht dichtete sie ab. Zimmerleute fügten die Fensterrahmen zusammen und fertigten Türen. Die Lehmziegel für die Seitenmauern wurden aus dem Boden bereitet, auf dem das künftige Haus stehen sollte. Die Gruben, denen der Lehm entnommen wurde, gaben künftige Keller ab. Sogar Schnee und Eis der Berge könne man in ihnen über den Sommer bewahren, wenn sie richtig angelegt würden, sagten die Kurden.

Eine rege Geschäftigkeit herrschte, und damals war es noch eine fröhliche Arbeit. In späteren Jahren erlebte ich leider nur zu oft, dass Kurden mir sagten: «Ich habe in meinem kurzen Leben schon dreimal oder gar viermal mein Haus wieder aufgebaut. Jetzt bin ich es müde. Immer wieder wird es zerstört. Wie lange soll das noch so weiter gehen?» Manche ziehen es daher vor, in die Städte zu wandern; noch andere unternehmen verzweifelte Anstrengungen, um irgendwie nach Europa zu gelangen.

Wir begegneten auch einer Schmugglerkarawane von gut 20 Personen, die zu Fuss unterwegs waren. Jeder Mann trug eine grosse Teekiste aus Ceylon. Ihr Ziel war Iran. Der Tee war in Basra gelöscht worden und auf Schleichwegen über die Kriegsfronten hinweg in die kurdischen Berge gelangt. Iran besitzt seine eigene Teeproduktion, der Irak nicht. Deshalb gab es in Iran hohe Schutzzölle für importierten indischen Tee, der als ein Luxusprodukt gehandelt wurde. Dies machte den Schmuggel mit Tee aus Ceylon und Indien zu einer guten Geldquelle für die irakischen Kurden. Auf dem Rückweg nahmen sie amerikanische Zigaretten und iranischen Zucker mit.

Der Kommandant meiner Eskorte hiess Osman. Er sprach ein ausgezeichnetes Englisch. Ich machte ihm deswegen Komplimente. Er lächelte wehmütig und erzählte mir: «Ich war Offiziersschüler in der irakischen Militärakademie. Es wurde uns mitgeteilt, dass jene von uns, die am besten Englisch lernten, ein Stipendium nach Sandhurst erhalten sollten. Wir wollten alle gerne ins Ausland reisen, und wir studierten fleissig. [Für einen Kurden ist es leichter, Englisch zu lernen als für einen arabophonen Iraki, weil Kurdisch eine indogermanische Sprache ist, nicht so weit vom Englischen entfernt wie das semitische Arabisch.] Jedenfalls, das Examen kam, und der beste unter den Examinierten war ein Kurde; der Zweite war auch ein Kurde, nämlich ich; der Dritte war ein Kurde, und der Vierte ein irakischer Araber. – Wer glaubst du, ging nach Sandhurst? – Natürlich der Vierte!», und er setzte hinzu: «Diese und ähnliche Erfahrungen sind der Grund dafür, dass ich heute bei den *Peschmerga* diene und nicht in der irakischen Armee». «Peschmerga», «die vor dem Tod stehen», nennen die kurdischen Kämpfer sich selbst.

Ein zweites Wort, das ich bald lernte, war *Jahsh*, was Esel bedeutet, aber im Mund der Peschmerga jene Kurden bezeichnete, die sich als Führer und Kämpfer der irakischen Armee zur Verfügung stellten. Ich fragte, warum so oft von ihnen die Rede sei? Ob es denn so viele von ihnen gäbe? Und ich erfuhr: in der Tat sehr viele. Da gäbe es zum Beispiel die *Zibari*. Das sei der Nachbarstamm der Barzani. Sie stünden mit den Barzani, die Mullah Mustafa anführte, seit Generationen im Stammeskrieg. Daher hätten ihre Stammesherrscher sofort die Seite der Iraker ergriffen, und sie seien die gefährlichsten Feinde der kurdischen Bewegung, «weil sie das Land und seine Berge so gut kennen wie wir selbst und kämpfen können wie Kurden. – Jahsh nennen wir sie, weil sie wie Esel auf ihrem Rücken die fetten irakischen Soldaten den Berg hinauftragen.»

Das war meine erste Bekanntschaft mit der bis heute fortwirkenden inneren Zersplitterung der Kurden, die stets mit ihrem Stammeswesen zusammenhängt. Immer noch ist in vielen Fällen die Stammesloyalität stärker als das «nationale» Zusammengehörigkeitsgefühl. Stammeschefs können sich aus Eigeninteresse oder aus Gründen der Stammespolitik für oder gegen die nationale Bewegung entscheiden – ihre Stämme leisten ihnen normalerweise Gefolgschaft, wohin sie sie immer führen.

Von den halb hochgemuten, halb verzweifelten Scherzworten, die unter den Peschmerga umgingen, ist mir im Gedächtnis geblieben: «Die Araber werden uns nie Autonomie zugestehen. Der einzige Weg ist, dass wir so lange gegen sie kämpfen, bis wir die Mehrheit geworden sind und sie die Minderheit. Dann werden wir ihnen Autonomie gewähren.» – «Und wenn wir Verluste haben», so fügte manch einer hinzu, «genügt es schliesslich, dass man den Peschmerga einige Tage frei gibt, um ihre Frauen zu besuchen, dadurch ist dann schon wieder für eine neue Generation von Kurdenkämpfern gesorgt».

Auch Barzani selbst erzählte derartige Geschichten. «Die Kurden», sagte er schon bei unserem ersten Treffen, «sind wie der jüngste Sohn einer grossen Familie. Als nämlich in der Familie ein hochverehrter religiöser Würdenträger, ein Scheich, zum Abendessen eingeladen wurde, nahm er mit der Familie zur Mahlzeit Platz, doch als er sich niedersetzte entfuhr ihm ein überaus lauter Furz. Stille trat ein. Jedermann war betreten. [Wind zu lassen ist im Orient etwas sehr Beschämendes.] Der Familienvater aber wandte sich an seinen jüngsten Sohn und tadelte ihn energisch: «Aber Mustafa, so etwas tut man doch nicht, und schon gar nicht, wenn ein solch hochangesehener Gast im Hause ist. Steh auf und verlasse sofort den Raum!» Er tat das, um dem Ehrengast die Beschämung zu ersparen.– «So geht es den Kurden immer», meinte der kurdische Stammesführer, «wenn irgendein Grosser im Nahen Osten etwas ganz Dummes oder sehr Unschickliches tut, sind es die Kurden, die dafür getadelt und auch noch bestraft werden.»

Mullah Mustafa empfing uns nach unserem viertägigen Marsch durch die kurdischen Berge in Chawarta, einem Gebirgsflecken am Hang eines Berges, den seine Peschmerga hielten. Nur Saumpfade führten hinauf. Es waren wieder einmal Verhandlungen mit Bagdad im Gange, nachdem die irakische Armee von den Peschmerga zurückgeschlagen worden war. Doch die Kurden setzten nicht sehr viel Hoffnungen auf die Gespräche. Wieder einmal war Kirkuk, die Erdölstadt, der Zankapfel. Die irakische Regierung weigere sich, die Stadt in das kurdische Autonomiegebiet einzuschliessen, über das verhandelt wurde. Sie sei schon wieder im Begriff, kurdische Stämme aus der Umgebung der Stadt zu vertreiben und arabische an ihre Stelle zu setzen, wollten die kurdischen Unterhändler wissen, die zwischen Mullah Mustafa und den Irakern pendelten.

Wahrscheinlich würde der Krieg von neuem beginnen, wenn die irakische Regierung neue Truppen bereit gestellt habe, glaubten fast alle Kurden. Sie sollten nur allzusehr recht behalten … Einige Tage lang war Barzani beinahe jeden Abend lang frei, sich mit dem besuchenden Journalisten zu unterhalten. Die Gespräche gingen in meinem stockenden und viel zu afghanischen Persisch und seinem rostigen Arabisch mehr oder weniger harzig voran. Manchmal gab es Übersetzer, die mit Englisch nachhelfen konnten.

Der Kurdenchef war ein Mann, der grossen Wert auf Recht und Unrecht zu legen schien. Immer wieder kam er darauf zurück, dass die Aussenwelt, und ganz besonders die Amerikaner, der gerechten Sache der Kurden doch helfen müsste. Sie seien gewillt, eine echte Demokratie einzuführen, während Bagdad eine Gewaltherrschaft reinsten Wassers sei, unterstrich er. Den Israeli, die auch Demokraten seien, hülfen die Amerikaer so sehr gegen die Araber, warum sie es nur gegenüber den Kurden nicht täten? Dabei wären die Kurden sogar gewillt, amerikanischen Firmen die Ausbeutung ihrer Erdölgebiete in der umstrittenen Region Kirkuk zu gewähren, was Bagdad ja nie tun würde. Die Kurden wären auch, so sagte Mullah Mustafa, die besten Partner der Amerikaner im kalten Krieg, denn sie, die alle in der Sowjetunion unter Stalin gelitten hätten, wüssten genau, was von dem dortigen Regime zu halten sei. Einige seiner besten Kämpfer, so weiter, seien in den sowjetischen Internierungslagern umgekommen. Man habe sie dorthin gebracht, nur weil sie landesfremde politische Flüchtlinge waren. Bagdad dagegen werde immer ein bitterer Feind Israels bleiben und schon daher stets nach Moskau schielen. Es werde nie ein verlässlicher Partner der Vereinigten Staaten werden. Ob denn Washington seine eigenen Interessen nicht zu erkennen vermöge, fragte er.

Später nahmen mich einige der kurdischen Unterhändler und «Diplomaten» aus der Umgebung des Kurdenchefs beiseite. Ob ich nicht versuchen könnte, fragten sie, ihrem Führer seine unrealistischen Ideen über Amerika auszureden. Er mache sich nur Illusionen, wenn er von amerikanischer Hilfe träume. Nie würde Washington ihnen, den Rebellen, gegen Bagdad wirklich zu Hilfe kommen. Die Amerikaner würden immer nur mit der Regierung von Bagdad verhandeln. Die Kurden nähmen sie gar nicht wahr. In ihren Augen seien sie nichts als Unruhestifter.

Was Israel angehe, so seien die Versuche, Kurdistan den Amerikanern als ein zweites Israel zu verkaufen, nicht nur aussichtslos, sondern gefährlich für die Kurden, weil sie das Misstrauen aller Araber gegen sie auf die Spitze trieben. Solche Angebote stempelten die Kurden zu Verrätern statt zu blossen Separatisten. Israel sei für die Amerikaner etwas völlig anderes als Kurdistan. Wer einmal in den USA gelebt habe – Mullah Mustafa kenne die Staaten nicht – und die Präsenz und den Einfluss Israels erfahren habe, könne daran nicht im geringsten zweifeln. Sie hätten eben ihre jüdische Lobby, die für sie in Washington wirke, und sie seien auch dem letzten der amerikanischen Wähler bekannt. Die Kurden hingegen verfügten über keine Lobby, kein Geld und keinen Einfluss in der amerikanischen Gesellschaft; die meisten Amerikaner hätten noch nicht einmal je ihren Namen gehört.

Manche dieser Intellektuellen machten klar, dass sie – im Gegensatz zu Barzani – Sozialisten seien. Sie glaubten, Zusammenarbeit mit dem Ostblock und mit den Staaten der Dritten Welt biete eine bessere Chance, die kurdische Sache zu fördern, als die ohnehin zum Scheitern verurteilten Versuche, sich Amerika anzubiedern. *Jalal Talabani* aus der südlichen kurdischen Stadt Sulaimaniya, ein junger Advokat aber auch schon ein namhafter Guerillakämpfer, der damals noch als Stellvertreter Barzanis wirkte, gehörte zu dieser Richtung, und auch die Leiter und Kader der Kurdischen Demokratischen Partei Iraks, deren Chef Barzani auch war, huldigten dem damals modischen Drittweltsozialismus.

Doch auch diese aussenpolitische Ausrichtung bot den Kurden kaum ernsthafte Chancen. Die Sowjetunion und die Staaten der Dritten Welt, so schien mir, würden eher mit dem irakischen Staat zusammenarbeiten statt mit den kurdischen Rebellen, die höchstens ein Viertel des bunt zusammengewürfelten Staates Irak ausmachten und weniger als ein Drittel seines Territoriums bewohnten, besonders, so lange die Erdölquellen mit den Devisen, die sie hervorbrachten, ausschliesslich in den Händen der zentralen Behörden von Bagdad blieben.

Barzani jedoch beharrte auf seiner moralisierenden Sicht der Weltpolitik. Die Amerikaner, echte Demokraten, die das Gute für alle Völker der

Welt anstrebten, müssten doch mit den Kurden zusammenarbeiten, die ja ebenfalls nichts anderes wollten als das Wohl ihres Volkes und das Gute mit echter Demokratie für den ganzen Irak. Sein Fernziel war ein Staat für alle Kurden, jene des Iraks, der Türkei, Irans, der syrischen Randgebiete. Doch für die Gegenwart, so unterstrich er, sei der Guerillakrieg auf die irakischen Kurden zu beschränken. Er habe all seine kurdischen Freunde in den Nachbarstaaten wissen lassen, so erklärte er mir, dass sie sich im Augenblick ruhig verhalten sollten, aber den kämpfenden Kurden Iraks soviel Hilfe leisten sollten, wie sie es vermöchten. Wenn sie sich ihrerseits auch erhöben, so habe er sie gewarnt, würden die Kurden von allen drei oder vier Staaten gleichzeitig angegriffen und in ihren Bergen isoliert; dann hätten sie keine Aussicht, ihre Ziele zu erreichen. Nachdem die irakischen Kurden Autonomie erlangt hätten, so habe er seinen Freunden versprochen, würden sie ihrerseits ihren Landsleuten in den Nachbarländern Hilfestellung bieten, während diese sich für ihre Autonomie erhöben. Alle drei oder vier kurdischen Autonomiegebiete könnten dann später über ihre inneren Grenzen hinweg immer enger zusammenarbeiten, bis sie eine Chance erhielten, den gemeinsamen Staat zu bilden.

Dass freilich auch die Zentralbehörden aller vier Staaten solche kurdischen Pläne kannten und fürchteten, räumte Barzani ein. Schon gegenwärtig würden sie ja gegen die Kurden zusammenarbeiten. Das sei allen Kurden bewusst. Nur, wenn es zu Kämpfen in allen oder mehreren dieser Staaten komme, in denen kurdische Minderheiten lebten, würde natürlich ihre Zusammenarbeit bedeutend enger und für die Kurden erdrückend werden.

Der Kurdenführer war damals schon ein reifer Mann, der Autorität ausstrahlte, obwohl er kaum je die Stimme erhob und all seine Besucher mit einer Mischung von Höflichkeit und Kameradschaft empfing. Für die fast alle viel jüngeren kurdischen Politiker und Offiziere, die ihn umgaben, war er eine Art von Vaterfigur. Sie verehrten ihn, wie sie ihren Vater verehrt hätten; doch zugleich schienen manche von ihnen überzeugt, dass sie bessere Einsicht in die moderne Welt besässen als der berühmte und erfolgreiche Krieger und Stammeschef. Der Generationenunterschied bewirkte angesichts der sich überaus rasch verändernden Oberfläche des wirtschaftlichen und des politischen Lebens, dass die Väter den Söhnen bei aller Ehrfurcht doch auch etwas altmodisch erschienen. Mullah Mustafa Barzani war, wie sein Vater Ahmed vor ihm, Feudalherr und Stammesführer. Seine modern geschulten Parteigänger hielten wenig von den Traditionen und Loyalitäten der Stämme. Sie wollten eine «moderne» Befreiungspartei lenken, die den erhofften kurdischen Nationalstaat hervorbringen und dann tragen könnte.

Doch gleichzeitig wussten sie, dass die grosse Masse der Kurden Barzani anhing, seiner Person viel mehr als der Partei oder dem fernen Traum eines eigenen kurdischen Staates. Seine Person konnte sie mobilisieren und motivieren. Die Partei, KDP (Irak) «Kurdische Demokratische Partei, Irak», war eher eine Sache gewisser, dem Stammeswesen entfremdeter Intellektueller und Vertreter der freien Berufe, die moderne Schulen besucht und Hoch- oder Fachschulen absolviert hatten.

Im Haus des SAVAK-Chefs von Baneh

Ich blieb vier Tage im Hauptquartier Barzanis, dann wurde ich auf einem anderen Wege, einen guten Tagesmarsch weit in nördlicher Richtung, wieder über die irakische Grenze geleitet. Die letzte Nacht verbrachten wir schon auf iranischem Gebiet bei einem iranisch-kurdischen Agha, an den wir empfohlen waren. Mahmud begleitete mich noch immer. Am nächsten Morgen warteten wir früh an der Landstrasse, die einige Kilometer entfernt vom Sitze des Aghas vorüberzog, auf einen kleinen Minibus, der den lokalen Verkehr zwischen den kurdischen Ortschaften im iranischen Teil Kurdistans besorgte. Plätze für Mahmud und für mich waren am Vortage reserviert worden. Das Fahrzeug kam, und wir nahmen unsere Sitze ein.

Die Fahrt hätte nach dem von Kurden und iranischen Turkophonen bewohnten Städtchen Sakkis gehen sollen. Doch schon nach einer halben Stunde stiessen wir auf ein Polizeigefährt und wurden zum Anhalten aufgefordert. Die Polizisten liessen sich alle Ausweise zeigen. Mein Pass, so sagten sie mir, sei in Ordnung (ich verfügte ja über die Erlaubnis, in Iranisch-Kurdistan zu reisen). Dennoch müssten sie mich mitnehmen. Mahmud war in der Zwischenzeit, als ginge ihn all dies nichts an, vom Weg ab in die Wiese hinaus gebummelt. Doch die Polizisten holten ihn ein. Wir wurden getrennt. Mich brachten sie in den Flecken Baneh zum Haus des örtlichen Kommandanten der SAVAK, der iranischen Geheimpolizei. Dieser erwies sich als ein umgänglicher junger Mann, der mich in seinem Haus als Gast aufnahm, nur musste ich dort bleiben und durfte das Haus nicht verlassen. Am Abend unterhielt er sich lange mit mir, mehr im Ton eines Gespräches als eines Verhörs. Ich gab offen zu, dass ich im Irak bei Barzani gewesen sei. Aus den nicht sehr subtil gestellten Fangfragen entnahm ich, dass die Vermutung bestand, ich hätte als Abgesandter der CIA mit Barzani Kontakt aufgenommen. Dies bestritt ich natürlich und wies darauf hin, dass ich einzig als Journalist gehandelt habe. Über Mahmud sagte mein Gastgeber und Hüter mir, er stelle sich dumm und spiele den Halbtrottel, der von nichts etwas wisse. Man sei auch bereit, ihm dies zu glauben, nur habe man ziemlich viel Geld bei ihm vorgefunden.

Fünf Tage musste ich im Haus des jungen SAVAK-Chefs verbringen. Seine Frau, eine prachtvolle hochgewachsene Kurdin, kochte für mich und bereitete mir für die Nacht ein Bett in ihrem Wohnzimmer. Mit dem SAVAK-Mann entwickelten sich fast freundschaftliche Beziehungen. Er vertraute mir an, er hoffe auf seinem Posten genügend Geld zu sparen, um den Dienst bei SAVAK zu quittieren und seine Hauptambition zu erfüllen: Medizin zu studieren. Ich begann, die ersten Entwürfe für Artikel über mein Treffen mit Barzani zu schreiben. Schliesslich erklärte mir mein Gastgeber, es sei gelungen, General Pakravan zu erreichen, der für einige Tage auf Reisen gewesen sei. Er habe nun angeordnet, mich frei zu lassen.

Als Abschiedsgeschenk erbat sich mein Gastgeber, dass ich mit meiner Kamera ein paar Bilder von seiner jungen Frau aufnehme und sie ihm entwickelt zustelle. Das jung verheiratete Paar besass offenbar keinen eigenen Fotoapparat. Ich tat das natürlich gerne, und die Frau ging sofort, ihre vollständige kurdische Festtracht mit allem dazugehörigen Schmuck anzulegen. Dann stiegen wir in den Garten hinab und machten vor blühenden Sträuchern die Aufnahmen.

Ich nahm den Autobus zurück nach Sanandaj, der Stadt, von der ich ausgegangen war. Früh morgens kam ich an. Niemand schien mir zu folgen. Ich fand das Haus wieder, in dem ich die erste Nacht meiner Reise beherbergt worden war. Mein Koffer war dort geblieben. Die Frau des Schmugglers öffnete mir, liess mich ein und gab mir meinen Koffer zurück. Ihr Mann, sagte sie, sei seit dem Tag, als er mich über die Grenze geführt hatte, nicht mehr nach Hause gekommen. Er bleibe oft längere Zeit fort, doch diesmal sei es sehr lang geworden. Ich gab ihr all meine Barschaft bis auf das wenige, das ich für die Reise nach Teheran brauchte. Dass meine beiden Begleiter, der Schmuggler und Mahmud, Gefahr liefen, nicht so leicht davon zu kommen wie ich, verdüsterte meine Freude über meine eigene Freiheit.

Ob es wirklich die lose Zunge Mahmuds am Grenzübergang nach Irak gewesen war, die uns alle drei kompromittiert hatte? – Ich sollte es nie in Erfahrung bringen. In Teheran besuchte ich General Pakravan, um ihm für meine Freisetzung zu danken. Er war sehr freundlich zu mir; ich berichtete ihm von Barzani, er hörte mich an, brachte dann das Gespräch auf den jungen SAVAK-Chef von Baneh, der mich beherbergt hatte und vertraute mir an, dass er einer seiner besten Beamten sei. Er hoffe nur, dass er nicht weiter darauf bestehe, Medizin zu studieren. Doch vom Geschick meiner beiden Begleiter erfuhr ich nichts.

Das Schicksal General Pakravans

Einige Monate später weilte ich wieder in Teheran. Ich hatte Gelegenheit, einem Empfang des Schahs beizuwohnen. Er fand im Gulistan, dem Stadt-palast aus der Qajarenzeit, statt: Spiegelsäle, vergoldete Stühle, kostbare Stoffe und eine grosse Menge von Ministern und hohen Beamten im Frack, die Damen in langen Hofkleidern. Besucher und Besucherinnen durften dem Schah die Hand küssen. Es waren so viele Menschen da, dass ich mich dieser Pflicht leicht entziehen konnte. Dafür kam ich ins Gespräch mit einem der Minister, den ich früher kennengelernt hatte. Ich erwähnte General Pakravan lobend und voller Dankbarkeit. «Ja, Pakravan», entgegnete der Minister, «er war nicht streng genug als Geheimdienstchef, zu kultiviert, dafür braucht es andere Leute. Wir haben ihn nun zum Erziehungsminister ge-macht!»

Es vergingen weitere 16 Jahre. Die Islamische Revolution war in Tehe-ran über die Bühne gegangen. Einer kleinen Zeitungsnotiz war zu entneh-men, dass der ehemalige Geheimdienstchef Pakravan, zusammen mit anderen früheren Geheimdienstchefs des Schahs, von dem Blutrichter Khomeinys, *Sadegh Khakhali*, abgeurteilt und sofort standrechtlich erschossen worden war.

Treffpunkt Istanbul

Meine Reise nach der Freilassung in Kurdistan setzte ich im Flugzeug fort. Ich hatte mit meiner Frau verabredet, sie und die Kinder in Istanbul zu tref-fen. Durch die Gefangenschaft in Baneh war ich eine Woche verspätet. Zum Glück hatten wir Freunde, die damals gerade mit ihren Kindern in Istanbul weilten, und meine Frau hatte ausgemacht, sich mit ihnen zu treffen. Diese Freunde waren ein amerikanisches Ehepaar, das aus einer der den Missions-kreisen nahe stehenden Familie stammte. Der Mann, *Bill Griswold*, hatte sich im Türkischen spezialisiert und hatte früher an englischsprachigen Auslän-derschulen in der Türkei gearbeitet. Nun wirkte er auf einer amerikanischen Universität und befand sich für ein Jahr in Istanbul, wo er seine Doktorarbeit im Bereich der türkischen Geschichte abschliessen wollte.

Seine Frau und er nahmen sich rührend meiner Familie an. Sie wohnten in Bebek, dem damals noch bescheidenen Dorfe am Bosporus, und fanden dort auch eine Unterkunft für meine Familie. So war meine verspätete Ankunft nicht ganz so schlimm, wie sie ohne ihre Präsenz gewesen wäre. Kaum war ich angekommen, lernte ich von Bill, ein «Yük»-Billett für den

Dampfer nach und von Bebek zu nehmen, um mein Gepäck zu transportieren. «Yük» war eine Traglast, und für sie brauchte man ein besonderes Billett neben dem für die eigene Person. Dafür waren beide spottbillig, und sogar mein äusserst sparsamer, puritanisch erzogener Freund erlaubte sich angesichts dieses Umstandes «den Luxus und das grosse Vergnügen», wie er es selbst nannte, jeden Morgen auf dem Dampfer ein Glas Tee zum Frühstück zu trinken, wenn er sich zur Bibliothek nach Istanbul an die Arbeit begab.

Sommerferien in der Türkei

Die Sommerferien, drei Monate lang, in denen die Kinder schulfrei hatten, suchten wir immer für eine Reise auszunützen, die einerseits dem Journalismus diente, aber auch der Familie erlaubte, eine Ferienreise zu unternehmen. Das bedeutete oft, dass wir uns irgendwo trafen oder gemeinsam irgendwo hinfuhren, von wo aus ich dann alleine weiterreiste, während die Familie im Flugzeug nach Beirut zurückkehrte. Gerne gingen wir in die Türkei, weil dort das Leben anderer Art war als in den arabischen Ländern und dadurch einen erholsamen Wechsel abgab.

Einmal, im Sommer 1965, haben wir die Türkei weit auf der östlichen Seite von Süden nach Norden durchquert. Ich hatte vernommen, dass die Sperre der grössten kurdischen Stadt, Diar Bakr, die Jahrzehnte lang für Ausländer unzugänglich gewesen war, aufgehoben worden sei. Meine Frau, die den Weg von Beirut nach Aleppo durch mehrere Reisen dorthin gut kannte, liess sich überzeugen, mit den Kindern auf dem Landweg nach Diar Bekr zu reisen. Dort wollte ich sie treffen. Eine Flugverbindung zweimal pro Woche von Teheran nach Istanbul mit Zwischenhalt in Diar Bekr war angesichts der Aufhebung der Sperre soeben eröffnet worden. Doch als ich in Teheran weilte, brach ein Krieg zwischen Pakistan und Indien aus, und die NZZ regte an, ich solle mich nach Pakistan begeben, um das Geschehen von der dortigen Seite aus zu verfolgen. Der Korrespondent der NZZ, der für beide Länder zuständig war, hatte sein Büro in Delhi und konnte also nur von Indien aus berichten. Ich stimmte zu und schickte ein Telegramm an meine Frau nach Beirut, in dem ich ihr die neue Lage meldete und ihr vorschlug, das Treffen in Diar Bekr um zwei Wochen zu verschieben. Nur war meine Frau mit den Kindern schon aufgebrochen, als das Telegramm in Beirut ankam. Sie hatte beschlossen, in kleinen Etappen zu reisen und sich viel Zeit zu lassen, um Diar Bekr zu erreichen.

Als ich in Pakistan eintraf, war der Krieg bereits einige Tage alt. Es ging wieder einmal um Kashmir. Pakistan hatte dort einen Guerillakrieg im indischen Teil des umstrittenen Landes eröffnet. Nach heftigen und erfolgreichen indischen Gegenoperationen, die das pakistanische Herzland um Lahore bedrohten, kam es schon am 22. September zu einem Waffenstillstand.

Ich kehrte, so schnell ich konnte, nach Teheran zurück und nahm das nächste der zweimal wöchentlich verkehrenden Flugzeuge nach Diar Bakr.

Meine Frau war in der Zwischenzeit seit bereits beinahe zwei Wochen in Diar Bakr, dieser grössten aller kurdischen Städte. Sie war mit den drei Kindern von damals 9, 6 und 4 Jahren über Aleppo dorthin gereist. Wie sie mir später erzählte, hatten nach der ersten Etappe Armenier in Gaziantep sie aufgenommen und in der dortigen armenischen Schule beherbergt, weil es in dem Städtchen kein Hotel gab, das sie als passend für eine Dame mit Kindern erachteten. Sie hatten sie gleich auch noch nach Urfa weiter empfohlen, wo sie ebenfalls bei Privatleuten übernachtete. Die Abfahrts- und Ankunftszeiten der Autobusse hatte sie jeweils mit Hilfe eines gezeichneten Uhrblattes ermittelt. Damals waren im Hinterland der Türkei Fremdsprachen wie das Englische oder Deutsche noch nicht so geläufig wie gegenwärtig. Heute kann man im hintersten Dorf Anatoliens mit grosser Wahrscheinlichkeit leicht einen lokalen Dolmetscher finden, der gut Deutsch versteht, weil er in Deutschland gearbeitet hat. Die Landeskinder kennen natürlich diese Personen und senden sofort nach ihnen, wenn Verständigungsschwierigkeiten entstehen. Der Fremdenverkehr hat natürlich auch viel dazu beigetragen, dass heute Verstehen und Sichverständlichmachen gegenüber Ausländern längst nicht mehr ungewohnt ist und niemand mehr, wie es damals war, in sichtliche Verlegenheit bringt. Als meine Frau und die Kinder endlich in Diar Bakr ankamen, hatten sie sich geschworen, sie würden im besten Hotel der Stadt Wohnung nehmen. Doch das beste stellte sich als eine zwar korrekte aber bescheidene Herberge heraus. Die neunjährige Jessica sagte ihrer Mutter: «Es hilft nichts, ich muss eben Türkisch lernen!» Sie nahm sich den französisch geschriebenen «Guide Bleu» vor, in dessen Anhang auf Türkisch die Zahlen und die notwendigsten Worte standen. Was alle drei Kinder sofort lernten, war die Bestellung: «üç dondurma! (Dreimal Eis!)». Bezahlen konnten sie dann, indem sie einfach eine Banknote oder Münze hinstreckten. Kein Türke und kein Kurde hätte sich damals einfallen lassen, drei Kinder-Kunden nicht das korrekte Rückgeld zu geben.

Diar Bakr hat seine hohen Mauern aus der byzantinischen Zeit so gut erhalten, dass bis heute eine Strasse auf diesen Wällen rund um die Stadt herum läuft. Jeden Vormittag kam eine Pferdekutsche vor das Hotel, um Pan und die Kinder für eine Rundfahrt auf die Mauern mitzunehmen. In den

Augen der Einheimischen war dies offenbar das beste, das die neu für fremde Besucher eröffnete Stadt ihren ersten Touristen zu bieten hatte. Jedesmal, wenn das Flugzeug aus Teheran erwartet wurde, fuhr meine Familie gemeinsam mit der Belegschaft der Fluggesellschaft auf den Flugplatz und wartete auf seine Ankunft. Nur, es kam einmal an, dann ein zweites und ein drittes Mal, ohne dass der erwartete Vater erschien. Beim vierten Mal, endlich zeigte er sich auf der Ausstiegstreppe. Die Kinder liefen jubelnd auf ihn zu, mit «Daddy, Daddy!»-Rufen. Das Personal schaute ungläubig drein. Sie hatten die Ankunft des verlorenen Vaters längst abgeschrieben. Meine Frau sagte, sie habe sich vorgenommen, mich nicht mehr zu kennen, sondern mir die kalte Schulter zu zeigen. Doch die Kinder hätten ihr Herz erweicht, und nach längeren, wiederholten Erklärungen liess sie meine Entschuldigungen für die anderthalbwöchige Verspätung schliesslich gelten.

Von Diar Bakr aus fuhren wir dann weiter, immer in Autobussen quer durch die östliche Türkei. In Elazig gab es den Bruder unseres kurdischen Freundes Zaza aus Beirut zu besuchen. Er sagte offen, er glaube nicht mehr an den kurdischen Nationalismus. Die drei Nationalstaaten, in denen die Kurden lebten, würden ihn niemals dulden, und Kämpfe würden nur noch mehr Feindschaft gegen die kurdischen Minderheiten hervorrufen. Die Kurden müssten sich fügen und leben, so gut oder so schlecht es halt gehe. Das werde immer noch besser sein als ein Krieg, den sie am Ende doch nicht gewinnen könnten. Der Bruder sollte nur allzusehr recht behalten.

Ein weiterer Tag im Autobus brachte uns nach Erzincan, und noch ein Reisetag – wir schalteten dazwischen immer auch Ruhetage ein – weiter nach Erzerum, wo es schöne Grabtürme im persischen Baustil zu bewundern gab. Dann kam eine lange, aufregende Fahrt durch Gebirge und Schluchten. Die Hänge waren von Tannen bewachsen fast wie in der Schweiz. Trabzon wurde das Ende der Autobusreise. Dort hatte uns unser Freund Selim Baban, der «türkische Baban», in seiner Stellung als Leiter des türkischen Tourismusbüros in Beirut, Schiffskarten auf einem der Schiffe der türkischen Schiffahrtslinie reserviert. Die Karten waren in jenen Jahren nicht leicht zu erhalten, weil ihr Preis so gering war (die staatliche Schiffahrtsgesellschaft hatte es unterlassen, ihre Preise der Inflation anzupassen), dass manche Türken die Linienschiffe als billige Hotels benützten, auf denen sie ihre gesamten Ferien verbrachten. Das kostete weniger als zu Hause zu bleiben. Nur musste man sich die Fahrkarten zu beschaffen wissen, und das ging nur über einen einflussreichen Freund. Das Boot der Denizyollari, das der ganzen Südküste des Schwarzen Meeres entlang fuhr, traf in Trabzon nach Fahrplan ein, verweilte dort zwei Tage und machte sich dann mit uns und einer anderen ausländi-

schen Familie, der eines deutschen Archäologen, der in der persischen Provinz Asarbaidschan gearbeitet hatte, gemächlich auf den Rückweg nach
Istanbul. Die Fahrt dauerte mit allen Zwischenhalten eine gute Woche. Für
die Kinder war sie nach der Enge der Autobusse ein herrliches Leben. Es gab
immer etwas auf dem Boot zu beschauen und alle paar Stunden reichliche
Mahlzeiten. Das Ein- und Ausladen in den Häfen von Sinop und Hopa, das
jeweils mehrere Stunden in Anspruch nahm, faszinierte sie. Den Abschluss
der Seereise bildete die herrliche Passage durch den Bosphoros: grünende
Hügel und Berge auf beiden Seiten, als führe man auf einem prächtigen,
blauen Strom, Dörfer in den Buchten, hölzerne Sommerhäuser am Strand.
Für mich war es eine der schönsten Landschaften, die ich je kennenlernte.

Die Südküste vor der Zeit der Tourismusindustrie

Andere Sommerreisen in die Türkei zielten nach der Südküste der anatolischen Halbinsel. Von Beirut aus gab es den Autorail nach Aleppo, einen Die-
selzug, der vormittags im Hafen von Beirut abfuhr, und gegen Abend Aleppo
erreichte. Den Kindern war dies viel lieber als die engen Gemeinschaftstaxis,
weil sie in den Eisenbahnwagen herumlaufen konnten. In Aleppo schliefen
wir stets im schon damals angenehm altmodischen Hotel «Lords», das heute
als ein historisches Haus gelten kann. Es gehörte und gehört noch einer
armenischen Familie, und jeder Ausländer von Bedeutung, der einmal
Aleppo besucht hat, von Lawrence of Arabia bis Agatha Christie, hat dort
übernachtet und auf der etwas über die Strasse erhöhten Eingangsterrasse seinen Kaffee, sein Bier oder seinen Whisky getrunken. Der Ort war behäbig
und weit genug, dass drei Kinder dort herumtoben konnten, ohne den anderen Gästen beschwerlich zu fallen. Von dort aus gab es Busse oder Gemeinschaftstaxis durch das «Tor der Winde», *Bab al-Hawa*, nach Antiochia hinab.
Eine kurze Tagesfahrt weiter führte durch *Bab al-Hadid*, das «Eiserne Tor»,
nach Iskenderun (Alexandretta) ans Mittelmeer. Von dort war es leicht, einen
Bus bis nach der grossen Stadt Adana zu finden. Die geteerte Strasse führte
weiter quer durch die grosse Baumwollebene des Seyhan-Flusses hindurch,
zurück an die Mittelmeerküste in Mersin. Doch der türkischen Südküste
entlang gab es damals noch keine durchgehende Fahrstrasse. Bei Silifke bog
die Autostrasse ins Innere ab und führte nach Konya. Die Küste wurde felsig
und steil, nur noch ein steiniger, gewundener Saumpfad führte dem Meer
entlang. Wer auf diesem Weg an der Küste weiterreisen wollte, musste sich in
Silifke einen Jeep mit Fahrer mieten, was der teuerste Teil der gesamten
Reise war. Auf diesem Weg ging es über Stock und Stein manchmal hoch

über der See, dann wieder ganz nah am Strand, unter Pinienwäldern hindurch und über Felsenhänge hinweg einen ganzen Tag lang, an der im Meer gelegenen grossen armenischen Burgruine von Anamur vorbei und weiter bis zum Fischerdorf Ghazipascha. Dort wurde die Strasse etwas besser, so dass es Gemeinschaftstaxis gab, die auf ihr verkehrten und uns schliesslich nach Alanya brachten.

Diese heute berühmte Ferienstadt lag damals noch ziemlich verlassen da. Nur ein paar türkische Familien aus Ankara oder Konya verbrachten dort ihren Sommer. Die grosse Zeit von Alanya war jene der Seljuken gewesen, der bau- und kunstfreudigen Vorläufer der Osmanen, die im 13. Jahrhundert in Konya residierten. Sie hatten Alanya als ihren wichtigsten Mittelmeerhafen ausgebaut und befestigt. Ein gewaltiger Turm, den sie als Festungs- und Wachtturm errichtet hatten, ist bis heute das Wahrzeichen der Stadt geblieben. Die Darsenen, in denen die Konya-Seljuken ihre Mittelmeerflotte gebaut hatten, lagen wohlerhalten aber verlassen am Meer: steinerne Bogenhallen, die sich über offene Seebecken wölbten, wo einst die Schiffe gebettet waren. Strand, Meer und das heitere Leben einer Mittelmeerstadt entschädigten die Kinder für die vieltägige Reise. Wir unternahmen kleinere Ausflüge der Küste entlang bis nach Antalya hinüber, zu den überreich strömenden Wasserfällen von Manavgat und dem erstaunlich vollständig erhaltenen, praktisch intakten antiken Theater von Aspendos.

Familienreise nach Bagdad

Nach Bagdad wollte meine Frau mit den Kindern auch einmal mitkommen, und wir beschlossen, einen Autobus von Damaskus aus nach Bagdad zu nehmen, weil der bedeutend billiger war als der berühmte Nairn-Bus, der von Beirut aus fuhr. Allerdings sollten wir lernen, dass der geringere Preis durch grössere Strapazen erkauft werden musste. Unsere jüngste Tochter Sylvia war damals noch sehr klein, nur gerade über ein Jahr alt. Wir fuhren zusammen auf den bekannten Wegen nach Damaskus und stiegen in dem auch schon allen vertrauten alten «Umayya-Palace» ab, der auf dem Merjé-Platz stand, dem einstigen Zentrum des spätosmanischen Damaskus. Von unserem Hotelbalkon aus sahen wir zu, wie auf dem Platz ein hölzernes Gerüst aufgerichtet wurde. Die Kinder fanden das interessant, und meine Frau meinte, vielleicht würde ein Freilichtschauspiel darauf gegeben. Wir freuten uns schon auf das Gratis-Theater, das wir vielleicht von unserem Hotelbalkon aus geniessen könnten. Ein Blick in die syrische Zeitung allerdings belehrte mich eines Besseren. Das Gerüst wurde aufgebaut, um eine öffentliche Hinrichtung durch Erhängen durchzuführen. Sie war einem überführten israelischen Spion zugedacht und würde am übernächsten Tag morgens um vier Uhr stattfinden. – Gerade noch Zeit, in ein anderes Hotel umzuziehen.

Wir kauften unsere Busbillette nach Bagdad. In drei Tagen sollte der Bus fahren. Ein Taxi, so wurde versprochen, würde uns frühmorgens abholen und in die Garage in einem der Aussenquartiere bringen, von wo die Reise beginnen werde. Besser als in Beirut, meinten wir, wo man sich selbst mit dem eigenen Taxi bei Nairn einfinden muss, wenn man mitfahren will. Wir standen denn auch alle im Hotel bereit. Das Taxi aber kam nicht. Ich begab mich schliesslich in das Büro, um zu fragen, was denn aus dem Versprechen geworden sei. «Oh, das gilt weiter!» wurde mir höflich erklärt, «nur, dass der Bus noch nicht fährt, er braucht noch einige Zeit, bis er bereit sein wird». Am Mittag kam dann in der Tat unser Taxi zum Hotel. Wir fuhren weit in die Vorstadt hinaus, an eine Stelle, an der sich die ehemalige Oase von Damaskus in eine Garage verwandelt hatte, weil soviel Autowerkstätten nebeneinander lagen. Unser Bus war auch da, er stand in einem der Innenhöfe – aufgebockt. Der Mitfahrer und einige Gehilfen waren gerade dabei, die Räder anzuschrauben. Eine Reihe von Passagieren sassen herum, wir gesellten uns zu ihnen. Die meisten waren schwarz verschleierte Frauen, die Mengen von Kindern bei sich hatten. Bald fanden wir heraus, es waren Kuwaiterinnen, die mit ihren Familien in Damaskus und den Kurorten des Antilibanons ein paar Sommerwochen verbracht hatten. Ihre Männer waren bereits nach Hause geflogen, indem sie eilige Geschäfte vorwandten. Die Frauen und Kinder kamen im Autobus via Bagdad nach, was natürlich billiger war.

Am Spätnachmittag war der Bus denn auch wirklich zusammengeschraubt und die Fahrt begann. Sie ging auch ganz flott voran, solange die Strasse geteert war. Doch bald begann die damalige Piste. Das Fahrzeug wirbelte eine gewaltige Staubwolke auf, die Fenster waren nicht dicht genug, um sie draussen zu halten. Manche Scheiben waren zerschlagen, und der Staub ergoss sich wie ein Wasserfall durch die Löcher. Ausserdem hatte der Wagen, was ja theoretisch sehr zweckmässig war, zuhinterst eine Toilette. In der Praxis allerdings war diese schon bald verstopft, wurde aber weiter benützt, was dazu führte, dass allerhand übelriechende Flüssigkeit sich hinten ansammelte und bei jedem Bremsruck durch den Mittelgang etwas weiter nach vorne schwappte. Zum Glück waren die Sessel etwas erhöht angebracht. So hatte ich anfänglich nichts dagegen, als der Bus unerwartet mitten in der Wüste anhielt. Draussen war die Abendluft frisch und kühl. Der Staub hatte sich schnell gelegt. Einige der Frauen begannen, ihren Primuskocher aufzustellen und mit in Flaschen mitgebrachtem Wasser Reis zu kochen.

Offenbar war ein längerer Aufenthalt vorgesehen. Der Fahrer und der Mitfahrer hoben den Motordeckel hoch und begannen am Motor herumzuschrauben. Unser Julian, im Vorschulalter, wollte auch in den Motor hineinschauen, die Männer hoben ihn auf, damit er sich die Sache besser mitansehen könne.

Bald konnte er uns berichten, das Wasser sei aus dem Kühler ausgelaufen. Meine Frau jedoch wollte nicht während der Nacht in der Wüste bleiben, besonders nicht, weil in der Ferne Schakalgeheul zu vernehmen war. Ich beruhigte sie, und der Fahrer zeigte mir ein fernes Licht auf einem der Wüstenhügel. «Dort droben ist eine Polizeistation», sagte er, «wir gehen jetzt dort hinauf, um von dort aus nach Damaskus zu telefonieren». Wirklich machte er sich mit seinem Mitfahrer auf den Weg. Es dauerte weniger als eine Stunde, der Reis war gekocht und gegessen, und ich hatte die Kinder, die das sehr romantisch fanden, auf den weichen Wüstenstaub niedergebettet, als die beiden zurückkehrten. «Alles in Ordnung», sagten sie, «wir haben telefoniert». Jedermann war zufrieden. Ich war auch dafür, es bei dieser Auskunft zu belassen. Doch meine Frau wollte es genauer wissen. «Geh und frage sie, was denn Damaskus geantwortet hat!», beorderte sie. Ich wollte nicht recht, da ich fand, allzu genau wollten wir es lieber nicht wissen. Die anderen Mitreisenden stellten auch keine Fragen. Doch sie liess nicht locker. So ging ich denn und fragte die beiden. «Nichts hat Damaskus geantwortet», sagten sie. «Es war schon Abend und das Büro war zu!» – So legten wir uns denn für ein paar Stunden unter den Sternenhimmel. Noch bevor es tagte, hatte der Fahrer einen Einfall. Er nahm ein Päckchen des Waschpulvers «Tide», das damals überall verwendet wurde, füllte es in den lecken Kühler und goss etwas Wasser aus seinem Reservetank nach. Das gab viel Schaum, und der Schaum lief nicht so schnell aus wie das Kühlwasser. Wir fuhren vorsichtig los, nicht zu schnell, und von Zeit zu Zeit mussten wir anhalten, um Wasser und Waschpulver nachzufüllen. Wir blieben manchmal ein wenig, aber nie endgültig stecken. Allerdings erreichten wir den Grenzort Rutba mit ungefähr acht Stunden Verspätung. Rutba, wo ich so manche Stunde verwartet habe, liegt schon tief im irakischen Staatsgebiet, weil die offizielle Grenze aus einer Linie besteht, die mit dem Bleistift durch die Karte der Wüste gezogen wurde und sie knappe 200 Kilometer westlich von Rutba durchschneidet. Es gab dort einen Mann mit einem Schweissgerät, der sich daran machte, unseren undichten Kühler zusammenzuschweissen. Natürlich brauchte er auch ein paar Stunden dazu.

Von dort gab es noch einmal eine lange staubige Fahrt, bis wir beim Habbaniya-See und dem Flecken Ramadi das Euphrat-Tal erreichten. Eine geteerte Strasse begann, die uns nun durch bebautes und belebtes Land, Sumpf, Menschen, Büffel, Datteln, bewässerte Felder, bis nach Bagdad führte. Es war bereits wieder dunkel geworden, als der Bus endgültig, auch wieder in einer Garage ausserhalb der Stadt, zum Halten kam. Wir luden unser Gepäck aus und liessen währenddem unser Baby, die kleine Sylvia, tief eingeschlafen auf einem der Sitze liegen. Doch nun hatte der Fahrer Eile. Er startete plötzlich mit grossem Motorengeratter. Jessica, immer wach und pflichtbewusst, rief: «Our Baby, they take our baby!» Ich musste dem Bus laut schreiend nachrennen. Ein paar der ausgestiegenen Passagiere schrieen auch und rannten mit, als sie die Lage begriffen. Der Bus hielt auch noch einmal und erlaubte mir, rasch das Baby zu bergen. Das war das letzte, was wir von ihm sahen. Doch nahmen wir an, dass er schliesslich heil, wenn auch etwas verspätet, in Kuwait angelangt ist.

Wir landeten bald im stillen Hafen des Hotels «Sindbad», an der Hauptstrasse von Bagdad gelegen, mit einem dichtgrünen Garten zum Tigris hin und herrlich altmodisch. Die Badezimmer, wohl später eingebaut, waren so gross wie die Schlafzimmer; die Badewanne stand frei in der Mitte, und sich lautlos drehende weissgestrichene Flügelventilatoren grosser Spannweite hingen von den Decken hinab. Die Ziegelwände waren so dick und vom Grundwasser her immer ein klein wenig feucht, dass das Innere auch in Zeiten der brütendsten Strassenhitze angenehm feuchtkühl blieb. Der Volksmund wollte wissen, dass der englische General Templer, den im Ersten Weltkrieg die Türken bei Kut el-Amara am unteren Tigris besiegten und gefangen nahmen, in diesem Hotel an Dysenterie (vornehm für Durchfall) gestorben sei. Dem Stil nach wäre dies durchaus möglich gewesen. Heute ist dieses alte Hotel, wie alle jene, die mir wirklich gefielen, längst ein Opfer des Rentabilitätsstrebens der Wirtschaftskapitäne geworden.

In der ersten Nacht unseres dortigen Aufenthalts schliefen wir Erwachsenen erschöpft den Schlaf der Gerechten. Doch unsere Kinder liessen sich von der arabischen Musik bezaubern, die im Parterre von einer grossen Hochzeitsgesellschaft ausging. Jessica half Julian sich ankleiden, und die beiden stiegen die Freitreppe hinab zu der feiernden Gesellschaft. Am nächsten Morgen erzählten sie uns, wie freundlich die Hochzeitsleute mit ihnen gewesen seien. Alle hätten ihnen gute Sachen zu essen gegeben und hätten ihnen erklärt, wer die Braut sei, der Bräutigam und deren Vater und Mutter. Sie hätten auch mit der Braut geredet und den Leuten erzählt, dass sie im Bus von Damaskus gekommen seien. Es seien auch andere Kinder bei der Gesellschaft gewesen, alle sehr schön angezogen. Doch sie hätten nicht viel mit ihnen reden können. Schliesslich hätten ihnen die Gäste nahe gelegt, doch wieder schlafen zu gehen, um Papa und Mama, falls sie doch noch aufwachten, nicht zu beunruhigen.

Später besuchten wir meinen Freund *Jassim al-Abboudi* und seine Frau mit ihren drei Jungen und brachten einen guten Teil unserer gemeinsamen Tage in Bagdad in ihrer freundlichen und lebhaften Gesellschaft zu. Ich fuhr eine gute Woche später alleine weiter Richtung Teheran. Meine Frau beschloss nach der Erfahrung mit dem Wüstenbus, das Flugzeug zurück nach Damaskus zu nehmen. Das Flugzeug der Syrischen Luftlinie nach Damaskus war auch wirklich nicht teuer. Doch die Kinder waren empört, wie sie mir später erzählte. «Du hast uns doch eine interessante Rückreise versprochen», hätten sie ihr vorgeworfen, «und nun sollen wir in einem langweiligen Flugzeug zurückfliegen». Meine Frau war auch empört, aber aus anderen Gründen. Als alle Reisenden eingestiegen waren, wollte die Besatzung die Türe des Flugzeugs schliessen. Doch das ging nicht, weil das Schloss defekt war. Daraufhin habe die Besatzung die Türe mit einem Strick zugebunden, und man sei abgeflogen.

Erste Besuche in Nordafrika

Ein gutes Jahr nach dem Ende des algerischen Unabhängigkeitskrieges brach im Oktober 1963 ein Grenzkonflikt zwischen Algerien und Marokko aus, dem zugrunde lag, dass die Marokkaner der Ansicht waren, bestimmte Grenzgebiete im westlichen Algerien gehörten zu Marokko. Die Franzosen jedoch hätten sie zu Algerien geschlagen, als sie dort die Kolonialherrschaft ausübten, weil sie damals Algerien als ein Stück Frankreich ansahen, während Marokko zuerst unabhängig blieb und später ein Protektorat der Franzosen wurde, das heisst ein nur vorübergehend unter «Schutzherrschaft» gestelltes Land, das im Prinzip seine eigene Regierung behielt. Dies traf wohl auch zu; in der Tat hatten die Franzosen die Grenzen «ihres» Algeriens sehr weit gezogen, tief in die Sahara hinein, auf Kosten der beiden Protektorate Tunesien im Osten und Marokko im Westen, die beide durch Algerien von ihrem Hinterland in der Sahara abgeschnitten wurden.

An den südwestlichen Ausläufern des Sahara-Atlas, an der Schwelle zur Wüste und an die 800 Kilometer Luftlinie von der Hauptstadt Algier entfernt, liegt nah der Grenze zu Marokko das Städtchen Colomb Béchar. Es gibt dort reichhaltige Eisenerzvorkommen, die Algerien ausbeutet, weshalb der Ort mit einer Schmalspurbahn mit dem Mittelmeer verbunden ist. Die Marokkaner waren nun sehr zuversichtlich, dass dieses Gebiet «eigentlich» ihnen gehöre, und sie sandten Truppen aus, um es zu besetzen. Doch die Algerier schlugen sie zurück und unternahmen ihrerseits einen Vorstoss nach der marokkanischen Oase von Figuig, die in einem Grenzvorsprung Richtung Algerien liegt. Dieser Vorstoss wiederum wurde von den Marokkanern zurückgeschlagen.

Während des algerischen Bürger- oder Befreiungskriegs (1954–1962) hatten beide Nachbarstaaten, Tunesien wie Marokko, eng mit dem algerischen Widerstand zusammengearbeitet. Die wichtigsten Einheiten der regulären Algerischen Befreiungsarmee (FLN), etwa 30 000 Mann, waren in beiden Ländern gestanden und hatten in ihnen Asylrecht genossen. Aus diesen Gründen war es eine politische Sensation, dass die beiden nordafrikanischen Nachbarstaaten, kaum war Algerien unabhängig geworden, zusammenstiessen.

Dr. Eric Streiff von der NZZ meinte, dies sei der gegebene Zeitpunkt für mich, in den Maghreb zu reisen. Ich tat es gerne, weil ich weder Algerien noch Marokko kannte. Mein Bruder arbeitete damals in Rabat als Geologe zusammen mit einer Gruppe von französischen Kollegen, die eine geologische Karte von Marokko ausarbeiteten. Dies bildete einen zusätzlichen Anreiz für mich. Ich kam mit dem Flugzeug in Rabat an und besuchte, noch etwas übernächtigt, sofort meinen Bruder und seine Frau in dem kleinen Einfamilienhaus mit Garten, das sie bewohnten. Wir kamen beim Frühstück überein, dass es das beste sein dürfte, wenn ich direkt nach Figuig fahre, wo sich die Kämpfe abspielten. Es gab einen Autobus, der von Oujda, der Grenzstadt im Norden, nach Figuig in den Süden hinabfuhr. Ich liess mir kaum Zeit, um die Hauptstadt kennenzulernen, nahm den Zug quer durch Marokko nach Westen, erreichte Oujda am nächsten Morgen und war in Figuig, als der Abend hereinbrach.

Die Marokkaner standen in Schützengräben und erzählten voller Stolz, wie sie den Algeriern den Meister gezeigt hätten. Die «dort drüben» seien jetzt weit weg fortgelaufen, denn vor «marokkanischen Löwen» hätten sie Angst. Sie hatten auch nichts dagegen, dass ich fotografierte. Überall herrschte Siegesfreude und Siegesbewusstsein. In Colomb-Béchar auf der anderen Seite der Grenze, wo die Kämpfe begonnen hatten, so versicherten die Marokkaner, seien sie nie gewesen. Dort müssten «unkontrollierte Freischärler» gekämpft haben, sagten sie. In der Sicht der Algerier waren es allerdings reguläre Truppen gewesen, die dort angegriffen hatten. Ich sagte mir, dass vielleicht beide Seiten recht hatten. Möglicherweise waren es «irreguläre» marokkanische Truppen gewesen, die jedoch von der regulären Armee angeleitet und ausgeschickt worden waren. Die Marokkaner selbst gaben zu, dass in ihren Augen Grenzkorrekturen zugunsten Marokkos notwendig wären. Deutlich war jedenfalls, dass der Streit ausgebrochen war, weil Marokko versucht hatte, im Gebiet von Colomb Béchar vollendete Tatsachen zu schaffen. Dies hatten die Algerier vereitelt. Deutlich war jedoch auch, dass der algerische Gegenangriff zurückgeschlagen worden war.

Die Organisation für afrikanische Einheit, damals noch jung und prestigereich, trat als Vermittler auf. Der äthiopische Kaiser Haile Selassie, kam selbst nach Marokko, um mit dem noch jungen König Hassan II. zu sprechen. Die Unterredungen gingen unter vier Augen vor sich. Doch war deutlich, dass der alte Herrscher von Addis Abeba dem jungen von Rabat auseinandersetzte, dass in ganz Afrika die von den Kolonialmächten gezogenen Grenzen respektiert werden müssten. Andernfalls würden überall auf dem ganzen afrikanischen Kontinent Dutzende von Kriegen ausbrechen.

Während das Ringen so in seine diplomatische Phase eintrat, hatte ich Zeit, nach Rabat zurückzukehren und das Land Marokko kennenzulernen. Unter allen Ländern des Maghreb ist Marokko bestimmt das reichste an Eigenständigkeit sowie künstlerischer und kultureller Tradition. Im Bereich der Architektur und des Städtebaus verdankt Marokko viel dem französischen Marschall *Lyautey*, dem ersten und bedeutendsten Generalresidenten des Protektorats Marokko (1912–1926). Dieser hatte angeordnet, die Niederlassungen der Franzosen sollten neben die alten marokkanischen Städte gebaut werden, nicht in sie hinein. Die Ausnahme bildete Casablanca. Dort hatten schon vor der französischen Eroberung (1907) viele europäische Händler gewohnt und sich innerhalb der Hafenstadt niedergelassen. Doch die Städte des Inneren sind heute alle Doppelstädte: Es gibt stets eine «französische» Stadt, die heute, nach dem Abzug der Franzosen, zur Stadt der marokkanischen Mittel- und Oberschichten geworden ist, und eine «marokkanische» Stadt. Oft ist die alte Stadtmauer darum herum mit ihren monumentalen Toren erhalten. Dort leben die traditionellen Marokkaner, die leider immer mehr auch die armen Marokkaner der Unterschicht werden. Dort liegt der Basar oder Suq; enge Gassen rund um diese Geschäftsgassen herum bilden das Gewirr dieser Altstädte, in denen heute, noch mehr als zuvor, viele Menschen zusammengedrängt leben. Doch dort liegen auch die grossen Moscheen aus der alten Zeit und viele der Monumentalgebäude früherer Fürsten und Machthaber. Zwar verarmen diese «einheimischen» Städte zusehends, doch immerhin ist der alte Rahmen aus dem marokkanischen Mittelalter (das sich bis ins 19. Jahrhundert erstreckte) ziemlich intakt bewahrt.

Wenn man die marokkanischen Städte mit Tunis oder Algier vergleicht, wo kein Lyautey gewirkt hat, springt der Unterschied in die Augen. Tunis besitzt eine Altstadt, doch sie ist immer wieder durchbrochen und durchsetzt mit Gebäuden, die auf die europäische Zeit und ihre fremde Bauweise zurückgehen. Algier hat gar keine einheimische Innenstadt mehr. Nur ein paar Türkenpalais in ihren ummauerten Parkanlagen und Gärten haben sich erhalten. Die Stadt als ganzes ist zur «französischen Stadt» geworden, auch ihre «Araberviertel», etwa in der Kasbah, sind mehr Slums im europäischen Stil als eigentlich nordafrikanische Städte.

Der Umstand, dass Marokko bis 1912 trotz aller Bedrängnisse durch Osmanen, Portugiesen, Spanier, Briten und Franzosen stets selbständig geblieben war, hebt das Reich der marokkanischen Sultane aus der Reihe der anderen Maghrebländer hervor. Der «äusserste Westen», wie das Land auf arabisch heisst, hat in viel stärkerem Masse innerhalb seiner eigenen Traditionen leben können als seine Nachbarn. Sie waren schon seit der späten Osmanenzeit durch die osmanischen Reformen einer gewissen «Europäisierung» ausgesetzt, an der dann die französische Kolonialmacht durch ihre Ausbreitung des Französischen als Sprache und Lebensstil fortbaute.

Nicht nur vom Osmanischen Reich, auch von den Kunsttraditionen des späteren Islams im Nahen Osten, die sich immer wieder eng an die persischen Vorbilder anschmiegen, blieb Marokko weitgehend getrennt. Es hat seine eigene «arabisch-maghrebinische» Kunst bewahrt und vorsichtig weiterentwickelt. Das Zusammenleben mit dem arabischen Spanien und die wechselseitigen Einflüsse zwischen *al-Andalus* und *al-Maghreb al-Aqsa* bestimmten ihren Charakter viel mehr als die Entwicklungen und Neuerungen aus Asien, die Kairo erreichten, aber nicht tiefer nach Nordafrika eindrangen. Die marokkanische Baukunst dürfte schon mit den Almohaden ihren Höhepunkt erreicht haben, also bereits im 12. Jahrhundert. Doch danach hat sie sich lange erhalten, ohne entscheidend an Qualität einzubüssen, aber auch ohne wichtige Neuentwicklungen, bis in die Zeit des grossen Gewaltherrschers *Moulay Isma'il* (reg. 1672–1727), der sich seine eigene monumentale Hauptstadt, Meknes, erbaute. Wer ihre prachtvollen Stadttore kennt, wird diese Sultansresidenz nicht als Produkt einer Zerfallszeit ansprechen, weniger jedenfalls als das zeitgenössische Versailles, mit dem Meknes oft verglichen wird, obgleich die gewaltigen Ausmasse von Toren und Mauern den Willen verraten, nicht nur durch die prachtvolle und einfallsreiche bunte Kachelverzierung, sondern auch durch Dimension und Wucht der Gebäude auf den Beschauer zu wirken.

Der Fahrer des Instituts meines Bruders, der sich mit seinem Auto auf Heimaturlaub in den Mittleren Atlas begab, nahm mich mit. Allerdings fuhr er so schnell durch die weiten Ebenen, die zwischen den beiden Atlas-Ketten liegen, jener an der Küste und der in der Mitte des Landes, dass unser Kühler zu kochen begann. In seiner Eile, kaltes Wasser nachzuschütten, öffnete er ihn zu früh und verbrühte sich dabei den Vorderarm – schlimmer, als es zuerst den Anschein hatte. Er fuhr weiter, kam aber mit Fieber und Schmerzen bei seiner Familie an. Zu Hause war ein einfacher Berber-Bauernhof, wo seine Eltern und Brüder lebten. Nicht weit davon lag die Moschee von Tinmel aus der frühen Zeit der Almohaden, die von dort aus auf ihre Eroberung von ganz Nordafrika und Südspanien ausgezogen waren. Die berühmte Moschee war damals noch eine Ruine, und sie stand da, wie die neun Jahrhunderte, die über sie hinweggegangen waren, sie übrig gelassen hatten. Fast alle Dächer fehlten, doch standen die feinsinnig durch kleinere Bögen unterteilten, geschmückten Zierbögen vor dem Mihrab noch und liessen eine Ahnung zu, wie das ganze Gebäude ausgesehen haben muss. Heute ist diese Moschee wiederaufgebaut und renoviert. Sie ist nun, wie ursprünglich, von einer hohen Umfassungsmauer umgeben, so dass sie wie eine Festung mitten im Gebirge steht. Doch ich bin froh, sie noch unrenoviert gesehen zu haben.

Von dort aus reiste ich allein und gemächlich in den Süden. Ich sah den berühmten Platz vor Marrakesch, die Jama'at al-Fna, noch als echten Volksschauplatz, auf den sich höchstens ein paar diskrete und mit dem Lande vertraute Europäer wagten. Die Berber vom Lande und die Stadtbevölkerung trafen und mischten sich dort zwischen Gauklern, Tänzern und Paukenschlägern. Der weite Platz vibrierte vor Lebensfreude. Heute ist er ein Rummelplaz für fremde Touristen geworden, denen man Geld zu entlocken versucht. – Dafür steht das gewaltige Minarett der Kutubiya heute wie je. Es hat seine Brüder in der unvollendeten Tour Hasan in Rabat und in der durch einen barocken Aufsatz leicht verunstalteten Giralda von Sevilla, alle drei aus der almohadischen Zeit, schwere Türme mit einem einfachen quadratischen Grundriss. Doch die Oberflächen der vier gewaltigen Seitenmauern sind so fabelhaft durch Fenster unterteilt und durch Bogen und geometrische Schmuckvierecke geziert, die mit glatten schmucklosen Wandflächen wechseln, dass diese Türme eine Lust zum Anschauen sind, Anlass für eine Gleichgewichtsmeditation, an der ich mich, nachdem ich sie einmal begann, nie mehr habe satt sehen können. Dem Volk von Sevilla und dem von Marrakesch ist es offenbar ähnlich gegangen. Die Türme spielen in den Volksliedern der christlichen und der muslimischen Stadt als heitere Symbole der Heimat und als Identitätsträger eine herausragende Rolle.

Ich fuhr weiter über den Hohen Atlas nach Südosten, nach Ouarzazate hinüber ins Dra-Tal, wo die Sahara beginnt. Tiefblauer Himmel und gelbe Erde, gesäumt mit Palmen und den Lehmfestungen der Berber, die man Kasbahs nennt. «Du wirst wiederkommen», sagte ich mir, «dies ist nur die erste Bekanntschaft», und kehrte um nach Norden, um die grossen Königsstädte Mittelmarokkos zu sehen, Meknes zuerst, dann Fes, wohl die best erhaltene mittelalterliche Stadt des Islams, die es überhaupt gibt, überwältigend in der Enge und Fülle ihrer gewundenen Gassen. Sich da alleine zurechtzufinden, war ein Spiel, das ich schon bei meinem ersten Besuch begann und bei späteren immer weiterführte. Es wird erschwert, aber auch mitmotiviert dadurch, dass sich einem jeden fremden Besucher regelmässig ein unabschreckbarer Führer in der Gestalt irgendeines jungen Mannes zugesellt, der nicht mehr weggehen will und den Fremden zäh begleitet, fest überzeugt, dass er schliesslich den Weg und die Orientierung verlieren und dann gezwungen sein werde, ihn um seine Hilfe zu bitten, die er sich dann natürlich bezahlen lässt. Das Angebot von sexuellen Spielen in irgendeinem heimlichen Winkel einer Madrasa kann auch zu diesem oktroyierten Programm gehören. Wird es abgeschlagen, geht unerbittlich die «Führung» weiter, die man so gerne vermeiden möchte.

Doch die Altstadt ist und bleibt fabelhaft in der Vielfalt ihrer Métiers und Geschäfte, der im Mittelpunkt eingebetteten grossen Moschee, auf deren paradiesisch geschmückten und mit Brunnen belebten Innenhof ein Fremder höchstens an den durch einen Holzschirm geschützen Eingängen vorbei einen verstohlenen Blick werfen darf. Schliesslich bleibt von der Stadt für mich jedesmal neu und stets überwältigend ihr Gesamtbild, wie es von den Anhöhen südlich oder westlich der Altstadt als summender, vielstimmig tönender Bienenkorb sichtbar wird, eine Mulde voll fein abgestimmter Farben mit grauen und braunen Grundtönen, in die sich die weissen Zeigefinger der Minarette hinausheben und in die sich das häufige Grün und das seltene Blau der gekachelten Dächer von Palästen und Moscheen einfügt.

Ich kam dann noch einmal nach Rabat zurück, um mich in der Hauptstadt umzusehen und mit möglichst vielen Landeskindern und fremden Beobachtern zu sprechen. König Hassan II. war damals noch neu auf dem Thron, und viele Kenner des Landes verglichen ihn mit seinem Vater, eher ungünstig, weshalb sie diesem *play boy*, wie sie damals sagten, keine lange Zukunft als Herrscher voraussagen wollten. Später jedoch entpuppte er sich als ein Spieler, als ein sehr entschlossener, und wenn es ihm passte, grausamer, blutrünstiger und rachedurstiger Spieler, der sich ein langes Leben hindurch auf dem Thron halten sollte. Damals stand er noch sehr im Schatten seines 1959 verstorbenen Vaters, Muhammed V., der von den Franzosen 1927 als Sultan eingesetzt wurde, doch 1953 von ihnen nach Korsika und dann Madagaskar deportiert worden war, 1955 zurückkehrte und im folgenden Jahr die

Unabhängigkeit seines Landes erlangt hatte. Mein Bruder hatte das Begräbnis Muhammeds V. in Rabat miterlebt und stand immer noch unter dem Eindruck der dramatisch bewegten Trauer eines ganzen Volkes, die damals auf allen Strassen der Stadt von der ganzen Bevölkerung zelebriert worden war. Einen derartig leidenschaftlichen Ausbruch von ansteckender und beinahe hysterischer Trauer, sagte er, habe er noch nie erlebt.

Dabei war natürlich der König unendlich reich und herrschte über Untertanen, die ebenso arm waren wie er reich, was die einfachen Leute offenbar nicht im geringsten störte. Prachtentfaltung, Paläste und Reichtum gehörten für sie zum Königtum, und für Marokko war und blieb er *Amir al-Mu'minin,* der Befehlshaber der Gläubigen mit dem alten und weihevollen Titel, den einst die Kalifen getragen hatten. Der sakrale Aspekt des Königtums hing damit zusammen, dass die beiden letzten Dynastien Marokkos ihre Entstehung Glaubenskämpfen verdankten. Die Dynastie der *Saaditen* (1536 – 1627), deren Gräber ich in Marrakesch bewundert hatte, und die gegenwärtig herrschende der *Alawiten* (ab 1666 bis heute) hatten beide ihren Ursprung in Glaubenskämpfen gegen die «ungläubigen» Portugiesen, Spanier und anderen Europäer.

Die Portugiesen und ihre späteren Nachfolger hatten nie das ganze Land, jedoch wichtige Hafenstädte an beiden Küsten, der des Mittelmeers und der atlantischen, besetzt und befestigt, um sie als Stützpunkte für Handel und Raubzüge zu gebrauchen. Der unter der Fahne des Islams gegen sie kämpfende Widerstand aus dem Inneren des Landes vermochte es zeitweilig, die vielen meist untereinander streitenden Stämme zu koordinieren und mit den Städten in Gleichschritt zu bringen, so dass der gegen die Fremden ausgerufene «Heilige Krieg» über Jahrhunderte weg die meisten europäischen Stützpunkte zurückeroberte. Spanien hat sich bis auf den heutigen Tag die Hafenstädte von Ceuta und Melilla als Restbestände an der marokkanischen Nordküste bewahrt. Im Zug dieser marokkanischen *Reconquista* konnten zweimal neue Dynastien, eben unter der Führung von «Befehlshabern der Gläubigen», die Zentralgewalt übernehmen.

Die Frage der Zentralgewalt bildet ein strukturelles Problem der marokkanischen Geschichte. Die Zahl der Stämme in den gebirgigen Teilen des Landes – viele sind Berber, nicht Araber – war und blieb lange Zeit hindurch so bedeutend, dass sie grosse Teile des Landes beherrschten und sich darin weitgehend unabhängig hielten. Der Herrscher beschränkte seine direkte Machtausübung auf die Ackerbauebenen mit ihren Städten und Dörfern und auf die korridorartigen Durchgangspassagen, die diese miteinander verbanden. Die Marokkaner sprachen von dem Land, das der Sultan kontrollierte, als *al-Makhzen*, dem «Magazin», mit seinen ummauerten Städten und Festungen, wo der Herrscher seine Schätze und Kriegsvorräte aufstapelte. Die Gebiete, in denen die Stämme ihr bewaffnetes Regiment führten, nannten sie *Bilad as-Sebâ*, «Land der jungen Löwen».

Theoretisch sollten die Stämme dem Sultan Tribut bezahlen, doch sie taten es nur, wenn sie es mussten. Wenn sie sich stark und sicher fühlten, stellten sie die Zahlungen ein. Der Sultan unternahm in solchen Fällen, wenn er die Mittel dazu besass, eine *Harka* (wörtlich Bewegung, gemeint ist Feldzug), durch die er versuchte, die Stämme wieder zum Gehorsam, das heisst zum Entrichten von Tributen, zu zwingen. Solch eine Harka wurde bis in die jüngere Zeit noch mit grosser Grausamkeit durchgeführt, um das «Land der Löwen» für möglichst lange Zeit von neuer Unbotmässigkeit abzuschrecken.

Ein Beispiel dafür fand ich in den Memoiren des *Dr. Weisgeber*, die ich in einer Buchhandlung von Rabat entdeckte. Der Doktor, der 1946 verstarb, war 1897 vom Wezir *Ba Ahmed*, der einen Feldzug gegen die Stämme anführte, in sein Lager gerufen worden. Er beschreibt, was er dort sah: *«Sie hatten bereits die ganze Umgebung in eine Wüste verwandelt, in der nicht ein Bewohner, kein Haupt Vieh und kein Kornspeicher geblieben war. (…) Die Sklaven, die gefangen worden waren, und manchmal sogar Frauen und weisse Kinder freier Geburt, wurden vom öffentlichen Ausrufer von Zelt zu Zelt geführt und an den Meistbietenden verkauft. Käufer waren vor allem die Funktionäre des Makhzen. Einer von ihnen erstand in meiner Gegenwart eine junge Beduinin für 20 Duros.*

Was die männlichen Gefangenen anging, so wurden sie in Erwartung des Lösegeldes oder ihrer Überführung in die Kerker von Marrakesch, Rabat oder Mogador hinter den Ställen des Sultans zusammengetrieben. Dies während mehr oder weniger langer Dauer. Zeitweilig hatten wir im Lager etwa 600 dieser Unglücklichen. Sie waren alle mit einer starken Kette aneinandergebunden, die man durch die Ringe eines schweren Eisenkragens zog, der ihren Hals umschloss. Damit sie nicht zuviel Platz einnähmen und um sie bequemer überwachen zu können, pflegte man die Kette zu einer riesigen Spirale aufzurollen, rund um den Gefangenen herum, der an einem Ende angebunden war. Die Unglücklichen verblieben, kaum bekleidet oder ganz nackt, zu eng aneinandergeschlossen, um niederkauern zu können, schlotternd im Schlamm und ihren eigenen Exkrementen stehen, dies unter mächtigem Regen und eisigem Wind. Als Nahrung gab man ihnen schlechte Biskuits aus gestossenem Weizen. Jeden Tag einmal wurde die Kette aufgerollt, um die Biskuits zu verteilen, und man benützte die Gelegenheit, um die Toten zu entfernen. Der Kaid, der der Wache vorstand, versicherte mir, in vier Tagen seien es etwa hundert gewesen, die meistens erstickt waren. Meine Vorstellungen beim Wezir brachten eine kleine Verbesserung des

Regimes mit sich und eine Verteilung von Kleidern. Doch konnten sie nichts gegen die alteingesessene Gewohnheit der Spirale ausrichten» (Au seuil du Maroc moderne, Rabat 1947).

Über die Jahrhunderte hinweg entwickelte sich so eine Art von systematischer Grausamkeit, die zur Herrschaftstechnik des «Makhzen» gehörte und die nicht verfehlen konnte, auf den Charakter der Zentralherrschaft und ihrer Sultane zurückzuwirken. Ausgesucht grausame Strafen durchaus sadistischer Natur wurden zum Werkzeug der Herrscher und auch teilweise zu ihrem plaisir. Einst war diese Grausamkeit ein politisches Instrument, das mit der Unfähigkeit der Zentralherrschaft zusammenhing, sich permanent in den Zonen der Dissidenz durchzusetzen.

Dieses Problem besteht heute nicht mehr, doch ist viel von der Grausamkeit als Instrument der Herrschaft geblieben. Hassan II. redete einmal, vielleicht in einem unbedachten Augenblick, von den «heimlichen Gärten», die «alle Machthaber» unterhielten, und er meinte damit die grausamen Sondergefängnisse und die dortigen Foltermethoden, die für seine politischen und persönlichen Feinde bestimmt waren. Das *Bilad as-Sebâ* ist liquidiert, die Methoden, die zu seiner periodischen Niederhaltung dienten, sind jedoch teilweise erhalten geblieben und wurden – jedenfalls bis zum Tode Hassans II. im Jahr 1999 – zu Mitteln der Macht über ganz Marokko.

Eine auffallende Erscheinung in Marokko sind die vielen *Marabouts* wie die Franzosen sagen. Das Wort ist eine Verballhornung von arabisch: *Murabit*, was man mit «Einsiedler» übersetzen kann. Ein Marabout besteht fast immer aus einem Kuppelbau, in dem sich das Grab eines heiligen Einsiedlers befindet. Es handelt sich um Mystiker, die als heilige Personen gelebt haben. Ihr Grab wird als segenspendend verehrt. Manchmal wohnen die Abkömmlinge des Heiligen in der Nähe und profitieren von den Spenden der Besucher. Diese Heiligen haben in den Stammesgebieten eine wichtige Funktion ausgeübt: sie konnten als Vermittler zwischen zwei in Fehde liegenden Stämmen wirken und die Fehde beenden, weil sie weder dem einen noch dem anderen Stamm angehörten, sondern isoliert als einsame Gottsucher und Gottesdiener lebten. Stammesleute kamen als Vermittler weniger in Betracht, weil sie schwerlich als neutral gelten konnten.

Die Marabouts gehören zum Volksislam. Sie anzufassen oder ihr Grab zu berühren, bringt Segen. Dass man sie anfassen kann, kommt dem Bedürfnis des Volkes und in besonderem Masse der Berber entgegen, die Nähe Gottes in den Figuren heiliger Menschen zu erfahren. Gerade weil der Gott der Muslime unsichtbar, nicht darstellbar und unvorstellbar ist, neigt man Menschen zu, denen man zutrauen kann, sie hätten ihn erfahren. Sie werden eine Art Brücke zu Gott.

Die Heiligen in Marokko wirkten gleichzeitig als Puffer zwischen den getrennt lebenden Blöcken einander oft feindlicher Gesellschaftskreise: Stämme gegeneinander; Stadt gegen Stämme; Stadt gegen Bauern. Sie besassen religiöse, kulturelle und politische Funktionen. Es gab eine gewaltige Fülle verschiedener mystischer Verbände (*Turuk*, Plural von *Tariqa* = Weg). Fast alle Marokkaner der gehobenen Stände in der vorkolonialen Zeit gehörten einem von ihnen oder mehreren an, oder standen mindestens Mitgliedern nahe. Einzig diese Netze der mystischen Verbindungen und Bruderschaften überspannten das ganze Land. Ihre einstige Bedeutung ist heute noch in Form der Kuppeln, die man überall findet, in die Landschaft eingeschrieben.

Nun sah ich die Reste all dieser Aktivitäten überall in der Landschaft wie Zeichen einer einst reichen und bedeutungsvollen Vergangenheit. Heute, im Zeitalter des Reform-Islams, wird der Heiligenkult in den Bereich des «Aberglaubens» zurückgewiesen.

Übergang ins befreite Algerien

Ich nahm dann erneut einen Nachtzug nach Oujda zur algerischen Grenze und überquerte diese im Morgengrauen in Gesellschaft einer Menge von Einheimischen, denen nach dem Waffenstillstand wieder erlaubt war zu reisen. Dabei wurde ich als Fremder recht höflich behandelt; die Einheimischen jedoch, einfache Leute, die vom Krieg auf der anderen Seite der Grenze überrascht worden waren oder ihre Verwandten drüben besuchen wollten, wurden angeschrien, herumkommandiert und auf grobe Art untersucht. In den damaligen Zeitungen war viel von der Grossen Maghrebinischen Einheit die Rede, zu der alle Maghreb-Staaten sich nun, da Algerien frei geworden sei, zusammenschliessen sollten und wollten. Doch da, wo diese Einheit eigentlich hätte beginnen müssen, eben in der Behandlung der Menschen des Nachbarstaates, war nichts von ihr zu bemerken, eher das Gegenteil. Die späteren Jahre sollten dies bestätigen. Die Machthaber in allen drei, ja vier Maghreb-Staaten mit Libyen, fünf sogar mit Mauretanien, waren ganz und gar gegen Zusammenschlüsse, weil diese ihre eigenen Führungspositionen und Privilegien gefährdeten, bis hinab zu denen der Kleinmachthaber und der niedrigen Staatsangestellten. Alle fürchteten ihre Stellungen zu verlieren, wenn durch Zusammenschlüsse die Machtkonstellation sich verändere.

438

Erste Bekanntschaft mit Algerien

Ben Bella war 1963 noch Präsident und hatte ein Regime der sozialen Experimente begonnen, deren Mittelpunkt die damals gerühmte *Autogestion* bildete. Gruppen von einstigen Landarbeitern (*comités de gestions*) übernahmen die französischen Güter, auf denen sie gearbeitet hatten. Die meisten waren von ihren Besitzern, die nach Frankreich geflohen waren, zurückgelassen, andere wurden später enteignet. Die ehemaligen Arbeiter sollten sich zusammenschliessen und die Güter gemeinsam bewirtschaften. Der Staat behielt sich nur ein unbestimmtes Aufsichtsrecht vor. Die Sache, die auch in Europa als hoffnungsvolles soziales Experiment gelobt wurde, hatte zwei Nachteile: Die Zusammenarbeit der neuen Besitzer war schwierig, und qualifizierte Leitungskräfte fehlten. Die Genossenschafter, die einen Anteil an den Gütern erhielten, waren gegenüber der grossen Masse der Landarbeiter und Bauern privilegiert. Diese blieben so arm wie zuvor, und wie zuvor drängten sie in die Armenviertel der Städte. Hatten die neuen Genossenschafter Recht auf eine gehobene Stellung, weil sie bisher für einen französischen Herrn gearbeitet hatten?

Wie man erwarten musste, gingen die Erträge der Güter rapide zurück, umsomehr, als der Weinbau einen beträchtlichen Anteil an ihnen hatte und die neuen Behörden fast alle Weinreben ausreissen liessen, teils aus religiösen Gründen, teils aber auch, weil Frankreich sich weigerte, den algerischen Wein wie vor 1962 in Frankreich bevorzugt zu behandeln. Die algerischen Behörden erklärten den Journalisten etwas von oben herab (so wie sie früher von den Franzosen von oben herab behandelt worden waren), die Ertragsrückgänge seien eben das Lehrgeld, das die algerische Gesellschaft zahlen müsse und zu zahlen gewillt sei, weil sie auch ihre wirtschaftliche Unabhängigkeit zu erkämpfen gedenke.

Damals stellten die Algerier, vor allem ihre leitenden Köpfe, sich selbst grosse Aufgaben. Sie meinten, ihr Land müsse nun, da es unabhängig sei, der führende Staat in Nordafrika, ja in ganz Afrika werden, habe es sich doch seine Unabhängigkeit in härteren Kämpfen als alle anderen erstritten. Aus den in der Tat grossen Leiden und Opfern wurde ein Anspruch an sich selbst, aber auch an die gesamte Dritte Welt abgeleitet; sie müssten nun zur Plattform für den Aufbau einer ganz neuen und vorbildlichen Drittweltgesellschaft werden. Durch diesen Anspruch war Algerien in Konkurrenz mit Marokko getreten. Die beiden grossen Staaten des Maghreb hatten zwei verschiedene Wege eingeschlagen. Das Königreich ging jenen der Tradition, begleitet von wirtschaftlicher und technischer Innovation unter staatlicher

Anregung; die revolutionäre Republik wollte einen eigenen Drittweltsozialismus erfinden, von dem sie annahm, er werde für alle Staaten der Dritten Welt in der Zukunft vorbildlich werden. Unter Ben Bella wurde damit experimentiert – fest standen nur die grossen Linien: Unabhängigkeit und wirtschaftliche Autarkie unter Leitung und Oberaufsicht des Staates, der jedoch seinerseits ein Staat der möglichst spontanen «Autogestion» werden sollte.

Die ehemaligen Befreiungskämpfer, die *Mujahedin*, solche die es wirklich waren und solche, die Anspruch auf diesen Rang erhoben, waren politisch präsent und nahmen ein Recht auf eine gewisse Sonderstellung in Anspruch, die der Staat Ben Bellas ihnen auch zugestehen wollte, nur dass ihm die Mittel fehlten. Die Folter, die unter den Franzosen im Krieg allgemeine Verbreitung gefunden hatte, blieb präsent. Sie war soweit in das Mark des Staates eingedrungen, dass sie nun auch den neuen Machthabern als ein unentbehrliches Mittel zu seiner Stütze und Verteidigung erschien. Ein jedes Regime übernahm das «Herrschaftsinstrument» zusammen mit den es handhabenden «Fachleuten» von seinen Vorläufern, bis auf die heutige Zeit. Zu allem hinzu kam noch der Mythos von den «industries industrialisantes», der behauptete, wenn nur erst einmal Grundindustrien geschaffen seien, wie Stahl, Petrochemie, Elektrizität, Kohle- und Phosphatabbau, würden diese selbst neue weiterverarbeitende Industrien nach sich ziehen.

Angesichts der unausgegorenen politisch-wirtschaftlichen Gesamtlage beschloss ich, vor allem das Land kennenzulernen. Mir schien, die politischen und wirtschaftlichen Aspekte seien noch so vorläufig, dass es sich kaum lohnte, sie allzugenau zu erforschen und zu beschreiben. Morgen würde alles wieder ganz anders sein. Doch das Land mit seinen natürlichen und menschlichen Gegebenheiten würde fortbestehen, seine Kenntnis würde ein Bild des beständigen Hintergrunds aller noch zu erwartenden Neuerungen abgeben und daher jedenfalls nützlich sein, um die Chancen und Aussichten all dessen, was noch bevorstünde, zu beurteilen.

So wanderte ich durch die Stadt Algier, die im Vergleich zu Rabat oder Marrakesch so erstaunlich französisch war. Auf den ersten Blick hatte sie mehr mit Marseille zu tun als mit einer arabischen Stadt. Nur dass die *rue Michelet* gerade in *Didouche Mourad* umgetauft worden war, nach dem Namen eines der Freiheitskämpfer, die ihr Leben verloren hatten. Die Stadt lag am Hang, der auf den Hafen und das Meer hinabfiel; sie schien von Europäern für Europäer gebaut und war gerade erst von den Algeriern in Besitz genommen. Auf den Balkons mit den Gittern aus Schmiedeeisen hingen bunte Gewänder zum Trocknen. Sie mussten den Frauen neu eingezogener algerischer Familien gehören. Wer und auf welchen Wegen sich eine solche Franzosenwohnung zu verschaffen gewusst hatte, hätte ich gern in Erfahrung gebracht, weil es bestimmt über die wahren Machtverhältnisse am meisten ausgesagt hätte. Ich musste mich aber mit Spekulationen begnügen: Vermutlich waren es oft Familien von Offizieren und Sicherheitsleuten der algerischen Armee und ihrer stützenden Dienste. Doch wie viele davon gehörten zu den Kämpfern des Inneren, welche die Hauptlast des Krieges getragen hatten, während die beiden regulären Armeen im Ausland jenseits der tunesischen und der marokkanischen Grenze standen und dort von den Franzosen seit 1957 bis zum Ende des Krieges festgenagelt worden waren?

Wahrscheinlich, so sagte ich mir, nur recht wenige, schon weil die Kämpfer des Inneren in den acht Jahren des Krieges von den französischen Soldaten dezimiert worden waren. Jedenfalls, soviel wusste man, war die Macht an die Kommandanten der regulären Armee übergegangen, als die beiden Exilarmeen nach dem Friedensschluss im Juli 1962 nach Algier marschierten. Nach einem mehrmonatigen inneralgerischen Dreikräftekrieg der Berber gegen die Anhänger der Exilregierung, die den Krieg gelenkt und den Frieden geschlossen hatte, und beider gegen die Generäle des «Äusseren» mit ihren 130 000 Soldaten, hatten die Offiziere mit ihrem damaligen Oberkommandanten *Houari Boumedienne* an der Spitze gewonnen und Ben Bella, den einstigen Auslöser des Guerillakrieges und langjährigen Gefangenen der Franzosen, als Präsidenten eingesetzt. Sie sollten ihn jedoch 1965 schon wieder absetzen (was man natürlich damals noch nicht wissen konnte).

In Algier sprach man damals mehr Französisch als Arabisch. Die Zeitungen, die nun der Linie Ben Bellas folgten, erschienen alle auf Französisch; es gab auch parallele arabische Blätter, doch sie hatten kleine Auflagen, weil fast niemand sie lesen konnte. Die einheimische Bevölkerung hatte ihren eigenen arabischen Dialekt bewahrt, doch er wurde nur gesprochen und war so verschieden vom Schriftarabischen, dass die provisorische Regierung von Algerien unter *Ferhat Abbas,* die vor dem Kriegsende im ägyptischen Exil lebte (ich hatte sie in Kairo kennengelernt), mit den Ägyptern Französisch sprach, nicht Arabisch.

Überall gab es französische Bistros, und die Algerier, die dort verkehrten, waren dem Alkohol keineswegs abgeneigt. Franzosen gab es noch viele in der Stadt, doch es waren kaum mehr Algerienfranzosen (nicht mehr ein Zehntel von einmal 900 000 war Ende 1962 noch im Lande), sondern Entwicklungshelfer, vor allem Lehrer, die Frankreich dorthin sandte und die aus ideologischen und humanitären Gründen sehr bereit waren, beim Aufbau des kommenden sozialistischen Staates mitzuhelfen. Sie hatten freilich einen Berg von Vorurteilen zu überwinden, der gegen die «Franzosen» bestand.

Die Siedler und die Offziere hatten ihn im Bürgerkrieg aufgehäuft. Die Mittelschulen wurden damals von neu ins Land gekommenen französischen Lehrern weitergeführt, die man «coopérants» nannte. Algerisches Lehrpersonal für Mittelschulen gab es noch kaum.

Ich ging natürlich zu den berühmten Stätten des Bürgerkrieges, der Kasba, wo *Saadi Murad* gefallen war, nachdem er sein Leben teuer verkauft hatte, und nach Bab el-Oued, dem Quartier der «kleinen», aber dafür umso rabiateren «pieds-noirs». Ich las das erschütternde Kriegstagebuch von *Mouloud Feraoun,* auch Franz Fanon und, damals zum erstenmal, die scharfe und für mich völlig schlüssige Grundsatzkritik am Kolonialismus, die *Albert Memmi* schon 1956 verfasst hatte.

Bei einem Essen in der französischen Botschaft höflich nach meinen ersten Eindrücken in Algier befragt, stellte ich die Gegenfrage, ob wohl die Algerier heute mit ihrem Los zufriedener seien als in der französischen Zeit. Dies stiess auf scharfe Verneinung durch einen älteren Herrn, den seine Kollegen als Colonel ansprachen. Die Algerier, die wahren und echten unter ihnen, hätten in Wirklichkeit die Franzosen geliebt und sehnten sich nach ihnen zurück, führte er umfänglich aus. Die Runde hörte höflich zu, ich auch. Später nahmen mich einige der jüngeren Diplomaten beiseite und sagten, diese Meinung gäbe es tatsächlich auch, doch solle ich sie nicht allzu ernst nehmen. Ich hatte es auch nicht getan. Ich erinnerte mich aber daran, was meine Freunde im Irak empfunden hatten, nachdem *Nuri as-Said* gestürzt worden war, dessen pro-englische Politik sie verdammten. Im Falle von beiden Ländern konnte ich ein schlechtes Gefühl nicht unterdrücken, etwas flüsterte in mir: «Sie wissen ja nicht, was ihnen noch alles bevorstehen wird!»

Besuch in der Kabylei

Ich reiste kurz in die Kabylei, sah dort die Berberdörfer, die reihenweise hoch auf den Berggraten liegen. Dahinter ragen eine zweite und eine dritte Bergkette aus grauem Felsen auf, wo keine Dörfer mehr sichtbar sind. Es war immer noch eine Kriegslandschaft mit zerstörten Bauernhöfen, denen die Dächer fehlten, im Inneren lag Schutt und an den geweissten Zimmerwänden hatte die Soldateska, wohl der Franzosen, ihre obszönen Kritzeleien und Inschriften angebracht. Doch die Dörfer waren zum Bersten voll Menschen. Wer sie einmal gesehen hatte, verstand, warum die Berber ihre ganze Geschichte hindurch immer wieder in Massen nach den «grünen Wiesen» Europas ausgewandert sind, zuerst nach Spanien hinüber, später nach Frankreich. Diese Berberkonzentrationen, nicht weit von der Hauptstadt entfernt, jedoch in einer überbevölkerten, rein ländlichen Gebirgsgegend, hatten eines der grossen Reservoirs abgegeben, aus denen sich der Bürgerkrieg in und um Algier herum speiste und erneuerte. Doch die berberischen Bürgerkriegskämpfer «des Inneren» waren schon damals weitgehend zugunsten der städtischen arabophonen Algerier ausgeschaltet und marginalisiert. Sie hofften vielleicht, durch den von Ben Bella versprochenen Sozialismus auf ihre Rechnung zu kommen. Doch auch diese Erwartungen sollten enttäuscht werden. Der Sozialismus, soweit man ihn überhaupt verwirklichte, wurde der Leitung der Arabophonen unterstellt, schon weil es ein Staatssozialismus wurde und die Bürokratie seit der vorkolonialen, arabischen Zeit in den Händen der städtischen, arabisierten Bevölkerungsteile gelegen hatte, die später ihrerseits von einer dünnen türkischen Oberschicht nur teilweise überlagert worden war.

Ich reiste weiter nach Constantine, auch einem der Herde des Bürgerkrieges. In jener östlichen Stadt mit ihrem wilden und unzugänglichen Hinterland bis zum Massiv von Aurès hatten im Gegensatz zu Algier die islamischen Gottesgelehrten über die Kolonialzeit hinweg bedeutenden Einfluss bewahrt. *Abdul Hamid Ben Badis* (1889–1940) hatte von dort aus seine Liga der Gottesgelehrten animiert, deren Motto war und blieb: Algerien ist mein Vaterland, der Islam meine Religion und das Arabische meine Sprache. In der westlichen Grenzregion, wo die Stadt Tlemcen mit ihrer marokkanischen Kulturtradition den lokalen Mittelpunkt bildet, hatten diese Thesen ein regeres Echo gefunden als im Zentrum mit der von den Franzosen und ihrer Sprache dominierten Hauptstadt. Der algerische Aufstand war denn auch in den beiden Randprovinzen ausgelöst worden und hatte von ihnen aus, mit Hilfe der strategisch situierten Kabylen, die Hauptstadt in die Zange genommen.

Constantine erschien mir als eine ernste, ja grimmige Stadt, auf ihrem eigenen Felsensporn jenseits eines tiefen natürlichen Grabens gelegen, sonnenarm und düster schien sie zu sein, aber auch eine Festung, gewillt, ihre eigenen Werte zäh zu verteidigen. Allerdings zeichnete sich schon damals ab, dass die Stadt überfüllt, überlaufen war von Menschen vom Lande, die dort eine Möglichkeit suchten, ihr Leben zu fristen. Wie in Algier hatten die Franzosen in Constantine riesige vielgeschossige Wohnsilos in der Art von Bienenwaben gebaut, als sie in den letzten Jahren ihrer Herrschaft unter dem Plan von Constantine versuchten, das Ruder des Staates im letzten Augenblick doch noch herumzuwerfen, indem sie gewaltige Summen in ihre «französische Provinz Algerien» investierten. Die Hüttenbewohner vom Lande, deren *Gourbi* (Laubhütte) zu den Topoi des Kolonialismus gehörte («les indigènes vivent dans leurs gourbis», Häuser schienen sie nicht zu brauchen), sollten dort plötzlich «menschenwürdige» Wohnungen finden und dadurch ihre Haltung gegenüber «la métropole» ändern. Diese Kolumbarien für Lebende waren in der Tat dicht bewohnt; doch bei weitem nicht alle Lebenden hatten in ihnen Obdach gefunden.

Viele Studenten von Constantine übernachteten damals in den arabischen Bädern und verbrachten den Tag auf der Strasse. Mit ihnen war leicht ins Gespräch zu kommen. Was dabei hervortrat, schien ein zäher Willen zu sein, dass die Opfer des Bürgerkrieges, deren sich alle schmerzlich bewusst waren, nun Früchte tragen sollten und müssten, koste es, was es wolle. Zu Opfern und Anstrengungen erklärte sich jeder bereit, wenn es nur vorwärts gehe. Der Krieg sollte nun seine Früchte bringen, das Land anders werden. Die neuen Machthaber müssten sich diesen Begehren stellen; dann würden auch sie, die heute unter Entbehrungen studierten, mit allen Kräften zum Aufbau beitragen. Die Opfer aller jener, die nicht hatten studieren können, sondern erschossen worden waren, dürften nicht vergebens gewesen sein, sie müssten nun fruchtbar werden. – Schon damals kamen mir angesichts der Machtkämpfe der neuen Herren und angesichts der rigiden Machtstrukturen, die sie errichtet hatten, grosse Bedenken, doch schien es mir sinnlos, gegen derartig eiserne, fast verzweifelte Hoffnungen anreden zu wollen. Vielleicht würde das Wunder ja auch geschehen, sagte ich mir. Hatten die Leute nicht auch ein Recht, ihren eigenen Weg einzuschlagen?

Die nahe gelegene Hafenstadt Philippeville, die bald wieder ihren arabischen Namen Skikda erhalten sollte, bildete einen mediterranen Kontrast zu der herben Höhenstadt Constantine. Die Hafenstadt besass eine Corniche, die zu abendlichen Spaziergängen über dem Meer einlud. Sie liegt in einer Bucht, tief genug eingeschnitten, dass sich hinter dem Meer eine Kulisse von Felsenbergen erhebt. Es gab einen zentralen Platz mit französischen Prachtbauten aus dem 19. Jahrhundert und Palmen dazu. Der Ort war nicht gross, aber fein. Die See plätscherte sanft. Die früher hier promenierende Kolonialgesellschaft war abgezogen. Stille herrschte; plötzlich begriff ich, dass sie «ihr» Algerien hatte behalten wollen.

Transit durch Tunesien

In Tunesien, wo ich schon früher gewesen war, wollte ich mich nicht lange aufhalten, weil ich begierig war, Libyen kennenzulernen. Was war aus dem Land, das ich noch unter den Franzosen gekannt hatte, seit seiner Unabhängigkeit unter Habib Bourguiba geworden?

444

Ein bescheidener Wohlstand war eingetreten. Es gab richtige Informationsdienste, die sogar mit sauber gedruckten Statistiken aufwarteten. Doch die Verhältnisse waren und blieben die eines Kleinstaates, das fiel besonders auf, wenn man gerade aus Marokko und Algerien kam: etwas eng, dafür sehr um die Bildung seiner Bevölkerung bemüht. Sie war offensichtlich das Hauptkapital, auf welches das Land zählte. Im übrigen gab Bourguiba den Ton an und würde ihn noch für Jahrzehnte angeben. Es gab keinen anderen Weg, als ihm Gefolgschaft zu leisten.

Ich hatte Tunesien als angehender Student direkt nach dem Zweiten Weltkrieg kennengelernt und zusammen mit meiner Mutter in allen Richtungen durchreist. Es war das erste arabische Land gewesen, das ich besucht hatte, und es hatte mir einen tiefen Eindruck gemacht, so sehr, dass ich später noch jahrelang tunesische Träume träumte, – meistens Albträume: Ich fand nicht mehr aus der Altstadt von Tunis hinaus, hatte mich dort verlaufen, kannte einzelne Wegstrecken, doch lief immer wieder fehl. Sechzehn Jahre später waren diese alten Eindrücke nicht wiederzugewinnen. Sogar die grosse Moschee von Kairouan, die ich wieder besuchte, weil sie mein erster ganz grosser Eindruck von muslimischer Architektur gewesen war, schien mir nun nicht mehr so überwältigend wie damals. War sie nicht doch etwas allzu archaisch-urtümlich geraten? – Der Basar von Tunis war touristischer geworden.

Das Gesamtbild der Altstadt freilich, über den Basar hinaus, mit den unversehrt erhaltenen Strassen geweisselter Bürgerhäuser der Händlerfamilien, konnte ich nun leichter aufnehmen und übersehen; es war ja gar kein solches gefährliches Labyrinth wie meine alten Angstträume es schilderten … nun erschien mir die ganze Innenstadt eher als ein organisch gewachsener Bau, in Schichten rund um die grosse Moschee gelagert.

Libyen vor Ghadhafi

Tripoli hingegen, wohin Volkswagenbusse führten, in denen man einzelne Plätze mietete, war etwas Neues für mich. Damals war die Stadt noch herrlich italienisch. Die Libyer sassen in ihren schneeweissen Wollburnussen auf der Piazza vor der pseudo-gothischen Kathedralenkulisse unter römischen Arkaden und tranken Campari. Es gab italienische Buchläden, reicher assortiert als jener, den ich in Kairo kannte. Was sollte man essen? – Spaghetti Bolognese mit viel Parmigiano natürlich, oder sonst Cannelloni. Chianti konnte man auch bekommen. Die italienische Sprache wurde von den meisten Städtern verstanden.

Unterwegs schon hatte ich die Bauernhöfe gesehen, die der italienische Staat für seine Siedler hatte bauen lassen. Jetzt wohnten Libyer darin. In den Höfen hatten sie oft ihr Zelte aufgestellt. Im winddurchlässigen Zelt zu schlafen war kühler als unter den Ziegel- und Wellblechdächern der einstöckigen Siedlerblockhäuser, die alle über weite Strecken der Küste hin nach einem billigen Standardgrundriss errichtet waren.

Libyen war nach dem Krieg ein unabhängiges Königreich geworden. Zum König wurde *Idris as-Sanusi* (reg. 1951–1969) bestellt, das Oberhaupt des sehr konservativen Senussi-Ordens, der, 1837 gegründet, vom Inneren der Libyschen Wüste aus, gestützt auf Oasen wie Kufra, zähen Widerstand gegen die italienische Kolonialmacht geleistet hatte. Erdöl war gefunden worden, nachdem die ganze Libysche Wüste wie ein Fleckenteppich für Suchkonzessionen der internationalen Erdölgesellschaften aufgeteilt worden war. Dass schon die Suchkonzessionen an eine grössere Zahl von konkurrierenden Gesellschaften vergeben wurden, war damals neu. Vor dem Zweiten Weltkrieg hatte sich normalerweise eine einzige Gesellschaft weitreichende Konzessionen für ein ganzes Land zusichern lassen. Die Förderung hatte in Libyen 1961 begonnen. Als Hauptbeschäftigung galt zuvor, Panzerwracks von den Wüstenschlachtfeldern Rommels und Montgomerys zu demontieren, die Stücke auf Kamelen bis zur Küste zu bringen und sie als Alteisen zu verkaufen. Dass man dabei in Minenfelder der Italiener, der Deutschen oder Briten geraten konnte, gehörte zu den Berufsrisiken, mit denen alle Beduinen zu rechnen hatten.

Eine weitere wichtige Einkunftsquelle der Zeit vor der Ölförderung war die grosse amerikanische Basis von Wheelus, die nahe bei Tripoli lag. Damals war es die grösste amerikanische Basis am Mittelmeer. Sie diente vor allem dem Transit, sowohl nach Afrika wie nach dem Nahen Osten, und zur Ausbildung der Piloten über der Wüste. Auch britische Truppen benützten sie. Beide Staaten bezahlten Subsidien an die Regierung des Königs Idriss (wie sein Namen normalerweise in der europäischen Presse geschrieben wurde). Die Briten sorgten auch für die Ausbildung und Bewaffnung seiner Armee. Doch Wheelus, das es den USA erlaubte, ihren militärischen Schatten auf den ganzen Nahen Osten zu werfen, war Drittweltpolitikern und Neutralisten wie Nasser schon damals ein Dorn im Auge. Nasser hatte 1954 die britische Hauptbasis in der ägyptischen Kanalzone liquidiert; strategisch gesehen hatte Wheelus ihre Nachfolge übernommen. Die «Stimme der Araber» aus Kairo hob dies immer wieder vernehmlich hervor.

Aus der voritalienischen Zeit war in Tripoli die Hafenfestung zu sehen, von der aus die Deys von Tripoli im 17. Jahrhundert als Piraten die Küstengewässer des südlichen Mittelmeers beherrscht und geplündert hatten (in dauernder Konkurrenz mit ihren «Kollegen», den Deys von Algier). Doch auch diese Burg trug die stilistischen Merkmale italienischer Renovation und Rhetorik: Statuen, Inschriften, Triumphbogen, Gedenksäulen, hohe Mauern, Paradeplätze mit Palmen verziert.

Italien war 1880 mit Frankreich übereingekommen, dass Tunesien französisches, Tripolitanien und die Cyrenaika italienisches «Einflussgebiet» werden sollten. Nach Jahrzehnten friedlicher Durchdringung hatte Rom 1911 gegen die Pforte, den Oberherrn von Tripoli, Krieg geführt und Tripolitanien im folgenden Jahr zur italienischen Kolonie erklärt. Die koloniale Herrschaft beschränkte sich auf die Küsten; im Hinterland wurden einheimische Herrscher anerkannt, unter ihnen die Senussi für die Innere Cyrenaika. Dieser Kompromisslösung setzte Mussolini ein Ende, der zwischen 1923 und 1931 einen grausamen Kolonialkrieg zur Besetzung des Inneren führen liess. Südlich der Cyrenaika dauerte der Widerstand der Senussi bis 1939 an. Die Italiener betrieben Siedlungskolonialismus. Bauern aus Unteritalien wurden auf den fruchtbarsten Böden angesiedelt, die Einheimischen von ihnen verdrängt.

Es brauchte eine lange Fahrt im Minibus, die beinahe 24 Stunden lang dauerte, um von Tripoli nach Benghazi zu kommen. Dazwischen lag die lange Küste der Syrte. Streckenweise erreichte dort die Sahara das Meer. Am Jebel Akhdar, dem «Grünen Berg», der wie ein quergestelltes Vorgebirge ins Meer hinausragt, gab es wieder Sträucher und Büsche. Der Berg fing offenbar die feuchten Luftströme auf, die vom Meer herkamen, so dass manchmal Niederschläge erfolgten. Auch die ehemaligen italienischen Siedlerhöfe mit den libyschen Zelten darin oder ringsum tauchten wieder auf.

Benghazi schliesslich entpuppte sich als eine zwar ziemlich moderne, aber noch recht schläfrige Hafenstadt, obwohl bekannt war, dass in der baldigen Zukunft ein Erdölboom bevorstehe. Al-Baida, damals Bundeshauptstadt dreier vereinigter Provinzen, lag auf der östlichen Seite des Jebel Akhdar. Dort traten die Abgeordneten der drei Landesprovinzen Cyrenaika, Tripolitania und Fezzan zum libyschen Parlament zusammen. Doch das Parlament selbst war offenbar nicht sehr aktiv. Unter dem König regierte sein Favorit, *Omar Shalhi,* der dem Königlichen Diwan vorstand, und dessen ganze Familie. Sein Bruder war Kommandant der Sicherheitskräfte von Cyrenaika, der eigentlichen Prätorianergarde des Königs. Die Cyrenaika stand unter dem Einfluss des Königs, weil er enge Beziehungen zu den Oberhäuptern der lokalen Stämme unterhielt. Darüber hinaus gab es in allen Ortschaften lokale Zentren (*zawiya*) des Senussi-Ordens, der in der Cyrenaika seine Hochburg hatte und unter der Leitung des Königs und seiner Familie stand. Die ersten

Gelder aus der Erdölsuche und beginnenden Produktion fielen einerseits den Händlern von Tripoli und Benghazi zu, die das Import- und Export-Geschäft beherrschten, andrerseits den Stammesoberhäuptern und den Spitzenbeamten des Königreiches, die für politische und Sicherheitsfragen zuständig waren, welche die Ölgesellschaften betrafen. Die Shalhi galten als die wichigsten Leute, denen man Geld zu entrichten hatte, wenn man in Libyen etwas erreichen wollte. Ein weiterer Schwachpunkt des Regimes war, dass König Idriss alterte und sein designierter Nachfolger, Kronprinz Redha, als ein wenig aktiver, sogar apathischer Charakter beschrieben wurde. Viele Libyer fürchteten, nach dem Tod des Königs könnte der Einfluss der Shalhi-Familie noch weiter anwachsen und politisch entscheidend werden.

Die römischen und die griechischen Städte

Libyen besitzt besonders reiche Ruinen von antiken Städten aus der hellenistischen und aus der römischen Zeit. Ich besuchte Sabratha bei Tripoli und Kyrene bei Benghazi. Was mir dabei auffiel, waren die Unterschiede. Sabratha war eine prachtvolle, reiche und stolze Römerstadt, als solche dem Gelände aufgesetzt und überlagert, wie ein Stempel, der dem Land aufgedrückt wurde, Symbol der Herrschaft und des Herrschaftswillens von Rom. Kyrene hingegen, auf der Oststseite der Grossen Syrte, eine alte griechische Gründung, dann zur Zeit des Hellenismus und unter Rom um- und ausgebaut, fand sich in die Landschaft eingebettet. Die Stadt lag im Schoss der welligen Hügel, die über der Küste aufsteigen. Sie war mit einem tiefen Spürsinn für Harmonie zwischen Menschenwerk und Natur angelegt, wie etwas, das die Landschaft zu ergänzen und zu vervollständigen strebte, ohne sie beherrschen zu wollen. Die beiden antiken Städte machten mir klar, wie weit die beiden Provinzen von Libyen auseinander lagen, obwohl beide aneinander und ans Mittelmeer angrenzten. Die eine, in Tripolitanien, lag Sizilien und Italien gegenüber und gehörte in den italisch-römischen Einflussbereich, die andere in Cyrenaika, das von ihr den Namen hatte, blickte nach Kreta und Griechenland und stand unter dem Einfluss der griechischen Stadtstaaten, auch wenn sie später hellenistisch überbaut und dem Römischen Reich einverleibt worden war. Das damalige Libyen kannte neben den genannten noch einen dritten Landesteil: Fezzan, die Oasenlandschaft im Inneren der Sahara, die südlich von Tripoli liegt. Von dort sollte sechs Jahre nach meinem ersten Besuch der Mann herkommen, der Libyen eine gänzlich veränderte Existenz verschaffte und auferlegte: Oberst *Mu'ammar al-Ghaddafi*.

Nach meinem ersten Besuch erschienen die Libyer mir als Menschen, die am Rande der Geschichte lebten, gewissermassen weit weg von allem, schweigsam und gelassen ihrer Oasen-, Weide- und Steppenwirtschaft nachgehend, eingebunden in alte Bande des Stammeslebens und der Religion; Menschen, die dank ihrer stoischen Genügsamkeit und Bedürfnislosigkeit die verheerende Flut des italienischen Kolonialismus über sich hatten ergehen lassen und ihn überdauerten, wie auch die grossen Panzerschlachten des Zweiten Weltkriegs, die Befreiungskämpfe in den Nachbarländern, östlich in Ägypten und westlich in Tunesien und Algerien, ohne davon selbst wirklich betroffen zu sein. Die Libyer standen dabei in einem schroffen Gegensatz zu den Algeriern, denen man beständig anmerkte, dass ihre Geschichte auf ihrem Charakter lastete, vielleicht schon seit der türkischen Zeit und dem Korsarenstaat der Deys, aber gewiss sehr viel stärker und prägender seit der französischen Invasion und der über hundertjährigen französischen Herrschaft. Ihre drückende Vergangenheit schien sie in eine kämpferische und grimmige Grundhaltung hineingetrieben zu haben, die nicht nur auf Ressentiments beruhte, sondern, so empfand ich, auf Unsicherheit zurückging, die sie durch Aggressivität überkompensierten. In Libyen sollte es erst Oberst Ghadhafi sein, der die Libyer ihrerseits wohl oder übel in die Zeitgeschichte einwies.

Vor und nach dem Sechstagekrieg 1967

Im Zentrum der arabischen Politik

Nach solchen mehr oder minder ausführlichen Ausflügen an die Peripherie kehrte ich immer gerne in das eigentliche Zentralgebiet meiner Berichterstattung zurück. Meine Familie wartete in Beirut auf mich, und dort lebten die meisten Freunde und Kollegen, die ich wiedersehen wollte. Beirut war mir jedoch auch wichtig, weil die arabische Politik mit dem zentralen Punkt der Israel-Palästina-Frage und mit den Versuchen Nassers, unter seiner Führung eine Grossarabische Nation aufzubauen, in der näheren Umgebung Libanons ihr Sturmzentrum aufwies, das sich freilich wie Windwirbel und sich verschiebende Hochs und Tiefs einer Wetterkarte beständig über die Region hin- und herbewegte und dadurch die Gesamtkonstellation immer wieder veränderte.

Libanon war damals eine Zone der Ruhe, von der aus sich die Stürme im benachbarten Syrien, die Machtkämpfe im Irak und die anwachsende Spannung zwischen den Israeli und den Palästinensern verfolgen liessen. Diese wollten nicht mehr länger bloss Flüchtlinge bleiben, jene hatten damals mehr Grund als heute, sich und ihren Staat bedroht zu fühlen. Dazu kamen die Rivalitäten zwischen Nasser und seinen Kollegen in Syrien und im Irak; sowie (in der damaligen Zeit oft im Zentrum der Berichterstattung) die Auswirkungen des kalten Krieges auf die Region mit den Geländegewinnen und -verlusten der Sowjetunion oder des Westens.

Moskau hatte damals begonnen, das politische Potential auszubeuten, das sich durch die immer enger werdende Zusammenarbeit der Vereinigten Staaten mit Israel und die daher stets wachsenden Spannungen zwischen Washington und den arabischen Staaten ergab. Den ausserhalb der Region lebenden Beobachtern erschien der Aspekt des kalten Krieges oft als der wichtigste. Der kalte Krieg berührte auch Fernstehende, die von den Subtilitäten und Detailfragen der engeren Nahostpolitik nicht viel verstanden und auch nicht zuviel wissen wollten. Ob die Russen ein paar Schritte voran kamen oder zurückweichen mussten, war für viele in der Schweiz und in Westeuropa gewissermassen das Fazit der Nahostpolitik. Wie es dazu kam, schien ihnen weniger wichtig, als was sich dabei für die jeweiligen Bilanzen des viel weiter gespannten kalten Krieges, die auch für ihr Leben relevant waren, schliesslich ergab. Wer jedoch die Sache mehr aus der Nähe betrachtete, wie ich es tun durfte und zur Aufgabe hatte, dem wurde bald klar, dass es nicht die Russen waren, welche die Ereignisse im Nahen Osten bewegten, sondern durchaus die dortigen Mächte selbst und mit ihnen, trotz des Umstands, dass sie sich oft in die Defensive gedrängt sahen, immer noch die Amerikaner. Die Sowjetunion bewegte nicht viel, sie nützte bloss Lagen aus, die ihr Eingriffe ermöglichten. Ob diese sich zu einer Gesamtstrategie zusammenfügen würden, war damals eine grosse Frage. Es gab professionelle Strategen im kalten Krieg, die hinter jedem Schachzug der Sowjets bereits den nächsten erblicken wollten und immerfort präventiv Gegenzüge entwarfen und forderten, um den angeblich kommenden der Sowjets zu vereiteln. Die konkrete Entwicklung jedoch lief schliesslich darauf hinaus, dass die Eingriffe der Russen sich strategisch nicht auszahlen sollten. Sie blieben politische Episoden. *Fast* wäre es manchmal in gewissen Momenten anders gekommen, doch in der Endbilanz blieb die Region stets ausserhalb der sowjetischen Einflusszone, sogar in den Jahren unter Chruschtschew, als Moskau tatsächlich versuchte, seinen amerikanischen Gegenspieler weltweit herauszufordern.

Syrien als Rivale Ägyptens

Was das arabische politische Kaleidoskop anging, kann man sagen, dass es sich damals um die Achse Syrien – Ägypten drehte. Die Rivalität zwischen den beiden einst vereinigten Staaten, die sich 1961 wieder getrennt hatten, war eine teilweise offene, teilweise übertünchte Todfeindschaft. Sie wurde versteckt, weil beide Parteien, die syrischen Baathisten und die ägyptischen Nasseristen, theoretisch die gleichen Ziele anstrebten: «Einheit, Freiheit und Sozialismus», wie der Slogan der Baathisten lautete (wobei «Freiheit» die von Kolonialismus und Neokolonialismus meinte, nicht individuelle Freiheiten), oder: «Arabische Einheit und Sozialismus», wie es Nasser forderte. «Sozialismus» bedeutete für beide Parteien, was ihre Kritiker «Staatskapitalismus» nannten. Die Programme und Slogans verschwiegen, was den Unterschied und die wachsende Rivalität der Widersacher ausmachte: die Frage nämlich, wer die «Einheit», die «Freiheit» und den «Sozialismus» zu lenken habe, Nasser oder die Baathisten.

Nach dem Fehlschlag der Union in der «Vereinigten Arabischen Republik» waren beide Seiten überzeugt, dass sie mit der anderen nicht zusammenarbeiten konnten. Die eine musste die andere zu Fall bringen und unterwerfen, wenn die «Einheit» erreicht werden sollte. Doch dies konnten die Führungen nicht offen aussprechen, weil die arabischen Völker nicht erkennen sollten, dass die Führungsspitzen ihren eigenen Wunsch nach uneingeschränkter Macht dem ihnen angeblich am engsten am Herzen liegenden Einheitsstreben immer voranstellten.

Die beiden Rivalen waren von ungleicher Stärke. Ägypten besass schon damals eine so grosse Bevölkerung, dass ihre Millionenzahlen nicht nur eine Stärke, sondern auch eine Schwäche bedeuteten. Das Regime musste für ihre Ernährung und Schulung, medizinische Betreuung und Wohnung sorgen. Nasser hatte den ägyptischen Studenten das Recht zugestanden, nach dem Ablauf ihres Studiums, das der Staat für alle jene bezahlte, die die Examina bestanden, Arbeitsplätze zu erhalten; wenn keine anderen da waren, beim Staat. Dies führte zu einer grotesken Überbesetzung der ägyptischen Ministerien. Das Landwirtschaftsministerium war bekannt dafür, dass es in zwei Schichten arbeitete, die Hälfte der Beamten am Vormittag, die andere am Nachmittag, nicht etwa, weil es dort so viel zu tun gab, sondern weil Tische und Stühle fehlten, um alle Beamten auf einmal darauf und daran zu setzen. Doch die grosse Bevölkerungszahl bedingte auch, dass die ägyptische Armee zahlenmässig stärker war, und sie begann, dank der sowjetischen Waffen, auch besser ausgerüstet zu sein.

Syrien hatte nur etwa ein Zehntel der Bevölkerung Ägyptens. Dazu kam, dass Nasser in Syrien Parteigänger besass, die sogenannten syrischen Nasseristen, während es keine Baathisten in Ägypten gab. Die syrischen Baathisten versuchten, ihre geringere militärische und politische Machtbasis durch umso schärferen Aktivismus wettzumachen. Dieser Kurs bewirkte jedoch auch Umschichtungen unter den Baathisten selbst. Die radikalen unter ihnen übertrumpften die etwas gemässigteren und setzten sich gegen sie durch.

Die ursprünglichen Parteigründer, *Michel Aflak* und *Salah Bitar*, beide aus Damaskus, wurden schliesslich im Verlauf der vielen Militärputsche von radikaleren Baathisten verdrängt, die ihrerseits mehr aus den ländlichen syrischen Minderheiten der Alawiten und der Drusen hervorgegangen waren als aus den städtischen unteren Mittelschichten, denen die frühere Führung entstammte.

Das entscheidende Datum war jenes des blutigen Sturzes des Generals *Amin al-Hafez,* der mit dem Aflak-Flügel kollaboriert hatte, durch einen Offiziersputsch vom 23. Februar 1966, der die bisherige Parteiführung absetzte. Damals wurden gegen 400 syrische Offiziere und hohe Staatsbeamte, die zur alten Parteiführung hielten, abgesetzt und teilweise festgenommen. Aflak selbst wurde nicht eingekerkert, doch reiste er nach Libanon ins Exil. *Hafez al-Asad* rückte vom Oberbefehlshaber der Luftwaffe zum Verteidigungsminister auf. Er hatte an dem Ringen zwischen der «alten» und der «neuen» Baath-Führung nur am Rande teilgenommen. Doch als Alawit und als Kritiker der Ägypter stand er auf der Seite der neuen Führung, die von den Zeitungen bald der «linke» Baath genannt wurde, im Gegensatz zu dem abgesetzten gemässigteren, «rechten» Parteiflügel Aflaks und Bitars.

Vor diesem endgültigen Umsturz innerhalb der syrischen Führung hatte ein dreijähriges komplexes Ringen zwischen den beiden Parteitendenzen stattgefunden, wobei ein geheimes Militärkomitee die wahre Macht in Syrien ausübte, dem auch Asad als Luftwaffenchef angehörte. Dieses Komitee stand schon damals auf der Seite des «linken», «regionalen», d. h. dem Pan-Arabismus abgeneigten Parteiflügels. Sein eigentlicher starker Mann war jedoch nicht Asad, sondern Oberst *Salah Jedid,* der «linksbaathistische» Offizier alawitischer Herkunft, dem seit 1963 das Büro für Angelegenheiten der syrischen Offiziere unterstand und der von dort aus die Beförderungen seiner Anhänger in der Armee steuerte. Die offizielle Regierung unter General Amin al-Hafez arbeitete mit der Führung Bitars und Aflaks zusammen, musste aber stets auch die Begehren der syrischen Militärmachthaber berücksichtigen, die den harten Kern des «linken» Parteiflügels bildeten.

Der Baath auch im Irak

Einen Monat, bevor die syrischen Baathisten in Damaskus an die Macht zurückkehrten, hatten sich am 8. Februar 1963 auch im Irak baathistische Offiziere zur Macht geputscht. Sie erreichten dies durch ein taktisches Bündnis mit den Nationalisten und den Nasseristen. Ausserdem stützten sie sich auf eine bewaffnete Parteimiliz, die von dem Untergrundkämpfer *Ali Saleh Saadi* aufgestellt worden war und angeführt wurde. Diese Parteimiliz war in den Quartierkämpfen gegen die irakischen Kommunisten aufgewachsen, auf welche sich der vorherige Machthaber, General Abdul Karim Kassem, seit 1958 gestützt hatte, um den irakischen Nationalisten, Nasseristen und Baathisten die Stirne zu bieten. Kassem wurde in dem Putsch niedergekämpft und hingerichtet, und im Irak entwickelte sich ein ähnlicher Dreieckskrieg um die Macht wie in Syrien, zwischen den drei Hauptausrichtungen der Offiziere, die gemeinsam den Umsturz bewirkt hatten: Baathisten, Nasseristen und (irakische) Nationalisten.

Doch im Irak verlief der Kampf anders als in Syrien: zunächst, schon am 13. November des gleichen Jahres 1963, siegten die Nasseristen und Nationalisten über die Baathisten. Der Hauptgrund für ihren Erfolg war das Verhalten der Baath-Miliz, die nach dem Sieg über Kassem den Namen einer Nationalgarde erhalten hatte. Sie forderte den Zorn der Berufsoffiziere heraus, weil sie die Strassen in Bagdad regierte und tyrannisierte. Sogar Generäle mussten sich vor den jungen Milizionären ausweisen, wenn diese in Bagdad Razzias gegen ihre Hauptfeinde, die Kommunisten und die Kurden, durchführten.

Die Armeeoffiziere sahen sich veranlasst, ihr Waffenmonopol gegenüber der Parteimiliz zu verteidigen. Sie fanden sich hinter Oberst *Abdel Salam Aref* zusammen, dem Nasser-Anhänger, der zusammen mit Kassem den Putsch von 1958 durchgeführt hatte, später aber von Kassem verdrängt worden war. Seit dem Februar-Putsch war er Präsident, dessen Macht aber erheblich von den Baathisten eingeschränkt wurde. Sobald sie die Grundlage für gemeinsames Handeln fanden, war es leicht für die Offiziere der regulären Armee, das Regime der Baath-Partei und ihrer Miliz zu beenden. Sie setzten Saadi einfach in ein Flugzeug und schoben ihn ab nach Damaskus. Die Nationalgarde wurde aufgelöst und als Machtinstrument des neuen Präsidenten durch eine der regulären Armee angehörige Elitetruppe, die Präsidialgarde, ersetzt. Aref wurde nun unumschränkter Staatschef, und die Baath-Partei war zerschlagen. Ein exilierter Partei-Aktivist, *Saddam Hussein al-Takriti*, sollte sie später wiederaufbauen und nach dem Sechstagekrieg 1968 durch eine ganze Sequenz von Putschen erneut an die Macht bringen.

Nasser unter dem Druck seiner Rivalen

Nasser geriet in eine scharfe Konkurrenz mit den Baathisten, zuerst mit jenen Syriens und des Iraks, dann, als die Partei die Macht im Irak wieder verlor, mit den Syrern alleine. Nachdem klar geworden war, dass eine Vereinigung mit den Baathisten Syriens und des Iraks nicht möglich war, weil diese die Macht nicht an Nasser abgeben wollten, begann der ägyptische Staatschef eine neue arabische Politik, indem er 1964 die erste arabische Gipfelkonferenz einberief und Bereitschaft zeigte, sich mit den anderen arabischen Staatschefs, einschliesslich der Könige, zu versöhnen.

Anlass zu dieser Neuorientierung gaben die Pläne Israels, grosse Mengen von Wasser aus dem See Genezareth (auch Tiberias-See) durch eine grosse Wasserleitung, die ganz Israel von Norden nach Süden durchquerte, bis in den Negev hinabzuleiten. Die Zuflüsse, die in den Tiberias-See einfliessen, kommen zu grossen Teilen aus dem arabischen Gebiet, sowohl aus Libanon wie aus Syrien, und auch auf den Ausfluss aus dem Tiberias-See, das heisst auf die Wasser des Jordans, damals ein innerjordanischer Strom, konnten die Araber Anspruch erheben. Sie sprachen daher von einer «Umleitung» des Jordans, die Israel plane, und Nasser berief die erste Gipfelkonferenz aller arabischen Staatsoberhäupter Anfang 1964 nach Kairo ein, um über eine «arabische Gegenumleitung» zu beraten. Darunter verstanden die arabischen Staaten Pläne, ihrerseits die Zuflüsse des Tiberias-Sees, soweit sie aus arabischen Gebieten kamen, abzustauen und nach Süden umzuleiten, bevor sie sich in den See ergössen, so dass damit arabische Trockenregionen bewässert und das arabische Wasser den Israeli entzogen würde.

Diese Gegenumleitung wurde beschlossen, und Arbeiten dafür begannen in Syrien am Hang, der zum Tiberias-See abfällt, das heisst am westlichen Rande des heute von Israel besetzten Golans, der damals die syrische Südwestprovinz von Kunaitra bildete. Diese Arbeiten konnten von Israel aus eingesehen werden, und die Israeli nahmen sie unter Beschuss. Es kam zu Zusammenstössen, in die auch die israelische Luftwaffe eingriff, welche der syrischen Luftwaffe weit überlegen war. Die arabische Seite sah sich vor die Alternative gestellt, entweder einen vollen Krieg mit Israel auszulösen oder ihre Versuche der Gegenumleitung einzustellen. Sie tat 1965 das zweite, und die Israeli konnten ihr Wasserprojekt durchführen.

Es war aber bezeichnend für die Lage und damalige Psychologie der arabischen Seite, dass die Einstellung der Pläne unter militärischem Druck der Israeli nicht offen zugegeben werden konnte. Man sprach nicht davon, und die arabischen Blätter wurden angewiesen, die Sache «aus patriotischen Gründen» diskret zu behandeln. Die laute Propaganda gegen Israel, begleitet von blutrünstigen Slogans im Stil von: «Die Israeli ins Meer», die keineswegs dem bestehenden Kräfteverhältnis entsprachen, wurde schon damals zur Falle, in welche die Araber sich selbst hineintrieben. Obwohl sie in der Wasserfrage nach internationalem Recht ohne Zweifel eine gute Rechtsposition besassen, die sie vor der Weltmeinung hätten vertreten können, glaubten sie sich gezwungen, die ganze Frage zu verschweigen, um ihre eigene militärische Unterlegenheit gegenüber Israel nicht zugeben zu müssen und sie vor ihren eigenen Bevölkerungen, vor ihren eigenen Armeen sowie vor der Weltmeinung möglichst verborgen zu halten.

Zwei Führungsequipen für die Palästinenser

Nasser hatte die Gipfelkonferenz zu dem Zweck einberufen, die Araber alle gemeinsam vor ihre Verantwortung gegenüber Israel und seinen Vorhaben zu stellen. Er wollte nicht in einer Konfrontation mit den Israeli alleine gelassen und dann von seinen Rivalen propagandistisch überboten werden. Er nahm zu Recht an, dass seine Rivalen in Syrien, Irak, Jordanien, Saudi-Arabien genau dies tun würden, wenn es zu einem Zusammenstoss Ägyptens mit Israel komme. Er hatte zwar insoweit Erfolg, als es zum Vorschlag eines Vereinigten Arabischen Oberkommandos kam, zu mehr als dem Vorschlag kam es aber nicht.

Die Gipfelkonferenz gründete auch auf den Vorschlag Nassers hin eine Palästinensische Befreiungsorganisation (PLO) und sogar eine Palästinensische Befreiungsarmee (PLA), die dem als propagandistischer Schreihals bekannten palästinensischen Altdiplomaten *Ahmed Shukairi* unterstellt wurde. Er war ganz von Nasser abhängig, so dass er ohne dessen Zustimmung nicht in der Lage war, irgendetwas gegen die Israeli zu unternehmen. Unter ihm, so rechnete Nasser, würden die Palästinenser unter indirekter ägyptischer Kontrolle stehen.

Der frühere Präsident der palästinensischen Studentenvereinigung in Kairo jedoch, der Exilpalästinenser *Yasser Arafat*, der damals als Ingenieur in Kuwait arbeitete, kam zusammen mit einer Gruppe von sechs gleichgesinnenen Gefährten, ebenfalls Exilpalästinensern, zu dem zweifellos zutreffenden Schluss, dass Nasser seine eigene ägyptische und grossarabische Agenda verfolge und trotz aller Versprechen und Propagandaattacken gegen Israel auf absehbare Zeit nicht vor habe, für die Belange der Palästinenser einen Krieg zu führen.

Arafat und seine Freunde folgerten aus dieser Lage, dass die Palästinenser sich selbst helfen müssten, sie könnten sich nicht länger für ihre «Befreiung» und «Heimkehr» auf die blossen Versprechungen und Propagandaslogans der arabischen Staaten verlassen. Für Arafat und seine Mitkämpfer spielte damals das Vorbild Vietnams eine grosse Rolle. Wie die Vietnamesen zuerst den Franzosen, dann den Amerikanern durch Guerillakrieg Widerstand geboten hatten, so dachten Arafat und seine Freunde, müssten auch die Palästinenser einen Guerillakrieg gegen Israel führen, bis sie ihre Ziele erreichten. Sie gründeten im Gegenzug zu Nasser die Palästinensische Nationale Befreiungsbewegung (Fatah).

Baathistische Übertrumpfungsversuche aus Syrien

Die syrischen Linksbaathisten übten öffentlich scharfe Kritik an der vorsichtigen Politik Nassers gegenüber Israel, und sie versuchten, Ägypten zu einem Krieg zu verleiten, den sie dann vom Norden aus auch mitführen wollten. Die führenden Köpfe dieser Linken hatten die Theorie aufgestellt, die ganze arabische Welt müsse einen «revolutionären Krieg» gegen Israel führen und zu diesem Zweck auch ihre eigenen inneren Strukturen im Sinne der radikalen Linken verändern.

Sie sahen sich selbst als die Vorhut einer solchen Bewegung, die sie über die ganze arabische Welt auszudehnen hofften. Nicht nur Königreiche wie Saudi-Arabien oder Jordanien sollten so «revolutioniert» werden, sondern auch in ihren Augen «bürgerliche Diktaturen» wie jene Nassers und natürlich auch die ihrer «rechtsbaathistischen» Rivalen im Irak und später deren nasseristisch-nationalistisches Nachfolgeregime.

Ägypten von Krise zu Krise

Ägypten gelangte durch diesen Druck und durch seine eigene innere Entwicklung in eine jahrelang andauernde, unter immer neuen Aspekten in Erscheinung tretende Krise. Sie begann im Grunde sofort nach der Loslösung Syriens aus der VAR. Ägypten behielt bezeichnenderweise gleichwohl ihren Namen bei. Erst Sadat, 1970 Nassers Nachfolger, sollte zum alten Namen «Ägypten» (arabisch: *Misr*) zurückkehren. Durch den Zusammenbruch der Einheit mit Syrien war Nassers gesamte Aussenpolitik in Frage gestellt. Doch er war nicht bereit, auf sie zu verzichten.

Er führte den Abfall von Syrien auf die «Reaktion» zurück, das heisst auf konservative und vermögende Kreise in Syrien, die sich gegen seine «sozialistische» Politik aufgelehnt hätten. In der Tat gehörten die führenden Köpfe des Aufstandes gegen Nasser zur syrischen Grossbourgeoisie. Doch Nasser übersah oder wollte nicht sehen, dass die Syrer als Volk, nicht als Kapitalisten, gegen die ägyptischen Herrschaftsmethoden und die ägyptische Vormacht rebelliert hatten.

«Reaktion» sah Nasser nun auch in seinem eigenen Land. Er beschloss, seinen Kurs zu verschärfen und gegen die Gefahr der «Reaktion» im Niltal präventiv einzuschreiten. Der «Aufbau des Sozialismus» begann nun im Ernst. Eine Welle von Verhaftungen gegen reiche Ägypter und ehemalige Politiker aus der Vor-Nasser-Zeit begann. Grosskapitalisten wurden enteignet, für Millionäre sei kein Platz in der sozialistischen VAR, sagte Nasser.

1200 reiche Ägypter wurden «isoliert», das heisst von allen politischen und öffentlichen Funktionen ausgeschlossen.

Die Staatspartei wurde im Frühjahr 1964 neu organisiert und erhielt einen neuen Namen. Sie wurde nun ASU genannt, Arabische Sozialistische Union. Aus ihr ging ein Parlament hervor, dessen Hälfte aus Bauern und Arbeitern bestehen sollte. Doch die ASU erhielt nie wirkliche Machtbefugnisse und entwickelte deshalb auch keine politische Dynamik. Sie war und blieb ein blosses Zustimmungsgremium.

Auch seine Drittweltpolitik behielt Nasser bei. Er unterschied den ägyptischen Sozialismus vom Kommunismus unter anderem dadurch, dass sein Sozialismus die Religion beibehielt. Die pan-arabischen Pläne, die er nicht beiseite legte, machten deutlich, dass für ihn der grossarabische Nationalismus unter ägyptischer Führung nach wie vor von zentraler Wichtigkeit blieb. Die Zusammenarbeit mit den Staaten des Ostblocks wurde gefördert. Die Sowjetunion selbst sorgte dafür, dass die anderen Comecon-Staaten einen Teil der Bürde übernahmen, welche die Hilfsleistungen an Ägypten bedeuteten. Die grossen Staaten der westlichen Welt wurden verdächtigt, die «ägyptische Reaktion» gegen den ägyptischen Sozialismus zu unterstützen. Der weltweite «Imperialismus» wurde nun als der Hauptfeind Ägyptens eingestuft; er gehe darauf aus, das Regime Nassers zu Fall zu bringen. Als eines seiner Werkzeuge galt Israel.

Der Sozialismus war von einer strengen Devisenbewirtschaftung begleitet. Die Ägypter brauchten ein Ausreisevisum, um ihr Land zu verlassen, weil der Staat sie daran hindern wollte, Geld im Ausland auszugeben. Bald schon gab es einen legalen und einen schwarzen Kurs für das ägyptische Pfund, dann sogar mehrere legale, je nach der Art der Ausgaben. Die verstaatlichten Industrien benötigten Devisen, um sich Ersatzteile, neue Maschinen, Rohstoffe, Halbfertigimporte zu verschaffen, und alle Ware, die aus dem Ausland kam, fand als Mangelware reissenden Absatz. In der ägyptischen Staatswirtschaft wurde jener König, der über Devisen verfügte, welche er sich auf legalem, halblegalem oder illegalem Wege verschaffte. Damit konnte man alles machen. Auf dem «freien» oder «schwarzen» Markt (beide Adjektive wurden verwendet) sank das Ägyptische Pfund dementsprechend. Doch die staatlichen Subventionen für Grundnahrungsmittel und Grundbedürfnisse der einfachen Leute wurden beibehalten, so dass die anspruchslosen Ägypter immer noch mit recht wenig Geld auskamen. Die Mieten waren eingefroren; wer in einer Wohnung sass, war gut dran. Um eine Wohnung neu zu mieten, musste man freilich hohe Schlüsselgelder entrichten. Weil neue Wohnungen schwer und bestenfalls in den schlecht gebauten staat-

458

lichen Wohnblöcken der Aussenquartiere zu erhalten waren, entstand eine Wohnungsnot, die es den Besitzern von Häusern – Hausbesitz wurde in der Regel nicht enteignet – gestattete, aus ihren Immobilien bedeutenden Gewinn zu ziehen. Ausländer, die in Devisen bezahlten, waren natürlich besonders willkommene Mieter.

Kairiner Sozialismus

Ägypten wurde farblos und grau. Unser Freund Rowland Ellis beklagte sich, dass man nicht einmal mehr einen anständigen Film zu sehen bekomme. Er beschloss, nach England zurückzukehren. Doch musste er einen grossen bürokratischen Krieg bestehen, um seine Bibliothek mitnehmen zu können. Die Zöllner vermuteten, dass sich darin wertvolle Werke befänden, die Ägypten nicht verlassen dürften. Doch verstanden sie nicht genug von ausländischen Büchern, um dies mit Gewissheit beurteilen zu können. Deshalb wollten sie die Verantwortung für eine Exporterlaubnis nicht übernehmen. Schliesslich wurden die Bücher in Kisten im Zoll hinterlegt, während unser Freund nach London reiste. Das war die richtige Lösung, denn es stellte sich heraus, dass ihm London, nach so vielen Jahren Palästina und Ägypten, noch langweiliger vorkam als Kairo, gar nicht mehr so, wie er es vor dem Weltkrieg gekannt hatte, und ausserdem schrecklich teuer. Er kehrte nach Kairo zurück und der ägyptische Freund, dem er seine Altwohnung am Befreiungsplatz überlassen hatte, stellte ihm diese grosszügig wieder zur Verfügung, obgleich er es in der Zwischenzeit fertig gebracht hatte, die fabelhaft billige Miete auf seinen eigenen Namen umschreiben zu lassen.

Besuche in Kairo

Ich bin von Beirut aus immer wieder nach Ägypten gefahren, denn das Land war unter Nasser das wichtigste Zentrum der arabischen Politik. Die vielen stets mit grosser Spannung verfolgten Reden des «Rayes» konnte man sich auch in Beirut übers Radio anhören, in gewissen Quartieren auf offener Strasse, weil alle Radios sie wiedergaben und die Fenster der Erdgeschosse offen standen. Auch die arabischen Zeitungen von Beirut berichteten ausführlich über alles Geschehen im ägyptischen Bruderland, manche sklavenhaft freundlich, andere ausserordentlich kritisch; man hatte stets eine reiche Auswahl. Doch es war immer wieder zweckmässig, in Ägypten selbst den Puls des Lebens zu fühlen, mit Freunden und Bekannten zu sprechen, die dort lebten und wirkten, die Ämter zu besuchen und sei es auch nur, um einmal mehr festzustellen, dass dort kaum brauchbare Informationen zu holen waren, dass die Beamten sich in erster Linie mit Untätigkeit beschäftigten und sich durch sie über Wasser hielten. Wer zuviel tat, fiel auf, und das war meistens für seine Stellung gefährlich.

Als die Russen auf ägyptischen Wunsch ein Stahlwerk in Helouan, einem damals noch eleganten Kurort bei Kairo, errichteten, hatte ich einmal Gelegenheit, mich mit einem Vizeminister für Wirtschaftsfragen zu unterhalten. Er empfing mich, in weisse Rohseide gekleidet, in seinem Büro. Das Gespräch kam auf das Stahlwerk, und ich erlaubte mir zu fragen, ob es wirklich zweckmässig sei, dieses bei Kairo zu errichten, wo doch die Kohle aus den Seehäfen und das Mineral weit aus Oberägypten herantransportiert werden müssten. Seine Antwort war: «Sie müssen berücksichtigen, dass wir in Ägypten eine staatliche Eisenbahn haben. Deshalb kostet uns der Transport der Rohmaterialien nach Kairo nichts». Was ich höflich zur Kenntnis nahm.

Dennoch ging das Leben in Kairo weiter; der Staat und seine Einwohner «wurstelten sich durch». Jedermann fand immer einen Weg oder Ausweg, um sich irgendwie durchzubringen; freilich sehr viele nur ganz knapp, an der Grenze des Hungers, nur eine recht kleine Mittel- und noch kleinere Oberschicht lebte bequem und behäbig; der Mittelstand sogar viel besser als sein Äquivalent in Europa, weil er über eine uneingeschränkte Zahl von devoten Dienern und Dienerinnen verfügte.

Die Armeeoffiziere bildeten so etwas wie eine neue Klasse. Viele von ihnen waren seit der Suez-Krise und den damaligen Enteignungen Manager für staatliche Institutionen und Industrien geworden. Mit den weiteren Verstaatlichungen im Verlauf des Aufbaus des Sozialismus gab es viele neue Gelegenheiten und die Offiziere waren stets in guter Position, um derartige Posten zu ergattern. Manche von ihnen waren vermutlich tüchtig, doch vielen lag es aus ihrer Armeezeit nahe, «zu bluffen». Sie suchten den Erfolg für ihre staatlichen Organisationen und Unternehmen, indem sie Scheinresultate aller Art schufen.

Die erwähnte Devisenlage half mit, die Scheinerfolge als wahre Erfolge zu frisieren, denn jedermann, dem es gelang, Devisen zu ergattern, konnte diese sofort in wirtschaftliche Erfolge umsetzen. Erfolg winkte vor allem dem, der über die politischen Mittel verfügte, um eine «gute» Devisenzuteilung zu erhalten. Dies war natürlich mehr eine politische Operation als eine wirtschaftliche Aufbauleistung. Die Offiziere vermochten auch in dieser Hinsicht ihre Beziehungen spielen zu lassen.

Angesichts der «geschäftlichen Aktivitäten» vieler Berufsoffiziere versuchte Nasser, die Wirtschafts- oder Regierungsmanager unter ihnen aus der

460

Armee zu entlassen. Doch Nassers alter Revolutionsgenosse, Marschall *Abdel Hakim Amer*, der eigentliche Patron der ägyptischen Armee und ihrer Offiziere, widersetzte sich, teilweise wohl, weil er dann selbst das Oberkommando der Armee an einen jüngeren und besser ausgebildeten Berufsmilitär hätte abtreten müssen.

Eine klare Trennung kam nicht zustande. Nasser musste einen Kompromiss mit Amer schliessen, weil hinter dem jovialen Patron der Armee viele einflussreiche Offiziere standen. Die Offiziere behielten die Möglichkeit, sich als Manager abkommandieren zu lassen. Gerüchte von Unstimmigkeiten zwischen Nasser und Amer gingen in Kairo um, doch liessen sie sich nie wirklich nachweisen.

Der Jemenkrieg (1962–1967) hatte eine weitere Lockerung der Disziplin in den oberen Rängen der Armee zur Folge, weil Amer dem Vernehmen nach dafür sorgte, dass seine Jungen, die im fernen Jemen in beträchtlicher Stärke die republikanische Seite unterstützt hatten, auf der Rückreise allerhand der in Ägypten heiss begehrten, aber schwer erhältlichen Luxusgüter, von ausländischen Autos über Luftkühler bis zu Waschmaschinen, zollfrei mitbringen und je nach Bedarf auf dem Schwarzmarkt verkaufen konnten.

Hochzeitsreisen nach Gaza und «fliegende Händler»

Weil Auslandsreisen für gewöhnliche Ägypter in jener Zeit unterbunden wurden, liessen die Behörden, wohl auf Befehl Nassers, eine kleine Lücke offen – für Hochzeitsreisen. Neuverheiratete erhielten die Erlaubnis, nach dem Gaza-Streifen auszureisen. Dieser stand bis 1967 unter ägyptischer Militärverwaltung, war aber legal gesehen ein letztes Stück Palästina, nicht ein Teil von Ägypten. Nach Gaza durften die dortigen Händler Luxus- und Industriegüter einführen, die nach Ägypten selbst nicht oder nur beschränkt hineingelassen wurden. Die Jungvermählten durften solche Güter in Gaza einkaufen und nach Hause bringen, allerdings nur auf einer einzigen Reise. Kleine Leute begnügten sich mit einer «Moulinex»-Küchenmaschine, begütertere wollten ein Auto kaufen. Auf dieser Grundlage konnten die palästinensischen Händler in der Hauptstrasse von Gaza prosperieren, und gleichzeitig kamen nicht-privilegierte Ägypter, oder jedenfalls die jung verheirateten unter ihnen, ins Ausland. Es konnte jedoch nicht ausbleiben, dass Gaza sich auf diese Weise zu einem Schmuggelzentrum entwickelte, über das ein dünner Bach von Luxusgütern aus dem Weltmarkt in die ihnen eigentlich verschlossene VAR tröpfelte.

Darüber hinaus gab es die «fliegenden Händler». Das waren Leute, die sich auf irgendeine Art, Bestechung war auch dabei, doch Exit-Visen verschafften. Dank dem Devisenschwarzmarkt waren die Billette der staatlichen Luftlinie billig, wenn es gelang, sie in ägyptischer Währung zu bezahlen. Die Händler machten sich einen Beruf daraus, ins Ausland zu fliegen und dort leichte, aber begehrte Gegenstände einzukaufen, die sie im Koffer zurückbringen und mit grossem Gewinn wieder losschlagen konnten. Es gab zwar ägyptische Zahnpasta, und sie war sehr billig, aber viel feiner war es natürlich, sich die Zähne mit den Produkten ausländischer Firmen zu putzen. Das gleiche galt von Nagellack oder Nylonstrümpfen und zahllosen kleinen modischen Dingen, aber auch von vielen Medikamenten.

In diesen Jahren, in denen es für Ägypter besonders schwer war, aus Ägypten auszureisen, ging ein Witz um. Nasser habe sich zur Sphinx bei Gizeh begeben. Er habe sie angesprochen und ihr gesagt: «Schon seit so vielen Jahren erweisest du Ägypten Dienste. Du bist zur Touristenattraktion geworden, und die Touristen bringen Devisen. Ägypten ist dir dankbar dafür. Ich möchte dir deshalb einen Wunsch erfüllen. Was begehrst du?» Die Sphinx, die seit 4000 Jahren schweigend dasitzt, öffnete ihren Mund und sprach: «Ein Ausreisevisum!». – Die ägyptischen Witze sind in der ganzen arabischen Welt berühmt. Alle anderen Araber wissen auch, dass die Ägypter selbst ihre Witze lieben und über sie nicht nur einmal, sondern immer wieder laut lachen können.

Ich bin in den 1960er Jahren so oft nach Kairo gekommen, dass ich mich nicht an jede Reise einzeln erinnern kann. Einmal reiste ich statt mit dem Flugzeug mit einem russischen Passagierschiff, das aus Odessa kam, in Beirut Zwischenhalt machte und dann weiter nach Alexandria fuhr. Die energischen, aber freundlichen weiblichen Stewardessen auf dem Schiff, die sich trotz Sprachschwierigkeiten ihrer Passagiere sehr entschlossen annahmen, sind mir von jener Reise am besten in Erinnerung geblieben.

Ich war auch am 13. März 1964 bei der Einweihung der Bauarbeiten für den Hochdamm von Assuan, als der Nil aus seinem alten Bett durch einen Kofferdamm umgeleitet wurde, so dass im Flussbett der Bau des Hochdammes beginnen konnte. Chruschtschew war der Ehrengast, doch auch Abdel Salam Aref aus Bagdad und Ben Bella, der erste Präsident Algeriens, sowie Sallal, der Präsident des republikanischen Jemens, waren zugegen. Die oberägyptischen Bauern, die dem Schauspiel beiwohnten, waren so aufgeregt, dass sie in dem trockenen Umleitungsbett tief unter der Tribüne tanzten. Chruschtschew löste eine Sprengladung aus, die Sand wie eine Fontäne hochsteigen liess. Der Sperrdamm brach rasch zusammen, und der Strom ergoss sich reissend in den Umleitungskanal. Man sah die Fellachen, die nicht rechtzeitig hatten gewarnt werden können, im Wasser taumeln. Der Strom ergoss sich schäumend über sie. Ob alle von ihnen sich retten konnten, ist mir nie klar geworden.

Chruschtschew und Nasser

Chruschtschew hielt sich bei jener Gelegenheit 16 Tage lang in Ägypten und auf dem Roten Meer auf. Später beschrieb *Hassanein Haikal*, Nassers Freund und Leibjournalist, wie er und Nasser sich freundschaftlich über den arabischen Nationalismus stritten, Chruschtschew redete der marxistischen Ideologie das Wort und erklärte, die Ägypter sollten die arabische Einheit nicht auf den Nationalismus der Araber bauen, sondern auf den Zusammenschluss aller Bauern und Arbeiter der arabischen Welt. Nasser verteidigte den Nationalismus, indem er auf die Rolle des russischen Nationalismus im Zweiten Weltkrieg hinwies, wovon Chruschtschew selbst ihm erzählt hatte.

Die Kritik des russischen Staatschefs kam auch in den öffentlichen Ansprachen zu Wort, die Chruschtschew damals hielt. Der sowjetische Staatschef, so verrät Hassanein Haikal, mochte den irakischen Staatschef Aref nicht leiden, er nannte ihn «dieser Geissbock», und er widersprach sogar in der Öffentlichkeit dessen Ansichten über den arabischen Nationalismus.

Die Baathisten und Nationalisten hatten im Irak die Kommunisten blutig ausgeschaltet. Auch Nasser hatte die seinen und 1958–1961 auch die syrischen in Gefängnisse und Konzentrationslager gesteckt. Doch gegenüber seinen russischen Gästen betonte er, dies sei nicht gegen den Kommunismus als solchen gerichtet, sondern sei notwendig geworden, weil Leute der KP versucht hätten, seine «progressive» Regierung zu Fall zu bringen. Später übten die ägyptischen Kommunisten Selbstkritik und begannen aus den Gefängnissen heraus, das Nasser-Regime zu rühmen und ihm ihre volle Loyalität zu versprechen. Nasser seinerseits liess sie schrittweise frei. Einige von ihnen verwendete er im Bereich der staatlichen Propaganda in Zeitungen und Radio, doch blieb er ihnen gegenüber weiter misstrauisch und hütete sich, sie in den inneren Bereich der Macht vordringen zu lassen.

Reibungen zwischen der Sowjetführung und Nasser hatte es bereits früher gegeben, nachdem Kassem 1958 die Macht ergriffen hatte und sich auf die irakischen Kommunisten und Kurden stützte, um dem Druck der Nationalisten und Baathisten zu widerstehen, die Anschluss an Ägypten forderten. Als ein Aufstand nationalistischer Offiziere unter Oberst *Shawwaf* in Mosul im Frühling 1959 von den pro-kommunistischen Kassem-Milizen des «Volkswiderstandes» blutig niedergeschlagen wurde, hielt Nasser eine Rede, in der er erklärte: «Die Kommunisten sind Agenten», was wiederum sowjetische Entgegnungen aus Moskau hervorrief, teilweise aus Chruschtschews eigenem Mund. Doch diese Polemik war beigelegt worden, nachdem Kassem 1963 gestürzt worden war.

Die Fremdheit Ägyptens

Das Auf und Ab der Beziehungen zwischen der kommunistischen Weltmacht und dem ägyptischen Machthaber wurde unvermeidlich eines der Hauptthemen meiner Berichterstattung. Es interessierte die Europäer direkter und dringender als die innere Lage und Entwicklung in dem entfernten und für sie schwer zu begreifenden Niltal. Es gab verschiedene Gründe, weshalb Ägypten schwer zu begreifen schien. Das Land gehörte einer anderen Kultur, der islamischen an, wenn auch weite Bereiche des kulturellen und geistigen Lebens der Ägypter seit dem Beginn des 19. Jahrhunderts «europäisiert» worden waren. Unendlich viel mehr Ägypter sprachen und lasen Englisch und Französisch als Europäer Arabisch sprechen oder lesen, geschweige denn sprechen *und* lesen konnten. Die angebliche und tatsächliche Fremdartigkeit der Ägypter gegenüber den Europäern oder Amerikanern hatte auch mit der alten und tief eingesessenen Armut des Landes zu tun sowie mit den politischen Traditionen eines «hydraulischen» Absolutismus, welche ihrerseits durch die Eingriffe der Kolonialherrschaft verstärkt worden waren, durch die Einführung europäischer Macht- und Regierungstechniken, die nun den absoluten Machthabern zur Verfügung standen, vom Maschinengewehr bis zum Radio.

Ein anderer Grund für die Missverständnisse, die von «westlicher» Seite dem Ägypten Nassers beständig entgegengebracht wurden, war die Wirksamkeit der israelischen Propaganda in Europa und in Amerika. Während mehrerer Jahrzehnte gelang es den Israeli, Mythen über «die Araber» zu schaffen und auszubreiten, die diese als irrationale Hasswesen schilderten. Nur durch Schläge, so sagten sie, könne ihnen vorübergehend gesittetes Verhalten eingebläut werden. Solche Mythen waren erfolgreich, weil einerseits in Europa ein schlechtes Gewissen gegenüber den Juden herrschte, das man gerne auf Kosten der arabischen «Kolonialvölker» beschwichtigen wollte; andrerseits aber auch, weil es sich um Mythen handelte, wie sie zur eben erst vergangenen Zeit des europäischen Kolonialismus überall in Europa im Umlauf gestanden waren. Für etwa hundert Jahre, von der Mitte des 19. bis zur Mitte des 20. Jahrhunderts, hatte die überwiegende Mehrheit der Europäer, anscheinend ehrlich, daran geglaubt, dass die europäischen Mächte den

Kolonialvölkern «die Zivilisation» brächten, was natürlich implizierte, dass jene «unzivilisiert» seien und ohne die «Hilfe» der Europäer auch blieben. Die Israeli brauchten nur diese Mythen für ihre Rechnung zu übernehmen, indem sie ihrerseits das kolonialistische Bild vom «unzivilisierten Araber» nachzeichneten und weiter ausmalten.

Eine offene Wunde in Jemen

Seit 1962 war Ägypten, wie schon erwähnt, in den Bürgerkrieg im Jemen verstrickt. Fünf Jahre lang unterstützte Nasser mit erheblichen Kräften die Offiziere, die den Imam gestürzt und aus der Hauptstadt San'a vertrieben, aber nicht besiegt hatten. Die ägyptischen Truppen unternahmen mehrere Grossoffensiven, die zu tiefen Vorstössen in das von den Imamanhängern und ihren saudischen Freunden gehaltene Territorium im Norden führten, jedoch die Lage nicht wirklich ändern konnten. Die beiden wichtigsten fanden im Sommer 1964 und im Frühjahr 1965 statt. Wenn die ägyptischen Tanks abzogen, kehrten die Guerilleros des Imams wieder zurück. Geld spielte eine wachsende Rolle in diesem Krieg. Gewisse Stämme und Gruppen wechselten die Fronten, wenn genügend gezahlt wurde. Saudi-Arabien hatte mehr Geld. Dies führte Nasser schliesslich dazu, seine Strategie zu ändern. Die Ägypter verzichteten ab Sommer 1965 auf offensive Kriegführung und konzentrierten sich darauf, das Dreieck der grossen Städte, San'a, Taez und Hodaida zu halten.

In den südlichen Teilen des heutigen Jemens, die damals als Kolonie Aden und Östliches und Westliches Protektorat noch Grossbritannien unterstanden, entwickelte sich ein Unabhängigkeitskampf, den Nasser offen unterstützte. Sein politisches Hauptziel wurde nun, in Jemen präsent zu bleiben, bis die Briten abziehen würden, und dann dafür zu sorgen, dass nicht die konservative politische Lösung durchgesetzt werde, die Grossbritannien anstrebte, sondern eine «progressiv-nationalistische», die sich mit Nasser und seinen Zielen identifiziere.

Vorübergehend scheint Nasser versucht zu haben, einen Kompromisskurs zu steuern, der es erlaubt hätte, eine Republik aufzubauen, welche die Zustimmung der meisten Jemeniten hätte erlangen können. Die ägyptischen Truppen hatten sich, wie alle Besatzungstruppen, auch bei den republikanisch gesonnenen Jemeniten unbeliebt gemacht, und eine sogenannte «Dritte Kraft» bildete sich unter den Jemeniten heraus, die eine Republik beibehalten, aber die ägyptischen Truppen loswerden wollten. Ich erinnere mich eines langen Gespräches mit dem in Paris ausgebildeten Wirtschaftsfachmann *Muhammed Said al-Attar*, der später Wirtschaftsminister seines Landes werden sollte, zur Zeit der Herrschaft Sallals und der ägyptischen Armee, jedoch kaltgestellt und arbeitslos war. Er erklärte mir auf einem Spaziergang durch das San'a der Republikaner, wie ein vernünftiges Ende des Konfliktes gefunden werden könne: unter Ausschaltung der ausländischen Einmischung sowohl aus Ägypten wie aus Saudi-Arabien und durch Zusammenarbeit der realistischen Elemente unter den gebildeten Jemeniten, die, wie er mir versicherte und für seine Person deutlich zeigte, in der Tat existierten.

Nasser seinerseits hatte begonnen, sich im Zuge seiner arabischen Gipfelpolitik, die 1964 anfing, mit Saudi-Arabien auszusöhnen, und es gab Anstrengungen von ägyptischer und saudischer Seite, sich vom Kampf um den Jemen zu distanzieren. Nasser sorgte dafür, dass Sallal, der Revolutionsoffizier und erste Präsident Jemens, nach Kairo kam und dort festgehalten wurde, während gemässigte Republikaner der «Dritten Kraft» in San'a die Macht übernahmen. Doch diese Politik brach schnell zusammen. Einerseits kam es zu stets neuen Vertrauenskrisen zwischen Ägypten und Saudi-Arabien, andrerseits scheint es die Armee unter Amer gewesen zu sein, die darauf bestand, einen harten Kurs in Jemen zu steuern und keinen Abbau der ägyptischen Streitkräfte zuzulassen. Wie weit es sich dabei um eine Insubordination der ägyptischen Offiziere gegenüber Nasser handelte, ist nie klar geworden, weil Nasser einen erneuten Politikwechsel vollzog und die Proteste der Offiziere dadurch zum Schweigen brachte.

Die «Dritte Kraft» kam im Jemen nur während wenigen Wochen an die Regierung. Sallal kehrte heim und liess ihre Anhänger ins Gefängnis werfen, die liberalen Minister *Nu'man, Iriyani und az-Zubairi* traten im Dezember 1964 zurück und Sallal bildete, gestützt auf die ägyptische Armee, ein Einmann-Regime.

Es ist wahrscheinlich, dass die Spaltung zwischen Nasser und Amer, die nach der Niederlage im Sechstagekrieg mit dem möglicherweise erzwungenen Selbstmord Amers zu Tage trat, schon damals begonnen hatte. Ähnlich wie 1961/62 die französischen Offiziere in Algerien wollten auch die ägyptischen Offiziere in Jemen nicht auf sich sitzen lassen, dass sie von den «primitiven» Jemeniten besiegt worden seien. Ausserdem benutzten manche dieser Offiziere ihre Auslandsprämien – und wohl auch andere Gelder mehr oder weniger illegaler Herkunft –, um sich im Freihafen Aden mit Gütern zu versorgen, die in Ägypten teuer bezahlt wurden. Für den Transport wurden die Flugzeuge der ägyptischen Armee verwendet.

Ägyptisches Giftgas gegen jemenitische Dörfer

Der Einsatz von Giftgas gegen entlegene nordjemenitische Dörfer, deren Bewohner dem Imam anhingen, begann in jener Zeit, gewiss weil die ägyptische Armee alles tun wollte, um eine Niederlage zu vermeiden. Die Vorgänge berührten mich besonders, weil ich mehrere der Delegierten des Internationalen Roten Kreuzes kennengelernt hatte, die damals im Jemen wirkten. Das Rote Kreuz betrieb in jener Zeit ein Feldspital an der jemenitischen Nordgrenze, in dem Verwundete der Imamanhänger behandelt wurden. Es war das einzige Spital, das es in ihrem Bereich gab. Ich konnte es einmal zusammen mit meinem Freund, dem Fotografen Ernst Scheidegger, von Saudi-Arabien aus besuchen, um einen Bericht darüber zu schreiben. Bei dieser Gelegenheit bekam ich auch den Imam al-Badr wieder zu sehen, der nicht sehr weit entfernt sein provisorisches Heerlager aufgeschlagen hatte. Es lag in einem Komplex von Vulkanfelsen, der mitten in der flachen Wüste einen kleinen Berg mit Höhlen bildete. Eine Leibwache kontrollierte die unteren Hänge dieses Wüstenberges; weiter oben hielt der Imam in den Höhlen Hof, ganz in der Art, wie sie an den Höfen des Mittelalters üblich war und auf vielen Miniaturen bildlich geschildert wird. Der Imam war von bartlosen Pagen umgeben, höfisch vornehm, schön gewachsen und im Umgang mit dem Herrscher und seinen Gästen angenehm schmiegsam. Diese Höflinge bildeten eine andere Schicht als die rauhen Stammesleute, welche die Kämpfer der Leibwache abgaben. Aller Luxus der Gebäulichkeiten fehlte; der Imam lebte in Höhlen. Doch der Luxus der Personen zu seiner Bedienung war erhalten geblieben.

In den Gesprächen mit den IKRK-Delegierten und -mitarbeitern brachte ich, wie auch einige meiner Kollegen, immer wieder die Sache mit dem Giftgas zu Wort. Berichte, dass die Ägypter solches verwendeten, waren uns allen bekannt geworden. Doch Bestätigungen waren schwer zu erhalten. Dass eine Regierung Giftgas gegen ihre Feinde verwenden könnte, war damals noch eine derartige Ungeheuerlichkeit, dass man sie kaum zu glauben vermochte. Offiziell wurden all diese Berichte von Kairo stets im Brustton der Entrüstung dementiert. Heute, nachdem das Regime Saddam Husseins sowohl im Iranisch-Irakischen Krieg als auch gegen die eigene kurdische Zivilbevölkerung Giftgas eingesetzt hat, ist die Sache leider keineswegs mehr undenkbar, sondern fast schon zur Routineangelegenheit geworden.

Damals wäre uns allen die Meinung der Mitarbeiter des Roten Kreuzes wichtig gewesen. Doch sie war nicht zu erhalten. Anfangs wichen jene Personen, von denen man hätte erwarten können, sie wüssten etwas über die

Angelegenheit, allen Fragen aus. Es gab Delegierte, die tief ins Innere der Teile Jemens reisten, die dem Imam anhingen, um dort die Behandlung der ägyptischen Gefangenen zu inspizieren. Die Jemeniten, die keine Gefängnisse besassen, hatten stets die Tendenz, ihre Kriegsgefangenen in Ketten zu legen, wie dies im Land bisher für Strafgefangene, auch solche, die kleinerer Fehlschritte wie etwa des Diebstahls beschuldigt wurden, durchaus üblich gewesen war. Die Delegierten des Roten Kreuzes hatten unter anderem die Aufgabe, klar zu machen, dass dies nach internationalem Gesetz verboten sei.

Darüber sprachen die Delegierten auch ziemlich ungehemmt. Doch über die Gasfrage bekam man nur Ausflüchte zu hören. Ich verstand diese Haltung gegenüber der Presse. Die Delegierten riskierten, von Ägypten als parteiisch eingestuft zu werden, wenn sie von der Presse als Zeugen dafür zitiert wurden, dass Giftgas verwendet werde. Viele der Delegierten hatten schlechte Erfahrungen mit skrupellosen Journalisten gemacht, die versprachen, sie würden sie nicht zitieren, oder nicht beim Namen nennen, es aber dann doch taten.

Monate vergingen nach der ersten Gerüchtewelle über Giftgasangriffe[1]. Die Berichte klangen ab. Doch Anfang 1967 kam eine neue Welle mit Nachrichten über angebliche Giftgasangriffe, und nun waren bestimmte Delegierte bereit, darüber zu sprechen. Sie behaupteten jedoch, es handle sich nicht um Giftgas, sondern um eine neue Art Bombe, die hohen Luftdruck erzeuge, so dass dieser die Lungen der Opfer zum Platzen bringe. Auch ich erhielt solche Erklärungen von einem der Delegierten, der sich als besonders umgänglich mit der Presse erwies. Doch ich beschloss, davon keinen Gebrauch zu machen. Mir schien etwas seltsam, dass Luftdruck zwar Lungen zerstören, aber keine Häuser zum Einsturz bringen und nicht einmal Glasfenster zerschlagen sollte. Ich sagte mir: «Vielleicht liegen Abmachungen zwischen dem Roten Kreuz oder der UNO und den Ägyptern vor, die beinhalten: Wir, die Ägypter, stellen die Gasangriffe ein; aber ihr, internationale Beobachter, müsst im Gegenzug bezeugen, dass solche Angriffe nie stattgefunden haben». Ich hatte 1958 die Erfahrung gemacht, dass es vergleichbare Hintergrundabmachungen zwischen Nasser und der UNO über die Infiltratoren von Syrien nach Libanon gegeben haben musste.

Jedenfalls vergingen wiederum Monate, ohne dass verlässliche Berichte über Giftgasattacken zu erhalten waren. Schliesslich jedoch bekam ich von

---

1 Eine Zusammenstellung der verschiedenen Berichte gibt: Dana Adams Schmidt, Jemen, the Unknown War, London 1968, S. 257 ff.

Freunden, die zum Roten Kreuz gehörten, die folgende Geschichte zu hören: *André Rochat*, der Chefdelegierte des IKRK in Jemen, den ich persönlich kannte, habe Nachrichten von einem erneuten Gasangriff auf ein jemenitisches Dorf erhalten und beschlossen, mit einer Equipe dorthin zu fahren, um die Berichte aufzuklären. Er habe unterwegs in der Wüste übernachtet und sein Lager durch eine grosse Fahne mit dem Roten Kreuz, die er auf dem Boden ausbreitete, kenntlich gemacht. Das Lager sei jedoch am frühen Morgen von ägyptischen Kriegsflugzeugen angegriffen worden, wobei einer der Fahrer verletzt worden sei. Bomben seien mitten auf das Fliegererkennungstuch niedergegangen. Dies habe Rochat so sehr empört, dass er beschlossen habe, seine Reise erst recht fortzusetzen. Als er in dem betroffenen Dorf anlangte, seien die Opfer bereits begraben gewesen; doch habe der Delegierte eine der Leichen ausgraben lassen, eigenhändig mit einem Taschenmesser ihre Lunge freigelegt und ein Stück aus ihr weggeschnitten. Begleitet von zwei Verwundeten, die Gasschäden erlitten hatten, habe er sich dann auf dem schnellstmöglichen Wege nach der Schweiz begeben, um die Beweisstücke dem Institut für Gerichtsmedizin der Universität Bern vorzulegen. Der Bericht dieses Institutes wurde veröffentlicht[2]. Er bestätigte, dass es sich um Giftgas gehandelt hatte. Er erschien jedoch am 29. Mai 1967, als die Krise bereits begonnen hatte, die zum Sechstagekrieg führen sollte. Krise und Krieg nahmen damals das Interesse der Weltpresse soweit in Anspruch, dass kaum eine öffentliche Reaktion auf den nun endlich bewiesenen Gebrauch von Giftgas durch die Ägypter erfolgte.

Nach Zahlen, die von den Imamanhängern veröffentlicht wurden, waren in der ersten Hälfte des Jahres 1967 mindestens 350 Todesopfer durch wiederholte Giftgasangriffe auf jemenitische Dörfer zu beklagen[3]. Wenn die ägyptischen Offiziere untereinander von Giftgas redeten, verwendeten sie das Schutzwort «Konfitüre» (*Murabba*), und dieses konnte man sie im Jemen nicht selten gebrauchen hören.

---

2   Abgedruckt in Peter Sager: Kairo und Moskau in Arabien, Schweizerisches Ostinstitut, Bern 1967 S. 231. Einzeiheiten über Gasangriffe und Berichte darüber im gleichen Werk S. 88–99.

3   Ebenfalls Peter Sager, op. cit. S. 95.

Die ägyptische Revolution im Niedergang

Für Ägypten bedeutete der langhingezogene Krieg im Jemen wirtschaftliche und politische Schwächung des ohnehin in beiderlei Hinsicht nicht besonders soliden Regimes. Der Krieg war teuer, er verschlang Devisen, und die Devisen fehlten. Die Amerikaner weigerten sich, Ägypten länger Weizen als Wirtschaftshilfe zukommen zu lassen, so dass für das Brot der Ägypter nun zusätzliche Devisen aufgebracht werden mussten. Die politische Belastung hatte zur Folge, dass die Armee, seit Beginn der Revolution das wichtigste Machtinstrument Nassers, noch mehr politisches Gewicht gewann, als sie schon vorher inne hatte. Sie neigte stets dazu, sich selbst als den Hauptpfeiler anzusehen, der Ägypten stützte. Der Krieg im Jemen trug natürlich dazu bei, dass sie noch mehr als in den vorausgegangenen relativen Friedenszeiten auf ihrer ersten Rolle im Lande bestand. Relativ war der Frieden schon vor dem Jemen-Krieg, weil mit Israel immer noch Kriegszustand bestand, wenngleich ein Waffenstillstand abgeschlossen war, der von beiden Seiten mehr oder weniger strikte eingehalten wurde.

Die ägyptische Armee entwickelte Züge von Eigenmacht und Eigeninteresse, die nicht notwendigerweise mit den strategischen und taktischen Zielen der zivilen Führung übereinstimmten. Sogar an der Spitze kam es zwischen Nasser und Amer zu Gegensätzen, welche allem Anschein nach Nasser eher durch Nachgeben als durch Durchgreifen überwand.

Zu den Machtinstrumenten der Militärs gehörten auch die gefürchteten Geheimdienste Ägyptens, die im Zeichen des zunehmenden wirtschaftlichen und politischen Notstandes und der mit ihm anwachsenden Unzufriedenheit der Bevölkerung immer härter durchgriffen. Sie operierten in dem undurchsichtigen Machtfeld zwischen Armee und zivilen Behörden und griffen tief in die Belange des Innenministeriums ein; doch unterstanden sie immer irgendwelchen Offizieren, die ihrerseits unter Weisungen der Armeeführung operierten. So viele Berichte über Misshandlungen und Folter gingen um, die man in den Händen der Dienste erleiden konnte, dass die Ägypter in den Jahren vor dem Sechstagekrieg in ständiger Furcht lebten.

Neue Verfolgung der Muslimbrüder

Die Muslimbrüder, die in den Jahren nach der Suez-Krise teilweise toleriert und aus den Gefängnissen entlassen worden waren, erlitten eine neue Welle der Repression. Einer ihrer jüngeren Ideologen, der Journalist *Sayyid Qutb*, fiel ihr zum Opfer. Er wurde gefoltert, gefangen gehalten und 1966 hingerichtet. Im Gefängnis schrieb er einen Kommentar zum Koran, in dem er jene Verse hervorhob, die zum Kampf gegen die Ungläubigen aufriefen. Er legte sie für die gegenwärtige Zeit als eine Verpflichtung aus, gegen die Ungläubigen zu kämpfen, welche in seinen Augen die ägyptische Gesellschaft beherrschten.

Er verlieh damit der Lehre der Muslimbrüder eine neue Stossrichtung. Sie waren bisher darauf ausgegangen, die Gesellschaft ihres Landes mit friedlichen Mitteln zu durchdringen, um eine islamische Öffentlichkeit zu schaffen. Sayyid Qutb behielt diese Zielsetzung bei, betonte jedoch nun, dass es die Regierung sei, welche die ägyptische Gesellschaft daran hinderte, sich ganz dem Islam und seiner Lebensordnung hinzugeben. Diesen Vorwurf richtete er auch gegen die Machthaber in anderen islamischen Ländern, in denen die Bruderschaft aktiv war. Wie es natürlich auch aus seiner persönlichern Erfahrung hervorging, müssten diese Regierungen, die man als eigentlich «heidnisch» (arabisch *jâhil,* was «unwissend» bedeutet) ansehen müsse, bekämpft werden, wie es den Weisungen des Korans entspreche. Dieser Neuansatz in der Lehre der Muslimbrüder sollte in späteren Jahren, nach dem Sechstagekrieg und über die auf ihn folgenden Jahrzehnte hinweg, bis ins nächste Jahrhundert hinein bedeutende Folgen aufweisen.

Malaise in Kairo

Bei meinen vielfachen Reisen nach Kairo spürte ich die langsame Verschlechterung der Lebensbedingungen deutlich. Das Leben für die Ägypter wurde immer enger, die Politik immer mehr eine alleinige Sache der Regierungsleute und der von ihnen bezahlten Aktivisten und Slogan-Drescher. Die Durchschnittsägypter liessen sie über sich ergehen, schon weil sich dagegen zu sträuben gefährlich gewesen wäre. Doch die Begeisterung früherer Jahre liess immer weiter nach. Es gab ja auch nicht mehr viel, für das die Ägypter sich hätten begeistern können (gewiss nicht für den fernen Krieg im «rückständigen» Jemen), dafür aber immer mehr Unerfreuliches in ihrem eigenen Leben, im alltäglichen und im politischen, das sie umgab. Das Uhrwerk schien langsam abzulaufen. Noch tickte es weiter; was geschehen würde, wenn es zu ticken aufhören sollte, konnte sich niemand ausmalen.

In jener Zeit war ich jedesmal froh, wenn ich Kairo nach einer oder zwei Wochen Aufenthalt wieder verlassen konnte. Allerdings war auch in Beirut eine gewisse Stagnation zu verspüren. Die Machtspiele der Baath-Partei in Syrien und im Irak schienen immer weniger interessant, weil sie sich immer mehr nur um die Macht dieser oder jener Clique drehten. Ob die linken oder die rechten Baathisten herrschten oder ihre Rivalen, die Nasseristen oder andere «Nationalisten», war von dem Augenblick an ziemlich irrelevant, in dem klar wurde, dass keine dieser Faktionen wirklich zu einer grossen arabischen Einheit die Hand bieten werde, weil sie selbst ihre soeben erworbene eigene Macht nicht aufgeben wollte.

Die arabischen Staaten als «Machtfestungen»

Die arabische Welt schien sich im Streit der verschiedenen Machthaber festzufahren. Dieser Streit konnte gerade darum nicht beigelegt werden, weil er auf dem letzten Rest der Idee von der grossarabischen Nation basierte, und diese Idee war bei den Bevölkerungen immer noch beliebt. Jeder arabische Machthaber glaubte sich autorisiert, ja aus ideologischen Gründen geradezu verpflichtet, in die Angelegenheiten seiner Nachbarn einzugreifen, nicht zuletzt allerdings auch schon deswegen, weil seine Nachbarn ihrerseits auf seinen Machtbereich übergriffen.

Mir schien damals, ein jeder arabische Machthaber, von denen keiner durch die Zustimmung seiner Bevölkerung an die Macht gekommen war, sässe in dem, was ich seine «Machtfestung» nannte, in einem durch seine Prätorianer und Geheimdienstleute abgesicherten inneren Machtbereich, der weder geographisch noch politisch mit seinem gesamten Land identisch war. Was ausserhalb dieser Machtfestung lag, politisch ausserhalb der Staatspartei, geographisch ausserhalb der Hauptstadt und ausserhalb der Kasernen der Militärstützpunkte, bildete eine Art «offenes Land», das sogar in «Wüste» übergehen konnte. Dort war es für die Nachbarstaaten relativ leicht, Einfluss zu nehmen, weil in den Aussenbezirken jenseits ihrer «Festung» die eigene Regierung kaum Macht besass. Die «nationalen Grenzen» waren nur unvollkommene Trennungslinien gegenüber den Nachbarn. Der Rivale war ja auch «Araber». Theoretisch und in ihrer Propaganda huldigten alle arabischen Machthaber mehr oder weniger intensiv dem populären Ideal der grossen arabischen Einheit, was ihre Einmischungen stets in ihren eigenen Augen legitimierte. Der Streit jedoch entstand, sobald der eine die «Machtfestung» des anderen tangierte. Dann ging es um die Existenz des Angegriffenen, und er setzte sich brutal zur Wehr.

Selbsthilfe der Palästinenser: Fatah und andere

So angenehm und angeregt unser privates Leben in Beirut sich abspielte, die politischen Erfahrungen und Entwicklungen waren so unfruchtbar und unerfreulich, dass für mich ein gewisser Überdruss spürbar wurde. Die arabische Politik schien sich im Kreise zu drehen und immer wieder in die gleiche Sackgasse einzumünden. Aus der arabischen Einheit wurde nichts; nichts aus einer demokratischen Entwicklung der einzelnen Staaten; kein Fortschritt gegenüber Israel und seiner geleugneten, aber nicht wirklich bestreitbaren Existenz.

Ich hatte zu Beginn des Jahres 1965 die ersten Communiqués der Fatah über ihren angekündigten «Widerstand» gegen Israel gelesen. Ich nahm sie, obwohl Fatah ursprünglich weit entfernt von Israels Grenzen in Kuwait zusammengetreten war, im Gegensatz zu vielen europäischen und anderen weiter entfernten Beobachtern ernst, weil ich das Potential kannte, aus dem ein derartiger Widerstand schöpfen konnte: Millionen von verbitterten Palästinaflüchtlingen, die in Wirklichkeit Palästinavertriebene waren, geschult und aufgewachsen im Mythos der angeblich bevorstehenden «Heimkehr» und eingesperrt in ihre Flüchtlingslager mit der damals offen ausgesprochenen Begründung, sie sollten nicht in der arabischen Welt heimisch werden, sondern nach Palästina zurückkehren. Schon nach der ersten Veröffentlichung des Gründungscommuniqués von *Fatah* und ihrer Kampftruppe, die sich *al-Asifa* (der Sturm) nannte, erwähnte ich in meinen Artikeln, was wahrscheinlich bevorstand: viel Blutvergiessen, jedoch keine wirkliche Aussicht für den palästinensischen Widerstand, seine Ziele zu erreichen. Mir war sofort deutlich, dass ein neuer tragischer und blutiger Akt in der grossen Tragödie des palästinensisch-israelischen Dramas begonnen hatte, dass aber auch dieser Akt nicht zu einem glücklichen Ende des Dramas führen würde, weder für die, die ihn eröffneten, noch gar für beide Seiten.

Die Nachrichtenagenturen und die Weltpresse nahmen damals das erste Auftreten der Palästinenser als Guerilleros kaum wahr – noch war kein Blut geflossen. Doch schon damals war zu erkennen, dass im Hintergrund des Denkens der Fatah-Gründer das Vorbild Vietnams stand, und man konnte vermuten, dass die Gleichung mit Vietnam nicht wirklich aufgehen werde, schon weil die Palästinenser nicht mit der gleich entschlossenen Unterstützung einer Grossmacht rechnen konnten wie die kommunistischen Nordvietnamesen, und auch deswegen nicht, weil Israel ein anderer Gegner war als Südvietnam.

Man konnte von den grossen Entwicklungslinien, die mit Fatah begannen, erwarten, dass eine starke künftige Ausdehnung der Guerilla bevorstehe, aber schwerlich ein politischer Durchbruch zur Verwirklichung ihrer Ziele.

Einige Kollegen aus Europa, manche aus Skandinavien, kamen mich zu jener Zeit in Beirut besuchen und wollten wissen, wie ich zu meiner Einschätzung der neuen Widerstandsbewegung komme. Sie schien ihnen übertrieben alarmistisch. «Das wäre ja furchtbar, wenn ihre Voraussagen einträten», bekam ich von den nachdenklicheren meiner Besucher zu hören. Ich konnte sie nur auf die Sprecher und Ideologen der Palästinenser selbst verweisen, mit welchen man damals bereits über bestimmte Blätter von Beirut Kontakt aufnehmen konnte.

Neben Fatah trat die radikalere und stärker ideologisch durchdrungene «Nationale Front zur Befreiung Palästinas» (NFLP) auf. Sie hing mit der «Bewegung der Arabischen Nationalisten» zusammen, die der Kinderarzt *Georges Habasch* in Beirut gegründet hatte. Sie war weder «baathistisch» noch «nasseristisch», obgleich sie Nasser sehr nahe stand, und sie entwickelte ebenfalls einen bewaffneten Zweig. Später sollte sich aus ideologischen Gründen, die mit einem Streit um die Führung einhergingen, die «Demokratische Volksfront zur Befreiung Palästinas» unter *Nayef Hawatmé* von ihr abspalten, die noch später den Namen «Demokratische Front» annahm. Damaskus unterstützte diese beiden Formationen neben Fatah und machte sogar seine eigene auf, die *as-Sa'iqa*, «Blitzstrahl», genannt wurde.

Syrien hilft, Jordanien dient der Guerilla

Die Ideologen der Linksbaathisten sympathisierten mit den Guerillagruppen, weil deren Aktion ihrem Programm entsprach, das auf «Revolutionierung» der bestehenden arabischen Herrschaften, einschliesslich jener Nassers, ausging und die Verwirklichung der arabischen Einheit durch Revolutionen in allen Staaten der arabischen Welt zum Ziel hatte. Die Linksbaathisten waren für «Sozialismus, Freiheit und Einheit». Für sie schien der Begriff «Sozialismus» eine «sozialistische Revolution» zu bedeuten. In der Palästina-Guerilla sahen sie Mitrevolutionäre, die ihre Position gegenüber den Nationalisten und Nasseristen in Syrien und in der gesamten arabischen Welt stärken könnten.

Doch nicht Syrien, sondern Jordanien wurde zum Ausgangspunkt der meisten Infiltrationen. Die Syrer liessen die palästinensischen Kampfgruppen zwar zu Ausbildungs- und Ausrüstungszwecken ins Land, doch wollten sie auf keinen Fall, dass die Guerilla von Syrien aus operierte. Als Stellvertreter schlugen sie ihr statt dessen Jordanien vor, das Land mit der längsten und am schwersten zu kontrollierenden Grenze gegenüber Israel. So war es dann auch Jordanien, das zuerst unter den Gegenschlägen der Israeli zu leiden hatte.

Zufällig befand ich mich in Jordanien, als am 13. November 1966 in der Morgenfrühe ein israelisches Kommando alle Bewohner des Dorfes *Samu'* aus ihren Häusern entfernte und praktisch das ganze Dorf, 40 Häuser, in die Luft sprengte. Der Ort lag südwestlich von Hebron. Eine motorisierte Kolonne der jordanischen Armee, die sich ahnungslos nach Samu' begab, wurde zusammengeschossen, und die Israeli scheinen ihr nach blutigen Verlusten erlaubt zu haben, abzuziehen. Später stellte sich heraus, dass die jordanischen Soldaten in Folge einer Fehlinformation ohne Vorsichtsmassnahmen nach Samu' unterwegs waren. Sie hatten die Nachricht erhalten, die Israeli seien in ein anderes, einige Kilometer entferntes Dorf eingebrochen.

Ich reiste sofort über Hebron nach dem zerstörten Flecken. Als ich in einem Taxi dort ankam, war kein Mensch zu sehen. Das Dorf war ein gewaltiger Haufen schweigender Ruinen. Ich konnte nicht viel anderes tun, als die Zementdecken der zusammengebrochenen Häuser, die das ganze einstige Dorf unter sich begruben, zu fotografieren. Im ganzen Westjordangebiet kam es nach diesem Vorfall zu wild empörten Demonstrationen. So gut wie alle Mittelschüler zogen überall durch die Strassen. Die im Westjordanland lebenden Palästinenser warfen den jordanischen Behörden vor, sie täten nichts, um sie zu schützen; und sie liessen nicht einmal zu, dass sie sich selbst bewaffneten, um sich gegen die Israeli zu wehren. Alle Ressentiments der Palästinenser gegenüber den Jordaniern kamen zum Ausbruch.

Die Bewohner des ehemaligen Palästina, die mit den Westjordangebieten nach dem Krieg von 1948 an Jordanien angeschlossen worden waren, fühlten sich seit langer Zeit von den Jordaniern besetzt und dominiert. In der Tat waren so gut wie alle führenden Positionen im Staat und viele auch in der Wirtschaft in transjordanischen Händen. 1965 war sogar die einstige cisjordanische Territorialarmee, die «homeguards», aufgelöst worden, und in der jordanischen Armee waren es die Transjordanier, welche den Ton angaben und die führenden Offiziere stellten. Viele der älteren Cisjordanier (d. h. Palästinenser des Westjordanlandes) erinnerten sich der brutalen Repression und blutigen Rache der jordanischen Beduinen-Armee, nachdem König Abdullah 1952 in der Al-Aksa-Moschee von Ostjerusalem von einem Cisjordanier ermordet worden war. Seither, so sagten sie, seien sie immer die «Untertanen» der Jordanier geblieben. Die palästinensischen Guerilleros waren im Westjordanland schon daher bei der Bevölkerung beliebt, weil sie als Palästinenser und nicht als Jordanier auftraten.

Viele Beobachter in Jordanien waren der Ansicht, König Hussein habe damals, 1966, die schwerste innere Krise seit seinem Regierungsantritt von 1952 durchgemacht. Doch noch schwerere Krisen sollten folgen.

Spannung um die Jordanumleitung

Die Lage am Westhang der Höhen von Kuneitra, die heute auf Grund der israelischen Neubenennung Golan genannt werden, hatte sich insofern verändert, als die arabische Seite auf ihre schon erwähnte «Gegenumleitung» der Jordanquellwasser verzichtet hatte. Die israelischen Artillerie-, Tank- und Luftangriffe auf die syrischen Baustellen hatten sich als dermassen gefährlich erwiesen, dass die arabische Seite vor die Entscheidung gestellt wurde, die Eskalation zu einem vollen Krieg in Kauf zu nehmen oder ihr Vorhaben aufzugeben. Die arabischen Staatschefs, auf einer Gipfelkonferenz gemeinsam vor diese Entscheidung gestellt, beschlossen die Arbeiten einzustellen.

Doch die Spannungen blieben. Entgegen der israelischen Propaganda ist dabei festzuhalten, dass sie auch von der israelischen Seite bewusst am Leben gehalten wurden. (Belege findet man in: David Hirst, The Gun and the Olive Branch, London 1978, p. 211–215). Am 3. April 1967 z. B. meldete die israelische Presse, Israel habe beschlossen, das ganze entmilitarisierte Gebiet östlich des Tiberias-Sees zu kultivieren, auch die Parzellen 51 und 52, die nach syrischer Ansicht arabischen Bauern gehörten. Die Israeli begannen darauf, am frühen Morgen des 7. Aprils mit einem Traktor die umstrittenen Landstriche zu bearbeiten. Das führte dazu, dass die Syrer, wie von den Israeli geplant, das Feuer eröffneten. Die israelische Luftwaffe trat in Aktion und bombardierte ein Total von über 30 befestigten syrischen Stellungen, teilweise mit Napalm. Etwa hundert Personen wurden getötet. Die syrische Luftwaffe griff ihrerseits ein. Doch die Ausbildung ihrer Piloten war so ungenügend, dass sechs syrische Jets abgeschossen wurden, einer davon über Damaskus, während die Israeli keine Verluste erlitten. Die israelischen Piloten sollen nach den Kämpfen geäussert haben, ihre syrischen Gegner müssten von Selbstmordabsichten getrieben gewesen sein, so direkt seien sie in ihre Maschinengewehre geflogen.

Die Aktion kam so blitzartig und vernichtend, dass Nasser auf seiner Seite sich still verhielt, obwohl erst am 4. November 1966 ein Verteidigungspakt zwischen Syrien und Ägypten geschlossen worden war. Die Vorwürfe von syrischer Seite, Ägypten lasse Syrien gegenüber den Israeli im Stich, hagelten daher umso vernichtender auf Nasser nieder. In der arabischen Öffentlichkeit schien sein Prestige stärker angeschlagen als jenes der Syrer, obwohl es deren Luftwaffe gewesen war, die sich so spektakulär hatte schlagen lassen.

In Beirut bekamen wir damals bloss die Tatsache mit, dass die syrischen Flugzeuge abgeschossen worden waren. Wie es dazu gekommen war, erfuhr man erst viele Jahre später, nachdem zahlreiche Einzelheiten über die Vorgänge veröffentlicht und von einigen wenigen, auch nachträglich noch an der objektiven Wahrheit interessierten Forschern und Journalisten zusammengefasst worden waren. Dabei waren die Berichte der UNO-Waffenstillstandsbeobachter, die am Tiberias-See standen, wohl die wichtigste Quelle. Doch die Tatsache der sechs abgeschossenen Jagdflugzeuge sprach für sich alleine. Auch in Beirut wurde klar, dass der Druck auf Nasser, seinerseits zu reagieren, stark angewachsen war. Klar war aber auch, dass Syrien seit Abschluss des Verteidigungspaktes mit ihm trotz aller gegenseitiger Beteuerungen begonnen hatte, seine Artillerieüberfälle auf israelische Dörfer zu verstärken.

Schritte hin zum Sechstagekrieg

Das war die – im wesentlichen von Israel bewusst provozierte – Konstellation, die zum Sechstagekrieg führen sollte. Für den Auslöser sorgten die Russen, als sie ihre Botschafter am 13. Mai 1967 in Kairo, in Tel Aviv und in Washington dramatisch auftreten liessen, um über eine behauptete israelische Truppenkonzentration an der syrischen Grenze, die es in Wirklichkeit nicht gab, Alarm zu schlagen. Syrien und Israel dementierten. Erst gute 20 Jahre später wurde klar, warum die Sowjetunion so gehandelt hatte: «Wir dachten damals, dass ein Krieg, sogar wenn die Ägypter ihn verlieren sollten, zu unserem Vorteil gereiche (…)», sagte der damalige Chef der ägyptischen Abteilung im sowjetischen Aussenministerium, *Evgenji Pyrlin*. Ein anonymer CIA-Mann berichtete von einem Gespräch mit einem hohen sowjetischen Beamten, der erklärt habe, die Russen wollten damals einen zweiten Kriegsschauplatz neben jenem von Vietnam schaffen, in den die Amerikaner verwickelt würden. (Siehe: *Ahron Bregman and Jihan el-Tahri*: The Fifty Years War, Israel and the Arabs, London 1998, p. 65)

Die Syrer ihrerseits, und auch ein Abgesandter Nassers in Syrien, stellten im Anschluss an die sowjetische Demarche zwar fest, dass es eine israelische Truppenkonzentration an ihrer Grenze nicht gab. Die Israeli dementierten sie auch. Doch die Konsultationen brauchten Zeit, und die gespannte Lage wurde noch gespannter. Nasser stand vor der Entscheidung, entweder seinen syrischen Verbündeten zu Hilfe zu kommen oder sie im Stich zu lassen. Er beschloss am 15. Mai 1967, eigene Truppen in den Sinai zu senden und die UNO zu ersuchen, ihre Friedenssoldaten von der Waffenstillstandslinie abzuziehen. Diese UNO-Truppe war nach dem Suez-Krieg von 1956 als internationale Absicherung in die Halbinsel eingerückt. *U Thant*, der Generalsekretär der UNO, war der Ansicht, alle UNO-Truppen müssten gehen, wenn ihr

Abzug von Ägypten gefordert werde, auch jene, die seit der Suez-Krise an der Bucht von Sharm al-Sheikh stationiert waren, um die freie Durchfahrt der israelischen Schiffe durch die Meerenge von Tiran zu gewährleisten.

Nachdem die Truppen von Sharm al-Sheikh abgezogen waren, scheint Nasser sich unter Zugzwang geglaubt zu haben, ägyptische Truppen an ihre Stelle zu setzen. Zunächst liess er nicht ausdrücklich eine Sperre der Meerenge erklären, doch propagandistisch kündigte er sie an und vollzog sie dann auch. Für Israel war schon die Präsenz ägyptischer Truppen in Sharm al-Scheikh ein Kriegsgrund. Nasser hatte ihn nun vollends geliefert.

Die russische und die amerikanische Diplomatie warnten beide Seiten, die israelische wie die ägyptische, nicht den ersten Schlag zu führen. Die Israeli ignorierten die Warnung und lösten am 5. Juni überraschend ihren lange vorbereiteten Präventivschlag gegen Ägypten aus. Sie hatten zuvor auf der Ebene der Geheimdienste mit den Amerikanern einen letzten Kontakt aufgenommen, durch den sie – entgegen den öffentlich ausgegebenen Warnungen der Amerikaner – informell die Zusicherung der Amerikaner erhalten hatten, dass sie ruhig losschlagen sollten und im Notfall amerikanische Deckung genössen (Treffen von Meir Amit, Chef des Mossad, mit McNamara, dem amerikanischen Verteidigungsminister, vom 30. Mai 1967, berichtet auf Grund von Interviews mit den Beteiligten in: *Ahron Bregman* and *Jihan el-Tahri*, The Fifty Years War, London 1989, p. 84. «*I read you loud and clear*», sagte McNamara). Die Israeli vermochten durch ihren Präventivschlag beinahe die ganze ägyptische Luftwaffe am Boden zu überraschen und zu vernichten. Der Krieg war dadurch in seinen ersten fünf Stunden entschieden. In den folgenden Tagen besetzten die Israeli den Gaza-Streifen und den ganzen Sinai, nachdem sie die ägyptischen Landstreitkräfte dort vollständig zerschlagen hatten.

Alle diese Entwicklungen lassen sich heute in ihren Zusammenhängen viel deutlicher erkennen als in der Zeit, in der sie sich abspielten. Heute sind die Ergebnisse bekannt, und zahlreiche Autoren haben sich über die wachsende Zahl von Dokumenten gebeugt, die bisher über die Hintergründe des Konfliktes veröffentlicht wurden. Damals tappte man in einem Dunkel, welches aus Propaganda- und Geheimhaltungsgründen neben der stets knappen Information immer auch Desinformation enthielt.

Der ägyptische Propagandaschleier war so dicht, dass die ägyptischen Behörden selbst, wohl einschliesslich Nassers, seine Opfer wurden. Nasser dürfte den Versicherungen seines engen Vertrauten und Oberbefehlshabers der Armee, des Marschalls *Abdel Hakim Amer*, zu viel Glauben geschenkt haben, als dieser immer wieder erklärte, die ägyptische Armee sei der israelischen gewachsen und werde sie zurückschlagen. Nach dem Krieg beging Abdel Hakim Amer, immerhin der zweite Mann des Regimes, angeblich Selbstmord, als ihn Nasser zur Rechenschaft zog. Möglicherweise hatte ihm Nasser keine andere Wahl gelassen …

Als die Krise sich zuspitzte, befand ich mich in Beirut und besuchte dort unseren Freund *Peter Lunn,* der in der Britischen Botschaft arbeitete und von dem ich wusste, dass er eine Verbindung zum britischen Geheimdienst besass. Er empfing mich sehr zuvorkommend und hörte sich meine Befürchtungen und Bedenken an. «Ist Israel wirklich in Gefahr, überrannt zu werden?» fragte ich, «und was könnte dann geschehen?». Er antwortete: «Unsere Leute sind der Ansicht, dass die Israeli durchaus überlegen sind. Wir glauben auch, dass man Nasser, wenn er sich unbedingt eine blutige Nase zuziehen will, nicht daran hindern sollte.» Ich ging beruhigt nach Hause. Drei Tage später, am Nachmittag des 5. Juni 1967, des ersten Kriegstages, hörte ich zum erstenmal am Radio die Israeli auf arabisch immer neu wiederholen: «Ägyptische Soldaten, werft eure Gewehre weg und zerstreut euch, wenn ihr nicht bombardiert werden wollt!» Ich ahnte, dass es sich wahrscheinlich um mehr als um krude Kriegspropaganda handelte. Denn es war schon zu diesem Zeitpunkt bekannt, dass am Morgen die Israeli ihren Grossangriff geflogen hatten und dass die ägyptische Luftwaffe daraufhin nichts mehr von sich hören liess.

Von Beirut aus konnte ich während der sechs Tage des Krieges nicht viel anderes unternehmen, als Radio zu hören. Als sie den Sinai unter ihre Gewalt gebracht hatten und Syrien angriffen, überflogen die israelischen Kampfflugzeuge die Bekaa-Ebene, ohne irgendeinen Widerstand zu finden. Sie benützten die libanesische Ebene zwischen Libanon und Anti-Libanon-Gebirge als Korridor, um nach Homs zu gelangen und die dortige syrische Raffinerie zu bombardieren, ohne den Gefahren eines tiefen Eindringens in das syrische Territorium ausgesetzt zu sein.

Die Libanesen gaben bekannt, sie hätten einen israelischen Piloten gefangen genommen. Wir hatten zufällig an jenem Tag den Sohn des libanesischen Präsidenten Charles Helou auf Besuch. Er lernte Deutsch am benachbarten Goethe-Institut und war für eine Tasse Tee zu uns gekommen. Verständlicherweise war er zutiefst deprimiert. Um ihn aufzuheitern, sagten wir ihm: «Immerhin haben die Libanesen einen israelischen Piloten gefangen genommen.» Er sah uns trübselig an und seufzte: «Es ist ja nur ein Tourist gewesen!» Was wir damals nicht wussten und was auch später lange Zeit verheimlicht wurde, war der Umstand, dass der libanesische Ministerpräsident,

Raschid Karamé, dem Oberbefehlshaber der Armee, General *Emile Boustani*, befohlen hatte, in den Krieg einzugreifen. Boustani jedoch weigerte sich mit der Begründung, seine Armee sei nicht in der Lage, gegen die Israeli erfolgreich zu kämpfen. Der Ministerpräsident gab Befehl, den General zu verhaften. Doch die Militärpolizei, die diesen Befehl erhielt, zog es vor, ihrem General die Treue zu halten und tat nichts. Karamé war, wie die libanesische Verfassung es forderte, ein sunnitischer Muslim; Boustani ein Maronit. Die Militärpolizisten dürften auch überwiegend Maroniten gewesen sein.

Angewiesen auf Radiostimmen

Natürlich konnte man die Radiomeldungen nicht für bare Münze nehmen. Um ihren Teil zu den Kriegsanstrengungen beizutragen, verbreiteten die arabischen Radios unaufhörliche Siegesmeldungen. BBC blieb bei weitem die sicherste Quelle. Ihre Meldungen kamen manchmal etwas später als die der lokalen Sender, doch sie waren dafür viel verlässlicher. Die lokalen Sender waren vor allem deshalb interessant, weil sie durch den Tenor ihrer Propaganda die Ziele, Hoffnungen und oft Illusionen der Regierungen widerspiegelten, welche sie kontrollierten.

Den Israeli gelang damals der Coup, dass sie ein Gespräch zwischen Nasser und König Hussein auffingen und über ihre Sender wiederholten, in dem Nasser den König ermunterte, in den Krieg einzutreten, obwohl er damals bereits gewusst haben muss, dass die ägyptische Luftwaffe zerstört war und dass der Rückzug der ägyptischen Truppen begonnen hatte. Nasser sprach von «anfänglichen Rückschlägen» und fügte hinzu: «Seit dem frühen Morgen hat unsere Luftwaffe die israelische bombardiert», was in keiner Hinsicht den Tatsachen entsprach. Er forderte den König auch auf, bekannt zu machen, dass die Engländer und die Amerikaner auf Seiten der Israeli in den Krieg eingegriffen hätten (Wortlaut in «The Fifty Years War» wie oben, p. 90). Man muss hierzu erwähnen, dass Ägypten und Jordanien erst sechs Tage vor Kriegsbeginn, am 30. Mai, einen gegenseitigen Verteidigungspakt geschlossen hatten.

Dem ägyptischen Feldzug der Israeli folgte der jordanische, und der Niederlage der Jordanier, welche das ganze Westjordanland einschliesslich der Altstadt von Jerusalem verloren, folgte die syrische. Die Israeli besetzten nach blutigen Kämpfen die ganze Provinz Kunaitra (heute meist Golan genannt) und rückten so weit vor, dass sie Damaskus auf nur 40 Kilometer Entfernung bedrohten. In Beirut war die nächste Entwicklung, die bekannt wurde, dass Nasser in Kairo seinen Rücktritt einreichte und die gesamte arabische Welt darauf reagierte. In Beirut nahm die Reaktion die Form von Strassendemonstrationen an, welche die Stadt durchzogen, und besonders die sunnitischen Viertel, aber auch Ras-Beirut, wo wir wohnten, in Aufruhr brachten. Die Menschen strömten aus ihren Häusern und riefen im Takt «Nasser! Nasser!». Steine flogen in alle Glasfenster und Lichtreklamen, die ein verlockendes Ziel abgaben, weil sie leicht zu zerschlagen waren. Die Radios standen in voller Lautstärke in den offenen Fenstern, und über sie kamen die Töne ähnlicher Demonstrationen aus Kairo und aus dem Rest der arabischen Welt. Die Atmosphäre war derart elektrisierend, dass unsere kleine fünfjährige Tochter Sylvia auf dem Balkon sass und mit einstimmte, indem sie rhythmisch in die Hände klatschte und «Nasser! Nasser!» mitsang.

Es war wahrscheinlich, dass dieser Ausbruch der Leidenschaften von den nasseristischen Politikern in Beirut und von den stets mit ihnen zusammenarbeitenden Angestellten und Agenten der ägyptischen Botschaft ermuntert, wenn nicht ausgelöst worden war, doch war nicht zu übersehen, dass die Menschen spontan mitmachten. Eine Welt, an die sie fest geglaubt und auf die sie all ihre Hoffnungen gegründet hatten, war für sie zusammengebrochen. In dieser Lage sahen sie den Rücktritt Nassers als eine weitere Gefahr und Verunsicherung. Sie drohte ihnen auch noch die Führungsperson zu entreissen, für die sie sich seit mindestens elf Jahren, das heisst seit der Suez-Krise, leidenschaftlich engagiert und auf die sie gezählt hatten. Der Doppelverlust des verlorenen Krieges und des verlorenen Führers wäre unerträglich gewesen. Dass dieser selbst letzten Endes für den verlorenen Krieg verantwortlich war, konnten und wollten die überwältigten arabischen Massen in jenem Augenblick einfach nicht wahrhaben.

In Kairo spielte sich die gleiche Reaktion ab. Nasser zog, ob im voraus geplant oder spontan, sollte nie klar werden, seinen Rücktritt zurück. Die Ägypter und der Rest der arabischen Welt empfanden leidenschaftlich, dass sie Nasser nun mehr als je brauchten. Er allein, falls irgend jemand, so glaubten sie, könne den schweren Rückschlag überwinden, welchen die Niederlage bedeutete. Eine andere Führungsfigur gab es nicht. «Rückschlag», nicht etwa «Niederlage», wurde das Wort der offiziellen Sprachregelung schon unmittelbar nach dem verlorenen Krieg. – Gleichzeitig begannen die Studenten an der Amerikanischen Universität, Kleider und Decken für die neue Welle von mindestens 200 000 palästinensischen Flüchtlingen und Vertriebenen zu sammeln, die sich aus den israelisch besetzten Gebieten des Westjordanlandes nach Jordanien ergoss. Dazu kamen etwa 400 000 Bewohner der Provinz Kunaitra, die nach dem Inneren Syriens geflohen oder evakuiert worden waren.

Am 11. Juni konnte der UN-Sicherheitsrat einen Waffenstillstand zwischen den Kriegsparteien arrangieren. Ägypten hatte nicht nur Gaza und den Sinai verloren, sondern auch die strategische und wirtschaftliche Hauptader Suez-Kanal – er blieb als befestigter «Schützengraben» zwischen den feindlichen Truppen für die nächsten acht Jahre unpassierbar.

Erste Regungen der Selbstkritik

In den Wochen nach der Niederlage begannen die libanesischen Intellektuellen eine selbstkritische Diskussion, die schon seit vielen Jahren überfällig gewesen war. Sie fragten in den Zeitungen: «War es wirklich im Interesse der arabischen Nation, dass vor dem Sechstagekrieg die Zensur den Artikel «Israel» aus dem grossen Larousse herausgerissen hatte, bevor die Enzyklopädie, ohne Israel, in Libanon verkauft werden durfte? Oder hatte sich diese Haltung letztlich zum Schaden der arabischen Welt ausgewirkt? Weil sie ihre Augen vor der Tatsache Israel hatte verschliessen wollen und dann davon überrascht worden war, dass «der Feind» sich plötzlich so überwältigend zur Geltung gebracht hatte?» – «Viele Israeli können Arabisch, aber wie wenige Araber haben es sich je einfallen lassen, Hebräisch zu lernen?» wurde nun auch gefragt. Die eigene Propaganda aus der Zeit vor der «Katastrophe» wurde unter die Lupe genommen. *Ahmed Shukairi*, der Vorsitzende der PLO vor ihrer Übernahme durch Fatah, wurde nun als ein negatives Beispiel zitiert. Er hatte mit blutrünstigen, aber leeren Formeln davon gefaselt, dass Israel demnächst «liquidiert und die Juden ins Meer getrieben» würden, ohne je mehr zu tun, als viele laute Reden zu halten. Dass Nasser selbst seinen Mund ebenfalls viel zu voll genommen hatte, wurde nicht erwähnt; denn Nasser blieb weiter die einzige Hoffnung der Massen.

Der «Rückschlag» wurde von manchen Intellektuellen wie schon der verlorene Krieg von 1948 als «Katastrophe» bezeichnet; es gab Abhandlungen über die «zweite Katastrophe», nachdem man schon über die erste geschrieben hatte. Das tönte härter und selbstkritischer als das beschönigende Wort der Regierungen: «Rückschlag». Doch bei näherem Zusehen konnte man Bedenken anmelden: Das Wort «Katastrophe» erinnerte an eine Naturkatastrophe, für die niemand wirklich verantwortlich war, ein Unglück, das die Araber überkam, nun schon zum zweiten Mal, ohne dass sie sich ernsthaft fragten, wer oder was denn Schuld daran trage. «Katastrophen» stellen sich unausweichlich ein, unvoraussehbar und unvermeidlich, also ohne Schuld und Verantwortung der Betroffenen. «Niederlagen» fordern die Frage nach der Verantwortlichkeit heraus. Doch gerade dieses Wort wurde vermieden.

Nakba

Kriegsfolgen in Syrien

Auch in Syrien wurden Erklärungen und Antworten auf den «Rückschlag» gesucht, die jedoch, soweit sie öffentlich waren, auf eine ideologische Linie hinausliefen: Die Niederlage, so stellten es die «Linksbaathisten» dar, sei dadurch zustande gekommen, dass ein «bürgerlicher» statt eines «revolutionären» Krieges geführt worden sei. Dieser Umstand habe dem Imperialismus der Vereinigten Staaten, gestützt auf sein Instrument Israel, erlaubt, einen Sieg über die arabische Bourgeosie zu erringen, deren Vorkämpfer Nasser sei. Für die Zukunft, so meinten diese Ideologen, stehe der arabischen Welt ein Instrument zur Verfügung, das die zentrale Kraft für einen «revolutionären» Krieg abgeben könne – der palästinensische Volkswiderstand. Dieser müsse von den «arabischen Massen» unterstützt werden, was dann zum Sieg der Volksmassen und ihrer Vorhut, der Baath-Partei, über Israel wie auch zum Zusammenschluss der gesamten arabischen Welt führen werde.

Doch die Ideologie, wie immer in Syrien, überdeckte nur die zugrunde liegenden Reibungen zwischen den verschiedenen Minderheiten. Die Linksbaathisten waren überwiegend Alawiten und wurden von den anderen Syrern als solche wahrgenommen. Eine noch kleinere Minderheit aus Angehörigen der *Ismailis* hatte vor dem Krieg die Speerspitze der extremen Linken gebildet. *Abdel Karim Jundi*, Chef des Geheimdienstes; *Khaled Jundi,* ein Gewerkschaftsführer mit einem bewaffneten Gefolge von organisierten Arbeitern; Brigadier *Ahmed al-Mir*, Kommandant der südlichen Front gegen Israel, mit ihren der gleichen ismailitischen Minderheit angehörigen Klienten, sahen sich selbst mehr als pro-chinesisch denn pro-sowjetisch an. Nach dem Krieg wurde jedoch diese extreme Linke schrittweise von der Macht zurückgedrängt. Hafez al-Asad und sein draufgängerischer jüngerer Bruder *Rif'at al-Asad* traten in Konflikt mit ihnen und mit *Salah Jedid,* dem Leiter des Büros für Angelegenheiten der Offiziere, der bisher der mächtigste Mann in Syrien gewesen war. Der mit Jedid zusammenwirkende Sicherheitschef Abdel Karim al-Jundi wurde isoliert und beging schliesslich am 1. März 1969 Selbstmord. Er war für die Folterung so vieler Menschen verantwortlich gewesen, dass er das gleiche Schicksal zu befürchten hatte. Seine Gefolgsleute und Bundesgenossen wurden exiliert oder eingekerkert.

Der wichtigste drusische Baath-Offizier, Oberst *Salim Hatoum,* hatte am 8. September 1966 in Souwaidiya, dem Hauptort der syrischen Drusen, einen Putsch gegen Jedid, der an jenem Tag Souwaidiya besuchte, ausgelöst. Er war fehlgeschlagen. Jedid und sein damaliger Verbündeter, Verteidigungsminister Hafez al-Asad, hatten darauf – unmittelbar vor dem Sechstagekrieg – die grösste Reinigung unter den syrischen Offizieren durchgeführt, die es je gegeben hatte. Etwa 400 wurden entlassen oder eingekerkert. Hatoum war nach Jordanien geflohen. Die Baathisten glaubten, er intrigiere von dort aus mit den Amerikanern und Briten gegen Syrien. Als der Krieg ausbrach, war Hatoum mit einigen seiner drusischen Gefolgsleute freiwillig nach Syrien zurückgekehrt, um mitzukämpfen. Er wurde jedoch gefangen genommen, fast totgeschlagen und dann erschossen. Die Drusen Syriens sahen sich seither als Opfer der «alewitischen Offiziere» an.

Sechs Tage Krieg, sechs Jahre Nachkrieg

In Ägypten dauerte das Nachspiel des Sechstagekrieges insgesamt sechs Jahre, davon drei unter Nasser und drei unter seinem Nachfolger Sadat. Israel stand am Kanal. Es befestigte das östliche Kanalufer durch die sogenannte *Bar-Lev-Linie*. Nasser liess die Kanalstädte Ismailiya und Suez evakuieren, die zusammen etwa 700000 Bewohner beherbergten. Die Evakuierten mussten im ohnehin überfüllten Kairo untergebracht werden. Viele von ihnen zogen auf die bis zu jener Zeit unbewohnten Friedhöfe der Stadt. Nasser wollte vermeiden, dass die Bewohner der beiden Kanalstädte, die in bequemer Reichweite der israelischen Artillerie lagen, zu Unterpfändern des Nachkriegsringens mit Israel würden. Am 21. Oktober 1967 hatten die Ägypter den israelischen Kreuzer Elath, der nahe an den territorialen Gewässern Ägyptens patrouillierte, ungeachtet des Waffenstillstands durch eine Rakete versenkt. Die Israeli antworteten mit der Beschiessung und Zerstörung der grossen ägyptischen Raffinerie von Suez, die in Reichweite ihrer Kanonen lag. Die Ägypter brachten ihrerseits Artillerie an den Kanal, und es kam zu schweren Artillerieduellen, in denen der ägyptische Generalstabschef *Abdel Mun'im Riad* sein Leben verlor.

An der diplomatischen Front konnte Nasser Ende August 1967 auf dem Gipfel von Khartum einen Erfolg verbuchen. Er erreichte, trotz der Opposition der radikalen Regimes von Syrien und Algerien, dass die arabischen Staaten sich zusammenschlossen und dass die Erdölstaaten Ägypten die dringend benötigte finanzielle Unterstützung von 95 Millionen Pfund jährlich zusagten; Jordanien erhielt 40 Millionen. Die Konferenz, von der Syrien fortblieb, beschloss auch, dass Ägypten und Saudi-Arabien sich aus Jemen zurückziehen sollten und dass das Erdölembargo, das während des Krieges gegen die USA, Grossbritannien und die Bundesrepublik Deutschland verhängt worden war, beendet werde.

In jener Periode begegnete ich in Beirut auf einem Empfang dem Leiter einer holländischen Bank in Riad, den ich von früher kannte. Die Bank war schon vor der Erdölepoche in Saudi-Arabien aktiv gewesen und besass aus diesem Grunde eine engere Beziehung zum Königshaus als die später eingetroffenen Finanzhäuser. Dieser Bankmann vertraute mir an, dass König Faisal ihm unmittelbar nach der Niederlage Nassers vertraulich gesagt habe, die Israeli hätten durch ihren Sieg «Saudi-Arabien gerettet». Doch diese sehr realistische Sicht der früheren Absichten und der Gefährlichkeit Nassers hinderte die Saudis nicht daran, Ägypten nun grosse Summen Geld zur Verfügung zu stellen. Sie hofften, dadurch Einfluss über das Regime von Kairo zu gewinnen.

In Bezug auf die Friedensbemühungen endete die Konferenz von Khartum mit drei «Neins»: keine Verhandlungen mit Israel; kein Frieden mit Israel; keine Anerkennung Israels. Doch diese drei «Neins» waren so formuliert, dass sie – wie Nasser und Hussein intern klar stellten – ziemlich viel Spielraum für Schritte auf eine Friedenslösung hin zuliessen. Sie sprachen gegen direkte Verhandlungen, jedoch nicht gegen indirekte; sie schlossen zwar einen Friedensvertrag aus, erlaubten jedoch die Möglichkeit eines *de facto*-Friedens; sie verweigerten eine *de jure*-Anerkennung, liessen jedoch die Möglichkeit einer *de facto*-Koexistenz offen.

Die drei «Neins» erhielten im Westen grosse Publizität und führten zu einem allgemeinen Kopfschütteln über die Unnachgiebigkeit, ja den Fanatismus der Araber. Dass sie jedoch in Wirklichkeit die Türen auf eine Friedenslösung hin offen liessen, wussten nur einige Diplomaten.

Der Sicherheitsrat schloss seine Friedensdebatte am 22. November 1967 mit der einstimmigen Zustimmung zur Resolution 242 ab. Sie war so formuliert, dass sowohl die Russen wie die Amerikaner ihr zustimmen konnten, welche als Sachwalter der Araber und der Israeli auftraten. Dies hatte allerdings eine diplomatische Unschärfe notwendig gemacht. Die Resolution, die Jahrzehnte lang wegweisend blieb, forderte, die Araber und die Israeli sollten innerhalb sicherer und anerkannter Grenzen nebeneinander in Frieden leben und das Flüchtlingsproblem der Palästinenser müsse eine gerechte Lösung finden. Sie verlangte auch: Israel habe sich von *«territories occupied in the recent war»* zurückzuziehen. Diese Formel liess sich nicht genau in andere Sprachen übersetzen, weil die englische Formulierung offen liess, ob es sich um alle oder Teile der besetzten Territorien handle. Die erste Auslegung entsprach den Wünschen der Araber und ihrer politischen Partner, die zweite den Zielen der Israeli und ihrer Freunde. Eine französische Formulierung hätte die eine oder die andere Alternative klar stellen müssen: «*retrait des territoires*» oder «*de (certains des) territoires*». So auch das Arabische. Auch das Deutsche liesse die Offenheit der englischen Formulierung nicht zu.

Der israelische Standpunkt, der sich für viele Jahre nicht ändern sollte und der auch von den Amerikanern verfochten wurde, war schon damals, Israel werde sich im Austausch für einen vollen Frieden, der aus direkten Verhandlungen mit den arabischen Staaten hervorgehe, aus (den?) besetzten Gebieten (damals gehörte auch die ganze Sinai-Halbinsel zu diesen) zurückziehen, jedoch nicht bis auf die bisherigen Grenzen. Die endgültigen Grenzen der Zukunft müssten in den Verhandlungen mit den arabischen Staaten festgelegt werden. Dass ihrer Ansicht nach ganz Jerusalem künftig zu Israel gehören solle, machten die Israeli schon am 28. Juli 1967 durch eine Abstimmung in der Knesset klar. Die Knesset stimmte später auch einem Gesetz zu, das den besetzten Golan, das heisst die syrische Provinz Kunaitra, als Teil von Israel bezeichnete.

Die Jahre zwischen 1967 und 1973 waren sechs Jahre, die man kurz und treffend unter das Signum «kein Krieg, kein Frieden» stellen kann. Im Oktober 1973 endeten sie mit einem neuen Krieg.

TEIL III

Blumen, Verknüpfungen, Risse

Der Nahe Osten aus der Distanz

Spanien neben dem Nahen Osten

Schon vor dem Sechstagekrieg hatte ich mit der NZZ vereinbart, dass ich einen neue Aufgabe übernähme, nämlich von Madrid aus Spanien für die Leser der NZZ gewissermassen wieder einzuführen. Das Blatt hatte seit dem spanischen Bürgerkrieg (1936–1939) keinen festen Korrespondenten in Madrid mehr unterhalten. Es war zu erwarten, dass Franco nicht mehr sehr lange leben würde, und den Redaktoren der Zeitung schien zweckmässig, noch bevor das Regime sein Ende erreichte, das Land und seine Problematik ihren Lesern in Erinnerung zu rufen. Gleichzeitig, so wurde ausgemacht, sollte ich weiter über den Nahen Osten berichten und auch periodisch dorthin fahren.

Ich fragte nicht nach, doch schien mir, dass einer der Gründe für diesen Vorschlag darin lag, dass ich eher zuviel über die arabische Seite und ihre Anliegen im Nahostringen geschrieben hatte und dass die Redaktion eine weniger ausführliche Berichterstattung über die arabische Seite wünschte, weshalb sie mir eine zweite Aufgabe neben meiner bisherigen vorschlug. Die Idee dieser Doppelaufgabe war von Dr. Eric Streiff gekommen, dem erfahrenen und mir gegenüber stets sehr gütigen und geduldigen Redaktoren, der sich von Zürich aus sowohl mit Israel als auch mit der gesamten Nahostregion sowie mit Vorderasien bis nach Indien hin abgab. Dr. Streiff war unmittelbar vor dem Bürgerkrieg in Spanien gewesen und hatte über das Land berichtet, das ihm damals ans Herz gewachsen war.

Diese Abmachungen waren jedoch vor dem Sechstagekrieg getroffen worden. Der unerwartet ausgebrochene Krieg veränderte die Lage insofern, als durch ihn die ganze zuvor festgefahrene Frage der Beziehungen Israels und der arabischen Länder in Bewegung geraten war und nun hochaktuell und politisch bedeutsam zu werden versprach. Dennoch beschloss Zürich, es wolle bei der verabredeten Lösung bleiben. Nur merkte die Redaktion an, dass ich wahrscheinlich recht oft in den Nahen Osten würde reisen müssen, um den dortigen Entwicklungen gerecht zu werden. Mir war dies recht. Meine Frau hatte sich bereits sehr auf den versprochenen neuen Wohnort Madrid gefreut. Sie fand auch, unsere Kinder sollten lieber in einer europäischen Stadt als im arabischen Beirut aufwachsen. Für sie war die arabische Welt weniger attraktiv als für mich, was ich ihr angesichts der Stellung, welche die Frauen in der Region einnahmen, nicht verübeln konnte. Ich musste zugeben, dass es für sie als Frau sehr viel schwieriger war, sich in Beirut wohl zu fühlen. Dass ich andrerseits noch oft nach der nahöstlichen Region reisen und mich weiter mit ihr beschäftigen konnte, entsprach durchaus meinen Wünschen und Hoffnungen. Spanien aber zog uns beide an, und die Aufgabe, das Land gewissermassen neu auszukundschaften und zu beschreiben, bevor die zu erwartenden politischen Neuentwicklungen eintraten, war ebenfalls sehr verlockend.

Dennoch, so war mir von Beginn an klar, würde die Umsiedlung nach Madrid einen tiefen Einschnitt in mein Verhältnis zur arabischen Welt bedeuten. Sobald ich nicht mehr dort lebte, so schien mir, würde sich auch mein Blickwinkel verschieben. Von aussen gesehen erschien diese Welt als etwas sehr Fremdes, manchmal schwer zu Begreifendes, während sie mir, solange ich mich innerhalb ihrer Zusammenhänge bewegte, direkt an ihr teilnahm und sie gewissermassen aus der Tuchfühlung heraus zu verstehen suchte, recht vertraut geworden war. Sie hatte begonnen, mir erklärbar und von ihren eigenen inneren Gesetzen her begreifbar und darstellbar zu erscheinen.

Ich würde mich weiter mit der Berichterstattung über die Region befassen, das war ein Trost. Doch diese Berichterstattung würde nun viel mehr aus der Distanz erfolgen, sagte ich mir. Nicht nur, dass ich oft im Augenblick des Geschehens nicht präsent sein würde, ich würde auch als reisender Journalist den täglichen Kontakt des Zusammenlebens verlieren. Um beim Bild des Teppichs zu bleiben, das den Titel dieses Erinnerungsbuches abgibt, ich würde nun mehr auf die Rückseite schauen, darauf, wie die Region «geknüpft» sei, was sie zusammenhalte, welches die Schwachpunkte, Fehler und die mehr oder weniger gut geflickten Stellen seien. Die glänzende, bunte und anziehende Vorderseite des Teppichs, nämlich das Leben und Wesen der Menschen im Rahmen ihrer Kultur und Landschaft, würde ich nun weniger oft zu Gesicht bekommen.

Auch für die Kinder war die Umstellung auf Madrid zunächst eine grosse Veränderung, kannten sie doch kein anderes Leben als jenes von Beirut. Wir gaben unsere ideale Wohnung am Fuss des Leuchtturms nur schweren Herzens auf. Im Herbst 1967 flogen wir über die Schweiz nach Madrid, um rechtzeitig für den Schulbeginn anzukommen. Die Lage im Nahen Osten war nun jedoch so sehr im Fluss, dass ich mir nur eine kurze Zeit in Madrid nahm, um eine Pension und dann eine kleine möblierte Wohnung zu finden, in der wir vorübergehend Unterkunft nahmen. Dann flog ich zurück nach Kairo und von dort nach Beirut, um das laufende Jahr im Nahen Osten abzuschliessen und damit gleich zu Beginn meiner neuen Tätigkeit einige Wochen weiter in der arabischen Welt zu verbringen. Auf Weihnachten, so versprach ich, würde ich wieder in Madrid zurück sein. Meine Frau nahm es tapfer auf sich, alleine mit den drei Kindern das neue Leben in der ihr noch fast unbekannten Stadt zu beginnen. Die grosse und formvollendete Höflichkeit, mit der die Spanier damals eine Señora behandelten, die mit ihren Kindern aus dem Ausland zu ihnen kam, sehr anders, als dies in der arabischen Welt für eine Frau ohne männlichen «Schutz» der Fall gewesen wäre, erleichterte ihr das Einleben.

Unsere älteste Tochter Jessica war es aus Beirut gewöhnt, bei Bedarf sehr rasch in ein vorüberfahrendes Taxi zu hüpfen, das nur gerade seine Fahrt verlangsamte, ohne ganz anzuhalten. An einem der ersten Tage wollten wir alle fünf auf der Calle de Alcalá, einer der grossen Hauptstrassen im Zentrum von Madrid, ein Taxi nehmen – und schon sass Jessica in dem Wagen, so rasch, dass der Fahrer gar nicht gewahr wurde, dass sie alleine eingestiegen war. Er fuhr deshalb weiter die Strasse hinab, ohne auf den Rest der Familie zu warten. Jessica in ihrer Aufregung rief dem Chauffeur auf Arabisch zu, er solle anhalten, die anderen kämen noch nach. Der Chauffeur antwortete auch auf Arabisch: «Ja gut, nur keine Aufregung!», gleich werde er anhalten, sobald er das nach den Verkehrsregeln könne. Er kam nämlich aus Tetouan im früher spanischen Teil von Marokko. Die Familie fand bald darauf in seinem Wagen wieder zusammen und staunte ebenfalls über den sprachgewandten Fahrer.

«Aber in Beirut …!» war in jenen Tagen der Beginn vieler Sätze der Kinder und manchmal auch meiner selbst. Die Kinder kamen in französische Schulen und Kindergärten der «Dames de Chaumont», die jenen der «Soeurs Franciscaines», die sie in Beirut besucht hatten, recht ähnlich waren. Sie lernten sehr schnell, die Dinge, die sie am nötigsten brauchten, auf Spanisch zu verlangen, sich mit den neuen Schulkameraden Französisch und auch bald bereits Spanisch zu verständigen und mit dem neuen Geld der Pesetas umzugehen. Schon bald diente Jessica meiner Frau als Übersetzerin. Meine jüngere Tochter Sylvia drückte mir bei Gelegenheit ihre Befremdung darüber aus, dass ich behauptete, Spanisch zu können und nicht einmal ein so notwendiges Wort wie «Sprungseil» zu kennen schien. Das Seilhüpfen war auf ihrem Schulhof gerade in Mode gekommen.

Ägypten unter dem Schock der Niederlage

Zurück in Kairo fand ich eine Stadt, die unter dem Schock des verlorenen Krieges stand. In ihrer Verwirrung und Verzweiflung gingen die Kairiner beten. Die Moscheen der Innenstadt flossen jeden Mittag bis auf die Strassen über. Ihre Hallen und Höfe konnten die Reihen der Betenden nicht mehr fassen. Auch die christlichen Ägypter, die Kopten, waren in religiöse Erregung geraten. Meine Journalistenfreunde erzählten mir, dass die Marienkirche al-Adra Schauplatz eines vermuteten Wunders geworden war. Ich ging selbst hin, das anzuschauen. Auf dem Dach der Kirche, wenn nachts der Vollmond darauf schien, wollten manche der Gläubigen plötzlich ein Abbild der Heiligen Familie, Mutter, Kind, Joseph und den Esel erkennen. Nicht nur die Kopten, auch die Muslime kamen, um das zu sehen. Schliesslich war auch für sie Christus ein Prophet und die Jungfrau, die im Koran erwähnt ist, eine bekannte religiöse Figur.

Die Leute standen des Nachts so dicht vor der Kirche, dass die Polizei eiserne Barrieren aufrichtete, um die Menschen zu kanalisieren, wie man es an manchen Busstationen sehen kann. Dies war eine Vorsichtsmassnahme, um der Gefahr vorzubeugen, dass Schaulustige durch einen Massenauflauf erdrückt werden könnten. Ich selbst war nie Zeuge der Erscheinung, doch kannte ich Personen, die das «Wunder» miterlebt hatten. Allen Schilderungen nach trug es die Züge einer Kollektivillusion. Jemand sah es und schrie laut auf; dann begannen auch andere, es zu sehen. Nachdem all das, woran die Menschen 15 Jahre lang, seit Beginn der nasseristischen Revolution, glühend geglaubt hatten, auf einmal zusammengestürzt war, suchten sie so dringend nach einem Halt, dass sie sich religiöser Inbrunst zuwandten.

Umgekehrt fand man auch einzelne Männer, die offenbar eher im Alkoholgenuss einen Halt gesucht hatten, und die nun des Nachts unsicheren Fusses mitten auf den Strassen dahintorkelten und mehr oder weniger laut vor sich hinredeten: «Wenn das Sozialismus sein soll, so will ich keinen Sozialismus; und wenn das arabischer Nationalismus ist, was soll ich dann mit dem arabischen Nationalismus!»

Die gebildeten Ägypter schienen zuerst wie verstummt. Selbst jene, die das Regime nicht besonders bewundert hatten und zur rechten oder zur linken Untergrundopposition gehörten, hatten doch an Ägypten geglaubt. Die Armee, die so lange Jahre Ägypten recht eigentlich verkörpert hatte und das Land zu symbolisieren schien, war in weniger als einer Woche vernichtet worden. – Was blieb da noch übrig? Wie würde man weiterleben? Nasser hatte die Geschicke des Landes erneut in die Hand genommen; sollte man ihm noch einmal vertrauen? Wenn nicht, wem denn sonst? – Die Linksintellektuellen hatten eine theoretische Antwort: der Arbeiterklasse. Aber sie selbst sahen, dass das mehr Theorie als Wirklichkeit war. Wer würde diese Arbeiterklasse anführen? Doch Nasser und seine Leute? Diesmal noch mehr gestützt auf die Sowjetunion? Und was wäre diese bereit, für Ägypten zu tun? Welche Gegenleistungen würde sie dafür fordern?

Nasser hatte die Führung sofort wieder übernommen. «Die Scharte des Rückschlages muss ausgewetzt werden», schrieben die Blätter auf Geheiss des Regimes. Sie führten aus, was Nasser selbst angedeutet hatte: Es müssten doch die Amerikaner und die Briten gewesen sein, die den Israeli geholfen hätten, ihren entscheidenden Überraschungsschlag zu führen. Alleine hätten sie das unmöglich vermocht. *Faute de mieux* folgte man Nassers Führung, es gab ja nur ihn. Allerdings zeigte die allgegenwärtige Hinwendung zur Religion, dass das frühere blinde, in seiner Art fast religiöse Vertrauen auf diese politische Führung dahin war. Der Nationalismus als Religionsersatz war zu Ende. Nun kehrte man sich der Religion selbst wieder zu; der Ersatz hatte sich als ungenügend herausgestellt.

Ich ging natürlich auch wieder zu den grossen Zeitungskiosken. Dort begannen die religiösen Schriften zu blühen: Broschüren, Hefte, Zeitungsartikel. Offenbar gab es religiöse Kreise, die bereit standen, sofort dem neuen Bedürfnis nach Halt und Führung durch die Religion nachzukommen. Es war anzunehmen, dass diese Kreise den Muslim-Brüdern nahestanden. Sie hatten also alle Verfolgungen der vorausgehenden Jahre überdauert. Nun waren ihre Schriften und solche, die von ihnen beeinflusst waren, zu einem so starken Bedürfnis geworden, dass das Regime sie erscheinen liess. Vermutlich wurden sie von den Zensurstellen nun als eine Art von Stossfängern gesehen, die man unbedingt nötig hatte.

Es gab auch noch die nationalistischen Schriften von früher, doch sie wirkten nun falsch und unglaubwürdig, schon weil sie alle in triumphalistischen Tönen gehalten waren. Nun brauchte man Trost und neue Zuversicht, aber nicht mehr heldische Slogans, die sich als betrügerisch erwiesen hatten.

Eine gewisse Glaubwürdigkeit in Linkskreisen hatte sich einzig die paläsinensische Guerilla bewahrt. Wer nicht auf den Islam setzen wollte und konnte, hoffte auf sie. Wenigstens bildete sie keine reguläre Armee, wie die ägyptische, deren Zerschlagung man eben erlebt hatte. Revolutionskräfte? Konnte dies ein Weg vorwärts werden? – In Ägypten natürlich nicht, jedoch vielleicht an den israelischen Grenzen und in den von den Israeli besetzten palästinensischen Territorien? Und warum sollten der sozialistische Volkskrieg und der Islam nicht zusammengehen, im Zeichen eines *Jihad* oder «Heiligen Krieges»?

Wohin man schaute, drängte der Islam nun in den Vordergrund. Ägypten war im Begriff, seine Ideologie auszuwechseln. Der Staat liess es geschehen, aber er machte nicht aktiv mit. Im Gegenteil, die staatliche Linie wurde nun: noch engere Zusammenarbeit mit der Sowjetunion und noch mehr «wissenschaftlicher Sozialismus». Die Staatspartei wurde wieder einmal neu organisiert. Sie sollte nach den Vorstellungen der Machthaber ins Zentrum des politischen Lebens rücken. Doch war nicht viel Leben in der Partei, denn die Macht lag bei Nasser. Die Parteileute blieben machtlos.

Waffen brauchte man von den Russen, das war einem jeden klar; denn direkt nach dem Sechstagekrieg standen die Israeli am Suez-Kanal, und Ägypten lag offen vor ihnen. Um die schlimmsten militärischen Lücken zu stopfen, liess Nasser die ägyptischen Truppen aus Jemen heimkehren. Unter ihnen gab es Elitetruppen, die für den Sechstagekrieg nicht nach Ägypten hatten verlegt werden können; der Krieg war zu schnell und zu unerwartet gekommen. Das Jemen-Abenteuer wurde nun beendet, was auch wieder ein besseres Verhältnis zu Saudi-Arabien zuliess. Neue Truppen wurden ausgehoben. Die Russen versprachen und lieferten auch schon bald neue Waffen. Ägypten brauchte ein gutes Jahr, um kleinere taktische Offensiven gegenüber den Israeli ergreifen zu können. Als erstes waren dies Artillerieduelle, bei denen nicht nur die Israeli das Feuer aufnahmen, sondern auch die Ägypter. Für Nasser war es wichtig, einen Kleinkrieg geringer Intensität am Kanal aufrecht zu erhalten, weil er vermeiden wollte, dass die bestehenden Positionen, auf denen die Israeli sich mit der Bar-Lev-Linie befestigt hatten, schliesslich internationale Grenzen würden.

Die Israeli ihrerseits hofften, dass das Regime Ägyptens klein beigeben und sich zu direkten Friedensverhandlungen mit Israel bereit finden könnte, oder dass es zu Fall käme, wenn sie nur zäh genug auf ihren Positionen am Kanal ausharrten. Der Kanal selbst war durch versenkte Schiffe gesperrt, was bedeutende Devisenverluste für Ägypten verursachte. Die andere Hauptdevisenquelle, die Ölfelder des Sinai, befand sich in israelischer Hand, und die Israeli begannen schon rasch, das Sinai-Öl auf ihre Rechnung zu pumpen.

Die militärischen Bewegungen und Entwicklungen wurden nun in tiefstes Geheimnis gehüllt. In der Vorkriegsepoche hatte jedermann von Einfluss viel davon gewusst, was in der Armee vorging, weil die ägyptische Gesellschaft von den Offizieren beherrscht war und diese ihre Allianzen mit den Geldfamilien eingegangen waren. Die Zeitungen waren nun voll von Enthüllungen über die israelischen Spione, die vor dem Sechstagekrieg praktisch ungehindert in Ägypten gewirkt hätten. Auf Grund ihrer Informationen hätten die Israeli den vernichtenden Überfall auf die ägyptische Luftwaffe planen können, hiess es nachträglich. Nun erfuhr man auch von dem falschen Deutschen, Herrn *Lutz*, einem Mann, der als strammer deutscher Ex-Offizier in Erscheinung getreten war. Er war ein grosser Liebhaber von Rennpferden und bewirtete die ägyptischen Offiziere fürstlich; vielen galt er als ihr bester Freund. In Wirklichkeit war er ein israelischer Agent gewesen, der sich ganz besonders der Spionage auf den Militärflugfeldern annahm.

Nun sollte es mit der Spionage zu Ende sein. Ganz Ägypten ausserhalb des Niltals wurde für alle Ausländer gesperrt, und die Ägypter selbst brauchten Sonderbewilligungen, um die Wüste ausserhalb des Niltals zu besuchen. Dort hatten ausschliesslich die Militärs das Sagen. Man wusste nicht, wie viele sowjetische Ausbilder und Waffentechniker nach Ägypten gekommen waren, um mitzuhelfen, die Armee wieder aufzubauen. Zahlen wurden herumgeboten, auf die kein Verlass war. Die Öffentlichkeit war viel mehr mit den palästinensischen Guerillakämpfern beschäftigt als mit der eigenen Armee. Von ihnen erhoffte man sich Bewegung und Erleichterung des israelischen Drucks, der auf der Kanalzone und auf ganz Ägypten lastete.

Die Sicht aus Beirut

Beirut, immer ein Thermometer, an dem man die arabische Stimmung und die politischen Hoffnungen des Augenblicks ablesen konnte, zeigte natürlich viel deutlicher als Kairo, wie wenig sich die arabische Welt nun noch von Ägypten erhoffte, und wie sehr die neuen Hoffnungen sich auf die palästinensische Guerilla konzentrierten. Ägypten war schon vor dem Sechstagekrieg in der Levante ein Gegenstand von Diskussionen unter den Intellektuellen gewesen. Die eigentlichen Nasseristen, die an Nasser und seine Sendung vor allem anderen glaubten, waren schon damals langsam in die Isolierung geraten. Es gab sie noch, doch sie wurden mehr und mehr eine politische Sekte neben vielen anderen. Ausserdem war schon damals von den nicht-ägyptischen Nasseristen ein Unterschied zwischen Nasser und Ägypten gemacht worden. Das Negative an Nassers Regime, Bürokratie, schlecht funktionierende Staatsbetriebe, Korruption in der Armee, Herrschaft der Geheimdienste, wurde von den Nasser-Gläubigen auf das Konto «Ägypten» geschoben. Sie sahen darin das Eigengewicht des alten Niltals, an dem sogar Nasser schwer zu tragen hatte. Nach dem Krieg wurde dieses negative Erbe und Gewicht von «Ägypten» für die Niederlage verantwortlich gemacht. Man konnte leicht Gründe für eine solche Einschätzung finden. «Nasser» hingegen blieb in den Augen seiner Gemeinde etwas ganz anderes.

Die PLO als neue Hoffnung

Andere politische Glaubensbekenntnisse traten nun neben das nasseristische, am wichtigsten jenes, das an das Entstehen einer arabischen Revolution durch das Ferment der «Palästinensischen Revolution» glaubte. Ihr Träger sollte die palästinensische Guerilla werden. Die Palästinenser jedoch waren in verschiedene sektenartige Gruppen geteilt. Neben der Mehrheit von *Fatah* unter Arafat gab es die radikalen Minderheiten der *Volksfront* und der *Volksdemokratischen Front* und verschiedene andere Kleingruppen wie die von Syrien geförderte, aber auch abhängige *Sa'iqa* und die ebenfalls von Damaskus unterstützte Gruppe unter *Ahmed Jibril*. Wenn die Palästinenser davon sprachen, dass ihre «Revolution» eine «demokratische Revolution» sei, meinten sie damit, dass die verschiedenen Strömungen, eine jede bezeichnenderweise durch ihren «Führer» klarer umschrieben als durch ihr politisches Programm, nebeneinander existierten und einen gemeinsamen Überbau in der PLO besassen.

Die PLO (Palästinensische Befreiungsorganisation) selbst, die 1964 als eine offiziöse Organisation Ägyptens und der arabischen Gipfelkonferenzen gegründet worden war und der damals ebenfalls ägyptisch dominierten arabischen Liga unterstand, wurde nun von innen her umgestaltet. Die Freischärler übernahmen sie schrittweise. Weihnachten 1967 wurde Ahmed Shukairi, der wortreiche, aber wenig umsichtige Diplomat, der sie bisher angeführt hatte, entlassen. Er war spätestens mit der Niederlage im Sechstagekrieg zum Urbild der maulheldischen arabischen Anführer geworden, die sich selbst an ihrer eigenen Propaganda berauschten und meinten, damit der Sache der Palästinenser oder dem arabischen Nationalismus zu dienen. Im Februar 1969 war es dann soweit, dass die Guerillaorganisationen die PLO beherrschten. Sie ernannten den Sprecher von Fatah, *Yasser Arafat*, zu ihrem neuen Vorsitzenden und organisierten ein ernanntes Parlament, in dem Vertreter von verschiedenen Bevölkerungsklassen der Exil-Palästinenser sowie Vertreter der unterschiedlichen Guerillagruppen ungefähr proportional zur Stärke der verschiedenen Gruppen vereinigt wurden. Das «Parlament» war so zusammengesetzt, dass Fatah in ihm die Mehrheit besass und Arafat dadurch über eine unangefochtene Stellung als Präsident der Versammlung verfügte.

Propaganda als Hoffnungsträger

Beirut wurde bald auch die Propagandaplattform der Freischärler. Da einzig in Libanon wirkliche Pressefreiheit existierte, konzentrierten sich die Propagandaorgane dort und suchten von Beirut aus auf die übrige arabische Welt einzuwirken. Eine jede der Gruppen machte ihre eigene Propaganda, was auf eine Art Wettbieten wie bei einer Versteigerung hinauslief: eine jede suchte die Rivalen mit ihren angeblichen militärischen Erfolgen gegen Israel zu übertrumpfen.

Kampfbasis Jordanien

Die wichtigste Basis der Freischärler für bewaffnete Aktionen wurde Jordanien. Die jordanisch-israelische Grenze (genauer Waffenstillstandslinie) war die weitaus längste, Infiltrationen über sie waren am leichtesten. Jordanien war aber auch der schwächste der arabischen Staaten, der auch noch durch den Sechstagekrieg am schwersten geschädigt war. Schliesslich lebten in Jordanien sehr viele Menschen, die sich als Palästinenser, nicht als Jordanier, ansahen und auch von den «Jordaniern» als solche gesehen wurden. Dadurch war eine breite Basis von sympathisierender Bevölkerung für die Guerilla gegeben.

Die Israeli entwickelten schon bald ihre Gegenstrategie, die im wesentlichen daraus bestand, dass sie gegen die Guerilla selbst zurückschlugen, aber auch – da diese oft nicht zu lokalisieren war – gegen den Staat, von dem aus sie nach Israel oder nach den besetzten Gebieten eingedrungen waren. So kam es bald zu schweren Spannungen an der jordanisch-israelischen Waffenstillstandslinie, mit Übergriffen der Guerilla auf die westliche Seite des Jordans und Gegenaktionen der Israeli auf jordanisches Gebiet. Dies war nichts ganz Neues, schon vor dem Sechstagekrieg hatten die Israeli auf Infiltratoren aus Jordanien ebenso reagiert. Neu war eher, dass die Infiltratoren nun nicht mehr aus wenig organisierten Flüchtlingen bestanden; nun gab es einen «Befreiungskampf» der Palästinenser, der zu einem Anliegen aller Araber geworden war. Die arabischen Staaten hatten sich als unfähig erwiesen, mit ihren regulären Armeen die verheissene Heimkehr der Palästinenser zu erzwingen. Alle Hoffnungen der arabischen Welt kehrten sich nun den Guerilleros zu. Vielleicht, ja bestimmt, so wollte man glauben, würden sie erreichen, was die regulären Armeen nicht vermocht hatten. Sie würden die «Scharte auswetzen», von der Nasser gesprochen hatte.

Eine ganze Mythologie wurde entwickelt. Die PLO war der «rechtmässige Vertreter des Palästinensischen Volkes», ja sogar sein «einzig rechtmässiger»; ein Volk könne letzten Endes nie besiegt werden, wenn es nur immer weiter kämpfe, besagte der Mythos. Vietnam wurde als «Beweis» zitiert. Deshalb sei es «unvermeidlich», dass die PLO am Ende den Sieg davontragen werde.

Die «Schlacht um Karamé»

Ich befand mich schon wieder in Madrid, als das Ereignis eintrat, das für die Palästinenser und viele der anderen Araber diese vorgefassten Meinungen zu bestätigen schien. Im Flecken Karamé auf der jordanischen Seite des Jordantals kam es am 21. März 1968 zu einem Zusammenstoss mit einer grösseren israelischen Einheit, die den Jordan überschritt und den Flecken angriff, weil er als ein zentraler Stützpunkt der Guerilla galt. Die Palästinenser, die dort in der Tat ihr operationelles Hauptquartier eingerichtet hatten, wurden von der jordanischen Armee gewarnt, ein grösserer Angriff stehe bevor, doch weigerten sie sich, die normale Taktik von Guerilleros zu befolgen, nämlich sich zu zerstreuen, wenn überlegene reguläre Kräfte sie angreifen. Sie beschlossen stattdessen auf höchster Ebene – Arafat und *Abu Ayyad* waren zugegen – standzuhalten, koste es, was es wolle. Die jordanische Armee intervenierte ihrerseits mit Artillerie gegen den israelischen Angriff. Die Israeli setzten Tanks und Helikopter ein, zerstörten Dreiviertel der palästinensischen Stellungen und töteten über 100 Freischärler. Doch sie erlitten selbst auch bedeutende Verluste und zogen schliesslich mit 29 Toten und 60 Verwundeten (nach eigenen Angaben) ab.

Die «Schlacht von Karamé» befeuerte die Phantasie der Araber in Jordanien und in der ganzen arabischen Welt. Die Palästinenser hatten es gewagt, der nach den Erfahrungen von 1967 als unbesiegbar geltenden israelischen Armee frontal entgegenzutreten, und sie hatten ihr schwere Verluste beigebracht. Die arabische Bevölkerung dürstete nach dem verlorenen Krieg dermassen nach einem Erfolg, dass sie dieses Ereignis als ein Symbol der Selbstbestätigung nahm. Die Guerilla hatte standgehalten, das war für sie das wesentliche. Sie hofften, dass damit das Blatt sich gewendet habe. Karamé wurde als der Beginn einer neuen Epoche gefeiert, in der die Freischärler Israel den Meister zeigen würden.

Nach der Darstellung von Abu Ayyad, einem der Mitbegründer von Fatah und ihrem langjährigen Sicherheitschef, meldeten sich in den ersten zwei Tagen nach Karamé gegen 5000 junge Leute, Studenten und Mittelschüler, bei Fatah und baten um Aufnahme. «Wir haben 900 davon genommen, weil wir nicht mehr aufnehmen konnten.» Abu Ayyad berichtete später, er selbst sei in Karamé zweimal in Lebensgefahr geraten, doch beide Male entkommen (Abou Iyad, Palestinien sans Patrie, Entretiens avec Eric Rouleau, Paris 1978, p. 97–101).

Die Wellen der Begeisterung über Karamé schlugen so hoch, dass sie sogar im weit entfernten Madrid unter den dortigen Palästinensern und ihren

Freunden, von denen ich einige kennengelernt hatte, die Stimmung gänzlich veränderten. Nun sei die Stunde des Volkskriegs gekommen, frohlockten sie. Die palästinensische Führung begab sich auf eine Rundreise durch die gesamte arabische Welt, sprach mit allen politischen Führern, beginnend mit Nasser und König Faisal, und sie erhielt plötzlich reiche Zusagen für Geld, Ausbildungsmöglichkeiten, Waffenhilfe, von allen Seiten. Auch die politischen Führer und Staatschefs glaubten zu erkennen, dass ein Wendepunkt eingetreten war. Es kam ihnen sehr gelegen, den Kampf gegen die Israeli von nun an den Guerilleros zu überlassen. Sie selbst konnten sich daraufhin damit begnügen, der Guerilla mehr oder weniger heimlich zu helfen, und konnten sich dem Risiko einer offenen Konfrontation mit Israel oder einem diplomatischen Konflikt mit dessen Schutzmacht USA auf diese Weise elegant entziehen.

Erste Flugzeugentführungen

Die gleiche angespannte emotionale Lage der arabischen Bevölkerungen bewirkte auch das erstaunliche Echo, das die palästinensischen Flugzeugentführungen im ganzen arabischen Raum fanden. Die ersten Aktionen fanden am Boden statt; Guerilleros griffen am 26. Dezember 1968 ein israelisches Flugzeug in Athen an. Die Israeli antworteten zwei Tage später darauf, indem sie auf dem Flughafen von Beirut landeten, ihn vorübergehend besetzten und dort 13 libanesische Verkehrsflugzeuge, fast den gesamten Bestand der libanesischen Luftlinie, zerstörten. Rafael Eytan, der später ein bekannter «Falke» in der israelischen Politik werden sollte, kommandierte die Aktion. Nachher war ganz Beirut voll von der Geschichte, dass er im Flughafen in der Bar einen Kaffee bestellt und getrunken habe, während seine Untergebenen die Flughalle besetzt hielten und die Flugzeuge sprengten.

Ich traf zu jener Zeit in der Schweiz den Direktor des israelischen Flugbüros in Zürich auf einer Einladung im Haus von Dr. Streiff. Er meinte, nach diesem Schlag würden die Aktionen gegen Flugzeuge aufhören. Doch ich glaubte, ihn versichern zu können, dass sie nun erst beginnen würden. In der Tat machte sich nun die Volksfront daran, Flugzeugentführungen in der Luft zu organisieren. Und es waren sie, welche begeisterte Aufnahme bei den einfachen Arabern fanden. Einige wenige «palästinensische Helden», so urteilten sie, wagten es, eines der technischen Ungeheuer, welche diese Flugzeuge sind, mit ihren Passagieren in ihre Macht zu nehmen. Da konnte man sehen, was arabischer Heldenmut war! Alle Technologie kam nicht gegen ihn auf! Die Entführer konnten dann ihre Bedingungen stellen, und die machtvollen Grossstaaten mussten sich ihnen fügen, wenn sie nicht das Leben ihrer Bürger aufs Spiel setzen wollten. Endlich eine spektakuläre Revanche für all die Demütigungen, die man erfahren hatte und weiter täglich erfuhr! Die Flugzeuge wurden, im Grunde korrekt, als Ausdruck der Macht der Fremden gesehen, die sich der arabischen Welt unwiderstehlich aufzwangen. Sie in die Macht von «arabischen Helden» zu bringen, war ein symbolischer Akt, der alle Emotionen vibrieren liess, welche die Erfahrungen fremder Übermacht seit dem Beginn der kolonialen Zeit und erneut in den nachkolonialen Jahren, diesmal durch Israel, immer wieder schmerzlich in die arabischen Herzen eingebrannt hatten.

Dass die Flugzeugentführungen nur einen symbolischen Akt darstellten, der die realen Machtverhältnisse nicht verschob, sondern nur emotionale Befriedigung schuf, die in der Zukunft teuer bezahlt werden müsste, ahnten nur wenige. Der Preis, der schliesslich entrichtet wurde, bestand darin, dass die Israeli und ihre Freunde Gelegenheit erhielten, den Befreiungskampf der Palästinenser glaubwürdig – «erwiesenermassen», erklärten sie – mit «Terrorismus» gleichzusetzen.

Die Palästinenser in Südlibanon

Libanon war der erste arabische Staat, der mit den palästinensischen Guerilleros zusammenstiess. Die Streitkräfte erhielten von der Regierung Befehl, gegen die Palästinenser einzuschreiten, um die israelischen Gegenschläge zu vermeiden. Ein bedeutender Teil der libanesischen Bevölkerung und auch der Minister innerhalb der Regierung sympathisierte jedoch mit den Palästinensern. Wie immer in Libanon, wenn es um die arabische Politik ging, kam es zu Meinungsverschiedenheiten zwischen den Sunniten und den Christen. Die Christen wollten ihr Land von den Kämpfen mit Israel fern halten, die Sunniten und wohl auch viele der Drusen und Schiiten empfanden, dass die Palästinenser ihre Hilfe verdienten. Die extremeren Gruppen unter den Muslimen fanden sogar, die bewaffneten Palästinenser stellten ein willkommenes Gegengewicht gegen die christliche Miliz der Phalanges dar. Sie könnten im innerlibanesischen Kräftespiel dazu dienen, den Muslimen zu mehr Macht und Ansehen zu verhelfen und das Übergewicht, das die Maroniten ihnen gegenüber besassen, zu verringern.

Für die ohnehin kleine libanesische Armee jedoch war es schwierig, gegen die Palästinenser vorzugehen. Zwar waren die Offiziere fast alle Maroniten, ihre Mannschaften jedoch meistens Sunniten, Schiiten und Drusen. Die Offiziere waren dafür, dass man den Palästinensern Kontrollen auferlege, wenn nötig mit Gewalt, doch ihre Mannschaften waren nicht einverstanden. Daraus ergaben sich Spannungen innerhalb der Armee. Der Oberbefehlshaber, damals *Emile Bustani*, wusste, dass er Gefahr lief, seine Armee zu spalten, wenn er allzu energisch gegen die bewaffneten Palästinenser vorging.

Nach einigen Zusammenstössen im Süden des Landes und grossen Demonstrationen im Inneren zugunsten der Palästinenser kam es zu Verhandlungen zwischen Bustani und der PLO. Nasser vermittelte dabei, und den Vertrag, der im November 1969 geschlossen wurde, nannte man den Vertrag von Kairo. Das libanesische Parlament ratifizierte ihn, ohne seinen genauen Wortlaut zu kennen. Das Abkommen legte fest, dass die Palästinenser in Südlibanon an der israelischen Waffenstillstandslinie ein eigenes Gebiet erhalten sollten, von dem aus sie ihre Infiltrationen durchführen könnten. Theoretisch sollten sie die libanesische Armee über ihre Aktionen informieren, es war jedoch von Beginn an klar, dass sie dies im besten Falle unvollständig tun würden. Schon die Verschiedenheit der Gruppierungen, die untereinander in Konkurrenz um Gelder und Anhänger standen und die jeweils ihre eigenen Aktionen organisierten, machte es unmöglich, dass die libanesische Armee zuverlässig über das gesamte Geschehen informiert werde.

Eine Strasse, die von Syrien aus über den Anti-Libanon hinweg nach Südlibanon führte, ohne Beirut zu berühren, wurde als Nachschubweg bezeichnet, auf dem die Palästinenser frei sein sollten, ihre Waffen und Mannschaften aus Syrien nach dem südlichen Landstrich zu bringen, der in der Presse schon bald das «Fatahland» genannt wurde.

General Bustani bannte so die Gefahr einer Spaltung seiner Armee. Die Behörden Libanons sahen Beirut und die Hafenstädte Sidon und Tyros als wichtigere Bestandteile ihres Landes an denn die abgelegenen südlichen Grenzgebiete. Sie waren bereit, diese vorübergehend den Palästinensern zu überlassen, um in den Hauptgebieten Ruhe zu haben. Als der Vertrag geschlossen wurde, war Jordanien das Land, von dem aus weitaus die meisten Infiltrationen stattfanden. Dass sich bald alle bewaffneten Gruppen der Palästinenser auf ihre Grenze mit Israel konzentrieren würden, konnte die damalige libanesische Führung noch unter Präsident Hélou nicht voraussehen.

Das komplexe Mosaik der Gemeinschaften, aus dem Libanon besteht, bewirkte dann auch, dass die Palästinenserlager im Inneren Libanons – es gab solche in allen Landesteilen – eine Art von autonomen Inseln wurden, in denen die Fatah ihre eigenen Bewaffneten besass, während die libanesische Polizei sich von ihnen fern hielt und auch die Armee im Zeichen des bestehenden Vertrages kaum je eingriff. Die Sunniten begrüssten die Gegenwart der bewaffneten Palästinenser in ihrer Mitte, weil sie in ihnen eine Art «Miliz» der Sunniten sahen, welche der «Miliz» oder gar den verschiedenen «Milizen» der libanesischen Maroniten und anderen Christen die Waage hielt. Die Sunniten selbst besassen nur wenige eigene Waffenträger.

In Libanon hatte es immer einen Kult der Waffen gegeben, doch die steigende Zahl von unkonventionell bewaffneten Gruppen bewirkte, dass praktisch jedermann, der das Geld dazu hatte, begann, für sich und seine Familie sowie den Anhang dieser Familie Waffen zu kaufen und Waffenlager anzulegen. Man begnügte sich nicht mehr mit Pistolen und Gewehren, sondern wollte Kalaschnikows haben, sogar Raketenwerfer, Mörser und Minenwerfer. Sie zu erhalten, war leicht und nicht teuer, weil im ganzen Nahen Osten ein gewaltiger Schwarzmarkt für Waffen bestand. Er wurde zu grossen Teilen, aber nicht ausschliesslich, mit russischen Waffen beliefert. «Wenn die anderen bewaffnet sind», war die Devise, «müssen wir selbst noch viel besser bewaffnet sein.»

Die meisten Leute waren sehr stolz auf ihre Waffen und hatten eine kindliche Freude daran. Als meine Frau, die mit auf Besuch in Libanon war, zum erstenmal entdeckte, dass unser altvertrauter Kaufmann in der Hamra-Strasse, ein Palästinenser gesetzten Alters, in der Schublade, aus der er das Wechselgeld holte, neben den Geldscheinen eine Armeepistole liegen hatte, ebenso griffbereit wie die libanesischen Pfunde, ahnten wir, was bevorstehe.

Jordanien und die palästinensische Guerilla

Im Frühjahr 1970 befand ich mich auf einem meiner regelmässigen Nahostbesuche auch in Amman. Ich kannte ein bescheidenes Hotel, in einer ersten Etage im alten Zentrum von Amman gelegen, wohin heute die Touristen kaum mehr den Fuss setzen. Es hiess «New Park»-Hotel, obgleich kein Park in der Nähe war, und gehörte einem Palästinenser mittleren Alters. Kaum hatte ich den Fuss auf die Strasse gesetzt, wurde mir deutlich, dass Amman ein anderes Gesicht aufwies als gewöhnlich. Überall waren Gruppen von Leuten in Tarnanzügen unterwegs, mit und ohne Kalaschnikow. Manche gingen in Einerkolonne den Strassenrändern entlang, doch die meisten lärmten ziemlich ungeniert in Bars und Gaststätten herum, auch am hellichten Tage. Die Polizei, sonst sehr präsent in ihren englischen Uniformen aus dichtem schwarzem Stoff und mit Tropenhelm und Nackenschutz gegen die Sonne, war diesmal nirgends zu sehen. Ich fragte meinen palästinensischen Hotelier nach diesen Leuten. Er schüttelte den Kopf. «Sie nennen sich Kämpfer für Palästina», sagte er. «Sie scheinen aber mehr darauf aus, uns hier in Amman ins Verderben zu stürzen.» Viel mehr wollte er aber dazu nicht sagen. Ich ging für einen Haarschnitt zum Coiffeur, auch im alten Zentrum der Stadt. Natürlich fragte er mich, woher ich komme. «So so, Schweizer,» war seine Reaktion. «Wir brauchen ein paar Schweizer hier. Wir müssen welche entführen.» Ich nahm das nicht ernst, und sagte ihm nur, er müsse sich einen wichtigeren aussuchen, nicht einen kleinen, unbedeutenden, so wie mich, was er zu begreifen schien. Erst als ich seinen Laden verlassen hatte, erinnerte ich mich daran, dass tatsächlich ein palästinensischer Flugzeugentführer in der Schweiz festgenommen worden war. – Ob sich der Coiffeur darauf bezogen hatte? Ich beschloss, meine Schweizer Identität etwas unter den Scheffel zu stellen.

Ich ging trotzdem auf die Verbindungsbüros der Freischärlergruppen, die damals in Amman offen arbeiteten. In einem, das für die Volksfront von Habasch wirkte, sass ausgerechnet eine Gruppe von Schweizern mit einem der Informationsleute zusammen, der ihnen von der Tätigkeit der Guerilla erzählte. Es waren Jugendliche und junge Erwachsene des Typus Polit-Touristen; vielleicht, so dachte ich, hatten sie in Zürich oder Genf oder sonst wo an den Demonstrationen von 1968 mitgewirkt. «Ich war dabei», erzählte der Propagandamann, «als wir unseren ersten Nachtangriff in den besetzten Gebieten durchführten. Er war gegen einen befestigen Posten der Israeli gerichtet. Wie unsere Kämpfer das genau machten, weiss ich selbst nicht, doch plötzlich konnte man in der finsteren Nacht einen Feuerball erblicken und der gesamte israelische Posten erhob sich in die Luft. Feuer sprühte. Dann fiel alles in sich zusammen». Er mimte das Geschehen mit seinen Händen und Armen. «Wieviele Israeli dabei umkamen, weiss ich nicht genau. Es müssen Dutzende, wenn nicht Hunderte gewesen sein!» Die jungen Leute hörten begeistert zu. Ich wusste, es musste sich um einen Wunschtraum des Informanten handeln, der mehr einem Märchenerzähler als einem Berichterstatter glich.

Den Fortgang der Informationssitzung habe ich nicht miterlebt. Ein anderer, wohl höhergestellter Pressemann kam mich abholen. Ich bekam dann den Standardschnellkurs der Revolutionsideologie zu hören, von Amman, das zum Hanoi der palästinensischen Revolution geworden sei. Der König, so hiess es, befinde sich praktisch in der Hand der Freischärler. Seine Armee bestehe ja weitgehend auch aus Palästinensern, und diese würden nie dulden, dass der Herrscher sich an der Guerilla vergreife. Im übrigen habe er selber gesagt, als der Kampf von Karamé über die Bühne ging: «Wir sind nun alle Fedayin!» (das Wort bedeutet ungefähr «Todeskämpfer»).

Ich kannte jedoch einige Palästinenser, die nuancierter dachten und realistischer urteilten. Unter ihnen war mein Freund *Ghassan Sa'udi*, dessen

Familie ein Geldwechselgeschäft im Zentrum von Amman betrieb. Er hatte in Deutschland studiert und eine italienische Frau geheiratet, mit der er in Amman lebte. Neben der Arbeit im Geschäft seines Vaters, wo es zuging wie in einem Bienenkorb, weil es immer so viele Leute gab, die ein paar Geldscheine fremder Währung zu wechseln hatten, beschäftigte er sich damit, Kontakt mit deutschsprachigen Journalisten zu halten, um ihnen die Sicht der Palästinenser näher zu bringen. Ein Presseattaché der deutschen Botschaft hatte mich in früheren Jahren mit ihm bekannt gemacht. Er erzählte mir viel von dem, was nicht in der jordanischen Presse stand, aber in Amman in unterrichteten Kreisen umlief.

Die Israeli, so wusste er diesmal, überschritten regelmässig den Jordan und zerstörten die dortigen Anpflanzungen der Jordanier. Dies sei sehr verderblich für die jordanische Wirtschaft. Der Ost-Ghor-Kanal, der, dem Jordan parallel, dem östlichen Rand der Jordansenke entlang zieht, war vor wenigen Jahren fertig geworden. Er hatte erlaubt, die Landstriche zwischen dem Kanal und dem Fluss zu bewässern, und dank der Hitze, die dort unten herrscht, war eine reiche halbtropische Oasenlandwirtschaft möglich geworden. Doch sie war nun durch die Übergriffe der Israeli zerstört. Die Felder hatten sich in einen Dschungel von Schilf und Gestrüpp verwandelt, innerhalb dessen die Israeli mit den Freischärlern Katze und Maus spielten. Die Israeli übernähmen die Rolle der Katze, so sehr, dass es nicht wenige unter den Palästinensergruppen gäbe, die es vorzögen, statt die Maus zu spielen, sich in Amman und Umgebung aufzuhalten, dort Propaganda für ihre Organisation zu machen, durch Erpressungen oder gutes Zureden Geld für ihre Gruppe einzutreiben und sich in den Cafés von den harten Kämpfen zu erholen, die sie angeblich bestanden hätten.

Mein Freund sympathisierte durchaus mit den Freischärlern und sah es als seine Aufgabe an, den fremden Journalisten ihre Handlungsweise zu erklären. Auch er schien zu glauben, dass die Stunde des Königs vorüber sei. Er habe nun nicht mehr die Macht, seine Politik gegen die Freischärler durchzusetzen, so versicherte er. Doch er sah klar genug, dass das angeblich revolutionäre Chaos, das damals in Amman herrschte, auch für die Palästinenser, nicht nur für den König, gefährlich zu werden drohte. Er wusste wie alle Jordanier, dass es bereits mehrere Anschläge auf den König gegeben hatte, denen er knapp und mit Glück entkommen war, und er meinte, wenn das Regime des Herrschers endgültig zusammenbreche, könnten die Israeli leicht ihre Angriffe über die Jordansenke hinaus ausdehnen und möglicherweise bis nach Amman vordringen. Weder die Freischärler noch die Bevölkerung könnten sich ihren Tanks, Helikoptern und ihrer Artillerie wirksam

504

entgegenstellen, und die Frage sei dann, was die jordanische Armee tun könne, um das Land zu verteidigen und ob die Syrer oder die Iraker etwas unternähmen, um Jordanien zu helfen. Wenn nein, wäre das schlecht, wenn ja, auch, weil Jordanien zum Schlachtfeld würde.

Bisher jedoch seien die anderen arabischen Staaten passiv geblieben. Ihre Bevölkerung sympathisiere stark mit den Palästinensern, aber ihre Regime hätten ihre eigene politische Agenda, was natürlich auch für Nasser und sein Land gelte, das seinerseits ebenfalls unter starkem israelischem Druck stehe. Eigentlich, so schloss mein Freund, wäre es im Interesse der Araber, das jordanische Regime vor dem Zusammenbruch zu bewahren, nicht, weil er mit dem königlichen Regime sympathisierte, sondern weil ein Zusammenbruch dieses Regimes den Israeli neue Chancen zu gewähren drohte.

Ein gescheiterter Friedensplan der Amerikaner

Eine scharfe neue Konfrontation der Ägypter mit den Israeli flaute im Juni 1970 ab. Vorher waren die Israeli mit ihren Kampfflugzeugen tief in das Niltal vorgedrungen und hatten industrielle Ziele bombardiert, was angesichts der dichten Besiedlung des Niltals sehr viele zivile Opfer verursachte. Nasser hatte darauf von den Russen Raketen erhalten, zusammen mit russischen Fachausbildern. Solange die ägyptischen Soldaten dazu nicht in der Lage waren, wurden die Raketen von den russischen Fachleuten aufgestellt und bedient. Auch sowjetische Piloten flogen Patrouillen über dem Niltal. Sie bewirkten, dass die Wüste zwischen dem Suez-Kanal und dem Niltal, die sogenannte Östliche Wüste, für die israelischen Flugzeuge gefährlich wurde. Die Raketen wurden schrittweise bis an den Kanal vorgeschoben. Als sie in seiner Nähe angelangt waren, konnten sie auch die israelische Luftherrschaft über dem Kanal und auf einem schmalen Streifen seines östlichen Ufers in Frage stellen.

Schliesslich wurde am 7. August 1970 ein Waffenstillstand im sogenannten «Abnützungskrieg» der Israeli mit den Ägyptern geschlossen, nachdem Nasser seine Zustimmung zum Friedensplan der Amerikaner gegeben hatte, den Aussenminister Rogers vorlegte. Der Waffenstillstand auf 90 Tage war Punkt eins dieses Friedensplans, sein zweiter Punkt war eine Vermittlungsmission des UNO-Vermittlers *Jarring* in der Region, der dritte wären Friedensgespräche auf Grund der Resolution 242 gewesen («Territorien gegen Frieden»), welche Jarring hätte in Gang bringen sollen. Doch die Israeli erklärten schon am 7. September, sie zögen sich aus den Friedensgesprächen zurück, weil die Ägypter den Waffenstillstand verletzt hätten, indem sie Raketen in Richtung Suez-Kanal vorverlegten. Die Ägypter entgegneten, die Israeli hätten ihrerseits ihre Befestigungen am Kanal weiter ausgebaut.

Die israelische Regierung machte in vielen öffentlichen Erklärungen klar, dass sie nicht gewillt war, ihre Truppen auf die alten Grenzen des Staates Israel zurückzunehmen. Für sie bedeutete «Frieden gegen Territorien», dass sie nach Verhandlungen, die direkte Verhandlungen mit den verschiedenen arabischen Staaten sein müssten, bereit sein könnte, einen Teil der Territorien zurückzugeben; welche, wäre dann auszuhandeln gewesen.

Ich erinnere mich sehr gut, wie die Ägypter der oberen Mittelklasse aufatmeten, als Nasser den Vorschlag der Amerikaner annahm, den man damals den «Rogers-Plan» nannte. Jetzt stehe der Frieden vor der Türe, meinte ein angesehener Geschäftsmann, mit dem ich darüber sprach. Wenn er geschlossen sei, könne Ägypten sich endlich den wahren und eigentlichen Anliegen des Landes zuwenden, die durch den permanenten Krieg vernachlässigt worden seien, nämlich der Entwicklung des Niltals. Doch der Mann war auch der Ansicht, die Israeli müssten alle besetzten Territorien zurückgeben, wenn sie Frieden begehrten. Das stehe doch in der Resolution 242. Als ich ihm die bewusst eingebaute Doppeldeutigkeit des entscheidenden Ausdrucks «Frieden für Territorien» erklärte, nämlich dass dies nicht notwendigerweise «alle Territorien» bedeute, war er bitter enttäuscht. Dass diese Doppeldeutigkeit bestand, hatte er noch in keiner ägyptischen Zeitung gelesen. «Also dann, wenn die Israeli Teile der besetzten Territorien behalten wollen», so endete er unser Gespräch, «kann es natürlich keinen Frieden geben!».

Der «Schwarze September»

Ich fuhr über Kairo nach Madrid zurück und befand mich zur Sommerfrische mit meiner Frau und meinen Kindern in der Kleinstadt Siguenza, die inmitten von pinienbewachsenen Hügeln liegt. Mit der Eisenbahn konnte man schnell nach Madrid gelangen, wohin ich periodisch reiste, um den Kontakt mit Zürich nicht zu verlieren. Das Telefon aus Siguenza funktionierte nämlich nicht. Als ich von der öffentlichen Sprechstation in Siguenza aus eine Verbindung mit Zürich verlangte, fragte die Beamtin, ob das weiter weg sei als Barcelona, und als ich bejahte, sagte sie, dann könne man von hier aus nicht dorthin telefonieren.

Ich hörte alle paar Stunden die Nachrichten von BBC, wie das meine langjährige Gewohnheit war. Die arabischen Sendungen, gut in Spanien vernehmbar, weil sie nach Nordafrika ausgestrahlt wurden, enthielten mehr

Einzelheiten über den Nahen Osten als die englischen. – Plötzlich, am 7. September 1970, kam ein Sturm von Nachrichten über den Äther. Vier Passagierflugzeuge auf einmal waren von Palästinensern am Vortag entführt worden. Eines wurde zum Landen in Kairo gezwungen und dort nach Befreiung der Passagiere in die Luft gesprengt, um gegen den Umstand zu protestieren, dass Nasser den «Rogers-Plan» angenommen hatte. Eines, das der israelischen Fluggesellschaft ELAL gehörte, musste in London eine Notlandung durchführen, nachdem seine Besatzung einen Luftpiraten getötet und einen anderen überwältigt hatte. Zwei weitere wurden auf einen alten Militärflughafen bei Zerqa in Jordanien dirigiert, der zur Zeit des Zweiten Weltkriegs benützt worden war. Palästinensische Bewaffnete empfingen sie dort, die den Flughafen besetzt und notdürftig hergerichtet hatten. Am 9. September wurde ein fünftes Flugzeug entführt und ebenfalls nach Zerqa gebracht. In den drei Verkehrsflugzeugen befanden sich 281 Passagiere als Geiseln. Es war offensichtlich wieder einmal die Volksfront, die diese Aktionen organisiert hatte. Die Landepiste in der Wüste wurde zum «Revolutionären Flughafen des palästinensischen Widerstandes» umgetauft. Nach längeren Verhandlungen mit einem diplomatischen Krisenstab wurden die Geiseln freigelassen. Zunächst behielten die Entführer 54 von ihnen zurück, um sie gegen Gefangene in Grossbritannien, in der Bundesrepublik Deutschland und in der Schweiz auszutauschen. Jeder der freigelassenen Passagiere bekam ein Visum des «Freien Palästina» in seinen Pass gestempelt, dann durften sie alle unter Bewachung in ein Hotel nach Amman umziehen. Den Forderungen nach Freilassung palästinensischer Gefangener in Deutschland, Grossbritannien und in der Schweiz wurde statt gegeben, und die restlichen Geiseln kamen auch frei. Die Flugzeuge wurden von den Luftpiraten am 12. September mit Dynamit gesprengt.

Um die Geiseln nicht zu Schaden kommen zu lassen, musste König Hussein dem Drama, das da in seinem Lande aufgeführt wurde, zunächst tatenlos zusehen. Arafat, der die Entführungen nicht billigte, beschloss, die Volksfront vorläufig aus dem Zentralkomitee der PLO ausschliessen zu lassen. Doch er wusste natürlich, wie populär Aktionen wie die der Vortage bei allen einfachen Palästinensern waren, und seine Kritik blieb proforma. Wer den arabischen Radiostimmen lauschte, erkannte sofort, dass die sensationelle Entführungsaktion so volkstümlich war, dass selbst die staatlichen Rundfunksender, von denen der Palästinenser gar nicht zu reden, frohlockten und triumphierten. Eine gewaltige, heldenhafte Tat schien ihnen vollbracht zu sein. Die Volksfront hatte den Europäern, den Israeli und den Amerikanern endlich den Meister gezeigt. König Hussein, so verlautete, zähle schon gar nicht mehr. Er sei gezwungen, sich still zu verhalten, wenn er nicht von den Palästinensern abgesetzt werden wolle. In Zukunft, so merkten diese Sender an, werde er nur noch repräsentieren, regieren werde das jordanische Volk über seine gewählten Vertreter. Amman werde dann wirklich das Hanoi der palästinensischen Revolution werden.

König Hussein schlägt zu

In der Tat verhandelte der durch die Vorgänge gedemütigte König noch drei weitere Tage lang mit den Freischärlern oder Terroristen, wie der Westen sie einmütig nannte. Ein Vertrag wurde ausgearbeitet, ähnlich wie das schon früher geschehen war, der das Verhältnis zwischen dem königlichen Regime und der Guerilla neu regeln sollte. Doch er wurde nicht eingehalten. Im ganzen Land kam es zu kleinen Zusammenstössen und zu Gewalttätigkeiten zwischen der Armee und den Guerilleros. Vielleicht wollte der König nur Zeit gewinnen, um seine Armee zur Gluthitze zu bringen. Wenn einmal alle, palästinensische Soldaten und jordanische Offiziere, Beduinen und Städter, auf die Irregulären, die sich das Land zu beherrschen anmassten, wirklich zornig würden, so konnte er sich ausrechnen, sei die Gefahr, dass die Armee sich spalte, wenn sie zum Angriff gegen die Palästinenser befohlen werde, geringer.

Am 16. September ernannte der König eine Militärregierung, die einige Offiziere enthielt, welche für ihre Feindschaft gegenüber der Guerilla bekannt waren. Am nächsten Tag, morgens um fünf Uhr, begann der totale Krieg. Die Armee verhängte Ausgangsverbot, umzingelte Amman und beschoss alle Quartiere, in denen die Palästinenser Büros und Kommandoposten unterhielten. Darunter waren die grossen Lager wie Jebel Wahdat, ganze Städte, eng aus Zement gebaut, wo früher die Zeltlager gestanden waren, doch auch Jebel Amman, das Diplomaten- und Regierungsviertel, wurde ein Ziel der jordanischen Panzer und Artillerie, weil die Palästinenser dort, unter den Diplomaten, ihre wichtigsten politischen und militärischen Kommandostellen eingerichtet hatten.

Aus vielen Häusern und Baustellen in der ganzen Stadt wurde auf die Soldaten geschossen. Sie antworteten regelmässig mit Kanonen und Tankgeschützen. Die Häuser wurden durchlöchert oder gänzlich zerschossen, und ihre Bewohner, ob Bewaffnete oder Zivilisten, liefen Gefahr, in ihnen umzukommen. Die Palästinenser besassen kaum schwere Waffen. Die schärfsten Kämpfe spielten sich an der Peripherie und innerhalb der Palästinenserlager ab. Diese waren nur dem Namen nach noch Lager. Sie hatten sich seit 1948

aus Zeltstädten zu eng zusammengebauten Slums aus Zementblöcken entwickelt. In den Labyrinthen ihrer engen, winkligen Gassen konnten die Palästinenser lange Zeit Widerstand leisten. Sie hatten viele der Gassen und Häuser durch unterirdische Gänge miteinander verbunden. Die Armee drang
erst ein, als ihren Feinden die Munition ausging.

Die Führung der Palästinenser wurde an ihrem Standort am Jebel Hussein überrascht. Beim Versuch, von dort zu fliehen und die Flüchtlingslager
zu erreichen, wurden einige Anführer gefangen genommen, darunter Abu
Ayyad. Am 19. September stiess eine syrische Panzereinheit nach der nord-
jordanischen Stadt Irbid vor, der zweitgrössten des Landes. Doch sie
erreichte Irbid nicht. Die Jordanier meldeten, ihre Armee habe angeblich
100 der syrischen Tanks mit Artillerie zerstört, die restlichen hätten sich über
die Grenze zurückgezogen. Die ausländischen Nachrichtenagenturen, denen
die Regierung Gelegenheit gab, die nördlichen Grenzgebiete in einem
Armee-Helikopter zu überfliegen, bestätigten, dass die Syrer abgezogen
seien. Anzeichen einer Panzerschlacht seien aber nicht zu sehen gewesen.
Der wahre Grund für den Rückzug blieb unklar, zunächst wenigstens.

Die Stadt Irbid selbst stand unter der Herrschaft der Palästinenser. Die
jordanische Armee wollte offensichtlich zuerst die Palästinenser in der
Hauptstadt unterwerfen und entwaffnen, bevor sie sich dem Norden
zuwandte. Die Iraker hatten einige Truppen in Jordanien stehen. Doch diese
mischten sich nicht in die Kämpfe ein, was die Palästinenser schwer enttäuscht haben muss. Sie mussten sich am Ende schliesslich überall von den
jordanischen Soldaten entwaffnen lassen. Viele ihrer Wohnquartiere und
Lager wurden gänzlich zusammengeschossen.

Ich war inzwischen von Siguenza nach Madrid zurückgekehrt, um die Ereignisse von dort aus zu verfolgen. Sofort nach Amman zu fliegen, schien wenig
sinnvoll. Kampfberichte sollte ich für die NZZ nicht schreiben. Ich zog vor,
zuzuwarten, bis die Lage sich so weit klärte, dass man die Resultate der blutigen Auseinandersetzungen überblicken und beurteilen konnte, wie sich die
Dinge weiterbewegen würden. Der Schauplatz verlagerte sich ohnehin
zunächst nach Kairo. Während die Schiessereien in Amman noch andauerten, hatte Nasser eine Gipfelversammlung der arabischen Staatschefs einberufen. Die Syrer und die Iraker waren fern geblieben. Die beiden neuen «revolutionären» Machthaber von Libyen und dem Sudan, Muammer al-Qadhafi
und Ja'far an-Numairi, waren die Stars der Zusammenkunft. Numairi
beschloss, begleitet von hohen arabischen Würdenträgern, persönlich nach
Amman zu fliegen, um einen Waffenstillstand zu erreichen. Der ägyptische

Geheimdienstchef, General Mohamed Sadeq, war ihm vorausgeeilt. Es gelang ihm und der Delegation der Gipfelkonferenz, die Freilassung Abu Ayyads und anderer Palästinenserchefs zu erwirken. Arafat befand sich in dem Viertel von Ashrafiye, das weiterhin der jordanischen Armee Widerstand leistete. Numairi veröffentlichte einen Vertrag, den er mit Hussein ausgehandelt hatte und von dem er behauptete, die Palästinenser nähmen ihn ebenfalls an. Doch Abu Ayyad zerriss das Papier im Flugzeug nach Kairo, weil die Palästinenserführung nicht mitverhandelt und nicht unterschrieben hatte. In Kairo redete Abu Ayyad eine Nacht lang mit Nasser. Er war der Ansicht, die Kämpfe würden nicht aufhören, solange Arafat sich in Amman befinde, weil der König alles daran setzen werde, seiner habhaft zu werden. Er schmiedete zusammen mit den Ägyptern einen Plan, um ihn zu befreien. Nasser überzeugte Numairi, nach Amman zurückzufliegen und neue Verhandlungen mit Hussein zu beginnen. In der Zwischenzeit begaben sich andere Mitglieder seiner Delegation auf die ägyptische Botschaft in Amman und nahmen mit Arafat per Funk über einen Code, den die Jordanier nicht kannten, Kontakt auf. Sie vereinbarten ein Stelldichein. Arafat wurde in eine Kleidung gesteckt, wie sie die Golfaraber tragen. Die Kuwaiter stellten sie zur Verfügung, und Arafat verliess verkleidet als ein Mitglied der Delegation, Amman.

Hussein wollte in jener Periode mit Nasser nicht brechen, weil beide entschlossen waren, auf den amerikanischen Friedensplan mit Israel, den Aussenminister Rogers vorgelegt hatte, einzugehen. Wenn er mit Nasser gemeinsam vorgehe, so rechnete König Hussein, würde er bessere Chancen haben, das Westjordanland zurückzuerhalten, als wenn er alleine verhandeln müsse. Sobald er vernahm, dass sich Arafat in Kairo befand und dass Nasser ihn auffordere, ebenfalls nach Kairo zu kommen, bestieg Hussein sein Flugzeug und kam ins Hotel «Hilton», wo die Gipfelkonferenz tagte. Er trug einen Revolver bei sich; Arafat stellte sich auch ein, ebenfalls mit einem Revolver bewaffnet. Unter viel gutem Zureden durch die anwesenden Staatschefs und Würdenträger kam es schliesslich am 27. September zu einer Pro-forma-Versöhnung und zu einem Kompromissvertrag zwischen den beiden Feinden, der für Arafat recht günstig aussah, aber gerade darum, wie einsichtige Beobachter schon damals vermerkten, wahrscheinlich nicht eingehalten werden würde.

Auf dem Papier verzichtete der König darauf, irgendwelche Kontrollen über die palästinensischen Flüchtlinge in den Lagern auszuüben; er gewährte den Bewaffneten der Freischärler die gleichen Rechte wie den regulären jordanischen Truppen; er versprach eine Amnestie und erkannte Arafat als ein-

zigen Vertreter des palästinensischen Volkes an, dem er in Zukunft Selbstbe-
stimmung versprach; schliesslich verkündigte er gleiche Rechte für Jordanier
und Palästinenser im jordanischen Staat und gleichen Anspruch auf Positionen in der Verwaltung. Der König versprach sogar, aus seinem Land «die
Basis für die Revolution der Palästinenser» zu machen, damit «ganz Palästina»
befreit werden könne.

In Wirklichkeit aber besass der König jetzt alle Macht in Jordanien; die
der Palästinenser war durch die Armeeintervention gebrochen, und dies
sollte entscheidend werden. Ihre Operationsbasis in Jordanien war dauerhaft
zerstört. Am 28. September starb Nasser, erst 52-jährig, überraschend an
einem Herzschlag, nachdem er den letzten der besuchenden Staatschefs am
Flughafen von Kairo verabschiedet hatte. Sein schon zuvor geschwächtes
Herz hatte die vielen durchwachten Nächte und die anstrengenden Verhandlungen nicht ausgehalten.

Die Nachfolge Nassers

Ich hörte vom Tod Abdel Nassers in Madrid am Radio und telefonierte
sogleich mit der NZZ. Wir kamen überein, ich solle nicht zum Begräbnis,
jedoch kurz nachher nach Kairo fahren, wenn sichtbar werde, wer die Nachfolge übernehme und wieweit das die ägyptische Politik zu ändern verspreche. Anschliessend, so legten wir fest, würde ich auch Amman besuchen und
sehen, wie die Dinge sich dort entwickelten.

In Kairo kam es zu einem ebenso emotionalen wie chaotischen Begräbnis Nassers. Millionen von Menschen, viele in Tränen, füllten die Strassen.
Der Sarg mit dem Leichnam wurde von der erregten Bevölkerung von der
Lafette gehoben, auf der er durch die Strassen geführt wurde, und wanderte
über den Köpfen der kompakten Menge, von Hand zu Hand weitergegeben,
der Moschee zu, die für das Totengebet bestimmt war. Die internationalen
Besucher, Staatsoberhäupter und ihre Vertreter, wurden währenddem in
einem geschlossenen Raum in Sicherheit gebracht und warteten dort, bis die
Lage auf der Strasse wieder unter Kontrolle kam.

Noch am Totenbett Nassers war Anwar as-Sadat zu seinem provisorischen Nachfolger bestimmt worden. Nasser selbst hatte ihn erst kurz zuvor
zu seinem Stellvertreter ernannt. Die verschiedenen Unterführer Nassers
waren in zwei Hauptlager gespalten, eines, das die ägyptische Politik noch
stärker auf die Sowjetunion abstützen wollte, und ein entgegengesetztes, das
die Zusammenarbeit mit den Amerikanern und den westeuropäischen Staaten eher zu verstärken als aufzugeben gedachte. Sadat, der damals als eher

leichtgewichtig galt, ein Vertrauter Nassers ohne eigene Linie und ohne eigene Gefolgschaft, war beiden Seiten für den Augenblick recht. Es galt zunächst, den Schock des plötzlichen Todes des langjährigen bewunderten Machthabers zu überwinden. Die Diskussion über die Zukunft Ägyptens würde später zu führen sein, so dachte man.

Ich kam in Kairo an, als das Begräbnis vorüber war und gerade die ganze politische Welt darüber diskutierte, wen Sadat wohl zum neuen Regierungschef Ägyptens ernennen würde. Würde es jemand von der pro-sowjetischen Gruppe sein, wie *Ali Sabri* oder *Sha'arawi Gomaa*, was die Linie bestätigen würde, die Nasser nach der Niederlage des Sechstagekrieges eingeschlagen hatte; oder jemand der älteren Garde des Nasserismus wie *Zacharia Muhieddin*, der als pro-westlich galt, aber in den jüngsten Jahren immer mehr zurückgestellt worden war? Die Spannung war gross. Dies wäre das erste Anzeichen der Richtung, so dachten die Beobachter, die Sadat einzuschlagen gedenke. Mehrere Tage lang redete niemand von etwas anderem als von dieser Entscheidung. Schliesslich fiel sie ganz unerwartet aus: Sadat hatte sich für *Mahmud Fawzi* entschieden, einen patriotischen Politiker alter Schule, der nicht als ein Mann der Aktualität eingeschätzt worden war. Jedermann war überrascht, doch die Wahl wurde, so unerwartet sie war, von allen Seiten positiv aufgenommen. «Hm», war die erste Reaktion, als die Leute die Nachricht erfuhren, und nach kurzem Nachdenken: «Vielleicht gar nicht so schlecht! Es wird jemand sein, der in der Verwaltung für Ordnung und Rechtmässigkeit sorgen wird, wie wir das sehr nötig haben!». Zwei Tage später erschienen an der Brücke, die vom Befreiungsplatz nach Zamalek führt, Arbeiter mit langen Bambusstäben, an deren Enden Bündel aus Federn sassen. Sie machten sich daran, den Staub von den grossen Bronzelöwen zu wischen, die seit der britischen Zeit am Eingang der Brücke sassen, ihre Mähnen waren seit Jahr und Tag von Staub und Schmutz völlig grau überdeckt. Das schien mir ein winziges, aber sprechendes Zeichen dafür, dass die Wahl in der Tat eine gute war.

Über Fawzi lachte niemand, doch Witze über Sadat begannen sofort zu zirkulieren. Er trug einen braunen Flecken auf der Stirn, die sogenannte *Zabiba*, «Weinbeere», die bei frommen Muslimen daher kommen soll, dass sie die Stirne so oft im Gebet auf den Boden legen. Doch bei Sadat komme der Flecken nicht vom Beten, sagten die Leute, sondern daher, dass Nasser ihn bei so vielen Gelegenheiten mit der flachen Hand auf seiner Stirne zurückgestossen und ihm gesagt habe: «Lass nur, Anwar, weisst du, davon verstehst du nichts!» Eine andere Geschichte ging so: Nachdem Sadat die Macht übernommen hatte, reiste er im Auto Nassers mit Nassers altem

512

Chauffeur. Sie kamen an eine Kreuzung und Sadat fragte den Fahrer: «Pflegte Nasser an dieser Stelle nach links oder nach rechts zu fahren?» – «Nach links!» – «Gut», sagte Sadat, «signalisiere nach links und dann fährst du nach rechts!» In der Tat sollte es in den ersten Jahren nach seiner Machtübernahme für Sadat notwendig sein, zwischen rechts und links Verwirrspiele zu treiben. In Wirklichkeit jedoch, so wurde mit der Zeit deutlich, wollte er nach rechts steuern.

Amman in der Hand Husseins

Ich fuhr weiter nach Amman. Dort war deutlich geworden, dass der König die Lage beherrschte. Auf dem eleganten Jebel Amman sassen die Bürger in ihren Salons und speisten und unterhielten sich. Sie wurden von Dienern mit weissen Handschuhen bedient. Man konnte dabei leicht zusehen, durch die Löcher, die in ihre Häuser geschossen waren. Im Zentrum kannte ich alle Häuser, die besonders zerschossen waren, denn sie waren in den Fernsehbildern erschienen. Gleich neben ihnen lagen oft 10 oder 20, die keine Einschüsse erlitten hatten, gewiss weil von ihnen aus nicht auf die Truppen Husseins geschossen worden war. Sie waren nicht auf den Bildschirmen zu sehen gewesen, nur die zerstörten. Dadurch war, wie das oft bei der Bildberichterstattung geschieht, der Eindruck hervorgerufen worden, die ganze Stadt sei ein Trümmerhaufen. Denn natürlich nehmen die Kameraleute die zerstörten Häuser auf, nicht die intakten, die brennenden, nicht die unberührten. Die Schäden waren schlimm genug, doch Amman war nicht wirklich zertrümmert, nicht einmal die Palästinenserlager, wo allerdings die Schäden bedeutend waren.

Meine Freunde wussten zu berichten, dass die Gefängnisse voll von Menschen seien, die während der Kämpfe gefangen genommen wurden. Man flüsterte, manche würden gefoltert. Die politischen Slogans der Palästinenser waren von den Mauern verschwunden, und Soldaten der anderen arabischen Staaten patrouillierten. Ihre Gegenwart war ein Bestandteil des Vertrages zwischen den Palästinensern und den Jordaniern, der in Kairo ausgehandelt worden war.

Ich fuhr auch nach Irbid, wo die Palästinenser nach den Verträgen eine bewaffnete Präsenz hätten bewahren dürfen. Doch auch dort waren sie nicht mehr auf den Strassen zu sehen. Ich stieg auf den Hügel der Zitadelle, von dem aus man in die Höfe hinter den Strassen hinabschauen konnte. Dort entdeckte ich ein paar Jeeps, die von Freischärlern beladen wurden; sie schienen sich fertig zu machen, um die Stadt zu verlassen. Auf dem Weg hin und zurück konnte man an der Strasse und auf den Feldern einige syrische Tanks sehen, die mit Motor- oder Kettenschaden liegengeblieben waren. Abgeschossene Panzer fand ich nicht. Es sah nicht so aus, als ob eine wirkliche Schlacht stattgefunden habe. – Was aber hatte die syrischen Tanks dann zur Umkehr bewegt, bevor sie Irbid erreichten? – Offenbar hatten sie Befehl erhalten umzukehren. Dieser konnte eigentlich nur darauf zurückgehen, dass die Syrer in Damaskus gewarnt worden waren, die Amerikaner, die Israeli oder beide könnten mit ihren Kampfflugzeugen eingreifen. Dass die syrische Tankbrigade ohne Fliegerdeckung vorgestossen war, war schon damals bekannt. Verteidigungsminister Asad, so hiess es, habe sich geweigert, «seine» Flugzeuge für die Aktion zur Verfügung zu stellen. Ich schrieb darüber in meinem Bericht. Später erhielt ich zustimmende Hinweise von Leuten, die mit den geheimen Hintergründen vertraut waren, und noch weitere Jahre später ergaben Zeugenaussagen und Dokumente, dass König Hussein sich in der Krise sowohl an die Amerikaner wie an die Israeli gewandt hatte, mit der dringenden Bitte, ihm gegen die syrischen Tanks zu helfen. Die Israeli hatten nichts getan, doch die Amerikaner hatten die Sechste Flotte näher an die syrisch-libanesische Mittelmeerküste herangebracht. Sie sollen auch auf diplomatischem Wege die Syrer gewarnt haben, dass sie nichts unternehmen würden, falls die Israeli Flugzeuge gegen die syrischen Panzer einsetzten.

Die Episode, wie immer sie sich in den Einzelheiten abgespielt hatte, machte auch klar, dass es unter den syrischen Baathisten offensichtlich Spannungen gab, so bedeutend, dass sie nicht einmal eine gemeinsame Kriegsaktion der beiden Hauptgruppen zuliessen. In der Tat begann kurz nach dem missratenen syrischen Eingreifen Verteidigungsminister Hafez al-Asad mit der Hilfe seiner Offiziersfreunde und deren Geheimdienste gegen die «Linksbaathisten» durchzugreifen, die bisher die syrische Regierung gebildet hatten. Seine sogenannte «Korrekturrevolution» endete damit, dass sie alle abgesetzt und eingekerkert wurden.

Die bewaffneten Palästinenser von Irbid zogen in die Jordansenke hinab, wo sie sich noch ein Jahr lang in den Höhlen und Wäldern von Ajlun aufhielten. Doch im Sommer 1971 löste die jordanische Armee eine zweite Offensive gegen die verbliebenen Palästinenser aus. König Hussein kündigte einseitig den Vertrag, den er ein Jahr zuvor in Kairo hatte unterschreiben müssen, ernannte *Wasfi Tell*, einen Getreuen kurdischer Abstammung, zum Ministerpräsidenten und sandte die Armee gegen die Restbestände der Palästinenser aus. Gefangene machte sie keine. Einige Einheiten, die der Umkreisung entkamen, zogen es vor, auf israelisches Gebiet zu fliehen und sich dort den Israeli zu ergeben. Der Kommandant der Palästinenser von Ajlun, *Abu Ali Ayyad*, fiel in den Kämpfen.

Die jordanische Politik blieb auch nach dieser gewissermassen endgültigen Auseinandersetzung mit der Guerilla weitgehend durch die Palästinafrage bestimmt. Dies war unvermeidlich, weil der grössere Teil des jordanischen Volkes palästinensischer Herkunft ist, aber auch, weil König Hussein lange Jahre hindurch die Hoffnung nicht aufgab, in irgendeiner Form, vorzugsweise mit diplomatischen Mitteln, seine Herrschaft über die Westjordangebiete wieder aufzurichten.

Libanon unter verstärktem Druck

Für Libanon sollte die Austreibung der bewaffneten Palästinenser aus Jordanien katastrophale Folgen aufweisen. Die Regelung zwischen der libanesischen Armee und den Freischärlern mit dem «Fatahland» an der Südgrenze Libanons war schon 1969 getroffen worden. Nun aber drängten alle Freischärler in das Fatahland, und Beirut wurde zum Hinterland und zur politischen Basis ihrer «Kampfaktionen». Syrien wirkte dabei insofern mit, als es bemüht war, die Bewaffneten möglichst still und reibungslos von der jordanisch-syrischen Grenze an die libanesische zu transportieren. Damaskus war eisern entschlossen, keine Infiltrationen über die syrisch-israelische Waffenstillstandslinie zu dulden. Angesichts der bedenklichen Nähe der israelischen Truppen, die im Golan nur etwa 60 Kilometer vor Damaskus standen, und der oft bewiesenen Überlegenheit der israelischen Luftwaffe war diese vorsichtige Haltung logisch.

In Libanon jedoch bildete sich, was man begann, einen Staat im Staate zu nennen. Mit ihren Basen im Süden, ihrem uneingeschränkten Einfluss in den Lagern der über etwa 400 000 in Libanon lebenden Palästinenser, ihren Waffen, den grossen Geldbeträgen aus den Erdölländern, der Sympathie, die sie bei grossen Teilen der einheimischen Bevölkerung, vor allem bei den Sunniten und Drusen, genossen, und dem politischen Einfluss, den sie daher indirekt auch auf die libanesische Regierung ausübten, waren die Palästinenser in der Tat in der Lage, eine Art provisorischen eigenen Staat innerhalb Libanons zu bilden.

Dr. Camillo Schwarz war ein österreichischer Diplomat, mit dem ich befreundet war und es über alle späteren Jahre geblieben bin. Solange er sich in Beirut als Botschaftsrat aufhielt, wurde er nicht müde, seinen libanesischen Kollegen und allen Behörden des Landes immer wieder zu sagen: «Die Sache mit dem Staat im Staate kann nicht gut ausgehen. Wenn ein Staat so etwas zulässt, bereitet er auf mittlere Frist seinen Zusammenbruch vor. Reibungen müssen sich einstellen und diese werden zu inneren Kämpfen führen, die das

Land zerreissen müssen.» Seine Gesprächspartner hatten immer die gleiche Antwort auf diese Warnungen bereit. Sie lautete: «*Dieu est Libanais!*». Was besagen sollte: «Wir Libanesen sind anders. Wir stehen gewissermassen unter dem besonderen Schutze Gottes. Die Regeln, die sonst überall für die Politik gelten mögen, gelten bei uns nicht wirklich. Mit Gottes Hilfe (und unserer, gottgegebenen, eigenen Schlauheit) werden wir uns auf unsere Art schon durchwursteln».

Die Meinung der Libanesen, dass Gott auf ihrer Seite stehe, wurde bestärkt durch den Umstand, dass die Geschäfte florierten. Die Reichen des Landes wurden immer reicher, und sogar für die Armen, besonders wenn sie sich als loyale Klienten den Reichen anschlossen, tröpfelte etwas herunter.

Der Nachfolger Hélous als Präsident, *Solaiman Frangié,* wurde 1970 in einer Kampfwahl gewählt. Ich war nicht dabei, doch die Libanesen erzählten, damals seien ganze Dörfer unter Spruchbändern, die für Sarkis, den Gegenkandidaten Frangiés warben, an die Urnen gezogen, damit sie nicht vom «Deuxième Bureau», wie die Geheimdienste in Libanon genannt werden, am Wählen gehindert würden. So getarnt, hätten sie dann aber für Frangié gestimmt. Sarkis stand in der Tradition des «Chehabismus», die mit Präsident Chehab nach dem Bürgerkrieg von 1958 begann und von Hélou, abgeschwächt, weitergeführt worden war. Sie ging darauf aus, aus Libanon einen «modernen», einigermassen zentralisierten und sozial ausgerichteten Staat zu machen. Die Dienste des «Deuxième Bureau» wurden dabei von Chehab oft in Anspruch genommen, um sich gegen die widerstrebenden Kräfte der verschiedenen «Zu'amâ», der lokalen Gruppenchefs, durchzusetzen. Der Sieg Frangiés bedeutete das Ende dieser Politik und die Rückkehr zum «klassischen» Libanon der maximalen Freiheit für die verschiedenen Gruppen und ihre Oberhäupter. Das bedeutete auch volle Freiheit für alle Arten von Geschäften und Geschäftemachern und wenig Sorge des Staates um die sozial Schwachen.

Die Bürokratie, die unter Chehab stark angewachsen war, wurde nach Möglichkeit wieder reduziert oder, wo dies schwierig war, einfach ohne Aufgaben belassen, so dass die Beamten nichts zu tun hatten, was ihnen auch nicht besonders unlieb war. Das Laisser-faire wurde Staatsdoktrin. Das fand natürlich den Beifall der Starken, sowohl Individuen wie auch Gruppen, wobei unter den Gruppen die Maroniten die bestsituierten waren, nach ihnen die anderen Christen. Sie bereicherten sich, doch die Schiiten des Südens und Ostens, die seit je unter dem Druck ihrer Grossgrundbesitzer standen, litten nun auch noch unter der zusätzlichen Last der palästinensischen Bewaffneten und der Gegenschläge der israelischen Armee in den

Südlibanon hinein. Dies bewirkte auf mittlere Frist, dass viele der Schiiten in den Vorstädten von Beirut Zuflucht suchten. Zunächst kehrten sie wieder in den Süden zurück, wenn die israelischen Gegenangriffe abgeflaut waren. Da diese auf Dauer aber immer häufiger wurden, blieben viele, vor allem die jungen Männer, in Beirut, wo sie sich irgendwie durchzuschlagen versuchten.

Musa Sadr organisiert die libanesischen Schiiten

In den frühen 1970er Jahren trat die Figur des schiitischen Geistlichen *Musa Sadr* hervor. Er begann, seine Glaubensgenossen zu organisieren und zur Selbsthilfe anzuspornen. Mein Freund Joseph Sfeir machte mich mit ihm bekannt. Er wohnte in der südlichen Vorstadt Beiruts, wo die schiitischen Zuwanderer sich immer mehr Hütten errichteten. Als ich in sein Büro kam, war er gerade am Telefon und sprach Persisch, nicht gerade mit dem Schah persönlich, doch offenbar mit einem seiner hohen Beamten. Er war aus Libanon, hatte aber an persischen Hochschulen Theologie studiert und war in der persisch-schiitischen Welt tief verwurzelt. In den irakischen Schiitenstädten wie Basra, Kerbela und Najaf hatte er Kollegen, die ähnlich dachten wie er. Dort hatten die Geistlichen eine sozial ausgerichtete Volksbewegung aufgezogen, um zu vermeiden, dass sich die jungen Schiiten dem Kommunismus zuwandten.

Musa Sadr tat etwas Vergleichbares für die libanesischen Schiiten. Er nahm sich *ihrer* an und half ihnen, sich mit Gesundheitsdiensten und Schulen selbst zu helfen. Er stützte sie gegen den Staat und die Grossgrundbesitzer, die er warnte, die von ihnen abhängigen Bauern allzu brutal auszubeuten. Die Schiiten waren bisher das fünfte Rad am Wagen des Staates gewesen, obwohl sie eine wichtige, möglicherweise sogar die grösste aller seiner Konfessionsgruppen bildeten. Die Kämpfe im Süden hatten grosse Teile von ihnen aus dem Süden in die Nähe Beiruts verbracht, wo sich nicht nur Macht und Reichtum konzentrierten, sondern auch viele schiitische Flüchtlinge, die den israelischen Bomben und Granaten ausgewichen waren. Das wachsende Gewicht ihrer Zahl in der Nähe des Regierungszentrums, ihre neue Organisation und das neue Selbstbewusstsein, das ihnen Musa Sadr mit seinen Lehren und Aktivitäten verlieh, bewirkten, dass die Schiiten plötzlich ein neues Gewicht gewannen. Die Verbindung nach Persien, das damals begann, ein reicher Ölstaat zu werden, verlieh ihnen und ihrem Mentor noch ein zusätzliches Gewicht. Für die vernachlässigte schiitische Bevölkerung Libanons waren Musa Sadr und das, was er neu in ihr Leben brachte, das beste, was ihnen seit Menschengedenken geschehen war. *Amal*, «Hoffnung», nannte er seine soziale Bewegung.

Die Drusen unter Kamal Jumblat

Auch die drusische Gemeinschaft, deren Siedlungsgebiet nördlich an jenes der Schiiten angrenzte, erhob soziale Ansprüche und forderte einen neuen Libanon, in dem sie auch ihre Rechte erhalte. Ihre treibende Kraft war *Kamal Jumblat*, den ich schon aus dem ersten libanesischen Bürgerkrieg kannte. Jumblat war die seltene Kombination eines erblichen Drusenfürsten mit einem modernen sozialistischen Intellektuellen, wobei sein Sozialismus dazu diente, die beiden Extrempositionen, die sein Leben ausmachten, Modernität und Feudalität, als Klammer zusammenzuhalten. Kamal Jumblat war unangezweifelt der Erste Mann der Drusen, doch er wollte mehr sein. Warum sollte er nicht auch eine politische Rolle im Gesamtstaat spielen, die seiner Bildung, seiner sozialen Position und seinen politischen Ambitionen gemäss wäre? So fragte er sich und andere. Der Umstand jedoch, dass er Druse war, fesselte ihn an eine untergeordnete Rolle. Er sass natürlich im Parlament, wohin seine getreuen Drusen ihn wählten, doch als Druse konnte er unter der strengen Rollenverteilung, die in Libanon herrschte, nicht wirklich weiter kommen. Ein Maronit konnte Präsident oder Oberbefehlshaber der Armee werden, ein Sunnit immerhin Ministerpräsident, ein Schiit Parlamentsvorsitzender; ein Druse konnte höchstens Minister werden, immer unter dem Vorsitz eines sunnitischen Ministerpräsidenten, der unter der Aufsicht eines maronitischen Staatspräsidenten sein Amt verwaltete.

Jumblat gründete daher eine Partei, die nach seinem Willen über die Religionsgemeinschaften hinausgreifen und für die Interessen aller sozial Benachteiligten kämpfen sollte. Diese sozialistische Partei hatte auch Mitglieder unter den Christen, den Sunniten, den Schiiten, doch so wenige, dass sie in der Masse der Drusen verschwanden. Die Drusen machten Jumblats politische Stärke aus, nicht sein Sozialismus. Aus Loyalität zu ihm, nicht zu seiner Ideologie traten die Drusen in die Sozialistische Partei ein. Sie war seine Partei, er hätte sie auch irgendwie anders benennen können. Er allerdings hielt sich an seine Ideologie. Er verteilte so gut wie all seinen ererbten Landbesitz unter die drusischen Bauern, was ihn freilich nicht daran hinderte, in Nordlibanon an der Mittelmeerküste eine gut gehende, moderne Zementfabrik zu betreiben.

Wenn Jumblat an den politischen Regeln und Gegebenheiten seines Landes etwas ändern wollte, musste er Bündnisse mit denen eingehen, die ebenfalls mit der bestehenden Ordnung nicht einverstanden waren und ihre Veränderung forderten. Deshalb ist Kamal Jumblat immer auf Seiten der Opposition gestanden, wenn es in Libanon zu Auseinandersetzungen über die bestehende Ordnung oder gar zu Kämpfen kam. In den Palästinensern sah er eine neu im Land wirksam gewordene «Linkskraft», die ihm als Bündnispartner dienen konnte, um die erstrebte Neuregelung des libanesischen Systems zu erreichen. Es gelang ihm, mit den Sunniten, den Palästinensern und seinen Drusen eine politische Achse zu schmieden, die als die Opposition der *Progressiven Kräfte* bezeichnet wurde. Amal konnte sie von aussen her stützen, solange die Schiitenbewegung sich mit den Palästinensern verständigen konnte. Diese Entwicklung isolierte die Maroniten, die mit den anderen Christen unter Frangié die Macht ausübten, in bedrohlicher Weise.

Demografische Verschiebung, politische Immobilität

Es ist wahrscheinlich, dass die Christen in Libanon seit der französischen Zeit ihre zahlenmässige Mehrheit verloren hatten. Bei der Volkszählung von 1932 hatten sie diese noch knapp besessen, und auf den Resultaten dieser Volkszählung beruhte der libanesische Religionsproporz mit der ersten Rolle für die Maroniten. Doch seit 1932 wollten die Maroniten keine neue Volkszählung mehr zulassen, und es wurde auch keine mehr durchgeführt. – «Warum?» fragten natürlich alle anderen Religionsgruppen. «Weil heute die Maroniten und die anderen Christen ihre Mehrheit im Lande verloren haben» lautete die Antwort. Sie war zwar nicht mit Zahlen belegbar, aber wohl doch richtig. Dieser «Betrug», wie es die Nicht-Christen sahen, trug natürlich dazu bei, die Spannungen und das böse Blut zwischen den Gemeinschaften zu erhöhen.

Über die Dauer der nächsten fünf Jahre sollte sich Gott tatsächlich als Libanese erweisen oder doch den Libanesen gnädig sein. Doch schon während dieser fünf Jahre, von 1970 bis 1975, spitzten sich die Verhältnisse immer mehr zu. Der ostentative Reichtum der Wenigen wuchs schnell weiter an, und die Waffenarsenale aller Gruppierungen wuchsen ebenfalls lawinenartig. Gleichzeitig wurde der «Elendsgürtel» rund um die Hauptstadt herum immer grösser. Die ersten Palästinenserlager waren schon 30 Jahre zuvor an der Peripherie der Stadt eingerichtet worden. In «Quarantaine», am nördlichen Stadtausgang, gab es sogar noch das Lager der armenischen Flüchtlinge, die während des Ersten Weltkriegs nach Beirut gekommen waren. Viele Armenier hatten es verlassen, doch andere Heimatlose, Palästinenser und Schiiten, sogar Kurden waren eingezogen. Dann war die Stadt gewachsen und hatte sich, manchmal mit eleganten Wohnvierteln, über die Lager hinaus ausgedehnt. Im Süden gab es Flüchtlingsquartiere der Schiiten, die langsam zu grossen Stadtteilen anwuchsen, dahinter lag der Flugplatz, und an der Ausfallstrasse dem Meeresufer entlang wuchsen die Luxusblöcke von Ras-Beirut. Im Norden von Beirut lagen grosse Palästinenserlager wie Tell Zaatar zwischen den reichen Christenvierteln von Beirut und dem christlichen Herzland von Junyie und Byblos, weiter oben an der Nordküste. In den Lagern häuften sich die Waffen der verschiedenen Organisationen der PLO.

Die Christen von Beirut fühlten sich «eingekreist», und ihre Angst führte dazu, dass auch sie sich immer schwerer bewaffneten. Präsident Frangié selbst, der aus den Bergen des libanesischen Nordens stammte, zog seine eigene «Miliz» aus seinen engeren Landsleuten und Anhängern auf, die sogenannten «Marada», was an Maroniten anklingt, aber auch «Riesen» bedeutet. Altpräsident Chamoun hatte die seinen, die man «Tiger» nannte. Die wichtigste der christlichen Milizen war jedoch jene des kleinen Mittelstandes, die «Phalanges», welche Pierre Gemayel gegründet hatte und deren Leitung sein Sohn, *Beschir Gemayel*, von ihm übernahm.

Die syrischen und die israelischen Geheimdienste in Libanon taten das ihre, um den Topf am Kochen zu halten. In der Nacht vom 9. auf den 10. April 1973 brach ein israelisches Kommando, das zur See gekommen war und von *Ehud Barak,* dem späteren, eher glücklosen Ministerpräsidenten Israels, geleitet wurde, ins Zentrum von Beirut ein und ermordete dort in ihren Wohnungen drei Führungsmitglieder von Fatah, den Sprecher der Organisation, *Kamal Nasser,* und die beiden Gründungsmitglieder *Kamal Adwan* und *Yusuf an-Najar*. Mit Kamal Nasser hatte ich mehrfach Kontakte gehabt; wir hatten uns allerdings nicht immer sehr gut verstanden. Kurz darauf erlag der bekannte Schriftsteller und Intellektuelle *Ghassan Kanafani* einer Bombe, die an seinem Automobil angebracht worden war. Diese Aktionen der Israeli waren von tiefen Vorstössen ihrer Truppen nach Südlibanon begleitet, welche jedesmal Zehntausende, wenn nicht Hunderttausende von schiitischen Flüchtlingen mit ihrem wenigen beweglichen Hab und Gut auf die Strasse nach Beirut trieben. Dort wuchsen die Elendsviertel.

Der israelische Überfall auf Beirut führte zum Rücktritt der Regierung unter dem Druck grosser Demonstrationen der muslimischen Bevölkerungsteile, die ihr Komplizenschaft mit Israel unterstellten. Danach gab es heftige Kämpfe zwischen der Armee und den Freischärlern im Inneren von Beirut. Am 17. Mai wurden sie durch einen Waffenstillstand und einen Vertrag zwischen den Palästinensern und der Armee beigelegt, dessen Wortlaut geheim blieb. Die Kämpfe waren ausgebrochen, weil die Palästinenser nach der Mordaktion den Anspruch erhoben, für ihre eigene Sicherheit auch in Beirut selbst zu sorgen. Die Armee wollte dies nicht zulassen, weil es einer Ausdehnung des «Fatahlandes» im libanesischen Süden auf die Hauptstadt selbst nahe gekommen wäre. Der Geheimvertrag dürfte einen Kompromiss zwischen Armee und PLO beinhaltet haben; dass er geheim gehalten wurde, sprach dafür, dass die PLO mit ihrem Begehren mindestens teilweise durchgedrungen war.

Eingestellt wurden die Kämpfe, weil es klar war, dass die Armee der Palästinenser schwerlich Herr werden könne, die mit ihren Waffen und in ihren Lagern über das ganze Land verteilt waren und politische Unterstützung von Seiten der Sunniten, der Drusen, der Linksgruppen und – periodisch – der Schiiten erhielten. Die Palästinenser ihrerseits wollten ja eigentlich gegen Israel, nicht gegen die libanesische Armee kämpfen, und liessen sich deshalb für einen Waffenstillstand gewinnen. Auf diesem Weg bewirkte der Gewalteingriff der Israeli letztlich eine weitere Stärkung der Stellung der Palästinenser in Libanon.

Der Waffenstillstand vom 17. Mai war nicht von Dauer. Es kam immer wieder zu Zusammenstössen, gefolgt von immer neuen Waffenstillstandsabkommen. Seit 1973 bewegte sich die Entwicklung zunehmend auf einen grossen Konflikt zu.

Ägypten unter Sadat

In den frühen 1970er Jahren zog auch Ägypten weiter beständige Aufmerksamkeit auf sich. Die Israeli standen am immer noch gesperrten Suez-Kanal und trotz des bestehenden Waffenstillstands kam es immer wieder zu neuen lokalen Gefechten. Im Inneren hatte der neue Präsident Sadat zuerst einen Machtkampf zu bestehen, bevor er seine Herrschaft festigen konnte. Eher pro-sowjetisch, sozialistisch und anti-amerikanisch eingestellte Politiker aus der Nasser Zeit wie *Ali Sabri* und *Sha'arawi Gom'a*, Innenminister in der letzten Zeit Nassers, suchten ihm im Politbüro der Staatspartei, wo sie die Mehrheit besassen, eine Niederlage zu bereiten, indem sie gegen eine von Sadat befürwortete «Einheitskonferenz» mit Libyen und dem Sudan stimmten. Beide Staaten hatten erst kürzlich durch Militärputsche neue Regimes erhalten, und sie waren nun unter dem Druck *Ghadhafis* bereit, ein neues Experiment der arabischen Einheit zu lancieren.

Sadat überspielte seine innenpolitischen Widersacher, indem er sich auf den grösseren Zentralrat der Partei stützte, welcher zu ihm hielt. Die Konferenz im September 1971 in Tripoli wurde abgehalten (Syrien war in der Zwischenzeit an die Stelle des Sudans getreten), und die drei Staatschefs beschlossen, eine föderale arabische Einheit zu bilden, in der ein jeder seinen eigenen Staat behielt. Der Vorschlag Ghadhafis, dass Sadat Präsident der Förderation werde, er, Ghadhafi, jedoch Oberbefehlshaber ihrer Armee (!), wurde von den anderen abgelehnt. Die Föderation hatte wenig praktische Folgen, doch ihre Einrichtung diente Sadat dazu, über seine pro-sowjetischen Gegner zu triumphieren.

Das letzte Kapitel des Machtkampfes begann damit, dass Sadat, durch einen beteiligten Offizier alarmiert, sich öffentlich darüber empörte, dass seine Telefone von den Diensten des Innenministers abgehört wurden. Er begab sich auf das geheimdienstliche Abhörzentrum und zerstörte dort symbolisch die Tonbänder. Dann entliess er den Innenminister *Gom'a*. Der Entlassene und seine Freunde und Parteigänger, zu denen der Verteidigungsminister Ali Sabri und der Generalsekretär der Staatspartei gehörten, beschlossen, das Regime Sadats zu erschüttern, indem sie gemeinsam von ihren Ämtern zurücktraten. Doch sie begingen damit einen schweren Fehler. Sadat nahm ihren Rücktritt an und ersetzte sie ohne Schwierigkeiten durch ihm loyale Politiker. Entscheidend war dabei, dass der Generalstabschef der Armee, General *Muhammed Sadeq,* für ihn eintrat. Sadat nannte dann die Zurückgetretenen ein «Machtzentrum», warf ihnen Verschwörung gegen die Präsidentschaft vor und liess sie einkerkern. Damit sass der neue Präsident fest im Sattel, doch seine Schwierigkeiten waren noch lange nicht zu Ende.

Ein Freundschaftspakt mit der Sowjetunion

Kurz nachdem Sadat seine gefährlichsten Konkurrenten ausgeschaltet hatte, Leute, die als die Parteigänger einer engen Zusammenarbeit mit der Sowjetunion galten, erschien Präsident *Podgorny* in Kairo auf Staatsbesuch, und Ägypten unterzeichnete mit ihm einen «Freundschaftsvertrag», wie dies bei Staaten üblich war, die der Sowjetunion nahe standen. Dieser «Freundschaftsvertrag», für 20 Jahre gültig, stiftete Verwirrung unter den anderen Mächten. – Wo stand Sadat wirklich? fragten sich ihre Diplomaten. War er vielleicht eigentlich ein geheimer Freund der Sowjetunion, ungeachtet der Tatsache, dass er, wie bekannt war, mehrmals versucht hatte, mit den Vereinigten Staaten Kontakt aufzunehmen? Die diplomatischen Beziehungen mit Washington waren seit dem Sechstagekrieg abgebrochen.

Ich arbeitete damals mit gelegentlichen Artikeln in englischer Sprache an einer Zeitschrift mit, die sich «The New Middle East» nannte. Sie wurde in London von einem Freund Israels publiziert, der jedoch ein weites Spektrum von Meinungen in seiner Monatszeitschrift zuliess. Er telefonierte mir eines Tages nach Madrid und sagte: «Wie wäre es, wenn Sie einen Artikel schrieben, in dem sie alle Gründe anführten, die darauf hinweisen, dass Sadat in Wirklichkeit ein Agent der Sowjetunion ist?». Ich antwortete ihm auf der Stelle, das könne ich nicht tun, weil mir nicht schiene, dass dies zutreffe. In meiner Erfahrung seien Politiker, die in der Vergangenheit auf Hitler-Deutschland gesetzt hätten, so gut wie nie Parteigänger der Sowjetunion geworden, vielmehr neigten sie nach Möglichkeit Washington zu. Sadat hatte, wie allgemein bekannt war, als junger Offizier im Zweiten Weltkrieg an einer Verschwörung führend mitgewirkt, die mit Rommel Kontakt suchte und war deshalb ins Gefängnis gekommen. – Die Episode zeigt, wie ungewiss damals die Aussenwelt über den politischen Weg war, den Sadat einschlagen würde.

Was den «Freundschaftspakt» mit der Sowjetunion angeht, so wissen wir heute, dass Podgorny ihn schon voll formuliert mitbrachte und dass Sadat, der sich soeben seiner pro-sowjetischen Rivalen entledigt hatte, sofort auf den Vorschlag einging und gesagt haben soll: «Ja, ja, lasst uns nur unterschreiben, wenn sie das wollen und wenn das ihr Misstrauen uns gegenüber beschwichtigt». Er hatte offensichtlich erkannt, dass das Papier eines solchen Vertrages keine weitere realpolitische Bedeutung haben werde. Diese lag vielmehr in der Präsenz der sowjetischen Militärtechniker und Experten, in den Abkommen, die der sowjetischen Flotte im Mittelmeer erlaubten, sich in Alexandria zu versorgen (auch Lattakiya in Syrien war damals ein sowjetischer Stütz- und Anlegepunkt) und in den wirtschaftlichen Projekten und Unterstützungsgeldern, die Ägypten aus der Sowjetunion und anderen Staaten des sowjetischen Machtbereiches erhielt. Das Image eines pro-sowjetischen Ägyptens wurde für Aussenstehende durch den Freundschaftsvertrag freilich erst einmal weiter gestärkt. Sadat dürfte dies als damals unvermeidlich in Kauf genommen haben. Er hat später, im März 1976, den Pakt wieder aufgekündet.

Ringen um die besetzten Gebiete

Die ägyptische Armee wurde seit 1967 mit Hilfe der Russen wiederaufgerüstet, und die politische Priorität Sadats war, wie schon vor ihm jene Nassers, offensichtlich, die besetzten Gebiete Ägyptens, das heisst die ganze Sinai-Halbinsel, wieder unter ägyptische Hoheit zu bringen, sei es mit diplomatischen, sei es mit kriegerischen Mitteln. Von dieser kriegerischen Alternative als *ultima ratio* wurde von Sadat selbst und von den anderen Machthabern immer wieder gesprochen. Sie zitierten stets einen Satz Nassers: «Was mit Gewalt genommen wurde, muss mit Gewalt zurückgewonnen werden!»

Doch die Aussenwelt einschliesslich der Russen, der Amerikaner und der Israeli nahm solche Äusserungen mehr als Rhetorik denn als realistische Kriegsvorhaben. Die Niederlage Ägyptens im Sechstagekrieg war dermassen vernichtend gewesen, dass sich ein Konsensus aller Nicht-Ägypter gebildet hatte, nach dem die Ägypter schlechterdings keine Chance hätten, einen neuen Krieg gegen Israel zu gewinnen. Sie nahmen an, die ägyptischen Machthaber wüssten dies selbst und ihre immer wieder vorgebrachten Kriegsdrohungen seien bloss diplomatischer Natur, darauf angelegt, den Druck auf die Umwelt, seien es die USA, seien es die sowjetischen Freunde oder sogar die europäischen Staaten, zu erhöhen, damit diese mithälfen, Israel zu einem Rückzug aus Sinai und aus den anderen besetzten Gebieten zu bewegen.

Es war aber nicht zu übersehen, dass die ägyptische Regierung mit einer leidenschaftlich patriotischen Bevölkerung rechnen musste, die die Befrei-

ung der besetzten Territorien dringend verlangte und den Erfolg oder Misserfolg ihrer Herrscher daran mass, ob und wie weit sie diese Befreiungsziele
erreichten. Keine Regierung Ägyptens hätte ihrer Bevölkerung gegenüber
bestehen können, wenn sie die Besetzung des Sinai und die Blockierung des
Suez-Kanals als unvermeidlich hingenommen hätte. Schon zu Lebzeiten
Nassers, 1968, kurz nach der Niederlage, war es zu heftigen Strassenunruhen
gekommen, als die Bevölkerung, allen voran die Studenten, sich darüber
empörte, dass nur milde Strafen gegen die Chefs der Luftwaffe ausgesprochen
wurden, die für die Niederlage am Anfang des Krieges verantwortlich waren.
Zog man das in Betracht, so war es wahrscheinlich, dass die Rede vom Krieg
mehr war als blosse Rhetorik.

Studenten- und Volksunruhen

Die Studenten von Kairo, jene des nationalistischen, jene des linken, marxistischen und jene des rechten islamischen Flügels, drängten 1970 auf eine
«Lösung». Was die Studenten an der Universität dachten, war erfahrungsge-
mäss auch die Meinung der Leutnants und Hauptleute in der Armee. Sadat
reagierte: In vielen Reden sprach er das Jahr 1971 als das «Jahr der Entscheidung» an.

Die Ägypter glaubten, damit sei die Entscheidung über Krieg oder Frieden gemeint; entweder werde eine diplomatische Lösung gefunden oder
man werde Krieg führen. Wahrscheinlich hatte Sadat mit der «Entscheidung»
jedoch eine ganz andere Alternative im Auge, nämlich eine, die sich auf die
Sowjetunion bezog. Dies wurde aus den späteren Ereignissen klar. Vielleicht
wollte er andeuten, er werde die Sowjetunion vor die Entscheidung stellen,
entweder alle die Waffen zu liefern, die für einen erfolgreichen Schlag gegen
Israel notwendig seien, oder ihre Berater, deren Zahl auf gegen 15 000 gestiegen war, zurückzuziehen. Heute wissen wir, dass Sadat damals neben seinen
offiziellen auch mehrere geheime Besuche in Moskau unternahm und mehrfach seine engsten Vertrauten dorthin schickte, stets in der Absicht, mehr
und bessere Waffen von den Russen zu erhalten. Doch die Russen zeigten
keinerlei Eile. Bei vielen ägyptischen Offizieren herrschte die Ansicht vor,
die Russen wollten Ägypten gar nicht so weit ausrüsten, dass es einen erfolgreichen Schlag gegen Israel führen könne, denn nach einem Erfolg würde
Ägypten die Sowjetunion ja «nicht mehr brauchen». Die sowjetische Politik
diene also nur dazu, Ägypten in Abhängigkeit zu halten.

Damals stand all dies im Schleier tiefster Geheimhaltung. Man vernahm
höchstens unbestimmte Gerüchte und Gegengerüchte. Als 1971 zu Ende

ging und die versprochene Entscheidung nicht gefallen war, musste Sadat am 28. Dezember eine seltsame Rede halten, die niemand wirklich verstehen konnte. Er sprach von einem «Nebel», der sich eingestellt und die verheissene Entscheidung unmöglich gemacht habe. Die Entscheidung werde jedoch mit Sicherheit im kommenden Jahre fallen. Ägypten werde kämpfen, schliesse jedoch auch eine friedliche Lösung nicht aus. – Was bedeutete dieses Nebelsymbol? Die Ägypter und mit ihnen der Auslandskorrespondent mussten Rätsel raten. Eine angebliche Erklärung wurde herumgeboten: Es sei der Krieg um Bangladesh gemeint, der damals ausgebrochen war und die Russen gezwungen hätte, Waffen in erster Linie nach Indien zu senden. Was immer er auch gemeint hatte, Sadat hatte sich durch die «Nebel»-Rede eher lächerlich gemacht und der Glaube der Aussenwelt, dass er je wirklich etwas unternehmen werde und nicht bloss mehr oder minder rationale Reden halten, nahm weiter ab.

Am 24. Januar 1972 brachen schwere Unruhen in Kairo aus. Sie wurden von den Studenten ausgelöst, die von der Universität über die Nilbrücken bis zum Tahrir-Platz, dem Regierungszentrum, vorstiessen. Teile der Bevölkerung schlossen sich ihnen an. Der Protest richtete sich nicht alleine gegen das gebrochene Versprechen Sadats, 1971 eine Entscheidung herbeizuführen. Er wurde verschärft durch die sich zusehends verschlechternde wirtschaftliche Lage; eine schwere Teuerung lastete auf dem täglichen Leben der kleinen Leute. Die Polizei ging gegen die Studenten vor. Es kam zu Verhaftungen, und die Universitäten wurden geschlossen. Während die Russen Sadat Waffen versprachen, sie aber dann nur tropfenweise lieferten, schlossen die Amerikaner einen Vertrag mit den Israeli ab, der diesen eine neue Generation von Kriegsflugzeugen, die Phantom und die Skyhawk bescherte.

Die Ausweisung der sowjetischen Militärs

Am 18. Juli 1972 sass ich in meinem Arbeitszimmer in Madrid und hatte die Nachrichten von BBC eingeschaltet, wie ich das normalerweise jeden Tag zwei- oder dreimal tat. Plötzlich kam die verblüffende Meldung, Sadat habe die sowjetischen Militärberater und -experten aus Ägypten ausgewiesen. Es schien fast unglaublich, so überzeugt war die Aussenwelt gewesen, dass die Russen sich in Ägypten unentbehrlich gemacht hatten. Natürlich telefonierte ich sofort mit dem zuständigen Auslandsredaktor der NZZ, Ferdinand Hurni, und wir kamen überein, dass etwas zu dieser ganz unerwarteten Entwicklung am gleichen Tag noch von Madrid aus zu schreiben sei. Im Augenblick, in dem das Ereignis feststand, konnte ich auf die vielen Gerüchte zurückgreifen, die ich seit Monaten hier und dort vernommen hatte. Nun liess sich erkennen, welche dieser Berichte eine gewisse Glaubwürdigkeit besassen und welche nicht. Dies liess bei aller Vorsicht und trotz der grossen Distanz zwischen Madrid und Kairo einigermassen solide Vermutungen über die Hintergründe des auf den ersten Blick kaum erklärbar scheinenden Ereignisses zu.

Ich hatte davon gehört, dass die sowjetischen Berater in der ägyptischen Armee unbeliebt waren, weil sie strikt unter sich blieben und nur gerade professionelle Kontakte mit ihren ägyptischen Kollegen unterhielten. Ausserdem glaubten sie anscheinend oft, ihre ägyptischen Partner kommandieren zu können. Auch war bekannt, dass eine gewisse Unzufriedenheit darüber bestand, dass es auf ägyptischem Territorium sowjetische Militär-, Luftwaffen- und Marine-Enklaven gab, die ausschliesslich von sowjetischen Offizieren kommandiert wurden und den ägyptischen Militärs nicht zugänglich waren. Dem konnte ich auch deswegen Glauben schenken, weil man Entsprechendes über das Verhalten des sowjetischen Militärs auch anderwärts schon gehört hatte. Sogar in «sozialistischen Bruderländern» wie etwa der DDR verhielten sich die sowjetischen Truppen auf diese Weise. Dazu kam, dass die sowjetischen Experten den Ägyptern zu erklären pflegten, sie könnten noch lange nicht oder gar nie einen Krieg gegen die Israeli führen, dazu seien sie einfach zu schlecht vorbereitet, während die ägyptischen Offiziere überwiegend der Meinung waren, es liege an den besseren Waffen, mit denen die Amerikaner die Israeli ausstatteten, während die Russen den Ägyptern bloss veraltetes Material, oft noch aus der Zeit des Zweiten Weltkrieges, lieferten. Dabei, so glaubten die Offiziere, von denen viele in der Sowjetunion ausgebildet worden waren, zu wissen, besässen die Russen moderne Waffen und Kriegsflugzeuge, die den amerikanischen durchaus gewachsen seien.

All dies waren Gerüchte gewesen, die man auf keine verlässliche Quelle zurückführen konnte, doch nun, angesichts des neuen Faktums, dass offenbar eine Ausweisung der sowjetischen Berater beschlossene Sache war, erhielten sie eine ganz andere Bedeutung.

Sadat selbst erklärte seinen Entschluss, und die ägyptische Presse begann sofort über das Thema zu schreiben. In den Reden Sadats kam immer wieder ein Ausdruck vor, der offenbar für sein Denken von Bedeutung war, sich aber nicht recht in europäische Sprachen übersetzen liess. Er lautete, eine *waqfa ma'a 's-Sadiq* sei notwendig geworden. Das erste Wort bedeutet, «Stehenbleiben, Anhalten», ihm folgt: «mit dem Freund». Die Grundvorstellung war offensichtlich, man geht Hand und Hand mit einem Freund, bleibt aber

527

dann stehen und kehrt sich ihm zu, um ihn zu konfrontieren. Die Partikel «mit» stand im Sinne von «zusammen mit», aber auch «gegenüber». Gemeint war offenbar eine Konfrontation, aber wenn möglich freundlicher Art und jedenfalls unter Gleichgestellten. Dies kam so oft in verschiedenen Reden vor, dass man annehmen durfte, es beschreibe die Haltung, die Sadat einnehmen wollte.

Er selbst hat dies später in seiner Autobiographie bestätigt und erläutert. In ihr, sechs Jahre nach den Ereignissen, stellte er dar, wie oft er die Russen um bessere Waffen angebettelt habe, wie sehr sie ihn, seiner Ansicht nach, verächtlich behandelt hätten. Einmal, so schreibt er, luden sie die hochrangige Delegation, die er persönlich anführte, nach erfolglosen Verhandlungen zum Essen ein, liessen sie aber dann 20 Minuten lang allein im Gang warten, bevor das Essen begann. Er schien zu glauben, dass dies mit Absicht geschehen sei. Er erzählte in seinen Memoiren auch, dass er den Entschluss, mit den russischen Militärberatern zu brechen, am Ende einer erfolglosen Sitzung mit den sowjetischen Partnern in Moskau selbst getroffen habe. «Dann müssen wir eben mit den Mitteln kämpfen, über die wir verfügen», habe er sich gesagt.

Die Autobiographie Sadats ist eine sehr persönliche Darstellung, die sich primär auf sein Fühlen, Denken und Handeln bezieht. Von den ausserhalb seiner persönlichen Sphäre gegebenen Umständen spricht sie kaum. Doch bestanden damals ohne Zweifel Spannungen zwischen Ägyptern und Russen, auf der militärischen Ebene, auf der diplomatischen und auf der persönlichen. Die Ägypter, die mit den Sowjets zu tun hatten, empfanden, sie liefen Gefahr, wie schon früher den englischen, nun den russischen Beratern untergeordnet zu werden.

Neue Thesen zur ägyptischen Aussenpolitik

Sobald die ersten Schübe von Sensationsnachrichten abklangen, fuhr ich nach Kairo, um Näheres zu erfahren. Dort gab es zwei neue erfahrene Männer, die nun direkt mit der Presse zu tun hatten, *Tahsin Bashir*, der als aussenpolitischer Pressesprecher wirkte, und *Ismail Fahmy*, ein Botschafter im Aussenministerium (und späterer Aussenminister). Sie hatten beide die ersten Leitlinien für eine neue aussenpolitische Ausrichtung formuliert, die von Sadat dann aufgegriffen wurden. Bezeichnenderweise spricht Sadat in seinen Memoiren von 1978 überhaupt nicht von ihrer Rolle. Er stellt die Entwicklung so dar, als ob sie ganz allein auf seine Gedanken und Aktionen zurückginge.

Beide, der Diplomat und der aussenpolitische Sprecher, konnten sehr ruhig und überlegt die neue Linie darlegen, die Ägypten nun, nach der Ausweisung der sowjetischen Fachleute, verfolgte. Man wolle wieder mit den Amerikanern ins Gespräch kommen, gleichzeitig hoffe man weiter, die Israeli dazu zu bewegen, nicht nur den Sinai zu räumen, sondern auch die besetzten Gebiete des Westjordanlandes und Syriens. Dafür sei Ägypten bereit, Frieden zu schliessen. Beide meinten, wenn es nur darum ginge, einen Separatfrieden Ägyptens mit Israel abzuschliessen und durch ihn den Sinai zurückzuerhalten, wäre dies praktisch sofort möglich. Israel würde ein solches Angebot jederzeit annehmen, weil es dadurch von der Gefahr eines Zweifrontenkrieges befreit würde und die weitaus grösste und für Israel gefährlichste Nachbararmee, die ägyptische, als Bedrohung ausfiele. Doch Ägypten könne die Belange der Palästinenser und der Syrer nicht ignorieren. Es sei unmöglich, sie einfach fallen zu lassen. Deshalb müsse der Frieden mit Israel mehr als ein Separatfrieden werden; nämlich ein «umfassender Frieden», einer, der alle Belange der arabischen Welt berücksichtige und der schliesslich zu einem israelisch-arabischen Gesamtfrieden führe. Das könne noch längere Zeit dauern, doch sie seien überzeugt, dass eine diplomatische Kampagne mit diesen Zielen erfolgreich geführt werden könne. Die Hilfe der Amerikaner sei dabei wesentlich, auf die Russen könne man jedoch auch nicht vollständig verzichten. Es gehe darum, wieder eine mittlere Position zwischen den beiden Supermächten, wie man sie damals nannte, einzunehmen.

Die grösste Gefahr für Ägypten sei, dass sich die Russen und die Amerikaner über den Kopf der Ägypter hinweg über die Zukunft des Nahen Ostens verständigen könnten. Was die Russen angehe, so habe Sadat begriffen, dass sie gegen den Willen der Amerikaner nichts Grundlegendes zur Wiedergewinnung der besetzten Gebiete beitragen könnten. Die Amerikaner jedoch würden nur bereit sein, eine ägyptische Friedenspolitik zu fördern, wenn sie Ägypten nicht mehr als einen Klientelstaat der Sowjetunion betrachteten. Die Ausweisung der russischen Berater diene dazu, sehr deutlich zu machen, dass Ägypten dies nicht sei und auch nicht werden würde. Sie selbst und andere Gewährsleute deuteten an, dass Sadat diese Fakten verstanden und deshalb gegen die Russen durchgegriffen habe.

Die militärischen Fragen wurden von den diplomatischen Sprechern ausgespart. Doch die Ausweisung der Berater hatte bewirkt, dass die früher schweigsamen Militärs und Zivilisten, die mit ihnen in Kontakt standen, nicht mehr so streng verschlossen blieben. Mehr und mehr Hintergrundberichte gingen um, nach denen die ägyptischen Offiziere das Ende der russischen Vormundschaft begeistert gefeiert hätten. Es wurde deutlicher als zuvor, dass die Russen sehr unbeliebt waren und mit grossem Misstrauen angesehen wurden, zum Teil aus eigener Schuld, weil sie immer sehr steif und herablassend mit ihren ägyptischen Kollegen umgegangen seien.

Gibt es noch eine Kriegsoption?

Blieb die Frage der Kriegsoption. Niemand, mit dem ich damals in Kontakt kam, glaubte daran, dass die Ägypter einen Krieg führen wollten oder führen könnten. Alle Gesprächspartner nahmen an, die Ägypter selbst seien sich ihrer militärischen Unterlegenheit bewusst, auch Sadat persönlich. Die Rede vom Krieg, so vermutete man, sei bloss ein Druckmanöver, um klar zu machen, dass die Dinge so nicht mehr weiter gingen und dass dringend eine politische Lösung gefunden werden müsse. Doch gleichzeitig war deutlich, dass die Stimmung in Kairo schlecht und bedrückt war. Die Wirtschaft stagnierte, und die Preise stiegen weiter an.

Die Witze über Sadat wurden bitterer und vulgärer. Oft zogen die Studenten über seine Frau, *Jehan*, her, die sehr gut aussah und die sie ihm offensichtlich missgönnten. Sie sahen nicht ein, warum solch ein «Hampelmann» (als den sie ihn auf Grund seiner Reden und unverwirklichten Zusagen ansahen) eine so schöne Frau sein eigen nennen sollte. Die Witze spiegelten dieses Grundempfinden. Auch seine eleganten Anzüge und die Marschallsuniform wurden Spottgegenstände. Um dem Druck der unzufriedenen Studenten auf das Regime entgegenzuwirken, versuchten die Geheimdienste in der Universität, die verschiedenen politischen Strömungen, die es unter den Studenten gab, gegeneinander auszuspielen. Sie unterstützten daher die Muslim-Brüder, die damals noch eine Minderheit waren, aber stetig an Anhängern gewannen, gegen die Linksgruppen und die radikalen Nationalisten, die ihnen als die aktiveren und gefährlicheren Kritiker des Regimes galten.

Unsichtbare Kriegsvorbereitungen

Im September 1973 befand ich mich wieder in Kairo. Das war eine besondere Reise, weil der ägyptische Botschafter in Bern den Chefredaktor der NZZ eingeladen hatte, sein Land zu besuchen. Freundlicherweise hatte er dazu auch mich einladen lassen, und *Fred Luchsinger* forderte mich auf, ihn zu begleiten. Gemeinsam besuchten wir Kairo während mehreren Tagen. Wir konnten mit einigen wichtigen Exponenten des Regimes sprechen. Überall stiessen wir auf eine gewisse Ratlosigkeit. Die Suche nach einem Frieden, der den Rückzug der Israeli aus den besetzten Territorien bewirken sollte, kam nicht wirklich voran. Die Israeli bestanden darauf, sie wollten mit den einzelnen arabischen Staaten direkt verhandeln, «von Angesicht zu Angesicht» hiess das, und nur in solchen Separatverhandlungen würden sie über den Frieden und die künftigen Grenzen sprechen. Die arabischen Staaten lehnten das ab, weil sie wohl wussten, dass angesichts der militärischen Übermacht Israels und der militärischen, politischen und finanziellen Unterstützung, welche die Israeli von den Vereinigten Staaten erhielten, solche Verhandlungen nicht zu der von ihnen angestrebten Befreiung aller besetzten Gebiete führen konnten. Die Israeli würden viel weniger anbieten (dass sie ganz Jerusalem zu behalten gedachten, hatten sie bereits klar gemacht, bevor es zu irgendwelchen Verhandlungen kam). Die arabischen Staaten würden dann vor die Entscheidung gestellt, entweder nur einen Teil der besetzten Gebiete zurückzuerlangen oder die Verhandlungen erfolglos abzubrechen, woraus wiederum die Israeli Vorteile diplomatischer und propagandistischer Art schlagen könnten.

Die Versuche, mehr diplomatische Hilfe von Seiten der Amerikaner zu erlangen, stagnierten, trotz der Ausweisung der sowjetischen Berater. Kissinger habe gesagt, so wurde herumgeboten: «Wenn Sadat mir im voraus mitgeteilt hätte, er erwäge, die russischen Berater auszuweisen, hätte ich ihn in seiner Absicht mit grossen Versprechungen und Belohnungen bestärkt. Aber er tat es von sich aus. Die Sache geschah. Nun kann er keinen Preis mehr dafür erwarten!»

Washington war damals mit der Suche nach einem Ausweg aus dem Vietnamkrieg beschäftigt. Kissinger führte eine Schaukelpolitik zwischen Russland und China; der Nahe Osten, wo die Israeli bequem zuwarten wollten, bis sie einen «Telefonanruf aus Kairo» erhielten, genoss in Washington damals nur eine niedrige Priorität.

Bei allen Gesprächen, die wir führten, sagte uns nur ein einziger Partner klar, er glaube, es müsse zu einem neuen Krieg kommen. Dies war eine Nebenfigur, *Musa Sabri*, ein Journalist und früherer Linksintellektueller, der nie so recht zum Regime gehört hatte, weil er als Sympathisant der Kommunisten verdächtigt wurde. Er hatte später jedoch die Stelle eines Chronisten der Präsidentschaft Ägyptens erhalten und empfing uns in der Präsidentenresidenz. Er zitierte den erwähnten Satz Nassers, was mit Gewalt genommen wurde, müsse auch mit Gewalt zurückgewonnen werden, und betonte, er könne keine andere Lösung sehen als einen neuen Waffengang. Er konnte darauf verweisen, dass die ägyptische Armee, wie jedermann wusste, eifrig und viel ernsthafter trainierte, als sie es zur Zeit vor dem Sechstagekrieg unter Marschall Amer getan hatte. Ohne Krieg, sagte Sabri, würde die Lage nie reif werden für realistische Friedensverhandlungen auf der Basis der berühmten Resolution 242 der Vereinten Nationen, die «Frieden gegen Territorien» vorsah.

Darüber jedoch, ob die Ägypter wirklich erfolgreich würden Krieg führen können, sprach er sich nicht aus. Er sei ja kein Militär, meinte er. Dr. Luchsinger und auch ich glaubten, wie praktisch alle ausländischen Beobachter der Epoche, mit grosser Gewissheit, dass ein neuer Krieg nichts als weitere Niederlagen für die Ägypter bringen werde und daher keine echte Option sei. Wir fuhren in einem Regierungswagen nach Suez, um näher an die Kampfzone heranzugelangen. Unterwegs kamen wir durch lange Wüstenstrecken. Ein grosser Teil davon, soweit man von der Strasse aus sehen konnte, war von Panzerwagen und anderen Militärfahrzeugen übersät, die sich offensichtlich auf einer Übung befanden. Sie standen jedoch alle still, weil es gerade Mittagszeit war und die Soldaten offenbar sämtlich zum Essen gegangen waren. Sie hatten ihre Fahrzeuge in der Wüste stehen lassen, unbewacht, die Türen der meisten standen offen und schaukelten im Wüstenwind. Dr. Luchsinger, ein ehemaliger Pilot der Schweizer Luftwaffe, war empört. «Eine solche Schlamperei! Nicht einmal die Türen ihrer Wagen können sie schliessen. Das soll eine Armee sein, die es mit den Israeli aufnehmen will. Ich würde sie alle mit Arrest bestrafen!» – Ich konnte mich nicht so sehr ereifern, vielleicht weil mir Ägypten allzu vertraut war. Es handelte sich eben nicht um die Schweizer Armee, dachte ich im Stillen. Doch Dr. Luchsinger war der militärische Fachmann, und sein Urteil, dass eine solche Armee nie einen erfolgreichen Krieg gegen Israel werde führen können, schien auch mir zutreffend. Uns war damals, wie den meisten anderen Beobachtern auch, nicht bewusst, dass die Sowjetunion, trotz der Ausweisung ihrer Berater und entgegen den Beschwerden, die man von den Ägyptern hörte, ihre Waffenlieferungen an Ägypten (und Syrien) in den letzten Monaten ganz erheblich verstärkt hatte.

Unmittelbar vor dem Kriegsausbruch

Es war geplant, dass unsere gemeinsame Reise von Ägypten über die Golfstaaten nach Persien weiterführen sollte. Doch am Ende unseres Aufenthalts in Ägypten wurde Dr. Luchsinger unruhig. «Ich kann die Zeitung nicht so lange alleine lassen», sagte er. «Irgend etwas wird geschehen. Das spüre ich. Dann muss ich in Zürich sein.» Er beschloss, die Reise in Ägypten abzubrechen. Wo etwas und was geschehen würde, konnte er nicht sagen, er brachte es aber nicht mit Ägypten in Verbindung. Im Gegenteil, wir nahmen an, dass die Lage dort weitermotten werde, «weder Krieg noch Frieden», vielleicht solange bis Ägypten gezwungen sei, sein Ziel, die Räumung aller besetzten Gebiete, aufzugeben oder einzuschränken.

Wir trennten uns, und ich flog nach Bahrain, dann nach Teheran, hatte sogar vor, bis nach Pakistan weiterzureisen. Am 6. Oktober war ich in Teheran. Das ist für die Juden ein heiliger Tag, der heiligste im ganzen Jahr – Yom Kippur. Diesen Tag hatten Ägypten und Syrien mit Bedacht gewählt, um fast gleichzeitig und völlig überraschend Israel an zwei Fronten mit aller Macht anzugreifen. Es gelang den Ägyptern am ersten Kriegstag, den Suez-Kanal zu überqueren und die Bar-Lev-Linie der Israeli zu durchbrechen. Die syrische Armee kämpfte sich bis fast an den Rand des Golan-Plateaus vor. Die Israeli waren überrascht worden. Zum erstenmal waren sie die Opfer eines arabischen Erstschlages geworden; bisher hatten immer sie den ersten Schlag geführt.

Ein «gefährlicher Journalist?»

Soviel vernahm ich am Radio. BBC war mein steter Begleiter. Ich reiste sofort nach Beirut zurück, zog in mein Lieblingshotel ein, das «New Royal», von dem aus man direkt auf das Meer hinaus sah. Am gleichen Abend gab ich ein kurzes Interview für das Schweizer Radio übers Telefon, in Dialekt. Ich sagte dabei, dass der erste Überraschungsschlag der arabischen Seite erfolgreich gewesen war, dass man aber annehmen müsse, die Israeli würden sich sammeln und zu Gegenangriffen übergehen. Am Ende würden sie wahrscheinlich doch wieder gewinnen. Am nächsten Morgen stand die Polizei in meinem Schlafzimmer. Sie müssten mich abholen und zum Chef der libanesischen Sicherheit geleiten, erklärten die drei Polizisten in Zivil. Ich ging mit, hatte im Gebäude des libanesischen Generalstabs eine kurze Zeit zu warten, dann wurde ich zu Oberst *Dahdah* geführt, der als Chef der Sicherheit amtete.

Er wollte wissen, woher ich komme und was ich in Libanon tue. Dinge, die ich ihm leicht erklären konnte. Er sagte mir, ich hätte im Generalstabsgebäude zu bleiben, bis er meine Aussagen abgeklärt habe. Ich erlaubte mir, ihn zu fragen: «Heisst das, dass ich verhaftet bin?» Die Antwort war: «Nein, oder wollen Sie, dass wir sie verhaften?». – Das wollte ich nicht.

Mit der Zeit kam dann doch ein Gespräch mit dem Obersten zustande. Er sagte mir, von den Schweizern habe er keine sehr gute Meinung. Ich bedauerte und fragte, wieso. «Ja,» sagte er, «vor einigen Jahren machte ich einen militärischen Kurs in den Vereinigten Staaten mit. Es war ein Kurs für Offiziere vieler Länder. Es gab auch einen Schweizer dabei. Wir wohnten beide in der gleichen Vorstadt, ziemlich weit vom Zentrum von Washington entfernt, wo unser Kurs durchgeführt wurde. Der Schweizer Kamerad hatte kein Auto; ich hatte eines und kam jeden Tag ihn in seiner Wohnung abholen. Er hat viel Geld gespart dadurch. Während wir dort waren, brach der Sechstagekrieg aus. Als das geschah, redete der Schweizer Kollege nicht mehr mit mir, kein Wort, bis zum Ende des Kurses. Wohl doch, weil ich Araber bin. Ich fand das eine unmögliche Art sich aufzuführen.»

Ich sah mich in der Lage, ehrlich und laut zu sagen, ich fände auch, dass jener Offizier sich schlecht benommen habe. Er müsse eine dumme und beschränkte Person gewesen sein. Ich fügte hinzu, nicht alle Schweizer würden sich dermassen schlecht und geschmacklos verhalten. Daraufhin verbesserte sich mein Verhältnis zu Dahdah merklich. Die Unterhaltung ging weiter, und er eröffnete mir, warum ich zu ihm bestellt worden war. Sein Vorgänger, sagte er, sei nach langen Jahren als Sicherheitchef libanesischer Botschafter in der Schweiz geworden. Er habe ein Telegramm an die libanesische Sicherheit geschickt, darin stand: «Hottinger ist ein gefährlicher Journalist.» Weil er doch der frühere Chef der Sicherheit war, habe man einen solchen Hinweis nicht ignorieren können. Deshalb habe er mich kommen lassen.

Er erklärte mir später, ich könne in mein Hotel zurückkehren, aber er müsse mich bitten, für die drei nächsten Tage keine Artikel zu schreiben, bis meine Angelegenheit abgeklärt sei. Das war mir nicht willkommen, schliesslich war ich deswegen nach Beirut gekommen. Doch sagte ich, wenn es nicht lange dauere, sei ich bereit, ihm zu versprechen, dass ich zunächst einmal nichts schreiben würde. Ich wurde in mein Hotel zurückgefahren. Als ich am Empfang vorbeikam, sagte mir der Hotelbesitzer etwas verlegen: «Sie sind noch in Ihrem Zimmer, vielleicht wäre es besser, wenn Sie noch einen Augenblick lang hier unten warteten.» – Was ich tat, weil ich keine Lust auf weitere Konfrontationen hatte. Kurz darauf kam eine Gruppe von Polizisten in Begleitung einer jungen Frau, die wie eine Ausländerin aussah, vielleicht eine Deutsche, die Treppe hinab, und der Hotelbesitzer meinte: «Jetzt können Sie hinaufgehen». Offenbar hatten die Polizisten mein Zimmer durchsucht und gleich eine sprachenkundige Ausländerin mitgebracht, für den Fall, dass sie Schriftstücke fänden. Oben in meinem Zimmer hörte ich wie immer beruhigend die Brandung des Meeres rauschen. Alles war in Ordnung. Mein Radioapparat und meine Schreibmaschine waren noch da. Belastendes Material, das wusste ich, konnten sie nicht gefunden haben. Blieb nur die unangenehme Auflage, dass ich nichts schreiben sollte. Ich teilte dies der NZZ in Zürich mit. Dort war man natürlich auch nicht gerade begeistert. In diesem Moment wollte die Zeitung Berichte aus Beirut haben, obgleich ein Sonderkorrespondent bereits nach Israel abgefahren war und kein Zweifel darüber bestand, dass er, solange der Krieg dauerte, von dort her mehr und Wichtigeres zu sagen haben werde als ich aus Beirut.

Dies war von vornherein klar, weil die Israeli Kriegskorrespondenten ganz anders behandelten als die arabische Seite. Sie boten ihnen Gelegenheit, sobald es möglich war, die Fronten zu besuchen. Sie hielten Pressekonferenzen für sie ab und sie besassen besondere Pressebetreuer innerhalb der Armee, die dazu da waren, den Auslandskorrespondenten bei der Sammlung ihrer Informationen behilflich zu sein. Wenn dabei Beeinflussungsversuche unternommen wurden, waren sie eher subtiler Natur. All das gab es in keinem arabischen Land. Ein Auslandskorrespondent aus Europa war auf sich allein gestellt. Dass er sich den Feldzügen einer arabischen Armee in irgendeiner Form anschliessen könnte, war ausgeschlossen, schon weil die Angst vor Spionen viel zu gross war: Der Fremde könnte ja ein als Journalist verkleideter Spion sein. Was es übrigens wirklich gelegentlich gab – der berühmte sowjetische Spion und Doppelagent *Kim Philby* hatte jahrelang in Beirut als Korrespondent der britischen Wochenzeitung «The Observer» gearbeitet. Der britische Geheimdienst, dessen (verräterischer) Mitarbeiter er war, hatte ihn an die Zeitung empfohlen. Personen, die in der Lage gewesen wären, mit einiger Wahrscheinlichkeit zu erkennen, wer unter den Ausländern ein echter Journalist war und wer ein Agent sein könnte, besassen die arabischen Staaten nicht.

Dr. Luchsinger telefonierte mir ärgerlich, wie lange er noch einen Korrespondenten in Beirut haben solle, der keine Berichte sende. Er fragte auch, ob die Zeitung von ihrer Seite her etwas unternehmen solle, um den Libanesen ihren Unmut zu zeigen. Ich riet ab. Mir schien besser, die Sache in Harmonie zu lösen. Ich versprach dem Chefredaktor, ich würde bereits einen längeren Artikel vorbereiten und ihn übermitteln, sobald die libanesische Sicherheit mir die Erlaubnis gäbe. Dies würde gewiss der kommende Montag sein. Es war gerade Samstag und übers Wochenende wurde ohnehin keine Zeitung gedruckt. Dr. Luchsinger war's zufrieden, und tatsächlich erhielt ich Montag morgen bereits die Erlaubnis des Sicherheitschefs, nun wieder zu schreiben. Mein Artikel lag bereit, ich konnte ihn gleich übermitteln. Der Zwischenfall war erledigt.

Wahrscheinlich, so legte ich mir zurecht, hatte der libanesische Botschafter in Bern, der frühere Sicherheitschef, meinen Radiobeitrag gehört und sich darüber geärgert, weil ich den Sieg der Ägypter und Syrer nicht genügend betont und auch noch für die Zukunft Rückschläge vorausgesagt hatte. Er hatte recht. Tatsächlich war der gelungene Übergang der Ägypter über den Suez-Kanal und die Erstürmung der Bar-Lev-Linie eine bemerkenswerte militärische Leistung gewesen. Ich hätte sie deutlicher unterstreichen und würdigen sollen. Dass sich später das Blatt noch wenden könnte, war allerdings, wie die Ereignisse zeigten, berechtigt. Sicher war ich mir aber nicht über meine Vermutung mit dem Radiobeitrag. Wie gut konnte der libanesische Botschafter Schweizerdeutsch?

Am Rande des Kriegsgeschehens

Der Krieg nahm seinen Verlauf. Ich sass in Beirut am Radio und versuchte, auf Grund der arabischen Radiostimmen und der Berichte, die ich darüber hinaus zu hören und zu lesen bekam, ein Bild von den Vorgängen zu gewinnen. Für den Krieg auf dem Golan war dies die einzige Quelle.

Eines Nachts wurde ich mit einem gewaltigen Ruck aus dem Bett auf den Boden geschleudert. Es fühlte sich an wie ein Erdbebenstoss, doch es blieb bei der einen Erschütterung. Am nächsten Morgen erfuhr ich, dass die Israeli das Untergrundkabel, das Beirut mit Europa verband, kurz vor dem Hafen von Beirut durch eine Tiefenladung gesprengt hatten. Es gab allerdings weiterhin eine drahtlose Verbindung nach Europa. Vielleicht hatten die Israeli gegen sie nichts einzuwenden, weil sie den Funkverkehr über sie leicht abhören konnten.

Eines Morgens früh vernahm ich ein heulendes Flugzeuggeräusch, eilte auf den Balkon und sah ein Jagdflugzeug einen engen Kreis über das Meer ziehen, dann abdrehen und über das Hausdach in meinem Rücken zurückfliegen. Hinter ihm her sah man eine Art von Zigarre den gleichen Kreis vollziehen und jenseits der Stadt wie das Flugzeug verschwinden. Das Ganze spielte sich so rasend schnell ab, dass ich nicht erkennen konnte, ob ich ein israelisches oder ein arabisches Flugzeug gesehen hatte. Die Zigarre erkannte ich als eine Rakete. Ob sie das Flugzeug am Ende erreichte, konnte ich nicht mehr sehen. Eine Explosion erfolgte aber nicht. Der Pilot, der dort drinnen sass, tat mir jedenfalls leid. Die Rakete war ihm unheimlich dicht und zäh auf der Spur.

Syrien fühlt sich im Stich gelassen

Das war alles, was ich vom Krieg zu sehen bekam. Doch über die Politik konnte man von Beirut aus allerhand erkennen und schildern. Syrien stand ja auch im Krieg. Schon bald zeichnete sich eine wachsende Differenz zwischen ihm und Ägypten ab.

Der Krieg begann mit dem doppelten Erstschlag am Mittag des 6. Oktobers. Als die Ägypter die Bar-Lev-Linie durchbrachen, waren auch die Syrer im Golangebiet im Vormarsch. Auch sie mussten eine stark befestigte Sperrlinie durchbrechen, Panzergräben, Minenfelder, Stacheldrahtverhaue, welche die Israeli an den Waffenstillstandslinien des Golans errichtet hatten. Auch ihnen gelang dies dank des Überraschungseffekts und des Umstands, dass die Israeli ihre Kräfte auf zwei Fronten verteilen mussten, auf die Sinai- und auf die Golan-Front.

Die Israeli improvisierten am 8. Oktober einen ersten Gegenangriff gegen die Ägypter, wurden jedoch blutig und mit bedeutenden Verlusten an Tanks zurückgeschlagen. Nach diesem Rückschlag erging ein Ruf an Washington: «Rettet Israel!», und die Amerikaner reagierten darauf, indem sie grosse Mengen von Waffen direkt hinter die Sinai-Front einflogen.

Die Ägypter bezogen nun defensive Positionen ungefähr zehn Kilometer vom östlichen Kanalufer entfernt. Dies hatte seinen guten Grund: Die Raketenstellungen auf der westlichen Kanalseite konnten ihnen auf zehn Kilometer jenseits des Kanals Schutz gegen die israelische Luftwaffe bieten. Die Ägypter blieben bis zum 14. Oktober in ihren neu bezogenen Stellungen stehen. Die Israeli, welchen die Amerikaner alle Resultate ihrer Satellitenaufklärung übermittelten, wussten, dass die Ägypter ihren Vormarsch offensichtlich eingestellt hatten. Sie waren deshalb in der Lage, ihre wirksamsten Waffen, die Flugzeuge, Raketen und Tanks, gegen die Syrer zu werfen, die ihrerseits beinahe bis zum Rande der Jordansenke vorgestossen waren.

Die libanesische Radarstation auf den Höhen des Barouk-Berges wurde von den Israeli bombardiert, auch Damaskus wurde Ziel ihrer Bombenflugzeuge, die syrischen Erdöldepots bei Homs und Tartous wurden ebenfalls angegriffen. Die syrischen Tanks wurden nun in blutigen Schlachten zurückgeworfen, während die Sinai-Front relativ ruhig blieb. Von Beirut aus liess sich verfolgen, wie die arabischen Medien, in Damaskus, in Bagdad, in Amman, Kairo immer dringender aufriefen, nun endlich weiter, zu den strategisch entscheidenden Sinai-Pässen vorzustossen. Die Stimmen wurden schriller.

Vorrücken? Eingraben?

Heute wissen wir im Gegensatz zu damals, dass in den Tagen des relativen Stillstands im Sinai das ägyptische Oberkommando eine heftige innere Debatte führte. Generalstabschef *Shazly,* dessen gegenüber Sadat höchst kritische Memoiren später erschienen, wollte unbedingt bei seinen ursprünglichen Plänen bleiben, die auf der Annahme basierten, dass die Israeli eine langandauernde volle Mobilisation über Wochen und Monate schwerlich durchhalten könnten, weshalb es für Ägypten von Vorteil wäre, den Krieg hinzuziehen. Nach einem lokal beschränkten Vorstoss über den Kanal, der innerhalb des Schutzschirms der ägyptischen Raketen blieb, war daher der Übergang zu einem Abnutzungs- und Ermüdungskrieg geplant. Aber der Druck auf Sadat wuchs, doch noch auf die Pässe hin vorzustossen. Er kam von den syrischen Verbündeten und von allen anderen Arabern. Es dürfte aber auch das Hochgefühl des Erfolges gewesen sein, das Sadat dazu verführte, schliesslich und zu spät, am 14. Oktober, doch noch den Befehl eines Vorstosses nach den Pässen zu erteilen. Am 12. und 13. Oktober hatten die Israeli jedoch die Syrer im Gegenangriff weit zurückgeworfen und in die Abwehr gezwungen. Die Syrer mussten bereits ihre Reserven einsetzen, um die Strasse nach Damaskus zu schützen.

In Beirut konnte man die immer nervösere Stimme von Radio Damaskus, das auch stets den Ton für die syrische Staatspresse angab, hören. Die Ägypter wurden aufgefordert, ihren Vorstoss ins Innere des Sinai zu beginnen. Als er über mehrere Tage hin nicht kam, fühlten die Syrer sich im Stich gelassen, wenn nicht sogar verraten.

Als Sadat sich am 14. Oktober entschloss, seinen ursprünglichen Plan aufzugeben und den Schutzschirm der sowjetischen SAM-3-Raketen zu verlassen, war es jedoch zu spät. Die Israeli konnten das ganze Gewicht ihrer Luftwaffe zurück nach dem Sinai werfen und ihre Tanks, neu verstärkt durch die amerikanischen Lieferungen, waren frei, dem ägyptischen Vorstoss in die Flanke zu fallen.

Eine Lücke für Sharon

Den Angriff gegen die Sinai-Pässe führte die Dritte Armee. Sie war im Süden über den Kanal gegangen, aber ihr Vorstoss liess Lücken in der ägyptischen Front entstehen. Die Israeli erkannten und nutzten sie schnell. Verbände unter *Ariel Sharon* gingen ihrerseits nördlich der Dritten Armee über den Kanal und konnten schon am 16. Oktober die ersten ägyptischen Raketenstellungen vom Rücken her zerstören. Die israelische Luftwaffe hatte wieder ungehindert Eindringmöglichkeiten nach Ägypten, und der Brückkenkopf auf dem westlichen Ufer wurde nach Norden und Süden so schnell erweitert, dass am 23. Oktober die gesamte Dritte Armee von den Israeli eingekreist war. Verantwortlich für das fatale Ergebnis war letzten Endes mit zu spät gefassten Entschlüssen Sadat.

Am 12. Oktober hatten die Amerikaner einen Waffenstillstand vorgeschlagen, Sadat hatte ihn zurückgewiesen. Am 16., als das Blatt sich gewendet hatte, wollte Sadat einen Waffenstillstand, die Israeli wiesen ihn ab. Schliesslich wurde er auf den 22. Oktober von der UNO beschlossen, doch die Israeli kämpften auf beiden Fronten weiter, bis sie am 24. Oktober in Syrien nach schweren, blutigen Kämpfen die Bergpositionen am Hermon eingenommen hatten und an der Strasse nach Damaskus standen, während sie in Ägypten die Aussenviertel von Suez im Süden und von Ismailia am Mittelabschnitt erreicht hatten. Es waren massive Drohungen der Russen, sie könnten direkt eingreifen, welche die Amerikaner dazu brachten, die Israeli am Kanal schliesslich zum Stehen zu bringen. Ein Waffenstillstand mit Syrien kam aber erst am 25. Oktober 1973 nach Verzögerungsmanövern der Israeli zum Tragen.

Sadat eröffnete sofort eine Propagandakampagne, die darauf ausging, die anfänglichen Erfolge der Ägypter bei der Überquerung des Kanals als das Hauptergebnis des Krieges darzustellen und den israelischen Gegenangriff und Durchbruch auf das westliche Ufer des Suez-Kanals zu minimalisieren. In Ägypten mit seiner staatlichen Presse wurde dies von der Bevölkerung weitgehend angenommen. In Israel hingegen brach sofort nach dem Krieg eine laute Auseinandersetzung darüber aus, wer für die anfänglichen Rückschläge am Kanal, die gelungene Überraschung der Ägypter und damit die grossen Verluste an Menschenleben und Material verantwortlich sei, die Israel diesmal hatte hinnehmen müssen. Dies half mit, der Propaganda Sadats, nach welcher die «Kanalüberquerung» das eigentlich Bedeutungsvolle gewesen sei, der Gegenangriff der Israeli jedoch bloss eine Art von Propagandaschauspiel, in ägyptischen Augen Glaubwürdigkeit zu verschaffen.

«Sieg» für Sadat, «Verrat» für die Syrer

Es wurde klar, dass Sadat in erster Linie die politisch eingefrorene Vorkriegslage hatte «erhitzen» wollen, um diplomatische Vorwärtsbewegung zu erreichen. Nun unterstrich er mit der vollen Lautstärke seiner Propagandamaschine, die er von Nasser geerbt hatte, den grossen «ägyptischen Sieg». Die

Ehre der ägyptischen Armee sei wiederhergestellt, hiess es. Wie alle gute Propaganda enthielt die ägyptische These einige Wahrheit. In der Tat war der ägyptischen Armee ein (Anfangs-)Erfolg gelungen, den ihr weder die Israeli, noch die Amerikaner, noch die Russen zugetraut hatten.

Doch die Syrer glaubten, dass Sadat sie betrogen habe. Er habe ihrer Führung nie klargelegt, dass er nur einen «beschränkten Krieg» im Sinai plane, statt, wie sie erwarteten, eines Vorstosses durch den ganzen Sinai bis an die israelischen Grenzen und einer grossen Schlacht, welche die wichtigsten Teile der israelischen Streitkräfte gebunden hätte. Die Syrer fanden, ihre Anfangserfolge seien durch die Passivität der Ägypter nach der Kanalüberquerung zunichte gemacht worden, und es sei ihre Schuld, dass israelische Truppen nun keine 40 Kilometer vor Damaskus stünden, näher als 1967. Ihre Nachkriegspropaganda unterstrich die Härte der Kämpfe an der syrischen Front und die Heldenhaftigkeit der syrischen Streitkräfte, die sich «alleine», von ihren wichtigsten Bundesgenossen im Stich gelassen, den Israeli entgegengestellt hätten.

Für Asad war dies nicht bloss Propaganda, sondern Faktum; von nun an sollte er Sadat nie mehr trauen, zumal dieser mit seinem separaten Waffenstillstand vom 22. Oktober die Syrer tatsächlich alleine gelassen hatte. Die Ägypter ihrerseits waren geneigt, den Syrern einen guten Teil der Schuld an den weniger positiven Aspekten des Krieges zuzusprechen. Sie hatten die Ägypter gedrängt, ihren ursprünglichen Kriegsplan aufzugeben und doch noch bis zu den Pässen vorzustossen, gerade diese Planänderung habe dann den Israeli die Öffnung für ihre Gegenoffensive auf das westliche Ufer des Suez-Kanals gewährt.

Der Einsatz der «Erdölwaffe»

Während die Kämpfe noch andauerten, hatten die arabischen Erdölstaaten zur sogenannten «Erdölwaffe» gegriffen. Dass dies geschehen würde, hatte Sadat mit König Faisal verabredet. Die arabischen Erdölexporteure, Kuwait und die Golfstaaten vorneweg, Saudi-Arabien anfänglich voll mit dabei, erklärten, sie würden ihre Gesamtproduktion um 5 Prozent reduzieren, später um weitere 15 Prozent und Embargos über die Amerikaner und die europäischen Staaten verhängen, die sich durch besondere Sympathie mit Israel hervortaten. Diese Embargos sollten von Monat zu Monat grössere Teile der bisherigen Gesamtlieferungen umfassen. Die Niederlande mit ihren grossen Erdölhäfen, die ganz Europa bedienten, galten als besondere Freunde der Israeli und waren deshalb besonders betroffen.

Die Preislage am Ölmarkt war schon vor dem Krieg angespannt gewesen. Die Preise waren seit 1971 gestiegen, wegen grosser Nachfrage und auch, weil mehrere der Produzentenstaaten sich entschlossen hatten, ihre Förderung zu nationalisieren: Libyen, Algerien, Iran, der Irak, sogar Saudi-Arabien hatten entweder volle Nationalisierung beschlossen oder doch ihre Forderungen an die internationalen Erdölgesellschaften energisch in die Höhe geschraubt.

Das Embargo in dieser Lage bewirkte, dass auf den Märkten spekulative Bewegungen ausbrachen, weil alle Verbraucher sich Reserven sichern wollten. Der Preis auf dem sogenannten «spot market», auf dem kleinere Mengen Erdöl mit kurzfristigen Verträgen gehandelt werden, schnellte in einem unerwarteten Mass in die Höhe. Er war lange Zeit zwischen zwei und drei Dollar pro Barrel gelegen, doch nun kamen Berichte von Preisen bis zu 40, ja 50 Dollar pro Barrel. Dies bedeutete einen unerwarteten Schlag für die Industriestaaten. Die Amerikaner, aber auch die Japaner als Hauptkonsumenten nahöstlichen Erdöls waren besonders betroffen. Doch auch in Europa zeichnete sich eine Krise ab, die über die eigentliche Energiekrise hinaus eine Wirtschaftsrezession auszulösen drohte und sie 1974 auch tatsächlich hervorrief.

Die Erdölkrise wirkte sich stark auf das Verhalten der Industriestaaten, der Amerikaner in erster Linie, bei den Versuchen aus, nach den Waffenstillständen eine dauerhafte Beruhigung als ersten Schritt zu Friedensverhandlungen hin zu erreichen. Washington anerkannte, dass eine «Entflechtung» der Truppen notwendig sei, bevor es zu einem stabilen Waffenstillstand kommen könne, und die Ägypter erreichten mit amerikanischer Unterstützung, dass die Israeli erst einmal die Versorgung der umzingelten Dritten Armee gestatteten und sich später auf die Positionen zurückzogen, die sie am 22. Oktober, dem Tag der Waffenstillstandsresolution der UNO, eingenommen hatten. An diesem Tag war die Dritte Armee noch nicht vollständig eingekesselt gewesen.

Das Ringen um einen Waffenstillstand

Die Israeli versuchten zuerst, den Rückzug aller ägyptischen Truppen auf die westliche Seite des Kanals zu erreichen, womit die Vorkriegslage wieder hergestellt worden wäre. Doch Sadat widersetzte sich diesem Ansinnen, das seine Anfangssiege zunichte gemacht hätte. Die Amerikaner stützten ihn dabei, gewiss weil sie fürchteten, der Krieg könne erneut ausbrechen, wenn der Bogen überspannt werde, und weil klar war, dass das Ölembargo fortdauern und sogar weiter anwachsen werde, wenn die Befriedungsversuche scheiterten. *Henry Kissinger* trat in Aktion und begann seine berühmt gewordene «Pendeldiplomatie». Er flog zwischen den arabischen Staaten und Israel hin und her und erreichte eine erste, später sogar eine zweite «Entflechtung» der Waffenstillstandslinien im Sinai, in der Östlichen Wüste und an der syrischen Front. In der Praxis bedeutete dies, dass die Israeli einige ihrer vorgeschobenen Positionen aufgeben mussten und dass an der syrischen Front international überwachte Pufferzonen mit Einschränkungen der dort zugelassenen Waffen eingerichtet wurden.

Kissinger und die anderen Unterhändler besuchten dabei immer auch Saudi-Arabien, um eine Reduktion und später ein Ende des Erdölembargos zu erwirken. Bei der zweiten «Entflechtungsrunde» im Jahr 1975 ging Kissinger gegenüber Israel geheime vertragliche Verpflichtungen ein, die sich auf die späteren Versuche, eine Friedenslösung auszuhandeln, erschwerend auswirken sollten. Er sicherte den Israeli vertraglich zu, dass die Amerikaner Israel nie dazu zwingen würden, mit der PLO zu verhandeln, und er gewährte ihnen auch eine Garantie, dass die Israeli über alle diplomatischen Initiativen, welche Washington in der Nahostfrage ergreifen würde, vorab informiert würden. Das kam in der Praxis einer Vetomöglichkeit der Israeli gegenüber der amerikanischen Nahostpolitik nahe.

Kissinger für kleine Schritte

Das diplomatische Vorgehen, das Kissinger bevorzugte, waren «Schritt für Schritt»-Verhandlungen. Die Ägypter unter dem neuen Aussenminister Ismail Fahmy suchten ihrerseits eine «umfassende» Lösung, die zu einem Frieden aller arabischen Nachbarn mit Israel führen würde, natürlich im Rahmen der Resolution 242 von «Land gegen Frieden». Diese bedeutete nach ägyptischer Ansicht die Räumung aller besetzten Territorien durch die Israeli und als Gegenleistung die Errichtung des vollen Friedens. – Die Israeli allerdings bestanden auf ihrer eigenen Interpretation. Diese lautete: «einige, gewisse Territorien gegen Frieden», welche genau, wäre auszuhandeln. Die israelische Sicht der Resolution führte zu der Formel, Israel werde auf keinen Fall auf die alten Grenzen von 1967 zurückgehen. – Die Araber konnten für ihr Verständnis der Resolution auf ihre Präambel hinweisen, die von der Unzulässigkeit des Erwerbs von Territorien durch Kriegshandlungen spricht. Die Israeli führten Sicherheitsgründe an, um ihre Auslegung des Textes zu stützen.

Die Israeli wollten separate Friedensgespräche, mit jedem arabischen Staat einzeln, führen. Die Palästinenser erkannten sie als Gesprächspartner gar nicht erst an. Doch die ägyptische Diplomatie erreichte mit Zustimmung Kissingers, dass eine Nahostfriedenskonferenz aller Beteiligten unter gemeinsamem russisch-amerikanischem Vorsitz für den Dezember 1973 nach Genf einberufen wurde. Sie sollte nach dem Konzept von Aussenminister Fahmy den Auftakt zu einer «umfassenden» Friedensverhandlung bilden. Die Israeli weigerten sich anfänglich, überhaupt teilzunehmen, erst nach amerikanischem Zureden gaben sie nach. Dann aber blockierten sie das weitere Vorgehen über der Frage der Beteiligung der PLO: Die arabische Seite wollte sie als volle Teilnehmerin einbeziehen, die Israeli weigerten sich, mit ihr zusammenzusitzen.

Damals gab es ein Gesetz in Israel, das alle Kontakte mit der PLO als Landesverrat einstufte und bei Strafe verbot. Für die arabische Seite jedoch war die PLO der «einzige rechtmässige Vertreter» der Palästinenser. Dies hatten die arabischen Staatschefs auf ihrer Gipfelkonferenz von Algier (26.-28. November) gerade erst feierlich und einstimmig bestätigt und gefordert, dass, wenn Israel Territorien in den Westjordangebieten räumte, diese unter die Verwaltung der PLO kämen.

Versuch einer Friedenskonferenz

Die Frage der Beteiligung der PLO wurde durch einen Kompromiss gelöst: die Palästinenser würden als Mitglieder der jordanischen Delegation teilnehmen, wobei die Israeli darauf bestanden, dass keine «allzu bekannten Gesichter» unter den PLO-Delegierten erscheinen dürften. Schliesslich konnte die Konferenz in Genf zusammentreten; UNO-Generalsekretär Waldheim eröffnete sie am 21. Dezember 1973. Ich fuhr hin, obgleich ich vermutete, dass nicht mehr als ein formales Zusammentreten ohne substantielle Verhandlungen stattfinden werde. Am Radio über die Chancen für eine Friedenslösung befragt, die aus der Konferenz hervorgehen könne, sagte ich «5 Prozent», was mir bei meinen Kollegen in Genf den Namen «Mr. 5 Prozent» eintrug. Die Syrer entschlossen sich, ihre Beteiligung abzusagen. Die Jordanier und die Palästinenser, gewissermassen zwangsverheiratet, fühlten sich beide unwohl und die Israeli machten Schwierigkeiten, weil sie nicht – wie es durch die protokollarische Abfolge gegeben war – neben dem leeren Stuhl der Syrer sitzen wollten, so dass die Sitzordnung neu diskutiert werden musste. Kissinger seinerseits war nicht besonders glücklich darüber, dass er den Vorsitz mit den Russen zu teilen hatte. Während seiner «Schritt für Schritt»-Diplomatie war er der einzige Protagonist gewesen. Resultat war denn auch, dass die Konferenz sich in einzelne Untergruppen aufspaltete, in denen jeweilen die Jordanier, die Ägypter, die (abwesenden) Syrer mit den Israeli verhandeln sollten, und sich sofort wieder auf einen unbestimmten Zeitpunkt vertagte, an dem die Lage für eine «umfassende Lösung» reif werde.

Die Epoche Kissingers ging zu Ende, ohne dass die Konferenz von Genf wieder aufgenommen wurde. Nach dem Rücktritt des republikanischen US-Präsidenten Nixon im Februar 1974 wegen «Watergate» war Kissinger unter Nixons Nachfolger Ford für eine Weile zum Schiedsrichter der Nahostpolitik geworden, weil der neue Präsident ihm die Initiative überliess. Damals erreichte er die erwähnte zweite Entflechtung, verbunden mit Waffenstillstandsverträgen zwischen Ägypten und Israel sowie zwischen Syrien und Israel. Doch 1977 begann mit dem Demokraten Jimmy Carter eine neue Präsidentschaft in den USA.

Carter versucht eine «umfassende Lösung»

Präsident Carter versprach dem ägyptischen Aussenminister Fahmy, er werde sich für eine «umfassende Friedenslösung» mit Israel einsetzen. Fahmy arbeitete auf eine Wiederaufnahme der Konferenz von Genf hin. Carter hatte ihm persönlich offen erklärt, dass er sich nicht in der Lage sehe, auf Israel den Druck auszuüben, den Sadat immer wieder forderte. Deshalb zielte die ägyptische Diplomatie darauf ab, möglichst viele andere Mächte an der geplanten Friedenskonferenz zu beteiligen: neben den Amerikanern die Russen, auch die europäischen Staaten und eine geeinte Front der Araber. Fahmy hoffte, die Israeli auf diesem Wege allmählich dazu zu bewegen, die besetzten Gebiete zu räumen, um einen endgültigen Frieden zu erlangen, so, wie es der arabischen Auslegung der UNO-Resolution 242 entsprach.

Er machte kleine, aber beständige Fortschritte auf sein Ziel hin. Im Herbst 1977 stand die Wiederaufnahme der Genfer Konferenz vor der Türe. Dann erfolgte wieder einmal eine der Überraschungen, auf die man bei Sadat immer zu rechnen hatte.

Die Reise nach Jerusalem und ihre Bedeutung

Ich erhielt am 15. November in Madrid einen Anruf des internationalen Senders des Schweizer Radios: «Was denken Sie von der Rede Sadats, in der er gesagt hat, er sei bereit, nach Jerusalem zu fahren, um Frieden zu erlangen?». Ich hatte von der Rede wie immer bei BBC gehört und auch die arabischen Sendungen von BBC abgehört, um den arabischen Wortlaut der besonderen Passage aus der Rede mitzubekommen. Mir schien, es handle sich um nicht mehr als Rhetorik, und ich sagte dies meinem Gesprächspartner. Wir kamen überein, keinen Kommentar darüber zu senden. Sadat hatte schon früher mehrmals gesagt, er sei bereit, überall hin zu reisen, um den Frieden zu erreichen. Die Anspielung auf Jerusalem schien zuerst nicht mehr als eine Wiederholung solcher Versicherungen in hochrhetorischer Sprache. Später jedoch wurde deutlich, dass mehr hinter der Passage steckte. Ich musste mich bei meinem Gesprächspartner in Bern entschuldigen. Er sagte grosszügig, viele andere Gewährsleute hätten die ersten Andeutungen Sadats ebenso als blosse Rhetorik angesehen wie ich. In der Tat vernahm ich später von *Boutros Boutros-Ghali*, der damals gerade zum stellvertretenden Aussenminister Ägyptens ernannt worden war und der Rede im ägyptischen Parlament beigewohnt hatte, auch er habe anfänglich angenommen, es habe sich nur um eine rhetorische Formel gehandelt.

Für die Ägypter kam der erste Hinweis darauf, dass Sadat wirklich etwas vorhabe, als der Präsident nach der Rede die ägyptischen Journalisten versammelte und ihnen gebot, aus den Sätzen seiner Reisewilligkeit nach Jerusalem die Hauptschlagzeile des nächsten Tages zu machen. Dies war die Art, in der die ägyptische Presse funktionierte. Ich vernahm von den Schlagzeilen am nächsten Tag, weil der arabischen Presseschau von BBC die Schlagzeilen gleichen Inhalts in allen Tageszeitungen Ägyptens nicht entgingen. Also doch, musste ich mir sagen, er hat etwas vor. Schon bald kam eine offizielle Einladung für Sadat aus Israel, wo *Menachem Begin* als Ministerpräsident und *Moshe Dayan* als sein Aussenminister amteten.

Die Ankündigung Sadats stellte nichts anderes als einen Kurzschluss im Geflecht aller diplomatischen Bemühungen um eine «Gesamtlösung» dar. Sadat schien direkt gegen die Linie seiner eigenen bisherigen Aussenpolitik zu arbeiten; dies machte seinen Schritt zunächst so wenig glaubhaft. Ein Besuch Sadats in Jerusalem war nichts anderes als eine Weichenstellung Richtung Sonderbeziehungen zwischen Ägypten und Israel und damit eine tödliche Falle für alle bisherigen Anstrengungen der arabischen und besonders der ägyptischen Diplomatie, die darauf hinausliefen, eine möglichst breite gemeinsame Front auf der Basis des arabischen Verständnisses der Resolution 242 zustande zu bringen: Alle arabischen Staaten, die Sowjetunion, die Vereinigten Staaten, die europäischen Länder, die Afrikaner, die UNO sollten Israel veranlassen, im Sinne einer Gesamtlösung über einen Rückzug seiner Truppen aus allen besetzten Gebieten zugunsten eines Friedensvertrages mit der gesamten arabischen Welt zu verhandeln.

Es war von vornherein klar, dass der Besuch Sadats in Jerusalem diese grosse Front, die nie sehr solide war und immer der diplomatischen Pflege bedurfte, unvermeidlich auseinanderreissen würde. Der Besuch würde alle Verdachtsmomente gegen Sadat neu beleben und bestärken. Die arabischen Staaten kannten alle die Anzeichen, die ohnehin darauf hinwiesen, dass Ägypten unter Sadats Führung einen Separatfrieden anstreben könnte, beginnend mit dem «beschränkten» Krieg im Sinai und dem folgenden separaten Waffenstillstand, mit dem er die Syrer mehr oder weniger im Stich gelassen hatte. Und waren nicht die entschieden pro-amerikanische Politik Sadats, obgleich klar war, dass die Amerikaner Israel mit allen Mitteln stützten, und seine Abneigung gegen die Sowjetunion Anzeichen dafür, dass er bereit sein könnte, «seinen» Sinai auf Kosten der Anliegen seiner Verbündeten «zu befreien»? Hatte er nicht bereits anlässlich der «Entflechtungsverhandlungen» allen Massnahmen zugestimmt, die sicherstellten, dass er keinen Krieg mehr gegen Israel führen wolle und könne, obgleich die politischen Ziele der arabischen Staaten unerreicht geblieben waren? Hatte er damit nicht auch alle militärischen Druckmöglichkeiten gegen Israel bereits aus der Hand gegeben? Und wie sollte man die Wiederfreigabe des Suez-Kanals für die Schiffahrt 1975 interpretieren, auf den Tag genau acht Jahre nach dem Überraschungsschlag der israelischen Luftwaffe, der den Sechstagekrieg eröffnet hatte?

Welche Gründe?

Die Rede, die Sadat dann am 20. November 1977 der Knesset in Jerusalem hielt (ich verfolgte sie aus der Entfernung, Israel war nicht meine Berichtregion), war in ihrem Inhalt im Sinne der arabischen Politik völlig «orthodox». Sie forderte als Preis eines Friedens die Rückgabe aller besetzten Gebiete und Ostjerusalems, ganz der Linie seines Aussenministers Fahmy entsprechend. Später erfuhr man, dass in der Tat Fahmy selbst die Rede entworfen hatte, dann aber zurückgetreten war, weil er die Reise nach Jerusalem nicht mitvollziehen wollte. Es war nicht der Inhalt der Rede, sondern die Tatsache, dass sich Sadat persönlich in die Knesset begab und dort sprach, der visuelle und emotionale Impakt dieses Schrittes, die von Bedeutung waren und politisch wirkten: zugunsten der Israeli und zum tödlichen Nachteil der arabischen Diplomatie.

Der Auftritt Sadats liess alle Bruchlinien aufbrechen, die zwischen den arabischen Staaten bestanden, auch jene zwischen ihnen und der Sowjetunion. Er isolierte Ägypten und entmachtete die übrige arabische Welt, Syrien in erster Linie, der nun die Stütze des grössten arabischen Staates mit der weitaus grössten Armee entzogen wurde. Ägypten war, wie es Fahmy formulierte, «das zentrale Stück im Sicherheitssystem der arabischen Staaten»; wenn es herausfiel, blieb nichts von diesem Sicherheitssystem übrig.

Ich hielt mich mit meinen Kommentaren zurück und konnte dies leicht tun, weil das Beifallklatschen in Europa, in Amerika, in Israel dermassen ohrenbetäubend ausfiel, dass ich nicht wahrgenommen worden wäre, wahrscheinlich nicht einmal gedruckt, wenn ich mich abweichend geäussert hätte. Sadat war zum Fernsehhelden der westlichen Welt geworden, und die Rolle passte zu ihm.

Meinen sämtlichen arabischen Freunden und allen wirklichen Kennern der arabischen Politik war klar, dass Sadat «aus der Reihe tanzte». Die Frage war: Warum tat er das? Eine offensichtliche Antwort war: Weil er auf der Schaubühne der hohen Politik gerne die Rolle des grossen Mannes spielte. Er war, das wussten langfristige Beobachter, eine Schauspielernatur, die alles daran gab, die erste Rolle zu spielen. Beifall beraubte ihn jeder Selbstkritik, und die Suche nach Beifall war für ihn gleichbedeutend mit dem Streben nach politischem Erfolg.

Wie aber war Sadat zu diesem unerwarteten Schritt gekommen, auf die Idee, nach Jerusalem zu fliegen? – Er selbst liess sich darüber ausführlich aus. Es sei eine «Eingebung» gewesen, als er im Flugzeug hoch über den Wolken nach Teheran flog. Sie sei beinahe mystischer Natur gewesen; die Liebe zu allen Menschen, welche seine eigene Grundnatur ausmache, so schrieb er wiederholt und seitenlang in seinem Memoiren von 1978, habe ihn dazu bewogen.

Die Absichten der Israeli

Doch mit den Jahren danach wurden die wahren Hintergründe, die Sadat bewusst verbarg, schrittweise klar. Die Idee war nicht von ihm, sondern von Begin ausgegangen, der im Mai zuvor israelischer Ministerpräsident geworden war und seinen neuen Aussenminister Dayan beauftragt hatte, einen Sonderfrieden mit Ägypten anzusteuern. Das israelische Interesse an einem solchen Sonderfrieden war klar. Das Herausbrechen der grössten Armee des volkreichsten Landes der arabischen Welt aus der Konfrontationsfront würde Israel diplomatisch wie militärisch freie Hand gegenüber allen anderen arabischen Nachbarn gewähren, insbesondere im Westjordanland und in der syrischen Kunaitra-Provinz («Golanhöhen»). Ohne Ägypten war es für Israel leicht, dort «vollendete Tatsachen» zu schaffen und jene Gebiete schliesslich entweder zu dominieren oder zu annektieren, je nach der politischen Gesamtwetterlage. Ideologisch entscheidend, was für Begin und seine Gesinnungsgenossen wichtig gewesen sein dürfte, war die Tatsache, dass der Sinai kein Bestandteil Zions, des Heiligen Landes war, wohl aber Jerusalem und die Westbank, die in der Sprache Begins «Judäa und Samaria» hiess.

Rein militärisch gesehen verschwand mit dem Wegfall eines kriegsbereiten Ägyptens für Israel die Gefahr eines Zweifrontenkrieges. Wie gefährlich ein solcher werden konnte, hatte der Waffengang von 1973 einmal mehr gezeigt. Die ganze Militärplanung Israels war bisher immer unter dem Zwang gestanden, für einen Krieg an zwei oder drei Fronten gerüstet zu sein. Wenn die militärischen Planer nun bloss noch mit einer Front zu rechnen hatten (Syrien oder Jordanien würden ohne Ägypten nie angreifen), wurde ihre Aufgabe um ein Vielfaches erleichtert. Sie konnten sogar an praktisch risikolose Offensivkriege denken. Die israelische Invasion Libanons von 1982 bis 1985 sollte ein solcher werden.

Ein Geheimtreffen in Marokko

Ein erster Annäherungsversuch, der wahrscheinlich auf Begin zurückging, schlug fehl. Eine Gruppe von angesehenen zionistischen Intellektuellen aus Europa ersuchte um Erlaubnis, in Ägypten mit Sadat Gespräche führen zu dürfen. Es gelang Fahmy, Sadat zu erklären, dass eine solche Annäherung gefährlich sein würde, weil ein jedes Treffen mit Freunden Israels die arabischen Verdachtmomente gegen Sadat neu wecken würde. Die pro-zionistischen Intellektuellen erhielten keine Visen.

Doch Begin und Dayan suchten einen anderen Weg. Sie schalteten König Hassan von Marokko ein, der seit Jahren geheime Beziehungen mit Israel unterhielt. Parallel dazu benützten sie den Staatschef Rumäniens, Ceausescu, der wie Hassan Beziehungen mit beiden Seiten unterhielt. König Hassan liess Sadat eine Nachricht zukommen, die ihm nahelegte, einen Abgesandten nach Marokko zu entsenden, um sich zu vergewissern, dass die Israeli ihren Vorschlag eines Treffens ernst meinten und dass die Befreiung des Sinai als Gegengabe für einen ägyptisch-israelischen Separatfrieden in Aussicht stünde. Dieser Kontakt erfolgte über die Geheimdienste ohne Wissen von Fahmy. Sadat antwortete, indem er seinen Boten für geheime Aufträge, Vizeministerpräsident und Chef der Geheimdienste *Mohammed Touhami*, nach Marokko sandte. Dayan flog im September 1977 heimlich nach Marokko, indem er in Paris das Flugzeug wechselte, auf dem er zum Schein nach New York unterwegs war. Er traf Touhami in Rabat und deutete ihm an, Israel sei bereit, Sinai frei zu geben, wenn ein Sonderverhältnis zu Ägypten zustande komme.

548

Ceausescu als Mittelsmann

Von diesem Treffen wusste Fahmy nichts. Doch Ende Oktober in Bukarest war er dabei. Ceausescu hatte Begin zuvor getroffen und erklärte sich auf dessen Wunsch hin bereit, als Vermittler zwischen ihm und Sadat ein Treffen der beiden zu organisieren. Sadat sprach dann mit seinem Aussenminister im rumänischen Ferienort Sinaia über das Angebot und fragte ihn beiläufig nach seiner Ansicht über den Plan einer Reise nach Jerusalem und einer Rede, die er, Sadat, vor der Knesset zu halten gedenke. Fahmy, höchst überrascht, versuchte ihm dieses Vorhaben auszureden, insbesondere weil sich herausstellte, dass Sadat keine klaren Gründe angeben konnte, mit welchem konkreten Ziel er eine solche Reise zu unternehmen gedenke. Fahmy unterstreicht in seinen Memoiren, dass Begründungen wie jene, es sei darum gegangen, die «Hassbarriere» zwischen den beiden Ländern zu durchbrechen, damals nicht erwähnt wurden. Sie entstanden seiner Schilderung nach erst später, nach dem Besuch, als die Journalisten nach Erklärungen für das Tun Sadats suchten. Fahmy fragte Sadat sogar, ob er damit einen «Propagandacoup» (*publicity stunt*) beabsichtige. Sadat antwortete unzufrieden, so habe er nie an den Plan gedacht. Fahmy führt in seinen Memoiren «*Negociating for Peace in the Midde East*», Kairo und London 1983, S. 256 ff. ausführlich die Argumente an, die er gebrauchte, um Sadat sein Vorhaben auszureden. Nach seiner Darstellung brachte Sadat keinerlei Gegenargumente vor, gab seinem Minister sogar Recht, hielt aber, wie sich später herausstellte, dennoch an seinem Plan fest.

Er habe Sadat, schreibt Fahmy, sogar einen Gegenvorschlag vorgelegt, der eine Zusammenkunft aller Grossen der Weltpolitik in Jerusalem vorsah, einschliesslich Sadats, mit dem Ziel, die UNO-Resolution 242 der Verwirklichung näher zu bringen. Diese Idee, schreibt er weiter, sei ihm mit Blick auf die Vorliebe Sadats für theatralische Auftritte gekommen. Später habe Sadat in seinen Memoiren diesen Plan als seinen eigenen Einfall ausgegeben, was «einfach nicht wahr» sei.

Es waren zweifellos Vorstellungen eines Soloauftrittes auf der Weltbühne mit Jerusalem und der Knesset als dramatischem Hintergrund, die Sadat im Kopf herumgegangen sein müssen. Sie gefielen ihm so gut, dass es ihn immer stärker drängte, sie zu verwirklichen. Mit allen Mächtigen der Welt in Jerusalem zusammen zu kommen, wäre auch schön gewesen, hätte aber längerer Vorbereitungen bedurft und wäre vielleicht überhaupt gescheitert. Warum sollte Sadat nicht alleine gehen und dabei alle Scheinwerfer auf seine Person konzentrieren? War er nicht Persönlichkeit und Weltpolitiker genug, muss er sich gesagt haben. Die Reise nach Jerusalem wurde zur Obsession, gegen die alle Vernunftgründe der Diplomatie nicht mehr ankämpfen konnten.

Die Rede vor der ägyptischen Nationalversammlung vom 15. November 1977 war ein Signal, auf das Begin seinerseits mit einer Einladung antwortete. Am 16. war Sadat zu einem Besuch nach Syrien geflogen. Er hatte versucht, die Zustimmung Asads zu seinem Plan zu erlangen, war aber auf heftige Ablehnung gestossen. Die syrische Regierung schlug Präsident Asad vor, Sadat in Syrien gefangen zu setzen, doch Asad lehnte ab; er sagte, dies wäre gegen die arabische Tradition der Gastfreundschaft. Sadats Auftritt in der Knesset fand am 19. November statt. Syrien erklärte den Tag anschliessend zu einem nationalen Trauertag. (Für die syrische Episode s. *Patrik Seale: Asad, The Struggle for the Middle East,* London 1988, S. 305).

Der Bruch der arabischen Solidarität

Aussenminister Fahmy trat zurück, weil Sadat all seine jahrelangen Mühen durchkreuzt hatte. Der Stellvertretende Aussenminister Boutros Boutros-Ghali begleitete Sadat nach Jerusalem. Die Reaktion, die Fahmy vorausgesehen und befürchtet hatte, trat sofort ein. Am 2. Dezember trafen sich in Tripoli die sogenannten «Ablehnungsstaaten»: Libyen, Algerien, Irak, Südjemen, Syrien und die PLO. Sie lehnten jede Verhandlungslösung ab und beschlossen, die Beziehungen zu Ägypten einzufrieren. Am 5. Dezember brach darauf Kairo die Beziehungen zu ihnen ab. Die arabische Einheitsfront war zerbrochen.

Am 14. Dezember kam es zu einer Konferenz in Kairo, an der Israel, Ägypten und die USA teilnahmen, niemand sonst, nur der Vatikan schickte noch einen Beobachter. Begin reiste am gleichen Tag nach Washington und legte dort seinen eigenen Friedensplan vor. Er sah die vorläufige Beibehaltung der israelischen Besetzung in den arabischen Gebieten vor, dazu eine administrative Autonomie für die Bewohner des Westjordanlandes und des Gaza-Streifens. Die arabische Seite lehnte ab. Am 25. Dezember trafen sich Sadat und Begin in Ismailiya, und am Jahresende reiste Präsident Carter in den Nahen Osten, wo er vergebens versuchte, König Hussein von Jordanien zur Teilnahme an den israelisch-ägyptischen Friedensgesprächen zu überreden.

Der Separatfrieden als Werk Begins

Ich bin so ausführlich auf diese Ereignisse eingegangen, weil sie bis heute von fast allen Aussenstehenden falsch gesehen werden. Die Wirklichkeit ist, dass Begin den Plan eines Sonderfriedens mit Sadat fasste und dass er es verstand, die Psyche Sadats für seine Absichten zu nutzen. Man kann vermuten, dass die Israeli ein Psychogramm Sadats aufstellten und auf dieser Grundlage handelten. Als Sadat einmal bewusst wurde, welche Weltrolle für ihn persönlich in dem Auftritt in Jerusalem liege, gab es für ihn kein Halten mehr. Er redete sich gegen alle rationalen Gründe, die seine diplomatischen Fachleute vorbrachten ein, dass er mit seinem Auftritt nicht nur sich selbst, sondern auch Ägypten nütze.

Man kann darüber streiten, ob der Separatfrieden, auf den Sadat nun unausweichlich hingesteuert wurde, gut oder schlecht für Ägypten gewesen sei. Man kann jedoch nicht bestreiten, dass ein Separatfrieden, wie er aus dem Besuch Sadats schliesslich am 26. März 1979 hervorging, nicht das ursprüngliche und immer wieder unterstrichene Ziel der Regierung Sadats gewesen war. Dieses war vielmehr der «Gesamtfrieden», den alle arabischen Staaten und die Palästinenser mit Israel abschliessen sollten, und die Rückgabe aller besetzten Gebiete. Dieses Ziel, das er als das seinige hinstellte (und auch in seiner Rede in Jerusalem forderte), hat Sadat selbst untergraben und durch seinen Auftritt unerreichbar gemacht, weil dieser die ohnehin brüchige arabische Solidarität unvermeidlich zerstörte.

Die arabische Einheitsfront zerfiel erst einmal in drei Stücke: Ägypten für sich; die Ablehnungsfront der Radikalen und die Front der gemässigten arabischen Staaten unter der Führung Saudi-Arabiens und Jordaniens, die später nach Abschluss des Separatfriedens von 1979 ebenfalls mit Ägypten brachen und eine passiv abwartende Haltung einnahmen. Seit dem Besuch Sadats in Jerusalem, dessen Resultate keine einundeinhalb Jahre später im offiziellen Frieden von Camp David zwischen Ägypten und Israel festgeschrieben wurden, besitzt Israel das strategische und taktische Übergewicht im Nahen Osten, so sehr, dass keiner seiner Nachbarn mehr wagt, Israel auf dem Schlachtfeld herauszufordern.

Alle Friedensbemühungen, einschliesslich des siebenjährigen «Friedensprozesses» von 1993 bis 2000, sind auf diese Realität aufgelaufen und an ihr gescheitert. Israel hat seine Überlegenheit dazu ausgenützt, um zwar eine Art «Autonomie» für die «palästinensische Behörde» zuzusagen, diese jedoch in der politischen Praxis stark einzuengen, wobei die von Israel immer weiter vorangetriebenen jüdischen Siedlungen das Hauptinstrument und einen der

Hauptgründe abgaben, die Autonomievorschläge für die PLO unannehmbar zu machen. Schon der Friedensplan, den Begin 1977 den Amerikanern vorlegte, sah eine unbestimmt umschriebene «Autonomie» für die Palästinenser der Westjordangebiete und des Gaza-Streifens vor. Von einer solchen war auch wieder 1979 die Rede, als die Verhandlungen von Camp David neben dem Frieden mit Ägypten einen Annex hervorbrachten, der von «Autonomie» für die Palästinenser der besetzten Gebiete sprach. Dies wurde damals von der PLO abgelehnt. Doch der Begriff kehrte im «Friedensprozess» wieder, diesmal mit der unbestimmt gehaltenen Vorgabe, über fünf Jahre hinweg schrittweise zu einer wiederum nicht fest umschriebenen «Autonomie» in den besetzten Gebieten zu führen.

Die Palästinenser sprachen hoffnungsvoll von ihrem künftigen «Staat» in den Westjordangebieten und Gaza. Die Israeli jedoch nicht, und es sollte natürlich am Ende der stärkere Partner sein, der sein Konzept einer territorial und legal eingeschränkten und von Israel aus steuer- und kontrollierbaren «staatlichen Entität» durchsetzte und, als dies auf Widerstand der palästinensischen Bevölkerung stiess, den ganzen Friedensprozess beendete. 1977 war der Moment der Weichenstellung, von dem aus die Entwicklung zur Vormachtstellung Israels im nahöstlichen Raum hin verlief. Und in Israel gab es einen Teil des politischen Spektrums, der eisern entschlossen war, diese Vormachtposition dazu auszunützen, um die besetzten Gebiete endgültig in ein von Israel dominiertes Territorium zu verwandeln.

Soweit Israel dabei auf Hindernisse und Schwierigkeiten stiess, waren diese nun nicht mehr durch seine arabischen Nachbarn gegeben – die Araber waren durch das Ausscheiden Ägyptens gegenüber Israel zu sehr geschwächt –, sondern durch die Demographie der Palästinenser. Es gab zu viele von ihnen, und sie wurden immer mehr. Der Staat der Juden konnte sie sich nicht einverleiben, ohne seinen Charakter als «Staat der Juden» zu verlieren. Seine führenden Politiker wollten sich aber die Wohngebiete der Palästinenser, ihr Land, aneignen. Deshalb suchten sie nach einer Formel, die ihnen erlauben sollte, das eine zu lassen und das andere dennoch zu tun. Sie lief auf eine Art von «Autonomie» hinaus, die aber in israelischen Augen eine kontrollierbare und kontrollierte Autonomie werden sollte – vergleichbar überwachten und gebührenpflichtigen Parkplätzen für die verbleibenden palästinensischen Bevölkerungsreste. All dies wurde erst nach der Ausschaltung Ägyptens aus der Konfrontation mit Israel politische Möglichkeit. Begin arbeitete von Beginn an zielstrebig auf sie hin.

Das Ende des politischen Arabismus

Die politische Koordination der arabischen Staaten war immer schwach gewesen. Die Arabische Liga wurde zum Scherzwort, weil sie nur handeln konnte, wenn alle Mitgliederstaaten sich einig waren, und dies kam sehr selten vor, kaum je, wenn es um mehr als Rhetorik ging. Dennoch hatte es etwas gegeben, das man als ein arabisches politisches System bezeichnen konnte. Die inneren Grenzen der arabischen Welt hatten unter Nasser als «nicht unsere, sondern koloniale Grenzen» gegolten. Dies fand ein Echo bei der Bevölkerung; die gemeinsame Hochsprache, die gemeinsame Religion und Kulturtradition bewirkten ein Zusammengehörigkeitsgefühl: Wenn an einem Ende der arabischen Welt etwas geschah, politisch wie kulturell, wirkte es durch den ganzen Raum weiter, bis zum anderen Ende der Arabophonie.

Persien war etwas anderes, dort bestand eine Schwelle; die Türkei bildete eine eigene Welt; in Afrika südlich der Sahara und schon in der Sahara selbst gab es subtile Übergänge zum Schwarzafrikanischen hin, wobei der Islam über all diese Grenzen hinausgriff, die arabische Sprache jedoch an ihnen Halt machte. Kritische Geister sagen oft, es sei bloss ihre gemeinsame Feindschaft gegenüber Israel, welche die arabischen Staaten zusammenhalte. Doch der Satz ist umzukehren: Eine arabische Feindschaft gegen Israel bestand, weil es ein arabisches Zusammengehörigkeitsgefühl gab, das sich mit dem Geschick der Palästinenser solidarisierte. Sie wirkte nicht mehr, oder doch sehr viel schwächer in Iran; nicht in der Türkei, nicht im muslimischen Schwarzafrika, sogar nicht mehr in den afrikanischen Teilen des Sudans, eben weil dieses Zusammengehörigkeitsgefühl dort fehlte.

Dieses Zusammengehörigkeitsgefühl verkam, als Ägypten von einem Extrem ins andere wechselte. Unter Nasser hatte es den Anspruch erhoben, im Zentrum der arabischen Welt zu stehen und diese um sich herum zu gliedern. Diese Politik war am Herrschaftswillen der arabischen Regimes gescheitert, auch an jenem Ägyptens selbst; aber sie hatte jahrelang in der arabischen Welt Beifall gefunden. Ägypten war demographisch, kulturell, geographisch in der Tat das Zentrum gewesen; nun wurde es ein abgesonderter Raum.

Boutros Ghali sagte es immer wieder: «Die Araber werden zurückkommen, sie brauchen uns mehr als wir sie.» Das sollte sich bewahrheiten. Als erster Staat nahm im September 1984 Jordanien die Beziehungen zu Ägypten wieder auf, als letzter Syrien im Jahr 1989 nach 12 Jahren Unterbruch. Die Arabische Liga, die nach Tunis umgepflanzt worden war, kehrte am 31. September 1990 nach Kairo zurück.

Doch in der Zwischenzeit wandten sich alle arabischen Staaten nach innen, und beinahe alle führten innere Kriege, oder sie wurden einzig durch Knebelung unter tyrannischen Machthabern davor bewahrt. Der Strom der gemeinsamen Kultur, der diese Länder durchzogen und ihre Identität und Kultur gespeist hatte, war unterbrochen. Jedes Land für sich kannte nur innere Machtkämpfe oder lähmende Machtmonopole. Das Gewicht der Staaten, ihrer Bürokratien, ihrer Hauptstädte als Wasserköpfe und Machtfestungen der Regime, ihrer Staatsmonopole und Wirtschaftsdynastien, wurde in einem jeden der Länder und Ländchen allumfassend, erstickend, so sehr, dass es periodisch Gegenreaktionen auslöste, die dann zu Kämpfen um die zentrale Machtposition führten. Das arabische Staatensystem war ein Gleichgewichtssystem gewesen, nun – mit dem Ausfallen der Verbindung zum Zentrum – gab es kaum mehr Gleichgewichte, nur noch eine Sammlung von Machtballungen, die sich aneinander rieben und stiessen.

Die arabische Welt aus der Ferne

Ich verfolgte jahrelang die unfruchtbaren und blutigen inneren arabischen Kämpfe aus der Distanz, zuerst bis 1982 von Madrid aus, dann aus Zypern bis 1991, als ich pensioniert wurde, später aus persönlichem Interesse noch weiter – obwohl ich weiss, dass ich sterben werde, bevor die arabische Welt ihre Dauerkrise überwindet. Ich kann nicht Jahr für Jahr alle die höchst verlustreichen und dennoch meist ergebnislosen Verwicklungen aufzählen, das würde Bände in Anspruch nehmen. Doch ein Überblick über die arabische Welt, Land für Land, sei versucht, weil dies die Auflösung dessen, was einst das arabische Staatensystem war, und die Rückwendung zum inneren Machtkampf dokumentiert – Involution statt Evolution, so kann man die Entwicklung auf einen kurzen Nenner bringen.

1) Ägypten schloss seinen Separatfrieden und lebte dann mit amerikanischer Finanzhilfe – die Gelder aus den Erdölstaaten blieben nun aus – unter Sadat, bis dieser 1981 ermordet wurde. Sein Vizepräsident und Nachfolger, *Hosni Mubarak*, regiert bis heute. Der Ausnahmezustand, das heisst Einschränkung der Rechtsgarantien für angebliche Feinde des Staates, wurde seit der Ermordung Sadats bis heute aufrecht erhalten.

Ich bin nach dem Separatfrieden sehr oft, Dutzende von Malen, in Kairo gewesen. Meine deutschen Kollegen der Nasser-Zeit reisten zurück nach Deutschland, wo sich viele in den Redaktionen ihrer Sender oder Zeitungen niederliessen. Nur wenige, die sich in Ägypten tief eingewurzelt und ägyptische Familien gegründet hatten, blieben zurück. Dafür tauchten neue Kontakte auf, manche trugen jetzt Bärte und waren zum Islam übergetreten. Sie zeigten sich bereit, von den neuen islamischen Gruppen zu erzählen, denen sie nahestanden.

Diese Gruppen freilich waren sehr verschiedener Natur. Unter dem weiten Schirm des Islams liess sich einerseits Politik machen, andrerseits aber auch Kritik an den negativen Aspekten der westlichen Konsumgesellschaften üben, und dies nicht nur verbal, sondern auch in gelebter Realität. Der Islam der muslimischen Aktivisten bot jungen Menschen aus dem Westen ein neues, ungekanntes warmes Zugehörigkeitsgefühl, das sie – meist nur für eine Zeitlang – zu begeistern und zu verführen vermochte.

Zuflucht und Trost, die solche islamischen Gruppierungen bieten konnten, wirkten sich auch auf die Ägypter aus, besonders auf junge Leute, die aus dem Dorf oder aus den Provinzstädten, etwa zum Studium oder zu einer technischen Ausbildung, nach Babylon gelangten, welches Kairo ihrem Empfinden nach war. Das Fremdartige, mit europäischem und amerikanischem Gesicht, vermischte sich in ihrem Erleben mit dem Lasterhaften und Korrupten, die beide der grossen internationalen Hauptstadt, der volksreichsten von Afrika, anhafteten. Vor diesen Gefährdungen und Erschütterungen boten die islamischen Gruppen Schutz und ein vertrautes Heim. Die aktivistischer Veranlagten unter diesen Suchern nach einer inneren Bleibe, oft die Tatkräftigsten und Entschlossensten, gravitierten dann schrittweise den radikalen islamistischen Gruppierungen zu, die sich zum Teil schon in den Konzentrationslagern Nassers zusammengeschlossen hatten. Sie hatten vor, nicht bloss gegen die «Hure von Babylon», in Kairo trug sie stets westliche Modekleider, *zu predigen,* sondern aktiv gegen sie einzuschreiten.

Die Lehre von Sayyid Qutb

Seit dem Tod am Galgen, den der bedeutende Muslimbruder *Sayyid Qutb* 1966 erlitten hatte, war dieser die wichtigste Referenz für die Aktivisten geworden. Sie lernten aus seinen Schriften, dass es nicht bloss die Ausländer waren, die darauf ausgingen, durch die Einführung ihrer Sitten und Unsitten, ihres Wirtschaftssystems, ihrer Massenmedien, ihres Gesellschaftsverständnisses und ihres Konsumismus, kurz ihrer immer wieder als überlegen erscheinenden Macht «unsere islamische Gesellschaft» zugrunde zu richten. Auch gegen die eigenen Regierungen, zuerst unter Sadat, dann unter Mubarak, die den «heidnischen» Fremden zudienten und sich ihnen willfährig zeigten, musste eingeschritten werden, um «unseren Islam» zu verteidigen und ihn wahrhaft leben zu können. Die Friedensschritte Sadats auf Israel zu, für die Islamisten «der beschämende Frieden», trugen dazu bei, ihre Kritik zu verschärfen.

«Heiliger Krieg»

– Was war zu tun? – Die aktivistischen Minderheiten glaubten, den *Jihad,* den Heiligen Krieg (genauer übersetzt, den «Einsatz») der Muslime gegen «das Heidentum» ihrer Regierungen ausrufen zu müssen. Das Abgleiten des *Jihad* in den Terrorismus folgte einem fast unvermeidlichen Gefälle. Die damals aktiven verschiedenen «Islamischen Gesellschaften» (eine der radikalsten unter ihnen wurde unter dem Namen *Takfir wa Hijra*, «Verketzerung und Flucht aus der Gesellschaft», bekannt, eine Bezeichnung, die ihnen von den Polizeidiensten verpasst worden war), wollten direkt gegen die übermächtige Regierung auftreten. Zehntausende von Polizisten aller Gattungen und letzten Endes auch die Streitkräfte standen ihnen entgegen. Wenn ihr Krieg überhaupt geführt werden sollte, musste er die Züge einer Stadtguerilla annehmen. Für diese gab es harte und weiche Ziele. Die harten wurden von den Islamisten zuerst angegriffen. Dies waren Ministerien, Militärschulen (wie die Militärakademie von Heliopolis, die am 21. April 1974 von einer schattenhaften Islamistengruppe blutig erstürmt wurde) oder Angehörige der politischen Klasse wie der Minister für religiöse Angelegenheiten *Scheich Dhahabi*, den Islamisten am 3. Juli 1977 entführten und drei Tage später ermordeten. Die Angegriffenen lernten bald sich zu verteidigen. Sie stellten Leibwächter ein, die Polizei wurde zu ihrem Schutz mobilisiert, Helikopter und Tanks konnten auf ihr Gebot eingesetzt werden.

Den ersten Anschlägen auf sie, die manchmal erfolgreich waren, folgten Fehlschläge. Die Aktivisten wandten sich anderen, weicheren Zielen zu. Es gab eine riesige Auswahl. Man konnte sich z. B. die Kopten als ein symbolisches Ziel aussuchen. Lebten sie doch «unter uns», aber in einer nicht «unserem» Islamverständnis entsprechenden Form. Der Staat gestattete ihnen sogar, öffentliche Ämter auszuüben, öffentlich Alkohol auszuschenken, nicht nur an andere Kopten, sogar auch an Muslime. Sie bauten neue Kirchen, obwohl es islamische Autoritäten aus dem Hochmittelalter gibt (die islamistischen Aktivisten suchten sich natürlich die engsten und strengsten dieser Gelehrten aus), die so etwas verbieten. Die Kopten erhoben Anspruch auf gleiche Rechte im Staat wie die Muslime, obgleich doch der «islamische Staat» sie zwar toleriert, ihnen aber nur einen zweiten Rang in der Öffentlichkeit zuspricht, über den sie sich nicht erheben.

Gleichzeitig waren die Kopten weiche Ziele. Der Staat konnte nicht einen jeden von ihnen schützen, und wenn es gelang, einigen von ihnen Schaden anzutun, an ihrem Besitz, ihren Körpern und ihrem Leben, dann zeigten die Aktivisten, dass die Regierung nicht in der Lage sei, ihre koptischen Freunde und Bürger wirklich gegen «den Zorn der Muslime» zu verteidigen. Wenn aber die Kopten sich selbst zur Wehr setzen sollten, liefen sie Gefahr, den Zorn des Staates auf sich zu ziehen, der auf seinem Waffenmonopol bestand – besonders gegenüber den Kopten. Ausserdem konnten die islamistischen Kriegstreiber dann darauf hinweisen, dass die Kopten neuerdings gegen die «Muslime» zu Waffen griffen.

So kam es zuerst zu blutigen Konfrontationen zwischen Islamisten und Kopten in koptisch-muslimisch gemischten Volksquartieren von Kairo wie Zawiya al-Hamrah. Als die Regierung dort – nicht ohne Blutvergiessen – Ruhe schuf, verlegten sich die Angriffe gegen die Kopten auf noch weichere Ziele in Oberägypten wie die Städte und Provinzen Miniya und Assiut, wo es grössere koptische Gemeinschaften gab und noch gibt und wo die Polizeiüberwachung ursprünglich bloss aus einigen ländlichen Gendarmen bestand. Die Truppe musste dort eingesetzt werden, und die koptischen Bauern erhielten bald Grund, sich über deren Übergriffe zu beklagen. Es gab so gut wie keine koptischen Ordnungskräfte oder Sondereinsatzeinheiten; diese waren alle Muslime, von denen viele glaubten, sie seien doch da, um die Muslime gegen die Kopten zu verteidigen, nicht umgekehrt!

Weiche Ziele waren auch die ausländischen Touristen, die man als Geiseln nehmen oder sogar ermorden konnte. Dies war der Regierung besonders unangenehm, weil es ihre Schwäche nicht nur im Inland, sondern auch in der internationalen Presse offenbar werden liess, und weil sie vor das Dilemma gestellt wurde, entweder den Erpressungen nachzugeben, was zu neuen Erpressungen führen musste, oder das Leben der ausländischen Gäste aufs Spiel zu setzen.

In die Gruppe der weichen Ziele gehörten auch die zufälligen Opfer der Bombenleger. Sogar wenn eine Bombe für eine bestimmte Regierungspersönlichkeit bestimmt war, konnten leicht Unbeteiligte ihre Opfer werden. Indem die Islamisten immer mehr Aktionen bevorzugten, die in erster Linie Unschuldige trafen, weil sie leichter durchgeführt werden konnten, glitten sie aus dem Bereich der Stadtguerilla in jenen des Terrorismus ab.

Kontraproduktive Folgen des Terrors

Eine Bombe gegen Unschuldige und Unbeteiligte ist das klassische Terrorinstrument. Die Bombenleger pflegen ihre Aktionen damit zu begründen, dass sie sagen, es gehe ja gerade darum, der ganzen Gesellschaft Schreck, Terror einzujagen, um sie zu erschüttern und womöglich zu demoralisieren; denn diese ganze Gesellschaft stehe ja hinter der Regierung, welche die Terroristen zu Fall bringen wollten. Doch die politische Praxis zeigt, dass diese Rechnung nie oder höchstens sehr selten, unter sehr spezifischen, besonders günstigen Umständen aufgeht. Normalerweise solidarisiert sich die «terrorisierte» Gesellschaft mit den Staatskräften, die sie zu verteidigen suchen. Sogar ein diskreditierter Staat erscheint seinen Bürgern, wenn sie unter den Druck des Terrors geraten, als ihre beste Verteidigungsmöglichkeit. Das führt dazu, dass die Terror verwendende Gruppe schrittweise von der Bevölkerung isoliert wird und in ihrer Isolierung schliesslich «den Krieg» verliert, den sie gegen die Gesellschaft und ihre Regierung zu führen versuchte.

Die Ermordung Sadats

Die Ermordung Sadats am 6. Oktober 1981 bildete einen Wendepunkt in diesem Krieg zwischen dem Staat und den islamistischen Extremisten. Der Mörder war *Khalid al- Istambouli*, ein Hauptmann der Armee und Landesmeister Ägyptens im Gewehrschiessen. Es gelang ihm mit Hilfe von Gesinnungsgenossen, sein Gewehr scharf geladen in die Parade zu schmuggeln, die sich vor Sadat am 6. Oktober zur Feier der Suez-Kanalüberquerung von 1973 an der Ehrenbühne vorbeibewegte. Der Meisterschütze schoss und verwundete den Staatchef tödlich am Hals. Seine letzten Worte waren: «Mösh Ma'ûl!» frei übersetzt: «Etwas klappt nicht!». Unter den 1 500 Oppositionellen, die Sadat kurz zuvor hatte einkerkern lassen, unter ihnen Linkskräfte, Kopten und Islamisten, befand sich ein Bruder des Attentäters.

In Assiut, einer der Städte mit grossen koptischen Minderheiten, wo im vorhergehenden Jahr Kämpfe zwischen Islamisten und Kopten ausgebrochen waren, kam es zwei Tage nach dem Mord zu einem Aufstand gegen die Regierung, der offenbar darauf abzielte, das Regime zu erschüttern. Doch der Aufstand wurde durch eingeflogene Fallschirmjäger niedergeschlagen. In Kairo waren die Islamisten zu schwach, um eine Erhebung auch nur zu versuchen.

Beim Begräbnis Sadats

Ich befand mich in Beirut, als die Nachricht vom Anschlag auf Sadat übers Radio eintraf. Zuerst wusste man nur, dass auf ihn geschossen worden war und dass er verwundet sei. Es dauerte etwa zwei Stunden nach den ersten Meldungen, bis plötzlich ein wildes Schiessen in Beirut ausbrach. Es war ein Freudenschiessen, weil die Nachricht gekommen war, Sadat sei seinen Wunden erlegen. Ich flog nach Kairo und kam rechtzeitig zum Begräbnis an. Israels Ministerpräsident Begin erschien persönlich in Kairo, um am Begräbnis «seines Freundes Sadat» teilzunehmen. Man konnte ihn allerdings kaum wahrnehmen, denn er bewegte sich innerhalb eines dicht gedrängten Haufens von israelischen Leibwächtern, die ihn buchstäblich mit ihren eigenen Leibern abdeckten. Ihre Maschinenpistolen waren nach aussen gerichtet, so dass sich der ganze Menschenklumpen wie eine Art Igel ausnahm. Die Journalisten, die das einzige in der Nähe zugelassene Publikum bildeten, riefen

Begin über die Köpfe seiner Leibwächter hinweg ihre Fragen zu. Manche beantwortete er, mit wenigen Worten.

Später sass ich mit Berufskollegen in einem Autobus, der uns zum Grab bringen sollte. Er musste in einer Verkehrsunterführung anhalten. Dort stand schon eine kleine Bande von etwa 40 «trauernden Ägyptern» bereit. Sie traten sofort in Aktion, tanzten um den Bus herum, wischten sich nicht vorhandene Tränen ab, heulten demonstrativ, aber nicht sehr glaubwürdig, rissen sich an den Haaren. Die Kameraleute, die unter uns sassen, zückten ihre Kameras und schossen auf die «trauernde Bevölkerung» aus den Fenstern hinaus. Man konnte den Leuten ansehen, dass sie aus dem untersten Volk stammten und für wenige Piaster von der Regierung gemietet waren. Die «eigentliche» Bevölkerung rundherum ignorierte sie. Doch die Kameras konzentrierten sich auf das «trauernde ägyptische Volk». Die Kameramänner mussten schliesslich «das Ereignis» abbilden, und sie wussten auch, welche Art Bilder ihre Fernsehstationen in Europa, Amerika, und Australien erwarteten.

Mubarak, der neue Machthaber

Die neue Regierung unter Hosni Mubarak, dem Vizepräsidenten und früheren Oberbefehlshaber der Luftwaffe, rief den Ausnahmezustand aus und liess die radikalen Islamistengruppen durch militärische «Sicherheitsgerichte» aburteilen. In den folgenden ersten Jahren seiner Herrschaft versuchte Mubarak, einige kleine Schritte auf eine echte Demokratie hin zu unternehmen. Er liess ein Mehrparteiensystem zu, doch «seine» Staatspartei, die Nationale Demokratische Union, als deren Vorsitzender er wirkte, gewann immer alle Wahlen, mit der Zeit immer mehr mit dermassen hohen Prozentsätzen, dass sie auf Wahlmanipulationen hindeuteten. Die Liberalisierung der Wirtschaft, die Sadat begonnen hatte, wurde weitergeführt. Sie bewirkte erfreuliche Wachstumszahlen, doch die Verteilung des erzielten Einkommens wurde immer ungleicher, so dass die Schere zwischen der bitter armen Masse der Ägypter und der kleinen Minderheit der Schwerreichen sich immer weiter öffnete.

In einem Land wie Ägypten, in dem mit Geld alles zu machen und für Geld alles zu haben ist, muss man ein derartiges Wachstum erwarten, sobald die kontrollierende und mässigende Hand des Staates von der Wirtschaft abgezogen wird. Die Reichen werden dann immer reicher; die Armen bleiben nicht nur arm, ihre Armut nimmt immer weiter zu, weil sich die Reichen immer mehr Monopole und Oligopole verschaffen. Der Staat sieht zu und schützt die Reichen gegen die Armen.

Die sozialen Errungenschaften der Nasser-Zeit gingen im Strudel der Inflation und der Gelder der Neureichen unter. Typisch war die Lage der Schulen. Nasser hatte Gratisschulen für alle Ägypter eingerichtet. Jene, welche die besten Examina ablegten, durften auch gratis studieren und erhielten sogar eine Garantie auf Anstellung beim Staat nach ihrem Studium. Diese Garantie fiel zuerst weg, was wohl auch nur realistisch war. Doch durch die Inflation wurden die Gehälter der Lehrer so stark reduziert, dass diese sich nach Nebeneinkommen umsehen mussten. Deshalb wurde es über die Jahre beinahe selbstverständlich, dass die Kinder der Bourgeoisie von ihren eigenen Lehrern private Nachhilfestunden erhielten. Die Eltern bezahlten sie. Um möglichst viele Nachhilfestunden erteilen zu können, unterrichteten viele Lehrer möglichst wenig in den Klassenzimmern. Den Eltern der wohlhabenden Kinder erklärten sie, ohne Nachhilfestunden würde ihr Sprössling nicht an die Universität gelangen. Die allgemeine Schulpflicht mit Bevorzugung der Begabtesten wurde so, erneut, zum Vorteil der Wohlhabenden und ihrer Kinder unterwandert.

Ägypten wurde ein Auswanderungsland. Man konnte ägyptischen Fellachen in ihrer Kleidung, dem typischen langen Hemd, auf allen Flughäfen des Nahen Ostens begegnen. Oft sah man sie diszipliniert und ein wenig verängstigt in Einerkolonne ein Flugzeug verlassen, um in ein anderes umzusteigen, das sie auch wieder in Einerkolonne bestiegen. Sie waren unterwegs nach den Erdölländern von Libyen bis Saudi-Arabien und wanderten sogar in arme Staaten wie Jemen und Jordanien aus, um Arbeit und Löhne zu finden, die ihnen in vielen Fällen nur gerade knapp zu überleben erlaubten.

Die Lebensfreude des ägyptischen Volkes wich einer gewissen Bedrükkung, die auf schlechte Ernährung und die Unsicherheit zurückging, woher die Nahrung des nächsten Tages überhaupt kommen sollte. Für die jüngeren unter den einfachen Leuten, besonders in den immer mehr anschwellenden Grossstädten, wurde das Hauptproblem ihres Lebens, wie sie sich eine Wohnung beschaffen könnten, die ihnen zu heiraten erlaubte. Für viele blieb dies ein unerreichbarer Traum, und die Frustration, nicht heiraten zu können, in einem Land, in dem frühe Heiraten die Norm gewesen waren und in dem es kaum andere Möglichkeiten gab, den Geschlechtstrieb auszuleben, senkte sich wie ein Schatten über die junge Generation. Auch die Eltern litten darunter, dass ihre Kinder nicht «normal leben» konnten und keine eigenen Familien zu gründen vermochten.

Das Fernsehen spielte indessen seinen Zuschauern ein ihnen unerreichbares Luxusleben vor, das entweder in «Amerika» oder in den ägyptischen Villenvierteln lokalisiert wurde. An der Amerikanischen Botschaft wirkte ein besonderer «Fernsehattaché», dessen Hauptaufgabe es war, den ägyptischen Fernsehsendern amerikanische Fernsehfilme zu schenken (es konnten ruhig ältere Streifen sein), damit sie in den überfüllten Wohnzimmern der kleinen Leute abgespielt würden, und diese dadurch in Erfahrung brächten, was das wahre Leben an fabelhaften Konsummöglichkeiten zu bieten hätte, wenn man nur das Geld besässe, um sie in Amerika zu bestellen.

Über die Jahre hin lebten sich die reichen Oberschichten und die Armen und Besitzlosen immer weiter auseinander. Die Reichen zogen in besondere, von privaten Wächtern abgesicherte Villenviertel, natürlich in bevorzugter Lage. Die Armen lebten, wie sie es konnten, in zerfallenden Halbruinen. Die Mittelschicht, die es einmal gegeben hatte, schwand dahin. Sozial gesehen schien Ägypten in die Vor-Moderne zurückzukehren, zu den alten Zeiten, in denen es nur niedergedrückte Fellachen und hocherhabene Paschas gegeben hatte, nur dass die neuen Paschas zur «globalisierten» Geldklasse gehörten, die den Amerikanern zudiente und dafür einem amerikanisierten Lebensstil huldigen durfte.

2) 15 Jahre Bürgerkrieg in Libanon

Im Sommer 1974 reiste unsere ganze Familie nach Libanon. Die spanischen Schulen gaben uns drei Monate Ferien, und ich hatte die NZZ davon überzeugt, dass es für mich Zeit sei, wieder einmal eine längere Zeit in der arabischen Welt zu verweilen. Ein Argument dabei war, dass ich die seltsame Überwachungsepisode zur Zeit des Oktoberkriegs 1973 mit dem Sicherheitschef Oberst Dahdah endgültig hinter mich bringen wollte, indem ich mich in Libanon ausführlich zeigte, als Journalist, nicht als irgendein mehr oder weniger «gefährlicher» Sonderagent. Die Kinder waren auch sehr dafür, und meine Frau machte selbstlos mit. Wir flogen über die Schweiz nach Beirut und fanden dort alle zuerst Unterkunft in meinem bevorzugten Hotel «New Royal» über dem Meer, mussten dann aber eine eigene Wohnung für die nächsten drei Monate finden. Dies gelang nach einigen Fehlschlägen mit der Hilfe eines holländischen Kollegen, der in Ras-Beirut eine Wohnung besass, über der eine Dachwohnung lag. Er benötigte diese nicht und vermietete sie an uns. Die Wohnung war für eine fünfköpfige Familie ein bisschen eng, doch besass sie eine weite Dachterrasse, deren einen Teil ich mit Schilfmatten überdeckte, die auf hölzernen Stäben ruhten und mit Draht festgeschnürt waren. Die Bestandteile für solche eigenen Bauvorhaben konnte man in Beirut auf dem Markt billig kaufen und selbst mit dem Taxi nach Hause fahren. Dies gab uns den nötigen Auslauf, so dass wir einander nicht zu sehr beengten.

Armenier in Beirut

Julian, der damals 15 Jahre alt war, interessierte sich wenig für die Läden und Kinos von Ras-Beirut und die übrigen glitzernden Mondänitäten. Er fand eine eigene Aktivität dank unserem Freund Werner Hupfer und seiner Frau, die gemeinsam viele ihrer besten Jahre der Fürsorge für die Armenier geschenkt hatten. Sie hatten in Zusammenarbeit mit dem Schweizer Bund der Armenierfreunde (der zur Zeit der Massaker im Ersten Weltkrieg gegründet worden, dessen Tätigkeit jedoch immer noch notwendig war) eine grössere Sozialsiedlung für armenische Familien gebaut, die auf diesem Weg aus den «Lagern» ausziehen konnten, in denen sie und ihre Vorfahren die Jahrzehnte seit 1915/16 verbracht hatten. In ihre leeren Slumhütten, zogen sofort, das war bezeichnend für Libanon, neue Bewohner ein, die noch bedürftiger waren und die nicht das Glück hatten, von einer ausländischen Hilfsgruppe adoptiert worden zu sein: Palästinenser, Kurden, libanesische Schiiten, die durch die Kämpfe zwischen den PLO-Guerilleros und den Israeli aus dem Süden des Landes vertrieben worden waren.

Die Schweizer Armenierfreunde betrieben auch immer noch das armenische Blindenheim von Beirut. Doch die armenische Gemeinschaft hatte selbst begonnen, sich mehr und mehr ihrer Bedürftigen anzunehmen. Geld kam aus reichen und schwerreichen armenischen Kreisen. Diese hatten Stiftungen gegründet, die teilweise der Wohltätigkeit, teilweise kulturellen Zwecken dienten. Noch knapper als Geld waren qualifizierte und altruistische Personen, die es auf sich nahmen, etwas wirklich Fruchtbares aus dem Geld zu machen und die dazu notwendige tägliche Organisationsarbeit zu leisten. Zu dieser Art Leuten gehörten Werner Hupfer und seine Frau. In jener Zeit lebten sie gewissermassen als Leiter und Hauseltern in der fertiggestellten Siedlung. Sie hatten Jahre angestrengter Arbeit benötigt, bis die Siedlung errichtet war, und sie waren nun damit beschäftigt, die neu eingezogenen Familien zu akklimatisieren. Der Sprung vom Slum in die gehobene Sozialsiedlung war natürlich mit unzähligen kleineren und grösseren Problemen verbunden. Sie zu lösen, war zunächst einmal Aufgabe der beiden Betreuer; eine armenische Sozialarbeiterin stand ihnen zur Seite. Für Julian war dies ein interessantes Betätigungsfeld. Es gab immer irgendwelche Aufgaben, bei denen er helfend eingreifen konnte, und die Erwachsenen waren immer dabei, um ihrerseits anleitend beizustehen. Natürlich gab es auch Scharen von armenischen Kindern, darunter Dutzende in der Altersklasse von Julian selbst. So zog er jeden Wochentag nach der Armeniersiedlung am östlichen Stadtrand hinaus und kam gewöhnlich erst gegen Abend im

Gemeinschaftstaxi oder in Begleitung von Personen, die ohnehin in der Stadt zu tun hatten, nach Hause zurück.

Die Armenier bildeten eine der vielen Gesellschaften, aus denen Beirut zusammengesetzt war. Alles, was wir über sie wussten, verdankten wir den Erzählungen unserer Freunde, mit denen wir über die Jahre hinweg Verbindung hielten. Nur nach aussen hin bildeten die Armenier eine festgefügte Gemeinschaft; von innen her gesehen waren sie vielfach gespalten: religiös und kulturell in die Hauptgruppe der orthodoxen Armenier und in kleinere Untergemeinschaften von katholischen und sogar protestantischen Armeniern. Politisch gab es eine Grundspaltung in konservative Nationalisten und links gerichtete, revolutionäre Nationalisten, die auf die Zeit vor der Russischen Revolution 1917 zurückging, als die Armenier noch auf ihrem angestammten Boden am östlichen Rande von Anatolien, und im sogenannten Kleinarmenien im Taurusgebirge (Südwestanatolien) lebten. Die Spaltungen und Loyalitätslinien hielten sich im Exil, sehr oft entsprechend den Traditionen der einzelnen Familien. Es gab damals beinahe 400 000 Armenier in Libanon, die meisten lebten in der Hauptstadt. Sie waren ursprünglich durch den Todesmarsch nach Libanon gelangt, zu dem die Türken sie während des Ersten Weltkriegs zwangen. Die französische Mandatsmacht hatte sie willig in Libanon aufgenommen, weil ihre Präsenz die Zahl der Christen im Lande gegenüber den Muslimen anwachsen liess. Die französische Verwaltung stützte sich auf die Christen und wurde von den Muslimen, die oft Syrien zuneigten, viel energischer abgelehnt als von den Christen.

Doch ihre Aufnahme hatte nicht verhindert, dass grosse Zahlen von Armeniern in den Hüttenstädten der «Lager» leben mussten, die sich um Beirut herum bildeten. Später entstanden auch grosse «Lager» der Palästinenser rings um die Hauptstadt herum, und die aus dem Süden vertriebenen Schiiten bildeten noch später eine weitere, damals immer mehr anwachsende Flüchtlingsbevölkerung in ihren eigenen improvisierten Notwohnungen an der Peripherie von Beirut.

Was sind «Lager»?

Der Begriff Lager muss erklärt werden. Ursprünglich waren es im Falle der Palästinenser tatsächlich Zeltlager gewesen, die von den Hilfswerken aufgerichtet wurden, als sich der grosse Strom der Flüchtlinge, die von den Israeli aus Palästina vertrieben wurden, in die arabischen Nachbarländer ergoss. Später waren aus den Zeltlagern Elendsviertel geworden, indem die Zelte nach und nach durch Hütten aus Zementblöcken ersetzt wurden. Diese

Hütten wurden noch später aufgestockt, um mehr und mehr Menschen Raum zu bieten, doch die Durchgänge zwischen ihnen blieben immer gleich eng. Die Behörden und Landbesitzer rund um die Lager herum wollten den Lagerbewohnern kein weiteres Land zur Verfügung stellen, so dass die Hütten und behelfsmässigen Häuser immer höher gebaut werden mussten, und die Wege dazwischen zu engen Schluchten zwischen Zementmauern wurden. Oft liefen die Abwasser in Rinnen mitten durch sie hindurch.

Nach Jahrzehnten waren die Lager in erster Linie von den sie umgebenden, manchmal auch recht armen Quartieren dadurch zu unterscheiden, dass in ihnen die Durchgangswege so bedrückend eng waren und die Zahl der Bewohner viel dichter als «ausserhalb». Wenn es einer Familie gelang, ihr «Lager» zu verlassen, um in eine richtige Wohnung zu ziehen, verkaufte sie ihre alte Hütte an neue Bewohner. Es gab immer Anwärter auf eine wenn auch noch so ärmliche Unterkunft. Wenn der Staat neue Sozialwohnungen zur Verfügung stellte, was recht selten vorkam, bestand er darauf, die alten Wohnstätten der Begünstigten zu zerstören, weil er bestrebt war, die «Lager», so weit es ging, zu liquidieren.

Die Wurzeln des Bürgerkrieges

Die Spannungen in Libanon liessen sich auf drei Hauptwurzeln zurückführen. Die eine war der Religionsproporz zwischen Muslimen und Christen, der auf Grund der zuletzt 1932 festgestellten Bevölkerungszahlen eingerichtet worden war. Er wurde zusehends ungerechter, weil die Bevölkerungsverhältnisse sich verschoben hatten: die muslimischen Gemeinschaften wuchsen schneller als die christlichen. Doch die das Land dominierenden Christen und deren erste Gemeinschaft, die Maroniten, wollten die bestehende Interessenaufteilung nicht ändern. Libanon müsse ein «christlicher» Staat bleiben, erklärten sie.

Zweitens kam die Präsenz der bewaffneten Palästinenser dazu. Diese wollten zwar eigentlich gegen die Israeli kämpfen, doch sie waren oft mit der libanesischen Armee zusammengestossen, die theoretisch ihre Präsenz und Aktionen in Südlibanon hätte beaufsichtigen sollen. Doch in der Praxis war sie dazu kaum in der Lage, nicht nur, weil ihre Kopfzahl klein war, sondern auch wegen ihrer inneren Struktur. Die hohen Offiziere waren Maroniten, die Mannschaften jedoch überwiegend Sunniten, Schiiten und Drusen. Jedes Vorgehen gegen die Palästinenser setzte die Armee daher einer Zerreissprobe aus. Es hatte aber immer auch innenpolitische Folgen: Die sunnitische Gemeinschaft sympathisierte so stark mit den Palästinensern, dass der sunnitische Ministerpräsident sich jeweilen gezwungen sah, zurückzutreten und die Regierung zu Fall zu bringen, wenn es zu länger dauernden Auseinandersetzungen zwischen den Freischärlern und der Armee kam.

Dritte Hauptursache für die wachsende Unruhe und Unsicherheit war die soziale Lage. Der Gegensatz zwischen der wohlhabenden Innenstadt von Beirut und dem «Elendsgürtel» der Lager, der sich um sie herum bildete, wuchs. Der Staat tat wenig, man kann sagen: gar nichts für die Bewohner des Elendsgürtels. Er sah sie nicht einmal als richtige Bürger an; sie waren keine Maroniten, also auch nicht Angehörige des «eigentlichen Staatsvolkes». Viele waren überhaupt «Ausländer», nicht nur die Palästinenser und die Armenier, auch die Kurden und die syrischen Fremdarbeiter. Was die immer wachsende Zahl von schiitischen Flüchtlingen anging, so waren sie zwar nominell Libanesen, aber Leute der letzten und untersten Religionsgemeinschaft, die am wenigsten von allen zu Libanon gezählt wurden und natürlich auch zu den ärmsten gehörten. Ihre Landesteile, weitgehend Armeezone in der südlichen Ecke an der blockierten israelischen Grenze, hatten sich seit dem Ende des Zweiten Weltkriegs kaum fortentwickelt.

Die drei Unruhefaktoren verstärkten einander. Die Unterprivilegierten erklärten sich die gute Wirtschaftsposition der Maroniten und anderen Christen mit deren politischen Privilegien. Das mag vereinfacht gewesen sein, war jedoch glaubwürdig in den Augen jener, die sich als die zweiten und dritten Glieder im Staate sehen mussten. Die Präsenz der bewaffneten Palästinenser, welche das Wort von «Revolution» immer im Munde führten, schürte einerseits die Hoffnungen der benachteiligten Gruppen auf eine gerechtere Teilung des politischen und wirtschaftlichen Kuchens, und rief andrerseits Unruhe bei den Privilegierten hervor, die um ihre Vorrechte bangten.

Die führenden Kreise in Libanon, besonders seit der Zeit des Wahlsiegs des Präsidenten *Soleiman Franjiéh*, der 1970 mit einem Programm des Laisserfaire, des Laisser-aller zur Macht gekommen war, ignorierten all diese Spannungen und unternahmen keinerlei politische und administrative Schritte, um sie zu mildern. Gleichzeitig jedoch fürchteten sie die Zukunft und was sie bringen werde. Dies zeigte sich in ihren Waffenkäufen und Waffensammlungen. Sie schafften sich alle bewaffnete Wächter an, wenn sie nicht sogar ganze Milizen aushoben, um sich «zu verteidigen», sobald dies nötig werde. Eigentlich glaubten sie selbst nicht mehr daran, dass «ihr» Libanon auf die Dauer politisch Bestand haben könne. Sie erwarteten selbst, so zeigten es ihre Waffendepots, dass sie früher oder später zu kriegerischen Mitteln würden greifen müssen, um das zu behaupten, was *sie* unter Libanon verstanden.

Beginn eines 15-jährigen Bürgerkrieges

Der in der Luft liegende Zusammenstoss kam am 13. April 1975: Bewaffnete Phalangisten schossen einen «ihr» Quartier *Ain Roummane* durchquerenden Autobus zusammen, in dem unbewaffnete junge Palästinenser sassen, und töteten alle 27 von ihnen. Kurz zuvor waren anscheinend zwei Phalangisten aus einem vorüberfahrenden Auto erschossen worden, und die Mörder der 27 erklärten später, sie hätten geglaubt, diese seien bewaffnet gewesen. Doch die Palästinenser sagten, sie hätten Anzeichen dafür festgestellt, dass es sich um ein «sorgfältig geplantes Massaker» gehandelt habe.

Jedenfalls begann damit der Bürgerkrieg, der 15 Jahre lang dauern sollte. Die Quartiere der Christen und der Muslime in Beirut schlossen sich durch Barrikaden gegeneinander ab, die von den Bewaffneten beider Seiten bewacht wurden. Es gab viele Schiessereien und ebensoviele Waffenstillstände, die aber immer wieder gebrochen wurden. – Warum, zeigte der sogenannte «Schwarze Samstag» vom 6. Dezember 1975. Er begann damit, dass vier Phalangisten erschossen in einem Auto gefunden wurden, das vor dem Gebäude der Elektrizitätsgesellschaft, tief im Inneren des christlichen Viertels von Beirut, stand. *Bashir Gemayel*, der Sohn des Parteigründers Pierre, der schon damals die Phalange-Milizen kommandierte, befand sich gerade in Damaskus, als ihm die Entdeckung gemeldet wurde. Er soll, wie die Offiziere seiner Miliz später erklärten, sofort den Befehl gegeben haben: «Tötet 40 von der muslimischen Seite.» Die Phalangisten verhafteten die ersten 40 muslimischen Männer, die unbewaffnet ihre Barrikaden passieren wollten (auf den Identitätskarten Libanons war immer die Religionszugehörigkeit angegeben). Die Gefangenen wurden unter eine Strassenüberführung gebracht, dort schnitt man ihnen die Kehle durch. Die Muslime hörten davon und taten das gleiche an ihren Barrikaden mit Christen. Vier Stunden später hatten ungefähr 300 Personen auf beiden Seiten ihr Leben verloren.

Es waren immer wieder derartige Übergriffe, welche die Dutzenden, später Hunderten von mühsam ausgehandelten Waffenstillständen zunichte machten. Die muslimischen Kräfte arbeiteten immer enger mit den bewaffneten Palästinensern und den Drusen Jumblats zusammen. Die Christen verfügten über die Phalange-Milizen als Hauptkraft, dazu kamen kleinere Kampfgruppen, die von verschiedenen Politikern unterhalten wurden, wie die «Tiger» des Altpräsidenten Chamoun und die «Marada» («Riesen») des Präsidenten Franjié. Die libanesische Armee spaltete sich schon bald in drei Gruppen auf: pro-muslimische, pro-christliche und neutrale.

«Bereinigungskämpfe»

Die Kämpfe drehten sich zuerst um die Gebiete, in denen die eine Partei von der anderen eingeschlossen war, so dass ihr Wohngebiet den territorialen Zusammenhang der anderen unterbrach. Die Phalanges griffen die «Lager» an, die nördlich und östlich von Beirut lagen (*Dbaye* und *Quarantaine*, im Januar 1976), weil ihre bewaffneten Bewohner die Strassen sperren konnten, die von *Ashrafié*, dem Christenquartier in Beirut, Richtung *Jounié* in das Hauptgebiet der Maroniten führten. Dies lag und liegt noch in der Küstenebene und den Bergen nördlich der Hauptstadt.

Die Drusen und Palästinenser gingen gegen den Flecken *Damour* vor, ein christliches Dorf an der Südküste, das auf der Verbindungslinie von Ras-Beirut zu den sunnitischen Küstenstädten *Saida* und *Sur* und dem Drusengebiet des *Chouf* lag. Sowohl in den Lagern wie in Damour kam es zu Massakern unter den Bewohnern. In Damour nisteten sich Palästinenser ein, nachdem die einheimische maronitische Bevölkerung hatte fliehen müssen.

Auch im Inneren von Beirut gab es Kampfesfronten. Die innere Geschäftsstadt war ein Niemandsland, dessen Eroberung alle Seiten begehrten. Die Phalangisten verteidigten sich zuerst (Oktober 1975) in den grossen Hotels südwestlich der Innenstadt gegen die anstürmenden Drusen und Palästinenser, welche die nördlichen und östlichen Teile der Stadt beherrschten. «Holiday Inn» wurde zu einer umkämpften Festung. Sie fiel und öffnete den linken Kräften Jumblats den Weg in die Innenstadt.

Ein «Linkslibanon» unter Jumblat?

Dann kamen Versuche der überlegenen Partei – damals die verbündeten Kräfte der Linken, der Palästinenser, Sunniten und Drusen, die sich zur *Nationalen Bewegung* zusammenschlossen –, ihre Macht auf die zentralen Wohngebiete ihrer maronitischen Gegner auszudehnen. Das Übergewicht der Nationalen Bewegung kam dadurch zustande, dass das bisherige Gegengewicht gegen die Palästinenser, die libanesische Armee, auseinander gefallen war. Nach einem etwas länger anhaltenden Waffenstillstand setzten die Verbündeten im März 1976 zum Angriff auf die christlichen Herzgebiete in der Küstenebene nördlich von Beirut an. Die Bewegung unter der Führung Kamal Jumblats begann einen Feldzug, der sie von Osten nach Westen führen sollte, von der Bekaa-Ebene, die sie als muslimisches Gebiet beherrschte, auf die Höhen des Libanon-Gebirges und von diesen hinab in die christlichen Küstenstädte.

Doch die Aussicht, dass die muslimisch-drusischen Linkskräfte mit Hilfe der Palästinenser den Bürgerkrieg gewinnen und ein eigenes Regime errichten könnten, rief Alarm in Damaskus hervor. Präsident Asad gehörte zwar selbst zum nationalistischen und israelfeindlichen Lager, doch fürchtete er nicht ohne Grund, dass ein Regime der Linken Jumblats zusammen mit den Palästinensern die Israeli herausfordern würde und Tel Aviv einen Anlass oder Vorwand gäbe, einen Krieg in der Levante auszulösen, von dem Syrien sich schwerlich fernhalten könnte, für den es aber nicht vorbereitet war und den es angesichts der militärischen Kräfteverhältnisse schwerlich gewinnen konnte. 1982 sollten seine Befürchtungen sich bewahrheiten.

An die Möglichkeit einer Hilfe Sadats gegen Israel glaubte Asad schon damals nicht mehr. Er gab deshalb der unter syrischer Aufsicht stehenden Palästinensergruppe *as-Sai'qa* den Befehl, in Libanon einzumarschieren und dort Arafats *Fatah* anzugreifen, um zu verhindern, dass sie die strategischen Libanonhöhen besetze. Sa'iqa tat das auch, aber nicht sehr erfolgreich, wahrscheinlich, weil ihre Kämpfer nicht wirklich gegen ihre palästinensischen Brüder vorgehen wollten. Syrien sah sich daher veranlasst, reguläre Truppen einzusetzen und seine Tanks in die Bekaa-Ebene zu entsenden.

Eingriffe von aussen

Dies war der erste Schritt fremder Einmischung in den libanesischen Bürgerkrieg. Viele weitere sollten folgen. Sie waren es, die den Bürgerkrieg in die Länge zogen, so dass er 15 Jahre lang dauerte, bis er unentschieden zu Ende ging. Immer der gleiche Mechanismus war zu beobachten: Die unterlegene Seite erhielt Unterstützung von aussen, die ihr erlaubte, neue Hoffnung auf einen Endsieg zu schöpfen und weiterzukämpfen. Doch wenn sie dem Erfolg zu nahe kam, erhielt auch eine der Gegenkräfte eine Gegenunterstützung und durch sie die Möglichkeit, ihren Kampf fortzusetzen. Eine immer zunehmende Zersplitterung der Fronten bewirkte, dass aus den anfänglichen zwei Gegnern drei, vier und fünf verschiedene Gruppierungen wurden, jede mit ihrer eigenen Streitmacht. Dies führte auch zu einer Vervielfältigung der eingreifenden Fremdinteressen. Jede Kampfgruppe suchte eine Stütze im Ausland, und Libanon wurde dadurch zur Arena in einem Stellvertreterkrieg aller nahöstlichen Kampfparteien. Eine funktionsfähige Zentralregierung gab es ohnehin nicht mehr.

Ich verfolgte den libanesischen Bürgerkrieg während all seinen 15 Jahren zuerst aus Madrid, dann aus Nikosia auf Zypern, jedoch mit regelmässigen Besuchen der Kriegszonen selbst, die dazu dienten, den Kontakt mit der lebenden Realität Libanons zu bewahren. Trotz des Krieges kam ich im Grunde immer wieder gern nach Beirut. Es war eine Art von Heimkehr in das Land, das ich von allen arabischen Ländern am besten kannte, nur, dass diese «Heimat» immer weiter zerfiel. Es gab Jahre, in denen man in Beirut herumlaufen konnte, als ob es keinen Krieg gäbe; doch es sollten Zeiten kommen, in denen Granaten und Bomben der Israeli auf die Stadt niederhagelten und die isrealischen Invasionstruppen ihr sogar das Wasser abschnitten. Es gab auch Perioden, in denen jedermann aus dem Westen fürchten musste, als Geisel genommen und jahrelang in irgendeinem Verliess der schiitischen Vorstädte in Ketten gehalten zu werden. Damals war es klüger, nicht am Flughafen von Beirut anzukommen, weil die Strasse von dort an den schiitischen Quartieren vorbei führte, dem Zentrum der Geiselnehmer. Man nahm lieber ein Schiff aus Zypern nach Jounié, dem Hafen der Phalangisten.

Aus Dummheit in Lebensgefahr

Ich hatte Freunde auf beiden Seiten der Fronten. Bei einem meiner Besuche war es möglich gewesen, von der «muslimischen» Seite zur «christlichen» hinüberzuwechseln, weil der Weg durch die zerschossene Innenstadt offen stand. Der Weg war freilich eine Geisterstrasse durch ein ganzes Quartier von zerschossenen Häusern. Wo Wasserleitungen zerbrochen waren und ausliefen, waren ganze Wälder von grünem Unkraut emporgeschossen. Zwischen den Hausruinen patrouillierten italienische UNO-Soldaten in kugelsicheren Westen, von denen ich die Zusicherung bekam, es sei alles ruhig, ich könne unbehelligt weiter gehen. Ich ging, und wirklich blieb alles ruhig.

Doch ein paar Wochen später war ich wieder in Beirut. Ein weiterer Waffenstillstand war zusammengebrochen. Barrikaden mit Bewaffneten dahinter, die liebend gerne schossen, verbauten den Eingang nach Ashrafié, dem christlichen Viertel. Die neuen Tramwagen, die Frankreich im Zeichen des Aufbaus nach dem letzten Waffenstillstand gestiftet hatte, bildeten quergelegt Teile der Strassensperren.

Ich war am Tage zuvor eingeflogen und machte mich auf den Weg, um auf die Seite der Christen zu gehen, wie ich das vor Wochen auch schon getan hatte. Ein syrischer Soldat, der am Ende der einen Hauptstrasse Posten stand, fragte mich, wohin ich denn gehe. Ich sagte ihm vage: «Hinüber auf die andere Seite, Journalist!» und ging weiter. Er liess mich vorbei. Doch auf dem alten Hauptplatz von Beirut, der *Place du Canon*, die auch *Bourj* und *Place des Martyrs* genannt wird, war alles sehr still. Nur Trümmer, kein Mensch zu sehen, kein Ton zu hören. Ich sah am anderen Strassenende eine

Barrikade aus umgestürzten Tramwagen. Sie musste den christlichen Kräften gehören. Niemand schoss von dort, niemand war dahinter zu sehen. Ich ging weiter auf sie zu, im unbestimmten Gefühl, wenn du umdrehst, könnten sie dir vielleicht in den Rücken schiessen. Ein Handzeichen wurde unter dem Tor eines Hauses in der Mitte des Platzes sichtbar. Ein Uniformierter bewegte seine Hand heftig auf und ab, was in arabischer Gestensprache bedeutet: «Komm her!» Ich nickte ihm zu, um «ja» zu sagen. Zu rufen schien gefährlich zu sein, sonst hätte der andere es gewiss getan. Ich ging auf den Toreingang zu. Drei, vier Soldaten empfingen mich unter dem Tor: «Was machst du hier? Bist du betrunken?» Einer riss mir meine Handtasche aus der Hand, um schnell nachzuschauen, was darin sei. Er fand keine Bombe oder Handgranate und gab sie mir wieder zurück. Ich versuchte zu erklären, «Journalist, eben erst angekommen. Wollte nur auf die andere Seite hinübergehen». Sie schüttelten ihre Köpfe. «Weisst du denn nicht, dass es Krieg ist?» – »Doch, darum komme ich ja, kam auch schon vorher. Krieg ist schon lange!» – «Ja, aber es ist ganz anders geworden. Gestern kam einer hier durch, der betrunken war, er wusste nicht, was er tat. Sie haben ihn totgeschossen. – Komm nach oben, du musst unsere Offiziere sehen». Ich wurde die Treppe hinauf begleitet. Oben sassen die Offiziere: «Weisst du, wer wir sind?» fragte einer. Ich kannte die Uniform: «Sie sind Syrer», antwortete ich. Der Mann war sichtlich befriedigt. Natürlich musste ich lang und breit meine Geschichte erzählen, meinen Journalistenausweis, meinen Pass vorlegen. Sie packten jeden Gegenstand aus, den ich mit mir führte. Von einigen, die sie nicht kannten, musste ich ihnen den Gebrauch erklären. Allmählich entspannte sich die Atmosphäre. Sie sagten, sie seien da, an der Kampfesfront, um die streitenden Parteien zu beobachten und auseinanderzuhalten. Keine solle in das Quartier der anderen eindringen. Ich hätte grosses Glück gehabt, fügten sie hinzu. Wahrscheinlich seien die Phalangisten in der Barrikade mir gegenüber am Essen gewesen und hätten darum nicht geschossen.

Sie hatten ihre Erklärungen noch nicht beendet, als die Schiesserei anfing. Einzelfeuer, Kalaschnikowsalven, Maschinengewehrgarben, leichte, dann schwere Mörser, Minenwerfer – man konnte kaum mehr sein eigenes Wort verstehen. So gehe es gewöhnlich zu, sagten meine Offiziere. Die Ruhepause vorher sei die Ausnahme gewesen. Ich müsse bei ihnen bleiben, bis die Nacht einbräche, fügten sie hinzu. Jetzt sei es viel zu gefährlich, ihren geschützten Posten zu verlassen. In der Dunkelheit könne ich dann mit einer Patrouille nach Westbeirut zurückkehren. So verbrachten wir ein paar Stunden zusammen. Es gab Tee und Kaffee. Ich war wohl eine Zerstreuung für die Leute bei ihrem eintönigen Dienst. Draussen krachte es den ganzen

Nachmittag weiter. Die Phalangisten schossen von ihrer Barrikade aus, die Muslime antworteten von der anderen Seite des Platzes aus den Häusern, die sie als Bunker benützten. Auf wen sie denn schössen, fragte ich die Offiziere. – «Auf alles, was sich bewegt», war die Antwort, «und wenn sich nichts bewegt, auf die Häuser, von denen sie glauben, dass ihre Feinde drin sässen.»

In der Dunkelheit wurde ich dann auf Zickzackwegen im leichten Laufschritt von einem hochgewachsenen Unteroffizier über den Platz zurückbegleitet. Doch ich konnte noch nicht in mein Hotel zurückkehren. Mein Unteroffizier übergab mich den *Mukhaberat*, das heisst der militärischen Informationsabteilung. Sie brachten mich in einem Jeep in rasender Fahrt durch die völlig dunklen Strassen, es herrschte Ausgangsverbot, in eine ihrer Kasernen. Ich musste meine Geschichte, die mir selbst immer unwahrscheinlicher vorkam, noch einmal erzählen. Dann musste ich warten, durfte dabei mit den Mannschaften der Geheimpolizei Fernsehen anschauen. Eine Patrouille wurde ausgeschickt, um festzustellen, ob ich wirklich in dem Hotel abgestiegen sei, das ich angegeben hatte. Als sie zurückkehrte, konnte ich gehen. Ich wurde sogar wegen des nächtlichen Ausgangsverbots in mein Hotel zurückgefahren. Wahrscheinlich war dies das gefährlichste Abenteuer, das mir in meiner ganzen Laufbahn begegnete. Nur aus eigener Dummheit, muss ich gestehen.

Die Geschäfte gehen weiter

Die Libanesen brachten es jahrelang fertig, trotz des Krieges eine Art von Normalität aufrecht zu erhalten. Die Geschäfte blieben offen, ihre Inhaber mussten ja leben. Da die Elektrizität immer erratischer wurde, schaffte sich jeder Ladeninhaber einen kleinen japanischen Generator für Dieselöl an, den er auf dem Gehsteig vor seinem Laden oder auch auf der Terrasse vor seiner Wohnung betreiben konnte. So konnte er seinen Laden beleuchten, manchmal sogar ein Luftkühlgerät einschalten. Die Elektrizität fiel nicht nur der Kampfhandlungen wegen oft aus, es waren auch die vielen Flüchtlinge, die sich in Hausruinen niederliessen und die gelernt hatten, zwei Drähte mit den Elektrizitätsträgern zu verbinden, die allen Strassen entlang zogen, um Elektrizität abzuzweigen und ihre Behausungen zu beleuchten. Man konnte in manchen Strassen Hunderte solcher Anzapfungen feststellen.

Die Zeitungen erschienen regelmässig, arabische, französische und eine englische. Die Amerikanische Universität in ihrem Park hinter den hohen Mauern in Ras-Beirut behielt ihren Betrieb bei. Nur die Kontrolle der Studenten an den Eingangstoren wurde strenger, seitdem der Rektor der Uni-

versität, der Orientalist Malcolm Kerr, in seinem Büro auf dem Universitätsgelände erschossen worden war. Das Spital der Universität, eines der besten
im Nahen Osten, musste sich immer wieder mit Milizführern herumschla-
gen, die Verwundete einlieferten und drohten, sie würden zu blutigen
Repressalien greifen, wenn die Betreffenden ihr Leben verlören. Die Leute
mussten ermahnt werden, ihre Waffen draussen zu lassen. Doch sogar sie
lernten einzusehen, dass die Ärzte das Leben aller zu retten suchten, die noch
zu retten waren.

Mein Lieblingshotel, das «New Royal» am Meer, wurde zusammengeschossen, wie das ganze Zentrum der Innenstadt. Eine Zeitlang durfte ich
mich bei meinen Besuchen im Orientalischen Institut der Deutschen Mor-
genländischen Gesellschaft aufhalten, weil es dort unbenützte Zimmer gab.
Der Bibliothekar des Instituts, Dr. Roncaglia, ein alter Freund und Italiener
aus Kairo, hat die ganzen Kriegsjahre dort verbracht, um seine Bücher in den
Tiefen der Keller zu hüten. Sogar wenn auf der Strasse geschossen wurde,
kam der Laufbursche der Druckerei mit den Fahnen der arabischen Texte
vorbei, die gerade gedruckt wurden und die korrigiert werden mussten. Später erfuhr ein Professor in Deutschland von meiner periodischen Anwesenheit und setzte ihr ein Ende. Er befand, ich sei doch ein Journalist, kein
Gelehrter, und könnte den Namen des Instituts kompromitieren.

Wenn ich aus Zypern mit dem Schiff ankam, auf dem Herren im Smo-
king das Roulette bedienten, landete ich im Hafen von Jounié. Ich konnte
dort die Botschaften besuchen, die aus Ras-Beirut, das nahe am Kampfgebiet
lag und wo Geiseln genommen wurden, in das christliche «Kleinlibanon»
evakuiert worden waren. Es gab auch eine christliche Universität in Jounié,
eröffnet, als die drei Universitäten von Beirut für Christen, besonders für
Prominente, unsicher geworden waren. Luxushotels fehlten nicht. Die Phalange-Miliz war damals reich, weil sie den Hafen von Beirut kontrollierte
und dort ihre Zölle erhob. Der Direktor der libanesischen Nationalbank,
deren Sitz in Ras-Beirut lag, lebte auch in der Christenenklave und begab
sich täglich im Helikopter zur Arbeit. Er landete auf dem Dach seiner Bank.
Doch konnte er nicht verhindern, dass das libanesische Pfund von Monat zu
Monat an Wert verlor. Bald bekam man Hunderte, dann Tausende davon für
einen Dollar. Die kleinen Leute in Jounié verkauften den Goldschmuck ihrer
Frauen.

Ich wollte dann meistens von Jounié nach Ras-Beirut hinüberwechseln,
denn ich hatte immer noch Freunde dort. Es gab eine offizielle Passage für all
jene, die im «anderen» Stadtteil zu tun hatten. Gemeinschaftstaxis fuhren bis
in die Nähe, doch dann musste man ein kleines Stück Wegs durch das Nie-

mandsland zwischen den beiden Kontrollen zu Fuss zurücklegen. Man ging über den Hippodrome, wo früher die Pferderennen stattfanden. Menschen aller Stände, Diplomaten, Geschäftsleute, Lehrer und fliegende Händler kreuzten sich bei den bewaffneten Posten. Man hatte nur seinen Pass oder Ausweis zu zeigen. «Wohin gehen Sie?» fragte der phalangistische Posten, obwohl es eigentlich klar war. «Nach Ras-Beirut», gab ich zur Antwort. *Allah ma'ak!*, sprach er bedeutungsvoll, «möge Gott dich beschützen!». Der Gegenposten auf der muslimischen Seite sah meinen roten Schweizerpass mit dem weissen Kreuz und nickte freundlich: «Rotes Kreuz! Bitte sehr!», sooft ich vorbeikam.

Israel bringt eine neue Dimension in den Krieg

Die israelische Grossinvasion 1982 bedeutete einen tiefen Einschnitt im Krieg der Libanesen. Schon vor ihr hatte es genügend Grausamkeiten und Zerstörungen gegeben, doch als ich nach der Invasion wieder ins Land kam, war Libanon ein Kriegsland geworden, in dem es kein normales Leben mehr gab. Dies zeichnete sich schon am Stadtbild von Beirut, Saida und Sur ab, der Orte, die von den Israeli heimgesucht worden waren. Im libanesischen Bürgerkrieg hatte es relativ feste Fronten gegeben, an denen mit eher leichten Waffen gekämpft worden war. Dies bewirkte die Zerstörung von einzelnen Strassen, jener, die zu Frontlinien geworden waren und von denen aus die Kampfparteien einander beschossen. Dabei wurden die Häuser, zuerst ihre Dächer, dann auch ihre Mauern durch das Feuer der aufeinander gerichteten Gewehre, Maschinengewehre und tragbaren Raketen buchstäblich zersägt. Doch schon in der Strasse dahinter dauerte das Leben an, und zwei, drei Strassen weiter besass es sogar eine gewisse Normalität.

Nach dem israelischen Eingriff jedoch wurde ein anderes Gesicht des Krieges sichtbar. Es waren die Hauptstrassenkreuzungen, deren Häuser zusammengeschossen waren, die Lager der Palästinenser, die dem Erdboden gleich gemacht worden waren, teilweise mit ihren Bewohnern. Es gab ganze Dörfer, die weisse Fahnen aufgesteckt hatten, aber ihre Häuser waren, wie die zahlreichen Einschüsse zeigten, nichtsdestoweniger durchsiebt worden. Die Israeli hatten einen Bewegungskrieg mit weit überlegenen Waffen und mobilen Waffensystemen geführt. Dabei war es ihnen darauf angekommen, sofortigen Durchgang auf den Achsen ihrer Vormarschrouten zu erkämpfen und rasch weiter vorzustossen. Wie Schneisen lagen die Durchbruchsachsen in den Städten und Dörfern, die sie durchquert und zerstört hatten. Wo immer sie Widerstand fanden, wurde eine militärische Dampfwalze in

Bewegung gesetzt, die alles vor sich her zu Ruinen zerschlug. Der statische «arabische» Krieg war durch den dynamischen «israelischen» abgelöst worden. Hauptleidtragende waren die Zivilbevölkerungen aller von den Israeli angegriffenen und dann besetzten Landesteile.

Ein Krieg beständiger Frontenwechsel

Über den Kriegsverlauf kann ich mich hier nicht ausführlich auslassen. Es gibt ein hervorragendes Buch darüber, eigene Wahrnehmungen des erstklassigen Journalisten *Robert Fisk* unter dem biblischen Titel: *Pity the Nation* (London 1990), ein Wälzer von 662 Seiten. Die beste wissenschaftliche Darstellung stammt von dem Soziologen *Theodor Hanf: Koexistenz im Krieg, Staatszerfall und Entstehen einer Nation in Libanon* (Baden Baden 1990) und ist noch umfangreicher. Sie hat 827 Seiten. Etwas kürzer, aber sehr aufschlussreich ist die Darstellung aus israelischer Sicht ausgefallen: *Israel's Lebanon War* von *Ze'ev Schiff* und *Ehud Ya'ari* (London 1986). Sie hat bloss 329 Seiten, umfasst aber auch nur einen Teil des Gesamtkrieges.

Ich möchte mich mit den Eckpfeilern des wechselvollen Krieges begnügen. Ursprünglich begannen den Krieg die «christlichen» Milizen der Phalanges, Hauptkraft der späteren *Nationalen Kräfte*; sie kämpften gegen die muslimischen und linken Gruppen, einschliesslich der Palästinenser und Drusen, die sich unter der Führung Jumblats gesamthaft *Nationale Bewegung* nannten. Trotz ihrer Namen umfassten die beiden Fronten jeweilen nur Teile der libanesischen Nation.

Die syrische Armee griff 1976 zuerst ein, um die «Nationale Bewegung» daran zu hindern, ganz Libanon zu dominieren. Präsident Hafez al-Asad, immer ein überaus vorsichtiger Mann, befürchtete, eine siegreiche «Bewegung» würde Israel herausfordern und einen Krieg auslösen, in den Syrien verwickelt würde und den es verlieren müsste. Asad wusste sehr wohl, dass die syrische Armee für sich allein, ohne Hilfe aus Ägypten, Israel weit unterlegen war.

Doch die libanesischen Christen der «Nationalen Kräfte» liessen sich nicht nur von den Syrern «retten»; sie liessen sich gleichzeitig auch von den Israeli unterstützen. Schon 1976 erhielten sie Geld und Waffen aus Israel. Die israelische Hilfe nahm zu, als 1977 die Likud-Regierung unter Begin an die Macht kam. Nun wurden auch Kämpfer der Phalange in Israel ausgebildet. Diese Zusammenarbeit wurde streng geheim gehalten, ihr ganzes Ausmass wurde erst Jahre nach dem Krieg bekannt. Doch die Syrer dürften genug davon in Erfahrung gebracht haben, um die Front wieder zu wechseln. Von

Juni bis Oktober 1978 nahmen sie die libanesischen Christen in Ostbeirut unter Artilleriebeschuss.

Ein Waffenstillstand war vorausgegangen. Die Arabische Liga hatte ihn im Oktober 1977 in Saudi-Arabien ausgehandelt. Er forderte die Präsenz einer arabischen Befriedungstruppe. Ihre Hauptkraft wurden die Syrer, deren Einheiten bereits in Libanon standen; Truppen anderer arabischer Staaten wirkten zeitweise mit. Die Syrer blieben in Westbeirut bis sie 1982 von den Israeli ausgetrieben wurden. In der Bekaa sind sie bis heute geblieben.

Provoziert durch palästinensische Nadelstiche aus dem «Fatahland» an der libanesischen Südgrenze griffen die Israeli 1978 Südlibanon an und marschierten bis zum Litani-Fluss vor. Der Sicherheitsrat forderte ihren sofortigen Abzug. Eine Sondertruppe der UNO wurde geschaffen, UNIFIL (United Nations Interim Force in Lebanon), um den Rückzug zu beobachten und die Grenze zwischen Libanon und Israel abzusichern. Doch Israel zog sich nicht bis zur Grenze zurück. Es schuf eine «Sicherheitszone» im Süden Libanons, in der es sich mit Hilfe von christlichen Söldnern hielt. Sie kamen aus der früheren libanesischen Armee und nannten sich nun *Südlibanesische Armee* (SLA). Die offizielle Armee war schon 1975 in drei Teile zerbrochen: pro-christliche Einheiten, die sich den «Nationalen Kräften» anschlossen; pro-sunnitische, die mit der «Nationalen Bewegung» zusammenarbeiteten und «Neutrale».

Neue Kriegshandlungen durch Gemayel und Israel

Der Krieg wurde dadurch neu angekurbelt, dass der Haudegen *Beschir Gemayel* im Vertrauen auf israelische Hilfe und wohl auch in der Hoffnung, die Israeli in einen Krieg mit Syrien zu verwickeln, einen Vorstoss seiner Phalangisten nach *Zahlé* organisierte. Dies ist die überwiegend von orthodoxen und katholisch-orthodoxen Christen bewohnte Hauptstadt der Bekaa. Sie liegt in einer Schlucht am Fuss des östlichen Hangs des Libanon-Gebirges. Über Gebirgspfade brachte Beschir seine Kämpfer nach Zahlé und begann, von dort aus die syrischen Truppen in der Bekaa durch Beschiessungen und Überfälle zu bedrängen. Die Syrer zogen vor Zahlé und beschossen und belagerten die Stadt. Dabei setzten sie auch Helikopter ein, um die Verbindungswege über die Berge zwischen der Stadt und der maronitischen Küstenebene von Jounié abzuschneiden. Israelische Kampfflugzeuge mischten sich ein und schossen zwei syrische Helikopter ab. Die Syrer stellten darauf Luftabwehrraketen in der Bekaa auf. Die Israeli erklärten, sie würden die Raketenstellungen vernichten. Dies war die sogenannte «Raketenkrise» von Januar und Februar

1981. Die Amerikaner griffen ein, um einen Kriegsausbruch zwischen Israel und Syrien zu vermeiden. Damals gab es noch ein zweipoliges Weltsystem und hinter den Syrern stand, mehr oder weniger fest, die Sowjetunion.

Der Abgesandte Washingtons, *Philipp Habib*, arbeitete einen «informellen Waffenstillstand» aus. Die Palästinenser versprachen, israelische Siedlungen in Nordisrael nicht mehr über die Grenze hin anzugreifen. Israel versprach, es würde sich ruhig verhalten, solange die Palästinenser das Gleiche täten. Die Phalanges erklärten, sie würden ihre Kämpfer aus Zahlé abziehen, und die Syrer erklärten, ihre Belagerung und Beschiessung der Stadt aufzuheben. In der Tat herrschte Ruhe für beinahe ein Jahr, vom 24. Juli 1981 bis zum 21. April 1982.

Israelische Truppen belagern Beirut

An jenem Tag brachen die Israeli den «informellen Waffenstillstand», indem sie wiederum palästinensische Lager bombardierten. Dies war ein Provokationsversuch, der für einmal misslang. Die Palästinenser hielten sich mit ihrer Antwort zurück. Doch die Israeli waren kurz darauf in der Lage, den Mordanschlag auf ihren Botschafter in London zum Vorwand zu nehmen, um ihre lange geplante Grossinvasion Libanons durchzuführen: der Botschafter war am 3. Juni von einem Täter der *Abu Nidal*-Gruppe schwer verwundet worden. Abu Nidal war ein Todfeind Arafats, er war von der PLO in Abwesenheit zum Tode verurteilt. Arafat distanzierte sich sofort von der Untat, doch die Israeli führten am 4. und 5. Juni 1982 schwere Bombardierungen von mehreren Palästinenserlagern durch, die mindestens 300 Menschenleben kosteten. Dies führte zu palästinensischen Reaktionen, wie sie die israelischen Falken, die an der Regierung waren, zweifellos hatten erzielen wollen: die jüdischen Siedlungen in Galiläa wurden mit Raketen beschossen. Am 6. Juni 1982 griffen die Israeli mit 60 000 Mann an, die unter der obersten Führung von Verteidigungsminister Ariel Sharon standen. Der Feldzug war von langer Hand vorbereitet.

Zuerst war unklar, wohin der Angriff zielte. Die israelischen Sprecher behaupteten, ihre Streitkräfte würden am *Awali*-Fluss halt machen. Doch die israelischen Tanks rollten bis vor Beirut, verbrüderten sich mit den Phalangisten von Ostbeirut und schnitten die Strasse ab, die von Beirut nach Damaskus führt, so dass die syrischen Truppen zusammen mit vielen Palästinensern, unter ihnen auch Arafat und seine Führung, in Westbeirut eingekesselt wurden.

Auf ihrem Vorstoss stiessen die israelischen Truppen auf heftigen und zähen Widerstand in den Palästinenserlagern vor Tyros und Saida. Sie machten die Lager dem Erdboden gleich und töteten zahlreiche, auch zivile Lager-insassen. Mehrere hohe Offiziere der Palästinenser ergriffen die Flucht und liessen ihre Einheiten im Stich.

Die Israeli stiessen auch mit der syrischen Armee zusammen. Die syri-sche Luftwaffe erlitt schwere Verluste. Sie verlor 88 Kampfflugzeuge und 6 Helikopter, die Israeli 2 Flugzeuge und 2 Helikopter. Die Syrer sollen zwi-schen 116 und 400 Panzer verloren haben, je nach den Angaben verschiede-ner Quellen, die Israeli zwischen 50 und 100. Die libanesischen Drusen ver-mieden es, in die Kämpfe einzugreifen. Es scheint ihnen gelungen zu sein, über die drusischen Soldaten der Israeli ihre Neutralität zu signalisieren.

Die Israeli drangen zunächst nicht nach Westbeirut ein. Sie begnügten sich damit, die Stadt zu umzingeln und sie mit Artillerie und Kampfflugzeu-gen zu bombardieren. Die Häuser, in denen Arafat Zuflucht nahm, wurden immer wieder zu Angriffszielen. Manchmal schlugen die Raketen und Bom-ben nur Minuten später ein, nachdem Arafat seinen Schlupfwinkel verlassen hatte. Die Israeli verfügten offenbar über Spione, die ihnen jeweilen den Aufenthalt des Palästinenserführers signalisierten. Doch er kam immer wie-der davon. Nach Zählung von Unicef verursachten die Bombardierungen Beiruts während der Belagerung 29 506 Tote und Verwundete, darunter 11 840 Kinder, aber nur 1100 Kämpfer (Le Monde, 8. Sept. 1982, S. 4).

Die Belagerung von Westbeirut mit täglichen Bombardierungen, besonders der südlichen Vorstädte und der sunnitischen Volksquartiere, wobei oft die besonders mörderischen amerikanischen Fragmentationsbom-ben gebraucht wurden, dauerte vom 13. Juni bis zum 19. August. Vom 30. Juni an schnitten die Israeli der Stadt das Wasser, die Elektrizität und die Lebensmittelzufuhren ab. Am 4. August versuchten sie, ins Innere der Stadt vorzudringen, doch sie scheiterten am verzweifelten Widerstand der palästi-nensischen, syrischen und anderen Kämpfer. Am gleichen Tag gab die PLO ihr Einverständnis bekannt, die Stadt zu räumen, um ihre gänzliche Zerstö-rung zu vermeiden. Die Israeli verschärften ihre Bombardierungen zu Luft, zur See und zu Land. Diese erreichten ihren Höhepunkt am 12., 13. und 14. August. US-Präsident Reagan forderte Begin jetzt telefonisch auf, die Beschiessung sofort zu beenden. Schliesslich wurde mit amerikanischer Hilfe ein Evakuationsabkommen der PLO-Kämpfer und der Syrer geschlossen. Es wurde von internationalen Truppen beaufsichtigt (Amerikaner, Franzosen, Italiener) und enthielt auch ein Versprechen der Israeli, dass sie Westbeirut nicht besetzen und den verbleibenden palästinensischen Zivilisten keinen Schaden tun würden. Auf dieser Basis konnten zwischen dem 21. August und dem 3. September die Palästinenser auf französischen Kriegsschiffen in internationaler Regie evakuiert werden. Arafat verliess die Stadt mit dem letzten Kontingent. Ich stand mit anderen Journalisten am Hafen und sah zu. Die zu V-Zeichen erhobenen Finger der PLO-Leute fehlten nicht, obwohl ihr Abzug nun wirklich keinen Sieg darstellte. Die Palästinenser wurden nach Tunis und nach Jemen transportiert. Auch die syrischen Truppen verliessen Beirut.

Fehlschlag der politischen Pläne Sharons

Schon am 23. August sorgten die Israeli durch Druck auf das libanesische Parlament dafür, dass ihr Verbündeter Beschir Gemayel zum Präsidenten Libanons gewählt wurde. Die Israeli beabsichtigten, einen «Friedensvertrag» mit ihm abzuschliessen, der auch Libanon aus der arabischen Front herausgelöst hätte. Sharon hegte den Plan, dadurch das politische Gleichgewicht der Levante zugunsten Israels zu verschieben. Wahrscheinlich stimmte sein damaliger Regierungschef, Begin, ihm bei, weil er annahm, Israel könne unter solchen Umständen leichter die besetzten Gebiete des Westjordanlandes und Gazas annektieren. Doch Beschir Gemayel, der ohnehin von dem Friedensplan wenig begeistert war, wurde am 14. September durch eine Bombe im Parteilokal der Phalangisten in Ashrafié ermordet, noch bevor er sein Amt offiziell antreten konnte. Der Bombenleger wurde festgenommen. Wer ihn beauftragt hatte, wurde nie klar; wahrscheinlich standen die Syrer hinter dem Täter, doch viele Libanesen glaubten, es seien die Israeli gewesen, weil Beschir ihnen nicht genügend zu Willen gewesen sei. Nach dem Bombenanschlag drang die israelische Armee unter Bruch der Verträge nach Westbeirut ein.

Die Massaker von Sabra und Schatila

In den drei Tagen und zwei Nächten vom 16. September abends bis zum 18. vormittags ermordete eine Gruppe von Phalangisten unter der Führung von *Elie Hobeika* systematisch ungezählte, nach Schätzungen gegen 2 000 palästinensische Zivilisten, überwiegend Frauen, Kinder und Greise, in *Sabra* und *Schatila*, zwei grossen Palästinenserlagern im Westen Beiruts. Die israelischen Truppen schossen nachts Hunderte von Leuchtraketen ab, um den Phalangisten ihre Arbeit im Dunkeln zu erleichtern. Die israelischen Befehlshaber hatten mit den Phalangisten vereinbart, dass sie in die Lager eindringen sollten, um sie zu «reinigen». Dass sie nach der Ermordung ihres charismatischen Chefs Gemayels die «Reinigung» mit den Messern vornehmen würden, musste jedermann klar sein, der die Lage auch nur oberflächlich kannte. Nach meinem Urteil besteht kein Zweifel daran, dass die hohen israelischen Offiziere, einschliesslich der Leiter der Geheimdienste und Sharons selbst, genau wussten, was geschehen werde, als sie die Phalangisten in die Lager beorderten.

Die israelische Armee besass einen Beobachtungsposten am Rande der Lager, von dem aus ihre Offiziere die Mordaktionen und den Abtransport der Leichen mindestens teilweise beobachten konnten. Offizieren niedrigen Ranges, die ein Einschreiten forderten, wurde von ihren Vorgesetzten bedeutet, es sei eine «Sache der Araber», die sie nichts angehe.

Reaktionen auf die Massaker

Die Massaker riefen eine weltweite Reaktion hervor. Auf Beschluss der UNO kehrten die internationalen Truppen (3 800 Mann italienischer, französischer und amerikanischer Soldaten) nach Beirut zurück. Auch in Israel kam es zu einer Reaktion; grosse Strassendemonstrationen zwangen die Regierung entgegen ihrer ursprünglichen Absicht, die Untat durch eine unabhängige richterliche Kommission untersuchen zu lassen. Diese, die sogenannte *Kahane*-Kommission, stellte «Verantwortung für Nachlässigkeit» bei mehreren der hohen Offiziere fest, auch bei Sharon. Er wurde gezwungen, von seinem Posten als Verteidigungsminister zurückzutreten, doch blieb er Minister ohne Portefeuille, und später, im Jahr 2000, konnte er sogar Ministerpräsident werden. Die Kommission nahm *grosso modo* die Ausflüchte der Befehlshaber an, die behaupteten, sie hätten nicht gewusst, was vor sich gehe. Sie hielt sie nur dafür verantwortlich, dass sie nicht in Erfahrung gebracht hätten, was sie hätten wissen sollen. Demgegenüber ist festzuhalten, dass die hohen Offiziere in Wirklichkeit sicherlich wussten, was geschehen würde, wenn sie die rachedurstigen Phalangisten in ein Palästinenserlager schickten. Jedem Kind in Libanon war das klar! Doch die Armeespitzen sorgten dafür, dass man ihnen nicht nachweisen konnte, dass sie es wussten. Berichte, die ihnen zugestellt wurden, «erreichten sie aus unerklärlichen Gründen nicht» usw. (Rapport Kahane, Texte intégral et commentaires critiques, Paris, p. 56 und 150).

Nach der Rückkehr der internationalen Truppen nach Beirut wurde der Bruder des ermordeten Beschir Gemayel, *Amin Gemayel*, zum Präsidenten gewählt. Die Amerikaner zwangen die Israeli, Beirut zu verlassen, doch ihre Truppen blieben geraume Zeit ausserhalb Beiruts stehen. Bevor sie sich zu einem weiteren Schritt zurück entschlossen, zwangen sie mit Zustimmung der Amerikaner die Libanesen, einen Vertrag über den Rückzug der Israeli zu unterschreiben. Er enthielt militärische Beschränkungen für Libanon und geheime Klauseln, deren Wortlaut nie bekannt werden sollte. Um einen Rückzug der israelischen Truppen aus der Umgebung der Hauptstadt zu erreichen, stimmte das libanesische Parlament dem Vertrag zu, ohne seine Geheimklauseln zu kennen.

Mobilisierung des Volkswiderstandes durch Syrien

Von Damaskus aus erklärte daraufhin Asad in einer Brandrede, der Vertrag sei ein «Kapitulationsvertrag», und er rief alle libanesischen «Patrioten» auf, sich gegen ihn und die Israeli zu erheben. Syrien gewährte den Kampfgruppen der Schiiten und Drusen Waffenhilfe. Die Israeli suchten sich auf die Maroniten zu stützen, doch südlich von Beirut gab es nur wenige maronitische Enklaven in überwiegend drusischen und schiitischen Gebieten. Solange die israelischen Tanks und Truppen das Land besetzt hielten, hatten die von ihnen geschützten christlichen Milizen die Oberhand. Die Israeli liessen phalangistische Kämpfer, man sollte sie vielleicht besser Massakrierer nennen, aus der Zone nördlich von Beirut, dem mehrfach erwähnten Herzland der Maroniten, in die südlichen Maronitendörfer kommen. Als sie dann endlich im September 1983 bis zum Awali-Fluss weiter nach Süden abzogen, hinterliessen sie ihren Bundesgenossen ein vergiftetes Geschenk.

Weil die Maroniten des Nordens zur Zeit der israelischen Besetzung sehr brutal gegen die drusischen und schiitischen Mehrheiten vorgegangen waren – sie liebten es, auf die Bauern zu schiessen, die auf ihren Terrassen und Feldern arbeiten wollten und legten auch Minen darauf –, kam nun die Rache der Drusen und Schiiten über sie. Die seit alten Zeiten maronitischen Dörfer, die vor der israelischen Einmischung friedlich mit ihren Nachbarn zusammengelebt hatten, wurden überrannt, und ihre Bewohner wurden vertrieben. Es kam zu Massakern und Plünderungen. Über 100 000 Menschen verloren ihre Wohnungen und ihren Landbesitz im drusischen Chouf und seinen Randgebieten, nochmals 100 000 in den christlichen Enklaven nördlich und östlich von Saida. Die phalangistischen Aktivisten konnten sich ungeschoren davonmachen, weil sie Boote besassen, die sie nach dem Norden zurücktransportierten.

Die Schiiten als Kern des Widerstandes

Die Schiiten kämpften entschlossen gegen die Israeli, die 1985 ihre Gebiete im Süden besetzt hielten. Es gab zwei Hauptgruppen unter ihnen: *Amal*, die der oben erwähnte *Imam Mousa Sadr* als eine Selbsthilfeorganisation der libanesischen Schiiten gegründet hatte, und *Hizbollah*, eine der iranischen Revolution nahestehende Organisation, die in der Bekaa ihren Anfang genommen hatte. Wer Iran und die dortige Revolution kannte, fand die gleichen Methoden und Slogans, einschliesslich der Khomeiny-Bilder, bei der libanesischen Hizbollah wieder. Schon der Name der «Partei Gottes» kam aus Iran. Der ehemalige iranische Innenminister *Ali Akbar Muhtashemi-Pur* war Botschafter in Damaskus geworden und sorgte von dort aus für die Ausbildung und Bewaffnung der schiitischen, libanesischen Hizbollah-Einheiten. Viele der schiitischen Geistlichen der Bekaa wirkten mit. Iranische Revolutionswächter waren als Ausbilder nach der Bekaa gekommen. Die Syrer tolerierten diese Aktivitäten, weil sie alle Kräfte fördern wollten, die gegen Israel wirkten. Hizbollah hatte «die Befreiung Jerusalems» auf ihre Fahnen geschrieben, und der Felsendom in Jerusalem bildete eines der Hauptmotive auf ihren Fahnen, Plakaten und Umzügen. Alle anderen Bilder und Slogans kamen direkt aus Iran.

Doch Damaskus unterstützte auch Amal, wohl im Bestreben, ein Gleichgewicht unter den schiitischen Kämpfern zu bewahren, das sie der Führung aus Damaskus zugänglicher machte. Die Amal-Aktivisten erhielten leichte Tanks und Raketen aus syrischen Altbeständen. Die Leute von Hizbollah mussten mit von Iran gelieferten Waffen kämpfen, von denen es weniger gab, weil 1980 der bittere Krieg zwischen Iran und Irak begonnen hatte, der acht Jahre lang dauern sollte. Da in Südbeirut riesige Mengen von schiitischen Flüchtlingen aus dem Süden lebten, wurden Amal und Hizbollah auch in der Hauptstadt und ihrer südlichen Randzone mächtig.

Der Guerilla-Krieg im Süden gegen die israelische Armee sollte bis zum Juni 1985 weiter andauern. Erst dann entschlossen die Israeli sich, Libanon offiziell zu räumen. Doch hielten sie eine sogenannte Sicherheitszone an der libanesischen Südgrenze weiterhin besetzt. Sie verwendeten weiter ihre Söldner von der sogenannten Südlibanesischen Armee als Instrumente, um die dortige Bevölkerung gewaltsam niederzuhalten. Ein extraterritoriales Gefängnis in *Khiam* in der israelischen Zone, jedoch ausserhalb des Staates Israel, war bekannt für seine besonders grausamen Folterungen. Seine Existenz und die dortigen Vorgänge wurden von Amnesty International als Kriegsverbrechen qualifiziert. Die Bevölkerung der «Sicherheitszone» wurde gezwungen, «Militärdienst» zu leisten. Das dortige Besatzungsregime dauerte total 22 Jahre, bis zum 24. März 2000. Dann erst entschloss sich *Ehud Barak*, der damalige israelische Ministerpräsident, den Befehl zur beinahe vollständigen Räumung der Sicherheitszone zu geben.

Im Kampf gegen die Israeli wurden die beiden Widerstandsgruppen, Amal und Hizbollah, kriegsgeübt und konnten ihren Einfluss auf den ganzen libanesischen Süden und Osten (Bekaa) ausdehnen. Amal blieb das bevorzugte Instrument der Syrer. Neben den Kämpfen gegen die Israeli begannen die beiden Milizen auch untereinander zu rivalisieren, und Amal kämpfte auch gegen die Palästinenser, die unter der Führung Arafats ihre Bewaffneten schrittweise in die Lager nach Libanon zurückschmuggelten. Zwischen Amal und den Palästinensern bestanden alte Gegensätze, weil in den Jahren vor der israelischen Invasion von 1982 die PLO-Kämpfer in Südlibanon die schiitische Bevölkerung in Gefahr gebracht hatten, indem sie sie den Gegenschlägen der Israeli aussetzten.

Damaskus nützte diese Gegensätze aus, um Amal gegen die palästinensischen Lager einzusetzen, die es an der Peripherie aller libanesischen Städte gab und immer noch gibt. Hizbollah hingegen sympathisierte mit den Palästinensern. So kam es zu den sogenannten Lagerkriegen, in denen die Amal-Kämpfer mit syrischer Hilfe versuchten, die Palästinenser niederzukämpfen und ihre Lager auszuhungern. Die Syrer suchten Arafat auch dadurch zu schädigen, dass sie eine Rebellion von PLO-Kämpfern gegen ihn förderten, die jedoch bald zusammenbrach.

In Nordlibanon, vor allem in Tripolis, und in der Bekaa, wohin die israelische Armee nicht gelangt war, blieben grosse Lager in Händen der PLO-Bewaffneten. Diese kämpften weiter gegen die Syrer. Arafat kam im November 1983 heimlich nach Tripolis zurück, um den in der Hafenstadt belagerten PLO-Leuten beizustehen. Er konnte sich jedoch nur etwa einen Monat lang halten. Die Syrer setzten Amal-Milizen und Kämpfer der in Tripolis niedergelassenen Alawiten (die meist als Hafenarbeiter dort arbeiteten) auf die nördlichen Lager an und unterstützten sie durch reguläre syrische Artillerie. Dies zwang Arafat, sich am 22. Dezember 1983 noch einmal, diesmal von Tripolis aus, auf einem italienischen Schiff evakuieren zu lassen.

Die Lager fielen, doch die PLO-Leute hinterliessen viele ihrer Waffen ihren lokalen Freunden, den sunnitischen Stadtmilizen. Dies führte dazu, dass diese unter der Anleitung eines Geistlichen, des *Scheichs Sa'id Scha'ban*, und seines MUI (*Mouvement Unitaire Islamique*) zwischen August 1984 und Oktober 1985 ein islamistisches Regime in Tripolis einrichten konnten. Später wurden sie von den Syrern und alawitischen Linksmilizen niedergekämpft.

Selbstmordattentate gegen Amerikaner, Franzosen und Israeli

Währenddessen gerieten die Amerikaner und die Franzosen, die in Folge der Massaker von Sabra und Schatila nach der Hauptstadt zurückgekehrt waren, unter Druck durch «schiitische» Selbstmordattentate. Am 23. Oktober 1983 erlagen 219 amerikanische und 58 französische Soldaten in ihren Unterkünften zwei grossen Bombenanschlägen. Sie wurden von Lastwagen aus verübt, deren Lenker sich selbst mit ihren mit Explosiva gefüllten Fahrzeugen in die Luft sprengten. Dies waren die ersten grossen Selbstmordanschläge. Die Methode war aus Iran importiert worden. Die wahrscheinlichen Urheber waren Leute, die der libanesischen Hizbollah nahestanden. Kurz darauf, am 9. November, kamen bei einem ähnlichen Anschlag 61 Personen in einem israelischen Befehlsposten in Sur (Tyros) um, davon waren 29 Israeli. Die Israeli und Franzosen schlugen mit Flugzeugen auf Standorte der «islamischen Amal-Bewegung» in der Bekaa (Baalbek) zurück. Die Amerikaner setzten bis zum Februar 1984 sporadisch schwere Schiffsartillerie gegen die drusischen Dörfer des Chouf ein. Doch die Anschläge bewirkten, dass die amerikanischen und französischen (und die italienischen) Einheiten im Februar und März 1984 aus Libanon abzogen.

Nicht nur die Schiiten von Amal und Hizbollah kämpften gegeneinander und gegen die Drusen sowie, im Falle von Amal, gegen die Palästinenser, sondern auch die Christen spalteten sich und begannen untereinander zu kämpfen. Die Phalange-Miliz, mit israelischem Material zu einer kleinen Armee entwickelt, sagte sich von der Parteiführung der Phalange los und richtete eine eigene Militärherrschaft über die christlichen Zonen ein, die sie beherrschte. Sie konnte so «Steuern» von den Bewohnern und «Zollgebühren» auf den Importen an Lebensmitteln und Luxusgütern einziehen. Doch mit der Zeit begannen die Milizen untereinander zu kämpfen. Einer ihrer Chefs, *Samir Geagea*, geriet mit einem anderen, *Elie Hobeika*, in Konflikt, wobei die Syrer Hobeika, den Schlächter von Sabra und Schatila, stützten. Zuerst stach Geagea Hobeika aus und zwang ihn, nach Damaskus zu fliehen. Doch später kehrte dieser mit Hilfe der Syrer zurück und Geagea wurde ausgeschaltet.

Der Krieg drehte sich immer mehr darum, welche Miliz welches Territorium beherrschen und ausbeuten konnte. Während die Israeli noch im libanesischen Süden regierten, kämpften die Drusen, Amal und Hizbollah und die Palästinenser in Beirut und Umgebung in immer neuen Kombinationen gegeneinander. Gleichzeitig wurden weiter im Norden, in Jounié, die Bandenkriege der christlichen Milizen ausgetragen, und in Tripolis rangen die Palästinenser und später die lokalen Islamisten gegen die Syrer und ihre Hilfstruppen.

Wohlhabende Bürger und Berufstätige verliessen Beirut und zogen sich nach Zypern, in die libanesischen Berge, nach Jordanien oder nach Athen zurück. Da ich damals oft zwischen Beirut und Madrid pendelte, traf ich einmal im Büro der Swissair einen libanesischen Geschäftsmann, der gerade gewissermassen als Kriegsflüchtling aus Libanon angekommen war. Er beklagte sich über die Zustände und erklärte mir, wie schrecklich das Leben in Beirut geworden sei. Dann kam ein plötzlicher Stimmungsumschlag: «Ich bin natürlich erster Klasse geflogen», vertraute er mir an. «Habe einen Saudi im Flugzeug getroffen. Wir haben ein kleines Geschäft gemacht. Ich habe so ungefähr 300 000 Dollar dabei verdient!»

Die Syrer beherrschten die Bekaa-Ebene und zogen aus den dortigen Opium- und Haschisch-Plantagen Gewinn. Sie hatten auch einen Markt für geplünderte Güter in der Nähe von Damaskus eingerichtet. Besonders guten Absatz fanden dort weisse Mercedes-Limousinen, die daher in Libanon regelmässig mit vorgehaltener Waffe «requiriert» wurden.

Die Syrer besassen die einzige funktionierende reguläre Armee in Libanon. Dies erlaubte ihnen immer wieder, sowohl als Schiedsrichter zu wirken wie auch als Förderer von weiteren Kämpfen gegen Gruppen, die sie als feindlich einstuften. Schliesslich kam es soweit, dass der libanesische Ministerpräsident sie flehentlich anrief, nach Beirut zurückzukehren und dort für Ruhe zu sorgen. Sie kamen auch. Doch beschlossen sie, im reichen und daher sehr ausbeutbaren Ras-Beirut stehen zu bleiben und nicht in die schiitischen Vorstädte südlich von Beirut vorzudringen. So konnten sie einerseits ihre Mannschaften schonen, andrerseits nach Verhandlungen mit den Iranern deren Interessen berücksichtigen.

Geiselnahmen: viele Libanesen, einige Ausländer

In den südlichen Vorstadtslums blieben Amal und Hizbollah bewaffnet, und sie waren daher in der Lage, weiterhin Geiseln zu nehmen und diese dort festzuhalten. Die «Geiselindustrie» hatte wild um sich gegriffen. Tausende von Libanesen wurden Geiseln, viele wurden ohne Umstände ermordet oder zu Tode gefoltert, andere kamen mit grossen Lösegeldern frei. Doch die Aufmerksamkeit der Weltpresse richtete sich fast nur auf Ausländer, die ebenfalls als Geiseln genommen wurden: Amerikaner, Franzosen, Briten, seltener Deutsche, einige Schweizer, auch ein paar sowjetische Diplomaten waren darunter. Einige dieser Geiseln kamen um, doch die meisten wurden für Erpressungen festgehalten, oftmals für Monate oder Jahre in Kellern gefesselt. Man transportierte sie von einem Versteck zum anderen, indem man sie mit Klebestreifen umwickelte und so unbeweglich machte, auch die Augen und Münder zuklebte und nur die Nasenlöcher offen liess. Sie wurden so halberstickt in Kofferräume von PKW's oder Verstecke in Lastwagen eingeschlossen. Nach den späteren Schilderungen der Geiseln war dies das schlimmste in ihrer ganzen Gefangenschaft.

Dass es bei den Erpressungen in erster Linie um Geld für Waffenlieferungen für den damals verzweifelt gegen Irak kämpfenden Iran ging, konnte man ahnen, wenn man sich die offiziellen und offiziösen Erklärungen der Geiselnehmer und ihrer politischen Freunde genau ansah. Die Agenturen hatten allerdings nicht genügend Zeit und Ruhe, um zwischen den Zeilen der Communiqués zu lesen.

Die Iraner erklärten oft von Teheran aus, die Staaten, aus denen die Geiseln stammten, müssten mit ihnen über deren Schicksal verhandeln. Zwar hätten sie keine Macht über die Geiselnehmer und sie hätten ihre Verbrechen auch nicht organisiert, doch die Geiselnehmer seien ihre politischen Freunde und Religionsgenossen, deshalb hätten sie Einfluss auf sie. Sie seien willig, auf sie einzuwirken, falls die europäischen Mächte oder die USA auf ihre Wünsche eingingen.

Wenn eine der Geiseln frei kam, wurde regelmässig ein besonderes Szenario eingehalten. Die Geiselnehmer übergaben sie dem syrischen Geheimdienst, und dieser brachte sie nach Damaskus, um sie dort im Rahmen einer Pressekonferenz dem Botschafter ihres Landes zu übergeben. Zu dem Szenario gehörte auch, dass die Botschafter und Aussenministerien der betroffenen Staaten behaupteten, sie hätten keinerlei Lösegelder bezahlt. Es war jedoch klar, dass irgendwelche Vorteile für Iran erzielt werden mussten, wenn es zu einer Befreiung kommen sollte.

Alle verhüllenden Schleier fielen, als im November 1986 die sogenannte *Iran-Contra*-Affäre ausbrach. Ich befand mich gerade in Paris, als die ersten Zeitungsmeldungen über einen Artikel in einer kleinen libanesischen Zeitschrift, *ash-Shira'a* («der Funken»), erschienen, in dem die fast unglaubliche Geschichte von einem Geheimdienstoffizier und Abgesandten Präsident Reagans erzählt wurde, der mit einem Kuchen in der Form eines Schlüssels und mit einer Bibel, in der eine handschriftliche Widmung des Präsidenten für Khomeiny stand, in Teheran eingetroffen war, der Hauptstadt des Landes der Islamischen Revolution, welche den Amerikanern offiziell spinnefeind war. Neben der Bibel hatte er offenbar auch den Vertrag für ein Waffengeschäft mitgebracht, in das ein israelischer Waffenhändler verwickelt war, und als Gegenleistung war die Befreiung amerikanischer Geiseln in Libanon vorgesehen.

Oliver North hiess der Abgesandte. Er geriet bald darauf in einen wahren Sturm der amerikanischen Innenpolitik; denn es sollte sich herausstellen, dass er nicht nur amerikanische Waffen an Iran verkauft, sondern auch dafür gesorgt hatte, dass die Gewinne, die aus dem Geschäft gemacht wurden, am amerikanischen Fiskus vorbei den nicaraguensischen Contra-Guerillas zufielen, deren weitere Finanzierung mit amerikanischen Staatsgeldern der Senat kurz vorher untersagt hatte, weil die Contras in ihrem unglücklichen Land allzu massiv gehaust hatten. Es kam zu offiziellen Anhörungen in Washington, und Oliver North sagte aus, er habe das illegale Geschäft für eine «hübsche Lösung» angesehen, *a neat deal*, das Wort sollte vorübergehend berühmt werden.

Für mich war am interessantesten, dass die Affäre die Verbindung zwischen den Geiselnahmen in Libanon und den Waffenkäufen des Irans über alle Bedenken hinweg und zu welchen Bedingungen immer für einmal direkt sichtbar werden liess.

Ein Geiselschicksal

Wir hatten ein besonderes, persönliches Interesse an einem der Geiseldramen. Unser amerikanischer Freund Bill Griswold hatte kurz vor dem Ausbruch des Krieges seinem Freund, dem Agrarwissenschafter *Tom Sutherland* empfohlen, eine ihm angebotene Stellung an der Amerikanischen Universität von Beirut (AUB) anzunehmen, und der unglückliche Professor sollte dann, als er die Versuchsfarm der AUB in der Bekaa besuchte, als Geisel genommen werden. Während Jahren war kein Wort über ihn zu vernehmen. Seine Frau wusste nicht, ob er noch am Leben war. Seine Familie half mit, eine Gruppe von Freunden in Amerika zu bilden, die den verschwundenen Professor immer wieder öffentlich in Erinnerung rief. Solche Gruppen waren wesentlich, wenn es um die Befreiung der Geiseln ging, weil sie über die Öffentlichkeit einen gewissen Druck auf die Regierungen ausübten, die Anliegen der Geiseln und ihrer Familien nicht zu vergessen. Regierungen aller Länder waren immer versucht, die Sachen auf sich beruhen zu lassen, umsomehr, als ihnen politische Unannehmlichkeiten bevorstanden, wenn sie auf die Wünsche der Geiselnehmer eingingen, um die Befreiung der Gefangenen zu bewirken. Ohne Konzessionen war aber nichts zu machen. Von Zypern aus und aus beruflichen Gründen waren wir unter den ersten, die etwas erfuhren, wenn die Lage von Geiseln in Bewegung geriet. Sogar das

Freikommen von anderen Opfern war für unsere amerikanischen Freunde jeweilen ein kleiner Hoffnungsschimmer: Die anderen waren lebend davongekommen, also bestanden auch noch Hoffnungen für die Ihren. Es kam deshalb immer wieder zu Telefongesprächen zwischen Zypern und Amerika, die meine Frau führte.

Schliesslich machte ein Zufall klar, dass der Verschwundene noch lebte. Eine junge Frau aus England war zu einer Party in Südbeirut eingeladen. Sie ging dorthin und kam mit ein paar jungen Leuten ins Gespräch, die ihr imponieren wollten und dabei erzählten, sie gehörten zu den Wächtern einer amerikanischen Geisel. Sie zeigten ihr sogar ein finsteres Loch in der zerschossenen Strasse, nicht weit vom Ort der Einladung, und behaupteten, dort werde die Geisel festgehalten. Da sie den Namen nannten, bestand nicht viel Zweifel, dass sie tatsächlich zu den Geiselhaltern gehörten. Die junge Frau war eine angehende Journalistin, was die Gastgeber nicht wussten, und sie brachte eine Schilderung des Geschehens als *scoop* in eines der grossen britischen Boulevardblätter.

Wir telefonierten die Neuigkeit in die USA, wo sie noch nicht bekannt geworden war. Die Freunde und Helfer des Verschwundenen erfuhren auf diesem Weg zum erstenmal nach vielen Monaten, dass er noch lebte. Es sollte jedoch bis zum 18. November 1991 dauern, bis er endlich frei kam. Das Buch über die Geiseln von *John McCarthy* und *Jill Morell* «Some other Rainbow» (London, New York 1993) kann ich noch heute nicht wieder lesen, ohne dass mir die Tränen kommen. John McCarthy war selbst Geisel gewesen, Jill Morell seine Freundin.

Syrien, Schiedsrichter ohne Handlungsfreiheit

Doch zurück zur Endphase des Bürgerkriegs, die nach dem Abzug der Israeli begann, sich aber sehr lange hinzog. Die Syrer besassen nun ein Übergewicht, das sie zu eigentlichen Schiedsrichtern machte. Sie konnten jedoch ihre Position nicht voll ausüben, weil die Amerikaner zwar nicht selbst in den Bürgerkrieg eingreifen wollten, um ihn zu beenden, jedoch auch dagegen waren, dass die Syrer dies täten und dadurch eine Vorrangstellung in Libanon erlangten. Der vorsichtige Präsident Asad vermied es, mit den Amerikanern frontal zusammenzustossen, weil er immer hoffte, sie doch noch von der Notwendigkeit zu überzeugen, dass die Golanhöhen, die syrische Provinz Kunaitra an Syrien zurückkehre. Er war überzeugt, die Amerikaner könnten, wenn sie es nur wollten, die Israeli zu diesem Schritt zwingen. Er hatte gewiss recht, nur dass die Amerikaner eben nicht wollten.

Jedenfalls zog sich der Libanonkrieg immer weiter hin. Die politische Struktur des Landes, die 13 Jahre des Bürgerkriegs überdauert hatte, brach im August 1988 zusammen. Nach dem Ende des Mandats des Präsidenten Amin Gemayel war das Land nicht mehr imstande, einen neuen Präsidenten zu wählen. Die Milizen der Phalange verhinderten, dass die christlichen Abgeordneten nach Beirut ins Parlament gingen, um die Wahl durchzuführen, weshalb kein Quorum zustande kam. Libanon erhielt dafür zwei Ministerpräsidenten, einen für die Christen und einen für die Muslime. Der scheidende Präsident ernannte in letzter Minute den General *Michel Aoun* zum Ministerpräsidenten. Doch dieser war ein Maronite und kein Sunnite, wie er es der Tradition nach hätte sein sollen, weshalb die Sunniten ihn nicht anerkannten und sich an den vorausgehenden Ministerpräsidenten hielten, den Sunniten *Selim al-Hoss*. Ein jeder begann in seinem Teilbereich zu regieren. Aoun gelang es, im christlichen Herzgebiet die Miliz der Phalanges mit ihrem bisher unabhängigen Anführer Geagea unter das Kommando der von ihm selbst befehligten Reste der libanesischen Armee zu zwingen. Er verwendete dann seine Artillerie, um die Positionen der Syrer auf der muslimischen Seite der Stadt zu beschiessen. Die Syrer schossen zurück und zerstörten den Präsidialpalast, in dem Aoun seinen Regierungssitz eingerichtet hatte. Aoun glaubte daran, dass er Libanon «von den Syrern befreien» könne, wenn er nur lange und gut genug schiesse. Doch dies war eine utopische Vorstellung.

Mein Freund Sfeir war ein grosser Bewunderer und Parteigänger Aouns. Er war mit ihm in die Schule gegangen und war überzeugt, dass Aoun ein absolut sauberer, unbestechlicher Mensch sei, der dem Lande eine neue Moralität bringen werde, wenn er endgültig zur Macht käme. Die Phalangisten hielt mein Freund mit guten Gründen für ausgesprochen korrupt. Er war auch überzeugt, dass ein Libanon unter syrischer Bevormundung aufhören würde, Libanon zu sein. Er glaubte daran, dass die Europäer am Ende Aoun doch noch helfen würden, das ganze Land zu erobern und zu befrieden, besonders die Franzosen. Als ich ihm wiederholt vorhielt, dass dies nicht geschehen werde, weil die Europäer der Kämpfe längst müde geworden seien und ihre Soldaten nicht einsetzen würden, meinte er: «Sie müssen es tun! Schliesslich kümmern sie sich sogar darum, dass die Elefanten in Afrika nicht ausgerottet werden. Da können sie doch nicht zusehen, wie man die Maroniten vom Erdboden vertilgt!»

Statt der Europäer begann Saddam Hussein, sich Aouns anzunehmen, weil dieser ein Feind der Syrer war und Saddam die Syrer ebenfalls hasste. Einer meiner Bekannten kam sogar nach Nikosia, um Kontakte mit der irakischen Botschaft aufzunehmen. Er erzählte, dass der Botschafter schlecht gelaunt sei. Saddam habe erklärt, er sei zu fett und wolle daher abnehmen. Deswegen habe er alle Iraker aufgefordert, das gleiche zu tun, und alle irakischen hohen Beamten, einschliesslich der Botschafter, müssten nun auch fasten, um ihren Staatschef nicht alleine zu lassen. «Täten sie es nicht, wer weiss, was ihnen geschähe? Es könnte als mangelnde Loyalität ausgelegt werden!»

Die Kämpfe in Libanon dauerten an, bis im Jahr 1990 die Irak-Kuwait-Krise ausbrach und Syrien sich der grossen Koalition der Amerikaner anschloss, die gegen Saddam Hussein zu Felde zog. Im Gegenzug gaben die Amerikaner den Syrern den Weg frei, in Libanon Ordnung zu schaffen. Sie konnte natürlich nur eine syrische sein. Syrische Truppen kämpften Aoun und seine Soldaten nieder. Die meisten ihrer Offiziere wurden erschossen, weil sie, wie die Syrer behaupteten, trotz eines vereinbarten Waffenstillstands wieder zu den Waffen gegriffen hätten. Die syrischen Soldaten entwaffneten die schiitischen Milizen, Amal und Hizbollah, sie veranlassten die Drusen, sich nicht mehr in Waffen zu zeigen, und sie setzten einen eigenen Geheimdienstchef für Libanon ein, den Obersten *Ghazi Kan'an*, der alle Kontakte zu allen ehemaligen Kampfgruppen in die Hand nahm.

Versöhnungsverhandlungen in Ta'if (Saudi-Arabien) brachten mit Hilfe der saudischen Diplomatie nach langem Ringen einen neuen nationalen Kompromiss für Libanon zustande. Die Maroniten erhielten im Parlament gleich viele Abgeordnete wie die Muslime, und es war vorgesehen, dass der weiterhin maronitische Präsident einige seiner Befugnisse an den Ministerpräsidenten abtrete, der weiterhin ein Sunnit sein sollte. Die Verfassung wurde entsprechend geändert. Pro-syrische maronitische Politiker übernahmen die Präsidentschaft in Beirut und das Oberkommando der Armee. Die Syrer behielten Truppen im Lande. Sie versprachen, sie würden sie aus Beirut abziehen und in der Bekaa-Ebene konzentrieren, doch ein fester Zeitplan dafür wurde nicht festgesetzt.

Die Israeli blieben weiter im libanesischen Süden in ihrer sogenannten Sicherheitszone, und dieser Umstand erlaubte den Hizbollah-Kämpfern, ihre Nadelstiche gegen Israel mit Zustimmung der Syrer fortzuführen. Das Land war zugrunde gerichtet. Es gab hochgesteckte Pläne für seinen Wiederaufbau, besonders den der Hauptstadt. Doch der Nachkrieg sollte viel schwieriger werden, als die meisten Libanesen erwarteten. In den 15 Jahren des Bürgerkrieges hatte Libanon viel von seiner Vermittlerrolle zwischen den Geldzentren Europas und Amerikas und den neureichen Arabern der Erdölstaaten verloren. Die Saudis und anderen Erdölproduzenten der arabischen

Welt hatten ihre eigenen Wege nach London und nach New York gesucht und gefunden.

Libanon nach dem Bürgerkrieg

Viele der Maroniten behaupteten, die frühere Prosperität Libanons bleibe unerreichbar, solange die syrische Armee weiter im Lande stehe. In der Tat waren die Libanesen darauf angewiesen, sich an die syrischen Weisungen zu halten, und nur Politiker kamen zur Macht, die bereit waren, Damaskus und seinen für Libanon zuständigen Geheimdienstchef, Oberst Ghazi Kan'an, in allen wichtigen und gleich auch in vielen nebensächlichen Fragen zu konsultieren.

Die geistigen Schäden, die der Bürgerkrieg hinterliess, waren ebenso bedeutend wie die materiellen. Bildung wurde in Libanon vor dem Krieg gross geschrieben. Die Familien taten alles, um ihren Kindern eine gute Schulbildung zu vermitteln. Die vielen ausländischen Schulen trugen mit dazu bei, das Niveau hoch zu halten. Sprachkenntnisse galten dem Händlervolk der Libanesen als äusserst wichtig. Doch während 15 Jahren war Schulbesuch nur noch unregelmässig möglich gewesen, die Qualität war gesunken, das Französische, bisher Bildungsgrundlage eines grossen Teils der «besseren» Gesellschaft, war stark zurückgegangen. Das Englische hatte zugenommen, aber es war nicht mehr als ein Film- und Computerenglisch, angereichert mit Fachbegriffen der Waffentechnik und soldatischen Kraftausdrücken, das nun die wichtigste Fremdsprache und damit auch das Hauptverbindungsglied zur europäischen Kultur wurde. Was das Arabische angeht, so war eine volle arabische Bildung schon vor dem Bürgerkrieg selten geworden; sie war nicht so unmittelbar in praktischen Gewinn umzusetzen wie europäische Fremdsprachen. Nach dem Bürgerkrieg gab es sie nur noch in Ausnahmefällen.

Der Willen, die verlorenen Jahre einzuholen, war nach dem Krieg stark, doch die Bedingungen, unter denen dies geschehen musste, waren für die grosse Masse der Lernenden alles andere als optimal. Ob die alte, feine und höfliche, ironische und subtile levantinische Lebenskultur den Bürgerkrieg überdauern könnte oder ob er ihr den Garaus bereitet hatte, war nach dem Krieg nicht klar zu beurteilen. Die Gefahr einer reinen Amerikanisierung, einer Gesellschaft, die über den Kult von Geld, Reichtum und Konsum hinaus nicht viel anderes kannte und kennen wollte, schien aber imminent. Dies wurde besonders beim geplanten Wiederaufbau der Hauptstadt sichtbar. Das einzige Modell, das man zu verwirklichen strebte, war ein amerikanisch-saudisches, wahrscheinlich sogar mehr Hollywood-Filmen nachempfunden als irgendeiner amerikanischen Realität. Beirut sollte eine – möglichst teure – Stadt der Hochhäuser werden, teuer, damit die Bauunternehmer und anderen Entwickler möglichst astronomische Gewinne machten. Doch blieb unklar, wer die teuren Mieten schliesslich bezahlen würde.

3) In **Syrien** spielte sich ein Jahrzehnt der bitteren Kämpfe zwischen der Asad-Regierung und ihrer islamistischen Untergrundopposition, den Muslim-Brüdern, ab. Erst im Februar 1982 gewann Asad das Ringen endgültig mit dem blutigen Schlag, den die syrische Armee unter der Führung seines draufgängerischen Bruders *Ri'fat al-Asad* gegen die islamistischen Aufständischen der Stadt Hama führte. Über 10 000 Menschen, so schätzt man, verloren dabei ihr Leben.

Den 1967 an Israel verlorenen Golan konnte Syrien nicht zurückerlangen, obgleich dies ein wichtiges Ziel der Politik von Hafez al-Asad war. Sein Sohn Bashar, der ihm im Sommer 2000 als Staatschef nachfolgte, dürfte dieses Ziel ebenfalls weiter verfolgen. Nachdem der ägyptische Separatfrieden mit Israel Syrien in die Isolation getrieben hatte, war Damaskus klar, dass es keine Chance habe, allein in einem Krieg mit Israel zu bestehen. Die syrischen Machthaber sorgten daher dafür, dass über die syrisch-israelischen Waffenstillstandslinien keinerlei Infiltrationen nach Israel stattfänden. Man fürchtete vernichtende Gegenschläge. Doch solange die Israeli eine «Sicherheitszone» in Südlibanon besetzt hielten, das heisst von 1978 bis 2000, unterstützte Damaskus Hizbollah gegen die Israeli und liess auch zu, dass diese Widerstandsgruppen Hilfe aus Iran erhielten. Syrien wollte den Krieg gegen Israel nicht ganz einschlafen lassen, bevor es nicht seine Kunaitra-Provinz (den Golan in israelischer Nomenklatur) zurückerhalte. Parallel dazu war die syrische Aussenpolitik unter Hafez al-Asad immer dahin ausgerichtet, allen Aussenmächten, primär natürlich den Amerikanern, deutlich zu machen, dass ohne Syrien keine echte Lösung für das Nahostproblem, das heisst keine Möglichkeit einer israelisch-arabischen Normalisierung, denkbar sei. Dies dürfte auch die Einstellung seines Sohnes und Nachfolgers geblieben sein.

4) In **Amman** regierte König Hussein, nicht unangefochten, aber letzten Endes stets siegreich über alle Oppositionsströmungen. Lange Jahre hindurch hoffte der König, die 1967 verlorenen Westjordangebiete einschliesslich der arabischen Teile Jerusalems in irgendeiner Form zurückzugewinnen. Dabei war Arafat sein Hauptkonkurrent, denn er zielte auf einen palästinensischen Staat, den die Palästinenser selbst regieren sollten, genauer gesagt: den Arafat selbst regieren wollte. Es gab Verhandlungen und Ausgleichsversuche zwischen dem König und dem Guerillachef, weil Israel bis 1993 nicht gewillt war, mit den Palästinensern auch nur Kontakt aufzunehmen. König Hussein nützte dies aus, indem er gegenüber Israel für die Palästinenser zu sprechen suchte und als Gegenleistung von Arafat forderte, er solle sich und seine Organisation unter den Schutz des Königreichs stellen, etwa indem er die palästinensischen Territorien mit Jordanien föderiere. Darüber wurde verhandelt, manchmal sogar, wie 1985, in gross angelegten Kongressen. Doch ist es nie zu einer Übereinkunft gekommen und Israel stellte stets die Vorbedingung, die PLO müsse Israel als Staat anerkennen, bevor sie von Israel als Gesprächspartner angenommen werde. König Hussein entschloss sich 1986 endgültig, seine Ansprüche auf das Westjordanland zugunsten der Palästinenser aufzugeben.

Grossbritannien, die Vereinigten Staaten, Saudi-Arabien und der Irak waren nacheinander finanzielle Hauptstützen des Königreiches, das über die Jahre und dank seiner politischen Stabilität einen wohlhabenden oberen Mittelstand entwickelte, obwohl die grosse Mehrzahl seiner Einwohner weiterhin in Armut lebt.

5) Im **Irak** waren von 1968 an der Aufstieg von *Saddam Hussein* zum Alleinherrscher in bewusster Nachahmung Stalins und seine blutigen Auseinandersetzungen mit allen oppositionellen Gruppen, besonders aber mit den Kurden, zu registrieren. Saddam Hussein ging nicht, wie die meisten der irakischen Machthaber vor ihm, aus der Armee hervor, sondern aus den Milizen der Baath-Partei. Diese waren seit der Zeit Kassems bewaffnet und standen damals in einer Art Untergrundkrieg mit den irakischen Kommunisten. Saddam persönlich hatte 1959 als junger Mann zusammen mit anderen Baathisten auf den vorüberfahrenden Diktator geschossen. Er hatte ihn verwundet, aber nicht getötet, und er selbst war ebenfalls verwundet worden. Dennoch gelang es ihm, über seine Heimatstadt Tikrit nach Syrien zu fliehen und in Ägypten Asyl zu erlangen. Er kehrte zurück, als Kassem am 8. Februar 1963 gestürzt und ermordet wurde. Damals bildeten die Baathisten zusammen mit ihren Verbündeten, den Nationalisten, eine sogenannte Nationalgarde, die unter dem baathistischen Bandenführer *Ali Saleh Saadi* die Macht auf der Strasse ausübte und für Tausende von Hinrichtungen, Folterungen und für Zehntausende von willkürlichen Festnahmen verantwortlich war. Ihr Hauptziel waren neben den Anhängern Kassems die irakischen Kommunisten, die ihn unterstützt hatten. Die Schärfe der Repression war durch die Härte des vorausgegangenen Untergrundkriegs bedingt, den die

Kommunisten und die Baathisten-Nationalisten gegeneinander geführt hatten.

Doch die nationalistischen und baathistischen Berufsoffiziere gerieten bald in Gegensatz zu Saadi, der eine kurze Frist lang die Baath-Partei zu dominieren schien. Sie konnten ihn im November 1963 ausbooten, nachdem er vergeblich versucht hatte, seine Konkurrenten kaltzustellen. Sie waren in den Augen der Baath-Milizen «Rechts-Baathisten», weil es sich bei ihnen um Berufsoffiziere handelte. Saddam Hussein war als Aktivist der Parteimiliz in diese Machtkämpfe verwickelt; er wurde 1964 eingekerkert, kam 1965 wieder frei und überlebte, wie die meisten Baathisten, im Untergrund das nationalistische Regime der beiden Aref-Brüder, das unter den Berufsoffizieren *Abdussalam,* bzw. (ab 1966) *Abdurrahman* bis zum 17. Juli 1968 andauerte.

Nach zwei Putschs innerhalb weniger Tage wurde eine Gruppe von Baath-Offizieren am 30. Juli alleinige Machthaber. Staatspräsident wurde General Ahmed Hassan al-Bakr aus Tikrit. Der General, 1963 unter Abdussalam Aref schon einmal Ministerpräsident, war es, der seinen tikritischen Landsmann und entfernten Neffen *Saddam Hussein at-Takriti* (wie er damals hiess) zum Chef der baathistischen Parteimiliz, der Nationalgarde erhob. Vom November 1968 an begann das neue Regime, all seine Rivalen und möglichen Konkurrenten innerhalb der Streitkräfte und in der zivilen Gesellschaft auszurotten. Die Baathisten zeigten sich eisern entschlossen, die Macht, die sie nun errungen hatten, unter allen Umständen zu bewahren. Die Nationalgarde war an den Schlägen nach links und nach rechts gegen alle denkbaren Oppositionskräfte führend beteiligt. Ihr Chef Saddam wurde gleichzeitig auch der wichtigste Kontrolleur der Sicherheitsdienste, indem er den besonderen Sicherheitsdienst des Präsidenten al-Bakr beaufsichtigte. Dieser politische Sonderdienst, «Büro für nationale Sicherheit», sammelte Informationen über politische und religiöse Oppositionsbewegungen. Saddam übte auch die Oberaufsicht über die reguläre «Nationale Sicherheit» aus, welche zuerst der «Generaldirektor für Sicherheit» *Nazim Kazzar,* ein bekannter Folterspezialist der Baathpartei, leitete. Kazzar versuchte seinerseits im Jahr 1973 einen Putsch, der fast gelungen wäre.

Hassan al-Bakr wandte seine Aufmerksamkeit der Armee zu und sorgte dafür, dass 3000 neue baathistische Offiziere eingestellt wurden, die grösstenteils als politische Kommissare wirkten. Die Berufsoffiziere mussten all ihre früheren Parteibeziehungen bekanntgeben und hatten mit Hinrichtung zu rechnen, wenn sie irgend etwas davon verschwiegen. Um ihre Macht zu konsolidieren, veranstalteten die Baathisten 1969 und 1970 eine Reihe von

Schauprozessen. Ein erster vom Januar 1969 richtete sich gegen angebliche Spione, die für Israel gewirkt hätten. Vierzehn Personen wurden «verurteilt» und öffentlich gehenkt; neun – nach anderen Quellen elf – davon waren Juden. Die «Richter» in diesen Prozessen besassen keinerlei juristische Vorbildung, und Verteidiger waren nicht zugelassen. Dies war nicht der einzige Schauprozess, zahlreiche andere gegen ehemals führende nationalistische Politiker folgten; «Verschwörungen» wurden aufgedeckt und ihre angeblichen Teilnehmer kamen ebenfalls vor irreguläre Sondergerichte. Es gab mehrere Hundert Todesurteile und Hinrichtungen in dieser Prozesswelle. Neben den Prozessen gab es Entführungen und Morde.

In den folgenden Jahren sorgte Saddam dafür, dass einer nach dem anderen seiner Rivalen von der Bildfläche verschwand; manche wurden ermordet, andere für kurzfristige Sinekuren ins Ausland gesandt, später entlassen, exiliert oder auch ermordet. Die Opfer waren meist altgediente und einflussreiche Baathisten, die bei der Machtergreifung der Partei von 1968 mitgewirkt hatten und daher zunächst führende Positionen einnahmen. Unter ihnen befanden sich *Hardan at-Takriti*, mit der Führung beauftragter stellvertretender Oberbefehlshaber der Armee, der 1970 entlassen und 1971 in Kuwait ermordet wurde; *Salih Mahdi Ammash*, Innenminister von 1968–1970, der Botschafter in Finnland wurde; *Abdelkarim asch-Schaikhli*, Aussenminister, entlassen 1970, später ermordet; *Fuad ar-Rikabi*, Chef der Baath-Partei 1952–1958, im Gefängnis ermordet, und viele mehr. (*Samir al-Khalil*, Pseudonym für *Kanan Makiya*, gibt eine «unvollständige Liste» von 37 Personen als Anhang zu seinem Buch: *Republic of Fear, Saddams Irak*, Los Angeles 1989.)

Der Putschversuch *Kazzars* half mit, weitere Rivalen zu liquidieren. Der Generaldirektor hatte den Verteidigungsminister *Hammad Schahab* eingeladen, ein neugebautes Untergrundgefängnis zu besichtigen. Dort schloss er ihn in eine Zelle ein und fuhr dann mit seinen Mitverschworenen zum Flughafen, um die Ankunft des von einer Auslandsreise heimkehrenden Staatschefs al-Bakr abzuwarten und ihn sowie die ihn dort empfangenden Würdenträger gefangen zu nehmen. Doch der Flug war verspätet, Kazzar wurde nervös, er kehrte zu dem Gefängnis zurück, holte den Verteidigungsminister heraus, nahm ihn zur Geisel und fuhr mit ihm Richtung iranische Grenze davon. Die Baath-Regierung sandte ihm Bombenflugzeuge nach und tötete ihn und seine Geisel. Die Parteigänger des Generaldirektors wurden darauf natürlich auch liquidiert.

Ein letzter grosser Ausmerzungsschritt aller verbliebenen Konkurrenten fand am 28. Juli 1979 statt, nachdem Saddam Hussein am 16. Juli Hassan al-Bakr offiziell als Staatschef nachgefolgt war. Der «Revolutionäre Kommandorat» der Baathisten, der offiziell die Verantwortung für die Regierung des Landes trug, wurde zusammengerufen. Saddam Hussein beschuldigte eine Reihe seiner Mitglieder, sich mit Syrien gegen den Irak verschworen zu haben. In den Jahren zuvor waren grosse Pläne einer Vereinigung der beiden baathistischen Staaten geschmiedet worden, und die geplante Vereinigung war in der Propaganda als bereits vollzogen vorausgenommen worden. Die deshalb des Verrats Beschuldigten mussten auf Zuruf Saddams aufstehen, sie wurden abgeführt und kurz darauf erschossen. Saddam Hussein und seine Anhänger nahmen die Erschiessungen persönlich vor. Eine Gesamtzahl von 22 Personen verlor so ihr Leben. Der Revolutionäre Kommandorat schmolz auf 16 Personen zusammen, von diesen wurden 1982 nochmals 8 entlassen, aber nicht physisch liquidiert.

In den Jahren vor seinem Rücktritt war der Präsident, Hassan al-Bakr, immer mehr isoliert worden. Er war krank und Saddam Hussein führte für ihn die Geschäfte. Die Aussenpolitik des Iraks war durch die Kurdenkriege und durch die Auseinandersetzungen mit Iran über den Grenzverlauf im Wasserweg des Schatt al-Arab bestimmt. Saddam Hussein nutzte den kalten Krieg, um den Schutz der Sowjetunion für die Nationalisierung des irakischen Erdöls zu erhalten. Nachdem die Nationalisierung der früheren IPC (Iraq Petroleum Co. mit britischer Mehrheit) 1972 durchgeführt worden war, nahm das Regime wieder mehr Abstand von Moskau.

Im Bestreben, den Irak für sein Zweckbündnis mit der Sowjetunion zu bestrafen, ermunterte Kissinger den Schah von Persien, die gegen Bagdad kämpfenden Kurden mit Waffen zu unterstützen. Dies führte zu einer Reihe von Siegen der Kurden über die irakische Armee. Als seine Soldaten kaum mehr über Munition verfügten, verhandelte Saddam über algerische Vermittler mit dem Schah. Sie kamen 1975 überein, dass der Schah seine Hilfe für die Kurden zurücknähme und dafür seine Wünsche über die Grenzziehung im Schatt al-Arab durchsetzen dürfe. Dies geschah und führte zu einem Zusammenbruch des kurdischen Widerstands. Die Kurden unter der Führung *Mullah Mustafa Barzanis* mussten die Waffen strecken. Eine Amnestie wurde ihnen zugesagt, und auf dem Papier erhielten sie «Autonomie» in einem Kleinkurdengebiet, das etwa die Hälfte des von Kurden bewohnten Territoriums ausmachte. In der Praxis sollte sich herausstellen, dass Saddam Hussein die Herrschaftstechnik der Kommunisten anwandte. Das autonome Gebiet von Kurdistan wurde durch die kurdische Baath-Partei regiert, die lediglich eine Zweigstelle der irakischen Staatspartei war. Mit der Partei zogen auch die irakischen Geheimdienste in Kurdistan ein. Mehrere hunderttausend Kurden wurden deportiert und ihre Siedlungen wurden zerstört. Es gab drei Kategorien von Deportationen: Wer gegen Bagdad gekämpft hatte, wurde der Amnestie nicht teilhaftig und in Todeslager verbracht. Die Bewohner von Gebieten, welche die Behörden «arabisieren» wollten, wie die Ölfelder von Kirkuk, wurden nach dem Süden des Iraks transportiert und dort in kleinen Gruppen auf verschiedene Dörfer verteilt. Die Bewohner der Grenzregionen zur Türkei und zum Iran wurden ebenfalls zwangsumgesiedelt, um menschenleere Zonen zu schaffen und dadurch die Überwachung der Grenzen zu erleichtern.

Mullah Mustafa Barzani starb bald darauf in einem amerikanischen Spital. Doch der kurdische Widerstand sollte allmählich neu aufleben, teils unter seinem Sohn *Mas'ud Barzani*, teils unter dem ehemaligen Stellvertreter und zeitweiligen Rivalen Barzanis, *Jalal Talabani*.

Die Grenzziehung im Schatt sollte noch oft hin- und herpendeln. Am 17. September 1980, fünf Tage, bevor er seinen Grossangriff auf Iran auslöste, erklärte Saddam den Vertrag als hinfällig und legte die Grenze wieder auf das iranische Ufer statt in die Mitte des Schatt. Doch zehn Jahre später, als er den Kuwait-Krieg vom Zaun brach und er die Neutralität Irans brauchte, gab er von sich aus das halbe Schatt wieder an Iran zurück. Dies dürfte auch noch die heutige Lage sein.

Die Karriere Saddam Husseins lässt sich dadurch erklären, dass er sich brutaler verhielt als alle anderen Rivalen und sie daher alle ausstach. Er sollte in späteren Jahren eine derartige Angst um sich verbreiten, dass die meisten Iraker ihn wie einen Halbgott behandelten. Sie wagten nicht, vor ihren Kindern negativ über ihn zu sprechen, ja sie ermutigten sie, an dem verordneten allgemeinen Personenkult teilzunehmen. Es war sicherer für die Zukunft der Kinder. Schliesslich machten dann auch die Eltern selbst mit, einfach, weil sie überleben wollten.

6) König *Hassan* von **Marokko** überstand zwei blutige Staatsstreichversuche, am 10. Juli 1971 auf dem Golfplatz von Skhirat und am 16. August 1972 gegen sein Flugzeug. Bei beiden kam er nur knapp mit dem Leben davon; später nahm er grausame Rache dafür. Zuvor, im Oktober 1965, hatte er durch seine Geheimdienste den bedeutendsten Oppositionspolitiker seines Landes, *Mehdi Ben Barka*, in Paris unter Mitwirkung gewisser französischer Geheimdienstleute und Krimineller ermorden lassen. Später gelang es dem König, seine Position dadurch zu festigen, dass er den Patriotismus der Marokkaner auf die Frage der bisher spanischen Saharagebiete lenkte und so kräftig anheizte (er liess 1975 einen Grünen Marsch der Bevölkerung in die Spanische Sahara durchführen), dass er im Schatten der vaterländischen Agitation um die Saharagebiete für Jahre parlamentslos regieren konnte.

7) In **Algerien** putschte sich 1965 der Offizier *Houari Boumedienne* an die Macht, setzte den bisherigen Ministerpräsidenten Ben Bella gefangen und proklamierte, nun beginne der Aufbau eines «seriösen» sozialistischen Staates. «Seriös» war damals sein Lieblingswort. Dieser Aufbau geschah jahrelang unter dem Slogan der «industries industrialisantes». Die Wirtschaftsfachleute Boumediennes nahmen an, wenn nur die nötigen Schwerindustrien aufgebaut würden, würden diese gewissermassen von selbst die nötigen Kleinindustrien hervorbringen und so einen Industriestaat erzeugen. So wurde viel Geld in die Petrochemie und in ein Stahlwerk verlocht. Was an kleinen Industrieunternehmen bereits bestand, wurde verstaatlicht. Doch das Ergebnis war eine schwerfällige überbürokratisierte Wirtschaft, die den Staat blockierte, statt ihn zu industrialisieren. Immer mehr Mängel in allen Bereichen des täglichen Lebens, kombiniert mit Devisenkontrollen, bewirkten, dass sich eine grosse Schmuggelindustrie und immer wachsende Schwarzmärkte bildeten. Sie wirkten korrumpierend auf den ganzen Staat, besonders aber auf seine wichtigsten Machthaber, die *Sécurité Militaire,* die zum hauptsächlichen Herrschaftsinstrument Boumediennes wurde. Ihre Offiziere konnten die Geleise kontrollieren, auf denen der Schwarzmarkt lief, und sie taten dies gegen Schmiergelder. Die darbende Bevölkerung sah von ferne zu, wie die angeblich patriotischen Offiziere in Saus und Braus lebten.

Als 1978 Boumedienne starb, waren die Grundlagen für einen Staat des *Trebendo*, wie die algerische Schmuggel- und Schwarzmarktwirtschaft genannt wurde, schon gelegt. Unter seinem Nachfolger, dem jovialen General *Chadli Benjedid*, wurden sie ausgebaut. Da die Erdöl- und Erdgasvorkommen in der Sahara sichere Devisen erzeugten, kam es für längere Zeit nicht zum endgültigen Zusammenbruch des Systems. Erdölgelder konnten stets nachgeschossen werden. Doch 1988 führte eine Kombination von sinkenden Erdölpreisen und Korruption zu einem derart starken Mangel an Lebensmitteln und Arbeitsplätzen, dass junge Leute am 5. und 6. Oktober jenes Jahres auf die Strassen Algiers zogen und alles klein schlugen, was irgendwie nach einem Luxusangebot für die Privilegierten aussah, etwa Büros der Luftlinien oder andere opulente Schaufenster. Die Armee wurde gerufen und gegen die randalierenden Jugendlichen eingesetzt. Sie schuf Ruhe, jedoch behandelte sie die etwa 3000 Verhafteten dermassen brutal, dass im Land und im Ausland ein Aufschrei laut wurde.

Chadli beschloss, das gesamte Regierungssystem zu ändern und eine echte Mehrparteien-Demokratie einzuführen. Eine neue Verfassung wurde erlassen, Parteien liessen sich zu Dutzenden einschreiben, eine freie Presse erschien. Im Januar 1990 gab es Lokalwahlen und die Islamisten gewannen sie mit 55 Prozent der Stimmen. Dies war nicht überraschend. Über Jahre hatten die Islamisten halb öffentlich, halb im Untergrund als einzige polit-religiöse Oppositionsbewegung gewirkt. Sie hatten ihre Lehre verbreitet, nach der «der Islam die Lösung» abgebe, natürlich der Islam, so wie sie ihn verstanden und auslegten.

Je dringender die Algerier einer Lösung bedurften und je deutlicher war, dass die privilegierten Ausbeuter der Regierung sie der Bevölkerung nicht bringen werde, desto leidenschaftlicher wandten sie sich den Predigten der Islamisten zu.

Jahrelang während der Chadli-Zeit fragte ich bei jedem Besuch in Algerien, was es Neues gäbe und erhielt immer wieder die Antwort: nichts wirklich Neues, nur hier und dort eine neue Untergrund-Moschee in dieser oder jener Tiefgarage, wo dieser oder jener Erfolgsprediger wirke und dazu auch ein paar neue, offiziell funktionierende Quartiersmoscheen. Sie hätten grossen Zulauf; sogar am Staatsradio gäbe es nun erfolgreiche ägyptische Muslim-Brüder, die als Prediger aufträten, und in den Schulen würden mehr und mehr ägyptische Lehrer eingestellt, die zur gleichen Richtung gehörten.

Die ägyptischen Lehrer waren im Zuge der Arabisierungskampagne ins Land gekommen; sie sollten bei der raschen Umstellung von Französisch auf Arabisch mithelfen, die 1971 von oben her für die Schulen dekretiert worden war und jedes Jahr einen neuen Jahrgang erfasste, – aber, wie Skeptiker anmerkten, bald bewirkte, dass die Algerier sowohl auf Französisch wie auf Arabisch Analphabeten wurden. Der ägyptische Staat stellte Lehrer zur Verfügung, doch benützte er auch die Gelegenheit, um möglichst viele von jenen, die den Muslim-Brüdern zuneigten, nach Algerien abzuschieben.

Meiner Gewohnheit nach sah ich mir die Kioske und Buchläden an. Man konnte in jenen Jahren etwa Papeterien besuchen, die sich äusserlich wie das typische Geschäft dieser Art in einer französischen Kleinstadt ausnahmen. Neben Schreibwaren wurden auch ein paar Bücher verkauft. Die Bücher waren arabische Volksausgaben von religiösen Klassikern aus dem Mittelalter wie *al-Ghazali* und *Ibn al-Jawziya*, «Berichte über die Propheten» etc., zusammen mit den Broschüren der Muslim-Brüder und der ägyptischen Volksprediger, Bücher, die offenbar im Zeichen der islamistischen Modewelle ein kaufwilliges Publikum fanden.

Als Chadli schliesslich politische Parteien zuliess, besassen die Islamisten bereits ein wohleingerichtetes politisches Netz, welches das ganze Land überzog, und eine populäre Ideologie, die die Algerier umsomehr ansprach, je weniger sie den Regierungsparolen noch Glauben schenkten und je dringender sie ein neues und besseres Leben erhofften.

An die weitere Entwicklung braucht man nur kurz zu erinnern, sie ist bekannt: als Ende 1990 und Anfang 1991 Parlamentswahlen durchgeführt wurden und sich im ersten Wahlgang ein grosser Erfolg der Islamisten abzeichnete – ihre Partei hiess *Front Islamique du Salut* (FIS) –, schritten die Militärs ein, brachen die Wahlen ab und entfernten Präsident Chadli von der Macht. Es kam darauf zu Kämpfen mit radikalen Gruppen von Islamisten und zu einer höchst gewalttätigen Repression, die zwischen den islamischen und islamistischen Gruppen wenig Unterschiede machte. Sie führte zu einer Ausweitung der Kämpfe und der Verzweiflungsaktionen, und diese gingen in einen vieljährigen Bürgerkrieg über, der auch zehn Jahre später noch nicht ganz beendet war.

Eine der Hauptcharakteristiken dieses Krieges war seine Undurchsichtigkeit. Er bestand weitgehend aus Untergrundoperationen auf der einen und Geheimdienstoperationen der anderen Seite, die dazu führten, dass immer unklarer wurde, wer gegen wen kämpfte. Als Soldaten verkleidete Islamisten errichteten Strassensperren, um Armeeangehörige zu fangen, doch auch Soldaten wurden als Islamisten verkleidet und bildeten ebenfalls Strassensperren in der Hoffnung, Islamisten würden ihnen ins Netz laufen. Dies nannte man *faux barrages* oder «falsche Strassensperren».

Nach dem gleichen Muster wurden auch viele der Kämpfe geführt. Wenn es, wie in gewissen Jahren sehr häufig, zu Massenmorden der Bevölkerung kam oder zu Mordanschlägen gegen Einzelpersonen, war nicht immer klar, ob solche Aktionen von Sonderdiensten der Arme ausgingen oder von Islamisten, oder auch von Islamisten, die, wie der berüchtigte GIA-Chef Djamel Zitouni, von der Armee «umgedreht» worden waren und dazu gebraucht wurden, die Islamisten zu diskreditieren, indem sie ihre Kampfgruppen zu brutalen Programmankündigungen (z.B.: «Verbrennt die Schulen!») und abschreckenden Mordaktionen verleiteten (vgl. Le Monde 1.11.02). GIA (Groupes Islamiques Armés) nannten sich die radikalsten, undurchsichtigsten und wahrscheinlich am meisten von den Geheimdiensten der Armee instrumentalisierten Mordgruppen der Islamisten-Guerilla.

8) In **Tunesien** wurde in den 1980er Jahren die Frage der Nachfolge des greisen Habib Bourguiba akut. Sie wurde dadurch gelöst, dass der Polizeichef und frühere Geheimdienstoffizier *Zeinuddin Ben Ali* alle potenziellen Nachfolger als putschverdächtig ausschaltete. Er klagte sie an, sie hätten Bourguiba abzusetzen versucht, bis er selbst Innenminister wurde und als solcher 1986 selbst einen «medizinischen Staatsstreich» gegen Bourguiba durchführte. Er liess ihn als regierungsunfähig erklären (in der Tat war er dies schon seit vielen Jahren) und bestieg selbst den Thron des Präsidenten, von dem er seither nicht mehr zu entfernen gewesen ist. Er hält sich dort mir Hilfe eines Polizeiregimes, das mit zu den brutalsten und willkürlichsten gehört, die der Maghreb kennt.

9) In **Libyen** sorgte die ausgesprochen quecksilbrige Politik des 1969 durch Putsch zur Macht gekommenen Obersten *Mu'ammar al-Ghadhafi* über viele Jahre für Schlagzeilen. Das dünn besiedelte Wüstenland mit bedeutenden Erdölvorkommen ermöglichte es Ghadhafi, eine Politik der grossen Pläne zu führen, deren Scheitern er immer wieder zu überwinden vermochte, weil ihm gewaltige Erdölgelder zur Verfügung standen. Für die ersten Jahrzehnte seiner Herrschaft verfolgte er das Phantom einer arabischen Einheit nach dem Vorbild Nassers, einmal Richtung Osten mit Ägypten und Syrien, ein andermal Richtung Westen mit den Staaten des Maghreb. Doch all diese Versuche und Projekte, manchmal bereits unterschriebene Staatsverträge, kamen nicht zum Tragen. Sie scheiterten letzlich immer an der Frage, wer die geplante Vereinigung regieren solle.

Weil er auf die Barriere der Machthaber in der arabischen Welt stiess, durch die seine Pläne vereitelt wurden, unterstützte Ghadhafi immer gerne revolutionäre Gruppen, von denen ein Sturz der herrschenden Regime erwartet werden konnte. Er sah sich selbst als einen Revolutionär an, nicht als einen etablierten staatlichen Machthaber (obwohl er natürlich ein solcher war) und scheint sich vorgestellt zu haben, dass er mit Hilfe «seiner Kollegen», der Drittweltrevolutionäre, die Nachbarregimes vielleicht doch noch stürzen und auf diesem Wege seine grossarabischen Ziele erreichen könnte.

Seine offene Unterstützung aller möglichen revolutionären und terroristischen Gruppen brachte Ghadhafi in einen scharfen Konflikt mit den USA, die ihn für die Untaten jener Gruppen direkt oder indirekt verantwortlich hielten. Die Konfrontation begann schon am 19. August 1981 mit dem Abschuss zweier libyscher Kampfflugzeuge durch die Amerikaner über den Gewässern der Grossen Syrte. Libyen beanspruchte die Gewässer der Syrte als territoriale Gewässer, die USA widersetzten sich. Die Konfrontation setzte sich fort mit amerikanischen Vergeltungsschlägen gegen libysche Angriffsversuche vom 24. März 1986, die zur Zerstörung von Raketenstellungen und zur Versenkung von zwei libyschen Schnellbooten führten. Ihren Höhepunkt erreichte sie in der Nacht vom 14. zum 15. April 1986, als amerikanische Kampfflugzeuge Kommandozentralen der Libyer in Tripoli und Benghasi sowie das Wohnhaus Ghadhafis in der Aziziya-Kaserne von Tripoli angriffen. Ghadhafi kam mit dem Leben davon, jedoch ein von seiner Frau und ihm adoptiertes Kleinkind wurde zusammen mit mehreren Dutzend anderer Opfer getötet.

Der amerikanische Schlag bewirkte zunächst, dass der libysche Staatschef sich von Sicherheitsfachleuten der DDR beraten liess und von ihnen lernte, keine Nacht am gleichen Ort zu schlafen und sich nicht mehr der Anschläge und Terrorakte zu rühmen, die er oder seine Verbündeten und Schützlinge durchgeführt hatten, sondern sie abzustreiten.

So blieb lange Zeit ungewiss, ob die Sprengung eines amerikanischen Verkehrflugzeugs am 21. Dezember 1988 über Lockerbie in Schottland mit 270 Todesopfern wirklich auf libysche Agenten zurückging oder nicht. Über zehn Jahre später, am 31. Januar 2001, befand ein internationales Gericht im Camp Zeist in den Niederlanden einen der beiden angeklagten Libyer, die sich schliesslich dem Gericht zur Verfügung gestellt hatten, für schuldig. Der zweite wurde freigesprochen. Doch Zweifel an der libyschen Urheberschaft wurden nie restlos ausgeräumt, obwohl Ghadhafi sich 2003 zu einer milliardenschweren Entschädigung für die Hinterbliebenen der Opfer bereitfand.

Seither wird berichtet, Ghadhafi habe sich enttäuscht von der arabischen Welt abgewandt und suche nun südlich benachbarte afrikanische Staaten mit Libyen zu vereinigen. Er war schon in den späten 1970er und frühen 1980er Jahren tief in die damaligen Wirren um Tschad verstrickt. Ob seine afrikanischen Pläne bessere Erfolgsaussichten aufweisen als seine früheren arabischen Ambitionen, kann man bezweifeln.

10) Der **Sudan** machte einen postkolonialen Abstieg durch, wobei der permanente Bürgerkrieg zwischen den afrikanischen und den arabophonen Sudanesen die entscheidende Rolle spielte. Die überkommenen britischen Verwaltungsmethoden schmolzen in der Hitze dieses Krieges dahin. Es kam zu Militärdiktaturen zuerst des Marschalls *Abboud*, (1958–1964), dann nach einem demokratischen Zwischenspiel zur Diktatur des Offiziers *Ja'far Numairi* (1968–1985), den nur Ghadhafi an Exzentrität übertraf. Er begann als nasseristischer Radikaler, wurde jedoch 1971 durch einen misslungen Putschversuch pro-kommunistischer Offiziere eines Besseren belehrt, zerschlug die Sudanesische KP und zeichnete sich darauf als Freund Sadats und der Amerikaner aus, um schliesslich, als seine Position in Khartum immer schwächer wurde, 1983 bei einem Amateur-Islamismus Zuflucht zu suchen, der in erster Linie aus dem Abhacken von Händen und Füssen seiner zu diesem Zweck ausgewählten unglücklichen Untertanen bestand.

Bevor seine hohe Position ihm endgültig den Kopf verdrehte, hatte Numairi einen Versuch unternommen, den sudanesischen Bürgerkrieg bei-

zulegen und 1972 eine Autonomielösung für die südlichen Provinzen eingeführt. Doch er selbst sollte diesen Lösungsansatz wieder zugrunde richten
und 1983 den Bürgerkrieg neu ankurbeln, weil in der autonomen südlichen
Region Erdöl gefunden wurde, auf das er nicht zugunsten der afrikanischen
Bevölkerungsteile verzichten wollte. Der Bürgerkrieg lebte wieder auf und
dauert bis heute an, obwohl Numairi 1985 durch einen Putsch abgesetzt
wurde.

Es folgte (1985–1989) ein demokratisches Regime, für kurze Zeit
gefolgt von einem islamistischen Regime. Doch die Offiziers-Partner dieses
Regimes unter General *Umar al-Bashir* rissen 2001 die alleinige Macht an
sich. (Ausführlicheres darüber im Kapitel 5).

11) Die **Palästinenser** machten eine unerwartete Entwicklung durch, nachdem Arafat und die PLO – exiliert nach Tunis und nach Jemen – für eine
ganze Weile ziemlich irrelevant geworden waren. In einer ersten Phase, nach
dem Zusammenbruch in Libanon bis 1991, hatte Arafat noch Geld, das ihm
hauptsächlich aus dem Golf und aus Saudi-Arabien zuströmte. Die dort
arbeitenden Palästinenser mussten Steuern an die PLO bezahlen, und die
Gaststaaten sorgten dafür, dass sie sie auch entrichteten. Andere Gelder
kamen von den Staaten im Golf direkt und noch weitere als Gaben von Privaten. Mit diesem Geld unterhielt Arafat eine weltweite Diplomatie mit Vertretern in allen Hauptstädten, auch ein Sozialnetz für die Palästinenser mit Fürsorge für die Familien der Gefallenen und Hospitälern in den Lagern für die
Bevölkerung und für Kriegsverletzte. Die Kämpfer, sogar wenn sie nun nicht
mehr kämpften, mussten auch finanziert werden. Arafat höchst persönlich
verwaltete diese Gelder und er liess niemanden mitsprechen. Bedeutende
Summen dienten auch politischen Zwecken, dem Kauf und der Erhaltung
von Loyalitäten.

Intifada, der Aufstand der Palästinenser des Inneren

Die Palästinenser «des Inneren», das heisst jene, die unter israelischer Besatzung lebten, im Westjordanland und in Gaza, hatten sich lange Jahre hindurch
passiv verhalten. Sie warteten zuerst darauf, dass Nasser und sein erhoffter
grossarabischer Staat sie «befreien» würden; nach Nasser konzentrierten sie
ihre Hoffnungen auf die Freischärler Arafats und der anderen radikalen
Guerilla-Gruppen. Erst als nach der Vertreibung ihrer Kämpfer aus Libanon
immer deutlicher wurde, dass keine ernsthaften Chancen erfolgreicher
Infiltrationen mehr bestanden, weil die Bewaffneten sich nun weit fort von

Palästina in Nordafrika und im Jemen aufhalten mussten, zeichnete sich in den besetzten Gebieten der Wille ab, zur Selbsthilfe zu schreiten. Israelischer Druck, der beständig zunahm, half mit, das Gefühl der Ausweglosigkeit zu steigern. Die Bombardierung des Hauptquartiers Arafats in Tunis durch die Israeli vom 1. Oktober 1985, die 60 Todesopfer forderte, war ein Beispiel. Arafat entkam nur durch einen Zufall. Der Bombenschlag wurde mit Unterstützung der amerikanischen Flotte durchgeführt. Die Besetzung des Westjordanlandes und des Gaza-Streifens erreichte ihr 20. Jahr und überschritt es. Sie lastete immer schwerer auf der Bevölkerung. Die unter ihr lebenden Palästinenser erkannten immer klarer die Notwendigkeit, selbst deutlich zu machen, dass sie mit dieser Besetzung, obgleich sie schon so lange gedauert hatte, nicht einverstanden waren. Andere würden dies für sie nach der weitgehenden Ausschaltung der PLO schwerlich wirksam zum Ausdruck bringen.

Ihre «Erhebung», die *Intifada*, wie sie genannt werden sollte, wurde schliesslich ausgelöst durch einen spektakulären Autounfall vom 8. Dezember 1987, bei dem ein israelischer Militärtransporter wartende palästinensische Autos am Eretz-Übergang vom Gaza-Sreifen nach Israel überrannte; vier Personen wurden sofort getötet und sieben schwer verletzt. Da am Tag zuvor in Gaza ein israelischer Zivilist auf der Strasse erstochen worden war, glaubten die meisten Palästinenser, dass es sich bei dem Zusammenstoss um einen Racheakt gehandelt habe. Beim Begräbnis der Getöteten kam es im Lager von Jabaliya bei Gaza zu Demonstrationen. Trotz und teilweise wegen der Gegenmassnahmen der Israeli klangen die Kundgebungen nicht mehr ab, sondern breiteten sich in allen besetzten Gebieten und sogar in Jerusalem aus. Jugendliche begannen die Besatzungstruppen und die zivilen Fahrzeuge der Israeli, die an der Farbe ihrer Nummernschilder leicht kenntlich waren, mit Steinen zu bewerfen. Dass dies eine geeignete Form des Protestes sein konnte, wurde schlagartig allen Palästinensern klar, und überall folgten die Jugendlichen und auch manche Erwachsene dem Beispiel der ersten Steinewerfer. Die Israeli waren unvorbereitet. Sie antworteten mit Schüssen, doch Tote und Verletzte steigerten nur die Bitterkeit der Proteste.

Die spontane Reaktion wurde bald zu einer politischen Methode, die eine bedeutende Wirkung auf die arabische Welt und auf die Weltmeinung ausübte. Übermässig brutale Methoden der Niederhaltung, wie der Versuch, den Jugendlichen Arme und Beine zu brechen und, in mindestens einem dokumentierten Fall, eines der Opfer mit einem Bulldozer lebendig zu begraben, erwiesen sich als kontraproduktiv. In der israelischen Armee selbst meldeten sich Stimmen, die dagegen aufbegehrten, dass diese hochtechnisierten Elitetruppen, denen man bisher stets von der «Reinheit der Waffen» gepredigt hatte, nun zur Jagd auf widerspenstige Jugendliche mit Steinen eingesetzt wurden.

Auf der Gegenseite bildeten sich palästinensische Selbsthilfegruppen, die darauf ausgingen, den mehr oder minder symbolischen Widerstand der Steinewerfer zu unterstützen, indem etwa versucht wurde, heimlich Schulunterricht zu erteilen, wenn die Israeli die Schulen schlossen, oder eigene Nahrungsmittel zu beschaffen, wenn die Märkte geschlossen wurden. Versuche wurden unternommen, den Widerstand mehr oder weniger zentral zu lenken, so dass er gezielt hier oder dort eingesetzt werden konnte. Dabei wurden Flugblätter, Mauerinschriften und Mund-zu-Mund-Propaganda verwendet, in Gaza auch die Lautsprecher der Moscheen. Streiks wurden ausgerufen. Die PLO griff aus der Entfernung ein, um den Widerstand zu stärken und nach Möglichkeit seine Lenkung zu übernehmen. *Abu Jihad*, der bisher als Koordinator des bewaffneten Widerstandes gewirkt hatte, übernahm diese Aufgabe von Tunis aus. Als seine Rivalen traten islamistische Gruppen in Aktion, die vor allem in Gaza über starke Wurzeln verfügten. Gelegentlich gab es einen «Krieg der Flugblätter», die gegenläufige Parolen ausgaben. Die Rivalitäten wurden immer wieder überbrückt, doch sie zeigten sich auch immer wieder von neuem. Abu Jihad wurde schliesslich am 15. April 1988 in Tunis von einem israelischen Kommando ermordet.

Der zwar nicht gewaltlose, aber doch gewaltarme Widerstand der Palästinenser des Inneren mit den Steinen dauerte fünf Jahre lang fort; allerdings erschöpfte er sich allmählich. In seiner Endphase entwickelte er sich zu einem blutigen Streit zwischen den vielen Informatoren («Spione» für die Palästinenser), welche die Israeli unterhielten und einsetzten, und den Aktivisten der Intifada, die solche Agenten zu entdecken und zu ermorden suchten (sie selbst sprachen dabei von «Hinrichtungen»). Ganz abgeklungen war die Intifada noch nicht, als die Friedenskonferenz von 1991 in Madrid und 1993 der «Friedensprozess» von Oslo dem politischen Geschehen eine neue Ausrichtung verliehen.

Die Intifada half mit, Arafat und die Seinen, die ja ursprünglich zur Gemeinschaft der «Palästinenser des Äusseren» gehört hatten und ihre «Heimkehr» bewirken wollten, auf die Palästinenser des Inneren hinzulenken. Sie erleichterte den Entschluss Arafats, sich auf die Rückgewinnung der besetzten Gebiete zu konzentrieren. Er zeigte sich immer mehr gewillt, seine politische Zielsetzung auf die Errichtung eines palästinensischen Staates in den besetzten Gebieten zu beschränken, indem er immer deutlicher von seiner

Bereitschaft sprach, Israel anzuerkennen und in Frieden mit den Israeli zu leben, wenn er im Gegenzug die besetzten Gebiete als künftigen Staat der Palästinenser erhalte.

Der Krieg um Kuwait schwächte die PLO weiter. Sie hatte sich nicht klar gegen Saddam Hussein entschieden, sondern sich als Vermittler zwischen ihm und den arabischen Staaten angeboten, die sich dem Feldzug der Amerikaner anschlossen. Dies wurde Arafat und der PLO in Kuwait bitter angerechnet. Man sah dort nach der Befreiung von Irak die PLO als Verräter an, und die Kuwaiter Regierung wies alle Palästinenser, zwischen 300 000 und 400 000, nach Jordanien aus. Die Geldströme aus allen Golfstaaten versiegten, und die PLO stand plötzlich vor dem Bankrott. Sie konnte ihren grossen finanziellen Verpflichtungen nicht mehr nachkommen.

Diese Lage zwang Arafat, sich entschlossener als zuvor auf die Option eines «Kleinpalästina» in den besetzten Gebieten zu beschränken. Für diese Lösung schien eine völkerrechtliche Grundlage in den Resolutionen der UNO zu bestehen, die «Land für Frieden» befürworteten, und die Amerikaner schienen der «Zweistaatenlösung», wie sie genannt wurde, zuzustimmen. Sie wurde zuerst die Grundlage für die Friedenskonferenz von Madrid von 1991 und später für das Osloer Grundsatzabkommen von 1993, das eine fünfjährige Übergangszeit vorsah, während welcher die Israeli aus besetzten Gebieten abziehen und den Palästinensern unter der Führung Arafats erlauben sollten, einen autonomen Staat in diesen Gebieten zu gründen. Das Abkommen war allerdings so formuliert, dass es nicht genau festlegte, aus welchem Raum genau die Israeli abziehen würden (auch aus Ostjerusalem z. B.) – oder was mit den israelischen Siedlern geschehe, welche Rechte den vertriebenen Palästinensern im Ausland zukämen; auch nicht, ob ein voll berechtigter Staat oder etwa nur ein Autonomiegebiet das Endresultat des geplanten Friedensprozesses sein werde. An diesen Zweideutigkeiten, welche die Israeli stets systematisch ausnützten, um den Palästinensern weniger zu gewähren, als sie gehofft und erwartet hatten, sollte der «Friedensprozess» sieben Jahre später scheitern.

Im Verlauf dieses Friedensprozesses konnte Arafat eine palästinensische Verwaltung in kleinen Teilen des besetzten Westjordanlandes und des Gaza-Streifens aufbauen und diese Teilstücke von Palästina vorübergehend «regieren». Doch mit dem Zusammenbruch des Prozesses marschierten die israelischen Truppen überall wieder ein und zerschlugen die Verwaltung der Palästinenser, soweit sie es irgend vermochten. Bei ihren Inkursionen in die Städte der Westjordangebiete und Gazas zerstörten sie jeweils die Sitze der palästinensischen Behörden so gründlich sie konnten. Sie nahmen sogar die

606

Festplatten aus den Comuptern der palästinensischen Verwaltung mit. Arafat selbst wurde eingekreist und in den Ruinen seines bisherigen Regierungssitzes in Ramallah praktisch gefangen gehalten, die Israeli sprachen von «Isolierung». Dort sitzt er immer noch völlig machtlos, zum Zeitpunkt, in dem dieses Buch zum Abschluss gelangt (Anfang 2004). Die Israeli rechtfertigten ihr Verhalten gegenüber Arafat und seiner palästinensischen Verwaltung, indem sie behaupteten, er sei «korrupt», und er sei daran schuld, dass der Friedensprozess zusammen- und die zweite Intifada (Erhebung) gegen die Israeli ausgebrochen sei. Stichhaltige Beweise für diese Behauptungen haben sie allerdings nie vorgelegt.

Die verpasste Chance des Friedensprozesses

Zuerst sah es so aus, als ob der Friedensprozess tatsächlich zu einem Erfolg führen könnte. Doch ich persönlich traute der Sache von vornherein wenig. Darüber zu schreiben hatte aber keinen Sinn, denn eine «negative» Stellungsnahme zu dem als «positiv» empfundenen Friedensprozess wäre damals kaum gedruckt worden. Meine Bedenken beruhten auf dem Wissen, dass es auf beiden Seiten, der israelischen und der palästinensischen, Gruppen gab, die eisern entschlossen waren, ihre politischen Ziele ohne die mindesten Abstriche zu erreichen. Sie glaubten im Interesse höherer Ideale zu handeln, die alles Blut und alle Grausamkeiten rechtfertigten. Diese höheren Ideale konnten entweder religiöser oder nationalistischer Natur sein. Oft bestanden sie aus einer wenig durchdachten, emotionalen Mischung beider Motive.

Der palästinensische extremistische Flügel arbeitete offen, ohne seine Politik verborgen zu halten, der israelische etwas mehr im Versteckten, aber umso effektiver. Die radikalen Extremisten (in Israel wurden sie oft «Falken» genannt) bildeten unter beiden Völkern die Minderheit. Doch ihre Anführer rechneten damit, dass sie die Mehrheit ihrer Bevölkerung hinter sich bringen könnten, wenn nur genug Blut fliesse. Um Blut zu vergiessen, arbeiteten jeweilen die israelischen und die palästinensischen Extremisten einander in die Hände, indem sie dafür sorgten, dass die Mordunternehmen nie abklangen. Sie dienten dazu, auf der jeweiligen Gegenseite Racheleidenschaften, Angst- und Unsicherheitsgefühle immer neu auszulösen.

Die Invasion Libanons durch die israelische Armee unter der Führung Sharons (1982–1984) hatte mir klar gemacht, dass es in Israel Kräfte gab, die genau die gleiche Kriegspolitik führten wie ihre arabischen Gegenspieler. Die israelischen Radikalen, deren Staat auf die Unterstützung der Amerikaner angewiesen war, mussten allerdings nach aussen hin immer die Vorstellung aufrecht erhalten, sie seien «eigentlich für den Frieden», während sie gleichzeitig dafür sorgten, dass die Bluttaten zunahmen. In den besetzten Gebieten schufen sie mit Hilfe der Siedler Fakten, die den schönen Worten der israelischen Diplomatie direkt widersprachen. Die Siedlungen, deren Siedler bewaffnet waren, wurden vom israelischen Staat unter grossen finanziellen Opfern gefördert und von der israelischen Armee verteidigt. Die Siedler handelten nach dem Grundsatz: «Im Westjordanland haben wir alle Rechte! – Sie» (gemeint waren die Palästinenser, deren Namen sie nicht einmal aussprachen) «haben keine!». Ihre immer zunehmende Präsenz im Westjordanland und in Gaza bewies zweifelsfrei, dass der israelische Staat nicht wirklich gedachte, die besetzten Gebiete den Palästinensern zurückzuerstatten. Ihre Ansiedlung hatte keinen anderen Zweck als vollendete Tatsachen zu schaffen, die auf Annexion in kleinen Schritten hinausliefen. Genau dasselbe hatten die Israeli schon während der englischen Mandatszeit getan. Ihr Vorgehen diente gleichzeitig dazu, die Verzweiflungstaten der palästinensischen Bombenleger immer neu und immer stärker zu motivieren. Der Libanonfeldzug mit all seinen Massakern und Grausamkeiten machte mir endgültig klar, dass es neben den friedenswilligen Israeli auch Personen in führender Stellung gab, die nicht Frieden, sondern weitere territoriale Expansion für den Staat Israel anstrebten. Sie wollten, wie das später offen gesagt wurde, «den Krieg von 1948 zu Ende führen». Solange diese Kräfte Handlungsfreiheit besassen, konnten sie jederzeit ihre palästinensischen Gegenspieler durch möglichst brutales Vorgehen zu Gegenschlägen veranlassen, die dann ihrerseits neue, scheinbar gerechtfertigte Straf- und Sicherheitsmassnahmen auslösten. Wenn sie einmal vorübergehend zum Stillstand gekommen war, konnte diese Spirale von Gewalt und Gegengewalt jederzeit durch eine neue Serie von Gewaltakten neu ausgelöst werden, und sie wurde immer neu ausgelöst, manchmal von dieser und manchmal von jener Seite. Der «erste Stein» in diesem Ringen war schon in den 1920er Jahren, kurz nach der Balfour-Erklärung, geworfen worden.

Solange diese Minderheiten Einfluss besassen und von den Mehrheiten nicht entscheidend gezügelt wurden, schien mir aller gute Willen der «Friedenstauben» unrealistisch, gleich wie viele Nobelpreise verteilt und wie komplizierte diplomatische Schritte auf den Frieden hin unternommen wurden. Sie dienten zum Vorteil der israelischen «Falken», d. h. der Personen, die beabsichtigten, möglichst viele besetzte Gebiete zu annektieren, wenn sie den «Friedensprozess» aufrecht erhielten, aber vermieden, ihn soweit durchzuführen und abzuschliessen, dass dabei eine für die Palästinenser annehmbare Lösung zustande kam. Besonders wenn es ihnen gelang, die angebliche

Schuld für langsame Fortschritte oder gar Rückschritte den Palästinensern in die Schuhe zu schieben. Dies war leicht, weil es unter den Palästinensern stets Gruppen gab, deren blutrünstige Erklärungen zitiert und Untaten als Rechtfertigungen für weitere «Sicherheitsaktionen» herangezogen werden konnten. Während der «Prozess» lief, der schliesslich sieben statt fünf Jahre dauern sollte, konnten die Israeli ungestört in seinem Schatten vollendete Tatsachen in Jerusalem, in Gaza und in den Westjordangebieten schaffen. Was sie auch taten. Der Friedensprozess diente den «Falken» als Feigenblatt, um ihre Politik der Annexion der besetzten Gebiete fortzuführen.

Zusammenarbeit der radikalen Gegner des Friedens

Den Zerfall des Friedensprozesses datieren die Palästinenser auf den Zeitpunkt der Ermordung von Ministerpräsident Rabin am 4. November 1995 durch einen israelischen Fanatiker. Die Israeli ziehen es vor, ihn auf die drei grossen Terroranschläge durch die radikale und islamistische Hamas-Gruppierung vom 25. Februar 1996 und dem 3. und 4. März des gleichen Jahres zurückzuführen, die total 92 unschuldigen israelischen Zivilpersonen das Leben kosteten. In der Folge dieser Untaten wurde am 29. Mai 1996 der Likud-Politiker Netanyahu mit 50,4 Prozent der Stimmen zum Ministerpräsidenten gewählt. Netanyahu war ein grundsätzlicher Gegner der Zweistaatenlösung, welche die Grundlage aller Friedensbemühungen bildete, und er tat, was er vermochte, um sie zu verhindern. (Vgl. sein Buch: *A Place among the Nations*, das 1993 erschien und die These verteidigt, das jüdische Volk habe ein Recht auf das ganze Heilige Land. Näheres findet man in: Avi Shlaim: *The Iron Wall*, London 2001, p. 564 ff. unter der Überschrift: *Back to the Iron Wall*).

In der Sicht der Hamas-Täter (sie gehen unter dem Namen von Izz-ad-Din-al-Kassam-Kampfbrigaden) waren die erwähnten Anschläge eine Vergeltung für die Tötung eines ihrer Anführer durch die israelischen Geheimdienste. Dieser war Yhiya Ayyasch, der in Gaza am 5. Januar 1996 durch ein präpariertes Mobiltelefon sein Leben verlor. Schon zuvor war es zu vergleichbaren Schlägen und Gegenschlägen der Aktivisten beider Seiten gekommen, die darauf angelegt waren, den Friedensprozess zu zerstören. Der jüdische Siedler Baruch Goldstein hatte am 25. Februar 1994 in der Ibrahim-Moschee von Hebron über 50 betende Muslime beim Gebet erschossen und dann selbst sein Leben verloren. Später hatten islamische Extremisten am 2. Januar 1995 19 Personen durch einen Bombenanschlag in Netanya getötet, und ein weiterer Anschlag der Hamas-Leute forderte am

24. Juli des gleichen Jahres bei Tel Aviv sechs Menschenleben. Daraufhin hatte der israelische Geheimdienst Fathi Schiqaqi, den Chef der radikalen islamistischen Bewegung «Islamischer Jihad», am 26. Oktober auf Malta erschossen. Während dies vor sich ging, erhielten Arafat und Perez am 24. Oktober 1994 gemeinsam den Friedensnobelpreis, und am 26. Oktober des gleichen Jahres schloss Jordanien Frieden mit Israel.

Der Friedensprozess brach im Sommer des Jahres 2000 endgültig zusammen, als es Präsident Clinton nicht gelang, den Frieden noch vor Ende seines Mandats unter Dach zu bringen. Auch der als «Friedenspräsident» gewählte Ministerpräsident und frühere Generalstabschef Ehud Barak hatte seine politische Karriere als ein Mann des Friedens begonnen und hoffte auf Grund eines Friedensschlusses wiedergewählt zu werden. Doch die Palästinenser betonten von vornherein, dass die Zeit für einen endgültigen Abschluss des Prozesses nicht reif sei. Die eigentlichen Hauptfragen waren noch nie diskutiert worden. Sie umfassten solch grundlegende Probleme wie die Zukunft Jerusalems, die Zukunft der Siedler, die Grenzen des Autonomiestaates und ihre Kontrolle durch welche Macht, die Frage der Heimkehr oder Kompensation der 1948 und 1967 vertriebenen Palästinenser, die Ausdehnung des geplanten autonomen Staates und welche Autonomierechte darin den Palästinensern zustehen würden, volle Souveränität oder weniger? – Sieben Jahre zuvor in Oslo hatten die Palästinenser ein Rahmenabkommen akzeptiert, dessen konkrete Einzelheiten erst nachher ausgehandelt wurden – zum Nachteil der schwächeren Seite, das heisst, der Palästinenser. Nun wollten sie kein Friedenspapier mehr unterschreiben, bevor alle Einzelheiten unverbrüchlich fest standen. Doch über Ostjerusalem und das Rückkehrrecht der vertriebenen Palästinenser konnte keine Übereinkunft erzielt werden. Die Siedlerfrage blieb undiskutiert. Souveränität über seine eigenen Grenzen wollten die Israeli dem autonomen Gebiet nicht zugestehen. Ausserdem forderten sie territoriale Zugeständnisse von den Palästinensern für die Zonen mit der grössten Dichte von Siedlern. Diese hatten sie selbst im Verlauf der damals 33 Besetzungsjahre nach strategischen Gesichtspunkten eingepflanzt, gefördert und grossgezogen.

Zurück zum Gesetz des Dschungels

Nach dem Zusammenbruch des Friedensprozesses brach die «zweite Intifada» aus. Anlass dazu bot diesmal am 28. September 2000 die Provokation des «Spaziergangs» des damaligen Ministers *Ariel Sharon* auf dem Areal der Al-Aksa-Moschee, begleitet und abgesichert von 700 Bewaffneten. Die zweite Intifada unterschied sich von der ersten dadurch, dass sie nicht nur mit Steinen, sondern auch mit Waffen geführt wurde. Es waren im wesentlichen die leichten Schusswaffen, welche die palästinensischen Sicherheitskräfte Arafats im Verlauf des «Friedensprozesses» mit israelischer Zustimmung erhalten hatten. Die Israeli hatten sie allerdings den Sicherheitsdiensten der PLO für den Einsatz gegen palästinensische Extremisten zugestanden, nicht gegen israelische Siedler und Besatzungssoldaten. Die zweite Intifada verwendete auch zunehmend Selbstmordbomben, manche mit verheerenden Resultaten, gegen israelische Zivilisten. Diese echten Terroraktionen machten es der israelischen Regierung, nun unter Ariel Sharon, leicht, mit bisher noch nie erreichter Härte und schweren Waffen gegen die Palästinenser der Westbank und Gazas vorzugehen, die Wirtschaft dieser Gebiete durch beständige Strassensperren und Ausgangsverbote stillzulegen und dadurch den Lebensstandard aller Palästinenser katastrophal zu senken, Tausende von Palästinensern zu töten, zu verwunden und gefangen zu nehmen und zusammen mit grossen Teilen ihrer Siedlungen auch die in Anfängen aufgebaute Infrastruktur eines erhofften palästinensischen Staates systematisch zu zerstören.

Der Umstand, dass während der gesamten Zeit des sogenannten Friedensprozesses immer mehr Siedler mit Hilfe des israelischen Staates in den besetzten Gebieten angesiedelt wurden (es waren 100 000 zu Beginn des Prozesses, 200 000 an seinem Ende 2002, zwei Jahre später, 250 000), ist der beste Beweis dafür, dass es in Israel Kreise gab und gibt, die «mehr Land für die Israeli» einem Frieden mit den Palästinensern nach wie vor vorziehen. Dank des gescheiterten Friedensprozesses, der erfolgreichen Provokation Sharons auf dem Gelände der Al-Aksa-Moschee und der Gewaltanwendung der Palästinenser, besonders der Selbstmordattentäter, sind diese Kreise in Israel mit Sharon zur Herrschaft und damit in die Lage gekommen, ihre Politik zu verwirklichen.

Die iranische Revolution

In den Jahren nach dem Oktoberkrieg von 1973 bin ich immer seltener nach Iran gereist. Es gab nicht viele besondere Anlässe dafür. Das Regime des Schahs schien sich gefestigt zu haben und das Land wurde immer reicher. Schon 1968 hatten die Erdöleinkünfte eine Milliarde US-Dollars betragen. 1973 gelang Mohammed Reza Schah das, woran Ministerpräsident Mosaddeq 20 Jahre zuvor (nicht ohne sein Zutun) gescheitert war: Der Herrscher verschaffte dem Staat die volle Kontrolle über die bisher von einem westlichen Konsortium ausgebeuteten Ölfelder. Der mit zunächst noch steigenden Ölpreisen immer stärker ins Land fliessende Dollarstrom wurde zu vielen Infrastrukturverbesserungen genutzt. Neue Strassen wurden angelegt, bestehende zu Autobahnen ausgebaut. Telefon-, Radio- und Fernsehnetze wurden über das ganze Land gelegt, das Schulwesen verbessert, die Universitäten erweitert (die Zahl der Studenten stieg allerdings noch schneller als die der Studienplätze). In den Städten, besonders in der Hauptstadt, wurde viel gebaut. Sie wuchsen gewaltig an, weil immer mehr Menschen vom Lande in die Städte zogen, mehr, als diese auf Dauer trotz aller Infrastrukturmassnahmen verkraften konnten. Die immense Landflucht war ein Problem, das beim Sturz des Schahs eine grosse Rolle spielen sollte.

Ein weiteres Problem war, dass der steigende Reichtum nach wie vor eklatant ungleichmässig verteilt blieb. Er kam fast ausschliesslich den städtischen Oberschichten, politischen und militärischen Machthabern und Günstlingen des Monarchen zugute.

Immer mehr ausländische Geschäftsleute strömten nach Teheran, so viele, dass sie zeitweilig in den Foyers oder anderen schnell hergerichteten Räumlichkeiten der Hotels auf Feldbetten schlafen mussten, um überhaupt ein Quartier zu haben. Sie alle kamen mit einer Flut von Geschäftsvorschlägen, für die sie Staat und Wirtschaft Irans zu gewinnen suchten. Das Motto hiess: «Recirculate the oil money!» – möglichst viele der Dollars, die der Iran für sein Öl eingenommen hatte, sollte er im Westen wieder ausgeben. Die persischen Gesprächspartner erkannten das Spiel und verhielten sich entsprechend. Zum erstenmale erschienen ausländische Unternehmer als Bittsteller!

Besonders die Reichen und Mächtigen der Iraner begannen daher, auf «gewöhnliche» Geschäftsleute aus Europa und Amerika herabzuschauen. Wenn überhaupt mit Leuten aus dem Westen, wollten sie nur noch mit Multimillionären verkehren.

Iran besass einen Entwicklungsplan, der vor der Zeit der Erdölgeldschwemme aufgestellt worden war. Als die Staatseinnahmen gewaltig anwuchsen, rief der Schah vom 1. bis 3. August 1974 eine Versammlung seiner Minister nach Ramsar am Kaspischen Meer ein. Dort erklärte er, da nun soviel Geld in der Kasse sei, sollten die Ausgaben des laufenden Fünfjahresplanes verdoppelt werden. Einige seiner Wirtschaftsfachleute wagten zaghaft einzuwenden, dass Iran nur eine bestimmte Kapazität an Strassen, Häfen, Arbeitskräften, Fachleuten, Industrieanlagen besitze und dass daher eine simple Verdoppelung der Ausgaben nicht zu einer Verdoppelung der Fortschritte, sondern zu Stauungen und Problemen führen müsse. Man laufe Gefahr, zu viel zu schnell zu tun. Doch der Schah wollte nicht zuhören, er bestand auf seinem Gebot und seine Minister fügten sich.

Mohammed Reza Schah hatte im Lauf der Jahre immer mehr Minister eingesetzt, die sich in erster Linie durch Liebedienerei gegenüber dem Alleinherrscher und alleinigen Machthaber auszeichneten. Er hatte auch immer mehr die Geheimdienste der SAVAK (Abkürzung für «Organisation für Sicherheit des Reiches») als direkte Regierungsinstrumente verwendet. SAVAK-Agenten sassen in einem jeden Ministerium, und die hohen Beamten, sogar die Minister, zitterten vor ihnen, nicht ohne Grund.

Die offizielle Politik wurde zuerst durch zwei Parteien geführt, die der Schah 1957 ernannte: eine Regierungspartei und eine Opposition. 1975 ging der Herrscher zu einem Einparteiensystem über. Die Kandidaten bei Wahlen wurden immer zuerst von den Diensten des Schahs überprüft oder sogar ernannt, bevor die Listen der Kandidaten veröffentlicht wurden.

Die Öffentlichkeit war von der Entwicklungsplanung völlig ausgeschlossen. Sie erfuhr von ihr nur in geschwollenen Sätzen wie: «Es ist feste Zuversicht aller Menschen des Iran – geführt von Seiner Kaiserlichen Majestät, Shaninsshah Aryamehr, und beseelt von seinen weisen Anordnungen-, dass sich dieser Plan als Speerspitze einer der hervorragendsten und bedeutsamsten Veränderungen in diesem Land erweisen wird und dass seine Erfüllung der Nation und ihren Menschen grösseren Wohlstand sowie den Iran schneller in die Periode der Grossen Zivilisation bringen wird.» (Kayhan International 25.10.1976, zitiert in dem wichtigen Buch von Robert Graham: Iran, Illusion der Macht, Berlin 1979, S.90; in diesem Buch findet man Zahlenmaterial und eine gute Darstellung des «Booms» und seines Zusammenbruchs).

Die «Grosse Zivilisation», welche der Schah seiner Nation bringen wollte, war seit den Krönungsfeierlichkeiten des Jahrs 1971 zu seiner Obsession geworden. Er sprach oft davon, dass Iran in wenigen Jahren Grossbritannien «überflügeln» werde. Die Verdoppelung der Ausgaben des Entwicklungsplans führte, wie vorauszusehen war, zu einer scharfen Inflation, zu einer gewaltigen Überhitzung der Wirtschaft und zu einer mindestens ebenso grossen Steigerung der Korruption, weil die Geldschwemme alle jene, die in der Lage waren, sich zu bereichern, dazu einlud. Die Landwirtschaft konnte bei dem Boom am wenigsten mithalten. Es gab Zeiten, in denen sogar die Eier mit dem Flugzeug aus Bulgarien nach Teheran importiert wurden. Die Bauern wanderten in die Städte, besonders nach Teheran. In ihnen entstanden gewaltige, dicht besiedelte Elendsviertel, wo bis zu 18 Wanderarbeiter in einem Zimmer Unterschlupf suchten. Manche schliefen sogar in einem Loch im Boden, das sie mit Plastik ausschlugen. Diese Wanderarbeiter waren vor allem im Bauwesen beschäftigt, das seinerseits übermässig anschwoll. Es wurde auch noch beschleunigt durch eine staatliche Kreditpolitik, die den Bauunternehmern Anleihen zu 2 Prozent gewährte. Alle Banken Irans waren staatlich. Der Zement für diese Bauunternehmen musste manchmal mit Helikoptern von den Schiffen aufs Land gebracht werden, weil die Häfen verstopft waren. Manchmal warteten bis zu 200 Schiffe auf Einfahrt nach Khorramschahr, dem Haupthandelshafen des Südens. Auch auf den Überlandstrassen nach Europa, besonders der wichtigsten, die über Täbris und den Grenzübergang von Maku in die Türkei führte, stauten sich die Lastwagen über Dutzende von Kilometern.

Die Armee war einer der Hauptbegünstigten bei dem Ausgabenboom. Der Schah bestellte beständig neue Waffen und Waffensysteme aus den Vereinigten Staaten. Er konnte nicht genug davon kaufen, obwohl bekannt war, dass die amerikanischen Waffenfirmen zwei Preislisten vorlegten, eine für die Ölstaaten und eine billigere für den Rest der Welt. Präsident Nixon hatte den Schah ermuntert, als der «Gendarm des Mittleren Ostens» zu wirken. Amerikanische Berater dienten bei der persischen Armee, besonders bei der Luftwaffe, und sie waren so gut bezahlt, dass ihre Gehälter Neid bei den persischen Offizieren weckten.

Mir persönlich war das Reisen in Iran unangenehm geworden, seitdem die einfacheren Musafer Khane, die ich immer benützt hatte, für Ausländer unzugänglich geworden waren. Dies ging offensichtlich auf einen Befehl der SAVAK zurück, die vermeiden wollte, dass jüngere Reisende und Studenten mit iranischen Gleichaltrigen zusammentrafen. Die Leiter von Musafer Khane in Teheran, die ich seit Jahren kannte, bedeuteten mir plötzlich in einem etwas verlegenen Ton, alles sei besetzt, kein Bett sei mehr frei, obwohl nur wenige Gäste zu sehen waren. Auf Nachfragen hin erklärten mir die Besitzer, es gäbe eine Musafer Khane in Teheran, die für die Ausländer reserviert sei. Sie lag in der Amir Kebir-Strasse am Rande der Altstadt, und ich fand sie voll von jungen japanischen Reisenden und einigen anderen durchreisenden Hippies. Die Kontrolle griff sogar auf die Bücher durch. Die Zensur machte das Literaturangebot auf einen Schlag fade, obwohl es zuvor die Vielfalt der geistigen Strömungen im Lande recht deutlich gespiegelt hatte.

Gerüchteweise war zu vernehmen, dass auf dem Lande, besonders in der dicht bewaldeten Dschungelprovinz Gilan Ultralinksgruppen, jenseits des Sowjetkommunismus, mit Widerstandsaktionen begonnen hatten. Es gab Hinrichtungen, doch die Aktionen schienen weiterzugehen. Zwei Richtungen des Widerstands waren zu unterscheiden: eine von revolutionären islamischen Kämpfern, den *Volks-Mujahedin*, und eine von reinen Marxisten-Leninisten, den *Volks-Fedayin*. Die Volks-Fedayin hatten im Februar 1971 einen ersten Angriff auf einen Polizeiposten in Siahkal gewagt, um sich Waffen zu verschaffen und einen gefangenen Kameraden zu befreien. Die Täter wurden drei Wochen lang gejagt und aufgerieben, doch brachten sie der Polizei ihrerseits schwere Verluste bei. Die gleiche Gruppe ermordete später Agenten der SAVAK und sogar einen General. Doch 172 ihrer Anhänger verloren in der Repression ihr Leben.

Die Volks-Mujahedin sahen sich selbst als moderne Muslime an. Sie bildeten seit 1965 Diskussionsgruppen an den Universitäten, in denen sie versuchten, den Marxismus und die schiitische Variante des Islams zusammenzubringen. Auch sie wurden von der Geheimpolizei, die mit Infiltrationsmethoden arbeitete, streng verfolgt.

Tief im Untergrund gab es eine weitere Gruppierung, von der man nie etwas in den Zeitungen lesen konnte und deren Mitglieder sich immer wieder in den Gefängnissen befanden. Dies war die *Bewegung für die Freiheit Irans*, oder kürzer *Freiheitsbewegung*, die von *Mehdi Bazargan* geleitet wurde und hinter der ein fortschrittlicher Ayatollah stand, *Mahmud Taleghani*. Bazargan war der Fachmann gewesen, dem Mosaddeq 1951 als Ölminister die Leitung der unter ihm neu nationalisierten Erdölgesellschaft anvertraut hatte. Von Beruf war er Ingenieur der Thermohydraulik, er hatte in Paris studiert. Doch er war auch ein gläubiger Muslim, und seine Bewegung suchte den Islam mit den Notwendigkeiten der Moderne zu kombinieren, wozu für Bazargan und für Taleghani unbedingt ein demokratisches Regime gehörte. Taleghani war der wichtigste Geistliche, der für einen modern verstandenen und sozial ausgerichteten Islam eintrat. In dieser Bewegung, die schon 1961 gegründet worden war, begegneten sich verschiedene Strömungen, die alle die Suche nach einem demokratischen *und* islamischen Regime als gemeinsames Merkzeichen aufwiesen. Eine dieser Strömungen bestand aus den Schülern und Zuhörern des berühmten *Ali Shari'ati* (1933–1977), der sich durch seine Vorträge über revolutionären schiitischen Islam einen grossen Namen gemacht hatte, bis ihn die SAVAK 1972 einkerkerte und 1975 schliesslich zur Ausreise nach London zwang, wo er plötzlich starb. Er sei dort von der SAVAK vergiftet worden, nahmen viele Iraner an. Bazargan und Taleghani verbrachten Jahre in den Gefängnissen der SAVAK, und Taleghani wurde dort so schwer misshandelt, dass seine Gesundheit dadurch geschädigt war.

Die Freiheitsbewegung, der die Volks-Mujahedin zumindest nahestanden, konnte als der muslimische Flügel der einstigen Mosaddeq-Front gelten. Daneben gab es einen grösseren, aber nur selten aktiven nationalistischen Flügel der einstigen Mosaddeq-Anhänger. Er wurde nicht so scharf verfolgt, weil er weniger aktiv war und über keine Querverbindungen zu den sozialistischen und marxistischen Strömungen verfügte, die der Schah, seine Geheimdienstleute und die mit dem Regime verbündeten Amerikaner am meisten fürchteten. Dieser halb geduldete, halb verfolgte Flügel ging unter dem Namen *Nationale Front*, wie schon die Regierungskoalition unter Mosaddeq sich genannt hatte. Beide Formationen, die Befreiungsbewegung und die Nationale Front, hatten ihre Schwerpunkte in den Universitäten.

Die SAVAK suchte die Universitäten zu überwachen. Sie unterhielt eigene Attachés an den iranischen Botschaften im Ausland, deren Aufgabe es war, die iranischen Studenten zu beobachten, die dort ihre Studien verfolgten. Sie taten das mit Hilfe von Spitzeln, die sie unter den Studenten selbst rekrutierten. Studenten, die nach Iran zurückkehrten, konnte es geschehen, dass sie sofort nach ihrer Heimkehr verhaftet und verhört wurden. Die Verhöre waren in vielen Fällen, besonders wenn sie Personen betrafen, die keinen Rückhalt in einer reichen Familie besassen, mit Misshandlungen verbunden. Die schwersten Foltermethoden und die längsten Gefängnisstrafen waren für Mitglieder und vermutete Mitglieder der streng verbotenen iranischen *Tudeh*-Partei, das heisst der moskautreuen Kommunisten, reserviert; sie fürchtete das Regime am meisten. Doch gab es auch ehemalige Kommunisten, die von den Geheimdiensten «umgedreht» worden waren und sich als nützliche Zuträger und Diener des Regimes erwiesen. Sie konnten sogar politische Karriere machen; denn das Regime wählte seine Diener nach den Kriterien möglichst grosser Charakterlosigkeit und Fähigkeit zur Liebedienerei aus. «Umgedrehte» Kommunisten, die natürlich ihren ehemaligen Parteibrüdern als Verräter galten, wurden als besonders zuverlässige Diener der

Machthaber angesehen – sie hatten keine andere Wahl, als sich mit dem Regime zu identifizieren.

Unruhen in Qom

In dieses für mich eher unschöne politische Panorama brach wie ein Blitz am heiteren Tage die Nachricht von Demonstrationen ein, die in der heiligen Stadt Qom, einem der grossen Pilgerzentren des Schiismus, am 6. Januar 1978 ausgebrochen waren und die eine grössere Anzahl von Studenten der schiitischen Theologie das Leben gekostet hatten. Die Demonstrationen waren durch einen Zeitungsartikel hervorgerufen, der in der Tageszeitung «Ettala'at», einer der beiden grossen Zeitungen des Landes, erschienen war und der Ayatollah Khomeiny heftig und in unflätiger Art angriff. Ich kannte den Namen des Ayatollahs aus einem ausführlichen Interview mit ihm, das ich in der Beiruter Zeitung «L'Orient – Le Jour» gelesen und aufgehoben hatte. Dies war das einzige Mal gewesen, dass mir der Name vorgekommen war. Keiner meiner Kollegen und Bekannten, auch nicht unter den Iranern im Ausland, wusste viel über ihn. Vielen war der Name gänzlich unbekannt. Ich nahm mir das Interview wieder vor. Ein libanesischer Schiite war dem Geistlichen in Najaf im Irak begegnet und hatte ein Interview mit ihm durchgeführt. Er war besonders beeindruckt von dem «kalten Hass» des in der Verbannung lebenden hohen Geistlichen auf die gesamte Dynastie der Pahlawi (die der Vater des herrschenden Schahs, Reza Khan, begründet hatte). In Qom jedoch, wo Khomeiny vor seiner Verbannung gelehrt hatte, war er offensichtlich bekannt und besass seine Parteigänger. Die Demonstrationen hatten mehrere Tage lang gedauert und den Einsatz von Truppen notwendig gemacht. In Journalistenkreisen sickerte bald durch, dass der Artikel gegen Khomeiny von der SAVAK geschrieben und der Zeitung aufgezwungen worden war. Geheimdienstleute hatten offenbar versucht, das Prestige Khomeinys zu schädigen, indem sie schrieben, er sei überhaupt kein Perser, sondern indischer Herkunft, wie der Zuname seines Vaters «al-Hindi» beweise. Sie deuteten auch an, dass er homosexuelle Neigungen habe, was in Iran und in der ganzen islamischen Welt als eine besonders schwere Anschuldigung und Beleidigung gilt, und sie machten sich über seine volkstümliche Sprache lustig, die, wie sie behaupteten, von geringer Bildung zeuge. Der Titel des Machwerkes war: «Schwarzer und Roter Imperialismus». Später erfuhr ich, dass der Artikel unter einem Pseudonym vom Hofministerium des Schahs veröffentlicht worden war. Doch die SAVAK war so allgegenwärtig, dass die Volksmeinung, sie sei der Urheber, wahrscheinlich tatsächlich zutraf.

Der Unterricht in Qom wurde eingestellt, und die anderen hohen Geistlichen der Stadt, Grossayatollahs wie *Shariat Madari* und *Golpayegani*, sahen sich veranlasst, die Demonstrationen für Khomeiny zu billigen, weil sie den Angriff auf ihn – wenngleich ihm gegenüber theologische Differenzen bestanden – nicht hinnehmen konnten, ohne das Prestige der gesamten religiösen Institution zu schädigen. Shariat Madari und Golpayegani vertraten, mit unterschiedlichen Nuancen, die traditionelle Lehre, nach welcher die Geistlichen als Berater der Herrscher wirken, aber nicht direkt in die Politik eingreifen sollten, weil politische Machtausübung auf längere Sicht dem Prestige der Religion Schaden bringe. Khomeiny hatte die neue These entwickelt, die Geistlichen, als die besten Kenner des Gottesrechtes, der Scharia, sollten selbst die Regierung der Gläubigen in die Hand nehmen. Dies war seine Lehre von der «Herrschaft des Rechtsgelehrten», *Wilayat al-Faqih*, von der man in der Folge viel hören sollte.

Eine vorausgegangene «Öffnung» des Schahs

Erst in späteren Monaten wurde mir klar: Ganz wie ein Blitz aus heiterem Himmel war dieser Auftakt zur Revolution doch nicht gekommen. Vorausgegangen war eine Periode der Aufweichung des strikten Zensur- und Gewaltregimes, die mit der Aussenpolitik Irans zusammenhing. Präsident Carter war 1978 zur Macht gekommen. Er hatte die Menschenrechte zu einer wichtigen Richtschnur seiner Politik gemacht, und die US-Regierung suchte auch auf den Schah in diesem Sinne einzuwirken. Dies hatte den verschiedenen Oppositionsgruppen im Lande Auftrieb gegeben. Die Stimmen mehrten sich, die Meinungsfreiheit und politische Rechte für die Iraner forderten, und der Schah hatte sich erstaunlich milde gezeigt. Offene Briefe, die an ihn von verschiedenen Körperschaften in diesem Sinne gerichtet wurden, hatten nicht zu sofortigen Repressionsmassnahmen geführt, wenngleich sie auch nicht beantwortet worden waren. Der Schah gab seltsame Erklärungen ab, in denen er sagte, er wolle das Land für die Machtübernahme seines erst 16-jährigen Sohnes Cyrus vorbereiten und deshalb bessere Beziehungen zwischen dem Thron und der Bevölkerung schaffen. Von Cyrus war nur bekannt, dass er gerne mit der Eisenbahn spielte; warum der Schah plötzlich von ihm als Nachfolger sprach, war unbegreiflich. Erst Jahre später wurde die Erklärung offenbar: Mohammed Reza Schah litt unter Krebs. Doch dieser Umstand wurde so streng geheim gehalten, dass auch nicht ein Hauch davon in die Aussenwelt drang.

Am 15. November 1977 besuchte der Schah Washington. Iranische Oppositionskreise, unter ihnen auch die Vereinigung der iranischen Studenten in den USA, machten mobil, um der Welt und Carter selbst die schweren Vergehen gegen Menschenrechte und Bürgerfreiheit in Erinnerung zu rufen, deren der Schah schuldig war. Es kam zu heftigen Demonstrationen in der US-Hauptstadt, und Bilder des Schahs, der sich die von Tränengas mitgenommenen Augen wischte, waren auch im iranischen Fernsehen übertragen worden. Der Schriftstellerverband kam in die Lage, mit Hilfe eines wohlmeinenden deutschen Kulturattachés eine Lesung von durch die Zensur unterdrückten Gedichten im Goethe-Institut von Teheran zu veranstalten. Sie fand solchen Anklang und brachte soviele Dichter, die man bisher nie hatte hören können, zum Wort, dass die Menschen sich auf der Strasse ansammelten und über Lautsprecher der Lesung zuhörten, die mehrere Tage lang dauerte.

Auch Khomeiny, dessen Namen nach zwölf Jahren Exil sogar in Qom teilweise in Vergessenheit geraten war, wurde wieder erwähnt. Sein Sohn Mustafa war am 23. Oktober 1977 plötzlich gestorben, anscheinend an einem Herzschlag. Doch gab es dabei seltsame Umstände, die bei vielen Iranern die Überzeugung weckten, die SAVAK habe ihre Hand im Spiel gehabt. Er hatte auf einer Reise nach Syrien und Libanon Besucher aus Iran empfangen und mit ihnen verabredet, sich wieder mit ihnen in Najaf, wo er mit seinem Vater lebte, zu treffen. Am Tag vor seinem Tod gegen 10 Uhr abends war ihm gemeldet worden, er habe Besucher. Er ging sie empfangen. Sie wurden später nie mehr gesehen, doch Mustafa wurde am nächsten Morgen tot aufgefunden. Trauerzeremonien für ihn wurden in Qom und in Teheran organisiert. Khomeiny reagierte auf sie mit einem Telegramm, in dem stand: «Wir stehen vor grossem Unglück, deshalb sollten wir individuelle Tragödien nicht hervorheben». (Nach der im Jahre 1999 erschienenen besten und ausführlichsten Biographie Khomeiny's von Baqer Moin, Khomeiny. Life of the Ayatollah, London 1999).

Die Unruhen in Qom erscheinen vor diesem Hintergrund als das Ereignis, welches den bereits eingeleiteten Protesten der Intellektuellen und Studenten für Menschenrechte und politische Freiheit plötzlich eine religiöse Dimension verlieh. Erst diese trug die Protestbewegung wirklich ins Land hinaus und verwandelte sie aus einem Anliegen der Intellektuellen zu einer Sache des iranischen Volkes. Ich befand mich in Madrid, als die Nachrichten von den Unruhen in Qom eintrafen. Die Welt nahm sie gelassen auf. Strassenunruhen im fernen Persien hatte es schon oft gegeben. Doch ich horchte auf und begann, regelmässig die Nachrichten der BBC auf Persisch zu hören, weil diese ausführlicher als die englischen berichteten. Ich erinnerte mich an Diskussionen zwischen saudischen und iranischen Studenten, die ich mehrmals mitangehört hatte. Es ging darin um die Frage: «Welcher wird zuerst am Ende sein, euer König oder unserer?» Ich hatte stets in meinen Gedanken dem iranischen Herrscher den Vortritt zugesprochen; denn sein Land besass eine breitere Schicht von mittelständischen Intellektuellen und eine politische Tradition des Protestes gegen die Monarchie, die auf die Erste Iranische Revolution von 1906 bis 1909 zurückging; die Tragödie von Mosaddeq, die mit dem amerikanisch gestützten Staatsstreich von 1953 endete, bildete darüber hinaus eine Wunde, die immer noch offen stand, obwohl der Schah sie zu übertünchen versuchte.

Als 40 Tage nach Qom am 18. Februar 1978 neue Unruhen, diesmal in Täbris, ausbrachen, und als das Militär auch dort eingesetzt werden musste, um sie brutal niederzuschlagen, wurde mir klar, dass etwas Wichtiges begonnen hatte. Die 40 Tage gehören zu Trauergebräuchen des Islams: Man gedenkt nach 40 Tagen der Verstorbenen mit einer Zeremonie, die ein nochmaliges Abschiednehmen markiert. Die – damals unbekannt und unsichtbar bleibenden – Lenker der Ereignisse machten sich diese Tradition zunutze und veranstalteten Erinnerungsdemonstrationen für die Opfer von Qom in anderen persischen Städten. Sie verfolgten damit offensichtlich das Ziel, die Bewegung über das ganze Land auszudehnen. Die Demonstrationen waren so angelegt, dass eine Stadt nach der anderen die Fackel des Protestes übernahm. Dies wurde offenbar, als nach weiteren 40 Tagen, am 29. März, Proteste in Yazd ausbrachen, die auch wieder blutig niedergeschlagen wurden. Der 40-Tage-Rhythmus wurde von da an den ganzen Sommer hindurch beibehalten.

Es gab viel zu erklären, das ein Europäer, der Persien nicht kannte, nicht unkommentiert zu verstehen vermochte, und daraus ergaben sich die ersten Artikel, die ich über die neue Lage in Persien von Madrid aus verfasste. Aber natürlich empfand ich ein dringendes Bedürfnis, die Lage selbst aus der Nähe mitzuerleben. Ein Europäer konnte damals ohne alle Visa-Formalitäten nach Iran reisen, wie auch Iraner in die europäischen Länder. So flog ich denn im Frühling 1978 seit geraumer Zeit wieder zum erstenmale nach Teheran. Die Hauptstadt war noch ruhig. Der erste und überwältigende Eindruck, den sie mir nun machte, war, dass sie sich in den vier, fünf Jahren, in denen ich sie nicht mehr besucht hatte, erstaunlich verändert hatte. Ein wahrer Quantensprung auf dem Weg zur Amerikanisierung hatte stattgefunden. Die Stadt lebte in einer beständigen Verkehrsverstopfung. Um sie zu mildern, hatte man an den grossen Strassenkreuzungen «fly overs» nach amerikanischem Vorbild gebaut sowie einen «express way» nach dem reichen Norden der Stadt, ebenfalls nach amerikanischem Muster. Das Resultat war natürlich, dass der Verkehr auf den Überführungsbrücken und der Schnellstrasse schnell lief, sich aber um so mehr drängelte und staute, wo die Brücken begannen und endeten und wo die Einfahrten und die Ausfahrten der Schnellstrasse lagen.

Wer Geld hatte, fuhr im eigenen Wagen oder in einem der Tausenden von Taxis; die einfachen Leute standen Schlange, um sich in die selten verkehrenden, überfüllten Autobusse hineinzudrängen. Gewaltige Strassenzüge wie die längste Strasse der Stadt, die damals noch Pahlewi-Allee genannt wurde, hatten sich aus ruhigen baumbestandenen Verkehrswegen in Geschäftsstrassen verwandelt, in denen ein Geschäft mit importierten Luxuswaren neben dem anderen lag. Die Neonschilder mit Blinklichtern fehlten bei keinem. Banken in Hülle und Fülle lagen dazwischen. Die Fassaden der neueren Häuser waren mit italienischen Mosaiksteinen ausgelegt. In den Nebengassen, den Kucheh, tauchten Marmorfassaden hinter weissgestrichenen eisernen Gittern auf. Englisch war die zweite Landessprache nach Persisch geworden. In jeder Strasse gab es ein paar Luxusrestaurants, und die billigeren «fast food»-Ketten aus Amerika fehlten nirgends. Hühner am Spiess, die über Gasflammen gegrillt wurden, gab es an jeder Strassenecke zu kaufen.

Das Zentrum der Stadt hatte sich nach Norden hinauf verschoben, das frühere Zentrum war in den Bereich der unteren Volksstadt gerutscht. Es begann zu verstauben, wenn noch nicht zu verfallen, während weit hinauf in den Norden eine Neon- und Glitzerstadt Strasse über Strasse umfasste. Die einst klaren Wasser der Strassenkanäle, der Jube, waren verschmutzt und verstopft. Schwarze Ölreste machten sich überall breit. Der riesige erloschene Vulkan im Norden der Stadt, der Demawend, dessen Schneekuppe früher von überall sichtbar den Horizont beherrscht hatte, war unsichtbar geworden. Die Luftverschmutzung hing wie eine Glocke über der Hauptstadt. Das Tagesgespräch der Teheraner Eliten drehte sich nicht so sehr um den Islam und die Geistlichen; deren Agitation war in den Augen der meisten der Bewohner der reichen oberen Stadt eine obskure und rückständige Bewegung unter dem niedrigen Volk, das von den Geistlichen aufgestachelt wurde. Die meisten Ausländer hatten den Namen Khomeiny überhaupt nie gehört. Was die Leute wirklich bewegte, war die Frage der plötzlichen «Öffnung», die der Schah zu gewähren schien. Wie weit würde sie gehen, und wann würde sie auf ihre Grenzen stossen? Was stand dahinter? War es vielleicht, um von den wirtschaftlichen Fehlentwicklungen abzulenken, die mit dem sich nun abzeichnenden Zusammenbruch des überhitzten Booms der vergangenen Jahre immer deutlicher hervortraten? Im vorausgegangenen Sommer war die Elektrizitätsversorgung von Teheran zusammengebrochen, weil zu viele Leute Luftkühlgeräte gekauft und eingeschaltet hatten. Das Fleisch war in den Tiefkühltruhen verfault. Das galt vielen Europäern als ein wichtigeres Mahnzeichen als die obskuren Unruhen, die in der «mittelalterlichen» Stadt Qom ein paar Tote verursacht hatten, weil die dortigen Geistlichen anscheinend untereinander und mit dem Regime im Streit lagen. Hätten die ausländischen Geschäftsleute sich nur die Mühe genommen, BBC abzuhören, statt sich von den Regierungssprechern und den lokalen Fernsehsendern, die von SAVAK direkt kontrolliert wurden, informieren zu lassen, hätten sie mehr von der Lage begriffen.

Khomeiny befand sich damals noch im irakischen Exil, doch die Tonbänder mit seinen Predigten und Aufrufen standen in ganz Iran im Umlauf, ohne dass die «europäisierten» und «amerikanisierten» Oberschichten der Hauptstadt sich gross darum kümmerten. Die Geistlichen waren für sie schon lange ein Gegenstand mitleidigen Lächelns geworden. Sie sahen in ihnen bloss noch altmodische Überbleibsel einer vergangenen Zeit, die sich beim unteren Volk mit allerhand Tricks noch ein wenig Gehör und einiges Geld verschafften. Schon ihre Kleidung mit den Turbanen und dem arabischen Mantel statt nach der allgültigen amerikanisch-europäischen Mode schien darauf hinzuweisen.

Ich telefonierte damals mit dem ehemaligen Ministerpräsidenten und früheren Botschafter in Washington, *Ali Amini*, und bat ihn um ein Interview. Ich fand ihn erstaunlich bereit dazu. «Telefonieren Sie aus Paris?» fragte er angeregt und schien enttäuscht, als ich sagte, ich befände mich bereits in Teheran. Er gab mir ein Stelldichein in Elahiye hoch am Nordrand der Stadt. Dort besass er ein fabelhaftes Haus in einem gepflegten Park, man konnte es nur deshalb nicht einen Palast nennen, weil es zu geschmackvoll gebaut war. Der schlanke und bewegliche ältere Herr erzählte mir ausführlich auf Französisch vom Schah, der kaum mehr ansprechbar sei (seine Krankheit erwähnte er nicht direkt; vielleicht hätte ich genauer hinhören und nachfragen sollen). Er meinte, ein erfahrener Politiker würde mit den Geistlichen leicht fertig werden, es sei nur eine Frage des Taktes ihnen gegenüber. Dies zeigte, dass er sich damals der finsteren Entschlossenheit Khomeinys, den Schah zu Fall zu bringen, koste es was es wolle, wohl noch nicht voll bewusst war. Auch die wirtschaftlichen Turbulenzen wären ins Lot zu bringen, erklärte Amini, wenn nur erfahrene und verantwortungsbewusste Politiker an die Macht kämen. Natürlich meinte er sich selbst in erster Linie, doch er erkannte auch, dass die Chancen für ihn nicht gut standen. 1962 hatte er den Schah gerettet, wie er es sah, indem er von ihm Handlungsfreiheit forderte und sie in der damaligen Notlage auch erhielt. Doch der Schah hatte seine

Machtkonzessionen bei erster Gelegenheit wieder zurückgenommen und alle Macht wieder bei sich monopolisiert. Amini glaubte nicht, dass er sich entschliessen würde, noch einmal ihm selbst oder einer anderen Person volle Aktionsfreiheit zuzugestehen. Ohne das aber, so machte er deutlich, mit einem Schah, der selbst kaum mehr handeln könne und bloss von unfähigen Schmeichlern umgeben sei, könne keine entscheidende Verbesserung eintreten. Auch Washington, so urteilte er, handle nicht entschieden genug. Die Carter-Administration übe zwar gelinden Druck auf den Schah aus, etwa in Fragen der Menschenrechte, jedoch ohne ihn zu zwingen, die Regierungsverantwortung bewährten und qualifizierten Kennern der persischen Politik zu übertragen.

Ali Amini stammte aus dem alten Qajaren-Adel. Die bloss zwei Generationen alte Pahlawi-Dynastie musste ihm als eine Gruppe von Emporkömmlingen erscheinen, die sich mit englischer Hilfe und später mit amerikanischer Unterstützung vorübergehend zur Macht aufgeschwungen hatten. Praktisch ganz Elahiye, wo Amini wohnte, sei alter Familienbesitz, erzählten die Perser, der unendlich wertvoll geworden sei, als sich Teheran bis dort hinauf ausdehnte und die reichsten Leute Irans, einschliesslich der neuen Herrscherfamilie, dort Land kauften und ihre Paläste und Häuser zu bauen begannen.

Ein persischer Biergarten

Ich hatte damals eine neue Unterkunft gefunden, die mir erlaubte, die internationalen Hotels im amerikanischen Stil zu vermeiden. Es gab einen Biergarten in Teheran, der ausserordentlich erfolgreich war. Ein ehemaliger deutscher Luftwaffenoffizier hatte ihn in einem alten Qajaren-Park eingerichtet, der am Ende einer Sackgasse mitten in Teheran lag. Der Offizier, so liess ich mir erzählen, sei nach dem Zweiten Weltkrieg nach Iran ausgewichen, vielleicht habe er die Entnazifizierung gefürchtet. Er habe in Nordpersien Land gekauft und ein mustergültiges Landgut eingerichtet. Dort sei er eines Tages von einem Pahlawi-Prinzen besucht worden; der habe das Landgut besichtigt und sehr gelobt. Jeder Perser und jeder Ausländer wusste, dass die Höflichkeit es erfordert hätte, dem Prinzen zu sagen: «Exzellenz, natürlich steht mein bescheidenes Gut Ihnen ganz zur Verfügung!». Die Exzellenz hätte wahrscheinlich das Geschenk angenommen. Doch der Deutsche weigerte sich, die Erwartung des Besuchers zu erfüllen. Der Prinz ging weg. Später kam eine Steuerklage: Der Offizier wurde angeschuldigt, seine fälligen Steuern unterschlagen zu haben, und er wanderte ins Gefängnis. Als er ein paar Jahre später wieder hinauskam, war sein Gut zwangsenteignet und befand sich in Händen des Prinzen. Der Offizier habe sich darauf entschlossen, in Teheran den Biergarten einzurichten. Dort waren viele «emanzipierte» Perser und Ausländer häufige Gäste. Es gab aus Deutschland importiertes Bier, und dazu konnte man ein «Beafsteak» aus Hackfleisch als einziges Zugericht erhalten. Es kam aus der Tiefkühltruhe, wurde rasch gebraten und mit dem Bier serviert. Man sass an kleinen Eisentischchen im Schatten der alten Bäume des Parks. Im gleichen Park gab es auch einen Pavillon, der einige Zimmer enthielt, die an Gäste vermietet wurden. Am Abend war der Biergarten geschlossen, so dass man vom Spätnachmittag an den Garten für sich alleine hatte, wenn man in dem Pavillon lebte. Tagsüber gehörten die SAVAK-Agenten zu den wichtigen Kunden des Etablissements, wie mir von einem der Kellner zugeflüstert wurde, doch tagsüber war ich ohnehin meist in der Stadt unterwegs.

Die Basarhändler hinter der Revolution

Dass das Ende des Regimes bevorstand, erkannte damals in Teheran noch niemand. Die Demonstrationen spielten sich in den Provinzstädten ab. Nur der 40-Tage-Rhythmus liess ahnen, dass sich dahinter eine mächtige Organisation befand, die das gesamte Land umspannte. Dass zu dieser Organisation auch die Basarhändler gehörten, wurde mir bei jenem Besuche klar. Sie waren verärgert, ja sie sahen ihre Existenz in Frage gestellt, weil die Geschäfte im Zuge der Amerikanisierung immer mehr den Basar verliessen und in die Hände der Banken und der Grosshändler in der modernen Stadt übergingen, die alle mit dem Regime eng verwoben waren. Das Regime wiederum bestand mehr und mehr aus den Günstlingen des Hofes. Sie machten die Geschäfte, die früher in den Händen der Basari gelegen hatten. Doch diese hatten noch Restpositionen zu verteidigen und: Sie besassen noch Geldreserven, die sie der «islamischen» Opposition zur Verfügung stellten. Mit den Geistlichen waren die Basari-Familien in vielen Fällen verwandt und verschwägert. Die Moschee lag im Zentrum des Basars, und die Geistlichen stammten in erster Linie aus den alten Basari-Familien. Doch noch wichtiger war, dass die traditionellen Händler und Grosshändler sehr wohl bemerkt hatten, dass ihre Wirtschaftsmacht stark gefährdet war. Die Modernisierung der Wirtschaft im amerikanischen Stil und mit amerikanischen Methoden drohte, sie in dem Rückzugsgebiet des «altmodischen» Basars liegen zu lassen.

Der Umstand, dass die «moderne» Wirtschaft auch noch schlecht funktionierte, weil sie in die Hände von rücksichtslosen Spekulanten und Hofgünstlingen geraten war, liess die Bitterkeit der Basarhändler natürlich weiter anschwellen. Sie besassen noch eine, natürlich durch den Islam bestimmte, Wirtschaftsethik. Die auf schnellen Gewinn spekulierenden Günstlinge des Hofes, unter denen die Wirtschaft hoffnungslos überhitzt worden war, konnten als gänzlich frei von einer derartig altmodischen Einstellung gelten.

Ein Untergrundnetz von Geistlichen

Was ich damals nicht wusste und auch auf jenem Besuch nicht in Erfahrung brachte, war der Umstand, dass es im ganzen Lande bereits ein Netz von revolutionswilligen Geistlichen gab, die den Anweisungen des exilierten Khomeiny folgten. Sie waren in erster Linie Schüler des Ayatollah, von ihm selbst als seine Stellvertreter in verschiedenen Städten und religiösen Zentren ausgewählt. Dort hatten sie lange Jahre hindurch auf die Zeit der Aktion gewartet. Sie hatten Khomeinys theologische Thesen von der Herrschaft durch den Gottesgelehrten in sich aufgenommen und waren bereit, sie in politische Wirklichkeit umzusetzen. Den Machthabern Irans waren alleine die Geistlichen «alter Schule» vertraut, die das Recht beanspruchten, als Berater der politischen Exekutive zu wirken. Wie man mit ihnen zu kutschieren hatte, war eine altvertraute politische Übung: Man musste sie nur alle anhören und ehren, und dann jene unter ihnen auswählen und fördern, die bereit waren, die Thesen und Handlungen der Regierenden zu unterstützen. Doch dass sie sich nun das Recht herausnehmen könnten, selbst zu regieren, war bisher undenkbar gewesen und wurde von den weltlichen Politikern als Möglichkeit nicht ins Auge gefasst, bevor es geschah.

Ich hatte damals auch Kontakte mit Politikern der Nationalen Front, die einst jene Mosaddeqs gewesen war. Sie zeigten sich höchst zuversichtlich, dass nun bald sie an die Regierung kämen. Die islamische Bewegung sahen sie nur als einen Hebel, der dazu diente, die Bevölkerung aufzuwecken. Sie würden sich dann an ihre Spitze stellen, glaubten sie aufrichtig, denn es gäbe gar keine andere politische Kraft von Bedeutung, die in der Lage sei, die politische Führung zu übernehmen. Ihre Sprache und ihre politischen Vorstellungen wirkten jedoch ein wenig überholt. Sie schrieben den persischen Nationalismus gross, nachdem der arabische schon vor mehr als zwölf Jahren in die Krise geraten war. – Waren sie mental in der Zeit Mosaddeqs hängengeblieben, als die Eiszeit der Repression und des Verbots politischer Aktivitäten über sie kam?

Ich kehrte nach Spanien zurück. In meinen Berichten suchte ich klar zu machen, dass Iran in eine Krise eingetreten war. Sie schien damals primär wirtschaftlicher Natur, nur sekundär politisch. Die internationalen Geldmärkte litten unter Inflation, der Ölboom war offensichtlich geplatzt und hatte ein Chaos von zahllosen angefangenen Wirtschaftsprojekten zurückgelassen. Dass die Geistlichen angesichts der kritischen Zeiten den Willen anmeldeten, ihr Wort mitzusprechen, nachdem sie jahrzehntelang immer stärker beiseite gedrängt worden waren, war mir deutlich geworden; auch, dass sie dabei die Unterstützung der Basarhändler genossen. Doch dass eine neue Richtung unter ihnen, angeführt von Khomeiny, auf viel mehr ausging, nämlich die Regierung Irans in die eigene Hand zu nehmen und der Pahlawi-Dynastie ein Ende zu bereiten, wurde mir erst im Verlaufe des Sommers klar, als die Trauerdemonstrationen dem islamischen Brauch entsprechend jeweilen in einer Stadt nach der anderen fortgesetzt wurden, jedesmal mehr Opfer forderten, aber jedesmal neu in einer weiteren Stadt zum Ausbruch gelangten.

Informationen darüber, was in Isfahan geschah, in Meschhed und schliesslich in Teheran selbst kamen in regelmässigen Augenzeugenberichten über die BBC, die einige ihrer besten Reporter in Iran einsetzte. Ich vernahm sie in Madrid, und ich wusste, die Iraner hörten den gleichen Berichten in ihrem Land zu. Sie wurden für uns alle die wichtigste Informationsquelle. Später traf ich einige unter den Journalisten der Schah-Zeit, die vor der Revolution nach Europa geflohen waren. Sie waren natürlich bittere Gegner der Geistlichen. Alle waren der Ansicht, die BBC habe wesentlich zum Gelingen der Revolution beigetragen, denn ohne sie wäre das blutige Geschehen in dieser oder in jener Stadt nicht gleich rasch und gleich drastisch an die Ohren und ins Bewusstsein der Bevölkerung gelangt. Die iranischen Medien sprachen möglichst wenig davon; die Perser lauschten deshalb in erster Linie der BBC. Manche der Ausgewanderten und Geflohenen gingen so weit, dass sie behaupteten und es selber zu glauben schienen, natürlich habe die BBC auf Befehl der britischen Regierung gehandelt; sie sei doch deren Organ. London habe den Schah und sein Regime zu Fall bringen wollen, weil es sich durch die wachsende Macht des Kaiserreiches bedroht gefühlt habe. Dass dies so gewesen sei, so lautete ihr Zirkelschluss, werde doch gerade durch das Verhalten des britischen Radios bewiesen, das offensichtlich und erfolgreich den Sturz des Regimes betrieben habe ... Dass die BBC zwar von der Regierung finanziell unterstützt wurde, aber ihre Informationen unabhängig formulierte und auf Fakten zu stützen suchte, konnten die persischen Informationsspezialisten einfach nicht glauben.

Die Lage spannte sich jedenfalls an. Ich beschloss vor der nächsten Reise, die ich im Juli 1978 antrat, meine persischen Freunde in Europa um Hilfe zu bitten, um an die Kreise heranzukommen, welche die Erhebungen steuerten. Ein guter Freund, Auslandsperser, linksstehend, Geschäftsmann und Ingenieur, den ich in Madrid kennengelernt hatte, der aber nun in Zürich lebte, war meine erste Anlaufstelle. Er empfahl mich an einen anderen Exilierten weiter, der, wie er sagte, politisch besser informiert sei, einen ehemaligen Minister von Mosaddeq, der zurückgezogen in Nizza lebte. Ich reiste dorthin, und der Besuch lohnte sich. Er gab mir gleich die Telefonnummer von *Mehdi Bazargan* in Teheran, der zusammen mit dem Ayatollah *Mahmud Taleghani* die Freiheitsbewegung leitete. Er sei ein streng religiöser Mann, sagte er mir, und wisse mit Sicherheit darüber Bescheid, was in den muslimischen Kreisen geschehe. Sein Name war damals in Europa und auch unter den Europäern in Teheran unbekannt. Auch Taleghani war kein allgemein bekannter Name. Die SAVAK hatte jahrelang dafür gesorgt, dass diese Personen ausserhalb ihres eigenen engen Zirkels Unpersonen blieben, ob sie nun gerade im Gefängnis sassen oder nicht.

Kaum war ich in Teheran eingetroffen, bezog ich wieder meinen Biergarten und machte von der mir angegebenen Telefonnummer Gebrauch. Es war die eines Ingenieursbüros, das Bazargan aufgezogen hatte, um sich selbst und einigen seiner Mitstreiter eine Lebensgrundlage zu verschaffen. Ich erhielt einen Termin. Es folgte ein ausführliches Gespräch auf Französisch, in dem er mir klar machte, dass Khomeiny der einzige wirkliche Kopf der ganzen Bewegung der Geistlichen sei. Alles hänge von ihm ab, er treffe die Hauptentscheidungen, er besitze ein politisches Genie, dem sich alle anderen beugten, und er werde die Agitation immer weiter steigern, bis der Schah gestürzt sei. Khomeiny sei nicht der Mann, sich von diesem Ziel ablenken zu lassen oder Kompromisse einzugehen, bevor es erreicht sei, und es könne erreicht werden; denn die Iraner hätten die Furcht vor dem Regime verloren. Sie würden fortdemonstrieren, auch wenn es viele das Leben koste. Die kritische Schwelle sei überschritten, die SAVAK flösse keine Angst mehr ein.

Bazargan riet mir auch, nach Isfahan zu reisen und mir die dortige Lage anzusehen. Der grosse Basar der Stadt sei seit Monaten geschlossen, sagte er, die Bevölkerung leiste dem Regime Widerstand. In der benachbarten Stadt Najafabad habe die Armee gerade eine Strafaktion durchgeführt, die auf Plünderungen der Häuser der dortigen Bevölkerung durch die Soldaten hinausgelaufen sei. Das solle ich mir auch ansehen. Ich fragte ihn, ob ich in meinen Berichten seinen Namen nennen und seine Ansichten offen zitieren könne, oder ob das für ihn zu gefährlich sei. Er antwortete lächelnd: «Sie stehen vor einem Mann, der bis zum Kinn im Wasser steht. Ob es ihm nun bis zum Munde reicht oder bis zur Nase steigt, macht nicht mehr viel aus. Gebrauchen Sie ruhig meinen Namen!»

627

Revolution in Isfahan

Natürlich folgte ich seinem Rat zur Reise. Nach Isfahan fuhr ich ohnehin immer gerne. Die Mercedes-Busse verkehrten noch jeden Tag mehrmals. Die Reise ging schneller vonstatten als früher, weil es nun eine Autobahn gab, allerdings auch Zwischenhalte auf weiten, geteerten, ölverschmutzten Plätzen, wo viele andere Busse herumstanden, mit Neonleuchten, Lautsprechermusik, Schnellimbissrestaurants, ganz nach amerikanischem Muster. Die Tschai Khane am Wegrand über einem klar fliessenden Bach war Vergangenheit. Als ich mein Bedauern über die hässliche Gesichtslosigkeit der neuen Rastplätze aussprach, fand ich sofortige Zustimmung meiner Mitreisenden: «Ja, das Schah-Regime hat uns unserer eigenen Traditionen beraubt, das Land verschmutzt und verdorben», hiess es sofort bei ihnen. «Alles, um den Amerikanern zu Willen zu sein! Damit sie noch mehr Geld verdienen!» Das war die Stimmung der Stunde, auch bei den wohlgekleideten Leuten des Mittelstandes aus Teheran, die in diesem Luxusbus reisten …, besonders bei den jüngeren Frauen und Männern.

Ich übernachtete in einer Musafer Khane, die ich von früher kannte, ganz nah bei der 33er Brücke. In Isfahan ging das noch … oder wieder? – Am nächsten Morgen wollte ich auf den grossen Königsplatz gehen (heute heisst er Khomeiny-Platz, aber wie lange noch?). Ich lief der Hauptstrasse von Isfahan entlang, die Vier-Garten-Avenue heisst, um auf der Höhe der Stadtverwaltung nach rechts abzubiegen. Doch ich fand den Strasseneingang zur Rechten versperrt. Tanks standen da und Soldaten mit Maschinenpistolen und Maschinengewehren. Niemand durfte vorbei. Ich beschloss, in gerader Richtung weiterzugehen, um zu sehen, ob die nächste oder übernächste Rechtsabzweigung, die alle in die Altstadt hineinführten, vielleicht offen sei. Aber dem war nicht so, überall blockierten militärische Sperren die Strasseneingänge. Einmal müssen die Sperren doch aufhören, sagte ich mir und ging weiter geradeaus, 15 Minuten, 20 Minuten … Ich las die Kritzeleien, die viele Mauern bedeckten. Eine, die sich in verschiedenen Varianten wiederholte, manchmal mit mannshohen Buchstaben geschrieben, fiel mir besonders auf: «Soldat», sagte sie, «verlass deine Einheit und komm herüber zum Volk, das ist deine religiöse und vaterländische Pflicht!»

Plötzlich kam mir ein Zug von Menschen entgegen. Sie marschierten in lockeren Sechserreihen mitten auf der Strasse. Zuvorderst fuhr ein kleiner, gebrechlicher Deux Chevaux, in dem ein Geistlicher sass. Seine langen schwarzen Gewänder quollen über den engen Sitz hinaus. Hinter ihm kamen Männer gesetzten Alters, die Hemden auf ihrer Brust geöffnet, um zu zeigen, sie seien bereit, ihre blosse Brust den Kugeln darzubieten. Sie gingen in einer langen Reihe mit verschränkten Armen. Dahinter kamen die Sechserkolonnen, Männer jeden Alters, die meisten auch mit offenem Hemd, manche trugen rote Bänder um die Stirn, auch ein Zeichen der Opferbereitschaft. Der Zug war sehr lang, sein Ende auf der Strasse nicht abzusehen. Ich drehte um und folgte den Leuten die Strasse hinauf. Die Stimmung war gespannt. Schweigen herrschte. Offensichtlich war niemand gewiss, was geschehen würde. Die Soldaten könnten das Feuer eröffnen. Ich fragte mich: Sollst du auch auf dich schiessen lassen? – Meine Revolution war es nicht, doch ich wollte wissen, was weiter geschehen würde. Ich beschloss mitzugehen, aber nicht im Inneren des Zugs, eher am Rande den Mauern der Strasse entlang. Eine Zeitlang zogen wir so schweigend die Hauptstrasse hinauf. Manche der Leute waren sehr bleich. Doch der Geistliche sass gelassen in seinem kleinen Auto. Ich erfuhr später, es war *Ayatollah Taheri*, der bekannteste Geistliche der Stadt.

An einer der Seitenstrassen, die sich zwischen Lehmmauern öffneten, bog der Geistliche in seinem Auto rechtwinklig nach links ab. Der ganze Zug folgte. Am Gasseneingang stand ein Offizier mit schussbereiten Soldaten. Der Geistliche schaute ihm ins Gesicht und winkte mit seiner Hand, um zu bedeuten, er wolle in die Strasse einfahren. Wir hielten alle den Atem an. Würde der Offizier Schiessbefehl geben? – Er tat es nicht. Er bedeutete seinen Soldaten, den Weg freizugeben. Die Erleichterung war spürbar. Der Zug ergoss sich in die Seitenstrasse, die Menschen lächelten und begannen erregt zu sprechen. Die Sechserreihen lösten sich zu einem lockeren Menschenstrom auf. Ich ging mit, denn ich wollte wissen, wohin der Zug gehe. Ich wurde ins Gespräch einbezogen: Wer ich denn sei? Was ich hier mache? Die Stimmung war plötzlich fröhlich geworden. Die Militärs hatten nachgegeben! Niemand war umgekommen! Die Menschenmasse bewegte sich auf eine der grossen Moscheen zu, *al-Hakim* hiess sie. Es war keines der berühmten architektonischen Wunderwerke, doch sie besass einen weiten Innenhof zwischen vier schweren Liwas, den offenen Bogennischen. Der Hof füllte sich mit Menschen. Alle nahmen auf dem Boden Platz, die Predigten begannen. Sie dauerten stundenlang, ein Geistlicher löste den andern am Mikrophon ab. Von Zeit zu Zeit machten sie eine Pause, in der die Zuhörer ihre Sprechchöre tönen liessen. So kamen auch sie zu Wort: «Mard bar Schah», oft wiederholt und rhythmisch skandiert («nieder mit dem Schah», bedeutete dies, eher als «Tod dem Schah», was es wörtlich übersetzt heisst). Der Basar war geschlossen, es herrschte seit Monaten Streik. Die Leute hatten nichts anderes zu tun als zuzuhören und einzustimmen: «Mard bar Schah!» Die Isfahanis gelten bei allen Iranern als überaus geschäftig und noch geschäftstüchtiger; sie hätten nur Geld und dessen Vermehrung (ihres eigenen, versteht sich) im Sinne. Dass diese fleissigen Leute, die «Schwaben Irans», seit Monaten freiwillig auf ihre Geschäfte verzichteten, mag illustrieren, wie tief die Ablehnung des Regimes bereits sass.

Ein junger Mann kam und wollte sich mit mir privat unterhalten. Wir setzten uns in einen Winkel. Er fragte mich, was ich tue, wo ich wohne, ob ich Journalist sei. Ich sah keinen Grund, ihm etwas zu verheimlichen. Er war auch sehr höflich mit mir. Nur dass später ein paar Männer mich anredeten: «Wir haben gesehen, dass du mit jenem Jungen gesprochen hast. Du musst wissen, wir trauen ihm nicht. Wir wissen nicht, für wen er arbeitet.» Ich sagte, ich hätte nichts zu verheimlichen. Als ich am späten Nachmittag in meine Musafer Khane heimkehrte, lag dort ein Zettel vor, in dem ich aufgefordert wurde, am nächsten Vormittag die SAVAK zu besuchen, in ihrem Büro im Fernsehgebäude. «Sollst du hingehen?» fragte ich mich, «oder verschwinden? Abreisen, irgendwo anders hin?» Ich sagte mir, wenn ich fortliefe, würde ich mich blossstellen, und die SAVAK würde mich überall in Iran finden, wenn sie wolle. Ich beschloss hinzugehen, doch ich verbrachte eine unruhige Nacht. Ich nahm mir vor: «Was immer die SAVAK-Leute sagen: Du stimmst ihnen zu. Ihnen widersprechen zu wollen, hat keinen Sinn. Du musst so tun, als ob du mit dem Regime sympathisierst. Immer lügen … Du bist ein unbeschriebenes Blatt». Damit schlief ich schliesslich ein, doch ich hatte Albträume … so viele grauenhafte Geschichten kannte ich über den Geheimdienst und seine Tätigkeit.

Das Fernsehgebäude lag nicht weit, am Ufer des Flusses. Es war pavillonartig gebaut, jedenfalls kein Gefängnis. Ich wurde von einem etwas stutzerisch elegant gekleideten Beamten mittleren Alters empfangen. Wir sprachen Englisch. Bald wurde klar, dass er von mir nur wusste, was ich dem Spitzel in der Moschee mitgeteilt hatte. Ich tat möglichst unerfahren. Er zeigte ein Interesse daran, mir seine Version der Ereignisse mitzuteilen. «Alles brav anhören, nicht widersprechen», sagte ich mir. «Die Demonstrationen, wie sie hier stattfinden», so fing er an, «sind von den Russen bewirkt. – Ich kann Ihnen das beweisen.» – «Sehr interessant», entgegnete ich, «und was sind ihre Beweise?» – «Sehen Sie», sagte er, «die Unruhen finden hier in Isfahan statt und in Teheran. Andere Orte sind ruhig. Sie sollten einmal ans Kaspische Meer reisen, etwa nach Bandar-e Pahlawi, dort würden Sie sehen, dass es keinerlei Unruhen gibt. Die dortige Bevölkerung liebt den Schah. Aber hier gibt es ein sowjetisches Generalkonsulat und in Teheran eine sowjetische Botschaft, gerade dort finden die Unruhen statt. Warum? – Eben, wie ich

Ihnen sage, weil die Russen sie verursachen.» Ich blieb bei meinem Vorsatz, meldete nicht den geringsten Zweifel an seinen Ausführungen an, fand sie interessant und bedeutsam, erwog sogar, auf seinen Rat hin, nach Bandar-e Pahlawi ans Kaspische Meer zu fahren. – Nur nebenbei, um das Gespräch ein bisschen glaubwürdiger zu machen, fragte ich an, wie es denn komme, dass die Geistlichen die Demonstrationen anzuführen schienen. «Ja, die Geistlichen», sagte er. «Die sind lauter Verräter. Sie arbeiten für eine schwarz-rote Revolution, Hand in Hand mit der Sowjetunion. Seine Majestät der Schah hat auch schon von den schwarz-roten Unruhestiftern gesprochen. Die Schwarzen meinen, sie könnten die Roten für ihre Zwecke einsetzen; und umgekehrt, so arbeiten sie zusammen.» Ich fand das ebenfalls sehr interessant. Im übrigen, meinte er, gäbe es durchaus auch patriotische Geistliche. Sie verhielten sich still und missbilligten den Revolutionsradau, den ihre pro-sowjetischen Brüder machten. Doch sie wagten nicht, gegen die Radikalen aufzustehen. Ich liess mich überzeugen. Der Mann schien wirklich zu glauben, dass ich auf seine Darstellung einging. Im übrigen war er nicht sehr bei der Sache; vielleicht dachte er schon daran, wie er seine eigene Haut retten könne. Er schien eher routinemässig seines Amtes zu walten. Mir konnte das recht sein. Das Gespräch dauerte nicht sehr lang, und ich verabschiedete mich von ihm mit der Versicherung, dass ich demnächst Isfahan verlassen und ans Kaspische Meer reisen würde, auch, dass ich seine Thesen sehr interessant und bemerkenswert fände. Wer hätte gedacht, dass die Sowjetunion hinter den Unruhen stecke! Ein Licht sei mir aufgegangen! – So liess er mich sehr erleichtert ziehen. Ein Stein war mir vom Herzen gefallen. Ins Verhör würden sie mich nicht nehmen, die Sache war gnädig vorübergegangen. Und ich würde nicht mehr allzu vertraulich mit irgendwelchen Leuten sprechen, von denen ich nicht wusste, woher sie kamen und warum sie mit mir reden wollten. Das war die Lehre, die ich aus der Sache zog.

Am gleichen Nachmittag brachten mich andere Iraner, es war eine Gruppe von Leuten, die der Nationalen Front nahe standen oder zu ihr gehörten, in ihrem Auto nach Najafabad. Dies war die industrielle Satellitenstadt von Isfahan, die von der Armee bestraft worden war, indem sie geplündert wurde. Der Flecken sei von den Militärs zur Bestrafung ausgewählt worden, sagten sie, weil dort viele Industriearbeiter wohnten, die mit der Linken sympathisierten, welche allerdings eine islamische Linke sei. Die Soldaten seien mit Lastwagen gekommen, in die Häuser eingedrungen und hätten alles abtransportiert, was sich verkaufen liess, besonders die Eisschränke und die Fernsehgeräte. Was sie nicht mitgenommen hätten, hätten sie kurz und klein geschlagen.

Eine ganze Völkerwanderung war nach Najafabad unterwegs. Leute der Opposition (und in Isfahan schienen jetzt fast alle zur Opposition zu gehören), die ein Auto besassen, nahmen andere mit, die keines hatten, alle zogen sie auf eine Polit-Tour in die geplünderte Stadt. Es war eine neu gebaute, moderne Stadt mit Einzelhäuschen und Wohnblöcken in Gärten. Als Hauptschaustück wurde die Wohnung des lokalen Mullahs gezeigt; sie war nicht nur geplündert, sondern halb verbrannt. Im Brandschutt lagen Blätter von einem oder mehreren verbrannten Koranexemplaren. Dies war ein besonderes Sakrileg für jeden Muslim, ähnlich wie Hostienschändung in der katholischen Welt. Die Empörung war dementsprechend. Auch andere Häuser wurden gezeigt, deren Türen und Fenster eingeschlagen waren, Zimmer und Küchen verwüstet. Es gab ganze Strassenzüge voller Schutt und verbrannter Möbel. «Die eigene Armee hat dies der Bevölkerung angetan», kommentierten die Leute empört. Kein Polizist und kein Gendarm war zu sehen, Najafabad war sich selbst überlassen geblieben und stand den Polit-Touristen aus der benachbarten Millionenstadt Isfahan ohne Hindernis offen. Der Propagandagewinn, den die Opposition aus der Sache zog, wog zweifellos schwerer als die von den Militärs vermutlich erwartete Abschreckungswirkung der Strafaktion.

Etwas später besuchte ich auch den wichtigsten Geistlichen von Isfahan, Ayatollah Taheri, den gleichen, der bei der Demonstration im Deux Chevaux gesessen war. Er sprach kurz mit mir über die Stadt und den langen Streik, den sie bereits durchgemacht hatte und der weiter andauerte. Wie hart das gerade für einfache Leute sei, die im Basar arbeiteten, unterstrich er. Dennoch sei keiner bereit, nachzugeben und zum Alltag zurückzukehren, solange die Unterdrückung des Volkes nicht beendet sei.

Er rief dann einen anderen, jüngeren Mullah herbei und trug ihm auf, mir «unser militärisches Etablissement» zu zeigen. Taheri sagte, der Jüngere sei der Militärbeauftragte unter den Geistlichen. Er kümmere sich um die Soldaten, die die Armee verliessen, um zum Volk überzulaufen, wie dies angesichts der Lage ihre religiöse Pflicht sei. Ich hätte ja selbst gesehen, wie die Armee sich aufführe. Sie scheine zu glauben, sie stehe in einem eroberten Land. Doch viele der ausgehobenen Söhne des Volkes hörten auf die Aufrufe der Geistlichen, die Armee zu verlassen. In Isfahan kämen sie dann zu seinem Haus, um Schutz zu suchen. Er habe ein besonderes Haus für die «Überläufer» einrichten lassen, ganz nah bei seinem eigenen Sitz, wo sie sich vor Verfolgungen sicher fühlen könnten. Die Aufgabe des jüngeren Geistlichen sei, sich um sie zu kümmern. Ich wurde dorthin geführt, das Haus befand sich im Areal der Wohnung des Ayatollahs auf der anderen Seite des Gartens. Es gab dort in der Tat eine Anzahl junger Leute, manche schon in Zivil, andere noch in Uniformteilen. Der Rest der Bewohner, so liess mich der Mullah wissen, arbeite in der Stadt, bei Leuten, die ihnen Arbeit gäben. Es seien Bauern und Gärtner und Bauarbeiter unter ihnen, und es werde dafür gesorgt, dass sie sich ein wenig eigenes Geld verdienten. Die Arbeitgeber, so wurde mir erklärt, gehörten auch zu den Sympathisanten der Revolution und standen mit den Geistlichen in Kontakt. Wer von den Soldaten in der Stadt bleiben wolle, für den werde hier gesorgt, sagte der Geistliche. Jene, die nach Hause in ihre Dörfer zurückkehren wollten, erhielten Hilfe für die Heimreise. Bisher, so versicherte der Geistliche, habe die Armee nicht gewagt, in den Garten des Ayatollah einzudringen, um der Deserteure habhaft zu werden.

Dass eine solche Lage in einer der bedeutendsten Städte Irans zustande gekommen war, schien mir ein wichtiges Symptom. Offenbar war der Wille der lokalen Armeekommandeure oder vielleicht sogar ihrer obersten Leitung, sich mit Gewalt durchzusetzen, gebrochen. Wenn die Armee nicht mehr für das Schah-Regime eintrat und nicht einmal für ihren eigenen Zusammenhalt sorgte, indem sie Überläufer energisch verfolgte, wer sollte dann noch den Schah verteidigen?

Ich war noch in Isfahan, als am 19. August die Nachricht eintraf, ein grosses Kino unten in Abadan sei abgebrannt. Die Tore seien von aussen verriegelt gewesen, so dass alle Zuschauer mitverbrannt seien, in der Grössenordnung von 400 Menschen. Die Katastrophe erschütterte die Isfahaner. Sie redeten fast nur noch davon. Übereinstimmend zeigten sich alle Leute, mit denen ich sprach, überzeugt, dass es die SAVAK gewesen sei, die die Türen versperren und den Brand habe legen lassen. Das klang nicht besonders logisch. Es waren doch eher die Geistlichen und ihre fanatisierten Anhänger, die Feinde des Unterhaltungsfilms waren und in vielen Städten leere Kinos in Brand setzten, weil dort Bilder von leichtbekleideten Frauen, manchmal sogar von nackten Menschen, gezeigt wurden. Doch auf diesen Einwand hin wurde mir erklärt, der Film, der in Abadan gezeigt worden war, sei ein iranischer Film revolutionärer Art und jahrelang verboten gewesen. «Die Reise des Mühlsteins» erzählte eine Geschichte von Bauern, die vom Grundbesitzer, der ein Monopol für die Mühle beansprucht, ausgebeutet werden, bis sie den Mühlstein auf einen Berg tragen. Der Grossgrundbesitzer steigt hinauf, um ihn zurückzuholen, doch der Mühlstein fällt auf ihn und erschlägt ihn. Dies machte die Behauptung, die SAVAK habe das Kino angezündet und die Ausgänge versperrt, etwas wahrscheinlicher. Ob sie aber wirklich zutraf? Deutlich war jedenfalls, dass die meisten Leute der Stadt bereit waren,

Anschuldigungen jeglicher Art gegen die SAVAK zu glauben, gleichgültig, ob sie sich wahrscheinlich oder unwahrscheinlich ausnahmen. Sogar die Katastrophe des Kinos Rex von Abadan diente nun dazu, die Empörung der Bevölkerung gegen das Schah-Regime weiter zu steigern.

Ich flog nach Teheran zurück und traf auf dem Flughafen einen Professor der Politologie aus einer der grossen amerikanischen Universitäten. Er war gerade im Begriff, nach Hause zurückzufliegen. Ich kannte ihn von früheren Gelegenheiten und hatte sogar einmal etwas für eine Publikation geschrieben, die er herausgab. Ich wusste, dass er manchmal von Washington an Unruheherde ausgesandt wurde, um als sogenannter «trouble shooter» die Lage zu beeinflussen. Ich war neugierig zu hören, was er dachte, und er sprach auch kurz, aber freimütig mit mir. «Unsere Leute», sagte er, «sind der Ansicht, der Schah werde noch 15 Jahre regieren». Ich war höchst erstaunt. «Nicht einmal mehr 15 Monate!», antwortete ich mit allem Nachdruck. In Tat und Wahrheit sollten es dann fünf Monate werden.

«Keine Verbindung zur Opposition»

In Teheran ging ich auch einmal auf die britische Botschaft; in Vergangenheit war es des öfteren nützlich gewesen, sich mit dortigen Presseattachés zu unterhalten. Ein junger Attaché empfing mich auch, allerdings nur in der Eingangshalle auf den dortigen Polstersesseln. Er begann sofort damit, dass er mir erklärte, er wisse überhaupt nichts über die politische Lage im Lande. Es sei nämlich den Botschaftsleuten in Teheran verboten, mit der Opposition auch nur die geringsten Kontakte zu pflegen. Ich erzählte ihm ein wenig von meinen bisherigen Erfahrungen und beschrieb kurz, wie ich mir die Lage zurechtlegte, denn ich dachte, vielleicht würde ihn das zu einer eigenen Stellungnahme hervorlocken. Doch er blieb dabei, er wisse nichts, er solle und dürfe nichts wissen, weshalb es unnütz sei, mit ihm Gespräche führen zu wollen.

Das kam mir recht seltsam vor. Doch ich insistierte nicht, verabschiedete mich so rasch und so höflich ich konnte. Sechs Jahre danach veröffentlichte der damalige britische Botschafter in Teheran, *Anthony Parsons*, seine Memoiren über die Zeit des Sturzes des Schahs, die er «*The Pride and the Fall*» betitelte (London 1984). In diesem sehr lesenswerten Buch macht er klar, dass er selbst und seine Botschaft den Befehl hatten, sich in erster Linie der Exportförderung nach Iran anzunehmen und keinen Kontakt mit den Oppositionskräften zu unterhalten, um ihr Verhältnis zum Schah nicht zu belasten. Das Verhältnis zum Hof war ausschlaggebend für den Erfolg oder Misserfolg der britischen Exportförderung, die in scharfer Konkurrenz mit den Amerikanern, den Japanern, den Deutschen usw. ihre Produkte in Iran möglichst massiv zum Verkauf bringen sollte.

Während ich noch in Teheran weilte, kam es zum Regierungswechsel. *Jamshid Amuzegar*, der als ein «brillanter» Technokrat galt, jedoch den Wirtschaftsboom keineswegs erfolgreich gesteuert, sich aber bis zu dessen Zusammenbruch persönlich gewaltig bereichert hatte, wurde vom Schah entlassen, und *Ja'far Scharif Emami*, ein altbewährter Politiker, der als Präsident des Senates gewirkt hatte, übernahm die schwierige Regierungsverantwortung. Sein Renommee war allerdings dadurch angeschlagen, dass er auch als Vorsitzender der Pahlawi-Stiftung gewirkt hatte, die als eine undurchsichtige und daher wohl auch korrupte Sonderholding galt, in der der Schah grosse Teile seines immensen Vermögens untergebracht hatte und, natürlich steuerfrei, Frucht tragen liess. Der neue Ministerpräsident begann mit Konzessionen gegenüber den Geistlichen. Als erstes wurde die Jahreszählung nach Kyros «dem Grossen» aufgehoben, die der Schah 1976 bei seinem zweiten grossen Jubelfest eingeführt hatte, welches das 50-jährige Jubiläum der Pahlawi-Dynastie krönte. Diese altpersische und damit präislamisch-«heidnische» Ära, welche die muslimische der Hijrah ersetzen sollte, war nie ganz durchgedrungen. Man fand sie nur in einigen offiziellen Dokumenten, die dem Schah schmeicheln wollten. Doch sie war den Geistlichen als ein Symbol der virtuellen «Abschaffung» des Islams sehr verhasst. Abfall vom Islam wird bekanntlich nach der Scharia mit der Todesstrafe bedacht. Der Kyros-Kalender wurde von den Geistlichen und ihren Anhängern als eine Art öffentlichen Abfalls vom Islam empfunden. Doch ihn rückgängig zu machen, war natürlich nur eine geringe, kosmetische Konzession. Unter den herrschenden Umständen wurde sie mehr als ein Schwächezeichen denn als ein Schritt zur Versöhnung genommen. Der neue Ministerpräsident führte auch diskrete Verhandlungen mit den Geistlichen in Qom, deren wichtigste, wie Shari'at Madari und Golpayegani, bekanntlich nicht gerade eingefleischte Gefolgsleute Khomeinys waren. Der exilierte Ayatollah war ihnen gegenüber eher ein Emporkömmling, an Gelehrsamkeit galt er als ihnen unterlegen. Doch die hohen Geistlichen von Qom standen unter dem Druck der Überbietungsversuche durch Khomeiny und seine Anhänger.

Ich lernte damals, dass ein Ayatollah deshalb ein Ayatollah ist, weil ihm eine grössere Gemeinde von schiitischen Gläubigen ihre *Zakat*-Gelder zukommen lässt. Die Anhänger sind religiös verpflichtet, diese Gelder, die man mit dem Wort «Armensteuer» übersetzt, an eine Person ihres Vertrauens zu senden, die sie ihrer Ansicht nach zweckentsprechend verwaltet und ausgibt. Zakat-Gelder sollen im ganzen Islam teilweise den Armen, teilweise der Religion zukommen. Ein hoher, gelehrter und angesehener schiitischer Geistlicher, der viele solche Gelder erhält und sie für die Armen und die Religion verausgabt, gewinnt natürlich Prestige, man gibt ihm den Titel eines Ayatollah. Von den für religiöse Zwecke bestimmten Geldern gehen Teile an die Schüler des Ayatollahs für Stipendien, und über je mehr Gelder ein Ayatollah verfügt, desto mehr Gelder kann er auch für Stipendien aufwenden. So sammelt er eine ihm sehr ergebene Anhängerschaft von Jüngern um sich.

Wenn nun aber ein Ayatollah, so wie Khomeiny, ausserordentlich volkstümlich wird, müssen seine Kollegen, auch wenn ihr reines Prestige als Gelehrte höher steht als das seine, gewärtigen, dass ihr Anhang und ihre Schüler sich ihm anschliessen. Um dies zu vermeiden, müssen sie dafür sorgen, dass sie dem reissenden Strom der Popularität ihres neuen Rivalen nicht allzu schroff entgegentreten.

Dennoch wären vielleicht die Verhandlungen Scharif Emamis glücklich verlaufen, wenn nicht der Schah unter dem Einfluss einer harten Faktion in der Armee, die für energisches Eingreifen auftrat, zwei widersprüchliche Politiken angeordnet hätte. Emami sollte versöhnen, die Armee gleichzeitig prügeln und schiessen. In Teheran wurde nach grossen Demonstrationen zur Feier des Ramadan der Ausnahmezustand ausgerufen, und einer der schärfsten Offiziere, *Gholam Ali Oveissi*, wurde beauftragt, das Kriegsrecht in der Hauptstadt durchzusetzen. Die Protestwelle hatte Teheran erreicht. Die Ramadan-Demonstrationen, massiv, aber weitgehend gewaltlos, fanden am 7. September statt. Am 8. wurde ein Ausgehverbot verhängt. Eine grosse Menge von Leuten, darunter zahlreiche Frauen und Kinder, hatte sich am gleichen Tag gegen Nachmittag auf dem Jaleh-Platz versammelt. Sie sassen auf der Erde und hörten sich Reden an. Nach ihren Angaben wussten sie noch nichts von dem Ausgangsverbot. Oveissi liess nach einer kurzen Warnung mit Maschinengewehren das Feuer eröffnen. Dies jedenfalls war die Version der Opposition, die allgemein Glauben fand. Die Überlebenden flohen in die engen Gassen der Altstadt. Die Soldaten verfolgten sie schiessend, doch stiessen sie dort auf Widerstand durch Leute mit Molotow-Cocktails und einigen Pistolen. Es gab eine grosse Zahl von unschuldigen Opfern, Hunderte müssen es gewesen sein. Die genaue Zahl wurde nie bekannt.

Dieses Massaker vom «Schwarzen Freitag» wog natürlich viel schwerer als die halbherzigen Versöhnungsversuche, die der Ministerpräsident unternahm, und seine Fühler nach Qom wurden abgebrochen. Das Massaker auf dem Jaleh-Platz, von der Opposition sofort politisch instrumentalisiert, wurde ein Wendepunkt für die Volkserhebung. Von nun an gab es keine Versöhnungsmöglichkeit mehr.

Die Opposition verfügte in jener Zeit bereits über zahlreiche brauchbare Informationskanäle. Die Zeitungen wurden immer weniger glaubwürdig. Die Perser wussten, dass sie kontrollierte und diktierte Information enthielten, schon vor den Unruhen und in immer steigendem Masse nach ihrem Ausbruch. Sie wandten sich daher den nicht kontrollierten Informationsquellen zu, von denen die beste und objektivste zweifellos die persischen Sendungen der BBC waren. Es gab auch andere Radiostimmen aus dem Ausland, darunter die sowjetische. Doch die eigenen Informationskanäle der Geistlichen waren wahrscheinlich noch wirksamer, besonders für die einfachen Leute. Sie bestanden aus den Gerüchten und Gesprächen des Basars, immer berühmt für ihre schnelle Verbreitung, zusammen mit den Kassetten Khomeinys, die über die Telefonlinien ins Land überspielt und dort kopiert und verbreitet wurden. Fast jede Familie besass ein Kassettengerät. Dazu kam der Echogrund der Moscheen, wo die Predigten immer politischer wurden und die Anspielungen auf das tägliche Geschehen immer breiteren Raum einnahmen.

Dieses tägliche Geschehen wurde in die grossen Mythen der Schiiten eingebaut: der Schah war *Yezid*, der zweite Umayyadenkalife (reg. 680–683), für jeden Schiiten die reine Verkörperung des Bösen, der den Prophetenenkel Hussein im Jahre 680 hatte ermorden lassen. Die Generäle des Schahs waren *Shamar*, der grausame General Yezids, der die Untat des Mordes an Hussein beging. Die schiitische Gemeinde war damals wie heute die Trauergemeinde, die um Hussein trauerte und selbst das Martyrium suchte, um mit ihrem Blut für die Heilige Familie des Propheten und seine Nachfahren, die heiligen Imame, zu zeugen. So wurde die politische Lage in den Mythos der Vergangenheit eingepasst, der einem jeden Schiiten, auch jenen, die selbst nicht lesen und schreiben konnten, seit seiner Kindheit heilig war, und den sie jedes Jahr anlässlich des Trauermonates Muharram neu verinnerlichten, indem sie die Leidensgeschichte Husseins auf den Strassen mit Gedichten, Tränen und Selbstgeisselung höchst emotional zur Darstellung brachten, wie ich es einst in Bagdad schon miterlebt hatte.

Gleichzeitig ging die widersprüchliche Doppelpolitik des Regimes weiter. Scharif Emami gewährte Pressefreiheit, Versammlungsfreiheit (nach vorausgehender Polizeierlaubnis) und begann einen Feldzug gegen die Korruption. Doch die harten Elemente unter den Offizieren untergruben die Versöhnungspolitik weiter. Sie brachten ihre Tanks auf die Strassen, wo sie im Verkehrchaos stecken blieben. Die Demonstranten tanzten zu Fuss um die Tanks herum und die Autos hupten dazu, als unverbindliche Sympathiekundgebung für die Sache der Aktivisten. Die meisten der Demonstranten waren Studenten und Mittelschüler. Die Universitäten und Mittelschulen waren nach den Sommerferien wieder geöffnet worden wie gewohnt, doch sie dienten nur noch als Treffpunkte, wo sich die jungen Leute zusammenfanden, um dann auf den Strassen demonstrieren zu gehen. Die Arbeitslosigkeit, die nun als Folge der Wirtschaftskrise um sich griff, brachte auch beschäftigungslose Bauarbeiter und andere Zuwanderer in ihre Reihen.

Die Konzessionen der Regierung wurden nur noch als Zeichen der Schwäche verstanden, und sie waren es auch. Also wurden sie ausgenützt; plötzlich erschienen ganzseitige Khomeiny-Bilder auf der ersten Seite gewisser Zeitungen, was rasenden Absatz sicher stellte, und die verbotene Tudeh-Partei brachte nun ebenfalls ihr eigenes Blatt heraus. Die Militanten verkauften es in bewährter Manier auf den Strassen. Gleichzeitig wurde immer mehr gefordert. Khomeiny gab die klarste Ausrichtung vor: Der Schah müsse gehen, erklärte er aus seinem Exil in Najaf, die ganze Pahlawi-Dynastie mit all ihren Werken sei illegitim.

Khomeiny in Paris

Am 12. Oktober 1978 kam Khomeiny unerwartet in Paris an. In jenen Jahren brauchten die Perser kein Visum nach Frankreich und die Franzosen und anderen Europäer keines nach Iran. Das iranische Generalkonsulat in Bagdad hatte Khomeinys Pass kürzlich erneuert. Zuerst blieben die Details der Reise unbekannt, doch später wurde klar, dass die iranischen Behörden Druck auf Saddam Hussein ausgeübt hatten, den «Unruhestifter Khomeiny» aus Najaf zu entfernen. Dieser Ort war als Pilgerstätte ein Treffpunkt für viele Iraner, die nach den heiligen Stätten in Irak pilgerten und erlaubte daher enge Kontakte Khomeinys mit seiner Heimat. Khomeiny versuchte zuerst, nach Kuwait auszureisen. Er besass sogar ein Kuwaiter Visum, das ihm im Irak unter seinem bürgerlichen Namen erteilt worden war. Doch die kuwaitischen Grenzwächter erkannten, dass sie den berühmten Ayatollah vor sich hatten und verweigerten ihm die Einreise. In dieser Lage, ausgewiesen aus dem Irak, aber nicht eingelassen nach Kuwait, nahmen seine Schüler und Verehrer in Paris mit Khomeiny Kontakt auf und überzeugten ihn, dorthin zu fliegen.

In Teheran war die Regierung zufrieden mit dem Resultat. Sie hatte befürchtet, Khomeiny könnte von Kuwait aus versuchen, heimlich in den Iran zurückzukehren. Dies hätte sie gezwungen, den Ayatollah erneut gefangenzusetzen, was die Proteste gegen das Regime weiter intensiviert hätte. Die Ausreise nach Paris wurde in Teheran sogar als ein taktischer «Fehler» Khomeinys gewertet, weil man annahm, ausserhalb der islamischen Welt werde er keinen grossen Einfluss ausüben können. Doch die Regierung sollte bald ihren Irrtum einsehen. Sie hatte nicht mit den modernen Kommunikationsmitteln gerechnet. Es gab direkte Telefonwahl von Frankreich nach Iran, natürlich auch eine Folge der technologischen Neuerungen der vergangenen Boomjahre. Die neue Umgebung Khomeinys, die ewigen Studenten *Bani Sadr* und *Qotbzadeh*, die Exiljahre in Paris verbrachten, sowie der aus Amerika eingeflogene Biomediziner *Ibrahim Yazdi* wussten die Telefonverbindungen zu nutzen. So fern von Iran der Ayatollah physisch gerückt war, desto näher war er nun «virtuell», wie man später zu sagen lernte. Er war in der Lage, rasch alle Ereignisse in Iran zu erfahren und auf sie zu reagieren. Übers Telefon und die Tonbänder, die nun immer intensiver überspielt und vervielfältigt wurden, war er sofort überall in Iran präsent, ganz der unsichtbare, aber allwissende und allweise Imam, wie ihn sich die einfachen Gläubigen vorstellten.

Und für die europäische und amerikanische Presse war Khomeiny nun viel greifbarer als in Najaf. Erst in Paris wurde er zu einer Weltsensation, und der Umstand, dass ihr Ayatollah nun die ganze Welt beschäftigte, gleich ob mit Bedenken oder mit Zustimmung, wirkte wiederum auf die Iraner zurück. Einen so berühmten Politiker, den die ganze Welt kannte und diskutierte, hatten sie jedenfalls seit der Zeit Mosaddeqs nie mehr hervorgebracht. Das hob Khomeiny für die Iraner noch weiter in den Himmel, hoch und über die Wolken empor. Er wurde zu einem religiös-politischen Übervater für alle.

Auch die Streikbewegungen, die in Iran immer weiter um sich griffen, konnte Khomeiny von Paris aus regeln. Die Streiks wurden nun zur wichtigsten Waffe der Opposition. Sie waren so weit verbreitet und profitierten von der Solidarität nicht nur der Berufsgenossen, sondern praktisch «aller» Iraner so sehr, dass die Armee keine Möglichkeit mehr hatte, gegen sie einzuschreiten. Sie konnte nicht viele Millionen Iraner zwingen, an die Arbeit zu gehen und fleissig zu sein, wenn diese Millionen begannen, es als ihre vaterländische und religiöse Pflicht anzusehen, die Arbeit niederzulegen. Am schärfsten wirkten sich natürlich die Streiks auf den Ölfeldern und in der ganzen Ölindustrie aus. Ganz Iran lebte schliesslich von den Devisen, die das Erdöl einbrachte. In den Erdölgebieten besassen allerdings auch die «modernen» Muslime, die Sozialismus und Islam irgendwie kombinieren wollten, die Volks-Mujahedin, unter ihrem obersten Chef *Mahmud Rajavi*, bedeutenden Einfluss. Die ersten Streikforderungen betrafen die wirtschaftliche Besserstellung der Arbeiter in der Ölindustrie und den ihr zudienenden Wirtschaftszweigen. Doch wenn die finanziellen Ziele ganz oder teilweise erreicht waren, wurden die politischen Forderungen nachgeschoben. Im Spätherbst und Winter wurde das Benzin im Ölland Iran knapp.

Die Revolution erreicht Teheran

Ende November war ich wieder in Teheran. Inzwischen war die Regierung von Scharif Emami durch eine Militärregierung ersetzt worden. Nachts herrschte ein Ausgangsverbot, und mein Flugzeug kam des Nachts an. Es gab Taxis, die auch während des Ausgangsverbots zwischen Flughafen und Stadt verkehren durften. Ich stieg vor dem Eingang meines Biergartens aus. Das Taxi fuhr davon. Ich klingelte lang. Schnee lag in der Gasse. Schliesslich kam jemand, öffnete das Tor aber schlug es gleich wieder zu. Es sei kein Raum frei, murmelte er. Ich wusste nicht was tun. Wie gefährlich war es, während der Ausgangssperre herumzulaufen, um ein anderes Hotel zu suchen? Ich beschloss, wieder zu läuten und zu bitten, wenigstens im Park bis zum Morgen die Nacht verbringen zu können. Doch niemand kam. Eine kalte halbe Stunde verging. Dann wurde etwas im Inneren lebendig. Jemand schloss das Tor auf und heraus kam ein deutscher Kollege, der sich gerade auf den Flughafen begeben wollte, wohl um nach Deutschland zurückzufliegen. Ich sprach ihn an und schilderte ihm meine Lage. Er wandte sich an den Diener des Biergartens, der seinen Koffer trug und sagte ihm: «Lasst doch den da in meinem Zimmer schlafen!» Der Mann willigte ein, konnte er doch auf diesem Wege zwei Übernachtungen einkassieren. Ich war froh unterzukommen.

Am nächsten Morgen stellte ich fest, es herrschte schlechte Stimmung im Biergarten. Der deutsche Ex-Offizier, der ihn gegründet hatte, hatte sich noch vor dem Ausbruch der Unruhen nach Deutschland zurückgezogen und das Etablissement an den Oberkellner verkauft, der dort jahrelang für ihn gearbeitet hatte. Gewiss waren all seine Ersparnisse und wohl auch noch ein Teil Leihgelder für den Kauf aufgewandt worden. Doch nun stand das islamische Regime vor der Türe, mit dem Bier würde nichts mehr sein. Die Kundschaft war schon damals rapide zurückgegangen; es gab nur noch ein paar unentwegte SAVAK-Leute, deren Kerbholz so voll war, dass auch etwas Bierkonsum nichts mehr ausmachen würde.

Ich ging am nächsten Morgen auf die Strasse hinaus. Es herrschte das übliche Verkehrschaos, doch mit einem Unterschied: Zwischen den festgekeilten Automobilen steckten Tanks, auch festgekeilt. Zwischen den Tanks und den Automobilen zirkulierten in erregtem Dauerlauf einzelne Demonstranten. Viele trugen ein rotes Stirnband zum Zeichen dafür, dass sie sich als dem Tode geweiht betrachteten. «Nieder mit dem Schah!» schrie einer, so laut er konnte. Von einem der Tanks aus zielte der einzige Soldat, dessen Kopf sichtbar war, ungefähr in seiner Richtung und liess ein paar Schüsse los. Der Demonstrant rannte um ein paar stehende Automobile herum in die nächste Seitenstrasse. Es kam vor, dass ihm ein Trupp Soldaten dorthin nacheilte und wieder Schüsse abgab. Dann begannen alle Fussgänger, in panischer Angst davonzulaufen. Ich mit ihnen. Jeder suchte Schutz hinter der nächsten Haus- oder Ladentüre. Von irgendwoher im Rücken der Soldaten kam laut der neue Ruf: «Nieder mit dem Schah!». Die Soldaten zögerten – sollten sie umkehren und dem neuen Herausforderer nachstellen? Der erste war inzwischen verschwunden. Der zweite blieb unsichtbar. Ein dritter tauchte wieder im Verkehrsstau auf der Hauptstrasse auf. Die Passanten in den Läden und hinter den Haustüren lächelten; sie setzten ihren Weg fort, sobald die Soldaten abgezogen waren.

Die meisten der jungen Demonstranten kamen davon. Doch einige wurden getroffen, und es wurde zum Ritual, dass ihre Gefährten ihre Hände in ihr Blut tauchten und die blutigen Abdrücke auf die Hauswände klatschten, während andere die Verwundeten oder Toten, an Schultern und Beinen gefasst, abtransportierten. Noch andere liefen, so rasch sie konnten, in einem offensichtlichen Erregungszustand durch die vom Verkehr verstopften Strassen, ein bluttriefendes Tuch, Hemd oder Unterhemd des gefallenen Märtyrers hoch in erhobenen Armen schwenkend. – Behescht-e Zahra, das «Blumenparadies», hiess der riesige Massenfriedhof im Süden der Weltstadt, wo die untersten Ausläufer des Demawend in eine flache, zunehmend salzige Ebene übergingen. Dort wurden all jene Märtyrer, aus Hunderten sollten Tausende werden und später gab es Zehntausende, in unabsehbaren langen Reihen unter stets gleichen horizontalen Zementplatten in die Erde gelegt.

Die Lage hatte sich in den drei Monaten meiner Abwesenheit deutlich weiter verschärft. Am 5. November hatte es Brandangriffe auf zahlreiche Kinos und Banken in Teheran gegeben. Die britische Botschaft wurde ebenfalls teilweise abgebrannt. Nach den Beobachtungen des britischen Botschafters (op.cit., S. 93 ff.) waren drei verschiedene Gruppen gleichzeitig am Werk. Eine grosse Volksmasse aus der unteren Stadt, Basari und ihre Anhänger, war auf die Strasse gezogen, um die Befreiung des volkstümlichen Ayatollahs Taleghani aus dem Gefängnis friedlich zu feiern. Doch kleine, disziplinierte Gruppen von jungen Leuten gingen gleichzeitig darauf aus, ganz bestimmte Ziele zu brandschatzen, die alle als unislamische und antiislamische Institutionen gesehen werden konnten. Im Falle der Banken wurde das dort vorhandene Geld verbrannt, nicht gestohlen. Bankfilialen in eigenen Gebäuden wurden angezündet, solche im Untergeschoss, über denen sich Wohnungen befanden, wurden nur ausgeräumt und ihre Möbel auf der Strasse verbrannt. Autos, die noch verkehrten, wurden mit Aufklebern zum Ruhm Khomeinys bedeckt. Geschäfte, die Alkohol verkauften, wurden angezündet. Trotz der wilden Szenen kam es zu keinen Todesopfern, was für ausserordentliches Geschick und Kontrolle der Organisatoren sprach sowie für starke Disziplin ihrer Werkzeuge. Dies war wahrscheinlich die Arbeit der Volks-Mujahedin. Einige von ihnen waren vor den Demonstrationen und Brandschatzungen in Schulklassen gegangen und hatten den Schülern erklärt, wie man Feuer legte. Ein Schüler, der während der Plünderungen der Banken versuchte, Geld einzustecken, sei geschlagen und gezwungen worden, seine Beute ins Feuer zu werfen, wie der Botschafter erfuhr.

Die dritte Gruppe von Leuten, welche die britische Botschaft angriffen, waren nach Ansicht der Betroffenen Agenten der SAVAK. Während sie über das Eisengitter der Botschaft stiegen, standen Soldaten mit ihren Waffen daneben und schauten auf die andere Seite. Die Armee schritt auch gegen die anderen Unruhestifter nicht ein, was sie nach Ansicht des britischen Botschafters sehr leicht hätte tun können. Das Ziel der SAVAK und der Armeeführung wäre gewesen, den Engländern und dem Schah klar zu machen, dass die Versöhnungspolitik Scharif Emamis aufhören müsse. Dies wurde denn auch das Resultat der Brandnacht. Eine Militärregierung unter Generalstabschef al-Azahri übernahm die Macht. In der folgenden Nacht schritten die Soldaten wieder ein und zerstreuten die Unruhestifter, die vergeblich versuchten, eine neue Brandwelle auszulösen. Der Chef der iranischen Militärwache, die in der nächsten Nacht die Verantwortung für die Sicherheit der britischen Botschaft übernahm, erklärte dem Botschafter grinsend, diese Nacht sei kein Grund zur Unruhe, sie hätten nun «viel bessere Befehle».

Die Brandnacht brachte jedoch einen deutlichen Umschwung im Lebensgefühl. Die zivile Gesellschaft stand nun gegen die Armee, und wer wie ich in Isfahan schon Monate früher gesehen hatte, wie die ausgehobenen Rekruten die Armee verliessen, musste sich sagen, dass die Armee schwerlich noch völlig intakt sein konnte. Offenbar gab es «harte» Berufsoffiziere und -unteroffiziere und sicher auch einfache Soldaten in ihr, die den Schah, sogar gegen seinen eigenen Willen, gewaltsam verteidigen wollten; aber andere Kräfte fassten andere Ziele ins Auge. Nach der Revolution vernahm man viele Geschichten von hohen Kommandeuren, unter ihnen dem Chef der Kriegsflotte, Admiral Madani, die Khomeiny kontaktiert und ihm vorgeschlagen hätten, sie wollten einen Putsch zu seinen Gunsten durchführen. Madani soll den Plan vorgelegt haben, den Schah in einen Ledersack zu stecken und ins Ausland zu transportieren. Doch der Ayatollah, damals schon in Paris, habe abgelehnt. Er muss sich gesagt haben, im Falle eines Militärputsches würde nicht er (und seine Version des Islams) zur Macht kommen, sondern irgendein Putschoffizier. Madani überlebte die Revolution als Flottenchef, er kandidierte nach dem Machtumsturz sogar für den Posten eines Staatschefs in den Wahlen von Januar 1980. Später im Laufe der Machtausmarchung nach der Revolution schied er aus.

Die Brandnacht von Teheran führte zu einer Intensivierung der Streiks. Auch die Beamten in den Ministerien kamen entweder nicht mehr zur Arbeit oder sie taten an ihrem Arbeitsort, was ihnen gefiel. Die ganze Zivilgesellschaft stand am Rande des Zusammenbruchs. Khomeiny war von Paris aus besorgt, dass sie nicht gänzlich zusammenbreche. Er beauftragte damals Bazargan, mit den streikenden Erdölarbeitern zu verhandeln, um sie zur Wiederaufnahme der Arbeit zu überreden. Doch die Verhandlungen waren nur teilweise erfolgreich. Khomeiny rief die Erdölarbeiter auch öffentlich auf, an das Wohl des Landes und aller Perser zu denken. Die ehemaligen Minister und die Prinzen und Prinzessinnen des Herrscherhauses hatten begonnen, ins Ausland zu fliehen. Sie nahmen Millionenbeträge mit nach Kalifornien. Der Schah hielt nach der Brandschatzungsnacht eine Radioansprache, in der er seine eigene Regierungsführung kritisierte und den Iranern versprach, in der Zukunft werde er sich streng an die Verfassung von 1906 halten. Diese Verfassung, die eine konstitutionelle Monarchie vorsah, war theoretisch gültig geblieben, in der Praxis jedoch unzählige Male auf Gebot des Alleinherrschers, auch schon seines Vater, gebrochen worden. Die Vorstellung, dass der Schah sich künftig an sie halten könnte, löste nur skeptisches Lachen aus. Der Schah ordnete nun auch eine Antikorruptionskampagne an. Der bisherige SAVAK-Chef, General *Nassiri,* wurde festgenommen, und auch der langjährige Ministerpräsident und Planungschef, *Amir Abbas Hoveyda*, wurde eingekerkert. Nassiri hatte sein Schicksal verdient, doch Hoveyda diente offensichtlich als Sündenbock. Die Armeegeneräle hassten ihn. Er galt ausserdem als ein Freund der Baha'i, der aus dem Islam entstandenen modernen Weltreligion, die den Geistlichen als ein Abfall vom Islam erschien und daher von ihnen gehasst wurde. Beide Gefangene wurden später von den Schergen Khomeinys hingerichtet. Sogar gegen die Pahlawi-Prinzen und -Prinzessinnen wurden Untersuchungen angeordnet. All dies war aber ganz offensichtlich zu wenig und viel zu spät. Khomeiny bestand darauf: Der Schah müsse gehen.

Der Muharram stand vor der Türe, er fiel auf den Dezember. Ich musste nach Spanien zurückreisen, doch war mir klar, dass dieser Trauermonat, in dem die Schiiten die Leidensgeschichte Husseins wieder beleben und grosse Trauerzüge veranstalten, einen neuen Höhepunkt der Konfrontation abgeben werde. Die grosse Frage war, würde die Militärregierung die Trauerumzüge verbieten und damit die Millionen von eifrigen Schiiten der iranischen Städte und Dörfer frontal herausfordern? Oder würde sie sie tolerieren, obwohl mit Sicherheit zu erwarten war, dass sie diesmal hochbrisanten politischen Explosivstoff enthielten?

Ich befand mich wieder in Madrid, als die kritischen Tage des Muharram begannen. Die Hardliner in der Umgebung des Schahs schienen sich durchzusetzen. Die Militärs erneuerten die nächtlichen Ausgehverbote. Die Bevölkerung erhielt von Khomeiny und seinen politischen Stellvertretern im Land die Weisung, jede Nacht von der Sicherheit ihrer Fenster und Hausdächer aus bei Anbruch der Dämmerung «Allahu Akbar» zu rufen. Die Militärregierung erklärte, sie werde im Muharram keine Demonstrationen auf den Strassen zulassen, nur in den Moscheen. Trauerumzüge auf den Strassen, besonders in der neunten und zehnten Nacht des Muharram, gehören jedoch seit Jahrhunderten zur schiitischen Tradition. Die Gefahr bestand, dass das Verbot nicht eingehalten würde und ein grösseres Blutbad als je entstehe, mit der entsprechenden Zunahme der «Märtyrer»-Motivationen bei der Bevölkerung. Deshalb verzichteten die Militärs, gewiss mit Zustimmung des Schahs, im letzten Augenblick vor den kritischen Tagen auf das Verbot. Die Trauerdemonstrationen um Hussein durften nun doch stattfinden. Sie gerieten zu einer gewaltigen politischen Demonstration mit Millionen von Teilnehmern, wohlorganisiert mit eigenem Ordnungsdienst, triumphierend trotz des Traueranlasses. Ganz Teheran zog in dem Trauerzug mit. Die Strassen waren stundenlang von den Massen bis zum Rande gefüllt. Der britische Botschafter beschreibt in seinem oben erwähnten Buch, wie Demonstranten an der Botschaft vorbei die Firdausi-Strasse hinauf zum Hauptdemonstrationszug vorstiessen. Sie füllten die breite Strasse ganz aus. Kein Polizist, kein Soldat war zu sehen. Der Botschafter selbst hatte seine militärische Wache ins Innere der Botschaft zurückgezogen. Seine Bedeckungssoldaten sassen ruhig dort und hatten nur einen Wunsch: Sie wollten ein Radiogerät, um die Berichte von BBC über die Demonstration anzuhören. Der Botschafter und seine Mitarbeiter standen am Tor des Botschaftsgebäudes. Viele der Demonstranten erkannten sie und grüssten lächelnd.

Vergleichbare Umzüge gab es in allen Städten des Landes. Die Geistlichen als Organisatoren waren allgegenwärtig. Doch alle anderen politischen Gruppen der Opposition, einschliesslich der kommunistischen Tudeh-Partei, die sich inzwischen für Khomeiny ausgesprochen hatte, waren mit ihren Anhängern beteiligt. Natürlich wurden diese gewaltigen Massenauftritte zu Demonstrationen der Stärke. Sie wirkten nicht nur nach aussen auf die Gegner ein, sondern auch nach innen, indem sie das Selbstvertrauen der Regimegegner steigerten und ihnen selbst vor Augen führten, wieviele sie waren: nämlich, so musste es scheinen, mit einigen wenigen Ausnahmen das ganze persische Volk.

Khomeinys *établissement* in Paris

Im gleichen Winter besuchte ich Khomeiny in Neauphle-le-Château bei Paris. Khomeiny hatte dort zwei kleine zweistöckige Vorstadthäuser, eines beherbergte seine Familie, in einem zweiten gegenüber arbeiteten seine freiwilligen persischen Helfer. Die Telefonlinie nach Iran war beständig offen. Im Vorbeigehen konnte ich einen Blick in die Herzzelle der Operation «Khomeiny» werfen. Sie war wie ein improvisiertes Studio eingerichtet. Auf einem Tisch stand das Mikrofon, das mit Iran über die Telefonlinie verbunden war. An dem Tisch sass ein junger Mann mit einem Papier in der Hand und las vor, Texte über Texte, die von Khomeiny und seinen Helfern ausgingen und nach Iran übertragen wurden. Dort wurden die Botschaften entweder den Personen zugestellt, an die sie gerichtet waren, oder für alle Iraner auf Kassetten aufgenommen und von den Kassetten auf andere Kassetten kopiert, bis sie im ganzen Land zu vernehmen waren. Khomeiny selbst empfing seine Besucher in diesem zweiten Haus, das der Öffentlichkeitsarbeit diente.

Als ich kam, sassen bereits zwei, drei Journalisten in dem teppichbelegten, sonst leerstehenden Warteraum, ohne Schuhe natürlich. Draussen konnte man eine tiefverhüllte ältere Frau mit dem Samowar von einem Haus ins andere huschen sehen. Die Fragen, welche die Journalisten Khomeiny stellen wollten, mussten aufgeschrieben, übersetzt und Khomeiny vorgelegt werden. Dabei halfen Iraner mit. Die persischen Übersetzungen wurden auf Papierstreifen geschrieben. Die Feder eines der Perser, eines stattlichen Mannes in mittlerem Alter, kleckste und der Schreiber sagte: «Oh, shit!» – Ich wandte mich an ihn, so höflich ich konnte, und bemerkte: «Ich sehe, Sie sind in Amerika gewesen.» – «Yes», antwortete er auf englisch, «ich war Krebsforscher in Texas.» Das war Ibrahim Yazdi, der wenig später der erste Aussenminister der Islamischen Republik Iran werden sollte. Natürlich kamen wir ins Gespräch. Yazdi beschrieb, wie das Erscheinen des Ayatollah in Paris wie ein elektrischer Schlag auf alle Iraner im Ausland gewirkt habe. Zu Tausenden wollten sie sich jetzt der Revolution als Helfer zur Verfügung stellen.

Ein junger Franzose stiess zu uns, der für die katholische Qualitätszeitung «La Croix» schrieb. Er war noch nie in Persien gewesen. So erklärte ich ihm ein bisschen, was vor sich ging, dass er die Schuhe ausziehen sollte und wer die hier wirkenden Herren waren. Nachdem die Vorbereitungen getroffen waren, gingen wir dann zu Khomeiny hinein. Er sass regungslos auf einem kleinen Teppich. Seine Besucher würdigte er keines Blickes. Er schien tief in sich selbst versenkt. Er las die aufgeschriebenen Fragen und beantwortete sie der Reihe nach. Es gab immer nur eine einzige Antwort, keine weiteren Nachfragen. Khomeiny war wie ein konzentriertes Orakel, er blickte in sich hinein, dann kam kurz formuliert die Antwort. Die Mitarbeiter schrieben sie auf und übersetzten sie gleichzeitig. Später gingen sie die Antworten noch einmal durch, damit ja keine Missverständnisse aufträten.

Yazdi war mit anderen Journalisten draussen geblieben. Es war *Qotbzadeh*, ein anderer in Paris ansässiger Perser, der mit uns zu Khomeiny gegangen war. Qotbzadeh sollte, wie Yazdi, eine Zeitlang Aussenminister werden, aber später, 1982, wurde er wegen angeblicher Verschwörung gegen die Islamische Republik hingerichtet. Mein Kollege von «La Croix» hatte eine gescheite Frage gestellt. «Wenn Sie in Iran an die Macht kommen, Hochwürden, ist es dann möglich, dass ein Mitglied einer der Minoritäten in die Regierung aufgenommen würde, etwa ein iranischer Christ oder Jude?» Khomeiny hatte entschieden geantwortet: «Na khair!», was man etwa mit «Keineswegs!» übersetzen kann. Draussen fragte der Journalist Qotbzadeh, «Was genau hat er auf meine Frage geantwortet?– «Ja», sagte Qotbzadeh, «er meinte, nicht wirklich; und ich glaube auch, jedenfalls kaum in die erste Regierung.»

Khomeiny sprach stets von einer «Islamischen Republik», die das Ziel der Revolution sei. Seine Helfer erklärten und wollten es wohl auch selbst glauben, dass das Wort «Republik» den Begriff «Demokratie» mit einbeziehe. Was das Adjektiv «Islamisch» konkret bedeutete, war wohl alleine Khomeiny ganz klar. Für ihn war es ein Staat, den die Gottesgelehrten zu regieren hätten. Die «demokratischen» Züge seines geplanten Staates sollten seiner «islamischen» Natur untergeordnet sein. Doch Khomeiny selbst hütete sich, seine politische Sicht allzu fest und genau zu umschreiben. Er wusste, die Revolution, so wie sie in Persien derzeit über die Bühne ging, bestand aus einer weiten Zusammenballung sämtlicher Oppositionstendenzen gegen den Schah.

Solange sie um den Durchbruch zur Macht kämpften, mussten sie alle zusammengehalten werden. Vorbedingung dazu war, dass das Bild der Zukunftspläne unbestimmt genug blieb, um allen politischen Kräften genehm zu erscheinen.

Ich war dann nicht mehr in Iran, sondern folgte den Ereignissen, die sich nun Schlag auf Schlag abspielten, von Madrid aus: Die Amerikaner schickten einen General, *Huyser*, der die iranischen Offiziere kannte, nach Teheran, um sie davon zu überzeugen, dass sie keinen Putsch durchführen sollten. Die Amerikaner und Briten fürchteten einen Bürgerkrieg und schweres Blutvergiessen, wenn die Armee versuchte, die Macht zu übernehmen und sich dabei spalten würde. *Shapur Bakhtiar*, ein Politiker der Nationalen Front und ein ausgesprochener Kritiker der Geistlichkeit (in einem katholischen Land hätte man ihn einen Antiklerikalen genannt), übernahm am 31. Dezember 1978 die Ministerpräsidentschaft, nachdem der Schah ihm versprochen hatte, er werde sich ausser Landes begeben, sobald der Senat zusammentreten und seine Ernennung zum Regierungschef bestätigen könne. Khomeiny lehnte Bakhtiar strikte ab, obwohl dieser ein langjähriger Opponent des Schahs war. Er sei von einem illegalen Herrscher illegal eingesetzt worden, erklärte er aus Paris. Viele iranische Politiker kamen in dieser Endphase nach Paris, um Khomeiny zu besuchen. Alle schlugen sie Kompromisse vor, um einen möglichst schmerzlosen Übergang, entweder zu einer Republik oder zu einer konstitutionellen Monarchie mit beschränkter Macht für den Schah oder auch für seinen jungen Sohn Cyros zu bewerkstelligen. Khomeiny, seiner Stärke bewusst, sagte «Nein» und abermals «Nein» zu all diesen Vorschlägen. «Der Schah muss gehen!» war sein Refrain. «Alles, was unter seiner Autorität geschieht, ist illegitim.» Den Politikern machte er klar, dass sie entweder ihm, Khomeiny, oder dem Schah dienen könnten. Beides zusammen sei unmöglich.

Endlich, am 16. Januar 1979, trat der Senat zusammen und bestätigte den neuen Ministerpräsidenten in seinem Amt. Der Schah war nun bereit, Iran zu verlassen, und er flog noch am gleichen Tag nach Ägypten. Bakhtiar versuchte, die Rückkehr Khomeinys nach Iran hinauszuschieben, indem er den Flughafen von Teheran sperren liess. Er hoffte, zuerst die Armee in die Hand zu nehmen und dadurch seine Herrschaft zu festigen. Die Ausländer fanden Bakhtiar sympathisch und wünschten ihm Glück, doch die grosse Mehrheit der Perser in ihrer damaligen Stimmung erblickte in ihm nur ein weiteres Hindernis auf dem Weg zur Endlösung, die nichts anderes sein konnte als die Heimkehr und Machtübernahme Khomeinys.

Schliesslich konnte Bakhtiar die Heimkehr des Ayatollah nicht mehr hinausschieben. Der kam in einem Flugzeug der Air France nach Teheran zurück. Aus Paris war er gewissermassen als Privatmann abgeflogen, in Teheran kam er am 1. Februar als De-facto-Staatschef an, zu einem dermassen enthusiastischen Volksempfang, dass er alle Ordnungsdienste überbordete. Schliesslich musste ein Helikopter eingesetzt werden, um den Ayatollah aus dem Sturm der Volksmassen heraus in die islamische Mädchenschule von Südteheran zu bringen, die von seinen Anhängern als sein provisorischer Amtssitz vorgesehen war.

Es gab nun für eine kurze Zeit zwei Regierungen in Iran, jene Bakhtiars und jene Khomeinys, die sich zuerst auf einen Revolutionsrat stützte. Bakhtiar hatte noch nicht alle Macht verloren, solange die Armee auf seiner Seite blieb. Doch in der Nacht vom 9. zum 10. Februar kam es zum Zusammenbruch der Armee. In Duschan Tepe, an der östlichen Peripherie von Teheran, waren Luftwaffentechniker untergebracht. Als Techniker, die eine Fachausbildung und schon daher engere Verbindung mit der Zivilbevölkerung besassen, sympathisierten sie seit geraumer Zeit mit Khomeiny. Der Umstand, dass sie viel besser bezahlte und ihrer Meinung nach arrogante amerikanische Flugspezialisten zu Ausbildern und Vorgesetzten gehabt hatten, trug zu dieser Einstellung bei. Die Techniker waren in einem Versammlungsraum im Begriff, sich einen Film über die Heimkehr Khomeinys anzuschauen. Die sogenannten Unsterblichen, eine Elitegarde des Schahs, kamen nach 10 Uhr abends in sieben Lastwagen in der Absicht an, sie dafür zu bestrafen. Doch die Techniker wehrten sich. Sie schlugen die Unsterblichen zurück und öffneten dann die Waffendepots der Kaserne. Die Bevölkerung rund um das Lager herum kam ihnen zu Hilfe. Die Schiesserei in dem Lager dauerte die ganze Nacht.

Auf den nächsten Morgen, den 10. Februar, hatten die Volks-Fedayin ihre Militanten für eine Demonstration aufgerufen. Versammlungsort war die Universität. Die Berichte von den Kämpfen unter den Militärs lösten Alarm aus. Die Fedayin griffen auf die Methoden zurück, die sie schon früher angewandt hatten. Sie verteilten sich über die Stadt, zündeten Autoreifen an und legten Feuer an bestimmte Gebäude. Meldefahrer auf Motorrädern sorgten für konzentrierten Einsatz an strategischen Stellen. Dies dauerte den ganzen 10. Februar an. Die Regierung Bakhtiars erklärte ein Ausgehverbot ab 16 Uhr 30. Doch Khomeiny, der bereits über eine eigene Radiostation verfügte, rief die Bevölkerung auf, den Befehl zu missachten. Während der folgenden Nacht versuchte die Armee mit Panzerunterstützung eine letzte Gegenoffensive, doch die Kämpfer der Fedayin, unterstützt durch die Bevölkerung, Luftwaffentechniker und Soldaten, griffen systematisch die Polizeiposten in allen Quartieren an. Tanks der Armee wurden durch Molotow-Cocktails ausgeschaltet.

Während dieser Nacht hatte der «Ordnungsdienst» der Anhänger Khomeinys Massnahmen getroffen, um die wichtigsten politischen Führer, unter ihnen Khomeiny selbst und Bazargan, zu verstecken, wie Bazargan später berichtete. Sie fürchteten einen Armeecoup gegen die Islamische Revolution. Am 11. hatten die Fedayin und ihre Mitstreiter die Offensive inne. Sie belagerten die Munitionsfabrik und das Waffendepot beim Jaleh-Platz. 50 000 Menschen sollen dabei mitgewirkt haben. Die Wachtsoldaten zogen schliesslich unter freiem Geleit ab. Die Waffen wurden verteilt, obgleich der Ordnungsdienst Khomeinys versuchte, ihre Ablieferung im Hauptquartier des Ayatollahs zu erreichen. Es gab später am gleichen Tag noch heftige Kämpfe um das Radio und den Sitz der Militärpolizei. Doch die hohen Armeekommandeure beschlossen, Bakhtiar fallen zu lassen. Sie weigerten sich, seine Befehle auszuführen und unterstellten sich der Provisorischen Regierung unter Mehdi Bazargan, die Khomeiny an diesem 11. Februar ernannt hatte.

Bakhtiar verschwand rechtzeitig und tauchte später in Paris wieder auf. Viele der ausgehobenen Soldaten verschafften sich Zivilkleider, zogen ihre Uniform aus und gingen nach Hause. Khomeiny zog, wie er es im Exil versprochen hatte, nach Qom, «um seine Lehrtätigkeit fortzusetzen» und überliess die Hauptstadt der neuen Regierung. Bazargan trat mit dem Anspruch an, einen regulären demokratischen Staat mit Recht und Ordnung herzustellen. Doch sein Konzept von Recht und Demokratie stimmte nicht mit Khomeinys Vorstellung von einer Islamischen Revolution überein. Khomeiny hatte ihn dennoch ernannt, weil die Revolution nicht nur aus den Kräften bestand, welche die Geistlichen kontrollierten. Die Liberalen, die Nationalisten, die Mosaddeq-Anhänger, die Linkskräfte aller Art bis hin zur Tudeh-Partei einschliesslich der nun stark bewaffneten Volks-Mujahedin und Volks-Fedayin, aber auch ethnische Minoritäten wie die Kurden, die Turkmenen, die Qashqai-Nomaden, die Araber Khusistans im Süden, Teile der grossen Minorität der Azeri Nordirans, die Belutschen in Ostiran: Sie alle waren bei der Revolution mitmarschiert. Diese Minoritäten, zusammen beinahe die halbe Bevölkerung Irans, hofften und glaubten, das neue republikanische Regime würde ihnen mehr Autonomie und eine gewisse Unabhängigkeit von der Zentralbürokratie in Teheran gewähren. Dies war ihr Revolutionsziel gewesen.

Um all diese Kräfte entweder unter seine Gewalt zu bringen oder auszuschalten, musste Khomeiny zunächst eine Kompromissfigur einsetzen, Zeit gewinnen, sich eigene Machtinstrumente schaffen und dann in einem zweiten und dritten Schritt seine Macht durchsetzen. Bazargan versuchte mit seinen Ministern, einen funktionierenden Rechtsstaat aufzurichten und die durch die Streiks schwer geschädigte Wirtschaft wieder in Gang zu bringen. Doch er stiess auf unendliche Hindernisse. Der Revolutionsrat, den Khomeiny zuerst eingerichtet hatte, funktionierte fort und fasste Beschlüsse «im Namen des Islams», ohne den Regierungschef zu befragen. Hunderte von Revolutionskomitees bildeten sich auf lokaler Basis. Sie waren theoretisch vom Revolutionsrat abhängig, handelten jedoch sehr oft nach eigenem Ermessen. Irgendein lokaler Mullah oder mehrere von ihnen übte das De-facto-Kommando aus. Khomeiny selbst gab «islamische» Weisungen, die oft auch politische Anweisungen waren. Er liess zu und befürwortete, dass «Revolutionsgerichte» gebildet wurden, die «Feinde der Islamischen Revolution» verurteilten und hinrichteten, ohne dass die Regierung Bazargan auch nur informiert wurde. Doch alle Gruppen, die der Ansicht waren, ihre Mithilfe bei der Revolution berechtige sie, ihre Wünsche erfüllt zu sehen, wandten sich an den Ministerpräsidenten, darunter auch die zahlreichen oben erwähnten Minderheiten von den Kurden bis zu den Belutschen. Zu allem kam auch noch die Frage der Frauen aufs Tapet. Khomeiny erklärte, alle Frauen gehörten unter Kopftuch und Mantel, wie das islamische Gebot es vorsehe. Dagegen gab es unter der Minderheit von gebildeten Frauen des Mittelstands zunächst Widerstand.

Die Parteigänger Khomeinys suchten sich eine eigene militärische Hausmacht zu schaffen, indem sie eine Parallelarmee aufzogen, die das «Heer der Revolutionswächter» genannt wurde; persisch hiessen sie *Pasdaran*. Die ersten Organisatoren der Pasdaran waren Perser, die bei der palästinensischen PLO das Handwerk des Volkskriegs erlernt hatten, wie z. B. *Mustafa Chamran*, ihr erster Kommandant. Aus Aktivisten des Revolutionskomitees bildeten sich überdies mobile Schlägerkommandos, die später den Namen *Hizbollah* (Anhänger der Partei Gottes) erhielten. Sie wurden eingesetzt, um politische Gegner und deren Parteilokale und Informationsbüros zusammenzuschlagen.

Khomeiny und seine geistlichen Gefolgsleute besassen den grossen Vorteil, dass gewaltige Volksmassen – viel grösser als alle anderen Gruppierungen zusammen – ihnen anhingen. Es ging nun darum, diese Massen mobilisiert zu halten und zu kanalisieren, damit sie als Machtinstrumente verwendet werden konnten. Wenn dies gelang, würden die Geistlichen eine klare Übermacht über alle rivalisierenden Gruppierungen erringen. Die revolutionäre Erregung der Massen musste genutzt werden, um aus der Revolution dauerhafte und stabile Machtstrukturen für einen islamischen Staat unter Gottesrecht zu entwickeln. Khomeiny verfolgte dieses Ziel mit sicherem Instinkt, soweit man sehen konnte. Bazargan wollte etwas anderes, aber das Konzept einer Demokratie lag Khomeiny und seinen Anhängern fern. Solange sie «den Islam» verkörperten, war ein Machtwechsel «gegen den Islam» undenkbar, denn er wäre einem Abfall «vom Islam» gleichgekommen.

Bazargan unter Druck der Revolution

Im Mai 1979 war ich wiederum in Teheran, um mir selbst ein Bild davon zu machen, wie die islamische Revolution zu regieren begann. Ich war kaum angekommen, als die Nachricht von der Ermordung des einflussreichen Geistlichen *Mortaza Mutahheri* umging. Unbekannte hatten ihn von einem Motorrad aus erschossen. Er hatte als einer der politischen Köpfe der Revolution gegolten. Der arme Ministerpräsident Bazargan war so überlaufen, überarbeitet und schlafbedürftig, dass ich mir nur einmal erlaubte, ihn mit meinen Fragen zu belästigen. Obwohl damals bereits sichtbar wurde, dass seine politischen Ideale nicht wirklich mit jenen Khomeinys übereinstimmten, fuhr er doch fort, vom politischen Genie Khomeinys zu sprechen, das bisher immer recht behalten habe, wo andere und er selbst anderer Meinung gewesen seien. Klar war, Bazargan würde zurücktreten, wenn er mit Khomeiny endgültig zusammenstiess, doch er würde nicht gegen ihn Stellung beziehen. Die Kurden, die Turkmenen, die Azeri, die Araber Khusistans hatten inzwischen begonnen, den Lohn für ihre Unterstützung der Revolution einzufordern. Sie sandten Delegationen nach Teheran, die ihre Wünsche nach Autonomie vorbrachten. Es kam aber bereits zu Gefechten, in denen die Pasdaran gemeinsam mit der nun der Revolution unterstellten regulären Armee gegen die bewaffneten Guerilleros und Stämme der Minderheiten vorgingen. Ayatollah Taleghani verhandelte mit den Minderheitenführern in der Hoffnung, kriegerische Zusammenstösse zu vermeiden. Doch Khomeiny war für eine harte Linie und liess die Revolutionswächter mit Gewalt eingreifen. Die Azeri neigten mehrheitlich «ihrem» Ayatollah *Shari'at Madari* zu, und dessen Anhänger gründeten eine politische Partei, die «Islamische Republikanische Volkspartei». Die Khomeiny-Anhänger organisierten sich in einer Gegenformation, die sich «Islamische Republikanische Partei» nannte. Sie folgte genau der Linie Khomeinys, während ihre Rivalin für mehr Ordnung und weniger «revolutionäre Spontanität», für ordentliche Gerichte und Aufhebung der Revolutionsgerichte sowie letztlich für den Aufbau einer pluralistischen, wenngleich islamischen Demokratie eintrat. Bazargan fuhr ein bis zweimal die Woche mit den wichtigsten Regierungsmitgliedern nach Qom, um die politischen Belange mit Khomeiny oder auch mit dem gesamten Revolutionsrat zu diskutieren. Dabei gab es eine etwas lächerliche, aber typische Episode: Khomeiny hatte erklärt, Tische und Stühle hätten aus den Ministerien zu verschwinden, denn an Tischen und auf Stühlen zu sitzen sei *form-e gharbi*, eine «westliche Manier» (wobei er tatsächlich den Begriff «Form», der selbst aus dem Westen kam, verwendete). Khomeiny selbst hatte sein Leben lang auf einem Teppich gesessen und auf seinem Oberschenkel geschrieben, wie das in der Tat östliche Tradition war. Bazargan und seine Minister hatten ihre liebe Not, um Khomeiny zu überzeugen, dass die Abschaffung von Stühlen und Tischen sowie Schreibtischen in allen staatlichen Büros und Ministerien der ohnehin schon schlecht und unordentlich funktionierenden Verwaltung nur noch mehr Chaos bringen werde. Erst nach mehreren Autoreisen nach Qom liess sich Khomeiny überreden, auf die geforderte Massnahme zu verzichten.

In der Frage der Verhüllung der Frauen liess Khomeiny jedoch nicht mit sich reden. Ein Kopftuch, das alle Haare verbarg und ein den ganzen Körper verhüllender Mantel wurden für alle Frauen als obligatorisch erklärt. Es gab Widerstand gegen diese Massnahmen. Die Frauen und Mädchen der Schulklassen und andere Frauen des Mittelstandes zogen in einer grossen Demonstration unverhüllt durch die Hauptstrassen der Oberstadt. Rechts und links des Zuges gingen männliche Mitglieder der Linksgruppen mit, Leute der Tudeh-Partei sowie der Volks-Fedayin und Volks-Mujahedin. Sie bildeten eine Art Spalier, um die demonstrierenden Frauen gegen Anpöbelungen und tätliche Angriffe zu schützen. Ich sah das und dachte mir: Wenn solche Schutzketten notwendig sind, und dies in der Oberstadt, wo die Menschen im Gegensatz zu anderen Teilen der Stadt und des Landes gewöhnt waren, unverschleierte Frauen zu sehen, so bestehen kaum Aussichten, dass die Frauen sich durchsetzen können. Für einen oder mehrere Umzüge lässt sich ein Geleitschutz organisieren, doch im täglichen Leben für eine jede einzelne Frau gewiss nicht. Wenn der Preis für die Frauen, sich frei auf der Strasse zu bewegen, Kopftuch und Mantel sind, werden sie diesen Preis schliesslich lieber bezahlen als zu Hause zu bleiben und ihre berufliche Tätigkeit aufzugeben.

In der Tat wurde die «islamische Verhüllung» rasch durchgesetzt. Frauen, die sich nicht daran halten wollten, waren so vielen Unannehmlichkeiten ausgeliefert, sowohl durch andere Frauen, die sie «zu erziehen» begehrten, wie auch durch die Männer der «Komitees», die sie «bestraften», dass die Verhüllung auch als Selbstschutz diente.

Die Komitees waren damals allgegenwärtig. Des Nachts hielten sie Autos an, um sie zu kontrollieren. Dabei konnte es immer leicht zu Schiessereien kommen. Sie drangen in Häuser ein, deren Bewohner ihnen verdächtig schienen. Es gab natürlich auch bald Scheinkomitees aus Kriminellen, die Einbrüche und Raubzüge durchführten. Doch gegen diese schritten die echten Komitees dermassen gewaltsam und grausam ein, dass sie sich nach einiger Zeit kaum mehr vorwagten. Als eine der Aufgaben der Komitees galt, frühere Prominente und Machthaber festzunehmen und den Revolutionsgerichten zu übergeben. Diese verurteilten sie auf Grund ihrer früheren Position, ohne den Nachweis spezifischer Handlungen zu führen. Manche wurden sofort hingerichtet. Khomeiny selbst hatte erklärt, die früheren Machthaber seien schon auf Grund ihrer Positionen im «illegalen» Regime des Schahs Kriminelle.

Es gab damals, kurz nach dem Umsturz, noch eine lebhafte politische Diskussion und eine höchst interessante Presse, die viele der Hintergründe der Revolution ans Tageslicht brachte. Die neue Tageszeitung «Ayandegan» wurde so etwas wie eine liberale Qualitätszeitung, die für eine echte, sozial ausgerichtete Demokratie eintrat. Die Universität von Teheran und die Technische Universität waren beide zu politischen Jahrmärkten geworden. In der ersten boten die Volks-Mujahedin ihre Schriften an und warben um neue Mitglieder, in der zweiten die Volks-Fedayin. Doch rund herum entwickelte sich ein grosser Markt der Flugschriften und Broschüren aller Tendenzen. Die jungen Leute kamen, um sich das Angebot anzusehen. Wenn ein neues Folterquartier der SAVAK aufgefunden wurde, wie dies mehrmals geschah, organisierten die Politgruppen Führungen, um die schauderhaften Foltermethoden der Schah-Geheimpolizei zu erläutern. Die Folterinstrumente waren noch da, und in manchen Fällen gaben ehemalige Opfer Erklärungen über ihren Gebrauch. Fotografien, die sie illustrierten, fehlten auch nicht. Noch war die Revolutionsbegeisterung nicht abgeklungen; manche Iraner waren immer noch damit beschäftigt, die vielen Standbilder des Schahs und seines Vaters von ihren soliden Sockeln zu stürzen.

Am 30. und 31. März fand ein Referendum statt, in dem die Bevölkerung Irans nach Angaben der Regierung zu 98 Prozent für eine Islamische Republik stimmte. Allerdings gab es auch Berichte, nach denen in den Regionen, die Autonomie forderten, die Urnen teils boykottiert, teils zerstört worden waren. In der Nacht vom 1. auf den 2. April proklamierte Khomeiny die Islamische Republik. Noch im gleichen Monat kam es zu heftigen Zusammenstössen zwischen turkophonen und kurdophonen Gruppen in den Grenzregionen zwischen Kurdistan und Aserbaidschan. Der Ort Naqqade war das Zentrum der Kämpfe. Und am 30. Mai stiess die arabophone Bevölkerung von Khusistan blutig mit den persischen Ordnungskräften zusammen. Der oben erwähnte Admiral Madani leitete die Repression.

Ende des Revolutionsfrühlings

Im Hochsommer kam ich ein weiteres Mal nach Iran. Damals wurde deutlich, dass die geistlichen Machthaber gedachten, sich mit härteren Mitteln als bisher durchzusetzen. Offenbar hatten sie ihre Macht in den Streitkräften und mit Hilfe der zweiten Armee der Pasdaran soweit gefestigt, dass sie sich nun in der Lage sahen, ihre inneren Rivalen zurückzuschlagen. Am 6. August hielt Khomeiny eine zornige Rede, die deutlich machte, dass der revolutionäre Frühling Irans beendet sei. Er sagte, bisher habe er die Iraner wie ein gütiger Vater behandelt, doch das habe sich als ein Fehler herausgestellt. Von nun an werde er streng regieren, es werde kein Aufbegehren gegen die Islamische Republik mehr geduldet. Er kündigte ein neues Pressegesetz an, nach dem alle Artikel, welche die «Islamische Republik verleumdeten», strafbar seien. Am nächsten Tag wurde die beste und informativste Zeitung von Teheran, die erst wenige Monate junge «Ayandegan», geschlossen. Eine Woche später, am 13. August, stürmten islamische Milizen die Zentren der beiden Linksgruppen Volks-Fedayin und Volks-Mujahedin in Teheran, und am 19. August wurde die Kurdische Demokratische Partei Irans, das wichtigste Sprachrohr der kurdischen Autonomisten, verboten. Dies rief neue Kämpfe in Kurdistan hervor, die etwa zwei Monate lang dauerten. Mahabad, einst Hauptstadt der kurzlebigen Kurdischen Republik nach dem Zweiten Weltkrieg, wurde belagert und erstürmt. Dabei gab es etwa 600 Tote. Die Pasdaran wurden in grossen Mengen für den Krieg gegen die Kurden eingesetzt, und sie erwarben sich dabei ihre erste Kampferfahrung. Sie nahmen keine Gefangenen, sondern erschossen die kurdischen Kämpfer, deren sie habhaft wurden.

Die Diskussion über die neue «islamische» Verfassung Irans begann im August. Das Volk durfte am 3. August eine Expertenkommission wählen, die sie entwerfen sollte. Doch auf den Wahllisten standen fast nur Personen der Islamischen Republikanischen Partei, die Khomeiny anhing. Die Linksgruppen boykottierten den Wahlvorgang ohnehin. Später wies Khomeiny mehrere Verfassungsentwürfe zurück, weil sie nicht «islamisch» genug ausfielen. Als dann der endgültige Text vorlag, wurde klar, was Khomeiny unter einer «islamischen» Verfassung verstand: eine, die den Islam, so wie er ihn auslegte, festschrieb, indem sie dem herrschenden Gottesgelehrten als oberstem Machthaber so gut wie alle entscheidenden Machtpositionen zusprach. Er konnte die Richter ernennen, er war oberster Befehlshaber von Armee und Pasdaran und ernannte ihre Kommandeure, er besass die Befugnis, Gesetze des Parlaments zu annullieren, die «dem Islam» widersprachen, er konnte den

Präsidenten und den Ministerpräsidenten entlassen, er ernannte die Vorsitzenden der grossen wirtschaftlichen Stiftungen, die gewaltige *Holdings* bildeten, welche der Aufsicht der Regierung entzogen waren. Diese Stiftungen gingen auf die Pahlawi-Stiftung des Schahs zurück. Schon sie war eine halbstaatliche Holding gewesen, theoretisch für wohltätige Zwecke gedacht, in der Praxis jedoch ein riesiges Konglomerat von wirtschaftlichen Unternehmen, die dem Schah unterstanden, ohne dass der Staat einen Einblick in ihre Rechnungen noch ein Mitspracherecht bei ihrer Führung erhielt. Die Stiftung war dadurch zu einer gewaltigen Privatschatulle des Herrschers geworden. Die Revolution behielt dies bei, natürlich unter neuen Namen: Es gab nun eine «Stiftung für die sozial Schwachen» und später eine zweite für die Kriegsopfer. Der bisherige Besitz des Schahs, einschliesslich der Hunderte von Unternehmen der Pahlawi-Stiftung, dazu noch der Besitz der einstigen Grossen des Kaiserreiches, die das Land verlassen hatten, wurde zu den neuen Stiftungen zusammengelegt. Ihre Einnahmen wurden auf etwa 20 Prozent des gesamten Volkseinkommens geschätzt. Ein Teil davon ging in der Tat für Wohltätigkeit auf, ein anderer brachte Geld ein. Jedoch die beiden Holdings standen unter ausschliesslicher Leitung der von Khomeiny ernannten Verwalter. Ihre Hilfeempfänger und die Arbeiter in ihren Unternehmen bildeten einen willkommenen Grundstock von Personen, die jederzeit für eine «islamische» Demonstration mobilisiert werden konnten und mobilisiert wurden.

Das Freitagsgebet in der modernen und kleinen Moschee der Universität von Teheran wurde zu einer Staatszeremonie. Dort wurden von den führenden Geistlichen Predigten gehalten, die politischen Reden sehr nahe kamen. Diese Moschee, pavillonartig gebaut, lag etwas erhöht in dem grossen parkartigen Gelände der Universität. Lautsprecher wurden montiert, und über hunderttausend Menschen konnten nun in dem Park rund um die Moschee herum das Freitagsgebet hören. Sie wurden in Autobussen dorthin gefahren. An besonderen Tagen lauschten sie der Predigt und beteten auch auf den Strassen rund um das Universitätsgelände herum, die Frauen und die Männer in gesonderten Abteilungen. Für die Reihen der Betenden waren mit weisser Farbe Linien auf dem Asphalt aufgemalt und über die Grünflächen weisse Bänder gezogen.

Die Amerikaner hatten schon vor der «Islamischen Revolution» als der «Grosse Teufel» gegolten, der hinter dem «Kleinen Teufel», dem Schah, stehe und ihn an der Macht erhalte. In der Tat war ja der Schah 1953 von der CIA wieder eingesetzt worden, nachdem er den Machtkampf mit Mosaddeq verloren hatte und nach Rom geflohen war. Seither war Washington eine entscheidende Stütze seines Thrones gewesen. Nach dem Umsturz wurden die Amerikaner gänzlich verteufelt und beständig in allen Volksreden angegriffen. «Nieder mit dem Schah» und «Nieder mit Amerika» waren die beiden meistgehörten Slogans, welche die Menschen im Sprechchor riefen. «Lang lebe Khomeiny» bildete das Gegenstück.

Es gab einen etwas ausführlicheren Slogan, der sehr deutlich zeigte, wie die Figur Khomeinys in die theologischen Grundmythen der Schiiten eingepasst wurde. Er lautete übersetzt: «Herr, Herr, erhalte uns Khomeiny bis zur Revolution des Mehdi (=Messias)». Dies spielte auf den Glauben der Schiiten an, nach dem am Ende der Zeiten der Zwölfte Imam, der Mehdi oder «Rechtgeleitete», wiederkehren werde, um eine völlig gerechte Herrschaft aufzurichten, die dem Jüngsten Tag und dem Weltgericht vorhergehen werde. In dem Slogan wurde diese Endzeit als die «Revolution», *inqilab*, des Mehdi bezeichnet, so dass gewissermassen die gegenwärtige Revolution zu ihrer Vorläuferin und Hauptprobe wurde. Parallel dazu wurde der Imam Khomeiny zu einer Art Vorläufer des endgültigen und wahren Imams, eben des Zwölften, messiasartigen, dessen Rückkunft die Schiiten sehnlichst erwarteten. Imam heisst Vorsteher, Vorbeter, doch die Schiiten kennen zwölf heilige Imame, die Nachfahren des Propheten und Alis, die übermenschliche Gaben besitzen. Der Imam-Titel, der Khomeiny gegeben wurde, hielt sich in der Mitte zwischen den beiden Bedeutungen, er meinte mehr als bloss Vorsteher und Vorbeter, aber konnte sich doch auch nicht völlig auf einen der heiligen zwölf Imame beziehen, schon weil diese zwölf Personen bekannt und theologisch festgelegt waren. Einen dreizehnten gab es nicht.

Die Malerei sprach eine ähnliche Sprache. Schon zu seinen Lebzeiten wurden grosse Porträts Khomeinys auf die fensterlosen Mauern von Häusern gemalt. Sie hatten fast immer einen Heiligenschein, Khomeiny trat aus den Wolken hervor, er sprach mit erhobenem Arme zu den Beschauern, die unter ihm standen. Auch die Abbilder anderer führender Geistlicher wurden so aufgemalt, doch sie waren etwas realistischer gehalten, wie grosse Fotografien, mehr Portraits als Devotionsbilder.

Auf meinem ersten Besuch nach der Machtergreifung der Revolution ging ich mit meinem Freund, dem Archäologen Ezzat Negahban, an einem der mehrere Stockwerke hohen Khomeiny-Bilder in der eleganten Oberstadt von Teheran vorüber. Ich sagte zu meinem Freund: «Kaum sind sie den Schah los geworden, beginnen sie einen neuen überzogenen Personenkult. Man könnte meinen, dass sie nach dem Ende des Schahs genug davon hätten.» Mein Freund lächelte etwas traurig und antwortete: «Weisst du, so sind wir eben!». Im privaten Gespräch meinte er auch: Wenn die Sache hier in

Teheran zu bunt werde, könne er ja mit seiner amerikanischen Gemahlin nach Bam umziehen. Dort, am Ende Irans, wo Belutschistan anfange und die pakistanische Grenze nicht zu fern liege, besässe er einen Dattelgarten. Im Notfall könne er dort leben. In Bam werde man kaum etwas von den politischen Dramen vernehmen, die in Teheran über die Bühne gingen ... Aber als ich mich später einmal bei einem gemeinsamen Freund nach seinem Wohlbefinden und Verbleib erkundigte, war die Antwort: «Er ist natürlich schon längst in Amerika!»

Khomeiny begann dann vorsichtig, gegen seine wohl gefährlichsten inneren Gegner einzuschreiten. Dies waren die Volks-Mujahedin und die Volks-Fedayin, die mit ihren Kämpfern die Kapitulation der Armee am 10. und 11. Februar 1979 erreicht und bei dieser Gelegenheit eine grosse Menge Waffen erbeutet hatten. Khomeiny forderte, sie sollten ihre Waffen abgeben. Sie stimmten zu, doch lieferten sie nur kleine Teile aus. Ich besuchte die Volks-Mujahedin in jenem Sommer, als bereits eine dunkle Wolke über ihnen schwebte, in ihrem Hauptquartier an der einstigen Pahlawi-Allee, die nach dem Machtumschwung kurze Zeit Mosaddeq-Allee genannt wurde, aber dann ihren endgültigen Namen erhielt: *Wali Asr*, oder «Herr der Zeit», was sich auf den zwölften Imam bezieht. Die Volks-Mujahedin hatten dort ein riesiges Hochhaus aus schwarzem Marmor besetzt, in dem zur Zeit des Schahs die staatliche Gewerkschaftszentrale untergebracht war. Ich wurde als Besucher und Journalist empfangen, und man liess mich in einem Vorraum eine kurze Zeit warten. Dort lagen gedruckte Zettel auf dem Tisch, zu Hunderten und in grosser Unordnung, so dass ich nicht zögerte, einen davon einzustecken. Einen anderen studierte ich gleich. Darauf waren Weisungen für «politische Brüder», die eine Waffe besassen. Sie sollten sie nicht einfach zu Hause aufbewahren, stand da zu lesen, sondern gut einölen, in Wachstuch einschlagen und in der Erde an einem Ort vergraben, den nur ein jeder von ihnen alleine kenne.

Das Gespräch mit dem Pressesprecher der Gruppe war weniger ergiebig als dieser Zettel. Der Gesprächspartner suchte mir klar zu machen, dass seine Gruppe ein Recht habe, mitzusprechen und mitzuregieren, dieses Recht aber bisher nicht habe wahrnehmen können. Von den Waffen sprach er nicht, und ich schwieg auch über sie; doch es war klar, dass sie den eigentlichen Stein des Anstosses für Khomeiny und seine Anhänger bildeten. Sie wollten das Waffenmonopol des Staates für sich reservieren und für ihre politischen Ziele einsetzen.

Damit war auch schon der «Krieg» zwischen den Guerilleros und den Khomeiny-Anhängern vorgezeichnet, der sich in den folgenden Jahren mit wachsendem Blutvergiessen im Inneren Irans abspielen sollte. Auch sein Ausgang war vorauszusehen, weil die Geistlichen über zwei Armeen verfügten, die reguläre und jene der Pasdaran, gegen welche die Guerilla auf die Dauer nicht würde aufkommen können.

Zunächst jedoch brachte das Anziehen der Schrauben durch Khomeiny eine Stimmung der Wut und Enttäuschung unter den Mitläufern der Revolution hervor. Sie erkannten nun, dass Khomeiny und seine Parteigänger darauf ausgingen, im Namen des Islams ein Machtmonopol für sich alleine zu schaffen und alle anderen Gruppen, die bei der Revolution mitgewirkt hatten, auszuschalten. Manche suchten zu reagieren. So gab es eine grosse Demonstration der linken und demokratischen Kräfte, die am 21. Juli 1979 über 50 000 Menschen mobilisierte. Doch die meisten beklagten sich, ohne viel zu unternehmen. «Unsere Revolution», sagten sie damals, «ist von Khomeiny entführt worden!». «Nie mehr werden wir uns für eine Revolution zur Verfügung stellen!», fügten manche hinzu.

Die Besetzung der Amerikanischen Botschaft

Wahrscheinlich empfand Khomeiny die Notwendigkeit, unter diesen Umständen die Revolution neu anzufeuern. – Jedenfalls ist dies der plausibelste Grund für das neue Drama, das am 4. November des gleichen Jahres begann. Dies war die Besetzung der Amerikanischen Botschaft und die Geiselnahme der dort befindlichen 52 Diplomaten und Botschaftsangehörigen. Ein Versuch, in die amerikanische Botschaft einzudringen, war schon einmal Wochen zuvor vereitelt worden; Bazargan hatte Sicherheitskräfte zum Schutz der Botschaft eingesetzt. Doch der 4. November wurde ein Erfolg für die Angreifer, die unter der Leitung des Geistlichen *Koeiniha* standen und sich «Studenten auf dem Weg Khomeinys» nannten. Der kranke Schah, der sich bisher in Ägypten aufgehalten hatte, war zur Spitalbehandlung in den USA aufgenommen worden, und dies war der Vorwand, unter dem die Aktion stattfand. Wahrscheinlich hatte Koeiniha sich bereits im voraus mit Khomeiny oder dessen nächsten Mitarbeitern abgesprochen, um zu vermeiden, dass Bazargan die Aktion wieder zum Scheitern bringe. Jedenfalls erklärte Khomeiny sofort, die Studenten sollten in der Botschaft bleiben und machte es damit Bazargan unmöglich, die Aktion zu unterbinden. Bazargan trat zurück. Er war sich bewusst, welche enorme Verletzung der Regeln zwischenstattlicher Beziehungen die Geiselnahme von Diplomaten in ihrer eigenen Botschaft darstellte. Nicht einmal im Zweiten Weltkrieg war Derartiges vorgekommen. Die Immunität von Diplomaten ist eines der bestabgesicherten internationalen Abkommen, das seit dem Wiener Kongress (1814–1815) Gültigkeit hat. Mit Bazargan trat auch sein Aussenminister Yazdi ab. Beiden wurde nach ihrem Rücktritt vorgeworfen, sie hätten heimliche Kontakte zu den USA unterhalten. In der Tat hatte es diplomatische Fühler zur Normalisierung der Beziehungen mit Washington gegeben.

Die Botschaftsbesetzung war ein die ganze Welt erregender Schlag. Sie kam umso überraschender, als Iran gewaltige Geldsummen in den Vereinigten Staaten deponiert hatte, die natürlich sofort «eingefroren» wurden. Warum waren sie nicht vorher abgezogen worden? – Die Antwort lautete: Die Sache war eben nicht von der Regierung geplant, sondern von Extremisten aus der Umgebung Khomeinys und von diesem aus Gründen der politischen Taktik akzeptiert und aufrechterhalten worden. An das Geld in den USA scheint er dabei nicht gedacht zu haben, oder es war ihm gleichgültig.

Die Reaktion bei weiten Kreisen der Bevölkerung und besonders der Jugend Irans war enthusiastisch. Die Revolution hatte der Weltmacht Amerika, die zuvor das Land an der Leine geführt hatte, plötzlich den Meister gezeigt. Dies gab Anlass zu einem enormen Triumphgeschrei. Die Reaktion war mit jener vergleichbar, die auf die Flugzeugentführungen in der arabischen Welt stattgefunden hatte. Sie ging auf ein tiefes inneres Bedürfnis zurück, diesen machtvollen Fremden, die sich im eigenen Land als Besserwisser, Ausbeuter und Geldmacher profiliert hatten, endlich einmal die Stirne zu bieten. Dass die Mittel, um diese Revanche zu erreichen, schlecht gewählt waren und am Ende auf die eigene Gesellschaft zurückschlagen würden, wollten die Leute nicht sehen. Ihr emotionales Bedürfnis, auch einmal die Starken und Siegreichen zu sein, nach so vielen Jahrzehnten, ja Generationen der Unterlegenheit, war stärker.

Khomeiny erreichte damit seine Absicht: Die Revolution wurde neu angefeuert. Der Umstand, dass die Amerikaner das Ziel der Aktion geworden waren, half auch mit, die scharfe Trennung zwischen der früheren Vormacht und Iran zu vollenden. Nach der Revolution war die amerikanische Botschaft offen geblieben, die alten Verbindungen zwischen vielen Iranern und den Amerikanern waren nicht abgebrochen, sie wurden im Versteckten weiter gepflegt. Gerade die SAVAK und die CIA waren eng verbunden, die SAVAK-Leute waren von der CIA und vom israelischen Mossad ausgebildet worden, und es gab immer noch SAVAK-Agenten und CIA-Leute in Iran. Im Informationswesen und an den Universitäten bestanden ebenfalls noch enge Verbindungen; die Hochtechnologie, die in den Ölfeldern gebraucht wurde, kam aus Amerika; die Iran Air war eine Tochter von Pan American Airways usw. Die Botschaftsbesetzung durchschnitt all diese Bande auf einen

Schlag. Der «Grosse Teufel» wurde nun endgültig ausgetrieben. Die Revolution erhielt einen zweiten Schub, und die zahlreichen Fäden, die Amerika mit Iran verbanden, wurden gekappt. Dieses Resultat war offenbar für Khomeiny den Preis wert, der zunächst einmal aus der Beschlagnahme der Gelder bestand. Freilich sollte der Preis später, wie Bazargan wohl wusste, Khomeiny aber nicht sehen wollte, noch viel höher werden.

Auf der Strasse rund um die besetzte amerikanische Botschaft herum entwickelte sich ein dritter politischer Jahrmarkt. Die der Mujahedin und der Fedayin in den beiden Universitäten waren von den Khomeiny-Kräften liquidiert worden. Nun gab es den Jahrmarkt der Khomeiny-Anhänger. Er war der Polemik gegen die USA gewidmet. Die Botschaft wurde als «das Nest der Spione» gebrandmarkt, was in den Augen der einfachen Leute, die nichts vom Wiener Kongress wussten, ihre Besetzung rechtfertigte. Die Amerikaner hatten ihre vertraulichen Papiere mit den extra dafür erfundenen Maschinen in feine Streifen zerschnitten, «shredded» hiess das in ihrer Sprache. Säcke und Säcke von diesen Papierstreifen lagerten im Keller der Botschaft, als die Geiselnehmer einbrachen. Die «Studenten auf dem Weg Khomeinys» stellten grosse Holztische auf, breiteten die Papierstreifen auf ihnen aus und machten sich mit Bienenfleiss und Engelsgeduld an die Zusammensetzung dieser Streifen, bis sie wieder vollständige Dokumente besassen. Viele davon waren banal, doch andere enthielten irgendwelche mehr oder minder sensationelle Geheimnisse, und wenn es auch nur Kontakte oder Gespräche waren, die iranische Politiker oder Wirtschaftsleute mit den Amerikanern unterhalten hatten. Die so entzifferten «Geheimdokumente» wurden auf Englisch und Persisch veröffentlicht. Es gab Bände und Bände von broschierten Publikationen der «Geheimdokumente des Nests der Spione». Ich habe mir einmal auf der Strasse vor der Botschaft Band 17 gekauft, für wenige Rials nur, und mit Band 17 war die Publikationsreihe noch lange nicht beendet. In die Botschaft selbst durfte niemand hinein. Die Botschaftsangehörigen wurden nicht misshandelt, aber unter sehr harten Bedingungen festgehalten, oft, dem Vernehmen nach, mit verbundenen Augen. Doch wenn eine Fernsehequipe aus irgendeinem fremden Lande an der Ecke der Strasse mit ihrer Kamera auftauchte, ging der Ruf: Demonstration!» der Strasse entlang in die Botschaft hinein, und heraus kamen bereit stehende Gruppen von Demonstranten mit Spruchbändern, Bildern Khomeinys, roten Kopfbinden als Zeichen der Opferbereitschaft und gut eingeübten Sprechchören. Sie dienten dazu, für das Ausland zu dokumentieren, dass die iranische Revolution wohlauf und lebendig sei, bereit, den Amerikanern die Zähne zu zeigen.

Für die Perser selbst war der Triumph über die Amerikaner ein solches Ereignis, dass tatsächlich die Revolution einen zweiten Atem erhielt. Nachdem Washington als Gegenzug Sanktionen über Iran verhängt hatte, überzog am 11. April 1980 noch einmal eine riesige Welle von Protestdemonstrationen das ganze Land. Die revolutionären Emotionen wurden neu angekurbelt, gerade in dem Augenblick, in dem die vielen verschiedenen Gruppen und Tendenzen, die in ihr mitgelaufen waren, ihre Illusionen verloren hatten.

Im Januar 1980, während die Geiselaffäre auf vollen Touren lief, wurde der erste Präsident der Islamischen Republik gewählt. Unter den drei Kandidaten, die sich am Ende nach längeren Ausscheidungsdiskussionen stellen durften, wurde einer von Khomeiny den Wählern «empfohlen», *Bani Sadr,* einer der Studenten, die Khomeiny in Paris betreut hatten und selbst Sohn einer Familie von hohen Geistlichen aus Hamadan. Damit war seine Wahl bei der damaligen Stimmung, in der das Wort des Ayatollah über alles galt, bereits sichergestellt. Die anderen zwei, Admiral *Madani,* der Kandidat von «Ruhe und Ordnung» und *Mes'ud Rajavi,* der Chef der Volks-Mujahedin, konnten nur Achtungserfolge in bestimmten Regionen erlangen: Madani in Nordteheran, wo die verbleibenden reichen Leute lebten, Rajavi in Khusistan unter den Erdölarbeitern.

Die Geiselnahme dauerte 444 Tage lang. Der amerikanische Geschäftsträger, das Oberhaupt der Botschaft, befand sich im Augenblick der Geiselnahme nicht auf der Botschaft sondern im iranischen Aussenministerium. Er wurde dort als Einzelgefangener gehalten, wohl unter besseren Bedingungen, als sie in der Botschaft bestanden, und der Schweizer Botschafter, der die Aufgabe erhielt, die Interessen der USA in Iran zu vertreten, als die Beziehungen abgebrochen wurden, hatte auch die Aufgabe, mit ihm Kontakt zu halten und sich um sein Befinden zu kümmern.

Im Laufe dieser langen Zeit wurde natürlich verhandelt. Die Amerikaner entschlossen sich, den Schah aus ihrem Land zu komplimentieren. Sie suchten eine Unterkunft für ihn in Südamerika, und schliesslich lud ihn Sadat wieder nach Ägypten ein, wo er starb. Doch das genügte zur Freigabe der Geiseln nicht. Die Iraner stellten die Forderung auf, zuerst inoffiziell von Seiten der Geiselnehmer, der Schah müsse an Iran ausgeliefert werden. Später verzichtete der neue Präsident Bani Sadr wieder auf diese Bedingung. Khomeiny selbst stellte schliesslich am 12. September 1980, zehn Tage vor dem Überfall Saddam Husseins drei Forderungen für die Befreiung der Geiseln auf: Alle Gelder Irans müssten aus Amerika nach Iran zurückkehren, einschliesslich des Vermögens des Schah, alle Prozesse amerikanischer Firmen gegen Iran müssten eingestellt werden, alle feindlichen Massnahmen der USA gegen Iran müssten aufhören. Algerien schaltete sich als Vermittler ein, und Verhandlungen wurden im Geheimen aufgenommen.

Dies geschah nach dem Fehlschlag eines gewaltsamen Befreiungsversuches, den die amerikanischen Geheimdienste in der Nacht vom 24. zum 25. April 1980 unternommen hatten. Sie waren mit Helikoptern tief in der östlichen Wüste bei Tabas gelandet, viele hundert Kilometer von Teheran entfernt! Sie hatten offenbar vor, von dort aus mit Fahrzeugen und mit Hilfe einheimischer Agenten bis nach Teheran vorzustossen, doch das Unternehmen schlug schon zu Beginn fehl. Die Helikopter landeten in der Wüste, doch sie begegneten einem Autobus voller Reisender, so dass das Überraschungsmoment verloren ging. Dann stiessen zwei Helikopter am Boden zusammen, es gab eine Feuersbrunst und Verluste an Menschenleben. Die übrige Helikoptergruppe flog wieder davon. Die Iraner verfehlten nicht, ihren «Sieg» gebührend zu feiern und die «hinterhältige» Aktion der USA in allen Tönen zu verurteilen. Die einfacheren Gemüter meinten, eine direkte Intervention des Himmels oder des zwölften Imams gegen den «Grossen Teufel» zu erkennen.

Acht Jahre Krieg mit dem Irak

Am 22. September 1980 kam ein neues Element ins Spiel, das die politische Lage von Grund auf veränderte. Saddam Hussein liess zwei Divisionen der irakischen Armee in Khusistan über die Grenze marschieren, gleichzeitig griff seine Luftwaffe den Flughafen von Teheran an. Der irakisch – iranische Krieg begann, der acht Jahre lang dauern sollte.

Die Spannungen zwischen den beiden Nachbarstaaten hatten schon eine lange Vorgeschichte. Im Jahr 1975 hatte der Schah im Zusammenspiel mit den Amerikanern die Iraki gezwungen, auf die bisherige Grenzziehung im Schatt al-Arab zu verzichten. Der Wasserweg, der zuvor unter irakischer Hoheit gestanden war, wurde nun zwischen den beiden Anrainern geteilt. Der Schah erreichte dies, indem er die irakischen Kurden in ihrem Kampf gegen die irakische Armee mit Waffen unterstützte, was zu grossen Erfolgen der Peschmerga führte und am Ende – wie Saddam Hussein Jahre später einräumte – alle Munitionsvorräte der irakischen Armee erschöpfte. Ein in Algier geschlossener Vertrag, den Saddam Hussein persönlich unterschrieb, legte daraufhin die neue Grenzziehung fest. Der Schah verpflichtete sich seinerseits, die Unterstützung der Kurden zu beenden. Er tat dies so abrupt und gründlich, dass die Kurden Barzanis gezwungen waren, ihrerseits den Krieg einzustellen

662

und die Waffenstillstandangebote Bagdads anzunehmen, was wenig später zu ihrer schweren Unterdrückung durch die irakischen Sicherheitskräfte führen sollte. Amerika hatte an all dem ein Interesse, weil der Irak sich 1972 unter den Schutz der Sowjetunion gestellt hatte, mit dem Hauptziel, die irakische Erdölgesellschaft zu nationalisieren. Washington, unter der Ägide Kissingers, suchte ihm daher mit Hilfe des Schahs eine Schlappe beizubringen.

Die alten Animositäten waren nach der iranischen Revolution neu erwacht. Die Iraker glaubten Grund zu haben, sich vor den Iranern zu fürchten, weil diese damals offen eine Politik des «Revolutionsexportes» betrieben, und das naheliegendste Ziel für den Export einer schiitischen Revolution die grosse Gemeinschaft der Südirakischen Schiiten zu sein schien. Sie bildeten eine knappe Mehrheit gegenüber den irakischen Sunniten, doch sie wurden nie an die Regierung gelassen, die seit britischen Zeiten in den Händen der Sunniten ruhte. Dagegen gab es Protestbewegungen in Südirak, die von den irakischen schiitischen Geistlichen gesteuert wurden.

Die Iraner aber sahen auch Gründe, warum sie ihrerseits die Iraker zu fürchten hätten. Khusistan, die persische Erdölprovinz, war und bleibt bis heute arabophon. Die dortigen Araber hatten sich kurz, aber blutig gegen Khomeiny erhoben, als sie nach der Revolution keine Autonomie erhielten. Im Irak regierte die Baath-Partei, Saddam Husseins Instrument. Ihre Ideologie war pan-arabisch; sie strebte den Zusammenschluss aller arabischen Staaten und Gebiete zu einem arabischen Grossstaat an. Bagdad hatte seit langem den «Anschluss» Khusistans an die arabische Nation gefordert und intensivierte seine Propaganda im Zuge der Kämpfe um die Autonomie der dortigen Araber.

Dies führte zu Spannungen an der Grenze, und während Monaten fanden kleine Scharmützel und Feuerwechsel über die Grenze hinweg statt. Täglich veröffentlichten beide Länder Communiqués, in denen es auf der iranischen Seite etwa hiess, heute habe Irak – ganz unprovoziert – eine bestimmte Anzahl von Schüssen auf Iran abgefeuert. Eine Zahl wurde genannt, z.B. 2 753. Die iranische Seite habe darauf sehr zurückhaltend mit nur 1 648 Schüssen geantwortet. Die irakischen Communiqués lauteten beinahe gleich, nur dass bei ihnen alles genau umgekehrt klang.

Saddam Hussein hatte sodann die Spannungen angeheizt, indem er Tausende von irakischen Schiiten, jeden Alters und jeden Geschlechts, die einer Verbindung mit Iran beschuldigt wurden, brutal aus dem Lande wies. Sie wurden auf Lastwagen gesetzt und an der wasserlosen Grenze zwischen den beiden Ländern herausgeworfen. Für den Fall, dass sie nach Irak zurückkehrten, wurden sie mit Erschiessen bedroht. Wie sie von dort in bewohnte

Regionen auf der iranischen Seite gelangten, war ihre Sache. Die Auswahlkriterien für diese Deportationen waren höchst willkürlich. Iranische Namen genügten, eine iranische Frau oder Mutter, die angebliche oder wirkliche Kenntnis des Persischen usw. Wahrscheinlich hatten die Ausführungsorgane ein tägliches Soll von Ausgewiesenen zu erfüllen. Jahre später traf ich einen jungen Mann in Damaskus, der mir erzählte, er habe auch zu diesen Deportierten gehört. Aber er sei Sunnite und habe nichts mit Iran zu tun, deshalb habe er sich schliesslich nach Syrien abgesetzt. Vermutlich sei er auf Grund einer Namensverwechslung aus seiner irakischen Heimat vertrieben worden. Dass die Bürokraten die Namen ihrer Unterstellten durcheinander bringen, kommt im arabischen Raum oft vor, weil es nur wenige Vornamen gibt, die immer wieder verwendet werden, und weil auch viele Menschen den gleichen Nachnamen tragen. Man hilft sich gegen Verwechslungen, indem man auch den Namen des Vaters anführt.

Schliesslich erfolgte der erwähnte Grossangriff der irakischen Armee auf Iran vom 22. September 1980. Der Krieg war erst ein paar Wochen alt, als die irakischen Botschaften in allen Ländern Europas vernehmen liessen: Berichterstatter seien nach Irak eingeladen. Alle Journalisten, die sich auf der irakischen Botschaft in Amman meldeten, würden nach Bagdad transportiert. Der direkte Flugverkehr nach dem Irak war im Zeichen des Krieges eingestellt. Ich flog nach Amman. In der Tat fuhren Autobusse mit Journalisten am nächsten Tag ab, und ich erhielt einen Platz. Es war eine seltsame Wüstenreise mit einem ganzen Bus voll von Kollegen. Wir brauchten etwa acht Stunden bis nach Bagdad. Fast jeder hatte ein Kurzwellenradio bei sich, und genau jede volle Stunde gingen auf allen Sitzen im Bus die Ausziehantennen hoch. Überall war die Einführungsmelodie der BBC-Nachrichten zu hören, und jeder der Journalisten informierte sich über das letzte Geschehen in Bagdad, in Teheran und an den Kriegsfronten, in Washington und in London, soweit es die BBC wusste und mitteilte. Sie war und blieb die beste, sicherste und schnellste Informationsquelle. Als wir schliesslich in Bagdad eintrafen, gab es einige Journalisten, die sofort aus dem Bus hinausstürmten, sobald er anhielt, aufgeregt fragten: «Wo gibt es ein Telefon?» und an der Scheibe zu drehen begannen. Sie wussten zwar noch gar nichts darüber, was in Bagdad geschah und wie es um den Krieg stand, sie waren erst vor Sekunden eingetroffen. Doch jedenfalls wollten sie ihrem Blatt telefonieren, um mitzuteilen: «Ich bin nun in Bagdad!», und vielleicht gaben sie auch schon erste Eindrücke, wie es in der «Kriegshauptstadt» aussehe …

Es sah recht ruhig aus. Wir wurden in ein gutes Hotel einquartiert und erhielten die Mitteilung, wir könnten jederzeit in einem seiner Restaurants eine Mahlzeit bestellen, auf Rechnung des Staates, sooft wir wollten. Doch wir wurden gebeten, das Hotel nicht zu verlassen, denn bald werde eine wichtige Mitteilung erfolgen, auf die zu warten uns dringend empfohlen wurde. Es war nicht unmöglich, das Hotel zu verlassen, doch man wagte es kaum, aus Angst, die erwartete Mitteilung zu verpassen. Eine Nacht verging und ein Tag, dann noch eine Nacht. Wir begannen uns zu organisieren: Einer blieb im Hotel zurück, während seine Freunde sich auf Expeditionen in die Stadt begaben, dann löste man einander ab. Die wichtige Mitteilung kam auch in drei und in vier Tagen nicht. Wir merkten allmählich, wobei uns der Ton der offiziellen Communiqués von Bagdad, kombiniert mit dem, was aus Iran und von BBC zu vernehmen war, auf die Spur half, dass die Iraki wahrscheinlich eine grosse Siegespressekonferenz vorgesehen hatten und dazu die Presse aus aller Welt einluden, dass aber der Sieg sich nicht eingestellt hatte. Die irakischen Truppen waren zwar in Khusistan vorgestossen, sie hatten die Hafenstadt Khorramschahr eingenommen, jedoch schon Abadan, auch an der Grenze gelegen, leistete erfolgreichen Widerstand.

Die Iraner hatten das Volk mobilisiert und übten erbitterte Gegenwehr. Die meisten iranischen Tanks standen damals an der sowjetischen Grenze, hoch oben im Norden des Landes; um in Khusistan eingesetzt zu werden, mussten sie auf den Strassen oder mit der Bahn durch ganz Persien hindurch nach dem äussersten Süden transportiert werden. Sie waren daher in der ersten Zeit nach dem irakischen Überfall nicht verfügbar. Damit hatten die Iraker gewiss gerechnet, nicht jedoch mit dem Willen der iranischen Bevölkerung, sogar der arabophonen Bewohner von Khusistan, ihrem Angriff Widerstand zu leisten. Wahrscheinlich hatten sie angenommen, Teheran würde schon in den ersten Tagen nach dem Angriff klein beigeben und ihre Forderungen erfüllen, was immer diese gewesen wären. Doch dem war nicht so. Die iranische Bevölkerung kämpfte zurück. Sie musste zwar in den ersten Kriegswochen schrittweise weichen, doch an eine Kapitulation dachte offenbar niemand in Teheran. Die Siegeskonferenz in Bagdad fand nicht statt. Allmählich gaben die Informationsbehörden dem Drängen der noch nicht wieder abgereisten Journalisten nach, doch noch bis an die Kampfesfronten zu gelangen. Wir wurden in kleinen Gruppen bis Basra gebracht und dann militärischen Erläuterern und Bewachern übergeben, die uns über die irakische Grenze nach Khusistan geleiteten.

Zuerst wurden uns einige wenige iranische Araber vorgeführt, von denen es hiess, sie gehörten zur pan-arabischen Baath-Partei und sprächen natürlich für die gesamte arabophone Bevölkerung Khusistans. Es war eine ziemlich klägliche Gruppe von vielleicht 15 Personen. Man hatte den Eindruck, sie waren der Kriegsgefangenschaft entgangen, indem sie sich zu Baathisten und Parteigängern eines arabischen Khusistans erklärt hatten oder hatten erklären lassen. Wir sprachen zuerst Arabisch mit ihnen, und sie sagten, was von ihnen erwartet wurde, über «Arabistan», wie sie Khusistan nannten. Ich liess ein paar Brocken Persisch fallen, und einer nahm mich beiseite: «Was, du kannst Persisch?» fragte er ganz erregt in einem viel geläufigeren Persisch, als meines war. «Sag mir doch, was die Perser denken und tun. Du weisst doch wohl auch, wie dieser Krieg ausgehen wird?» Ich wollte nicht zuviel sagen, und beschränkte mich auf die Behauptung, dass meiner Ansicht nach, die so gut sei wie die eines jeden anderen, die Perser über kurz oder lang wieder in Khorramschahr präsent sein würden und «Arabistan» sich schwerlich von Iran werde abtrennen lassen. Der arme Zwangsbaathist verliess mich kleinlaut. Wir fuhren dann noch etwas weiter ins Landesinnere, doch kamen wir nur etwa zehn Kilometer weit. Dann stiessen wir auf einen gewaltigen flachen See, so gross, dass das andere Ufer unsichtbar blieb. Die Iraker hatten an seinem Ufer Kanonen aufgestellt. Zur Zeit wurde nicht geschossen, doch auf der anderen Seite gäbe es auch Geschütze, wurde uns bedeutet, die manchmal ebenfalls schössen. Hoch oben am Himmel zeigte sich ein Flugzeug. Das könnte ein iranisches Beobachtungsflugzeug sein, befand unser Begleitoffizier, es könnte unsere Präsenz festgestellt haben und Beschuss auf uns lenken, sagte er. Er sei für uns verantwortlich. Wir wurden sofort auf einen Jeep verladen und mit grosser, fast lebensgefährlicher Geschwindigkeit von der Front zurück in die Etappe gebracht.

Das war alles, was ich damals vom Krieg zu sehen bekam. Es genügte, um festzustellen: Er war offenbar statisch geworden. Die Iraner hatten die Flussebene von Khusistan überschwemmt, indem sie Deiche durchbrachen. An den erhofften Blitzsieg Bagdads war nicht mehr zu denken.

Wenig später sah ich den Krieg auch von der iranischen Seite. Zu diesem Zweck musste man nach Teheran fliegen, was manchmal, nicht immer, auf dem Weg über die Türkei und die Sowjetunion möglich war. Von Teheran aus musste man, nach Erledigung der notwendigen Formalitäten, mit einem Militärtransport nach Khusistan fliegen. Ich war wiederum mit einer grösseren Gruppe von Journalisten. Eine Nacht wurden wir in einer Moschee einquartiert, eine zweite Nacht kamen wir in einem früher feudalen Offiziersclub unter, dem allerdings der Krieg etwas zugesetzt hatte. Front und Etappe auf der iranischen Seite unterschieden sich atmosphärisch stark von der irakischen. Hier war alles Spontanität. Jedermann suchte alles zu tun, um das bedrohte Vaterland zu retten. Zwischen der regulären Armee, den Pasdaran und einer dritten Truppe der Kriegsfreiwilligen, die *Basij* genannt wurden, bestand eine regelrechte Konkurrenz, wer dies besser vermöchte. Im Irak herrschte auch Patriotismus, doch er war mehr mit Angst als mit Begeisterung verbunden. Jedermann dort stand unter Druck und Zwang zu kämpfen.

Von den Kämpfen bekam man auch in Iran wenig zu sehen. Sie spielten sich jenseits des Horizontes ab. Sie müssen für die Iraner mindestens in der ersten Zeit nach dem Angriff sehr verlustreich gewesen sein, weil Teheran die schlechtere Bewaffnung seiner Truppen durch massiven Einsatz von Menschen zu kompensieren suchte. Jeder Gegenangriff fiel überaus blutig aus. Doch immer mehr von ihnen verliefen erfolgreich, so dass die Iraner nach einer Reihe von Gegenoffensiven schrittweise das anfänglich in Khusistan verlorene Terrain zurückeroberten.

Uns Journalisten zeigte man gerne die zerstörten Kommandoposten der Iraker. Sie hatten sich darin, wie die Ruinen zeigten, sogar Luftkühlung eingerichtet. – Wenn wir in einem der iranischen Militärquartiere über die Eintrittsschwelle schritten, war regelmässig davor die amerikanische Flagge auf den Boden gemalt, so dass man auf sie treten musste, um den Eingang zu erreichen. Wir taten dies, ohne grosses Aufheben davon zu machen, doch wir wurden regelmässig von irgendjemandem aufgehalten: «Hast du das gesehen?», wurde gefragt und auf die gemalte Flagge gedeutet. Die emotionale Befriedigung, dies den Amerikanern antun zu können, war offenbar gross.

Nicht nur in Khusistan, auch in allen Städten des Hinterlandes sah man die Basij, die Freiwilligen, die in den Krieg zogen. Manche waren sehr junge Leute, doch bärtige Alte waren auch dabei. Sie trugen alle rote Stirnbänder und marschierten in Formation durch die Städte, indem sie im Sprechchor Slogans über ihre Bereitschaft, sich aufzuopfern, riefen. Sie wurden auch geopfert, rücksichtslos, in schlecht geplanten und unzureichend unterstützten Masseneinsätzen. Es gab viele Berichte und Geschichten darüber, die ich freilich nicht selbst verifizieren konnte. So sollen manchen von ihnen Plastikschlüssel um den Hals gehängt worden sein, um die Schlüssel zum Paradies zu symbolisieren, das sich ihnen nach ihrem Märtyrertod eröffnen werde, und es gab Berichte darüber, dass sie gelegentlich als erste Linie über Minenfelder geschickt wurden, um die Minen zur Explosion zu bringen, bevor die regulären Soldaten ihnen nachfolgten. Dass diese Menschen sowohl religiös wie auch patriotisch motiviert waren, bis zur Selbstaufopferung zu kämpfen, war augenfällig, wenn man sie in ihren Heimatstädten in einem hohen Erregungszustand demonstrieren und dann zur Front abziehen sah.

«Der Krieg geht weiter!»

Nach zahlreichen blutigen Gegenoffensiven hatte Iran Ende Juni 1982 erreicht, dass die irakische Armee sich über die Grenze wieder auf eigenes Territorium zurückziehen musste. Eine Resolution der UNO forderte einen Waffenstillstand, den Irak annahm, jedoch Teheran zurückwies.

Die Ablehnung erfolgte am 13. Juli, nachdem Khomeiny eine öffentliche Diskussion darüber lanciert hatte, ob Iran annehmen solle. Nachdem das Für und Wider diskutiert worden waren, entschied Khomeiny, der Krieg müsse fortdauern, weil der Irak bestraft werden müsse. Er rief dann die Iraner dazu auf, «Kerbela zu befreien». Kerbela, der Heilige Ort der Schiiten, wo Hussein fiel, liegt in Südirak am westlichen Rand Mesopotamiens. Die «Befreiung» von Kerbela hätte bedeutet, dass Mesopotamien von Osten nach Westen durch die iranische Armee durchschnitten worden wäre. Für die einfachen Iraner war Kerbela ein religiöses Ziel, das der Ayatollah ihnen setzte. Für strategisch denkende Militärs und Politiker hätte die Eroberung Südmesopotamiens nichts weniger bedeutet, als dass die iranische Revolution die Hand auf die Erdölvorkommen im Persischen Golf hätte legen können. Die Armeen Saudi-Arabiens und der kleinen Golfstaaten wären einer siegreichen Armee Irans in keiner Hinsicht gewachsen gewesen. Die schiere Präsenz der Streitkräfte Teherans ohne das Gegengewicht der irakischen hätte genügt, um auch ohne direkte Besetzung die Erdölpolitik aller Golfstaaten zu diktieren.

Man konnte versuchen, sich in Khomeinys Vorstellungswelt zu versetzen. Für ihn war gewiss der Umstand, dass es ihm gelungen war, den mächtigen Schah zu stürzen, ein Hinweis darauf, dass Gott ihm eine Mission zugeteilt habe. Herr über die Erdölvorkommen im Golf zu werden, wäre ein zweiter Schritt der Machtergreifung gewesen, der Khomeiny und mit ihm nach seinem Urteil «den Islam» von einer Regionalmacht zur Weltmacht erhoben hätte. Dies dürfte der Hauptgrund gewesen sein, weshalb Khomeiny nun weitere sechs Jahre lang nicht mehr einen Verteidigungs-, sondern einen Angriffskrieg gegen den Irak Saddam Husseins führte. Er sprach von «Bestrafung», um die Angriffe zu begründen. Ziel jedoch dürfte gewesen sein: der Durchbruch zu einer islamischen Weltmacht, beruhend auf dem Erdöl des Golfes und einer Hegemonie in der gesamten islamischen Welt.

Nicht nur die arabischen Staaten am Golf fürchteten, dass es Khomeiny gelingen könnte, seine Ziele zu erreichen. Auch die Amerikaner, die Japaner und die übrigen Industriestaaten, die von den Erdölströmen abhängig sind, blickten bedenklich auf die Ambitionen Khomeinys. Die Saudis und die

Golfstaaten, die zum «Kooperations- und Entwicklungsrat am Arabischen Golf» verbunden waren, griffen tief in ihre Geldsäcke, um den Irak zu unterstützen. Kuwait und Saudi-Arabien alleine sollen gegen 30 Milliarden Dollars zu den Kriegsanstrengungen Bagdads beigetragen haben. Die Vereinigten Staaten und Grossbritannien griffen mehr und mehr in den Krieg ein, je weiter er sich über die Schlachten zu Lande auf die Gewässer des Golfs ausdehnte. Gegen Ende des Ringens befanden sich 26 amerikanische Kriegsschiffe in den Golfgewässern oder in ihrer nächsten Nähe. Sie schritten nicht ein, wenn der Irak den iranischen Erdölexporthafen von Kharg bombardierte und um die Insel Kharg herum eine maritime Ausschlusszone erklärte, doch sie erklärten sich für zuständig, die Freiheit der Schiffahrt und damit der Tankertransporte von den arabischen Häfen ins Ausland zu garantieren, und sie griffen energisch ein, wenn iranische Schnellboote Anstalten machten, gegen die arabische Schiffahrt im Golf vorzugehen. Sie erlaubten den Kuwaiter Tankern, unter amerikanischer Flagge zu verkehren, um die Versicherungen zu beschwichtigen. Diese hatten sich geweigert, kuwaitische Schiffe zu versichern, da sie in einer Kriegszone verkehrten.

Die Franzosen lieferten den Irakern ihre modernsten Hochtechnologiewaffen auf Kredit. Die meisten Waffen der Iraker kamen jedoch aus der Sowjetunion, auch auf Kredit. Iran kam unter ein amerikanisches Waffenembargo und musste zusehen, wie es sich Waffen und Ersatzteile für seine amerikanischen Waffensysteme verschaffte. Geiselnahmen in Libanon durch schiitische Gesinnungsgenossen der iranischen Revolution waren ein Instrument, das diesem Zweck diente.

Die Geiseln der Amerikanischen Botschaft in Teheran kamen vier Monate nach dem Beginn des Krieges, am 20. Januar 1981, frei. Die Amerikaner gaben einen Teil der iranischen Gelder frei, die sie nach der Geiselnahme beschlagnahmt hatten. Khomeiny erklärte: «Wir brauchen die Geiseln nun nicht mehr». In der Tat waren sie seit dem Krieg gegen Saddam nicht mehr notwendig, um die iranische Revolution neu anzufeuern; das tat ja nun die Kriegssolidarität. Umgekehrt dürften die Gelder aus Amerika Iran in der gegebenen Kriegssituation sehr willkommen gewesen sein. Die Geldgeber standen alle auf der irakischen Seite.

Ich war während des langen Krieges mehrmals in Iran und mehrmals im Irak. In beide Länder gelangte man nur, wenn die Regierungen einen Grund hatten, Journalisten ins Land zu rufen, weil sie bestimmte Aspekte des Krieges oder ihres internen politischen Lebens publik machen wollten. Ohne dies war es höchstens über persönliche Beziehungen zu bestimmten Politikern oder Botschaftern möglich, Visen zu erhalten. Ich reiste auch in die

Golfstaaten, um den Tankerkrieg aus der Nähe zu beobachten, als dieser in den Vordergrund rückte.

Iran während der Kriegsjahre

In den ersten Jahren des Krieges, während die Iraker noch in Khusistan standen, spielte sich in Teheran der letzte und blutigste Machtkampf ab, der über die endgültige Orientierung der Islamischen Revolution entschied. Präsident Bani Sadr hatte wachsende Meinungsverschiedenheiten mit Khomeiny. Er hat sie später in einem Buch, natürlich aus seiner Warte, beschrieben. Er erzählt, wie er Khomeiny immer energischer aufgefordert habe, eine echte Demokratie zuzulassen und den demokratisch gewählten Instanzen, deren wichtigste er selbst, der Präsident, war, Entscheidungs- und Aktionsfreiheit zu gewähren. Khomeiny dachte nicht daran. Nach seiner Ansicht sollte «der islamische Gottesgelehrte» die islamische Republik beherrschen. Die gewählten Behörden waren mehr Dekoration; jedenfalls hatten sie innerhalb der Grenzen zu handeln, die «der Islam» ihnen vorschrieb. Wie «der Islam» zu verstehen sei, entschied der «herrschende Gottesgelehrte». Im Verlauf dieser Auseinandersetzung bildete sich ein Bündnis zwischen Bani Sadr und den Volks-Mujahedin heraus.

Bani Sadr versuchte, öffentlich für seine Ideen zu werben, indem er eine Zeitung herausgab, und versuchte, auch politische Zusammenkünfte zu veranstalten. Doch er geriet dabei, manchmal in eigener Person, unter den Druck der Knüppelträger der Hizbollah, die mit Gewaltmethoden für Khomeiny und seinen Staat wirkten. Bani Sadr hatte keine vergleichbare Hausmacht. Er sah sich daher mehr und mehr darauf angewiesen, von den Volks-Mujahedin und ihren Waffenträgern Gebrauch zu machen, um den Hizbollah entgegenzutreten. Doch Khomeiny blickte mit grösstem Misstrauen auf die Volks-Mujahedin und ihre Waffen. Sein politischer Instinkt sagte ihm, dass letztlich jener regieren werde, der das Waffenmonopol besitze. Zuerst wurde eine Kommission gebildet, die über den Konflikt zwischen Bani Sadr und dem Ministerpräsidenten, *Mohammed Ali Raja'i*, befinden sollte. Raja'i und die grosse Mehrheit der Parlamentsabgeordneten waren Parteigänger Khomeinys. Die Kommission entschied am 1. Juni 1981, Bani Sadr «agitiere» im ganzen Land gegen die islamischen Institutionen. Daraufhin entzog ihm Khomeiny am 10. Juni den Oberbefehl über die Armee. Bani Sadr tauchte unter, was offenbar bereits vorbereitet war, und rief das Volk zum Widerstand gegen den Despotismus auf. Es kam zu Strassenschlachten der Hizbollah und anderer Ordnungskräfte gegen die Parteigänger Bani Sadrs und die Volks-

Mujahedin. Am 28. Juni 1981 verübten die Volks-Mujahedin einen grossen Bombenanschlag im Parteizentrum der Regierungspartei, der Islamischen Republikanischen Partei. Die Explosion zerstörte einen Pfeiler, dessen Fall das gesamte Parteizentrum zum Einsturz brachte. 72 Personen verloren ihr Leben, unter ihnen vier Minister und 20 Abgeordnete sowie der Parteichef, *Ayatollah Beheschti*, der als ein besonders guter Organisator und als Mann der islamischen Zukunft galt. Bani Sadr floh nach Paris, in einem Kriegsflugzeug, das Piloten steuerten, die den Mujahedin angehörten; *Mahmud Rajavi*, der Chef der Mujahedin, begleitete ihn. Am 30. August erfolgte ein zweiter Bombenanschlag, diesmal im Sitz des Ministerrates. Raja'i, der sechs Tage zuvor zum Nachfolger Bani Sadrs gewählt worden war, der Ministerpräsident *Bahonar* und der Polizeichef *Vahid Dastgerdi* erlagen ihm. Ihr Begräbnis mobilisierte eine Million Menschen in Teheran. Die Ordnungskräfte griffen überaus scharf gegen die Mujahedin durch. Gefangene wurden mit Druckmethoden, wozu zweifellos auch Folter gehörte, gezwungen, ihre «Reue» dadurch zu bezeugen, dass sie die Namen und Verstecke ihrer Gefährten verrieten. Dann kam es periodisch zu Strassenkämpfen, in deren Verlauf reguläre Truppen und die Revolutionswächter die «Freien Häuser» der Mujahedin ausräumten. Die «Reuigen» erhielten langjährige Gefängnisstrafen; was mit jenen geschah, die sich weigerten, ihre Kameraden zu verraten, liess sich nur ahnen. Amnesty International erklärte im Oktober, in den vorausgegangenen vier Monaten habe es «mindestens» 1 800 Hinrichtungen gegeben. Die SAVAK entstand unter anderen Vorzeichen unter der Bezeichnung Savama neu. Die Republikanische Islamische Partei erholte sich nie mehr von dem Bombenanschlag und dem Verlust Beheschtis. Khomeiny lancierte den Slogan: «Keine Partei ausser der Partei Gottes (Hizbollah)»; die Islamische Republik kam später ohne ein eigentliches Parteiwesen aus. *Khamenei*, der heute herrschende Gottesgelehrte, wurde damals in Nachfolge Raja'is Staatspräsident.

Muslimtreffen in Teheran

Zum fünfjährigen Bestehen der Islamischen Republik, im Februar 1984, lud Teheran trotz des Krieges Journalisten aus aller Welt ein. Die Botschaften erhielten den Auftrag, aus allen Ländern muslimische Journalisten oder im Notfall andere Sympathisanten nach Teheran einzuladen. Nur ich selbst und ein Kollege aus Madagaskar waren unter den Eingeladenen keine Muslime. Ich hatte die Ehre, mit dem Imam von Manchester ein Hotelzimmer im Tulpenhotel (Laleh) zu teilen, das früher das «Intercontinental» gewesen war. Er war pakistanischen Ursprungs und stolz darauf, die grösste Moschee Grossbritanniens zu leiten. Er war aber Sunnit und erhielt bald von Angehörigen der kleinen sunnitischen Minderheit, die es in Teheran gab, Besuch. Die Besucher deuteten an, sie würden von der schiitischen Mehrheit nicht besonders rücksichtsvoll behandelt. Mein Zimmerkollege befragte die Iraner, die sich der Besucher annahmen, über die Behandlung der Sunniten. Dies führte zu abendlangen Diskussionen über die Frage der sunnitischen Minderheit in Iran, weil die *Public Relations*-Leute meinen sunnitischen Freund unbedingt überzeugen wollten, dass Iran seine wenigen Sunniten vorzüglich behandle. Khomeiny hatte ursprünglich versucht, die Unterschiede zwischen den beiden Glaubensgemeinschaften des Islams herabzuspielen, weil zu Beginn des Regimes Teheran auch in anderen islamischen Staaten Revolutionen auslösen wollte und diese fast alle sunnitisch sind. Im Hotel «Laleh» lagen Schriften des Informationsministeriums auf, in denen behauptet wurde, es sei überhaupt der Kolonialismus gewesen, der im Zuge seiner berühmten Spaltpolitik, dem *divide et impera*, die Gegensätze zwischen Schiiten und Sunniten betont und vertieft habe.

Im Zuge des damals offen betriebenen «Revolutionsexportes» hatte Iran auch die Nähe der Araber gesucht. Arafat war der erste, sehr bejubelte Staatsgast gewesen, der die junge Islamische Republik besuchte. Doch im Verlauf des Krieges trat die iranische Tradition als Gegensatz zur arabischen immer deutlicher hervor, ebenso der Schiismus als spezifische Eigenheit, die sich vom Sunnismus der irakischen Regierung unterschied. Bagdad hingegen pochte auf die arabische Tradition und sprach in seiner Kriegspropaganda von Qadisiya, der grossen Schlacht, in der 637 die neu islamisierten arabischen Stämme die iranischen Sassaniden entscheidend besiegt hatten.

Die zur Fünfjahresfeier eingeladenen Muslime wurden von allen Ministern empfangen und brachten in jedem Ministerium neu vor, dass sie die Unterstützung Irans benötigten, um ihren Rivalen, die mit Saudi-Arabien zusammenarbeiteten und daher viel Geld bekämen, entgegentreten zu können. Die Minister vertrösteten sie regelmässig mit dem Hinweis auf den Krieg. Wenn der einmal siegreich beendet sei, so versprachen sie, werde Iran sich mit aller Macht seiner revolutionär ausgerichteten muslimischen Freunde in allen muslimischen Ländern annehmen. Man werde dann überallhin Aktivisten entsenden, die mithelfen könnten, eine islamische Revolution nach iranischem Muster in Gang zu bringen.

Während die Festtage und die politischen Diskussionen andauerten, wurden wir dringend angewiesen, das Hotel nicht zu verlassen. Bewaffnete Revolutionswächter hielten rings herum Wache. Dies wurde mit der Gefahr begründet, dass feindliche Agenten einen von uns ermorden könnten, doch wahrscheinlich spielte die Gefahr, dass wir mit unzufriedenen Elementen aus der Bevölkerung Kontakt aufnähmen, eine grössere Rolle. Ich kam schliesslich hinaus, indem ich erklärte, ich müsse unbedingt meinen Botschafter besuchen. Dagegen konnten die Gastgeber nichts einwenden, und der Schweizer Botschafter entpuppte sich als besonders nett, aufgeschlossen, interessiert und hilfsbereit.

Als die offiziellen Feierlichkeiten vorbei waren, wollte ich etwas auf eigene Faust im Lande herumreisen. Dies durfte ich schliesslich tun, da ich im Gegensatz zu den meisten der offiziell Eingeladenen ein gültiges Visum besass, und nachdem ich ein Formular unterschrieben hatte, in dem ich erklärte, ich sei selbst verantwortlich, wenn mir etwas zustosse. Ich fuhr dann nach dem Kaspischen Meer, einfach um ein Stück offenes Land zu sehen, nicht nur die Zementblöcke von Teheran. Dabei wurde ich amüsierter Zeuge einer offenbar routinemässig verlaufenden Schmuggelaktion, bei der es um rationierten Reis ging. Dieser hätte offenbar nur auf offiziellem Wege die kaspischen Provinzen verlassen sollen, in denen er wächst. Die Schmuggler umgingen die Kontrollen, indem sie zwei Säcke Reis auf den Autobus brachten, in dem ich von Bandar-e Pahlawi, nun Bandar-e Khomeiny, nach Qazwin mitreiste. Unterwegs wurden die Säcke geöffnet und ihr Inhalt zweikiloweise in Papiertüten verteilt, von denen eine jede einem der Passagiere zur Aufbewahrung gegeben wurde. Es gab Sperren, an denen der Bus inspiziert wurde. Keiner der Passagiere sagte ein Wort. Nachdem wir die Kontrollen überwunden hatten, wurde der Reis wieder eingesammelt und in die Säcke zurückgeschüttet. In Qazwin stand schon ein Schubkarren bereit, um die Reissäcke aufzuladen. Die Passagiere hatten keinerlei Gewinn von der Schmuggelaktion. Sie machten dennoch mit, gewissermassen wohl als «l'art pour l'art», und weil Denunziation, sogar zugunsten einer Islamischen Republik, eine hässliche Sache gewesen wäre.

Auf der gleichen Reise stand ich auch einmal in einer Brotschlange vor dem vergitterten Verkaufsfensterchen einer Bäckerei. Die Schlange war lang, aber kam zügig voran. Jeder erhielt für wenige Münzen seine knusprig frischen Fladenbrote, soviel er begehrte. Plötzlich klopfte mir jemand von hinten sanft auf die Schulter: «Haben Sie auch schon einmal einen Mullah in einer solchen Schlange gesehen?» fragte eine leise Stimme. Ich schaute mich um und versuchte mich auch an andere Brotschlangen zu erinnern. Es war mir vorher nie aufgefallen, aber es stimme: Mullahs mussten wohl andere Wege kennen, um zu ihrem Brot zu gelangen.

Teheran unter Raketenbeschuss

Ein anderes Mal, etwas später im Krieg, 1988, befand ich mich in Teheran, als die Raketen Saddam Husseins in grösserer Zahl auf die Stadt niedergingen. Ich wohnte in einem Hotel im neueren Stadtteil, das solide aus Zement gebaut war. Mein Biergarten war längst geschlossen und von irgendeinem Privatmann gekauft worden; vielleicht hatte ein Mullah ihn erworben. Einige Iraner, offenbar aus betuchten Familien, waren in das gleiche Hotel gezogen und hatten die untersten Zimmer belegt, weil sie meinten, dass dies einige Sicherheit vor den Raketen verspreche. Es fielen fünf, sechs jeden Tag irgendwohin auf das Häusermeer der Grossstadt. Mit mir hatten sich noch andere Journalisten in dem Hotel eingemietet; wir nahmen die obersten Zimmer gleich unter dem Flachdach, weil wir sehen wollten, wohin die Raketen fielen. Den irakischen Technikern war es gelungen, die Reichweite der sowjetischen SAM-6-Raketen, über die der Irak verfügte, so weit zu verlängern, dass sie die iranische Hauptstadt erreichten. Doch dies ging offensichtlich auf Kosten ihrer Lenkbarkeit. Sie kamen brummend angeflogen, stellten irgendwo über Teheran ihre Motoren ab und fielen dann ungezielt auf die Stadt. Wenn sie ein Haus trafen, wurde es zerstört, mit seinen Bewohnern … Im Gespräch mit einem der iranischen Hotelgäste sagte ich einmal, nur um seine Reaktion zu erproben: «Das ist nicht so schlimm, ein paar wenige Häuser. Im Zweiten Weltkrieg wurden in Deutschland ganze Städte zerschlagen und verbrannt, Hamburg zum Beispiel und Dresden.» Er sah mich etwas gequält an und sagte: «Für uns ist es schlimm genug. Wir sind keine Deutschen!»

Es kam vor, dass kein Flugverkehr nach Teheran möglich war. Dann musste man den langen Weg über die Türkei, die Grenzstation Maku und die Stadt Täbris nehmen. Der Bus brauchte zwölf Stunden bis nach Maku und eine zweite Nacht bis Ankara. Der Grenzübergang alleine beanspruchte mehrere Stunden. Im Zollhaus der Grenzstation sprach mich ein Herr gesetzten Alters an, der einen feinen schwarzen Pelzmantel trug. Er sagte, er sei der Vertreter der PLO in Iran gewesen. Teheran habe ihn ausgewiesen, doch die Türken wollten ihn nicht nach der Türkei einlassen, weil er kein Visum besitze; er habe nun schon drei Tage und zwei Nächte auf der Grenzstation zugebracht. Er bat mich, seinen Kollegen, den PLO-Vertreter in Ankara, über seine Lage zu informieren, was ich auch tat. Im Verlauf des Krieges, in dem Araber gegen Perser kämpften, war offenbar das einst gefeierte Verhältnis der Islamischen Revolution zur Organisation Arafats unter den Nullpunkt abgekühlt. Die Kriegslage hatte die PLO gezwungen, zwischen Bagdad und Teheran Stellung zu nehmen, und die Palästinenserführung hatte sich offenbar eher für Bagdad als für Teheran entschieden. Teheran rief in der Folge seine eigenen Kampfgruppen «für Palästina» ins Leben, *Hizbollah* in Libanon und *Hamas* in Palästina, die beide die «Befreiung Jerusalems» auf ihre Fahnen schrieben.

Giftgas über Halabché

Im März 1987 erging wieder einmal ein Ruf an die Journalisten der äusseren Welt, Iran zu besuchen. Wer nach Teheran fahren wolle, solle sich auf der iranischen Botschaft in Athen melden, vernahm ich von Kollegen an meinem damaligen Wohnort in Nikosia. Ich fuhr hin. Dort hiess es, wichtige Informationen warteten in Iran auf die Journalisten. Jedermann, der schon früher ein Visum nach Teheran erhalten habe, könne nun ein weiteres bekommen. Ich hatte jedoch einen neuen Pass und konnte daher meine früheren Visen nicht nachweisen. In der Diskussion mit den Beamten erwähnte ich den Namen des damaligen iranischen Geschäftsträgers in Bern. «Was, Sie kennen den Namen,» sagte der Beamte. «Warum haben Sie das nicht vorher gesagt? Dann können wir Ihnen natürlich ein Visum geben!» Ich schloss daraus, dass er Weisung hatte, so viele Journalisten wie möglich nach Teheran zu bringen.

Ich kam in Teheran mit einigen befreundeten Kollegen an. Die Flugzeuge flogen wieder, indem sie den Weg über die Sowjetunion einschlugen. Wir waren alle sehr neugierig darauf, was uns in Teheran erwarte. Wir wurden in einem Hotel untergebracht, ohne Neues zu erfahren. Wie immer hörte ich die Nachrichtensendungen von BBC ab, dann auch die iranischen Informationen. BBC erwähnte Berichte über Giftgasangriffe Iraks im kurdischen Gebiet. Das iranische Radio war voll von empörten Protesten gegen diese Gasangriffe, so sehr, dass mir klar wurde, das war es, was die Iraner zu zeigen gedachten. Ich sagte es meinen Kollegen. Sie waren erstaunt und wollten es nicht recht glauben; jeder hatte seine eigene Theorie darüber, was uns erwarte.

Am nächsten Morgen kamen einige Beamte der iranischen Information, die ich von früher her kannte, in das Hotel. Einer hatte mich einst an die südliche Front nach Khusistan begleitet. Diesmal hatten sie eine Schutzkleidung aus Plastik und Gasmasken bei sich. Wir Journalisten hatten keine. Wir wurden in ein Militärflugzeug gesetzt und flogen nach der kurdischen Stadt Kermanschah. Von dort mussten wir auf Helikopter umsteigen und schwebten im Tiefflug nach Westen auf die kurdischen Berge zu. Nachdem die Grenze erreicht war, strichen wir so tief über den Boden, dass man jeden Stein auf den Bergkämmen unter sich liegen sah. Dann sank man ab in ein Tal. Wir befanden uns in Irakisch-Kurdistan. Die Pasdaran hatten sich eine neue Taktik einfallen lassen. Sie waren mit Faltbooten auf den Bergflüssen, deren einige aus Iran nach Irakisch-Kurdistan hinabfliessen, nach Irak eingedrungen, hatten den Truppen den Weg über die Bergpässe geöffnet und einen kleinen Zipfel des unwegsamen irakischen Kurdengebietes besetzt. Im Zentrum dieser «eroberten» Zone lag das Städtchen *Halabché*. Daraufhin waren irakische Flugzeuge über Halabché erschienen und hatten Kanister auf die Stadt und die Dörfer der Umgebung abgeworfen. Dies war die Lage, wie sie uns vor dem Verlassen Kermanschahs geschildert wurde.

Bei Halabché landeten wir auf einer Wiese. Die Begleitbeamten hatten ihre Schutzkleidung angezogen. Stadt und Landschaft lagen still da, an einigen Strassenkreuzungen gab es zerschossene irakische Panzerwagen, bei manchen lagen noch Tote. Doch das war nicht, was uns die Iraner in erster Linie zeigen wollten. Wir gingen in den Ort. Das Vieh lag tot an den Strassen, aufgedunsen. Weiter im Inneren der Stadt lagen die Menschen. Die Türen der Häuser standen offen, in den Innenhöfen fanden wir Leichen von Frauen und Kindern. Die meisten hatten weissen Schaum vor dem Mund. In einem der Häuser war ein alter Mann in der Küche zusammengebrochen, wo er offenbar einen Kaffee gekocht hatte. Alles Leben war auf einen Schlag zu Ende gegangen.

Auf den Hügeln vor der Stadt stand ein Traktor mit einem angehängten vierrädrigen Wagen, er war voll mit Menschen beladen, die offenbar aus Halabché hatten fliehen wollen. Doch eines der Flugzeuge muss sie gesehen und Gas auf sie abgeworfen haben, rundum war niemand am Leben geblieben. Die Toten lagen teils in dem Wagen, teils rundum im Gras, hingestürzt, als sie sich zu retten versuchten. Es gab Überlebende, die uns die Ankunft von Flugzeugen aus dem Westen beschrieben. Sie seien über dem Ort gekreist und hätten Kanister abgeworfen.

Die Rückkehr nach Teheran war schwierig. Ein neuer Luftalarm war gegeben worden und die Helikopter konnten nicht fliegen. Wir warteten im Gras vor der Stadt. Dort weideten Kühe, die beständig laut muhten, vielleicht nur, weil niemand gekommen war, um sie zu melken, oder auch weil sie durch Gras, an dem Giftstoffe hafteten, vergiftet worden waren. Nach zwei, drei Stunden kam doch ein eiliger Helikopter, um uns über die Berggipfel hinweg nach Iran hinüber zu bringen.

Bilder und Beschreibungen des irakischen Gasangriffs auf eigene Zivilisten erschienen in der ganzen Weltpresse. Das Ziel der iranischen Informati-

676

onsbehörden war erreicht. Doch Bagdad liess sich dadurch nicht beeindrukken. Es hat nach übereinstimmenden Berichten aus verschiedenen Quellen die Gasangriffe auf irakische Kurdendörfer, auch solche, die nicht von Iranern besetzt worden waren, den ganzen Frühling und Frühsommer 1988 hindurch fortgesetzt. Kurden aus den nördlichen Teilen des irakischen Kurdengebietes flohen damals in die Türkei. Sie wurden in Lagern interniert.

Giftgas hatte der Irak nachgewiesenermassen schon im Jahr 1984 gegen die iranischen Menschenwellenangriffe eingesetzt. Ende Februar 1984 konnten die Iraner einen Teil der südmesopotamischen Tigris-Sümpfe überqueren und die sogenannten *Majnun*-Inseln besetzen, unter denen eines der grossen Ölfelder liegen soll, welche die noch unausgeschöpften Reserven irakischen Erdöls bilden. Dabei gelang es ihnen, die Hauptstrasse vorübergehend zu sperren, die Bagdad über Amara mit dem irakischen Süden verbindet. Dieser Vorstoss wurde mit Hilfe von Giftgas zum Stehen gebracht. Die Iraker hatten dies zwar dementiert, doch man wusste davon aus iranischen Quellen. Internationale Untersuchungen stellten später einwandfrei fest, dass das verbotene Giftgas von Irak gebraucht worden war.

Irakische Offiziere, die von uns Journalisten immer wieder über die Giftgasklagen befragt wurden, pflegten zu antworten: «Ich und meine Einheiten haben kein Giftgas verwendet.» Doch manche fügten hinzu: «Ich persönlich bin freilich der Ansicht, dass man Giftgas verwenden sollte, falls der Irak in akute militärische Gefahr geriete. Die Verteidigung meines Vaterlandes geht vor.» Man brauchte nur den irrealen Konditional dieser Antworten in einen einfachen Konditionalsatz zu übertragen, um den Tatsachen ziemlich nahe zu kommen. Es gab in dem Krieg Augenblicke, in denen die irakische Abwehrfront, mindestens in bestimmten Sektoren, unter den Menschenwellen der iranischen Angriffe zusammenzubrechen drohte. In solchen Lagen griffen die Iraker zu Giftgas.

Iranischer Vorstoss südlich von Basra

Im Februar 1987 gelang den Iranern ihr wichtigster Teilsieg, als sie das Schatt al-Arab unterhalb von Basra überquerten und eine Brücke über den Wasserweg bauten, deren Laufsteg unter dem Wasser lag, so dass sie nicht leicht bombardiert werden konnte. Über diesen Steg hinweg brachten sie genügend Material und Truppen auf das westliche Ufer, um den irakischen Erdölhafen von Fao und eine Reihe von kleineren Siedlungen auf dem Westufer des Schatt erobern und halten zu können. Hunderttausende der berühmten Dattelpalmen des Schatt wurden in diesen Kriegsaktionen verwüstet. Beide

Gebiete, die Majnun-Inseln und Fao mit den angrenzenden Siedlungen am untersten Schatt, mussten die Iraner jedoch im April 1988 wieder räumen.

Furcht und Personenkult im Irak

Auf der irakischen Seite ist meine stärkste Erinnerung ein Gespräch, das ein Bekannter in Bagdad vermittelte. Ein ehemaliger hoher Beamter der Staatspartei, der in Ungnade gefallen war, erzählte mir, wie es ihm während einer vergleichsweise kurzen Haft im Gefängnis ergangen sei. Berichte über blutige und schauderhafte Straf- und Foltermethoden der irakischen Polizei und Geheimdienste hatte ich zu Dutzenden gelesen. Sie blieben abstrakt, bis ich einem Menschen begegnete, der einen kleinen Teil davon wirklich erfahren hatte.

Die Machthaber, so erzählte mein Gesprächspartner, hätten ihn wohl nur warnen wollen, nicht eigentlich, wie viele Tausende von anderen Menschen, bestrafen. Deshalb habe man ihn in die Unterwelt der irakischen Gefängnisse gewissermassen nur eintauchen lassen und ihn dann wieder herausgeholt, bloss zur Warnung, wohl dank seiner bisherigen Stellung in der Partei. Er schilderte drastisch, wie er in eine völlig dunkle Zelle gestossen wurde. Darin habe sich ein Mensch befunden, fast völlig nackt, nur in ein paar verrottete Fetzen gehüllt. Der Gestank sei unerträglich gewesen, denn der Mann wurde nicht herausgelassen, um seine Notdurft zu erledigen. Nahrung und Wasser wurden unter der Türe durchgeschoben. In der Zelle konnte er nur aufrecht stehen oder kauern, sie war zu eng, um sich hinzulegen, und zu sehr beschmutzt obendrein. Die Finger- und Zehennägel der Gefangenen seien sehr lang gewesen. Als erstes habe der Mann ihm bedeutet, zu flüstern: Wenn sie draussen gehört würden, kämen die Wächter sie schlagen. Er habe ihn flüsternd gefragt, wie lange er schon hier sei. Der Gefangene habe es nicht genau gewusst, vielleicht fünf, vielleicht sieben Jahre. Nur der Wechsel von sehr heiss und unerträglich kalt liess ihn die Jahreszeiten wahrnehmen. Nach einigen Tagen und Nächten, so erzählte mein Informant, habe man ihn aus der Zelle wieder entfernt. Er habe noch Einblicke in einige andere Orte des Schreckens erhalten, wo gefoltert worden sei und die Schreie der Gequälten, über Lautsprecher verbreitet, durch das ganze Gebäude hallten. Zum Schluss habe man ihn ohne Erklärungen wieder ins Freie gesetzt und heimzugehen geheissen. Andere seien nicht so glücklich gewesen wie er.

Ich bewunderte den Mut des Mannes, dass er überhaupt wagte, mit einem Journalisten zu reden. Dass Teile und Andeutungen seiner Erfahrun-

678

gen bei seinen engsten Verwandten und Freunden durchsickerten, war wohl von den Geheimdienstleuten beabsichtigt. Die Operation sollte gewiss nicht nur seiner eigenen Einschüchterung dienen, sondern auch der Verbreitung von Angst in seiner gesamten Umgebung.

In einem so und vielfach ähnlich erzeugten Klima von Angst, Einschüchterung und Gewalt wurde gleichzeitig ein riesiger Personenkult getrieben. Bei jeder Einfahrt und jeder Ausfahrt in jedes Dorf stand ein überlebensgrosses Standbild Saddam Husseins an der Strasse, manchmal gemalt, manchmal aus Karton und Sperrholz ausgeschnitten, immer in heroischer Pose, zu Pferd, zu Fuss, in Uniform oder arabischer Abbaya, als Schlachtenheld oder als milde lächelnder Übervater mit Kindern. Auch bei jeder Einfahrt und Ausfahrt gab es zwei Polizeiwachen, die zwei verschiedenen Informationsdiensten angehörten. Beide schrieben alle Nummern der Autos auf, die vorbeifuhren. Sie hatten einander zu beaufsichtigen. Ihre Notizen gingen an zwei verschiedene Auswertungszentren. Wenn der eine nicht die gleichen Nummern aufschrieb wie der andere oder einige unaufgeschrieben durchfahren liess, erfolgte Sicherheitsalarm und die Posten wurden verhört.

Die Kombination von beständiger Furcht und übersteigertem Personenkult um Saddam Hussein schien wirksam zu sein. Die Angst beflügelte die Überhöhung des grossen Chefs. Ihn als Abgott zu behandeln, war am sichersten, und er wurde so über die Jahre und Jahrzehnte der Blutopfer eine Art Götzenfigur, ein wahrer Moloch, den man besser verehrte, wenn man nicht zwischen die Räder der Foltermaschine seiner Schergen gelangen wollte. Sein Kult bewahrte vor Unheil, und daher jubelten die Leute ihm zu.

Seekrieg um die Tankertransporte

Der Tankerkrieg am Kopf des Golfes spielte sich weitgehend im Verborgenen ab. Die Gegner versuchten, einander die Erdölexporte abzuschneiden. Der Irak war in der besseren Lage, weil er neben den Ladehäfen am Nordende des Golfes, Fao und Mina al-Bakr, über die sogenannte strategische Rohrleitung verfügte. Sie verband alle irakischen Erdölfelder von Basra über Kirkuk bis Mosul untereinander und mündete im Norden in die internationale Rohrleitung ein, die über die Türkei bis ans Mittelmeer führte. Der Irak konnte so immer einen Teil seines Erdöls fern vom Kriegsgeschehen nach Norden und dann nach Westen hin exportieren. Eine zweite Rohrleitung ging von Kirkuk aus durch die irakische und dann die syrische Wüste über die syrische Stadt Homs und mündete in zwei Ladehäfen: im syrischen Banyas und im libanesischen Tripolis. Diese Pipeline wurde auf Wunsch der

Iraner durch die Syrer geschlossen. Syrien war während des ganzen Krieges ein politischer Verbündeter Irans, weil eine alte und bittere Feindschaft zwischen den syrischen und den irakischen Baathisten bestand. Die herrschenden Baath-Politiker beider Länder hatten einander jahrelang mit gegenseitigen Bombenanschlägen und Mordaktionen im In- und Ausland nach dem Leben getrachtet.

Iran war in der schwierigeren Situation, weil praktisch all sein Erdöl aus dem grossen Tankerterminal auf der Insel Kharg am oberen Ende des Golfs verladen und exportiert wurde. Kharg lag in Reichweite der irakischen Luftwaffe und wurde seit dem Beginn des Krieges immer wieder von ihr bombardiert. Die Iraker errichteten auch eine Sperrzone rings um Kharg herum, innerhalb derer sie alle Tanker zu versenken drohten. Dies hatte zur Folge, dass die Versicherungen sich weigerten, Tanker zu versichern, die in Kharg laden wollten.

Doch die Iraner improvisierten einen Ausweg aus dieser verzwickten Lage. Sie mieteten und verankerten den grössten Tanker der Welt – er hiess *Seven Seas* und kam aus dem Indischen Ozean – in der Meerenge von Hormuz, weit ausserhalb des Bereiches der irakischen Luftwaffe. Er wurde als Depot für iranisches Rohöl verwendet, und die Iraner organisierten einen Zubringerdienst zwischen Kharg und Seven Seas durch kleinere «Risiko-Tanker», die ohne Versicherung operierten und meist von griechischen Kapitänen und Seefahrtsunternehmen betrieben wurden. Diese Lösung kostete Teheran gewiss einiges Geld, sie bewahrte jedoch das Land vor einer völligen Abschnürung seiner Erdölexporte.

Schiffe in der Enge von Hormuz

Ich hatte einmal Gelegenheit, auf einer Reise nach Dubai, von wo aus Seven Seas quer über die Meerenge verproviantiert und die Matrosen abgelöst wurden, dieses ganze komplexe Spiel aus der Nähe zu beobachten. Ich fuhr damals zusammen mit einigen anderen Journalisten auf einem der Versorgungsboote von Dubai aus hinüber zu Seven Seas. Rund herum zirkulierten die Schnellboote der Pasdaran. Eine Journalistin war auch bei uns, und der Kapitän unseres Bootes bat sie, sich nicht zu deutlich auf Deck zu zeigen, weil eine Frau die Aufmerksamkeit der Pasdaran wecken könnte und sie dann vielleicht kämen, um uns zu inspizieren. Auf der Rückfahrt nach Dubai, die mehrere Stunden in Anspruch nahm, schaute sich die abgelöste Tankermannschaft in der Kajüte des Bootes einen pornographischen Video-Film nach dem anderen an. In Dubai konnte solche Ware gekauft werden, auf der iranischen Seite war sie streng verboten. Wir hatten auf dieser Fahrt einen kleinen Alarm, als sich eine grosse runde Fläche, die im Wasser trieb, dem Boot näherte. – Treibmine? – Nein, es war nur eine grosse, dösende Wasserschildkröte.

Durch diesen Tankerkrieg wurde der ganze Innere Golf, von Hormuz bis an sein nördliches Ende, zur Operationszone. Dies war insofern eine heikle Angelegenheit, als auch die Erdölexporte von Kuwait, Qatar, Bahrain, Abu Dhabi, Dahran (in Saudi-Arabien) über den Inneren Golf abgewickelt werden. Für die Iraner bestand stets die Versuchung, gegen diese Öltransporte vorzugehen, was für die iranische Kriegsflotte, die einzige Hochseeflotte eines Anrainerstaates, nicht schwer gewesen wäre. Die arabischen Ölstaaten unterstützten Irak mit gewaltigen Hilfsgeldern, und ihre Ölexporte konnten schon deshalb Teheran nicht gleichgültig sein. Doch die Amerikaner traten als Garanten der Freiheit der Schiffahrt auf internationalen Gewässern auf – umso mehr, als sie von dem arabischen Erdöl für ihre eigene Energieversorgung ziemlich abhängig und in das arabische Erdölgeschäft auch finanziell involviert waren.

In den letzten Kriegsjahren operierten die Revolutionswächter mit eigenen Schnellbooten von der iranischen Küste aus, einerseits um die iranische Exportlinie von Kharg über Hormuz offen zu halten, aber anscheinend auch, um die arabischen Erdölrouten zu bedrohen. Jedenfalls erklärten die Amerikaner, die Iraner setzten Treibminen ein, und sie konnten sogar eine davon auf einem der Schnellboote konfiszieren. Treibminen sind, im Gegensatz zu fest verankerten Minen, nach dem internationalen Seerecht auch im Kriegsfall verboten. Die Amerikaner nahmen ihre Entdeckung zum Anlass, um eine Erdölplattform Irans in den Golfgewässern, ein Milliardenobjekt, durch Beschuss zu zerstören. Sie scheinen auch im April 1988 stillschweigend die meisten Einheiten der regulären iranischen Kriegsmarine versenkt zu haben. Doch dies wurde während des Krieges nur andeutungsweise bekanntgegeben. Die Amerikaner befanden sich nicht im Kriegszustand mit Iran, und die Iraner waren nicht daran interessiert, den Verlust ihrer Kriegsschiffe, die zur Zeit des Schahs gekauft worden waren, öffentlich zuzugeben.

Ein «Irrtum» der Amerikaner?

Im Umfeld dieser Aktionen kam es dann zu einem Ereignis, das mithalf, das Kriegsende herbeizuführen. Am 3. Juli 1988 wurde ein Air Bus der Iran Air, der nach Abu Dhabi unterwegs war, kurz vor seiner Landung durch eine amerikanische Rakete abgeschossen; Besatzung und Passagiere, 297 Menschen, fast alle Iraner, kamen ums Leben. Die Amerikaner erklärten, es habe sich um einen Irrtum gehandelt, obwohl schwer zu glauben war, dass ein Zivilflugzeug in einem recht häufig beflogenen Luftkorridor «irrtümlich» angegriffen worden sein sollte. Jedenfalls glaubten die Iraner das nicht. In ihren Augen handelte es sich in Wirklichkeit um eine höchst brutale Warnung der Amerikaner, dass sie in Zukunft nicht mehr gewillt seien, die Luftverbindungen zwischen Iran und dem Ausland offen zu lassen. Dies wäre einer weitgehenden Strangulierung Irans gleichgekommen, und der Verdacht, dass etwas Derartiges bevorstehen könnte, half mit zu bewirken, dass Khomeiny am 18. Juli 1988 erklären liess, Iran nehme den Waffenstillstandsbeschluss der UNO an, der von Irak schon ein Jahr zuvor akzeptiert worden war.

Ein Unentschieden als Ende des Krieges

Khomeiny hielt eine Rede in Teheran, in der er sagte, lieber hätte er sein Leben hingegeben, als den Krieg ohne Endsieg beenden zu müssen, doch er müsse den bitteren Kelch leeren. Gott habe es so gewollt, und Sein Willen erheische Gehorsam. Zuvor sollte, wie man hören konnte, ein alter Mitstreiter des Herrschenden Gottesgelehrten, *Ali Akbar Haschemi Rafsanjani*, gewarnt haben, die Streitkräfte seien im Begriff, auseinanderzubrechen. Rafsanjani, von Khomeiny zum Koordinator aller iranischen Kriegsanstrengungen ernannt, hatte bei Inspektionen an der Front, die gerade aus den mühsam eroberten irakischen Grenzgebieten hatte zurückgenommen werden müssen, wachsende Risse zwischen regulärer Armee und Revolutionswächtern registriert. Beide machten sich gegenseitig für die Niederlagen verantwortlich, und bei fortschreitender Entwicklung könne es zum offenen Bruch zwischen den Rivalen kommen. Eine bewaffnete Auseinandersetzung nun auch noch im Inneren wäre eine tödliche Bedrohung für alle Errungenschaften der Islamischen Revolution. Solche Dinge wurden gerüchtweise erzählt. Es gab keine Möglichkeit, Sicheres darüber zu erfahren.

Die Rushdie-Affäre als Ablenkung

Nach dem Krieg, als die Verluste an Menschenleben und die Zerstörungen, die er verursacht hatte, erst richtig ins Bewusstsein der Menschen kam und die Inflation eine allgemeine Verarmung brachte, fand Khomeiny noch einmal eine Gelegenheit, um die Islamische Revolution neu zu befeuern. Es war freilich kein überragender Anlass: Der in London lebende Schriftsteller

Salman Rushdie, aus einer muslimischen, in Bombay beheimateten Familie stammend, hatte einen Roman im Stil des «magischen Realismus» verfasst, wie er vor allen durch südamerikanische Romanciers bekannt geworden ist. Sein Lokalkolorit aber war muslimisch-indisch, weiter gefärbt durch das Milieu der indischen Diaspora in London. In dem Roman kam eine Figur, *Mahound* vor, die man als eine Spiegelung Muhammeds nehmen konnte, und es gab Episoden, in denen von einem geschlossenen Haus die Rede war, dessen Bewohnerinnen sich selbst die Namen der Frauen aus dem Haus Mahounds gaben, weil ihnen dies mehr Kunden verschaffte. Die Muslime konnten diese Anspielungen nicht anders verstehen denn als eine absichtliche Beleidigung ihrer heiligen Personen. «Damit will er doch sagen, dass die Frauen Muhammeds Huren gewesen seien», habe ich zahlreiche Muslime empört erklären gehört. Dass Rushdie das sagen wollte, ist durchaus zweifelhaft. Er hat sich aber jedenfalls ein leicht surrealistisches, für die Gläubigen jedoch äusserst frivoles Spiel mit den allen Muslimen heiligen Figuren aus der Gründerzeit des Islams erlaubt. Dagegen gab es Strassendemonstrationen, zuerst in den Ländern des indischen Islams, in erster Linie in Pakistan. In Islamabad bin ich zufällig in eine solche hineingelaufen. Es waren in erster Linie Studenten und Schüler, die einen grossen Zug mit Fahnen und Spruchbändern gebildet hatten. Sie führten sogar eine Teufelsfigur mit, die dem Bild des Schriftstellers glich. Ich blieb stehen und schaute den Zug an, erst später begriff ich ganz, worum es gegangen war. Die Demonstranten, die mich als einen Europäer erkannten, winkten mir eifrig zu und ich winkte fröhlich zurück. Sie schienen eigentlich gut gelaunt. Allerdings vernahm ich einige Stunden später, dass Teilnehmer des Protestzuges das Büro des United States Information Service in Brand gesteckt hatten. Dies führte zur Polizeiintervention mit Verletzten und Toten. Die zuerst heitere Stimmung muss recht plötzlich umgeschlagen sein.

Khomeiny hörte- wie die ganze übrige Welt – von den Ereignissen. Proteste und sogar Buchverbrennungen spielten sich unter anderen auch in Bradford ab, der Immigrantenstadt in Nordengland. Khomeiny benützte die Vorgänge, um den iranischen Muslimen neue Ziele vorzugeben. Er gab eine *Fatwa* ab, das ist eine Rechtsmeinung nach der Scharia, nicht ein Urteil, wie oft fälschlich geschrieben wurde. In dieser Expertise gab er als seine rechtliche Meinung, dass der Romancier den Tod verdiene, weil er den Islam beleidigt habe und von ihm abgefallen sei. Ein wohlhabender Iraner und Bewunderer Khomeinys setzte daraufhin eine Geldsumme für den aus, der dieser Rechtsmeinung entsprechend den Schriftsteller umbringe. Nicht nur die Europäer, auch dieser Geldgeber muss die Rechtsmeinung Khomeinys mit dem Rechtsurteil eines Qadis (Richters nach der Scharia) verwechselt haben.

Die Morddrohung löste eine gewaltige Protestwelle in Europa aus. Die Menschenrechtsredner schwangen sich auf die Rednerpulte, und manche ergriffen die Gelegenheit, um sich wieder einmal in der Öffentlichkeit zu profilieren, indem sie gegen den «mittelalterlichen» Islam loszogen. Die Muslime legten Gegenproteste ein, und die Sache beschäftigte die Fernsehstationen, die Zeitschriften und Zeitungen während Monaten. Es kam sogar zu Mordfällen, die mit dem Buch in Zusammenhang standen, und Rushdie selbst musste von Scotland Yard beschützt werden und geraume Zeit im Verborgenen leben. Die diplomatischen Beziehungen zwischen Iran und Grossbritannien wurden abgebrochen. Der Betrieb um den Roman herum diente Khomeiny dazu, ein «muslimisches» Thema aufzugreifen, das von dem soeben erfolglos beendeten Krieg ablenkte und den iranischen Militanten eine neue emotionale Beschäftigung gab.

Khomeinys Nachfolge

Nicht lange danach, am 4. Juni 1989 starb Khomeiny. Kurz vorher, am 28. März, hatte er seinen seit vielen Jahren zum Nachfolger bestimmten Schüler und Stellveteter *Ali Montazeri* abgesetzt. Nach der Darstellung des Entlassenen war der Grund ein neuer Disput über die Demokratie, in dem Montazeri die Interessen des iranischen Volkes wahrzunehmen versuchte. Das Begräbnis Khomeinys gab Anlass zur letzten grossen emotionalen Massenbewegung der Islamischen Revolution. Sein Grab, nahe bei Qom, wurde zu einem gewaltigen Pilgerzentrum ausgebaut. Die beiden jetzt bestplazierten Anwärter auf das Erbe Khomeinys, Khamenei oder Rafsanjani, verständigten sich über die Machtverteilung. Die Verfassung Khomeinys hatte drei leitende Positionen im Staat festgeschrieben, den Herrschenden Gottesgelehrten, den Präsidenten und den Ministerpräsidenten. Die Machtbefugnisse von Staatspräsident und Ministerpräsident waren nicht klar umschriebengewesen, und dies hatte mehrmals zu Reibungen zwischen beiden Instanzen geführt. Khamenei, bisher Präsident, wurde der Herrschende Gottesgelehrte, ein Amt, das auf Lebenszeit festgelegt ist. Rafsanjani übernahm das Amt des Präsidenten; das des Ministerpräsidenten wurde abgeschafft, so dass dem Präsidenten neu die Leitung der Exekutive zukam. Die Verfassungsreform wurde durch Plebiszit verankert. Dann konnte Rafsanjani zu regieren beginnen und Khamenei seine Aktivitäten vom Standpunkt des Islams aus, so wie er ihn verstand, überwachen.

Die islamische Welt
nach der iranischen Revolution

Die Islamische Revolution in Iran war die erste und bisher einzig permanente Machtergreifung von Islamisten. In beinahe jedem arabischen Land und in vielen anderen muslimischen Ländern gab es Gruppen, schon vor der Revolution in Iran und auch nach ihr, die ebenfalls versuchten, einen islamischen Staat zu gründen oder in anderen Worten, die Macht in ihren Ländern zu übernehmen, um dort «islamisch» zu herrschen.

Die Ideologie des Islamismus war lange vor der iranischen Revolution entstanden. Sie geht auf die Zeit der Gründung der ägyptischen Muslim-Brüderschaft durch *Hassan al-Banna* (1906–1949) im Jahr 1928 zurück. Seither hatten ihre Ideen sich in der arabischen Welt, dann in der Türkei ausgebreitet und neue Ideologen wie *Abu'l-A'la al-Maudoodi* (1903–1979) in Indien und später in Pakistan hatten an ihrer weiteren Ausarbeitung mitgewirkt. Die Ideologie forderte, dass ein «echt islamischer» Staat gebildet werde, und die Ideologen des Islamismus waren stets bemüht, möglichst genau zu umschreiben, wodurch ein «echt islamischer» Staat zu definieren sei.

Dabei war ihnen allen die *Scharia* von grosser Hilfe; denn in ihr fanden sie ein prestigereiches, fein ausgearbeitetes System vor, das in allen Einzelheiten niederzulegen suchte, was im privaten und im staatlichen Leben «islamisch» sei und was «un-islamisch». Wenn die Islamisten gefragt wurden, was genau sie unter einem islamischen Staatswesen oder unter einer islamischen Gesellschaft verstünden, brauchten sie nur auf die Scharia zu verweisen und zu erklären: Dies sei ein Staat oder eine Gesellschaft, die sich genau an die Scharia halte. Khomeiny hat es sogar auf die Formel gebracht: «Die Scharia ist der Islam und der Islam ist die Scharia».

Es gab also schon seit den Zeiten vor dem Zweiten Weltkrieg, als die meisten islamischen Länder noch unter kolonialer Herrschaft standen, Ansätze zu islamistischen Bewegungen: Gruppen, die darauf ausgingen, ihre Länder und Gesellschaften «islamisch» zu durchdringen. «Islamisch» setze ich hier in Anführungszeichen, um anzudeuten, dass es dabei um ihre eigene Islamvorstellung ging, in der Praxis den Scharia-Islam, so wie *sie* ihn auslegten. Die ägyptischen Muslim-Brüder dehnten sich zuerst auf Syrien und den Sudan aus. Sie griffen dann nach Jordanien, Palästina und Gaza, dem Irak, nach der Türkei und nach Nordafrika über; im Osten erhielten sie durch den erwähnten Mawdoodi neue Nahrung, und sie entwickelten Ableger bis nach Indien und Indonesien hinein. Im Fall Afghanistans haben wir schon erwähnt, wie Rabbani seinerzeit aus Ägypten heimkam und an der Universität von Kabul die ersten islamistischen Studentengruppen organisierte.

Überall waren dies Gruppen, die zuerst versuchten, ihre Gesellschaften mit den Mitteln friedlicher Durchdringung zu «islamisieren». Doch sie blieben stets ohne durchschlagenden politischen Erfolg. Praktisch in allen Ländern wiesen sie zwar bedeutende «Bekehrungs-» Erfolge auf, doch stiessen sie auf Barrieren. Die eigene Staatsführung, die mehr auf Nationalismus denn auf Islamismus beruhte, bekämpfte sie und sorgte nach Kräften dafür, dass sie nicht die Macht errangen. Es ging dabei weniger um Ideologie, als um Macht, die entweder der islamistischen Seite zufallen würde oder bei den nationalistischen Regierungen blieb.

In beinahe allen arabischen und nicht-arabischen muslimischen Staaten entwickelte sich eine lange und zähe, oftmals blutige Geschichte der Versuche von Islamisten, an die Macht zu gelangen. Ihre Repression führte fast immer dazu, dass die Islamisten ihre Doktrin verhärteten. Vom Gefängnis und Konzentrationslager aus begannen einzelne extreme Gruppen, die angebliche Notwendigkeit zu predigen, den Staat nicht mehr friedlich zu durchdringen, sondern mit Gewalt umzustürzen, indem sie einen *Jihad*, «Heiligen Krieg», gegen die «ungläubige» Staatsmacht ausriefen. Doch der Umsturz wurde nie erreicht: nicht in Ägypten; nicht in Syrien, wo Hafez al-Asad seinen zehnjährigen Krieg gegen die Islamisten blutig gewann; nicht in Algerien; nicht in Tunesien; nur vorübergehend im Sudan; nicht in der Türkei; nur vorübergehend und nur teilweise unter General *Zia ul-Haqq* in Pakistan; nur mit Hilfe des pakistanischen Staates für kurze Zeit in Teilen Afghanistans; auch nicht in Zentralasien nach der Befreiung von der sowjetischen Herrschaft trotz des grausamen und zähen Bürgerkriegs in Tadschikistan usw.

Es ist leicht zu verstehen, dass nach dieser Geschichte des Scheiterns der einzigartige Erfolg der Islamischen Revolution in Iran eine gewaltige Wirkung auf alle islamistischen Gruppen ausübte, gemässigte wie radikale, in der ganzen islamischen Welt. «Also war es doch möglich, die ‹heidnischen› eigenen Regime zu stürzen!», so lehrte das iranische Beispiel. Und die Geistlichen selbst konnten die Macht ergreifen und direkt ausüben, so erfuhr man aus Iran, wo die besondere Idee Khomeinys von der «Herrschaft durch den Gottesgelehrten» als bisher nie gedachte Ergänzung zur Ideologie der Islamisten verwirklicht wurde. Für die klassischen Muslim-Brüder wäre ein «Kalife» notwendig geworden, wenn sie an die Macht gekommen wären. Khomeiny lehrte, dass es einen islamischen Staat unter der Herrschaft des islamischen Gottesgelehrten geben könne, ohne eines Kalifen zu bedürfen, was natürlich die Bildung eines «modernen», zeitgemässen islamischen Staates vereinfachte.

Der *eine* Erfolg im Iran nach so vielen Fehlschlägen überall sonst musste auf die Islamisten anfeuernd wirken, fast wie ein zweiter Raketenmotor, der sich entzündet, nachdem der erste seine Triebkraft erschöpft hat.

Es gab noch einen weiteren Faktor, der die islamistische Lehre förderte. Dies war der Umstand, dass die nationalistische Ideologie, die nach der Unabhängigkeit in allen Staaten der Dritten Welt vorherrschte, durch die wirtschaftlichen und politischen Rückschläge an Glaubwürdigkeit einbüsste, die so gut wie alle neu unabhängigen Staaten, darunter auch alle muslimischen, erlitten. Ägypten war auch darin symptomatisch. Die nationalistische Welle des Nasserismus klang mit der entscheidenden Niederlage im Sechstagekrieg von 1967 ab. Eine neue Ideologie wurde dringend gesucht, weil die durch den Sieg der Israeli zutiefst desorientierten Ägypter einen neuen geistigen Halt benötigten. Der Islamismus, im Untergrund lange vorhanden und aktiv seit Jahrzehnten, stand bereit, den neuen Halt zu liefern.

Ähnlich drastisch war die Entwicklung in Algerien nach dem Nullpunkt des endgültigen Zusammenbruches des politischen Systems vom Jahr 1988. Anders verlief sie in der Türkei, wo es eher zahlreiche kleine Zusammenbrüche des politischen Systems gab, immer wieder gerettet durch Eingriffe der Militärs, nie einen grossen und endgültigen. Das bedeutete, dass die türkischen Islamisten immer wieder von den Militärs als den Wächtern des Vermächtnisses Atatürks zurückgepfiffen wurden und neu zu beginnen hatten, wobei sie anscheinend langsam lernten, sich den gegebenen politischen Koordinaten des Landes soweit anzupassen, dass sie sich schliesslich, im November 2002, wie es zur Zeit des Schreibens scheint, mit *Recep Tayip Erdogan* und *Abdullah Gül* in das bestehende System einpassen konnten. – Kurz und allgemein: Durch das Zurückweichen des Nationalismus entstand ein politisch-ideologisches Vakuum, von dem man sagen konnte, dass es den Islamismus ansaugte.

Revolutionsexport aus Iran?

Durchbruchshoffnungen also beflügelten die Islamisten nach der Machtergreifung Khomeinys. Khomeiny selbst suchte in einer ersten Phase «Revolutionsexport» zu treiben, wie man es damals nannte. Er dachte wohl mehr in islamischen als in nationalen Koordinaten, weshalb ihm die Ausbreitung «des Islams», so wie er ihn verstand, in die ganze islamische Welt nahe liegen musste. Die Revolutionswächter waren das Instrument, das dafür eingesetzt werden konnte. Auch für sie – im Gegensatz zu den Offizieren der Armee des Schahs – war «der Islam» die entscheidende Grösse, wenn sich gleich «die Nation», sobald sie von Saddam Hussein herausgefordert wurde, erneut auch wieder als eine emotional und politisch gewichtige Grösse entpuppte.

«Exportversuche» nach Mekka

Es war Khomeinys sehr islamische Idee, Revolutionsexport mit Hilfe der Pilgerfahrt nach Mekka zu betreiben. Während Jahrhunderten hatten die Muslime Ideen ausgetauscht und verbreitet, indem sie sich aus allen Enden ihrer grossen Welt in Mekka begegneten. Khomeiny fasste den Plan, in Mekka für die iranische Revolution Propaganda zu machen. Er ernannte im Herbst 1982 *Muhammed Musavi-Ko'eniha*, den früheren Chef der «Studenten auf dem Weg Khomeinys», welche die amerikanische Botschaft besetzt hatten, zum Führer der iranischen Pilger und suchte eine grosse Menge von geschlossen auftretenden, «revolutionär» agierenden Jüngern nach Mekka zu entsenden. Er hatte dabei allerdings seine Rechnung ohne die saudischen Herrscher gemacht. Die saudische Polizei schritt ein, als iranische Pilger gegen Amerika und die Sowjetunion im Stil der iranischen Revolution demonstrierten. Es gab Verletzte, und Musavi-Ko'eniha, zusammen mit einigen anderen Aktivsten, wurde ausgewiesen.

Eine Zeitlang wurde heftig zwischen Saudi-Arabien und Teheran polemisiert. Dann wurde ein Kompromissfrieden geschlossen: Die pilgernden Iraner durften in ihrem eigenen Lager demonstrieren, jedoch nicht in der Öffentlichkeit auf den Strassen der saudischen Städte. Dennoch ereignete sich fünf Jahre später, am 31. Juli 1987, nochmals ein blutig unterdrückter Manifestationsversuch durch iranische Pilger vor der Grossen Moschee von Mekka, nachdem Khomeiny drei Tage zuvor in einer Rede in Teheran alle Muslime aufgerufen hatte, in Mekka gegen Amerika und den «internationalen Unglauben» zu demonstrieren. Die Zwischenfälle arteten aus, und es kam nach saudischer Darstellung zu 402 Todesopfern, darunter 275 Iraner und 85 saudische Sicherheitsleute, sowie zu 649 Verwundeten, von ihnen 303 Iraner. Die Iraner sprachen von 319 toten Iranern und 5000 Verwundeten.

Die Saudis nahmen die Sache so ernst, dass sie den deutschen General *Ulrich Wegener* anstellten, um als Instruktor der saudischen Sicherheitskräfte zu wirken, die mit der Sicherheit der Pilger betraut waren. Am 2. August berichtete das staatliche saudische Fernsehen über einen im Vorjahr auf dem Flughafen von Jidda gemachten Fund von 51 Kilo Explosivstoffen in 95 doppelbödigen Koffern, die Pilgern aus Isfahan gehört hätten. Die saudische Zeitung «Okaz» schrieb am 4. August sogar über einen angeblichen und nicht sehr glaubwürdigen Sechs-Punkte-Plan der Iraner. Er habe in letzter Konsequenz vorgesehen, Khomeiny zum geistlichen Chef aller Muslime zu proklamieren und Qom an Stelle von Mekka zum Pilgerzentrum zu erheben.

Natürlich schlug die Polemik zwischen Iran und Saudi-Arabien gewaltige Wellen. In Teheran fanden Angriffe und Plünderungen der Botschaften von Saudi-Arabien und Kuwait statt. Diplomaten wurden entführt, erlangten jedoch später ihre Freiheit zurück. Vielleicht handelte es sich bei alledem um einen letzten Versuch, der iranischen Revolution zu einem pan-islamischen Durchbruch zu verhelfen, nachdem deutlich geworden war, dass der militärische Durchbruch im irakisch-iranischen Krieg, der damals noch andauerte, schwer zu erreichen war.

Die Moscheebesetzung von 1979 als traumatischer Präzedenzfall

Den Versuchen der Iraner, Mekka zu revolutionieren, war im November 1979, neun Monate nach der Machtergreifung Khomeinys, ein für Saudi-Arabien höchst traumatisches Ereignis vorausgegangen: Die grosse Pilgermoschee, als deren Wächter die saudische Dynastie sich sieht und betitelt, war überraschend von bewaffneten sunnitischen Religioneiferern besetzt worden. Die saudischen Streitkräfte setzten Helikopter gegen sie ein; dennoch brauchten sie zwei Wochen und benötigten am Ende die Hilfe von französischen Spezialtruppen, um sie aus der Moschee zu entfernen. 65 der überlebenden 171 Extremisten wurden zum Tode verurteilt, später auf verschiedene Städte des Königreiches verteilt und öffentlich hingerichtet. Das Ereignis erschütterte die saudische Führungsschicht zutiefst. Gewährsleute, die mir in Jidda darüber berichteten, erbleichten beim blossen Erzählen des Geschehens.

Die damaligen Extremisten hatten schwerlich Verbindung mit Iran. Ihr primitiver Wahhabismus sah die Schiiten als Ketzer an. Doch die saudischen

Schiiten des Fleckens Khobar, nicht weit von den Ölfeldern von Dahran, hatten sich gleichzeitig erhoben und waren mit Gewalt niedergeschlagen worden. Die scharfe Reaktion der saudischen Polizei auf die Politisierungsversuche der Pilgerfahrt durch Khomeiny war ohne Zweifel durch dieses frühere Ereignis mitbedingt.

Einfluss auf die schiitischen Minderheiten

Nach dem Tod Khomeinys beschränkten sich die Versuche Irans, seine Revolution zu exportieren, auf schiitische Gemeinschaften. Die grösste von ihnen, die Schiiten Iraks, folgte gezwungenermassen Saddam Hussein in den Krieg gegen Iran. Doch gab es hohe schiitische Geistliche und deren Familienangehörige, die Saddam, manche unter Folterung, hatte hinrichten lassen. Die Hakim-Familie, die aus den sechs Söhnen des Grossayatollah *Muhsen al-Hakim* mit Frauen, Kindern und Kindeskindern sowie Vettern und Basen bestand, wurde bis auf wenige von ihnen ausgerottet. Der überlebende Sohn, *Muhammed Baqer al-Hakim*, floh nach Iran und wurde dort zum Vorsitzenden von SAIRI (Supreme Assembly of the Islamic Revolution in Irak), der in Iran beheimateten Exilorganisation der irakischen Schiiten. Sie wurde von Teheran als die künftige Regierung von Irak angesehen, nachdem Saddam besiegt worden sei (nur dass der Krieg nicht zu den erhofften Ergebnissen führte).

In Libanon wurden iranische Revolutionswächter unter den dortigen Schiiten aktiv, und ihre Organisation, *Hizbollah,* sollte eine wichtige Rolle in den Kämpfen gegen die Israeli und ihre Invasion Libanons bilden. Sie war führend beteiligt an dem Volksaufstand, der die Israeli 1984 aus dem libanesischen Süden zurücktrieb, und ihrer Zähigkeit war es weitgehend zu verdanken, dass die Israeli schliesslich im Mai 2000, nach 22-jähriger Besetzung, ihre sogenannte Sicherheitszone im äussersten libanesischen Süden räumten. Doch auch die Geiselnehmer im libanesischen Bürgerkrieg waren libanesische Schiiten, die im Interesse Irans handelten. Ihre Geiselnahmen dienten der offenbar nicht erfolglosen Erpressung der Amerikaner für Waffenlieferungen an Iran. Dies brachte der erwähnte «Iran-Contra»-Skandal von 1986/ 1987 mindestens teilweise ans Tageslicht.

Es waren ebenfalls Iraner, welche zum erstenmal Selbstmordbomben nach der Levante brachten. Sie wurden zuerst 1983 von islamistischen, wahrscheinlich schiitischen Aktivisten mit verheerender Wirkung gegen die Amerikaner, die Franzosen und die Israeli in Libanon eingesetzt. Ein überlebender Selbstmordattentäter gab in der französischen Zeitschrift «Match»

Einzelheiten über seine Ausbildung und seinen Einsatz preis (*Hussein Ali Langaroudi*: Moi un homme suicide, in Match, Paris 2. März 1984). Später sollten die Selbstmordanschläge, ihrer Wirksamkeit wegen, zu einer von allen Untergrundorganisationen gebrauchten klassischen Terror-Waffe gegen die Israeli und sogar gegen die Amerikaner werden.

Ein weiteres Wirkungsfeld für den schiitischen Revolutionsexport der Zeit nach Khomeiny wurde Afghanistan. Dort arbeiteten die Revolutions-wächter mit der schiitischen Gemeinschaft der *Hazara* zusammen, suchten ihre verschiedenen Stämme und Gruppen zu vereinigen, bewaffneten sie und berieten sie im Krieg zuerst gegen die Russen, später gegen die *Taliban*, sunnitische Primitiv-Fundamentalisten, die von 1994 an aus Pakistan nach Afghanistan entsandt worden waren. Die Feindschaft zwischen den Taliban und den iranischen Islamisten, die stets als Partner der Hazara auftraten, wurde vorübergehend so scharf, dass Iran im September 1998 70 000 Mann Truppen an der afghanischen Grenze konzentrierte, dort Manöver durch-führte und mit einem militärischen Eingriff in Afghanistan drohte.

Auch in Bahrain versuchten die Iraner, unter den dortigen Schiiten eine politische Rolle zu spielen. Das wurde von der sunnitischen Minderheit und der zu ihr gehörigen Herrscherfamilie als eine Verschwörung gegen das Regime eingestuft. Im Dezember 1981 wurden 73 Personen unter der Anklage verhaftet, sie hätten die Regierung zu stürzen versucht. Sie waren gut bewaffnet, und es hiess, sie seien in Iran ausgebildet worden.

Der Einfluss Khomeinys auf die sunnitische Szene

Das *Vorbild* der iranischen Revolution und ihres Erfolges wirkten jedoch viel stärker als die Bemühungen Teherans, seine (schiitische) Revolution zu exportieren. Die sunnitischen Islamisten schöpften neue Hoffnung, und die Idee, dass sie wie Khomeiny die Macht übernehmen könnten, beflügelte sie. Der Islamismus wurde zur wichtigsten Oppositionsideologie im ganzen isla-mischen Raum. Die Regierungen versuchten, dem entgegenzutreten, indem sie Zensur übten und keine echten Wahlen zuliessen. Doch gerade die Aus-schliessung von der offiziellen Politik und die dadurch erzwungene Unter-grundexistenz machte die Islamisten in den Augen grosser Teile der Bevölke-rungen glaubwürdiger. Viele der Bürger dieser Staaten sahen sich selbst in der gleichen Lage, die auch den Islamisten bereitet wurde: Sie fühlten sich ebenfalls durch die Politiker und deren Machtapparate marginalisiert und niedergehalten. Der Islamismus wurde so zum Sammelbecken der Unzufrie-denen und Unbefriedigten, und ihrer gab es sehr viele. Man konnte sogar ein

Gesetz aufstellen, das nach dem Grundmuster: «Je schlimmer, desto besser» funktionierte. Je unbefriedigender wirtschaftlich, politisch, sozial, kulturell die Lage einer Bevölkerung oder bestimmter Gruppen in ihr war, desto leichter wandten sie sich der islamistischen Ideologie zu. Diese gab ja ein Heilsversprechen. «Erfüllt genau die Vorschriften der Scharia, so wie wir sie euch klar machen, und dann wird alles ganz anders, viel besser, wieder so werden, wie es in den grossen Zeiten des Islams gewesen war», so lehrten die Islamisten. Je dringender das Heilsbedürfnis, desto besser zog diese Lehre.

Die algerischen Islamisten fanden die einfachste Formel. «Der Islam ist die Lösung», lautete ihr Wahlspruch, unter dem sie 1990 die lokalen Wahlen gewannen und Ende des folgenden Jahres auch den ersten Wahlgang der Parlamentswahlen. Sie hätten ohne Frage auch den zweiten Wahlgang davongetragen, wären nicht die Militärs am 11. Januar 1992 gewaltsam eingeschritten, indem sie den Demokratisierungsversuchen Präsident Chadlis ein Ende bereiteten und selbst die Macht übernahmen.

In den Jahren meiner Arbeit aus Nikosia (1982 bis 1991) hatte ich Gelegenheit, das langsame Anwachsen der islamistischen Strömungen im ganzen islamischen Raum zu verfolgen. Doch der Prozess war noch lange nicht abgeschlossen, als ich Ende 1991 pensioniert wurde und daher aus der aktuellen Berichterstattung ausschied. Ich habe natürlich die Entwicklung seither weiter verfolgt, nicht mehr so stark an die Tagesaktualität gebunden wie bisher, aber immer noch mit grosser Anteilnahme am Geschick der islamischen Welt.

Der weitere islamische Raum

Schon zu Beginn der 1990er Jahre war sichtbar, dass eine neue, alle islamischen Länder betreffende Entwicklung begonnen hatte. Ich bat mir deshalb von der NZZ die Erlaubnis aus, während der beiden letzten Jahre meiner Korrespondententätigkeit möglichst viele der islamischen Länder zu besuchen, die ich noch nicht kannte. Ich erhielt die Zustimmung der Zeitung, doch Saddam Hussein sollte mir einen Strich durch die Rechnung machen, indem er am 2. August 1990 in Kuwait einmarschierte, und der sich daraufhin abzeichnende Krieg zur Befreiung Kuwaits Priorität vor den Informationsreisen in weitere Ferne beanspruchte. Schon zuvor war ich in Senegal gewesen und hatte Zentralasien besucht, das damals gerade aus den Banden der Sowjetunion entschlüpfte. Trotz der Spannungen im Golf fuhr ich im Winter 1990/91 nach Indien, doch ich war erst über Delhi und Agra bei der höchst liberalen Aligarh Muslim University angekommen, als der Ausbruch des eigentlichen Krieges am 17. Januar 1991 mit den massiven Bombardierungen im Irak mich zur Rückkehr in den Nahen Osten zwang. Nach Südindien oder nach Indonesien bin ich so nie gekommen.

Zwischen Guerilla und Terrorismus

Die islamistischen Bewegungen, von denen die radikalsten auf Umsturz ihrer eigenen Regierungen ausgingen, weil diese ihnen als «heidnisch» galten, haben seither fast alle eine Entwicklung durchgemacht, die sie zum Terrorismus führte. Eigentlich beabsichtigten sie einen *Jihad* in Form eines Guerillakrieges gegen die ihnen als un-muslimisch oder anti-muslimisch erscheinenden Mächte zu führen, vorzugsweise gegen den eigenen Staat, ausnahmsweise auch gegen die Weltmacht Amerika, von der sie annahmen, sie stehe hinter den eigenen «heidnischen» Machthabern.

Doch der Guerillakrieg war schwierig zu führen, weil eine Aussenmacht meistens fehlte, auf die er sich hätte stützen können. In den 1970er und frühen 1980er Jahren war manchmal die Feindschaft zwischen rivalisierenden muslimischen Nachbarstaaten noch so gross, und ihre Furcht vor der grenzüberschreitenden Macht des Islamismus so gering, dass sie die Islamisten des Rivalen unterstützten, um diesen zu erschüttern oder zu Fall zu bringen. So ist z. B. erwiesen, dass König Hussein von Jordanien die syrischen Muslim-Brüder in ihrem Kampf gegen Präsident Asad unterstützte. Der König selbst musste dies später zugeben. Das gleiche Spiel lief auch innenpolitisch: Sadat z. B. unterstützte zu Beginn seiner Herrschaft die Muslim-Brüder auf den Universitäten, weil er sie als ein Gegengewicht gegen die grössere Gefahr der Linksgruppen ansah. Die Israeli taten das Gleiche in Gaza: Sie duldeten dort die Aktivitäten der Muslim-Brüder, weil sie eine Konkurrenz zu den Nationalisten der PLO bildeten.

Doch in den 1990er Jahren und später erkannten die islamischen Machthaber allmählich das Ausmass der islamistischen Gefahr. Sie merkten, dass sie mit Feuer spielten, wenn sie aus taktischen Gründen den Islamisten im Nachbarlande halfen oder sie innenpolitisch zu nutzen suchten. Unterstützung von jenseits der Grenzen nahm daher stark ab. Dies führte die islamistischen Oppositionsgruppen dazu, statt des beabsichtigten Guerillakrieges zu Terroraktionen überzugehen, um überhaupt noch aktiv bleiben zu können. Aktiv zu bleiben war wichtig. Wenn die Guerilleros auf Aktivitäten verzichteten, verschwanden sie von der politischen Szene.

Der Unterschied zwischen einer Guerillaaktion und einem Terroranschlag liegt darin, dass die Guerilla sich gegen die Armee und die Bewaffneten einer feindlichen Macht richtet der Terroranschlag jedoch auch gegen die Zivilisten. Er geht darauf aus, die Moral dieser Zivilisten soweit zu erschüttern, dass das Regime zusammenbricht. Doch dies erweist sich so gut wie immer als utopisch. Die Wirkung der Terroranschläge besteht so gut wie immer darin, dass die Zielgesellschaft ihre Abwehrkräfte mobilisiert und mit allen Mitteln (oft auch mit Mitteln des Ausnahmezustandes oder Gegenterrors) gegen die Urheber des Terrorismus vorgeht.

Der Terrorismus als Sackgasse

Dies ist die Grunderfahrung, die im Nahen Osten immer wieder gemacht wurde. Man kann Israel als ein wichtiges Beispiel dafür anführen. Die grossen Selbstmordanschläge durch *Hamas* von Februar und März 1996 halfen entscheidend mit, der *Likud*-Partei unter Netanyahu am 29. Mai des gleichen Jahres den Wahlsieg über die Arbeitspartei zu verschaffen, und Likud führte dann eine harte Politik, die mit der Abwürgung des drei Jahre zuvor angelaufenen Friedensprozesses zwischen den Palästinensern und Israel den Anfang machte.

Später erhielt die Schraube eine weitere Drehung. Nach dem Fehlschlag der Verhandlungen über eine «endgültige Lösung» in Camp David vom 25. Juli 2000 war es die Provokation durch Ariel Sharon mit seinem «Spaziergang» auf dem Gelände der Al-Aksa-Moschee vom 28. September 2000, zusammen mit der folgenden besonders brutalen Polizeireaktion gegen protestierende Steinewerfer (30 Tote, davon 2 Israeli, in den drei der Provokation folgenden Tagen), die einen gewalttätigen Aufstandsversuch der Palästinenser auslöste (was ohne Zweifel das Ziel der Provokation gewesen war). Der Aufstandsversuch ging in Terrorismus über (Anschläge gegen zivile Israeli) und verhalf Sharon dazu, die Wahlen vom 6. Februar 2001 zu gewinnen. Danach konnte er eine Politik führen, die auf Zerstörung der palästinensischen Entität abzielte, und dabei auf die mehrheitliche Unterstützung der durch die Terroranschläge radikalisierten israelischen Gesellschaft zählen.

Man kann viele andere Beispiele anführen, die lehren, dass Terroraktionen nicht zum Erfolg führen, sondern vielmehr die ihnen ausgesetzte «Feind»-Gesellschaft mobilisieren und radikalisieren, so dass sie härter als je zuvor auf die Terroristen und alle des Terrorismus verdächtigen Gegner zurückschlägt. Hafez al-Asad hat so die Muslim-Brüder zerschlagen, nachdem sie gewagt hatten, im Februar 1982 in Hama einen Aufstand gegen sein Regime auszulösen und die baathistischen Beamten in der Stadt zu töten. König Hussein tat dasselbe im «Schwarzen September» 1970 mit den Palästinensern, nachdem diese von der Guerilla gegen Israel in den Terrorismus gegen den internationalen Luftverkehr und gegen die jordanischen Ordnungskräfte abgeglitten waren.

Die Tschetschenen wurden Opfer der russischen Dampfwalze, nachdem sie angeblich Terrorakte in Russland durchgeführt hatten, die das Vorgehen der russischen Armee zu rechtfertigen schienen.

Der sensationelle und in seinen Ausmassen alles bisherige übertreffende Terroranschlag der Anhänger Usama bin Ladens vom 11. September 2001 rief den «Anti-Terrorkrieg» des Präsidenten Bush auf den Plan, und die amerikanische Gesellschaft stimmte ihm zu.

Das Ende der Taliban in Afghanistan kam nicht wegen ihrer Unterdrückungspolitik und der schlechten Behandlung von Frauen, sondern weil sie dem Terroristen Usama bin Laden in ihrem Land Unterschlupf gewährten. Zuvor hatte Washington geraume Zeit mit freundlichen Augen auf die Taliban und ihre Versuche geschaut, ganz Afghanistan unter ihre Herrschaft zu bringen.

In der Türkei hat der Links- und Rechtsterrorismus 1971 und 1980 zu Militäreingriffen geführt, die von der Bevölkerung – besonders 1980 – mit Erleichterung aufgenommen wurden.

In Algerien benutzten die Militärs nach der Annullierung der Wahlen von 1992 alle möglichen Tricks und Provokationen gegen ihre islamistischen Gegner, um diese zu möglichst brutalen Terroraktionen zu verleiten und ihnen dadurch die Sympathie und Hilfe der Bevölkerung zu entziehen.

In Ägypten waren es Terroraktionen von angeblichen Islamisten, wie jene gegen Touristen vom 17. November 1997 in Luxor, welche den kampfwilligen Islamistengruppen den letzten Rest von Legitimität in den Augen der ägyptischen Bevölkerung raubten und dadurch entscheidend zum Sieg der Behörden über die islamistischen Herausforderer beitrugen.

Umgekehrt kam es zum Sieg Khomeinys nicht durch Terrorakte, sondern durch friedliche Demonstrationen, die von den Truppen des Schahs blutig unterdrückt wurden, durch Streiks und zivilen Widerstand. Den endgültigen Machtwechsel in Teheran vom 12. Februar 1979 bewirkte der Angriff der «Unsterblichen» des Schahs auf die Luftwaffentechniker. Es war nicht Terrorismus, sondern ziviler Widerstand mit religiösen Auslösern, der die iranische Gesellschaft «umdrehte», so dass sie sich vom Schah ab- und Khomeiny zuwandte. Die Bombenanschläge der Volks-Mujahedin vom Sommer 1981 hingegen, so «erfolgreich» sie in Bezug auf ihre prominenten Opfer waren, sollten nicht zum Sieg, sondern zur Niederlage der Guerillagruppe führen.

Man könnte umgekehrt aber glauben, dass es der jüdische Terrorismus des Jahres 1946 in Palästina war, der die Engländer dazu zwang, ihr Palästina-Mandat aufzugeben und es in die Hände der UNO zu legen. Doch bei genauerem Hinsehen wird klar, dass der wahre Grund, der Grossbritannien zum Aufgeben bewegte, im moralischen und politischen Druck lag, der von den USA und von den anderen Siegermächten des Zweiten Weltkrieges sowie von grossen Teilen der britischen Öffentlichkeit selbst auf die durch den Krieg geschwächte britische Regierung ausgeübt wurde.

Die Saudis und die Ausbreitung des Islamismus

Beim Wachstum und der Ausbreitung des Islamismus spielte Saudi-Arabien eine paradoxe Rolle. Das konservative Erdölkönigreich förderte Islamisten im Ausland finanziell und politisch, obwohl deutlich war, dass die islamistische Ideologie immer wieder auf den Sturz der bestehenden Regime hinarbeitete. Dies war, soviel ich sehen konnte, die Frucht von zwei konvergierenden Faktoren. Einerseits waren die Saudis froh, wenn sie ihre Islamisten und muslimischen Aktivisten im Ausland beschäftigen konnten, besonders, nachdem sie mit der Moscheebesetzung von 1979 erfahren hatten, wie gefährlich deren Tätigkeit im eigenen Inland werden konnte. Andrerseits waren die Grenzen zwischen Islam und Islamismus verschwommen, besonders wenn man unter Islam in erster Linie die wahhabitische Variante, wie sie in Saudi-Arabien Staatsreligion ist, verstehen will.

Die Islamisten bezeichneten sich als strenge, gute, ernsthafte Muslime, die ihren Islam in jeder Hinsicht zu leben gedachten. Saudi-Arabien beruhte seinerseits ebenfalls auf einem strengen Reformislam, der zur Zeit des Religionsgelehrten *Ibn Abdul Wahhab* (1703–1791) von 1746 an mit dem Mittel des *Jihad* seine Form des Islams über die Arabische Halbinsel ausgebreitet hatte. Unter dem Gründer des heutigen, von ihm erneuerten saudischen Reiches, *Abdul Aziz Ibn Sa'ud* (1880–1953), hatten die Wahhabiten das Gleiche in nicht sehr weit zurückliegenden Zeiten noch einmal getan.

Später war freilich die saudische Staatsreligion nicht in der Doktrin, aber *de facto* durch den Erdölreichtum, der auch Zusammenarbeit mit den Amerikanern bedeutete, um einiges behäbiger geworden. Doch in der Lehre und in seiner früheren Praxis hatte der Wahhabismus dem Islamismus zum Verwechseln geglichen. Die Islamisten brauchten gegenüber den Saudis nur ihre absolute Loyalität gegenüber der Scharia hervorzukehren, die sie ja ins Zentrum ihres Islambegriffs stellten, um in Riad und in Mekka als gute, «unserem Islam» sehr nahestehende Muslime zu gelten.

Was ihr Machtstreben in den muslimischen Staaten ausserhalb Saudi-Arabiens betraf, so konnten sie dieses immer den extremen Flügeln ihrer Bewegung zuschreiben, deren Haltung und Aktivitäten durch die anscheinend geringe Achtung verständlich werde, welche die Regierungen ausserhalb der Halbinsel der islamischen Religion im täglichen Leben entgegenbrachten, deren Gewalttätigkeit aber natürlich dem Willen der zentralen Strömung der Islamisten nicht entspreche und von ihnen nicht gebilligt werde.

Im Falle der Muslim-Brüder traf dies tatsächlich genau zu. Die Aktivitäten der Randgruppen wurden in ihrer Gewaltsamkeit vom Hauptstamm der Brüder kritisiert und missbilligt; dennoch bestand keine scharfe Trennungslinie zwischen den eigentlichen Brüdern und ihrem gewaltbereiten Flügel, schon weil zwar die Praxis unterschiedlich sein konnte (gewaltsame oder gewaltlose Ausbreitung der Lehre), die Lehren selbst jedoch weitgehend übereinstimmten (das Ideal des Scharia-Staates).

Der *Jihad* in Afghanistan als gemeinsames Werk

Die beiden Faktoren, «Geistesverwandtschaft» und politische Opportunität, führten zu einer engen Zusammenarbeit der saudischen Herrscher und Behörden sowie auch vieler einflussreicher und wohlhabender Personen in den benachbarten Erdölkleinstaaten mit den Islamisten. Dies wurde besonders im Fall des *Jihad* in Afghanistan sichtbar, der sich gegen die sowjetische Invasion richtete. König *Faisal* selbst (reg. 1964–1975) legte ungehemmt immer wieder seinen Besuchern die Theorie vor, dass der «Jude» Marx und die jüdischen Zionisten im Grunde das gleiche beabsichtigen, nämlich «den Islam zu schädigen». Auch die «Sozialisten» wie Nasser warf Faisal gerne in den gleichen «atheistischen» Topf, besonders in Zeiten, in denen er sich durch Nasser bedroht sah. Schon damals, in den 1960er Jahren, vor dem Sechstagekrieg, hatte Faisal ja auch eine islamische Politik betrieben, die sich erfolgreich gegen Nasser und seine Anhänger richtete. Nasseranhänger gab es damals viele im Königreich, selbst innerhalb der Herrscherfamilie.

Nach der russischen Invasion in Afghanistan sahen die Nachfolger Faisals eine gute Gelegenheit, den Marxismus zu schädigen, wobei der Jihad der islamistischen Heissköpfe aus Saudi-Arabien und Umgebung auch den Vorteil aufwies, diese Leute, die dem saudischen Regime im Inneren gefährlich werden konnten, ausserhalb des Königreichs zu beschäftigen; ein dritter Vorteil kam noch dazu: Die Amerikaner sahen die Förderung des Jihad in Afghanistan durch die saudischen Reichen mit Wohlgefallen.

Das Zusammenspiel der Saudis mit dem «islamischen» Staat Pakistan ging in die gleiche Richtung, wies aber eigene Nuancen auf. Unter dem Militärdiktator *Zia ul-Haqq* (reg. 1977–1988), der ebenfalls einem politischen Islam huldigte, wurde das arme Land Pakistan ein Klient Saudi-Arabiens.

Saudische Hilfsgelder gingen dorthin, dafür dienten pakistanische Söldner in Saudi-Arabien in besonders heiklen Vertrauensstellungen wie der einer Leibgarde des Herrschers und seiner Brüder. Viele der anglophonen pakistanischen Muslime waren mit der Ausbreitung des Islams in die äussere nicht-islamische Umwelt beschäftigt, was ebenfalls oft von den Saudis finanziert wurde, und viele dieser islamischen Intellektuellen und Missionare waren Anhänger von Mawdoodi.

Pakistan seinerseits hatte Sonderinteressen in Afghanistan, wie die Doktrin von der strategischen Tiefe gegenüber Indien zeigte, welche Islamabad nicht an die grosse Glocke hing, für deren Förderung der pakistanische Geheimdienst jedoch nach Möglichkeit auch saudische Gelder einsetzte.

Im Laufe des langen Krieges gegen die Russen, der zehn Jahre dauerte, kam es zu einer engen Zusammenarbeit zwischen dem – im Jahre 2001 entlassenen – saudischen Geheimdienstchef, Prinz *Turki al-Faisal*, und dem in seinem Lande sehr einflussreichen pakistanischen Geheimdienst ISI, welcher unter anderem die Verteilung der von den Amerikanern gelieferten Waffen Richtung Afghanistan organisierte und monopolisierte. Die enge Zusammenarbeit der beiden Geheimdienste, wobei die Saudis die Rolle des Geldgebers spielten, führte später dazu, dass die Saudis, besonders Turki, die pakistanische Politik mittrugen, als die zweite Regierung von *Benazir Bhutto* (1993–1996) die bisherige Unterstützung der *Hekmatyar*-Gruppe durch ISI als unproduktiv aufgab und eine neue Afghanistanpolitik einführte, die auf dem Aufbau und Einsatz der *Taliban* beruhte.

Eine Folge des starken Engagements arabischer Freiwilliger im *Jihad* der Afghanen war, dass später viele dieser Freiwilligen in ihre Heimatländer zurückkehrten und dort als die sogenannten «Afghanen» eine gewichtige Rolle in den lokalen islamistischen Kampfgruppen spielten, weil sie im Krieg in Afghanistan den Umgang mit Waffen, Explosiva und den Techniken des Guerillakrieges erlernt hatten. Oft waren diese wilden «Afghanen», die viel mehr vom Krieg als vom Islam verstanden, Förderer aller möglichen Gewaltaktionen und kontraproduktiver politischer Gewaltpropaganda, die sich gegen Bevölkerung und Zivilgesellschaft ihrer eigenen Länder richtete, weil sich diese in ihren Augen als ungenügend «islamisch» zeigten. Besonders in Algerien sollten echte und auch falsche «Afghanen» (d. h. Veteranen des afghanischen Krieges) eine letztes Endes die Islamisten belastende, grausame und zerstörerische Rolle spielen.

Etappenchef im afghanischen *Jihad*

Usama bin Laden war natürlich auch ein «Afghane», nur, dass er mehr zu den arabischen Organisatoren und Financiers der Guerilla gehörte als zu den eigentlichen Kämpfern. Er war ein «Etappenafghane». Sein Mentor in Sachen *Jihad* war der jordanische Palästinenser *Dr. Abdullah Azzam*, der ursprünglich zu den Gründern von Hamas, der palästinensischen Islamisten-gruppe, gehört hatte. Azzam unterrichtete in den 1980er Jahren an der Inter-nationalen Islamischen Universität von Islamabad. Er richtete 1984 ein «Dienstleistungsbüro» für arabische Guerillakämpfer in Peschawar ein. Der Millionärssohn und Manager im Unternehmen seines Vaters, Usama bin Laden, war mit ihm befreundet und half ihm bei der Finanzierung. Zweck des Büros scheint gewesen zu sein, arabische Jihad-Kämpfer in Afghanistan einzusetzen, um Kriegserfahrung zu gewinnen. Sie sollten dann auch in zukünftigen anderen «Heiligen Kriegen» dienen. Azzam starb 1989 durch eine Autobombe in Peschawar.

Bin Laden hatte bereits 1986 ein Ausbildungslager für arabische Freiwil-lige auf afghanischem Boden nahe an der pakistanischen Grenze eingerich-tet, das gewissermassen als afghanische Aussenstelle des «Dienstleistungsbü-ros» von Azzam diente. Zwei Jahre später, 1988, kurz vor dem Abzug der Russen aus Afghanistan, hatte er seine eigene Zentrale für arabische Jihad-Kämpfer in Afghanistan gegründet, die er *al-Qa'ida* nannte. Die Bedeutung dieser Zentrale nahm zu, als die Überreste von zwei bisher in Ägypten wir-kenden Kampfgruppen von Islamisten, der *Gama'a Islamiya* und des *Gihad al-Islami*, die in Ägypten niedergekämpft wurden, aber im Ausland aktiv geblie-ben waren, sich entschlossen, sich gemeinsam dem Kommando von Usama bin Laden zu unterstellen. Bin Laden dürfte für sie primär als Geldgeber wichtig gewesen sein. Er bildete eine Dachorganisation, die beide Gruppen mit seiner Qa'ida zusammenfasste und den Namen «Weltweite islamische Kampffront gegen Juden und Kreuzfahrer» erhielt. Der bisherige Leiter des Gihad al-Islami, der Organisation, die 1981 Sadat ermordet hatte, *Dr. Aiman az-Zawahiri*, wurde so ein Kollege von bin Laden. Zawahiri befand sich seit 1985 auf der Flucht vor den ägyptischen Behörden. Beide zusammen ent-wickelten eine enge Aktionsgemeinschaft. Es soll bin Laden gewesen sein, der den beiden ägyptischen Kampfgruppen nahe legte, auf Aktionen in Ägypten zu verzichten. Sie hatten dort ihre frühere Volkstümlichkeit wegen

allzuvielen Terroranschlägen auf die Zivilbevölkerung oder Touristen weitgehend eingebüsst. Sehr viele ihrer Mitglieder waren gefangen worden (die
ägyptischen Sicherheitsdienste hatten ihre Gruppierungen infiltriert). Dafür
sollten sie nun mit Usama bin Laden «weltweit» wirken.

Die Idee, gegen die Amerikaner «weltweit» einzuschreiten, nicht bloss
gegen die eigene saudische Regierung, dürfte bin Laden entwickelt haben,
als die Amerikaner 1990/91 im Krieg zur Befreiung Kuwaits von der irakischen Besetzung Truppen in Saudi-Arabien stationierten. Dies galt nach der
besonderen Ideologie bin Ladens als eine «Verschmutzung» der Halbinsel
und ihrer heiligen Stätten. Bin Laden dürfte erkannt haben, dass die Amerikaner die entscheidende Schutzmacht waren, die den Fortbestand des saudischen Regimes garantierte, weshalb es nicht unlogisch war, gegen sie «weltweit» einschreiten zu wollen, in der Hoffnung, die von ihnen erlittenen
Verluste könnten ihnen ihr Engagement in Saudi-Arabien als zu teuer
erscheinen lassen. Allerdings trat zunächst die gegenteilige Reaktion der
Amerikaner ein. Sie beschlossen, einen ebenfalls weltweiten «Krieg» gegen
den Terrorismus zu führen.

Saudisch-islamistische Verflechtungen

Es dauerte mehr als ein Jahr nach den Terrorangriffen vom 11. September
2001, bis die Amerikaner das ganze Ausmass der Verfilzung übersahen, die
zwischen dem saudischen Regime und den Islamisten und über sie auch
direkt oder indirekt mit den radikalen gewalttätigen Randgruppen des Islamismus bestand. Diese Verfilzung hatte sich im Verlauf einer fast vierzigjähri-
gen engen Zusammenarbeit der saudischen Herrscher mit den islamisch-isla-
mistischen Kräften ergeben. Sie begann schon in den 1960er Jahren, zur
Zeit, als Nasser von Jemen aus Saudi-Arabien bedrohte und König Faisal
dagegen reagierte, indem er eine «islamische Politik» entwarf, die von Nasser
verfolgten ägyptischen Muslim-Brüder als Trägergruppe dieser Politik unterstützte und ihre Oberhäupter nach Saudi-Arabien einlud. Die Zusammenarbeit im Rahmen des Heiligen Kriegs in Afghanistan, die 1979 mit der russischen Invasion ihren Anfang nahm, war dann nur eine erneute Phase der
islamischen Politik der Saudis, die allerdings wegen der Mitarbeit der Amerikaner und der Pakistani und der weltpolitischen Bedeutung, die dieser Krieg
gewann, intensiver und umfassender ausfiel als die erste, gegen Nasser
gerichtete Phase.

Diese Verfilzung zu lösen, wird eine delikate Aufgabe sein, weil die
Opposition in Saudi-Arabien, soweit man sie kennt, eine islamistische

Opposition ist. Das Königreich läuft Gefahr, dass viele inländische Freunde der Islamisten im Ausland, die bisher mit Riad zusammengearbeitet haben, im Falle einer politischen Scheidung zwischen diesen und der saudischen Königsherrschaft (die natürlich auch eine finanzielle Trennung bedeutete) sich der bereits existierenden islamistischen Untergrundopposition gegen die Herrscherfamilie anschliessen könnten. Dies sind die Gründe, welche die saudischen Herrscher veranlassen, soweit irgend möglich die oft eher grob-schlächtigen amerikanischen Eingriffe in ihre Islampolitik abzuwehren.

Die Lage in Saudi-Arabien ist ohnehin delikat, weil das Königreich angesichts seiner stark wachsenden Bevölkerung und seines abnehmenden Erdöleinkommens schon heute nicht mehr in der Lage ist, seine bisherige Politik weiterzuverfolgen. Sie bestand daraus, alle Schwierigkeiten, die sich ergaben, durch Geld zu beseitigen oder mindestens zu beschwichtigen. Geld in den bisherigen, gewaltigen Ausmassen fehlt, währenddem immer grössere Zahlen junger Saudis vergeblich angenehme und interessante Arbeitsplätze suchen. Engpässe nicht nur finanzieller, sondern auch politischer und sozialer Natur stehen deshalb bevor.

Die Zukunft des Islamismus

Man kann leicht erkennen: Die künftige Schadenskapazität der Islamisten dürfte noch gross sein, besonders, wenn man auf ihre wenig ergiebige oder sogar kontraproduktive Bekämpfung durch den «Anti-Terrorkrieg» der Bush-Administration und anderer Befürworter von undurchdachten Aktionen blickt. Dass die islamistischen Terroristen bereits eine Reduktion der demokratischen Freiheiten in den Vereinigten Staaten erreicht haben, ist deutlich. Sie geschieht im Namen der Terrorbekämpfung, doch wie immer in solchen Fällen gibt es Kreise, die darauf ausgehen, durch Verbreitung von Ängsten und Übernahme von Führungspositionen im angeblichen Abwehr-kampf zu profitieren, sei es finanziell wie im Falle der Waffen-Lobbies, sei es politisch, wie man es im Falle von Präsident Bush und den ihn stützenden neo-konservativen Kräften mehr als deutlich sehen kann.

In der islamischen Welt geht es ähnlich. Die Machthaber können sich in ihren Positionen verbarrikadieren, indem sie die Rolle von Protagonisten gegen den Terror der Islamisten übernehmen und die ohnehin sehr geringe Rechtssicherheit sowie die äusserst prekären demokratischen Freiheiten in ihren Ländern noch weiter abbauen. Das gleiche gilt für den angeblichen «Abwehrkampf» Putins gegen die tschetschenischen Guerilleros, die von ihm als «Terroristen» abgetan werden.

Die Besonderheiten der iranischen Revolution

Im Sinne der Fähigkeit, Schaden anzurichten, dürften die islamistischen Terroristen aus diesen Gründen auch in der Zukunft noch die Möglichkeit haben, grössere oder kleinere «Erfolge» zu erringen. Doch diese Fähigkeit sollte man nicht mit der Fähigkeit gleichsetzen, ihr selbstgestecktes Ziel zu erreichen: den «islamischen Staat». Dies dürfte viel schwieriger sein, wie die bisherige Erfahrung zeigt. In dem einzigen Land, in dem dieses Ziel erreicht wurde, herrschten sehr spezifische Umstände, die sich so leicht nicht ein zweites Mal ergeben werden. Der schiitische Islam war von vorneherein besser als Ausgangspunkt einer «islamischen Revolution» geeignet als der sunnitische, weil die Geistlichkeit im Schiismus während der Abwesenheit des zwölften Imams kollektiv dessen Rolle übernimmt. Sie ist daher besser geeignet, als Anführer des Volkes aufzutreten, als die sunnitische. Diese ist viel enger mit der jeweilen bestehenden Regierung verbunden und hat daher keine chiliastische Sendung.

Weiter: Eine überforcierte Verwestlichung, wie der Schah sie betrieb, kann eigentlich nur in einem reichen Erdölland stattfinden, und sogar in einem solchen geschieht es kaum je, dass das Erdöleinkommen sich so plötzlich vervielfacht, wie dies nach 1973 in Iran aus sehr spezifischen politischen Gründen der Fall war. Und schliesslich hätte ohne die Krankheit des Schahs die iranische Revolution vielleicht überhaupt nicht begonnen, oder sie wäre anders abgelaufen. Gesamthaft gesehen: 1963 hatte der Aufstandsversuch Khomeinys keine Chance, er verlief im Sande, und er selbst wurde verbannt; 1978 jedoch waren spezifische Entwicklungen eingetreten, die einen neuen Revolutionsanlauf begünstigten.

Machtgewinn und -verlust der Islamisten im Sudan

Instruktiv ist auch die Entwicklung im Sudan. Dort kam der Islamismus vorübergehend zur Macht, als das Numairi-Regime (1969–1985) durch ein schwaches demokratisches Regime (1985–1986) abgelöst und dieses durch einen Staatsstreich ganz besonderer Art zu Fall gebracht wurde. Einige schwache militärische Kräfte verbündeten sich mit dem Fussvolk der Islamisten, über das *Hassan at-Turabi*, ein altbewährter Chef der Muslim-Brüder, verfügte. Saudi-Gelder, die auch Turabi zur Verfügung standen, spielten eine wichtige Rolle. Aus diesem Staatsstreich, dessen militärische Kräfte auf etwa 40 Offiziere und 300 Soldaten plus 10 Tanks, Sanitäter und die Militärmusik beschränkt waren (vgl. G. Prunier in: Maghreb Machrek No. 124, Paris

1989, und R. Marchal ibid. No.137, Paris 1992) ging eine aus Militärs und Islamisten gemischte Herrschaft hervor. Zuerst hatten die Islamisten das Übergewicht, mindestens im zivilen Bereich, und Turabi herrschte. Doch dann gewannen die Militärs an Gewicht. Im Dezember 1999 kam es zu einer Konfrontation zwischen Turabi und General *Umar al-Bashir*, welche Turabi verlor. Er wurde entmachtet und vorübergehend eingekerkert. Seither hat Bashir das Übergewicht, und eine schrittweise Reduktion der Macht der Islamisten im zivilen Bereich ist im Gang.

Im Gegensatz zu Khomeiny ist es Turabi nie gelungen, ein islamistisches Gegengewicht gegen die Macht der Armee im Stile der iranischen Revolutionswächter (*Pasdaran*) zu schaffen oder die Streitkräfte mit seinen Parteigängern zu durchdringen. Seine Anhänger von der NIF (Nationale Islamische Front) versuchten, sich durch Brutalität bei der Unterdrückung all ihrer Feinde und Kritiker an der Macht zu halten. Anfänglich wurden zwar viele Offiziere entlassen, doch die Armee entwickelte offensichtlich andere Interessen als die Führung der Islamisten, und sie setzte sich am Ende gegen sie durch.

Entwicklung und Politik im Sudan sind seit Jahrzehnten durch den Bürgerkrieg bestimmt, der sich zwischen dem arabophonen Norden des Landes und den verschiedenen, auf Stammesgrundlagen aufgebauten schwarzen Kampfgruppen des Südens abspielt. Die NIF war für bedingungslose Fortsetzung des Bürgerkrieges gegen die «Heiden» im Süden; seitdem die Armee die Oberhand erhielt, hat es Ansätze zu einer weniger gewaltsamen Politik gegeben.

Die problematische Herrschaft der Islamisten in Iran

Auch die Entwicklung in Iran spricht dagegen, dass die Islamisten, einmal an die Macht gelangt, ein für die heutige Zeit brauchbares politisches Konzept zu entwickeln vermögen. Die Islamische Republik erwies sich trotz ihres Erdölreichtums als unfähig, ein Wirtschaftswachstum hervorzubringen, das mit dem Bevölkerungswachstum Schritt halten konnte und die nötigen Arbeitsplätze für die rasch ins Berufsleben nachdrängenden jungen Generationen schuf. Gegenwärtig besteht mehr als die Hälfte der Bevölkerung aus Jugendlichen unter 16. Schon heute ist deutlich, dass grosse Teile dieser Jugend ohne Arbeit bleiben. Dies bringt Kritik am Regime hervor, umsomehr, als dieses einen weiten Kreis von wirtschaftlichen Unternehmen, nämlich alles, was zu den grossen Holdings der «Stiftungen» gehört, wie zu Zeiten des Schahs ohne öffentliche Kontrolle für sich selbst, seine Anhänger und Nutzniesser reserviert. Der Korruptionsverdacht gegenüber dem Regime der «Mullahs» kennt keine Grenzen, darf aber nicht öffentlich artikuliert werden. Meldet er sich zu Wort, wird er als «Beleidigung des Islams» eingestuft und bestraft.

Es waren die jungen, aufstrebenden Kräfte, die bereits 1997 überraschend den Aussenseiter *Muhammed Khatami* als Präsidenten wählten, weil er Reformen versprach. Drei Jahre später wurde ein neues Parlament gewählt, in dem seine Parteigänger, die Anhänger der Reform, die absolute Mehrheit erhielten, obwohl der Präsident unter dem vorausgegangenen Parlament seine Versprechungen nicht hatte einhalten können. Seine jungen Wähler hatten erkannt, dass nicht er es war, sondern die heute konservativen Alt-Revolutionäre des Regimes, die alle Reformen verhinderten. Die bisher sechseinhalb Jahre der Präsidentschaft Khatamis waren mit Kämpfen um die Reformen erfüllt, die von den herrschenden Kräften systematisch abgewürgt wurden. Die herrschende «Mullarchie» setzte sich durch, obwohl Präsident und Parlament den islamistischen Staat zu deblockieren versuchten. Die Verfassung Khomeinys gibt dem Herrschenden Gottesgelehrten mehr Macht als den gewählten Instanzen, und die Mullahs nutzten sie schamlos aus, um das, was sie «den Islam» nennen, an der Macht zu erhalten, mit anderen Worten, sich selbst. Die Gerichte, deren oberste Instanzen ebenfalls vom Herrschenden Gottesgelehrten Khamenei eingesetzt werden, wurden zu diesem Zweck missbraucht. Die Befürworter der Reform wurden von ihnen wegen «Angriffen auf den Islam» verurteilt, oft zu schweren Gefängnisstrafen, und der Herrschende Gottesgelehrte selbst schritt ein, um Gesetzesentwürfe des Parlaments, die den Machthabern nicht passten, wie etwa das Projekt eines neuen, liberaleren Pressegesetzes, kraft seiner Machtstellung als unzulässig zu erklären.

Iran gleicht heute einem Kessel, dessen Deckel angeschraubt ist, der aber auf dem Feuer steht und schon eine Zeitlang auf über hundert Grad erhitzt ist. Das Resultat kann eigentlich nur eine Explosion sein; nur weiss man nicht, wann sie kommt. Dies hängt davon ab, wie solide der Kessel gebaut ist und wo er Schwachstellen aufweist. Je länger jedoch seine eisernen Wände die schliesslich unvermeidliche Explosion aufhalten, desto heftiger und zerstörerischer wird sie am Ende sein. Präsident Khatami versucht, seinen Mitherrschern diese Tatsachen begreiflich zu machen. Sie wollen jedoch nicht auf ihn hören, vermutlich weil sie wissen, dass ihre Macht zu Ende ginge, wenn sie sich auf Reformen einliessen.

Eine Gegenoffensive der konservativen Machthaber

In den ersten Monaten des Jahres 2004 schritten die Konservativen zur Gegenoffensive gegen die Befürworter einer Reform, obwohl sie schon in den vorausgehenden Jahren hatten verhindern können, dass diese ihr politisches Programm durchsetzten. Während der Legislaturperiode des reformfreundlichen Parlaments, 2000 bis 2004, hatte der Wächterrat 111 Gesetzesvorschläge von 295 verboten. Dieser Wächterrat, in dem die Konservativen dominieren, besitzt die Befugnis, die Vereinbarkeit aller Gesetze des Parlaments mit dem «Islam» zu prüfen und die angeblich nicht vereinbaren Vorschläge zurückzuweisen. Er prüft auch alle Wahlkandidaten auf ihre Vereinbarkeit mit dem «Islam», bevor sie endgültig zugelassen werden. Unter den von dem Rat zurückgewiesenen Gesetzesvorschlägen waren praktisch all jene, die eine wirkliche Ausübung demokratischer Grundrechte gefördert und eine Reduktion der religiös autoritären Positionen gestattet hätten. Auf den Februar 2004 musste ein neues Parlament gewählt werden. Der Rat schritt im Januar gegen die Hälfte der Kandidaten ein und wollte gegen 4000 der den Reformern zuneigenden Parlamentskandidaten eliminieren. Unter ihnen waren auch 82 der gegenwärtig im Parlament befindlichen Abgeordneten. Ein Aufschrei der Reformfreunde erfolgte, und Präsident Khatami forderte den herrschenden Gottesgelehrten Khamenei auf, einzuschreiten. Dieser tat es und befahl dem Rat, seine Verbote zu revidieren. Der Rat gehorchte, doch das Ergebnis der Revision war bloss die Wiederzulassung einiger weniger der Reformfreunde. Es gab nach wie vor viele Wahlkreise, die überhaupt nur konservative Kandidaten aufwiesen. Die Reformanhänger beschwerten sich, schritten zu einem Sitzstreik im Parlament und erklärten, Wahlen unter diesen Voraussetzungen seien unmöglich. Doch auf den Rat Khatamis zogen sie ihre Rücktritte, die viele von ihnen eingereicht hatten, zurück. Die Konservativen hatten gedroht, solche Rücktritte könnten auch eine Auflehnung gegen den «Islam» darstellen und daher strafbar sein. Die Durchführung der Wahlen auf den 20. Februar wurde beschlossen. Unter den durch den Rat niedergelegten Vorbedingungen konnten sie nur von den Konservativen gewonnen werden. Das zweite Mandat Khatamis wird im Jahre 2006 auslaufen, und er kann nicht wiedergewählt werden. In seiner noch verbleibenden Amtsperiode wird er mit einem konservativ dominierten Parlament rechnen müssen und daher noch weniger in der Lage sein, die versprochenen Reformen durchzuführen als in den vorausgehenden Jahren. Die iranische Jugend, die stark zur Wahl Khatamis und des vorausgehenden, reformorientierten Parlaments beigetragen hatte, weil sie auf Reformen hoffte, ist dementsprechend enttäuscht. Sie ist heute zornig sowohl auf die Konservativen wie auch auf die Reformer, weil diese keine Reformen haben verwirklichen können. Es ist zu erwarten, dass sie sich mehrheitlich von aller Politik innerhalb des Rahmens der Islamischen Republik abwenden wird. Das bedeutet noch nicht, dass eine vorrevolutionäre Lage entsteht. Doch ist klar, dass die tiefe Enttäuschung der iranischen Jugend mit dem Regime eine wichtige Vorbedingung zur Entstehung einer derartigen Lage schafft.

Eine mögliche Fortentwicklung

Soll man also den Islamismus schon heute als eine Sackgasse ansehen, aus der es kein Vorwärts, nur eine Rückkehr zum Ausgangspunkt geben wird? Die Frage muss bejaht werden, falls der Islamismus weiter das bleibt, was er bis heute gewesen ist, der Versuch eines Rückgriffs auf die Zeit des Propheten und den Propheten selbst (wie er für die Scharia als normgebend gilt), der sich *wortwörtlich* an die damaligen Gegebenheiten und Umstände halten will. Das Bemühen zur Rückkehr zu einer religiös verklärten Zeit, die in den Augen der Spätgeborenen als eine «goldene» erscheint, möglichst eng angeschlossen an das, was die einige Jahrhunderte später verfassten angeblichen Quellen über sie aussagen und als die ein- für allemal feststehende Wahrheit verkünden: Dies ist mit einem Wort eine fundamentalistische Haltung, die sich auf vermeintliche Fundamente beruft und diese wortwörtlich wieder in Kraft setzen will, ohne auf den Geist zu blicken, der ihnen innewohnt und sie belebt. Wenn es dabei bleibt, wird es sich wirklich um eine Sackgasse handeln.

Es gibt aber auch einen anderen Weg, in den der Islamismus immer noch einmünden könnte. Man kann ihn jenen der hermeneutischen Wahrheitsfindung nennen, nämlich die Heiligen Texte durchaus voll und ernst zu nehmen, aber sie nach Gehalt und Absicht zu befragen, statt sich an die historisch und lokal gebundene Oberfläche zu klammern. Es ginge darum, auf die Verwirklichung des Geistes der Texte in der gegenwärtigen Zeit auszugehen, nicht auf die gesetzliche Durchsetzung der zu vergangener Zeit anscheinend oder scheinbar geltenden Regeln und Regelungen. Diese Regeln, in ihrer komplexen Gesamtheit die Scharia, beruhen in Wirklichkeit auf blosser Auslegung und Ausdeutung der eigentlichen Quellen, welche spätere Gelehrte im 9. und 10. Jahrhundert erst durchgeführt haben. Die damaligen Gelehrten waren dabei natürlich an die Grundanschauungen ihrer eigenen Epoche gebunden und überdies oft gegensätzlicher Meinungen.

Kurz gesagt: nötig wäre Rückkehr zum Geist der über den Propheten niedergesandten Offenbarung, nicht zum blossen Wortlaut dessen, was darüber später niedergelegt und befunden wurde und zu bedeutenden Teilen heute in der Scharia abgelagert erscheint. Es ginge um eine neue, ernsthafte Suche des Wesentlichen statt mechanischer Erfüllung von Normen, die im Hochmittelalter als «islamisch» niedergelegt worden sind. Dies liefe auf das genaue Gegenteil der Behauptung Khomeinys hinaus: «Der Islam ist die Scharia und die Scharia ist der Islam». Nämlich: Der wahre Islam muss immer wieder neu und eigens gefunden werden, für die jeweilen geläufige Zeit und den jeweilen gegebenen Ort, – auf Grund der stets neu zu verstehenden Offenbarung. Mehr Religion und weniger juristisch begriffener und behandelter Gesetzes-Islam sind Notwendigkeiten in einer «modernen» Zeit, in der die Lebensumstände sich rasch verändern und in der alle paar Jahre die Lebenskoordinaten andere sein können.

Wenn man dies zu umschreiben versucht und gleichzeitig die Bedeutung kennt, die im Religionsbewusstsein der heutigen Muslime immer noch der Scharia zukommt, kann man ermessen, welch langer Weg und welch grosse Umstellung erforderlich wären, wenn der heute erfolgreich gepredigte islamistische Fundamentalismus in gegenwartswirksame und damit lebendige und aussichtsreiche, nicht in religionsjuristische Sackgassen eingebundene Religiosität einmünden soll.

Gemeinschaftsbildung ohne Islam?

Aus der Warte der heutigen säkularisierten westlichen Welt kann man natürlich fragen: Wozu brauchen denn die Muslime überhaupt den Islam, wenn sie in die «Moderne» eintreten wollen? Geht denn das eine mit dem anderen überhaupt zusammen? Die Antwort darauf können nur die Muslime selbst geben. Aussenstehenden bleibt nur die Beobachtung, dass offensichtlich die Religion heute in der islamischen Welt eine Kraft darstellt, auf welche die Muslime nicht zu verzichten gedenken. Sogar höchst weltliche Muslime weisen zurück, was europäische Weltkinder heute beinahe normalerweise zu erkennen geben, das: «Ich glaube nicht wirklich daran.» Von ihnen hört man: «Ich sollte und müsste, habe daran zu glauben, es ist *mein* Glauben». – «Wir sind Muslime und Usbeken, Muslime und Tajiken, Muslime und Turkmenen, Muslime und Kirgisen, Muslime und Kazaken», sagten die zentralasiatischen Muslime aus, nachdem sie zwei Generationen der Unterordnung unter den Kommunismus der Sowjetunion durchgemacht hatten. Ihr Selbstbild als Gläubige, als Muslime, hatte neben oder sogar vor dem einer ethnischen Zugehörigkeit durchaus überdauert.

Identitätsprobleme hinter Entwicklungsrückständen

Wenn man zugeben will, dass die islamische Welt heute in einer schärferen und schwierigeren Krise steckt als die europäische und amerikanische Gegenwart, muss man auch einräumen, dass diese Krise nicht nur durch wirtschaftliche und «Entwicklungsschwierigkeiten» gegeben ist. Sie ist viel zu lange unbewältigt geblieben, als dass sie nur in den Dimensionen der materiellen Gegebenheiten und unerlernten Techniken begründet sein könnte. Aller Wahrscheinlichkeit nach liegen Identitätsprobleme zugrunde. Die muslimische Welt war während der letzten zwei Jahrhunderte gezwungen, mehr und mehr Dinge, Ideen, Lebensformen im Privaten und im Öffentlichen von Europa und später der gesamten erfolgreichen industrialisierten Welt zu übernehmen, um überleben zu können, so dass sie heute irgendwo in der Mitte zwischen dem steht, was sie aus sich selbst hervorbrachte, und all jenem, was sie sich gezwungenermassen hat aneignen müssen, um sich eine Art von Eigenständigkeit zu bewahren. Seit dem Beginn des 19. Jahrhunderts lebt und leidet sie unter dem Paradox, und sie tut es weiter, dass sie sich selbst kulturell immer mehr aufgeben muss, um ihre politische Eigenständigkeit bewahren zu können.

Die ganze heutige Welt, einschliesslich der Industriestaaten, ist heute sehr schnellem Wechsel unterworfen; auch die Staaten der reichen Welt sind darauf angewiesen, voneinander zu lernen und möglichst rasch voneinander neue Methoden, Sichtweisen, Theorien, Instrumente zu übernehmen. – Warum leiden sie nicht unter Identitätsproblemen? – Ein wichtiger Unterschied zu den islamischen Ländern besteht darin, dass die Staaten der «entwickelten Welt» im gegenseitigen Austausch leben. Sie geben einander und nehmen voneinander. Ganz anders ist es bei ihren Beziehungen zur muslimischen Welt – sie bewegen sich auf einer stark abschüssigen Einbahnstrasse. Der Einbahnstrassenverkehr aus dem Westen Richtung Naher Osten dauert schon 200 Jahre lang an. Er hat bewirkt, dass heute grosse Teile des dortigen Lebens, von den Kleidern, die man trägt, bis zu den Städten, in denen man lebt, von den Ausbildungswegen und Berufen, die Erfolgsaussichten bieten, bis zu den wirtschaftlichen und politischen Modellen, denen man folgen möchte (Demokratie), die man jedoch in der Praxis nicht immer verwirklichen kann (Scheindemokratie statt echter), von der Technik bis zum Militär, von den Wissenschaften bis zu den Künsten … alle vom Westen übernommen oder mindestens stark beeinflusst sind.

«Was können denn wir zu eurer Zivilisation beitragen?» ist eine Frage, die Europäern im Nahen Osten oft vorgelegt wird. Ob sie auch Amerikanern und Japanern gestellt wird, weiss ich nicht. Ich nehme es aber an.

Was bleibt noch an Eigenkultur?

Was bleibt noch von der eigenen Kulturtradition? – Ein Teil der Traditionen im Familienleben, die sich jedoch im Abbau befinden; die eigenen Sprachen; viele Aspekte der eigenen Religion; die eigene Küche in gewichtigen Überresten; eine eigene Musiktradition, jedoch stark unterlaufen von euro-amerikanischer Unterhaltungsmusik. Bei alledem gibt es Klassenunterschiede: je reicher, desto weiter europäisiert oder amerikanisiert; je ärmer, desto weniger, einfach aus Geldgründen. Der arme Mann kann sich die Amerikanisierung und Europäisierung nicht so leisten wie der Reiche. Dies macht die fremden Dinge zu Erfolgssymbolen und umgekehrt (Auto und Flugzeug gegen Eselskarren oder Kamelkarawane). – Neben den Sprachen ist bestimmt die Religion und alles, was mit ihr zusammenhängt, das wichtigste Erbteil aus der eigenständigen Vergangenheit. Sie wird mit der Sprache zum Haupthort des Eigenen, was mithilft, die Zugkraft des Islamismus zu erklären: Er wird, fälschlicherweise, mit dem Islam identifiziert und findet daher leidenschaftliche, höchst emotionale, in Grenzfällen bis zur Selbstaufopferung reichende Hingabe. Er stützt das als gefährdet empfundene Ich seiner Anhänger in existenzieller Weise.

Man steht vor einem Zirkel: Die beschriebene Einbahnstrasse kann nur zur Zweibahnstrasse kreativer Zusammenarbeit werden, wenn das Selbstverständnis der Muslime sich ändert. Dieses aber ändert sich schwer, weil es unter dem Druck der Fremdbestimmung steht und defensive Positionen bezieht. Die Muslime, nicht bloss die Islamisten, neigen dazu, sich in ihrem traditionellen Religionsverständnis zu verschanzen, weil die Religion ihnen als eine der letzten Festungen ihrer Eigenheit erscheint. – Sollen sie diese auch noch aufgeben? Sollen, ja müssen sie sich nicht mindestens in diesem innersten Bereich an ihre althergebrachten Vorbilder halten?

Solange sie ihren Islam mit der islamischen Tradition des Früh- und Hochmittelalters identifizieren, leben die Muslime ein unvermeidliches Doppelleben: einerseits in der Moderne, soweit sie es vermögen, um dem Druck der heutigen Zeit mit ihren heutigen Werten und Erfolgsfaktoren standzuhalten, und andrerseits in der Vergangenheit, die ihnen paradoxerweise zur Erreichung eben dieses Zieles genauso dienen soll.

Doch wenn man den Scharia-Islam in die Moderne einpassen will, muss man ihn zum Gegenstand von unbefriedigenden Kompromissen machen. Diese sind heute in allen Gemeinwesen der Muslime sichtbar. Man sollte der Scharia gemäss handeln, aber man tut vieles doch anders. Man muss einfach anders handeln, um in der heutigen Welt zurecht zu kommen. Ausnahmen bietet an der Oberfläche, aber nur an der Oberfläche, ein Staat wie Saudi-Arabien, der sich bisher vieler eklatanter Widersprüche durch Geld entledigen konnte. Doch das Geld wird immer weniger ...

Das ursprünglich fremde Leben nach euro-amerikanischen Vorbildern, ist heute viel zu tief in die islamische Welt eingedrungen, als dass es aus ihr wieder entfernt werden könnte. Das lässt sich auch wegen der weltweiten Verknüpfungen der Globalisierung nicht mehr ändern. – Müssen die Muslime deshalb ihre Verankerung im traditionellen Glauben aufgeben, wie es zu einem beträchtlichen Grade die Christen und die Juden seit der Aufklärung taten? Sollen sie künftig in Staaten leben, die sich soweit irgend möglich nicht mit dem Islam identifizieren, nach dem Vorbild der «laizistischen» Türkei, wie sie Atatürk wollte, und geht das überhaupt?

Die meisten Muslime würden solche Fragen mit einem energischen «Nein!» beantworten. Gerade die Islamisten bestehen immer darauf, dass «ihr» Islam durchaus mit der Moderne zusammengehe, besonders eng mit Technologie (die oft – aber doch wohl zu unrecht – als die Essenz dieser Moderne verstanden wird). Doch dies bleibt mehr eine Willenskundgebung als ein Faktum. Wenn in der konkreten Wirklichkeit, nicht in der erhofften Theorie, islamistisch verstandener Islam und Moderne zusammengebracht werden, scheinen beide darunter zu leiden. Beiden werden Fesseln angelegt. Was macht die Scharia mit Frauen, mit religiösen Minoritäten, mit Muslimen, die ihren Glauben in Frage stellen und dies öffentlich tun wollen, mit der Gedanken- und Pressefreiheit? Die Gedankenfreiheit sei «gegen den Islam», erklärte Khamenei dem iranischen Parlament, deshalb dürfe ein Pressegesetz, das sich auf sie berufe, gar nicht erst diskutiert, geschweige denn verabschiedet werden. Das Gesetz kam nicht zustande.

Kann man jedoch andrerseits seinen Islam ernst nehmen und auf die Scharia verzichten? – In der Praxis weichen viele der heutigen Muslime solchen Fragen aus, indem sie die Augen schliessen und keine Widersprüche wahrnehmen wollen. Werden sie vor konkrete, spezifische Fragen gestellt: «die Frauen?», «die Meinungsfreiheit?», erfolgen fast immer apologetische Antworten, das heisst mehr oder weniger rhetorische, spitzfindige Verteidigungsreden.

Liegt die Schuld am Islamverständnis alleine?

Aber lässt sich denn wirklich behaupten, es sei «wegen ihres Islams», genauer wegen ihres «Islamverständnisses», dass die muslimischen Gesellschaften und Staaten in einer tieferen Krise steckten als Regionen und Länder, die den

Übergang zu einer modernen, industrialisierten, daher auch wohlhabenden Gesellschaft vollzogen haben? – Schliesslich gibt es zahlreiche andere Krisenregionen in Afrika, Südamerika und Asien, die nichts oder nur am Rande mit dem Islam zu tun haben und doch zur «Entwicklungswelt» gehören. – Vielleicht lässt sich antworten: In bestimmten Gesellschaften ist der Kitt, der die Gesellschaften zusammenhält, und gleichzeitig das Öl, das ihnen Bewegung erlaubt ohne sich heiss zu laufen, zu einem wesentlichen Grad (nie alleine) der Islam. In diesen Gesellschaften ist dann auch das eigene Islamverständnis eine kritische Grösse. Sie wird wesentlich zur Fruchtbarkeit oder Unfruchtbarkeit dieser «islamischen» Gesellschaften beitragen.

Man muss sich natürlich stets hüten, die Verhältnisse in der einen Gesellschaft, oft jene der eigenen, die man meist als die vertrauten, natürlichen, richtigen, einzig vernünftigen empfindet, auf eine andere übertragen zu wollen. Was in der einen funktioniert, funktioniert nicht ohne weiteres, wenn überhaupt, in einer anderen. Dies betrifft auch den Stellenwert und die Bedeutung der Religion in, sagen wir, Europa oder (verschieden, jedoch auch mit Ähnlichkeiten) in Amerika, verglichen mit ihrer Funktion in einer der islamischen Gesellschaften (unter denen z. B. Indonesien, Saudi-Arabien und der Türkei – natürlich auch grosse Unterschiede bestehen).

Die Unterschiede kommen deutlicher zum Vorschein, wenn man fragt: Was besitzt diese oder jene spezifische Gesellschaft an wesentlichen gemeinschaftsbildenden Faktoren, neben ihrer Religion? Dann wird wohl deutlich, dass es in gewissen Gesellschaften verschiedene Kohäsionsfaktoren gibt, die neben den religiösen bestehen. In anderen steht die Religion stärker im Mittelpunkt der Gesellschaften als in den ersterwähnten.

Historisch gesehen kennen wir das aus unserer eigenen Geschichte. Einst bauten «wir» Kathedralen, in späteren Zeiten aber Paläste nach dem Vorbild von Versailles, noch später Fussball- und Tennis-Stadien, Universitäten, Labore und andere Stätten der Lehre oder Forschung, Hospitäler, Fabriken, Einkaufszentren, Autobahnen, Flughäfen usw. (auch noch einige Kirchen natürlich, aber immer seltener) ... Die Akzente verschoben sich im Verlauf der Geschichte.

Was baut eine heutige «islamische» Gesellschaft? – Alles, was «wir» bauen, nur meist notgedrungen mit weniger Geld. Doch neben diesem Importierten baut sie weiter ihre Kirchen, die Moscheen. Diese Moscheen erhalten eine erhöhte Bedeutung, weil sie im weiten Umfeld der «fremden» Dinge, dem Betondschungel der «modernen» Städte fast das einzige Bauwerk sind, das im eigenen Stil gebaut wird und der eigenen Herkunft verpflichtet ist. Neben ihrer rein religiösen Bedeutung als Moschee, das heisst wörtlich

«Ort der Anbetung», erhalten sie eine weitere als Identitätssymbol, als letzter Rest von etwas Eigenem, das aus der eigenen Kulturtradition entstanden und in ihr verankert ist.

Wir erkennen hier eine ganz gute Analogie zur gesamten Stellung des Islams in der heutigen «islamischen» Welt, «islamisch» in Anführungszeichen, weil sie sehr weitgehend, man kann sagen auf der Oberfläche fast völlig, nicht mehr islamisch ist, sondern «verwestlicht». Die Analogie zeigt auch, warum die überlebenden Reste des Islams in der Überfremdung und Fremdbestimmung der heutigen Zeit eine magische Kraft ausüben. Neben ihrer religiösen Bedeutung wirken sie als Identitätsmerkmale in einer von Identitätslosigkeit bedrohten, entfremdeten Welt, die nicht «uns Muslimen» zugehört, sondern den «anderen», jenen gerade, die «für uns» nach wie vor Aspekte von Ausbeutern und von Besetzern aufweisen.

Was man damals «Verwestlichung» nannte, heute mehr und mehr «Globalisierung», war schon in Beirut in den späten 1960er Jahren ins Zentrum meiner Aufmerksamkeit und meines Nachdenkens über die islamische Welt gerückt. Ich versuchte, ein Buch darüber zu schreiben, mit dem Zweck, mir selber darüber möglichst ins Klare zu kommen. Es wurde mein erstes Buch, das beim NZZ-Verlag erschien. Später sollten mehrere andere dazu kommen. Sein Titel war: «Die Araber vor ihrer Zukunft. Verwestlichung in der arabischen Welt». Mein väterlicher Freund, François Bondy, sah es sich an, als es gerade erschienen war. Er wog es in seiner Hand, las schnell ein paar Seiten an, blickte auf das Inhaltsverzeichnis und sagte: *«Mais M. Hottinger, un si gros livre pour si peu de futur!»*, womit er natürlich nur allzu recht hatte.

Festhalten möchte ich hier, dass diese reissende und erzwungene Verwestlichung, die schon 200 Jahre vor der heutigen Globalisierung einsetzte und immer mehr um sich griff, den Hintergrund und die Kontrastfolie bildet, ohne die weder der arabische Nationalismus noch der Islamismus verstanden werden können. Der gemeinsame Hintergrund macht auch die innere Verwandtschaft der beiden – einander feindlichen – politischen Strömungen aus. Sie waren verfeindet, weil sie zwei divergierende Auswege aus einem Übel verhiessen, das eine jede auf ihre Art zu überkommen versprach, jedoch bisher nicht überkam.

Pax Americana?

Es war der Terroranschlag Usama bin Ladens vom 11. September 2001, der zu erneuten, sehr intensiven Eingriffen der Vereinigten Staaten in die Nahostpolitik führte. Als er noch nicht Präsident war, war George W. Bush in seiner Wahlkampagne eher für eine isolationistische Aussenpolitik eingetreten. Er hatte sich herablassend über die Versuche des «Nation Building» ausgelassen, welche frühere Demokratische Präsidentschaften im Nahen Osten übernommen hatten. Doch der Terroranschlag in New York und Washington änderte dies. Die USA waren seit 1813 nie mehr feindlichen Kriegshandlungen auf ihrem Staatsgebiet ausgesetzt gewesen, abgesehen vom Bürgerkrieg (1861–1865). Plötzlich jedoch war es einer Terrorgruppe gelungen, zwei Symbole der Macht der USA unter Verlust von über 3000 Menschenleben zu zerstören, und die Amerikaner hatten dies alle am Fernsehen miterlebt. Präsident Bush reagierte darauf, indem er öffentlich ankündigte: Amerika werde nun unter seiner Leitung «Krieg gegen den Terrorismus» führen. Seine Nation stimmte ihm emphatisch zu. Er selbst verwandelte sich durch diese «Kriegserklärung» aus einem von der Öffentlichkeit nicht sehr ernst genommenen, als nicht sehr intelligent geltenden, häufig belachten Präsidenten zum Obersten Kriegsherrn der Vereinigten Staaten, hinter dem sich alle patriotisch empfindenden Amerikaner versammelten. Im Krieg glaubten sie ihm absolute Loyalität zu schulden. Nur sehr wenige Amerikaner und Ausländer fragten, ob es sich wirklich um einen Krieg handle, der so zu führen sei wie frühere Kriege, die sich gegen Armeen richteten, oder ob nicht in Wirklichkeit militärische Mittel gegen die schattenhaften und ungreifbaren Gruppierungen der Terroristen zu einem allzu groben Dreinschlagen führen würden, das vielleicht die Sicherheitslage der Amerikaner und der übrigen Welt eher verschlechtern als verbessern könnte. – Als ich zum erstenmal das Wort «Krieg» vernahm, stiegen mir Bedenken auf. Ich sagte mir: Wenn das nicht eine blosse Redensart ist, die auf ein energisches und zielgerichtetes Vorgehen gegen die Terroristen hindeuten soll, sondern wenn wirklich ein militärischer Krieg gemeint ist, besteht die Gefahr, dass mit Kanonen auf Bazillen geschossen wird, und damit mittel-

und langfristig die Aussicht, dass die Kanonen den Bazillen ein für ihre Ausbreitung geeignetes Terrain bereiten.

Krieg gegen die Taliban in Afghanistan

Als bald darauf der Krieg gegen die Taliban-Regierung in Afghanistan ausgelöst wurde, liess er sich immerhin dadurch rechtfertigen, dass Usama bin Laden und seine Anhänger das Gastrecht der Taliban genossen und diese sich geweigert hatten, ihn auszuliefern oder auch nur aus ihrem Land zu entfernen. Bei genauerem Zusehen allerdings musste man sich fragen, ob die amerikanische Diplomatie wirklich alles getan hatte, was in ihrer Macht stand, um eine Auslieferung oder Ausweisung der Terrorgruppe zu erreichen. Die Sache war dadurch kompliziert, dass die Taliban keine von den Staaten anerkannte Regierung darstellten. Sie – oder besser einige ihrer Politiker und Meinungsströmungen – hatten vergeblich darum gekämpft, die Anerkennung der UNO und der USA zu erhalten. Ein Tausch wäre vielleicht möglich gewesen: Usama bin Laden gegen Anerkennung. Doch dies hätte so ausgesehen, als erhielten die Taliban eine Belohnung für ihre bisherige Unterstützung bin Ladens. Der Eindruck überwog, dass Washington sofort nach dem Anschlag beschlossen hatte, den Krieg zu führen und nicht auf lang sich hinziehende Verhandlungen mit den Taliban einzugehen.

Der ausgelöste Krieg wurde ein halber Erfolg. Das Regime der Taliban wurde leicht besiegt, indem die Amerikaner und ihre Verbündeten in erster Linie Luftangriffe und Bombardierungen durchführten. Ihren afghanischen Verbündeten, den Kämpfern der sogenannten Nordallianz, Tajiken und alte Feinde der paschtunischen Taliban, überliessen sie weitgehend die Bodenkämpfe. Der Anführer und langjährige Oberbefehlshaber der Truppen der Nordallianz, Ahmed Schah Mas'ud, der schon den sowjetischen Truppen heldenhaften Widerstand geleistet hatte, war zwei Tage vor den Anschlägen vom 11. September von Selbstmordattentätern ermordet worden, welche bin Laden, als tunesische Journalisten verkleidet, gegen ihn ausgesandt hatte. Sein Bruder übernahm danach das Kommando der Nordallianz. Die Oberhäupter der Taliban flohen, und auch bin Laden mit seinen engsten Gefährten, unter ihnen sein zweiter Mann, der ägyptische Universitätsprofessor Ayman az-Zawahiri, gelang die Flucht. Wahrscheinlich fanden sie in der Stammeszone südlich der afghanischen Grenze Unterschlupf, wo die paschtunischen Stämme Pakistans weitgehend nach ihrem eigenen Brauch und Gesetz leben, frei von der Kontrolle aus Islamabad. Wo auch immer – aufgespürt wurden sie jedenfalls nicht.

Der Erfolg der Amerikaner war auch insofern beschränkt, als sie nicht das ganze Land, sondern im wesentlichen nur die Hauptstadt Kabul unter ihre Kontrolle brachten. In den weiten Provinzen Afghanistans übten nach wie vor die verschiedenen «Kommandanten» oder «war lords» die Macht aus, die sich schon vor den Taliban dort eingerichtet gehabt hatten und nach deren Vertreibung zurückkehrten. Sie unterhielten eigene Truppen und zogen auf eigene Rechnung Steuern und Zölle aller Art von den Bewohnern ein, um ihre Kämpfer zu finanzieren. Die Anpflanzung von Opium, das mehr Geld einbringt als andere Ackerfrüchte, kombiniert mit dem Rauschgiftschmuggel, war und blieb eine der wichtigsten Geldquellen.

Die Amerikaner ernannten eine afghanische Übergangsregierung in Kabul unter Hamid Karzai, einem ehemaligen Mitarbeiter der Erdölfirma Inocal, in der amerikanische und saudische Gelder investiert waren. Diese Regierung erhielt Unterstützungsversprechen von allen industriellen Staaten, und sie wurde durch eine Stammesversammlung («Loya Jirga») bis 2004 im Amte bestätigt. Der Aufbau einer neuen Armee wurde begonnen, ohne welche die Aussenprovinzen nicht zum Gehorsam gegenüber der Zentralregierung gezwungen werden können. Doch der Aufbau ging bisher langsam voran. Im Mai 2003 waren erst 5000 Mann ausgebildet. Die «war lords» zusammen verfügen über geschätzte 200 000 Mann Truppen! Und seit Frühjahr 2003 haben die Taliban damit begonnen, erneut Nadelstiche gegen die amerikanischen Truppen und die Anhänger der Regierung in Form von Überfällen in den Grenzgebieten und Bombenanschlägen in den Städten durchzuführen.

Kriegspläne der «Neokonservativen» gegen den Irak

Durch spätere Hintergrundberichte aus Washington erfuhr man, dass in den Beratungen der Regierung sofort nach den Anschlägen vom 11. September 2001 der Unterstaatssekretär im Pentagon, Paul Wolfowitz, darauf gedrängt hatte, den Irak anzugreifen, nicht Afghanistan, dass er aber von seinen Kollegen und von Bush überstimmt wurde. Der Beschluss, gegen Afghanistan loszuschlagen, wurde gefasst, jedoch gleichzeitig erhielt die Armee bereits Weisung, für die Zeit nach Afghanistan auch schon einen Schlag gegen den Irak vorzubereiten.

Diese Vorgänge, die sich in den Kulissen von Washington abspielten, lassen sich nicht erklären, wenn man nicht den Einfluss einer Gruppe von Personen auf die Regierung und auf Bush persönlich in Rechnung stellt, die in Washington die Neokonservativen genannt werden. Dies ist ein loser

Zusammenschluss von republikanischen Politikern, die einen eigenen Entwurf für die amerikanische Aussenpolitik ausgearbeitet haben und öffentlich für ihn werben. Ihre Sicht des «New American Century», die sie mit Hilfe von eigenen Zeitschriften, politischen Instituten, Kommentatoren in grossen amerikanischen Blättern und zahlreichen Internet-Publikationen verbreiten, beruht auf dem Grundsatz: Der kalte Krieg sei von Amerika gewonnen worden und Amerika müsse nun darauf ausgehen, seine Position als einzige verbleibende Supermacht auszubauen und zu festigen. Es sei zu vermeiden, dass eine neue konkurrierende Supermacht auf der Welt entstehen könne. Im Sinne dieser Politik läge es, die Macht Amerikas überall auf der Welt durchzusetzen, wo sie nicht ohnehin bereits massgebend sei. Ein Hauptinstrument dieser weltweiten Hegemoniepolitik müssten die amerikanischen Streitkräfte werden. Zu diesem Zweck seien sie umzurüsten; aus einer Streitmacht, die primär darauf angelegt war, der Bedrohung durch die Sowjetunion die Stirne zu bieten, müsse nun eine neue Armee werden, die überall auf der Welt in «ungleichen Kriegen» eingesetzt werden könne, um die Interessen der USA wahrzunehmen. Diese künftige Armee müsse in der Lage sein, mindestens zwei solcher «ungleicher Kriege» gleichzeitig zu führen. Zu den politischen Zielen, die überall auf der Welt anzustreben seien, gehörten «kapitalistische Marktwirtschaft» und «Demokratie nach amerikanischem Muster».

Es gibt eine Vielzahl von Belegen für die Ideen dieser politischen Denkschule. Man findet sie in ziemlicher Reinkultur in der Wochenzeitschrift «Weekly Standard», die in Washington erscheint; und eine Reihe von politischen Instituten («think tanks») wie das «American Enterprise Institute» in Washington, das «Institute of Advanced Strategical and Political Studies» in Israel, das «Center for Security Policy», das «Washington Institute for Near East Policy», das «Middle East Forum», das «Jewish Institute for National Security Affairs» werben mehr oder weniger offen für ihre Ideen. Unter den Publizisten gilt der vielzitierte *Robert Kagan* als einer ihrer Wortführer. *Gary Schmitt* und *William Cristol* leiten das «Project for the New American Century», das sie im Frühjahr 1997 gründeten. Dies ist eine Art von Dachorganisation, welche die Leute dieser Denkrichtung untereinander verbindet. Es beschreibt sich selbst als eine gemeinnützige Organisation, deren Zweck es ist, «Amerikas globale Führungsrolle zu fördern». Auf der reich dokumentierten Web-Site dieser Organisation (www.americancentury.org) kann man sich am schnellsten über den Ton und die Mentalität sowie die politischen Ziele der Neokonservativen orientieren. Zu den Unterzeichnern der Gründungsurkunde des Projektes gehörten im Jahr 1997 Dick Cheney, Paul Wolfowitz und Donald Rumsfeld.

716

Die politischen Vorschläge der Neokonservativen fanden unter Clinton nicht die Zustimmung des Präsidenten, doch einige ihrer führenden Köpfe gelangten mit Bush in die Regierung. Manche hatten schon unter Reagan gedient und sich damals als ausgesprochene Falken im kalten Krieg profiliert. Nach der Erschütterung, welche die Anschläge vom 11. September 2001 auslösten, waren sie in der Lage, ihre Grundsätze zu den leitenden Ideen der Bush-Administration zu erheben, weil sie gut zum «Krieg gegen den Terrorismus» passten. Die von ihnen befürwortete aggressive neo-imperialistische Aussenpolitik, die sie zu Bewahrung und Ausbau der Hegemonieposition Amerikas vorschlugen, war nun dem Präsidenten willkommen, da sie dem angekündigten «Krieg» Richtung und Inhalt gab. Andere mächtige Interessengruppen, die ebenfalls hinter Bush standen, wie etwa die Erdölkonzerne und die Waffenindustrie, billigten ebenfalls die Pläne der Neokonservativen, weil sie erkannten, dass die Anschläge in New York und Washington eine neue Lage geschaffen hatten. In ihr versprach eine aktive Hegemoniepolitik die Zustimmung der amerikanischen Bevölkerung zu finden, die sie zuvor schwerlich erhalten hätte. Denn nach den Anschlägen liess sich die Hegemoniepolitik der Neokonservativen mit Sicherheitsargumenten rechtfertigen, ja sogar als Notwendigkeit darstellen, wenn Amerika weitere Anschläge abwehren wolle.

Die Neokonservativen gingen noch weiter. Sie behaupteten, ein amerikanischer Sieg im Irak werde erlauben, eine exemplarische Demokratie im Irak einzurichten. Sie zogen eine Parallele zu Deutschland und zu Japan, die ja beide unter amerikanischer Besetzung Musterdemokratien geworden seien. Die irakische Musterdemokratie, so erklärten sie weiter, werde auf die übrigen Länder des Nahen Ostens «ausstrahlen» und in allen demokratischen Wechsel hervorrufen.

Das besonders intensive Interesse, das die Neokonservativen dem Nahen Osten entgegenbrachten, stand zweifellos im Zusammenhang mit ihren engen israelischen Verbindungen. Manche unter ihnen standen der Likud-Regierung so nahe, dass in Washington der Spitzname «Israel First» für sie geprägt wurde. In ihren Augen würden Musterdemokratien nach amerikanischem Vorbild in den arabischen Staaten auch den Vorteil aufweisen, eine enge Zusammenarbeit mit Israel anstelle der bisherigen Feindschaft hervorzubringen. In ihren Publikationen wird Israel als der einzige wirkliche Freund der Vereinigten Staaten im Nahen Osten beschrieben und gelobt. Ein amerikanischer Angriff auf den Irak würde insofern im Interesse Israels liegen, so urteilten sie zu Recht, als dieser der einzige noch einigermassen gefährliche arabische Feind war, der Israel unter Umständen militärisch schädigen könnte.

Die Rolle des Erdöls

Die Erdölstrategie war ein zweiter wichtiger Grund, der in den Augen der Neokonservativen für einen Angriff auf den Irak sprach. In diesem Bereich trafen sich ihre strategischen Interessen mit denen der amerikanischen Erdöl-industrie. Saudi-Arabien war seit über 50 Jahren der wichtigste Erdölpartner der USA gewesen. Es spielte die Rolle des «swing producers», indem es eine grosse Förderkapazität bereit hielt (sie beträgt rund 10 Millionen Barrel pro Tag), davon jedoch nur so viel förderte, wie es zur Stabilisierung des Erdöl-preises zweckmässig war. Die Produktion bewegt sich in normalen Zeiten zwischen 4 und 6 Millionen Barrel pro Tag. Dies geschieht, um grosse Preis-schwankungen nach oben oder nach unten auf dem Weltmarkt ausgleichen zu können. OPEC alleine genügt nicht, um Preisstabilität aufrecht zu erhal-ten, weil die Staaten der Organisation zwar untereinander Produktionsquo-ten aushandeln, die – wenn eingehalten – den Preis stabil halten sollten, jedoch immer einige Staaten versucht sind, heimlich ihre Quote zu über-schreiten. Der «swing producer» Saudi-Arabien sorgt dafür, dass solche Über-schreitungen in relativ engen Grenzen bleiben, weil er immer drohen kann, seinerseits seine Produktion bedeutend zu steigern und damit den Weltmarkt zu überfluten, wenn die anderen OPEC-Mitglieder sich nicht an ihre Quo-ten halten. Saudi-Arabien lässt sich seine Rolle als «swing producer» teuer zu stehen kommen. Es hält Milliardenwerte in Förderkapazitäten bereit, ohne sie einzusetzen. Als Gegenleistung erhielt es bisher eine politisch-militärische Überlebensgarantie von Seiten der USA. Sie kam im Falle der Besetzung Kuwaits durch den Irak Saddam Husseins 1990/91 zur Anwendung.

Doch heute ist sowohl die innere Stabilität wie auch das Verhältnis Riads zu Washington gefährdet. Die Amerikaner werfen den Saudis vor, sie liessen zu, dass die islamistischen Terroristen mit saudischen Geldern prosperierten. Sie verweisen auf den Umstand, dass neun der fünfzehn Täter der Anschläge von New York und Washington saudischer Herkunft gewesen seien. Manche Sprecher, besonders solche, die den Neokonservativen nahe stehen, betonen, dass der saudische Wahhabismus ein Saatbeet bilde, auf dem der radikale Isla-mismus gedeihe, und sie fordern von den Saudis, sie sollten ihr Erziehungs-wesen ändern und ihre Moscheen beaufsichtigen, so dass keine dem Islamis-mus zustimmenden Lehren über die Schulen und die Moscheen verbreitet würden. Dies ist für die Saudis schwer ausführbar, weil die wahhabitische Religionsrichtung das Herz ihres Staatswesens bildet.

Gleichzeitig sind die Geldbeträge, über die der saudische Staat verfügt, im Verhältnis zur Bevölkerung stark zurückgegangen. Vor 20 Jahren soll das

Pro-Kopf-Einkommen aus dem Erdöl 6400 Dollar im Jahr betragen haben; heute sei es auf 2600 gesunken, so lauten die Schätzungen der amerikanischen Energiebehörde. Dies ist die Folge eines gewaltigen Bevölkerungszuwachses, der 4 Prozent im Jahr übersteigt, sowie eines rapiden Absinkens des Erdöleinkommens. Der saudische Staat hat heute Schulden und ein defizitäres Budget, zum Teil in Folge riesiger staatlicher Ausgaben für amerikanische Rüstungsgüter. Arbeitslosigkeit unter den jungen, relativ gut ausgebildeten Saudis greift um sich. Bisher hatte der Staat die meisten innenpolitischen Schwierigkeiten dadurch überwunden, dass er Geld ausgab, um die Unzufriedenen aller Art zu beruhigen. Doch heute ist das Geld knapp geworden.

Dazu kommt noch, dass die Nachfolgefrage im Königreich dringend neu geregelt werden muss. Bisher sind die Söhne des Staatsgründers Abdul Aziz Ibn Saud einer nach dem anderen König geworden: Die Brüder Saud, Faisal, Khaled, Fahd. Fahd ist krank, und an seiner Stelle regiert der nächste Bruder, Abdullah. Nach ihm wären einflussreiche Figuren wie Sultan (der langjährige Verteidigungsminister) und Nayef (heute Innenminister) noch Thronanwärter. Doch die älteren unter den Söhnen des Reichsgründers haben alle das Alter von 70 Jahren überschritten, und bald einmal muss die Macht auf die nächste Generation übergehen. Wie das jedoch geschehen soll, ist noch ungeregelt. Die nächste Generation besteht aus Dutzenden von «Emiren», die alle den Titel «Königliche Hoheit» tragen, und es dürfte unter ihnen viele ehrgeizige Anwärter auf den Thron geben.

All dies ist den Amerikanern natürlich nicht verborgen geblieben, und es gibt amerikanische Befürworter von radikalen «Lösungen» der Problematik, die daran denken, Saudi-Arabien seinem Geschick zu überlassen und nur die Erdölgebiete bei Dahran unter amerikanische «Protektion» zu nehmen. Gerade unter den Neokonservativen findet man derartige Ansichten.

Jedenfalls kann unter diesen Umständen nicht mehr damit gerechnet werden, dass das Königreich seine bisherige Rolle als Regulator des Erdölpreises mit Sicherheit in alle Zukunft hinein wahrnehmen werde. Der Irak ist das Land mit den grössten Erdölreserven der Welt nach Saudi-Arabien, und die Aussicht, bei der irakischen Erdölpolitik mitsprechen zu können, muss den amerikanischen Erdölstrategen verlockend erschienen sein. Wer mit den Neokonservativen eine Hegemonierolle Amerikas für das 21. Jahrhundert anstrebt, muss natürlich auch die Frage der für die Staaten absolut lebenswichtigen Energiequellen und Energiepreise bedenken. Ohne sie abzusichern, gäbe es schwerlich eine langdauernde Hegemonie für die USA.

Der Vorwand der «Massenvernichtungswaffen»

In der öffentlichen Diskussion über den bevorstehenden Irak-Krieg wurden diese Fragen im Hintergrund gehalten. Im Vordergrund stand das Sicherheitsargument. Bagdad hatte ja in der Tat die Auflagen zur Zerstörung der Massenvernichtungswaffen, die ihm 1991 nach dem Kuwait-Krieg auferlegt und von Saddam Hussein im damaligen Waffenstillstand angenommen worden waren, nie einwandfrei erfüllt. Das Regime hatte jahrelang versucht, die UNO-Inspektoren daran zu hindern, alle Fragen der Massenvernichtungswaffen restlos zu klären und all diese Waffen: Giftgas, Atomwaffen, biologische Waffen, Raketen über 150 Kilometer Reichweite, nachweislich zu zerstören. Eine bedeutende Zahl solcher Waffen und ihrer Produktionsstätten war zerstört worden, doch der Nachweis, dass alle zerstört worden seien, wurde nie erbracht. Eigentlich wäre es im Interesse Bagdads gelegen, diesen Nachweis zu erbringen, wenn es wirklich, wie es behauptete, all seine einschlägigen Waffen zerstört hätte, denn das Ende der Sanktionen, die über das Land verhängt worden waren, hing von diesem Nachweis ab. Da das Regime sich jedoch weigerte, den Nachweis in einer Form zu erbringen, der den UNO-Inspektoren restlos glaubwürdig erschienen wäre und stattdessen jahrelang eine Versteck- und Behinderungstaktik übte, musste man nach rationalen Kriterien annehmen, dass es tatsächlich etwas zu verstecken hatte.

Als deutlich wurde, dass Präsident Bush den Irak-Krieg zu führen gedachte, koste er was es wolle, und als die Amerikaner begannen, Truppen in Kuwait zusammenzuziehen, die für eine Invasion vorgesehen waren, änderte Saddam seine Taktik. Er liess die Inspektoren wieder ins Land, nachdem er sie drei Jahre lang fern gehalten hatte, und zeigte sich nun auf einmal viel kooperationswilliger als bevor. Doch die Amerikaner erklärten nun, die Beweislast, dass es keine Massenvernichtungswaffen mehr gäbe, liege bei Saddam, und sie forderten ultimativ, dass er in kurzer Frist solche Beweise erbringe. Dies tat er nicht in genügendem Masse, um den Inspektoren zu erlauben, mit Sicherheit zu bezeugen, die Waffen seien eliminiert, obwohl sie nun dem Irak ein gutes Zeugnis in Sachen Kooperation ausstellten. Die Amerikaner und die Briten bestanden darauf, ihre Geheimdienste «wüssten», dass noch nicht alle der fraglichen Waffen beseitigt seien. Klare Beweise vermochten sie freilich nicht vorzulegen. Es kam darauf zu einer Spaltung im UNO-Sicherheitsrat und in der Weltpolitik zwischen dem Lager der Amerikaner und Briten, die den angesagten Krieg führen wollten, und jenem der anderen Mächte, wie Frankreich, Deutschland, Russland und China, die der Ansicht waren, man solle den Inspektoren Zeit lassen, um ihre Verifikationsarbeiten abzuschliessen. Tony Blair, der englische Ministerpräsident, konnte Bush zu einem kurzen Aufschub in der Form eines weiteren Rekurses an die UNO bewegen, doch als dieser ablief, weigerte Washington sich, erneut Frist für eine endgültige Abklärung der Waffenfrage zu gewähren und schlug am 20. März 2003 ohne Zustimmung der UNO los, mit Unterstützung Grossbritanniens, doch ohne Zustimmung Frankreichs, Deutschlands, Russlands und anderer wichtiger Staaten.

Als der Krieg vorbei war, erklärte Paul Wolfowitz in einem Interview (am 28. Mai 2003) die Frage der Massenvernichtungswaffen sei «aus bürokratischen Gründen» zum Kriegsanlass genommen worden. Es sei nämlich die einzige Frage gewesen, in der alle Beteiligten übereingestimmt hätten.

Die Schreckensherrschaft Saddams

In der Tat hätten aber die Untaten des Regimes Saddams eine solidere Rechtfertigung für den Krieg abgegeben. Es hatte seit Jahrzehnten ungezählte unschuldige Menschen gefoltert und gehängt, vergast und erschossen, um machterhaltenden Schrecken um sich zu verbreiten. Dies war durchaus bekannt. Die Schwierigkeit mit dieser Art Rechfertigung lag darin, dass die Welt einschliesslich der UNO und der Vereinigten Staaten diesen Verbrechen während Jahrzehnten zugeschaut hatte, ohne einzugreifen. Der Irak Saddams hatte sogar die Unterstützung sowohl der «westlichen Staaten» wie auch der Sowjetunion und der arabischen Erdölstaaten erhalten, als das Land 1980–1988 Krieg gegen Iran führte. Schon damals waren die Untaten des Regimes bekannt.

Siegeszug der Amerikaner

Der Krieg Bushs verlief, wie angesichts der massiven Übermacht der Amerikaner voraussehbar war, zugunsten der Angreifer. Die irakischen Truppen und «Freiwilligen» kämpften zu grossen Teilen nur so lange, wie sie die Macht Saddams und seiner Schergen mehr fürchten mussten als jene der Amerikaner. Sobald die Kontrolle des Regimes in ihrem Rücken sich lockerte, lösten sich seine Truppen auf, und die Soldaten verschwanden grossen Teils «in der Natur». Massive Bombardierungen halfen mit, die Moral auch der Elitetruppen zu brechen. Die Amerikaner und Briten besassen von Beginn an die Luftherrschaft, und wo immer ihre Bodentruppen auf Widerstand stiessen, konnten sie die Hilfe von Kampfhelikoptern anfordern, gegen welche die Iraker kaum wirksame Verteidigungsmittel besassen. Der Kriegsplan der Amerikaner, der darauf ausging, mit gepanzerten Verbänden durch die Wüstengebiete des Westens möglichst direkt nach Bagdad vorzustossen und die irakischen Truppen in den dazwischenliegenden Städten und Provinzen zu umgehen, liess sich unter diesen Umständen mit wenig Hindernissen verwirklichen. Schon am 6. April, 18 Tage nach Beginn der Invasion, trafen amerikanische Panzerspitzen auf dem Flughafen von Bagdad, am westlichen Rande der Grossstadt, ein, während die Engländer zuerst den Hafen von Umm Qasr und dann die Hafenstadt Basra besetzten. Am 9. April war das Regime in Bagdad zusammengebrochen. Die Machthaber hatten die Stadt heimlich verlassen.

Für die Absicherung der Ölfelder bestand ein besonderer Plan, für den Spezial- und Fallschirmtruppen eingesetzt wurden. Er verlief auch erfolgreich. Nur wenige der Ölquellen wurden von den Irakern angezündet, obgleich dies im Kriegsplan der Regierung vorgesehen war. Fast noch überraschender war, dass die Iraker keine der strategischen Brücken über den Euphrat und den Tigris zerstörten.

Der amerikanische Vorstoss verlief so erfolgreich, dass das unerwartete Verbot des türkischen Parlamentes, amerikanische Truppen von der Türkei aus für einen zweiten Vorstoss aus dem Norden zu verwenden, zwar die amerikanische Führung unangenehm überraschte, schliesslich aber nicht wirklich ins Gewicht fiel. Die irakischen Truppen in Mosul und Kirkuk ergaben sich kampflos oder verschwanden in Zivil. Sogar die Heimatstadt Saddams, Tikrit, wo ein letzter Widerstand seiner Getreuen erwartet worden war, ergab sich kampflos, nach einer scharfen Vorbereitung durch Bomben und Raketen, die auf die verbleibenden Eliteeinheiten der Nationalgarde niedergingen. Die Villen der Sippenmitglieder Saddams standen allerdings leer, und Saddam sowie seine beiden Söhne und die anderen Hauptverantwortlichen des Regimes waren erst einmal nicht aufzufinden.

Der schwierige Nachkrieg

Doch mit der Besetzung Bagdads begannen die – eher politischen als militärischen – Rückschläge für die Amerikaner. Ihr schneller Panzervorstoss nach Bagdad brachte es mit sich, dass zunächst nur wenige Truppen in die Fünf-Millionenstadt gelangten. Ihre Bombardierungen, die in erster Linie dem Kommunikations- und Verwaltungssystem des Staates gegolten hatten, lähmten die gesamte Infrastruktur, einschliesslich der Banken, der Wasser- und Elektrizitätsversorgung, des Telefonsystems usw. Die Hunderttausende von Regierungsangestellten und Polizisten hatten keine Büros und andere

Arbeitsplätze mehr, von denen aus sie hätten arbeiten können. Sie konnten auch nicht mehr entlohnt werden, weil die Banken und das Finanzministerium zusammengebrochen waren. Plünderungen brachen aus, und es gab keine Macht, die ihnen hätte Einhalt gebieten können. Die wenigen amerikanischen Panzertruppen, die in Bagdad standen, waren der Ansicht, sie seien als Kämpfer gekommen, nicht um in der Stadt Polizei zu spielen. Für eine wirksame polizeiliche Rolle war ihre Zahl auch viel zu gering. Ihre Bewaffnung und Ausbildung war die offensiver Kampftruppen. Andrerseits bewirkte die Verteilung von Waffen an den Volkswiderstand durch das gestürzte Regime, zusammen mit den vielen zurückgelassenen Waffen der flüchtigen Truppen, dass sich jedermann leicht Waffen beschaffen konnte. Sie wurden sowohl von Plünderern als auch von Selbsthilfegruppen zur Verteidigung gegen Plünderer verwendet. Die Spitäler von Bagdad, die voll von Verwundeten lagen, wurden völlig ausgeraubt und konnten nicht mehr arbeiten. Es gab Anzeichen dafür, dass ein Teil der Plünderungen organisiert war, wahrscheinlich von Kräften, die darauf ausgingen, ein Chaos zu erzeugen, um die amerikanischen Besetzer zu diskreditieren. Dies könnten etwa radikale und schwer kompromittierte Mitglieder der Staatspartei und der Geheimdienste gewesen sein, die vermuteten, für sie gäbe es unter den Amerikanern keine Zukunftsaussichten. Das Nationale Museum des Iraks wurde geplündert und die Nationalbibliothek in Brand gesteckt, sehr zur Empörung der gebildeten Iraker, die sofort den Amerikanern vorwarfen, sie hätten für die Sicherstellung der Erdölquellen gesorgt, jedoch bei der Zerstörung des nationalen Erbes des Iraks «tatenlos zugeschaut», wenn sie diese nicht sogar heimlich organisiert hätten. Später wurde ein Teil der Kunstschätze wiedergefunden. Doch die Dokumente der Nationalbibliothek sind für immer verloren.

Ordnungsstrukturen bei den Schiiten

Die Schiiten der riesigen Elendsquartiere von Bagdad (die «Saddam City» genannt, aber dann umgetauft wurden in «Sadr City») begrüssten anfänglich die Amerikaner als Befreier. Auch in den schiitischen Städten des Südens, wie Najaf, Kerbela, Hilla, wurden sie willkommen geheissen, jedoch sofort mit dem Zusatz, man hoffe, dass sie bald wieder abziehen und den Irak den Irakern überlassen würden. Die schiitischen Geistlichen übernahmen es, für ein Minimum an Ordnung unter ihren Glaubensgenossen zu sorgen. Sie bewirkten sogar, dass einige der Plünderer ihr Plündergut in die Moscheen brachten, damit es zurückgegeben werde. Die schiitische war die Gemeinschaft des Landes, die – neben den Kurden – am meisten unter dem Regime

Saddams gelitten hatte. Ihre Geistlichen zeigten ihre Macht, indem sie am 22. April eine bisher vom Regime verbotene traditionelle Pilgerfahrt nach Kerbela zum Andenken des Todestages Husseins wieder in Gang brachten, an der Hunderttausende von Menschen teilnahmen. Sie pilgerten zu Fuss aus allen Städten des Südens nach Kerbela. Die Gemeinschaft sorgte für ihre Unterkunft und Verpflegung auf den Zugangswegen.

Doch sofort nach dieser Demonstration ihres Einflusses wurde auch deutlich, dass es drei Hauptströmungen unter den hohen schiitischen Geistlichen gab, die untereinander um die Führung ihrer Gemeinschaft rivalisierten. Sie fielen mit drei der grossen Gelehrtenfamilien zusammen, jene der *Sadr*, der *Hakim* und der *Kho'i*, und sie unterschieden sich in der politischen Ausrichtung: die Sadr mit der von ihnen beherrschten «Da'wa»-Partei war mehr irakisch national; die Hakim standen dem iranischen Gottesstaat näher, wo ihr Oberhaupt, Sadr al-Hakim, im Asyl gelebt hatte; die Kho'i-Anhänger waren bewusst unpolitisch … Die Schiiten erklärten sich alle für einen künftigen demokratischen Staat, doch war deutlich, dass sie sich als die Mehrheitsgruppe dabei eine Führungsrolle versprachen, wie sie sie bisher im Irak nie besessen hatten. Vielen der Sunniten, die bisher die Staatsmacht ausgeübt hatten, war dagegen bewusst, dass sie unter einer Demokratie Gefahr liefen, eine mehr oder weniger entmachtete Minderheit zu werden.

Die beiden Hauptpolitiker und Chefs des kurdischen Bevölkerungsteils, Masud Barzani und Mahmud Talebani, haben angesichts der politischen Lage im ganzen Raum, besonders der immer glaubwürdigen Drohungen der türkischen Generäle, beschlossen, Irakisch-Kurdistan strebe nur eine Autonomie, nicht die volle Unabhängigkeit an. Doch ist deutlich, dass sie sich diese Autonomie möglichst weit gespannt wünschen, und Kirkuk bleibt ein Streitapfel für die Gegenwart und die Zukunft. Die Erdölstadt hatte einst eine kurdische Mehrheit, doch die sunnitisch-arabischen Regierungen von Bagdad waren immer bemüht, möglichst viele Kurden aus Kirkuk zu vertreiben und arabische Stammesleute in der Umgebung und in der Stadt selbst anzusiedeln. Unter Saddam wurde diese Politik mit einem Maximum von Gewaltanwendung geführt. Vertriebene Kurden, soweit sie am Leben geblieben sind, versuchen nun, ihre alten Wohnstätten zurückzuerlangen. Sie müssen zu diesem Zweck die neuen arabischen Bewohner, die ihre Häuser und Höfe auf Befehl des Staates übernommen hatten, manche schon seit 20 Jahren, ihrerseits vertreiben und stossen dabei auf allerhand Widerstand. Die Türken betonten bei jeder Gelegenheit schon vor dem amerikanischen Krieg, dass Kirkuk nicht kurdisch sein dürfe. Sie versuchten die turkmenische Minderheit, die es auch in Kirkuk (und in der Stadt Erbil) gibt, für ihre

Zwecke zu instrumentalisieren. Die Türkei fürchtete das Entstehen eines lebensfähigen und vielleicht sogar prosperierenden kurdischen Staates in Nachbarschaft «ihrer» Kurden, und die türkischen Militärs drohten, sie würden «einmarschieren», falls die irakischen Kurden Kirkuk in Besitz nähmen.

Washington unter «Mandatsverdacht»

Je länger die chaotischen Zustände in Bagdad und in anderen Teilen des Landes andauerten, desto unzufriedener wurde die Bevölkerung mit der amerikanischen Besatzung und desto mehr Glauben schenkte sie den umgehenden Gerüchten, nach denen die Amerikaner nur darauf ausgingen, die Iraker zu knechten und knebeln, um sich der Erdölfelder zu bemächtigen und ein neues «Mandat» über das ganze Land zu errichten. Die Iraker wussten alle, dass es ihnen unter Saddam Hussein schlecht gegangen war, doch sie stellten fest, dass ihre Lage nun noch verzweifelter geworden war. Sie führten dies auf die «Amerikaner» zurück. Nur wenige sahen ein, dass der Krieg, in den Saddam sie geführt hatte, die Hauptschuld an ihrer Not trug, und noch weniger glaubten, dass die Amerikaner ehrlich bemüht seien, ihre Lebensbedingungen, die sich durch den Krieg in katastrophaler Art verschlechtert hatten, wieder zu verbessern. Die grosse Mehrheit nahm an, dass es den Besatzungstruppen in erster Linie um das Erdöl gehe, und dass die Amerikaner, wie das schon früher unter dem britischen Mandat gewesen sei, primär darauf ausgingen, das Land und seine Bewohner «auszubeuten».

Solange sie nicht eine wirkliche Verbesserung ihrer Lage verspürten, diese im Gegenteil jeden Tag verzweifelter wurde, weil sämtliche Reserven aufgebraucht waren, bestand schwerlich Aussicht darauf, dass diese anfänglichen negativen Vorurteile gegen die Amerikaner und die geringe Einschätzung der behaupteten «Befreiung» sich zum besseren wenden könnten. Es sah so aus, als hätten die Amerikaner den politischen Teil ihrer Aktion, der dem militärischen Sieg auf dem Fusse folgte, mit dem linken Stiefel begonnen. Die Träume von der «Musterdemokratie Irak» mussten zurückgestellt werden; was sich abzeichnete, war eher ein Sumpf oder Treibsand Irak …

Washington schien sich darüber Rechenschaft zu geben, dass der Nachkrieg im Irak nicht erwartungsgemäss verlief. Der zuerst eingesetzte pensionierte General Jay Garner, der zum Oberaufseher des «Wiederaufbaus» ernannt worden war, erhielt überraschend einen neuen Vorgesetzten in der Person des ehemaligen Diplomaten Paul Bremer, der nun für «den Wiederaufbau und die humanitäre Hilfe» des eroberten Landes verantwortlich erklärt wurde, und trat darauf zurück. Der neue Zivilbeauftragte liess wissen, er gedenke eine Reinigung der Behörden von den geschätzten 15 bis 30 000 hochrangigsten Baathisten durchzuführen. Die Armee und das Informationsministerium würden aufgelöst. Auf den 1. Juni wollte Bremer beginnen, alle Waffen, die in Umlauf waren, einzuziehen. Er erklärte auch, die Amerikaner würden zunächst – mindestens für ein Jahr – die Geschicke des Iraks lenken. Dies stiess auf laute Kritik aller irakischen Machtanwärter, die einen sofortigen Machtübergang wünschten.

Bei alledem muss auf den Unterschied zwischen dem Irak und Afghanistan hingewiesen werden. In Afghanistan können die Amerikaner ohne grosse Gefahr für ihre eigene Sicherheit (die der Afghanen ist eine andere Sache) das Land gewissermassen im eigenen Saft schmoren lassen. Der einstige Pufferstaat zwischen der Sowjetunion und dem indischen Subkontinent ist gegenwärtig kein strategisch wirklich wichtiges Land, weil die Nachfolgestaaten der Sowjetunion von Russland bis Tadschikistan keine ernsthafte Bedrohung für Indien und Pakistan bilden. Chaos in Afghanistan ist unter diesen Umständen für die USA relativ ungefährlich, jedenfalls solange sie verhindern, dass dort Usama bin Laden oder ein ähnlicher Terrorist sich wieder einnistet.

Ganz anders liegen die Dinge im Irak. Mesopotamien ist und bleibt strategisch hochwichtig, nicht nur wegen seiner eigenen Erdölquellen, wie schon erwähnt die zweitgrössten Reserven der Welt, sondern auch wegen seiner unmittelbaren Nähe zur Erdölregion am Persisch-Arabischen Golf. Unter allen arabischen Erdölstaaten in diesem Raum ist der Irak der weitaus volkreichste und besass bisher auf Grund seines Bevölkerungsreichtums die stärkste arabische Armee am Golf. Bagdad war früher in der Lage und wird es wohl auch zukünftig wieder sein, auf die arabischen Erdölgebiete Druck auszuüben, sogar, wenn es seine Truppen zu Hause behält. Keine der Streitkräfte von Kuwait, Qatar, Bahrain, der Arabischen Emirate, Saudi-Arabiens, Omans, auch nicht alle zusammen, sind mächtig genug, um sich gegen einen irakischen Angriff zu verteidigen, wenn sie nicht Unterstützung von aussen erhalten. Der Kuwait-Krieg von 1990/91 lieferte eine klare Illustration dieser Tatsache.

Von einem Chaos im Irak müssen die Erdölverbraucher (deren wichtigster die USA sind) immer fürchten, dass es auf die gesamte Erdölregion des Golfs übergreifen könnte. Deshalb ist es für Washington undenkbar, den Irak einfach sich selbst zu überlassen, solange nicht in Bagdad ein stabiles Regime regiert. Ob es unbedingt amerikafreundlich sein muss, ist eine andere Frage; auch ein gegen Amerika kritisch eingestellter Irak wäre darauf angewiesen, sein Erdöl zu verkaufen und müsste es auf den Weltmarkt bringen. Doch ein destabilisierter Irak wäre eine andere Sache, nämlich eine echte Gefahr für die Versorgung des Energieweltmarktes. Man hat daher zu erwarten, dass die USA im Irak bleiben müssen, bis es ihnen gelingt, dort ein stabiles Regime zu schaffen (oder die Verantwortung dafür an eine andere Macht, die UNO vielleicht, abzuwälzen). Sie haben sich selbst diese Aufgabe erschwert, indem sie überoptimistisch erklärten, sie wollten aus dem Irak eine Musterdemokratie machen. Auch nur eine halbwegs stabile Demokratie zustande zu bringen, käme schon einem Zauberkunststück gleich. Man kann vermuten, dass Washington in den kommenden Monaten und Jahren bedeutende Abstriche von diesem Programm machen muss und sich am Ende vielleicht mit der Einsetzung eines starken Mannes begnügen wird, wie sie bisher immer im Irak die Macht ausgeübt haben. Doch ebenso möglich ist, dass der Irak in einen blutigen Konflikt zwischen Schiiten, sunnitischen Arabern und kurdischen Separatisten versinkt, dessen Ende unabsehbar ist. Dies könnte die gesamte Region destabilisieren.

Doch zunächst haben sich die Neokonservativen von Washington und unter ihrem Einfluss Bush selbst auf das maximalistische und gewiss utopische Demokratieprogramm festgelegt. Nach dem militärischen Sieg im Irak richtete Washington scharfe Warnungen an Syrien und später auch an Iran; in beiden Ländern müssten die Regime sich ändern, erklärten die Ideologen des «Neuen Amerikanischen Jahrhunderts», und die Bush-Regierung blies in die gleiche Posaune. Doch ein weiterer Krieg sei vorläufig nicht geplant, hiess es auch; wahrscheinlich werde politischer Druck genügen, um die beiden Regime auf Linie zu bringen. Solange Washington sowohl in Afghanistan wie nun auch im Irak gewissermassen auf halbem Weg zwischen militärischem und politischem Sieg feststeckt, dürfte es sich schwerlich in einen weiteren Nahostkrieg verwickeln wollen.

Reaktivierung der «Friedensoffensive» in Palästina

Schon vor dem Präventivschlag gegen den Irak (falls es sich wirklich um einen solchen handelte und nicht vielmehr um einen Angriffskrieg mit Präventiv-Vorwand) hatte Washington begonnen, den Palästinakonflikt wieder ins Auge zu fassen, nachdem die Bush-Administration ihn bisher hatte schleifen lassen. Tony Blair, der loyale Verbündete der Amerikaner, hatte Bush im Vorfeld des irakischen Krieges mehrmals nahe gelegt, dass ein gutes Verhältnis zur arabischen Welt auch nach einem Sieg über Saddam Hussein weitgehend davon abhängen werde, ob Washington sich bereit zeige, endlich energisch auf eine Friedenslösung des erbitterter als je wieder ausgebrochenen Palästinakonflikts hinzuarbeiten.

Bush liess sich von Sharon überzeugen, dass Arafat kein Partner für Friedensgespräche sein könne. Er habe, so behaupteten die Israeli, die Gewalttätigkeit der Palästinenser ermutigt und er regiere überhaupt in undemokratischer und korrupter Art. Bush übernahm den Standpunkt Sharons und forderte, dass Arafat einen von ihm unabhängigen palästinensischen Ministerpräsidenten ernenne, dem die Israeli mehr trauen könnten als ihm selbst. Ein solcher Mann wurde gefunden, und er konnte nach fünf Wochen zäher Verhandlungen mit Arafat am 23. April 2003 eine Regierung bilden. Es handelte sich um Abu Mazen, mit zivilem Namen Mahmud Abbas, einen der Mitbegründer der PLO Arafats, der später als der wichtigste Unterhändler des Oslo-Prozesses wirkte und sich zu einem klaren Kritiker der Gewaltanwendung beider Seiten entwickelte. Ein Friedensplan in Umrissen, der die Bezeichnung «Road Map» erhielt, war schon im Sommer 2002 vom amerikanischen Aussenministerium entworfen und dann in dem sogenannten Quartett, der Viergruppe von Vertretern der EU, Russlands, der UNO und der USA, beraten und ausgehandelt worden. Jetzt, da es einen neuen Gesprächspartner bei den Palästinensern gab, wurde der Plan veröffentlicht. Er fordert von beiden Seiten, den Palästinensern und den Israeli, dass sie schrittweise zu Verhandlungen zurückkehren und bis zum Jahr 2005 zur Schaffung eines palästinensischen Staates in den besetzten Gebieten gelangen. Die ersten Schritte, die der Plan dazu vorsieht, wären von Seiten der Palästinenser, dass diese «sofort» alle Gewalttätigkeit beenden und erklären, Israel habe ein Recht zu existieren. Im Gegenzug müssten die Israeli, auch «sofort», ihre Siedlungen, die nach 2001 gebaut wurden, aufgeben und sich verpflichten, die Siedlungsbewegung «einzufrieren». Die Israeli hätten auch ihre Truppen schrittweise aus den palästinensischen Städten zurückzuziehen, die sie seit 2000 wieder besetzt haben. Nach diesen ersten Schritten wäre in einer sechsmonatigen Zwischenphase ein palästinensischer Staat innerhalb provisorischer Grenzen zu errichten. Darauf hätten Verhandlungen für die Festlegung endgültiger Grenzen zu beginnen, die bis 2005 abgeschlossen sein sollten.

Die Palästinenser nahmen den Plan sofort an. Die Israeli formulierten erst einmal 15 Einwände und Fragen, die sie präzise beantwortet sehen wollten. Darunter war: Nach israelischer Ansicht müssten die Gewaltakte von Seiten der Palästinenser zuerst aufhören, dann erst würden die Israeli ihre Truppen zurücknehmen. Und: Arafat müsse all seine Vollmachten innerhalb der palästinensischen Autonomiebehörde, die Finanz- und Sicherheitsfragen beträfen, endgültig aufgeben. Weiter: Als Gegenleistung für die Schaffung eines palästinensischen Staates müssten die palästinensischen Flüchtlinge auf alle Ansprüche auf Rückkehr in ihre (heute israelische) Heimat, wie sie die

UNO bestätigt hat, endgültig verzichten. Und weiter: Die palästinensische Autorität müsse mit den radikalen Gewaltgruppen wie Hamas und Islamischer Jihad nicht bloss verhandeln, sondern ihre Anhänger polizeilich und gerichtlich verfolgen … Und zuletzt: Die USA und nicht die vier Mächte des Quartetts müssten die Erfüllung der Pläne beaufsichtigen.

Nach dem Sieg der Amerikaner im Irak erklärte sich Sharon überraschend bereit, die «Road Map» ohne Einschränkungen anzunehmen. Er hatte jedoch als Gegenleistung eine Zusage der Amerikaner erhalten, dass diese bei der Erfüllung der Schritte des Friedensplans die Sicherheitsbedenken Israels berücksichtigen würden. Was diese Zusage genau bedeuten wird, hängt natürlich davon ab, was die Israeli als Sicherheitsbedenken vorbringen werden, und man kann vermuten, dass diese Bedenken, die sie im Verlauf der schrittweisen Erfüllung des Plans vorbringen werden, den oben erwähnten Einwänden ähneln oder gar gleichen werden. Durch diesen Schachzug hat die Sharon-Regierung erreicht, dass die Amerikaner sich auf «Berücksichtigung» der israelischen Vorbehalte festgelegt haben, noch bevor klar umschrieben ist, welche diese Reservationen sein werden. Dies wird natürlich die Durchführung des vorgesehenen Fahrplans erschweren, weil es den Israeli im Zusammenspiel mit den Amerikanern die Möglichkeit gibt, die Spielregeln im Verlauf des Spiels abzuändern.

Das Vorgehen der Sharon-Regierung macht ihre Absichten klar. Es geht ihr darum, den guten Willen der Amerikaner nicht zu verlieren, aber gleichzeitig doch ihre eigenen politischen Ziele weiter zu verfolgen, die in erster Linie darauf ausgehen, die Palästinenser der besetzten Gebiete soweit irgend möglich zu entmachten, so dass ihnen ein Maximum an Territorien entrissen und israelischen Siedlern übereignet werden kann. Um ihre doppelte Politik zu führen, müssen sich Sharon und seine politischen Freunde den Anschein geben, als wollten sie Frieden, aber auch dafür sorgen, dass «aus Sicherheitsgründen» kein Frieden zustande kommt, so dass sie mit ihrer Enteignungspolitik fortfahren können.

Die radikalen Gruppen unter den Palästinensern nehmen sich ihrerseits das Recht heraus, ohne jede Rücksicht auf irgendwelche «Friedensfahrpläne» immer, wenn es ihnen taktisch und strategisch angezeigt erscheint, zur Gewalt zu greifen, sogar wenn diese terroristische Züge trägt. Wie immer im Verlauf der nun schon über hundertjährigen Geschichte des Palästinakonfliktes sind es die radikalen Gruppen auf beiden Seiten, die einander in die Hand arbeiten, um den Konflikt zu verlängern und zu verschärfen, weil keine von ihnen gewillt ist, einen Kompromiss mit der anderen Seite zu schliessen, der einen Frieden ermöglichen würde.

Mahmud Abbas, der neue palästinensische Ministerpräsident versuchte, den Friedensprozess der «Road Map» voranzubringen, indem er mit den radikalen Gruppen der Palästinenser verhandelte. Die wichtigsten waren mittlerweile islamistische Gruppierungen. Er wollte sie von der Notwendigkeit eines «Waffenstillstands» überzeugen und suchte ihnen klar zu machen, dass ihre blutigen Anschläge den Palästinensern selbst am meisten Schaden zufügten. Er konnte dabei auf die überaus schmerzlichen Erfahrungen hinweisen, die alle Palästinenser seit dem Beginn der «zweiten Intifada», vom Oktober 2000 an, hatten machen müssen, weil die Israeli sie ihre ganze militärische Übermacht spüren liessen und dabei die fragile palästinensische Gesellschaft wirtschaftlich und territorial immer mehr zerstörten. Der Zerstörungsprozess traf ebenso die ohnehin schwachen Regierungs- und Verwaltungsstrukturen der Autonomiebehörde, die dadurch immer weniger handlungsfähig wurde. Abbas erreichte die Zusage eines Waffenstillstandes durch die radikalen Gruppen und eine vorübergehende Verbesserung der Gesamtlage im Juli und August 2003. Doch die stets wiederkehrenden Tötungsaktionen der Israeli gegen angebliche Chefs der radikalen Palästinenser, auf welche diese trotz aller Zusagen gegenüber dem Waffenstillstandsverlangen von Abbas regelmässig mit neuen Selbstmordanschlägen gegen Israelis antworteten, zeigte die Grenze der Versuche des Ministerpräsidenten, einen dauerhaften Waffenstillstand zustande zu bringen.

Wenn man annimmt, wie es dem Verfasser dieser Zeilen als durchaus erwiesen gilt, dass das primäre Ziel der Sharon-Regierung ist, mehr Land für Israel in Besitz zu nehmen, lässt sich das Vorgehen der Israeli leicht verstehen: Die «nicht-gerichtlichen Tötungen» dienen ihnen dazu, die Waffenstillstandsabkommen des palästinensischen Ministerpräsidenten systematisch zu untergraben. Damit stimmt überein, dass die Sharon-Regierung von Abbas forderte, er solle die radikalen Gruppen entwaffnen und niederhalten, statt mit ihnen zu verhandeln. Dies würde zu einer Art palästinensischem Bürgerkrieg führen, der die Palästinenser weiter schwächen müsste und dadurch der israelischen Rechten neue Möglichkeiten böte, ihre territorialen Ziele in den besetzten Gebieten zu fördern.

Die Mauer als Alternative des Friedens

In die gleiche Richtung weist die Betonmauer von acht Metern Höhe, welche die Regierung Sharon rund um die verbleibenden Enklaven von Palästinensern in den Westjordangebieten errichtet. Aus propagandistischen Gründen bestehen die Israeli darauf, diese Mauer einen «Zaun» zu nennen. Unter dem Vorwand von Sicherheit werden die Palästinenser der Westjordange-biete auf diesem Weg in ummauerte «Bantustans» eingesperrt. Nur israelisch bewachte Tore sollen die Verbindung zur Aussenwelt erlauben. Die palästinensischen Felder und Äcker, die ausserhalb der Mauer liegen, werden dann natürlich leichte Beute der verschiedenen vom israelischen Staat unterstützten und bewaffneten Siedlergruppen. Bisher ist die Mauer nur teilweise fertiggestellt, sie verursacht dem israelischen Staat grosse Kosten, und sogar die Amerikaner haben ihre Missbilligung dieses Werkes bekannt gegeben. Doch Washington hat nichts unternommen, um die Arbeiten tatsächlich zum Halt zu bringen. Die Israeli veröffentlichen stets nur Informationen über den Verlauf der Mauer in einzelnen Sektoren, in denen die Arbeiten beginnen. Doch sie schaffen immer mehr Fakten und immer mehr «Bantustans» zeichnen sich ab, wie Informationen israelischer Friedens- und Bürgerrechtsgruppen belegen. Nur in schönen Worten wird über die «Road Map» geredet und von angeblicher Konzessionsbereitschaft der Israeli zugunsten des Friedens gesprochen. Aus diesen Gründen weist der gegenwärtige Friedensprozess Nummer zwei die Charakteristiken einer Fata Morgana auf.

Im September 2003 kam es denn auch zum Rücktritt Abbas. Er geriet, wie wiederholt schon, in Streit mit Arafat darüber, wer die palästinensischen Sicherheitskräfte zu kommandieren habe. Das palästinensische Parlament verweigerte ihm seine Unterstützung, weil seine Politik des Waffenstillstandes nicht zu den erhofften Gegenleistungen der Israeli geführt hatte. Er erschien den Parlamentariern lediglich noch als Instrument der Israeli, das diesen dazu diente, ihre territorialen Expansionsziele mit möglichst geringen Reibungen zu erreichen. Arafat hatte sich seines Rivalen entledigt, und die Radikalen konnten triumphieren, wieder einmal.

Die Amerikaner im Irak

Fehlschlag im Kampf um «Herz und Kopf»

Während sich wenig Hoffnung erkennen lässt, dass der bereits mehr als 100 Jahre während Palästinenserkonflikt eine friedliche Lösung finde, muss man fürchten, dass der amerikanische Krieg im Irak einen neuen politischen Abszess öffne, dessen Gewicht und Dauer gegenwärtig noch gar nicht absehbar sind. Klar ist einzig, dass die Amerikaner nach ihrem militärischen Sieg Gefahr laufen, den Krieg um «Herz und Kopf» der Iraker zu verlieren. Klar ist auch, dass Washington es sich nicht leisten kann, den Irak sich selbst zu überlassen. Dies wegen der strategischen Lage des Landes im Kerngebiet der nahöstlichen Erdölreserven.

Zunächst jedoch schienen die Amerikaner im Zuge ihres «Krieges gegen den Terrorismus» nicht gewillt, die Gefahren zu erkennen, die sich aus dem Zwang ergaben, im Irak zu verbleiben und das Land zu beherrschen, während seine Bevölkerung sich mit wachsender Entschlossenheit gegen die «Besetzung» wandte.

Die Art, in welcher der amerikanische Krieg gegen Saddam geführt wurde: schnelles Vordringen nach der Hauptstadt und Zerschlagen aller zivilen und militärischen Macht- und Verwaltungsstrukturen, ohne das Land flächendeckend zu besetzten, hat dazu geführt, dass trotz der militärischen Übermacht der Amerikaner eine Art von Machtvakuum entstand, in dem die Iraker nach der Eroberung zu leben gezwungen waren. Dies wirkte sich katastrophal auf die Sicherheit des ganzen Landes aus, vor allem die seiner Hauptstadt und seiner «sunnitischen» nordwestlichen Teile. Grosse Teile des Landes waren nach dem Sturz Saddams den Eingriffen von Plünderern und Saboteuren ausgesetzt, die sich – neben Bereicherung – offenbar zum Ziel gesetzt hatten, ein möglichst grosses Chaos im Lande aufrecht zu erhalten, um dadurch den Amerikanern ihre Aufgabe, eine neue Verwaltung aufzubauen und die Sicherheit der Iraker zu gewährleisten, nach Möglichkeit zu erschweren.

Geheimdienstleute und Islamisten

Wer diese Plünderer und Saboteure waren, und inwieweit sie spontan, wie weit organisiert agierten, blieb zunächst unklar. Doch konnte man fragen, wer am meisten Interesse daran hatte, Chaos aufrechtzuerhalten oder gar auszubreiten. Die wichtigste Gruppe, die dafür in Frage kam, waren gewiss die ehemaligen Geheimpolizisten und Agenten des Saddam-Regimes, die annehmen mussten, dass sie ihre Karriere unter den Amerikanern schwerlich würden fortsetzen können, ja dass die Spitzen ihrer Organisation Bestrafung zu gewärtigen hätten. Von diesen Agenten muss es Hunderttausende geben. Man konnte vermuten, dass Gruppen von ihnen versuchten, den Amerikanern das Leben schwer zu machen, indem sie nach Kräften dafür sorgten, dass das Land unregierbar blieb. Waffen und Gelder dürften ihnen von ihrer früheren Tätigkeit her noch genug zur Verfügung gestanden sein.

Sie wollten diese Mittel nun einsetzen, um nach Möglichkeit neue Sympathisanten und Kombattanten unter der Bevölkerung zu finden, die sie im Zeichen der «Mobilisierung gegen die Besatzung» und des «Befreiungskampfes gegen die Amerikaner und Briten» zu motivieren trachten.

Zur Zeit Saddams gab es nur wenige Islamisten im Irak. Sie konnten ihre Propaganda nur tief im Untergrund verbreiten. Doch ist zu erwarten, dass die gegenwärtigen Zustände im Irak ihr Wachstum begünstigen. Sie können nun weitgehend ungehindert sprechen und werben. Ihre Ideologie verspricht einen festen Halt im religiös-kulturellen Urgrund der Muslime, und eine Bevölkerung, die dem Chaos ausgesetzt ist, sucht Halt und Heilsgewissheit umso dringender je verwirrender ihre eigene Lage ist. Die baathistische Ideologie nationalistischer Färbung ist durch das Regime Saddams sowie durch die militärische Niederlage diskreditiert. Als Ersatz und Nachfolger bietet der Islamismus sich an. Den abgesetzten Geheimdienstleuten Saddams ist durchaus zuzutrauen, dass sie versuchen, Allianzen mit den neu erstehenden islamistischen Gruppen zu schmieden, die nun im Zeichen der Nach-Saddam-Zeit und des Anti-Amerikanismus ihre Arbeit beginnen. Gewiss gibt es auch einzelne Islamisten, die aus dem arabischen Umfeld nach dem Irak eindringen, um gegen die Amerikaner zu kämpfen. Doch den Angaben der Amerikaner über diese «Internationalen», einschliesslich der vermuteten Anhänger Usama bin Ladens, würde ich mit Vorsicht begegnen. Militärs, die mit einer Guerilla konfrontiert sind, erklären regelmässig ihre Misserfolge damit, dass die Guerilla «aus dem Ausland kommt».

Die Geheimpolizisten Saddams sind in der Lage, militärisches und geheimdienstliches Wissen zu bieten, zusammen mit Waffen und Sprengstoff. Die Islamisten besitzen Terrortäter, die auch vor dem Opfer ihres eigenen Lebens nicht zurückschrecken. Durch eine derartige Kombination könnten leicht die verheerenden Selbstmordanschläge entstanden sein, die sich am 7. August 2003 gegen die jordanische Botschaft in Bagdad und dann am 19. August gegen das dortige Hauptgebäude der UNO richteten.

Dort, im Hotel «Canal», kam neben vielen anderen Opfern der Stellvertreter des UNO-Generalsekretärs, der Brasilianer Sergio Vieira de Melo, ums Leben. Er war offenbar das Hauptziel des Angriffes – das Bombenfahrzeug hatte gerade vor seinem Büro angehalten. Dabei war der UNO-Abgesandte energisch für die Interessen des Iraks gegenüber den amerikanischen Besatzungsbehörden eingetreten. Seinen Ratschlägen war es zu verdanken, dass die Amerikaner Mitte Juli 2003 nicht, wie sie zuerst planten, einen blossen irakischen Konsultativrat eingesetzt hatten, sondern sich bereit fanden, einem «Provisorischen Regierungsrat» zuzustimmen, der selbst Massnahmen treffen konnte, freilich unter dem Vorbehalt, dass Paul Bremer, der amerikanische Hochkommissar, diesen Anordnungen zustimme.

Hoffnungen und Ansprüche der Schiiten und Kurden

Im schiitischen Süden des Landes und in den schiitischen Elendsquartieren von Bagdad, wo Millionen von Menschen leben, ist die Lage etwas anders. Die Schiiten wurden am schärfsten von Saddam verfolgt, und seine Geheimdienstleute dürften unter ihnen kaum über Einfluss verfügen. Sie sind der Bevölkerung nur zu gut als die Schergen Saddams bekannt. Das Machtvakuum ist dort auch weniger vollständig als im sunnitisch-arabischen Nordwesten. Die Geistlichen haben ihre Hierarchien bewahrt und üben über ihre grossen Gelehrtenfamilien einen bedeutenden Einfluss auf die schiitische Bevölkerung aus. Allerdings rivalisieren diese Familien und ihre Parteigänger untereinander. Ursprünglich hiessen sie die Amerikaner und ihre britischen Verbündeten als Befreier willkommen. Alle Schiiten stimmen darin überein, dass ein demokratisches Regime mit wirklichen Wahlen für den Irak anzustreben sei. Diese Überzeugung wird durch den Umstand gefördert, dass die Schiiten die Mehrheit der Bevölkerung bilden, aber noch nie seit der Irak besteht, bei der Regierung des Landes mitwirken durften. Dies soll nun nach ihren Absichten im Zeichen einer Demokratie, in der sie die Mehrheit besässen, grundlegend geändert werden. In den Augen der meisten Schiiten bedeutet dies allerdings nichts anderes, als dass nun eine «schiitische» Demokratie entstehen soll, in der endlich die Schiiten die erste Rolle spielen. Wie viel Platz dabei den alten Gegnern aus der sunnitischen Gemeinschaft gewährt würde und wie viel politischen Spielraum beide Gemeinschaften der dritten Grossgruppe, den Kurden, in einem demokratischen Irak einzuräumen gedächten, muss allerdings in der Zukunft noch ausdiskutiert, oder, wenn dies misslingt, was befürchtet werden kann, ausgekämpft werden.

Die Schiiten und die Kurden konnten eigene politisch-soziale Strukturen bewahren – im Gegensatz zu den Sunniten, die schon als Träger der Diktatur Saddams ihre Eigenstrukturen weitgehend verloren. Neben der Baath-Partei hat Saddam auch die Stämme der arabischen Sunniten als politische Instrumente benutzt und dabei weitgehend korrumpiert und beschädigt. Doch gerade wo es ihre alten Strukturen doch noch gibt, entwickeln sie einen politischen Ehrgeiz und Egoismus, deren Grenzen sie noch entdecken müssen – entweder durch Einsicht von weisen Leitern oder indem sie politisch oder sogar mit den Waffen ausgekämpft werden. Der Staat hatte sich über die alten Strukturen, Stämme, Religionsgemeinschaften, Grossfamilien gelagert, und er ist unter Saddam für die Masse zu einer solchen Bedrohung geworden, dass sie ihm auch unter den neuen Bedingungen mit Hilfe der alten Strukturen zu entkommen sucht. Noch besser aber wäre es in ihren Augen natürlich, diesen Staat zu beherrschen, so dass man in die Lage gerät, seine Macht gegen alle Rivalen einzusetzen, im Interesse der eigenen Gemeinschaft.

In einem Land wie dem Irak ist der Staat nie «*res publica*» gewesen, «Sache der Öffentlichkeit»; vielmehr während mehrerer tausend Jahre (seit der Zeit der mesopotamischen Hochkulturen) *res deorum*, eine Sache der Götter, denen man diente, und gleichzeitig eine Sache der Herren, die ihre eigenen Götter mitbrachten und in deren Namen, kombiniert mit den alteingesessenen Göttern, regierten: Sumerer, Akkader, Aramäer, Babylonier, Assyrer, Byzantiner und Perser, Araber, Mongolen, Turkmenen, Türken, Engländer, irakische Sunniten … Und nun, in den Augen vieler Iraker, wollen die Amerikaner, die neuen Herren, «verbündet mit den Juden», diesen Staat übernehmen und leer melken, woran sie wo möglich zu hindern wären.

Washington freilich ist weit davon entfernt, die Lage aus derartigen Gesichtswinkeln zu betrachten. Präsident Bush, unter dem Einfluss seiner neokonservativen Ideologen und wiedergeborenen Sektenprediger, hält bisher stur am «Krieg gegen den Terrorismus» fest, schon weil er sich für ihn bisher innenpolitisch gewinnbringend ausgewirkt hat. Er hat am 22. August 2003 in einer Rede erklärt, dieser Krieg gegen den Terrorismus werde nun im Irak geführt (im März zuvor sagte er, der Irak-Krieg sei im wesentlichen beendet); es sei ein harter Kampf, aber Amerika sei im Begriff, ihn zu gewinnen. Für ihn und die Seinen scheint der Begriff «Terrorismus» nun sämtliche politische Realitäten zu überdecken und zu verbergen, mit denen die Amerikaner im Irak und im übrigen Nahen Osten zu tun haben. Das ist eine schlechte Voraussetzung für das politische Ringen um «Herz und Kopf» der Iraker.

Wirtschaftliche Fehlrechnungen

Die wirtschaftlichen Rechnungen der Amerikaner vor dem Krieg dürften ebensowenig aufgegangen sein wie die politischen. Heute ist deutlich, dass einerseits die irakische Erdölindustrie durch die Jahrzehnte von Krieg und Boykott so sehr heruntergekommen ist, dass sie Dutzende von Milliarden für neue Investitionen verlangt, bevor sie wieder auf die Höhe der früheren Exporte gehoben werden kann. Die ständige Sabotage, vor allem der Rohrleitungen, trägt natürlich auch nicht dazu bei, den Export zu fördern und bewirkt darüber hinaus, dass Anleger für die benötigten Gelder schwer zu finden sind. Die gesamte Infrastruktur des Landes ist ebenfalls im höchsten Grade geschwächt und benötigt sofortige Erneuerung. Der Irak ist ein Bewässerungsland, aber das Wasser fehlt allenthalben, weil die Pumpen kaputt sind und die wenigen noch funktionierenden entweder Schweröl oder Elektrizität benötigen, die sie nur unzureichend erhalten.

Für die Grossstädte gilt dasselbe. Auch für sie sind Wasser und Elektrizität schlechterdings Lebensgrundlage, gleichfalls Benzin, das bisher, wie in vielen Ölländern, übermässig billig war und ohne das der gesamte Verkehr darnieder liegt. Die vielstündigen Warteschlangen an den Benzinpumpen bei grosser Hitze sind neben der fehlenden öffentlichen Sicherheit, den beständigen Elektrizitäts- und Wasserausfällen und den nicht bezahlten Gehältern der bisherigen Staatsangestellten und Soldaten (sie stellen zusammen den weitaus grössten Teil aller bisherigen Einkommensbezieher) Hauptgründe der Wut und der Klagen der Iraker. Wenn die Amerikaner sich vorgestellt hatten, der Irak werde bald in der Lage sein, für seine eigene Entwicklung zu bezahlen und dabei auch Gewinne für die Wirtschaftskonzerne der Besetzungsmacht abzuwerfen, stehen sie heute einer Realität gegenüber, die man als «Fass ohne Boden» bezeichnen kann. Auch die Frage der Auslandsschulden, die sich unter Saddam anhäuften, ist noch keineswegs gelöst, ja noch nicht einmal ernsthaft diskutiert worden. Dabei geht es um vielfache Milliardenbeträge.

Solange die Amerikaner Besatzungsmacht bleiben, sind sie dafür verantwortlich, dass die irakische Bevölkerung nicht verhungert, sogar wenn in dem besetzten Land Sabotage- und Terrorakte durchgeführt werden. Natürlich versuchen sie diese Verantwortung abzuwälzen, indem sie sie mit dem

Rest ihrer Verbündeten teilen wollen. Eine gewisse Bereitschaft zur Mithilfe finden sie. Doch allen Beteiligten ist nicht verborgen, dass Washington vorläufig nicht gewillt ist, die Macht über das Land wirklich mit anderen zu teilen. Wenn es nur um Teilung der Kosten und Risiken geht, wird die Hilfsbereitschaft gewiss eingeschränkt bleiben.

Ähnlich steht es mit den Truppen. Die Amerikaner zeigen nun ein Interesse daran, andere Armeen, etwa der europäischen Staaten, zuzuziehen, um ihre eigenen Soldaten abzulösen. Dass diese der erschöpfenden Kleinarbeit müde sind, die daraus besteht, das ausgedehnte, überaus heisse Land zu patrouillieren, nicht existierende Massenvernichtungswaffen zu suchen sowie schattenhafte Widerstandsgruppen oder gar Usama bin Ladens Terroristen aufzuspüren, nur um sich immer wieder Feuerüberfällen oder Bombenanschlägen unbekannter Täter auszusetzen, ist kein Geheimnis. Doch der vergangene Streit um die Berechtigung des amerikanischen Präventivkrieges wirkt nach. Den meisten Europäern dürfte schwerlich einleuchten, dass sie nun den Neokonservativen Bushs mit ihren Soldaten helfen sollen, ein neues amerikanisches Weltimperium «a New American Century» aufzubauen.

Wer sucht einen Bürgerkrieg auszulösen?

Dem erwähnten Anschlag auf das UNO-Quartier in Bagdad vom 19. August folgte ein weiterer verheerender Bombenanschlag (diesmal nicht durch ein Selbstmordattentat) in Najaf, der heiligen Stadt der Schiiten, am 29. August 2003 am Tor der Hauptmoschee, durch das der Hauptprediger jenes Tages, Ayatollah Baker al-Hakim, die Moschee zu verlassen pflegte. Er und gegen 90 der Gläubigen verloren ihr Leben. Auch dabei blieben die Täter zunächst verborgen. Doch lag es nahe, wieder an Drahtzieher zu denken, die darauf ausgingen, möglichst viel Chaos im Lande zu verbreiten, mit dem Ziel, den Amerikanern ihre Aufbauarbeit so schwer wie möglich zu machen.

Bei den Begräbniszeremonien der folgenden Tage wandte sich ein grosser Teil der Empörung der schiitischen Bevölkerung gegen die Amerikaner, die als Verantwortliche für die Sicherheit in dem besetzten Lande nicht dafür sorgen konnten, dass die Freitagszeremonie in Najaf in Ruhe abgelaufen war, obwohl der ermordete Ayatollah sich bereit gezeigt hatte, mit ihnen politisch zusammenzuarbeiten. Er hatte den Sprecher seiner Organisation, SCIRI (Oberster Rat für die Islamische Revolution im Irak), die er im Exil in Iran gegründet und geleitet hatte, in den Provisorischen Regierungsrat abgeordnet, den die Besatzungsbehörden ernannt hatten. Al-Hakim hatte allerdings auch in Übereinstimmung mit allen wichtigen Geistlichen der

Schia gefordert, die Amerikaner sollten so schnell wie möglich den Irak verlassen. Die Presse im arabischen Ausland sah in dem Anschlag ziemlich einstimmig einen Versuch, einen Bürgerkrieg zwischen Sunniten und Schiiten im Irak auszulösen oder mindestens das Land auf ihn hin zu treiben. Auch daran können nur jene Kräfte ein Interesse haben, die darauf hinwirken, ein möglichst unkontrollierbares Chaos im Lande zu schaffen.

Die Methode, mit der versucht wird, einen Krieg zwischen Schiiten und Sunniten loszutreten, erinnert an den Beginn des Bürgerkrieges in Libanon, der 15 Jahre lang dauerte (1975–1991). Die damaligen Kriegstreiber sorgten dafür, dass jedesmal neue Bomben hochgingen und Massaker zustande kamen, wenn die verantwortlichen Politiker und Gemeinschaftsführer wieder einmal einen der vielen Waffenstillstände ausgehandelt und einen Versöhnungsversuch eingeleitet hatten.

Ungelöste Sicherheitsfragen und politische Zukunftsprobleme

Die drei Grossgemeinschaften des Iraks müssen eine Formel für ihr künftiges Zusammenleben finden, bevor der Staat Irak aus den Trümmern wieder zusammengefügt werden kann. Unter den drei Gemeinschaften herrschen gegensätzliche Vorstellungen über die Zukunft des Landes. Grob gesehen treten die Schiiten für einen «demokratischen Irak» ein, den sie als Mehrheitsgruppe regieren wollen. Weil sie die Mehrheit sind, fordern sie, dass dieser Staat auf der Grundlage «eine Person eine Stimme» organisiert werde, mit nur geringer Berücksichtigung der Eigenkompetenzen der verschiedenen Gemeinschaften, aus denen die Nation zusammengesetzt ist. Die Kurden haben den gegenteiligen Wunsch. Sie möchten einen Staat föderativer Struktur, mit starker Betonung der Rechte der Gliedstaaten und einem verbrieften Mitspracherecht der «Volksgemeinschaften» in der Zentralregierung. Die Grenzen der künftigen Gliedstaaten sollten ihrer Ansicht nach möglichst genau mit den konfessionellen resp. linguistischen Grenzen der drei Hauptgruppierungen zusammenfallen. Die Sunniten schliesslich, soweit sie überhaupt bereit sind, über die Zukunft des Landes zu verhandeln – manche ziehen es vor, Bomben zu legen –, möchten am liebsten zu einem zentralistischen Staat zurückkehren, der wie bisher von Bagdad aus durch die arabischen Sunniten beherrscht und verwaltet würde. Diese Spannungen werden in Zukunft noch weiter anwachsen, weil sie bisher ungelöst geblieben sind, aber eine Lösung finden müssen, bevor der irakische Staat wiederaufgebaut werden kann. Je länger brauchbare Lösungen auf sich warten lassen, desto mehr wächst die Gefahr von Gewaltanwendung.

Die Guerilleros und Bombenleger setzen an diesen Schwachstellen an. Sie suchen nicht nur die Stellung der Amerikaner im Lande zu erschüttern sondern auch die der von Washington ernannten provisorischen irakischen Regierung. Wenn es ihnen gelingt, die Amerikaner zum Rückzug in ihre befestigten Armeelager und Regierungssitze zu zwingen und das Durchsetzungsvermögen des von ihnen beaufsichtigten provisorischen Regierungsrates einzuschränken oder zu annullieren, können sie hoffen, dass die Dynamik der Einzelgemeinschaften immer stärker zum Zuge kommt. Die Kurden sind bereits politisch und militärisch organisiert. Die Schiiten haben ihre geistlichen Oberhäupter und deren weltliche Anhänger, die nur darauf warten, von den Geistlichen die Weisung zu erhalten, schiitische Milizen zu organisieren. Die Sunniten haben zwar Vertreter im provisorischen Regierungsrat und in der Regierung aber keine eigenen Bewaffneten. Ohne Zweifel hoffen die gegenwärtigen Guerillaführer, die weitgehend von den Geheimdiensten Saddams abstammen, in Zukunft die sunnitischen Kampfgruppen zu stellen, wenn nötig in Zusammenarbeit mit den sunnitischen islamistischen Gruppen, die ebenfalls wenig Gnade in den Augen der Amerikaner erwarten können und deshalb, wie die Geheimdienstler Saddams, mit allen Mitteln auf die rasche Entfernung der Besatzer hinarbeiten.

Die Amerikaner setzen darauf, dass es gelingen könnte, die drei Hauptgruppen, Sunniten, Schiiten und Kurden, zur Ausarbeitung einer Verfassung zu bringen, mit der alle drei leben könnten. Doch das politische Seilziehen über die künftige Verfassung hatte bereits begonnen, bevor es noch eine Verfassungsversammlung gab, ja bevor der Wahl- oder Ernennungsmodus klar gestellt war. Natürlich forderte eine jede der Hauptgruppierungen einen Wahl- oder Ernennungsmodus für diese Versammlung, der ihre Anliegen begünstigen würde. Die Auseinandersetzungen wurden weiter dadurch kompliziert, dass die Amerikaner bestimmte Formeln einbrachten, die sie jedoch als «variabel» bezeichneten. Für sie schien allein festzustehen, dass sie den Irak bald verlassen wollten. Bush hatte erkannt, dass ein Andauern der gegenwärtigen Lage im Irak seine Wahlchancen im Jahr 2004 ungünstig beeinflussen würde.

Zu all dem hinzu und immer wieder alles dominierend kam die Sicherheitsfrage. Bomben gingen nach fast einem Jahr der amerikanischen Besatzung, von Washington «Befreiung» genannt, immer noch fast täglich hoch, stets mit dem Ziel, allen politischen und wirtschaftlichen Fortschritt zu verhindern.

Immer mehr irakische Opfer

In den letzten zwei Monaten des Jahres 2003 und den ersten beiden des Jahres 2004 liess sich eine allmähliche Verschiebung der Bombenziele feststellen. Mehr und mehr richteten sich die Anschläge gegen Iraker, die in irgendeiner Form mit den Amerikanern zusammenarbeiteten. Minen, Raketenangriffe und Überfälle gegen die amerikanischen Patrouillen hörten zwar nicht auf, doch Selbstmordattentate gegen neu eingestellte irakische Polizisten, Rekruten der neuen irakischen Armee und Angestellte der amerikanischen Verwaltung nahmen zu und forderten immer grössere Opferzahlen. Die Bombenleger hatten offenbar die Erfahrung gemacht, dass die Iraker, die mit der neuen amerikanischen oder von den Amerikanern ernannten irakischen Verwaltung zusammenarbeiteten, Ziele abgaben, die leichter erreicht werden konnten, als die Amerikaner selbst. Diese hatten sich schrittweise immer mehr abgekapselt und «herrschten» von ihren befestigten Lagern und Verwaltungszentralen aus. Sie hatten die wichtigsten ihrer Zentralen in den ehemaligen Schlössern und Palästen Saddam Husseins eingerichtet, von denen es viele über das ganze Land verstreut gab und die schon Saddam so angelegt hatte, dass sie von der Bevölkerung weitgehend isoliert werden konnten. Um in diese hinein zu den Amerikanern zu gelangen, hatten die Besucher drei oder vier verschiedene Kontrollen zu durchlaufen. Weite Umfassungsmauern mit Stacheldraht und Zementverstärkungen umfriedeten sie. Im Inneren wurden «kleine Amerikas» für die amerikanischen Benützer eingerichtet, deren Ausstattung aus Amerika eingeflogen wurde. Bomben gingen nun des öfteren vor den Eingängen solcher Besatzungzentralen hoch, zu Tageszeiten, in denen sich lokale Mitarbeiter vor den Eingängen stauten.

Die Polizeiposten in der Hauptstadt und in den Provinzen waren andere bevorzugte Ziele der Bombenleger und Selbstmordaktivisten; immer wieder mit bedeutenden Zahlen von Opfern unter den eben erst eingestellten neuen irakischen Polizisten. Auch vor dem Eingang zum Hauptsitz der kurdischen Verwaltung in Erbil gingen am 1. Februar 2004 zwei Bomben hoch, die gegen 100 Menschenleben kosteten. Für die Täter war in erster Linie wichtig, das Klima der Unsicherheit aufrecht zu erhalten und immer wieder zu zeigen, dass sie weiter im Stande waren zu agieren, dass die Amerikaner sie noch nicht niedergekämpft hatten. Ob die Opfer Amerikaner waren oder «Kollaborateure», «sezessionistische» Kurden oder «opportunistische» Schiiten, war für sie weniger wichtig, als dass weiter Blut floss. Dies war bei den weicheren Zielen der weniger gut abgesicherten oder gänzlich ungeschützten Iraker viel leichter zu erreichen als bei den Amerikanern.

Die Amerikaner vermochten zuerst im Juli 2003 die beiden Söhne Saddams in Mosul zu töten, nachdem ihnen ihre Zuflucht verraten worden war. Später, am 14. Dezember 2003, fingen sie Saddam selbst in einem Versteck unter der Erde nahe bei seinem Heimatort Tikrit. Die Gefangennahme wurde von den Amerikanern gebührend gefeiert und propagandistisch herausgestrichen. Doch sie bewirkte keineswegs, dass die Anschläge aufhörten. Zunächst war eher eine Zunahme festzustellen. Im Gegensatz zur offiziellen amerikanischen Version über die Gefangennahme gab es Hintergrundberichte, nach denen sich Saddam selbst ausgeliefert habe, indem er einen engen Vertrauensmann nach Syrien geschickt habe, um mit den Amerikanern zu verhandeln. Der Umstand, dass die Amerikaner wider Erwarten Saddam zum Kriegsgefangenen erklärten, gab diesen Berichten einige Glaubwürdigkeit. Auch die angeblichen ersten Worte Saddams bei seiner Gefangennahme: «Ich bin der irakische Präsident, und ich will verhandeln», passen besser zu dieser nicht offiziellen Version der Ereignisse.

Revision der amerikanischen Planung

Es war einerseits Ayatollah Ali Sistani, der einflussreichste unter den schiitischen Geistlichen, der die Amerikaner im November 2003 dazu zwang, ihren früheren Zeitplan für den Irak zu verkürzen, andrerseits gewiss auch der Wunsch Präsident Bushs, sich im Wahljahr 2004 so weit wie möglich von der irakischen Hypothek zu befreien. Nach der Eroberung des Landes hatten die Amerikaner erklärt, in zwei Jahren werde eine volle Demokratie im Irak eingerichtet sein. Sie sahen vor, eine von ihnen ernannte provisorische Regierung solle die Wahl einer verfassunggebenden Versammlung vornehmen und diese eine Verfassung formulieren, über die dann die Bevölkerung abstimmen werde; darauf würden die ersten Parlamentswahlen durchgeführt, und aus dem neuen Parlament ginge dann eine demokratische Regierung hervor. Zwei Jahre waren für diesen Prozess keine lange Frist. Doch die Schiiten, der Grossayatollah an ihrer Spitze, forderten «sofortige Wahlen» und «raschen Abzug» der Amerikaner. Sie sprachen sich energisch dagegen aus, dass die Mitglieder des zur Zeit bestehenden «Provisorischen Regierungsrates», welcher der Kontrolle des amerikanischen bevollmächtigten «Gouverneurs» Paul Bremer untersteht, ihrerseits die Zusammensetzung der Verfassungsversammlung bestimmten. Bremer gehört zum Kreis der amerikanischen Neokonservativen. Die Mitglieder des provisorischen Regierungsrates sind überwiegend Exiliraker, die vor dem Krieg eifrig in Washington antichambrierten, in den damaligen inneren Fehden zwischen dem

Aussenministerium und dem Pentagon als Informatoren des Pentagons wirkten und dessen Chefs offenbar ziemlich einseitig informierten. Sie waren die Regierungskandidaten des Pentagons, nicht des Aussenministeriums. Dass sie gut Englisch verstehen und sprechen konnten, war eine der Hauptqualifikationen, der sie ihren Einfluss bei Donald Rumsfeld verdankten. Viele Iraker schauen sie scheel an, weil sie in den harten Zeiten Saddams bequeme Jahre, manchmal Jahrzehnte, im Ausland verbrachten. Einer der bekanntesten von ihnen, der nominelle Schiite Ahmed Chalabi, ist in der ganzen arabischen Welt besonders umstritten. Er verliess den Irak als Siebenjähriger, wurde in Amerika ausgebildet, wurde dann Millionär in Amman, doch ist er dort wegen betrügerischen Boykotts nach dem Zusammenbruch seiner Petra Bank und seiner Flucht aus Jordanien in absentia zu einer lebenslangen Zuchthausstrafe verurteilt worden. Er gilt als ein besonders enger Freund des neokonservativen Richard Perle und des Verteidigungsministers Rumsfeld. Man muss diese Hintergründe kennen, um den energischen Einspruch Sistanis gegen die amerikanischen Pläne zu verstehen.

Die schiitischen Freunde der Amerikaner

Sistani ist wichtig für die Amerikaner, weil er einen grossen Einfluss auf die Mehrheitsbevölkerung der Schiiten ausübt. Wenn sich ihre Gemeinschaft, die bisher mit den Amerikanern zusammenarbeitete, gegen sie stellt, würde dies die Lage der Amerikaner im Irak gewaltig erschweren. Im November 2003 nach schiitischen Demonstrationen für «sofortige Wahlen» und einem religiösen Rechtsgutachten (Fatwa) Ali Sistanis, welches das gleiche forderte, wurde Paul Bremer plötzlich nach Washington zurückgerufen. Bush und seine Hauptminister berieten sich mit ihm. Dann wurde am 15. November ein neuer stark verkürzter Fahrplan für den Abzug der Amerikaner und den erhofften Aufbau eines demokratischen Regimes im Irak bekannt gegeben. Nach dieser zweiten Version wollten die Amerikaner bereits Ende Juni 2004 die Macht offiziell an eine irakische Regierung abtreten. Diese sollte aus einer «Übergangsversammlung» hervorgehen, die ihrerseits indirekt durch Wahlversammlungen («caucus», nach der amerikanischen Terminologie) zu bestellen wäre. Wie diese Wahlversammlungen aussähen, würden die Amerikaner in Konsultation mit ausgewählten Irakern bestimmen. Die neue, auf diesem Wege indirekt ausgewählte, genauer gesagt indirekt ernannte, irakische Übergangsregierung, die als souverän angesehen würde, hätte dann Wahlen für eine Verfassungsversammlung durchzuführen. Diese erliesse darauf eine Verfassung und erst später, bis Ende 2005, würden dann aus demokratischen Wahlen ein demokratisches Parlament und eine Regierung hervorgehen. Der heute eingesetzte und unter amerikanischer Aufsicht stehende Provisorische Regierungsrat habe auch, so wurde weiter bekannt gegeben, mit den Amerikanern einen Militärvertrag über das Verbleiben von amerikanischen Hilfstruppen abzuschliessen. Offiziell würde damit die Souveränität über den Irak bereits am 1. Juli 2004 in irakische Hände übergehen (freilich mit einem Staatsvertrag über amerikanische Truppen), und die amerikanische Oberaufsicht durch Bremer würde formal enden. Doch Ayatollah Ali Sistani stimmte auch diesem verkürzten Fahrplan nicht zu. Er bestand darauf, dass eine *vom Volk gewählte* Verfassungsversammlung zusammentrete und dass die Wahl «sofort» durchgeführt werde. Die Amerikaner entgegneten, die Sicherheitslage lasse zur Zeit direkte Wahlen nicht zu, ausserdem wäre ein längerer Zeitraum nötig, um sie zu organisieren, da es nicht einmal Wahlregister gäbe. Doch Sistani schlug vor, die überall vorhandenen Rationierungskarten, die der Lieferung von Nahrungsmitteln durch die UNO dienen, als Wahldokumentation zu verwenden. Er weigerte sich ausserdem, Bremer zu empfangen, um mit ihm über die politischen Zukunftspläne zu diskutieren. Er sei kein Politiker, liess er verlauten.

Die Amerikaner standen zwischen zwei Übeln, entweder Ali Sistani zuwider zu handeln oder ihm nachzugeben und die risikoreiche Organisation von sofortigen Wahlen zu wagen. Sie versuchten die UNO einzuschalten, um den Ayatollah von der Unmöglichkeit sofortiger Wahlen zu überzeugen, und Kofi Annan bestätigte die amerikanische Ansicht. Gleichzeitig versprachen die Amerikaner, sie wollten die Organisation der geplanten Wahlversammlungen, d. h. der vorgesehenen indirekten Wahlen, so offen wie irgend möglich machen. Im Februar 2004, als dieses Buch abgeschlossen wurde, war das Dilemma noch nicht gelöst. Die Einhaltung der ohnehin allzu knapp bemessenen revidierten Übergangsplanung zur mehr oder weniger scheinbaren «vollen Souveränität» bis Juli 2004 sowie zur vollen Demokratie bis zum Ende des Jahres 2005 schien schwer vereinbar mit den immer noch umstrittenen und ohnehin wenig klaren Vorstellungen über das komplizierte und undurchsichtige und noch immer nicht endgültig niedergelegte Übergangsverfahren. Sollte der gegenwärtig gültige Zeitplan eingehalten werden, müsste Paul Bremer bis Ende Februar 2004 das «Grundgesetz» publizieren, das endgültig klar machte, wie die umstrittene «Übergangsversammlung» zu bestimmen wäre.

Die Kurden, bisherige Schützlinge der Amerikaner

Während der letzten zwölf Jahre der Herrschaft Saddam Husseins waren die irakischen Kurden Schutzbefohlene der Iraker und der westlichen NATO-Staaten. Amerikaner, Briten und eine Zeitlang Franzosen stellten die Kampfflugzeuge, die eine Dekade lang regelmässig Patrouillenflüge von Stützpunkten in der Türkei aus über der sogenannten «nördlichen Überflugsverbotszone» durchführten. Dies geschah, um dem Verbot für die Iraker, Kriegsflugzeuge über Kurdistan und dem ganzen irakischen Norden einzusetzen, Gehorsam zu verschaffen. Befreit von der Drohung irakischer Luftangriffe und finanziell unterstützt durch die Europäer waren die Kurden des Iraks in der Lage, ihr eigenes Staatswesen aufzubauen, Wahlen durchzuführen und in Erbil ein Parlament zusammentreten zu lassen. Dies lief allerdings nicht ohne Schwierigkeiten ab. Eine Zeitlang (1994 und erneut 1996–1998) führten die irakischen Kurden gegeneinander Krieg, weil die Barzani anhangenden Stämme des Nordens und jene des Südens, die zu Talabani hielten, einander bekämpften. Die Amerikaner mussten vermittelnd einschreiten, und sie erreichten eine Vernunftehe zwischen den beiden Parteien, die heute wieder zusammenarbeiten. Ihr Land jedoch, Irakisch Kurdistan, bleibt bis heute unterteilt in ein Barzanistan und ein Talabanistan.

Irakisch-Kurdistan umfasst ausserdem nicht alle Gebiete des Iraks, in denen Kurden leben. Es ist auf die Berggebiete beschränkt. Die vorgelagerten Hügel der kurdischen Berge und die davor liegenden Ebenen blieben unter der Herrschaft Saddams. Diese flacheren Landesteile sind auf weite Strecken von einer gemischten Bevölkerung bewohnt, teils kurdophon, teils arabophon. Es gibt dort auch noch andere religiöse und linguistische Minderheiten: Die wichtigsten sind die Assyrer, Christen, teils kurdischer, teils arabischer Sprache, die auch ihre eigenen neo-assyrischen Dialekte und ihre alte assyrische Kirchensprache besitzen. So viele von ihnen sind ausgewandert, dass heute Detroit in den USA ihr wichtigstes Siedlungsgebiet geworden ist. Die Yeziden sind eine ganz besondere religiöse Minderheit, die eine dualistisch ausgerichtete Mischreligion besitzt. Sie sprechen meist Kurdisch aber auch Arabisch und leben vor allem im Rückzugsgebiet des Jebel Sinjar. Die kurdisch- und arabischsprachigen Juden der Region sind zu grossen Teilen nach Israel ausgewandert, aber einige Gruppen verbleiben noch im Irak. In Kirkuk und in Erbil gibt es Gemeinschaften von turkophonen Turkmenen, die sich seit den Wanderungen der Turkvölker im nahöstlichen Raum dort niedergelassen haben. Sie leben vor allem auf den Zitadellen der beiden Ortschaften, die turkmenische Sonderstädte bilden.

Das Ringen um Kirkuk

Die Stadt Kirkuk, die durch ihre reichen Erdölvorkommen berühmt ist, liegt in der Übergangszone vom Hochgebirge zu den Vorhügeln. Sie stand während der Zeit Saddams und schon vor ihm unter den vorausgehenden Diktatoren und Machthabern unter der Herrschaft Bagdads. Die Zentralregierungen von Bagdad hatten sich immer bemüht, möglichst viele Kurden aus Kirkuk zu entfernen und möglichst viele Araber dort anzusiedeln. Diese Aktionen wurden unter Saddam im Zuge seiner Vernichtungsaktion gegen die Kurden von 1988, «Anfal» genannt, die dem Ansatz zu einem Völkermord gleichkam, besonders konsequent und brutal durchgeführt. Doch schon viele Jahre vor seiner Herrschaft war Kirkuk immer wieder ein Zankapfel in den Verhandlungen zwischen den Kurden und der Zentralregierung von Bagdad, weil die Kurden überzeugt waren, dass die Stadt eine kurdische sei und zur kurdischen Autonomiezone gehören müsse. Die Bagdader Machthaber wollten dies aber nie zugestehen, natürlich in erster Linie des Erdöls halber. Dieses wird seit der Zeit des britischen Mandates ausgebeutet. Kirkuk war das erste operationelle Ölfeld des Iraks. Es war einst über eine Rohrleitung mit Haifa im heutigen Israel, damals Palästina, verbunden. Sie wurde später über Syrien umgelegt, speist die syrische Raffinerie von Homs, spaltet sich in zwei Äste und erreicht heute das Mittelmeer im syrischen Hafen Banyas und im libanesischen Tripolis.

Heute versuchen die Kurden, erstens ihre aus Kirkuk vertriebene Bevölkerung wieder in der Stadt und ihrer Umgebung anzusiedeln. Dabei kommt es zu Vertreibungen von Arabern, die seit Jahren, manchmal seit Jahrzehnten auf Befehl der Regierung Saddams kurdische Häuser und Höfe bezogen hatten. Es gibt auch gelegentliche Reibungen mit den Turkmenen, die eine Zeitlang von der Türkei aus gestützt, wenn nicht sogar aufgewiegelt worden waren. Zweitens versuchen die Kurden Kirkuk der kurdischen Zone einzuverleiben, von der sie hoffen und zuversichtlich erwarten, dass sie in Zukunft ein besonderer Autonomiestaat im Rahmen des neuen Iraks werde: Irakisch-Kurdistan. Kirkuk würde mit seinen Ölfeldern natürlich eine überaus wichtige Geldquelle für diesen Autonomiestaat der Kurden abgeben.

Genau aus diesem Grunde will Ankara dabei auch mitreden. In der Vergangenheit, vor dem amerikanischen Einmarsch, konnte man oft in den türkischen Zeitungen lesen, die türkische Armee werde in irakisch Kurdistan einmarschieren, wenn Kirkuk zu dem irakischen Kurdengebiet geschlagen werde. Ein prosperierender Kurdenstaat in enger Nachbarschaft der türkischen Kurden, wäre der türkischen Armee noch weniger willkommen als ein mittelloser benachbarter Kurdenstaat –natürlich wegen des Einflusses, den er über die türkischen Kurden gewinnen könnte.

Doch auch die anderen beiden Grossgemeinschaften des Iraks schauen bedenklich auf Kirkuk. Würden wohl die Schiiten auf die reichen Ölfelder und die offenbar sehr wichtigen noch unausgebeuteten Vorkommen in ihren südlichen Landesteilen Anspruch erheben, wenn die Kurden Kirkuk bekämen? – Und was bliebe dann für die Sunniten von Bagdad übrig? Vielleicht nur noch gerade Mosul, während sie doch bisher als Beherrscher des Staates die Hauptnutzniesser aus dem Erdöl gewesen waren. – In diesem Zusammenhang ist daran zu erinnern, dass der grausame Bürgerkrieg zwischen nördlichen und südlichen Sudanesen, der Millionen von Opfern forderte, wegen der dort neu gefunden Erdölvorkommen 1984 neu aufgeflammt ist und bis heute andauert. Seine erste Phase hatte von 1956 bis 1970 gedauert. Wie es dem Sudan erging, so könnte es auch dem Irak ergehen, wenn es den Amerikanern nicht gelingt, eine stabile Ordnung im Lande aufzurichten. Da sie den Krieg führten, liegt die Verantwortung heute bei ihnen. Die Leiden werden jedoch den Irakern zufallen.

Persönliche Schlussbemerkung

Ich schreibe dieses Schlusskapitel im Krankenzimmer meiner Frau und über 50-jährigen Lebensgefährtin. Ich muss befürchten, dass sie nur noch einige Tage oder Wochen zu leben hat. Ich erlebe, wie sich ihr Horizont in kleinen Schritten immer mehr einengt. Morgens kann sie noch sprechen und ihre Umgebung wahrnehmen, doch der Tag ermüdet sie so sehr, dass sie schon nachmittags nicht mehr weiss, wo sie ist und nicht immer versteht, was man ihr sagt. Sie schläft sehr viel und hat Gott sei Dank keine Schmerzen. Man muss sie immer wieder auffordern zu trinken, sie isst seit Monaten nur noch sehr wenig. Bis vor kurzem wurde sie für eine jede Mahlzeit wach und wandte ihr auf eine kurze Zeit ihre Aufmerksamkeit zu. Doch das hat nun auch aufgehört. Sie wird vorbildlich besorgt. Alle drei Kinder sind bei ihr gewesen und wieder gegangen; sie werden zurückkommen, und ich bin bei ihr, um sie nicht alleine zu lassen. Doch manchmal überkommt sie Unruhe. «Was soll ich tun? Wer hilft mir? Was willst du von mir?» fragt sie dann und gibt ihrem Wunsch Ausdruck, von dem Spital weg, nach Hause zu gehen, nach Madrid oder Lausanne. «Los, gehen wir!» sagt sie mir dann. «Du bist der einzige, der mir helfen kann!» Ich muss ihr antworten: «Du bist zu krank. Wir können nicht gehen!» – Unter solchen Umständen denkt man natürlich über den Tod nach, den eigenen und den von – geliebten – Menschen.

Der arabischen Welt geht es zur Zeit so schlecht, dass ich mich manchmal frage, ob sie nicht auch vor dem Ende steht? Der iranischen geht es auch nicht viel besser (vgl. Kapitel 6). «Was sollen wir machen?» fragt mich ein syrischer Freund. «Wer hilft uns? – Wir sind völlig hilflos dem Willen der fremden Supermacht ausgesetzt». In der Tat ist die Lage der Araber heute schlimmer, als sie es je in meiner Erfahrung gewesen ist. Sie sind zwischen Hammer und Amboss des israelischen Expansionismus und des amerikanischen Imperialismus geraten, und ihr eigener Islamismus treibt sie immer weiter in die Falle hinein. – Sterben Völker? Sterben Kulturen? – Ich erinnere mich, dass es einst fester Glauben der Palästinenser war, sie seien «ein Volk», und ein «Volk» sei unsterblich. Deshalb, so sagten sie in den 1960er Jahren, als die PLO ihre Arbeit begann, müssten sie zum Schluss «siegen». Doch seither ist es mit ihnen so weit rückwärts gegangen, dass ich nicht weiss, wie stark dieser Glauben in ihnen noch lebt.

Solange die arabische Sprache fortlebt, wird es ein arabisches Volk geben, auch wenn es, wie heute wahrscheinlich ist, aufgeteilt in viele verschiedene Staaten wird leben müssen und gezwungen sein wird, in seiner Mitte das fremde Volk der eingedrungenen Israeli zu dulden. Die neuerdings eingedrungenen Amerikaner kann es noch hoffen, über kürzere oder längere Frist wieder loszuwerden. Mit welchen Mitteln und zu welchem Preis, weiss man allerdings heute noch nicht.

Die arabischen Nationalisten glaubten einmal, dass sie nur als eine arabische Grossnation «ihr Geschick erfüllen», «ihrer Sendung (*baath!*) nachleben» könnten. Dieser Traum scheint heute ausgeträumt. Es geht nun mehr darum, als Sprache, Kultur, eigene Tradition nicht im Strom der «Globalisierung» zu ertrinken, nicht zu den «Sioux» des Nahen Ostens zu werden. Was vermutlich langfristig nur möglich sein wird, wenn es den arabischen Völkern gelingt, konstruktiv an dieser Globalisierung mitzuarbeiten; denn entkommen können sie ihr nicht. Immer wieder sind wir im Verlauf dieser Betrachtungen darauf gestossen, dass der Einfluss des «Westens», früher aus Europa, heute mehr und mehr aus Amerika, im Inneren dieser Kultur unermüdlich und unerbittlich anwächst. («Wie das Krebsgeschwür im Leib meiner Frau», muss ich dabei denken).

Zerstörerisch, zersetzend wirkt diese Fremdkultur, solange sie dieses ist: eine *fremde* Kultur. Der einzige Weg, ihre destruktive Wirkung aufzuheben oder mindestens zu vermindern, liegt darin, sie sich zu eigen zu machen, indem man an ihr mitarbeitet und dadurch an ihrer Entwicklung teil hat. Dann erleidet man sie nicht mehr, sondern lenkt und beherrscht sie – mindestens in bestimmten Aspekten und Sektoren.

Die alte Formel aus dem 19. Jahrhundert, der Zeit zu Beginn der «Verwestlichung», lautete: «Das Gute der Fremden annehmen und ihr Schlechtes ablehnen.» – Sie hat sich als inoperativ erwiesen, weil sie zu passiv ist. Sie müsste verändert werden in: «An ihrem Guten mitwirken und ihre seit dem Ersten Weltkrieg immer deutlicher hervortretenden schlechten Seiten, gemeinsam mit den anderen weltweiten Korrekturkräften, bekämpfen.» Der Kulturimport in derart massiven Dosen, wie er in den letzten 200 Jahren der arabischen und in etwas geringerem Masse der weiteren islamischen Welt aufgezwungen wurde, erwies sich als Gift. So sehr, dass das Gegengift des Islamismus sich erfolgreich ausbreiten konnte – jedoch nicht erfolgreich regieren, denn es war nur Gegengift, kein echter Nährstoff.

Das Überleben der einst grossen arabischen Kultur wird in Frage gestellt sein, wenn es dieser Kultur in den kommenden Jahrzehnten nicht gelingt, sich der alles übermannenden Hochflut der heutigen Globalkultur dadurch anzuschliessen, dass sie in ihrem Rahmen kreativ wird, mitwirkt und mitlenkt. Nur auf diesem Weg kann sie dem reinen Gelenktwerden, der Fremdbestimmung, entgehen. Der Weg dorthin würde wohl einen Horizontwechsel voraussetzen. Die einzelnen Araber und ihre Gesellschaften müssten lernen, die bisher immer noch fremde (wenngleich längst bei ihnen massgebend eingedrungene) Globalkultur der Moderne als etwas eigenes zu sehen, dem das individuelle und nationale Selbst mitangehört, an dem man mitwebt und für dessen Verlauf man auch mitverantwortlich ist; – nicht wie bisher als «die zwangsmässig übernommene Sache der (oft feindlichen und gefährlichen, kolonisierungswütigen) Fremden», welche man übernehmen musste, um den gleichen Fremden widerstehen zu können. Der Druck, unter dem die Araber stehen, durch Israel einerseits, aber nun auch durch die Amerikaner, macht es für sie schwer, die auf sie drückenden Fremdkulturen in ihr Leben einzubeziehen, sie nicht als Fremd-, ja Feindesgut, sondern als Teil ihres eigenen Lebens zu fassen und zu behandeln. Doch dies wird schliesslich die Voraussetzung für ein kreativ wirkendes, nicht bloss passiv übernehmendes, erleidendes Fortleben ihrer Völker sein. Der Tod einer Zivilisation tritt ein, wenn sie nichts von Bedeutung mehr zum Leben ihrer eigenen Völker und der sie umfassenden Weltgemeinschaft beitragen kann.

Werke, Übersetzungen, Beiträge

Ausgewählte Werke von Arnold Hottinger

Die Araber. Wesen, Werden und Wandel des Arabertums, Zürich 1961

Fellachen und Funktionäre, München 1964

7mal Naher Osten, München 1972/1991

Allah heute, Zürich 1981

Spanien. Mit dem Photographen Fred Mayer, Zürich 1983

Die Araber vor ihrer Zukunft. Geschichte und Problematik der Verwestlichung, Zürich 1985/1991

Ägypten. Mit der Ägyptologin Barbara L. Begelsbacher und dem Fotografen Maximilian Bruggmann, Zürich 1985

Unbekannter Nachbar Türkei, Aarau 1990

Arnold Hottinger/Erich Gysling, *Krisenherd Nahost. Ein aktueller Dialog*, Zürich 1991

Islamischer Fundamentalismus, Zürich 1993

Die Mauren. Arabische Kultur in Spanien, Zürich 1995

A Lasting Evil: Irak since the End of the Kuwait War, PSIS Occasional Papers, no. 2, Geneva 1997

Akbar der Grosse (1542−1605). Herrschaft über Indien durch Versöhnung der Religionen, Zürich 1998

Gottesstaaten und Machtpyramiden. Demokratie in der islamischen Welt, Zürich 2000

Übersetzungen

At-Tannukhi, *Ende gut, alles gut. Das Buch der Erleichterung nach der Bedrängnis*, Zürich 1979

Abdarrahman al-Jabarti, *Bonaparte in Ägypten. Aus der Chronik des A. al-Jabarti (1754−1829)*, Zürich 1983/1985

Beiträge

Der Leidensweg des palästinensischen Volkes, in: Sumaya Farhat-Naser, Thymian und Steine. Eine palästinensische Leidensgeschichte, Basel 1995/2000

Kurdistan ohne Staat – zur Leidensgeschichte der Kurden, in: Hans-Lukas Kieser, Kurdistan und Europa, Zürich 1997

Demokratie in der islamischen Welt?

Wie weiter im Nahen Osten?

In: ZEIT-Schrift (Reformatio), 49. Jahrgang, No. 5 und 6, Bern 2000

Islamism in the Arab World, in: PSIS Special Studies, no. 4, Islamism and Security, Geneva 1999

Nahostkrisen. Geschichte der Fremdbestimmung, in: Amnestie!, Magazin für die Menschenrechte, Bern 2001

Ein Jahr nach dem Ende des Friedensprozesses, in: Ein Jahr al-Aqsa Intifada, Zur Lage der Menschenrechte in Palästina, Menschenrechtsreport, Gesellschaft für bedrohte Völker, Bern 2001 (www.gfbv.ch)

ZYPERN ● Nikosia

LIBANON

MITTELMEER

● Beirut

● Damaskus

GOLAN

CISJORDANIEN

Tel Aviv ●

● Amman

Jerusalem ●

GAZASTREIFEN

TOTES
MEER

ISRAEL

SUEZ-
KANAL

● Kairo

JORDANIEN

NIL

GOLF
VON
SUEZ

GOLF VON AKABA

ÄGYPTEN